THE GLORY THAT WAS BUNDELKHAND

THE GLORY THAT WAS
BUNDELKHAND

बुन्देलखण्ड-गौरव

श्री महेन्द्र कुमार मानव अभिनन्दन ग्रन्थ

खण्ड - १

प्रधान संपादक

प्रोफेसर कृष्णदत्त वाजपेयी

संपादक मंडल

डॉ० विद्यानिवास मिश्र (वाराणसी)
प्राध्यापक कांतिकुमार जैन (सागर)
श्री चन्द्रभूषण त्रिवेदी (सागर)
डॉ० बिहारीलाल नागार्च (भोपाल)
डॉ० राधावल्लभ शर्मा (ग्वालियर)
श्री अंबाप्रसाद श्रीवास्तव (भोपाल)
डॉ० पृथ्वीकुमार अग्रवाल (वाराणसी)
डॉ० संतोषकुमार वाजपेयी (सागर)
डॉ० प्रमोदकुमार त्रिवेदी (जयपुर)

प्रकाशक

महेन्द्र कुमार मानव अभिनन्दन समिति

भोपाल

प्रकाशक :
महेन्द्र कुमार मानव अभिनन्दन समिति
ई-१४०/१, प्रोफेसर्स कालोनी,
भोपाल-२ (म० प्र०)

प्रथम संस्करण : १९९३

ISBN-81-85133-75-1

मुद्रक एवं मुख्य वितरक :
ईस्टर्न बुक लिंकर्स
५८२५, न्यू चन्द्रावल, जवाहर नगर,
दिल्ली-११०००७

संपादकीय

देश के बहुत कम क्षेत्रों को यह सौभाग्य प्राप्त है कि वहां प्राकृतिक सुषमा एवं प्रचुर खनिज वन-संपदा के साथ सांस्कृतिक परम्परा की एक अटूट श्रृङ्खला विद्यमान हो। बुंदेलखण्ड ऐसा ही भूभाग है जिसे प्रकृति ने पर्वत, वन, नदी, खनिज, जीव-जंतु आदि की बहुविध संपदा से मंडित किया है। विंध्यपर्वत-श्रेणी तथा यमुना, चंबल, बेतवा, धसान, सोन, सिंध, केन जैसी बड़ी तथा अनेक छोटी नदियों ने इस भूभाग को प्राकृतिक वरदानों से संपन्न कर दिया है। अपने प्राकृतिक सौन्दर्य तथा यहां के दक्षसर्जकों के कारण इस क्षेत्र ने साहित्य तथा अन्य ललित-कलाओं को बहुत समृद्ध किया। यहां की माटी और जलवायु ने इस क्षेत्र के निवासियों में सादे जीवन, उच्च विचार का मन्त्र फूंका और उन्हें मानवता के विविध गुणों से संपुष्ट किया।

बुंदेलखंड का प्राचीनतम नाम चेदि था। बाद में उसकी एक संज्ञा जेजाक भुक्ति हुई। महाजनपद-युग में चेदि की गणना भारत के सोलह बड़े राज्यों में की जाती थी। पौराणिक, बौद्ध एवं जैन साहित्य से यह ज्ञात होता है कि चेदि जनपद की राजधानी का नाम "शुक्तिमतीपुर" था। यह नगर शुक्तिमती नदी के तट पर स्थित था। अब यह नदी केन कहलाती है। आगे चलकर चेदि का परवर्ती नाम बुंदेलखंड प्रसिद्ध हुआ। इसका पूर्वी भाग "बघेलखण्ड" कहलाया।

विंध्य पर्वत का विस्तृत वितान बुंदेलखंड-क्षेत्र का रक्षक-पोषक रहा है। इस पर्वत का विस्तार प्राचीन साहित्य में चंबल की उपत्यका से लेकर दक्षिण-पूर्व में महेंद्रगिरि तक था। विंध्य की श्रृङ्खलायें पारियात्र, चित्रकूट, मेकल, ऋक्ष, प्रस्रवण, ऋष्यमूक आदि नामों से प्रसिद्ध थीं।

आदिम काल से मानव ने बुंदेलखंड तथा उसके दक्षिणी भूभाग को निवास के लिए विशेष सुविधाजनक पाया। प्रागैतिहासिक युग में यहां मानव बस्ती का आरम्भ हुआ। अब से हजारों वर्ष पहले यहां मनुष्य ने बसना आरम्भ किया। निवास के लिए यहां की जलवायु अनुकूल थी, साथ ही जीविका के लिए पशु-पक्षी तथा कंद-मूल बड़ी संख्या में उपलब्ध थे। प्रागैतिहासिक मानव के लिए प्राचीन साहित्य में शबर, निषाद, वानर, पुलिंद, ऋक्ष, भिल्ल, काक, खरपरिक आदि नाम प्रयुक्त हुए हैं।

इस विस्तृत भूभाग में किए गए अन्वेषणों से ज्ञात हुआ है कि आदिम भारतीय संस्कृति के साथ आर्य-सभ्यता का आद्यऐतिहासिक युग में यहां समन्वय हुआ। यह संस्कृति देश की संश्लिष्ट संस्कृति बनी। इंद्र और अग्नि की पूजा का प्राचीन बुंदेलखंड में व्यापक प्रसार हुआ। इस क्षेत्र से दक्षिण तथा दक्षिण-पूर्वी भारत के भागों में आर्य-संस्कृति फैली।

विंध्य के पर्वतीय क्षेत्रों में आदिम जन घने वृक्षों के नीचे या उनकी शाखाओं पर अथवा पहाड़ों की कंदराओं (शिलाश्रयों) में रहते थे। शिलाश्रयों में रहने वाले लोग कभी-कभी गुफाओं की भीतरी छतों और दीवारों पर अनेक ढंग की रोचक चित्र-रचना करते थे। उनके द्वारा बनाए गए चित्र बुंदेलखंड में चंबल, बेतवा तथा नर्मदा के तटों पर प्राप्त अनेक गुफाओं में प्राप्त हुए हैं। इन चित्रों से उन विवरणों की पुष्टि हुई है, जो इस क्षेत्र के निवासियों के बारे में रामायण, पुराण-साहित्य तथा कालिदास, बाणभट्ट, भवभूति आदि के ग्रंथों में मिले हैं।

उक्त चित्रों से पता चलता है कि प्रागैतिहासिक एवं आद्यैतिहासिक परम्परा प्रारम्भिक इतिहास-युग में भी जारी रही। लोक जीवन की यह धारा इस प्रदेश में दीर्घकाल तक प्रवाहित होती रही।

ललित कलाओं के उद्‌भव तथा विकास की दृष्टि से बुंदेलखंड का भारत में विशेष स्थान है। वास्तुकला, चित्रकला तथा मूर्तिकला का इस भूभाग में आद्यैतिहासिक काल से लेकर मध्यकाल के अंत तक अनेक रूपों में विकास हुआ। इसका प्रमाण वे बहुसंख्यक स्मारक, चित्र तथा मूर्तियां हैं, जो बुंदेलखंड के विभिन्न स्थानों से प्राप्त हुई हैं।

जहाँ तक प्राचीन मूर्तियों का संबंध है, उनका निर्माण इस भूभाग में बड़े रूप में हुआ। उनके लिए इस क्षेत्र में अनेक प्रकार के पत्थर प्रचुरता से प्राप्त थे। मूर्तियों के बनाने में लाल, भूरे तथा सफेद बलुवे पत्थर का या ग्रेनाइट पत्थर का प्रयोग किया जाता था। विंध्य पर्वतमाला में ये पत्थर बड़े परिमाण में प्राप्त थे। कलाकारों ने मंदिरों तथा मूर्तियों के निर्माण में लकड़ी, मिट्टी आदि की अपेक्षा पत्थर को अधिक उपयोगी पाया। जो प्राचीन कलावशेष इस समय बुंदेलखंड के अनेक भागों में बिखरे पड़े हैं उनके निर्माण में स्थानीय पत्थर का प्रयोग किया गया। यह अधिक सुविधाजनक था।

सतना जिला में स्थित भरहुत नामक स्थान पर ई० पू० दूसरी शती में एक विशाल बौद्ध स्तूप का निर्माण हुआ। इस स्तूप की वेदिकाओं और तोरणों पर स्थानीय लोकजीवन का व्यापक चित्रण मिलता है। गुप्त-वाकाटक काल में विंध्य के अनेक भागों में कला की उत्कृष्ट कृतियों का निर्माण हुआ। देवगढ़, नचना, भुमरा, उंचेहरा, खोह, नागौद, तिगवा आदि स्थानों से प्राप्त कलाकृतियां यह सूचित करती हैं कि चौथी-पांचवीं शती में विंध्यप्रदेश में कला की बड़ी श्रीवृद्धि हुई। पूर्व-मध्यकाल में इस प्रदेश में चन्देलों का शासन हुआ, जो अपनी कलाप्रियता के लिए विख्यात हैं। उनके द्वारा बनवाए गए खजुराहो के मंदिर इसके ज्वलंत उदाहरण हैं।

बुंदेलखंड क्षेत्र में बहुसंख्यक मंदिरों, मठों, दुर्गों आदि का निर्माण ई० सातवीं से लेकर अठारहवीं शती तक हुआ। शैव, वैष्णव, शाक्त, बौद्ध तथा जैन धर्मों से संबंधित अनेक इमारतें इस काल में बनीं। विभिन्न मतावलम्बी एक साथ सौहार्द-भाव से यहां रहते थे, इसका पता उन अवशेषों से चलता है जो खजुराहो, अजयगढ़, नांद-चांद, दुधई, चांदपुर, महोबा, कालिंजर, बरवा सागर आदि में मिले हैं।

मध्यकाल में अनेक दुर्गों का निर्माण भारत के विभिन्न भागों में हुआ। बुंदेलखंड को यह सौभाग्य प्राप्त है कि यहां देश के अनेक प्रख्यात दुर्ग बनाए गए। कालिंजर, मठफा, अजयगढ़, देवगढ़, झांसी आदि के दुर्गों के नाम यहां उल्लेखनीय हैं। ये दुर्ग न केवल सुरक्षा के केन्द्र थे अपितु भारतीय उन्नत वास्तुकला के उदाहरण रूप में वे प्रसिद्ध हैं। उनमें मूर्तिकला का उत्कृष्ट रूप भी देखने को मिलता है।

अपनी भौगोलिक स्थिति तथा समृद्ध परम्परा के कारण बुंदेलखंड ने विशिष्ट संस्कृति का निर्माण किया। यहां के लोकजीवन में उन उदात्त गुणों की झांकी मिलती है, जो एक जीवंत सभ्यता के परिचायक हैं। चारुत्व के प्रति प्रेम, समन्वयात्मक दृष्टिकोण, शौर्य एवं उत्साह यहाँ की भूमि के गुण रहे हैं। अत्याचारों का पूरी शक्ति के साथ प्रतिरोध तथा देशहित के कार्यों में जुटकर कार्य करने की भावना इस भूमि की विशेषता है। इसी कारण यहां कतिपय ऐसी असाधारण विभूतियां मिलती हैं, जिन्होंने राष्ट्रहित में अपना संपूर्ण जीवन लगा दिया और जिनके बलिदानों की यशोगाथा भारतीय इतिहास का एक उज्ज्वल अध्याय है। छत्रसाल बुन्देला तथा झांसी की रानी का नाम भारतीय इतिहास में अमर है। इन दोनों विभूतियों की शौर्य-गाथायें बुंदेलखंड के कोने-कोने में आज भी गुंजरित हैं।

वर्तमान युग में स्वनामधन्य श्री महेन्द्रकुमार मानव बुंदेलखंड-क्षेत्र के एक ऐसे बहुमुखी प्रतिभा से सम्पन्न महापुरुष हैं, जिन्हें बुंदेली माटी का सच्चा सपूत होने का गौरव प्राप्त है। स्वतंत्रता संग्राम आंदोलन में उनका सक्रिय योगदान, एक प्रतिष्ठित साहित्यकार तथा पत्रकार के रूप में उनकी प्रखर छवि और कुशल राजनीतिज्ञ तथा महान सामाजिक कार्यकर्ता होने के साथ ही बुंदेलखंड के विकास में संपूर्ण जीवन समर्पित कर देने वाले श्री महेन्द्रकुमार जी ने वस्तुतः स्वयं को बुंदेलखंड के महामानव रूप में चरितार्थ किया है। वह १९५२ में विंध्यप्रदेश सरकार में शिक्षा मंत्री तथा वित्त एवं समाजसेवा मंत्री रहे हैं। १९५६ में नवीन मध्य प्रदेश के निर्माण में उन्होंने अपनी विशेष भूमिका निबाही। १९७२ में सागर को संभाग बनवाया। बुंदेलखंड-क्षेत्र का प्रतिनिधित्व देश-विदेश की विभिन्न परिषदों में समय-समय पर किया। इस भूभाग के उत्थान में संलग्न श्री मानव जी बुंदेलखंड को पृथक राज्य बनाए जाने के पक्षधर रहे हैं। वह बुंदेलखंड राज्य निर्माण संघर्ष समिति के अध्यक्ष हैं। अपने साप्ताहिक "पंचायत राज" समाचार पत्र के माध्यम से वह बुंदेलखंड के विकास की विभिन्न समस्याओं को उद्‌घाटित करते रहे हैं।

इतनी सारी प्रतिभाओं के धनी श्री मानव जी को योग्य सम्मान देने के लिए मेरे पूज्य पिताजी प्रोफेसर कृष्णदत्त वाजपेयी जी ने उनका अभिनन्दन ग्रंथ दो खंडों में प्रकाशित करने का निश्चय किया। "बुंदेलखंड गौरव" (The Glory That Was Bundelkhand) नामक इस वृहत् ग्रंथ को तैयार करने के लिए उन्होंने अत्यन्त परिश्रम किया ताकि बुंदेलखंड की महिमा इसके माध्यम से साकार हो सके। किन्तु ग्रन्थ को प्रकाशित देखने के पूर्व ही उनका असामयिक निधन हो गया! वह जीवन के अंतिम क्षणों तक इस ग्रंथ के संपादन में सदैव संलग्न रहे। मैंने उनके द्वारा अलिखित संपादकीय को श्रद्धांजलि स्वरूप प्रस्तुत कर अपना उत्तरदायित्व वहन करने का प्रयास किया है।

ग्रंथ के पहले खण्ड को कुल छह अध्यायों में और दूसरे खण्ड को पाँच अध्यायों में विभाजित किया गया है। प्रथम तथा द्वितीय अध्याय क्रमशः आशीर्वचन और जीवनयात्रा तथा रचना संसार हैं। उनमें श्री मानव जी के स्नेहिल बंधुओं के संस्मरण एवं उनके जीवन-काल के समग्र महत्त्वपूर्ण पक्षों को समावेशित किया गया है। तृतीय, चतुर्थ और पंचम अध्यायों में क्रमशः भूगोल, पुरातत्व और इतिहास पर शोधपरक चर्चा की गई है। षष्ठ अध्याय में कला की समीक्षा है। सप्तम अध्याय में धर्म तथा समाज और अष्टम अध्याय में भाषा और साहित्य का विवेचन किया गया है। नवम, दशम तथा एकादश अध्यायों में क्रमशः लोकवार्ता, कविता और विविध रचनाओं को सम्मिलित किया गया है। इन विविध लेखों द्वारा बुंदेलखण्ड की संपन्न सांस्कृतिक और ऐतिहासिक विरासत का भली भांति दिग्दर्शन होता है। बुंदेलखण्ड के बहुविध पक्षों पर अब तक जो प्रकाशन हुए हैं उनमें यह ग्रंथ एक कड़ी के रूप में निस्संदेह अत्यन्त उपयोगी सिद्ध होगा।

इस ग्रंथ को तैयार करने में संपादक-मण्डल के समस्त सहयोगी सदस्यों ने अपना अमूल्य योगदान दिया है। उनमें डा० विद्यानिवास मिश्र (वाराणसी), प्राध्यापक कांतिकुमार जैन (सागर), श्री चन्द्र भूषण त्रिवेदी (सागर), डा० बिहारीलाल नागार्च (भोपाल), डा० राधावल्लभ शर्मा (ग्वालियर), श्री अंबाप्रसाद श्रीवास्तव (भोपाल), डा० पृथ्वीकुमार अग्रवाल (वाराणसी) और डा० प्रमोद कुमार त्रिवेदी (जयपुर) के प्रति मैं ससम्मान अपना आभार व्यक्त करता हूँ।

जिन विद्वान् महानुभावों ने अपनी गवेषणापूर्ण रचनायें प्रकाशनार्थ भेजकर उपकृत किया है मैं उन सबका हृदय से आभारी हूँ। पाण्डुलिपि को सुस्पष्ट टंकित करने के लिए श्री लक्ष्मी नारायण उपाध्याय और ग्रंथ के उत्कृष्ट प्रकाशन के लिए श्री महेन्द्रकुमार मानव अभिनन्दन समिति, भोपाल भी धन्यवाद के पात्र हैं।

अंत में सुन्दर मुद्रण के लिए मैं ईस्टर्न बुक लिंकर्स, दिल्ली के संचालक श्री श्यामलाल मल्होत्रा को विशेष रूप से साधुवाद देता हूँ।

संतोष कुमार बाजपेयी

श्रीकृष्ण जन्माष्टमी
21 अगस्त, 1992

श्री महेन्द्र कुमार मानव वित्त एवं समाज मन्त्री, विन्ध्यप्रदेश १९५४

स्व. श्री बृजलाल जैन (श्री मानव जी के पिता श्री)

मातु श्री पूना बाई

राजेन्द्र ग्राम में राष्ट्रपति राजेन्द्र बाबू के साथ

प्रधानमन्त्री पं० नेहरू खजुराहो में

कबीर सम्मान प्राप्त डा. हरिभजन सिंह को अपना कविता संग्रह भेंट करते हुए

Members of Vindhya Pradesh, Legislative Assembly, Rewa, 1955

राष्ट्रपति राजेन्द्र बाबू के खजुराहो आगमन पर

शिमला में स्वास्थ्य मन्त्रियों का सम्मेलन केन्द्रीय स्वास्थ्य मन्त्री राजकुमारी अमृतकौर के साथ

संस्कृत विभाग, प्रयाग विश्वविद्यालय, सहपाठियों के साथ

बुन्देलखण्ड परिषद प्रयाग विश्वविद्यालय [कार्यकारिणी समिति]

प्रधानमन्त्री पं० नेहरू अनाथालय रीवा में

प्रधानमन्त्री पं० नेहरू का बुन्देलखण्ड में परम्परागत स्वागत

शिक्षामंत्री मानव लैंस डाउन कैम्प में

राजेन्द्र ग्राम में राष्ट्रपति राजेन्द्र बाबू के साथ

छतर का पैतर घर

[illegible] [illegible]

[illegible]

OUR CONTRIBUTORS

Agrawala, Dr. K.L.	Govt. Degree College, Satna (M.P.)
Agrawala, Dr. P.K.	Professor, Deptt. of Ancient Indian History, Culture & Archaeology, Banaras Hindu University, Varanasi-221005.
Bajpai. Krishna Datta (Late)	Tagore Professor & Head of the Deptt. of Ancient Indian History, Culture & Archaeology, Dr. Hari Singh Gour University, Sagar-470004.
Bajpai, Dr. Santosh Kumar	Sr. Lecturer, Deptt. of Ancient Indian History, Culture & Archaeology, University of Sagar (M.P.).
Bajpai, Dr. (Mrs.) Madhulika	B-21, Vidyut Nagar, Jabalpur-482008.
Brown, Percy	Eminent Indologist.
Chakravarty, Dr. Kalyan Kumar	Commissioner, Archaeology & Museums, Govt. of Madhya Pradesh, Banganga Road, Bhopal—462002.
Dixit, R.K. (Late)	Professor, Deptt. of Anc. Indian History, Culture & Archy., Lucknow University, Lucknow.
Daljeet (Dr.)	Deputy Keeper, Deptt. of Paintings, National Museum, Janpath, New Delhi-110011.
Gupta. Dr. Narmada Prasad	Deptt. of Hindi, Maharaja College (Retd.), Chairman, Bundelkhand Sahitya Academy, Shuklana, Chhatarpur-471001.
Gupta, Dr. Bhagwan Das	Historian, 113, Khatrayana Road, Jhansi-284003.
Gupta, Dr. Natthoo Lal	Education Officer, Kendriya Vidyalaya Sangathan, Bhopal (M.P.).
Goswami, Babulal	Writer, Datia, (M.P.)

Guru, Dr. S.D.	State Editor, Revision of District Gazetteer M.P. (Retd.), Bhopal.
Jain, Kundan Lal	68, Kunti Marg, Shahdara, Delhi-32
Jain, Dr, Mahabir Sharan	Professor & Head, Deptt. of Hindi & Linguistics, Rani Durgawati University, Jabalpur-481001.
Jain, Dr. Raja Ram	Head of the Deptt. of Sanskrit & Prakrit, H.D. Jain College, Arrah (Bihar).
Jain, Dasharath	Ex-Minister, Chhatarpur (M.P.)-471001.
Jain, Surendra Kumar	Sarvodaya Press, Chhatarpur-471001.
Khan, Farhat Ali	Research Scholar, Aliganj, Banda-210001.
Kundra, Om Prakash	Journalist, 45 Bungalows, Bhopal-462003.
Kumar, Jitendra	Director, State Museum, Jhansi (U.P.).
Masih, Dr. (Mrs.) Purnima	Assistant Publication Officer, State Archaeology & Museums. Bhopal-462002.
Mathur, Kumkum	Lecturer, Maharaja College, Chhatarpur (M.P.)
Mishra. Prof. R.N.	Prof. & Head, School of Studies in Ancient Indian History, Culture & Archy., Jiwaji University, Gwalior (M.P.).
Mishra, Dr. Bhaskar Nath	Birla Museum, Bhopal-462004.
Nagarch, Dr. Bihari Lal	Superintending Archaeologist, Temple Survey Project, Archaeological Survey of India, A-3, Professor's Colony, Bhopal-462002
Nigam, L.S.,	Asstt. Professor, Govt. Degree College. Raipur.
Nigam, Dr. M.L.	Director, Salarjung Museum, Hyderabad-500002.
Prakash, Jai	Eminent Historion.
Pandeya, Dr. Rakesh Prakash	Reader, School of Studies in Ancient Indian History, Culture & Archaeology, Jiwaji University, Gwalior (M.P.).
Pandeya, Prof. R.G.	Prachya Niketan, Bhopal.
Pandeya, Dr. J.N.	Reader, Deptt. of Ancient Indian History, Culture & Archaeology, Allahabad University, Allahabad.

Pandeya, Dr. Ramji	Deptt. of Ancient Indian History. Culture & Archaeology, Banaras Hindu University, Varanasi-221005.
Pathak, Naresh Kumar,	Curator, Dhubela Museum, Distt. Chhatarpur, Chhatarpur (M.P.).
Rama Shankar	Registering Offlcer, Jhansi, (U.P.)
Rao. Dr. Manjushree	Professor & Head, Prachya Niketan, Bhopal-462003.
Sexena, Ghanashyam	Editor 'Vaniki', Forest Deptt., Govt. of Madhya Pradesh, (Retd.) Bhopal (M.P.)
Saxena, J.P.	Head of Economics Deptt. Maharaja College,
Sexena, Madhu	Maharaja College, Chhatarpur (M.P.).
Sharma, Lakhpat Ram	Ex. M.L.A., 61, Civil Line, Jhansi, (U.P.)
Sharma, Dr. Dev Prakash	Dy. Keeper, National Museum, Janpath, New Delhi-110011.
Sharma, Mrs. Madhuri	C/o. Dr. D.P. Sharma, Dy. Keeper, National Museum, New Delhi-110011,
Shrivastava, Dr. A.L.	Lecturer, Allahabad Degree College, 5 D-4, Liddle Road, George Town, Allahabad, Allahabad-211002.
Shrivastava, Bhagwan Das	H-25, Baghira Apartments, Arera Colony, Bhopal-462016.
Shrivastava, Dr. O.P.L.	Registering Officer, Gorakhpur, (U.P.)
Shukla, Pradeep Kumar	Research Scholar, Deptt. of Ancient Indian History, Culture & Archy. Dr. H.S. Gour Vishwavidyalaya, Sagar (M.P).
Shukla, V.C.	Eminent Historian
Singh, K.P.	Reader, Ruhelkhand University, Barelie (U.P.)
Singh, Arvind Kumar	Lecturer, School of Studies in Ancient Indian History, Culture & Archaeology, Jiwaji University, Gwalior (M.P.).
Singh, R.R.	Curator, Archaeological Museum, Bhopal.
Sullerey, S.K.	Head, Deptt. of Ancient Indian History, Culture & Archaeology. Jabalpur University, Jabalpur.
Tiwari, Dr. Bhuvaneshwari	Beliganj, Raibareli (U.P.).

Tiwari, Dr. Maruti Nandan Prasad	Reader, Deptt. of History of Arts, Banaras Hindu University, Varanasi-221005
Tiwari, Dr. Rakesh	Director, U.P. State Archaeological Organisation, Roshanuddaulah Kothi, Kaisar Bagh, Lucknow-226001.
Tripathi, Dr. Krishna Kumar	Field Incharge, Excavation Branch, Deptt. of Anc. Indian History, Culture & Archaeology, Sagar University, Sagar-470003.
Trivedi, Chandra Bhushan	Superintending Archaeologist, Archaeological Survey of India, Bhopal Circle, Bhopal (Retd.) & Professor and Head, Prachya Niketan, Bhopal (Retd.), Amarmau, Distt. Sagar (M.P.)
Verma, Dr. Abhay Kumar	Archaeologist, 1001/3 (5), Civil Line, Jhansi (U.P.).
Verma, Dr. Mahendra	97, Gandhigir Tapra, Jhansi (U.P.).
Vidyalankar, Jai Chandra	Eminent Hindi Writer and Historian.
Vishwakarma, Dr. Ishwar Sharan	Asstt. Professor, Deptt. of Ancient Indian History, Culture & Archaeology, Prachya Niketan, Bhopal-462003.
Vishwakarma, Preeti	71, Malviya Nagar, Bhopal-462003.
Yadav, Mrs. Vandana	Asstt. Professor, Prachya Niketan, Bhopal-3

चित्र–सूची

विषय-सूची

पंचम अध्याय : इतिहास

षष्ठ अध्याय : कला

आशीर्वचन

This is to certify that Shri Mahendra Kumar Vaishakhia M. A. was a Research Fellow under me for two years and was working on the thesis "The Legend of Krishna in the Jain Literature". I have found him very enthusiastic about his works. He is both intelligent and dilligent and I hold a very high opinion about his character, I am sure that he would prove an asset to the institution in which he is appointed.

30-4-48
Bombay

Jina Vijaya Muni
Director
Bhartiya Vidya Bhavan

Mr. Mahendra Kumar Jain has passed the last M. A. Examination in Sanskrit in group B (Classical Literature) in the second division. He is personally known to me as a pupil. He is an intellegent young man of industrious habit and good manners. All his teachers think highly of his abilities. His attainments and character will justify his selection for a responsible post in the educational line.

Allahabad
University

P. K. Acharya
Professor of Sanskrit and
Head of Oriental Departments.

My dear Mahendra,

I have received your "Krishna in the Jain Canons" and have read it with great interest. I am glad to be able to say that you have reviewed the canonical references on the subjeet in a masterly manner and your presentation is excellent. I do hope and trust you will continue your labours on it and digest all the other sources of the story subsequent to the canon. Wish you all success.

9-1-47 Yours sincerely,
Nagpur (Sd.) H. L. Jain

यहां पर हमें यह बात स्वीकार करनी पड़ेगी कि श्री सुधाकर शुक्ल के साहित्यिक व्यक्तित्व का विकास-मार्ग अब तक अवरुद्ध ही रहा है। उन्हें कहीं से प्रोत्साहन मिलना तो दूर रहा। एक प्रकाशक महोदय की हृदयहीन स्वार्थ वृत्ति से उन्हें आर्थिक हानि भी उठानी पड़ी है। पर शुक्ल जी का मामला अकेला ही नहीं है। अभी-अभी हमें अन्य दो साहित्यिक बन्धुओं के विषय में यही अनुभव हुआ है। एक तो छतरपुर के श्रीयुत महेन्द्रकुमार जी मानव एम० ए० और दूसरे देहरादून के श्री योगेश्वर जी गुलेरी। स्वर्गीय पंडित चन्द्रधर जी शर्मा के उस सुपुत्र से हमें बड़ी आशाएं हैं। साधारण योग्यता रखते हुए भी ये दोनों युवक भी अपने साहित्यिक व्यक्तित्व का निर्माण अभी तक नहीं कर सके। हमारे इस विस्तृत देश में कोई भी तो ऐसा विद्यालय या आश्रम नहीं जहां लेखक बनने की इच्छा रखने वाले युवकों को साहित्य रचना के सिद्धान्त बतलाए जा सकें। हिन्दी जगत के धनी धोरियों को उधर ध्यान देने की फुरसत ही नहीं है। संस्कृत के उन्हें पथ-प्रदर्शक ही नहीं मिलते।

२८-१२-४६
गांधी भवन, कुंडेश्वर टीकमगढ़ **बनारसी दास चतुर्वेदी**

(सुधाकर शुक्ल के कविता संग्रह 'कसक' की भूमिका में)

मैं श्री महेन्द्र कुमार जी वैशाखिया एम० ए० को दो-तीन वर्ष से जानता हूं। हिन्दी इनकी मातृभाषा है और उसमें ये कहानियां, कविता आदि लिखा करते हैं जो हिन्दी के पत्रों में प्रकाशित हुआ करती हैं। संस्कृत में एम० ए० किया है, इसलिए भी हिन्दी की योग्यता इनकी अच्छी है। हिन्दी साहित्य का अध्ययन भी इन्होंने काफी किया है। मैं समझता हूं, हिन्दी का अध्यापन इनके द्वारा सन्तोषजनक रीति से हो सकेगा।

११-६-४७ **नाथूराम प्रेमी**
हीराबाग गिरगांव, बम्बई (नवयुग साहित्य के पुरस्कर्ता)

मैं श्री० महेन्द्र कुमार वैशाखिया को जानता हूं। वह एम० ए० हैं, और उन्होंने हिन्दी साहित्य का अच्छा अध्ययन किया है। वह कहानियां और लेख भी लिखते हैं, और लोग उनकी कहानियां और लेखों को आदर से लेते हैं, और शौक से पढ़ते हैं। अगर उन्हें इण्टर मीडियट और बी० ए० के विद्यार्थियों को पढ़ाने का मौका मिले, तो वह यह काम सुचारू रूप से कर सकते हैं। उनमें यह योग्यता भी है।

१-६-४७ **सुदर्शन**
महिम बम्बई

अपने साप्ताहिक 'संग्राम' में मैंने युवा लेखक मानव जी की कई कहानियां प्रकाशित की हैं। उनमें एक अच्छे कहानीकार बनने की संभावना है।

पांडेय बेचन शर्मा 'उग्र'

The bearer of this, Mahendra Kumar Jain, is a resident of Chhatarpur. From childhood right up to the Intermediate examination, he studied under me. In 1938 he stood first in the whole Ajmer Board in the High School Examination from this college. He was thus the first Bundelkhandi to have gained this distinction for himself, and for Bundelkhand. In Inter examination also, he got a first class and occupied the 8th position in the Board. Later on, he took his B. A. degree, from Allahabad in 1942 and got 2nd class and his M. A. degree in 1945 and got 2nd class.

That he could not do as well in his B. A. & M. A. examinations, as was expected of him, was mainly due to his poverty which he had all along to struggle with, but partly, no doubt, to his throwing himself over board into the prevailing national movement which naturally interferred with his regular studies. I have no doubt that he would have done very brilliantly had he pursued the usual way of the scholars, untramelled by the criss-cross of the compelling necessities of the political activities of the time no less of the chilling inhibition imposed by poverty.

He has been to jail for about a year during the Congress movement. Thus he is, unlike most scholars who lead the life of a incluse, a field worker in the national movement. A self made man, sincere to the very core of heart, alert and intelligant, respectful to the superiors, and above all, patrotic by conviction, Mahendra Kumar is a fine young man the like of whom I have had few during my twenty five year's carrier as a teacher.

In the Bombay University, I am told, he has put in two years, residence as a research scholar for the doctorate degree. He has yet to finalise his thesis for submission to the University. For this, he requires a quiet life and freedom from financial stringency. Accordingly he approached me to recommend him to you for a suitable post in the education Dept. of the Vindhya Pradesh, and I do recommend him with all the earnestness I can command. I would beg of you to give special consideration to his case which is, from all points of view, so richly deserving.

At Bombay he was for some time professor of Hindi in the Sydenham College. Later on, he took to work in Hindi Journals in which he is still continuing, but which, alas, has kept him in the grip of want, as usually is the lot of the votaries of letters : he has got rid of this precarious tiding in order to do some sound work now.

From the little I have studied and heard of you, I am confident that you have had a warm heart for the young man of the Vindhya Pradesh, and will therefore do something substantial for this talented and patriotic flower of the youth of Bundelkhand.

S. N. Banerjee
Principal
M I. College

24-11-48
CHHATAPUR, C. I.

This is to certify that Mr. Mahendra Kumar Vaishakhiya served as an Assistant Lecturer in Hindi in this College for nearly three months during 1946-47. He has also passed his M.A. in Sanskrit. He is painstaking and genuinely interested in teaching. I recommend him for a post suited to his qualifications.

1-5-1948
Bombay

Principal
Sydenham College of Commerce and Economics

शुभाशंसा

मुझे यह जानकर खुशी हुई कि श्री महेन्द्र कुमार मानव की सेवाओं पर आधारित एक अभिनंदन ग्रंथ प्रकाशित किया जा रहा है। श्री मानव का पत्रकारिता, साहित्य, राजनीति समाज सेवा और स्वतन्त्रता संग्राम में काफी योगदान रहा है। यह अभिनन्दन ग्रंथ उनकी सेवा के मूल्यांकन का दस्तावेज होगा।

बधाई और शुभकामनाएँ।

कंवर महमूद अली खां

३-१०-१९९०
राजभवन, भोपाल

जानकर प्रसन्नता हुई कि "दी ग्लोरी दैट वाज़ बुन्देलखण्ड" नामक अभिनन्दन ग्रंथ श्री महेन्द्र कुमार मानव पर प्रकाशित किया जा रहा है।

श्री मानव बहुमुखी प्रतिभा के धनी हैं। उनके प्रेरक सान्निध्य तथा शालीन, मृदु एवं सौम्य व्यक्तित्व से सभी परिचित हैं। बुन्देलखण्ड की पावन मिट्टी को उन्हें पालने-पोसने का सौभाग्य भले ही मिला है परन्तु उस मिट्टी की सुगन्ध पूरे प्रदेश में फैली हुई है। सुप्रतिष्ठित साहित्यकार, सजग पत्रकार तथा प्रखर वक्ता के रूप में श्री मानव की छवि उनके मित्रों और स्नेहियों के हृदय में सदा-सदा के लिए अंकित है।

इस अभिनंदन ग्रंथ के जरिए लोगों को जहां श्री मानव के व्यक्तित्व एवं कृतित्व के अनछुए पृष्ठ पढ़ने को मिलेंगे वहीं बुन्देलखण्ड की सम्पन्न सांस्कृतिक और ऐतिहासिक विरासत को कुछ और जाना जा सकेगा।

ग्रंथ अपने अभीष्ट को प्राप्त करने में सफल हो, यही शुभ-कामना है।

२४-१०-९०
भोपाल

बृज मोहन मिश्रा
अध्यक्ष, मध्यप्रदेश विधान सभा

आपका दिनांक २० अक्तूबर का पत्र मिला।

यह जानकर प्रसन्नता हुई कि श्री महेन्द्र कुमार मानव के सम्मान में एक अभिनन्दन ग्रंथ का प्रकाशन किया जा रहा है।

मुझे श्री मानव के साथ मध्य प्रदेश विधान सभा में वर्षों तक कार्य करने का अवसर प्राप्त हुआ है। उन्होंने बुन्देलखण्ड की जनता तथा उस क्षेत्र के विकास में स्मरणीय योगदान किया है। इस बात से वे अभिनन्दन के पात्र हैं।

मैं आपके प्रयास की सफलता की कामना करता हूं।

आपका

१४-११-१९९०
भोपाल

कैलाश जोशी
मंत्री, मध्यप्रदेश शासन
वाणिज्य, उद्योग एवं ऊर्जा

I am vary happy to learn that a compilation "The Glory that was Bundelkhand" is being brought out to felicitate Shri Mahendra Kumar Manav, a dedicated social and political worker of Bundelkhand.

The socio-political-cultural history of the present Bundelkhand has been a very chequered one. Ever since the era of the holy Vedas down to the present days, the Bundelkhand known as Chehi and subsequently asharna in ancient times has been a witness to many ups and downs of history.

I hope that the compilation would give the same insight to the readers as was presented by the 'Wonder that was India' authored by the scholer historian Proof A. L. Basham. I wish your endeavour a grand success and also extend my hearty compliments to Shri Mahendra Kumar Manav to live a long and happy life.

शीतला सहाय
मंत्री
नर्मदा घाटी विकास, जल संसाधन,
मध्यप्रदेश

25-3-91
भोपाल

प्रिय महोदय,

यह जानकर प्रसन्नता हुई कि श्री महेन्द्र कुमार मानव फैलिसिटेशन वाल्यूम का प्रकाशन किया जा रहा है। श्री मानव जी महात्मा गांधी जी के अनुयायी हैं। उनके दिखाए मार्ग पर वे चले। बुन्देलखण्ड के विकास में उन्होंने जो योगदान किया है वह चिरस्मरणीय है। श्री मानव जी त्याग-तपस्या की मूर्ति हैं। उन्होंने स्वतंत्रता संग्राम में सक्रिय योगदान किया। वे सरल स्वभाव के तथा कर्मठ कार्यकर्त्ता हैं। उनके सम्मान में आप जो ग्रंथ निकालने जा रहे हैं उसकी सफलता की मैं कामना करता हूं। श्री मानव जी दीर्घजीवी हों, यही कामना करता हूं।

शुभकामनाओं सहित
श्यामाचरण शुक्ल
नेता प्रतिपक्ष, मध्यप्रदेश मिधानसभा

१०-६-१६६०
भोपाल

मानव जी के नाम के साथ बुन्देलखण्ड और राष्ट्रीय व राज्य का स्वतन्त्रता आंदोलन सदा जुड़ा रहेगा। आज़ादी के बाद से बुन्देलखंड के चहुमुखी विकास के लिए वे लगातार संघर्षरत रहे हैं। आज भी बुन्देलखंड की उपेक्षा के कारण उनके हृदय में जो क्षोभ है उसका लगातार प्रदर्शन होता रहता है। शासन की उपेक्षा के कारण तथा बुन्देलखंड के विकास के लिए आपको पृथक बुन्देलखंड राज्य का नारा देना पड़ा है। आप अग्रणी स्वतंत्रता संग्राम सेनानी, पत्रकार, साहित्यकार, बहुमुखी प्रतिभा के धनी हैं। सबसे बड़ा श्रेय मेरे लिए यह है कि वे मेरे मित्र और शुभचिन्तक हैं।

वे दीर्घायु हों और जनहित व राष्ट्र हित में अपना संघर्ष जारी रखें। इसी कामना के साथ मैं उनके लिए अपनी हार्दिक शुभकामनायें भेज रहा हूं।

३०-१-६१
भोपाल

बालकृष्ण गुप्त
कम्यूनिस्ट पार्टी आफिस

यह जानकर प्रसन्नता हुई कि महेन्द्र कुमार "मानव" अभिनंदन ग्रंथ प्रकाशित हो रहा है। मानव जी बुन्देलखंड के गहनतम विचारक, युगदृष्टा और क्रांतिकारी रहे हैं। उनका स्वाध्याय एवं साधना अपने आप में अपूर्व रहा। दार्शनिक विधारधारा एवं अद्‌भुत लेखन शैली रही है। ऐसे लोग निश्चित ही समाज को कुछ दे कर जाते हैं। मैं प्रारम्भ से ही महेन्द्र कुमार "मानव" की प्रशंसक रही। मैंने उनके गृह पर जाकर उनके निजी ग्रंथालय का अवलोकन किया। मैं भगवान् से प्रार्थना करती हूँ कि मानव जी जैसे पुरुष चिरंजीवी हों और लोगों के लिए प्रेरणा-केंद्र बनें। मैं उनके बहु आयामी व्यक्तित्व की सराहना करती हूं।

२०-४-६०
टीकमगढ़

कु० उमा भारती
संसद सदस्य, लोकसभा

जब श्री महेन्द्र कुमार छतरपुर कालेज में इण्टर का विद्यार्थी था और मुझे लौंड़ी से छतरपुर आना पड़ता था, उस समय ये विद्यार्थी मेरे पास आया था। उन दिनों इसकी वेश-भूषा अज़ब-सी दिखती थी। दाढ़ी बढ़ गई थी और भाग दौड़ के कारण वह अपने शरीर और कपड़ों की ओर ठीक से ध्यान नहीं दे पाता था। तभी मैंने भांप लिया था कि इस विद्यार्थी में देशभक्ति की भावना है।

आगे चलकर जब सन् १९४९ में वह शिक्षा समाप्त कर छतरपुर आया, तब से मैंने इसको कांग्रेस मैं ले लिया। श्री महेन्द्र कुमार और श्री दशरथ दोनों मेरे बेटे-जैसे रहे हैं।

आज यह देखकर मुझे प्रसन्नता है कि उसने अपनी सेवा के द्वारा समाज में गौरव-पूर्ण स्थान प्राप्त किया है। जनता तथा विद्वत्जनों द्वारा उसका अभिनंदन किया जा रहा है।

मेरा उसके लिए आशीर्वाद है।

२६-१०-९०
छतरपुर, म० प्र०

रामसहाय तिवारी
स्वतंत्रता संग्राम सेनानी

श्री महेन्द्र कुमार मानव जाने-माने कर्मठ नेता हैं। विद्या में प्रवीण, पत्रकारिता में परिपक्व, देश कार्य में सदा लीन और बुंदेलखंड के जन-जन में लोकप्रिय तथा सिद्ध-हस्त कार्यकर्ता तो हैं ही, उनके मन मानस में सदा बुंदेलखंड का हित एवं विकास है और सदा से रहा है। ऐसे उद्‌भट जन सेवक के जीवन और कार्य कलाप से संबंधित "महेन्द्र कुमार मानव-अभिनन्दन ग्रंथ" प्रकाशित होने जा रहा है, इसकी मुझे हार्दिक प्रसन्नता है।

मेरा आशीर्वाद है कि वे सुखी-संपन्न एवं चिरजीवी हों—पर सदा बुंदेल भूमि के उद्धार कार्य में संलग्न रहें।

३०-१०-९०
नई दिल्ली

मन्नूलाल द्विवेदी
मेम्बर कान्स्टीट्यन्ट एसैम्बली और प्रोविजनल पार्लिमेन्ट, मेम्बर ऑफ पार्लिमेन्ट (लोक सभा १९५२-१९५७)

श्री महेन्द्र कुमार मानव इस प्रदेश के अग्रणी साहित्यकारों में हैं। श्री वियोगी हरि जी के शिष्य हैं। विन्ध्य प्रदेश में आप पंचायत और शिक्षामंत्री थे, उस समय मैं विन्ध्य विधान सभा का सदस्य था। आपसे निकट सम्पर्क रहा। आप हृदय के स्वच्छ आचरण से ईमानदार और स्वभाव से भोले हैं। सब मिलाकर आपका व्यक्तित्व एक साधु का व्यक्तित्व है। मानव जी ने बुन्देलखण्ड की उन्नति के लिए जीवन भर प्रयत्न किया। अभी भी अपनी मिट्टी के लिये समर्पित हैं। प्रभु इन्हें दीर्घायु दे और स्वास्थ्य ठीक रखे।

३-५-९०
दतिया (म० प्र०)

सूर्यदेव शर्मा
(भूतपूर्व विधायक)
मन्त्री : श्रीपीताम्बरा पीठ

यह जानकर अत्यधिक प्रसन्नता हुई कि गांधीवादी श्री महेन्द्र कुमार जी मानव के सम्मानार्थ अभिनन्दन ग्रंथ प्रकाशित किया जा रहा है। मैं श्री मानव जी के सम्पर्क में बचपन से ही हूं। वह एक अलौकिक प्रतिभा के धनी हैं। राजनीति, सामाजिक कार्यों में वह सदैव अग्रसर रहते हैं। प्रत्येक क्षेत्र में उन्होंने अपनी कर्मठता, योग्यता एवं कार्यों से ख्याति अर्जित की है। वह एक सुलझे राजनीतिज्ञ हैं। श्री मानव जी विन्ध्य प्रदेश शासन में मंत्री रहे हैं एवं एक कुशल प्रशासक के सभी गुणों से सुशोभित हैं। उनकी कार्य करने की शैली, संगठन शक्ति एवं एकता को बढ़ाना अपने आप में एक विशेष गुण हैं। राजनीति में अग्रणी पंक्ति में रहते हुए, वह सामाजिक एवं धार्मिक कार्यों में भी अपना योगदान दे रहे हैं। वे अनेक संस्थाओं के पदाधिकारी हैं। उन्होंने समाज में एकता, अखण्डता, सामंजस्य एवं समन्वय के लिये उल्लेखनीय कार्य किये हैं, जो अनुकरणीय हैं।

श्री मानव जी के यशस्वी, स्वस्थ एवं सुदीर्घ जीवन की कामना करते हैं ताकि समाज, प्रदेश एवं देश उनकी सेवाओं से लाभान्वित होता रहे।

२०-१०-१९९०
सागर (म० प्र०)

डालचंद जैन
पूर्व सांसद
अध्यक्ष, अखिल भारतवर्षीय दिगम्बर
जैन परिषद्

यह स्पष्ट है कि मध्य भारतीय देशी राज्य लोक परिषद में बुन्देलखंड की सब देशी राज्यों की प्रजा शामिल थी और उसकी धड़कन बम्बई में बैठे मानव जी के पास तक पहुंच रही थी और वे उस समर में कूदने के लिये छटपटा रहे थे। सन् १९४२ के समर में वे जेल की हवा खा ही चुके थे। वे जन्मभूमि से दूर बैठे स्थानीय परिदृश्य का अवलोकन कर रहे थे। किन्तु मेरा पहला परिचय मानव जी से तब हुआ जब वे विन्ध्य प्रदेश में मंत्री थे।

मैंने श्री मानव जी में एक सुरुचिसम्पन्न, साहित्यिक चेतना का धनी, युवक का आभास पाया और जब जब उनसे विभिन्न आयोजनों में भेंट हुई तब मेरा उक्त मूल्यांकन खरा निकला। श्री मानव एक सुलझा युवक राजनीति में काम कर रहा था। उस समय भी वह साहित्यिक गतिविधियों में भाग लेते रहे। सुमधुर वाणी का धनी यह युवक सहृदय है। इसी कारण संभवतः उन्होंने उपनाम "मानव" पसन्द किया है। "मानव" का सहृदय होना ही उसमें मानवता आरोपित करता है।

मैं श्री महेन्द्र कुमार जी मानव के चिर युवा (युवकोचित उत्साह के साथ) रहकर समाज तथा देश की सेवा करने में अपनी शक्ति लगाते हुए दीर्घजीवी होने की (स्वस्थता के साथ) हार्दिक शुभकामना करता हूं।

८-९-८९
शुजालपुर मंडी

सौभाग्यमल जैन
पूर्व वित्त तथा राजस्व मंत्री, मध्य भारत
पूर्व अध्यक्ष म० प्र० रा० भाषा प्रचार समिति

आपका पत्र मिला। धन्यवाद। मानव जी मेरे पुराने मित्र हैं। उनके अभिनन्दन की योजना की सफलता चाहता हूं। मेरी अशेष शुभकामनायें।

२५-३-९०
सतना

शिवानन्द
पूर्व अध्यक्ष
विन्ध्य प्रदेश विधान सभा

मुझे यह जानकर बहुत ही प्रसन्नता हुई है कि आदरणीय श्री महेन्द्र कुमार जी मानव को उनकी आदर्शपूर्ण साहित्यिक और राजनैतिक सेवाओं के उपलक्ष्य में अभिनंदन ग्रंथ प्रस्तुत किया जा रहा है, जो अति सराहनीय पग है। श्री मानव जी मेरे निकट के संबंधी और सहयोगी रहे हैं। श्री मानव जी वास्तव में बहुत सरल-सीधे सच्चे और साहित्यिक व्यक्ति हैं। वह देवी सरस्वती के अनन्य भक्त होने के साथ-साथ देश और प्रदेश के लिए अपना सब कुछ न्यौछावर करने के लिए तत्पर रहे हैं। यही कारण है कि देश के स्वतंत्रता संग्राम में वह बहुत छोटी उमर में ही होशंगाबाद से, अनेक महत्त्वपूर्ण सेवाओं के कारण, उस समय की सरकार द्वारा जेल भेज दिए गए। परन्तु इस हठी बालक ने अपने फर्ज निभाने की होड़ को अग्रणी माना और सरकार के सामने नतमस्तक नहीं हुआ।

प्रदेश कांग्रेस अध्यक्ष श्री मेघश्याम की आज्ञा पर जब मैंने लगभग दो माह छतरपुर क्षेत्र का व्यापक दौरा किया तो उनके प्रति कार्यकर्ताओं और जनता में जो असीम स्नेह देखने, सुनने और समझने को मिला वास्तव में वह उनकी सच्ची सेवा का प्रतीक था। वे भारी बहुमत से विजयी हुए।

श्री महेन्द्र कुमार जी मानव तारण समाज में भी सक्रिय सेवायें देते रहे जिससे उन्हें समाज का भी बहुत स्नेह प्राप्त हुआ। मैं उनके अच्छे स्वास्थ्य एवं दीर्घ आयु की कामना करता हूं। प्रभु करे वह अपनी हार्दिक भावना के अनुसार बहुत-बहुत समय तक प्रदेश और देश की जनता, समाज तथा साहित्य की सेवा में समर्पित रहें।

बाबूलाल कमल

सिलवानी (रायसेन)

पूर्व विधायक एवं स्वतंत्रता सेनानी,

मुझे यह जानकर प्रसन्नता हुई कि श्री महेन्द्र कुमार "मानव" अभिनन्दन ग्रंथ का प्रकाशन किया जा रहा है।

महेन्द्र कुमार मानव का सर्वप्रथम परिचय मुझे सम्पादकाचार्य पं० बनारसीदास चतुर्वेदी के पत्रों से हुआ था। उस समय मैं उन्हीं के निर्देशन में बुन्देलखंड प्रांत का आन्दोलन चल रहा था। उनकी पीढ़ी के सभी लोगों की नामावली वह मुझे बराबर लिखकर भेजते रहे और मैं उन सबके सम्पर्क में आता गया। महेन्द्र कुमार जी से जब साक्षात्कार हुआ तो उनकी आत्मीयता, बुंदेलखंड प्रांत के लिये समर्पण की भावना का मैं मुरीद हो गया। कितनी ही बार मेरे बुलावे पर वह मेरे कार्यक्रम में उपस्थित हुए और कितनी ही बार उनके कार्यक्रमों में मुझे जाने का सौभाग्य मिला। कुल मिलाकर बुंदेलखंड प्रांत निर्माण के लिये उनका योगदान शीर्षस्थ है। हम सबको उन्हें अपना नेता मानकर उस आन्दोलन को बल मिला है। ईश्वर करे उनके जीवनकाल में बुंदेलखंड प्रांत का सपना पूरा हो। उसके लिये हम सब को समर्पण की भावना से लगना होगा। अभिनंदन ग्रंथ के लिए मेरी शुभकामनाएं समर्पित हैं।

विष्णुदत्त शर्मा
अध्यक्ष,
बुंदेलखंड किसान परिषद

१३-१२-९०
लखनऊ

मुझे यह जानकर बड़ी प्रसन्नता है कि माननीय समाजभूषण, स्वस्थ एवं स्वच्छ राजनीति के आधार, मानव पीदा के ज्ञाता श्री महेन्द्र कुमार मानव का अभिनंदन ग्रंथ प्रकाशित किया जा रहा है। श्री मानव का मन गरीबों की व्यथाओं, समाज की कुरीतियों और पिछड़ों की दुर्व्यवस्था से पीड़ित है। उन्हें जनशक्ति मिले तो वे क्रांतिकारी बदलाव के लिए सक्षम हैं। बुंदेलखंड राज्य निर्माण के लिए वे संकल्पबद्ध हैं और इस आन्दोलन के वे हमारे नेता हैं। श्री मानव को उनके स्वस्थ जीवन, स्वस्थ चिंतन और स्वच्छ राजनैतिक जीवन के लिए अभिनंदन और कृतज्ञता ज्ञापन।

आयोजकों के लिए हमारा धन्यवाद, साधुवाद और सफलता के लिए हमारी हार्दिक शुभकामनाएँ।

सुरेश मोदी
अध्यक्ष,
जिला जनता दल

२६-१२-१९८९
दमोह (म० प्र०)

मेरे जीवन में मानव जी के इतने आदर्श और प्रतीकों के संस्मरण जुड़े है जो पुरानी 'दादी कथा' की किंवदतियों में शाश्वत तो रखे जा सकते हैं परंतु उन्हें लिपि में कैद नहीं किया जा सकता। अतः मेरी इस मजबूरी को देखते हुए उदारतापूर्वक क्षमा करेंगे। फिर भी दो शब्दों में—

'मानव' की उजियारी से बढ़ मिलती नहीं कोई मिसाल,
ये वो शख्स है जिसका नहीं उल्टा सीधा।
कुछ तुझी पर मुनहसिर नहीं ऐ खुदा,
जिसे हमने पूजा खुदा कर दिया।

२५-१२-९०
अमरपाटन

लल्लन जैन

आपका दि. २५-३-९० का पत्र मिला। धन्यवाद। सचमुच आप 'बुंदेलखंड गौरव' श्री महेन्द्र कुमार मानव के सम्मान में अभिनंदन ग्रंथ छपवाने जा रहे हैं। बहुत स्तुत्य कार्य है। देश व समाज के उत्थान में मानव जी का बहुत बड़ा योगदान है। उसके लिए उनकी जितनी स्तुति व अभिनंदन किया जाय थोड़ा है। उनके प्रति मेरा अभिवादन इन शुभ कामनाओं के साथ कि वे अपनी कृतियों से देश व समाज की सेवा करते हुए शतायु हों।

५-४-९०
लखनऊ

रामकृष्ण खत्री

मुझे बहुत प्रसन्नता हुई जब मैंने आपका पत्र पढ़ा। मानव जी मेरे साथियों में से हैं। वे आल इण्डिया फ्रीडम फाइटर आर्गेनाइजेशन की कार्यकारिणी की बैठक में मेरे घर भी पधारे थे। मेरी तरफ से आशीर्वाद और चाहता हूं कि आपकी अभिनंदन ग्रंथ की योजना सफल हों। यह मेरी हार्दिक इच्छा है।

४-४-९०

राजेन्द्रपाल सिंह वारियर
मेरठ (उ० प्र०)

बुंदेलखण्ड वह भूमि रही है जहाँ एक ओर वीरता और देशप्रेम ने भारत को गौरवान्वित किया है, वहीं दूसरी ओर धर्म, कला एवं वास्तु विद्या एवं शिल्पकारी ने कीर्तिमान प्राप्त किया है। खजुराहो के मंदिर विश्वबिख्यात हैं।

बुंदेलखंड की भूमि ने अनेक वीर पुत्र, लेखक, कवि, बुद्धिजीवी एवं राजनैतिक नेता पैदा किए हैं। इनमें श्री महेन्द्र कुमार मानव अग्रगण्य है। इनकी विशेषता यह है कि मानव जी बुद्धिजीवी हैं, लेखक हैं, राजनैतिक नेता हैं एवं स्वतंत्रता संग्राम के एक प्रमुख सैनिक भी हैं। इनका जीवन सदा देश को अर्पित हुआ है एवं इनका धर्म देश सेवा था और है।

मानव जी उच्च ओहदों पर पीठासीन रहे हैं परंतु वहाँ पर भी उनका स्वभाव मधुर रहा है एवं उनकी जीवनी सादी एवं सरल। पद का प्रलोभन, सत्ता की मदिरा, धन की चेष्टा से वे सदा दूर रहे हैं। यह उनके आदर्श चरित्र का प्रतीक है।

मानव जी के शुभचिंतकों ने उन्हें सम्मानित करने के लिए 'बुंदेलखंड गौरव' ग्रंथ रचना की योजना बनाई है। यह अत्यंत ही सराहनीय है। मैं मानव जी एवं उनके माध्यम से बुंदेलखंड को नमस्कार करता हूँ।

एम० एन० बुच

१३.४.९१
भोपाल

महेन्द्र कुमार मानव से परिचय ३-४ दशाब्दियों पुराना है। उन दिनों वे कर्मठ राष्ट्रकर्मी समाज के जागृत नेता और पत्रकार थे। हमारे पत्र "नवभारत टाइम्स" को भी वे सम्वाद भेजने का महत्त्वपूर्ण कार्य करते थे। एक शाम वे कार्यालय में भेट करने आये तब तक हम यह न जानते थे कि अपने क्षेत्र बुंदेलखंड और मध्य भारत में उनको इतना सम्मान प्राप्त है कि अगले ही दिन जब नवनिर्मित राज्य में कांग्रेस के मंत्रियों की सूची प्रकाशित हुई तो उसमें मानव जी विद्यमान थे।

मंत्री के रूप में उन्होंने अपने राज्य की जो सेवा की, विशेष कर शिक्षा के क्षेत्र में, वह आज भी याद की जाती है। इन दिनों वे राष्ट्रोत्थान के कार्य में व्यस्त हैं और अपने क्षेत्र में अत्यंत समादृत हैं। आयु में हम उनसे बड़े हैं इसलिए आशीर्वाद सहित यह मंगल कामना करते हैं कि वे दीर्घकाल तक देश व समाज की सेवा कर सकें। प्रभु उन्हें सुन्दर स्वास्थ्य और निराकुलता प्रदान करे।

अक्षय कुमार जैन

१९-१२-९०
नई दिल्ली

Mahendra Kumar Manav—A Personal Memoir

The word 'editor' in English, conjures up the vision of an authoritative figure manning the editorial desk of a national daily. In fact, most editors in English, and certainly in Language publications, belong to the category of 'Small' Newspapers. It was at a professional gathering of the small-newspapers clan, that I first met Mahendra Kumar Manav. To be quite honest, my first exposure to my fellow editors, was something of a cultural shock ! They came in all shapes, sizes colours, and styles of dress, speaking a Babel of tongues-generally, other than English.

For a southerner to fit into this crowd was quite difficult. More so for a lady. It seems as if magic drew Mr. Manav to my side, across the room. He stood out from the others, with his venerable thatch of silver grey heir; his impoccable use of the English tongue, and his sense of chivalry. Further conversation elicitsd the fact that he was a one-time minister of the M. P. Government, and not merely an editor, but a poet. This last facet of his personality is a pursuit we share (He seems to have a young heart despite his silver hair !) Though I have not met him, since the last meeting of the professional body at which we became acquainted, we have remained in touch from time to time, through correspondence. He has translated some of my poems, and sent me some of his own. I recollect our meeting with affection and pleasure. I wish him a long life and continued creative activity in journalism and literature.

Louella Lobo Prabhu
Associate Editor, 'Insight'

महेन्द्र कुमार मानव अभिनंदन ग्रंथ के संबंध में आपका पत्र मिला। धन्यवाद। मानव जी के प्रति मेरे मन में आदर है। उनके एक काव्य संग्रह का नाम—"मनुष्य की गन्ध मुझे भाती है" क्या यही पर्याप्त नहीं उनके सम्पूर्ण मानवतावादी होने के लिए ?

वे न थकने वाले, न हारने वाले अपराजित योद्धा हैं—कर्मक्षेत्र में। उनका अवदान साहित्य, राजनीति, सामाजिकता और प्यार के क्षेत्र में समरस है।

वे शतायु हों—सतत सृजनशील—यही कामना है।

सादर

२०-६-९०
भोपाल

धन्नालाल शाह
पत्रकार

आपका पत्र प्राप्त हुआ।

यह जानकर खुशी हुई कि मानव जी पर एक अभिनंदन ग्रंथ निकल रहा है।

पत्रकारिता में महेन्द्र मानव जी के योगदान की 'इफ समन' की कई बैठकों में भी भूरि-भूरि प्रशंसा की गयी है।

सादर सम्मान सहित

६-६-९०
नई दिल्ली

पुष्पा पांडेया
अध्यक्षा, इण्डियन फेडरेशन ऑफ स्माल ऐंड मीडियम न्यूज़पेपर्स

एक आदर्श पुरुष

मानवता की प्रेरणा देने वाले जैन धर्म के सिद्धान्तों को स्वीकार करते हुए श्री महेन्द्रकुमार जी मे अपना 'सरनेम' मानव तो सही अपनाया परन्तु जीवन के वास्तविक स्वरूप को देखते हुए ऊपर वह अपना नाम महेन्द्रकुमार "क्रांतिकारी" रखते तो अधिक अच्छा होता।

श्री मानव का ७० वर्षीय पूरा जीवन क्रान्तिकारी रहा है और पूर्ण रूप से सफल भी। दुनिया में बहुत कम ऐसी किस्मत वाले लोग रहे जिनको जीवन में पूरी तरह सफलता प्राप्त हुई जैसी श्री महेन्द्रकुमार मानव को प्राप्त हुई।

लड़कपन से ही स्वतंत्रता संग्राम में कूद बैठे अनेक बार देश की आज़ादी के लिये जेल की हवा खाकर अपने शरीर का फ़ुरतीलापन बरकरार रखा। कुछ समय के लिये फिल्मी दुनिया का मज़ा भी लिया। ५ वर्षों तक मंत्री पद और १० वर्षों तक विधायक के रूप में राजनीतिक आनन्द प्राप्त करने वाले इस क्रान्तिकारी ब्यक्ति को जीवन के सभी पारिवारिक सुख भी प्राप्त हुए। प्रथम श्रेणी की सरकारी सेवा प्राप्त महिला पत्नी तथा एक मात्र स्वस्थ सुपुत्र रत्न का सुख भी उनको मिला। बस कमी रही तो केवल यह कि उनकी संतान में पुत्री नहीं परन्तु एक बहुत लायक और गृहिणी पुत्र वधू ने उनके परिवार में इस कमी को पूरा कर दिया है।

मानव जी हमेशा क्रान्तिकारी रहे, चाहे वह किसी भी माहौल या पद पर रहे हों। इसीलिये राजनीति में भ्रष्टाचार एवं स्तर को गिरता महसूस कर गत कई वर्षों से उन्होंने राजनीति से नाता तोड़ रखा है। एक स्वतंत्रता सेनानी होने के नाते राजनीति में किसी भी भ्रष्टाचार और बेईमानी को वह सहन नहीं करते। और आज भी वह अपने वतन बुन्देलखंड के विकास के लिए अमली तौर पर पूरी तरह लड़ाई लड़ रहे हैं। बस फ़र्क इतना है कि वर्तमान राजनीति से दूर होकर श्री मानव ने अब अपना साथ पूर्णरूप से साहित्यकारों, पत्रकारों एवं बुद्धिजीवियों से जोड़ लिया है।

श्री महेन्द्रकुमार मानव १९४९ से पत्रकारिता से जुड़े हैं और समाचार पत्र प्रकाशित कर रहे हैं, परन्तु एक मिशन के रूप में न कि धंधे के रूप में।

लगभग ६ वर्ष पूर्व मेरा सम्पर्क मानवजी से हुआ, जब उन्हें लघु समाचारपत्र संघ की मध्यप्रदेश इकाई का प्रांतीय अध्यक्ष बनाया गया तथा मुझको उनके साथ प्रांतीय महामंत्री के रूप में कार्य करने का अवसर प्राप्त हुआ। मेरी तथा मानवजी की आयु में काफ़ी अन्तर होने के बावजूद उन्होंने कभी भी अपना बड़ापन अथवा अपनी विशिष्टता का प्रभाव मुझ पर डालने का प्रयत्न नहीं किया तथा संस्था के प्रशासनिक कार्यों में किसी भी अनुचित कार्य के लिये नहीं कहा। विशेष रूप से संस्था के वित्तीय मामले में हमेशा नियम और ईमानदारी का मार्ग दर्शन दिया। मानव जी के इन्हीं उसूलों से मैं बहुत प्रभावित हुआ तथा मुझे उनसे बहुत कुछ सीखने का अवसर भी मिला। जब से मेरा उन से सम्बन्ध हुआ है मैं देख रहा हूँ कि जब

कभी किसी भी स्तर पर कोई भ्रष्टाचार अथवा अन्याय को मानवजी देखते हैं तुरन्त ही उस का विरोध करने के लिये खड़े हो जाते हैं।

श्री महेन्द्रकुमार मानव एक बहुत ही सीधे और बिना शान-व-शौकत वाले व्यक्ति हैं। सीधे सादे कपड़ों में पैदल ही अपने दोस्तों से मिलने या किसी अन्याय के विरुद्ध लड़ने चल देते हैं और किसी भी साहित्यक कार्यक्रम में उनकी दिलचस्पी की देखा जा सकता है।

श्री महेन्द्रकुमार मानव की एक विशेषता यह भी है कि वह जैन धर्म में विश्वास रखते हुए धर्म को पूजा के लिये ही प्रयोग में लाते हैं। धर्म को राजनीतिक लाभ के लिये सड़कों पर अथवा हर समय धर्म का प्रयोग नहीं करते केवल पूजा के समय तक ही सीमित रखते हैं तथा सभी धर्मों और धर्म वालों का समान आदर करते हैं।

मानव जी के पास एक यह कमी भी है कि बहुत सा धन नहीं है। शान शौकत वाला बंगला गाड़ी, और नौकर चाकर नहीं है परन्तु एक बात अवश्य है कि कम से कम पूरे प्रदेश में हर स्तर पर उनका बहुत अधिक आदर और सम्मान है। आदर और सम्मान का यह खज़ाना असीमित धन से कहीं अधिक है।

मानव जी एक अच्छे साहित्यकार है। उनकी अनेक रचनायें छप चुकी हैं और बहुत सी रचनायें प्रकाशित होनी शेष है। मानव जी का देश के महान नेताओं से सम्पर्क रहा है तथा उनके साथ पत्र व्यवहार का बहुत बड़ा कोष मानवजी के पास मौजूद है। जो बहुमूल्य राष्ट्रीय दस्तावेज हैं उसका राष्ट्रहित में सुरक्षित किया जाना अत्यन्त आवश्यक है। मानव जी हज़ारों-लाखों की तरह मेरे भी शुभचिन्तक और मार्गदर्शक है और मेरी इच्छा है कि वह अभी और लम्बा स्वस्थ जीवन पायें, ताकि हमारा जीवन लाभदायक बना रहे।

महेन्द्रकुमार मानव जी का जीवन वाकई मानवता से भरा है।

२६.११.९०
भोपाल

डा० हाफिज माजिब हुसैन
चीफ एडीटर
उर्दू ऐक्शन एण्ड हिन्दी ऐक्शन

प्रिय भाई,

नमस्कार

आप महेन्द्र जी का सत्कार कर रहे हैं उनके बहाने आप बुन्देलखंड के गौरवपूर्ण इतिहास पर भी प्रकाश डाल रहे हैं। मानव जी पत्रकारिता, राजनीति और अपने अधिकार के लिए सतत प्रयत्नशील रहे हैं। उन्होंने कभी किसी दबाव में आकर अपने स्वतंत्र विचारों को दबाने का प्रयत्न नहीं किया। बुन्देलखंड में तेजस्वी कवि और उपन्यासकार हुए हैं। बुन्देलों में अपने अधिकारों के लिए लड़ने की प्रबल प्रवृत्ति रही है। साहित्य क्षेत्र में केशवदास, बिहारी, ठाकुर, मैथिलीशरण गुप्त, वियोगी हरि, दिव्य जी और तेजस्वी उपन्यासकार वृन्दावनलाल वर्मा की यही जन्मभूमि है। आप मानव जी के सम्मान में जो ग्रन्थ प्रकाशित कर रहे हैं उनमें बुन्देलखंड का गौरवपूर्ण इतिहास भो प्रकाश में आ रहा है। मैं आपको इसके लिए हृदय से धन्यवाद देता हूँ।

७.९.९०

भोपाल

विनय मोहन शर्मा

महावीर नगर

एक ग्रन्थ प्रकाशित हो रहा है—दि ग्लोरी दैट वाज़ बुन्देलखंड। मेरे पूर्वज उत्तर प्रदेश के थे, परन्तु वे अपने कैशोर्य में बुन्देलखंड के मार्ग से बस्तर में जा बसे थे।

आल्हा-ऊदल की कथा के कारण नहीं, बल्कि बुन्देलखंड की संस्कृति से वे अत्यंत प्रभावित थे। मानवशास्त्र के प्रति उनकी अभिरूचि थी, इतिहास, साहित्य और संस्कृति से उनके अंतस्तल और प्राण का अन्योन्याश्रय संश्रव था।

मेरे बाल्यवय में ही पिता का देहावसान हो गया था। परन्तु बुन्देलखंड के विषय में जो मैंने उनसे सुना था, वह मेरा अत्यंत प्रिय सम्बल बन गया। बुन्देलखंड की आकृति-प्रकृति, उसकी भौगोलिकता, बुन्देली स्वास्थ्य, साहित्य, काव्य, बुन्देली प्रकृति (पुरुष-नारी)-माध के नाद ग्रंथ का पद "वशिष्ठ वामदेव-प्रकृतिरभिसिक्तं" इत्यादि प्रकृति अर्थात् प्रकृति पुरुष अर्थात् सांस्कृतिक पुरातनतम निवासी, सब मुद्दे प्रिय है। बुन्देलखंड की मृत्तिका में उत्पन्न मनुष्य मधुर, मसृण मेधावी चिन्तन के हैं मधुसूदन दत्त ने बँगला भाषा में "मेघनाद वध" लिखा था। वैसा ओजस्वी साहित्य भाग्यवश पढ़ने को मिलता है! बुन्देली कविता में कवियों का जो अन्तस परिस्फुट हुआ है, उसकी उपमा नहीं है।

परंतु हाय रे भाग्य। मैं अस्वस्थ हूँ। मुझमें लेखन की शक्तिमत्ता नहीं है। परन्तु उक्त ग्रन्थ श्री महेन्द्रकुमार मानव-अभिनन्दन-ग्रंथ के रूप में बुन्देली साहित्य से समन्वित प्रकाशित हो रहा है, उनसे कर्ताओं के प्रति में श्रद्धान्वित हूँ। मानव जी मेरे निकट के व्यक्ति हैं। उनकी साहित्य साधना अजस्र रहे, यही मेरी कामना है।

विजयादशमी २०४७

जगदलपुर

सुन्दरलाल त्रिपाठो

महोदय,

श्री महेन्द्र कुमार मानव अभिनादन ग्रन्थ के विषय में आपका पत्र डा० रामकुमार वर्मा को प्राप्त हुआ। आपके सूचनार्थ निवेदन है कि आजकल डॉ० वर्मा विगत २ महीनों में अत्यन्त अस्वस्थ रहने के उपरान्त स्वास्थ्य लाभ कर रहे हैं और अभी सुचारु रूप से अपना कार्यभार देखने में समर्थ नहीं है। इसलिए १५ अप्रैल तक कोई लेख भेज पाना उनके लिए सम्भव नहीं होगा।

मानव जी से उनके अत्यन्त आत्मीय सम्बन्ध रहे हैं, इसलिए इस अभिनन्दन ग्रंथ के लिए वे अपनी शुभ कामनाएँ भेज रहे हैं।

१०.४.९०
इलाहाबाद

डा० रामकुमार वर्मा

Thank you for your letter dated, 16-1-91. I am vary much happy to know that you are compiling and editing 'The Glory that was Bundelkhand' to felicitate Shri Mahendra Kumar Manav, who is the President of M. P. Writers Association and Editor of Panchayet Raj.

We are all proud of his literary works as a famous writer and he is also a devoted social worker. He is my personal friend. So, I wish every success for this Volume.

With my congratulation.

19-1-91
Calcutta

BALASHOWRI REDDY
Director
Bharatiya Bhasha Parishad

विश्वस्त समाचार है कि हमारे अग्रज श्री महेन्द्रकुमार 'मानव' के सम्मान में 'दि ग्लोरी दैट वाज बुन्देलखंड जैसा एक अनुष्ठानपूर्ण ग्रन्थ तैयार किया जा रहा है। यह समाचार एक आत्मीय सुख देता है। श्री मानवजी का दीर्घ जीवन कई एक रंगों की अल्पनाएँ अपने में छिपाये हुए है। प्रकट और अप्रकट दोनों ही स्तरों पर वे रंग देखे समझे जा सकते हैं। मित्र लोग देख रहे हैं और समझ भी रहे हैं, पर जब 'बुंदेलखंड की महिमा' जैसा ग्रंथ सामने लाने की तैयारियाँ हों तो फिर पाठक और परिचित-अपरिचित सभी कुछ विशेष भी देखना जानना पसन्द करेंगे। यह उनका अधिकार भी होता है। अस्तु, मेरा विश्वास है कि इस ग्रंथ पर काम करने वाले मित्र पूरी मेहनत करके इस आकांक्षा की पूर्ति भी करेंगे। वास्तव में ऐसे ग्रंथों के लिए सामग्री जुटाना बहुत परिश्रमसाध्य सत्कर्म है। पर यदि निष्ठा के साथ श्रम किया जायेगा तो कहीं से भी निराशा नहीं होगी।

मैं अपनी बधाई और शुभकामनाएं इस ग्रंथ के निर्माताओं को अर्पित करता हूँ और मानव जी का अभिनंदन करता हूँ। प्रभु उनकी जय करे।

२२-१२-९०
पो० मनासा (म० प्र०)

बालकवि बैरागी
(पूर्व सदस्य, आठवीं लोकसभा)

प्रिय भाई,

आपका पत्र अभी मिला।

मुझे बहुत खेद है कि इधर मैं बहुत अस्वस्थ हूं। उच्च रक्तचाप शरीर में दर्द और आंखों में मोतियाबिन्द उतर आने के कारण पढ़ने-लिखने में बहुत कठिनाई होती है, इसलिए लेख नहीं लिख पाऊंगा। मैं क्षमा चाहता हूं।

श्री महेन्द्रकुमार मानव के प्रति मेरी हार्दिक शुभकामनाएँ। वह दीर्घायु हों और इसी प्रकार समाजसेवा करते रहें। उनसे मेरे बहुत पुराने सम्बन्ध हैं।

सब मित्रों को मेरे स्नेह स्मरण।

२३-१०-९०
दिल्ली

स्नेही
विष्णु प्रभाकर

पू० पिताजी (पं० श्री नारायण चतुर्वेदी) के लिए महेन्द्र कुमार मानव अभिनंदन ग्रंथ के संबंध में आपका पत्र मिला। वे अक्तूबर १९८९ से पक्षाघात से पीड़ित हैं। तब से वे शैया पर हैं और लिखने-पढ़ने में असमर्थ हैं। वे ग्रंथ के लिए अपनी शुभकामनायें भेज रहे हैं।

शैलनाथ चतुर्वेदी

७-६-९०
लखनऊ

यह जानकर प्रसन्नता हुई कि भाई महेन्द्र कुमार जी मानव को एक अभिनंदन ग्रंथ अर्पित किया जा रहा है, जिसमें सम्पूर्ण बुन्देलखंड की श्री-समृद्धि-संस्कृति और इतिहास अंकित करते हुए उसके विकास की आवश्यकता पर जोर दिया जाएगा। मेरा विश्वास है कि इस अपेक्षित और क्रमशः पिछड़ते जाते भू भाग के अभ्युत्थान के स्वरों को यह ग्रंथ नवीन वाणी प्रदान करेगा। मैं इस पुण्य आयोजन के निर्णय पर बधाई देता हूं तथा भाई मानव जी का अभिनंदन करता हूं।

ज्वालाप्रसाद ज्योतिषी
सम्पादक, विन्ध्य केसरी
पूर्व सांसद

१०-७-९०
सागर

छप्पय

श्री महेन्द्रकुमार काज कीन्हें मन भाए,
खंड बुन्देली विभव शोधजुत ठाम गनाए।
लगन शील हरिभक्त मृदुल भाषी सुख राशी,
वैभव खंड बुन्देल विरचि जगहित मुद भाए।
किए अनेकन काज सुठि विन्ध्य क्षेत्र हित रत रहें,
मानव श्री महेन्द्र कहँ 'विन्ध्य रत्न' किमि ना कहें?

दोहा

कृष्ण दास कवि की सदा पावन यही अशीश।
मानव वीर महेन्द्र पर कृपा करहिं जगदीश।।

पं० कृष्णदास

२६-१०-९०
छतरपुर (म० प्र०)

आदरणीय श्रीयुत महेन्द्रकुमार जी मानव को
जिन्होंने
बुन्देलखंड के लिए
साहित्य के लिए
समाज के लिए
संस्कृति के लिए
अपने रूप में
समाजसेवी के रूप में
नेता के रूप में
मंत्री के रूप में
और
लेखक-विचारक के रूप में
जो दिया
उनके प्रति प्रतिपादित जो हो
कम है
तथापि
पत्र-पुष्प उनका उनको ही
सादर उनका
सम्मान सहित

२०-३-९०

भैयालाल व्यास

शत शत अभिनंदन

आदरणीय भाई महेन्द्रकुमार 'मानव' का जिन्होंने अपनी सूझबूझ और विलक्षण प्रतिभा से बुन्देलखंड की कीर्ति में पत्रकारिता, साहित्य एवं राजनीति के द्वारा नई जागृति एवं चेतना लाकर हमेशा चार चांद लगाए हैं, उनका मैं हृदय से अभिनंदन करता हूं।

जन सेवा के लिए समर्पित जिनका तन मन धन है,
पथभ्रष्टों को दिया आपने सदा मार्गदर्शन है,
'काका' जिन्हें देश सेवा की पीड़ा है तड़पन है,
उन्हीं महेन्द्र कुमार 'मानव' का शत शत अभिनंदन है।

कविवर हजारी लाल 'काका' सकरार

ओ गौरव बुन्देलखंड के तुम !
हो विन्ध्यकेशरी छत्रसाल के अनुयायी,
और सहज विनम्रता के धनी हरदौल के उपासक,
सहज मानवता ही तुम्हारी रही पूंजी,
सिक्त कर दे नेह से ज़ो ईसुरी-सम
उसी विनम्रता के जीवन भर तुम रहे गायक।
जिस विन्ध्याचल का अगस्त्य मुनि ने
युगों पूर्व किया था शोषण,

उद्धार किया उसका तुमने विनम्र सेवा से अपनी,
और किया उसकी गरिमा का तुमने पोषण।

करती हैं पद-प्रक्षालन खजुराहो में जहां
'कन्दरिया महादेव' की बेतवा और केन,
उस स्वर्ण उगलती हीरक धरती की तुम
कोहनूर-सी एक देन

भाती रही सदा तुमको मिट्टी-कंकण से
बने आदमी की गंध

तभी तो हर कर्म और हर भाव तुम्हारा गढ़ता रहा
जिन्दगी के काव्य के नित्य नए छन्द !

(साकेत)

रहे उलीचते भर-भर झोली तुम
बिना भेद-भाव के प्यार अपना,
छत्रसाली गौरव पुनः लौट आए भारत की धरती पर
था यही एक तुम्हारा सपना।

जाने न कितने ज्ञान के तुमने मन्दिर बनाए
और जाने न कितने साथियों में दीप सेवा के जलाए,
यशपताका तुमने उठाई गगन तक

'साकेत' के प्रणेता और कविराज केशव की,
गीत गाता है तुम्हारा ओरछा हरदौल
के बलिदान और वैभव की।

गूंज रही बुन्देलों और हरबोलों की जय
आज तुम्हारे कर्म से,
'मानव' नाम तुम्हारा हुआ सार्थक
तुम्हारे सहज मानव-धर्म से।

हैं सने हर भाव तुम्हारे विन्ध्य की
हवा-पानी और माटी से,
तुम्हारी जय जयकार करती ध्वनि तभी तो
आ रही है,
वहां के पहाड़ों, वनों और घाटी से।

तो हूँ मानता कि है आज यह सौभाग्य मेरा,
मधुर स्मृतियों ने लगा रखा है यहां डेरा,
नहीं आता मुझको समझ में कि उनमें से
किन्हें छोड़ूं और चुनूं किनको ?
मित्र तो वैसे भी हजारों रहे मेरे, पर गुनूं किनको
पर देखता हूं जब आपको उनमें,
तब गुणों के घनघोर जंगल में भटक जाता हूं,
मिल जाते गुण हजारों जिस एक 'मानव' में
वहीं मैं अटक जाता हूं।
इसलिए अब ये 'पत्र-पुष्प' मेरे आप कर लें ग्रहण
और कुछ तन्दुल इस सुदामा से लेकर
दें अपने प्यार में मुझको शरण,
कि मिल-जुल जी लें जिन्दगी हम हजारों बरस ऐसी
कि हर बरस हों हजार साल के।
मां विन्ध्यवासिनी और मां शारदा मैहर
दें यशस्वी दीर्घ जीवन आपको इतना सुखद,
कि पड़ न सकें आप पर कभी कोई दुष्प्रभाव काल के।

२७-१२-९०

हेमन्तकुमार वर्मा

अभिनन्दन

श्री जनता जनार्दन सेवासु सतत संसक्त-मनसां, लब्ध एम० ए० पदविकानां, शिक्षा-विभाग साहित्य शिक्षायाः समुन्नतये बद्धपरिकराणां मानवेतिपद समालङ्कृतानां विन्ध्यप्रदेश शिक्षामन्त्रिपद-भाजां श्रीमतां महेन्द्रकुमार महोदयानां करकमलयोः समर्पितमिदम्

अभिनन्दन-पत्रम्

धन्या धरेयं भुवि भारतीया महीयसी मध्यम-लोकमान्या।
रत्नान्यनेकानि भवन्ति यत्र देवावताराश्च जनाः भवन्ति ॥ १ ॥

स्वधर्मभूत्यै जनरक्षाणाय असूत सा भारतमातृ भूमिः।
महेन्द्र पूर्वञ्चकुमार संज्ञं सुपुत्ररत्नं यशसा प्रकाशम् ॥ २ ॥

उच्चावचं येन विहाय भेदं रक्षा कृता वै सदयं प्रजानाम्।
कृतं हि यत्प्रेम सुभावनानां जातं स्वयं मानव नामधेयम् ॥ ३ ॥

समधिगम्य च मन्त्रिपदं परं विविध शास्त्र-सुशिक्षण हेतवे।
विरचितः किल यैः पठनालयः प्रति पुरं प्रति जानपदं पुरः ॥ ४ ॥

कुमारेण समो जातः कुमारं पद भूषितः।
महेन्द्रो राजतां विंध्ये विद्यावाणी-वपुर्धरः ॥ ५ ॥

अभयानंद शालीया समितिः विदुषां वरा।
सचिवानां हि शिक्षायाः स्वागतं कुरुते मुदा ॥ ६ ॥

५-५-५३
कल्याणपुर (शहडोल)

श्री अभयानन्द

विंध्य के वैभव !

आज त्रिवेणी की इस पुण्य भूमि में आपके शुभागमन पर हम बुन्देलखंड परिषद् के सभी सदस्य आपका हार्दिक अभिनंदन करते हैं। हमें तो ऐसा अनुभव हो रहा है कि विंध्य भूमि में प्रवाहित होने वाली नर्मदा ने हमारे हर्ष की गंगा और शिक्षा की सरस्वती से मिलकर एक संगम का निर्माण किया है। अभिलाषा है कि यह संगम स्थायी बनकर भविष्य के विद्यार्थी-जगत् को शक्ति और साहस से पूर्ण बनाता हुआ उनके हृदयों को पवित्र करता रहे।

पूज्य बापू के पद चिह्नों पर चलने वाले त्याग मूर्ति ! अहिंसा और सत्य की उपासना ही आपके जीवन का परम लक्ष्य रहा है। आपकी अन्तर्दृष्टि जग के भौतिक आवरण को भेदती हुई उसके अंतर्तत्वों पर जा ठहरती है और जीवन को नवीन आलोक से पूर्ण कर देती है। इस भांति आप भारतीय जागरूकता के प्रतिनिधि हैं। आपके अदम्य उत्साह तथा अनवरत श्रम की सीमा नहीं है। गांधी आश्रम, छतरपुर की प्रगति का इतिहास आपकी प्रखर प्रतिभा का परिचय दे रहा है और समस्त जनता आपके अमर कृत्यों का स्मरण कर अपने को सौभाग्यशालिनी समझ रही है।

मानवता के प्रतीक 'मानव' !

आपके व्यक्तित्व में भारतीय संस्कृति का स्पन्दन है। पददलित और तृषित मानवता को आपने गले लगाया है, आपने सिसकते हृदयों को सांत्वना दी है। आज सहस्रों दीन और दुखी हरिजन आपके सुकृत्यों का शाश्वत गान गा रहे हैं। आपने उनके दुःख-दर्द की कहानी सदैव ही सुनी, समझी, तथा अनुभव की है।

बुन्देलखण्ड साहित्य के सच्चे प्रेमी !

आपने इस जनपद के लोक साहित्य की सेवा में रत होकर इसका जो मान बढ़ाया है उसके लिए बुन्देलखंड आपका चिर ऋणी रहेगा। आपकी कलातमक भावनाओं के दर्शन आपके साहित्य में प्रत्यक्ष होते हैं, जिसका प्रतिबिम्ब बुन्देलखंड साहित्य परिषद् (छतरपुर) के रूप में स्पष्ट झलक रहा है।

शिक्षा-सेनानी !

आप जिस अपार उत्साह और असीम शक्ति के साथ अपने पद के उत्तरदायित्व को निभा रहे हैं उससे हमें अनेक आशायें हैं। आप कर्मवीर हैं। हम विश्वास रखते हैं कि हमारी मूक भावनाओं को भी आप अपने विशाल हृदय में स्थान देंगे।

प्रयाग
२८-८-५२

बुंदेलखंड परिषद्, प्रयाग वि० वि० के सदस्य

महोदय,

आदि कवि वाल्मीकि, राष्ट्रकवि तुलसीदास, केशव, बिहारी, मतिराम, भूषण और पद्माकर की काव्य स्थली में अत्रि-अगस्त्य की तपोभूमि में वीर बुन्देलों और चन्देलों की वीर वसुन्धरा में आज हम 'मानव' को अपने मध्य पाकर आनंदित हो रहे हैं।

बंधुवर,

ज्ञान की प्रभामयी रश्मियों से अभ्यंतर अज्ञानांधकार को प्रकाशपूर्ण करके तथा उसी आभ्यंतरिक प्रकाश के प्रतिफलन से वाह्य जगत् की रजनी को ज्योतित करके अभ्यंतर और बाह्य दोनों रूपों में आपने जो ज्योतिमयता प्राप्त की है, हम आपके उसी उज्जवलतम स्वरूप का सादर अभिवादन करते हैं।

मान्यवर

अपने कर्त्तव्य के प्रति अनन्य प्रेम आपके जीवन का सबसे बड़ा सत्य, विशाल हृदय में विश्व मानवता के कल्याण सम्पादन में अजस्त्र शाश्वत शिव तथा भारतीय वाङ्मय, कला एवं भारती के प्रति चिरंतन भक्तिभाव आप में चिरसुन्दर तत्व हैं। इस प्रकार आपका जीवन सत्यमय, शिवमय एवं सौंदर्यमय है। राष्ट्रभाषा हिंदी राष्ट्र की सांस्कृतिक एवं राजनीतिक एकता की द्योतक है और उसका उत्थान एवं उन्नयन करना प्रत्येक भारतवासी का परम कर्त्तव्य है। आज का दिन हमारे लिए परम सौभाग्य का है जबकि हम आप ऐसे साहित्य सेवी, हिंदी प्रेमी व्यक्ति को अपने बीच में पाकर कृतकृत्य हो रहे हैं। आशा है कि राष्ट्रभाषा हम लोगों के सम्मिलित प्रयत्नों से अपने उचित स्थान को प्राप्त कर राष्ट्रीय एवं अंतर्राष्ट्रीय समस्याओं को सुलझाने में समर्थ हो सकेगी।

बांदा जनपद में राजर्षि पुरुषोत्तम दास जी टण्डन के प्रयत्नों से सन् १६१३ से ही हिंदी कार्य दुतगति से हो रहा है। स्व० कुंवर हरप्रसाद सिंह तथा उनके सहयोगी मुंशी मथुरा-प्रसाद जी ने इस ओर कार्य किये हैं वे स्तुत्य हैं। हिंदी की अजस्त्र धारा उसी लय से प्रवाहित हो रही है। हमारे जन-पद के हिंदी कार्य से प्रभावित होने के कारण ही गत २-३ जनवरी, ५४ को डा० उदयनारायण तिवारी और श्रद्धेय टंडन जी की कृपा से उत्तर प्रदेशीय हिंदी साहित्य सम्मेलन का अधिवेशन बड़ी धूमधाम से सम्पन्न हुआ था। आशा है, भविष्य में हमारा कार्य उन्नत होगा। आपने जो हम पर असीम कृपा की है उसका आभार प्रकट करने में हम पूर्णतः असमर्थ हैं। हमें पूर्ण आशा है कि आप हम सब पर ऐसी ही कृपा बनाए रखेंगे।

मान्यवर,

मर्यादा पुरुषत्तम की पावन भूमि में हम आपका स्वागत करते हुए परम आह्लादित हो रहे हैं। जिस प्रकार नलिनी नलिनीश को, चकोर रजनीश को, मयूर पावस मेघ छटा को, पपीहा मेघ को, भक्त भगवान को और आत्मा परमात्मा को देखकर आत्मविस्मृत हो प्रेम में मग्न हो जाते हैं उसी प्रकार हम मानव भी अपने मानव को देखकर स्नेहशिथिल एवं प्रेम-विभोर हो रहे हैं यह हमारा परम सौभाग्य है कि आपने अपने राजकार्य के व्यस्त जीवन से कुछ

अमूल्य क्षणों को निकाल कर हमें अवसर दिया है। आपने हमारी प्रार्थना को स्वीकार कर अपने सौजन्य और उदारता का परिचय दिया है। नहीं तो कहां हम, कहाँ आप ! हम अपने अतिथि का स्वागत तो कर रहे हैं, किंतु इतने बड़े अतिथि को देखकर किंकर्त्तव्यविमूढ़ हो रहे हैं। हम आपकी अर्चना-वन्दना कैसे करें ? सुदामा ने अपने तन्दुलों से, शबरी ने अपने रसीले बेरों से, विदुर ने अपने शाक से भगवान को प्रसन्न किया था, किंतु हम तो इनसे भी रहित हैं......

बन्धुवर,

आपके सुयश सौरभ से सम्पूर्ण देश सुरभित हो उठा है। इतनी अल्पायु में आपने जिस गुरुतर एवं महानतर उत्तरदायित्व को वहन किया है क्या वह हमारे लिए गौरव की वस्तु नहीं है ? संसार में कुछ ही इनी-गिनी विभूतियां होंगी जिन्होंने इतनी छोटी आयु में इतना महान पद पाया हो। जिस कौशल और कर्त्तव्यपरायणता से आप अपने कार्य का सञ्चालन कर रहे हैं वह सर्वथा स्तुत्य है। शिक्षा में आमूल परिवर्तन एवं नवीन योजनाओं को कार्यान्वित कर समाज सेवा की भावना भर, पिछड़े हुए पड़ोसी राज्य को उन्नतिशील राज्यों को पंक्ति में खड़े करने का श्रेय बहुत कुछ आपको ही है। अस्तु, आपका शुभागमन हमारे लिये पथप्रदर्शन का कार्य करता है।

महोदय,

राजनीतिक सीमायें अपनी सङ्कीर्णताओं के कारण हम लोगों को प्रथक-सा किये हैं। परंतु संपूर्ण राष्ट्र की सांस्कृतिक एकता, जो अभिन्न और अविभाज्य है, आज भी हम लोगों की एकता के सूत्र में आबद्ध करती है। वीरभूमि बुंदेलखण्ड ने अपने अतीतकाल में संपूर्ण देश का नेतृत्व किया था। उसकी सांस्कृतिक एकता एक और अखण्ड है। अस्तु, हम लोग विभिन्न राज्यों के नागरिक होते हुए भी परस्पर एक-दूसरे के निकट हैं। ऐसी स्थिति में हम लोगों का कर्त्तव्य है कि हम अपने सम्मिलित प्रयत्नों से बुंदेलखण्ड के उत्थान के लिए प्रयत्न करते हुए देश की उन्नति करें। हम आपको विश्वास दिलाते हैं कि जहाँ भी हमारी आवश्यकता होगी हम विन्ध्य प्रदेश की सहायता करेंगे और आपसे भी यही प्रार्थना है कि आप हमारी आवश्यकतानुसार सहायता कर कृतार्थ करेंगे।

छात्र तथा अध्यापक
हिन्दू इंटर कॉलेज
अतर्रा (बाँदा)

मान्यवर !

हरी-भरी पर्वतमालाओं से घिरे हुए इस ऐतिहासिक नगर का अपना अनोखा साहित्यिक इतिवृत्त है। बुंदेली फाग-साहित्य के प्रणेता एवं सिरमौर, साहित्य के जनक गंगाधर व्यास के रसभीने स्वर इसी धरती पर गूंजे। सुविख्यात संत-कवियत्री युगल प्रिया का संवेदनशील कवि इसी नगर के राज-प्रासाद में मुखरित हुआ। बाबा भगवान दीन 'दीन', रावराजा श्याम-बिहारी मिश्र एवं शुकदेव बिहारी मिश्र-जैसे मनीषियों ने अपने अधिकांश साहित्य की सर्जना इसी नगर के प्रांगण में की। दीवान प्रतिपालसिंह का इतिहासकार इसी भूमि में पल्लवित और पुष्पित हुआ। बाबू गुलाबराय-जैसे अनुपम समालोचक ने अपने जीवन का अधिकांश समय यहीं व्यतीत किया। और वियोगी हरि के जन्म-स्थल होने का सौभाग्य इसी नगर की मिट्टी को मिला। वस्तुतः आप इसी गौरवशाली साहित्यिक परम्परा की एक अविच्छिन्न कड़ी हैं और इस दृष्टि से नगर के साहित्यिक जीवन में आपका महत्त्व स्वतः स्पष्ट हो जाता है।

विन्ध्याचल की साहित्यिक चेतना के सजग प्रहरी !

लगभग दो दशकों पूर्व आपने अपने अंतरंग मित्रों के साथ विन्ध्य प्रादेशिक हिन्दी साहित्य सम्मेलन की स्थापना कर अपनी साहित्यिक चेतना का जो परिचय दिया, वह तो अब इतिहास की बात हो गई है। लेकिन इस इतिहास के प्रत्येक पृष्ठ पर आज भी आपकी प्रतिभा एवं दूरदर्शिता की छाप अंकित है और इस दृष्टि से यह आपके साहित्यिक जीवन की सर्वाधिक प्रांजल एवं प्रौढ़, उपलब्धि मानी जाएगी। स्थानीय परिवेश में, 'मधूक' और 'प्रतिमान' के माध्यम से आपने नव-लेखन के सर्जन, आस्वादन और मूल्यांकन के विविध संदर्भों को आलोकित करने का प्रयास किया। वह भी अपने आप में आपके साहित्यिक बोध की एक स्पष्ट स्वीकारोचित है। आपका साहित्यिक प्रणयन प्रकाश की बाट जोह रहा है।

पत्रकारिता के अग्रदूत !

नगर के सर्वप्रथम साप्ताहिक 'बिन्ध्याचल' का प्रकाशन कर आपने इस अंचल के सांस्कृतिक एवं जन जागरण के लिए जिस धरातल का निर्माण किया, उसके परिणामस्वरूप अनेक सुषुप्त प्रवृत्तियां उभर कर ऊपर आयीं और अनेक नये हस्ताक्षरों को उग उठने का अवसर प्राप्त हुआ। 'पंचायत राज' इसी विचार भूमि का एक नया रूपान्तर है, जिसमें हमें आपकी आन्तरिक शक्ति, बहुमुखी प्रतिभा तथा कालगत अभीष्ट एवं जनरुचि तृप्त करने की आकांक्षा सभी के दर्शन होते हैं। आपके इन्द्रधनुषी व्यक्तित्व के चटख रंग तो उसमें फूटते ही हैं।

२४-१०-१९७०
छतरपुर

अध्यक्ष तथा सदस्य
जिला हिन्दी साहित्य सम्मेलन

प्रिय मानव जी,

सप्रेम वन्दे ।

यह जानकर प्रसन्नता हुई कि 'दी ग्लॉरी दैट वाज बुंदेलखंड', नामक ग्रंथ तैयार किया जा रहा है । मैं इसमें अवश्य ही योगदान करता, पर आजकल मैं अयोध्या, शृंगवेरपुर, भरद्वाज आश्रम आदि स्थानों के उत्खनन की रिपोर्ट लिखने में व्यस्त हूँ । अतः बिल्कुल समय किसी भी दूसरे कार्य के लिए नहीं निकाल पा रहा हूँ । यह काम कम से कम दो वर्ष और लेगा । जुलाई तक शृंगवेरपुर का पहला वाल्यूम प्रेस में जाने की आशा है ।

आपका पत्र पाकर अत्यंत प्रसन्नता हुई । पुरानी स्मृतियाँ जाग गयीं । आपसे पिछली मुलाकात खजुराहो में हुई थी, जब आप मंत्री थे और पुलिस गार्डों से घिरे थे । कुछ देर आपसे अकेले में बातें हुई थी । आशा है आप सपरिवार सकुशल होंगे ।

नई दिल्ली

ब्रजवासी लाल

प्रियवर भाई महेन्द्र कुमार जी,

हाँ, बहुत बूढ़ा हो गया हूँ । इस दिसम्बर में ८० पूरे कर लूंगा । मारीशस में मेरा दमा १२ वर्ष पुराना था । इस बात को १३ वर्ष बीत गए हैं । चौथाई से इस मूजी मर्ज से परेशान हूँ । जिन्दा हूँ और सृजनरत भी हूँ, यही क्या काफी नहीं है ।

उम्र ने बाँध दिया जिस्म को इक हुश्ने से,
दिल है कमबख्त कि उड़ने को ठिकाना मांगे ।

कहीं आता-जाता नहीं, किसी से मिलता-जुलता नहीं । दिल उड़ता है तो उसे साहित्य में ही ठिकाने खोजने पर विवश करता हूँ । 'गिरती दीवारें' का छठा खंड पूरा किया है । अगले वर्ष सातवें और अंतिम खण्ड को हाथ लगाऊँगा । उम्र बहुत घट गयी है । कोशिश तो करूँगा कि जीते जी पूरा कर लूं । अपना वश कर्म पर है, फलाफल पर नहीं । एक खण्डकाव्य भी पूरा किया है । उपन्यास लिखता हूँ या कविताएँ । अन्य सब विधाएँ छोड़ दी हैं । लिख तो लेता हूँ पर अपना लिखा मैग्नि (लैंस) शीशे के बिना पढ़ नहीं पाता हूँ । आशा है सपरिवार स्वस्थ और सानन्द हैं । मेरी शुभकामनाएँ ।

१२-८-९०
इलाहाबाद

उपेन्द्रनाथ अश्क

प्रिय बन्धुवर मानव जी

नये वर्ष की मंगल कामना स्वीकृत हो।

नवल वर्ष की 'मित्र' रश्मियाँ करे आपको शक्ति प्रदान।
सुख, समृद्धि, आरोग्य सम्पदा और यथोचित आत्मोत्थान ॥

मेरी ओर से आपका अभिनंदन,

विक्रम संवत २०४७ — **डॉ० रामचरण हयारण मित्र**
भोपाल

आदरणीय श्री मानव जी,

सप्रेम नमस्कार,

बुंदेलखण्ड राज्य निर्माण की भावना को आप जीवित किए हैं। यही बहुत है। कभी-कभी समाचारपत्रों में खबरें पढ़ लेता हूँ। मैं सोचता हूँ कि प्रारंभ में दो इकाइयों में विभाजित बुंदेली अंचल के एकीकरण पर जोर दिया जाना कदाचित फलदायक होगा।

१६-३-९० — **द्वारिकेश मिश्र**
झांसी

आदरणीय मानव जी,

सप्रेम-सम्मान अभिवादन।

दि० १४-४-९१ का मेरा बरुआसागर जाना सफल रहा। आपका सम्पर्क और साहचर्य मेरे लिए एक उपलब्धि है। आपमें न तो कहीं भूतकाल के राजनैतिक जीवन की ऊँचाई की दिखावट दिखी और न पूर्वाग्रह से ग्रसित भविष्य की प्रभावी चिंताएँ। आपसे मिलन एक ऐसे व्यक्ति से मिलन है जो वर्तमान में स्थित है। आपकी सरलता, मृदुलता, अपनत्व एवं स्पष्टता की भावना ने आपके प्रति मेरे हृदय में प्रेम एव सम्मान अनजाने ही उत्पन्न कर दिया है।

आपके साथ कुछ घंटों का साहचर्य मेरे लिए एक शुभ घटना है। मेरा प्रेम एवं सम्मान स्वीकार कीजिएगा।

१५-४-९१
रानीपुर (झांसी)

हुकमचन्द नायक
प्रधानाचार्य
श्री महावीर जैन उ० मा० विद्यालय

संदेश

मुझे यह जानकर हार्दिक प्रसन्नता हुई है कि बुंदेलखंड की धरती में जन्मे संघर्षशील राजनेता, पत्रकार, साहित्यकार और स्वतंत्रता सेनानी श्री महेन्द्र कुमार मानव की स्मृति में एक अभिनंदन ग्रन्थ का प्रकाशन किया जा रहा है।

मानवजी ने अपने जीवन में सद्कार्यों से जो उदाहरण प्रस्तुत किए हैं, वे अभिनंदनीय हैं। मुझे आशा है कि उनके सम्मान में प्रकाशित हो रहे ग्रंथ से उनके जीवन के विविध पहलुओं के बारे में जानकारी प्राप्त होगी।

शुभकामनाओं सहित।

दिनांक १३-८-१९९१
भोपाल

सुन्दरलाल पटवा
मुख्य मंत्री

२

जीवन-यात्रा तथा रचना-संसार

मानव जी की जन्म-कुण्डली

मानव जी की जन्म-कुण्डली उनके पिता श्री वैद्य वृजलाल जैन ने तैयार की थी, जो निम्नानुसार है—

संवत् १९७७ शाके १८४२ फाल्गुण मासे शुक्ल पक्षे तिथौ १३ चन्द्रवासरे ५३/४५ मघा नक्षत्रे ४९/३४ धृति नाम योगे ३०/४५ कौलव कर्णे एवं पंचांगे दिनं मीनार्क गता स्या: ९ तत्रेष्टं ४७/२५ । लग्न ९ नाम तस्य मकरध्वज: ।

सूर्य ९ अंश पर

मंगल ३ अंश पर

रेखा २६ देते ग्रह के २।।। महीना

शुक्र २० सूर्य ६ चंद्र १० मंगल ७

मूल—वैशाखिया

लड़का के मामा का मूल—गिल्लाडिम्मी

पिता के मामा का मूल - छोहर

माता के मामा का मूल—धना

गोत्र—गोहिल्ल ।

Shri Manav ji was born in Samvat 1977, Sake 1842, month Phalgun Shukla Paksha 13. Nakshatra was Magha, accordingly Ishta Kala 47/25 Lagna Dhanu Rashi Simha. The day of birth was Monday, Date 21st/22nd of March, 1921. In this horoscope Venus is in the company of Mars hence life of native was initially gone to the horizon and thereafter there was sudden fall down. At the same time native enjoyed the life fully. He had certain problems relating to offsprings. Since moon is in the house of sun it gave the native cheerfull disposition. Saturn being the lord of second house lodged with moon and the Jupiter, therefore native's major part of life gone to literary uplifts. To me it seems that native's life is aimed for the literary contribation only. Since Saturn and Jupiter are together, therefore native possesses his own house and the landed property. He has owned paternal property as well. In his literary contribution native can disclose the mysterious things prelating to various aspects. His son will indulge in his private trade. Since Jupiter is in Leo, this indicates that native will be very fortunate and will have a good fourtune during his early days from 27th year of his age He will have a very good fortune between 30 and 57 with intervals of misery no doubt. His wealth will increase. He will gain wealth in secret. His fortune has greatly improved due to the good fortune of his wife. He will enjoy public life between 27 and 36 and will occupy the chair of honour. He is a man of multi-interests and of intelligent personality. Generosity is his quality. His personaliy is of grim character. He will live happily till 76 years of his age.

Prof. R.P. Sahu
Govt. Girls College,
Chhatarpur (M.P.)

मानव जी की जीवन-यात्रा

जन्म संवत् १९७७ फाल्गुन शुक्ल १३, (१९२१ ई०) छतरपुर

१९२९ ई०—पिता की मृत्यु

१९३०— विवाहिता बहिन और सबसे छोटे भाई की मृत्यु

१९३०-३३ संस्कृत पाठशाला में अध्ययन

१९३८— छतरपुर के महाराजा हाईस्कूल से अजमेर बोर्ड की हाई स्कूल परीक्षा में शीर्ष स्थान प्राप्त किया तथा फलस्वरूप स्वर्णपदक और छात्रवृत्ति अर्जित की।

१९३९— छतरपुर में नवयुग पुस्तकालय की स्थापना की।

१९४०— महाराजा इंटर कालेज, छतरपुर से अजमेर बोर्ड की इंटर परीक्षा में बोर्ड में आठवां स्थान प्राप्त किया।

१९४२— प्रयाग विश्वविद्यालय से बी० ए० की परीक्षा पास की।

१९४२— भारत छोड़ो आन्दोलन में हिस्सा लिया और दस माह होशंगाबाद और जबलपुर जेलों में रहे।

१९४५ प्रयाग विश्वविद्यालय से संस्कृत में एम० ए० की परीक्षा पास की।

१९४६— नागपुर की कु० विमला आगरकर के साथ विवाह

१९४५-४७ भारतीय विद्या भवन बम्बई में रिसर्च फेलो रहे। शोध का विषय "जैन साहित्य में कृष्ण कथा" निर्देशक-मुनि जिन विजय

१९४७-४९ बम्बई में प्रवास
सिडनहम कालेज में व्याख्याता
एम० ऍंड टी० फिल्म्स के स्टोरी बोर्ट में नौकरी।
साथी हरेन्द्र नाथ चट्टोपाध्याय, पं० सुदर्शन, राजेन्द्र शर्मा, नाथूराम प्रेमी का साहचर्य।

१९४९— छतरपुर प्रत्यागमन
रीवा में तत्कालीन शिक्षा मंत्री कामता प्रसाद सक्सेना के पोलिटिकल सेक्रेटरी और दरबार कालेज, रीवा में संस्कृत के व्याख्याता।

पं० उर्मिला प्रसाद शुक्ल के साथ विन्ध्य प्रादेशिक हिन्दी साहित्य सम्मेलन की स्थापना।
ठक्कर बापा और वियोगी हरि के साथ बुन्देलखंड का दौरा।
बुन्देलखंड लोक सेवक मंडल के मंत्री के रूप में बुन्देलखंड के हरिजनों और आदिवासियों की सेवा की।

१९५०— छतरपुर में विन्ध्याचल प्रेस की स्थापना की। छतरपुर नगरपालिका के सदस्य चुने गए।

१९५२— प्रथम आम चुनाव में लौंडी निर्वाचन क्षेत्र से विन्ध्यप्रदेश विधानसभा के लिए चुनाव लड़ा। विजयी होकर पहले विन्ध्यप्रदेश के शिक्षा मंत्री बने और बाद में वित्त एवं समाजसेवा मंत्री बने। उन दिनों वे भारत में सबसे छोटी उम्र के मंत्री थे। अक्टूबर १९५२ में उन्होंने छतरपुर से साप्ताहिक 'विन्ध्याचल' के प्रकाशन में सहयोग दिया।

१९५२-५६ विन्ध्य प्रदेश के मंत्री के रूप में विन्ध्य प्रदेश में साहित्य और शिक्षा का विस्तार किया। प्रथम पंचवर्षीय योजना का पुनरीक्षण किया। बुन्देलखंड की द्वितीय पंचवर्षीय योजना तैयार की। वि० प्र० शासन में सूचना प्रकाशन विभाग और पिछड़ी जाति कल्याण विभाग का प्रारंभ किया। खजुराहो का विकास किया।

१९५६— विन्ध्य प्रदेश का विलय कराया और नवीन मध्यप्रदेश के निर्माण में सहयोगी बने।

१९५६— जेनेवा की वर्ल्ड पैसीफिस्ट कांफ्रेंस का निमंत्रण मिला।

१९५७-६६ अध्यात्म और दर्शन का अध्ययन किया। आचार्य रजनीश का सत्संग किया माथेरान और नारगोल के शिविरों में शामिल हुए। आचार्य रजनीश के साथ सागर, दमोह, कटनी, छतरपुर, इलाहाबाद, बम्बई की यात्राएँ की। उनकी प्रारंभिक पुस्तक "पथ के प्रदीप" का प्रकाशन किया। उनकी मासिक पत्रिका 'सम्बोधि' का सम्पादन किया। इलेक्ट्रिसिटी कंसल्टेटिव कमेटी के सदस्य रहे। सहकारिता आन्दोलन में भाग लिया। जिला केन्द्रीय सहकारी बैंक के अध्यक्ष, जिला भूमि विकास बैंक के उपाध्यक्ष और जिला सहकारी संघ के सचिव रहे। नेशनल को-आपरेटिव कांफ्रेंस में शामिल हुए। एपेक्स बैंक के सदस्य रहे। बैंक्स एसोसिएशन के सदस्य रहे। विश्वधर्म संस्थान बनाया।

१९६७-७७ म० प्र० विधान सभा के सदस्य रहे और विधान सभा की कई महत्त्वपूर्ण कमेटियों के सदस्य रहे। देश भर में भ्रमण किया। लगभग बीस वर्ष तक छतरपुर के जलविहार मेले में लोकगीत-लोकनृत्य सम्मेलन का आयोजन किया।

१९७२— सागर संभाग का निर्माण कराया।

१९७३— मास्को में विश्वशान्ति सम्मेलन में भाग लिया।

१९७७— कांग्रेस और विधानसभा से त्यागपत्र दे दिया और बाबू जगजीवन राम तथा हेमवतीनन्दन बहुगुणा की सी० एफ० डी० पार्टी में शामिल हुए। इस्कस, एप्सो

और इंडो जी डी आर एसोसिएशन की प्रांतीय कार्यकारिणी के सदस्य रहे। उनके राष्ट्रीय सम्मेलनों में भाग लिया।

१९७६— झांसी के बुन्देलखंड सम्मेलन की अध्यक्षता की। बुन्देलखंड राज्य निर्माण संघर्ष समिति का गठन किया और उसके अध्यक्ष चुने गए।

१९७७— मारीशस के द्वितीय विश्व हिन्दी सम्मेलन में भाग लिया।
नेपाल की यात्रा की।

१९८५— राजनीति से संन्यास लिया और साहित्य सेवा में जुट गए। स्वामी प्रणवानन्द सरस्वती भारतीय साहित्य न्यास और म० प्र० लेखक संघ के अध्यक्ष हैं।

१९८७— बांदा के बुन्देलखंड सम्मेलन का उद्घाटन किया और पुनः बुन्देलखंड राज्य निर्माण संघर्ष समिति के अध्यक्ष चुने गए।

१९८८— स्माल प्रेस एसोसिएशन आफ इंडिया के अध्यक्ष बने।

१९८०— पत्रकार परिषद के तत्वावधान में भोपाल में म० प्र० राज्य स्तरीय पत्रकार सम्मेलन का आयोजन किया, जिसमें नवाब पटोदी और शर्मीला टैगोर विशिष्ट अतिथि थे।

१९८०— प्रणवानन्द ट्रस्ट की ओर से भोपाल में के० के० श्रीवास्तव सम्मान समारोह आयोजित किया।

जीवन-परिचय

जन्म—छतरपुर। फाल्गुण शुक्ल १३ संवत् १९७७। शिक्षा—एम. ए., एल. एल. बी., साहित्य रत्न। अंग्रेजी, हिन्दी, संस्कृत, मराठी, गुजराती तथा बंगला आदि भाषाओं का ज्ञान। विवाह—१९४६। व्यवसाय—पत्रकारिता। सन् १९४२ के स्वतंत्रता संग्राम में छः मास की सख्त कैद। लगभग एक वर्ष जेल में रहे। सन् १९४९ में स्वर्गीय ठक्कर बापा और वियोगी हरि द्वारा स्थापित बुंदेलखण्ड लोक सेवक मण्डल के मंत्री के रूप में हरिजनों और आदिवासियों की सेवा की। सन् १९५१ में छतरपुर नगरपालिका के सदस्य निर्वाचित हुए। १९५२ से १९५६ तक विधानसभा के सदस्य तथा इसी अवधि में पूर्व विन्ध्यप्रदेश में वित्त एवं समाजसेवा मंत्री के पद पर कार्य। सन् १९६७ में म. प्र. विधानसभा के सदस्य निर्वाचित। विधानसभा के प्राक्कलन समिति के सदस्य, पुस्तकालय समिति के अध्यक्ष रहे। राज्य परिवहन जांच समिति, शिक्षा, श्रम तथा लोक निर्माण आदि विभागीय समितियों के सदस्य रहे। सागर विश्वविद्यालय कुल संसद के सदस्य तथा रीवा विश्वविद्यालय कुल संसद के सदस्य रहे। छतरपुर जिला केन्द्रीय सहकारी अधिकोष, छतरपुर के अध्यक्ष जिला भू-विकास अधिकोष, छतरपुर के उपाध्यक्ष जिला सहकारी संघ के मंत्री, आल इंडिया रेडक्रास सोसायटी, भारत सरकार की ललित कला अकादमी आदि संस्थाओं के सदस्य रहे। सन् १९५० में विन्ध्याचल प्रेस की स्थापना की। १९५२ से साप्ताहिक पत्र 'पंचायतराज' के सम्पादक। सन् १९७२ के आम चुनाव में म. प्र. विधानसभा के लिए पुनः निर्वाचित। सन् १९७७ में म. प्र. विधानससभा की सदस्यता और इंका से त्यागपत्र। सन् १९८५ से राजनीति में भ्रष्टाचार को देखकर सक्रिय राजनीति से संन्यास। सन् १९५६ में विन्ध्यप्रदेश का विलयन कराकर नए मध्यप्रदेश का निर्माण कराया। मुख्यमंत्री श्री प्रकाशचन्द सेठी से सागर (बुन्देलखण्ड) संभाग का निर्माण कराया। आज बुन्देलखण्ड राज्य निर्माण संघर्ष समिति के अध्यक्ष।

विदेश यात्रा—सोवियत संघ, मारीशस, नेपाल

अभिरुचि—अध्ययन, लेखन एवं पर्यटन

स्थायी पता—२८, नई कालोनी, छतरपुर मध्यप्रदेश

रचना-संसार

मानव जी ने, जब वे इंटर के विद्यार्थी थे तभी से, सन् १९४० से लेखन प्रारंभ किया। उनका पहला निबंध 'पर उपदेश कुशल बहुतेरे' 'तारण-बन्धु' में प्रकाशित हुआ था। सार्वजनिक जीवन में रहने के बावजूद उनका सृजनकाल आधी शती तक फैला है। उनकी सृजन धर्मिता 'पंचायतराज' के सम्पादन में, विधानसभा के भाषणों में, सार्वजनिक भाषणों और लेखन में प्रकट हुई है। उनका अधिकांश साहित्य अप्रकाशित पड़ा है। उनके संग्रह में डायरियाँ, पत्र तथा यात्रा-विवरण संकलन, सम्पादन, प्रकाशन की बाट जोह रहे हैं।

उनके लेख विन्ध्याचल, प्रकाश, सारथी, तारण बन्धु, जैन संदेश, साहित्य संदेश, भारतीय विद्या, माधुरी, सरस्वती, विश्ववाणी, राष्ट्रवाणी, मध्यप्रदेश संदेश, माध्यम, धर्मयुग, जनधर्म, नवभारत, आदि अनेक पत्र-पत्रिकाओं में प्रकाशित हुए हैं। उनके साहित्य का संक्षिप्त विवरण नीचे दिया जाता है—

प्रकाशित :

अनुवाद :

धर्म वर्णन—लेखक आनंद शंकर बापूभाई ध्रुव (गुजराती से हिन्दी में अनुवाद) प्रकाशक राजकमल प्रकाशन दिल्ली, १९४७

सम्पादन :

रवींद्र स्मृति—प्रकाशक विंध्याचल प्रकाशन, छतरपुर

कला तीर्थ खजुराहो—बुन्देलखंड साहित्य परिषद्, छतरपुर, १९६८

कविता :

मनुष्य की गंध मुझे भाती है

प्रकाशक—विंध्याचल प्रकाशन, छतरपुर, १९८०

अप्रकाशित :

१. मेरी दक्षिण-यात्रा
२. वैयक्तिक निबंध
३. कहानी संग्रह
४. यात्रा वृत्तांत

५. डायरी
६. पत्र
७. भाषण
८. अनुवाद :
आचार्य हेमचंद्र का प्राकृत व्याकरण (संस्कृत से) कलिका वि. ल. खांडेकर (मराठी से)
शिशु अने सखी—क. मा. मुंशी (गुजराती से)
मारी बिन जवाबदार कहानी—क. मा. मुंशी (गुजराती से)
पीड़ाग्रस्त प्रोफेसर—क. मां. मुंशी (गुजराती से)
नवलिकाओ—क. मा. मुंशी (गुजराती से)
सूर्य शतक—मयूर (संस्कृत से)
९. रेडियो वार्ता
१०. कवितायें
११. राजनीतिक संस्मरण
१२. रेखाचित्र
१३. गद्य काव्य
१४. विनोबा की जीवनी

व्यक्तित्व और कृतित्व

हमारी सान्जू : जिन्होंने हमारी माता से भी अधिक स्नेह हमें दिया

—श्री दशरथ जैन

जिन महिलाओं ने मेरे जीवन को आलोकित किया है उनमें भाई महेन्द्र कुमार 'मानव' की मातुश्री श्रीमती स्व० पूना बाई का— जिन्हें हम सान्जू (साहुनजू का अपभ्रंश) कह कर संबोधित किया करते थे—स्थान सर्वोपरि है। उन्होंने हमें बचपन में वह स्नेह एवं प्यार दिया, जो हमारी अपनी माताजी से मिले स्नेह एवं प्यार से भी अधिक था और जिनकी सुगंधि से मेरा जीवन आज भी सुवासित है। उनकी स्मृति सदा स्मृति-पटल पर अंकित रहती है और भुलाए नहीं भूलती।

महापुरुषों की मातायें महान रही हैं। महापुरुषों की महानता का एक स्रोत उन की मातायें रही हैं और 'मानव' जी इसके अपवाद कैसे हो सकते हैं?

श्रीमती पूना बाई का मायका अमरपाटन (जिला—सतना, म. प्र.) था और ससुराल छतरपुर। उनके विवाह को बहुत थोड़ा समय ही व्यतीत हुआ था कि उन पर वैधव्य की महान विपत्ति आ पड़ी और परिवार को चलाने का सारा भार भी उनके कंधों पर आ पड़ा। पिता के देहावसान के समय 'मानव' जी की आयु मात्र नौ वर्ष तथा उनके अनुजों सुरेन्द्र कुमार तथा शुभचन्द्र की आयु क्रमशः छः तथा तीन वर्ष थी। 'मानव' जी की एक बहिन राजा बेटी थी। पति की मृत्यु के उपरांत एक वर्ष के भीतर पूना बाई को एक पुत्र शभचंद्र तथा पुत्री राजा बेटी से हाथ धोना पड़ा। यह उनके लिए कठिन परीक्षा की घड़ी थी, परंतु उन-जैसी धर्मप्राण, सुशील, सुयोग्य, साहसी, कर्त्तव्यनिष्ठ एवं सेवाभावी महिला के लिए उस कठिन परीक्षा में बहुत ही अच्छे ढंग से, विशेष सम्मान प्राप्त करते हुए, उत्तीर्ण होना कठिन सिद्ध नहीं हुआ। उन्होंने अपने जीवन में, अपने परिवार की नौका को तो सफलतापूर्वक गन्तव्य तक पहुंचाया ही; साथ ही उन्होंने समाज एवं देश की सेवा भी जिस निष्ठा एवं लगन से की और निरन्तर सार्वजनिक सेवा के जो नए-नए कीर्तिमान स्थापित किए, उनकी प्रशंसा उनसे प्रत्यक्ष एवं परोक्ष रूप में परिचित व्यक्ति आज भी करते रहते हैं।

मेरी माताजी और "मानव" जी की माताजी में घनिष्ठ मैत्री थी। हमारी मां की भनैजन कुपी-निवासी श्रीमती केशरबाई की वे ककिया सास थीं और इसलिए समधिन होने के नाते हमारी मां उनको 'सान्जू' कहा करती थीं। उनके वैवाहिक जीवन के प्रारम्भ से ही हमारी मां से उनका निकट का सम्बन्ध रहा। हम सब उन्हें 'सान्जू' कहा करते थे। हमारा घर उन थोड़े से गिने-चुने घरों में था, जहां वे बहुधा आया-जाया करतीं और सबके दुःख-सुख बटाया करतीं। हमारी इन दोनों स्नेहमयी माताओं के पारस्परिक प्रेम मैत्री भाव का ही परिणाम था कि मेरे, 'मानव' जी के एवं उनके लघु भ्राता सुरेन्द्रकुमार जी के बीच घनिष्ठ प्रेम एवं मैत्री भाव अंकुरित, पल्लवित-पुष्पित हुआ और अनेक झंझावातों को झेलता हुआ, वह आज भी अत्यन्त सुदृढ़ है।

हमारी सान्जू सा०, थोड़ा नाटे कद की, गौर वर्ण महिला थीं और उनकी सुन्दर तथा सौम्य मुखाकृति पर सदैव शान्ति एवं दृढ़ता के भाव विद्यमान रहते थे। उन्होंने समता भाव से, विपरीत से विपरीत परिस्थितियों के बीच, अपने शील एवं स्वाभिमान की रक्षा करते हुए, जीवन जीना सीख लिया था। अपने दायित्व/कर्त्तव्य को वे भली-भांति समझतीं और उसके परिपालन या निर्वहन में कभी भी कोई चूक न हो, इसका सतत ध्यान रखतीं।

श्रीमती पूना बाई बड़ी ही धार्मिक वृत्ति की महिला थीं। उनका जीवन अत्यंत पवित्र तथा सात्विक था। खान-पान में वे सदा स्वच्छता तथा संयम का ध्यान रखती थीं। पूजा-पाठ, व्रत-उपवास आदि में वे सदा अग्रणी रहती थीं। वे सुशिक्षित महिला थीं और पूजा-पाठ बांचने, स्वाध्याय करने तथा जप-तप-विधि-विधान आदि में भाग लेने में वे बड़ी रूचि लेती थीं। वे कभी भी भगवान के दर्शन व पूजन किए बिना भोजन ग्रहण नहीं करती थीं। यह सब होते हुए भी वे कूप-मंड्कता, रूढ़िवादिता तथा अंधविश्वासों से कोसों दूर थीं। वे स्वयं तो शिक्षित थीं ही, स्त्री-शिक्षा की भी वे कट्टर समर्थक थीं और समाज की बालिकाओं को पढ़ने-लिखने की ओर सदा प्रेरित करती रहती थीं। सीने-पिरोने, कढ़ाई करने आदि का उन्हें अच्छा अभ्यास था तथा उनके प्रत्येक कार्य में कलात्मकता एवं सुरुचि अभिव्यक्त होती थी।

वे कुशल गृहिणी एवं ममतामयी माँ के साथ-साथ एक सुयोग्य वैद्य भी थीं, और उन्हें अपने पति से विरासत में अन्य सम्पत्तियों के साथ-साथ आयुर्वेद का अच्छा ज्ञान, एतद्विषयक महत्त्वपूर्ण ग्रन्थ तथा कुछ बहुत ही प्रभावशाली आयुर्वेदिक औषधियाँ मिली थीं, जिनका सदुपयोग वे जनहित में सेवाभाव से किया करती थीं। मुझे ऐसे अनेकानेक प्रसंग याद हैं, जब हमारे परिवार में लोगों के बीमार पड़ने पर, उन्होंने बड़े ही मनोयोग से, कुशलतापूर्वक चिकित्सा की और स्वास्थ्य-लाभ दिया। उन दिनों छतरपुर एक छोटी सी रियासत थी और वहाँ उपलब्ध स्वास्थ्य सेवायें नगण्य थीं। शासकीय चिकित्सालय में न ही पर्याप्त डाक्टर व नर्स आदि थे और न ही पर्याप्त औषधियाँ। लोगों को एलोपैथिक औषधियों पर विश्वास भी नहीं था। इस सम्बंध में अधिकांश जन गहन अज्ञान एवं अंधविश्वास में डूबे थे। सब कुछ, गिने चुने वैद्यों तथा झाड़-फूंक करने वालों व टोटका करने वालों के सहारे चलता था। वैद्य भी अपने घरों में जो थोड़ी-बहुत आयुर्वेदिक औषधियाँ तैयार कर लेते, उनसे—और उससे भी अधिक राम-भरोसे—काम चला करता था।

शैशव से ही 'मानव' जी के छोटे भाई सुरेन्द्र जी कृशकाय रहे हैं। पूनाबाई जब तक जीवित रहीं, उनके स्वास्थ्य के लिए सदैव चिन्तित देखी गई। उनकी मान्यता थी कि वैद्य को घर के मरीज़ों का इलाज़ स्वयं नहीं करना चाहिये। इसलिये वे अपने इस पुत्र के इलाज के संबंध में नगर के अन्य वैद्यों से भी पूछताछ करती रहतीं और उनसे औषधियों का निर्माण करवातीं, अन्यथा उनकी सलाह से स्वयं आवश्यक औषधियों का निर्माण किया करती थीं।

हमारे संयुक्त परिवार में मेरे अतिरिक्त मेरे अनेक चचेरे भाई-बहिन थे। उनमें से जब भी कोई बीमार पड़ता, सान्जू सा० को मैं बुला लाता और घर में उनके प्रवेश करते ही सब आश्वस्त हो उठते कि अब सब ठीक हो जायेगा। सान्जू सा० आकर नब्ज़ देखतीं और या तो स्वयं अपने घर से लाई हुई औषधियाँ देना शुरू कर देतीं या बाज़ार से आवश्यक सामग्री मंगाकर उचित औषधि तैयार कर मरीज़ का उपचार करना शुरू कर देती थीं। यही नहीं, वे भूखी प्यासी रह कर घण्टों मरीज़ के बिस्तर के पास बैठी रहतीं, हमारी माँ एवं चाची निश्चिन्त होकर घर के काम-काज़ में व्यस्त हो जातीं, और जब बीमार की हालत में पर्याप्त सुधार हो जाता तभी हमारे घर से जातीं। हमारी माँ या चाची के विशेष अनुग्रह पर कभी-कुछ खा लेतीं, अथवा वहीं कुछ विश्राम कर लेतीं, परंतु बीमार को ठीक अवस्था में लाये बिना वे टस से मस न होतीं। कई बार तो ऐसा हुआ कि कई-कई दिनों तक, अपने घर का काम-काज छोड़कर, उन्हें हमारे घर में बीमार बच्चों की सेवा करनी पड़ी और लगातार अनेक रातें बिना पलक झपाए या किंचिन्मात्र सोए, व्यतीत करनी पड़ी। हमारे परिवार के सब लोगों को उनकी योग्यता पर अटूट विश्वास हो गया था और हमारी माँ उनकी सलाह लगभग प्रत्येक विषय में लिया करती थीं। उन्होंने हमारी माँ एवं चाचियों से अधिक मेरी व मेरे भाई-बहिनों की सेवा-सुश्रूषा की है। एक बार मेरी छोटी चाची को सांप ने काट खाया। तुरंत सान्जू सा० को बुलाया गया। उन्होंने सारी रात जागकर चाची को नीम की पत्तियाँ खिला-खिलाकर यह देखा कि सर्प-दंश का प्रभाव कम हुआ कि नहीं। न वे एक मिनट को सोयीं और न उन्होंने चाची को ही झपकी लेने दी। जब हमारी चाची ने यह बतलाया कि अब उन्हें नीम की पत्ती कड़वी लगने लगी है, तभी उन्होंने चैन की सांस ली। मेरे प्रथम पुत्र के जन्म के समय सान्जू सा० लगभग एक माह हमारे घर हमारी पत्नी के पास सोईं और जच्चा एवं बच्चा की प्रत्येक प्रकार की सेवा की।

यद्यपि हमारे परिवार से उनका विशेष लगाव था, परंतु जैन समाज के अन्य घरों में भी वे जाया करतीं और सदैव सेवा-सुश्रूषा करने में विशेषतः बीमारों का उपचार करने में बड़ी रुचि के साथ कठोर परिश्रम किया करतीं थीं। उन्हें आलस्य तो छू नहीं गया था। हम लोग उन्हें विश्राम करने के लिये आग्रह करते-करते थक जाते थे, परंतु वे हमारे आग्रह को प्रेम-पूर्वक अस्वीकार कर अपना काम करती रहतीं। वे यह सब कुछ निस्स्वार्थ भाव से निरभिमान पूर्वक किया करतीं थीं।

उनकी बनाई हुई गोदन्ती व प्रवाल की भस्में, अनेक रस, तथा लवणभास्कर आदि चूर्ण एवं संजीवनी, घोड़ा चोरी आदि की गोलियां प्रभूत मात्रा में हमारे घर में रक्खीं रहीं एवं हमारे परिवार के लोग समय पड़ने पर उनका उपयोग करते रहे।

सान्जू सा० के घर मैं जब-जब जाता, तब-तब वे मुझे कुछ न कुछ अवश्य खिलातीं-पिलातीं। उनके हाथ का बना भोजन बड़ा स्वादिष्ट लगता था। उस भोजन का स्वाद आज भी याद आता है।

छतरपुर में उन दिनों मिशन अस्पताल में एक लेडी-डाक्टर सेवारत थीं, जिनका नाम कुमारी डा० हल था। उनसे सान्जू सा० की प्रगाढ़ मित्रता थी। डा० हल छतरपुर में केवल सान्जू सा० के घर आती थीं और सान्जू सा० के बनाए व्यंजनों को बड़े चाव से खाया करती थीं। यह डाक्टर छतरपुर के स्त्री-समाज में अपनी सेवा-भावना तथा अपनी व्यावसाथिक कुशलता के लिये प्रख्यात थीं तथा सभी प्रकार के मरीज़ों का इलाज बड़े ही प्रेम से, मुस्कराते हुए किया करती थीं। लगभग ३५ वर्ष की आयु में कु० डा० हल अमरीका गईं तथा उन्होंने वहाँ विवाह रचाया। अपने प्रथम पुत्र को लेकर वे पुन: कुछ समय के लिये छतरपुर आई और मिशन अस्पताल में काम किया। अंत-अंत तक उनकी सान्जू सा० से अच्छी मित्रता बनी रही। मुझे याद है कि सान्जू सा० ने कु० डा० हल को, अमरीका जाते समय कुछ पापड़ बनाकर, उपहारस्वरूप भेंट किये थे, जिन्हें वे अपने साथ अमरीका ले गयी थीं। अमरीका से डा० हल के पत्र सान्जू सा० के पास आते, जिनमें उन पापड़ों को त्यौहारों एवं विशेष अवसरों पर उपयोग किये जाने का उल्लेख रहता था।

सान्जू सा० बड़ी व्यावहारिक महिला थीं। छतरपुर के अनेक महाराष्ट्री परिवारों के साथ उनका निकट का संबंध था। उनके पारिवारिक मित्रों में अध्यापक श्री नारायण प्रसाद करकरे का नाम प्रमुख रूप से लिया जा सकता है।

'मानव' जी एक प्रतिभाशाली छात्र रहे हैं। उन्होंने अजमेर-मेरवाड़ा बोर्ड की मैट्रिक की परीक्षा में प्रथम स्थान प्राप्त कर स्वर्ण-पदक प्राप्त किया था और तत्पश्चात् इन्टर-मीडिएट आर्ट्‌स की परीक्षा उत्तीर्ण करके उन्होंने इलाहाबाद विश्वविद्यालय में बी० ए० में प्रवेश लिया था। प्रारम्भ में उन्हें वहाँ का वातावरण अनुकूल नहीं लगा और घर की याद सदा सताती रहती। इसलिये श्रीमती पूनाबाई ने उचित समझा कि वे अपने छोटे पुत्र सुरेन्द्र को, जिन्होंने नौवीं कक्षा उत्तीर्ण की थी, लेकर इलाहाबाद चली जायें। मानव जी उन दिनों जैन-हॉस्टल में रहते थे। जैन हॉस्टल के सामने मिट्ठू बाबू के मकान के एक स्वतंत्र कमरे में सान्जू सा० एवं सुरेन्द्र रहने लगे। उन दिनों इलाहाबाद में मानव जी के मित्रों में पं० विद्यानिवास मिश्र, संतोष मेहता, महेश्वर राव, दामोदर राव काले प्रभृति अनेक छात्र सम्मिलित थे। सान्जू सा० बड़े स्नेह से, पुत्रवत् मानकर, इनको समय-समय पर भोजन करातीं और उनकी समस्याओं को सुलझाती रहतीं। संतोष मेहता तो काफी समय तक नियमित रूप से उनके यहाँ भोजन करते रहे। विद्यानिवास मिश्र ने भी उनके घर में अपने हाथ से बनाकर भोजन खाया है। इलाहाबाद में उनकी मित्रता श्री वामनदास मुखर्जी की मातुश्री से हो गई थी। श्री मुखर्जी अमृत-बाजार-पत्रिका में काम करते थे। श्री मुखर्जी की माँ, (परिवार के समस्त सदस्यों समेत) सान्जू सा० को बड़ा स्नेह करती थीं।

सन् १६४४ में सान्जू सा० को भाई सुरेन्द्र के इलाज के सिलसिले में पैन्ड्रा रोड सैनेटोरियम जाना पड़ा। वहाँ रहते हुए उन्होंने अपने पुत्र की तो आवश्यक सेवा-सुश्रूषा की ही, साथ ही उन दिनों सैनेटोरियम में प्राईवेट तथा जनरल वार्ड में भर्ती सभी मरीजों की भी बेहद सेवा की और उनके स्वास्थ्य-लाभ के लिये अनथक परिश्रम किया। उन दिनों क्षय-रोग एक ऐसा राजरोग माना जाता था जो संक्रामक होने के साथ-साथ जान-लेवा होता था। क्षय के रोगियों से घर वाले तक परहेज किया करते थे। परंतु सान्जू सा० ने मरीजों से दूर रहना तो दूर रहा, वे उनके निकटतम सम्पर्क में आईं और उन्हें आवश्यक सुविधाओं के साथ-साथ मां की ममता भी दी। पैन्ड्रारोड-सैनेटोरियम के सभी ईसाई डाक्टरों एवं नर्सों का आदर एवं सम्मान उन्हें प्राप्त था और उनकी स्थिति "लेडी विथ द लैम्प" की जैसी हो गई थी।

कभी-कभी तो ऐसा होता था कि किसी मरीज़ का दाह-संस्कार करने वाला यदि कोई नहीं हुआ अथवा उसके परिवार के लोगों का अभाव हुआ, तो वे श्मशान घाट भी जातीं और दाह-संस्कार तक में सहायता करतीं। वे रोगियों की सेवा करते समय हिन्दू-मुस्लिम का भेद न कर "मानव-मानव एक समान" का ध्यान रखती थीं और यह ध्यान रखती थीं कि उनके व्यवहार से किसी को किंचिन्मात्र ठेस न लगे। सैनेटोरियम में इलाज कराने वाले सभी मरीज़ों को अपने पुत्र से भी अधिक महत्त्व देकर, उनकी प्रत्येक प्रकार की सेवा करना और साथ ही अपने धार्मिक नियमों का पालन करते रहना उन-जैसी अदम्य साहसी एवं करुणा से ओत-प्रोत सेवाभावी महिला के वश की ही बात थी।

सैनेटोरियम में एक बंगाली बाबू "साधू" के नाम से विख्यात थे। वे वहां कुछ 'खोलियां' बना कर दूध का व्यवसाय किया करते थे। अकेले थे, अलमस्त थे, दिल के साफ-सुथरे थे। उनके शुद्ध दूध, उसी मलाई से निकाले शुद्ध घी एवं उससे बनाए सान्जू साहब के हाथ के पकवानों का स्वाद जिसने चखा है, वह उसे कभी नहीं भूल सकता। सैनेटोरियम जाकर यह सब देखने एवं अनुभव करने का सौभाग्य मुझे स्वयं मिला।

सान्जू सा० बड़ी ही स्वाभिमानी महिला रही हैं। उन्होंने निरंतर विपरीत परिस्थितियों का साहसपूर्वक मुकाबला किया और उससे अपने पुत्रों को सुशिक्षित, सुयोग्य एवं सेवाभावी बनाया। चूंकि मानव जी के पिता का स्वर्गवास अल्पायु में हो गया था, इसलिए उन्हें माता के साथ-साथ पिता के भी कर्त्तव्यों का जीवन भर निर्वहन करना पड़ा। मानव जी या उनके छोटे भाई सुरेन्द्रकुमार के व्यक्तित्व के निर्माण एवं विकास का सबसे अधिक श्रेय निश्चयतः उनकी करुणामयी, स्नेह-सलिला, धर्मप्राण माता को ही है।

सान्जू सा० की सेवाओं की किरणें जहां-जहां तक पहुंचीं तथा जिन-जिन को उन किरणों ने स्पर्श किया, वे सब उस प्रकाश से आलोकित हुए। हमारे व्यक्तित्व को निर्मित करने में भी उनका योगदान बहुत ही महत्वपूर्ण रहा है।

मानव जी को अभिनन्दित करने के अवसर पर, हमें उनकी प्रातःस्मरणीय मातुश्री का पुण्य-स्मरण करते हुए, उनके श्री चरणों में श्रद्धा के कुछ पुष्प चढ़ाना गौरव-प्रद प्रतीत होता है।

मेरे जीवनसाथी

—श्रीमती विमला वैशाखिया (मानव)

महाराष्ट्र और बुन्देलखण्ड का सम्बन्ध ऐतिहासिक है। छत्रसाल ने अपने को असहाय पाकर बाजीराव पेशवा को बुलाकर अपनाया था। मैंने कभी कल्पना भी नहीं की थी कि वर्तमान में भी महाराष्ट्र और बुन्देलखण्ड का सम्बंध हो सकता है या महाराष्ट्र की लड़की का (मेरा) संबंध कभी बुन्देलखंड से हो सकता है।

फरवरी का महीना था। नागपुर नगर में १९४४ की बसन्त ऋतु ने सर्वत्र अपना भीना-भीना सुगंधमय सौरभ बांटना प्रारम्भ किया था। ऐसी ही एक संध्या मैं कालेज से अपने घर (इतवारी दरवाजा चितार ओठी में आगरकर का घर), उस समय मेरी उम्र १७ वर्ष की थी, मन में उल्लास भरी जीवन की नई-नई उमंगें संजोए घर के आंगन में अपनी दो पहियों की सहेली को दीवार से टिकाकर रूकी ही थी कि मेरी भाभी ने झट से आकर मुझे संदेशा दिया बाई साहब आप यहाँ खड़ी हैं और आपके जीजाजी वर्धा के श्री आर० पी० काले बैठक में आपकी प्रतीक्षा कर रहे हैं। उनके साथ एक बाबाजी भी हैं। मैं जीजाजी के आगमन पर अति प्रसन्न हो गई और सीधे बैठक में जा धमकी। बैठक में मेरी मां और भाई साहब जीजाजी के स्वागत में व्यस्त थे। मुझे देखते ही मां ने मुझे अपने पास स्नेह से बैठा लिया और उनका वार्तालाप चलने लगा। जीजाजी ने अपने साथ आये हुये बाबाजी से मेरा परिचय बड़े चाव से कराया। मैंने उनकी ओर एक नजर देखा और नमस्कार किया।

मेरे सामने एक सुन्दर दुर्बल पतली देहयष्टि का नवयुवक था जिसकी दाढ़ी और पीछे की ओर लटके लम्बे बाल थे। मुझे वह एक युवा साधु जैसे लगे। उनके चेहरे पर तेजस्विता झलक रही थी घने बालों के बीच उनका गोल-मटोल गोरा रंग का चेहरा, चौड़ा ललाट छोटी-छोटी चमकती आँखें और विद्वता से भरा मुख मण्डल संदेश दे रही थी कि वह अपने जीवन को चुनौती देकर जीने का अटूट प्रयत्न कर रहा है। उसके मुख पर दृढ़ संकल्प का भाव था कि वह भविष्य में सफलता प्राप्त करके रहेगा। उसने मुझसे जीवन के सम्बन्ध में कुछ प्रश्न पूछे जिनका उत्तर मैंने लज्जा और संकोच से संक्षेप में दे दिया। मेरा मन एकदम से स्थिर हो गया और मैं थोड़ी देर के लिए सोच में पड़ गई। न जाने क्यों मैं अपने को भूलकर यौवन के नशे में बह गई। खैर, कल्पना का प्रवाह भाई साहब की ऊँची आवाज से टूट गया

और मैंने देखा कि भाई साहब कह रहे हैं कल संगीत गोष्ठी में आप लोग अवश्य आइये और वे जीजाजी को व बाबाजी को विदा करने बाहर चले गये। मानवजी से मेरा यह प्रथम परिचय था। मेरे मन की दशा कुछ और ही विचारों में जकड़ गई। दूसरे दिन संगीत गोष्ठी में बाबाजी का पुनः आगमन हुआ। संगीत में मेरे तीनों भाई निपुण थे। मुझे भी संगीत का शौक था, मैं वायलिन बजाती थी। संगीत गोष्ठी से बाबाजी के मन में आत्मीयता का भाव जगा और उन्होंने उसे शब्दों में प्रकट किया। उनके कलाप्रेम से हम सभी प्रभावित हुए। जीजाजी ने इस अवसर का लाभ उठाया और मेरे भाईयों से कुछ प्राईवेट बात की जिसकी मुझे कोई जानकारी नहीं हुई। मेरे भाई साहब जीजाजी की बातों से प्रभावित हुए और उन्होंने मां से मेरे विवाह के सम्बन्ध में चर्चा की। मेरे कान में भी कुछ भनक पड़ी और मेरा मन भला बुरा सोचने लगा। मैं भविष्य के बारे में चिन्तित हुई। बाबाजी का हमारे घर से सम्बन्ध बढ़ता गया और एक दिन हम दोनों विधि के चक्र में फंस गये। ७ जून १९४६ को हम दोनों का विवाह हो गया और मैं बाबाजी की जीवन संगिनी बन गई।

मानव जी ने मुझे बतलाया कि बचपन में छतरपुर में उनकी शिक्षा अधोक्षज भट्ट पित्रे के घर पर हुई, श्री नारायण करकरे उनके धर्म पिता थे। श्री मुकुंद सखाराम नेवालकर, श्री महेश्वर काले उनके सहपाठी थे। मेरे जीजाजी श्री आर० पी० काले और मानव जी सन् १९४२-४३ में जबलपुर सेन्ट्रल जेल में एक साथ बन्दी थे। महाराष्ट्रीय परिवारों की सफाई, स्वच्छता, अनुशासन, व्यवस्था ने उनके मन पर गहरा प्रभाव छोड़ा था और मन ही मन उन्होंने निश्चय कर लिया था कि वे महाराष्ट्र में शादी करेंगे और उनकी वह सुप्त इच्छा जीवन में जागृत होकर सफल हुई। विवाह के बाद मैं ससुराल में आई। मैंने वातावरण एकदम बदला पाया। महाराष्ट्र और बुन्देलखण्ड के रीति-रिवाज, रहन-सहन, वेशभूषा एकदम भिन्न थे। मैं सोचने लगी कि मैं अपनी जीवन नैया को किस तरह पार कर सकूंगी क्योंकि कुछ दिन बाद ही मुझे बुन्देली लोगों के स्वभाव का कटु अनुभव हुआ। मेरी प्रसन्नता, खुलापन, स्पष्टवादिता और स्वच्छन्दता को पग-पग पर ठुकराया जाने लगा। मैं सोचने को मजबूर हुई कि जीवन भी एक अजब खेल है जो एक क्षण के लिए भी सन्देह से मुक्त नहीं होता। जीवन खेल भी है और युद्ध भी। मानों ममता और महत्त्वाकांक्षा के बीच अहर्निश युद्ध चलता है और महत्त्वाकांक्षा जीवन को खोखला और हीन बना देती है, सारी खुशियां निचोड़ लेती हैं। कांटे का स्वभाव ही यही है कि वह चुभे। दुनिया में इसकी जरूरत है दुनिया यह भी चाहती है कि कांटा, कांटा ही रहे पर कांटा तो बेजान और अनजान है। परन्तु मनुष्य तो अनजान नहीं है, वह अन्धा नहीं है। वह क्यों देखकर नहीं चलता। इन विचारों ने मुझे क्षणभर के लिये विचलित किया लेकिन मेरे मन से दृढ़ता का संचार हुआ और मैं जीवन-प्रवाह में कूद पड़ी। नारी मधुर है और कड़वी भी। संघर्ष करना मानव का स्वभाव है। मानव के आदर्श और सिद्धान्त सदा सिसके हैं और उनकी सदा ही हत्या हुई है। फिर भी मानव अपना जीवन सुखमय बनाने के लिये कठिन से कठिन परीक्षा उत्तीर्ण करता है और सुखी बनता है।

मैंने भी अपना जीवन एक बुन्देलखंडी को समर्पित किया था और मन में ठान लिया था कि मैं सब बाधाएँ पारकर जीवन को सुखी बनाऊँगी। कहा जाता है कि "सौ डंडी एक

बुन्देलखंडी" और मेरे पति सचमुच बुन्देलखंडी हैं। मेरे पति एक महत्त्वाकांक्षी, लगनशील और विद्या प्रेमी व्यक्ति हैं। मुझे उन पर गर्व है। जीवन में अनेक बाधायें उपस्थित होने के बावजूद हम दोनों ने अपने संकल्प और विश्वास के कारण उन पर विजय पाई और आज हम दोनों सफलता के शिखर पर पहुंचकर अपना जीवन यापन कर रहे हैं। मेरे बाबाजी ने अपना नाम रखा है 'मानव'। उन्होंने अपने नाम को सार्थक बनाया। उनका जैसा नाम है वैसा ही उनका जीवन है—सादा, सरल, महत्वाकांक्षी। उनका जीवन विद्वत्ता का पुंज है और वह मेरे जीवन के पूर्ण आधार हैं। यह महाराष्ट्र और बुन्देलखण्ड की सगाई थी। दोनों के मिलन से जीवन को उच्चता प्राप्त हुई। मुझे बुन्देलखण्ड से दृढ़ता, अपराजेय आत्मबल और विद्वत्ता प्राप्त हुई। बुन्देलखण्ड के प्राकृतिक सौन्दर्य ने मुझे मोहित कर दिया। जहां की बरसात में हरियाली से ढंकी और कभी उजाड़, पहाड़ियों के झरने, प्रपात, और नदियों, खजुराहो और देवगढ़ जैसी कलाकृतियों, केशव और ईसुरी जैसे महान् काव्य प्रणेताओं ने मेरे मन को अभिभूत कर दिया है। मानवजी उन सबके बीच जड़े हुए हीरे जैसे हैं, मधुर भाषी, सरल स्वभावी, अपने ही कार्य में संलग्न रहने के बावजूद लोक सेवा के पुजारी, भूतपूर्व मंत्री। उन्होंने बुन्देलखण्ड से मेरा परिचय कराया। कहावत है—'महुआ, मेवा, बेर, कलेवा गुलगुच बड़ी मिठाई। जिन्दगानी में जो सुख चाहो गोंडवाना में करो सगाई' पहले तो मुझे पता नहीं था गोंडवाने में आकर ही मैंने इन सबका आस्वाद लिया। एक दूसरी कहावत है :

कमलगटा से चीकने बातन बड़े मिठोर।
पत्थर से जड़ जानियों छत्तरपुर के लोग ॥

इसका परिचय भी मुझे जीवन में मिला। ऋण और धन से जीवन परिपूर्ण होता है। धनात्मक और ऋणात्मक तारों में ही विद्युत् उत्पन्न होती है। सोने में सुहागा मिलने पर ही सोने के खरेपन की परख होती है। यह सब मुझे बुन्देलखण्ड और मानव जी ने दिया, अतः दोनों को शत-शत प्रणाम, ऐसे बुन्देलखण्ड का प्रभावशाली प्रभात अपनी जन्म-भूमि के भविष्य को उज्ज्वल करे, यही कामना है।

मेरे पिताश्री

—प्रभात कुमार मानव

"भगवान् ने तुम्हें जो शक्तियाँ दी हैं, उनका विकास करो", यह सीख मेरे पिताजी ने मुझे २० जून, १९६८ को दी थी। तब मेरी उम्र साढ़े आठ वर्ष की थी। एक तरह से मेरे पिताजी ही मेरे सर्वप्रथम शिक्षक थे। उनका शुरू से ही मत था कि किसी भी बालक की भावनाओं को किसी भी कारणवश दमित नहीं करना चाहिये। उन्होंने धर्म से भी मुझे हमेशा एक तरह से अलग ही रखा था। क्योंकि उनके खुद के अनुभव से उन्होंने यह सीखा था कि जैन धर्म के अनुसार, "संसार असार है"। इस शिक्षा से उनके बाल्यावस्था में ही जीवन के प्रति निराशा घर कर गयी थी। वे इसे "मेलंकोलिया" कहते थे। यही कारण था कि उन्होंने मुझे धर्म से अलग रखा। किंतु उनके धर्म से अलग रखने का मतलब यह नहीं था कि मैं धर्म की उपेक्षा करने लगूँ। बल्कि उनका यह मत था कि मैं सभी धर्मों को इज्जत दूं। सभी धर्मों की अच्छी बातों को समझूं तथा उनसे जो भी ग्रहण करते बने करूँ। उन्होंने मुझे धर्म की शिक्षा केवल धार्मिक किताबों को पढ़ने व संस्कृत के श्लोक याद करने व मंदिर जाकर भगवान की मूर्ति-अर्चना करने से नहीं दी, किंतु उन्होंने मुझे धर्म की शिक्षा धार्मिक कहानियाँ पढ़ने व सुनने से दी थीं। उनका मत यह था कि प्रकृति ही परमेश्वर है। यदि हम एक इंसान को इंसान समझकर उसकी यथासंभव मदद करते हैं, तो वही सबसे बड़ा धर्म है, वहीं पुण्य है। उनका कहना था कि हृदय में पवित्रता ही धर्म है। यही धार्मिक शिक्षा उन्होंने मुझे दी है तथा उनकी यह शिक्षा ही मेरी आज तक की धार्मिक शिक्षा है। मैं उनके इस कथन से पूरी तरह सहमत हूँ कि मंदिर जाकर भगवान् की अर्चना करने से अच्छा है किसी मजबूर इंसान की मदद की जाये। उनकी दी हुई यही शिक्षा मैंने अपनी दोनों बच्चियों को दी है।

मेरे पिता का स्वभाव बहुत ही सरल, शुद्ध व ईर्ष्यारहित है। यदि कभी किसी ने उनके साथ कोई बुराई भी की तो उन्होंने उसके प्रति द्वेषभाव रखकर बदला नहीं लिया, बल्कि हमेशा उन्होंने इसे ईश्वर पर ही छोड़ा है। यह उनका मानना था कि सभी को उसके कर्मों के अनुसार उसके किये का फल मिलता है। मेरे पिताजी जब २९ वर्ष के थे तभी वे विंध्यप्रदेश में शिक्षा मंत्री के पद पर आसीन हो चुके थे। किंतु मुझे यह कहते हुए कोई गुरेज नहीं है कि वे एक सफल राजनीतिज्ञ नहीं थे। वे मध्यप्रदेश सरकार में भी १० वर्ष विधायक रहे, किंतु सदैव लोकहित में ही कार्य करते रहे। उन्हें घर की परवाह शायद ही कभी रही हो। यह भार सदैव मेरी माताजी पर ही पड़ा है। मेरे पिताजी की उनके बचपन से ही यह इच्छा रही है कि वे एक

साहित्यकार बनें। वे राजनीति में रहने के बावजूद सदैव साहित्य-प्रेमी रहे हैं। लेखकों व साहित्यकारों को वे सदैव बड़ी इज्जत की दृष्टि से देखते थे। इसी भावनावश उन्होंने सन् १९७० में 'मध्यप्रदेश लेखक संघ' का गठन किया था। वे उसका आज भी सफलता पूर्वक संचालन कर रहे हैं।

मेरे दादाजी की मृत्यु, जब मेरे पिताजी केवल ९ वर्ष के थे, तभी हो गई थी। तब दादीजी को मात्र १२½ रू० माहवार मेरे दादाजी द्वारा छोड़ी गई २,५०० रुपये की पूंजी का ब्याज मिलता था। उन्हीं पैसों से मेरी दादी ने अपने दो बच्चों का भरण-पोषण किया। मेरे पिताजी के दो भाई तथा एक बहन थीं। जिनमें से मेरे छोटे चाचा व बुआ काफी पहले मृत्यु को प्राप्त हो चुके थे। मेरे पिता और चाचा श्री सुरेन्द्र कुमार ने अनेक कष्ट झेलकर जीवन का निर्वाह किया है। हालाँकि मेरे पिताजी का बचपन बहुत ही अभावों में गुजरा था किंतु वे कभी भी निराश नहीं हुए। उन्होंने आज जो भी अर्जित किया वह अपनी लगन, मेहनत, ईमानदारी व अपनी मितव्ययिता से हासिल किया है। सन् १९५० में प्रेस, प्रकाशन और पत्रकारिता का धंधा चुना।

मेरे पिता मनुष्य जीवन में भाग्य, बुद्धि और परिश्रम का महत्त्व मानते हैं। आज ७२ वर्ष की उम्र में भी कर्मयोगी हैं। मेरे पिताजी के लिये कपड़ों व पैसे का महत्त्व न कभी था और न आज है। मेरे बहुत टोकने पर वे आज अच्छे कपड़े पहन लेते हैं एवं शेवर से अपनी दाढ़ी घोंट लेते हैं। किंतु यह सब भी उन्हें भार लगता है। उनकी दर्जनों पांडुलिपियाँ पड़ी हैं किंतु उनकी एक ही पुस्तक "मनुष्य की गंध मुझे आती है", प्रकाशित हो पाई है। उनकी अब मुझसे यही अपेक्षा है कि मैं उनकी लिखी किताबों का प्रकाशन करवाऊँ तथा जो किताबें व पत्रिकायें उन्होंने अपना पेट काटकर खरीदी हैं उनके लिये "मानविकी शोध संस्थान" की स्थापना करूँ। उनकी ये इच्छायें मेरे लिये सर्वोपरि हैं तथा भविष्य में मैं उनकी इच्छाओं को अवश्य पूर्ण करूँगा। मेरे पिताजी एक सरल व स्नेहिल स्वभाव के व्यक्ति हैं। इसी स्नेहिल स्वभाव की वजह से उन्हें अपने राजनैतिक जीवन में बदनामी भी भोगनी पड़ी। राजनीति में ऐसा होता ही है। मैंने पहले लिखा है कि मेरे पिता एक असफल राजनीतिज्ञ रहे हैं। ऐसा मैंने इसलिये लिखा है कि आजकल की राजनीति में पैसे का बड़ा महत्त्व है। किंतु मेरे पिताजी तो अर्थ के प्रति उदासीन ही थे। इसी कारणवश वे राजनीति में असफल रहे। उन्होंने राजनीति के चारपायों—साम, दाम, दण्ड, भेद को कभी महत्त्व नहीं दिया। उन्होंने अपने राजनैतिक जीवन को केवल जनता की सेवा के लिए ही समर्पित किया है। उनका मानना आज भी यही है कि जनसेवा ही सर्वोपरि है। आज भी जनकल्याण के चिंतन में मग्न रहते हैं। आज वे राजनीति से सन्यास लेने के बावजूद बुंदेलखण्ड की उन्नति के लिये सचेष्ट हैं। वे बुंदेलखण्ड बनवाने के लिये आज भी क्रियाशील हैं तथा उनका यह कथन है कि बुंदेलखण्ड राज्य बनकर रहेगा। चाहे ऐसा उनके जीवनकाल में हो या बाद में। भगवान् उनकी यह कामना भी पूर्ण करें, ऐसी मेरी भी इच्छा है।

अंत में मेरी भी यह इच्छा है कि मैंने अपने पिताजी से जो भी ग्रहण किया है उसका अपने जीवन में अनुसरण करूँ तथा उनकी तरह ही सरल जीवन जीने का प्रयत्न करूँ। यही मेरे जीवन का आदर्श होगा और शायद तभी मैं अपने पिताजी के प्रति सही रूप से श्रद्धा प्रकट कर सकूंगा।

बड़े भाई

वे टूट सकते हैं, झुक नहीं सकते

—श्री सुरेन्द्र कुमार जैन

महेन्द्र भाई बचपन में अपनी जिद और सनक के लिए मशहूर रहे हैं। बरसात के दिन थे। घर में तिल के लड्डू बने थे। पिताजी जाड़ा और बरसात में अंथऊ नहीं करते थे। रात में ब्यारी करते थे, अन्न नहीं खाते थे। उन्हें कब्ज रहता था। उनकी मान्यता थी कि जिसमें तेल रहता है वह दस्तावर होती है जैसे तिल, मूंगफली आदि। पिताजी ब्यारी करके लेट गए थे। उन्होंने भाई को एक लड्डू दिया लेकिन उससे उनकी तृप्ति नहीं हुई। वे दूसरे लड्डू के लिए जिद कर रहे थे। पिताजी ने उन्हें लड्डू न देकर अटारी के बाहर कर दिया और अंदर से किवाड़ लगा लिए। महेन्द्र भाई बरसते में अंधेरे में घंटे भर खड़े रहे। आखिर मां-बाप को दया आई और महेन्द्र भाई लड्डू प्राप्त करने में सफल हो गए।

घर में अटारी के रसोई घर के बाहर छज्जानुमा एक पट्टी निकली थी। पट्टी के बारह फुट नीचे आंगन था। किसी ने महेन्द्र भाई से कहा पट्टी से नीचे कूदो तो जानें। भाई पट्टी से आंगन में कूद गए और पैर में मोच आ गई। आठ दिन तक पैर की मालिश हुई, तब कहीं जाकर पैर ठीक हुआ।

पिताजी की मृत्यु हो गई थी। सावन के महीने में छतरपुर में पहली बार छोटे-छोटे बेंत बिकने लगे थे। जिनके एक सिरे पर गोल गुट्टा था और दूसरे सिरे पर कुत्ते जैसे चमड़े के दो कान थे। महेन्द्र भाई को बेंत भा गया। उन्होंने मां से जिद की कि बेंत खरीदना है। मां ने बहुत समझाया, हम लोग जैन हैं, उस बेंत से मक्खियां मारी जाती हैं, हम लोगों को नहीं खरीदना चाहिए। लेकिन महेन्द्र भाई कहां सुनने वाले थे। जब वे न माने, तब मां ने शुभ-चिन्तकों को बुलवाया। कुआं वाले काका घासीराम जी ने समझाया कि बेंत खरीदना उचित नहीं है, लेकिन जब तक महेन्द्र भाई बेंत खरीदकर नहीं लाए तब तक उन्हें चैन नहीं पड़ा। बचपन में जब महेन्द्र भाई नाराज हो जाते थे तब वे कोप भवन में जा बैठते थे। अटारी के किवाड़ अंदर से बंद कर लेते थे और किसी को अंदर नहीं घुसने देते थे। कोई घुसने की कोशिश करता, तो उसे लोहे के गज से मारते थे।

जब उन्होंने छठी क्लास पास की। तब बीमार पड़ गए। बाल कटवाने थे। नाई घर पर आया। उसने सिर का घुटमुण्डन कर दिया। नाई ने मजाक में पूछा—सिर घोंट

दिया है, भौंहे भी साफ कर दूं। महेन्द्र भाई ने कहा—साफ कर दो। नाई ने भौंहों पर भी उस्तरा चला दिया। बीमारी के कारण शरीर तो पीला पड़ ही गया था। सिर मुंडा हुआ था, भौंहें साफ होने से सिर और मुंह एक जैसा पीला, चीनी-जापानियों जैसा लगने लगा। नारायण करकरे आए। वे उन्हें न तो पहचान पाए। उन्हीं से पूछने लगे, महेन्द्र कहां है।"

एक बार हम लोग मां के साथ मामा के यहां अमरपाटन गये थे। मामा अपने बड़े बेटे के लिए बम्बई से एक ऊनी हरा स्वेटर लाए थे। भाई को वह स्वेटर पसंद आ गया। जिद पर चढ़ गए कि वही स्वेटर लूंगा। मां को पराए घर में लड़के की जिद पसंद नहीं आई। उन्होंने पटों से लड़के की मरम्मत की और घर से निकाल दिया। लेकिन महेन्द्र भाई को हरे स्वेटर के बिना चैन कहां? मामा ने बीच बचाव किया और भांजे को शांत किया।

एक बार भाई झांसी गए। किसी से साइकिल लेकर झांसी में घूमने निकले। स्टेशन पर पहुंचकर देखा कि उस पार जाने के लिए पटरियों के ऊपर ब्रिज है। ढाल से साइकिल ऊपर चढ़ाई और ब्रिज पर पहुंचकर साइकिल पर सवारी गांठ ली और ब्रिज पर साइकिल चलाने लगे। साइकिल दूसरी तरफ के ढाल पर उतर गई। साइकिल में ब्रेक नहीं था। ढाल के नीचे दो लोहे के डंडे खड़े थे जिसमें मुश्किल से साइकिल निकल सकती थी। भाई ने सूद मिलाई कि दोनों डंडों के बीच से साइकिल निकल जाए। डंडों से हाथ छिलते हुए साइकिल बाहर हो गई और आधे फर्लांग तक दौड़ती गई। खैर यह रही कि वे और उनकी साइकिल डंडों में उलझकर चकनाचूर नहीं हुए।

सातवीं क्लास पास कर महेन्द्र भाई ने ठाना कि गर्मी की छुट्टियों में आठवीं क्लास का कोर्स तैयार कर जुलाई में डबल प्रोमोशन लेना है। कोई मास्टर पढ़ाने को नहीं था। वे अकेले जुट गए। गर्मी के दिन सबेरे छः बजे से दस बजे तक पढ़ना, खाना खाकर दोपहरी में पढ़ना। गर्मी के कारण घिनौची की ठंडक में बैठकर पढ़ते थे। शाम को चार बजे बलदेव पंडित जी के यहां संस्कृत पढ़ने जाते थे ओर शाम को छः बजे से छत पर बैंठकर दस बजे तक मैथ्स के सवालों के साथ अकेले माथा-पच्ची करते थे। इस प्रकार प्रतिदिन चौदह घंटे पढ़कर, उन्होंने जुलाई में आठवीं की परीक्षा देकर और पास होकर ही दम ली।

इसी बीच एक झमेला और खड़ा हो गया। हैडमास्टर काले परीक्षा लेने को तैयार नहीं थे। उनका मानना था कि यह मेधावी छात्र आगे चलकर स्कोर नहीं कर पाएगा। उन्होंने एक शर्त रख दी कि यदि परीक्षा में फेल हो जाओगे तो स्कूल से निकाल दिए जाओगे। बालक के सामने धर्मसंकट खड़ा हो गया। इधर कुआं, उधर खाई। ऐसे मौकों पर माँ ने हमेशा भाई की हिम्मत बंधाई। मां ने कहा, परीक्षा दो, फेल हो जाओगे तो मामा के यहां बांदा में पढ़ाऊंगी और भाई कूद पड़े।

महेन्द्र भाई बीमार पड़े। कांखरी में फोड़ा हो गया। नौगांव के सिविल अस्पताल में डा. फड़के ने आपरेशन किया। शक्ति के लिए डा. ने पेलोत टॉनिक पीने को कहा। महेन्द्र भाई सातवीं पास कर चुके थे। लेबिल पर उन्होंने पढ़ लिया कि टॉनिक में कॉडलीवर आइल मिला है। जैन संस्कार, मछली का तेल कैसे पियें। उधर गुरू नारायण करकरे की आज्ञा थी कि

पीना है। नारायण करकेरे रोज छतरपुर से साइकिल से उन्हें देखने नौगांव आते-जाते थे। इस धर्मसंकट में भी मां ने रास्ता निकाला।

बचपन की यह जिद और सनक भाई में जिन्दगी भर बनी रही। आगे चलकर इस जिद और सनक ने उनके जीवन में साहस, निर्भीकता और धैर्य भरा। माँ ने उन्हें प्रोत्साहन देकर उनके निश्चय को दृढ़ किया। भाई पढ़ी-लिखी लड़की से शादी करना चाहते थे। उन दिनों बुन्देलखंड में पढ़ी-लिखी लड़कियाँ नहीं मिलती थीं। उनके एक जेल-मित्र ने उन्हें नागपुर बुलाया और वहां कुछ लड़कियां दिखाईं। वे उन्हें आग्रह कर परिवार में ले गए। लड़की संगीत में कर्वे यूनिवर्सिटी की बी० ए० थी। शादी की बात चलने लगी। जब मामा को मालूम हुआ, उन्होंने साफ मना कर दिया। उन्होंने कहा कि यदि आप यह संबंध करेंगे तो हम आपको जाति-बहिष्कृत कर देंगे। अपने चौके में नहीं घुसने देंगे। भाई के जीवन में फिर धर्मसंकट खड़ा हो गया। माँ ने फिर साथ दिया। मां ने कहा कि महेन्द्र, यदि तुम्हें नागपुर में शादी करना हो तो कर लो। मैं अपने भाई को छोड़ दूँगी। उनके चौके में नहीं घुसूंगी और उनका मुंह नहीं देखूंगी। मां की इस दृढ़ता ने मामा को झुका दिया। बांदा वाले नाना वंशीधर, सगाई कराने नागपुर गए और मामा अमरपाटन से बारात लेकर नागपुर गए और विवाह सम्पन्न हुआ। दूल्हा घोड़े पर सवार शादी कराने जा रहा था लेकिन उसका मन यह सब छोड़कर वैराग्य की ओर दौड़ रहा था। मन सदा विपरीत दिशाओं में दौड़ता है।

एक बार भाई अपने कायस्थ मित्र जंगबहादुर के यहां चित्रकूट गए। वहा उन्होंने उनकी मां के हाथ का कच्चा खाना पसन्द किया। छतरपुर लौटने पर जब चाचा मुन्नीलाल को मालूम हुआ कि उन्होंने कायस्थ के यहां कच्चा खाना खाया है, तब उन्होंने प्रस्ताव किया कि भाई को जातिच्युत कर दिया जाए।

शादी के बाद जब भाई बम्बई गए, उन्हें दाढ़ी बढ़ाने की सनक सूझी। दाढ़ी के बाल इतने बढ़ गए कि वे ऋषि तुल्य दिखने लगे।

भाई के बचपन में चित्रगुप्त मंदिर के चबूतरे पर 'सत्य हरिश्चंद्र' नाटक खेला गया था जिसका भाई के मन पर अमिट प्रभाव पड़ा। भाई ने छठी क्लास में सत्य पर एक लेख लिखा था जिसमें सत्य ने प्रथम पुरुष में अपना परिचय दिया था। क्लास टीचर ने निबंध देख कर विश्वास नहीं किया कि भाई का लिखा है। उन्होंने भाई पर आरोप लगाया कि तुमने यह लेख किसी पुस्तक से नकल किया है। गुरू के झूठ से भाई की आत्मा कितनी कलपी होगी, इसका सहज ही अन्दाज लगाया जा सकता है।

बचपन में नाना के यहां भाई के हाथ से थर्मामीटर टूट गया था। भाई चाहते तो चुप्पी साध जाते। उन्होंने फौरन नीचे नानी को बता दिया कि उनके हाथ से थर्मामीटर टूट गया है। भाई जीवन भर कुछ नहीं छिपा सके। उनका अंतर-बाहर एक है। सच बोलने के कारण और कुछ न छिपा पाने के कारण भाई को जीवन में काफी कीमत चुकानी पड़ी है। बदनामी सहनी पड़ी। लेकिन उन्होंने इस सबको खुशी-खुशी झेला। एक बार उन्होंने अपने एक मित्र के चाचा के संबंध में एक समाचार पत्र में छपवा दिया कि वे बुढ़ापे में शादी करना

चाहते हैं। चाचा ने पंचायत जोड़ी और हतकइज्जती का दावा किया। भाई ने पंचायत में मित्र का पत्र पेश कर दिया जिसमें चाचा की पोल खोली गई थी।

बड़े होने पर भी भाई का जिद्दी और साहसी स्वभाव नहीं बदला। एक बार वे राजस्थान में आमेर में एक पहाड़ पर चढ़ रहे थे। सामने सपाट चट्टान आ गई। वे उस पर चढ़ने लगे। यदि हाथ छूट जाता वे सैकड़ों फीट नीचे आ गिरते।

उनका स्वभाव घुमक्कड़ है। अपने जीवन में वे हमेशा चक्कर ही लगाते रहे। उनके पैर में भोंरियां हैं।

एक बार वे उज्जैन गए। क्षिप्रा के शहर की ओर वाले किनारे पर खड़े थे। नदी के दूसरे किनारे के पास दर्शनीय महल थे। यदि वहां तक सड़क से जाया जाता तो मीलों का चक्कर लगाना पड़ता। यदि नदी पार कर दूसरे किनारे पर पहुंचा जा सके तो आसानी से दर्शनीय स्थानों पर पहुंचा जा सकता था। भाई को तैरना नहीं आता था। भाई ने अपने साथी के सामने प्रस्ताव रखा। आप तैरिए, धोती का एक छोर मेरी कमर में बांध दीजिए और दूसरा छोर आप पकड़ लीजिए। मैं हाथ की उंगलियों से अपनी नाक बंद कर लूंगा। कुछ साथियों ने उन्हें ऐसा करने से मना किया लेकिन वे न माने और नदी में उतर गए। बीच नदी में उन्हें ऐसा लगा कि धोती नहीं खिंच रही है और वे नदी में गहरे उतर रहे हैं। नाक बंद रखना मुश्किल हो रहा था। उनका धैर्य टूट गया। उन्होंने सांस ले ली। पानी छाती में चला गया। खैर लोगों ने धोती खींचकर उन्हें पार लगा लिया। जोखिम उठाना उनकी आदत में शुमार है। उन्हें समुद्र स्नान का शौक है। जब बम्बई में रहते थे तब कहा करते थे कि मेरी मृत्यु समुद्र में ही होगी। समुद्र उन्हें खींचता चला जाता है और वे खिंचते चले जाते हैं। इस तरह समुद्र सैकड़ों व्यक्तियों को धोखा दे चुका है और लील चुका है। भाग्य से उनकी बम्बई छूट गई लेकिन आज भी इस बुढ़ापे में वे समुद्र के आकर्षण और आह्वान का प्रतिरोध नहीं कर सकते।

आगे चलकर उनकी वे खूबियां उनके राजनैतिक जीवन में भी प्रगट हुई। साहस, आत्मविश्वास, धैर्य, दृढ़ता और निर्भीकता ने उनके राजनैतिक व्यक्तित्व को धार दी।

सन् १९५२ के प्रथम आम चुनाव में पं. राम सहाय तिवारी ने उन्हें बिजावर से टिकिट दिलवाया था जब उन्हें यह पता चला तो उन्होंने हाईकमान को लिख दिया कि मैं बिजावर से चुनाव नहीं लड़ना चाहता।

विन्ध्य प्रदेश में जब वे मंत्री थे और लोहारदागा आदिवासी सम्मेलन में जा रहे थे। रांची के सर्किट हाउस में रुके थे। तभी उन्हें रीवा से खबर मिली कि पिटीशन में वे हार गए हैं। उनका चुनाव निरस्त कर दिया गया है और उन्हें ६ वर्ष के लिए चुनाव के अयोग्य घोषित कर दिया गया है। पिटीशन श्रीमती विद्यावती चतुर्वेदी ने श्री नर्मदाप्रसाद सिंह की शह पर की थी। भाई बिलकुल नहीं घबड़ाए। उन्होंने कहा जो होना होगा, होगा। अभी तो जिस कार्य के लिए आए हैं वह पूरा करेंगे। भाई ने लोहारदागा सम्मेलन में भाग लिया। इस सम्मेलन का उद्घाटन राष्ट्रपति राजेन्द्र बाबू ने किया था। सम्मेलन से रीवा लौटकर उन्होंने आगे का कार्यक्रम निश्चित किया।

रीवा के सामन्तवादियों ने श्री लालाराम वाजपेयी को मिनिस्ट्री से निकलवा दिया। भाई वाजपेयी जी के पेरोकार बन गए। वे वाजपेयी जी के लिए हाईकमाण्ड से भिड़ गए। उन्होंने वाजपेयी जी के पक्ष में हाईकमान को पत्र लिखा। उस पत्र को देखकर द्वारकाप्रसाद मिश्र ने कहा था 'No friend would do so much in politics' जब मुख्यमंत्री श्री कैलाशनाथ काटजू एक सदस्य को अपने मंत्रिमंडल से च्युत करना चाहते थे, तब भाई उक्त सदस्य के पक्ष में श्री काटजू से लड़ गए, यद्यपि उक्त सदस्य से उनकी पटती नहीं थी। पी. सी. सी. के चुनाव में जब एक अन्य प्रत्याशी के समर्थक ने श्री दशरथ जैन के वोटरों को बन्दी बना लिया और उनके सीने पर बन्दूक अड़ा दी तब भी भाई ने निर्भीकता से उनका साथ दिया। कांग्रेस के विधायक होते हुए भी कांग्रेसी मंत्री श्री बाबूराम चतुर्वेदी की अर्थी चौक बाजार में जलवाई। डर तो उन्हें छू ही नहीं गया है।

विन्ध्य प्रदेश शासन में वे वित्तमंत्री थे। बजट निर्माण के लिए कैबिनेट ने कुछ सिद्धांत निश्चित किए थे। लोक निर्माण मंत्री श्री गोपालशरण सिंह ने पी. डब्ल्यू. डी. का बजट तैयार करते वक्त उन सिद्धांतों को तिलांजलि दे दी। वित्तमंत्री होते हुए भाई ने उस बजट को अस्वीकार कर दिया और त्यागपत्र दे दिया। जब मुख्यमंत्री श्री शंभुनाथ शुक्ल ने उन्हें लिखित में आश्वासन दिया कि कैबिनेट के सिद्धांतों के अनुसार ही पी. डब्ल्यू. डी. में व्यय किया जायेगा न कि छपे हुए बजट के अनुसार, तभी भाई ने अपना त्यागपत्र वापस लिया।

भाई मध्यप्रदेश में विन्ध्यप्रदेश को विलय करने के लिए आमादा थे। मुख्यमंत्री पं. शंभनाथ शुक्ल ने उन्हें बुलाया और कहा कि विलयन की बात बन्द करो। यदि बन्द नहीं करोगे तो मुझे सोचना पड़ेगा कि तुम्हें कैबिनेट में रखना है या नहीं रखना है। भाई ने उत्तर दिया कि कैबिनेट में रखना या न रखना आपका दायित्व है। मैं कैबिनेट के अन्दर रहूँ या उसके बाहर रहूँ मेरा मत तो यही रहेगा कि विन्ध्य प्रदेश का विलय किया जावे।

जब तक वे मंत्री रहे बुन्देलखण्ड के लिए लड़ते रहे। वे हमेशा अपनी जेब में इस्तीफा रखते थे। मंत्री पद की उन्होंने कभी परवाह नहीं की।

जब कप्तान अवधेश प्रताप सिंह लालाराम वाजपेयी को मंत्रिमंडल से निकलवाने में सफल हो गए तब वे भाई के पास आए और बोले—पं. शंभुनाथ शुक्ल का साथ छोड़ दो। यदि तुमने साथ नहीं छोड़ा तो हम तुम्हें म. प्र. में मंत्री नहीं बनने देंगे। बघेलखंड से पं. शंभुनाथ शुक्ल मंत्री बनेंगे। तब मैं बुन्देलखंड से गोपालशरणसिंह को मंत्री बनवाने के लिए जोर लगाऊँगा। कहूँगा एक बघेलखंड का है दूसरा बुन्देलखंड का होना चाहिए। एक ब्राह्मण है दूसरा ठाकुर होना चाहिए। भाई राजी नहीं हुए। भाई ने पं. शंभुनाथ शुक्ल का साथ नहीं छोड़ा, लेकिन शंभुनाथ शुक्ल ने ही भाई को छोड़ दिया।

सन १९६७ में जब पं. द्वारकाप्रसाद मिश्र म. प्र. के मुख्यमंत्री बने उस समय मानव भाई कांग्रेस के विधायक थे। पार्टी मीटिंग में वे मुख्यमंत्री पं. द्वारकाप्रसाद मिश्र की आलोचना करने से नहीं चूकते थे। पं. द्वारकाप्रसाद मिश्र ने समझा कि चूंकि मानव जी को मंत्री नहीं बनाया गया है इसलिए वे आलोचना करते हैं। ऐसी कोई बात नहीं थी। मानव जी मंत्री होते तब भी शायद आलोचना करते। अन्याय, अनुचित को वे सहन नहीं कर पाते। जब श्री शिव-

नारायण खरे प्रदेश कांग्रेस कमेटी के महामंत्री थे और श्री प्रकाशचन्द्र सेठी मध्यप्रदेश शासन के मुख्यमंत्री थे तब मानव जी ने अपने साप्ताहिक 'पंचायतराज' में श्रीमती इन्दिरागांधी के खिलाफ एक लेख छापा था। इस पर श्री शिवनारायण खरे ने श्री मानव की कांग्रेस पार्टी की सदस्यता निलम्बित कर दी और श्री सेठी ने उन्हें कांग्रेस विधायक दल से अलग कर दिया। इस पर कांग्रेस विधायक दल के आधे से अधिक सदस्यों ने मुख्यमंत्री से आपत्ति प्रकट की और श्री मानव का निष्कासन अनुचित ठहराया। उन्हें कांग्रेस विधायक दल में पुनः रखवाया था।

१९७७ में श्रीमती इंदिरागांधी काँग्रेस की अध्यक्ष थीं और प्रधानमंत्री थीं। भाई कांग्रेस के टिकट पर विधानसभा के लिए चुने गये थे। इलाहाबाद हाईकोर्ट ने पिटीशन का फैसला श्रीमती इन्दिरा गांधी के खिलाफ दिया था। पहले श्रीमती इंदिरा गांधी ने हटने का मन बना लिया था लेकिन चंडाल चौकड़ी के दबाव में पद से चिपकी रहीं। भाई इसे सहन नहीं कर पाए। उन्होंने सोचा कि जब देश का प्रधानमंत्री ही कानून को न मानेगा तब देश में कैसे जनतंत्र स्थापित रहेगा। फिर श्रीमती इन्दिरागांधी ने संजय गांधी को भविष्य में प्रधानमंत्री बनाने के लिए राज्यों की राजधानियों में भेजा और काँग्रेसी मुख्यमंत्रियों ने युवराज के दर्शन के लिए लाखों की भीड़ जोड़ी। तब भी भाई की समझ में नहीं आया कि देश का प्रधानमंत्री बनाने का यह कौन सा तरीका है। उन्होंने कांग्रेस पार्टी से स्तीफा दे दिया और चूंकि वे कांग्रेस के टिकट पर विधायक चुने गए थे, उन्होंने विधायक पद से भी इस्तीफा दे दिया।

आगे चलकर कांग्रेस की जो दुर्गति हुई उसका पूर्वाभास उन्हें बहुत पहले हो गया था। बड़े-बड़े नेता जिन्होंने उस समय कांग्रेस छोड़ी थी पुनः कांग्रेस में शामिल हो गए। लेकिन भाई ने जिसे सोच समझकर त्यागा था, उसे वे फिर कैसे ग्रहण कर सकते थे? वे राजनीति के चतुर खिलाड़ी नहीं रहे। लेकिन जीवनपर्यन्त उन्होंने राजनीति को नीति के आधार पर चलाने की कोशिश की, जिसमें वे असफल रहे।

मेरे फूफाजी

—डॉ० प्रशान्त कुमार जैन

मेरे फूफा श्री महेन्द्र कुमार 'मानव' एक साहित्यिक, समाज सेवी, धार्मिक, राजनीतिक, प्रतिभाशाली व्यक्तित्व हैं। उनका मध्यप्रदेश के बुद्धिजीवी वर्ग में जाना-माना लोकप्रिय नाम है। हमें गर्व है कि वे हमारे फूफाजी हैं।

मैं मात्र दो वर्ष का था जब मेरे पिताजी श्री रजनीकान्त आगरकर का नागपुर में देहान्त हो गया था। हमारे पिताजी चार भाई एवं एक बहन थे। जिसमें मेरे पिताजी भाईयों में सबसे छोटे एवं हमारी बुआजी उनसे भी छोटी हैं।

जब वे जबलपुर जेल में थे तभी वर्धा के हमारे एक रिश्तेदार श्री आर० पी० काले ने, जो उनके साथ जेल में थे, उनसे शादी के सम्बन्ध में उनके विचार जाने थे।

जेल से रिहाई के बाद उनकी शादी सन् १९४६ में बुआजी के साथ हुई। शादी के बाद वे दोनों मुम्बई चले गये। वहाँ पर दो-तीन साल रहे, वह १९५२ में विंध्यप्रदेश विधान सभा में विधायक के रूप में चुने गये एवं मंत्रीमण्डल में शिक्षामंत्री हुए।

जब मैं लगभग चार वर्ष का था तब हमारी काकू (बड़ी माँ) श्रीमती वसुन्धरा आगरकर मुझे लेकर पहली बार छतरपुर आयी थीं। उस समय हमारी बुआजी श्रीमती विमला वैशाखिया गर्ल्स हाईस्कूल छतरपुर में प्राचार्या थी एवं वहीं उनका क्वार्टर था। उस समय बुआजी ने मुझे पढ़ने के लिये छतरपुर में ही रोक लिया। आजकल मेला ग्राउण्ड में जहाँ पर महाराजा क्लब है, लॉन पर टेनिस खेली जाती है, उस समय वहाँ पर बालक मन्दिर लगा करता था। वहीं पर काकू पढ़ाती थीं एवं वे ही मेरी पहली गुरू हुई जिन्होंने मुझे क, ख, ग, घ सिखाया। एक वर्ष छतरपुर में पढ़ने के बाद मैं नागपुर चला गया।

जब मैं चौथी कक्षा में पुसला जिला अमरावती में अपने नानाजी के पास पढ़ रहा था तब गर्मियों की छुट्टियों में फिर से आई के साथ पन्ना आया जहाँ बुआजी मनहर गर्ल्स हाई स्कूल में प्राचार्या होकर पहुंची थीं। तब उन्होंने पन्ना में मुझे पढ़ाई के लिये रोक लिया। उस समय उनका मुन्ना तीन साल का था। इस प्रकार पढ़ने के लिये मैं बुआजी के पास रहकर पन्ना के सीनियर बेसिक स्कूल में कक्षा सात तक पढ़ता रहा। वहाँ पर फूफाजी एवं बुआजी के स्नेह के कारण पढ़ सका।

इसके बाद मैं अपनी माँ के पास छतरपुर में पढ़ने के लिए आ गया जहाँ मेरी माँ शिक्षा विभाग में सहायक शिक्षिका के पद पर कार्यरत थी। हमारे फूफाजी एवं बुआजी का स्नेह

बराबर हमें मिलता रहा। इस कारण हम लोगों ने कभी भी अपने को अकेला महसूस नहीं किया एवं पढ़ाई-लिखाई में उनका स्नेह एवं सहयोग रहा। छतरपुर में मैंने बी० एस० सी० तक अध्ययन किया।

१९७१ में मेरा एम० बी० बी० एस० पाठ्यक्रम के लिये चयन हुआ एवं मेरा एडमिशन गांधी मेडिकल कॉलेज, भोपाल में हो गया। तब मैं शुरू में गोविन्दपुरा बी०एच०ई० एल० में अपने मामाजो के पास दो-तीन माह रहा। इसके बाद एम० एल० ए० रेस्ट हाउस ब्लॉक नं०-२ में अपने फूफाजी के कमरे में रहने लगा क्योंकि उस समय मानवजी छतरपुर विधानसभा क्षेत्र से कांग्रेस के विधायक थे। मैं इस कमरे में लगभग एक वर्ष रहा। इसके बाद मेडिकल कॉलेज भोपाल के "ए" ब्लॉक होस्टल में रहने चला गया। मेडिकल कॉलेज की पढ़ाई के दौरान मुझे अपने फूफाजी द्वारा आर्थिक मदद प्राप्त हुई। उनका मार्गदर्शन हमें मिलता रहा जिससे मुझे भोपाल में किसी तरह की कोई परेशानी नहीं हो पायी। बाद में उन्हें प्रोफेसर कॉलोनी भोपाल में बंगला आवंटित हो गया था जहां वे आज भी सपरिवार रहते हैं। होस्टल में रहने के बावजूद मैं वहाँ अक्सर रविवार को पहुंच जाता था। बुआजी भी उन दिनों लोक शिक्षण संचालनालय में सहायक संचालक के पद पर कार्यरत थीं।

गांधी मेडिकल कॉलेज, भोपाल से एम० बी० बी० एस० करने के बाद मैंने कस्तूरबा अस्पताल, भेल, भोपाल में इंटर्नशिप की। इसके बाद सर्वप्रथम मेरी नियुक्ति बीमा चिकित्सालय आगर रोड उज्जैन में मेडिकल ऑफिसर के पद पर हुई। वहाँ पर लगभग नौ-दस माह कार्य करने के बाद मैंने लोक स्वास्थ्य विभाग में अपनी पोस्टिंग करा ली। तब सबसे पहले मैं लघु प्रा० स्वा० केन्द्र छाल, जिला—रायगढ़ में पदस्थ हुआ। वहाँ लगभग २ वर्ष रहने के बाद आ० फूफाजी श्री महेन्द्र कुमार मानव जी के प्रयत्न से सन् ८३ से मेरा स्थानान्तरण रायगढ़ से जिला छतरपुर हो सका। भाजपा शासन आने के बाद मेरा स्थानान्तरण ईसानगर से पथरिया (जिला दमोह) का कर दिया गया है।

फूफाजी के संसर्ग में रहने के कारण मुझे और मेरे परिवारजनों को भी बुंदेलखण्ड की सेवा करने का सौभाग्य मिला। मेरी पत्नी सतना की हैं।

पथरिया लगभग १५ हजार की आबादी वाला नगर है। यह एक धार्मिक एवं व्यापारिक स्थल है। यहाँ एक ओर भगवान राम, सीता, लक्ष्मण का बेहद आकर्षक एवं आधुनिक वास्तुशिल्प से सज्जित मन्दिर है वहीं पांच जैन मन्दिर एवं चैत्यालय हैं। रेलवे स्टेशन होने के कारण पथरिया का व्यापारिक दृष्टिकोण से अपना महत्त्व है। गत दिनों हमारे फूफाजी श्री मानव जी का, बुआजी सहित इस नगर में आगमन होने पर समाज और साहित्यकारों द्वारा उनका यथोचित स्वागत सत्कार किया गया एवं उनके द्वारा किये गये राजनैतिक, सामाजिक, धार्मिक कार्यों की प्रशंसा की गयी। फूफाजी बुंदेलखण्ड की उन्नति के लिए अहर्निश चिन्तन करते रहते हैं। उनके द्वारा किये गये कार्य आने वाले समय में मील का पत्थर साबित होंगे। यदि मुझे फूफाजी और बुआजी का सहारा न मिला होता तो आज मैं जो हूँ वह न बन पाता। फूफाजी ने जीवनपर्यन्त समाज की सेवा की है और मेरे जैसे हजारों युवकों के लिए उन्होंने जीविका का साधन जुटाया है। ईश्वर से प्रार्थना है कि वह उन्हें दीर्घायु करें और वे सदा समाज की सेवा में संलग्न रहें।

सहृदय मानव

डा० प्रभुदयालु अग्निहोत्री

इस युग में जबकि कितने ही सार्वजनिक कार्यकर्ता सामाजिक सेवा का भारी भरकम पुरस्कार प्राप्त करने में कृतकार्य हो जाते हैं, तब श्री महेन्द्र कुमार मानव मुझे प्रदेश में एकमात्र ऐसे सज्जन दिखते हैं जो पहाड़ भर कार्य करने के बाद भी सहज परिमाण में भी प्रसिद्धि या पुरस्कार प्राप्त करने में सफल नहीं हो पाये। साम्प्रतिक वातावरण में जिस छल-छद्म-कपट-चातुर्य और घनिष्ठ सुहृदों के शव पर खड़े होकर स्वयं को ऊँचा दिखाने की धृष्टता और पहाड़ी मौसम की तरह पल-पल पर बदलते रहने की पटुता जिस व्यक्ति में न हो उसे तथाकथित आवजाही प्रसिद्धि और सफलता की आशा भी नहीं करनी चाहिए। किन्तु न जाने क्यों मेरा मन ऐसे ही सत्पुरुषों को प्यार करता है और उनमें जो गिने-चुने दो चार मित्र हैं उनमें एक श्री मानव जी भी हैं। कबीर ने जो लिखा था—

"कबिरा आपु ठगाइये और न ठगिये कोय" वह उन पर ठीक-ठीक चरितार्थ होता है।

मानव जी को भगवान ने यह कहकर धरा पर भेजा था कि तुम गांव में रहना और साहित्य की सेवा करना और बन सके तो सीधे-साधे किसानों का मार्गदर्शन करना। किन्तु राजनीति छलावा देकर उन्हें अपनी रंगशाला में खींच ले गई। वहां बड़े-बड़े दिग्गज और घाघ किस्म के पेशेवर राजनीतिज्ञ मुगदर भांज रहे थे। मानव जी का भी अपना निजी आकर्षण था। जनसेवा की धुन थी। कुछ करने की तमन्ना थी और उन्होंने थोड़े समय में इतना किया कि न केवल विन्ध्य प्रदेश में अपितु अन्य राज्यों में भी लोग उनके नाम से परिचित हो गये। किन्तु नटी का प्रेम तो स्थायी नहीं होता।

राजनीति भी उन्हें रास नहीं आयी। तब जो कहा जाता है "यस्य क्वापि गतिर्नास्ति तस्य वाराणसी गतिः" सो मानव जी के विषय में सत्य उतरा। जैसे प्राचीनकाल में आश्रम विपद-ग्रस्त राजा-रानियों के संकटमोचन होते थे वैसे ही इस युग में साहित्य निराश राजनीतिज्ञों की शरणस्थली रहा है। पं. द्वारका प्रसाद मिश्र, श्री ब्रजलाल वियाणी, श्री लक्ष्मीनारायण सुधांशु, बालकृष्ण शर्मा नवीन, आदि कितने ही मेरे समकालीन उदाहरण हैं। स्वभाव से भोले, सज्जन, विद्वानों पर श्रद्धा रखने वाले, सबका विश्वास कर लेने वाले, मित्रों पर अपनी हर बात प्रकाशित कर देने वाले सहृदय मानव जी को भी माँ सरस्वती ने दुलार से अपनी गोद में लिया।

उन्होंने साहित्य के कई अंगों पर लेखनी उठाई और सफलता से उठाई। अनेक श्रेष्ठ ग्रंथों का प्रकाशन किया। पत्र निकाला किन्तु विन्ध्य प्रदेश की पथरीली भूमि पर यह सब पानी की बूंदों के समान छितरा कर रह गया। काफी बड़ी धनराशि उन्होंने इस महायज्ञ में फूँक दी। आज साहित्य का क्षेत्र भी राजनीति के समान ही कबाड़खाना बन चुका है। यह बात सज्जन मानव को बाद में विदित हुई।

एक महान् कार्य मानव जी ने प्रारंभ किया। वह था विन्ध्य प्रदेश के इतिहास, साहित्य और संस्कृति को प्रकाश में लाने का। यह कार्य जितना श्रेष्ठ था, उतना ही आवश्यक भी। विन्ध्य प्रदेश के छोटे-छोटे रजवाड़ों में बहुमूल्य इतिहास और साहित्य बिखरा पड़ा है जिसके पीछे पुरानी परम्परा है। संस्कृत नाटककार वत्सराज के 'रूपकों' और 'शिवा बावनी' से साहित्य जगत परिचित है, किन्तु सोलहवीं-सत्रहवीं शताब्दी में लिखे गए अर्द्धराजनीतिक गद्य के नमूने, रियासतों के पुस्तकालयों में बन्द पड़े हैं। यदि उन्हें संग्रहीत किया जाए तो हिन्दी गद्य, बुन्देलखण्डी भाषा का विकास और बहुमूल्य बुन्देली शब्दावली की उपलब्धि के साथ शिवाजी के काल से लेकर छत्रसाल के पूर्वजों और परवर्ती शासनों के इतिहास पर ही नहीं अपितु बुन्देलखण्डी जन जीवन से संबंधित विपुल सामग्री प्राप्त हो सकती है। फिर इनमें हर रियासत का अपना एक राजकवि होता था और हर कवि की ब्रज और बुन्देली में, कहीं कहीं संस्कृत में भी, लिखी विपुल पात्रिक कविताओं का ढेर भी वहीं दबा पड़ा है। पन्ना रियासत के राजकवि की प्रकाशित रचनाओं और उसके वाणीवैदध्य को देखकर मैं चकित रह गया था। छत्रसाल के पिता चम्पतराय के जीवन के संबंध में बिखरी सामग्री को देखकर मेरा मस्तक उस साहसी वीर के सम्मुख नत हो गया था। पर यह काम किसी एक व्यक्ति के वश का नहीं होता। मानव जी तो इसकी महत्ता की ओर ही लोगों का ध्यान आकृष्ट कर सकते थे और वह उन्होंने किया। बाद में सागर विश्वविद्यालय ने और फिर सरकार ने केशव संस्थान के माध्यम से यह काम अपने कन्धों पर ले लिया। और हम सब जानते हैं कि सरकार जिस सोने पर उँगली रख देती है वह अचिरात् पीतल बन जाता है।

फिर भी मानव जी अपनी लीक पर चले जा रहे हैं और चले जा रहे हैं।

मानव जी ने जितना कुछ समाज को दिया है उसकी तुलना में बहुत कम पाया है। वह विश्वसनीय साथी और सखा हैं, सरल हैं। सहृदय हैं। पर युग के थपेड़ों ने समय से पहले उनके केशों को पका दिया है। फिर भी वह गतिमान है। भगवान करे उनकी निष्ठा और गति अक्षुण्ण रहे। मैं अपने इस सरल, कर्मशील अनुज के लिए भगवान् से प्रार्थना करता हूँ कि उनके जीवन को निराशा से धूमिल न होने दे। आशा, विश्वास और दृढ़ता के दीपक की लौ ज्योतिष्मती बनी रहे।

[पूर्व कुलपति
जबलपुर विश्विद्यालय, (म. प्र)]

महेन्द्रकुमार मानव—मेरी दृष्टि में

—डॉ० चन्द्रप्रकाश वर्मा

मानव जी का यह साहित्यिक उपनाम 'मानव' अपने व्यापक अर्थ में चमत्कारी ढंग से उनके प्रति भाव-प्रवण व्यक्तित्व से प्रतिबद्ध है। नाम और गुण की ऐसी प्रतिबद्धता क्वचित ही देखने को मिलती है। महेन्द्रकुमार जी मानो मानवत्व का एक शोभन सजीव विग्रह हैं। कवि, देशभक्त, मंत्री, समाज-सेवी, यायावर, दार्शनिक—इनका यह हर रूप अपने आपके प्रति इतना सच्चा है कि लगता है यही इनके जीवन की सच्ची भूमिका है। भाव-जगत का यह कितना बड़ा हठयोग है कि ये विभिन्न भाव-स्वरूप एक ही अंतरंग में अपनी-अपनी सीमाओं के बीच पूर्ण सामंजस्य के साथ अवस्थित हैं।

सुडौल देहयष्टि, औसत कद, तपे हुए सोने सा वर्ण, शुक-नासिका, खिंची कमान सी भौंहें, मर्मी दृष्टि और ओठों पर अधखिली सी मुस्कान, जो पंत जी के शब्दों में 'छपी सी, पीसी मृदु मुस्कान' की अनुहार सी ही प्रतीत होती है। वर्तमान अभी भी किसी विगत का संकेत देता है जब मानव जी का जीवन-कुसुम वय की डाल पर चंदन-गंध बिखेरता हुआ खिला होगा। हृदय की मृदुता मानो वाणी तक खिंच आई है। मीठे, मंद बोल मानो कोई सम पर अर्द्धरात्रि में वीणा पर ईमन बजा रहा हो।

मेरा और मानव जी का परिचय जीवन की उस अवधि में हुआ जब हम दोनों ही छात्र थे। जब हम दोनों ही भावों के स्वप्नों को आँखों में ढो रहे थे। इलाहाबाद यूनिवर्सिटी में हम दोनों ही अध्ययनरत थे। मैं उनसे कुछ सीनियर था। उन्होंने जब चर्चा की तो मुझे बहुत पुरानी बात याद आई। यूनिवर्सिटी के हिन्दी-विभाग में प्रतिवर्ष एक गल्प-प्रतियोगिता आयोजित होती थी, जो यूनिवर्सिटी के विद्यार्थियों तक ही सीमित रहती थी। इसका अभिप्राय कहानी-लेखन क्षेत्र में नई प्रतिभाओं की खोज करना ही था। बच्चन जी, नरेन्द्र शर्मा, वीरेश्वर सिंह—सभी इसमें समय-समय पर भाग लेते थे। मैं भी लगातार तीन वर्ष तक इस प्रतियोगिता में भाग लेता रहा। दो वर्ष प्रथम और एक वर्ष मुझे द्वितीय पुरस्कार मिला था। इन्हीं प्रतियोगिताओं के बीच मानव जी कभी मुझे बधाई देते हुए प्रथम बार मिले थे।

सागर में तारण-तरण जयन्ती का वार्षिक समारोह बड़े उत्साह से आयोजित होता है। उन दिनों मैं सागर के टीचर्स ट्रेनिंग कॉलेज का प्रिंसिपल था। इस समारोह में मैं वक्ता के

रूप में आमंत्रित था। आचार्य रजनीश भी उस समारोह में अपना वैचारिक योगदान देने हेतु आए हुए थे। छतरपुर से मानव जी भी भाषण हेतु आमंत्रित थे। समारोह तो हो गया पर इस समारोह की अनुवर्ती सुधि-सुगंध पर आरूढ़ मानव जी दूसरे दिन मेरे निमंत्रण पर मेरे घर पधारे। दो आत्मीय जब मिलते हैं तो देश-काल कुछ पीछे छूट ही जाता है। उन्होंने भोजन भी मेरे साथ ही लिया और, फिर आने का वायदा कर, अपराह्न में ही वे मेरे घर से निकल सके। इस अंतराल में अतीत कितना वर्तमान में आया और वर्तमान कितना भविष्य में गया, इसका लेखा-जोखा करना आज तो बड़ा कठिन है पर बातों का सिलसिला अनवरत ही चलता रहा था, इतना अवश्य स्मरण है।

इस भेंट के बाद मानव जी से पत्र-व्यवहार अवश्य शुरू हो गया और मुझे यह अनुभव होने लगा कि वे जिसे मन में जगह दे देते हैं उसे फिर भूलना उनके लिए संभव नहीं होता। मैं सौभाग्य से उनके इसी जीवन-समीकरण का गुणनफल बन गया था। जब मैं स्थायी रूप से भोपाल का वासी बन गया तब उनके सहज स्नेही अंतर की नाप-तौल के अवसर अनेक आए और हर बार मैंने देखा कि हृदय-तुला की डंडी कभी सकारण और कभी अकारण सदा कुछ न कुछ उनकी ओर ही झुकी रही। इस स्नेह को यदि परिभाषित करूँ तो भाई दिनकर की इन काव्य-पंक्तियों का सहारा लेना चाहूंगा—

मंत्र तुमने कौन यह मारा
कि मेरा हर कदम बेहोश है सुख से;
नाचती है रक्त की धारा
वचन कोई निकलता ही नहीं मुख से।

या अपनी इस रुबाई का आश्रय लूं—

प्यार सीखा नहीं, किया जाता
यह अमृत या जहर पिया जाता;
यह न होता है चिह्न ऋण-धन का
इसमें केवल गुणा किया जाता।

मानव जी भोपाल से एक साप्ताहिक पत्र 'पंचायत राज' का प्रकाशन करते आ रहे हैं और उसके प्रधान सम्पादक भी हैं। इस पत्र की सम्पादकीय टिप्पणियां पढ़कर मैं कई बार चमत्कृत हुआ कि इस कवि-हृदय के पास इतनी सूक्ष्म विश्लेषणात्मक सूझ-बूझ कैसे आ गई। मैं फोन पर उन्हें बधाई देता और वे हँसकर कहते—"इस बधाई के टैक्स रूप पंचायत राज के लिए कोई कविता अविलम्ब भेज दीजिए। दो मित्रों के बीच इस 'बधाई' का मूल्यांकन मैं इसी तरह करना चाहता हूं"। कविता तो मैं भेजता ही था पर वे कुछ दिन बाद पारिश्रमिक स्वरूप एक चेक भेज देते थे। जब भेंट होती तो मैं कहता—यह कैसी औपचारिकता! कुछ पत्र तो ऐसे रखूं जिनसे औपचारिक संबंध न हों। वे कहते—चेक बहुत छोटा होता है पर वह मेरे ममत्व का प्रतीक होता है, इसलिए भेजने को बाध्य रहता हूँ। 'अर्थ' नहीं केवल 'भाव' इसका मूल्य है।

इसी बीच उन्होंने अपने प्रभाव और उपक्रम से राजधानी के साहित्य-संस्कृति-कला क्षेत्र में प्रणवानन्द ट्रस्ट की संरचना कर दी। स्वामी प्रणवानन्द जी द्वारा दिए दान से इस ट्रस्ट ने स्वरूप ग्रहण किया। इसी प्रकार एक ट्रस्ट पत्रकारिता के क्षेत्र में भी यहां खुल गया था। मानवजी के सत्प्रयासों से इस वर्ष साहित्य के क्षेत्र में इस ट्रस्ट द्वारा साहित्यकारों को सम्मानित और पुरस्कृत करने की प्रक्रिया भी आरम्भ हो सकी। यशस्वी नाटककार श्री कृष्णकिशोर श्रीवास्तव इस मानश्रृंखला के प्रथम साहित्यकार हैं। यह ट्रस्ट इसके पूर्व भी क्रियाशील हो गया होता पर मानवजी ने दुःखी होकर एक बार मुझसे कहा था—

दिल अभी पूरी तरह टूटा नहीं है
दोस्तों की मेहरबानी चाहिए।

और मैंने हँसकर उनसे अपनी शंका का समाधान चाहा था कि दोस्तों की उस सूची में कहीं मेरा नाम तो नहीं। मानवजी हँस पड़े और बोले—"आप निश्चिन्त रहें।" मैंने अनुभव किया कि मानव जी का सरल अंतर मानव-परीक्षण की प्रक्रिया में कभी-कभी छला जाता है और मुझे रीतिकालीन एक कवि की ये पंक्तियां सहज ही याद आ गईं जो उन पर पूर्णतः घटित होती हैं—

तुम कौन सो पाटी पढ़े हो लला।
मन लेहु पै देहु छटाँक नहीं।

मानव जी एक भाव-प्रवण कोमल अंतर के धनी हैं। पर अपने सिद्धांतों, संकल्पों और आदर्शों की रक्षा में वे कभी-कभी अत्यंत जुझारू और कल्पनातीत रूप से कठोर भी बन जाते हैं। ऐसी मेरी मान्यता रही है और उनके जीवन का मान-चित्र देखने पर इस कथन के प्रमाण सहज ही मिल जाते हैं। वे राजनीति से साहित्य में आए या साहित्य से राजनीति में गए - यह समस्या द्विमुखी है और इसका समाधान भी मैं द्विमुखी ही मानता हूँ। हमारे राष्ट्रीय स्वतंत्रता-संग्राम में कितने तरुणों ने अपने जीवन-स्वप्न, अपने प्राण मातृभूमि की बलि-वेदी पर अर्पित कर दिए। यह सारा खेल भावना का ही तो है और कवि-अंतर में यह भावना का खेल कुछ चमत्कारी ढंग से ही होता है। मैथिलीशरण जी, माखनलाल जी, सुभद्रा जी, नवीन जी, दिनकर जी, सोहनलाल जी—इन सभी का संवेदन और भाव-धन विशिष्ट रूप से स्वतंत्रता-संघर्ष से जुड़ा रहा। मातृभूमि की छवि अपने विविध रूपों में कवि-हृदय में अपनी झांकियां सजा देती है। इसके उदाहरण साहित्य में भरपूर मिल जाते हैं, जैसे—

वंदे मातरम्।
सुजलाम् सुफलाम् मलयज-शीतलाम
शस्य श्यामलाम् मातरम्।

और

भारतमाता ग्राम-वासिनी।

मानव जी भी इस जीवन-सत्य के अपवाद न बन सके और अपना समस्त भाव-धन अपने हृदय की मंजूषा में संजोये राष्ट्रीय स्वाधीनता-संग्राम के उस ज्वलित यज्ञ-कुण्ड में कूद पड़े जहाँ शरीर जलता है और आत्मा अमरत्व पाती है। ये पंक्तियाँ जीवन के कार्य-व्यापार के प्रति कितनी सच्ची हैं—

भावुक जन से ही महत् कार्य होते हैं
ज्ञानी संसार असार जान रोते हैं।

यह स्वाधीनता-संग्राम इस सत्य के परीक्षण की कसौटी बन गया था कि जो जितना भाव-प्रवण और कोमल होगा वह परिस्थिति की मांग पर उतना ही कठोर और कष्ट-सहिष्णु भी बन सकेगा। कवि-हृदय मानवजी का बंदीगृह में राजनीतिक बंदी का स्वरूप और स्वतंत्र भारत के विंध्य-प्रदेश सचिवालय में प्रभुता-सम्पन्न मंत्री का स्वरूप – ये दोनों ही रूप उनके जीवन की कठिन-कोमल कहानी को बड़ी प्रमुखता से उजागर करते हैं।

ब्रिटिश साम्राज्यवाद की निरंकुशता से लड़ने का वह कठिन-दारुण युग तो अब समाप्त हो गया है पर उस युग द्वारा जगाई गई भाव-प्रवणता का ज्वार जो एक बार उठा तो उतरा कहाँ ! वे आज भी चिंतन से अधिक भावना हैं और यह उनकी सीमा नहीं निस्सीमता है। तर्क-जाल में उलझकर मनुष्य अपने आगे की चार डग ज़मीन ही नापता है पर भावना में वह निस्सीम नीलाकाश भी लांघ जाता है और कहता है—

सितारों के आगे जहाँ और भी हैं
अभी इश्क के इम्तहाँ और भी हैं।

और उनकी इस वर्तमान स्निग्धता की सुगंध मुझ तक कुछ इस प्रकार आई :

एक बार वे सपत्नीक जयप्रकाश नारायण अस्पताल में रह रहे थे। श्रीमती मानव अस्वस्थ थीं। या वे स्वतः बीमार थे, कुछ ठीक समझ न सका। मुझ तक जब यह खबर पहुंची तब रात काफी हो चुकी थी, पर मैं रुक न सका। प्राइवेट वार्ड में जब उनका कमरा खोजता हुआ मैं पहुंचा तो वे कुर्सी पर कुछ चिंतन-क्लिष्ट से मौन बैठे हुए थे और श्रीमती मानव शय्या पर अस्वस्थ लेटी हुई थीं। मेरा पहुंचना उन्हें अप्रत्याशित सा लग रहा था क्यों कि उन दिनों मेरा स्वास्थ्य भी ठीक न था। वे कुर्सी से उठे और मेरा हाथ पकड़ लिया। बोले—आप क्यों आए ? मैंने कहा—खबर ही ऐसी थी। उन्होंने कहा—आप आए बहुत अच्छा लगा, पर मानसिक कष्ट तो बढ़ गया। अस्पताल के कमरे की उस मद्धम रोशनी में भी उन की आंखों की तरलता मुझसे छिपी न रह सकी। घर लौट कर मैंने पत्नी से कहा—ऐसा कभी तुमने देखा है—संवेदना के आंसू दोनों ओर।

संवेदना की बात जब चल पड़ी है तब उनके काव्य-संग्रह—'मनुष्य की गंध मुझे भाती है' की भी कुछ चर्चा कर दूं। इस संग्रह का नामकरण ही मानव जी की अंतर-प्रकृति का एक सटीक उदाहरण है। कवितायें छोड़ भी दूं तो केवल यह नाम मात्र ही उन सबका मुखर

समर्थक है जो कुछ मैं ऊपर लिख आया हूं। किसी कवि में यदि यह गुण न हो तो मेरा यह निर्विवाद मत है कि उसकी कविता भी निर्गुण ही होगी। यह भावना मुझे स्मरण करा जाती है इन पंक्तियों का—

"सिया राममय सब जग जानी
करहुँ प्रणाम जोरि जुग पानी।"

'अपनी बात' में मानव जी ने अपने अंतर के इस सत्य को वर्णों में इस भांति व्यक्त कर दिया है—'जीवन की कगार पर पहुंचते-पहुंचते प्रत्येक भारतीय दार्शनिक—आध्यात्मिक बन जाता है। इस राष्ट्रीय थाती से मैं वंचित नहीं रहा हूं और अपनी समृद्ध राष्ट्रीय परम्परा को मैंने जिया है। प्रेम एक शाश्वत-अनुभूति है। उस अनुभूति को मैंने जगह-जगह चित्रित किया है। वर्तमान में जीने के कारण सामाजिक विषमता के प्रति भी मेरे मन में विद्रोह का स्वर जागा है और उस स्तर को मैंने सीधे-तीखे शब्दों मैं व्यक्त किया है।

मानव जी का यह काव्य-संग्रह मानो मानव-भावना के किसी महाकाव्य का एक संक्षिप्त संस्मरण हो। इसके रचना-शिल्प का केनवॉस बहुत विस्तृत है और इतनी व्यापक भाव-भूमि को अपने कृतित्व की परिधि में सहेजना अपने-आप में एक उपलब्धि है। सीमा के सौन्दर्य को असीम के सौन्दर्य में परिणत कर देने की कला में कवि निष्णात है। कवि सौंदर्य-प्रिय है और क्या यही खोज मानव-जीवन का अन्तिम सत्य भी नहीं? वह काव्य हो, संगीत हो, मूर्ति हो, दर्शन हो—सर्वत्र अन्तिम सत्य के रूप में इस अन्तिम सौंदर्य की ही खोज है। प्रकृति मानव-जीवन के समानांतर ही चल रही है। वह पूर्णिमा का चंद्रमा हो, बसंत की संध्या हो, शरद्-यामिनी की चंद्रिका हो या प्रेयसी के आनन का प्रभा-मण्डल हो—ये सब कवि को समान रूप से आकर्षित करते रहे हैं। सौंदर्य एक ऐसा तत्त्व है जो जड़ और चेतन के विभेद को मिटा देता है। इस सम्मोहन के प्रभाव से कभी जड़, चेतन और चेतन, जड़ बन जाता है। देखना यही होता है कि छवि-किरणें किस कोण से कितनी तीव्रता से दृष्टा पर गिर रही हैं।

'मैं मानव हूं'—इस रचना में कवि की यह सौन्दर्य-प्रियता कितनी मुखर है। अनुभूति के परे भी जो कुछ शेष रह जाता है, यह उसका कितना प्रभावी चित्र है—

मैं सौन्दर्य को निहारता हूं
सौन्दर्य चाहे किसी का हो
वह हो
सुन्दरी का, प्रकृति का
हृदय का
बुद्धि का
शौर्य का
साहस का
शिशु का

मां का
रूप का
पर्वत का
नदी का
मेघ का
मयूर का
स्वर का
चित्र का
काव्य का
मूर्ति का
भवन का
मुझे अच्छा लगता है;
मैं मन्दिर नहीं जाता।

कवि का इंगित है कि मेरा मंदिर मेरे अंतर में बन चुका है। वाह्य का क्या करूं, इधर तो रोम-रोम अनुप्राणित है। सौन्दर्य-प्रियता केवल रूप-मोह या रूपासक्ति मात्र नहीं है। वह एक अनुभूतिजन्य आत्मतत्त्व भी है, जो एक सत्य का अवलंब ले जीवन के किसी अंतिम सत्य की अनुसंधान-यात्रा पर निकल पड़ता है।

कवि अंतर-प्रेमी है जो अत्यंत सहज स्वाभाविक मानवीय वृत्ति है पर यह प्रणय-व्यापार केवल तब तक नहीं है। फूलों के जो प्रेमी, फूलों के खिलने और मुरझाने तक ही उन से प्रेम करते हैं वे प्रेम के मर्म को संभवत: नहीं समझ पाये। गंध जो श्वास बनकर अंतर में समा गई है, उसकी याद इस मुरझाने और खिलने से परे है। कवि ने जिस प्यार को अपने जीवन में निमंत्रित किया है वह पुनीत पाहुन प्यार कुछ ऐसा है –

प्यार !
अन्तरम की गहराइयों में पलता है
प्यार दिखावा नहीं है
प्यार क्रिया नहीं है
प्यार का सम्बन्ध
शरीरों की निकटता
या
एक स्थान पर रहने से
नहीं है
प्यार अपनी निजता है
प्यार स्वयं आत्मा है
प्यार परमात्मा है।

और एक अन्य स्थल पर कवि की यह प्यार-संबंधी उद्घोषणा कितनी सशक्त और मार्मिक है—

जब तक मैं कोढ़ी को प्यार करने की शक्ति
अपने में पैदा नहीं करता
तब तक मैं प्रतीक्षा करूँगा
और उस दिन तुम्हारे घावों को
चूमने आऊंगा
जब वह शक्ति मुझे प्राप्त हो जायेगी
और तभी मैं सच्चे प्रेम का
भागी बनूंगा।

कवि मानव-अंतर की सूक्ष्म भावनाओं की कसीदाकारी तो करता ही है पर वाह्य परिवेश के वैषम्य भी उसकी तीक्ष्ण दृष्टि से ओझल नहीं। मानो उसकी आत्मलीनता के चक्र की परिधि क्षितिज के छोर तक है। उसकी दृष्टि में धन को आधार बना समाज का वर्गीकरण जग-जीवन का अभिशाप है। दरिद्रता, दैन्य, शोषण इन सबके प्रति उसका विद्रोही स्वर गूंजता है। वह स्वर्ग का संदेश ही धरा को नहीं सुनाना चाहता अपितु इस दुःख-कातर वसुन्धरा के बीच ही किसी रम्य स्वर्ग की झांकियां सजा देना चाहता है—

क्या ईश्वर की दृष्टि में
मनुष्य, मनुष्य के बीच ऐसा भेद है
भेदबुद्धि तो मनुष्य के पास है
ईश्वर के पास तो अभेद है।

और गरीबी के प्रति उसकी यह कितनी सशक्त संवेदना है और साथ ही साथ कितनी सरल सहज मार्मिक स्वीकारोक्ति है जो उसके संवेदन को स्तुत्य बना जाती है—

मैं लेनिन से प्रेरित होकर
गांधी से प्रेरित होकर
हिन्दी की प्रगतिशील कविता से
प्रेरित होकर
चाहता हूँ
कि मैं गरीब की, मजलूम की
अनुभूति प्राप्त कर सकूं
इसके लिए मैं जमीन पर सोता हूँ

एक जून खाता हूँ
एक जून भूखा रहता हूँ
परन्तु मैं इस एहसास से कैसे
छुटकारा पाऊँ
कि मुझे खाने-पीने की चिन्ता नहीं है ?

मानव जी के रचना-संसार में प्रवेश कर मुझे ऐसा लग रहा है कि वे जग-जीवन के गायक ही नहीं किंतु अपने कवि-रूप में उसके नियामक भी हैं। यह दुर्वह भार उनकी कवि-लेखनी ने सहजता से वहन किया इसके लिए वे बधाई के पात्र हैं। जीवन के अनगिनत बसंत उनकी आरती उतारें—यही मेरी मंगलकामना है।

चिड़िया, मृगछौना और फूल

—डॉ० देवेन्द्र दीपक

चिड़िया !

चिड़िया यानी एक निरापद पक्षी। चिड़िया यानी एक स्वतंत्र जीवन और उन्मुक्त विचरण जिसकी विशेषता है। चिड़िया यानी मधुर कलरव का सुखद अनुभव। चिड़िया यानी यहाँ-वहाँ से दाने-दाने को चुगना और अपने बच्चे को चुगाने की वात्सल्य भावना का कल्याण बोध ! चिड़िया यानी तिनका-तिनका चुनकर नीड़ के निर्माण की कुशल कला का शिल्प-बोध। चिड़िया यानी कि इस सीमा का अहसास कि 'उड़ि जहाज को पंछी पुनि जहाज पै आवै।" मेरे निकट श्री महेन्द्र कुमार मानव एक चिड़िया हैं और चिड़िया सम्बन्धी उपर्युक्त पूरी व्याख्या उन पर घटित होती है।

मृगछौना !

मृगछोना यानी एक सलोनी सुकुमारता। मृगछौना यानी एक रेशमी स्पर्श का अहसास। मृगछौना यानी एक सात्विक स्फूर्ति। मृगछौना यानी एक संगीतमयी चपलता। मृगछौना यानी एक अहिंसक उछल-कूद। मृगछौना यानी एक सहज चौकन्नापन। मृगछौना यानी एक भावुक निरीहता। मेरे टिकट श्री महेन्द्र कुमार मानव एक मृगछौना हैं। ६० वर्षीय मृगछौना और मृगछौने के सम्बन्ध में उपर्युक्त कथित सभी फलितार्थ उनमें फलित होते हैं।

फूल !

फूल यानी मूल की साधना की चरम परिणति। फूल यानी भ्रमर की नृत्य-यात्रा का लीलाकेन्द्र। फूल यानी रूपमय मुस्कराता जीवन। फूल यानी गंध के सृजन की कला। फूल यानी एक रस-ग्रंथि ! खिलना और समर्पित होना फूल की सार्थकता है। होने को तो आजकल गंधहीन फूल भी होते हैं, लेकिन भारतीय मानस में फूल का अर्थ है रूप के साथ गंध का एक ऐसा योग कि जैसे सौन्दर्य में शील का अधिवास हो। फूल का चरम है फल। मेरे निकट श्री महेन्द्र कुमार मानव एक फूल हैं और फूल के सम्बन्ध में मेरा ऊपर कहा सभी उनमें चरितार्थ होता है।

यों महेन्द्र कुमार मानव एक चिड़िया हैं, एक मृगछौना हैं और एक फूल हैं। यह मेरा अवलोकन है। मेरे इस अवलोकन के समर्थन में प्रस्तुत है महेन्द्र कुमार मानव का यह कथन—

मैं किसी धर्म या दर्शन के
पचड़े में नहीं पड़ता।
मैं जीता हूँ
जैसे एक चिड़िया जीती है
जैसे एक मृगछौना जीता है
जैसे एक फूल जीता है।

आपा-धापी भरे इस जीवन में यह प्रसन्नता की बात है कि मनुष्य की गंध उन्हें भाती है और उनका समूचा सरोकार इस बिन्दु पर केन्द्रित है कि भू-मण्डल पर मानव की गरिमा की प्रतिष्ठा है।

निजी जीवन हो, सामाजिक जीवन हो, घर-गृहस्थी हो, राजनीति हो, साहित्य हो, संस्कृति हो, आचरण का क्षेत्र हो या विचरण का क्षेत्र, हर जगह महेन्द्र कुमार मानव अपने एक चिड़िया, एक मृगछौना और एक फूल होने की हैसियत का अहसास कराते हैं। मेरा विश्वास है कि उन्हें जानने वाले मेरे इस अवलोकन से अवश्य सहमत होंगे।

हम चाहते हैं कि चिरकाल तक यह चिड़िया चहकती रहे, मृगछौना कुलाँचे भरता रहे और फल महकता रहे।

एक जाज्वल्यमान स्मृति

—श्री राजेन्द्र अनुरागी

आदमी अपनी उमर का श्रेष्ठतम कब जी लेता है, कुछ कहा नहीं जा सकता। वह तो कोई सोलह कलाओं से पूर्ण अवतार ही होता है, जो बाल-लीलाओं से महाभारत तक एक-सी चमक में जीता है और जीवन को सर्वतोमुखी सार्थकता दे देता है।

मानव जी आज हमारे बीच मौजूद हैं और कुछ इस तरह मौजूद हैं कि जब मैं लोगों से उनके बयालीसी तेवर बयान करता हूँ, तो लोग अचरज से मेरी ओर देखते रह जाते हैं।

मैं उन्हें बताता हूँ कि किस तरह सन् १९४२ में, जबकि मैं होशंगाबाद में मात्र सातवीं कक्षा का विद्यार्थी था, इलाहाबाद यूनिवर्सिटी से छतरपुर का एक बेहद आकर्षक-तेजस्वी नौजवान, अपनी मौसी के यहाँ, होशंगाबाद आया था।

होशंगाबाद शहर में, अपने ढंग की अकेली ही हस्ती थे, मस्ते बाबा। पूरा नाम तो उनका, श्री हजारीलाल मस्ते था, लेकिन सामान्यतः लोग उन्हें "मस्ते बाबा" ही कहा करते थे और वे थे भी आदमी इसी तबीयत के। बेहद मगन-मौला आदमी थे और आजादी की लड़ाई लड़ रही तरुणाई के नेता थे। ये ही श्री मस्ते जी मानव जी के मौसिया थे।

उस शाम, होशंगाबाद के सुप्रसिद्ध नर्मदा-घाट पर, टाउन हॉल के सामने वाले चौपाल में जंगी आम सभा हो रही थो। और वहीं, इलाहाबाद यूनिवर्सिटी का तेज तर्रार, किन्तु बेहद आकर्षक नौजवान, उस सभा का प्रमुख वक्ता था। उसकी दृढ़ आस्थावान आवाज और तीखे तेवर चिंगारियों की तरह फैल रहे थे। समूचा वातावरण ही मानों आवेशित (चार्ज्ड) हो उठा था। इस बीच, पुलिस ने काफी वहशियाना ढंग से लाठी चार्ज शुरू कर दिया था। भीड़ में दहशत फैल गई थी। पुलिसिया लाठियों की खटाखट और लोगों की चीख-चिल्लाहट के बीच, श्री महेन्द्र कुमार मानव की गुरू गम्भीर गर्जना, लोगों में अजीब साहस का संचार कर रही थी और वे हर आघात के जवाब में "वन्देमातरम्" का तुमुल उदघोष कर रहे थे।

उसी शाम श्री महेन्द्र कुमार मानव को, वहीं टाउनहॉल के सामने गिरफ्तार कर डिस्ट्रिक्ट जेल ले जाया गया था और अगली सुबह ही सारा होशंगाबाद शहर समूचा सुलग

उठा था। आग स्कूलों में फैल गई थी। हम लोग, विभिन्न आयु समूहों के लड़के, मुहल्ले-मुहल्ले जुलूस निकाल रहे थे और कौमी तराने गा रहे थे—

छीन सकती है नहीं, सरकार वन्देमातरम्,
हम गरीबों के गले का हार वन्देमातरम्।

....

अय मादरे हिन्द गमगीन न हो
अच्छे दिन आने वाले हैं।
आजादी का पैगाम तुम्हें
हम जल्द सुनाने वाले हैं॥

कविवर स्व० दीनदयाल दिनेश जी उम्र में हम सबसे बड़े थे और गाते भी बहुत अच्छा थे। वही हमारी टोली के नेता हुआ करते थे। स्व० नारायण आजाद की बुलन्द आवाज भी ज्वालामुखी जगाने में बेहद कामयाब सिद्ध हुई थी। यहीं से मेरे कवि ने भी चोंच खुलने के प्रथम आभास पाये थे।

यह श्री मानव जी की पहली तस्वीर है, जो मेरे मानस पटल पर अंकित है।

श्री मानव जी से दूसरी भेंट मेरी तब हुई जब वे विंध्यप्रदेश में मंत्री थे। मंत्री के रूप में भी इनकी बड़ी ख्याति थी और ये नितांत आडम्बरहीन ढंग से जीने की अपनी खास अदा के कारण बहुत लोकप्रिय भी हो गए थे। इनके राजनीतिक प्रतिद्वन्द्वी इनके प्रति भयंकर ईर्ष्या पाले हुए थे।

ऐसे में किसी एक फोटोग्राफर ने इनकी बेवर हसीन एक फोटो खींच मारी। चमचों ने उन्हें सुझा दिया कि आपकी यह मनोहारी छवि प्रदेश के सभी पंचायतघरों में लग जाये, तो कैसी रहे। भैया, जरा लजाते सकुचाते, 'ठीक है' कह बैठे और यार लोगों ने खेल खेल डाला। इनकी वह सुन्दर तस्वीर, जिसमें दाढ़ी की पहली कोंपल फसल के साथ काली-काली घुंघराली अलकें गज़ब ढा रही थीं, पंचायत घरों में लगी या न लगी, भाई जी मिनिस्टरी से हाथ धो बैठे। पं० नेहरू के नेतृत्व वाली केन्द्रीय व्यवस्था ने इनसे त्यागपत्र माँग लिया था और ये विवश थे।

और वह क्षण भी बड़े मार्के का था। हम दोनों पन्ना से रीवा जा रहे थे। मोहन गाड़ी चला रहा था। भाई ने घड़ी देखी और बीच जंगल में एक जगह गाड़ी रुकवा दी। खुद नीचे उतरे, मैं भी नीचे आ गया था। ये सीधे कार में लगे राष्ट्र ध्वज के सामने पहुँचे। पूरे सम्मान के साथ झंडे को सलामी दी और बोले, "मोहन, झंडा लपेट दो। अब हम मिनिस्टर नहीं हैं। हमारा इस्तीफा इस समय मंजूर हो चुका होगा।" उस क्षण, जिस गहरी खिलाड़ी भावना से अभिभूत वे दिखाई दिये थे, उनकी वह छवि मैं कभी नहीं भूल पाया।

फिर एक क्षण इनका ऐसा भी देखा मैंने भोपाल में जब ये मन में आत्महत्या की ठान कर घर से निकल पड़े थे।

बहरहाल, श्री महेन्द्र कुमार मानव अभी भी मध्यप्रदेश लेखक संघ या बुंदेलखण्ड प्रांत की बातें करते हुए मिल जाते हैं। तेवर भले अब वे न रहे हों, लेकिन बात करने और सोचने का ढंग, अभी भी वही है। बुनियादी तौर पर इनकी जीवन-ऊर्जा आज भी अपनी चमक कायम रखे है, हालांकि कुहासा बेतरह चारों तरफ से इन्हें घेरे हुए है अथवा ये स्वयं ही उसमें अपना सिर घुसाए हुए हैं।

श्री मानव जी शतायु हों और महासागर में मिलकर स्वयं सागर बन जाने से पूर्व इनकी जीवन-सरिता अभी और महिमामय तीर्थ बनाये, यही शुभकामना है।

मानवजी : मेरी निगाह में

—श्री कृष्णकिशोर श्रीवास्तव

साहित्य और राजनीति दोनों ही समर्पित साधक चाहते हैं। साहित्य-सेवी राजनीति की ओर आकर्षित लग सकता है पर राजनीति का सफल खिलाड़ी नहीं हो सकता। इसी प्रकार राजनीति में आकंठ डूबा व्यक्ति साहित्य के प्रति रूचि तो रख सकता है पर साहित्यकार नहीं हो सकता। इसीलिए कभी कभी राजनीति की सड़ांध से ऊबकर सरल हृदय वाला व्यक्ति मन की शांति के लिए साहित्य के अंक में नीड़ बनाता है। मानवजी ऐसे ही साहित्यकार हैं जो राजनीति से ऊबकर कविता में अपने को खोज रहे हैं।

हिन्दी के अनेक महान् साहित्यकारों की कर्मस्थली छतरपुर में जन्मे, मानवजी पर साहित्य की छाप तो घूंटी के साथ ही लग गई थी और इसीलिए उन्होंने संस्कृत तथा हिन्दी साहित्य का अध्ययन भी किया था। परन्तु उन दिनों साहित्यकार का कोई विशेष आदर सामान्य समाज में नहीं था। जब-जब उन्होंने साहित्यकार बनने की सोची उनके सामने प्रश्न उठा कि साहित्यकार बनकर रोज़ी-रोटी की समस्या कैसे हल होगी। इसलिए उन्होंने सन् १९५० में प्रेस प्रकाशन अखबार का धन्धा चुना जिससे वे साहित्य से जुड़े रहे। लेकिन शीघ्र ही १९५२ में उनकी सेवा की भावना और अन्याय से लड़ने की प्रवृत्ति के कारण राजनीति ने उन्हें खींच लिया। वे स्वतंत्रता सेनानी भी रहे हैं पर उनके राजनीति में आने को मैं इस तथ्य से नहीं जोड़ता। १९४२ के जनआन्दोलन में सभी तरुणों ने भाग लिया था पर स्वतंत्रता सेनानी बनकर सबने न उसका लाभ उठाया और न राजनीति में आये। वह तो एक ज्वार था, विदेशी सत्ता को उखाड़ फेंकने का एक नियोजित अभियान था जिसमें हर तरूण शामिल हुआ था मानवजी ने जेल में रहकर कैदी की ज़िंदगी को पढ़ने का अपना उद्देश्य बनाया था।

मानवजी लगभग ३० वर्ष राजनीति में खपे रहे, वहां की शतरंज में "शह" और "मात" का खेल खेलते रहे। राजनीति में नैतिक मूल्यों का ह्रास और भ्रष्टाचार देखकर मानव जी राजनीति से कट गए। लौटे और साहित्य-पथ पर अग्रसर हुए। उनके साहित्यकार को उन अनुभवों ने पुष्ट किया जो अपने राजनैतिक जीवन में उन्हें स्वार्थी और समयसेवी समूह से हुए थे।

आज के साहित्यकार की सबसे बड़ी विडंबना है कि वह उस माटी को नकारता है जिस माटी पर उसने घुटरूअन चलना सीखा। मानवजी उनसे भिन्न हैं। बुन्देलखण्ड से, उसकी

संस्कृति से) उसकी भाषा से उन्हें बेहद लगाव है । बोलचाल, हाव-भाव और आचार-विचार में वे अभी भी बुंदेलखंडी ही है । उनका बुंदेलखंड-प्रेम उनकी कविताओं में भी छलकता है । वहां की प्राकृतिक छटा उनकी कविता में उभर कर आती है। वहां के खेत-खलियान, वहां के गांव, गांवों का स्वरूप, उनकी लेखनी पर हावी है । बुंदेलखंडी उपभाषा की शहछ में डूबे अनेक शब्द उनकी कविता में मिल जाते हैं यथा पछीन (पिछवाड़ा), खरहा (खरगोश), गंडवान (बैलगाड़ी के पहियों से बनी पंक्ति) आदि ।

राजनीति से साहित्य की ओर मुड़ने की प्रक्रिया में मानवजी ने पत्रकारिता को माध्यम बनाया । वे पत्रकारिता में सक्रिय हुए, अपना पत्र भी निकाला । इस दौरान वे राजनीति की चालों से दूर होते गए और साहित्य के निकट आते गये । चलते-फिरते, विश्राम और यात्रा करते उनके सिर पर साहित्य का नशा गहराता गया और उन्होंने अपने कवि को सक्रिय कर लिया । काफी प्रतीक्षा के बाद उनका कविता संग्रह प्रकाशित हुआ 'मनुष्य की गंध मुझे भाती है' । संग्रह का नाम ही मानवजी की मानवता का प्रतीक है । उन्हें हर जगह का, हर तरह का मनुष्य, प्यारा है—

न जाति का भेद है, न धर्म का भेद है
न राष्ट्र का भेद है, न लिंग का भेद है
न उम्र का भेद है, न रंग का भेद है
मैं मनुष्य को प्यार करता हूँ,
मनुष्य की गंध मुझे भाती है।

राजनीति में वर्षों गुज़रने के बावजूद मानवजी में राजनीति का झूठ घर नहीं कर पाया है । वे स्वयं को उधेड़कर सामने रखने में नहीं हिचकते—

मैं मंदिर नहीं जाता, मैं पूजा नहीं करता
और न मैं व्रत उपवास रखता हूँ;
मैं न आस्तिक हूँ न नास्तिक
मैं जीता हूँ जैसे एक चिड़िया जीती है ।

और एक चिड़िया की तरह जीने वाले मानवजी समाज के थोथेपन से ऊपर उठ जाते हैं । वे भूत के भय और भविष्य की मोहभरी कल्पना से दूर हैं । इसी कारण वे स्वीकार करते हैं मैं आज हूँ कल नहीं रहूँगा । यह स्थिति तो हर व्यक्ति के लिए सही है, पर स्वीकार कितने करते हैं ।

राजनीति नीरस होती है पर साहित्य और साहित्यकार तो रसमय होते हैं । मानवजी के मन में जितना रस है वह उनकी रचनाओं से छलकता है:

तुम नहीं हो तो घड़ी स्तब्ध है,
उसका पेन्डुलम नहीं डोलता।

ये पंक्तियां मानवजी की रसमय विरह-वेदना को बड़ी समझदारी से व्यक्त करती है।

बढ़ती आयु ने उन पर दर्शन भी लाद दिया है। कुछ कविताओं में मानवजी भारतीय दर्शन की व्याख्या करने लगते हैं—

मौन के बाद सब कुछ समाप्त नहीं होगा,
हम कुछ देर के लिए तो जियेंगे।

यह पुनर्जन्म की धारणा ही है। उनकी हिम्मत भी सराहनीय है—

मैं अपनी बलि देना चाहता हूँ
मुझे बेदी चाहिए, आप बतलायेंगे ?

और जो सिर पर कफन बांधकर घूमते हैं, मौन स्वयं उनसे कतराने लगता है। मानवजी को देखकर यही विश्वास होता है।

समाचार पत्रों के माध्यम से मानवजी को वर्षों से जानता था, पर उनसे व्यक्तिगत परिचय ७०-७१ में हुआ जब मैं भोपाल विश्वविद्यालय में अधिकारी बनकर प्रोफेसर कॉलोनी में रहने लगा। मानवजी मेरे पड़ोसी थे। पहले मुस्कानों के आदान-प्रदान और नमस्कार से परिचय प्रारंभ हुआ, फिर कभी-कभी दो-चार बार बीच-बचाव करते-कराते रहे। इस परिचय को मैत्री का रूप देने में भाई रमाकान्त की भूमिका अहम थी। वे हम दोनों को पहले से जानते थे। जब मैं उनके पास आया तब उनके साहित्यानुराग से परिचित हुआ। तभी यह भी जाना कि वे एक अच्छे मित्र, सुलझे विचारक और ओछेपन से दूर रहने वाले व्यक्ति हैं। किसी के व्यक्तिगत जीवन का परिहास उन्हें नहीं भाता। आत्मश्लाघा की कला से भी वे अनभिज्ञ लगे। आज वे मूलरूप से पत्रकार हैं, पर अन्य सम्पादकों-संचालकों के समान उन्हें अपने पत्र में अपना ढिंढोरा पीटना नहीं भाता।

आज वे अनेक राजनैतिक तथा साहित्यिक संस्थाओं से जुड़े हैं, पर मेरा अनुमान है कि वे सक्रिय केवल साहित्यिक संस्थाओं में ही हैं। मध्यप्रदेश लेखक संघ के संस्थापक के नाते वे संघ को सोद्देश्य सक्रिय और शक्तिशाली संघ बनाने में लगे हैं। स्वामी प्रणवानन्द सरस्वती भारतीय भाषा न्याय के कर्ताधर्ता भी हैं और न्याय की प्रतिष्ठा के लिए नित नये उपाय खोजते रहते हैं। 'स्माल प्रेस एसोशियन आफ इंडिया' के अध्यक्ष ही नहीं उसकी चेतना भी हैं।

आज भी उन्हें राजनैतिक प्रलोभन दिए जा रहे हैं ताकि वे फिर उस दलदल में जा फंसे जिससे निकलकर आये हैं। पर मानवजी घूमकर उस और देखना नहीं चाहते। अब तो साहित्य ही उनका जीवन है। मेरी कामना है कि उनका यह जीवन सफल, सुखद और चिरायु हो।

जीवन और मरण के बीच

श्री श्याम नारायण विजयवर्गीय

जीवन और मरण के बीच की स्थितियां मनुष्य को विक्षिप्त बना देती हैं। त्याग अपनी सीमा लांघकर मानव को कभी-कभी खोखला बना देता है और ईमानदारी अपने को ही खाने लगती है। महेन्द्र कुमार मानव ऐसे ही व्यक्तियों में एक अनूठे व्यक्ति हैं, जिन्होंने त्याग, तपस्या व निष्ठा के साथ अपना जीवन जिया है।

जीवन के उतार चढ़ाव में सत्य और यथार्थ को प्रशस्त बनाते हुए जिन्होंने मृत्यु से भी संघर्ष लिया है, ऐसे महेन्द्र कुमार जी की प्राण धारणा से मैं अनुप्राणित हुआ हूं।

आज भी विंध्य प्रदेश की जनता आपके अभूतपूर्व योगदान से अभिभूत है। जन-जन के मानस में आपने अपनी एक ऐसी छवि छोड़ी है जिसे कभी भुलाया नहीं जा सकता। आपको कभी भी मंत्री पद की सत्ता के मोह ने प्रलोभित नहीं किया। इसलिए ३० जून १९५६ को आपने विंध्य प्रदेश के मंत्री पद से नीतियों के आधार पर त्याग पत्र दे दिया था। १९५६ में भोपाल जब म. प्र. की राजधानी बनी तो आप छतरपुर छोड़कर भोपाल आ गए थे। भोपाल आकर देश की जनता के हित में आपने भोपाल से 'पंचायत राज' साप्ताहिक पत्र निकालने का निर्णय लिया था। आपने पैसों की तनिक भी चिंता नहीं की। आपके पास जो भी धन था वह तथा औरों से उधार लेकर सारी पूंजी प्रेस में तथा साप्ताहिक पत्र के व्यवस्थापन में लगा दी। परिणाम यह हुआ कि एक ही वर्ष में आपको दस हजार रुपए का घाटा लगा और इस घाटे ने आपको इतना अधिक तोड़ दिया कि आप आर्थिक दृष्टि से टूटने के साथ-साथ मानसिक दृष्टि से भी टूट गए। उस समय आपकी दशा विक्षिप्त सी हो गई।

चलते फिरते, खाते-पीते अपने मित्रों से, सगे संबंधियों से यहां तक कि अपनी पत्नी व परिवार जनों से बात करते-करते आपको चक्कर आने लगते और कभी-कभी आपकी आखों से आंसू झरने लगते। आप उद्विग्न हो उठते। इन्हीं सब बातों ने आपको बेचैन बना रखा था।

इस बीच मानव जी की आर्थिक स्थिति इतनी अधिक शोचनीय हो गई थी कि दो समय का भोजन जुटाना भी उनके लिए दुर्लभ हो गया। इस संकट में आप कई-कई दिनों तक भूखे रहे। इन स्थितियों ने आप को तोड़ दिया। एक दिन घर से चलकर आप भोपाल के

तालाब पर पहुंचे। तालाब के ऊपर की दीवार पर बहुत समय तक बैठे सोचते रहे कि इन सब स्थितियों से निबटने का हल अब केवल एक ही है और वह है कि इस तालाब में डूब कर अपने को सदा-सदा के लिए उस परमेश्वर की गोद में पहुंचाना। आप तालाब की दीवार पर खड़े हुए। उसमें कूदने का साहस जुटाया पर राहगीरों को देखकर थोड़ा सकुचाए और थोड़ी देर रुके रहे। आपने आंखें मूंदी और ईश्वर का ध्यान किया। तभी ईश्वर ने आपको प्रेरित किया कि मानव तुम्हारी समस्याओं का हल अपनी मृत्यु कर लेना नहीं है। जीवन से संघर्ष करना तुम्हारा सबसे बड़ा कर्त्तव्य है। पुनः दो तीन बार आप समूचे साहस के साथ तालाब में अपनी आहुति देने के लिए गए पर उस परमेश्वर ने सदैव आपकी रक्षा की और आप जाने कितने विचारों को एक साथ लेकर घर लौटे।

इन दिनों आपको किसी से भी बात करना अच्छा नहीं लगता था। अपनी पत्नी से भी अधिक नहीं बोलते थे। हमेशा कुछ न कुछ सोचते रहते थे। घर में पत्नी परेशान थी। पत्नी कुछ बोलना चाहती या कुछ कहना चाहती तो आप झुंझला उठते थे। अपनी पत्नी से सब कुछ स्पष्ट कह देने में आपको अत्याधिक संकोच होता था। इसी कारण बिना किसी बात के आप अपनी पत्नी से कई-कई दिन तक बात नहीं करते थे और इस प्रकार अपनी पीड़ा कहीं अधिक बढ़ा लेते थे। इधर पत्नी इनकी इन सब बातों से परेशान थी वह उनकी सब स्थितियों से भिज्ञ भी थी। पर वह अपनी जर्जर स्थिति से इतने अधिक टूट गए थे कि उन पर किसी की किसी भी बात का असर नहीं हो पा रहा था।

एक दिन की बात है कि घर में आटा नहीं था और आटा लाने को पैसे भी नहीं थे। छोटे भाई को उपचार हेतु मानव जी छतरपुर से भोपाल ले आए थे। पर उसका व उसके बच्चों का समुचित इलाज कराने की स्थिति में नहीं थे। आर्थिक स्थिति अत्यधिक जर्जर थी वह अपनी मानसिक स्थिति पर संतुलन नहीं रख सके और आत्म हत्या करने पर उतारू हो गए। ऐसी विपत्ति में ईश्वर ने उन्हें हमेशा संरक्षण दिया और वे अपने को कठिनाइयों से उबार सके। अपनी बेबसी के कारण उन्होंने अपने भाई को अपने मित्र के यहां रखा व वहीं उसकी खाने-पीने तथा रहने की व्यवस्था की। एक बार भोपाल के एक कमरे में तीन दिन तक भूखे-प्यासे पड़े रहे। कड़ाके की ठंड थी। उन्हें रजाई या कंबल ओढ़ने का भी ध्यान नहीं रहा। चिन्तन और मनन के बीच गंभीर समस्याओं में उलझे हुये थे। कई तरह के विचार मन में आये और गये। अपने जीवन को समाप्त कर देने का विचार भी मन में आया। पर उस परमेश्वर की असीम कृपा से चेतना मिली कि जो बातें तुझे परेशान करती हैं उन्हें छोड़ दो। उन्होंने तुरन्त अपने छोटे भाई को बुलाकर कहा कि "देखो ! मैं तुम्हारी इच्छा के विरुद्ध तुम्हें भोपाल लाया था पर अब मेरा इरादा तुम्हें छतरपुर भेज देने का हो गया है।" उन्होंने 'पंचायत राज' निकालने की भी जिम्मेदारी अपने छोटे भाई पर डाल रखी थी। उसके विषय में उन्होंने अपने भाई से स्पष्ट कह दिया कि "अब पंचायत राज निकालने की जिम्मेदारी तुम्हारी नहीं होगी। मैं यदि इसे निकाल सका तो अवश्य निकालूंगा। मैंने भी अपना इरादा भोपाल छोड़कर छतरपुर चलने का बना लिया है।"

उक्त निर्णय लने के बाद मानव जी का मानसिक संघर्ष बहुत कुछ कम हो गया और १९५९ में वे अपने अनुज के साथ छतरपुर लौट गये। इस बीच मानव जी को जो मानसिक आघात लगा वह अकथनीय है। पर उनके ठोस निर्णय ने उन्हें दृढ़ संकल्पित व कर्म निष्ठ बना दिया। अब वह अपने जीवन में सफलता के साथ आगे बह रहे है। वह पंचायती राज भी भोपाल से व्यवस्थित रूप से निकाल रहे हैं। मानव जी बहुत अच्छे कवि हैं और कवि हृदय संवेदनाओं का कुन्ज होता है। मानव जी अगाध संवेदनाओं के साथ जीना जानते हैं। आप इसे उनकी एक कमजोरी भी कह सकते हैं, पर भावनाओं में जीने वाला व्यक्ति हृदय से निर्मल, मन से साफ और विचारों से उच्च कोटि का होता है।

मैं मानव जी के जीवन में हर सफलता की कामना करता हूँ। भगवान उन्हें दीर्घायु करे! और वे उच्चता के शिखरों पर पहुंचे, यही मेरी अभिलाषा है।

स्नेहार्चन–"मानव" और मैं

—डॉ० हरिमोहनलाल श्रीवास्तव

प्रसन्नता का विषय है कि श्री महेन्द्र कुमार "मानव" के अभिनन्दन के बहाने बुंदेलखण्ड के गौरव-गान का एक और अवसर मिल रहा है। छतरपुर और दतिया में, मानव जी और मुझमें, निकटता भी रही है और दूरियाँ भी। उम्र में मैं उनसे बड़ा हूँ, पर प्रदेश की राजधानी में बसते हुए साधन, सुविधा और सम्पर्क में वे मुझसे बढ़े हुए हैं। पहली बार मैंने उन्हें एक मंत्री और राजनीतिज्ञ के रूप में जाना। उन दिनों जब विन्ध्यप्रदेश के प्रचार विभाग में प्रधान सम्पादक और सूचना पदाधिकारी के पदों में से किसी एक के लिए श्री कृष्णानन्द गुप्त और श्री विद्यानिवास मिश्र के साथ मैं भी एक अभ्यर्थी था। मैं एक हिन्दुस्तानी "बॉय बैचलर" था तथा कॉलेज जीवन से ही साहित्यिक लेखन के लिए नाम पा चुका था, १ फरवरी ४८ "रियासती कवैनेन्ट तिथि" को (स्वतन्त्र अधिकार सम्पन्न) मैं दतिया राज्य का प्रचार पदाधिकारी था और इन सब दावों से ऊपर विन्ध्यप्रदेश में ही कप्तान अवधेश प्रताप सिंह की मिनिस्ट्री तक सूचना विभाग से सम्बद्ध रहा। मेरा अनुमान है कि बैनर्जी के द्वारा मानव जी ने ही चाहा था कि आगे पदोन्नति की आशा से मैं सहायक प्रचार पदाधिकारी का पद स्वीकार कर लूं। मैं प्रकृति का अनुचर और नियति का दास बड़प्पन और वरिष्ठता का आदर करने वाला यह कहकर वापस चला आया कि मुझे यह सहायक पद स्वीकार नहीं, मैं सहायक शिक्षक ही भला हूँ—बैसाखी-विहीन हूँ न !

रीवा के अन्न-जल ने बर्बादी की सीमा तक जोर मारा। ओरछा अधिवेशन में मुझे वि० प्र० हिन्दी साहित्य सम्मेलन का उपाध्यक्ष चुन लिया गया। कुछ ही मास बाद जुलाई १९५४ में केवल सरकारी आवश्यकता पर बिल्कुल अप्रत्याशित रूप में (जबकि मैं प्रधानाध्यापक पद पर अपनी लम्बित पदोन्नति की आशा लगाये बैठा था) शिक्षा विभाग में मेरा लियन (ग्रहणाधिकार) कायम किये बिना मुझे भारतीय स्वतन्त्रता संग्राम के इतिहास की राज्य समिति के सचिव पद पर रीवा बुला लिया गया। समाज सेवक मंत्री "मानव जी" समिति के अध्यक्ष थे अतः मंत्री पद के उनके वैभव के कारण मैंने उनसे दूरी बनाये रखी। परंतु थोड़ा साहित्यिक सम्पर्क बना रहा, क्योंकि सम्मेलन के अध्यक्ष श्री लोकनाथ सिलाकारी साल में एक दिन को भी रीवा नहीं आये और मैं कार्यवाहक अध्यक्ष बना सम्मेलन का दायित्व निभाता रहा। साल के भीतर ही मैं शिक्षा विभाग में अपनी गम्भीर उपेक्षा के कारण सशर्त त्यागपत्र देकर अपने गृह

नगर चला आया। वहाँ अध्यक्ष के नाते मैंने जन सहयोग जुटाकर गाँधी पुस्तकालय के लिए भवन निर्माण कराया। घाव ताजा था, मैं मुख्यमंत्री पं० शम्भुनाथ शुक्ल द्वारा उद्घाटन कराने हेतु तैय्यार न होता (वि० प्र० गजटों के आधार पर सप्रमाण कहूँगा कि पार्ट सी स्टेट में उनके ही पूर्वाग्रहों ने मेरे साथ अन्याय किया), परंतु सरकार के आंशिक अनुदान की विवशता आड़े आई।

यही वह अवसर था, जब मैंने "मानव" की सहानुभूति के दर्शन किये। आयोजन की सफल समाप्ति पर मानव ने अपने से मेरे किसी अनुरोध के बिना मुख्यमंत्री से मेरे प्रकरण पर पुर्नविचार की सिफारिश की। दुराग्रह देखिये शुक्ल जी मेरे प्रार्थना-पत्र पर मुझे पुर्ननियुक्ति देने को सहमत हुए। तब मैंने भृकुटि तरेर कर कहा "श्रीमान, मेरी वरिष्ठता के साथ अन्याय हुआ है, मेरी पिछली सर्विस किस अपराध में चली जाएगी ? नहीं चाहिए, मुझे आपकी नौकरी"। मेरा जीवन उजाड़कर शुक्ल जी का पक्षपात तो उनके साथ चला गया, परंतु मैं मानव जी की उक्त संवेदनशीलता की छाप सँजोये हुए हूँ।

बहुआयामी व्यक्तित्व वाले, बुंदेलखण्ड के स्वप्नदर्शी और कितने ही मित्रों को कुछ बना देने वाले मानव, समय के साथ बदलते हुए पत्रकार हैं, जो कहते हैं - 'मैं राजनीति छोड़ चुका हूँ (विरोधाभास), जिसे मैं नहीं मानता। बन्धुवर मानव को मेरा आशीर्वाद है कि वे आगामी अनेक वर्षों तक निष्ठापूर्वक देश, प्रदेश और समाज की भलाई करते रहें।

एक स्वप्नदर्शी व्यक्तित्व

—श्री कैलाशचन्द्र पन्त

उम्र की सतह पर देखने वाले कह देंगे कि मानव जी बूढ़े हो गये हैं, पर जो डुबकी लगाना जानते हैं और गहरे उतरते हैं, वे मानेंगे कि "मानव" सदा जवान ही बना रहता है। वह बूढ़ा होता नहीं, बूढ़ा होना जानता नहीं। इंग्लैण्ड में एक परम्परा है। राजा के मरने पर घोषणा होती है "द किंग इज डैड, लाँग लिव द किंग।" यह जो दीर्घ जीवन की कामना है वह व्यक्ति के प्रति नहीं राजा नामक संस्था के लिये है। कहना चाहता हूँ कि व्यक्ति बूढ़ा होता है, मरता भी है पर मानव सदा जीवित रहता है—वह निरंतर है—चिरंतन है। पता नहीं किस भाव में महेन्द्रकुमार जैन ने अपना उपनाम "मानव" धारण किया। पर इतना सच है कि वह व्यक्ति से ऊपर उठ गये, संस्था बन गये और संस्थाएँ उम्र के साथ परिपक्व होती जाती हैं। उनके दीर्घ जीवन की कामना एक मंगल स्तोत्र है। उसके पुरश्चरण से हमें ऊर्जा मिलती है।

विचार के स्तर पर ताजगी और देह के स्तर पर क्रियाशीलता व्यक्ति को जवान बनाये रखती है। सत्तर की आयु पार करने वाले जवान की खासियत यह है कि वह तुतलाते शिशुओं से भी मित्रवत व्यवहार करता है। फिर मैं, जो उम्र की दौड़ में बहुत पीछे नहीं हूँ, उन्हें मित्र मानने में पहले से झिझकता रहा। जब नजदीक आया तो लगा कि जिसे बूढ़ा समझ रहा था वह जवानों को भी पीछे छोड़ देता है और बूढ़े व्यक्ति को भी जवान बना देता है। मानव जी के सम्पर्क में रहने वाला कोई भी व्यक्ति स्वयं को बूढ़ा समझने की नादानी कर ही नहीं सकता। इसीलिये सदाबहार बने रहे। खिलावट ऐसी कि मुरझाये लोग खिल उठते हैं। संकोच की दीवार टिक नहीं सकी और अचानक ही मैंने स्वयं को मानव जी के मित्रों की टोली में शामिल देखा। मानव जी की गहरी अनुभूतियाँ हैं। गहरे दर्द हैं। सतह पर वे सब गायब हैं। किल्लोल करती लहरें ही लहरें हैं। और इसीलिये शायद लोगों ने उन्हें एक लहराते व्यक्तित्व के रूप में देखा। लहरें जब जरा थम गईं तो भीतर संवेदनाओं से भरा गहरा मन दिखाई दे गया, जो केवल मित्र है—उसकी मित्रता में उम्र का बंधन नहीं, अनुभव का दर्द नहीं, ऊचाइयों का एहसास नहीं।

मानव जी मानते हैं कि वे एक असफल व्यक्ति हैं। शायद यह सच भी हो। पर असफलता से उपजी कुंठाओं के चिह्न उनके चेहरे से नदारद हैं। कुंठाओं से मुक्त आह्लाद का

अमृत कुंड वे कहाँ से खोज लाये, पता नहीं। यह आल्हाद जैन दर्शन से मिला अथवा योगियों के ब्रह्मानंद सहोदर आनंद में डुबकियाँ लगाने से, कहना मुश्किल है। सच इतना ही है कि रजनीश के प्रभाव में आने से बहुत पहले ही उन्होंने असफलता जनित कुंठाओं का बंदी बनने से इंकार कर दिया था। स्वयं की इस पहिचान को मानव बन कर ही ढूंढा जा सकता है। जैन दर्शन में दिगंबरता का तात्विक महत्त्व है। मन के आवरणों को उतार कर प्रकृत स्वरूप से दो चार होना कोई आसान काम नहीं। सरिता सतत प्रवाहमान रहती है तो नदी कहलाती है। थम गई या कहीं समा गई तो वह सरिता ही नहीं रह पाती। मानव जी कभी थमें नहीं और कहीं एक बिन्दु में समाए नहीं। वे निरन्तर प्रवाहमान रहे हैं। मुझे बहुत बार लगा है कि वे "दिक" और "अम्बर" की तरह अनंत हैं। लौकिक दृष्टि से ऐसा व्यक्ति असफल ही कहलाता है। परन्तु सफलता और सार्थकता में काफी अन्तर है। जीवन में सफलता क्या है और सार्थकता क्या होती है इसका विवेचन करने की यहां इच्छा नहीं है। पर मानव जी भले ही स्वयं को असफल मानें पर वे एक सार्थक जिन्दगी जीते रहे हैं। मुक्त आकाश में अनंत विचरण करने वाले विहग के समान। इच्छा हुई पंख फैलाए उड़ने लगे और जब चाहा तब घोंसले में सिमट गए। यह संकुचन और विस्तार, यह लचीलापन, यह खुलापन उन्हें असाधारण व्यक्तित्व का धनी बना देती है।

एक लम्बे अन्तराल के बाद मुझे रामनारायण विजयवर्गीय की बात याद आ गई। वे पेशे से वकील हैं पर मूलतः साहित्यकार हैं। उन्होंने रोमिया रोलॉ की पुस्तक का हिन्दी अनुवाद किया था। "विजयपथ" शायद यही नाम था उस अनूदित पुस्तक का। महात्मा गांधी को भेंट की थी। आज तो उम्र के दाग उनके चेहरे पर उभर आए हैं लेकिन उनमें भी फक्कड़पन और रसिकता मानव जी की तरह ही रही। एक बार उन्होंने माल रोड पर एक एंग्लो इंडियन परिचिता के फूलों से सजे केश देखकर उसके सौन्दर्य की अतिरंजित प्रशंसा कर डाली। मुझे थोड़ा अटपटा लगा। बाद में चलते हुए अपने व्यवहार का विश्लेषण किया। उसी सिलसिले में एक वाक्य कहा "नंगा हो जा, तुझे खुदा मिल जाएगा।" यह नंगा हो जाना क्या है? अपने आवरणों को उतार फेंकना। अपनी चदरिया को उसके साफ सुथरे निर्मल स्वरूप में देखना, भोगना और समर्पित कर देना। मुझे मानव जी के चेहरे पर एक उजले दिल का प्रतिबिम्ब अक्सर दिखाई दिया है। यह उजलापन पा लेना जीवन की सार्थकता है।

मानव जी ने कविताएँ भी लिखी हैं, लेख भी लिखे हैं। वे राजनीति में भी रहे हैं। मंत्री जी बने हैं। साहित्यकारों से उनके निकट के और गहरे सम्बन्ध भी हैं। पत्रकारिता उनका प्रिय शौक रहा है। वे कांग्रेस में भी रहे, समाजवादी भी बने और कम्युनिस्ट पार्टी में भी चले गये। साहित्य के प्रगतिशील और जनवादी दोनों खेमों से जुड़े भी और उनसे अलग भी रहे। वे सबके रहना चाहते थे पर किसी के भी नहीं बन सके। मानव कभी बंधकर रह नहीं सकता। खूंटे से केवल जानवर ही बांधे जा सकते हैं। मौका पाते ही वह भी मुक्ति की चाह करते हैं। पर दुनिया अजीब है। वह आदमी की मुक्ति की बात करती है, पर उसे बँधे देखना चाहती है। मानव जी ने इन तमाम बँधनों को नकारा। वे अभिव्यक्ति के लिये आधार ढूंढते रहे। आधारों को ही कमजोर पाया तो आगे चल दिये। इसीलिये मानव जी की यात्रा के पड़ावों को खोज

पाना मुश्किल है। उनके अनुभूत बिम्ब कहीं प्रतिबिम्बित शायद न दिखाई दें। स्वप्न दृष्टा कुछ देखते हैं, जरूरी नहीं कि इस सपने को साकार करने का उतावलापन भी वे दिखायें। उनके स्वप्न साकार होते हैं। आज नहीं तो कल और कल नहीं तो परसों। व्यक्ति किसी पड़ाव पर आकर थम जाते हैं-लीन हो जाते हैं। मानव अपने अवतरण के बाद से चलता रहा है और उसके चलने में एक निरंतरता है, 'दिक' और 'अम्बर' की सीमाओं का उल्लंघन करने की 'असीमता' है। मानव जी ऐसे ही स्वप्नदर्शी व्यक्ति हैं। सपने जितने प्यारे लगते हैं, मानव जी उतने ही मोहक हैं। अपने सपनों के प्रति भी वे कभी "निर्मोही" नहीं बन सके। बुंदेलखण्ड का सपना देख रहे हैं उम्र के इस पड़ाव पर। फिर भी आस्थावान हैं। उनकी यह आस्था ही उन्हें व्यक्ति से उठाकर संस्था बना देती है। इतना फिर भी कहना चाहूँगा कि मानव जी संस्थाओं की जड़ता से भी मुक्त हैं, इसीलिये गतिशील हैं। जीवन का पर्याय गति है।

महेन्द्र कुमार 'मानव' : अविराम यात्रा-पुरुष

—प्रो. कृष्ण कमलेश

पिछले बाईस-तेईस वर्षों से श्री महेंद्र कुमार 'मानव' से मेरा परिचय है और इस बीच, उनकी निरंतर संलग्नता, तत्परता तथा सक्रियता ने मुझे प्रभावित किया है। उनसे सहमत होना कठिन हो, तो भी उनसे असहमत होकर, उनका सम्मान किया जा सकता है और किया जाना चाहिये। वे अविराम यात्रा-पुरुष हैं, छतरपुर या भोपाल, राजनीति या संस्कृति, पत्रकारिता या साहित्यिक संगठन, उन्हें हर कहीं देखा जा सकता है और उनके भीतर की ऊष्मा को सहज ही रेखांकित भी करना पड़ता है। आत्मीयता और सहजता जैसे दुर्लभ गुणों के धनी महेंद्र कुमार 'मानव' पाँच दशकों से निरंतर सृजनरत हैं। वे चार दशक पहले तक निबंध, यात्रावर्णन, संस्मरण, समीक्षा और कहानियाँ लिखते रहें, संस्मरणों और ललित निबंधों ने उन्हें पहचान भी दी किन्तु ५८ वर्ष की उम्र में कविता पंक्तियाँ फूटना शुरू हो गयीं, जैसे किसी ठोस ज़मीन से अकस्मात कोई झरना फूट पड़े—

"क्या लिखूं ?/ऐसा कुछ है क्या ?/जो लिखने से छूट गया है/आदमी को अपने को/पहचानने की इच्छा चिरंतन है/वह कभी समाप्त नहीं होती/इसलिए लेखन भी/कभी समाप्त नहीं होता।" मानव अपने व्यक्तित्व की गतिशीलता के अनुरूप अपनी अभिव्यक्ति के रूपबन्ध और विधाएँ भी बदलते रहते हैं। यह उनकी तलाश भी है, सही माध्यम की जीवंतता भी। उनका ईमानदार आत्म-स्वीकार देखते और सराहते ही बनता है—

"मैं/प्रगतिशील कविता और लेख/लिखने के बावजूद/मैं ग़रीब नहीं/बन सकता/मैं/सर्वहारा नहीं बन सकता/और/न उनकी अनुभूति प्राप्त कर सकता हूँ।"

वे सृष्टा से अधिक दृष्टा हैं, इसलिए कहीं यथार्थवादी हैं तो कहीं आदर्शवादी। उनकी एकजोड़ जागरूक आँखों में एक सपना है—

"जिसमें/सबकी आवश्यकताएँ पूरी हों/और सब स्वतंत्र रहें/वह तंत्र कौन सा है/हमें उसी तंत्र की प्रतीक्षा है।"

वे अपने व्यक्ति का सहज सामान्यीकरण और सरलीकरण कर देते हैं—

"मैं मंदिर नहीं जाता/मैं पूजा नहीं करता/और न व्रत/उपवास रखता हूँ/मैं न आस्तिक हूँ/न नास्तिक/मैं किसी धर्म/या दर्शन के पचड़े में नहीं पड़ता/मैं जीता हूँ। जैसे एक चिड़िया जीती है।"

चिड़िया के समान जीने के संकल्प ने उन्हें नीति निरपेक्ष। (एमेटिल) बना दिया है, यह उनकी सीमा भी है और उपलब्धि भी। कहीं-कहीं वे किंकर्त्तव्यविमूढ़ भी दिखाई देते हैं—

"मैं/अपनी बलि देना/चाहता हूँ/मुझे वेदी चाहिये/आप बतायेंगे।"

आज़ाद हिन्दुस्तान के नौजवान या नागरिक की ऐसी मनःस्थिति नहीं होनी चाहिये, उसे अपनी दशा और दिशा तो साफ रखनी ही होगी। मेरी मानसिकता में वह अपने इस ऊहापोह को व्यंजित करते हैं—

"और/मैं/यह भी नहीं जानता/कि यह सालन/यह खटकन/क्यों है/बस इतना जानता हूँ/कि वह है।"

मानव ने अपने आसपास को देखा है, उसकी पड़ताल की है, सही ढंग से प्रतिक्रियाएँ व्यक्त की हैं और कहीं-कहीं रास्ता भी सुझाया है। उनकी कविताओं का अंतवर्ती विचार-सूत्र है—'अन्तर की यात्रा बाहर की यात्रा से ज्यादा ज़रूरी है।' वे अविराम यात्रा पुरुष हैं; इसलिए पड़ाव ज़रूर पा लेंगे; आश्वस्त हूँ मैं। उनके राजनीतिज्ञ, पत्रकार, लेखक : विविध रूप आपस में लड़ते-झगड़ते नहीं हैं, अपितु उन्हें एक सदा साबुत समग्र आकार और आयाम प्रदान करते हैं; यह शुभ और स्वागत योग्य है।

मेरे लिये 'मानव' होने का अर्थ

—श्री नर्मदाप्रसाद त्रिपाठी

मेरे लिए मानव होने का अर्थ बहुत बड़ा है। अपने साहित्यिक जीवन के चालीस वर्षों में मैंने महामानव 'निराला' से लेकर केवल मानवों तक से ही आत्मीय सम्बन्ध स्थापित किए हैं। ऐसे ही हैं मेरे मित्र और भाई श्री महेन्द्र कुमार 'मानव'। यद्यपि वे अवस्था में मुझसे बड़े हैं; लेकिन उनकी सहजता-सरलता और मानवत्व ने विगत साढ़े तीन दशकों से मेरा मन मोह रखा है।

ये बात छठे दशक के प्रारम्भ की है। तब मैं कानपुर के प्रख्यात डी. ए. व्ही. कॉलेज का छात्र था। रचनाएँ नौवीं कक्षा से ही छपने लगीं थीं। अतः उन दिनों जब मैं सुनता और अखबारों में पढ़ता था कि विंध्यप्रदेश जैसे एक छोटे से राज्य में महेन्द्र कुमार मानव नामक एक मंत्री ने साहित्य का मेला रचा रखा है, तो एक बार रीवा जाकर ये सब देखने की तबीयत होती थी। इस बात को तो इतिहास भी भुला नहीं पाएगा कि श्री मानव के मंत्रित्वकाल में ही 'विंध्यभूमि' जैसी श्रेष्ठ साहित्यिक पत्रिका निकली तथा धर्मवीर भारती से लेकर जाने कितने साहित्यकारों ने रीवा में अलख जगायीं।

श्री मानव विश्वविद्यालय से निकलने के बाद, अल्पायु में ही मंत्री बन गए थे। वे उस समय भारत में सबसे कम उम्र के मंत्री थे। उस समय उस क्षेत्र के लिए इतना पढ़ा-लिखा और सुशिक्षित उम्मीदवार कांग्रेस को मिलना एक गौरव की बात समझी जाती थी। खेद है कि बाद में कांग्रेस में भारी बदचलनी आती गयी और अन्त में भाई 'मानव' ने कांग्रेस दल से ही नाता तोड़ लिया। असल बात तो ये थी कि तत्कालीन मुख्यमन्त्री को भी श्री मानव की बढ़ती हुयी प्रतिष्ठा से रश्क होने लगा था। मानव ठहरे सरल, सीधे-सादे और आदर्शवादी आदमी। यही कारण था कि वे अपने मंत्रित्व काल में एक राजनैतिक नीचता के शिकार हो गए। उस के बाद सन् १९६७ में उनका पुनः राजनीतिक उदय हुआ। वे १९७७ तक विधायक रहे। उन्होंने श्रीमती इन्दिरा गांधी की नीतियों और कार्य कलापों से असहमत होकर सन् १९७७ में कांग्रेस पार्टी और विधायक पद से त्याग पत्र दे दिया। उसके पश्चात कांग्रेस की जो भावी पीढ़ी आई उसने श्री मानव से शर्तनामे करने चाहे, जो भाई मानव को

अस्वीकार थे। श्री मानव भद्र पुरुष होते हुए भी आदर्शवादी थे। अगर वे ललीचे व्यक्तित्व के आदमी होते, तो बाद की राजनीति में उनका स्थान बहुत ऊँचा होता।

असल में श्री मानव से हमारी व्यक्तिगत निकटता तो तब हुई, जब वे नए म. प्र. की राजधानी बनने के बाद भोपाल आए। मन्त्री पद छिन जाने के बाद मानव ने जो उपेक्षा, अपमान और सूनापन महसूस किया, उसका अंदाज लगाया जा सकता है। यही कारण था कि वे छतरपुर छोड़कर 'पंचायत राज' को भोपाल से निकालने के विचार से अपने प्रेस समेत भोपाल आ गए।

सबसे पहले जब मैं, मानव जी से मिला, तो मुझे ये व्यक्ति अत्यंत सरल, सहज और अपनी साहित्यिक जमात का ही प्राणी लगा। वे साहित्यकारों में थोड़े ही दिनों में घुल मिल गए। वास्तव में देखा जाए, तो मानव मूलतः हमारी ही जमात के आदमी थे। लिखना-पढ़ना और साहित्य उनका पहला प्रेम था। पढ़ने और बोलने की मानव में अद्‌भुत क्षमता थी। लेकिन सत्यानाश हो इस राजनीति का कि जिसने मानव जैसे प्रतिभाशाली व्यक्ति को कहीं का न रखा।

असल में श्री मानव सरलता के साथ तरल व्यक्तित्व के आदमी हैं। यदि उन्होंने एकान्त में बैठकर अपनी जीवन-पद्धति को नए ढंग से नियोजित किया होता, तो उनमें काफी संभावनायें थीं। लेकिन चूंकि वे एक साथ अनेक धाराओं में बहने लगे, इसीलिए उनकी प्रतिभा और योग्यता का 'फ़ोर्स' कम हो गया। यद्यपि रचनात्मक प्रतिभा श्री मानव में अभी भी शेष है। मैंने कई बार उनसे आग्रह किया है कि अब जब वे राजनीति से संन्यास ही ले चुके हैं, तो केवल काग़ज़ और कलम लेकर बैठ जायें, लेकिन उनसे ये नहीं हुआ। वे तो रमते राम ठहरे।

यों श्री मानव ने विंध्याचल प्रकाशन खोला और अनेक पुस्तकें भी छापीं, लेकिन इस क्षेत्र में भी उन्हें असफलता ही हाथ लगी क्योंकि वे तबीयत से बनिया प्रवृत्ति के आदमी नहीं हैं। मुझे याद आया कि एक बार भाई मानव और उनके अनुज श्री सुरेन्द्र ने जबरन मेरे नाम का एक लेटरहेड छापकर निःशुल्क भेंट किया था। भला ऐसे में कैसे चल सकती थी प्रेस, या कैसे कमाया जा सकता था पैसा? परिणाम ये हुआ कि भोपाल में न तो प्रेस चला, और न 'पंचायत राज'। अतः प्रेस को पुनः उन्होंने छतरपुर भेज दिया। इसके बाद पुनः भयंकर अर्थ संकट उन्हें भोगना पड़ा। यहां तक कि भुखमरी की नौबत तक आ पहुंची। बकौल मानव, एक बार तो उन्होंने आत्महत्या तक कर लेने की बात सोच ली थी। इस 'महा-शून्य' के बाद वे एक बार पुनः कांग्रेस के विधायक बने। लेकिन जोड़-तोड़ करके कोई पद पा लेने के बजाए वे सदैव म० प्र० की सांस्कृतिक नीतियों को लेकर अपनी ही पार्टी की सरकार पर तगड़े प्रहार करते रहे। और इसके बाद राजनैतिक दृष्टि से उनके जीवन में महाशून्य आ गया। उन्होंने अपने इस विधायक काल में विधानसभा में एक साहित्यिक लॉबी बनाने का विचार किया था, वो भी सफल नहीं हो पाया। इस प्रकार डॉ० बच्चन की कविता की पंक्ति मानव के संदर्भ में बराबर याद आती रही है—'कमल अब तू सड़ रहा है!'

लेकिन साहित्यकार तो अपनी सारी असफलताओं और अभावों को साधनाकी समिधा बनाकर परिवेश को महकाता रहा है। भाई श्री मानव के सर्जक व्यक्तित्व को क्षति पहुंचाने की क्षमता तो किसी भी शक्ति में नहीं है। भाई 'मानव' को चाहिए कि वे लेखनी को थामकर बैठ जाये। उनकी लिखी कई पुस्तकें प्रकाशित हैं। कुछ वर्षों पूर्व प्रकाशित मानव जी का कविता-संग्रह 'मनुष्य की गंध मुझे भाती है' की कविताओं ने कविता-प्रेमियों को न केवल प्रभावित, बल्कि चमत्कृत भी किया है।

उपर्युक्त कविता-संग्रह में श्री 'मानव' की एक छोटी-सी कविता है, जिसमें उन्होंने कहा है कि न तुम बदलीं, न मैं बदला, समय ही बदल गया है। अतः यदि श्री मानव बदलते हुए समय की स्थितियों का अनुवाद अपनी कविताओं में कर सकें, तो उसके कारण वे अक्षर-जगत में सदैव स्मरणीय बन सकते हैं।

यदि अब तक के जीवन में भाई श्री मानव को उपलब्धिहीन भी मान लिया जाए, तो भी इस वंध्या शताब्दी में यह कम गौरव की बात नहीं है कि वे अपनी समग्र ऊर्जा के साथ आज भी मानव बने रह सके। हम उनके शतंजीवी होने की कामना करते हैं।

योजना-विहारी मानव जी

—डॉ० गंगाप्रसाद बरसैयां

मानव जी से मेरा परिचय बहुत पुराना नहीं है। छतरपुर स्थानान्तरण के बाद ही मैंने उन्हें निकट से देखा और लोगों से उनके बारे में सुना। जिसके बारे में लोग सामान्य से अधिक चर्चा करें निश्चित ही उसमें कुछ न कुछ असामान्य होता है। इस दृष्टि से मानव जी असामान्य व्यक्ति हैं। कवि, साहित्यकार, सम्पादक, प्रकाशक, समाज सेवक, राजनेता, संगठक, विचारक आदि क्या क्या नहीं है उनमें। यह सब होने के अनुमान नहीं, प्रमाण हैं। उनकी कई पुस्तकें प्रकाशित हैं। पंचायतराज के सम्पादक रहे। उनका स्वयं का प्रकाशन है जिसके द्वारा उन्होंने जाने माने विद्वान लेखकों के ग्रन्थ प्रकाशित किए। कई संस्थाओं के संस्थापक संरक्षक अथवा पदाधिकारी हैं। वर्षों मध्यप्रदेश शासन में पंचायत एवं शिक्षामंत्री रहे। अधिकारपूर्वक वे गांधीवाद, मार्क्सवाद आदि पर अपने विचार व्यक्त कर सकते हैं और विभिन्न धर्मों की अंतरंग व्याख्या कर सकते हैं। वे बहुपठित व्यक्ति हैं। देश के विद्वानों और राजनेताओं से निकट सम्पर्क हैं। इतने आयामी व्यक्तित्व वाले मानव जी का व्यक्तित्व फिर भी यदि किसी शिखर पर स्थापित नहीं हो पाया तो उसका एकमात्र कारण है उनकी अस्थिरता। स्थिर होकर किसी एक के प्रति जुड़े रहना उनका स्वभाव नहीं है।

एक साधारण और विपन्न परिवार में जन्म लेकर प्रदेश शासन के मंत्री पद तक पहुंचना, स्नातकोत्तर कक्षा तक शिक्षा प्राप्त करना, परिवार के लिए सम्पन्नता की स्थिति तक साधन जुटाना और उपर्युक्त उपलब्धियां प्राप्त करना, उनकी सफलता के प्रमाण हैं। फिर भी लोग उन्हें असफल कहते हैं, और वे स्वयं स्वीकार भी करते हैं। मैंने उनसे कहा कि आप असफल नहीं हैं। आप जहां से चलकर यहां पहुंचे, वे सब सफलता के बिन्दु हैं। कितने लोग यह सब कर पाते हैं। काश ! आप समय-समय पर अपनी दिशायें न बदलकर एक ही दिशा में चलते तो आपको शिखर पर पहुंचने से कोई रोक न पाता।

मानव जी में आपको कई विरोधाभास मिलेंगे। इन विरोधाभासों का कारण है उनकी स्वच्छन्द प्रकृत्ति। वे किसी के मार्गदर्शन अथवा निर्देशन में चलने को तैयार नहीं। जो अच्छा लगे वही करना, वही कहना—परिणाम कुछ भी हो। वे मंदिर भी जायेंगे, समाज सुधार की बातें भी करेंगे और अपने को नास्तिक भी कहेंगे। वे मार्क्सवाद के सक्रिय कार्यकर्त्ता

और विचारक हैं और मंदिर के कार्यक्रमों में भी जाते हैं। इसमें भी उन्हें कोई विसंगति दिखाई नहीं देती। उनकी मान्यता है कि सभी का अनुभव लेना चाहिए। थोड़ा-थोड़ा सबका मजा लेना चाहिए। मैंने कहा इससे आपकी विश्वसनीयता खंडित नहीं होती ? वे बेझिझक कहते हैं—लोगों की खंडित होती होगी। मुझे कोई फर्क नहीं पड़ता। इस प्रकार की धारणायें उनके व्यक्तित्व को उजागर करती हैं। धोती-कुरता, पैंट-बुशर्ट, टोप-टाई, जूता-चप्पल, पैदल-साइकिल जब जो अवसर हो मानव जी इस्तेमाल करते हैं। एक बैग अथवा झोला लेकर उसमें कई चीजें रखते हैं। मैंने विनोद में कहा आप तो बहुरूपिया दिखते हैं। पोपले मुंह से हंसते हुए वे बोले—मुझे इस सबमें मजा आता है। चाहे जो पहनिए, चाहे जैसे रहिए। मैं दुनिया की परवाह नहीं करता। इसी प्रकार स्वामी प्रणवानंद को सी आई ए का एजेंट कहने वाले संगठन के वे सदस्य भी हैं और स्वामी जी के ट्रस्टी भी। दोनों का निर्वाह भी कर रहे हैं।

हर अवसर पर अपने लिए जगह बना लेना भी उनकी कला है। छोटी गोष्ठी हो अथवा विश्व हिन्दी सम्मेलन, मानव जी सर्वत्र मौजूद। धर्म पर गोष्ठी हो या धार्मिक कट्टरता के विरोध में, मानव जी एक वक्ता रहेंगे। विश्व बंधुत्व के संगठन के पदाधिकारी होकर भी बुन्देलखंड प्रांत निर्माण का आन्दोलन चलायेंगे। मैं उन्हें व्यावहारिक और साहसी व्यक्ति कहूँगा। अपनी बात कहने या विचार व्यक्त करने में भी मानव जी निर्भीक हैं—यह बात मैंने कई बार देखी है।

मानव जी पुस्तकों के बड़े प्रेमी हैं। अपने विद्यार्थी काल से लेकर राजत्वकाल और आज तक उन्होंने अनेक ग्रंथ एकत्र किए। उन ग्रंथों और पत्र-पत्रिकाओं को करीने से लगाए, सुरक्षित रखना और आवश्यकता पड़ने पर उनसे संदर्भ और सहायता लेना उन्हें प्रिय है। वे अपनी पुस्तक किसी को भले ही न दें, पर उसकी उपेक्षा नहीं करेंगे। उनके निवास का एक कक्ष पत्र पत्रिकाओं से भरा हुआ है और उन्हें पता है कि कौन सी पुस्तक या पत्रिका कहां है। निरंतर लिखना और पढ़ना भी उनका नियम है। "मनुष्य की गंध मुझे भाती है" उनकी कविताओं का संकलन है। उन कविताओं को पढ़ें तो मानव जी का मनमौजीपन भी समझ में आ सकता है। बस में, रेल में, घर में, बाहर चलते फिरते, भावों की तरंग में बैठकर यों ही वे रचनायें लिखी गई हैं, किसी गहरे सोच अथवा लम्बे गंभीर चिन्तन से वे नहीं उपजीं। जो मन में आया, लिख दिया। मैंने कहा कि वे सुपठित व्यक्ति हैं। हिन्दी, अंग्रेजी, संस्कृत, मराठी, गुजराती तथा अन्य भाषाओं के ग्रंथों के वे अच्छे अध्येता हैं। उनकी उक्तियों, सूक्तियों को संकलित करना, नोट्स लेना उनका एक गुण है। अपनी योजनाओं को लेकर तमाम लोगों से चर्चा करना, विचारों को जानना, रूपरेखा बनाना अथवा बनवाना भी उनकी प्रकृति का एक गुण है। मैंने कहा—मानव जी ! आप तो योजना विहारी हैं। योजनायें भर बनाते हैं, उन्हें कार्यान्वित नहीं करते। अतः इनके विचार-विमर्श में समय और शक्ति नष्ट क्यों की जाए। वे हंसकर कहते हैं—भाई ! कोई तो योजना बनाने वाला भी हो। सोचने विचारने में क्या हर्ज है। योजनायें इसी प्रकार बनती हैं। कभी न कभी तो पूरी होंगी ही।

मानव जी सौन्दर्य प्रेमी और विनोदी व्यक्ति हैं। सौन्दर्य मनुष्य का हो या प्रकृति का या कला का। वे उसके आग्रही हैं। जब तक संतुष्ट न हो जायें, वे जुटे रहेंगे। लेकिन मुझे

उनका विनोदी स्वभाव बड़ा प्रिय है। मैं उनसे आयु में, अनुभवों में और आयामों में बहुत छोटा हूं। फिर भी उनसे व्यंग विनोद चलता है। उनको लेकर आप कितनी ही तीखी आलोचना कीजिए, निंदा कीजिए, व्यंग कीजिए, हंसी उड़ाइए—उन्हें कोई फर्क नहीं पड़ेगा। हंसते-हंसते वे भी उसका पूरा मजा लेंगे, लेकिन बुरा तनिक भी नहीं मानते। मैं उनके व्यक्तित्व के इस गुण का बड़ा प्रशंसक हूं। ऐसे प्रसंगों में मैंने उन्हें कभी चिढ़ते या उत्तेजित होते नहीं देखा। गोष्ठियां हों या घर की बैठकें अथवा सार्वजनिक स्थान, उन्हें देखते ही मेरा मन विनोद करने का होता है। वे मेरे पास स्नेहपूर्वक घंटों बैठते भी हैं। मैं बराबर मजाक करता हूं और वे उसमें पूरा सहयोग देकर अपने बड़े होने का परिचय भी देते हैं। लोकनिंदा और लोकचर्चा की उन्होंने कभी परवाह नहीं की।

मेरी मान्यता है कि यदि मानव जी में बिखराव न होता, अस्थिरता न होती, एकाग्र लक्ष्य होता तो वे बहुत बड़े साहित्यकार, बड़े चिन्तक, बड़े समाजसेवी, बड़े राजनेता कुछ भी हो सकते थे। यह न हो सका यह हमारे लिए भी दुखद है और उनके लिए भी। फिर भी विभिन्न क्षेत्रों में उनका जो योगदान है वह अतुलनीय है। मातृभूमि बुन्देलखंड के प्रति उनकी निष्ठा सन्देह से परे है। मैं प्रभु से प्रार्थना करता हूं कि वह उन्हें अभी भी ऐसा मनोभाव दे ताकि वे साहित्य की सेवा में एकाग्र भाव से जुट जायें।

जब मानव जी मंत्री थे

—श्री प्रभुदयाल गोस्वामी

डॉ० राजीवलोचन अग्निहोत्री के अनुज अवधेश की बरात रीवा के किसी गाँव से रवाना हो चुकी थी। डॉ० अग्निहोत्री अपने कुछ इष्ट मित्रों को बरात के लिए बटोरने हेतु रीवा में जब आये तब उन्हें याद आया कि सुप्रसिद्ध साहित्यकार श्री वासुदेव गोस्वामी को तो वे निमंत्रण भेज ही नहीं पाए। डॉ० विद्यानिवास जी मिश्र से उन्होंने अपनी इस चूक को प्रकट किया। तिस पर मिश्र जी ने गोस्वामी जी को बरात में ले चलने का जिम्मा लिया। यह घटना विन्ध्य प्रदेश के समय सन् १९५६ के पूर्व की है।

विन्ध्य प्रदेश के पंचायत एवं समाज सेवा मंत्री श्री महेन्द्र कुमार मानव भी उस बरात में जा रहे थे। उनकी कार लेकर डॉ० विद्यानिवास मिश्र गोस्वामी जी घर आये और कहने लगे कि चलो तुम्हें मैहर में शारदा देवी के दर्शन करा लाएँ। गोस्वामी जी साथ हो लिये। मानव जी के बंगला से डॉ० राजीवलोचन अग्निहोत्री, मानव जी आदि कुछ लोग और उस गाड़ी में प्रविष्ट हुए। मार्ग में अमरपाटन पर यह काफिला रुका। वहाँ मानव जी की ननिहाल में चाय पानी के लिये कुछ समय रुकना पड़ा। जब चलने लगे तो मिश्र जी ने वहाँ के लोगों से पूछा कि क्या अभी शारदा देवी के दर्शनों का समय है? उत्तर मिला कि अब तो विलम्ब हो गया है।

गाड़ी आगे बढ़ी। गोस्वामी जी ने कहा कि जब विलम्ब हो गया है तो वहाँ चलने से अब क्या लाभ? मिश्र जी ने रहस्योद्घाटन करते हुए कहा—"पशुराज! आप बरात जा रहे हैं।" गोस्वामी जी ने पूछा—"किसकी?" तो बताया गया कि अवधेश की। बस, कार में बैठे हुए सभी लोगों का समवेत स्वर में एक ठहाका गूंजा। गोस्वामी वासुदेव जी कुछ अनमने से हो गये। कार अपनी गति से चल ही रही थी। मैहर आया। गाड़ी में बैठे-बैठे ही शारदा देवी का स्मरण करके विशेष रूप से गोस्वामी जो ने प्रणाम किया और फिर वे कुछ इसी चिंता में निमग्न हो गये कि यदि वह बात उन्हें पहिले ही बताई गई होती? थोड़ी ही देर में वह गाँव भी आ पहुंचा जहाँ पर लड़की वालों का घर था। ग्रामवासियों से ज्ञात हुआ कि टीका तो हो चुका है। कार लड़की वाले के दरवाजे पर पहुंची। तो लड़की के पिता पैट्रोमेक्स हाथ में लिये उतावली से स्वागत के लिये आए। सब लोग तो कार में बैठे रहे, परन्तु अपनी ऊब को मिटाने के लिये सिर्फ गोस्वामी जी बाहर उतर आये थे। लड़की के पिता ने गोस्वामी जी से ही बात-

चीत करने के पूर्व अभिवादन में कहा—"मंत्री जी महाराज ! नमस्कार ।" गोस्वामी वासुदेव जी बिजली की तरह सचेत हो गये । उन्होंने उसी क्षण से अपने आप को मंत्री बना लिया । अभिवादन के उत्तर में 'नमस्कार' करते हुए उन्होंने कहा कि "हमें पता तो चल गया है कि टीका हो चुका, और इस बात की हमें बड़ी खुशी है कि आपने समय पर यह कार्य किया, क्योंकि हम लोगों को आने में काफी देर हो गई । अब ले चलिये बरात कहाँ ठहरी है ।" यह कहकर वे पुनः कार में बैठ गये और लड़की के पिताजी कार के आगे-आगे जनवासे की ओर चलने लगे । अन्य लोगों को इस भेद का पता न था कि लड़की वाले ने गोस्वामी जी को ही प्रतीक्षित मंत्री समझा है ।

जनवासे पर ज्यों ही कार रुकी तो गोस्वामी वासुदेव जी ही सबसे पहिले उतरे और मंत्रियोचित खमदम के साथ उस काफिले में सबसे आगे चलने लगे । प्रकाश लिये लड़की के पिताजी ही उनके आगे थे । जनवासे में स्वागतार्थ बिछायत पहिले से ही बिछी हुई थी । मध्य में कुछ कालीनों पर तीन लोड़ रखे हुए थे । गोस्वामी जी बीच के लोड़ से टिककर बड़ी शान के साथ बैठ गये । एक ओर महेन्द्र कुमार जी मानव और दूसरी ओर डॉ० विद्यानिवास मिश्र ने लोड़ों से टिककर आसन ग्रहण किया । लड़की के पिता पुष्प हारों से स्वागत करने के लिये आये तो पहिला मोटा सा हार उन्होंने गोस्वामी जी को पहिनाया, फिर दोनों ओर के व्यक्तियों को पुष्पहार से सम्मानित करने के उपरान्त अन्य लोगों को भी मालाएँ पहिनाई गईं । इसके उपरान्त स्वागतार्थ जो मेवा, मिठाई, फल आदि लाये गये उन सबको गोस्वामी जी के सामने ही सजाया गया । इसके बाद लड़की के पिता तथा अन्य ग्रामवासियों ने कुछ शिकायतें पेश कीं । लड़की के पिता सम्भवतः उस गाँव के जमींदार रहे होंगे । क्योंकि उनकी शिकायत तो यही थी कि सरकार जमींदारी उन्मूलन बिल पास करके हम लोगों के साथ अनुचित व्यवहार करने वाली है । गोस्वामी जी ने बड़ी तत्परता के साथ इस आरोप का खण्डन करते हुए कहा कि "आपने इस शंका के उठाने में काफी विलम्ब कर दिया है । जिस समय राजाओं के राज्य जा रहे थे तब आप उस कदम का समर्थन करते रहे । यह जनतंत्र का युग है, सभी को अपना व्यक्तिगत स्वार्थ त्याग कर जनहित के कार्यों में सहयोगी होना पड़ेगा ।" कुछ लोगों ने पुलिस के अधिकारियों की भी शिकायतें कीं । इस पर उन्हें गोस्वामी जी ने समझाया कि "ऐसी शिकायतों का निराकरण यहाँ नहीं किया जा सकता, इसे तो आप लिखकर रीवा भेजें ।" गरज़ ये, कि जब तक गोस्वामी जी जनवासे में बैठे रहे गाँव वाले उन्हें ही मंत्री समझते रहे । उन्होंने भी मंत्री की भूमिका का निर्वाह भली-भाँति कर दिखाया । उस अवधि में वे इतने वाचाल रहे कि अन्य किसी को बीच में कुछ बोलने का समय नहीं मिल पाया ।

काफी समय तक यह नाटक चलता रहा । डॉ० विद्यानिवास मिश्र इसका पूरा रस ले रहे थे । मानव जी भी मन ही मन मज़ा ले रहे थे । डॉ० राजीवलोचन अग्निहोत्री परेशान से थे । और लड़की के पिता मंत्री का स्वागत करने में गौरव का अनुभव कर रहे थे । शेष दर्शक अनजाने से बने अपने स्वागत-सत्कार अथवा कामकाज में लिप्त थे । इस काफिले को बरात की बिदा तक तो वहाँ रुकना ही न था । थोड़ी ही देर में वापस होने के लिए सब लोग उठ खड़े हुए । लड़की के पिता ने गोस्वामी जी से विनम्र शब्दों में अपना आभार प्रकट किया जिसके

उत्तर में उन्होंने स्वागत-सत्कार की प्रशंसा करते हुए अपना आशीर्वाद व्यक्त किया। जनवासे के बाहर खड़ी वह कार लौटने के अवसर पर कुछ हठ पकड़ गई। ड्राइवर के बहुत मनाने पर भी वह टस से मस न हुई। फलतः उसमें जो लोग आये थे उनमें से कुछ लोग उसे धकेलने का प्रयास करने लगे। इतनी देर तक मंत्री का अभिनय करने और तदनुरूप सम्मान पाने से गोस्वामी जी का पिछला क्षोभ पूर्णतः समाप्त हो चुका था। अतः वे भी सब लोगों के साथ उस कार को गतिप्रदान करने हेतु अपने बल का प्रयोग करने को उस ओर चलने लगे। उन्हें वहाँ से जाता हुआ देखकर लड़की के पिता अपनी पैट्रोमेक्स लिये उन्हें प्रकाश देने के लिये जब बढ़े, तो डॉ० राजीवलोचन अग्निहोत्री ने उनकी बाँह थाम ली और पूछा—"कहाँ जा रहे हो ?" उत्तर मिला कि मंत्री जी अंधेरे में जा रहे हैं, उन्हें रोशनी बतला दें। डॉ० अग्निहोत्री ने मानव जी की ओर संकेत करते हुए कहा कि "मंत्री जी तो ये यहाँ हैं।" तब लड़की के पिता ने श्री गोस्वामी जी की ओर इशारा करते हुए पूछा कि—"और वे कौन हैं।" अग्निहोत्री जी ने कहा—"एक बराती।" इस चर्चा को गोस्वामी वासुदेव जी ने भी सुन लिया था। उन्होंने मन ही मन यह मान लिया कि गाड़ी चलती या न चलती परन्तु मंत्री के रूप में उन्हें उसे गतिशील बनाने में सहयोगी नहीं बनना चाहिये था।

संस्मरण

—श्री उर्मिला प्रसाद शुक्ल

श्री महेन्द्र कुमार "मानव" का मेरा परिचय सन् १९४०-४१ में अमरपाटन में ही हुआ। अमरपाटन इनका ममेरा घर है। उस समय अमरपाटन एक छोटा कस्बा था, वहां कोई पुस्तकालय नहीं था। इन्होंने प्रयत्न करके श्रीजिनेश्वर सार्वजनिक पुस्तकालय खुलवाया। मेरा भी इस पुनीत कार्य में संचालन व पुस्तक संग्रह में योगदान रहा। उस समय हम दोनों विद्यार्थी ही थे।

दूसरी मुलाकात सन् १९४९ में हुई। उस समय मैं शासकीय प्रेस में मैनेजर था। बम्बई से आकर मानव जी सीधे मेरे आवास ही में ठहरे तथा बहुत दिनों तक रहे। रीवा आने का लक्ष्य यह था कि दरबार कालेज में (अब टी. आर. एस. कालेज) संस्कृत में लेक्चरर हो जायें। किन्तु वह तो हुआ नहीं, हाँ, एक बड़ी उपलब्धि यह रही कि हम दोनों ने मिलकर "विन्ध्य प्रादेशिक हिन्दी साहित्य सम्मेलन" की स्थापना करवायी। मुझे स्मरण नहीं कि कौन प्रारम्भ में अध्यक्ष और मंत्री था। लेकिन सम्मेलन का कार्य बड़े जोर शोर से चला। देश के उस समय के बड़े-बड़े हिन्दी के विद्वानों को बुलाने तथा उनसे मार्गदर्शन लेने में हम लोग सफल रहे। रार्जषि टण्डन जी की तो बड़ी कृपा रही।

मानव जी राजनीति में भी दखल रखते थे। फलस्वरूप वे सन् १९५२ के चुनाव में छतरपुर से चुनकर आए और विन्ध्य प्रदेश के प्रथम शिक्षा तथा सूचना मंत्री भी हुए। अपने मंत्रित्वकाल में उन्होंने साहित्यिक और सामाजिक कार्यों में विशेष रूचि लेकर क्षेत्र में साहित्यिक जागरूकता पैदा की तथा अनेक साहित्यिक बन्धुओं को अपने विभागों में जगह देकर विन्ध्य क्षेत्र में ले आए। मुझे याद है श्री कृष्णानन्द गुप्त, डा. विद्यानिवास मिश्र, श्री राजीवलोचन अग्निहोत्री, श्री अम्बाप्रसाद श्रीवास्तव आदि को विन्ध्य प्रदेश में कार्य करने का इन्हीं के कारण अवसर मिला। अमरपाटन में हाईस्कूल भवन की देन शिक्षा मंत्री मानव की है।

छतरपुर में भी अनेक साहित्यिक और सांस्कृतिक संस्थाओं को सुव्यवस्थित रूप में चलाने में मुझे मानव जी का सदैव सहयोग मिला। मैं मानव जी के दीर्घायु होने की कामना करता हूँ।

साहित्यकार मानव

श्री हेमंत कुमार

श्री मानव जी से मेरे सम्बन्ध न केवल बहुत पुनीत, प्रगाढ़ और प्रबल रहे हैं वरन् अटूट भी रहे हैं। उनका जो सहज स्नेह, सद्भाव और सहयोग मुझे मिला है वह उनके "मानव" शब्द को सार्थक करता है। उस शब्द की गरिमा बढ़ गई है, उसका उत्कर्ष हो गया है और उसमें देवत्व भाव का आविर्भाव हो गया है। वह शब्द श्री मानव जी के मानवीय गुणों को ही उद्घाटित करता है। श्री महेन्द्र जी को जब भी, जिन्होंने भी और जिन प्रसंगों-परिस्थितियों कारणों के सन्दर्भ में "मानव" उपनाम से सम्बोधित किया, वह बहुत ही उपयुक्त कारण थे। वह उक्ति या लोकोक्ति 'यथानाम तथा गुणाः' उनके साथ पूरी तरह लागू होती है। इस प्रसंग पर वे सारी स्मृतियां आज पुनः जागृत हो गई, जो मुझे उनके साथ जोड़ती हैं और जिन्हें स्मरण कर आज मुझे जो आनन्दानुभूति हो रही है, उसको शब्दों में व्यक्त कर पाना मेरे लिए कठिन हो रहा है। वह आनन्दानुभूति गूँगे को गुड़ के स्वाद और उसकी आनन्दानुभूति के समान है।

श्री मानव जी का व्यक्तित्व मेरी दृष्टि से कुछ ऐसा रहा है कि जो भी उनके सम्पर्क में आया निढाल हो गया। उनके जैसे खुले हृदय के व्यक्ति, जो बिना किसी भेद भाव के हर एक से मिल लें, बहुत ढूँढने से ही मिलेंगे। आपाधापी के इस युग में जो दूसरों के हित-अहित को सोचे और उसके लिये सक्रिय रूप से कार्य करे, ऐसे लोग आज बिरले ही हैं और उन बिरलों में ही एक "मानव" जी हैं।

मानव जी ने विन्ध्य प्रदेश के सांस्कृतिक राजनैतिक शैक्षणिक, साहित्यिक और धार्मिक जीवन में अपने विचारों और कार्यों से जो योगदान दिया है, उसका सही में समुचित मूल्यांकन नहीं हो पाया। आज की राजनैतिक गतिविधियों की अपनी विशेषताएं हैं। नैतिकता को त्यागकर केवल अपने स्वार्थों की सिद्धि ही आज के एक सफल राजनीतिज्ञ का अभीष्ट लक्ष्य रह गया है। ऐसी मानवीय आदर्शों से शून्य राजनीति के साथ तालमेल न बिठा पाने के कारण आज नैतिकतावादी मूल्यों की रक्षा में रत व्यक्तियों की भारी कमी हो गई है। पर मुझे प्रसन्नता है कि आपने कबीर की उस युक्ति को अपने इस संकल्प से गलत सिद्ध कर दिया, जब कबीर कहते हैं 'कि—"गुन न हिरानों गुन गाहक हिरानों है।" मैं निश्चित रूप से कह सकता हूँ कि गुणों के ग्राहक आज हैं और उनमें एक मानव जी हैं।

श्री महेन्द्र कुमार मानव

श्री जगदीश प्रसाद चतुर्वेदी

वर्ष १९४८ की बात होगी। संविधान सभा की बैठकें चल रही थीं। विंध्य प्रदेश से श्री चतुर्भुज पाठक, श्री राम सहाय तिवारी और श्री मन्नूलाल द्विवेदी संविधान सभा के सदस्य बन गये थे। यद्यपि श्री पाठक पहले ओरछा राज्य में और बाद में विंध्य प्रदेश में मंत्री थे, परन्तु संविधान सभा की सदस्यता के लिए यह कोई बाधा नहीं थी और वे सदस्यता कर रहे थे। श्री चतुर्भुज पाठक को श्री गोपीकृष्ण विजयवर्गीय के साथ १५, विंडसर पैलेस की कोठी आवंटित हुई। पाठक जी ने मुझ से कहा कि मैं उनके साथ आ जाऊँ। मैंने संविधान सभा की हाउस कमेटी के अध्यक्ष डा० पट्टाभि सीतारामैया द्वारा १५, विंडसर पैलेस के आवंटन में अपना नाम भी लिखा दिया। यानी उस कोठी में रहने का मुझे विधिवत अधिकार प्राप्त हो गया। पाठक जी दिल्ली में रहे हों या ना रहे हों, १५, विंडसर पैलेस की कोठी बुन्देलखण्डी रियासतों के कार्यकर्ताओं का केन्द्र बन गयी। उधर श्री गोपीकृष्ण विजयवर्गीय मध्यप्रदेशीय देशी राज्य लोकपरिषद के अध्यक्ष बने थे और बाद में मध्य भारत राज्य संघ के प्रथम मुख्यमंत्री हुए। इसलिए उन दिनों जब रियासतों के विलीनीकरण की माँग प्रबल हो रही थी, १५, विंडसर पैलेस रियासती कार्यकर्ताओं का एक बड़ा केन्द्र बन गया था। उस भवन में और कोई सदस्य रहता या न रहता क्योंकि सभी को अपने-अपने राज्यों में महत्वपूर्ण कार्य थे, मुझे दिल्ली में ही रहना था। उन दिनों मैं देसी रियासतों की प्रजा का समाचार देने के लिए 'लोक समाचार समिति' या पीपल्स प्रेस आफ इंडिया का संचालन कर रहा था। नवम्बर, १९५० से मेरा घर 'भारतीय श्रमजीवी पत्रकार संघ' का कार्यालय भी हो गया। इन सभी कारणों से वहां निरन्तर हलचल रहती थी। रोज नये पुराने लोग आते जाते रहते थे। ऐसे लोगों में जिनसे निरन्तर भेंट होती थी और जो १५, विंडसर पैलेस में विश्राम करते थे, एक युवा कार्यकर्ता श्री महेन्द्र कुमार मानव भी थे।

मैंने लिखा है कि जो विश्राम करते थे, वह शब्दशः सही है। क्योंकि इन सारे कार्य-कर्त्ताओं को सारा दिन कभी अखिल भारतीय देशी राज्य लोकपरिषद के कार्यालय, कभी राज्य मंत्रालय, कभी सरदार वल्लभ भाई पटेल के निवास स्थान १, औरंगजेब रोड या श्री रफ़ी अहमद किदवई के निवास स्थान, मौलाना अब्दुल कलाम आज़ाद रोड पर आना-जाना रहता था। कभी-कभी वे प्रधानमंत्री पं० जवाहरलाल नेहरू से मिलने, उनके घर जाते थे और कभी

अन्य महत्वपूर्ण नेताओं से मिलने, जैसे कांग्रेस अध्यक्ष या महामंत्रियों से और रियासती नेताओं से, जैसे श्री जयनारायण व्यात, श्री हीरालाल शास्त्री, श्री एस० निजलिंगप्पा और डा० पट्टाभि सीतारामैया। जब डा० पट्टाभि सीतारामैया जयपुर अधिवेशन के वाद कांग्रेस अध्यक्ष हो गये तो रियासती कार्यकर्ताओं की स्थिति आसान हो गयी।

उस समय बुन्देलखण्ड के जो कार्यकर्ता हमारे यहाँ आते और ठहरते थे, वे दो प्रकार के थे। कुछ ऐसे थे जो बड़े पुराने कार्यकर्ता थे, जैसे पं० राम सहाय तिवारी, श्री लालाराम वाजपेयी, श्री प्रेमनारायण खरे आदि। इनमें से अनेक राजाओं की जेलों में रह चुके थे और उन्हें तपे-तपाये कार्यकर्ता कहा जाता था। जब बुन्देलखण्ड की रियासतों में उत्तरदायी शासन प्रदान किया गया, चाहे ओरछा में हो, छतरपुर में हो या दतिया में, तो मुख्यमंत्री पद पर इसी प्रकार के तपे-तपाये कार्यकर्ता प्रमुख बने। परन्तु कार्यकर्ताओं की एक दूसरी पंक्ति भी थी जो तब तक तो नहीं तपे थे लेकिन आगे तपस्या करने के लिए तैयार थे। ये पढ़े-लिखे नवयुवक थे, विंध्य की नयी आत्मा। इनमें जो लोग प्रमुख रूप से हमारे सामने आ रहे थे वे थे नागोद के श्री गोपालशरण सिंह, छतरपुर के श्री महेन्द्र कुमार मानव, खनियाधाना के श्री शिवनारायण जी, चरखारी के श्री कामता प्रसाद और बुन्देलखण्ड के ही एक अन्य केन्द्रीय रियासत के श्रीं ज़ंगबहादुर सिंह। इनका मुकाबला कड़ा था। पहली पीढ़ी के श्री रामसहाय तिवारी, श्री लालाराम वाजपेयी, श्री चतुर्भुज पाठक, श्री मन्नूलाल द्विवेदी, श्री श्यामलाल साहू, श्री प्रेम नारायण तिवारी तथा ऐसे ही अनेक बुज़ुर्ग जैसे उनका रास्ता रोके हुए थे।

इनमें से दो नवयुवक, बल्कि यों कहना चाहिए कि तीन, सफलतापूर्वक आगे बढ़े। ये थे चरखारी के श्री कामता प्रसाद, जो बुन्देलखण्ड के मुख्यमंत्री हो गये थे, छतरपुर के श्री महेन्द्र कुमार मानव और नागोद के श्री गोपालशरण सिंह। ये तीनों युवक उच्च शिक्षा प्राप्त थे।

श्री महेन्द्र कुमार मानव की दो विशेषताएं और थीं : एक, वे अत्यन्त विनम्र थे और अब भी हैं। भगवान ने उन्हें सुन्दर और सौम्य रूप प्रदान किया है। उनका खान-पान सरल और सात्विक था और परिश्रम करने में वे किसी से पीछे नहीं थे। यह कहा जा सकता है कि वे खरगोश की तरह लम्बी-लम्बी छलांगें नहीं लगा रहे थे, पर खरगोशों से पहले अपने गंतव्य स्थान पर पहुंच गये। पहुंचे ही नहीं, बहुत दिनों तक टिके रहे। क्या बुन्देलखण्ड, क्या विंध्य प्रदेश और क्या मध्यप्रदेश, हरेक इकाई में उन्होंने अपना स्थान महत्वपूर्ण रखा और उनकी लोक-प्रियता का यह प्रमाण है कि आज उनकी सेवाओं के उपलक्ष्य में उनका अभिनंदन किया जा रहा है। मैं उन्हें अपने ज़ीवन में निरंतर सफलता की ओर बढ़ते देखना चाहता हूँ।

श्री महेन्द्र कुमार मानव—इन्हें जैसा जानता हूं

—श्री कन्हैयालाल अग्रवाल

वैसे तो श्री महेन्द्र कुमार मानव को मैं छुटपन से ही जानता हूँ पर मैं इनका प्रशंसक तब से रहा जब इन्होंने सन् १६३८ में महाराजा हाई स्कूल छतरपुर से बोर्ड आफ हाई स्कूल ऐण्ड इन्टरमीडिएट एजूकेशन, राजपूताना (इनक्लूडिंग अजमेर-मेरवाड़ा सेन्ट्रल इण्डिया ऐण्ड ग्वालियर की हाई स्कूल परीक्षा प्रथम श्रेणी में पास करते हुए बोर्ड में प्रथम स्थान प्राप्त किया था। मेरी जानकारी में इसके पूर्व बुन्देलखण्ड के देशी राज्यों से किसी ने ऐसा उच्च स्थान प्राप्त नहीं किया था।

मानव जी के पिताजी वैद्य थे और उनकी कपड़े की दुकान छतरपुर में ही थी। मानव जी को बुद्धिमत्ता और सरलता विरासत में मिली। अभाग्यवश इनके पिताजी का देहावसान इनके बचपन में ही हो गया था। इसलिए विपरीत परिस्थितियों में अति दरिद्रता को झेलते हुए मानव जी ने अपनी लगन और परिश्रम से जो श्रेय प्राप्त किया वह तत्कालीन परिस्थितियों में वास्तव में सराहनीय था।

श्री महेन्द्र कुमार मानव उस समय के विन्ध्य प्रदेश की प्रथम विधान सभा के विधायक सन् १६५२ में निर्वाचित हुए थे। इन्हें मंत्रिमण्डल में शिक्षा, पंचायत, वित्त एवं समाज सेवा मंत्री बनाया गया था। मानवजी विन्ध्य प्रदेश के तत्कालीन उपराज्यपाल श्री के. संथानम् के विशेष कृपापात्र थे। वह जब भी विन्ध्य क्षेत्र में दौरे पर जाते थे मानव जी को अपने साथ ले जाते थे। मानवजी उनके दुभाषिये का काम करते थे। श्री संथानम् हिन्दी में भाषण नहीं दे पाते थे और मानव जी उनके भाषण का अंग्रेजी से हिन्दी में त्वरित धारा प्रवाह अनुवाद करने में निपुण थे।

श्री महेन्द्र कुमार मानव को बुन्देलखाण्ड से प्रारंभ से ही विशेष लगाव रहा। वे सदैव बुन्देलखण्ड प्रान्त के निर्माण के लिए निर्भयता पूर्वक अपने विचार व्यक्त करते रहे। अब तो मानव जी प्रथक बुन्देलखण्ड प्रान्त के निर्माण के आन्दोलन के सूत्रधारों में से एक हैं। बुन्देलखण्ड से अपने इसी लगाव के कारण मानवजी को एक बार विन्ध्य प्रदेश की विधान सभा के कक्ष में एक क्रुद्ध भीड़ का शिकार होना पड़ा।

मानवजी राजनीतिज्ञ अवश्य हैं, पर मेरी अपनी धारणा है कि इन्होंने राजनीति में प्रवेश कर हिन्दी साहित्य जगत् को एक कुशल साहित्यकार से वंचित कर दिया।

मानवतावादी, गांधीवादी, शांतिवादी प्रगतिशील

श्री भगवानदास

मानव जी बचपन से जात-पाँत को नहीं मानते थे। जब वे आठवीं कक्षा में पढ़ते थे, तब अपने मित्र जंगबहादुर मांसदार के यहाँ चित्रकूट गये थे। वे जाति के कायस्थ थे और कामतानाथ में रहते थे। उनकी माँ ने पुछवाया कि वे कच्चा खाना खायेंगे या पक्का। उत्तर मिला कच्चा। तब उनकी माँ ने कहा कि कच्चा खाना बनाने के लिए ब्राह्मण बुलाने की जरूरत नहीं? अम्मा मैं तुम्हारे ही हाथ का बना खाना खाऊँगा। जैसे तुम जंगबहादुर की माँ हो वैसे मेरी भी माँ हुई।" जब वे छतरपुर से इंटर पास करके सन् १९४० में इलाहाबाद युनिवर्सिटी पहुंचे तब उन्होंने अपना उपनाम ही 'मानव' रख लिया।

जब वे छठी क्लास में पढ़ते थे तब से उन्होंने खादी पहनना शुरू कर दिया था। गांधी जी के साप्ताहिक 'हरिजन सेवक' का सम्पादन वियोगी हरि जी करते थे। वियोगी हरि 'हरिजन सेवक' को छतरपुर में अपने मामा भगवानदास सितारिया को भेजते थे। और इस प्रकार मानव जी को अपने विद्यार्थी जीवन में ही महातमा गांधी के विचार पढ़ने को मिल जाते थे। छुआछूत को वे बचपन से ही नहीं मानते थे। गाँधी जी के दो मुख्य सिद्धांत हैं सत्य और अहिंसा। मानव जी बचपन से सत्याचरण के पक्षधर रहे हैं। इसके लिए उन्हें आगे चलकर पदनामी भी झेलनी पड़ी। अहिंसा उन्हें परिवार के संस्कारों से मिली।

मानव जी में बचपन से क्षमाशीलता थी। वे किसी के प्रति बैर नहीं रखते थे। दस वर्ष की उम्र में उन्होंने अपनी माँ को सीख दी थी—

जो तोकूं काँटा बुवै ताहि बोहि तू फूल।
तोकूं फूल के फूल हैं वाको हैं तिरसूल॥

विन्ध्यप्रदेश विधानसभा में सन् १९५५ भीड़ घुस गई और उन पर भीड़ ने प्रहार किया। वे निहत्थे थे लेकिन डटे रहे और उन्होंने लोगों से कहा—मैं खड़ा हूँ, आप मुझे मारना चाहते हैं मार लें। इस घटना ने उनको बड़ी प्रसिद्धि दी। सोवियत संघ, अमेरिका, पाकिस्तान तथा भारत के रेडियो ने इस समाचार को प्रसारित किया। रोम में 'वर्ल्ड पेसिफिस्ट कान्फ्रेंस' थी। उसका निमंत्रण उन्हें प्राप्त हुआ। १९७३ में मास्को में आयोजित विश्वशांति सम्मेलन में भारतीय प्रतिनिधि मंडल के सदस्य के रूप में उन्होंने शिरकत की।

१९४५ में मानव जी भारतीय विद्या भवन के रिसर्च फेलो बनकर बम्बई पहुंचे। तब वे वहाँ चल रहे प्रगतिशील लेखक संघ की गोष्ठियों में जाने लगे और इप्टा के कार्यक्रमों में भाग लेने लगे। सन् १९६७ में वे मध्यप्रदेश विधानसभा के सदस्य चुने गए और भोपाल में चल रहे मध्यप्रदेश शांति एवं एकता संगठन, भारत-सोवियत सांस्कृतिक समिति की मध्यप्रदेश शाखा और मध्यप्रदेश इण्डो जी. डी. आर. फ्रेण्डशिप एसोसिएशन—तीनों संस्थाओं में प्रांतीय पदाधिकारी बने। प्रगतिशील लेखक संघ की जिला इकाई से वे शुरू से संबद्ध रहे। पहले भारत में जी. डी. आर. को मान्यता नहीं मिली। भारत सरकार द्वारा जी. डी. आर. को मान्यता दिलाये जाने के लिए उन्होंने म. प्र. विधान सभा के १५० सदस्यों के हस्ताक्षर कराकर समर्थन जुटाया। इस प्रकार हम देखते हैं कि मानव जी मानवता, शांति, सत्य, अहिंसा, प्रगतिशीलता, आदि मूल्यों के प्रति समर्पित रहे हैं।

विन्ध्य के विक्रमादित्य

—श्री अशोक प्रियदर्शी

इतिहास में सम्राट् विक्रमादित्य और राजा भोज उन चरित्रनायकों में से हैं जिनके सामने बड़े से बड़े सम्राट् भी नगण्य-जैसे दिखाई देते है। समीक्षकों, तथा इतिहासविदों को भले ही इस आशय की प्रामाणिक जानकारी प्राप्त हुई हो कि विक्रमादित्य कौन थे, कब हुए, कहाँ के राजा थे, किन्तु इस बात की बिना किसी मतभेद के आंख बन्द कर स्वीकार किया जाता है कि विक्रमादित्य तथा राजा भोज के समय में साहित्य जितना समृद्ध हुआ और साहित्यकारों को जितना सम्मान मिला वैसा किसी अन्य राजा महाराजा के युग में नहीं हुआ। कालिदास से लेकर बाण माघ और श्रीहर्ष, तक सभी प्रख्यात कवियों को विक्रमादित्य और राजा भोज का आश्रयप्राप्त मान लिया जाता है। भोज के द्वारा विद्वानों को आश्रय देने तथा सम्मान देने की इतनी कथायें प्रचलित हैं कि भोज के राजा का स्वरूप लुप्तप्राय हो गया और उनका साहित्य के उन्नायक का स्वरूप उभरता चला गया। साहित्यकारों को समुचित सम्मान देना साहित्य-संवर्द्धन में दिए गए योग से कम महत्त्वपूर्ण नहीं है। यह कहना भी संगत ही है कि साहित्यकारों का सम्मान ही साहित्य की अभिवृद्धि का मूल मंत्र है। महेन्द्र कुमार मानव के साहित्यिक योगदान के मूल्यांकन के लिए यही सर्वोत्तम कसौटी हो सकती है।

विन्ध्य क्षेत्र के साहित्यिक अवदान के प्रति हिन्दी साहित्य के इतिहास-लेखकों द्वारा अनुदारता अधिक बरती गई। उसकी मूल्यवत्ता को स्वीकार करने में संकोच किया गया तथा अगणित प्रतिभाओं को उपेक्षणीय मानकर छोड़ दिया गया। इससे न केवल इस क्षेत्र के कई शीर्ष साहित्यकार गौरवलाभ से वंचित रह गए अपितु सरस्वती के भण्डार में भी न्यूनता का आभास होता रहा तथा परवर्ती पीढ़ी के पाठकों को भी उसके लाभ से वंचित रह जाना पड़ा। यह एक संयोग ही था कि मिश्रबन्धु, बाबू गुलाब राय तथा बनारसीदास चतुर्वेदी-जैसे व्यक्तियों को इस क्षेत्र में रहने का अवसर मिला और रायबहादुर श्यामबिहारी मिश्र को 'मिश्रबन्धु विनोद' लिखने की प्रेरणा मिली। टीकमगढ़, छतरपुर और दतिया राज्य के पुस्तकागारों के असीमित पुस्तक भण्डार ने उनको 'मिश्रबन्धु विनोद' लिखने के लिए प्रेरित किया था। यह सही है कि मिश्रबन्धु विनोद को हिन्दी साहित्य का इतिहास मानना युक्तिसंगत नहीं, वह साहित्यकारों की तथा कृतियों की अव्यवस्थित सूची मात्र है। किन्तु यदि उन्होंने यह प्रयास भी न किया होता तो इस क्षेत्र के साहित्य पर से आवरण भी न हटता और अगणित प्रतिभाओं का इतिहास में

नामोल्लेख भी न होता। बाद में हिन्दी साहित्य के अनेक इतिहास लिखे गये और लिखे जा रहे हैं तथापि उनके लेखकों में शोध की वह प्रवृत्ति नहीं जो इतिहास-लेखकों में अपेक्षित होती है। इसी का परिणाम है कि इस क्षेत्र की साहित्यिक प्रतिभाओं को वह स्थान आज तक नहीं मिला जिसके वे अधिकारी हैं। यहाँ प्रमाण के लिए दो-चार संदर्भों का उल्लेख ही पर्याप्त होगा। आचार्य केशव की न जाने किन पंक्तियों को देखकर उन्हें "कठिन काव्य का प्रेत" घोषित कर दिया गया। 'रसिकप्रिया' और 'कविप्रिया' जैसी ललित और सुबोधगम्य कृतियों को भी प्रेत छाया से ढक दिया गया। इस बात पर गम्भीरतापूर्वक विचार ही नहीं किया गया कि "कवि को दैन चहै न विदाई, पूछै केशव की कविताई"—जैसी उक्तियों का क्या आधार रहा है। वस्तुतः ऐसी अभ्युक्तियाँ उनके काव्य की क्लिष्टता के कारण नहीं वरन् उनके द्वारा काव्य के उस शास्त्रीय विवेचन के आधार पर प्रकट की जाती रही हैं जिसकी ओर से परवर्ती कवियों ने अपनी दृष्टि फेर ली थी। इसी प्रकार ज्ञानाश्रयी परम्परा के सर्वश्रेष्ठ कवि अक्षर अनन्य के साहित्य पर इतिहास लेखकों ने दृष्टिपात करने की भी आवश्यकता नहीं समझी। अम्बाप्रसाद श्रीवास्तव ने अक्षर अनन्य के साहित्य को प्रकाश में लाने का स्तुत्य कार्य किया है। उस अध्ययन से स्पष्ट होता है कि हिन्दी में कबीर ने जिस परम्परा की नींव डाली थी उसके शिखरनिर्माण और कलश स्थापना का श्रेय अक्षर अनन्य को ही दिया जा सकता है। इतिहास-लेखकों ने रसनिधि के 'रसनिधि सागर' को देखे बिना ही उनकी केवल एक कृति 'रतन हजारा' को आधार मानकर अपना मत व्यक्त कर दिया। रीवा नरेश महाराजा विश्वनाथ सिंह द्वारा लिखे गए हिन्दी के सर्वप्रथम नाटक 'आनन्द रघुनन्दनम्' को यदि विन्ध्य प्रदेश हिन्दी साहित्य सम्मेलन द्वारा प्रकाशित न किया जाता तो वह कदाचित् नामशेष भी न रहता।

विन्ध्य क्षेत्र में साहित्य-सर्जना की धारा में कभी कहीं ठहराव नहीं आया। इस भूमि को प्रत्येक काल के सिरमौर कवियों को जन्म देने का श्रेय प्राप्त है। वीरगाथा काल के जगनिक तथा ज्ञानाश्रयी परम्परा के जन्म देने का वास्तविक अधिकार प्राप्त करने वाले अक्षर अनन्य, कृष्ण भक्तिकाल के हरिराम व्यास, रामभक्ति काल के तुलसीदास, रीतिकाल के आचार्य केशव, पद्माकर, बिहारी आदि को विन्ध्य जनपद ने ही जन्म दिया और यही उनकी कर्मभूमि भी रही। आधुनिक काल में भी मैथिलीशरण गुप्त, सियारामशरण गुप्त, वृन्दावन लाल वर्मा, वियोगी हरि इसी क्षेत्र की देन हैं।

विन्ध्य क्षेत्र के साहित्यिक अवदान को उभारने तथा उससे साहित्य जगत् को अवगत कराने का श्रेय प्रमुखतया तीन महापुरुषों को दिया जा सकता है। सबसे पहले श्रेय के अधिकारी रायबहादुर श्यामबिहारी मिश्र हैं, जिन्होंने 'मिश्रबन्धु विनोद' में इस क्षेत्र के साहित्यकारों को स्थान दिया। दूसरा प्रयास बनारसी दास चतुर्वेदी द्वारा किया गया, जिन्होंने 'मधुकर' के माध्यम से इस क्षेत्र की प्रतिभाओं को नये रूप में उजागर किया। तीसरा और सबसे जोरदार प्रयास महेन्द्र कुमार 'मानव' द्वारा किया गया। मानव के प्रयासों को जोरदार कहना इस कारण तर्कसंगत है कि उसके बाद प्रयासों में शिथिलता के होते हुए भी विन्ध्य क्षेत्र की साहित्यिक देन को नकारने का कोई साहस नहीं कर सका।

प्रसिद्ध पत्र 'मधुकर' का प्रकाशन बन्द हो जाने के पश्चात् डा० हरिराम मिश्र ने पन्ना से 'विन्ध्य भूमि' (मासिक) प्रकाशित कर इस धारा की अविच्छिन्नता को बनाये रखने का प्रयास किया, किन्तु वह अधिक समय तक नहीं चल सका। इलाहाबाद, बम्बई, नागपुर आदि स्थानों पर भटकते रहने के बाद किसी रमते जोगी की तरह 'मानव' १९४९ में अपने गृहनगर छतरपुर वापस लौटे। यद्यपि वह स्वातंत्र्य आन्दोलन के बड़े नेताओं के सम्पर्क में आ चुके थे और जेल जाने का गौरव भी प्राप्त कर चुके थे किन्तु उनको साहित्य और साहित्यकारों ने राजनीति तथा नेताओं की अपेक्षा अधिक प्रभावित किया। रवीन्द्रनाथ टैगोर, शरदचन्द्र बोस, निराला, महादेवी, सुमित्रानन्दन पंत की तुलना में बड़े से बड़े नेताओं को उन्होंने कभी कोई महत्व नहीं दिया। वह अपने मनोभावों को प्रायः दो छोटे वाक्यों में ही व्यक्त करते हैं। पहला यह कि "राजनीतिक नेता, भले ही वह प्रधानमंत्री पद पर पहुँचे, प्रायः जुगनुओं की तरह होते हैं, जो अवसर मिलने पर एकाध बार चमक कर गायब हो जाते हैं, जबकि साहित्यकार ध्रुवतारा की भाँति अपने स्थान पर अटल रहकर हमेशा-हमेशा ही लोगों को दिशा बोध कराता है"। दूसरा वाक्य है—"साहित्यकारों के पास विचारों की अक्षय सम्पत्ति होती है जिसका जी भरकर लुटाते जाने के बाद भी अन्त नहीं होता, जब कि राजनीतिक नेता साहित्यकारों के विचारों से ही अपनी पूँजी जुटाते हैं।"

छतरपुर में मानव के पुनरागमन से उल्लास और उत्साह की वैसी ही लहर पैदा हो गई थी जैसी द्विरागमन के समय नई बहू के आने से होती है। पं. राम सहाय तिवारी गोकुल महाराय तथा बुन्देल खण्ड के अन्य अनेक वरिष्ठ राजनीतिक नेताओं ने मानव का एक उत्साही, समर्पित कार्यकर्त्ता के रूप में स्वागत किया दूसरी ओर श्री निवास शुक्ल, अम्बाप्रसाद श्रीवास्तव, दशरथ जैन, ज्योति प्रकाश सक्सेना ने उन्हें साहित्य के मंच पर सूत्रधार बनाकर बैठा दिया। मुझे नहीं मालूम कि 'मानव' राजनीति की बैठकों में सम्मिलित होते थे या नहीं किन्तु यह अवश्य याद है कि प्रतिदिन सायंकाल उनके निवास पर नगर के साहित्यकारों की भीड़ जुट जाती थी और आधी रात को या उसके भी बाद घर लौटते समय हर व्यक्ति को यह अनुभव होता था कि उसने अपना समय केवल गप्पबाजी या हंसी-मजाक में नहीं बिताया बल्कि ऐसे मुद्दों पर विचार किया जिस पर प्रत्येक जागरूक व्यक्ति को करना चाहिए।

गांधी आश्रम का एक हिस्सा ही मानव का निवास था। टेबिल-कुर्सी के लिए अलिखित रूप से ही प्रवेश निषेध की पट्टी मानो दरवाजे पर लगी थी। कमरे में दरी, दरी पर लोहे का छोटा सन्दूक, सन्दूक पर सफेद कपड़ा और कपड़े पर किताबों कागदों का ढेर। मैं नहीं समझता कि राष्ट्रपति भवन या प्रधानमंत्री निवास में कीमती कालीनों पर शेखी बघारती बहुमूल्य टेबिल कुर्सियों को भी मानव के घर में दरी पर रखे सन्दूक की भव्यता प्राप्त थी या नहीं। सन्दूक पर कुहनी टिकाये मानव से बतियाना भी मन में साहित्य सेवा की अजीब स्फुरणा पैदा कर देता था।

१९४९-५० में मानव ने 'बुन्देलखंड लोक साहित्य परिषद' की स्थापना की और अपने सहयोगियों को काम करने के लिए प्रेरित किया। वे स्वयं इतने जबर्दस्त लिक्खाड

थे कि सन्ध्या समय जब भी हम लोग उनके घर पहुँचते वे फौरन एक नया निबंध सुनाने के लिए बैठ जाते। कोई बाजीगर भी अपनी पिटारी से इतने कबूतर नहीं निकाल सकता जितने मानव की मन-पिटारी से निबंध निकलते रहे। आत्मपरक निबंध लिखने में 'मानव' की बराबरी कोई अन्य साहित्यकार नहीं कर सकता। अपनी नई नवेली पत्नी विमला को लेकर सभा-सम्मेलनों में जाने का शौक रहा। वे स्वयं एक मिनट में कपड़े पहिन कर तैयार हो जाते जबकि विमला भाभी को साड़ी का चुनाव करने, पाउडर-टिकली-विंदली लगाने में इतना समय लगता था कि सभा-सम्मेलन ही समाप्त हो चुकता था। मानव ने तुरंत लेख लिख मारा 'जब श्रीमती जी साथ चलती हैं। १९५० में पुस्तकों की दुकान खोलने का विचार किया जिसके लिए वे बम्बई गए। किताबों की दुकान तो वह नहीं खोल सके मगर दो दिन बाद बम्बई से लौटने पर 'मेरी प्रथम व्यापार यात्रा' लेख दुकान से भी बड़ी उपलब्धि रही। यदि राजनीति उन्हें पथभ्रष्ट कर आत्मपरक निबंधों के लिखने में व्यवधान बनती तो मानव असन्दिग्ध रूप से एक नई निबंध शैली के जनक के रूप में ख्यात होते। बनारसीदास चतुर्वेदी ने अपने एक भाषण में कहा भी था—'मानव, न जाने क्यों ठहर गए हैं, अन्यथा उनके आत्मपरक निबंध हिन्दी साहित्य की एक अमूल्य निधि माने जाते।'

१९५२ में चुनाव जीतने के बाद 'मानव' को मंत्रिमण्डल का सदस्य बनाया गया। यह निश्चित रूप से कहा जा सकता है कि तत्कालीन मुख्यमंत्री पं. शम्भुनाथ शुक्ल को मानव की राजनीतिक सूझबूझ (अनबूझ) अथवा प्रशासनिक क्षमता (अक्षमता) की कोई जानकारी नहीं थी, अन्यथा उन्हें कभी मंत्री न बनाया जाता। अपनी साहित्यिक चुहलबाजी के कारण मानव केवल विन्ध्य क्षेत्र में ही नहीं वरन दिल्ली की गलियों तक में चर्चित रहे और कदाचित उनकी इसी नामवरी ने पं. शम्भुनाथ शुक्ल की आंखों को चकचौंधिया दिया था। मानव के मंत्री बन जाने से विन्ध्य प्रदेश के साहित्यकारों में एक नई स्फूर्ति पैदा हो गई। मानव को कभी इस बात का अहसास तक नहीं हुआ कि राजनीति और साहित्य में कोई साम्य नहीं और मंत्री के दायित्व भिन्न होते हैं। वे स्वयं को मंत्रिमंडल में जनता का नहीं बल्कि साहित्यकारों का प्रतिनिधि मानते थे। उनकी सभी योजनायें इस सीमा तक साहित्योन्मुख होती थीं मानो उन्हें मंत्री के रूप में साहित्योन्नयन का दायित्व सौंपा गया हो। स्वतंत्रचेता साहित्यकार की स्वच्छन्दता को उनका मंत्री पद वाधित नहीं कर सका। वह अपने अंगरक्षक से आंख बचाकर अक्सर ही रात में अकेले निकल पड़ते और आधी रात को किसी कवि या साहित्यकार के घर पहुँचते। उन्हें कई बार साइकिल के कैरियर पर बैठाकर घर पहुँचाया गया। यद्यपि मंत्री के रूप में मानव को शिक्षा, सूचना प्रचार, वित्त, पंचायत आदि अनेक महत्वपूर्ण विभाग सौंपे गये किन्तु उनके मन में सदैव यह भ्रम बना रहा कि यह दायित्व भी उन्हें साहित्योन्नयन के उद्देश्य से सौंपे गये थे। विन्ध्यप्रदेश में सूचना-प्रचार विभाग का गठन सबसे पहले मानव के मंत्रित्व काल में ही हुआ था। विभाग के गठन के बहाने उन्होंने साहित्यकारों की जमात जोड़ ली। विद्यानिवास मिश्र को सूचन-प्रचार पदाधिकारी के रूप में नियुक्त किया गया। कृष्णानन्द गुप्त को मुख्य सम्पादक बनाया गया और अम्बाप्रसाद श्रीवास्तव तथा राजीव लोचन अग्निहोत्री को सहायक सूचना अधिकारी के पदों पर नियुक्त किया गया। परशुराम चतुर्वेदी, विनोद

शंकर व्यास और शिवधार पाण्डे के पुत्रों को भी नौकरी के बहाने रीवा बुला लिया गया। अन्य विभागों के वरिष्ठ प्रशासनिक अधिकारी अक्सर ही इन नियुक्तियों पर आक्षेप करते किन्तु मानव का एक ही उत्तर रहता कि ये लोग जाने माने साहित्यकार हैं, केवल लिपिकीय, दफ्तरी काम करने वाले के भरोसे देश को आगे नहीं बढ़ाया जा सकता। मानव की यह कल्पना अक्षरशः सही साबित हुई। एक दो वर्ष की संक्षिप्त अवधि में ही विन्ध्य प्रदेश भारत के नक्शे में ऊपर उभर आया।

साहित्य पर आधारित सूचना और प्रसारण की मानव की तकनीक वस्तुतः उदाहरणीय रही है। विभाग द्वारा 'विन्ध्य प्रदेश' और 'विन्ध्यभूमि' नामक दो पत्रिकाओं का प्रकाशन प्रारम्भ हुआ इनमें से 'विन्ध्यभूमि' पूर्णतः साहित्य के लिए सर्मपित रही। मानव का कहना था कि विन्ध्यप्रदेश के विषय में अज्ञेय, हजारीप्रसाद द्विवेदी, बनारसीदास चतुर्वेदी, श्री नारायण चतुर्वेदी प्रभृति प्रख्यात साहित्यकार यदि कुछ भी लिखते हैं तो वह मंत्रियों के भाषणों और सरकारी उपलब्धियों के थोथे प्रचार से भी अधिक मूल्यवान होगा। विद्वान साहित्यकारों का एक वाक्य भी सरकारी प्रचार के पोथों से अधिक महत्व रखता है। प्रमाण के लिए गोस्वामी तुलसीदास जी का दोहा उनकी जुबान पर रहता था—

तात स्वर्ग अपवर्ग सुख धरिय तुला इक अंग।
तुलिय न सो मखतूल सम जो सुख लव सतसंग।।

मानव और विद्यानिवास मिश्र की जुगल जोड़ी ने विन्ध्य प्रदेश को यथार्थतः साहित्य प्रदेश बना दिया था। वर्ष में अनेक समारोहों का आयोजन होता जिनमें देश के शीर्षस्थ साहित्यकारों को आमंत्रित किया जाता था। अज्ञेय, हजारीप्रसाद द्विवेदी, शिवमंगल सिंह सुमन, रामवृक्ष बेनीपुरी, श्री नारायण चतुर्वेदी, हरिवंशराय बच्चन, धर्मवीर भारती, यशपाल जैन, व्यौहार राजेन्द्रसिंह, विद्यावती कोकिल, दुष्यंत कुमार, मार्कण्डेय, कान्ता भारती-जैसे प्रख्यात साहित्यकार सबसे पहली बार उन्हीं दिनों रीवा आये। मानव ने विन्ध्य प्रदेश हिन्दी साहित्य सम्मेलन को भी प्राणवान बना दिया और उसके मंच पर भी विद्वानों की भीड़ जुटने लगी। विन्ध्य संस्कृत परिषद की भी स्थापना की गयी, जिसके अधिवेशनों को क्षेत्रेशचन्द्र चट्टोपाध्याय जैसे विद्वानों ने सम्बोधित किया। मानव ने ही विन्ध्य प्रदेश के साहित्यकारों को देश के अन्य प्रख्यात साहित्यकारों के संपर्क में आने का अवसर दिया था, जिसे कभी विस्मृत नहीं किया जा सकता।

राज्य स्तर पर साहित्यकारों को पुरस्कृत करने की योजना सबसे पहले विन्ध्यप्रदेश में मानव की प्रेरणा से ही प्रारम्भ की गयी थी। उसी के बाद अन्य राज्यों में भी यह योजना अपनाई गयी। इसके बाद भी, विन्ध्य प्रदेश की पुरस्कार योजना का वैशिष्ट्य अलग रहा है। पुरस्कार केवल विन्ध्य प्रदेश के प्राचीन कवियों के नाम पर ही दिये जाते थे। ये निम्नलिखित रहे हैं :

१. देव पुरस्कार २. केशव पुरस्कार ३. पद्माकर पुरस्कार ४. अक्षर अनन्य पुरस्कार ५. रसनिधि पुरस्कार ६. छत्रसाल पुरस्कार ७. विश्वनाथ पुरस्कार ८. रघुराज पुरस्कार ९. ईसुरी पुरस्कार

उपर्युक्त पुरस्कार योजना से दो बहुत बड़े लाभ हुए। पहला यह कि विन्ध्य प्रदेश के साहित्यकारों को सृजन की प्रेरणा मिली और दूसरा यह कि इस क्षेत्र के उन महान साहित्यकारों पर नया प्रकाश पड़ा जिन्हें विस्मृति की चादर से ढक दिया गया था। जिन कवियों के नाम पर पुरस्कार निश्चित किए गए थे उन पर विस्तृत रूप से लिखा गया और प्रकाशन विभाग द्वारा उसे प्रकाशित भी किया गया। यह दुःखद है कि नये मध्यप्रदेश में उस परिपाटी को नहीं अपनाया गया और ऐसे कवियों के नाम पर पुरस्कारों की कल्पना की गयी जिनका मध्यप्रदेश से कोई सम्बन्ध नहीं रहा। उन्होंने काशी नागरी प्रचारिणी सभा के पं. रघनाथ शास्त्री से विन्ध्यप्रदेश की पांडुलिपियों का विवरण तैयार कराया जो काशी नागरी प्रचारिणी सभा में सुरक्षित है।

मानव के मंत्रित्वकाल में विन्ध्यप्रदेश में साहित्यकार को राजनीतिक नेताओं से हमेशा ही अधिक सम्मान प्राप्त हुआ। इलाहाबाद, जबलपुर और दिल्ली के साहित्यकारों के लिए रीवा एक तीर्थस्थल बन गया। इसमें विद्यानिवास मिश्र की भूमिका भी कम नहीं रही। मानव और विद्यानिवास मिश्र अपनी दैनिक अनौपचारिक बातचीत में ही यदि किसी बड़े साहित्यकार को रीवा बुलाने पर विचार करते तो वह एक सप्ताह में रीवा में ही दिखाई देता था। सरकार के विश्रामगृह अतिथि साहित्यकारों के लिए खुले रहते थे। आर्थिक आवश्यकताओं की पूर्ति भी सरकार से ही होती थी। जब भी आवश्यकता हुई मानव तुरंत ही मुख्यमंत्री पं. शम्भुनाथ शुक्ल के पास पहुँचते और स्वीकृति प्राप्त करते थे। ऐसा शायद ही कोई मनहूस दिन गुजरा होगा जब कोई अतिथि साहित्यकार रीवा न पहुंचा हो। मानव का, स्वयं का आवासगृह साहित्यकारों का अतिथिगृह बन गया था। ये लोग रीवा से लौटते ही अक्सर विन्ध्यप्रदेश के साहित्य, पुरातत्व, प्राकृतिक सुषमा आदि पर लेख या कविता आदि लिखते थे। केवल चार वर्ष की संक्षिप्त अवधि में ही देश के शीर्ष साहित्यकारों द्वारा विन्ध्यप्रदेश के विषय में इतना अधिक लिखा गया कि कोई प्रचार तंत्र उनकी बराबरी नहीं कर सकता। तत्कालीन मध्यप्रदेश के राज्यपाल डा. पट्टाभि सीतारमैया विन्ध्यप्रदेश के सूचना-प्रचार विभाग के प्रकाशनों की सराहना करते कभी थकते नहीं थे।

किसी भी व्यक्ति के मंत्री, मुख्यमंत्री बन जाने या किसी वरिष्ठ प्रशासनिक पद पर पहुँचने से उसकी बिरादरी के लोगों में स्वाभाविक रूप से ही अभिमान, उत्साह और विश्वास की भावना पैदा हो जाती है। वर्तमान में जातियों के आधार पर मंत्रियों का चयन भी इसी मनोवृत्ति का परिणाम है। मानव यद्यपि जैन हैं किन्तु कर्मणा उन्होंने अपनी जाति बहुत पहले ही बदल ली थी। सम्भव है जैनियों को मानव के जैन होने का भान न हो किन्तु प्रत्येक साहित्यकार उन्हें अपनी बिरादरी का ही मानता है। इससे विन्ध्य क्षेत्र के साहित्यकारों में स्वाभाविक रूप से एक नया उत्साह और विश्वास पैदा हो गया था। प्रत्येक कवि और साहित्यकार को ऐसी ही अनुभूति होती रही है मानो तत्कालीन विन्ध्यप्रदेश सरकार में साहित्यकारों का प्रतिनिधि बैठा हुआ है। इसका सबसे बड़ा लाभ यह हुआ कि अनगिनत लोगों ने अपनी कलम संभाल ली और साहित्यकारों की पंक्ति में शामिल हो गये। साहित्य-सर्जना के लिए इससे बड़ा प्रेरणास्रोत और हो ही क्या सकता है?

राजनीति में प्रायः बड़ी लकीर को मिटाकर छोटा करने और छोटी लकीर को बड़ी घोषित करने की नीति अपनाई जाती है। अधिकांश नेता दूसरों को पीछे धकेलकर स्वयं आगे होने का स्वाँग करते हैं। मानव ने राजनीति में होते हुए भी कभी इस नीति का अनुसरण नहीं किया। वर्तमान काल के अनेक साहित्यकारों की भांति दूसरों की साहित्य-सेवा को अनदेखा करने की नीति भी मानव ने कभी नहीं अपनाई। यदि किसी ने चार पंक्तियों की तुकबन्दी भी की तो उन्होंने उसकी मुक्तकण्ठ से सराहना की; अपने बंगले पर उसका सम्मान किया। उनका कहना था—'साहित्य के विकास के लिए हमें जमीन तैयार करनी है, बीज इकट्ठे करना है और उसके फूलने फलने के साधन भी जुटाना है। यदि हम सौ तुकबन्दीकार भी पैदा कर सके तो उनमें से कम से कम दस तो अच्छे निकलेंगे ही। अगर साहित्यिक विकास के लिए साधन-सुविधायें ही उपलब्ध न कराई गयीं तो उस जमीन में पड़े हुए उन्नत बीज की तरह हमारी होनहार प्रतिभायें भी पनप नहीं सकेंगी। अपनी इसी मानसिकता को लेकर वे साहित्यकारों को आगे बढ़ने के लिए निरंतर प्रोत्साहित करते रहे। वे अपने मंत्रित्व काल में विक्रमादित्य अथवा राजाभोज के समान रहे जिन्होंने असंख्य कवियों और साहित्यकारों को प्रश्रय देकर अमर कर दिया और सरस्वती के भण्डार को भी समृद्ध किया। काश, वर्तमान राज्य सरकारें भी अपने मंत्रिमण्डल में मानव-सदृश प्रतिनिधि को सम्मिलित करने का निश्चय करें, ताकि बुद्धिजीवियों में अंकुरित और पनपती कुण्ठा की भावना को निर्मूल किया जा सके।

विद्वान् महेन्द्र कुमार मानव

श्री स्वामी शंकर मिश्र

वर्तमान बुन्देलखण्ड में श्री महेन्द्र कुमार 'मानव' बहुचर्चित विशिष्ट पुरुष हैं। भारतीय व्यक्ति-मूल्याङ्कन परम्परा में जिस पुरुष में अशेष गुण उद्भासित हों उसे पुरुष-रत्न की उपाधि से विभूषित किया जाता है। "सृजति अशेषगुणाकरं पुरुषरत्नम्"। 'मानव' जी अपनी बहु आयामी प्रतिभा, प्रकाण्ड विद्वत्ता, व्यष्टि व समष्टिगत जीवन में क्रान्तिकारी मूल्यों के उन्मेष हेतु कृत संघर्षों द्वारा उपार्जित कीर्तिमानों की पृष्ठभूमि में जन-मन-समर्पित पुरुष रत्न की उपाधि को गौरव प्रदान करते हैं। बहुज्ञता के साथ ही लेखन एवं भाषण-कला में स्पृहणीय निपुणता के फलस्वरूप 'मानव' जी विगत पचास वर्षों से विद्यार्थियों, शोध-छात्रों, प्राध्यापकों, विद्वानों, शिक्षा-शास्त्रियों तथा साहित्य-सर्जकों में समान रूप में समादृत और लोक-प्रिय बने हुए हैं। विभिन्न विषयों पर उनकी पीयूषवर्षिणी वाणी में प्रस्तुत सारगर्भित भाषणों को सुनकर श्रोता-समुदाय मंत्र-मुग्ध हो जाता है। सर्वश्री के० सी० रेड्डी, त्रिगुण सेन तथा तत्कालीन विन्ध्य-प्रदेश के महामहिम उपराज्यपाल के० सन्तानम् द्वारा समय-समय पर अंग्रेजी में प्रस्तुत भाषणों को तत्काल हिन्दी में अनूदित करने में 'मानव' जी द्वारा प्रदर्शित विलक्षण प्रतिभा समकालीन विद्वानों के मनमस्तिष्क में स्थायी स्मृति बन चुकी है। 'मानव' जी की सराहनीय विशेषता है कि आप प्रबुद्ध वर्गों और सामान्य जनों में समान रूप में लोक-प्रिय बने हुए हैं। आप की दर्पशून्य सरलता आपके जन-जन-प्रिय होने का मूल कारण है। 'जीवनं सरलं नम्रं, सतां चिन्तनमुन्नतम्' के परम सात्विक आदर्श के 'मानव' जी मूर्तिमन्त स्वरूप हैं। संसार में प्रतिष्ठा प्राप्त व्यक्तियों की लोकप्रियता को प्रायः दर्प विनष्ट कर बैठता है। लोक-प्रचलित मान्यता है—

धनमद रणमद राजमद, विद्यामद सों हद्द।
उठी नाद अनहद्द की, भए मद्द सब रद्द ॥

मनुष्य के व्यक्तित्व में उभरा कोई भी मद उसे समाज में उपेक्षित स्थिति में ला सकता है। हर्ष की बात है कि 'मानव' जी सभी कोटि के मदों से सर्वथा अछूते रहे हैं। भाग्य-वशात् उनके जीवन में धनमद एवं रणमद विकसित करने वाली स्थितियां ही नहीं उभरीं। किन्तु राजनीति के क्षेत्र में मंत्रिपद पर सुदीर्घ अवधि पर्यन्त प्रतिष्ठापित रहने पर भी राजमद रहित

बने रहना तथा उद्भट विद्वत्ता के कारण मूर्धन्य विद्वानों में चिरसम्मानित होकर भी विद्यामद से सर्वथा अछूते रहना 'मानव' जी की स्वभावगत विशिष्टता है।

उपरिनिर्दिष्ट व्यक्तिगत सद्गुणों के तारतम्य में यह उल्लेखनीय तथ्य है कि 'मानव' जी अपने मेधावी विद्यार्थी-जीवन के प्रारम्भ से अद्यावधि अपनी विस्मयकारिणी प्रतिभा, विद्या-बुद्धि, ओजस्विता, लोक-प्रियता, अहिंसापूर्ण संघर्षशीलता एवं अपनी समस्त व्यक्तिगत उपलब्धियों को राष्ट्र-हित में समर्पित करने तथा विश्व-कल्याण से समायोजित रखने हेतु सतत सचेष्ट रहे हैं। वर्तमान में बुन्देलखण्ड के चहुंमुखी विकास के माध्यम से समग्र राष्ट्र अभ्युत्थान का आयास आपके शेष जीवन का प्रमुख लक्ष्य सुस्थिर हो गया है। आपकी बुन्देल खण्ड-भक्ति ने जहां एक ओर नवीन पीढ़ी में आपको 'बुन्देलखण्ड' का पर्याय बना दिया है वहीं दूसरी ओर पुरानी पीढ़ी में आपके बुन्देलखण्ड-अनुराग के मूल-उद्देश्य के सम्बन्ध में जिज्ञासा है। नवीन एवं पुरानी पीढ़ी की भाव-भूमि से ऊपर उठकर तटस्थ एवं वस्तुनिष्ठ मूल्याङ्कन में 'मानव' जी इस भू-भाग की साहित्यिक, सांस्कृतिक, राजनैतिक एवं शैक्षिक चेतना के अप्रतिम उत्प्रेरक सिद्ध होते हैं। साहित्य-सर्जना, साहित्यालोचन, शोध-संचालन, पत्र-पत्रिकाओं के प्रकाशन एवं समाजसेवी संस्थाओं की संस्थापना में प्रोत्साहन, सक्रिय सहयोग और पहल के कारण श्री 'मानव' बुन्देल खण्ड के पूर्ण-जागरण हेतु चेतना-संचारक सूर्य की मंगल-ध्वनि माने जाते हैं। आपकी बहुआयामी गतिविधियों का परिचय एक वृहद् लेख में भी समाहित करना बहुत दुष्कर प्रयास निरूपित होने पर, आपके व्यक्तित्व के विभिन्न पक्षों एवं प्रत्येक कर्म-क्षेत्र पर सम्यक् प्रकाश डालने हेतु पृथक-पृथक लेखों की बुध-जन-प्रस्तावित आयोजना वरेण्य है। इस योजना के परिप्रेक्ष्य में 'मानव' जी के शैक्षिक-योगदान का संक्षिप्त परिचय प्रस्तुत करना मेरा एक लघु प्रयास है।

देश में राज्यों के पुनर्गठन के पूर्व तत्कालीन विन्ध्यप्रदेश-शासन के मंत्रिमण्डल में 'मानव' जी चार वर्षों से अधिक [१३-३-१९५२ से ३०-६-१९५६ तक] मंत्रिपद पर रहे। इस अवधि के लगभग पूर्वार्ध में शिक्षामंत्री के पद पर रहकर 'मानव' जी ने जिन मौलिक प्रयोजन-वादी शिक्षा-नीतियों का निर्धारण किया तथा उनके क्रियान्वयन से जिस शैक्षिक प्रगति का सूत्रपात हुआ वह प्रदेश के तत्कालीन शिक्षा-शास्त्रियों, शिक्षकों तथा शिक्षा-प्रशासकों के लिए एक चमत्कार प्रतीत हो रहा था। अपने प्रदेश के साथ-साथ पूरे राष्ट्र की शिक्षा-समस्याओं की गहन जानकारी तथा उनके समाधान हेतु सुविचारित सुझावों की उपादेयता से प्रभावित समीपस्थ अन्य प्रदेशों के शिक्षण-शास्त्रियों, शैक्षिक प्रशासकों तथा शिक्षा अनुरागी मंत्रियों में 'मानव' जी की ख्याति प्रसारित हो चली थी। उल्लेखनीय है कि उस समय देश के सर्वाधिक अल्प-वय शिक्षा मंत्री 'मानव' अपनी प्रतिभा एवं विद्वत्ता के कारण डा० सम्पूर्णानन्द एवं पं० रविशंकर शुक्ल सदृश राष्ट्रीय विभूतियों के आशीर्वाद और स्नेह प्राप्त करने की पात्रता अर्जित कर चुके थे। 'मानव' जी की शैक्षिक उपलब्धियों एवं शिक्षा जगत् को उनकी देन का सम्यक् मूल्याङ्कन उनके विद्यानुराग, क्रान्तिकारी जीवन-दर्शन तथा शैक्षिक विचारों को अनुप्राणित करने वाली पृष्ठभूमि की जानकारी के बिना समीचीन नहीं माना जाएगा। अस्तु, समालोचकों की जिज्ञासा के परिशमन हेतु प्रस्तुत हैं कतिपय प्रसंग—

(क) विद्यानुराग का बीजारोपण—

महेन्द्र कुमार उस समय नौ वर्ष के बालक थे। आपके पिता श्री ब्रजलाल जैन कुशल वैद्य तथा ख्यातिप्राप्त ज्योतिषी थे। अपने जीवन की अन्तिम रात्रि में आसन्न-मृत्यु का आभास पाकर वे आदिनाथ स्तोत्र का पाठ करते हुए महाप्रयाण हेतु तत्पर थे। परिजनों के सचेष्ट करने पर 'मानव' जी की शोकाकुल माता पूना बाई अपनी एक पुत्री तथा तीन अबोध पुत्रों को लेकर अपने रुग्ण पति के सामने खड़ी हो गईं। पिता ने करुणापूरित नेत्रों से सबको देखा। सबसे बड़े नौ वर्षीय पुत्र महेन्द्र [महेन्द्र कुमार 'मानव'] को निहारते हुए आशीर्वाद दिया—"दूध भात खाना और संस्कृत पढ़ना।" पिता का यह अन्तिम वाक्य 'मानव' के बाल-मन में विद्यानुराग का बीज बो गया, जिसे उन्होंने विशाल वट-वृक्ष में विकसित किया। पं० ब्रजलाल जैन संस्कृत भाषा के भक्त थे। उनकी इच्छा थी कि उनका पुत्र संस्कृत तथा भारतीय संस्कृति का पारंगत विद्वान् बने। अहिंसा के पुजारी होने के कारण उनकी दूसरी अभिलाषा थी कि उनका विद्वान् पुत्र सतत अहिंसा-सम्मत सात्विक जीवन अपनाए। अपने पिताश्री की अन्तिम इच्छाओं की सम्पूर्ति हेतु 'मानव' जी ने इलाहाबाद विश्वविद्यालय से संस्कृत विषय में उच्चस्तरीय अंकोलब्धि के साथ एम० ए० उपाधि प्राप्त की तथा ज्ञानार्जन में अनवरत जुटे हुए हैं। सादगी एवं सद्‌विचारों के संगम श्री 'मानव' वस्तुतः 'सादा-जीवन उच्च विचार' के उदाहरण बन गए हैं। पिता की अन्तिम इच्छा की पूर्ति हेतु 'मानव' जी के प्रयास सर्वथा वन्दनीय हैं।

(ख) क्रान्तिकारी जीवन की भाव-भूमि

'मानव' जी के पिताश्री पं० ब्रजलाल जैन तत्कालीन छतरपुर नरेश महाराजा विश्व नाथ सिंह जू देव के राज-दरबार में जैन धर्म के प्रधान प्रवक्ता थे। जैन धर्म के अधिकारी विद्वान् होने के साथ-साथ पंडित जी काव्य-प्रणयन की श्रव्य और दृश्य दोनों ही विधाओं में क्रान्तिकारी साहित्य-सर्जक थे। उनकी रचनाओं में सुधारवादी लोक काव्य 'वनिता-विहार' तथा नाटिका 'दशहरे का बलिदान' चिर-प्रख्यात हैं। परम्परावादी राजतन्त्र में 'दशहरे का बलिदान' एक क्रान्तिकारी नाटिका थी तथा उसका सार्वजनिक मंचन पं० ब्रजलाल जैन के अभूतपूर्व साहस का परिचायक है। महाराज विश्वनाथ सिंह जू देव ने इस नाटिका के अवलोकन के उपरान्त श्री ब्रजलाल जैन के सत्याग्रहपूर्ण अनुरोध पर चार हिंसापूर्ण कर्म प्रतिबन्धित कर दिए थे—पशु-बलि, मत्स्य-आखेट, वन्य पशुओं का शिकार तथा पशुवध्य स्थल। राजकीय व्यवस्था को क्रान्तिकारी शिक्षा देने वाले वैद्य जी प्रबल समाज-सुधारक भी थे। उनके समन्वयकारक सुधारों का जैन समाज पर बड़ा शुभ प्रभाव पड़ा है। वैद्य ब्रजलाल जी मूलतः तारण-पंथी जैन सम्प्रदाय से सम्बद्ध थे। इस सम्प्रदाय के चैत्यालयों में मूर्ति-स्थापना का निषेध है और चौदह ग्रन्थों की पूजा का विधान है। वैद्य जी ने सम्पूर्ण समाज को क्रमशः जोड़ने के उद्देश्य से परवार (दिगम्बर जैन) परम्परा का अनुगमन करके चैत्यालय में मूर्ति प्रतिष्ठापित की। कालान्तर में इस क्रान्तिकारी पहल का पूरे समाज में स्वागत हुआ। 'मानव' जी की पूजनीया माता पूना बाई ने भी अपने पति का अनुगमन करते हुए अन्ध परम्पराओं को कभी

प्रश्रय नहीं दिया। उन्होंने अपने पुत्रों [महेन्द्र एवं सुरेन्द्र] को समस्त मूढ़ता जन्य रूढ़ियों से संघर्ष करने में प्रोत्साहन देकर कभी पस्त-हिम्मत नहीं होने दिया। समकालीन नागरिकों तथा माता से सुनी पिता की संघर्ष-गाथाओं से श्री 'मानव' को विषम स्थितियों में अवलम्ब और दिशा-निर्देश मिलता रहा है। सन् १९४२ के 'अंग्रेजो भारत छोड़ो' आन्दोलन में सक्रिय भाग लेने के कारण 'मानव' जी को ९-१०-१९४२ से १०-११-१९४३ तक कारावास का दण्ड मिला। इस अवधि में होशंगाबाद और जबलपुर की जेलों में अन्याय के विरुद्ध साहस एवं धैर्यपूर्ण संघर्ष में 'मानव' जी के पैतृक संस्कारों की महत्वपूर्ण भूमिका थी। विद्यार्थी-जीवन से प्रारम्भ होकर अद्यावधि विभिन्न कोटि के संघर्ष उन्हें सतत घेरे हुए हैं किन्तु 'न दैन्यं न पलायनम्' जीवन-दर्शन से अनुप्राणित 'मानव' जी ने "जीवन में हार नहीं मानी है"। सुविज्ञ सज्जनों के अनुसार 'मानव' के क्रान्तिकारी व्यक्तित्व के निर्माण में इलाहाबाद के तत्कालीन वातावरण का भी अविस्मरणीय योगदान है।

(ग) विपत्ति-ग्रसित विद्यार्थी-जीवन

महेन्द्र कुमार 'मानव' के विद्यार्थी-जीवन का आरम्भ बड़े उत्साह से हुआ, किन्तु वे कक्षा तीन तक ही पहुंच पाए थे कि उनके पिता का देहान्त हो गया। माता पूना बाई इस आघात को सहन करके पन्द्रह वर्षीय पुत्री राना बेटी, नौ वर्षीय प्रथम पुत्र महेन्द्र, छह वर्षीय द्वितीय पुत्र सुरेन्द्र तथा तीन वर्ष के तृतीय पुत्र शुभ चन्द्र के लालन-पालन में जुट गई। दुर्भाग्य से पति की मृत्यु के उपरान्त एक वर्ष के भीतर बड़ी पुत्री राजा बेटी तथा कनिष्ठतम पुत्र शुभ-चन्द्र की अकाल मृत्यु ने माता पूना बाई को हतप्रभ कर दिया और परिणामस्वरूप महेन्द्र कुमार 'मानव' और उनके अनुज सुरेन्द्र का विद्यार्थी-जीवन अस्त-व्यस्त हो गया। स्वनाम-धन्य वियोगी हरि जी के मामा पं० भगवान दास सितारिया को 'मानव' जी अपना प्रथम गुरु मानते हैं। पं० सितारिया जी के संरक्षण तथा पं० गौरी शंकर जी (तत्कालीन प्रधान अध्यापक संस्कृत पाठशाला), पं० अनन्त राम शास्त्री, वैद्यभूषण अधोक्षज जी, पं० नारायण राव करकरे, पं० दशरथ पाण्डेय, पं० बल्देव प्रसाद दीक्षित तथा पं० गंगाधर काले सदृश आदर्श शिक्षकों के सहयोग से 'मानव' जी की पढ़ाई का क्रम चलता रहा। इन प्रारम्भिक शिक्षकों के प्रति 'मानव' जी कृतज्ञतापूरित हैं और समय-समय पर सभक्ति स्मरण करते रहते हैं। अपनी अस्वस्थता एवं आर्थिक कठिनाइयों का साहसपूर्वक सामना करते हुए 'मानव' जी माध्यमिक स्तर की शिक्षा के अन्तिम सोपानों तक पहुंच गए। इसी समय सुप्रसिद्ध विद्वान् तथा संवेदनशील गुरु श्री सुरेन्द्र नाथ बनर्जी का महाराजा इन्टर मीजिएट कालेज, छतरपुर में प्रिन्सिपल-पद पर आगमन 'मानव' जी के लिए वरदान सिद्ध हुआ। श्रीयुत बनर्जी महोदय ने 'मानव' जी को अध्ययन के अनुकूल वातावरण देने के उद्देश्य से अपने भतीजे के साथ अपने निवास के ही एक भाग में प्रश्रय दिया। माननीय बनर्जी महोदय द्वारा प्रदत्त अध्ययन-सुविधा एवं प्रोत्साहन से 'मानव' जी ने अजमेर बोर्ड द्वारा संचालित हाई स्कूल परीक्षा सन् १९३८ में प्रथम श्रेणी में प्रथम स्थान प्राप्त करके बुन्देलखण्ड के शिक्षा जगत् में अभूतपूर्व कीर्तिमान स्थापित किया। 'मानव' जी के उपरान्त इस भूभाग में अद्यापि कोई अन्य छात्र इस स्तर की परीक्षा में इस कोटि की उपलब्धि अर्जित नहीं कर सका है।

'मानव' जी को छतरपुर महाराजा के राज दरबार में राजकीय सन्मान दिया गया। वे मेधावी छात्रों को दिशा देने वाले प्रकाशस्तम्भ निरूपित किए गये। 'मानव' जी को व्यापक यश मिला तथा आसपास के नगरों के छात्र उनके दर्शन करके प्रेरणा प्राप्ति हेतु छतरपुर कई वर्षों तक आते रहे। 'मानव' जी स्वयं उत्साह-आपूरित हुए। उनसे इन्टरमीजिएट परीक्षा १९४० में पूर्ववत् कीर्तिमान की सभी को पूर्ण आशा थी, किन्तु लम्बी और गम्भीर अस्वस्थता के कारण इन्टर मीजिएट परीक्षा १९४० में वे प्रथम श्रेणी में आठवें स्थान पर रहे। इन्टरमीजिएट स्तर की शिक्षा छतरपुर में पूर्ण करके उच्च-अध्ययन हेतु आप इलाहाबाद विश्वविद्यालय में प्रविष्ट हुए। वहां स्वास्थ्य की विकलता के साथ ही स्वतन्त्रता-आन्दोलन में सक्रियता के कारण आपका उच्च-अध्ययन बाधा-ग्रस्त हो गया। फिर भी इलाहाबाद विश्वविद्यालय से सन् १९४२ में बी० ए० उपाधि द्वितीय श्रेणी में तथा १९४५ में एम० ए० संस्कृत स्नातकोत्तर उपाधि ५९ प्रतिशत अंक अर्जित करके प्राप्त की। भारतीय विद्या भवन, बम्बई में सन् १९४५ से १९४७ तक मुनि जिनविजय के निर्देशन में 'जैन साहित्य में कृष्ण-कथा' पर शोध-कार्य किया। आपका विभिन्न उपाधियों हेतु विद्यार्जन का सक्रिय क्रम १९६३ तक चलता रहा। राष्ट्र-भाषा हिन्दी की महत्ता की अभिस्वीकृति हेतु आपने सन् १९४८ में हिन्दी साहित्य सम्मेलन, प्रयाग से साहित्य रत्न की उपाधि प्राप्त की। कालान्तर में आपकी विधि की औपचारिक शिक्षा में रुचि जागृत हुई और आपने सागर विश्व-विद्यालय में "जैन और बौद्ध धर्म में योग" विषय में शोध हेतु पंजीकरण कराया। अद्यापि प्राचीन भारतीय इतिहास में एम० ए० करने की ललक है। चौथेपन पर पहुंच कर भी स्वाध्याय, मौलिक-चिन्तन, विद्यार्जन एवं शैक्षिक गतिविधियों में अनुरक्ति के कारण एक मेधावी छात्र ही प्रतीत होते हैं। अध्ययन-अध्यापन में अभिरुचि के कारण आपकी प्रबल इच्छा थी कि किसी विश्वविद्यालय अथवा महाविद्यालय में एक प्राध्यापक के रूप में जीवन पूर्ण करें। कुछ समय बम्बई एवं रीवा में प्रोफेसर रहे भी, किन्तु परिस्थिति-वश राजनीति में आ गए। इस परिवर्तन से 'मानव' जी सतत क्लेशित रहे। मनोनुकूल व्यवसाय अथवा कार्य-क्षेत्र न मिलने के कारण आपने कई बार अपनी कर्मभूमि बदली, किन्तु शिक्षा-जगत् से निरन्तर जुड़े रहने के कारण आप बुन्देलखण्ड में सरस्वती के वरद पुत्र ही माने जाते हैं तथा आपकी सरस्वती-आराधना अभी भी निरन्तर चल रही है। उल्लेखनीय है कि 'मानव' जी के विद्यानुराग को स्थायित्व प्रदान करने में इलाहाबाद विश्वविद्यालय के परिष्कृत वातावरण के साथ ही उनके कतिपय मेधावी सहपाठियों (आद्या प्रसाद मिश्र, लक्ष्मी कान्त शुक्ल, महन्त इन्दिरेश चरणदास, राजीवलोचन अग्निहोत्री तथा विद्यानिवास मिश्र की अविस्मरणीय भूमिका है।

(घ) 'मानव' जी का शैक्षिक चिन्तन

इलाहाबाद में अपनी विश्वविद्यालयीन शिक्षा-अवधि में 'मानव' जी राष्ट्रीय-आन्दोलनों से सुपरिचित हुए तथा 'गांधीवाद' के प्रभाव-क्षेत्र में आये। गांधी जी द्वारा संचालित विभिन्न आन्दोलनों में रुचि लेने के साथ ही स्वतन्त्रता-संग्राम में सक्रिय भाग लिया। उस समय गांधी जी की प्रेरणा से राष्ट्रीय शिक्षा का नीति-निर्धारण तथा राष्ट्रीय-आवश्यकताओं के

अनुरूप शिक्षा के पुनर्गठन का प्रयत्न चल रहा था। इसके साथ-साथ द्वितीय युद्ध की समाप्ति के बाद सारजेन्ट-रिपोर्ट के अनुसार भारतीय शिक्षा को ढालने का प्रयास तत्कालीन ब्रिटिश शासन द्वारा किया जा रहा था। 'मानव' जी भारतीय शिक्षा शास्त्रियों एवं ब्रिटेन के शिक्षा शास्त्री ए० एस० नील से प्रभावित हुए तथा शैक्षिक क्रान्ति हेतु चिन्तन-मनन करने लगे। 'मानव' जी के शैक्षिक-दर्शन के विवरण, मूल्याङ्कन व विवेचना के स्थान पर उनके कतिपय लेखों के शीर्षकों के उल्लेख मात्र से उनकी शैक्षिक-गतिविधियों में क्रान्तिकारी अभिरुचि का संक्षिप्त परिचय स्पष्ट हो जायेगा—

(१) 'हमारी शिक्षा-प्रणाली में त्रुटियां और उनके दूर करने के उपाय'—'शिक्षक' दिसम्बर १९४१

(२) 'शिशु-सुधार'—'जैन सन्देश' जुलाई १९४२

(३) 'छात्रावास और धार्मिक शिक्षा' 'संग्राम' २२ अगस्त ४६ सम्पादक पाण्डेय बेचन शर्मा 'उग्र'

(४) 'सह-शिक्षा की समस्या'—'संग्राम' हिन्दी साप्ताहिक १९४६ बम्बई

(५) 'वर्तमान शिक्षा के दोष'—'संग्राम' १९४६

(६) 'पाठ्य-क्रम और परीक्षा'—'संग्राम' १९४६ बम्बई

(७) 'विद्यार्थी की स्वतन्त्रता'—'संग्राम' १९४६

इन शैक्षिक लेखों के सम्बन्ध में 'मानव' जी का ही अभिमत उद्धत कर देने से भारतीय शिक्षा में इनका ऐतिहासिक स्थान उजागर हो जाता है—

"ये लेख सन् १९४१ से १९४६ के बीच लिखे गए हैं। उस समय देश आज़ाद नहीं हुआ था। परतन्त्रता के वातावरण में ये लेख लिखे गए हैं। इन लेखों में तत्कालीन शिक्षा-प्रणाली के दोष और भविष्य की आशा की झलक मिलेगी"।—'मानव' [यह अंश 'शिक्षा में क्रान्ति' लेख-संग्रह से साभार उद्धत है]

उपरिनिर्दिष्ट विशिष्टताओं से सुसम्पन्न महेन्द्र कुमार 'मानव' दिनाङ्क १३ मार्च १९५२ को पद एवं गोपनीयता की शपथ के साथ शिक्षा मंत्री के रूप में विन्ध्य-प्रदेश-शासन के मंत्रिमण्डल सम्मिलित हुए। अल्पकाल में ही प्रवेश-स्तर की शिक्षा-समितियों और शिक्षा-संगोष्ठियों के निर्णयों का अनुशीलन करके 'मानव' जी ने शैक्षिक प्रगति को जो द्रुत गति प्रदान की उसकी भूरि-भूरि सराहना हुई। 'मानव' जी के कार्य-काल में स्वतन्त्र भारत की आवश्यकताओं के परिप्रेक्ष्य में शैक्षिक पुनर्गठन की जिस रूपरेखा पर प्रदेश स्तर पर विचार चल रहा था उसका कालान्तर में मुदालियर माध्यमिक शिक्षा-आयोग की सिफारिशों से पर्याप्त सादृश्य होना शिक्षा मंत्री 'मानव' जी की सूझ-बूझ का प्रमाण है। 'मानव' जी के कार्य-काल की कतिपय विशिष्ट उपलब्धियों एवं शैक्षिक प्रयत्नों का संक्षिप्त विवरण शिक्षा-अनुरागियों की जानकारी तथा शिक्षा-शास्त्रियों द्वारा मूल्याङ्कन हेतु प्रस्तुत है—राष्ट्रीय स्तर की शैक्षिक

गतिविधियों तथा अन्यान्य विचारधाराओं से शिक्षकों तथा छात्रों को परिचित कराकर उनके दृष्टिकोण को व्यापक बनाने के उद्देश्य से प्राथमिक, माध्यमिक, तथा उच्च-स्तर की शिक्षा संस्थाओं के साथ ही शिक्षक-प्रशिक्षण स्कूलों व प्रशिक्षण महाविद्यालयों में क्रमशः नई तालीम, हरिजन-सेवक, ग्राम-सेवक तथा सर्वोदय पत्र-पत्रिकाओं को उपलब्ध कराने की अनिवार्य व्यवस्था की गयी। प्रदेश की शिक्षा को दिशा प्रदान करने एवं प्रबुद्ध शिक्षकों, शिक्षा शास्त्रियों तथा शैक्षिक प्रशासकों के विचारों, कार्य-योजनाओं तथा उपलब्धियों को प्रकाश में लाने के लिए प्रोफेसर राममित्र चतुर्वेदी के सम्पादकत्व में 'विन्ध्य-शिक्षा' मासिक-पत्रिका का प्रकाशन प्रारम्भ किया गया। इसके साथ ही पूरे प्रदेश का प्रतिबिम्ब प्रस्तुत करने वाली श्रेष्ठ मासिक-पत्रिका 'विन्ध्य-भूमि' [सम्पादक डा० विद्या निवास मिश्र, वर्तमान में कुलपति सम्पूर्णानन्द संस्कृत विश्वविद्यालय, बनारस] 'मानव' जी के ही प्रयासों का मूर्त रूप थी। इन पत्र-पत्रिकाओं के प्रभाव से प्रदेश में मौलिक चिन्तन, नवाचार तथा प्रयोग-धर्मी शैक्षिक प्रक्रियाओं को प्रेरणा के साथ मार्ग-दर्शन भी मिला। अनेक प्रतिभावान लेखक, शोध-कर्ता तथा मौलिक विचारक प्रकाश में आये और पूरे प्रदेश में अभूतपूर्व सामूहिक चेतना का संचार हुआ।

'मानव' जी ने स्वतन्त्रता के पूर्व गांधी जी के प्रभाव-क्षेत्र में आकर शैक्षिक गतिविधियों तथा समस्याओं से प्रारम्भिक परिचय प्राप्त कर लिया था, अतः शिक्षा की प्रगति के लिए उन्होंने शिक्षक-प्रशिक्षण पर सर्वाधिक ध्यान दिया। प्रख्यात विद्वान तथा मूर्धन्य साहित्यकार पं० बनारसी दास चतुर्वेदी की प्रिय साधनास्थली कुण्डेश्वर (टीकमगढ़) में 'मानव' जी के ही योजनानुसार साधन-सम्पन्न बेसिक ट्रेनिङ्ग कालेज की स्थापना की गयी। कुण्डेश्वर की इस शिक्षक-प्रशिक्षण संस्था का नाम पूरे देश में प्रचलित-प्रसारित हुआ तथा यह स्थल शिक्षा-जगत् का बहुत समय तक तीर्थ सा बना रहा। 'मानव' जी ने अपने कार्य-काल में स्नातकोत्तर प्रशिक्षण महाविद्यालयों की कार्य-योजना भी निर्मित की थी जो उनके शिक्षाविभाग से पंचायत विभाग में चले जाने के बाद पी० जी० बी० टी० कालेज, छतरपुर तथा कलान्तर में पी० जी० बी० टी० कालेज, रीवा के रूप में प्रतिफलित हुई।

"प्रत्येक राष्ट्र के जीवन में प्राथमिक शिक्षा प्रथम प्राथमिकता है", इसे वस्तुस्थिति में रखकर 'मानव' जी ने प्राइमरी-शिक्षा को अनिवार्य निर्देशित किया तथा इस स्तर पर छात्र-संख्या-वृद्धि के लिए सघन अभियान परिचालित हुआ। गरीबों, हरिजन-आदिवासी तथा शारीरिक रूप से विकलाङ्ग छात्रों को किताबें, लेखन-सामग्री तथा गणवेश मुफ्त देकर प्रोत्साहित किया गया। पिछड़े वर्गों के हितार्थ "बैकवर्ड क्लासेज़ वेलफेयर डिपार्टमेन्ट" अस्तित्व में आया। प्राथमिक स्कूलों की संख्या में वृद्धि का पूर्ण सुयोजित प्रबन्ध शिक्षा-विभाग का प्रमुख दायित्व निर्धारित किया गया। प्राइमरी स्कूलों की संख्या में वांछित वृद्धि से शिक्षा के प्रति व्यापक उत्साह तथा अनुराग परिलक्षित हुआ। प्राथमिक स्तर पर शिक्षकों की कमी दूर करने के लिए पड़ोसी प्रदेशों से उदारतापूर्वक शिक्षकों की भर्ती की गयी। प्राथमिक शिक्षा के प्रसार हेतु 'मानव' जी के प्रयत्नों को बुन्देलखण्ड तथा बघेलखण्ड में समान रूप में सराहा गया।

माध्यमिक और उच्च शिक्षा के विकास में भी 'मानव' जी के कार्य-काल की भूमिका बड़ी उपादेय थी। विन्ध्य-प्रदेश के दोनों घटकों बुन्देलखण्ड और बघेलखण्ड में शिक्षा के क्षेत्र में

बहुत गम्भीर असन्तुलन था। बुदेलखण्ड के चार जिलों में चौदह ऐंग्लो वर्नाक्यूलर मिडिल स्कूल तथा बघेलखण्ड के चार जिलों में १३० वर्नाक्यूलर मिडिल स्कूल थे। 'मानव' जी ने इस विषमता को दूर करने के लिए बघेलखण्ड के १३० मिडिल स्कूलों को ऐंग्लो वर्नाक्यूलर मिडिल स्कूलों में परिवर्तित करने की योजना स्वीकृत की और बुन्देलखण्ड में ऐंग्लो मिडिल स्कूलों की संख्या बढ़ाने हेतु शासकीय प्रयत्नों को द्रुत गति प्रदान की। उत्तरमाध्यमिक शिक्षा के उन्नयन के लिए हाईस्कूलों की संख्या बढ़ाने के साथ ही छतरपुर, अमरपाटन (सतना) तथा सेवढ़ा (दतिया) में हाईस्कूलों के भवनों को आदर्श स्वरूप देकर निर्मित कराया गया। प्रदेश के समस्त हाईस्कूलों को शैक्षिक उपकरणों से सुसम्पन्न बनाया गया। महाराजा कालेज, छतरपुर के उन्नयन और प्रसिद्ध शिक्षाशास्त्री एवं शिक्षक स्वनामधन्य सुरेन्द्रनाथ बनर्जी को उपशिक्षा संचालक नियुक्त करने से बुन्देलखण्ड के शैक्षिक विकास में नूतन युग का उदय हुआ।

शिक्षा-संस्थाओं में स्थानाभाव की गम्भीर समस्या के समाधान की दिशा में एक मौलिक प्रयोग किया गया। छात्र-श्रमदान, शासकीय अनुदान तथा उपराज्यपाल के कोष से प्राप्त सहायता के त्रिपक्षी संयुक्त प्रयास से अध्यापन-कक्षों के निर्माण की योजना प्रस्तुत की गयी। प्राप्त सफलताओं से यह कार्य-योजना बहुत लोक-प्रिय हुई। छात्रों में कार्य-अनुभव एवं श्रमदान के प्रति अपूर्व आशा और उत्साह का संचार हुआ। पाठच-क्रम एवं पाठच-सहगामी-शिक्षा का यह समन्वय 'मानव' जी की सूझ-बूझ का प्रतिफल था।

शिक्षा से सम्बन्धित सभी प्रमुख समस्याओं की ओर 'मानव' जी का ध्यान गया और उन्होंने समाधान हेतु जो पहल की उसको व्यापक समर्थन प्राप्त हुआ। पाठचक्रम में सुधार लाने के लिए विषयों को उनकी उपादेयता के आधार पर स्थान दिया गया। 'मानव' जी के विषय-चयन और वर्गीकरण के औचित्य का प्रतिपादन कालान्तर में मुदालियर माध्यमिक-शिक्षा आयोग की संस्तुतियों द्वारा हो जाना बड़े गौरव की बात थी। राष्ट्र-नायकों, विद्वानों तथा शिक्षा-शास्त्रियों के इस विचार से 'मानव' जी पूर्णरूप से सहमत रहे हैं कि बिना संस्कृत-भाषा के ज्ञान के हम भारत को समझ ही नहीं सकते और बिना राष्ट्रीय-चरित्र और राष्ट्रीय आवश्यकताओं की जानकारी के देश के नव निर्माण को सही दिशा मिलना असम्भव है। इस विश्वास के परिप्रेक्ष्य में 'मानव' जी ने संस्कृत भाषा के अध्ययन को वांछित प्रोत्साहन दिया। कक्षा छह, सात एवं आठ में संस्कृत-भाषा अनिवार्य कर दी गई तथा संस्कृत की परम्परागत अध्यापन शैली को प्रोत्साहित करने के लिए संस्कृत की प्रथमा, मध्यमा, शास्त्री तथा आचार्य स्तर की उपाधियों को शासन द्वारा समुचित मान्यता दी गई। 'मानव' जी के संस्कृत-प्रोत्साहन का औचित्य मुदालियर मा० शि० आयोग की इस संस्तुति से पूर्ण रूपेण सिद्ध हो जाता है—"संस्कृत भारत की अधिकांश भाषाओं की जननी है अतः इसका ज्ञान अनिवार्य है। संस्कृत का अध्ययन करके ही प्राचीन भारत में विद्यमान ज्ञान की जानकारी प्राप्त की जा सकती है अतः इसके अध्ययन को प्रोत्साहित करना आवश्यक है।"

'मानव' जी के कार्य-काल में बालिका-शिक्षा को आगे बढ़ाने का प्रयत्न प्रारम्भ हुआ, किन्तु पालकों और विशेष रूप से माताओं के असहयोग के कारण इनकी शिक्षा में अपव्यय और

अवरोधन की समस्या का समाधान नहीं हो रहा था। अनुभव किया गया कि बिना समग्ररूप में महिला-जागरण के बालिका-शिक्षा में वांछित प्रगति बहुत दुष्कर है। महिलाओं को प्रबुद्ध बनाने तथा उनका बालिका-शिक्षा में सहयोग प्राप्त करने के उद्देश्य से लगभग अड़तीस वर्ष पूर्व 'मानव' जी ने प्रत्येक जिले में महिला-मण्डल की स्थापना का लक्ष्य निर्धारित किया।

लगभग पन्द्रह महीने में ही बत्तीस वर्षीय शिक्षा मंत्री 'मानव' ने प्रदेश के शिक्षा-विभाग को जो सद्दिशा और द्रुतगति प्रदान की वह उनकी चमत्कारी प्रतिभा का परिचायक था। शिक्षा-जगत् को उनसे अनेकानेक आशायें और अपेक्षायें थी, किन्तु सम्भवतः किसी विशिष्ट उद्देश्य से सहसा मुख्यमंत्री महोदय ने शिक्षा-विभाग स्वयं अपने अधीनस्थ करके 'मानव' जी को पंचायत-विभाग का मंत्री नियुक्त कर दिया। इस परिवर्तन से प्रबुद्ध वर्ग और विशेष रूप में बुन्देलखण्ड के छात्रों को बड़ी निराशा हुई। 'मानव' जी की शिक्षा-प्रगति में उपलब्धियों की व्यापक सराहना हुई। दबंग, स्वतन्त्रता-संग्राम-सेनानी, प्रकाण्ड-विद्वान् तथा स्वतन्त्र-भारत में विन्ध्य-क्षेत्र के प्रख्यात प्रशासक कप्तान अवधेश प्रताप सिंह [जिनके पुण्य-स्मरण में अ० प्र० सिं० विश्वविद्यालय, रीवा की स्थापना हुई] ने पं० अलोपी प्रसाद शुक्ल, तत्कालीन उपशिक्षा संचालक, से प्रसंगवशात् 'मानव' जी की सराहना करते हुए अपनी बघेली बोली में कहा था—"मानव के बराबर विद्वान् शिक्षा-मंत्री अब दूसर न मिली।" मेरी दृष्टि में शिक्षा-मंत्री 'मानव' जी का यह उत्कृष्टतम अभिनन्दन था।

बहुमुखी प्रतिभा के धनी

—श्री रतन कुमार,

मध्यप्रदेश के वरिष्ट साहित्यकार-पत्रकार एवं स्वतंत्रता सेनानी श्री महेन्द्र कुमार मानव जब छठवें दशक में तत्कालीन विन्ध्यप्रदेश राज्य के मंत्री के रूप में वहाँ के साहित्य-उन्नयन एवं साहित्यकार-प्रोत्साहन की दिशा में अत्यंत महत्त्वपूर्ण कार्य कर रहे थे, तब मैंने भोपाल राज्य के मुख्यमंत्री डॉ० शंकरदयाल शर्मा को मानवजी का उदाहरण देते हुए कहा था कि आपको भी यहाँ साहित्यकारों को पुरस्कार आदि की योजनाएँ चलानी चाहिए। डॉ० साहब ने उत्तर दिया था कि मानव जी तो खुद साहित्यकार हैं, भोपाल में तो साहित्यकारों में ही आपसी झगड़े हैं। चूँकि डॉ० शर्मा किसी को भी नाराज न करने की नीति पर चलना पसंद करते थे इसलिए उन्होंने यहां ऐसी योजनाएँ चलाई ही नहीं, शायद हिन्दी-उर्दू समस्या के कारण भी।

मानव जी से मेरी भेट सन् १९५७ में 'दैनिक नवभारत' कार्यालय में हुई, जहाँ मैं सम्पादन कार्य में था तथा नये मध्यप्रदेश के निर्माण के साथ वे भोपाल आ गये थे। तभी से मेरा उनका आत्मीय संबंध-सा बन गया। हम दोनों में एक दूसरे के प्रति सदा सद्भावना रही। विविध क्षेत्रों में श्री मानव जी की सक्रियता से मैं बहुत प्रभावित रहा हूँ, यद्यपि कई मुद्दों पर मेरा उनका मतभेद भी होता है। वे एक साथ पत्र-सम्पादन, साहित्य-प्रकाशन, साहित्य-सृजन, म० प्र० लेखक संघ की अध्यक्षता के साथ ही बुंदेलखंड निर्माण के आंदोलन में भी लगे रहते हैं। यह सब क्या किसी साधारण मानव के वश की बात है। कर्मठता, क्षमता, विचारचिन्तन में निश्चयत: वे असाधारण मानव हैं और बहुत प्रिय मानव। उन्होंने विन्ध्यप्रदेश और बुंदेलखंड क्षेत्र को तो बहुत कुछ दिया ही है, परन्तु भोपाल को भी उनका मूल्यवान् अवदान प्राप्त होता रहा है। यहाँ की विभिन्न गतिविधियों में भी तीन दशकों से अधिक समय से उनकी शिरकत व सक्रियता देखने में आती रही है।

मेरी हार्दिक शुभकामनाएँ, मानव जी के प्रति हैं। वे अधिक से अधिक दीर्घायु हों तथा देश, हिन्दी व समाज की सेवा में अपना कीर्तिमान स्थापित करें।

श्री महेन्द्र कुमार 'मानव' : कर्मठ व्यक्तित्व

श्री रामसागर शास्त्री

स्वतंत्रता-प्राप्ति के बाद देश की समस्त छोटी-बड़ी रियायतों का अस्तित्व समाप्त हुआ और सन् १९४९ में बघेलखण्ड एवं बुन्देलखण्ड की ३५ रियासतों को मिलाकर 'विन्ध्य प्रदेश' नामक नया 'ग' श्रेणी का राज्य बना और 'रीवा' राजधानी हुई। यद्यपि रीवा की साहित्यिक परम्परा, सांस्कृतिक गौरव, प्राकृतिक वैभव तथा ऐतिहासिक गाथाएँ अपना महत्वपूर्ण स्थान रखती थीं, किन्तु नये विन्ध्य-प्रदेश की राजधानी का गौरव प्राप्त हो जाने पर सोने में सुगन्ध हो गय। आये दिन बड़े-बड़े विद्वान् मनीषी राजनेताओं का रीवा में जमघट होने लगा। विविध साहित्यिक, सांस्कृतिक एवं राजनीतिक सम्मेलनों-बैठकों के आयोजन होने लगे। पूरे प्रदेश अर्थात् बघेलखण्ड एवं बुन्देलखण्ड के जन-प्रतिनिधियों का आपस में सम्पर्क हुआ।

उन दिनों रीवा में केवल दरबार कालेज (वर्तमान ठाकुर रणमत सिंह महाविद्यालय) था जहाँ स्नातक एवं स्नातकोत्तर कक्षाओं का अध्ययन होता था। आगरा विश्वविद्यालय से परीक्षाएँ संचालित थीं। हाई स्कूल, इन्टर के लिए अजमेर बोर्ड था। प्रोफेसर महावीर प्रसाद अग्रवाल दरबार कालेज में हिन्दी विभाग के अध्यक्ष थे। अजमेर बोर्ड और आगरा विश्वविद्यालय की हिन्दी कमेटियों के भी वे सदस्य थे। साथ ही विन्ध्य-प्रदेश शासन की ओर से शासकीय-अशासकीय हिन्दी कमेटियों की बैठकों में भाग लेने जाया करते थे। फलतः देश-प्रदेश के बड़े-बड़े विद्वानों से उनका अच्छा सम्पर्क था। जब कभी कोई हिन्दी के विद्वान् रीवा आते तो प्रो० अग्रवाल साहब के यहां उनके दर्शन अवश्य हो जाते थे। मैं उस समय हिन्दी स्टेनो के पद पर शासकीय सेवा में था, किन्तु हिन्दी-साहित्य के प्रति रुचि थी। लेखक बनने की आकांक्षा थी। अतः कार्यालय से अवकाश पाने के बाद अधिक समय प्रो० अग्रवाल साहब के पास ही व्यतीत करता था।

४० वर्ष पुरानी घटना है; किन्तु आज भी वह दृश्य मुझे स्मरण है। सायंकाल का समय। गौर वर्ण, सौम्य मुखाकृति, घुंघराले बाल हल्के आसमानी रंग का हाफ शर्ट फुल पैंट, खद्दर धारी तरुण के साथ अग्रवाल साहब अपने बंगले से बाहर निकल रहे थे। मेरे पहुँचते ही अग्रवाल ने 'मानव जी' से परिचय कराया। तब से विभिन्न साहित्यिक समारोहों, गोष्ठियों में मानव जी से मिलने का अवसर मिलता रहा। मेरे मन में नाम के साथ 'मानव' जोड़ने के औचित्य पर प्रश्न उपस्थित रहा। प्रायः कवि गण अपना उपनाम लिखने में गौरव का अनुभव

करते हैं, किन्तु मानव जी की कोई कविता मुझे पढ़ने को नहीं मिली। मानव जी का अधिक सान्निध्य तब मिला जब वे विन्ध्य-प्रदेश के वित्त एवं समाज सेवा मंत्री के पद पर थे। इसके पूर्व मानव जी शिक्षामंत्री के पद पर भी रह चुके थे।

बुन्देलखण्ड के सांस्कृतिक नगर छतरपुर के संभ्रान्त जैन परिवार में जन्मे श्री महेन्द्र कुमार 'मानव' पर बुन्देलखण्ड की साहित्यिक परम्परा का पूर्ण प्रभाव था। छतरपुर राज्य में हिन्दी के बड़े विद्वान् विचारक राजकीय उच्च पदों पर रह चुके थे। हिन्दी साहित्य के मर्मज्ञ मिश्रबन्धु एवं हिन्दी साहित्य के ख्याति प्राप्त मूर्धन्य समालोचक एवं निबंधकार बाबू गुलाबराय एम. ए. ने राज्य के सम्मानित पदों को अलंकृत किया था। सन्त वियोगी हरि की भी जन्मभूमि छतरपुर ही थी। बुन्देलखण्ड के नरेश कवि-कलाकारों को आश्रय देने और राजकीय सम्मान देने में अग्रगण्य रहे हैं। साहित्य-सेवा तथा साहित्यकारों को सम्मानित करने की भावना मानव जी को मातृभूमि से विरासत में मिली थी। यही कारण है कि अवसर मिलने पर मानव जी ने विन्ध्य प्रदेश शासन की ओर से हिन्दी पुरस्कारों की योजना को कार्यान्वित कराया। बघेलखण्ड एवं बुन्देलखण्ड के कवियों के नाम पर अनेक पुरस्कारों की घोषणा कराकर, श्रेष्ठ पुस्तकों पर प्रदेश एवं देश के प्रतिभा-सम्पन्न विद्वानों को शासकीय सम्मान दिलाकर मातृभाषा के प्रति समादर का आदर्श प्रस्तुत किया।

प्रायः देखा गया है कि शासन से जुड़े लोग जनता से दूर हो जाते हैं और जनता से जुड़े लोग शासन के कोपभाजन बन जाते हैं। शासन और जनता दोनों का हित करने वाला कार्यकर्ता दुर्लभ होता है।

नरपति-हितकर्ता द्वेष्यतां याति लोके,
जनपद-हितकर्ता द्विष्यते पार्थिवेन्द्रैः।

इति महति विरोधे वर्तमाने समाने,
नृपति-जन-हितैषी दुर्लभो कार्यकर्ता॥

किन्तु मानव जी इसके अपवाद हैं। वे शासन और जनता दोनों से जुड़े हैं। शासन की नीतियों तथा जनता के हितों का बराबर ध्यान रखते हैं।

छतरपुर में पढ़ाई समाप्त कर मानव जी तीर्थराज प्रयाग पहुँचे। इलाहाबाद विश्वविद्यालय से संस्कृत में एम० ए० किया। वहां डा० विद्यानिवास मिश्र, डा० राजीवलोचन अग्निहोत्री आदि सहपाठी मिले। मानव जी ने अपने मंत्रित्वकाल में डा० विद्यानिवास मिश्र को सूचना-प्रचार पदाधिकारी के पद पर पदस्थ कराया। साथ ही सर्वश्री राजीवलोचन अग्निहोत्री, अम्बा प्रसाद श्रीवास्तव तथा शुकदेव दुबे आदि साहित्यकारों को भी सूचना-प्रचार विभाग में नियुक्त कराया। विन्ध्य-प्रदेश शासनकाल रीवा के लिए हिन्दी का स्वर्णयुग था। उस समय अखिल भारतीय शिक्षा सम्मेलन रीवा में हुआ जिसमें देश के शिक्षाविद उपस्थित थे। डा० सर्वपल्ली राधाकृष्णन् भी सहभागी थे। विविध साहित्यिक आयोजनों के माध्यम से हिन्दी के मूर्धन्य साहित्यकार रीवा को गौरवान्वित करते रहे। वित्त एवं समाजसेवा मंत्री श्री

मानव जी के निजी सहायक होने के नाते मुझे भी बड़े-बड़े विद्वानों के स्वागत-सत्कार करने का अवसर मिला।

सूचना विभाग की त्रैमासिक पत्रिका 'विन्ध्य-भूमि', पाक्षिक पत्र 'विन्ध्य प्रदेश', शिक्षा विभाग की मासिक पत्रिका 'विन्ध्यशिक्षा तथा विभिन्न साहित्यिक एवं सांस्कृतिक आयोजनों के अवसर पर विशिष्ट पत्रिकाओं, स्मारिकाओं का प्रकाशन मानव जी की देन है। वे स्वयं भी छतरपुर से 'विन्ध्याचल' नामक साप्ताहिक पत्र निकालते थे। आज भी जब कभी क्षेत्रीय साहित्यिक सामग्री का अनुसंधान किया जाता है तब विन्ध्य प्रदेश-शासन द्वारा प्रकाशित सामग्री ही उपलब्ध होती है। उस समय प्राचीन साहित्य की सुरक्षा, वर्तमान कवि-कलाकारों को प्रोत्साहन तथा भविष्य के लिए साहित्यिक अंकुर तैयार किये गये थे। विन्ध्य प्रदेश-शासन काल में देश और प्रदेश के प्रतिभावान साहित्यकार, बड़े-बड़े शिक्षाविद, कवि-कलाकार समादृत हुए है। विन्ध्य-भूमि अतिथियों के आतिथ्य से अपने पूर्व गौरव को अक्षुण्ण रखने में सफल रही है।

वस्तुत: मानव जी मानव है। बहुत वर्षों बाद नाम के साथ 'मानव' जोड़ने का अर्थ समझ में आया। मैं मानव जी से मिलना चाहता था। कब किस समय मिलूँ? यह जानने के लिए फोन उनके बंगले में लगाया। स्वयं मानव जी ने फोन उठाया। मैंने बार-बार यह जानना चाहा कि मन्त्री महोदय कब मिल सकेंगे? उत्तर मिला—अपना नाम बताओ तब मिलने का समय बताया जायेगा। मैं अपना नाम बताना नहीं चाहता था, क्योंकि उन दिनों कर्मचारियों को मिलने-जुलने की आज-जैसी छूट नहीं थी। फिर भी मानव जी ने मुझे जान लिया और कहा—'अभी आ जाओ।' मैंने फोन रख दिया। सोचने लगा—कहीं मानव जी नाराज तो नहीं हो गये। उनके बार-बार पूछने पर भी मैंने अपना नाम नहीं बताया। अशिष्टता हुई। जाऊं या ना जाऊँ? अनेक तर्क-वितर्क करता मानव जी के बंगले पर जा पहुंचा। रात के नौ बजे थे। वे बाहर सामने ही बैठे थे, कई लोग अपनी व्यथा-कथा सुना रहे थे। मुझे देखते ही उन्होंने कहा: आओ भाई! तुम्हें मिलने का समय पूछने की क्या आवश्यकता थी? तुम तो कभी भी मिल सकते हो। मैंने यह उनकी कृपा मानी। मानव जी ने घण्टे भर बात की और अन्त में इच्छा की कि मैं उनके निजी सहायक के पद पर काम करूं और दूसरे दिन से मैं उनका निजी सहायक हो गया।

सहवासो विजानाति चरित्रं सहवासिनाम्।

साथ में रहने वाला अपने साथी के चरित्र जानता है। मैं मानव जी के साथ रहकर उनके स्वभाव, गुण एवं कार्य-व्यवहार से परिचित हो गया। जितना ही मैं मानव जी के निकट होता गया उतनी ही मेरी श्रद्धा उनके प्रति बढ़ती गयी। उनका स्वभाव—"वज्रादपि कठोराणि मृदूनि कुसुमादपि" वज्र से भी कठोर और फूल से भी कोमल है। मिलने-जुलने में वे अत्यन्त सरल है किन्तु निर्णय लेने में पूर्ण पर विचार करते हैं। "सहसा विदधीत न क्रियाम्" सूक्ति का वे अक्षरश: पालन करते हैं। विलम्ब चाहे जो हो किन्तु परिणाम मानव जी के निर्णय के अनुसार ही होता है।

मानव जी अपने इष्ट मित्रों की सहायता करने के लिए सदैव तत्पर रहते हैं। परिचित-अपरिचित सभी सामान्य जन के लिए उनके द्वार खुले रहते हैं। कभी कोई भी उनका सहयोग ले सकता है :

मनस्वी कार्यार्थी गणयति न दुःखं न च सुखम्।

मनस्वीजन अपने कार्य की सिद्धि के लिए सुख और दुःख का विचार नहीं करते। मानव जी मनस्वी स्वभाव के व्यक्ति हैं, अपने कार्य की सफलता के लिए सुख-दुःख, विघ्न-बाधा की चिन्ता किये बिना निरंतर प्रयत्नशील रहते हैं।

मानव जी कर्मठ व्यक्तित्व के धनी हैं। जिस कार्य में लग गये उसे पूरा करके ही मानते हैं :

निन्दन्तु नीतिनिपुणाः यदि वा स्तुवन्तु,
लक्ष्मीः समाविशतु गच्छतु वा यथेष्टम्।
अद्यैव वा मरणमस्तु युगान्तरे वा,
न्यायात्पथः प्रविचलन्ति पदं न धीराः॥

नीतिज्ञ जन निन्दा करें अथवा स्तुति, लक्ष्मी जी रहें या जहां चाहे चली जायें, मृत्यु आज ही हो जाये अथवा युगान्तर में हो धीर पुरुष न्याय पथ से एक पग भी पीछे नहीं हटते।

मानव जी बात के धनी हैं। एक बार उनके मन जो जँच गया, कह दिया और उस पर अटल हो गये। चाहे जितना विरोध हो, गालियाँ मिलें, सारा संसार क्यों न रूठ जाय, किन्तु मानव जी टस से मस होने वाले नहीं।

विन्ध्य प्रदेश के विलय का प्रश्न था। सत्ता पक्ष में भी दो गुट हो गये थे। बघेलखण्ड के कांग्रेसी उत्तर प्रदेश में विलय चाहते थे और बुन्देलखण्ड के कांग्रेसी, जिनका नेतृत्व मानव जी कर रहे थे, मध्यप्रदेश में विलय चाहते थे। किन्तु समाजवादी पार्टी के नेता विलय का विरोध कर रहे थे। विन्ध्य प्रदेश में सशक्त विरोधी दल समाजवादी दल था। सभी दलों की ओर से सभा, प्रदर्शन के कार्यक्रम चल रहे थे। मानव जी के वक्तव्य समाचार पत्रों में अधिक आने लगे थे। लोग उन पर चिढ़ गये, व्यक्तिगत आरोप-प्रत्यारोप होने लगे। विधान सभा की बैठकें चल रही थीं। समाजवादियों के प्रदर्शन की तिथि निश्चित हो गई थी। मानव जी दौरे पर छतरपुर गये थे। मुख्यमंत्री शम्भूनाथ शुक्ल थे। वे चाहते थे कि समाजवादियों के प्रदर्शन के दिन मानव जी विधान सभा में न आयें। इसकी जानकारी छतरपुर में ही दे दी गई थी। किन्तु मानव जी कहाँ मानने वाले थे। समय पर विधान सभा में उपस्थित हो गये। सारी भीड़ उमड़ पड़ी। पुलिस की कड़ी सुरक्षा व्यवस्था होने पर भी भीड़ नियंत्रित न हो सकी। सारे नाकेबन्दी को तोड़कर उमड़ी हुई भीड़ विधानसभा के अन्दर घुस गयी। अभूतपूर्व हंगामा हो गया, भगदड़ मच गयी। अनेक लोग घायल हुए, मानव जी को भी चोटें आयीं, फिर भी वक्तव्य देना बन्द नहीं किया। निरंतर मध्य प्रदेश में विलय का समर्थन करते रहे। सन् ५६ में विन्ध्य प्रदेश का नये मध्य प्रदेश में विलय हो गया।

मानव जी साहित्यिक, समाजसेवी, उदार मनोवृत्ति के व्यक्ति हैं। उनके मन में बड़े होने का गर्व नहीं। सामान्य जन-जीवन जीने के अभ्यासी हैं। उनमें आडम्बर, दिखावा का अभाव है। सर्वसाधारण के प्रति उनका लगाव है। शुद्ध सरल भाव से मिलते-जुलते हैं। जन-साधारण के दुख-दर्द से द्रवित हो जाते हैं। राजनीति में आने पर भी वे कूटनीति, छलबल से दूर हैं।

मानव जी जाति-पाँति, धर्म-सम्प्रदाय के संकीर्ण घेरे को लांघ कर मानवता के विशाल प्रांगण में कूद पड़े। वे मनुष्यता के पूजक हैं—मनुष्यत्व के सामने जाति-पाँति, धर्म-सम्प्रदाय को महत्व नहीं देते। इसलिए उन्होंने अपने नाम के साथ 'मानव' जोड़ लिया और 'मानव' कहलाने लगे। संसार के विरोध के बीच से निर्भय होकर बच निकलना कोई साधारण बात नहीं है। किन्तु मानव जी ने अनेक विरोधी परिस्थितियों में निडर होकर कार्य किया और सफल भी हुए। क्षमा का गुण उसी में हो सकता है, जिसका हृदय कोमल हो, बुद्धि निर्मल हो और मन पवित्र हो। मानव जी क्षमाशील व्यक्ति हैं। कर्मचारियों एवं सहयोगियों से बड़ी से बड़ी गलती हो जाये तो भी वे कभी खीझते, चिड़चिड़ाते, तनाव में आते नहीं देखे गये। बड़ी शालीनता से समस्याओं का समाधान करते हैं।

वस्तुतः श्री महेन्द्रकुमार मानव के कर्मठ व्यक्तित्व का प्रभाव जनता के हृदय पर पड़ा है। मानव जी अपने सरल, शुद्ध सात्विक स्वभाव के कारण ही समाज में आदरणीय एवं वन्दनीय है। हम लोगों की कामना है कि मानव जी शतायु हों, सुखी रहें और निरंतर साहित्य-साधना एवं जनता की सेवा करते रहें।

क्रांतिकारी बुद्धिजीवी

श्री के. गो जोध

मानव जी से मेरा परिचय अखिल भारतीय भाषा साहित्य सम्मेलन की स्थापना के बाद हुआ। इस संगठन का निर्माण करने के लिए मैंने देश के जाने माने अनेक लेखक और साहित्यकारों को लिखा। उसमें से एक मानव जी थे। उन्होंने मेरे साथ सहकार्य करना कबूल किया। तब मैंने उन्हें मध्यप्रदेश संघटक के नाते अपनी कमेटी में नियुक्त किया। उसके बाद उनसे मेरा संबंध घनिष्ठ होता गया। मैंने १० साल पूर्व 'ऋण मोचन' साप्ताहिक शुरू किया। तब से एक साहित्यकार और पत्रकार के नाते मेरा संबंध दृढ़ होने लगा। मेरे लम्बे सार्वजनिक जीवन में मैं ऐसे अनेक लेखक, कलाकार, साहित्यिक और सार्वजनिक कार्यकर्ताओं के सम्पर्क में आया जिन्होंने मुझे अखिल भारतीय भाषावार राज्य रचना परिषद, अखिल भारतीय भाषा साहित्य सम्मेलन तथा वैचारिक क्रान्तिकारी परिषद में बहुमूल्य मदद देकर उपकृत किया है। उनमें से एक महा भाग श्री महेन्द्र कुमार मानव हैं और मुझे यह सुनकर बहुत आनन्द हुआ कि बुन्देलखंड वासियों ने उनका जाहिर सत्कार, गौरव ग्रन्थ प्रकाशित कर, करने का सुनिश्चित किया है। आपके बारे में दो शब्द लिखने का मुझे भाग्य मिला है।

आज इस देश में सज्जन, विद्वान और प्रामाणिक कार्यकर्ताओं की कद्र होती नहीं। लोकमान्य तिलक के जीवनकाल में चोटी के विद्वान इस देश के राजकीय, सामाजिक तथा साहित्यिक क्षेत्र में थे। और इस काल में क्रान्तिकारी हँसते हँसते फाँसी के तख्ते पर चढ़ गए और मातृभूमि की सेवा की। तथा अनेक नेताओं ने दीर्घकाल का कारावास और आजन्म कैद की सजा काटी। गांधी जी का कालखंड १९२० में शुरू हुआ। इस युग में त्याग की मर्यादा सीमित थी। मगर देश के संग्राम में सामान्य आदमी कूदा। उससे उच्च त्याग की अपेक्षा करना गलत है और विद्वत्ता का स्तर गिर गया। तो भी, प्रामाणिक कार्यकर्ताओं की कीमत थी, त्याग की कीमत थी। आगे चलकर इलेक्शन का महत्व बढ़ता गया और स्वराज्य के पर्व में गुंडागिरी लुच्चापन, लांचखोरी, गुनाहगीरी बढ़ी। और प्रमाणित लोग और विद्वान लोग सारे क्षेत्रों से बाहर फेंके गए और नीचे की लहर ऊपर गई। लोगों को ऐश आराम की आदत पड़ी उसके लिए धन की आवश्यकता पड़ी। लोग धन के पीछे भागे और नवधनाढ्य वर्ग का जन्म हुआ। दिखावा बढ़ा।

यह गर्व की बात है कि इन परिस्थितियों में एक प्रामाणिक कार्यकर्ता, एक साहित्यिक और पत्रकार की कीमत बुन्देलखंड जैसे पिछड़े हुए क्षेत्र में हो रही है और उनका गौरव ग्रन्थ निकल रहा है। जो प्रदेश खुद को प्रगतिशील कहलाते हैं वहाँ ऐसे लोगों की हालत बुरी है।

'मानव' : जैसा मैंने जाना

— श्री वीरेन्द्र "शर्मा" कौशिक

इत जमुना उत नर्मदा, इत चम्बल उत टोंस।
छत्रसाल सों लरन की रही न काहू होंस॥

कवि की इन पक्तियों में एक ओर जहाँ भारत-मध्य स्थित मध्यप्रदेश के हृदय-स्थल बुन्देलखंड की सीमा निर्धारण का संकेत मिलता है तो दूसरी ओर इसी भूभाग में जन्मे, पालित-पोषित हुए और इसकी शौर्य गाथा को इतिहास में अंकित कराने वाले वीर योद्धा और कवि महाराज छत्रसाल की यशोगाथा का वर्णन है। महाराज छत्रसाल द्वारा बसाया गया छत्रपुर ग्राम अब छतरपुर नगर के नाम से जाना जाता है, जो बुन्देलखंड का हृदय-स्थल है और छत्रसाल जैसे महावीरों, भूषण, बिहारी, हरिराम व्यास जेसे कवियों, विश्वनाथसिंह जू देव जैसे भक्त और साहित्य-सेवियों आदि की कर्मभूमि होने का गौरव रखता है। इसी छतरपुर नगर में फागुन सुदी १३, सं० १९७७ को श्री बृजलाल जैन के घर उनकी भार्या श्रीमती पूनाबाई की कोख से जन्म हुआ था एक और विभूति का, जिसे लोगों ने महेन्द्र कुमार 'मानव' के नाम से जाना-पहचाना और अपने सिर-आँखों पर लिया। श्री बृजलाल जैन को तत्कालीन छतरपुर राज्य के दरबार में पर्याप्त मान-सम्मान प्राप्त था और वे जैन धर्म के प्रतिनिधि के रूप में धार्मिक शास्त्रार्थ के लिए राज-दरबार में प्रायः आमंत्रित किए जाते थे। कपड़ों का व्यवसाय उनकी रोजी-रोटी का साधन था और वैद्यक तथा लेखन उनका शौक रहा। वैद्य के नाते रस, औषधि तथा आयुर्वेद के विभिन्न रस-रसायन वे स्वयं घर पर ही तैयार करते थे। लेखक के रूप में भी उन्होंने काफी यश अर्जन किया था। प्रमाण स्वरूप उनकी दो पुस्तकें—'बनिता-विहार" और 'दशहरे का बलिदान' (नाटिका) आज भी उनके सुपुत्र श्री महेन्द्रकुमार 'मानव' के निजी पुस्तकालय की शोभावृद्धि कर रहीं हैं। मानव जी ने स्वयं अपने पिता का परिचय देते हुए मुझे बताया—"पिताजी के आग्रह पर छतरपुर के महाराज ने राज्य में हिंसा के चार काम –(१) तालाबों में मछली मारना, (२) जंगल में शिकार करना, (३) दशहरे का बलिदान तथा (४) गोहत्या बंद करा दिए थे। उनका एक अच्छा पुस्तकालय था, जिसमें जैन धर्म अतिरिक्त विविध विषयों की पुस्तकें थीं मृत्यु मेरे बचपन में ही हो गई थी। उस

समय मैं ९ वर्ष का था। बड़ी बहिन राजावेटी १५ वर्ष की, अनुज द्वय सुरेन्द्र और शुभचन्द्र क्रमशः छह और तीन वर्ष के थे। बहिन की शादी हो चुकी थी। पिता जी की मृत्यु को एक साल भी न हुआ था कि बहिन राजावेटी और अनुज शुभचन्द्र भी स्वर्गवासी हो गए। माँ ने हम दोनों भाइयों को बड़ी तंगी की हालत में पाला-पोसा।"

मानव जी जब मुझे यह सब बता रहे थे, उनका गला भर आया था और नेत्र अश्रुपूरित हो चले थे। आगे बताते हैं—"छतरपुर के जैन मुहल्ला में हमारे घर के सामने एक सबनीगिर रहते थे, जिनके परिवार की औरतें हमारे घर आतीं थीं। सामने ही एक सिपाही कक्का रहते थे, जिन्हें पास-पड़ौस के बच्चों सहित हम द्वारे कक्का कहा करते थे और उनकी पत्नी को द्वारे काकी। पन्नालाल जैन के ससुर पास के ही एक पुराने मकान में रहते थे। उन्हें हम कुँवावाले कक्का कहते थे। पूरा पड़ौस एक परिवार जैसा था। जाड़ों में द्वारे कक्का की दुगई में गुरसी के चारों ओर मर्द, औरतें और बच्चे बैठते थे। द्वारे कक्का कहानियाँ सुनाते थे—किस्सा तोता-मैना, सारंगा सदावृक्ष, सबरंग चोर और न जाने कितनी कहानियाँ हमने उनसे सुनी थीं।"

पिता की छत्रछाया से वंचित अपने बचपन से विंध्यप्रदेश के मंत्रित्व-काल तक संघर्षपूर्ण जीवन-यात्रा में मानव जी को अनेकानेक पापड़ बेलने पड़े। मृत्यु शय्या से कहे गए पति के इस वचन—"इसे संस्कृत पढ़ाना" को माँ ने अक्षरशः पालन किया और उन्हें कक्षा तीन उत्तीर्ण करने पर संस्कृत की पाठशाला में भरती करा दिया, जहाँ पं० गौरी शंकर जी संस्कृत पढ़ाते थे। उन्हें एक दोना मिठाई और एक गजाशाही रुपया भेंट किया। उनकी पाठशाला में डेढ़ साल संस्कृत भाषा का अध्ययन किया। बाद में इतने ही वर्ष पं० अधोक्षज भट्ट पित्रे के पास संस्कृत का अध्ययन किया। किंतु इसकी रटाई से निराश होकर इसे छोड़ दिया। फिर नियमित शिक्षण हेतु वे अंग्रेजी स्कूल में कक्षा छह में दाखिल हुए। सन् १९३८ में महाराजा हाई स्कूल से मैट्रिक परीक्षा दी जिसमें अजमेर बोर्ड भर में प्रथम श्रेणी में प्रथम स्थान प्राप्त कर स्वर्ण-पदक हासिल किया। इण्टर करने के बाद श्री मानव जी इलाहाबाद विश्वविद्यालय में अध्ययन हेतु चले गए जहाँ से उन्होंने सन् ४२ में बी० ए० और सन् ४५ में एम० ए० (संस्कृत) किया। तदुपरांत दो वर्ष रिसर्च फैलो भारतीय विद्या भवन बम्बई में रहे। 'विक्रम' साप्ताहिक (सम्पादक-पांडेय बेचन शर्मा 'उग्र') जैसी राष्ट्रीय स्तर की पत्रिका में लेखन आरम्भ किया। इस तरह मूल रूप में साहित्यकार होते हुए भी क्रमशः राजनीति से जुड़ गए क्योंकि वह समय ही ऐसा था जब गांधी, जवाहर लाल नेहरू, वियोगी हरि, बनारसीदास चतुर्वेदी आदि नेता और साहित्यकार भारतीय स्वाधीनता की लड़ाई अंग्रेजों से लड़ रहे थे। इलाहाबाद और बम्बई के प्रवास के दौरान उन्होंने स्वतंत्रता आन्दोलनों और सत्याग्रहों में भाग लेना आरम्भ कर दिया था।

बचपन से ही मानव जी ने छतरपुर में छत्रसाल, वियोगी हरि, बाबू गुलाब राय, शुकदेव विहारी मिश्र, श्यामबिहारी मिश्र, महाराज विश्वनाथसिंह जू देव, कुंवर दिग्विजय सिंह, पं० दामोदर लाल गोस्वामी आदि की यशोगाथाएँ सुनी थी। छतरपुर में देखे सत्य हरिश्चन्द्र नाटक ने भी उनके मन को भारी उद्वेलित-उत्तेजित किया। छतरपुर के मेला जलविहार में हर

वर्ष आयोजित होते लोकगीत-फाग, लमटेरा, भाड़ों की नकल, रासलीला, फड़-प्रतियोगिता, राई नृत्य आदि को देख-सुनकर मातृभूमि बुन्देलखंड की स्थायी छाप उनके हृदय-पटल पर अंकित हो गई और उन्होंने मन ही मन दृढ़-संकल्प कर लिया कि 'यावत्-जीवन बुन्देलखंड की सेवा में लगा रहूँगा'। उसी संकल्प का फल है कि आज भी वे बुन्देलखंड प्रांत निर्माण की रट लगाए संघर्षरत हो घूम रहे हैं।

विवाह तथा पारिवारिक जीवन—सन् १९४६ में नागपुर की विमला आगरकर से विवाह हुआ, जिनसे उन्हें एकमात्र सुपुत्र चि० प्रभात 'मानव' की उपलब्धि सन् १९५९ में हुई। इसके पूर्व उनके बम्बई प्रवास (सन् ४५-४९) में उन्हें एक पुत्र ७ माह की अवधि का उत्पन्न हुआ था, जो मात्र २-४ मिनट ही जीवित रहा। फिर एक के बाद एक ७ गर्भपातों की शृंखला काफी त्रासदायक उनके दाम्पत्य जीवन में रही। इसी बीच एक और मुसीबत उन पर उस समय आ पड़ी जब उन्हें डाक्टरों ने एब्डोमिनल टी० बी० बता दिया। इस कारण उन्हें पेण्ड्रा-रोड के सेनीटोरियम में भरती होना पड़ा, जहाँ उनके अनुज पहले से ही टी० बी० के उपचार हेतु भरती थे। ये दिन उनकी परेशानियों के दिन थे जिनमें श्रीमती विमला जी भी अकेली पड़कर शारीरिक और मानसिक त्रासदियों से संघर्ष कर रहीं थीं। उनके ही साहसिक सहयोगी के कारण ही उन्हें जीवन के संघर्षों से जूझने की प्रेरणा और शक्ति मिली। इस सम्बंध में मानव जी बताते हैं—"एक ओर मेरी और भाई की घोर त्रासदायक बीमारियों और दूसरी ओर एक के बाद एक होते गए गर्भपातों के कारण जहाँ मैं निराशाओं के अंधकार में घिरा था, वहाँ विमला जी का साहसिक उत्साहवर्धन कम प्रेरक नहीं था। वह सन् १९४९ में छतरपुर के गर्ल्स मिडिल स्कूल में हैडमिस्ट्रेट नियुक्त हो गईं, जिससे रोटी के लाले पड़ने से मैं बचा रहा। इस तरह मेरे व्यक्तित्व के विकास में विमला जी का योगदान अपूर्व और सराहनीय रहा।"

राजनीतिक जीवन—मानव जी १९४०-४९ के प्रवास के बाद जब छतरपुर आए तो तत्कालीन शिक्षामंत्री श्री कामताप्रसाद सक्सेना ने उन्हें अपना राजनीतिक सचिव बना लिया। यहीं से उनका राजनीतिक जीवन आरम्भ हुआ। कप्तान अवधेश प्रताप सिंह का विंध्यप्रदेशीय मंत्रिमण्डल भंग होते ही ठक्कर बापा और श्री वियोगी हरि ने श्री मानव को बुन्देलखंड के हरिजनों और आदिवासियों की सेवा का अवसर देते हुए बुन्देलखंड लोक सेवक-मंडल का मंत्री बना दिया। इस तरह राजनीति और समाजसेवा का दोहरा कार्य-सम्पादन करते हुए ही साहित्य सेवा भी साथ-साथ जारी रखी। रीवा के अपने इस अल्पकालिक प्रवास में पं० उर्मिला प्रसाद शुक्ल से मिलकर विंध्य प्रादेशिक हिन्दी साहित्य सम्मेलन की स्थापना की। ठक्कर बापा और वियोगी हरि के साथ बुन्देलखंड का दौरा कर इस क्षेत्र की समस्याओं की सूक्ष्म जानकारी अर्जित की। सन् ४९ और ५२ के अर्जित यश और लोकप्रियता के कारण १९५२ के आम चुनाव में छतरपुर जिले की लौंड़ी विधानसभा क्षेत्र से कांग्रेस का टिकिट मिला, चुनाव लड़ा, जीता और १३ मार्च १९५२ को श्री शम्भुनाथ शुक्ल के मुख्यमंत्रित्व में शिक्षा मंत्री का पदभार ग्रहण किया। बाद में वित्त और समाजसेवा मंत्री के दायित्वों का निर्वाह भी सफलतापूर्वक किया। अपने मंत्रित्त्वकाल में श्री मानव बुन्देलखंड की एकता और चहुंमुखी विकास हेतु निरंतर प्रायसरत रहे। इतिहास प्रसिद्ध खजुराहो को अंतरराष्ट्रीय पर्यटन स्थल बनवाने हेतु राष्ट्रपति

राजेन्द्र प्रसाद, विंध्यप्रदेश के उपराज्यपाल के० संतानम, मध्यप्रदेश के राज्यपाल डॉ० पट्टाभिसीतारमैया, केन्द्रीय पर्यटन मंत्री बी० वी० केसकर आदि विभूतियों से मिलकर खजुराहो में सर्किट हाऊस का निर्माण, खजुराहो म्यूजियम का निर्माण, खजुराहो-रनेहफाल रोड का निर्माण आदि कार्यों का सफलतापूर्वक सम्पादन कराया। खजुराहो के मंदिरों को राज्य के पुरातत्त्व विभाग से परिवर्तित कराकर केन्द्रीय पुरातत्त्व विभाग को सौंपा, जिससे उनका साज-संवार ठीक-ठाक ढंग से हो सके। इसका ही सुपरिणाम है कि खजुराहो आज विश्व का सुविख्यात पर्यटन-स्थल हो गया है। राजगढ़ महल में बेसिक ट्रेनिंग स्कूल और कोआपरेटिव्ह ट्रेनिंग स्कूल की स्थापना कराई और पं० जवाहरलाल नेहरू से उद्घाटन कराया। नौगांव में पोलिटेक्नीक, टी० बी० सेनीटोरियम तथा धुवेला म्यूजियम की स्थापना श्री मानव के मंत्रित्त्वकाल में ही हुई। बुन्देलखंड के पाँच जिलों—टीकमगढ़, पन्ना, छतरपुर, दमोह और सागर को मिलाकर सागर संभाग का निर्माण कराया। बुन्देलखंड की द्वितीय पंचवर्षीय योजना तैयार कराई, जिसका कार्यान्वयन मध्यप्रदेश बनने पर श्री दशरथ जैन के उपमंत्रित्वकाल में हुआ। इस योजना के अंतर्गत मुख्यतः बूढ़ा बाँध, बैनीगंज बांध, सड़कों का निर्माण, नए स्कूल-कॉलेजों की स्थापना, टीकमगढ़ व छतरपुर जिलों के तालाबों की मरम्मत, पन्ना और दतिया जिलों में विविध विकास आदि शामिल हैं।

बुन्देलखंड के विकास के लिए पूर्णतः समर्पित श्री महेन्द्र कुमार 'मानव' विविध आयामी व्यक्तित्त्व और कृतित्त्व के धनी हैं। बुन्देलखंड के समग्र विकास हेतु श्री मानव बुन्देलखंडके एकीकरण को अनिवार्य मानते हैं। बुन्देलखंड राज्य निर्माण संघर्ष समिति के अध्यक्ष होने के नाते हाल ही में उनके नेतृत्व में एक प्रतिनिधि मण्डल द्वारा राष्ट्रपति के नाम एक ज्ञापन भोपाल में राज्यपाल कुंवर श्री महमूद अली को सौंपा गया, जिसमें बुन्देलखंड के पिछड़ेपन और विकास की समस्या को लेकर बुन्देलखंड राज्य निर्माण की आवश्यकता पर जोर दिया गया है। साहित्यकार के नाते भी उनका अवदान कम उल्लेखनीय नहीं है। बुन्देलखंड प्रांत निर्माण और उनकी साहित्यिक वर्तमान गतिविधियों को मद्देनज़र रखते हुए श्री 'मानव' जी से जब इस लेखक ने कुछ प्रश्न किए तो उनके विचारों का सारांश इस प्रकार हैं—

प्रश्न—राज्य पुनर्गठन काल में भी आप राजनीति से अभिन्न रूप में जुड़े हुए थे। उस समय आपने बुन्देलखंड राज्य निर्माण की बात क्यों नहीं उठाई ?

उत्तर—राज्य पुनर्गठन आयोग के सामने मैंने पृथक् बुन्देलखंड की माँग रखी थी। आयोग के सदस्य सरदार के० एम० पणिक्कर छतरपुर आए थे। उन्होंने मेरी माँग को नहीं माना। श्री बृजलाल वियाणी की पृथक् विदर्भ की मांग भी उन्होंने ठुकरा दी थी।

प्रश्न—राष्ट्र की अखंडता लघु राज्यों के निर्माण से कैसे बनी रह सकेगी, जो अत्यंत आवश्यक है ?

उत्तर—राष्ट्र की अखंडता और लघु प्रांतों का कोई सम्बंध नहीं है। अमेरिका में ४८ राज्य हैं। सोवियत संघ में भी ३० छोटे-बड़े राज्य हैं। लघु राज्यों से राष्ट्रीय अखंडता को

बल मिलेगा क्योंकि कोई छोटा राज्य सिर नहीं उठा सकेगा। राज्य प्रशासनिक इकाइयाँ हैं, उनसे राष्ट्रीयता का कोई सम्बन्ध नहीं।

प्रश्न—बुंदेलखंड राज्य की सीमायें क्या होंगी ? कितने और कौन से जिले इस राज्य में शामिल होंगे ?

उत्तर—"इत जमुना, उत नर्मदा, इत चम्बल, उत टोंस" इस पंक्ति द्वारा निर्धारित बुन्देलखण्ड राज्य का निर्माण उत्तरप्रदेश के झांसी संभाग के झांसी, बांदा, हमीरपुर, जालौन और ललितपुर तथा मध्यप्रदेश के सागर, जबलपुर संभागों के क्रमशः पांच-सागर, पन्ना, दमोह, टीकमगढ़ व छतरपुर तथा जबलपुर, नरसिंहपुर, मंडला, छिन्दवाड़ा, बैतूल, बालाघाट व होशंगाबाद तथा शेष—रायसेन, विदिशा, गुना, शिवपुरी, मुरैना, भिण्ड, ग्वालियर, दतिया आदि जिलों को शामिल कर किया जाना चाहिए।

प्रश्न—आपकी दृष्टि में इस नए राज्य का आर्थिक और राजनैतिक ढांचा कैसा होगा ? इसके विकास हेतु आपके मन में क्या योजनायें हैं और उन्हें आप कैसे कार्यान्वित करना चाहेंगे !

उत्तर—बुन्देलखण्ड आर्थिक और राजनैतिक दोनों ही दृष्टियों से एक स्वायत्तशासी राज्य बन सकता है। यह भूभाग सदा से ही पिछड़ा और अविकसित रहा है। अंग्रेजों ने बुन्देलखंड के शौर्य और विद्रोही स्वर से डरकर इसे टुकड़ों में विभाजित कर दिया था। स्वतन्त्रता के इन ४४ वर्षों में इसके विकास की ओर बिलकुल ध्यान नहीं दिया गया। आज इसके एकीकरण की नितांत आवश्यकता है। इसको सांस्कृतिक और भाषागत एकता तो पहले से ही मौजूद है। बस राजनैतिक एकता की जरूरत है। विभाजित रहने के कारण इसका राजनैतिक नेतृत्त्व भी नहीं बन पाया। अब सभी राजनैतिक दलों को एक होकर बुन्देलखंड के विकास की आवाज उठाना चाहिए। पूर्व नरेशों का भी प्रभाव है, उन्हें भी अपनी आवाज उठाना चाहिए क्यों कि मेरी मान्यता है कि बुन्देलखंड का विकास इस भूभाग को एकीकृत किए बिना, पृथक राज्य बनाए बिना नहीं हो सकता। ललितपुर-सतना रेलमार्ग अत्यंत आवश्यक है। छतरपुर से बिजावर होकर रेल से सागर दमोह को जोड़ा जाना चाहिए। बुन्देलखंड क्षेत्र के प्राकृतिक स्रोतों और खनिज स्थलों का दोहन नहीं किया गया है, जो होना ही चाहिए। यहां असामाजिक तत्त्वों द्वारा किए जा रहे शोषण को शासन द्वारा उद्योग खोलकर ही रोका जा सकता है।

प्रश्न—मानव जी ! अब मैं राजनीति से हटकर आपकी साहित्यिक गतिविधियों पर चर्चा करना चाहूंगा। आपका लेखन कब और कैसे आरम्भ हुआ ?

उत्तर—शर्मा जी, 'तारणबंधु' नामक मासिक पत्र में मेरा प्रथम लेख 'पर उपदेश कुशल बहुतेरे' सन् १९४० में छपा था। फिर ४५ से ४९ के बीच बम्बई में श्री पांडेय बेचन शर्मा 'उग्र' के सम्पर्क में आया और उनके द्वारा सम्पादित 'विक्रम' साप्ताहिक

में कुछ दिनों लिखा। इसके पूर्व के पांच वर्ष सन् ४०-४५ इलाहाबाद में बिताए थे जहां सुप्रसिद्ध साहित्यकारों जैसे पन्त, बच्चन, भगवतीचरण वर्मा, सुश्री महादेवी वर्मा, डा० रामकुमार वर्मा आदि के सम्पर्क में आया। विद्यानिवास मिश्र सहपाठी थे।

प्रश्न—आपके लेखन में मुख्य प्रेरणास्रोत कौन हैं ?

उत्तर—सन् १९३९ में छतरपुर का नवयुग पुस्तकालय प्रारम्भ करते समय मुंशी प्रेमचंद, सुदर्शन, निराला, महादेवी, प्रसाद, शरत्, जैनेन्द्र आदि साहित्यकारों की रचनायें पढ़ीं, जिनसे प्रेरणा मिली। पं० बनारसीदास चतुर्वेदी और श्री वियोगी हरि के दर्शन क्रमशः कुण्डेश्वर और दिल्ली जाकर किए। छतरपुर में सुप्रसिद्ध साहित्यकार सर्वश्री श्याम बिहारी मिश्र, शुकदेव बिहारी मिश्र, बाबू गुलाबराय, वियोगी हरि, लाला भगवानदीन, सूर्यकांत त्रिपाठी, 'निराला' आदि साहित्यकारों की सांस्कृतिक परम्परा रही, उसी में पला बड़ा हुआ हूं। श्री वियोगी हरि से सर्वाधिक प्रभावित हुआ। बम्बई प्रवास में सर्वश्री के० एम० मुंशी, श्रीमती लीलावती मुंशी, सीताराम चतुर्वेदी, पाण्डेय बेचन शर्मा 'उग्र', पं० सुखलाल संधवी, मुनि जिनविजय सहित अनेक विद्वानों एवं प्रोफेसरों के सम्पर्क ने साहित्य की ओर मुझे मोड़ दिया। फलस्वरूप कुछ गुजराती-मराठी पुस्तकों का हिन्दी अनुवाद किया। इन सबके बाद प्रेरणा का सर्वाधिक बड़ा स्रोत मेरी निजी मानवीय संवेदना है, जो दूसरों के मन को जानने और सृष्टि के चराचर जगत् से जुड़ने के लिए लिखने की प्रेरणा देती है।

प्रश्न—आपने अब तक कितना लिखा, कितना छपा और कितना छपने के लिए शेष है ?

उत्तर—लिखा तो बहुत है, जो पत्र-पत्रिकाओं में निबंध, कहानी, कविता, यात्रा वृतान्त, गद्य, काव्य, संस्मरण, रेखाचित्र और अनुवाद के रूप में छपा है, किंतु इनका कोई संग्रह या संकलन अब तक नहीं छपा। मात्र एक कविता संग्रह—'मनुष्य की गन्ध मुझे भाती है' ही छप सका है। इसे विंध्याचल प्रकाशन, छतरपुर ने छापा है। राजकमल प्रकाशन, दिल्ली ने आनंद शंकर बापूभाई ध्रुव की गुजराती पुस्तक—'धर्मवर्णन' का हिन्दी अनुवाद भी प्रकाशित किया है। 'मेरी दक्षिण यात्रा' और 'वैयक्तिक निबंध संग्रह' शीघ्र प्रकाश्यणीं हैं। निम्न अनुवाद भी मैंने किए हैं—
(१) म्हारी बिन जवाबदार कहाणीं (२) पीड़ाग्रस्त प्रोफेसर (३) शिशु अने सखी (४) नवलिकाओ—श्री के० एम० मुंशी की गुजराती पुस्तकें (५) वि० स० खांडेकर की रूपक कथा संग्रह—'कलिका' का मराठी से हिन्दी में अनुवाद (६) आचार्य हेमचंद्र के प्राकृत व्याकरण का हिन्दी में अनुवाद (७) कुछ प्रसिद्ध अंग्रेजी की कहानियों का हिन्दी अनुवाद।

प्रश्न—क्या आप पत्रकारिता, प्रकाशन और सम्पादन से भी जुड़े रहे हैं ?

उत्तर—साप्ताहिक पंचायत राज का सम्पादन गत २८ वर्ष से, विंध्याचल प्रकाशन का

संचालन गत ३० वर्ष से जारी है। सन् ४६ में पत्रकारिता शुरू कर छतरपुर को मैं ही प्रथम बार News Map पर लाया था।

प्रश्न—आप मूलतः किस विधा के रचनाकार हैं और किन पत्र-पत्रिकाओं में आपकी रचनायें प्रकाशित हुई हैं ?

उत्तर—मूलतः तो मैं लेखक ही हूं किन्तु सन् १९७८ में कविता लिखने की रुचि हुई और मेरा पहला काव्य-संकलन वर्ष १९८० में प्रकाशित हुआ। माधुरी, संग्राम, विक्रम, तारणबंधु, साहित्य-संदेश, राष्ट्रवाणी, माध्यम, धर्मयुग, विश्ववाणी, पंचायतराज आदि पत्र-पत्रिकाओं में मेरी रचनायें प्रायः छपती रही हैं।

प्रश्न—अपनी कविताओं में आपको मुख्यतः किन विषयों या अनुभूतियों को छन्दबद्ध करने में आनंद आता है ?

उत्तर—प्रेम, राजनीति, धर्म और अध्यात्म।

प्रश्न—अपनी रचनाओं के बारे में आपका अपना और आलोचकों का क्या मत है ?

उत्तर—मेरी रचनाओं में शुद्ध मानवतावाद का प्रभाव है। वे साम्प्रदायिकता, अंधविश्वास, धर्मांधता आदि रूढ़ियों से मुक्त हैं। उनमें हृदय की गहराई, जीवन की यथार्थता और ईमानदारी की झलक है। मेरे आलोचकों ने मेरी कृतियों को खूब सराहा है और स्वागत किया है।

प्रश्न—मानव जी, अंत में एक व्यक्तिगत सा प्रश्न—आपने अपनी कविताओं में प्रेम की अनुभूति का जिक्र किया है। तो क्या आपने कभी किसी से प्रेम भी किया है ? सुश्री विमला जी से क्या आपका प्रेम-विवाह हुआ था ?

उत्तर—प्रेम की भूख प्रत्येक व्यक्ति में होती है। प्रेम करना मनुष्य की प्रवृत्ति है। मैंने भी प्रेम का अनुभव किया है। विमला जी से मेरा प्रेम विवाह नहीं हुआ। दो पक्षों ने मिलकर शादी तय की थी।

स्वतन्त्रता-सेनानी श्री महेन्द्र कुमार मानव

श्री रतनचन्द्र जैन

भारतीय स्वाधीनता के महा-समर में, गांधी के नेतृत्व में आस्था रखने वाले देश के कोने-कोने से नौजवान और बूढ़े भी नई चेतना लेकर, अनगिनत लोग देश भक्ति से प्रेरित होकर अपने घरों से निकल पड़े थे। इस में महिलाएं भी पीछे नहीं रहीं।

एक अजब लड़ाई, अनोखा प्रयोग था गांधी जी की लड़ाई का जिसमें मारना नहीं मरने का संकल्प लेना होता था। देश ही नहीं सारा विश्व चकित था इस नये रण कौशल से।

सत्याग्रह के समर में कूदने और अपने को देश के लिये समर्पित कर देने में गांधी जी के प्रति अटूट श्रद्धा की भावना ही थी, जिसने देश के कोने-कोने से बलिदानियों को घर से बाहर निकालकर स्वतंत्रता की बलिवेदी की ओर अग्रसर कर दिया था।

देश की आजादी के लिए अपने आपको समर्पित करने वाले ऐसी अगणित त्यागी तपस्वी विभूतियों ने अपना जीवन होम कर दिया जिसके फलस्वरूप ही यह भारत देश स्वाधीन हो सका।

देश को आजाद हुए आज ४४ बरस गुजर गये और इन ४४ सालों में अपना कहने वाले भी एक एक करके गुजरते चले गये। अतः बचे ही दिखाई देते हैं जिन्होंने अपनी चढ़ती जवानी की शुरूआत में ही अपने को समर्पित कर दिया था।

हमारा देश अगणित विचित्रताओं का अजायबघर रहा है और इन अगणित विचित्रताओं में मैं यह भी एक विचित्रता शामिल कर देना चाहता हूँ कि आज ४३ बरस बाद भी हमारे स्वाधीन देश में यह कोई लेखा-जोखा नहीं बन सका कि हमारी इस आजादी की बलिदानी सेना के सिपाही कौन-कौन थे और कितनी संख्या में थे और उनकी इस स्वाधीनता की जद्दोजहद में क्या कुर्बानी रही है।

यदि ईमानदारी से इसकी खोजबीन की जाये तो आज भी इसका लेखा तैयार किया जा सकता है पर किसे चिन्ता है इसकी जबकि एक दूसरा जंग देश में एक-दूसरे से गद्दी छीनने का चल चुका है।

अपने जेल जीवन के और जेल से निकलने के बाद फिर देश के आजाद होने के बाद के दीर्घ अनुभव से यह निस्संकोच कह देना चाहता हूँ कि गांधी जी के अहिंसात्मक आंदोलन में जिन देशभक्तों ने बिना किसी लालसा के देश के आजाद होने की पवित्र भावना से अपने आपको समर्पित किया था उस एक-एक व्यक्ति का जीवन इतिहास है। काश यह समर्पितों का इतिहास आज की युवा पीढ़ी के सामने होता तो देश की फिजां कुछ और ही होती।

आज देश की स्वाधीनता की वर्षगांठ पर मैं ऐसे ही एक समर्पित व्यक्ति की जीवनी कुछ पंक्तियों में उल्लेखित कर रहा हूँ, जिसने स्वाधीनता संग्राम में तो अपना होम दिया ही है, देश के आजाद होने के बाद भी सारा जीवन जो देश और समाज की सेवा में संलग्न रहा है।

श्री महेन्द्र कुमार जी मानव न केवल स्वतंत्रता संगाम के सेनानी हैं अपितु स्वतंत्रता संग्राम सेनानियों की सेवा में उन्होंने अपना बहुमूल्य योगदान दिया है। वे म० प्र० स्वतंत्रता संग्राम सैनिक संघ के संस्थापक सदस्य हैं। प्रारंभिक काल में ही जब संघ को अपनी नींव जमाने की जरूरत थी। उन्होंने सहमंत्री का भार संभाल कर अपने दायित्वों को जिम्मेदारी से निभाया। संगठन में आगे चलकर अनेक विवाद आये, अनेक लोग आये और गये परन्तु मानव जी निर्विवाद ही रहे और आज भी प्रान्तीय कार्यकारिणी के वरिष्ठतम सदस्य हैं। वह अखिल भारतीय सेनानी संगठन के नेशनल काउंसिल में हैं।

श्री मानव जी सत्य बात को कहने से कभी नहीं चूके। उन्होंने उन लोगों का कड़ा विरोध किया था जिन्हें अपात्र होते हुए भी शासन द्वारा ताम्रपत्र दिये गये थे।

चरण पादुका में बनने वाले शहीद स्मारक के लिये इनका प्रयत्न और सेवायें भुलाई नहीं जा सकती।

वह दो बार म० प्र० विधानसभा के सदस्य रहे और विन्ध्य प्रदेश शासन के शिक्षा मंत्री भी रहे। मैं सन् १९५७ में उनके संपर्क में आया और तब से उन्हें जितना जान पाया, कुछ पंक्तियों में लिखने का प्रयत्न किया है। लेख लंबा न हो जाये, इस भय से अति संक्षेप में केवल उनके स्वतंत्रता सेनानी होने के पहलू को ही लिपिबद्ध किया है। उनकी और अनेक प्रतिभाओं की ओर तो एक शब्द भी इस लेख में नहीं ला पाया।

श्री महेन्द्र कुमार जी मानव के पिता एक वैद्य थे। उनके दवाखाने में कुछ चित्र टंगे रहते थे। एक चित्र में देशभक्तों के सामने अंग्रेजों की तोप रखी थी। एक चित्र में अली बंधु जेल की सीखचों में बन्द थे। सरदार भगत सिंह व सरोजनी नायडू के भी चित्र थे। ये सभी चित्र हाथ से सफेद कागज पर काली स्याही से बनाये हुए थे। यह बात सन १९२६ की है।

उनके पिता श्री बृजलाल जैन न केबल एक अच्छे वैद्य थे बलिक ज्योतिष और जैन दर्शन के अच्छे विद्वान थे। इस प्रकार के राष्ट्रीय चित्रों के सिवाय वैद्य जी की अलमारियों में दवाइयों की बोतलें थी। एक बड़ी अलमारी में जो पुस्तकें रखी थी उनकी जिल्द पर

रवीन्द्रनाथ टैगौर की आंख की किरकिरी, देश दर्शन, द्विजेन्द्र लाल राय के नाटक आदि थे जो वैद्य श्री बृजलाल जैन की राष्ट्रभक्ति की भावना के परिचायक थे। वह जमाना रियासती सामंतों का था। छतरपुर भी एक रियायत थी जहां राष्ट्रीय गतिविधि की कहीं झलक मिलते ही जो दमन चक्र चलता उससे रियासत में भय, आतंक छा जाता। परन्तु वैद्य श्री बृजलाल जैन जी के बैठक खाने में जहां निरंतर लोगों का आवागमन बना रहता था, देशभक्ति की दिलेरी का ही वातावरण था। जिसने बालक महेन्द्र के कोमल हृदय में अनेक प्रश्नों को खड़ा कर दिया और उन प्रश्नों के समाधान खोजने में ही इस बालक महेन्द्र के जीवन में वह अंकुर पड़ गया जिसने उनके जीवन धारा को देशभक्ति की ओर न केवल प्रेरित किया अपितु अग्रसर कर दिया।

बालक महेन्द्र अब महेन्द्र कुमार मानव हैं। जब ९ वर्ष के थे पिता जी स्वर्गधाम को चले गये। मरते समय अपने पुत्र को बुलाकर अपने पास बिठाया। पहले उन्होंने भक्तामर स्तोत्र पढ़ा और दो ही बात कही बेटा महेन्द्र ! संस्कृत पढ़ना और दूध-भात खाना, और महेन्द्र की मां ने पति की सीख को आज्ञा मानकर अपने पुत्र को अंग्रेजी स्कूल में पढ़ना छुड़ाकर छतरपुर के संस्कृत विद्यालय में भरती करा दिया था।

संस्कृत के साथ महेन्द्र कुमार अंग्रेजी स्कूल में फिर पढ़ने लगे और मैट्रिक पास करने के बाद कालेज में दाखला ले लिया। सन १९३९ में जब त्रिपुरी काँग्रेस का अधिवेशन हुआ था उस समय महेन्द्र कुमार इंटर के विद्यार्थी थे। उस समय गंभीर रूप से लंबी बीमारी से उठे थे, पूर्ण स्वस्थ नहीं हो पाये थे। फिर भी कांग्रेस अधिवेशन में पहुंच गये थे। सतना स्टेशन पर ट्रेन के जिस डब्वे में चढ़े थे उसमें अनेक कांग्रेसी नेताओं के साथ कप्तान अवधेश प्रताप सिंह एवं सरदार भगत सिंह के माता पिता भी सफर कर रहे थे। उनका परिचय पाकर विद्यार्थी महेन्द्र कुमार को दोनों के पैरों पर अपना सिर रखकर अपनी श्रद्धा व्यक्त करने का एक दुर्लभ अवसर अनायास ही मिल गया।

त्रिपुरी कांग्रेस अधिवेशन एक ऐतिहासिक महत्व का अधिवेशन था जिममें सुभाष बाबू कांग्रेस अध्यक्ष थे। सुभाष बाबू का प्रस्ताव कांग्रेस सरकार को अल्टीमेटम देने का था, परन्तु पुराने कांग्रेसी नेतागण अल्टीमेटम के विरूद्ध थे। सुभाष बाबू का प्रस्ताव पास नहीं हो पाया इससे सुभाष बाबू ने अध्यक्ष पद से इस्तीफा दे दिया था।

गांधी जी के इस वक्तव्य ने भी कि "पट्टाभि की हार मेरी हार है," राजनैतिक क्षेत्र में काफी खलबली मचा दी थी।

इस अधिवेशन में इन्होंने अपनी जिज्ञासा पूरी कर ली और देश के चोटी के नेताओं को नजदीक से देखने और सुनने का लाभ लिया।

महेन्द्र कुमार के मामा अमरपाटन में रहते थे और एक बारात श्री सिंघई रतनचन्द जैन की अमरपाटन से जबलपुर गई थी। वह बारात महेन्द्र कुमार की प्रेरणास्त्रोत बनी। अमर-पाटन में नौजवानों की एक टोली थी। उस टोली के लोग खादी पहनते थे और राष्ट्रीय गीत

गाते थे। यह टोली बारात से थी। बारात अमर पाटन से मैहर बैल गाड़ियों में गई थी। पर यह टोली गाड़ियों से उतर कर पैदल चली और मस्ती में रास्ते भर राष्ट्रीय गीत गाती चली जो रास्ते में पड़े ग्रामों में अलख जगाती चली।

उन्हीं दिनों पं० मोतीलाल जी नेहरू का स्वर्गवास हुआ था। सारा देश शोकमग्न था अखबारों में जोशीली कवितायें छपती थी, "शहीदों की मजारों पर जुड़ेंगे हर बरस मेले, वतन पर मरने वालों का यही बाकी निशां होगा।" "खुश रहो अहले वतन हम तो सफर करते हैं," आदि पंक्तियाँ नौजवानौ में ज़ान फूंक रही थीं।

यद्यपि अमरपाटन छतरपुर से बहुत लंबा नहीं पर उन दिनों साधन नहीं होने से छतरपुर से महोबा मोटर बस से, महोबा से मैहर ट्रेन से, मैहर से अमरपाटन इक्के से १५ मील जाना पड़ता था।

महेन्द्र कुमार जी मानव ने अपने संस्मरण सुनाते हुए कहा था कि बारात में जबलपुर जाने पर मैंने प्रथम बार सिनेमा देखा था जो मुझे आश्चर्यजनक लगा था। जबलपुर में कपड़े की दुकानों पर कपड़े के थानों में गांधी जी, जवाहर लाल, सुभाष चन्द्र आदि की तस्वीरें लगी रहतीं थीं। मैंने उन तस्वीरों को इकट्ठा कर एक छोटा सा अलबम बनाया था।

महेन्द्र कुमार जी मानव के जीवन में क्रमशः ऐसी-ऐसी घटनाएँ घटती गयीं जो उनकी राष्ट्रभक्ति की भावना को बलवती बनाती गई। उनके एक संबंधी श्री शंकर लाल जैन महोबा में रहते थे वे पति पत्नी दोनों राष्ट्रीय आन्दोलन में कूद पड़े थे दोनों खादी पहिनते थे। महोबा में उन्होंने एक खादी भंडार भी खोल लिया था। चूंकि अमरपाटन जाने में महोबा होकर जाना पड़ता था अतः मानव जी शंकर लाल के यहाँ रुकते थे और उन्हीं से प्रभावित होकर उन्होंने खादी पहनना प्रारंभ किया था। उस समय वह छठी कक्षा के विद्यार्थी थे।

९ अगस्त १९४२ को बम्बई काँग्रेस अधिवेशन में "अंग्रेजो भारत छोड़ो" प्रस्ताव पास हुआ। प्रस्ताव पर देशवासियों से गांधी ने कहा 'करो या मरो'।

प्रस्ताव की प्रतिक्रया हुई बम्बई से लेकर देश भर में नेताओं को ही नहीं, छोटे से छोटे कार्यकर्ताओं को भी, समेट लिया गया और जेलों में ठूँस दिया गया।

देश भर के नेताओं को बन्द करने के फलस्वरूप देश की जनता जैसे बावली हो गई हो, गांधी जी के 'करो या मरो' नारे ने देश भर में क्रांति की ज्वाला भड़का दी।

नेताविहीन जनता में से नौजवान उभरकर आगे आये। क्रांति की लपटें देशभर में आग बरसाने लगी। विद्यार्थियों में अजब जोश था। स्कूल और कांलेज क्रांति के केन्द्र बन गये।

महेन्द्र कुमार उस समय इलाहाबाद विश्वविद्यालय में एल. एल. बी. के प्रथम वर्ष के विद्यार्थी थे और जैन होस्टल में रहते थे। उस समय उनके साथ इनकी मां श्रीमती पूना बाई तथा छोटे भाई सुरेन्द्र कुमार भी रहते थे।

१२ अगस्त को विश्वविद्यालय प्रांगण में विद्यार्थियों की सभा हुई जिसमें निर्णय लिया गया कि दो बैच बनाये जायें। एक बैच चौक के टॉवर पर तिरंगा झंडा लगाये दूसरा बैच

कचहरी पर झंडा चढ़ाये। चौक टावर पर झंडा लगाने वाले दल में महेन्द्र जी थे। कचहरी पर झंडा चढ़ाने वाले बैच में उनके छोटे भाई सुरेन्द्र कुमार थे। कचहरी जाने वाले बैच का नेतृत्व लाल पद्मधर सिंह कर रहे थे। लाल पद्मधरसिंह ने आगे बढ़कर कचहरी की इमारत पर झंडा लगा दिया और उन्हें तत्काल गोली से भून दिया गया वे वहीं शहीद हो गये।

विद्यार्थियों के जुलूस में जनता के लोग भी आ मिले। जूलूस पर लाठी चलाई गई और घोड़े दौड़ाये गये। सभी शिक्षण संस्थायें बन्द कर दी गई। होस्टल खाली करा लिये गये। इलाहाबाद नगर में चारों और सन्नाटा छा गया। घर से बाहर निकलने पर गोली मारने के आदेश हो गये। सड़कें सुनसान और शहर वीरान दिखाई देता था।

मानव जी अपने छोटे भाई और मां के साथ अमरपाटन १८ अगस्त को इलाहाबाद छोड़कर आ गए। अमरपाटन भी अछूता नहीं था वहां भी आंदोलन शुरू हो गया। अमरपाटन में आंदोलन में एक बात और जुड़ गई—महाराज गुलाब सिंह को वापस करो।

मानव जी और छोटे भाई सुरेन्द्र दोनों ही आंदोलन में शरीक हो गए। शीघ्र ही रीवा स्टेट का वारंट दोनों भाइयों के विरुद्ध जारी हो गया। २६ अगस्त को दोनों भाई मां को रोता छोड़कर चले गए और भूमिगत हो गए। दोनों अलग-अलग हो गए। मानव जी मैहर से होशंगाबाद और सुरेन्द्र बांदा चले गए।

होशंगाबाद में उन्होंने अपनी गतिविधियां प्रारम्भ कर दी। काम था ट्रेनों में हाथ से लिखे पोस्टर चिपकाना और पर्चे छपवाकर सड़क चलते लोगों को गुपचुप हाथ में देना।

वह नागपुर भी गये। उन्होंने नागपुर जैसे शहर में आंदोलनकारियों को पूरे नगर में छा जाते देखा और नागपुर में जैसे अंग्रेजी शासन विदा ले गया हो। वहां का दृश्य देखकर उन्हें नई स्फूर्ति मिली वह बम्बई भी गए और एक सप्ताह वहां रहकर बम्बई का भी नजारा देखा, जहां पुलिस और आंदोलनकारी जैसे लुकाछुपी खेल रहे हों। आंदोलनकारी जहां उपद्रव करते वहां जब पुलिस जाती तो वे गायब हो जाते। वह बम्बई से होशंगाबाद आ गए।

होशंगावाद में ९ अक्टूबर १९४२ को वह नर्मदा तट पर एक जनसभा को संबोधित कर रहे थे तो गिरफ्तार कर लिए गए। सभा पर पुलिस ने लाठी चार्ज किया। उस समय उनका भाषण चर्चा का विषय बन गया था। उन्होंने कहा था कि कांग्रेस भारतीयों पर डिफेन्स आफ इंडिया रूल्स लगाकर भारतीयों को इंडिया के खिलाफ खतरा बता रहे हैं जबकि यह डी० आई० आर० अंग्रेजों के खिलाफ लगना चाहिए क्योंकि इंडिया के लिए अंग्रेज खतरा है।

उन्हें दो महीने होशंगाबाद जेल में विचाराधीन बन्दी रखा गया जहां उनके साथ माखनलाल चतुर्वेदी के भाई रामकुमार चतुर्वेदी तथा हरी प्रसाद चतुर्वेदी थे तथा एन कुमार जैन, राधेश्वर अग्निभोज, दादा भाई नायक, पंमे गुरू जी आदि ख्यातिप्राप्त जन नायक थे। मजिस्ट्रेट सुन्दर लाल वर्मा ने ६ माह की सख्त सजा दी। ७ दिसम्बर १९४२ को उन्हें जबलपुर सेंट्रल जेल भेज दिया गया गया। वहाँ प्रोफेसर अधोलिया ठाकुर दास बंग, जनरल आखारी जैसे नररत्नों के साथ रहने का अवसर मिला।

जबलपुर जेल आने पर अपने एक मित्र का पत्र होशंगाबाद जेल से जबलपुर में देने के लिए लाए थे परन्तु वह जेल में बरामद कर लिया गया। जेल के कपड़े पहनने से मना करने पर गुनाहखाना में रख दिया गया, उनके कपड़े उतरवा लिए गए। केवल एक तौलिया को उन्होंने अपने नंगे शरीर का आवरण बना लिया। गुनाहखाने में उन्हें अन्य कई लोगों ने यह संदेशा पहुंचाया कि जेल के कपड़े स्वीकार कर बैरक में आ जाओ हम सब जेल के कपड़े पहनते हैं। अतएव वह भी कपड़े पहनने पर राजी हो गए और उन्हें बैरक में भेज दिया गया जहां अनेक कार्यकर्ताओं, नेताओं से न केवल संपर्क हुआ बल्कि एक कुटुम्ब जैसा बन गया था।

गुनाहखाने के संस्मरण सुनाते हुए एक बार मानव जी ने बताया कि गुनाह खाना १० फुट की बैरक ही थी, केवल एक दरवाजा लोहे की सलाखों वाला रहता था। दिन और रात तनहाई, न कोई बोलने न बताने वाला। मैं उसी छोटे कमरे में दिन में अनेक बार घूमता था, परन्तु तीन दिन बाद मुझे जेल के किन्हीं बाजू वाले गुनाहखाने के एक मित्र ने, उन्हें अपरिचित होते हुए भी मित्र कहूंगा, क्योंकि उन्होंने मुझे अंग्रेजी का-एक जासूसी उपन्यास (टेन-मिनिट-एलीबी) भिजवाया, जिससे मेरा कुछ समय पढ़ने में कट गया।

मैं गुनाह खाने से जब बैरक में आया तो वहां भी कुछ न कुछ खटपट जेल वालों से हो जाती थी और जो हमें सुविधायें नियमानुसार उपलब्ध थीं वे भी बन्द कर दी जाती थीं घर पर पत्र लिखना, पत्रों का घर से आना, घर से आने वालों से मुलाकात आदि सब बन्द कर दी जाती थीं। जब सजा की अवधि पूरी हो गई तब उन्हें छोड़ने के लिए बाहरी गेट तक लाया गया। गेट के बाहर उनकी मां और छोटा भाई उन्हें लेने आए थे। उसी समय जेल सुप्रिटेंडेंट श्री दाते ने पूछा कि क्या कैदी पिछली परेड में खड़ा हुआ था। जब उसे मालूम हुआ कि नहीं खड़ा हुआ था तब उसने ५२ प्रिजंस एक्ट के तहत नया वारंट लाने को कहा और मानव जी को बड़े चक्कर से छोटे चक्कर में भेज दिया गया, जहां प्रसिद्ध पत्रकार श्री हुकम चन्द जी नारद थे।

दफा-५२ के अन्तर्गत बन्दी रहते मुकदमा चलता रहा और दो माह विचाराधीन रहा। इस तरह १० माह का जेल जीवन समाप्त कर वह बाहर आये।

जेल जीवन के संस्मरणों में मानव जी ने बताया कि उन्हें इतना अधिक और इतना अच्छा साहित्य पढ़ने को मिला जितना वे कभी नहीं पढ़ पाए थे। ऐसा अध्ययन जो कारावास में करने को मिला, वह जीवन भर में नहीं मिल पाया। दूसरे बैरक में प्रसिद्ध क्रांतिकारी सुरेन्द्र नाथ सर्किल थे। उन्होंने मानव जी के पास पढ़ने के लिए दि वायेज आफ कोमा गाय मारू पुस्तक भेजी थी।

मानव जी ने न केवल अध्ययन किया बल्कि विपुल साहित्य की रचना की है। उन की लिखित पुस्तकें आज भी नवीनतम हैं।

अभी हमें उनकी लंबे समय तक सेवायें चाहिए। मैं अपने इस अनन्य साथी के चिरंजीवी होने और जीवन पर्यन्त समाज सेवा में रत रहने की हृदय से कामना करता हूं।

मानव जी का साहित्यिक अवदान

श्री भानुकुमार जैन

भोपाल में, मेल-मिलाप में माहिर, पूर्व विंध्यप्रदेश के एक मंत्री श्री महेन्द्र कुमार मानव का विविध आयामी व्यक्तित्व है। अहित तो उनसे कभी किसी का हुआ नहीं होगा। राजनीतिक, सामाजिक, सांस्कृतिक, साहित्यिक और पत्रकारिता के समारोहों में चाहे वे भोपाल में हों या छतरपुर में, किसी भी विशिष्ट व्यक्ति को अपना परिचय देते हुए, मुलाकात करते हुए अवश्य पायेंगे। अवश्य यह 'मानव' उपनामधारी व्यक्ति अपने गुणों और आचरण में पूर्व में राजनीतिक और अब साहित्यिक होकर जी रहा है। यही उसकी चर्या है। और कोई भी व्यक्ति जब किसी अपनी समस्या या शिकायत को लेकर, किसी भी राजनीतिज्ञ, या सत्तासीन व्यक्ति से मिलकर उसे निपटवाना चाहे तो मानव उसका साथ अवश्य देंगे। उस नाते वे एक सामाजिक कार्यकर्ता भी हैं।

'पंचायत राज' साप्ताहिक को अनेक उतार-चढ़ावों के बाद भी गत ३८ वर्षों से निकाल रहे हैं। यद्यपि उनकी उम्र ७० वर्ष की हो गई है, लेकिन वे किसी भी रूप में अपने को थका महसूस नहीं करते। सचमुच 'मानव' उपनाम उन्होंने अपने को एक प्रामाणिक व सार्थक 'मानव' सिद्ध करने के लिए ही रख छोड़ा है।

पारिवारिक दायित्वों को उन्होंने अच्छी तरह निभाया। वे लापरवाह नहीं रहे, यद्यपि मिनिस्टर रह चुके होने के कारण एक आदत उनमें अवश्य पड़ गई है कि बिना किसी सहायक या साथी के वे अकेले स्वयं किसी कार्य में तत्पर नहीं हो सकते। लिखने के काम में उन्हें एक पी० ए० की जरूरत अवश्य पड़ती है।

मानव कल्पनाशील है, लेकिन भावुक नहीं। फिर भी दसियों संस्थाएँ व संगठनों को उन्होंने जन्म दे रखा है, भले ही उनमें सक्रियता नहीं आ पा रही हो। इतने पर भी नित्य नये संगठनों और कार्यकलापों की उनके मस्तिष्क में उपज बनी ही रहती है। सम्पर्क उनकी हॉबी है।

वे ओशो (रजनीश) के भी भक्त हैं, उनके सान्निध्य में भी रहे। ओशो की सर्वप्रथम पुस्तक 'पथ के प्रदीप' की भूमिका उन्होंने लिखी और स्वयं छापी थी। हाल के वर्षों में ओशो ने

अपने दो भागों में रचित वृहद ग्रंथ 'जिनसूत्र' की भूमिका लिखने के लिए उन्हें आमंत्रित किया था। साहित्यिक विज्ञताओं में मानव की गति कविता, कहानी, संस्मरण, यात्रा-विवरण, शोध, वैयक्तिक निबंध, अनुवाद और सम्पादन-योग्यता में है। व्यंग भी वे लिख लेते हैं। वे जागृत और चैतन्य जीव हैं। सपने उनके मस्तिष्क में छाये रहते हैं, कुछ न कुछ करने-धरने के। अतः यहाँ हम उनके साहित्यिक व्यक्तित्व का निरूपण करेंगे।

मानव की रचनाशीलता की कविता के अतिरिक्त दूसरी विधा है—यात्रा विवरण। उनके दक्षिण भारत की यात्रा विवरण के कुछ अंश—"दिवास्वप्न देखते आठ तारीख की प्रातः अपने को बेजवाड़ा में पाया। सूर्य की किरणें निकट के लाल पहाड़ों पर पड़ रही थीं। लगा सामने स्वर्णांचल खड़ा है। तरूणियों का रंग भले ही काला रहा हो, परन्तु उनकी नेत्र छवि उपेक्षणीय नहीं थी। बेजवाड़ा की काफी ने मन में एक नया रंग भर दिया। काफी का स्वाद गूंगे की मिठाई जैसा था, जिसका वर्णन नहीं किया जा सकता। देवताओं ने सोमरस का पान करते हुए यह आनन्द न लिया होगा, जो मुझे बेजवाड़ा की काफी ने दिया। स्टेशन काले रंग के तरूण-तरूणियों से खचाखच भरा था। उस आबनूसी काले रंग पर चटकदार गहरे रंग की साड़ी और ब्लाउज अपने विरोध को पैना कर रहे थे। मन कुतूहल से भर उठा। क्या दक्षिण की तरूण-तरूणियाँ भी उत्तर की तरह प्रेम व्यापार करती होंगी ?"

"आठ तारीख की शाम को नौ बजे मद्रास पहुँचा। कालड़ी के लिए कोई गाड़ी नहीं थी। इसलिए रात भर स्टेशन पर सोना पड़ा। लेकिन मन छटपटा रहा था। समुद्र का गर्जन उसे बुला रहा था। मैं असबाब को अजनबी यात्रियों के सहारे छोड़कर समुद्र की ओर चल पड़ा। इस अर्द्धरात्रि की वेला में मैं समुद्र की बेला पर बढ़ा जा रहा था। समुद्र निरंतर अपनी लहरों को बेला पर फोड़ता था और दूध के फव्वारे बिखर जाते थे।"

"मीलों समुद्र तट पर बढ़ता चला गया। तट पर खड़ी नीरव निस्तब्ध इमारतें शांति का गीत गा रही थीं। मुझे आशा थी कि कुछ प्रेमीजन इस बेला में समुद्र तट की सैर कर रहे होंगे, परन्तु तट सूना था। फिर ख्याल आया यह बंबई नहीं मद्रास है। बम्बई में चौपाटी पर आधी रात को भी तेल मालिश, सींगदाना, चने चटपटेदार की आवाज सुनाई पड़ जाती है। परन्तु यहाँ सब शान्त था।"

मानव-लिखित उक्त यात्रा विवरणों का भविष्य में बड़ा ऐतिहासिक महत्व हो सकता है। प्राचीनकाल में दो चीनी यात्री ह्यू-एन-सांग और इत्सिग ने भारत यात्रा की थी। दोनों का यात्रा विवरण मिलता है। अलबेरूनी नामक प्रवासी "अलबेरूनी का भारत" नामक ग्रंथ लिख गया था। रूसी यात्री अफनासी निकितन पर तो स्व० ख्वाजा अहमद अब्बास ने परदेशी नाम से एक प्रसिद्ध फिल्म बनाई थी। स्व० बलराज साहनी एवं नर्गिस ने उसमें मुख्य पार्ट अदा किया था।

मानव के यात्रा विवरण में भी अवलोकन, अनुभव एवं चित्रण बड़ा मार्मिक है, जिनमें उनके चिंतन तथा सोच-विचार का भी यथा स्थान पुट है।

दक्षिण भारत की यात्रा श्री मानव ने कालड़ी (केरल) में आचार्य विनोबा भावे के सान्निध्य में संपन्न होने वाले सर्वोदय सम्मेलन के सिलसिले में की थी। उसी समय केरल के सर्वोदय सम्मेलन का विवरण भी उन्होंने प्रस्तुत किया।

वर्षों पहले श्री मानव ने एक वैयक्तिक निबंध 'मैं चालीस का हो गया"—लिखा। बिल्कुल निजी बात है इसमें। शैली की दृष्टि से ललित निबंध जैसा है, लेकिन मात्र वैयक्तिक मनोभाव इसमें प्रदर्शित हैं। एक तरह नैरेटिव (वर्णनात्मक) किस्म का है, यह मानव का जीवन। मानव का जीवन यायावरी जीवन-जैसा है। वे स्थिर नहीं हैं, चंचल भी नहीं, उच्छृंखल भी नहीं, बस, चलते जाते हैं—चलते जाते हैं, बल्कि यों कहना चाहिए कि जीवन प्रवाह में बहते चले जा रहे हैं। ऐसा लगता है कि परिस्थितियों को वे स्वयं नहीं बनाते, परिस्थितियां ही नित्य उनके व्यक्तित्व का निर्माण करती हैं। अपने उक्त निबंध में वे कहते हैं—"मैं न बड़ा भाग्यशाली हूं और न बड़ा अभागा ही। बीच वाली किस्मत पाई है - मैंने। औसत दर्जे का आदमी हूं। ऐसे आदमियों की सदा चांदी रहती है। वे न कभी ज्यादा नीचे गिरते, न कभी बहुत ऊंचे चढ़ते हैं। वे हमेशा बुद्ध की मज्झिमा पटिपदा को ही पकड़े रहते हैं। हमेशा मझदार में ही झूलते रहते हैं और विश्व की मानवता का सही प्रतिनिधित्व करते हैं।

"जवानी में प्रेम करने को भी जी चाहता था, अब स्त्री की सूरत कोई कुतूहल या आकर्षण उत्पन्न नहीं करती। लगता है, मानो कामनायें सब शान्त हो गई हैं। जीवन में एक थकान, तृप्ति, अकर्मण्यता छाती जा रही है। मैं उस निष्क्रियता की छाप से बहुत डरता रहता हूं। क्योंकि मैं जानता हूं, उसकी गोद मे मृत्यु छिपी हुई है।" मुझे पता नहीं कवियों और साहित्यकों ने जवानी को ही क्यों वर्ण्य विषय चुना है, उस सहृदय समाज ने भी वृद्ध व बुढ़ापे को आदर की दृष्टि से नहीं देखा और उसकी स्तुति में दो शब्द नहीं लिखे। बाबा केशव धन्यवाद के पात्र हैं कि उन्होंने बुढ़ापे को याद तो किया, चाहे उन्होंने अपनी झंखना को ही प्रकट किया हो। लेकिन आज उनका वह दोहा प्रत्येक बूढ़े और जवान की जुबान पर तो है कि—

केशव केसन अस करी, अरिहू जस न कराहिं।
चन्द्रबदनि, मृगलोचनी, बाबा कहि-कहि जाहिं।

साहित्य में बुढ़ापे की निंदा और स्तुति के सम्बन्ध में उपलब्ध सामग्री को संग्रह करने वाले व्यक्ति को निश्चित ही डाक्टर की उपाधि से विभूषित किया जाना चाहिए।

मानव ने अपने राजनीतिक जीवन के संस्मरण भी क्रमबद्ध रूप से बाईस प्रकरणों में लिखे हैं।

कहानीकार मानव अधिक प्रस्फुटित नहीं हो पाये। उनकी 'इक्केवाला' कहानी 'हमारे युग की कहानियां' में स्व० शिखरचंद जी जैन, इंदौर ने प्रकाशित की थी।

अनुवाद के रूप में मानव का योगदान इस प्रकार रहा—बच्चन की मधुशाला का अंग्रेजी अनुवाद किया। मराठी के वि० स० खांडेकर की रूपकथाओं "कलिका' का हिन्दी अनुवाद प्रस्तुत किया। हेमचंद्राचार्य के प्राकृत व्याकरण का हिन्दी अनुवाद किया।

हिन्दी ग्रंथ रत्नाकर कार्यालय, बंबई के स्वनाम धन्य स्वत्वाधिकारी स्व० पं० नाथूराम प्रेमी ने श्री मानव से विंटरनित्ज़ के हिस्ट्री ऑफ इंडियन लिटरेचर के "जैन सेक्शन" का हिन्दी अनुवाद करवाया।

श्री क० म० मुन्शी की गुजराती रचनायें—शिशु अने सखी, मारी बिनजवाबदार कहाणी, नवलिकाओ और पीड़ाग्रस्त प्रोफेसर के हिन्दी अनुवाद प्रस्तुत किए।

बनारस हिन्दू विश्वविद्यालय के तत्कालीन वाइसचांसलर स्व० श्री आनंद शंकर बापूभाई ध्रुव की गुजराती पुस्तक "धर्मवर्णन" का हिन्दी अनुवाद तब मानव जी ने किया, जो राजकमल प्रकाशन दिल्ली से प्रकाशित हुआ।

तत्कालीन हिन्दी की श्रेष्ठ पत्रिकायें—माधुरी, सरस्वती, विश्ववाणी, विक्रम, धर्मयुग, राष्ट्रवाणी आदि में मानव की रचनायें छपीं।

श्री० क० मा० मुन्शी के भारतीय विद्याभवन, बम्बई में रहकर मानव ने उस संस्था के डायरेक्टर स्व० मुनिजिनविजय जी के सान्निध्य में "जैन साहित्य में कृष्ण कथा" एक शोध-प्रबंध तैयार किया। जो अधूरा ही रहा। तब के समकालीन अनेक महान साहित्यकार—सर्वश्री जैनेन्द्र कुमार, पं० बनारसीदास चतुर्वेदी, वियोगी हरि, पं० माखनलाल चतुर्वेदी, बाबू गुलाब राय, क० मा० मुन्शी और लीलावती मुन्शी, कवि वीरेन्द्र कुमार जैन, बम्बई हिन्दी विद्यापीठ के संस्थापक भानुकुमार जैन, डा० मोतीचंद्र, यशपाल जैन, पं० सुखलाल जी, डा० हरिवल्लभ भायाणी, डा० के० पी० करमरकर, श्री गोपाणी, डा० ए० एन० उपाध्ये, पं० सुदर्शन, हरेन्द्र नाथ चटोपाध्याय, पं० द्वारका प्रसाद मिश्र आदि विद्वानों व लेखकों के संपर्क में श्री मानव रहे।

श्री मानव की सहपाठी मंडली में थे—डा० विद्यानिवास मिश्र, डा० गोविन्द चंद्र पांडे, रमेशचंद्र शुक्ल, लक्ष्मीकांत मिश्र, डा० आद्याप्रसाद मिश्र, डा० रामजी उपाध्याय, महंत इंदिरेशचरण दास प्रभृति।

मानव पर प्रायः सभी भाषाओं—हिन्दी, संस्कृत, अंग्रेजी आदि भाषाओं के साहित्य का प्रभाव पड़ा। जिनके कारण उनका चरित्र और लेखन प्रभावशाली हुआ। श्री मानव ने १९३९ में, छतरपुर में नवयुग पुस्तकालय नाम से एक साहित्यिक लायब्रेरी स्थापित की। भोपाल में श्री मानव ने स्वामी प्रणवानंद सरस्वती लिटरेचर ट्रस्ट आफ इंडिया की स्थापना कराई। अनेक साहित्यिकों व विद्वानों को शासकीय व समसामयिक साहित्यिक संस्थाओं में स्थान दिया।

अपने विद्यार्थी जीवन में इलाहाबाद विश्वविद्यालय में मानव ने कालिदास के शाकुन्तल में अभिनय किया।

'पंचायतराज साप्ताहिक' का श्री मानव गत ३८ वर्षों से संपादन करते आ रहे हैं। उसका रवीन्द्र स्मृति अंक उल्लेखनीय है। उनकी संपादित 'कलातीर्थ खजुराहो' भी पुरातात्विक व ऐतिहासिक महत्व की किताब है। साहित्यिक शौक के कारण ही श्री मानव ने अनेक हिन्दी ग्रंथों का स्वयं प्रकाशन किया। स्वयं की लिखी अनेक रचनायें अब तक उनके पास अप्रकाशित पड़ी हैं। स्व० श्री जैनेन्द्र ने लिखा है—"साहित्यकार या कलाकार का प्रेमासक्त हो जाना अस्वाभाविक नहीं है। उससे एक लेखक को प्रेरणा व शक्ति मिलती है। प्रेम ऊर्जा है। श्री मानव भी जीवन में इस ग्रंथि या प्रकृति के शिकार हुए हैं, जिसकी अभिव्यक्ति उनकी अनेक काव्यकृतियों में मिलती है। मानव जी जब सन् १९४५ से १९४९ तक बम्बई में भारतीय विद्या भवन के रिसर्च फेलो और फिल्म्स में कार्यरत थे, उन दिनों वे प्रगतिशील लेखक संघ की गोष्ठियों में आया करते थे। झांसी के श्री रमेश सिन्हा उन दिनों बंबई में थे और प्रगतिशील लेखक संघ की गोष्ठियों का आयोजन किया करते थे। मानव जो इप्टा से जुड़े थे और उसके कार्यक्रमों में शरीक होते थे। इप्टा में प्रेम धवन, बलराज साहनी, ख्वाजा अहमद अब्बास आदि प्रगतिशील लेखक व कलाकार सक्रिय थे। मानव जी बंबई हिन्दी विद्यापीठ से भी जुड़े थे, जिसके संस्थापक मंत्री श्री भानुकुमार जैन थे। हिन्दी साहित्य सम्मेलन की अध्यक्षता उन दिनों स्व० क० मा० मुन्शी ने की थी। अपने अध्यक्षीय भाषण में श्री मुन्शी ने सुझाव दिया था कि हिन्दी को 'भारती' कहा जाए। हिन्दी ग्रंथ रत्नाकर कार्यालय के स्वत्वाधिकारी स्वनामधन्य पं० नाथूराम प्रेमी के पास मानव जी लगभग रोज उठते-बैठते थे।

सन् १९४९ में मानव जी बंबई से छतरपुर लौट आये और वहाँ 'बुंदेलखंड लोक साहित्य परिषद' की स्थापना की। वहाँ के प्रचलित वार्षिक जलविहार मेले में मानव जी ने लोकगीत, लोकनृत्य सम्मेलनों का लगभग २० साल तक आयोजन किया। छतरपुर में मधूक साहित्य गोष्ठी चलाई। इस संगठन का कोई विधान और पदाधिकारी नहीं था। इसका संचालन इस प्रकार का था कि जहाँ मिल-बैठे दीवाने दो, वहीं गोष्ठियाँ हो गई। कई गोष्ठियाँ तो वहाँ के प्राकृतिक और रमणीय स्थलों पर आयोजित हुईं।

पं० जवाहरलाल नेहरू जब छतरपुर आये थे, तब उन्हें बुन्देलखंड लोक साहित्य परिषद की ओर से चाँदी की एक मछली भेंट की गई थी। उस्ताद पुराने कारीगर ने उसे ऐसा बनाया था कि मछली अपने आप चलती थी।

रीवा में मानव जी ने पं० उर्मिला प्रसाद शुक्ल के साथ विंध्य प्रादेशिक हिन्दी साहित्य सम्मेलन की स्थापना की। अपने मित्र पं० विद्यानिवास मिश्र के सहयोग से अभिज्ञान-गोष्ठी की शुरूआत की।

सन् १९५७ में जब मानव भोपाल आये तब श्री गिरजाकुमार माथुर और भारतभूषण अग्रवाल के सहयोग से प्रतिमान गोष्ठी का संचालन किया।

१९५९-६० में मानव फिर छतरपुर लौट गये और वहाँ बुन्देलखंड साहित्य एवं संस्कृति परिषद को पुनर्जीवित किया। विश्वधर्म संस्थान की स्थापना की। फिर सन् १९७० में

भोपाल में म० प्र० लेखक संघ की स्थापना की। भारत सोवियत सांस्कृतिक समिति, अ० भा० शांति एवं एकता संगठन एवं इंडो जी० डी० आर० फ्रेंडशिप एसोशिएशन की प्रांतीय कार्य-कारिणी में रहे। जी० डी० आर० का रिकग्निशन कराने के लिए डेढ़ सौ विधायकों के हस्ताक्षर एकत्रित किए। इस प्रकार लगातार मानव साहित्यिक संस्थाओं व गोष्ठियों से जुड़े रहे।

मानव जी जब विंध्य प्रदेश के एक मंत्री थे, तब उन्होंने अपने विभाग के अधीन अनेक विभागों में नामी विद्वानों को जोड़ा, जिनमें मुख्य थे पं० विद्यानिवास मिश्र, कृष्णानंद गुप्त, श्री अम्बाप्रसाद श्रीवास्तव, डॉ० शुकदेव दुबे, श्री गुलाबचन्द नारद, श्री घनश्याम सक्सेना, श्री फतेह वीरबहादुर प्रभृति । श्री मानव के मंत्रित्वकाल में ही रीवा से दैनिक आलोक और दैनिक जागरण का प्रकाशन आरंभ हुआ। उनके मंत्रित्व काल में ही हिन्दी के सभी बड़े लेखक और कवि राजधानी रीवा पधारे, जिनमें मुख्य थे—डॉ० हजारीप्रसाद द्विवेदी, अज्ञेय, डॉ० शिवमंगलसिंह सुमन, दुष्यंतकुमार त्यागी, डॉ० धर्मवीर भारती, कान्ता, विद्यावती कोकिल, कौशल्या अश्क तथा बच्चन । श्री मानव ने रीवा को एक तरह से संस्कृतिधानी बना दिया था। शायद इसका कारण यह हो कि वे स्वयं संस्कृतिधानी छतरपुर के निवासी हैं।

सूचना और प्रकाशन विभाग, विन्ध्य प्रदेश से मानव जी ने कई साहित्यिक पुस्तकों का प्रकाशन करवाया, जिनमें मुख्य हैं—विन्ध्य साहित्य संकलन, (प्राचीन) ओरछा। मध्यप्रदेश के तत्कालीन राज्यपाल डॉ० पट्टाभिसीतारामैय्या ने तब उनकी भूरि-भूरि प्रशंसा की थी।

अपने मंत्रित्वकाल में ही मानव ने साहित्यिक त्रैमासिक 'विन्ध्य भूमि' का प्रकाशन कराया था। उन्होंने काशी नागरी प्रचारिणी सभा को तब अनुदान दिलवाकर श्री रघुनाथ शास्त्री से वि. प्र. के साहित्य (ग्रंथ) भंडारों की पांडुलिपियों की सूचियां तैयार करवाई थीं। वे आशु अनुवादक थे। उन्होंने विन्ध्य प्रदेश के उप राज्यपाल श्री के० सन्तानम के सैकड़ों भाषणों का माइक पर तत्काल अनुवाद किया था। उन्होंने मध्यप्रदेश के राज्यपाल श्री के० सी० रेड्डी का पन्ना में केन्द्रीय शिक्षामंत्री श्री त्रिगुण सेन का खजुराहो में दिए भाषण का तत्काल अनुवाद प्रस्तुत दिया था।

'नई दुनिया' के स्तंभकार श्री जवाहरलाल राठौर ने मानवजी का नाम मध्यप्रदेश के निर्माताओं में गिनाया है। सन् १९८८ के नई दुनिया के दीपावली विशेषांक में उपराष्ट्रपति डॉ० शंकरदयाल शर्मा का "उनकी नाराजगी में भी नेह भरा होता था" शीर्षक लेख छपा है। उसमें उन्होंने मानव जी का भी उल्लेख किया है।

श्री मायाराम सुरजन ने 'दैनिक देशबन्धु' भोपाल में अपनी आत्मकथा रूपी लेख-माला में नए मध्यप्रदेश के निर्माण में मानव जी द्वारा एक मुद्दे पर अनशन करने का विस्तृत उल्लेख किया है।

बंगला कथाकार श्री विमल मित्र ने मारीशस-प्रवास पर एक पुस्तक "चलते चलते" लिखी है। उसमें विमल मित्र ने उपेन्द्रनाथ अश्क और जबलपुर के डा० आर० बी० जोशी के साथ डा० सुरेश रामफल के यहां एक रात का समय गुजारा था। उस कंपनी

में मानव जी भी थे। विमल मित्र ने अपनो पुस्तक में उस प्रसंग की लगभग ५० पृष्ठों में चर्चा की है। 'फिल्म इंडिया' के संपादक श्री बाबूराम पटेल ने अपने ग्रंथ में भी श्री मानव का जिक्र किया है।

दिनकर जी की प्रसिद्ध पुस्तक 'संस्कृति के चार अध्याय' पर अपनी प्रतिक्रिया लिखकर मानव जी ने पं० जवाहरलाल नेहरू के पास भेजी थी।

मानव जी ने महात्मा गांधी, पं० जवाहरलाल नेहरू, कन्हैयालाल मुन्शी पर साहित्यिक भाषा में संस्मरणात्मक लेख लिखे हैं।

मानव जी भारत की ललित कला अकादमी के सदस्य रहे हैं। यह सचमुच आश्चर्य की बात है कि मानव जी ने अपने पुराने प्रेम (साहित्य प्रेम) को राजनीति की सूखी जमीन में रहकर भी जीवित रखा।

मध्यप्रदेश के निर्माताओं में से एक

श्री दाऊलाल साखी

भारत के हृदय-स्थल में आज जो विशाल राज्य मध्यप्रदेश स्थित है, जो कि सात राज्यों—उत्तरप्रदेश, बिहार, उड़ीसा, आंध्रप्रदेश, महाराष्ट्र, गुजरात, तथा राजस्थान से घिरा हुआ है, वह १ नवम्बर १९५६ को स्थापित हुआ, किंतु इसके अस्तित्व में आने का इतिहास संघर्षपूर्ण है।

यद्यपि वर्तमान मध्यप्रदेश में विलीन अधिकांश घटक इकाइयों के इस विशाल मध्यप्रदेश के निर्माण का विरोध हुआ था, किन्तु इस विरोध के बावजूद राज्य पुनर्गठन के तत्कालीन सेण्ट्रल प्राविंस व बरार, पुराने मध्यप्रदेश के १७ हिन्दी भाषी जिलों (छत्तीसगढ़ व मध्यकोशल अंचल) मध्य भारत, विंध्य प्रदेश व भोपाल को विलीन कर विशाल मध्यप्रदेश राज्य की स्थापना करने की सिफारिश अपनी रिपोर्ट में की थी।

शुरू में राष्ट्रीय नेतृत्व भी विशाल मध्यप्रदेश राज्य की स्थापना के प्रति थोड़ा उदासीन था, शायद इससे प्रोत्साहित होकर अपना अस्तित्व पृथक बनाए रखने के लिए विंध्य प्रदेश व मध्यभारत की विधानसभाओं ने मध्यप्रदेश की स्थापना करने के विरुद्ध बहुमत से प्रस्ताव पारित किए थे। इस पृष्ठभूमि में जिन लोगों ने अपने छोटे राज्यों के अस्तित्व को पृथक रखने के बजाए विभिन्न कारणों से मध्यप्रदेश के निर्माण को पसंद ही नहीं किया, बल्कि उसके लिए अपने मंत्री-पद को राजनीतिक भविष्य को दांव पर लगा दिया, उनमें श्री महेन्द्र कुमार मानव का नाम प्रमुखता से लिया जाएगा।

जब बुन्देलखंड के मंत्री श्री लालाराम वाजपेयी व महेन्द्र कुमार मानव नए मध्य प्रदेश में विंध्यप्रदेश के विलयन की आवाज उठा रहे थे तब विंध्यप्रदेश के मुख्यमंत्री पं० शंभुनाथ शुक्ल ने विंध्यप्रदेश के दोनों मंत्रियों को एकांत में बुलाकर कहा— "विंध्यप्रदेश के विलयन की आवाज बंद करो। नहीं तो मुझे सोचना पड़ेगा कि आप लोगों को केबिनेट में रखूं या न रखूं।" श्री मानव ने उत्तर दिया "विलयन की आवाज तो बंद नहीं हो सकती। हम इस आवाज को बंद नहीं कर सकते। चाहे हम मंत्रिमंडल के भीतर रहें या बाहर। मंत्रिमंडल में रखना न रखना आपका दायित्व है। इसका फैसला आप कर लें"।

श्री महेन्द्र कुमार मानव १९५५ में विधानसभा में विचार किए जाते समय विंध्य-प्रदेश राज्य के वित्तमंत्री थे, उस समय श्री शंभुनाथ शुक्ल विंध्यप्रदेश के मुख्यमंत्री थे। श्री शुक्ल विंध्यप्रदेश के पृथक अस्तित्व को बनाए रखने के पक्ष में थे, इसके लिए उन्होंने विधानसभा से बहुमत भी जुटा लिया था। किन्तु इस तथ्य के बावजूद, विंध्यप्रदेश के वित्तमंत्री श्री महेन्द्रकुमार मानव अल्पमत में होने के बावजूद, अपने इस विचार पर डटे रहे कि विशाल मध्यप्रदेश बनना चाहिए। रीवा में विधानसभा का सत्र चल रहा था। सदन के बाहर रीवा की जनता अपने विंध्यप्रदेश राज्य के पृथक अस्तित्व को बनाए रखने के लिए प्रदर्शन कर रही थी। इस भीड़ को राज्य के बड़े राजनीतिज्ञों का संरक्षण भी प्राप्त था, संभवतः इसीलिए भीड़ विधानसभा के अहाते ही में नहीं बल्कि सदन के अंदर घुसने में सफल हो गई। भीड़ द्वारा सदन पर कब्जा किए जाते ही विधानसभा के अध्यक्ष श्री शिवानंद, मुख्यमंत्री पंडित शंभुनाथ शुक्ल तथा उनके अधिकांश साथी सदन छोड़कर चले गए। किन्तु भीड़ ने वित्तमंत्री श्री महेन्द्र कुमार मानव को घेर लिया तथा उन्हें अपने आक्रोश का शिकार बनाया। श्री महेन्द्रकुमार मानव इस घेराबंदी के बावजूद अपने विचारों से टस से मस नहीं हुए। उन पर सदन में माइक से हमला किया गया। श्री मानव घायल हो गए, मध्यप्रदेश में विलीन अन्य घटक राज्यों में भी विशाल मध्यप्रदेश के निर्माण पर विचार हुआ। पक्ष विपक्ष में राय अभिव्यक्त की गई प्रस्ताव भी पारित किए गए। किन्तु सदन में भीड़ के घुसने व मंत्रियों व विधायकों के साथ मार-पीट की हिंसक घटना केवल रीवा में ही हुई। लेकिन अन्ततः श्री महेन्द्रकुमार मानव के विचारों की जीत हुई और विंध्यप्रदेश को विशाल मध्यप्रदेश में विलीन कर दिया गया।

आज मध्यप्रदेश अपने अस्तित्व के ३५ वर्ष पूर्ण करने जा रहा है। मध्यप्रदेश अपने उन निर्माताओं को कदापि नहीं भूल सकता जिन्होंने इस प्रदेश के निर्माण के लिए अपना सब कुछ दांव पर लगा दिया। ऐसे चंद प्रमुख लोगों में श्री महेन्द्रकुमार मानव की भूमिका काफी उल्लेखनीय रही।

पत्रकार मानव

श्री रवीन्द्र व्यास

मानव जी की मानवीयता को संबल प्रदान करने वाली उनकी तीन प्रमुख प्रवृत्तियां हैं:—

१. मानव के हृदय को पढ़ना।

२. मानव द्वारा वर्णित मनुष्य के हृदय और बुद्धि का अध्ययन करना।

३. नये-नये स्थानों को देखने की इच्छा रखना।

पहली और तीसरी प्रवृत्ति ने उनको समाज से जोड़ा और बहिर्मुखी बनाया। दूसरी प्रवृत्ति ने उनकी एकान्त में पढ़ने की आदत लगाई और अन्तर्मुखी बनाया।

दूसरी बात उनके मन में जनहित, समाज सेवा, और मनुष्य से जुड़ने की बात रही, जिसने उन्हें समाज सेवा, राजनीति, और पत्रकारिता के क्षेत्र में उतारा।

मानव जी सन १९४९ में अपना अध्ययन समाप्त कर अपने जन्मस्थान छतरपुर लौटे। ठक्कर बापा और वियोगी हरि ने उन्हें बुन्देलखण्ड के हरिजनों और आदिवासियों की सेवा के लिये बुन्देलखण्ड लोक सेवक मण्डल का मंत्री बनाया। तभी उनके मन में यह आया कि बुन्देलखण्ड लोक सेवक मण्डल जो सेवा का कार्य करता है, उसे अखबारों में छपना चाहिये, जिससे लोगों को उस संबंध की जानकारी मिल सके और उन्होंने अखबारों में समाचार भेजना शुरू किया। कुछ दिनों बाद संस्था समाप्त हो गई और छतरपुर में उन्होंने अपना प्रेस लगाया। उस समय छतरपुर में न कोई अखबार था और न कोई प्रेस रिपोर्टर, और न कोई न्यूज पेपर एजेंट। नौगाँव में अग्रवाल न्यूज एजेंसी थी जो छतरपुर के कुछ गिने-चुने लोगों को अंग्रेजो हिन्दी के दैनिक सप्लाई करती थी। मानव जी ने विन्ध्याचल न्यू एजेंसी बनाई और बाहर के हिन्दी-अंग्रेजी दैनिकों जैसे लीडर, भारत, टाइम्स आफ इंडिया, नव भारत टाइम्स, और झाँसी के कुछ अखबारों की एजैंसी ली और अखबार बंटवाना शुरू कर दिया। छतरपुर को पहली बार न्यूज मैप पर लाने का श्रेय भी उनको है। वे समाचार चुनते थे और कुछ ऐसे कार्यकलाप करते थे जो समाचार बनते थे। वे समाचार स्वयं ड्राफ्ट करते थे और एक युवक बलबीर से समाचार की बारह कार्बन कापी कराते थे और समाचार पत्रों को भेज देते थे।

धीरे-धीरे छतरपुर के समाचार अखबार में सम्मिलित होने लगे। समाचार प्रसार के लिये उन्होंने विंध्य समाचार प्रसारक समिति का भी गठन किया। १३ मार्च १९५२ को वे विन्ध्य प्रदेश के मंत्री बने। उस समय तक श्री दशरथ जैन को कोई नहीं जानता था। आत्म-विज्ञापन के लिये उन्हें एक अखबार की जरूरत थी। साप्ताहिक निकालने का प्रस्ताव मानव जी के सामने रखा गया। मानव जी ने प्रस्ताव का अनुमोदन किया। तय हुआ कि विन्ध्याचल साप्ताहिक निकाला जाय तथा श्री दशरथ जैन संपादक बने। श्री सुरेन्द्र कुमार जैन विन्ध्याचल प्रेस में साप्ताहिक को मुद्रित करें और श्री मानव अपनी मिनिस्ट्री के वेतन में से रुपये २००/- प्रतिमाह की आर्थिक सहायता दें। २ अक्टूबर, १९५२ से छतरपुर से 'विंध्याचल साप्ताहिक' का प्रकाशन प्रारंभ हो गया। दो साल तक श्री दशरथ जैन जब तक मंत्री नहीं बने थे, तब तक उन्होंने विन्ध्याचल का संपादन किया।

मानव जी ने संपादक दशरथ जैन को यह आजादी दे रखी थी कि वे साप्ताहिक में मानव जी की प्रशंसा करें या टीका करें, मानव जी की ओर से कोई हस्तक्षेप नहीं होगा और न आर्थिक सहायता में कोई फर्क पड़ेगा। मानव जी के मन में केवल इस बात का गर्व और गौरव था कि बुन्देलखण्ड से एक साप्ताहिक का प्रकाशन हो रहा है। श्री दशरथ जैन के मंत्री बनने के बाद विन्ध्याचल के संपादन का भार डा० नरेन्द्र विद्यार्थी, श्री सुरेन्द्र कुमार, राजेन्द्र अनुरागी, आदि मित्रों पर आया।

मानव जी ने अपने मंत्रित्व-काल में पं० विद्यानिवास मिश्र को सूचना अधिकारी बनाया था। मानव जी चाहते थे कि बुन्देलखण्ड के प्रत्येक जिले, दतिया, टीकमगढ़, पन्ना और छतरपुर में एक एक संवाददाता मिल जाये। लाख कोशिश करने के बाद भी उन्हें पन्ना और छतरपुर में संवाददाता नहीं मिले। टीकमगढ़ में पीताम्बर ऊध्वर्यु पहले से ही टाइम्स ऑफ इंडिया के संवाददाता थे और उनका तबादला रीवा हो गया था। दतिया जिले में जरूर विद्या निवास मिश्र ने दो संवाददाता खोज निकाले थे, जिनके नाम है बालमुकुन्द भारती और घनश्याम सक्सेना। मानव जी ने मुर्दारिसी के कार्य से निकालकर अंबाप्रसाद श्रीवास्तव को सूचना-विभाग में बुला लिया था। और सूचना विभाग में कृष्णानन्द गुप्त को चीफ एडीटर बनाकर बुला लिया था। लेकिन विद्यानिवास मिश्र और कृष्णानन्द गुप्त की नहीं पटी। दो 'अहं' एक साथ नहीं रह सकते थे।

अतः कृष्णानन्द गुप्त छोड़कर चले गये। डा० शुकदेव दुबे को इलाहाबाद के 'भारत' से निकालकर शासन के सूचना विभाग में लाया गया था। मानव जी ने लीडर में कार्यरत स्वतंत्र पत्रकार श्री जितेन्द्र सिंह को विन्ध्य प्रदेश का दौरा करवाया था और विन्ध्यप्रदेश के संबंध में उनसे लेख लिखवाये थे। ३० जून, १९५६ को मानव जी ने मंत्री पद से त्यागपत्र दे दिया। एक नवंबर १९५६ को भोपाल मध्यप्रदेश की राजधानी बन गई। १६ दिसंबर सन १९५६ को मानव जी छतरपुर से अपना विन्ध्याचल प्रेस लेकर भोपाल आ गये। एक जनवरी १९५७ से मानव जी ने पंचायत राज विन्ध्याचल समन्वित का प्रकाशन भोपाल से प्रारंभ कर दिया। उस समय पं० द्वारका प्रसाद मिश्र सागर विश्व विद्यालय के कुलपति थे। उन्होंने

मानव जी को भोपाल जाने से और अखबार निकालने से रोका था। उन्होंने मानव जी को बतलाया था कि दो वर्ष नागपुर से 'सारथी' साप्ताहिक के प्रकाशन ने उन्हें रुपये ७० हजार का घाटा दिया था। वे चाहते थे कि मानव जी वैशाली जाकर डा० हीरा लाल जैन के मार्गदर्शन में शोधकार्य करें। मार्च, १९५७ में वे प्रधानमंत्री पं० जवाहर लाल नेहरू के पास पहुंचे और पंचायत राज के लिये उनका संदेश मांगा। पंडित जी ने पूछा—अखबार की प्रसार संख्या कितनी है, कितने पृष्ठों का हैं? उनकी मुद्रा से ऐसा ज्ञात हुआ कि मानव जी कहां के बेकार के काम में फंस गये? शायद उनकी दृष्टि में इसकी कोई सार्थकता नहीं थी। बोले-मानव जी एक साल बाद आना, तब संदेश दूंगा। एक साल बाद मानव जी जाने का साधन ही नहीं जुटा पाये। एक साल में ही पंचायत राज को रुपये १०,००० का घाटा लग गया था और मानव जी सड़क पर आ गये थे। जो व्यक्ति ज्येष्ठों की सीख नहीं मानता उसका यही हाल होता है। जव पं० नेहरू चंबल बांध का उद्‌घाटन करने आये थे तब मानव ज़ी स्वागतकर्ताओं की पंक्ति में खड़े थे। पं० नेहरू ने मानव जी से पूछा—आजकल क्या कर रहे हो? मानव जी ने तपाक से उत्तर दिया—"पंडित जी, आप पंचायत राज बना रहे हैं, मैं पंचायत राज निकाल रहा हूँ।"

पंचायत राज के आर्थिक संकट काल में प्रदेश कांग्रेस के मंत्री श्री लालाराम बाजपेयी ने मध्यप्रदेश के उपमंत्री श्री दशरथ जैन से सिफारिश की कि पंचायत राज बुन्देलखण्ड का अखबार है, उसे शासन से मदद दिलाओ। श्री दशरथ जैन ने उत्तर दिया कि न मानव जी ने मुझसे पूछकर अखबार निकाला है, और न मैं मदद देने के लिये बाध्य हूँ। पं० शम्भुनाथ शुक्ल वन-मंत्री थे, जो विन्ध्यप्रदेश के मुख्यमंत्री रह चुके थे। मानव जी ने विधायक विश्रामगृह जाकर विधायकों के बीच उनके खिलाफ जिहाद छेड़ दिया। उसका असर यह हुआ कि पं० शम्भुनाथ शुक्ल कार से उनके प्रेस में पहुंचे, जो यूनानी शफाखाना के पास था और उन्हें लेकर दशरथ जैन के बंगले पर गये। मानव जी से पूछा कि आपको क्या तकलीफ है। उन्होंने कहा अखबार के लिये मुझे कागज मिल जाये, इससे मैं संतुष्ट हो जाऊँगा। पं० शम्भुनाथ शुक्ल ने श्री दशरथ जैन को आदेश दिया कि मानव जी के पास हर माह बिड़ला का कागज भिजवा दिया करें। लेकिन वह कागज उन्हें कभी प्राप्त नहीं हुआ। भोपाल राजधानी बन जाने के बाद श्री लालबहादुर शास्त्री एम० वी० एम० के छात्रावास का उद्‌घाटन करने भोपाल आये थे। उस समय उन्होंने मानव जी से पूछा : "मानव जी! आजकल क्या कर रहे हो?" मानव जी नेउत्तर दिया : "भोपाल से एक अखबार निकाल रहा हूँ।" शास्त्री जी बोले—"छतरपुर छोड़ कर अब यहाँ उत्पात मचाने आ गये हो?" मानव जी की मुसीबत यही रही कि उन्होंने राजनीतिक उत्पात मचाने की कोशिश तो की लेकिन उसमें वे कभी सफल नहीं हुए। सन् १९५९ तक पहुंचते-पहुंचते पंचायत राज की हालत बहुत खस्ता हो गई थी। वह आर्थिक संकट में से गुजर रहा था। इस बीच मानव जी ने दो बार आतम-हत्या की बात सोची।

एक बार ऐसा हुआ कि सुरेन्द्र के घर में चूल्हा नहीं जला और खाने के लाले पड़ गये। भोपाल में मानव जी के मित्र राम रतन जैन थे। मानव जी ने सुरेन्द्र के परिवार को राम रतन जैन के घर में रखा। मानव जी स्वयं अंधेरी कोठरी में दो-चार दिन भूखे-प्यासे पड़े रहे। उस समय एक अन्तर्ज्योति निकली या एक इनरव्हाइस आई, जिसने कहा : जो चीजें तुझे परेशान

करती है उन्हें छोड़ दो। मानव को तीन बातें परेशान कर रही थीं। पहले तो सुरेन्द्र टी० बी० का मरीज रह चुका था। भोपाल नहीं आना चाहता था। मानव जी के मन में सदा यह अपराध-बोध रहता था कि—(I am killing my brother)। दूसरे पंचायत राज पर आर्थिक संकट था। तीसरे मानव जी सोचते थे कि मेरी राजनीति छतरपुर में है न कि भोपाल में। दूसरे दिन मानव जी ने सुरेन्द्र को बुलाया और अपना फैसला सुना दिया —"मैं तुमको तुम्हारी इच्छा के विरुद्ध छतरपुर से लाया था, तुम्हें छतरपुर वापस भेज दूंगा।" दूसरा फैसला—"मेरी राजनीति छतरपुर में है, मैं छतरपुर वापस जा रहा हूँ।" तीसरी बात—"पंचायत राज तुम्हारी जिम्मेदारी नहीं होगी। मैं जीवन में पंचायत राज को कभी निकाल सका तो निकालूंगा।" सन् १९५९ में दोनों भाई वापस छतरपुर चले गये।

छतरपुर में मानव जी खाली हाथ थे। उनकी पत्नी श्रीमती विमला बैसाखिया गर्ल्स हायर सेकेण्ड्री स्कूल की प्रिंसिपल थी। वे अपनी पत्नी के घर खाना खाने लगे। उन दिनों पंचायत राज का एक पेज छतरपुर में ५ रुपये में छपता था। मानव जी माह में अपनी पत्नी से २० रुपया लेते थे और महीने में पंचायत राज का एक अंक निकाल देते थे। मानव जी जिद्दी स्वभाव के रहे हैं। उन्होंने पंचायत राज बन्द नहीं किया। वर्षों तक उसे जारी रखा। सन् १९६७ में वे विधायक बने, और उन्होंने पंचायत राज भोपाल में छपाना शुरू कर दिया। पंचायत राज के दीर्घकालिक जीवन में पंचायत राज पर दफा ५०० के तीन बार मुकदमें चलाए गए, लेकिन पंचायत राज को मुकदमों में सफलता मिली। पंचायत राज ने कई अविस्मरणीय विशेषांक, जैसे स्वाधीनता विशेषांक, रवीन्द्र स्मृति अंक, प्रकाशित किए।

यह उनके पत्रकार जीवन की संघर्षमय गाथा है। जब पंचायत राज सन् १९५७ में भोपाल में शुरू हुआ था तब कृष्ण कुमार चौबे 'नूतन' उसके सह सम्पादक थे और बी० एल० दिवाकर उसके विज्ञापन मैनेजर थे। उन दिनों की मानव जी की मित्र मंडली में गिरिजा कुमार माथुर, भारतभूषण अग्रवाल, राजेन्द्र अनुरागी, नर्मदा प्रसाद त्रिपाठी, केशु, अंबा प्रसाद श्रीवास्तव, श्याम भटनागर, शेरू भोपाली, प्रोफेसर सत्य प्रकाश सेंगर आदि थे और भोपाल में साहित्य संगम कला मंदिर आदि संस्थाएँ सक्रिय थी। श्री गिरिजा कुमार माथुर की प्रेरणा से मानव जी ने प्रतिमान साहित्य गोष्ठी का प्रारंभ किया था।

मानव जी ने जब मंत्री पद से इस्तीफा दिया तब उन्हें दिल्ली से तीन आफर मिले थे। वियोगी हरि चाहते थे कि वे दिल्ली आकर 'हरिजनसेवा' द्वै-मासिक का सम्पादन करें। मन्नूलाल द्विवेदी चाहते थे कि वे संसदीय हिन्दी परिषद के त्रैमासिक—'देवनागर' का संपादन करें। बलवंतराय मेहता चाहते थे कि वे ऑल इंडिया पंचायत परिषद के 'मंथली जर्नल' का सम्पादन करें। लेकिन चूंकि वे भोपाल से पंचायत राज प्रारम्भ कर चुके थे इसलिए उन्होंने दिल्ली के तीनों आफर अस्वीकार कर दिए। जब मानव जी भोपाल से छतरपुर लौट गए थे तब ओशो रजनीश ने सेठ गोविन्ददास के सहयोग से एक मासिक पत्रिका 'संबोधि' के प्रकाशन की योजना बनाई थी और मानव जी को उसका सम्पादक बनाकर जबलपुर बुलाया था।

जब मानव जी अपना प्रेस लेकर भोपाल गये तब उपमंत्री श्री दशरथ जैन ने उन्हें

फ्री लांसर बनने की सलाह दी थी। उनका सोच था कि इस प्रकार मानव जी की सामाजिक प्रतिष्ठा बरकरार रहेगी।

जब श्री रामेश्वर दयाल तोतला म० प्र० स्वतंत्रता संग्राम सैनिक संघ के महामंत्री थे तब उन्होंने मानव जी को सलाह दी कि वे दिल्ली के अंग्रेजी दैनिकों में लेख लिखें, जिससे वे केन्द्रीय नेताओं का ध्यान आकर्षित कर सकेंगे। लेकिन मानव जी सदा उससे सन्तुष्ट रहे जो उन्हें सहज प्राप्य रहा।

जब मानव जी खण्डवा में माखन लाल चतुर्वेदी से मिले थे और उन्हें बतलाया कि वे पंचायत राज का सम्पादन कर रहे हैं तब माखनलाल चतुर्वेदी ने कहा था कि पंचायत राज बहुत छोटा अखबार है, वह उनके व्यक्तित्व को प्रकाशित नहीं कर सकता। उन्हें धर्मयुग या साप्ताहिक हिन्दुस्तान का सम्पादक होना चाहिए, तभी उनके व्यक्तित्व को निखार मिल सकता है। चाहे साहित्य का क्षेत्र हो या राजनीति का या पत्रकारिता का मानव जी एक संभावना बनकर रह गये, शिखर तक कभी न पहुंचे। इसके बावजूद बुन्देलखंड में कई क्षेत्रों में उनकी गिनती नींव के पत्थरों में होगी।

मानव जी राज्य आइसना के अध्यक्ष रह चुके हैं। आजकल स्माल प्रेस एसोसिएशन ऑफ इंडिया के अध्यक्ष हैं।

आज भी उनका पंचायत राज निकल रहा है पर उसके कार्य की प्रबन्धकीय जिम्मेवारी उनके इकलौते पुत्र प्रभात मानव निभा रहे हैं, जिन्होंने सन् १९८५ में म० प्र० प्रदूषण-निवारण मंडल के पर्यावरण वैज्ञानिक के राजपत्रित पद को त्याग कर यह कार्य केवल पिता के कार्य को जीवित रखने के लिए अपने हाथ में लिया। छतरपुर जिला हिन्दी साहित्य सम्मेलन ने श्रेष्ठ पत्रकार के रूप में उनका अभिनन्दन किया था और भोपाल श्रमजीवी पत्रकार संघ ने प्रदेश के वरिष्ठ पत्रकार के रूप में उनको सम्मानित किया था।

अध्यात्म योगी मानव

मेजर लाड़ली शरण श्रीवास्तव

जब हम महेन्द्र कुमार मानव के व्यक्तित्व के बारे में ख्याल करते हैं तो इकदम इतने सारे जीवन के पहलू मानस पटल पर उछल-कूद करते नजर आते हैं मानो वे सभी अपनी व्यग्रता प्रकट कर रहे हों। लेखक की लेखनी द्वारा अपनी अभिव्यक्ति के लिए, अपने सविस्तार कलमबद्ध होने के लिए। सच भी है, वे सब क्यों व्यग्र न हों क्योंकि 'मानव' जी का हरेक पहलू महत्वपूर्ण है, गोया वह साहित्य हो या राजनीति, धर्म एवं साधना हो या फिर प्रेम या अध्यात्म और फिर चाहे वह व्यापार, पर्यटन अथवा प्रकाशन हो अथवा उनके स्वतंत्रता संग्राम का पहलू। इतने पर भी मैं अपनी व्यक्तिगत रूचि के कारण उनके जिस पहलू पर प्रकाश डालना चाहता हूँ, वह है उनका आध्यात्मिक पहलू।

अध्यात्म, मेरी समझ से केवल एक जीवन का पहलू ही नहीं है किसी व्यक्ति के जीवन का वह तो एक दर्शन है। वह उसकी एक सहज मनोवृत्ति है, किसी के सोचने या विचारने की, उसकी क्रिया पद्धति की। यह सोचना, विचारणा किसी के भी जीवन के प्रत्येक पहलू में न केवल दृष्टिगोचर होता है वरन् हर पहलू के प्रारंभ, मध्य और अन्त को संवारता सजाता भी है और उसे अंतिम निखार प्रदान करता है।

मानव जी का सम्पूर्ण व्यक्तितव इसी आध्यात्मिक प्रकाश से प्रभावित और प्रकाशित है। वह एक तटस्थ साहित्यकार की तरह है जिसे उसकी साहित्य की अच्छाइयों बुराइयों से उसकी ऊंचाईयों और निचाइयों से कोई सरोकार नहीं वह तो केवल वर्णन करता है, लिखता है। वह तो केवल साहित्यकार है। मानव जी एक उस खिलाड़ी की भांति है जिसे तो खेलना है, हार जीत से जिसको राई रत्ती फरक नहीं पड़ता। और ये ही खास वजह है जिसके कारण मानव जी सुख-दुख में, मान-अपमान में, यश-अपयश में, अच्छे-बुरे में अपने को कमोवेशी समान रखते हुए एक निहायत ही प्रफुल्लित, हंसमुख, तेजयुक्त, प्रभावशाली व्यक्तितव के धनी हैं। वे एकदम ही सौम्य और सरल स्वभाव के हैं और आज ७० वर्ष की उम्र में आकर भी किसी से कम क्रियाशील नहीं हैं।

उनकी आध्यात्मिक प्रवृत्ति का ही प्रतिफल है कि वे एक तटस्थ की केवल दृष्टा-सी हैसियत अखतयार करते हैं, जब वे किसी क्रिया में संलग्न होते हैं। उनके जीवन के

विभिन्न पहलुओं व परिस्थितियों में आध्यात्मिक रूचि की झांकी करने के पूर्व उनके स्वयं के विचार उन्हीं के शब्दों में उनकी ही आत्मा के बारे में देखिए—

मैं मात्र देखती हूँ
आने जाने वालों को।
इस संसृतिशील
बुद्ध की आत्मा जैसे
क्षण-क्षण परिवर्तित होने वाले
इस संसार को
और मैं कूटस्थ बनी
जन्म मृत्यु
राग विराग से
दूर खड़ी रहती हूँ।

उन्होंने जीवन के विभिन्न पहलुओं के बारे में केवल पढ़ा ही नहीं है बल्कि उन्हें जिया है, उन्हें स्वयं भोगा है, उनकी आंतरिक अनुभूति उन्हें हुई है। उन सभी को व्यावहारिक जीवन में स्वयं भोगते हुए भी वे उनमें कभी लिप्त नहीं हुए बल्कि उनकी स्थिति साक्षी की बनी रही—मानो वे नदी के किनारे बैठे हों और जीवन सरिता में उनकी जीवन की घटनायें जल की तरह प्रवाहित हो रहीं हों और वे मात्र दृष्टा रहे हों। उन्होंने सभी परिस्थितियों में आत्मवान बने रहने की, गीता में वर्णित स्थित प्रज्ञ बने रहने की, कोशिश की है।

मैं श्री मानव जी को सन् १९५२ से जानता हूं जब वे वि० प्र० में शिक्षामंत्री के गौरवशाली पद पर आसीन थे। उस समय मुझे वि० प्र० की राजधानी रीवा में उनके ही बंगले में करीब आधा घंटे तक वार्तालाप का अवसर मिला। तमाम गुणों के बीच जिस गुण ने मुझे अत्यधिक प्रभावित किया वह उनकी सौम्यता एवं विनम्रता थी। बचपन में पढ़ा था "विद्या ददाति विनयं" लेकिन उसे देखा न था। मानव जी ने मानसकार की उस उक्ति को झूठा कर दिया था : "प्रभुता पाय काहि मद नाही"। प्रभुता पाकर भी मानव 'मद' से दूर थे और विद्या पाकर वह विनम्र थे। वास्तव में उनकी विद्या सार्थक थी और प्रभुता भी।

मैं मानव जी से उस मुलाकात से प्रभावित हुए बिना नहीं रहा, अतः मैंने उनके बाल्यकाल तथा उच्च शिक्षा अर्जन के काल के समय की जानकारी प्राप्त की यह सोचकर कि श्री महेन्द्र कुमार मानव के इन आध्यात्मिक गुणों की जड़ें कहीं उथली तो नहीं। मुझे यह जानकर अति प्रसन्नता हुई कि मानव इन मानवीय गुणों से बचपन से ही युक्त थे। इस काल के उनके दो उदाहरण गौर करने योग्य हैं।

बात उस समय की है जब मानव बालक छठी कक्षा के छात्र थे। वह काफी प्रतिभाशाली छात्र थे। उनके कक्षा में प्रथम स्थान पाकर उत्तीर्ण होने की सभी को पूरी उम्मीद

थी, उन्हें तो थी ही। लेकिन परीक्षा फल घोषित होने पर उन्हें प्रथम श्रेणी में द्वितीय स्थान प्राप्त हुआ और प्रथम स्थान पर थी कु० विदुषी, जो छतरपुर रियासत के दीवान की लड़की थी। यह अप्रत्याशित परीक्षाफल, जिसमें स्पष्ट पक्षपात की बू आती थी, एक सामान्य बालक को बहुत उत्तेजित कर सकती थी। लेकिन उनके अध्यापकों व साथियों को अत्यन्त आश्चर्य हुआ जब बालक महेन्द्र पर कोई प्रतिक्रिया नहीं हुई। यह योगियोचित तटस्थता उनमें बचपन से ही विद्यमान थी।

दूसरे दृष्टांत में बालक महेन्द्र ने अपने धीरजयुक्त ज्ञान का अपनी ग्यारह वर्ष की छोटी उम्र में उस समय परिचय दिया जब उनके पिता जी इस असार संसार को छोड़कर चल बसे थे। उन्होंने पाया कि उनकी विधवा मां को परिवार-जन कष्ट देते थे। उनके जेठ जी भी ताने कसते थे और सहयोग-सान्त्वना-ममता के स्थान पर विरोध ही उन्हें प्राप्त होता था तब बेटे ने मां को धीरज बंधाते हुए एक दोहा कहा—

"जो तोको कांटा बुवै, ताहि बोहि तू फूल,
तोको फूल के फूल हैं वाको हैं तिरशूल।

क्या ही सुन्दर विचार था बालक का! कहावत है "होनहार बिरवान के होत चीकने पात"। बालक महेन्द्र की मेधावी बुद्धि की लता, जो कच्ची उम्र से ही असामान्य आध्यात्मिक एवं मानवीय धैर्य, परोपकारिता, न्यायनिष्ठता, नीतिमत्ता—जैसे गुणों से युक्त प्रतीत होती थी, सतसंग रूपी खाद और स्वाध्याय रूपी पानी पाकर बढ़ती उम्र के साथ बढ़ती फैलती गयी।

कहा जाता है कि संसार में कई प्रकार की शक्ति होती है: जन-शक्ति, धन-शक्ति, बल-शक्ति और इन सभी का अपना-अपना महत्त्व होता है। लेकिन इतिहास के पृष्ठों को उलट पलटकर देखा जाए तो प्रतीत होगा कि इन तमाम महान शक्तियों से बड़ी अति महान् शक्ति होती है "आत्मशक्ति"। जिसे आत्मशक्ति तथा आत्मबल प्राप्त है उसके समक्ष हर प्रकार की शक्ति का बल फीका पड़ जाता है। लगता है मानव जी एक जागरूक दूरदृष्टि सम्पन्न व्यक्ति के सदृश अपने को इस महानतम शक्ति के अर्जन के प्रति सजग रहे।

जब महेन्द्र बालक छठी कक्षा का विद्यार्थी था तब उसे सत्य पर निबंध लिखने को कहा गया, उसने स्वयं सत्य बनाकर प्रथम पुरुष में एक पेज का सत्य पर निबंध लिखा। उसे पढ़कर हिन्दी के अध्यापक ने कहा: : यह लेख तुम लिख ही नहीं सकते, तुमने यह लेख किसी पुस्तक से नकल करके लिखा है। बालक के हृदय को आघात लगा कि पंडित जी ने मेरे कथन पर विश्वास नहीं किया।

बाल्यावस्था में बालक महेन्द्र जैन मंदिर में जाया करता और जैन पुराणों का स्वाध्याय करता था। इन पुराणों ने उसके बाल मन पर यह छाप डाली कि संसार असार है, संसार क्षण भंगुर है, जीवन व्यर्थ है और वह उदास रहने लगा। १५ दिन में उस पर मैलंकोलिया का दौरा पड़ता। उसे सारा दिन अच्छा न लगता और वह उदासी और निराशा

में डूबा रहता । जब वह इन्टर का विद्यार्थी था तब उसने अपने कमरों की दीवारों पर लिख रखा था ।

Death is certain
In the midst of life we are in death
All roads lead to death

जब वह इलाहाबाद में बी० ए० में पढ़ता था और उसे जीने की आशा नहीं रह गई थी तब उसने विद्याभ्यास की व्यर्थता पर एक बड़ा निबंध लिखा था और एक दिन होस्टल के कमरे से सारा सामान बाहर फेंक दिया था और एक चटाई तथा कम्बल लेकर संन्यासी बन गया था । रट लगाई थी कि उसे महात्मा गांधी के पास सेवाग्राम ले जाया जाए जिससे वह अपना शेष बचा हुआ जीवन उनके सान्निध्य में काटे जिससे उसके जीवन को कुछ महत्व मिले । जब उसे बी० ए० की परीक्षा में सफल होने की आशा नहीं रही तब उसने ऐसे महापुरुषों की सूची बनाई जो बी० ए० पास नहीं थे और जिन्होंने जीवन में महत्वपूर्ण काम किये, जैसे वियोगी हरि, रामचन्द्र शुक्ल आदि ।

सन् १९४६ में जब वह बारात लेकर नागपुर गया और दूल्हा बनकर घोड़े पर सवार था तब उसका मन संसार छोड़कर संन्यासी बनने के लिए हिमालय की ओर दौड़ रहा था ।

१३ मार्च, १९५२ को मानव जी छोटी उम्र में शिक्षा मंत्री बनाए गए, लेकिन वे दुनिया के छल-छंदों से परिचित नहीं थे । सिर मुंडाते ही ओले पड़े । टेस्ट बुक कमेटी ने विभिन्न कक्षाओं के लिए पाठ्य पुस्तकों का निर्धारण किया । शिक्षा मंत्री मानव ने उसमें संशोधन कर दिया । जिन प्रकाशकों का स्वार्थ सिद्ध नहीं हुआ था वे मानव जी पर टूट पड़े और आरोप लगाया कि शिक्षा मंत्री ने संशोधन करके अपना स्वार्थ सिद्ध किया है । बात उप-राज्यपाल तक पहुंची । मानव जी ने स्पष्टीकरण दिया और उस प्रकाशक को काली सूची में डाला गया ।

अमरपाटन के विधायक लाल बिहारी सिंह थे । अमरपाटन में मानव जी के मामा रहते थे । अमरपाटन में मामा के यहां मां का सोने चांदी का जेवर पिता की मृत्यु के बाद ही रख दिया गया था । लाल बिहारी सिंह ने पुलिस में शिकायत की कि मानव जी एक वजनी पेटी में सोना भरकर लाए थे और उसे उन्होंने मामा के यहां रखवाया है । पुलिस ने मामा के घर की तलाशी ली, मां के जेवरों को सील किया और ले गए । विन्ध्य प्रदेश के सब स्थानों को लिखा गया कि डाके में जो माल गया है उसमें इस प्रकार के गहने तो शामिल नहीं हैं । दो साल तक तफतीश चली । जब इन जेवरों का उल्लेख नहीं मिला तब पुलिस ने जेवरों को लौटाया ।

श्री यादवेन्द्र सिंह प्रदेश कांग्रेस कमेटी के अध्यक्ष थे । कप्तान अवधेश प्रताप सिंह के कहने से उन्होंने मानव जी पर तीन आरोप लगाए—(१) मानव जी ने पंचायतों को अपनी फोटो बिकवा कर दो लाख रुपया कमाया है, (२) मानव जी ने एक डाकू की बन्दूक सुधरवाई है, (३)

मानव जी ने एक पुलिस अफसर की बहू भगवाई है। मुख्य मंत्री पं० शम्भूनाथ शुक्ल ने तीनों आरोपों की छानबीन की और तीनों आरोपों को निराधार पाया। हाई कमान ने औचित्य का प्रश्न उठाया कि यह कहां तक उचित है कि एक पंचायत मंत्री की फोटो पंचायतों में जाये और मानव जी ने मंत्री पद से त्याग पत्र दे दिया।

मानव जी ने अपने जीवन में पद को कभी कोई महत्व नहीं दिया। पद हमेशा उनके लिए एक बोझा या बन्धन रहा है। मानव जी कहते रहे हैं कि मैं नहीं चाहता कि कोई मुझे मंत्री या विधायक के रूप में जाने। उनकी इच्छा रही है कि अगर कोई जाने तो उन्हें केवल महेन्द्रकुमार मानव के रूप में जाने। जब मानव जी मंत्री थे तब उन्होंने एक साधु से कहा था : "महाराज ! आप में और मुझ में कोई अन्तर नहीं। आप एक स्थान पर बंधकर नहीं रहते, मैं भी एक स्थान पर बंधकर नहीं रहता। आप पैसे को हाथ नहीं लगाते। मेरा सेक्रेटरी वेतन लेता है और वही खर्च करता है। आप परान्न खाते हैं, मैं भी जनता का दिया हुआ खाता हूं।" १३ मार्च, १९५२ को उन्हें मंत्री पद की शपथ लेनी थी। १२ मार्च १९५२ को वे अपने मित्रों के साथ गोविन्दगढ़ गए और वहां उन्होंने सबको भंग छनवाई और खुद छानी। १३ मार्च १९५२ को जब वे शपथ ले रहे थे तब भांग के नशे में थे लेकिन पद का नशा उन पर कभी नहीं छाया। ३० जून १९५६ को उन्होंने मंत्री पद से त्याग पत्र दिया और उस दिन भी शाम को उन्होंने अपने बंगले पर अपने मित्रों से भंग छनवाई और छानी। अकसर गर्मियों में मामा के यहां उनसे भंग छनवाई जाती थी जिससे लोग भंग के नशे में उनके भाषणों का, उनकी हंसी का मजा ले सकें। मिनिस्ट्री भी उनके लिए भंग का नशा था जिसके द्वारा उन्होंने चार वर्ष से अधिक समय तक लोकरंजन और लोकसेवा की। पद हमेशा उनके लिए कैदखाना रहा जिसमें रहकर उनकी आतमा की स्वतंत्रता नष्ट हुई। मंत्रिमंडल से त्याग पत्र देने के बाद मानव जी ने १ जनवरी १९५७ से भोपाल से 'पंचायत राज' त्रिसाप्ताहिक प्रारंभ किया। मिनिस्ट्री ने उनकी राजनैतिक महत्वाकांक्षा को बढ़ा दिया था। वे चाहते थे कि उन्हें कुछ करना न पड़े और उनके सारे काम हों। उन्होंने सारा बोझ अपने छोटे भाई पर डाल दिया था। एक साल के समाप्त होते-होते 'पंचायत राज' को दस हजार का घाटा लग गया। भोपाल में प्रेस, पंचायत राज, छोटे भाई के परिवार के भरण-पोषण की समस्या आदि आर्थिक समस्याओं ने उन्हें विक्षिप्त कर दिया और दो बार उन्होंने तालाब में डूबकर आत्म-हत्या करने की बात सोची। आर्थिक स्थिति इतनी बिगड़ चुकी थी कि उन्हें अपने भाई के परिवार को कुछ दिन के लिए एक मित्र के यहां रखना पड़ा। जाड़े के दिन थे वे तीन चार दिन से अपने कमरे में भूखे-प्यासे रजाई ओढ़े पड़े थे। उसी समय उनकी अंतरात्मा से एक आवाज निकली कि जो चीजें तुझे परेशान करती हैं उन्हें छोड़ दे। यह आवाज उनके भविष्य के लिए मार्गदर्शक बन गई। उनके मन पर तीन बातों का बोझ था पहला : कि वे अपने छोटे भाई से, जो टी० बी० का मरीज रह चुका था, रात दिन परिश्रम करा रहे हैं और उसकी जान ले रहे हैं। दूसरा पंचायत राज घाटे में चल रहा है। तीसरा वे स्वयं भोपाल में पड़े हुए हैं जबकि उनकी राजनीति छतरपुर में है। उन्होंने अगले दिन छोटे भाई को बुलाया और अपने फैसले सुना दिए : (१) ठेले में भरकर मैं तुम्हें और तुम्हारे परिवार को तथा प्रेस को तुम्हारी इच्छा के विरुद्ध छतरपुर से भोपाल

लाया था मैं तुम्हें पुनः प्रेस के साथ छतरपुर वापस कर दूंगा। (२) 'पंचायत राज' चलाना तुम्हारा उत्तरदायित्व नहीं रहेगा। (३) मेरी राजनीति छतरपुर में है, मैं छतरपुर वापिस जा रहा हूं। उन्हीं दिनों छोटे भाई को हृदय पर आघात लगा था और वह दिन में एक-एक डिब्बा सिगरेट पी जाता था। बड़े भाई ने पूछा कि तुम क्या कर रहे हो अपने को क्यों कष्ट दे रहे हो। छोटे भाई ने जवाब दिया : "आई वांट टु वेस्ट माई लाइफ़"। मानव जी ने सलाह दी हृदय के दुख से बचने के लिए आध्यात्मिक साहित्य पढ़ो। रामकृष्ण, विवेकानन्द को पढ़ो। भाग्य से उसके सेनेटोरियम के साथी ब्रह्मचारी हेमराज भोपाल आ गये। उन्होंने उसके जीवन की दिशा मोड़ दी और जैन अध्यात्म का चस्का लगा दिया।

मंत्री-पद से त्यागपत्र देकर, जब मानव जी छतरपुर रहने लगे थे तब उनके दरवाजे पर कोई नहीं आता था। मिनिस्टर के बंगले में रोज भीड़ लगी रहती थी। छतरपुर में उन्हें खाली-खाली लगने लगा और उन पर यह सत्य प्रकट हुआ कि मानव जी का कोई मित्र नहीं था, सब मंत्री के मित्र बनकर अपना स्वार्थ साधना चाहते थे। कहावत है कि सूखे पेड़ पर पक्षी भी नहीं बैठता। मंत्री-पद से त्याग पत्र देने के बाद वे राजनीति से अलग-थलग पड़ गए थे और धर्म, दर्शन और अध्यात्म में रूचि लेने लगे थे। उन्हीं दिनों उन्होंने छतरपुर में विश्वधर्म संस्थान की स्थापना की थी। इसके अतिरिक्त वे आध्यात्मिक पुरुषों, संस्थाओं और साहित्य के संपर्क में आये थे। उनमें ओशो रजनीश, मेहरबाबा, ब्रह्माकुमारी, रामकृष्ण परमहंस का साहित्य, बौद्ध साहित्य आदि प्रमुख हैं।

छतरपुर में थियोसोफिकल सोसायटी की स्थापना काल से ही वे उसके सदस्य हैं।

जब सेठ गोविन्ददास के पुत्र जगमोहन दास का निधन हो गया तब वे अति व्याकुल और अशांत थे। जब पं० हजारी प्रसाद द्विवेदी का आपरेशन होना था तब उनमें घबराहट थी। इन दोनों वृद्धों को प्रौढ़ मानव ने सांत्वना दी थी।

सन् १९५९ में दोनों भाई छतरपुर लौट गये। १९६७ में मानव जी पुनः विधायक बने। १९७२ में वे पुनः तीसरी बार विधायक चुने गए। श्रीमती विद्यावती चतुर्वेदी ने भी सेठी जी की मिनिस्ट्री में अपने पति को मिनिस्टर बनवा दिया था। उनका पुत्र आपराधिक मामलों में संलग्न था। मानव जी उसका विरोध कर रहे थे। चतुर्वेदी कंपनी ने मानव जी का राजनैतिक जीवन समाप्त करने के उद्देश्य से एक औरत से कोतवाली में रपट डलवा दी कि मानव जी ने उसका शील भंग करने का प्रयत्न किया। मुख्यमंत्री श्री सेठी ने जांच का आदेश दे दिया। श्री नाग आई० जी० थे। श्री बाबूराम चतुर्वेदी मिनिस्टर थे और श्रीसेठी मुख्य मंत्री थे। मानव जी को बचने की कोई आशा नहीं रही। दो साल तक पुलिस और सी० आई० डी० ने मामले की जांच की और मामले में मानव जी निर्दोष पाए गए। राजनीतिक जीवन में विपत्तियों ने मानव जी का कभी पीछा नहीं छोड़ा, उनका राजनीतिक पथ सदा कंटाकाकीर्ण रहा है। श्रीमती बिद्यावती चतुर्वेदी ने उस औरत को प्रधानमंत्री श्रीमती इंदिरा गांधी से मिलाया और मानव जी के प्रति श्रीमती इंदिरा गांधी का जो सद्भाव

था उसे नष्ट कर दिया। यही वे चाहती थीं। श्रीमती विद्यावती अपने राजनीतिक उद्देश्य में सफल हो गईं। मानव जी ने जीवन पर्यन्त आध्यात्मिक गुरुओं से प्रेरणा ली है, जिनमें प्रमुख हैं: स्वामी अभयानंद, स्वामी प्रणवानंद, श्री अरविन्द, आश्रम की माताजी, मेहरबाबा, पीताम्बरापीठ के स्वामी जी, ओशो रजनीश, शिरडी के साईं बाबा, ब्रह्माकुमारी आदि।

उन्होंने सभी धर्मों के तीर्थों की खाक छानी है, जैसे प्रणामी मन्दिर पन्ना, सोनागिरि, आबू, चित्रकूट, सारनाथ, ओरछा, खजुराहो, बद्रीनाथ, द्वारकापुरी, रामेश्वरम्, शिखर जी, गिरनार, श्रवण बेलगोला, मूडविद्री, पावापुरी, नालंदा, लुंबिनी, विदेशों में लेनिन, टॉलस्टाय, मैक्सिम गोर्की की पवित्र भूमियां। वे एक पथिक हैं और उनकी यात्रा भौतिक जगत् और आध्यात्मिक जगत् दोनों में है। उन्होंने ओशो रजनीश की प्रथम पुस्तक प्रकाशित की थी "पथ के प्रदीप"। उनके "सम्बोधि" पत्र का सम्पादन किया था और उनके माथेरान, नारगोल, शिविरों में भाग लिया था। जब तक रजनीश जबलपुर में रहे मानव जी उनके साथ उन्हीं के घर पर ठहरते थे।

मानव जी की एक मान्यता रही है कि "मैं गृह त्याग कर भीख मांग कर, या समाज से दान लेकर संन्यासी नहीं बनूंगा। जीविका की ऐसी व्यवस्था बन जाये कि मुझे किसी के सामने हाथ न फैलाना पड़े और घर में ही संन्यासी बनकर रहूं।"

मानव जी प्रश्न पूछते हैं कि एक गृहस्थी और संन्यासी में क्या अन्तर है? गृहस्थ घर में रहता है संन्यासी झोपड़ी में रहता है। गृहस्थ कमाकर अन्न खाता है, संन्यासी दूसरों से दान लेकर खाता है। गृहस्थ तरह-तरह के कपड़े पहनता है, सन्यासी गेरूआ पहनता है या राख चढ़ाता है। ठंड और गर्मी से दोनों बचते हैं। संन्यासी होकर भी यदि कोई लालच, काम, क्रोध का शिकार बना रहा तो वह संन्यासी कहाँ हुआ। जब तक मन न बदले तब तक सन्यास का कोई अर्थ नहीं है। मुख्य वस्तु है मन का बदलना। मन को घर में रहकर भी बदला जा सकता है। धर्म-साधना का यही लक्ष्य है कि मनुष्य निम्न मन से ऊपर उठकर उच्च मन की भूमिका में पहुंचे।

मानव जी विभिन्न धर्मों को नहीं मानते। वे केवल मनुष्य के धर्म को पहचानते हैं।

उपर्युक्त विवरण से श्री महेन्द्र कुमार 'मानव' के बहुआयामी व्यक्तित्व का बहुत-कुछ आधार प्राप्त हो जाता है। श्री मानव से अधिक प्रखर बुद्धि वाले एवं अधिक बहुआयामी व्यक्तित्व वाले मनुष्यों की संसार में कमी नहीं है लेकिन निश्चित ही कमी है उन प्रबुद्धों की जो स्थितप्रज्ञ हों, तटस्थ हों या फिर स्थितप्रज्ञता की ओर जिनका प्रयास उत्तरोत्तर बढ़ रहा हो। उनके इस गुण की ओर संकेत करने वाले एक दिन का जिक्र जो गत जून, ९० का ही है करना चाहता हूँ। माह जून, ९० की एक रात्रि मानव जी अपनी धर्मपत्नी व बहू के साथ, १० बजे के करीब किसी सतसंगी मित्र के यहां बैठकर वापस घर जा रहे थे कि अचानक दो बदमाशों ने उनकी पत्नी को धक्का देकर गिरा दिया और सोने की जंजीर गले से छीनकर ले गये। उनकी पत्नी इस हादसे से काफी चिंतित और दुखी हुईं लेकिन जब मैंने मानव दम्पति को सान्त्वना देनी चाही तब मानव जी बहुत ही सहज ढंग से, मानो कुछ हुआ ही नहीं,

वार्तालाप करते रहे और मुझे उनके चेहरे या मनोभाव से कहीं कोई दुःख का भाव दृष्टि-गोचर नहीं हुआ। स्वर्ण आभूषण कीमती था। कुछ हजार रूपयों का नुकसान हुआ, यह इतना महत्त्वपूर्ण नहीं समझा जाता बल्कि स्वर्ण खो जाने को लोग एक अपशकुन मानते हैं। इसे भी मानव जी ने कुछ भी महत्त्व नहीं दिया और आम मान्यता के विपरीत अपनी निज की, रूढ़ि-वादी विचारधारा के एकदम विपरीत, मान्यता पर विश्वास कर कहा : "जो ईश्वर करता है अच्छा ही करता है।"

मेरी समझ में मानव जी अपने बचपन से ही जिन आध्यात्मिक गुणों से युक्त थे उनको निरन्तर विकसित कर महामानवों के विचारों को अपने जीवन में ढालते हुए और 'सादा जीवन उच्च विचार' के जीवन्त उदाहरण प्रस्तुत करते हुए आध्यात्मिकता की ओर बढ़ रहे हैं। उनके विचारों में अभी उन्हें बहुत आगे जाना है, अपनी आध्यात्मिक पिपासा को सम्यक्रूपेण व्यक्त करना है।

प्रकाशक मानव

श्री राजेन्द्र जोशी

जब मानव जी विन्ध्य प्रदेश में मंत्री थे तब उनकी चिन्ता यह थी कि विन्ध्य प्रदेश को तथा विन्ध्य प्रदेश के साहित्यकारों और पत्रकारों को कैसे आगे लाया जाये। उनका दृष्टिकोण रचनात्मक था। वे उन दिनों तीन पुस्तकें तैयार करवाना चाहते थे : १. विन्ध्य गौरव, २. विन्ध्य वैभव और ३. विन्ध्य विकास। उनकी दिलचस्पी रीवा नगर और छतरपुर नगर को सुन्दर बनाने में थी। उन्होंने बताया कि वे दो लेख लिखना चाहते थे : (१) यदि मैं रीवा नगरपालिका का अध्यक्ष होता, (२) यदि मैं छतरपुर नगरपालिका का अध्यक्ष होता। खजुराहो को विश्वप्रसिद्ध बनाने का श्रेय उन्हीं को जाता है। वे चाहते थे कि छतरपुर को साहित्य नगर बनाया जाता और उस नगर में साहित्यकारों को आमंत्रित कर बसाया जाता। वे विन्ध्य के साहित्य और साहित्यकारों को प्रकाश में लाना चाहते थे। यह उनकी इसी इच्छा का परिणाम था कि उन्होंने आगे चलकर व्यक्तिगत रूप में अपने विन्ध्याचल प्रकाशन से प्रदेश के लेखकों की ५० पुस्तकें प्रकाशित कीं। जिनकी सूची निम्नांकित है—

१. करवाल किरण—(कविता) हरिदेव (१९५२)

२. सप्तरश्मि—(जीवनी) सावित्री देवी (१९५४)

३. सुखी राजकुमार और अन्य कहानियाँ—(कहानी) आस्कर वाइल्ड, अनु० नन्दलाल जैन (१९५४)

४. चित्रा—(एकांकी) सम्पादक भानुदेव शुक्ल (१९६०)

५. फूटी आँखें—(पद्य नाटिका) अम्बिका प्रसाद दिव्य (१९६०)

६. पत्रांजलि—(पत्र) रवीन्द्रनाथ ठाकुर, सं० कैलाश कल्पित (१९६२)

७. रसगुल्ला—(हास्य) चतुरेश (१९६३)

८. सांझ सकारे—(रुबाई) भैयालाल व्यास (१९६३)

९. पदावाली—(पद) सं० सुरेन्द्र कुमार जैन (१९६३)

१०. विहारी ग्रंथावली—प्रथम भाग, (कविता) (१९६३) कविवर विहारी

११. पंचायतराज का रवीन्द्र स्मृति अंक (१९६१)
१२. ये लहालहाते पेड़—(बाल साहित्य) श्रीचन्द्र जैन (१९६४)
१३. मेरी भावना—(पद्य) जुगलकिशोर मुख्तार (१९६४)
१४. गांव की ओर—(कविता) चतुरेश (१९६४)
१५. कल्पनाओं की धुरी—(कविता) ज्योति प्रकाश सक्सेना (१९६४)
१६. अष्ट प्रवचन—(धर्म) कानजी स्वामी (१९६४)
१७-१८. मन के गीत—(कविता) हरिदेव (१९६४)
१९. ये वन के पशु—(बाल साहित्य) श्री चन्द्र जैन (१९६५)
२०-२१. वितरण एवं राजस्व—(अर्थशास्त्र) मधु जैन (१९६५)
२२. कबीरवाणी—(कविता) पन्नालाल जैन (१९६६)
२३. आओ काम करें और अन्य एकांकी (रेडियो एकांकी)—नर्मदा प्रसाद त्रिपाठी (१९६६)
२४-२५. नेमिचंद्रिका (कविता) (१९६६)
२६. सिकताकण—(निबन्ध) ए० जी० गार्डिनर
अनु० प्रा० चन्द्रदत्त पांडे (१९६७)
२७. साहित्य की चेतना—(आलोचना) विद्यानिवास मिश्र (१९६७)
२८. हिन्दी की राष्ट्रीय काव्यधारा—(आलोचना) लक्ष्मीनारायण दुबे (१९६७)
२९. प्रसाद साहित्य : कुछ विचार—(आलोचना) लक्ष्मीनारायण दुबे (१९६७)
३०. कला तीर्थ खजुराहो—(संस्कृति) सं० महेन्द्रकुमार मानव (१९६८)
३१. बापू के विचार—(निबन्ध) कैलाश कल्पित (१९६८)
३२. पथ के प्रदीप—(अध्यात्म) आचार्य रजनीश (१९६८)
३३. समाज पर विज्ञान का प्रभाव—(समाजशास्त्र) बर्ट्रेण्ड रसेल
अनु० चन्द्रदत्त पांडे (१९६८)
३४. मधुकण—(निबन्ध) सं० लक्ष्मी नारायण दुबे (१९६९)
३५. पारिजात—(निबन्ध) सं० लक्ष्मी नारायण दुबे (१९६९)
३६. बापू के विचार—(निबन्ध) द्वितीय संस्करण (१९७१)
३७. मधुकण—(निबन्ध) द्वितीय संस्करण (१९७२)
३८. पारिजात—(निबन्ध) द्वितीय संस्करण (१९७२)
३९. बुखार में पड़ी धरती—(कविता) राजेन्द्र जोशी (१९७३)
४०. मधुकण—(निबन्ध) तृतीय संस्करण (१९७५)
४१. पारिजात—(निबन्ध) तृतीय संस्करण (१९७५)

४२. कल्पनाओं की धुरी—(कविता) द्वितीय संस्करण (१६७६)

४३. परिनिष्ठित बुन्देली का व्याकरणिक अध्ययन—(भाषाविज्ञान) रमाजैन (१६८०)

४४. मनुष्य की गन्ध मुझे भाती है—(कविता) महेन्द्रकुमार मानव (१६८०)

४५. विन्ध्याचल का स्वतंत्रता विशेषांक—(इतिहास) सं० दशरथ जैन (१६५३)

४६. श्री अरविन्द और उनकी साधना –(अध्यात्म) के० एन० वर्मा

४७. व्यक्तित्व का विकास और सत्य का साक्षात्कार—(अध्यात्म) कन्हैयालाल मुंशी

४८. शाकाहारी भोजन—(स्वास्थ्य) काका कालेलकर

४६. वर्णी जी का फोटो (धर्म)

५०. संचिता—(निबन्ध) सं० प्रेम शंकर

यह आश्चर्य का विषय है कि मानव जी ने अपनी पुस्तकों के प्रकाशन का ख्याल भी नहीं किया, जबकि उनके वैयक्तिक निबंधों के संग्रह को भारती भंडार, लीडर प्रेस, इलाहाबाद के व्यवस्थापक वाचस्पति पाठक ने १६५२ में प्रकाशित करने की इच्छा प्रकट की थी। उनका ध्यान परहित में लगा रहा। वे कुशल व्यापारी नहीं थे, इसलिए अपने प्रकाशनों को बेच भी नहीं पाये।

बुन्देलखण्ड राज्य : मानव जी का सपना

श्री हरेन्द्र सक्सेना

मानव जी ने जब से होश सम्भाला तब से उन्हें मातृभूमि बुन्देलखंड और साहित्य की चिन्ता रही। शिक्षा पूर्ण करने पर सन् १९४६ में वे छतरपुर लौटे। उसी साल उन्होंने ठक्कर बापा और वियोगी हरि के साथ बुन्देलखंड का दौरा किया। ठक्कर बापा और वियोगी हरि ने बुन्देलखंड के हरिजनों और आदिवासियों की सेवा के लिए बुन्देलखंड लोक सेवक मंडल बनाया और मानव जी को उसका मंत्री बना दिया। इसी बीच उन्हें आकाशवाणी में कार्यक्रम-अधिकारी के पद पर नियुक्ति मिली। लेकिन उन्होंने सेवा का व्रत ले लिया था, इसलिए उस नौकरी को ठुकरा दिया। इसके बाद सरदार पटेल ने विन्ध्य प्रदेश से संविधान परिषद् के चार सदस्यों—सर्वश्री कप्तान अवधेश प्रताप सिंह, शंभुनाथ शुक्ल, पं० रामसहाय तिवारी और पं० मन्नूलाल द्विवेदी—पर जोर डालकर लिखवा लिया कि विन्ध्य प्रदेश का विलयन किया जाये। मानव जी ने सरदार पटेल को ज्ञापन देकर पृथक् बुन्देलखंड राज्य की माँग की, केन से पश्चिम का इलाका उत्तर प्रदेश में मिलाने की बात चली। सन् १९४३ में टीकमगढ़ के महाराजा वीरसिंह जूदेव की प्रेरणा से बनारसी दास चतुर्वेदी ने 'मधुकर' का बुन्देलखंड अंक निकाला। पृथक् बुन्देलखंड प्रान्त बनाने के लिए समय-समय पर हरपालपुर, मऊरानीपुर, बांदा मौदहा, झांसी, उरई, बरुआ सागर, शाहगढ़ आदि में सम्मेलन होते रहे जिनमें बुन्देलखंड को पृथक् राज्य बनाए जाने की मांग दुहराई जाती रही। समय-समय पर बुन्देलखंड के अखबार बुन्देलखंड प्रान्त बनाए जाने की आवाज उठाते रहे। पुराने सी. पी. के नेता पं. रविशंकरशुक्ल और पं. द्वारका प्रसाद मिश्र चाहते थे कि विन्ध्यप्रदेश को सी. पी में मिला दिया जाये। जब श्री एस.एन. मेहता रीवा में अधिकारी थे उन्होंने उस भीड़ पर जो विलयन के खिलाफ आवाज उठा रही थी गोली चलवा दी। उधर पं. गोविन्द वल्लभ पंत झांसी डिवीजन को उत्तर प्रदेश से अलग करने को तैयार नहीं थे। वे झांसी डिवीजन को उत्तर प्रदेश की ग्रेनरी कहते थे और एक इंच भूमि छोड़ने को तैयार नहीं थे। ललितपुर की जनता ने ललितपुर को मध्यप्रदेश में मिलाए जाने के लिए आन्दोलन किया, क्योंकि ललितपुर चारों तरफ से म. प्र. से घिरा हुआ है। लेकिन जनता की माँग को ठुकरा दिया गया।

मानव जी १९५२ से १९५६ तक विन्ध्य प्रदेश के मंत्रिमंडल में थे। उन्होंने झांसी के नेताओं, श्री गोविन्दराव खेर और श्री धुलेकर के सामने प्रस्ताव रखा कि झांसी

डिवीजन को विन्ध्य प्रदेश में मिला दिया जाये, परन्तु इन नेताओं ने मानव जी के प्रस्ताव को अस्वीकार कर दिया। उनकी मान्यता थी कि झांसी डिवीजन का विकास विन्ध्य प्रदेश जैसे छोटे राज्य में नहीं हो सकता, उत्तर प्रदेश-जैसे विशाल राज्य में ही हो सकता है।

अंग्रेजों ने बुन्देलखण्ड के टुकड़े करके बुन्देलखंड की शक्ति को छिन्न-भिन्न कर दिया था। मानव जी की मान्यता है कि जब तक बुन्देलखंड का एकीकरण करके पृथक् बुन्देलखंड राज्य नहीं बनाया जाता तब तक बुन्देलखंड का विकास संभव नहीं है।

विन्ध्य प्रदेश के मंत्री के रूप में मानव जी ने बुन्देलखंड के जिलों की प्रथम पंचवर्षीय योजना का पुनरीक्षण किया और इन जिलों (पन्ना, छतरपुर, टीकमगढ़, दतिया) की द्वितीय पंचवर्षीय योजना बनायी और उसे योजना आयोग से पास कराया।

मानव जी ने भारत के प्रथम पांच अन्तरराष्ट्रीय पर्यटन केन्द्रों में खजुराहो को शामिल कराया।

विन्ध्य प्रदेश विधानसभा ने प्रस्ताव पास किया था कि विन्ध्य प्रदेश को यथावत् रखा जाये, उसका विलयन न हो। लेकिन मानव जी ने यह आवाज बुलन्द की कि विन्ध्यप्रदेश का विलयन मध्यप्रदेश में किया जाये। इससे नाराज होकर रीवा नगर की जनता विधानसभा में घुस गयी और उसने मानव जी को आहत किया। लेकिन मानव जी अपनी मांग पर अडिग रहे और विन्ध्य प्रदेश का नये मध्यप्रदेश में विलयन हुआ। इस कदम से सी. पी. का बुन्देलखंड और रियासती बुन्देलखंड एक राज्य के अन्तर्गत आ गये।

मध्यप्रदेश बन जाने पर रीवा संभाग में बघेलखंड के ४ जिले और बुन्देलखंड के तीन जिले आते थे। मानव जी ने आन्दोलन शुरू किया कि बुन्देलखंड का अलग से संभाग बनाया जाये और परिणामस्वरूप बुन्देलखंड संभाग (सागर संभाग) बनाया गया, जिसमें सागर, दमोह, पन्ना, छतरपुर और टीकमगढ़ जिले रखे गये।

उन्होंने पन्ना, छतरपुर टीकमगढ़ जिलों के महाविद्यालयों को सागर विश्वविद्यालय के अन्तर्गत रखने के लिए आन्दोलन चलाया, लेकिन शासन में बन्देलखंड की आवाज कमजोर होने के कारण यह कार्य आज तक नहीं हो सका।

अब बुन्देलखंड के अधिकांश जिले मध्यप्रदेश में हैं और केवल पांच जिले—झांसी, जालौन, बांदा, हमीरपुर, ललितपुर—उत्तर प्रदेश में हैं। अब इन जिलों का जनमत बदला है। वे इस निर्णय पर पहुँच चुके हैं कि उत्तर प्रदेश जैसे विशाल राज्य में उनका विकास नहीं हो सकता। बुन्देलखंड की जो जनता मध्यप्रदेश में रहती है वह भी इस निर्णय पर पहुँची है कि मध्य प्रदेश में उसका विकास नहीं हो सकता। इसलिए वह दिन दूर नहीं है जब बुन्देलखंड का पृथक् राज्य बनकर खड़ा होगा और मानव जी का सपना पूरा होगा। मानव जी का दृढ़ विश्वास है कि एक दिन बुन्देलखंड का पृथक् राज्य अवश्य बनेगा वह चाहे उनके जीवनकाल में बने या उनके मरने के बाद।

POLITICAL LEADER

Sri Suryanarayan Sharma

When the Fazal Commission, set up by the Government of India to recommend the reorganization of States, proposed the formation of today's Madhya Pradesh, Jawaharlal Nehru, the then Prime Minister, had declared the proposed State as a monster.

Nehru was right, because while the western and north-western borders of Madhya Pradesh touch Gujarat and Rajasthan, the northern and north-eastern tip border Uttar Pradesh and Bihar.

This is not all. The States of Orissa, Andhra Pradesh and Maharashtra also have their borders with Madhya Pradesh.

Such a large State naturally could not make much headway which is apparent/ even 35 long years after the formation of Madhya Pradesh. As against this, a much smaller State like Haryana, whose resources are far less than those of M.P., is today far ahead of large States.

Leaders of many political parties have been advocating privately the division of M.P., but when it comes to translating their intentions into action, they give one or other axcuse not to disturb the State. As a result, M.P. is today among the most underdeveloped States of the country and I see no change in the situation even in 2006 when we will be observing the 50th year of formation of today's Madhya Pradesh.

Leaving possibly the predominantly tribal areas of Baster, Jhabua, Surguja, Mandla, Sidhi and other districts, the area belonging to the Bundelkhand region of Madhya Pradesh is extremely backward. This is also true of the Uttar Pradesh districts of Bundelkhand region.

The demand for the formation of a compact Bundelkhand State has been raised for more than half a century and it was hoped that the residents of this region, spread over today's Madhya Pradesh ahd Uttar Pradesh, would be able to see their dream take a real shape at least in free India; but this was not to be.

When the formation of Vindhya Pradesh was being discussed after Independence with a view to bringing the small princely States together, there was a demand for formation of a Bundelkhand State. But the stand taken by four senior leaders—(late)

Captain A.P. Singh, (late) Shambhunath Shukla (of Rewa State) Ram Sahay Tiwari (who died recently) and Mannulal Dwivedi (of Chhatarpur and Samthar States)—came in the way. Fortunately, Dwivedi is still with us but lives in New Delhi. The four leaders—all of whom were members of the Constituent Assembly—supported the formation of Vindhya Pradesh, which later took birth with its capital at Rewa.

The demand for the formation of Bundelkhand was supported not only by the people but also by some princes led by the (late) Maharaja of Tikamgarh, Vir Singh Ju deo. As early as 1943, the veteran author, journalist and patriot (late) Banarasidas Chaturvedi. had brought out a special number of his journal, 'Madhukar', which dealt with all problems of the region and prepared ground for the formation of Bundelkhand State.

Six years later and two years after Independence, (late) Viyogi Hari and (late) Thakkar Bapa, two of Gandhiji's senior disciples, toured the entire Bundelkhand region and later helped to form the Bundelkhand Lok Seva Mandal for the welfare of the Harijans and the tribals. Their choice for secretaryship fell on a young graduate from Chhatarpur State, Mahendra Kumar Jain 'Manav'. At that time, Manav refused to accept the post of a programme officer in All India Radio.

When the question of States reorganization was being discussed, there was a strong demand for the formation of Bundelkhand State, but two veteran Congress leaders were not prepared for this. While (late) Ravi Shanker Shukla, (then) Chief Minister of bi-lingual Madhya Pradesh, and his Home Minister (late) Dwarka Prasad Mishra. wanted the integation of Bundeli-speaking princely States with Madhya Pradesh, (late) Govind Ballabh Pant, (then) Chief Minister of United Provinces, was not prepared to let Jhansi Division go out of his State.

There was firing on those demanding the formation of Bundelkhand State under orders of Mr. Srinath Mehta, a senior IAS officer of Rewa State. Similarly, there was strong agitation for the integration of Lalitpur district of U.P. with M.P. because the three sides of Lalitpur have common borders with M.P.

Ultimately Vindhya Pradesh was formed with the integration of Rewa, Chhatarpur, Tikamgarh, Panna, Datia and some other princely States of the Bundelkhand region. At that time, Madhya Bharat had already come into existence with the integation of Gwalior, Indore, Dhar, Dewas, Ratlam, Sailana, Sitamau, Jhabua and a dozen other princely States of the Malwa region. The States of Narsinghgarh, Rajgarh and Khilchipur were also among the merged areas.

Manavji was an important Minister of the Vindhya Pradesh Government from the Bundelkhand region and he continued in the Cabinet till the integration of Vindhya with today's Madhya Pradesh in 1956. Manavji had requested the Congress leaders of Jhansi Division, A. G. Kher and R. V. Dhulekar (both now no more), to agree for the integration of Jhansi Division of U.P. with Vindhya Pradesh, but they felt that the people of the Division could progress only with U.P. Alas, their condition remains what it was 35 years ago.

Manavji got re-examined the provisions for the First Five Year Plan for the four Bundelkhand districts of Panna, Tikamgarh, Datia and Chhatarpur and made suitable provisions for them in the second Plan which were approved by the Planning Commission. He also secured the inclusion of Khajuraho in India's first five international tourist centres.

When the report of the Fazal Ali Commission, recommending the integration of Vindhya Pradesh with today's M. P. was being discussed and later adopted by the Government of India, the Vidhya Assembly opposed its merger with M. P. Manavji played a leading part in efforts to integrate Vindhya Pradesh with proposed M. P. so that it could be merged with the Bundeli-speaking areas of Sagar and Damoh districts, then with bi-lingual Madhya Pradesh which was to be intergated with new Madhya Pradesh. Manavji stuck to his guns even when mob entered the Vindhya Assembly precincts and injured him.

Later, Manavji played a leading part in getting set up a separate Sagar Division by bringing together the districts of Sagar, Damoh, Panna, Tikamgarh and Chhatarpur which are all Bundeli-speaking.

With the five Bundeli-speaking districts of Uttar Pradesh—Jhansi, Lalitpur, Jalaun (Orai), Banda and Hamirpur—remaining separate from the fie Bundeli districts of Madhya Pradesh, the dream of having a Bundelkhand State remained a dream.

Manavji, however, is hopeful that Bundelkhand would ultimately come into being "either during my lifetime or after my death."

The admirers of Manavji, of whom the writer of these lines is one owing to his having lived in his neighbourhood in Bhopal for 15 years, hope that Manav ji will live long to see his dream of Bundelkhand State fulfiilled.

This writer was born in Indore State, but was attracted to Bundelkhand when he was 30. Forty years later, I remember to have put my first steps in Jhansi and Jalaun the Samyukta Prant, now Uttar Pradesh. Since then, I have seen the poverty of the nistricts of Bundelkhand region in the two States and have no doubt that its problems could not be solved by remaining in such sprawling States like U.P. and M. P.

Manavji is not only my neighbour but also a fellow freedom fighter. While this writer withdrew from politics soon after Independence and devoted his entire life to journalism, Manavji remained thick in politics. This brought him in close contact with politicians and they were impressed by his devotion and hard work. His circle is not limited to the politicians but has a large number of authors and journalists among his friends.

I take this opportunity to greet Manavji and offer him my best wishes for a carefree and healthy life.

संघर्षशील मानव

श्री रमाकांत

मानव जी के बारे में कुछ लिखना जितना आसान है उतना ही कठिन भी। आप अगर उनसे परिचित हैं तो उनके बारे में अच्छे से अच्छा और बुरे से बुरा कुछ भी लिख सकते हैं, आप उन्हें मामूली से मामूली आदमी भी सिद्ध कर सकते हैं और महान से महान भी। इन दोनों पक्षों के समर्थन में आप बेशुमार प्रमाण पेश कर सकते हैं। अपने जीवन और कार्यकलापों के द्वारा ये सब मानव जी के द्वारा खुद जुटा दिए गए प्रमाण होंगे।

मानव जी जैसा सहज और निष्कपट व्यक्ति देखकर आश्चर्य होता है। उन्होंने रहस्यों का एक भी लबादा नहीं ओढ़ा—न घर में, न बाहर। न सिर्फ वे अपने सारे पत्ते विपक्षी के सामने खोलते रहते हैं, बल्कि इसकी वजह से अपने दोस्तों और बीबी-बच्चों की झिड़कियां भी सहते हैं। और तो और, अगर वे किसी स्त्री में कोई बेहतर गुण देखते हैं तो वे अपनी पत्नी विमला जी से जरूर बखानेंगे। इस आदत की वजह से उन्हें जिन्दगी भर पापड़ बेलने पड़े। वे हर क्षेत्र में असफल दिखाई देते हैं। साहित्य और राजनीति में ही नहीं, घर में भी उनको एक असफल व्यक्ति माना जाता है। एक राजनेता अपने बीवी-बच्चों के लिए जो विरासत छोड़ जाता है वह उन्होंने राजनीति करते हुए कमाई ही नहीं, और राजनीति के चक्कर में उन्होंने वह काफी कुछ गंवा दिया, जो साहित्य में कमाते।

विन्ध्य प्रदेश की राजनीति में मानव जी एक महत्त्वपूर्ण व्यक्ति थे। पं० रविशंकर शुक्ल और पं० द्वारकाप्रसाद मिश्र से लेकर पं० जवाहरलाल नेहरू तक का स्नेह उन्हें प्राप्त था। साहित्यकारों को इस बात पर गर्व हुआ करता था कि एक साहित्यिक प्राणी राजनीति में भी बराबर का दखल रखता है। साप्ताहिक 'पंचायत राज' और 'विन्ध्याचल प्रकाशन' के जरिए से दर्जनों अपरिचित पत्रकारों और साहित्यकारों से जुड़े थे, जो अक्सर उनके मेहमान हुआ करते थे। इनमें श्री बनारसीदास चतुर्वेदी आदि शामिल थे। उन्हें इस बात का संतोष था कि मानव जी राजनीति में होते हुए भी साहित्यकार हैं और उधर राजनेताओं के बीच उन्हें इसलिए विशिष्ट महत्त्व मिलता है कि वे साहित्यकार हैं। मानव जी का साहित्यकार और उनके साहित्यकार का मानव उनके राजनीतिक जीवन में हमेशा प्रबल रहा और जाहिर

है कि साहित्य और मानव-मूल्य आज की राजनीति के रथ को बहुत दूर तक नहीं खींच सकते।

बचपन से लेकर आज तक मानव जी की जीवन-यात्रा कुछ प्रतिबद्धताओं और संघर्षों की कहानी है। लेकिन उनके संघर्ष में कहीं तूफान या परेशानी नजर नहीं आती, जो प्रायः किसी संघर्ष का भौतिक लक्षण माना जाता है। बचपन में पढ़ने-लिखने के लिए संघर्ष, फिर कुछ कर गुजरने के लिए संघर्ष, फिर राजनीति में प्रवेश से मंत्री की कुर्सी तक के उत्थान और पतन में कोई कम संघर्ष नहीं था। इसी बीच उनकी साहित्यिक अभिरूचियों के तकाजे का दबाव जरा भी कम नहीं हुआ। उन्होंने यह सब जितनी सहजता से झेला वह एक उल्लेखनीय गुण है।

संघर्षों के इस पूरे दौर में रेखांकित करने वाली बात यह है कि राजनीति में वे सामन्तवाद के खिलाफ लगातार लड़ते रहे। दूसरे, बुंदेलखंड राज्य का निर्माण कराने का सपना देखते रहे। विन्ध्य प्रदेश में बुंदेलखंड की ३३ रियासतें शामिल थीं। उनमें सामन्तवाद का बोलबाला था। १९५२ के पहले तक कप्तान अवधेश प्रताप सिंह प्रधानमंत्री थे और उनके मंत्रिमंडल में अर्जुनसिंह के पिता रावशिव बहादुर सिंह (चुरहट) और हारौल नर्मदाप्रसाद सिंह तथा अन्य राव राजे-रजवाड़े थे। नाम के लिए बुंदेलखंड से कामता प्रसाद सक्सेना और चतुर्भुज पाठक भी थे, लेकिन शम्भुनाथ शुक्ल और उनके समर्थक कप्तान साहब की सरकार के खिलाफ थे। इसी बीच उद्योग मंत्री रावशिव बहादुर सिंह रिश्वत लेते हुए रंगे हाथों पकड़ लिए गए और कप्तान साहब की सरकार पर गाज गिर गई। १९५२ आते-आते विन्ध्य कांग्रेस में बिखराव आ गया। हारौल उसे छोड़ किसान-मजदूर-प्रजा पार्टी में चले गए। उनके साथ विद्यावती चतुर्वेदी, बाबूराम चतुर्वेदी, जंग बहादुर सिंह आदि भी के० एम० पी० पी० में चले गए। उस समय १९५२ में मानव जी कांग्रेस की टिकट पर लौडी विधानसभा क्षेत्र से लड़े और उनके खिलाफ थीं आज की इंका नेत्री विद्यावती चतुर्वेदी। यह लड़ाई भी सामन्तवाद के खिलाफ थी। हारौल की शक्ति का अन्दाजा इसी से लगाया जा सकता है कि डा० पट्टाभि सीतारमैया ने कहा था कि हारौल ने बुन्देलखण्ड के नौजवानों को खरीद लिया है। सवाल हारौल और उनके समर्थकों का ही नहीं, कांग्रेस के भीतर भी सामन्ती तत्त्वों के वर्चस्व से लोहा लेने का था।

१९५२ के चुनाव में ६० सदस्यों की विन्ध्य असेम्बली में कांग्रेस के ३६ सदस्य जीतकर आये, जिनमें १२ पक्के सामन्त थे। १२ सदस्य शम्भुनाथ शुक्ल के थे, लालाराम वाजपेयी के ६ और मानव जी के ६ सदस्य थे। शुक्ल, वाजपेयी और मानव जी के २४ सदस्यों की एकजुटता से शुक्ल जी मुख्यमंत्री बने थे। लालाराम जी गृहमंत्री और मानव जी वित्त और सूचना मंत्री थे। यहां वे राजनीति करने के बजाय, सामन्तवाद से संघर्ष ज्यादा करते रहे। कप्तान साहब का गुट सामन्ती कहलाता था। उन्होंने जोड़-तोड़ करके लालाराम वाजपेयी को मंत्रिमंडल से निकलवा दिया। उस समय मानव जी के साहित्यिक और मानव-मूल्य जाग उठे। उन्होंने पं० नेहरू तत्कालीन कांग्रेसाध्यक्ष ढेबर भाई को पत्र लिखे कि वाजपेयी जी के साथ

अनुचित हुआ है। उस समय पं० द्वारका प्रसाद मिश्र ने मानव जी से कहा था कि राजनीति में कोई मित्र इतना नहीं करता।

सामन्ती तत्त्व मानव जी के पीछे लगे रहे। मानव जी की एक कारगुजारी उनके हाथ लग गयी। पंचायत विभाग ने शिमला से उनके कुछ फोटो मँगाए थे। बस सामन्ती गुट पीछे पड़ गया। उस गुट में कप्तान अवधेश प्रताप सिंह, उनके पुत्र गोविन्द नारायण सिंह, यादवेंद्र सिंह आदि प्रमुख थे (आजकल तो मंत्रियों के आये दिन और थोक में फोटो बनते हैं)। शिकायतनामा ढेबर भाई तक पहुंचा। उन्होंने मानव जी से इस्तीफा माँग लिया। मानव जी ने पूरी बात नेहरू जी को बतायी, लेकिन वे पार्टी के अध्यक्ष ढेबर भाई के फैसले में हस्तक्षेप नहीं करना चाहते थे। इसलिए मध्यप्रदेश राज्य निर्माण के तीन महीने पहले मानव जी सामन्ती तत्त्वों के खेल के शिकार हो गये, हालांकि पं० रविशंकर शुक्ल ने उनसे कहा था "आप ढेबर भाई को समझायें। मध्यप्रदेश बनने पर मैं अपने मंत्रिमंडल में आपको लेना चाहता हूँ।" लेकिन मानव जी इस्तीफा देकर सीधे ढेबर भाई के पास चले गये और वहाँ हफ्तों रहे। ढेबर भाई ने एक दिन महसूस किया और कहा कि "मानव जी, मुझसे आपके मामले में गलती हुई।" इसके बाद ढेबर भाई ने नेहरू जी से चर्चा की।

यह सब हुआ, लेकिन संघर्ष जारी रहा। वे पूरे एक दशक तक मध्यप्रदेश विधानसभा में साहित्य, कला और संस्कृति के मुद्दों पर सामंती प्रवृत्तियों का प्रतिरोध करते रहे। विधानसभा के बाहर तो यह संघर्ष आज भी जारी है। राज्य में संस्कृति विभाग बनवाने की सबसे पहले और बुलंद आवाज़ उन्होंने ही उठाई थी। केन्द्र की तरह राज्य में भी साहित्य, संगीत और कला की तीन स्वायत्तशासी अकादमियों के गठन के लिए भी वे लगातार सक्रिय रहे। इन सबके पीछे उनका लोककल्याणकारी सोच था।

मानव जी उन गिने-चुने लोगों में से हैं जो प्रतिभाओं की तलाश और चयन के सहज पक्षधर होते हैं। दरअसल अपने सपने या अपनी योजनाओं को साकार करने के लिए उन्हें प्रतिभाओं की नहीं, सहयोगियों की जरूरत थी। उन्होंने हमेशा सहयोगी चाहे, लेकिन जो चुने थे वे विशिष्ट जन थे। बेशक, विशिष्ट जनों को जुटाने के अपने सुख होते हैं। मानव जी को भी कुछ न कुछ सुख मिलता ही होगा। लेकिन इस सहानुभूति के बाद भी, सपने आज भी मित्रों के सहयोग के मुन्तजिर हैं।

जब वे मंत्री थे तब उन्होंने पहली बार सूचना विभाग और पिछड़ी जाति कल्याण विभागों का निर्माण कराया। उन्हें सक्षमता के साथ चलाने की दृष्टि से वे सर्वश्री विद्यानिवास मिश्र, अम्बा प्रसाद श्रीवास्तव, शुकदेव दुबे, कृष्णानन्द गुप्त जैसे प्रखर रचनात्मक प्रतिभा-सम्पन्न व्यक्तियों को सूचना विभाग में और कई प्रशासनिक प्रतिभाशील व्यक्तियों को दूसरे विभागों में लाए। उनके द्वारा प्रोत्साहित कितने ही व्यक्ति आई० ए० एस० हो गए, कई सक्षम अधिकारी बने। यह सब हुआ, लेकिन मानव जी की अनेक योजनायें वहीं की वहीं हैं। कुछ ऐसे भी महानुभाव हैं, जिन्हें उनके बारे में दो शब्द लिखने की फुरसत नहीं है।

मानव जी के कविता संग्रह

मनुष्य की गन्ध मुझे भाती है

पर सम्मतियाँ

श्री बियोगी हरि

मनुष्य की गन्ध मुझे भाती है नामक कविता संग्रह मैंने सरसरी नजर से देख लिया है। उसमें कई पंक्तियां ऐसी हैं जो हृदय को छू लेती हैं। भाषा इनकी सहज स्वाभाविक है। शैली तो आधुनिक है ही।

दिल्ली
२३.१२.१९८१

ओशो रजनीश

आपका पत्र तथा काव्य-संकलन मैंने ओशो को दिखाये।

उन्होंने अपने प्रेमाशीष भेजे हैं।

आपकी मार्मिक कविताएं प्यारी व हृदय को छूने वाली हैं।

सौंदर्य को देखना व महसूस करना कवि के कोमल हृदय का परिचायक है। लेकिन यथार्थ से जुड़ी हुई आपकी भाव-अभिव्यक्तियों का अपना एक आनंद है।

आप अपने को शुष्क सरोवर सिद्ध करना चाहें तो यह आपकी मौज है।

लेकिन शुष्क सरोवरों में भी कहीं न कहीं किन्हीं गहराइयों में पहुंचने पर जल के स्रोत तो मिल ही जाएंगे।

३०.४.८९

डा० किशोरी लाल गुप्त

'मनुष्य की गन्ध मुझे भाती है' पर सम्मतियां आज का युग मनुष्य को मनुष्य से नफरत सिखाता है प्यार नहीं। जो मनुष्य को प्यार करता है उसे ही मनुष्य की गन्ध भाएगी पहले विचार प्रगतिवादी होंगे। विचार का सम्बन्ध आचार से है। कथनी और करनी में भेद न होना चाहिए। मानव जी विचार से ही नहीं आचार से भी मनुष्य को प्यार करते हैं। यह बहुत बड़ी बात है। पाखंड उनसे नहीं निभ सकता।

वाराणसी
८-१२-८१

डॉ० विद्या जैन

भगवान से मेरी प्रार्थना है कि वह इसी प्रकार तुम्हें सत्य का रास्ता दिखाए जिस प्रकार, आपने अपनी कविताओं में सत्य को ओत-प्रोत भाव से हम सभी लोगों के सामने रखा।

भोपाल
१-२-८१

श्री केशव प्रसाद द्विवेदी

चिड़िया के सानन्द जी ने की कल्पना मानव जी को कवियों की एक श्रेष्ठ श्रणी में लाकर खड़ा कर दिया है। मुझे विश्वास है कि इनकी स्पष्टवादिता पाठकों को अवश्य विचार के लिए विवश करेगी इस कवि का मैं हृदय से अभिनन्दन करता हूँ।

ग्वालियर
३१-७-८१

प्रो० कान्तिकुमार जन

महेन्द्र कुमार मानव एक राजनीतिक कर्मी तो हैं ही, वे एक साहित्यकार भी हैं। कविताएँ पढ़ना और कविताएँ लिखना उन्हें प्रिय है। कविता लिखना उनके लिये बहुत सहज है, क्योंकि कविता लिखने के लिये उन्हें न तो विषय की तलाश करनी पड़ती है और न ही शिल्प

की चिन्ता उन्हें सताती है। सहज क्षणों में जो सहज बात उन्हें सूझ जाती है वही उनकी कविता का विषय बन जाती है। मानव जी ने अपनी कविताओं के अंत में लेखन तिथि तो दी ही है, लेखन का स्थान भी उल्लिखित कर दिया है। मुझे यह देखकर आश्चर्य हुआ कि उनकी अधिकांश कविताएँ यात्रा करते हुए लिखीं गयी हैं। सिलवानी जाते हुए, रीवां जाते हुए या भोपाल जाते हुए बस में या रेल में बैठकर उनको जो सहज रचना स्फूर्ति होती है, वह कविता के रूप में व्यक्त हो जाती है। यात्रा के दौरान हम जिस मनःस्थिति में रहते हैं उसमें लम्बी कविताएँ लिखना या पच्चीकारी वाली कविताएँ लिखना सम्भव नहीं होता। इसलिए मानव जी की कविताएँ आकार में छोटी और अपने शिल्प में सरल हैं। जो सूझा वह रेल या बस की सीट पर बैठे-बैठे लिख दिया गया और वही अंतिम हो गया। इसलिए मानव जी की कविताओं में किसी नफासत या अलंकरण की खोज नहीं की जानी चाहिए। यह स्वाभाविक ही है कि यात्री के बाल बिखरे हुए होंगे और कपड़ों पर धूल की हल्की सी पर्त भी चढ़ी होगी। मानव जी की इन सारी कविताओं को मैं एक यात्रा करते हुए व्यक्ति की कविताएँ कहना चाहूँगा — कभी उदास, कभी प्रसन्न, कभी क्षुब्ध तो कभी उदासीन, इसलिए उनकी कविताओं का कोई विशेष पैटर्न नहीं उभरता। वे विविध-वर्णी और विविध-रूपा हैं। मानव जी अपने लेखन की सीमाओं से अपरिचत हों ऐसा नहीं है। वे जानते हैं कि उनकी कविताओं में न तो कोई दार्शनिक ऊहापोह है और न ही कोई गम्भीर समस्या का प्रत्याख्यान। अपने लेखन के प्रति मानव जी के मन में कोई गुमान का भाव नहीं है। वे अपने लेखन के प्रति कोई गलतफहमी नहीं पालते। वास्तव में वे लेखन के द्वारा स्वयं को आविष्कृत करते हैं। अपने को पहचानने की उनकी कोशिश उनकी कविताओं को सहज सरल फलतः अकृत्रिम बने रहने की सुविधा प्रदान करती अपनी कविताओं के वास्तविक मर्म का उद्‌घाटन करते हुए वे कहते हैं—

क्या लिखूँ ?
ऐसा कुछ है क्या
जो लिखने से छूट गया है
अभी तक मानवता द्वारा
मानवता में जो कुछ संभव है
सभी कुछ तो लिखा जा चुका है
फिर भी आज भी लेखन जारी है
ऐसा क्यों है ?

अपनी इस जिज्ञासा का उत्तर देते हुए वे स्वयं कहते हैं—

आदमी की अपने को
पहचानने की इच्छा चिरन्तन है
वह कभी समाप्त नहीं होती
इसलिए लेखन भी कभी समाप्त नहीं होता

मानव जी की इन कविताओं में बुंदेलखंड की प्राकृतिक दृश्यावली का अंकन है, स्वीकारोक्तियाँ है, राजनीतिक चिन्ताएँ हैं, एक यूटोपिया की खोज है और सर्वहारा के प्रति सहानुभूति का उद्घाटन है। इन सभी कविताओं में वे कविताएँ सर्वाधिक मन:स्पर्शी हैं जिनमें कवि बुन्देलखण्ड की धरती का अंकन करता है। मानव जी की कविताओं को पढ़कर हम बुन्देलखण्डी गाँवों के परिवेश से परिचित हो जाते हैं। कवि इस प्राकृतिक दृश्यावली का चित्रण करते हुए न तो बुन्देलखण्ड के इतिहास में जाता है और न ही उनका संश्लिष्ट दृश्य उपस्थित करता है। वह मात्र स्थिति का वखान कर अपना कार्य सम्पादित कर लेता है। जैसे—

यह गांव का खलिहान है
इस खलिहान में गल्ले और भूसे का ढेर लगा हुआ है।
यहाँ मानुष है
जो गल्ले और भूसे को अलग करते रहते हैं
कोल्हू के बैल की तरह।

मानव जी स्थितियों का बयान करते-करते एकाध पंक्ति में कभी व्यंग्य के माध्यम से, कभी उलाहने के द्वारा, कभी तुलना के द्वारा सर्वहारा के प्रति अपनी संवेदना व्यक्त कर देते हैं। यही उनकी कविताओं को एक आधुनिक धरातल प्रदान करता है। 'मैं गरीब नहीं बन सकता' शीर्षक अपनी प्रथम कविता में ही मानव जी ने हिन्दी के समस्त प्रगतिशील काव्य की दुखती रग पर अंगुली रख दी है। हिन्दी का सारा प्रगतिवादी काव्य उन लोगों द्वारा लिखा गया है जो किसानों और मजदूरों के जीवन से निकट या दूर से परिचित तो हैं, स्वयं किसान या मजदूर नहीं हैं। इसलिए यह धारा हिन्दी में जितनी क्षिप्रता से आई उतनी ही त्वरा से चली गई। काव्य के लिए अनुभूति प्रथम शर्त है और वह मानव जी में भरपूर है।

वे कहते हैं—

और इसलिए मैं प्रगतिशील कविता
और लेख लिखने के बावजूद
मैं गरीब नहीं बन सकता
मैं सर्वहारा नहीं बन सकता
और न उनकी अनुभूति प्राप्त कर सकता हूँ।

कभी-कभी अपनी राजनीतिक चिंताओं में से किसी यूटोपिया की प्रतीक्षा करते हुए लगते हैं। यह यूटोपिया न गांधी का होता है और न ही मार्क्स का। यह यूटोपिया बस यूटोपिया होता है जिसमें किसी आकार प्रकार या रूपरेखा का स्वयं कवि को ज्ञान नहीं है। वह कहता है—

जिसमें सबको आवश्यकताएँ पूरी हों
और सब स्वतंत्र रहें
वह तंत्र कौन-सा है
हमें उसी तंत्र की प्रतीक्षा है
क्या मानवता की आशा कभी पूरी होगी
या वह सदा अधूरी रहेगी
सृष्टि विकासशील है
वह विकसित होती रहेगी
और एक दिन मानवता का सपना सच्चा होगा।

अपनी कुछ कविताओं में मानव जी 'नेचुरलिस्त्र' से जान पड़ते हैं। इन कविताओं में कवि मनुष्य की प्राकृतिक प्रवृत्तियों को न्यायसंगत सिद्ध करने करने की चेष्टा करता जान पड़ता है। फ्रांस के प्रकृतवादियों ने पाप और पुण्य को असत् और सत् से परे हटाकर मनुष्य की प्रकृत वृत्तियों को ही सर्वोपरि स्थान दिया था। मानव जी कहते हैं—

मैं भूख लगने पर भोजन करता हूँ
प्यास लगने पर पानी पीता हूँ
नींद आने पर सोता हूँ
मैं सौंदर्य को निहारता हूँ
सौंदर्य चाहे किसी का हो
... ...
मैं मंदिर नहीं जाता
मैं पूजा नहीं करता
और न व्रत उपवास रखता हूँ
मैं न आस्तिक हूँ न नास्तिक
मैं किसी धर्म या दर्शन के पचड़े में नहीं पड़ता।
मैं जीता हूँ जैसे एक चिड़िया जीती है।

वास्तव में चिड़िया के समान जीने के संकल्प ने मानव जी के कवि को पाप-पुण्य, सद्-असद्, धर्म-अधर्म की चिन्ताओं से ऊपर उठा लिया है। वह भूत की ओर मोह भरे हृदय से नहीं देखता, भविष्य के लिए व्यग्र नहीं होता। वह तो आज केवल आज पर ही अपनी निगाहें केन्द्रित करता है, वह इसलिए बहुत आश्वस्त भाव से कहता है—

मैं आज हूँ कल नहीं रहूँगा
जिस रूप में आज हूँ
बस इतना ही
आप मुझे एक बुरा आदमी समझते हैं,
अधार्मिक, पापी,
मैं अपने को वैसा नहीं समझता।

कभी-कभी अपनी इस प्रकृत प्रवृति को मानव जी दार्शनिक रूप देने का प्रयास भी करते हैं और उनका यह प्रयास उन्हें विश्वात्मवाद तक ले जाता है। 'मेरी मानसिकता' जैसी कविताओं में उनकी यह प्रवृत्ति स्पष्ट देखी जा सकती है।

मानव जी की कुछ कविताएँ रूमानी भाव बोध की कविताएँ हैं। इन कविताओं में बिना अतिरिक्त प्रदर्शन के कवि ने दैनन्दिन जीवन के बहुत सामान्य से संकेतों के माध्यम से अपनी व्यथा या स्नेह व्यक्त कर दिया है। जैसे इस कविता में—

तुम नहीं हो तो घड़ी स्तब्ध है
उसका पेण्डुलम नहीं डोलता
तुम नहीं हो तो चिड़िया कमरे में नहीं आती
तुम नहीं हो तो घर ने चुप्पी साध ली है
सब वस्तुएँ खामोश हैं
तुम नहीं हो तो कोई नहीं है
मैं अकेला हूँ

कवि को भारतीय दर्शन के आप्त कथनों का प्रयोग करना खूब आता है। इस प्रकार वह अपनी कविताओं को एक दार्शनिक पर्यावरण प्रदान करता है जैसे—

चेतना कभी नष्ट नहीं होती
कोई चीज कभी नष्ट नहीं होती
केवल रूप बदलता है।

इसी का एक आनुषंगिक परिणाम यह हुआ है कि कवि स्थूल भौतिक सत्यों से उद्वेलित नहीं होता। उसकी प्रतिक्रिया चिन्तन से स्तर पर होती है। 'क्या है इसका नाम' शीर्षक कविता में वह लिखता है—

यहाँ कोई ओर छोर नहीं है
सब कुछ सागर की तरह अछोर
एक सिलसिला
एक सनातनता
जिसका अन्त नहीं होता है
अनादि और अनंत अस्तित्व
क्या है इसका नाम

व्यंग यदि कविता का कोई हथियार है तो मानव जी को भी इस हथियार का प्रयोग करना कभी-कभी अच्छा लगता है। यह स्पष्ट है कि इस व्यंग की मार बड़ी महीन होती है और वह समझदारों के लिए ही है। एक छोटी कविता का सुन्दर उदाहरण—

मैं अपनी बलि देना चाहता हूँ
मुझे वेदी चाहिये
आप बतायेंगे ?

मूल्यों के ह्रास के हमारे युग का इससे बेबाक चित्रण और क्या हो सकता है ? कवि दूसरों पर ही नहीं, अपने आप पर भी व्यंग करने की क्षमता रखता है :

मुझे
तानाशाही पसन्द नहीं थी
इसलिए मैंने
कांग्रेस से अपना नाता तोड़ लिया था
और विधानसभा की सदस्यता से
त्याग पत्र दे दिया था
और विरोध में चला आया था
आज मैं पुनः
कांग्रेस में आ गया हूँ
अपनी आत्मा की आवाज
के खिलाफ।
मैं अपने से पूछता हूँ
मैंने ऐसा क्यों किया
उत्तर मिलता है
राजनीतिज्ञों की कोई
आत्मा नहीं होती

मानव जी अपने कथ्य के समान अपने शिल्प में भी सहज हैं। इन कविताओं के माध्यम से एक बुन्देलखण्डी व्यक्तित्व सर्वत्र झाँकता हुआ मिल जायेगा। शब्दों के प्रयोग में भी कवि बुन्देली की शब्द संपदा का खुलकर उपयोग करता है ! ये प्रयोग कविता को अनगढ़ या दुर्बोध बनाने के स्थान पर उसे एक मोहक सांस्कृतिक भंगिमा प्रदान करते हैं। कतिपय उदाहण—

१. **टिकुरी गाँव के रहने वाले**
मेरी बगल की गड़वांत से
पक्की सड़क तक पैदल आते जाते हैं

२. **उसके शिकारी कुत्ते को**
यहां के खरहा ने खदेड़ दिया

३. यहाँ ढोरों के खरिक हैं
४. मैं पछीत की दीवाल के झरोखे से
देखता हूँ

गड़वांत (बैलगाड़ी के आवागमन से बनी पंक्ति) खरहा (खरगोश) खरिक (गाय बैलों का झुण्ड), पछीत (पिछवाड़ा) ठेठ बुन्देलखण्डी शब्द हैं। इन शब्दों से बुन्देलखण्ड के गांवों का पूरा परिवेश साकार हो उठता है। इन शब्दों के माध्यम से कवि बुन्देलखण्ड के वातावरण के चित्र ही अंकित नहीं करता बल्कि बुन्देलखण्ड के प्रति अपने अशेष अनुराग का परिचय भी देता है। वह बुन्देलखण्ड की टौरियाँ, गांवों, नदियों, पहाड़ों के बड़े सहज शब्द चित्र अंकित करता है।

मानव जी के राजनीतिक जीवन से तो प्रदेश और देश के लोग परिचित हैं। 'मनुष्य की गन्ध मुझे भाती है' की कविताओं के माध्यम से उनके साहित्यिक स्वरूप का निश्छल एवं आत्मीय परिचय भी हमें मिलेगा जो बहुत पहले मिलना चाहिये था। मानव जी निरंतर यात्रा करते रहेंगे, निरंतर कविताएँ लिखते रहेंगे और वे निरंतर हमें पढ़ने को मिलती रहेंगी ऐसी आशा करना गलत नहीं होगा।

सागर
१२.८.८०

डॉ० गंगा प्रसाद गुप्त बरसैंया

कला साहित्य, राजनीति, समाजसेवा और पत्रकारिता आदि के क्षेत्र में निरन्तर सक्रिय श्री मानव जी जहां जीवन में बहु धंधी है, वही अनुभूतियों में बहुवर्गीय कहे जा सकते हैं। यही कारण है कि उनकी कवितायें किसी एक ढर्रे की रेखाओं या विचारधाराओं से बंधी न होकर जीवन के बहु आयामी संसार की ऐसी सहज अनुभूतियां हैं जो अन्य संवरे, अन आयामी रूप में बरबस व्यक्त हो गई हैं। कई बार तो ऐसा लगता है कि चिंतन के गहरे जाल जंजाल में न पड़कर कवि ने जो देखा उसे कलम के माध्यम से शब्दों में बांध दिया। शब्दों में बंधा वह दृष्टि संसार जितना मानव जी के निकट है उतना ही अन्य व्यक्तियों के भी। संग्रह की रचनाओं को हम प्रथम दृष्ट्या क्षण-अनुभूति कह सकते हैं।

यह प्रथम दृष्ट्या क्षण-अनुभूति किसी एक दिन की संवेदना से नहीं उपजती। उसके पीछे जीवन के लम्बे आयाम और अभ्यास तथा आकांक्षायें भी जुड़ी होती हैं जो व्यक्ति को कवि और भावुक बनाती है। मानव जी की रचनाओं में दार्शनिक, अर्थ गांभीर्य और अलंकारिक रत्न योजना का प्रयास जरा भी नहीं है क्योंकि वे तो उन्मुक्त पक्षी या हिरण की तरह जीने के आकांक्षी कलाकार हैं जो आस्था अनास्था, आस्तिक-नास्तिक, साधना पूजा के

भावनात्मक बन्धनों को स्वीकारने के लिए तैयार नहीं है। इसीलिए कई बार उनकी अभिव्यक्तियां एक दूसरे को काटती प्रतीत होती हैं। वे तो "सच्चे प्रेम के भागीदार" बनने के लिए उत्सुक हैं ताकि "समाज का सच्चा प्रतिबिम्ब" उनमें मुखरित हो सके, वे मानते हैं कि "प्यार स्वयं आत्मा और परमात्मा है" जीवन का अन्तिम परिणाम शून्य है अतः "आत्मा की स्लेट जितनी साफ रहे उतना ही अच्छा है। इसलिए वे अपने लेखक को किसी तंग गली में भटकने या कमरे में बन्द होने देने के लिए तैयार नहीं हैं। वे तो धरती से आकाश तक फैलना चाहते हैं—

"मैं एक लेखक हूं।
मैं अपने को इस तंग कमरे में बन्द नहीं कर सकता।
मुझे एक बहुत बड़ा कमरा चाहिए
जिसकी छत आकाश हो
और जिसका फर्श धरती
और दीवालें दिशायें।"

क्योंकि सच्चे मानव को बन्द करके नहीं रखा जा सकता। आज लेखक या तो सामाजिक दायित्व से विमुख होकर आत्म-केन्द्रित बन जाना चाहता है या फिर फैशन के नाम पर नारेबाजी करता है। मानव जी दोनों को उचित नहीं मानते। वे कई बार व्यबों के माध्यम से बड़ी पैनी बात कह जाते हैं। आजकल प्रगतिशील का नारा जोरों पर है जिनके सिद्धान्त जीवन के साथ मेल नहीं खाते। कवि ने इन पर कटाक्ष करते हुए लिखा है—

प्रगतिशील कविता और लेख लिखने के बावजूद
मैं गरीब नहीं बन सकता
मैं सर्वहारा नहीं बन सकता
और न उनकी अनुभूति प्राप्त कर सकता हूं

कविता तो वस्तुतः अपने को पहचानने और आत्म विस्तार करने की भावना का नाम है। जब तक यह संकल्पात्मक भाव जीवित है कविता बार-बार दुहराकर भी अपनी नवीनता में जीवित रहेगी क्योंकि सही पहचान और पूर्ण विस्तार का कोई अंत नहीं है। जब तक यह अधूरा है कविता लिखी जाती रहेगी—

अपने को पहचानने की सबकी प्यास रहेगी
और जब तक यह प्यास रहेगी तब तक लिखा जाता रहेगा।
और इसलिए लेखन हमेशा नया रहेगा
वह कभी पुराना नहीं पड़ेगा।

लेकिन आज अपने को पहचानने और आत्म-विस्तार करने की बजाय आदमी-आदमी को खाने वाला जानवर बन गया। आदमी-आदमी को लूटता है, खून करता है, नफरत

करता है, मारता है, गिराता है और प्यार भी करता है। सचमुच विचित्र जानवर बन गया है आदमी। अपनी सुख-सुविधा के लिए आदमी ने दूसरे को सुख-सुविधाओं से वंचित करने में कोई कसर नहीं छोड़ी है। इसलिए प्रगतिवाद के भी वह ऊपर नहीं उठ सका। पतित ही हुआ है। इसे "यह जगत और मैं" में देखा जा सकता है।

"टिकुरी की टेकड़ी" और "खलिहान पर" जैसी रचनायें सामान्य होकर भी जीवन दृष्टि का बोध कराती हैं ऐसा दृष्टि बोधि रचनाकार कभी समाप्त नहीं होता। क्योंकि भारतीय दर्शन का निष्कर्ष है कि—

चेतना कभी नष्ट नहीं होती
कोई चीज कभी नष्ट नहीं होती
केवल रूप बदलता है।

इसलिए मानवीय रचनाकार ऐसे तंत्र का विस्तार चाहता है जहां किसी प्रकार के बंधन न हों। सबका हित हो क्योंकि जीवन की समान जानी पहचानी गलियों में भटकने के बाद हर संघर्षकर्ता इसी भावना से अभिप्रेरित होता है—

जिसमें सबकी आवश्यकतायें पूरी हों
और सब स्वतंत्र हों
वह तंत्र कौन सा है
हमें उसी तंत्र की प्रतीक्षा है।

कवि मानव को विश्वास है कि "मानवता का सपना एक दिन सच अवश्य होगा" जरूरत है कि सभी मिलकर चलें—

एक दूसरे को कंधा दे सके
और अकेलेपन के एहसास से मुक्ति पा सके।

यदि यह भाव रहेगा तो हम अनेकता में भी किसी माली के हाथों गुलदस्ते की एकता का सौन्दर्य और आनन्द ले सकेंगे। इसके लिए "संगठन" जरूरी है। अलगाव खटकने वाली चीज है। हर समाजसेवी के लिए यह पीड़ा का कारण है। वह उसे समाप्त कराने के लिए व्यग्र रहता है—

यह अलगाव मुझे खटकता है, सालता है,
पता नहीं कब समाप्त होगी यह सालन, यह खटकन ?

कभी-कभी कवि विचित्र बात करता है जहां उसकी पूर्व शुभाशायें निराशा और जड़ता की रचना करती प्रतीत होती हैं। जिस मानव के उज्जवल भविष्य के प्रति कवि आश्वस्त है उसके लिए ही वह कह उठता है कि—

लेकिन इन गुजरती बदलती सदियों के बीच
इन्सान कभी नहीं बदलेगा
वो जैसे का तैसा रहेगा।

उन्मुक्त आकाश में पक्षी की तरह निर्बन्ध विचरण करने का आकांक्षी कवि जानता है कि उस पर अनेक बन्धन हैं। प्रतिष्ठा, अहंकार, यश मान के बंधनों में जकड़ा व्यक्ति कभी सुख शांति से रह ही नहीं सकता। ये सभी को पीड़ित करते हैं—

महत्त्व, यष, मान, प्रतिष्ठा, अहंकार से
मेरा पिंजड़ा बना है
और पिंजड़ा ही मेरा दुःख है।

इन सबसे लिप्त व्यक्ति सच्चा इंसान नहीं रह जाता—वह भेड़िया बन जाता है। आज मनुष्य समाज में भेड़ियों की कमी नहीं। इसलिए सच्चा व्यक्ति इन आदमीनुमा भेड़ियों से डरता है। मानव मूल्यों के इस ह्रास शील युग में मानवता समाप्त होती जा रही है। यह अमानवीयता हर युग के कवि की पीड़ा थी, आज भी है, और आगे भी रहेगी इसलिए—

लोगों से मुझे डर लगता है
वे इन्सान नहीं रह गए, वे भेड़िए बन गए हैं।
इन्सानों के पास बैठा जाता है
भेड़ियों के पास नहीं बैठा जा सकता

इसलिए भीतर से कमजोर आदमी स्वयं अपने आपसे भी कतराने लगा है व्यक्ति हृदय शून्य हो चला है। चिंतन समाप्त है। बस जी रहा है न चिंतन दृष्टि ही न जीवन। जिस में मध्यवर्गीय व्यक्ति की जो दुर्दशा है उसने जीवन को दूभर भी बना दिया है।

"मैं मध्यवर्गीय चेतना हूं" इसे कवि ने उकेरने का प्रयास है। जो नौकरशाही और राजनीति तथा धन के माया जाल में फंसकर खड़खड़ा रही है। जिसकी दवा केवल क्रान्ति और इन्कलाब है। कवि उसका भी आह्वान करता है ताकि "श्रम का सूरज" उदित होकर "नई मानवता" को प्रतिष्ठित कर सके। लेकिन इसके लिए अंतरात्मा में प्रवेश कर संकल्प लेना होगा। बाहरी प्रदर्शन तो निरर्थक है। क्रिया भीतर से प्रारंभ होना चाहिए ताकि "पंजीवादी सूरज" अस्त हो सके।

इस सब के लिए मानव जी का कवि न तो हारा और न थका। बल्कि उसका संकल्प है कि लेखक के रूप में वह मृत्युपर्यंत संघर्ष करता रहेगा।

मैं मृत्यु की प्रतीक्षा दार्शनिक तरह नहीं करूंगा।
जीवन में निष्क्रिय नहीं रहूंगा
मैं मृत्यु की प्रतीक्षा काम करते करते करूंगा
जब मृत्यु आए मेरे हाथ से कलम ले ले।

राजनीति के घनचक्कर में अनेक खेल खेलने वाले मानव जी राजनीति से अछूते नहीं रहे, और न आज अछूते हैं। वे राजनीति के मर्म को समझते हैं। व्यंग के रूप में वे राजनीतियों पर कटाक्ष करते हुये कहते हैं—"राजनेता की कोई आत्मा नहीं होती।" "राजनेता की आत्मा" जैसी बहुत-सी कविताओं में मानव जी ने अपनी ही बात कही है—चाहे वह घर में हो या यात्रा में। यात्रा में लिखी गई कवितायें लगता है कि मानवजी कविता करना बायें हाथ का खेल समझते हैं। इसी प्रकार के नाव आदि के भी प्रसंग हैं। "लोगन कवित्त करी खेल करी जान्यो है" लिखने वाले कवि को मानवजी ने बता दिया है कि कविता के लिए कोई खास मनोदशा, तैयारी चिंतन या विचार की जरूरत नहीं है। वो तो यों भी लिखी जा सकती है। वह ओलोचकों के लिए सहज ग्राह्य भले ही न हो किंतु पाठक तो उसमें से मतलब की बात पा ही लेगा - यह मानवजी को पूरा विश्वास है। इसलिए जीवन भर मनुष्य जीवन का नाना प्रकार के भोग करने वाले मानव प्रेमी कवि मानव जी को आज भी मनुष्य की गंध सुख और प्रेरणा का कारण है।

भाषा की सहजता के लिए हिन्दी के साथ ही उर्दू फारसी और अंग्रेजी के प्रयुक्त शब्द तथा सरलता के लिए गपियाते, गड़वात आदि प्रयोग साक्षी माने जा सकते हैं। यों मानव जी की कवितायें किसी प्रकार का बन्धन स्वीकार नहीं करती चाहे वह शिल्प की बात हो या शास्त्र की, साहित्यिक अलंकार की बात हो या सिद्धान्त की। वे सहज उद्भूत क्षण अनुभूति की शब्द व्यंजनायें हैं। यह इस सबका प्रमाण "मनुष्य की गंध मुझे भाती है" की रचनायें हैं जो तीन पंक्तियों से लेकर साठ पंक्तियों तक की हैं।

पुस्तक की कीमत अखरने वाली है जो सामान्य पाठक के सामर्थ्य से बाहर है।

तेजपाल रस्तोगी

'मानव' जी के लिये मनुष्य को गंध का भाना सहज और स्वाभाविक ही है क्योंकि वे स्वयं मानव हैं। गंध से दूर वे रहना ही नहीं चाहते। गिरजा कुमार माथुर की यह पंक्तियाँ अनायास ही कुलबुलाने लगती हैं :

इतना मत दूर रहो
गंध कहीं खो जाये
आने दो आंच रोशनी
ना मंद हो जाये

जीवन के संध्या काल में उनका कार्य उमड़ा और पचास कविताओं का यह संग्रह एक प्रवाह के रूप में वह निकला । प्रश्न उठ सकता है कि साठ से पहले उनका कवि कहाँ खो गया था मानव जी मूलतः साहित्य के उपासक हैं परन्तु राजनीतिक के प्रलोभन में संवारना उनके लिये कठिन हो गया राजनीति से परित्यक्त होने पर पुनः यथार्थ की सार्थकता में अनुभव करने के लिये उनसे जुड़ा अनुभूतियों को एक विशिष्ट सचेतना के साथ अभिव्यक्ति प्रदान की हो ।

एक पुरानी कहावत है साठा सौ पाठा तीन वर्षों से उद्घोषित लम्बी और छोटी कविताओं ने एक छोटी-सी काव्य-सरिता का रूप धारण कर लिया । प्रवाह कहीं तीव्र तो कहीं मंदा, अठावन का आयु में अर्थात् सन् १९७८ में चौदह कविताओं की धारा बह निकली जो अगले वर्ष पतली होती गई क्योंकि इस वर्ष केवल सात कवितायें ही खिल पाईं । सन् १९८० में उनका कवि हृदय पुनः सतेज हो गया उन्नीस कविताओं का एक स्त्रोत बह निकला ।

छायावाद की समाप्ति के साथ हिन्दी साहित्य में अध्यात्मिकता एवं दार्शनिकता विलुप्त होने लगी, प्रगतिवाद कोई सर्वमान्य पृष्ठभूमि प्रदान न कर सका । प्रगतिवाद की वागविलासी भौतिकतावादी नई कविता को कोई विशिष्ट भावभूमि प्रदान न कर सकी मानव जी की कविता नई कविता के आत्म-संघर्ष की झांकी प्रस्तुत करता है गरीब और अमीर के बीच बढ़ती हुई खाई पारस्परिक मूल्यों का गिरता हुआ स्तर अविश्वास और तिरस्कार विघटन-कारी परिस्थितियों में उत्पन्न आक्रोश और तनाव नई कविता का मूल स्वर बन गया । इसी कविता झांकी हमें मानव जी की कविता में देखने को मिलती है । उन्होंने जो देखा, परखा, जिया, भोगा वह उनके व्यक्तित्व का अंश होकर कविता के रूप में प्रगट होकर युग का ज्वलंत यथार्थ मुक्त होकर वास्तविक और आधुनिक सभ्यता का दोहरापन उनके काव्य परिलक्षित है ।

मुक्तिबोध की ये पंक्तियाँ मानव जी के विचारों की समानन्तरता को अभिव्यक्त करती है :

मुझे बहुत प्यारी है, मानव के रक्त मांस की
चैत्र के आगों सी, खटमीठी यह गंध
मुझे बहुत प्यारी मानव का तन
मन प्राण आत्मा की
भूखे धाते और पुकारें गंध

मुक्तिबोध ने मार्क्सवादीय जीवन-दर्शन से मानव जी ने अपने काव्य संग्रह किया है परन्तु मानव जी इसमें भावावेश बहने वाले नहीं हैं वे गरीब नहीं बन सकते हैं न सर्वहारा बनकर उनकी अनुभूतियों को प्राप्त करना चाहते हैं ये मध्यवर्गीय चेतना और नौकरशाही चेतना से मिलजुलकर ही रहना चाहते हैं मानव जी कविताओं में कल्पना की रोमानियत के आवरण में अभिव्यक्त हुआ है मानव जी रोमानी तबियत के भी व्यक्ति हैं ।

प्रिये मैं तुम्हें प्यार करता हूँ। उनका प्यार अंतरात्मा की गहराइयों में चलता है। उनकी कविता में अनुभूतिशील आत्मज्ञान भी है चेतना कभी नष्ट नहीं होती है। केवल रूप बदलता है दृष्टि विकासशील है वह विकसित रही होगी और एक दिन मानवता का सपना सच होगा।

मानव जी का यह काव्य संग्रह नई कविता के क्षेत्र में अनूठा प्रयास है। उनके मन चेतना में सांसारिक असफलताओं की वेदना है तो आत्मा गहराइयों में प्राप्त होने वाली तृप्ति का बोध भी। वर्तमान जीवन के दोहरे पन में प्रति वितृष्णा है तो बधार्थ की स्वीकृति का बोध भी मुझे उनकी कविता में भौतिकवाद के स्थूल अवतरणों पर उठकर अध्यात्मिकता के नये सपने को स्पर्श करने की क्षमता दिखाई देती है। कुल मिलाकर यह काव्य संग्रह नई कविता के क्षेत्र में एक महत्त्वपूर्ण प्रयास है। नई सम्भावनाओं को संकेत देती हैं।

३

भूगोल

बुंदेलखंड का मानचित्र
पैमाना
112 56 0 112 224
कि.मी.
उ.
उरई
यमुना न.
हमीरपुर
दतिया
झाँसी
ओरछा
बाँदा
महोबा
खजुराहो
छतरपुर
अजयगढ़
पन्ना
भरहुत
सतना
मैहर
ललितपुर
टीकमगढ़
अहार
विंध्याचल पर्वत
एरण
धामौनी
कुंडलपुर
सागर
दमोह
नोहटा
जबलपुर
त्रिपुरी
नर्मदा न.

विन्ध्यमेखला तथा बुन्देलखण्ड का भौगोलिक महत्त्व

श्री जयचन्द्र विद्यालंकार

[भारतीय ऐतिहासिक भूगोल के आरंभिक विवेचक रूप में स्व० प्राध्यापक जयचन्द्र जी का नाम उल्लेखनीय है। अपने अनेक ग्रंथों और लेखों में उन्होंने इस बात का प्रतिपादन किया कि भारतीय भौगोलिक परिस्थिति ने इतिहास की अनेक प्रवृत्तियों के निर्माण में योग दिया। प्रस्तुत लेख उनकी पुस्तक **भारतभूमि और उसके निवासी** (द्वितीय संस्करण, आगरा १९३० ई०) पृ० ७६-८० तथा २०५-७ से साभार उद्धृत है।—सं०]

जमुना-गंगा-काँठे में, मथुरा-आगरा से और नीचे कानपुर-प्रयाग के करीब तक, उतर कर दक्खिन की तरफ देखें तो बेतवा, टोंस और केन की धाराएँ एक और रास्ते का संकेत करती हैं। कानपुर-कालपी से बेतवा-घाटी के ऊपरी तरफ झांसी होकर भिलसा (विदिशा) जाने वाले रास्ते को हम मालवा-बुन्देलखण्ड-सीमान्त का मार्ग कहते हैं। केन और टोंस के बीच विन्ध्यमेखला की पन्ना-शृंखला की चौड़ाई कुछ अधिक नहीं है और वहाँ उसे पार कर सीधे नर्मदा और सोन के जलविभाजक पर तथा नर्मदा-घाटी के उपरले छोर में जबलपुर पर पहुंचा जा सकता है। नर्मदा, सोन, महानदी और वेणगंगा के स्त्रोत एक-दूसरे के बहुत निकट हैं और विन्ध्य-शृंखला तथा ऋक्ष-शृंखला के जोड़ को सूचित करते हैं। इसी कारण वह जलविभाजक एक बड़े महत्त्व का नाका है।

जबलपुर के पास ही तेवर गांव मध्यकालीन चेदि-राज्य की राजधानी त्रिपुरी को सूचित करता है। प्रयाग-जबलपुर वाला रास्ता ठेठ बुन्देलखण्ड-मार्ग है। उसमें से जबलपुर छावनी के कुछ उत्तर कटनी से आजकल के रेलपथ की एक शाखा मेकल-शृंखला का उत्तर-पूर्व घेरा कर उपरले महानद-काँठे या छत्तीसगढ़ में जा उतरती और बिलासपुर पर उत्तर-दक्खिन-भारत की विभाजक रेखा को काटती है। जबलपुर से वेणगंगा की दिशा में सीधे दक्खिन महादेव और मेकल शृंखलाओं के बीच से गोदावरी काँठे को रास्ता है और जबलपुर से ही नर्मदा-घाटी के साथ-साथ सीधे पश्चिम जाने वाला रास्ता इटारसी पर भिलसा-भूपाल वाले पूर्वी मालवा-मार्ग को तथा और नीचे खंडवा पर उज्जैन माहिष्मती बुरहानपुर वाले पश्चिमी मालवा-मार्ग को काटता है। इस प्रकार बुन्देलखण्ड से दक्खिनपूरब, सीधे दक्खिन और दक्खिनपश्छिम जाने वाले रास्तों का सिर उक्त जलविभाजक में है।

राजपूताना, मालवा और बुन्देलखण्ड के उत्तर-दक्खिन-मुख रास्तों को परस्पर जोड़ने वाले रास्ते भी हैं। अजमेर को रतलाम और रतलाम को खंडवा से, कोटा को बीना और बीना को कटनी से, तथा जबलपुर को इटारसी और इटारसी को खंडवा से मिलाने वाले आजकल के रेलपथ उनके उदाहरण हैं। अजमेर और उज्जैन के बीच वाले रास्ते पर चित्तौड़गढ़ और दशपुर (मंदसौर) से प्राचीन स्थान तथा आजकल नसीराबाद और नीमच की छावनियाँ

हैं। यशोधर्मा के लेख मंदसौर में मिले हैं और उसके विस्तृत राज्य का केन्द्र वहीं रहा हो सो सम्भव है। हुमायं और बहादुरशाह गुजराती की मुठभेड़ फिर उसी दासोर (मंदसौर) पर हुई थी।

बुंदेलखण्ड-मार्ग प्राचीन आर्य काल में बहुत अधिक चलता था। भगवान् रामचन्द्र शायद उसी रास्ते दण्डकारण्य गये थे। पौराणिक इतिहास के अनुसार जब विदर्भ पर आर्यों ने अधिकार किया, लगभग उसी समय मेकल पर भी अधिकार कर लिया था। ऐसा होना स्वाभाविक ही था, क्योंकि आर्यों का "मध्यदेश" गंगा-काँठे में था जिसके ठीक दक्खिन बुंदेलखण्ड है। छठी-पाँचवीं शताब्दी ई० पू० से फिर मगध भारतवर्ष का गुरुताकेन्द्र बना रहा। मध्यदेश से दक्खिन का और मगध से भी पच्छिमी दक्खिन का रास्ता बुंदेलखण्ड में से ही है। गुप्त साम्राज्य के उदय से ठीक पहले बुंदेलखण्ड महाराष्ट्र के साथ वाकाटकों के राज्य में था, समुद्रगुप्त ने जब उसे अपने अधीन कर लिया तब महाराष्ट्र के वाकाटक-राज्य और गुप्त-साम्राज्य की सीमाएँ बुंदेलखण्ड में ही मिलती थीं। फिर सातवीं से दसवीं शताब्दी तक उत्तर भारत का केन्द्र कन्नौज रहा। कन्नौज के दक्खिन बुंदेलखण्ड के उत्तरी भाग अर्थात् प्राचीन चेदि देश में जो तब जेजाकभुक्ति या जझौटी कहलाता था चन्देलों का राज्य था और उसके दक्खिन तीवर या दक्खिन बुंदेलखण्ड में जिसे तब चेदि कहने लग गये थे—कलचुरियों का। उन राज्यों के नाम कन्नौज की लड़ाइयों और मैत्रियों के इतिहास में लगातार सुनाई देते हैं। उनके इतने घनिष्ठ पारस्परिक सम्बन्ध और लड़ाइयों को निबाहने के लिए बुंदेलखण्ड का मार्ग लगातार काम देता रहा होगा।

किन्तु मुसलमान बादशाह बुन्देलखण्ड के उत्तरी छोर पर ही मंडराते रहे। अकबर की जो सेना आसफखाँ की नायकता में रानी दुर्गावती से गढ़-मण्डल पर लड़ी थी, और फिर उसके पुत्र के खिलाफ़ जिसने चौरागढ़ को घेरा था, वह शायद पहली मुस्लिम सेना थी जिसने बुन्देलखण्ड के रास्ते विन्ध्यमेखला को एक छोर से दूसरे छोर तक पार किया था। किंतु उसके बाद भी शाहजहां के समय तक उस प्रदेश पर मुस्लिम अधिकार स्थिर नहीं हुआ। शाहजहां के जमाने में जब मुगल सेनायें जूझारसिंह का पीछा करते हुए ओड़छा, धामुनी और चौरागढ़ लेकर चांदा के गोंड राज्य की सीमाओं तक जा निकलीं, तब यह कहना चाहिए कि बुन्देलखण्ड का दक्खिनगामी मार्ग पूरी तरह मुग़लों के हाथ आया। अकबर से पहले यदि किन्हीं मुसलमान बादशाहों ने बुन्देलखण्ड के उत्तरी तट पर महोबा, कालिंजर आदि को अपने अधिकार में किया था तो केवल अपने उत्तर भारतीय साम्राज्य के दक्खिनी तट को सुरक्षित करने के लिए, न कि बुन्देलखण्ड के रास्ते दक्खिन में प्रवेश करने के लिए।

सोन की पूरब-वाहिनी धारा की घाटी या बघेलखण्ड का सबसे पुराना नाम कारुष था। पौराणिक इतिहास के अनुसार कारुष जाति का अवध या उत्तर कोसल से सम्बन्ध था, और कारुष के दक्खिन महानदी की उपरली घाटी का नाम "दक्खिण कोसल" तो उत्तर कोसल से सम्बन्ध सूचित करता ही है। अयोध्या से छत्तीसगढ़ तक अब एक ही भाषा (पूरवी हिन्दी) का क्षेत्र है। इससे सिद्ध होता है कि पौराणिक इतिहास के उक्त कथन में वास्तव में एक गहरी सच्चाई है। उस भाषा-सम्बन्ध से इन प्रदेशों का भौगोलिक संबंध भी निश्चित होता है।

गंगा-काँठ के पूरवी भाग में विन्ध्यमेखला के चरण गंगा के नज़दीक आते गए, और राजमहल पर ठीक गंगा के ऊपर जा पहुंचे हैं। इस प्रकार उनकी जो नोक उत्तर भारतीय

मैदान में चली आई है वह केवल विन्ध्यमेखला का आंचल है। उसके दक्खिन विन्ध्यमेखला का पूरवी भाग पच्छिमी भाग की अपेक्षा बहुत दुर्गम है। कारण एक तो नर्मदा और सोन के कारण विन्ध्यमेखला पच्छिमी अंश में दो फाँक हो गई है, पर यहाँ वह बात नहीं है, यहाँ ऋक्ष पर्वत एक ही है। दूसरे, पच्छिमी अंश की अपेक्षा इस अंश में वर्षा की अधिकता के कारण जंगल अधिक हैं। तीसरे, और मुख्य कारण यही है कि—बिहार से दक्खिन जाना हो तो पूरव की तरफ़ ज़रा चक्कर लगाकर उड़ीसा-तट के रास्ते मैदान-मैदान सुगमता से जा सकते हैं, इन पहाड़ों को सीधा लांघने की कोई ज़रूरत नहीं पड़ती। इस प्रकार यह प्रदेश सेनाओं, विजय वाणिज्य और सभ्यता के प्रवाहों से सदा बचता रहा है। यही कारण है कि भारतवर्ष की प्राचीनतम जंगली जातियाँ इतिहास के प्रवाह से छिड़े बिना झाड़खंड में अपनी, प्रागैतिहासिक काल की-सी, जीवनचर्या अब तक निभाती आती हैं।

चेदि नाम शुरू-शुरू में चम्बल और केन के बीच जमुना के दक्खिनी काठे का अर्थात्, केवल उत्तरी बुन्देलखंड का था। महाभारत-युद्ध से पहले वसु चैद्योपरिचर के समय न केवल उसके पड़ौस के कौशाम्बी (वत्सभूमि, प्रयाग के चौगिर्द का प्रदेश) और कारुषदेश (बघेलखण्ड) चेदि के साथ एक ही राज्य में सम्मिलित थे, प्रत्युत मगध और मत्स्य भी उसी राज्य में थे। बुद्ध के समय से ठीक पहले महाजनपदकाल में चेदि या चेति और वत्स की एक जोड़ी गिनी जाती थी। दूसरी शताब्दी ई० पू० में कलिंग का राजा खारवेल चेत या चेति (चेदि) वंश का था। मूल चेदि देश से कलिंग तक चेदि लोग कौशल या छत्तीसगढ़ के द्वारा ही फैले होंगे; १४वीं शताब्दी ई० में उत्कल (उड़िया) लिपि में लिखे गए एक प्राचीन ऐतिहासिक संस्कृत सन्दर्भ से स्पष्ट ही सूचित होता है कि खारवेल के पूर्वजों की राजधानी पहले कौशल में थी, और वहां से वे खण्डगिरि (उड़ीसा में धौली) गये थे।

आधुनिक बुन्देलखण्ड का दक्खिनी अंश उसमें कब से सम्मिलित हुआ है उसका कोई ऐतिहासिक निर्देश नहीं मिला; किंतु बोली की एकता सिद्ध करती है कि चेदि लोग बहुत आरंभिक काल में ही जमुना-काँठे से दूर दक्खिन तक समूचे बुन्देलखंड में फैल गए थे। मध्यकाल में इस दक्खिनी बुन्देलखंड में जबलपुर के उत्तर तेवर या त्रिपुरी में एक हैहय राज्य था, जो चेदि कहलाता था। यदि यह दक्खिनी बुन्देलखंड शुरू से चेदि में सम्मिलित न भी रहा हो तो मध्यकाल में उसका चेदि नाम पड़ जाने का एक यह कारण हो सकता है कि त्रिपुरी के राज्य ने कालिंजर का किला और उसके साथ समूचा उत्तरी बुन्देलखंड, जो कि प्राचीन चेदि था, जीत लिया था। जो भी हो उस समय से समूचे बुन्देलखंड का नाम चेदि है। उसी समय में उस के साथ लगा हुआ महाकोशल या छत्तीसगढ़ का राज्य था, जिसकी राजधानी मणिपुर थी। चेदि और कोशल दोनों राज्य हैहयों के थे, और दोनों में परस्पर घनिष्ठ सम्बन्ध था। डॉ० स्टेन कोनौ महाकोशल राज्य को पूरवी चेदि राज्य कहते हैं। इस प्रकार यदि प्राचीनकाल से नहीं तो मध्यकाल से चेदि और कोशल का एक क्षेत्र होना निश्चित है। भाषा-पड़ताल की दृष्टि से बुन्देलखंड का सीधा सम्बन्ध कुरुक्षेत्र, पंचाल और शूरसेन देश से है। किंतु मनुस्मृति के परिगणन में वह उस समूह में नहीं आता भौगोलिक दृष्टि से वह विन्ध्यमेखला में होने के कारण उनसे अलग है ही, और इसीलिए हम उसे अलग रखते हैं।

THE VINDHYAS : THEIR CULTURAL IMPACT

Prof. K. D. Bajpai

The Vindhya mountain, on account of its location and extent, has, from hoary antiquity played an important role in the country. Its position was second only to that of the Himālayas. Like the latter, the Vindhyas have several ranges. The designations of some of these are found in ancient literature. These are Pāriyātrā, Rikṣa, Mekala, Suktimat, Mahadeva, Praśravaṇa, Mālyavān and Riṣyamūka (also called Malaya in some texts). Their extension covered the region from the Chambal valley in the north-west to the valleys of Mahānadī and Indrāvatī in the south-east.

During the period of the *Dharmasūtra* works the Pāriyātra range seems to have marked the boundary line between the lands of the *Uttarāpatha* and *Āryāvarta* proper. This is alluded to in the *Baudhāyana Dharmasūtra* (I, 1, 25), wherein the region in the north-west beyond the boundary of the Pāriyātra is called 'the land of barbarians.'

Ptolemy, the Greek geographer, mentions Vindhya by the term *Ouindion.* Parts of this mountain were inhabited by the Śabaras (Greek *Sabari* of Ptolemy, and *Suari* of Pliny). Other early inhabitants of the extensive Vindhya region were : the Ābhīras, the Guhas, the Pulindas, the Kirātas, the Vānaras, the Rikṣas the Āṭavyas, etc. Some of the Purāṇas, the Tantras and several inscriptions mention these inhabitants as *Vindhya-mūlikas*, *Vindhya-mauleyas* or *Vindhya-priṣṭha-nivāsinah.*

These references indicate that the above-mentioned tribes had occupied different parts of the Vindhya forest. Some of the tribes, named above also lived in the Godāvarī valley and also in the south of that river. The term *dakṣināpatha-vāsinah* usually indicated the people living in the south of the Narmadā valley. The word *Dakṣiṇāpatha*, in course of time, was applied to the people of the lower Godāvarī valley and to those living beyond it in the south.

It is interesting to note that among the *janapada*-names of the Vindhya region, occurring in the Purāṇas (particullarly *Matsya*, *Brahmāṇḍa* and *Mārkaṇḍeya*), the names of Avanti, Mālava, Anūpa, Kosala, Tosala and Utkala are also found.[1] This indicates the extensive nature of the area covered under the Vindhyas. Of these *janapadas*, the first three represented the western and north-western limits,and the last three (south-Kosala, Tosala and Utkala) referred to the areas of present Chhattisgarh and Orissa. The *janapada* called *Kiskindhaka* is also included in some Purāṇas among the *janapadas* of the Vindhyas.

The name Nirvindhyā (modern river Nevaj) is also significant. This river flows between the Betwa and Chambal rivers and is mentioned in most of the early Purāṇas as rising from the western Vindhya, along with several other rivers, such as Payoṣṇī and Tāpī,

In some of the later inscriptions of south India, the name of Vindhya occurs. This appellation was given to the small hills or peaks of the South after the well-known name of the Vindhyas of the North. Some other names, such as that of the Malaya mountain, were likewise adopted in South India.

In a recent publication entitled *The Search For Laṅkā* its author Dr. D.P. Mishra has discussed the extent of the Vindhya mountain in ancient times.[2] He holds the view that the Vindhyan ranges extended from the upper Narmada valley of Madhya Pradesh to the Bay of Bengal in the south-east. The author has based his arguments mainly on the Rāmāyaṇa, the *Matsya Purāṇa* and a reference in the Jaina work *Karahaṇḍa-cariu* of Muni Kanakāmara of the 11th century A. C.

Dr. Mishra has also tried to show that the off-shoots of the Vindhya-extending to the east were named as *Praśravaṇa*, *Mālyavān* and *Ṛṣyamūka* respectively. *Kiṣkindhā*, according to him, was situated in the valley lying between the two ridges of the Vindhya, viz. the Mālyavan and Ṛśyamūka. He arrives at the conclusion that "the northern part of the Eastern Ghat lying north of the Godāvarī was the meeting place of three mountain ranges, the Vindhya, the Sahyādri and the Mahendra."[3]

From some early works, like the *Aitareya Brāhmaṇa* (VIII, 18) we learn that the tribes of the Śabaras, the Pulindas, the Andhras and a few others lived contiguous to each other. The hilly tracts occupied by them lay in the south-eastern part of the present Madhya Pradesh and the adjoining regions of Orissa and Andhra Pradesh. Out of the three tribes mentioned here, the Andhras in course of time became most powerful and they gradually became rulers of an extensive territory. The association of the Andhras with the Pulindas continued for long. The Mauryan emperor Aśoka in one of his rock edicts.[4] Mentions the two tribes together, implying to their importance during his period.

Aśvaghoṣa, the celebrated poet of the first century A.D. in his work Saundaranandа has indicated the location of Madhyadeśa between the Himālaya and the Pāripātra mountains.[5] Here Pāripātra is the same as the Vindhya. Aśvaghoṣa follows Manu (II, 21) and other early writers, who have given the boundaries of Madhyadeśa. In his second work, the *Buddhacarita*, Aśvaghoṣa has made an interesting reference to Vindhyakoṣṭha (interior of the Vindayas)[6] The lived a great sage called Arāḍa. Gautama Siddhārtha was imformed about the enlightened (*labdhacakṣu*) Arāda, whom he eventually met after treading in the dense Vindhya forest. In later times are several sages lived in that forest.

In the Nāsik cave inscription of Pulumāvi dated his regnal years 19, the three mountains of central India are mentioned.[7] These are : Vindhya, Rksavat and Pāriyātra (called *Pāricāta* in the inscription). These three represented the extensive Vindhya mountain.

Bāṇabhaṭṭa, the well-known author of the 7th century A.D. has given graphic descriptions of Vindhyagiri, Vindhyāṭavī and Vanagrāma in his *Harṣacarita* (Ch. VII-VIII). From his accounts it is clear that the Vindhyas covered an extensive land in central India.

In the 8th century A. D. the Śaila dynasty of the south Kosala region had extended its sway up to the south-eastern ridges of the Vindhya. The Ragholi copper plate inscriptions of Jayavardhana-II of this dynasty gives a brief history of the Śaila dynasty.[8] According to it, king Jayavardhana-I, the the grandfather of the king referred to above, killed the local ruler of Vindhya and settled himself there. His son Śrīvardhana was given the epithet of *Vindhyeśvara* (lord of the Vindhyas). He was succeeded by his son Jayavardhana-II who assumed the grandiloquent titles of *mahārājādhirāja Parameśvara*. In the inscription he is called *ṣakala Vindhyādhipati* (lord of the entire Vindhya range). His kingdom probably included the area extending at least upto the western Orissa.

Due to the geographical factors, the south-eastern extension of the Vindhyas, from south Kosala to the coastal area of Orissa, was more fertile. It attracted the archaic inhabitants much more than was the case with the north-western part of the mountain.

The north-western regions of the Vindhya, covering the Chambal-Narmadā-valleys, were rather dry as compared to the south-eastern parts. In several inscriptions of the early medieval period references occur to the people inhabiting the dry rock-shelters of the north-wesrtern part. For example the Vadner copper plate inscription (line 28) of Kalacuri Buddharāja dated year 360 (608 A. D.) mentions the dry areas of the Vindhya : *Vindhyāṭavīśva-toyāsu śuṣkarkoṭara-vāsinah.*[9] In a similar *Vyāsa-vākya* of the Nīlagunda copper plate inscription of the Cālukya king Vikramāditya-VI dated the year 1123 A. D., a reference to the region is found in almost the same terms.[10]

The number of natural rock shelters in the south-eastern parts of the Vindhyas is much less than the large number of such shelters in the Chambal-Betwa-Narmada valleys. The word 'Śabarālaya'[11] refers both to the rock-shelters and *parṇaśālā* (huts of leaves) inhabited by the Śabaras.

The Rajim inscription of king Vilāsatuṅga of the Nala dynasty,[12] and the Senkapat inscription of Mahāśivagupta Bālārjuna,[13] referring to the Vindhya, imply to its extensive nature:

In his study, Dr. D.P. Mishra has aptly quoted from the Rāmāyaṇa (Kiṣkindhā-kaṇḍa) about the extent of the Vındhyas. He has, however, missed one pertinent reference (*Rāmāyaṇa*, IV, 60, 7). which runs thus :

Hṛṣṭa-pakṣi-gaṇākīrṇah, kandarodara-kūṭavān;
Dakṣiṇasyo-dadhestīre, Vindhyo-yamiti niṣcitah.

हृष्टपक्षिगणाकीर्ण: कन्दरोदरकूटवान् ।
दक्षिणस्योदधेस्तीरे विंध्योऽयमिति निश्चित: ।।

Here a reference is made to the parts of the Vindhyas adjacent to the coast of the south ocean (Bay of Bengal), having several rock-shelters and peaks.

The references to *Janāsthāna* in the *Rāmāyaṇa* (IV, 61, 16) indicate that it was away from the Vindhyan ridge. This is quite plausible as the *Janasthāna* and *Pancavatī* (located near the confluence of the river Godavari and Indrāvatī) were out of the bounds of the Vindhyas. This is also corroborated by Bāṇabhaṭṭa's reference to Pancavaṭī.

In the Raghuvaṁśa of Kālidāsa (XVI, 32) there is an interesting reference to the crossing of the Vindhyas by Rāma's son Kuśa. While leaving the town Kuśāvatī (identified by me with Kosalanagara near Malhār in the Bilaspur district of Madhya Pradesh) for Ayodhya, Kuśa, along with his massive retinue, crossed the Vindhyas, wherein the Pulindas gave him various presents :

Vyalaṅghayat Vindhya-mupāyanāni,
Paśyan Pulindai-rupapāditāni.
व्यलङ्घयत् विन्ध्यमुपायनानि
पश्यन्पुलिन्दैरुपपादितानि ।

—*Raghuvaṁśa*, XVI, 32.

Ayodhyā is located almost due north of Kuśāvati. The area of the Vindhya, crossed by Kuśa, lay in its eastern parts, and not in the territories of the Narmada.

The Jaina work *Karakaṇda-cariu*, referred to above, was written by the poet at Ashapurī (close to Bhojapura, near Bhopal).[14] In section V, 5, 1 of the work a reference occurs to a devout king of Laṅkā. He is called a successor in the dynasty of Rāvaṇa. At another place in the work is given an episode of the king Bāladeva of Campā. While he was going in a pleasure trip, along with his queen, on the back of an elephant, a sad incident occurred. The sudden thought of its original home in the Vindhyas so much overpowered the animal that he ran towards Kālinjar in the Vindhyas and became out of control.[15] This Kālinjar is the Keunjar of Orissa and not the one of the Bandā district of Uttar Pradesh.

As is well known, elephants were found in the jungles of the Vindhyas, mostly in the south-eastern parts. The Sanskrit and Prākrit literature contains plentiful interesting material bearing on the Vindhyan elephants and their hunting by the Śabaras and the Pulindas of the Vindhyas. Mention of two important Prākrit works is necessary here. The one is *Gāhākośa* Sātavāhana Hālā[16] and the other is *Vajjālaggaṁ* of Jayavallabha, who composed it sometime in the 13th century A.D.[17]

These two works contain some significant descriptions of the natural beauty of the Vindhyas, of the tribals (Vyādhas, Śabaras, Pulindas, etc.) inhabiting them and of the elephants and other animals and birds infesting the long mountain ranges. A considerable number of these descriptions apply to the south-eastern parts of the Vindhyas, which were extended up to *Mahodadhi* (Bay of Bengal) and joined hands with the Mahendra mountain.

The names of the seven *kulaparvatas*, as given in several early texts,[18] are: Mahendra, Malaya, Sahya, Śuktimat, Rkṣa, Vindhya and Pāriyātra. In the *Amarakośa* (II, 33), after the names of Himavān and Niṣadha, are mentioned Vindhya, Mālyavān and Pāriyātra. In the *Mahābhārata* and the early Purāṇas, the names of the *Kulaparvatas* are given from the east to west.

Out of the seven names of the Kulaparvatas, Malaya (Ṛṣyamūka), Śuktimat, Ṛkṣa, Vindhya and Pāriyātra formed parts of one and the same extensive Vindhya range. The names of Mahendra and Sahya are also grouped with the above five in the early texts. The reason for this seems to be that these two were in close proximity with the Vindhyan range and distinctly joined it. It was, therefore, in the fitness of things that these two were also grouped under the general head *Kulaparvatas*. These formed a different group from the Himalayan ranges in the north and the mountain ranges of the south.

The term *Kulaparvata* is quite significant alluding to one family, to which these seven hills belonged.

The etymology of the names of above mentioned hills offers some interesting clues. The name *Mahendra* signifies the lofty nature of that mountain and also probably its association with Indra, lord of the gods. The term *Sahya* seems to have indicated its congenial nature. *Malaya* was so called due to the fragrant plants growing in its surroundings. The name *Śuktimat* indicates the river beds in its proximity abounding in conch-shells The designation *Ṛkṣa* alludes to its inhabitants (both human beings and animal bear) called by that name. The name *Praśravaṇa* alludes to the water oozing out of it (*Prasavanti āpo yasmāt*).[19] Similarly, the word *Mālyavān* alludes to the form of the hills which was like a garland (*mālyākāratā asya*).

The etyomology of the name *Vindhya* is not easy to explain. Monier Williams says that the word is of doubtful derivation. About its extents he writes: "low range of hills connecting north extremeties of western and eastern ghats."[20] The Vindhya range formed the southern limit of *Madhyadeśa*. The name of a king of the Pulindas was Vindhyaketu as known from the *Kathāsaritsāgara* and some other works. The rulers of the areas in the historical period took pride in associating their names with the Vindhya mountain.

From the literary sources we learn than the *Vyādhas* (hunters) were associated with the Vindhya region from quite early times. A commentry on the *Amarakoṣa* explains that the term indicated both the *Vyādhas* and the mountain (*vyādhādri bhedayoh*).[21] The derivation of *Vindhya* from *vyādha* (to pierce) can, however, be suggested here.

As regards the term *Pāriyātra* its obvious explanation can be : *parito yātrayā dṛsyate* (that which can be seen from all sides in its circumambubulation). The earliest reference to Pāriyātra (also called *Pāripātra*) seems to occur in the *Baudhāyana-dharmasūtra* (I, 1, 25). The Chinese pilgrim Hiuen-Tsang has referred to it as *Poliye-talo*. It formed the western range of the Vindhyas, including the Arāvali hills. Pāriyātra also finds mention in the *Harṣacarita* (ch. VI) of Bāṇa.

Kālidāsa has given an interesting description of Pāriyātra.[22] According to him, a king called Pāriyātra, son of king Ahīnuga born in the famous dynasty of Raghu of Ayodhya, conquered the region, and gave his name to the hill range covering that region.

REFERENCES

1. See S.M. Ali *The Geography of the Purāṇas* (New Delhi, 1966), pp. 157-69.
2. D. P. Mishra, *The Search for Laṅkā* (New Delhi 1985), pp. 53-58.
3. *Ibid*, p. 58.
4. Rock Edict, No. *XIII*, line 10—*Andhra-Pulindeṣu.*
5. *Saundarananda, II*, 62 : *madhyadeśa iva vyakta Himavat Pāriyātrayoh.*
6. *Buddhacarita, VII*, 54.
7. D. C. Sircar, *Select Inscriptions, Vol. I*, no. 86, pp. 203ff.
8. See D.C. Sircar, *Select Inscriptions Vol. II* (Delhi, 1983), No. 23, pp. 312-16.
9. *Ibid*, No. 30, pp. 355-59.
10. *Ibid*, No. 10, p. 534.
11. For instance, see the *Amarakosa, II*, 2, 20.
12. *Epigraphia Indica, Vol. XXVI*, pp. 49-58.
13. *Ibid. Vol. XXXI*, pp. 31-6.
14. A critical revised edition of the work (edited by Dr. H. L. Jain) has been published by the Bhāratiya Jānāpiṭha (Delhi, 1964).
15. *Karakaṇḍa-cariu, I*, 12, 8-9. Besides the names of Vindhya, Andhra, Kaliṅga and Laṅkā, the work gives names of Malaya was no doubt located in Orissa. The work also mentions the Pāṇḍyas (along with the Ceras and Colas) in *IV*, 1, 5 and *VIII*, 18, 5.

16. *Gāhākosa* (with the commentary of Bhuvanapāla) ed. by M. V. Patwardhan (Ahmedabad, 1980).
17. *Vajjālaggaṁ* with the Hindi translation of Vishvanath Pathak, P. V. Research Institute (Varanasi, 1984).
18. *Mahābhārata, VI*, 10, 9; *Mārakandeya Purāṇa*, 57, 10-11; *Viṣṇu P., II*, 3, 3.
19. See Commentary on *Amarakoṣa, II*, 4, 5 (Nirnaya sagar edition).
20. *Sanskrit English Dictionary* (revised edition, Oxford, 1899), p. 972, col. 2; p. 294, col. 3.
21. *Amarakoṣa, Rāmāśrāmī Ṭīkā* (on *II*, 3, 3). *Ibid*, p. 126.
22. *Raghuvaṁsa, XVIII*, 16 :

Tasminprayāte paralokayātrāṁ jetāryariṇaṁ tanayaṁ tadīyaṁ /
uccaih-śirastvānjita pāriyātraṁ Lakṣmih siṣeve kila Pariyātraṁ //

तस्मिन्प्रयाते परलोकयात्रां जेतार्यरीणां तनयं तदीयम् ।
उच्चैः शिरस्त्वाञ्जित-पारियात्रं लक्ष्मीः सिषेवे किल पारियात्रम् ॥

बुन्देलखण्ड का सीमांकन

डा० नर्मदा प्रसाद गुप्त

सीमांकन से मेरा तात्पर्य किसी ऐसी कृत्रिम रेखा खींचने से नहीं है, जो किसी राजनीतिक और विधिविहित दृष्टिकोण से नियमित की गई हो, वरन् ऐसे प्राकृतिक सीमान्त से है, जो उस क्षेत्र के ऐतिहासिक परिवेश, संस्कृति और भाषा के अद्‌भुत ऐक्य को सुरक्षित रखते हुए उसे दूसरे जनपदों से अलग करता हो। राजनीतिक भूगोल के विद्वानों ने सीमान्त और सीमा के अंतर को भली-भांति स्पष्ट किया है।[1] भौगोलिक सरणियों के प्रति मेरा कोई विशेष आग्रह नहीं हैं, फिर भी जनपद की एकरूपता के अध्ययन में उसकी प्राकृतिक विशेषताएँ—स्थिति, धरातलीय बनावट, जलवायु आदि सहायक होती है। प्रत्येक जनपद भौगोलिक के साथ-साथ ऐतिहासिक-राजनीतिक, सांस्कृतिक और भाषिक इकाई भी होता है। इस दृष्टि से सीमांकन के तीन आधार प्रमुख हो जाते हैं—भू-आकारिक, प्रजातीय और कृत्रिम। भू-आकारिक आधार पर सीमा का निर्धारण पर्वत, नदी, झील आदि से होता है, क्योंकि वे अधिक स्थायी अवरोधक होते हैं। उदाहरण के लिए, बुन्देलखण्ड के दक्षिण में महादेव, मैकल ऐसे पर्वत हैं, जिनको पार करना प्राचीन काल में अत्यंत कठिन था और उत्तर-पश्चिम में भी चम्बल के खारों और बेहड़ों की एक प्राकृतिक रुकावट विद्यमान थी। प्रजातीय आधार में जाति, भाषा संस्कृति और धर्म अर्थात् पूरा सांस्कृतिक वातावरण समाहित है। कभी-कभी जनपद की सांस्कृतिक इकाई भू-आकारिक सीमा को पार कर जाती है, किन्तु उसके कुछ ठोस कारण होते हैं। कृत्रिम आधार से मेरा तात्पर्य उन सीमाओं से है, जिन्हें व्यक्ति राजनीतिक सुविधा के लिए स्वयं खींचता है अथवा जो दो भूभागों के बीच समझौते या संधि से अंकित की जाती हैं। बुन्देलखण्ड के सीमांकन में इस आधार का महत्त्व नहीं है।

सीमांकन के प्रयत्न

बुन्देलखण्ड के सीमांकन के अनेक प्रयत्न मिलते हैं, जिनके विवरण और विश्लेषण से भी एक स्पष्ट स्वरूप बिम्बित होना स्वाभाविक है। भू-आकारिक सीमांकन नये नहीं है, किन्तु भौतिक आधार पर निर्धारण नवीन होना संभव है। प्रसिद्ध भूगोलवेत्ता एस० एम० अली ने पुराणों के आधार विन्ध्यक्षेत्र के तीन जनपदों—विदिशा, दशार्ण एवं करुष की स्थिति का परिचय दिया है। उन्होंने विदिशा का ऊपरी बेतबा के बेसिन से, दशार्ण का धसान और उसकी प्रमुख धाराओं की गहरी घाटियों द्वारा चीरा हुआ सागर प्लेटो तक फैले प्रदेश से तथा करुष का सोन-केन नदियों के बीच के समतलीय मैदान से समीकरण किया है। इसी प्रकार

त्रिपुरा जनपद जबलपुर के पश्चिम में १० मील के लगभग ऊपरी नर्मदा की घाटी तथा जबलपुर, मण्डला और नरसिंहपुर जिलों के कुछ भागों का प्रदेश माना है।[२] वस्तुतः यह बुन्देलखण्ड की सीमा-रेखाएँ खींचने का प्रयत्न नहीं है, किन्तु इससे यह पता चलता है कि उस समय बुन्देलखण्ड किन जनपदों में बँटा था। इतिहासकार जयचंद्र विद्यालंकार ने ऐतिहासिक और भौगोलिक दृष्टियों को संतुलित करते हुए बुन्देलखण्ड को कुछ रेखाओं में समेटने का प्रयत्न किया है—'(विन्ध्यमेखला का) तीसरा प्रदेश बुन्देलखण्ड है जिसमें बेतबा (वेत्रवती), ढ़सान (दशार्णा) और केन (शुक्तिमती) के काँठे, नर्मदा की उपरली घाटी और पंचमढ़ी से अमरकंटक तक ऋक्ष पर्वत का हिस्सा सम्मिलत है। उसकी पूरबी सीमा टोंस (तमसर) नदी है।[३] यह सीमांकन पुराणों द्वारा निर्देशित जनपदों की सम्मिलित रेखाओं के बहुत निकट है। वर्तमान भौतिक शोधों के आधार पर बुन्देलखण्ड को एक भौतिक क्षेत्र घोषित किया गया है और उसकी सीमाएँ इस प्रकार निर्धारित की गईं हैं—'वह क्षेत्र की उत्तर में यमुना, दक्षिण में विन्ध्य प्लेटो की श्रेणियों, उत्तर-पश्चिम में चम्बल और दक्षिण-पूर्व में पन्ना-अजयगढ़ श्रेणियों से घिरा हुआ है, बुन्देलखण्ड के नाम से जाना जाता है। उसमें उत्तर प्रदेश के चार जिले—जालौन, झाँसी, हमीरपुर झौर बाँदा तथा मध्यप्रदेश के चार जिले—दतिया, टीकमगढ़, छतरपुर और पन्ना के अलावा उत्तर-पश्चिम में भिण्ड जिले की लहर और ग्वालियर जिले की भाण्डेर। तहसीलें भी सम्मिलित हैं।[४] ये सीमा रेखाएँ भू-संरचना की दृष्टि से उचित कही जा सकती हैं, किन्तु इतिहास, संस्कृति और भाषा की दृष्टि से बुन्देलखण्ड बहुत विस्तृत प्रदेश है।

जनपद भूखण्ड की एक ऐसी इकाई है, जो उसके निवासियों के विविध संस्कारों की समानता और एकता से निर्मित होती है। संभवतः इसी वास्तविकता के आधार पर डा० वासुदेव शरण अग्रवाल ने प्राचीन काल के जनपद की एक सांस्कृतिक भौगोलिक इकाई की संज्ञा से अभिहित किया है।[५] वैसे नर्मदा और चम्बल घाटी तथा अटवी की सभ्यता बहुत पुरानी है, किन्तु जनपदीय चेतना का उदय रामायण और महाभारत काल से हो चुका था। महाभारत और जनपद-काल का चेदि इसी प्रकार का जनपद था, जिनका समीकरण पार्जिटर ने वर्तमान बुन्देलखण्ड से किया है। उनके मतानुसार चेदि देश उत्तर में यमुना के दक्षिणी तट से दक्षिण में मालवा के पठार और बुन्देलखण्ड की पहाड़ियों तक तथा दक्षिण-पूर्व में चित्रकूट के उत्तर-पूर्व में बहने वाली कार्वी नदी से उत्तर-पश्चिम में चम्बल नदी तक प्रसारित विस्तृत प्रदेश का नाम था।[६] डा० वी० वी० मिराशी के अनुसार मध्यकाल में उसका विस्तार नर्मदा के तट तक हो गया था। अधिकांश इतिहासकारों ने इस सीमांकन को सही माना है। कुछ इतिहासकार प्राचीन जनपदों के सीमांकन का आधार सांस्कृतिक मानते हैं; लेकिन महाभारतकालीन युद्धों से प्रकट है कि जनपद की सीमाओं का विस्तार राजा और सेना पर निर्भर होता था, संस्कृति के प्रचार-प्रसार पर नहीं। अतएव उसे किस सीमा तक साँस्कृतिक माना जाय, एक टेढ़ा प्रश्न है। फिर भी इन जनपदों में लोकरुचि मूल्यवान समझी जाती थी और गणराज्यों में गणपरिषद् राजा को पदच्युत कर सकती थी, इस दृष्टि से जनपद की लोकरुचि और लोकसंस्कृति का प्रतिनिधि प्रदेश माना जा सकता है।

जनपदों के पतन के बाद सांस्कृतिक आधार निर्बल पड़ता गया और राजनीतिक आधार प्रधान होता गया। चन्देलकाल में जेजाभुक्ति (जिसका समीकरण बुन्देलखण्ड से किया

गया है) की सीमाएँ वर्तमान बुन्देलखण्ड से विस्तृत थीं। चंदेलों के राज्य में ऐसे भी क्षेत्र थे, जो भिन्न-लोक संस्कृति के थे और जिनकी लोकभाषा बुन्देली न होकर बघेली, कन्नौजी और ब्रजी थी। इसी प्रकार महाराज छत्रसाय बुन्देला की राज्य-सीमा को यथावत् बुन्देलखण्ड की सीमा मानना उचित नहीं है, जबकि इण्डियन गजेटियर्स में उन्हीं को स्वीकार किया गया है। इतिहासकारों ने भी इसी सीमांकन को दुहराया है। दीवान प्रतिपालसिंह के अनुसार पूर्व में टोंस और सोन नदियां अथवा बघेलखण्ड या रीवा राज्य है तथा बनारस के निकट बुन्देला नाले तक सिलसिला चला गया है। पश्चिम में बेतवा, सिन्ध और चम्बल नदियाँ, विन्ध्याचल श्रेणी तथा मालवा, सिंधिया का ग्वालियर राज्य और भोपाल राज्य है तथा पूर्वी मालवा इसी में आता है। उत्तर में यमुना और गंगा नदियाँ अथवा इटावा, कानपुर, फतेहपुर, इलाहाबाद, मिर्जापुर तथा बनारस के जिले हैं, दक्षिण में नर्मदा नदी और मालवा है।"[७] दीवान जू ने बुन्देलखण्ड की बृहत्तर मूर्ति की रचना की है। पं० गोरे लाल तिवारी ने निर्णय लिया है— "इस भूभाग के उत्तर में यमुना का प्रचण्ड प्रवाह, पश्चिम में मंद-मंद बहने वाली चम्बल और सिन्ध नदियाँ, दक्षिण में नर्मदा नदी और पूर्व में बघेलखण्ड है।[८] वास्तव में इन सीमा-निर्धारणों में ऐतिहासिक-राजनीतिक दृष्टिकोण ही प्रमुख रहा है। आगे चलकर प्रान्तीय राजनीति के आधार बुन्देलखण्ड की इकाई को टुकड़ों में विभाजित किया गया है।

प्रसिद्ध पुरातत्त्वविद् कनिंघम ने भी सीमा-निर्धारण का प्रयत्न किया है। उनके अनुसार "बुन्देलखण्ड के अधिकतम विस्तार के समय इसमें गंगा और यमुना का समस्त दक्षिणी प्रदेश जो पश्चिम में बेतवा नदी से पूर्व में चंदेरी और सागर के जिलों सहित विन्ध्यवासिनी देवी के मंदिर तक तथा दक्षिण में नर्मदा नदी के मुहाने के निकट बिल्हारी तक प्रसारित था, रहा है।"[९] लेकिन इस सीमांकन में चंदेलकालीन मूर्तिकला और स्थापत्य का आधार ही मुख्य प्रतीत होता है। इतिहासकार वी० ए० स्मिथ ने भी इसी सीमा को मान्यता प्रदान की है।[१०] परन्तु उनका आधार भी चन्देलों की राज्य सीमा है, जो बृहत्तर बुन्देलखंड का चित्र खड़ा करती है।

जनपदीय भाषा या बोली जनपद की राजनीतिक सामाजिक और सांस्कृतिक चेतना की माध्यम होती है। लोकसंस्कृति गतिशील होती है, इसलिए उसमें कुछ-न-कुछ परिवर्तन स्वाभाविक हैं, लेकिन लोकभाषा जनपद के इतिहास और संस्कृति की सतत् साक्षी होती है, इसलिए जनपद की सीमाएँ लोकभाषा के क्षेत्र से निर्धारित करना उचित है। सर्वप्रथम विलियम कैरे ने, जो १७९३ ई० में भारत आए थे, अपने भाषा-सर्वेक्षण के प्रतिवेदन में ३३ भारतीय भाषाओं की सूची में बुन्देलखंडी पर भी विचार क्रिया था और उसका नमूना भी दिया था।[११] सन् १८३८ से १८४३ ई० के बीच मेजर राबर्ट लीच ने बुन्देलखंड की हिन्दवी बोली के व्याकरण का निर्माण किया था।[१२] उपरान्त सर जार्ज ए० ग्रियर्सन ने बुन्देलखन्डी पर महत्वपूर्ण कार्य किया और प्रत्येक क्षेत्र को बुन्देली भाषा पर विचार करते हुए बुन्देली की सीमाएँ खोलीं। उनके अनुसार बुन्देली भाषा का क्षेत्र बुन्देलखंड के राजनीतिक क्षेत्र से मिलता-जुलता नहीं है। वह उत्तर में चम्बल नदी के उस पार आगरा, मैनपुरी, इटावा जिलों के दक्षिणी भागों तक; पश्चिम में चम्बल नदी तक न होकर पूर्वी, ग्वालियर तक; दक्षिण में सागर और दमोह तक ही

नहीं, वरन् भोपाल के पूर्वी भागों, नर्मदा के दक्षिण में नरसिंहपुर, होशंगाबाद, सिवनी जिलों तथा बालाघाट और छिंदवाड़ा के कुछ क्षेत्रों तक फैला हुआ है। पूर्व में बाँदा की भाषा बुन्देली नहीं है।[13] श्री कृष्णानंद गुप्त ने इसी सीमांकन का अनुसरण किया है।[14] किन्तु डा० रामेश्वर प्रसाद अग्रवाल ने और भी विस्तार कर दिया है। उन्होंने उत्तर में पूरा मुरैना जिला, पश्चिम में शिवपुरी और गुना के पूरे जिले तथा दक्षिण में बैतूल जिला अर्थात् तापती नदी की तटीय सीमा तक का पूरा क्षेत्र बुन्देली क्षेत्र में सम्मिलित कर लिया है।[15] इसी प्रकार डा० महेश प्रसाद जायसवाल में मध्यप्रदेश के दुर्ग जिले का कुछ भाग, उत्तर प्रदेश के बांदा जिले का कुछ भाग और महाराष्ट्र के चांदा, बुल्डाना, भंडारा, अकोला जिलों के भागों को भी समाविष्ट कर लिया है।[16] भाषाविद् डा० उदय नारायण तिवारी, डा० हरदेव बाहरी आदि ने ग्रियर्सन की सीमाओं को ही मान्यता दी है।[17] वास्तव में, ग्रियर्सन के भाषा-सर्वेक्षण के बाद कोई दूसरा योजनाबद्ध प्रयत्न नहीं किया गया।

ग्रियर्सन के सर्वेक्षण पर ध्यान दिया जाय, तो उस योजना में तीन प्रकार के नमूनों का जिला-अधिकारियों, राजनीतिक प्रतिनिधियों आदि के द्वारा संग्रह, ब्रिटिश तथा बाइबिल सोसाइटी के मिशनरियों और स्थानीय मिशनरियों के द्वारा अनुवाद, अनुवाद के नमूने के लिए बाइबिल के 'प्राडीगल सन' की कथा का अंश, समस्त नमूनों में से महत्त्वपूर्ण नमूने का चुनाव'[18] आदि कुछ ऐसी कठिनाइयां थीं, जिनसे सही निर्णयों तक पहुँचना किस सीमा तक संभव हो सकता है, विचारणीय विषय है। स्वयं ग्रियर्सन ने एक कठिनाई का उदाहरण देकर इसे स्पष्ट किया है।[19] वस्तुतः नमूनों को मंगाकर और उनका चयन कर किसी भाषा का अध्ययन उपयोगी नहीं है, वरन् भाषाविदों को उसी क्षेत्र में जाकर सर्वेक्षण करना आवश्यक है।

समशीला इकाई की खोज

बुन्देलखण्ड की भौगोलिक, सांस्कृतिक और भाषिक इकाइयों में अद्भुत समानता है। भूगोलवेत्ताओं का मत है कि बुन्देलखंड की सीमाएँ स्पष्ट हैं और भौतिक तथा सांस्कृतिक रूप में निश्चित है। वह भारत का एक ऐसा भौगोलिक क्षेत्र है, जिसमें न केवल संरचनात्मक एकता, भौम्याकार की समानता जलवायु की समता है, वरन् उसके इतिहास, अर्थव्यवस्था और सामाजिकता का आधार भी एक ही है। वास्तव में समस्त बुन्देलखण्ड में सच्ची सामाजिक, आर्थिक और भावात्मक एकता है।[20] यदि हम भौगोलिक दृष्टि से इस जनपद का अध्ययन करें, तो वह सिद्ध हो जाएगा कि यह एक भौगोलिक प्रदेश है। यहां हम भौगोलिक, सांस्कृतिक एवं भाषिक दृष्टियों को एक साथ लेकर सीमांकन का प्रयास करेंगे।

बुन्देलखंड के उत्तर में यमुना नदी है और इस सीमारेखा को भूगोलविदों, इतिहासकारों, भाषाविदों आदि सभी ने स्वीकार किया है। पश्चिमी सीमा चम्बल नदी को भी अधिकाँश विद्वानों ने माना है, परन्तु ऊपरी चम्बल इस प्रदेश से बहुत दूर हो जाती है और निचली चम्बल इसके निकट पड़ती है। वस्तुतः मध्य और निचली चम्बल के दक्षिण में स्थित मध्यप्रदेश के मुरैना और भिण्ड जिलों में बुन्देली संस्कृति और भाषा का मानक रूप समाप्त-सा हो जाता है। चम्बल के उस पार इटावा, मैनपुरी, आगरा, जिलों के दक्षिणी भागों का कोई प्रश्न ही नहीं उठता। भाषा और संस्कृति की दृष्टि से ग्वालिवर और शिवपुरी का पूर्वी भाग

बुन्देलखंड में आता है और साथ ही उत्तर प्रदेश के जालौन जिले से लगा हुआ भिण्ड का पर्वी हिस्सा (लहर तहसील का दक्षिणी भाग) भी, जिसे भूगोलविदों ने बुन्देलखंड क्षेत्र में सम्मिलित किया है। अतएव इस प्रदेश की उत्तर-पश्चिम सीमा में मुरैना और शिवपुरी के पठार तथा चम्बल-सिंध जलविभाजक, जोकि उच्च समभूमि है, आते हैं। वास्तव में, यह सीमा सिन्ध के निचले बेसिन तक जाती है और वह स्थायी अवरोधक नहीं है। ऐसा प्रतीत होता है कि चम्बल और कुमारी नदियों के खारों और बेहड़ों तथा दुर्गम भागों के कारण एवं मुरैना और शिवपुरी के घने जंगलों के होने से बुन्देली भाषा और संस्कृति का प्रसार उस पार नहीं जा सका। बुन्देलखंड की पश्चिमी सीमा पर ऊपरी बेतबा और ऊपरी सिन्ध नदियां तथा सीहोर से उत्तर में गुना और शिवपुरी तक फैला मध्यभारत का पठार है। मध्यभारत के पठार के समानान्तर विन्ध्यश्रेणियाँ भोपाल से लेकर गुना तथा शिवपुरी के कुछ भाग तक फैली हुई है और अवरोधक का कार्य करती हैं।[२१] इस प्रकार पश्चिम में रायसेन जिले की रायसेन और गौहरगंज तहसीलों का पूर्वी भाग, विदिशा जिले की विदिशा, बासौदी और सिरोंज तहसीलों के पूर्वी भाग, जिनकी सीमा वेतवा बनाती है; गुना जिले की अशोकनगर (पिछोर) और मुंगावली तथा शिवपुरी की पिछोर और करैरा तहसीलें, जिनकी सीमा अपर सिंध बनाती है; बुंदेलखंड के पश्चिमी सीमावर्ती क्षेत्र हैं। इनमें विदिशा और पद्मावती (पवांया) के क्षेत्र इतिहास प्रसिद्ध रहे हैं। विदिशा दशार्णी संस्कृति का प्रमुख केन्द्र रहा है। वैदिश और पद्मावती के नागों की संस्कृति बुंदेलखंड के एक बड़े भूभाग में प्रसरित रही है। चंदेलों के समय वे इस जनपद के अंग रहे हैं। सिद्ध है कि इन क्षेत्रों की संस्कृति और भाषा जितनी इस जनपद से मेल खाती है, उतना ही उनका प्राकृतिक परिवेश और वातावरण।

भौतिक भूगोल में बुंदेलखंड की दक्षिणी सीमा विन्ध्य पहाड़ी श्रेणियाँ बताई गई हैं, जो नर्मदा नदी के उत्तर में फैली हुई हैं।[२२] लेकिन संस्कृति और भाषा की दृष्टि से यह उपयुक्त नहीं है, क्योंकि सागर प्लेटों के दक्षिण-पूर्व से जनपदीय संस्कृति और भाषा का प्रसार विन्ध्यश्रेणियों के दक्षिण में हुआ है। इतिहासकारों ने नर्मदा नदी को दक्षिणी सीमा मान लिया है, सम्भवतः छत्रसाल बुन्देला की राज्य-सीमा को केन्द्र में रखकर, लेकिन जनपदीय संस्कृति और भाषा विन्ध्यश्रेणियों और नर्मदा नदी के प्राकृतिक अवरोधक पार कर होशंगाबाद और नरसिंहपुर जिलों तक पहुँच गई है। भूगोलवेत्ता सर थामस होल्डिच के अनुसार सभी प्राकृतिक तत्त्वों में एक निश्चित जलविभाजक रेखा, जो एक विशिष्ट पर्वतश्रेणी द्वारा निर्धारित होती है, अधिक स्थायी और सही होती है।[२३] अतएव प्रदेश की दक्षिणी सीमा महादेव पर्वतश्रेणी (गोंडवाला हिल्स) और दक्षिण-पूर्व में मैकल पर्वतश्रेणी उचित ठहरती है। इस आधार पर होशंगाबाद जिले की होशंगाबाद और सोहागपुर तहसीलें तथा नरसिंहपुर का पूरा जिला बुंदेलखंड के अन्तर्गत आता है। कुछ भाषाविदों ने इन क्षेत्रों के दक्षिण में बैतूल, छिंदवाड़ा, सिवनी, बालाघाट और मंडला जिलों अथवा उनके कुछ भागों को भी सम्मिलित कर लिया है, पर उनकी भाषा शुद्ध बुन्देली नहीं है और न ही उनकी संस्कृति बुंदेलखंड से मेल खाती है। इतना अवश्य है कि बुन्देली संस्कृति और भाषा का यत्किंचित प्रभाव उन पर पड़ा है। ऊँचाई पर स्थित होने के कारण वे पृथक् हो गए हैं। महादेव-मैकल पर्वतश्रेणियाँ उन्हें कई स्थलों पर अलग करती हैं और अवरोधक सिद्ध हुई हैं।

दक्षिणी सीमा के सम्बन्ध में एक प्रश्न उठाया जा सकता है कि विन्ध्यश्रेणियों और नर्मदा नदी को पार कर बुन्देली संस्कृति और भाषा यहां कैसे आई। इस समस्या का उत्तर इतिहास में खोजा जा सकता है। इतिहासकार डा० काशीप्रसाद जायसवाल का मत है कि भारशिवों (नवनांगों) और वाकाटकों के इस क्षेत्र में बसने के कारण दक्षिण के इस भाग का सम्बन्ध बुन्देलखण्ड से इतना घनिष्ठ हो गया था कि दोनों मिलकर एक हो गए थे और उस समय इन दोनों प्रदेशों में जो एकता स्थापित हुई थी, वह आज तक बराबर चली आ रही है। साठ वर्षों तक नागों के यहां रहने के इतिहास का यह परिणाम निकला है कि यहां के निवासी भाषा और संस्कृति के विचार से पूरे उत्तरी हो गए हैं।[२४] गुप्तों के समय वाकाटक भी यहां रहे। कुछ विद्वान झांसी जिले के बागाट या बाघाट को, जो बिजौर या बीजोर के पास है, वाकाटकों का आदि स्थान सिद्ध करते हैं, जबकि कुछ इतिहासकार पुराणों में कथित किलकिला प्रदेश का समीकरण पन्ना प्रदेश से करते हुए उसे वाकाटकों की आदि भूमि मानते हैं। वाकाटकों के बाद जेजाभुक्ति के चंदेलों और त्रिपुरी के कलचुरियों के राज्यकाल में भी यह क्षेत्र बुन्देलखण्ड से जुड़ा रहा। इन उदाहरणों से स्पष्ट है कि बुन्देलखण्ड की दक्षिणी सीमा महादेव पर्वतश्रेणी की गोंडवाना हिल्स है, जो जबलपुर के पूर्व में मैकल पर्वतश्रेणी से मिल जाती है।

बुन्देलखंड के पूर्व में मेकल पर्वत श्रेणियां, भानरेर श्रेणियां, कैमूर श्रेणियां और निचली केन नदी है। दक्षिण-पूर्व में मेकल पर्वत है, इस कारण नरसिंह पुर जिले के पूर्व में स्थित जबलपुर जिले के दक्षिण-पश्चिमी भाग समतल भाग अर्थात् पाटन और जबलपुर तहसीलों का दक्षिण-पश्चिमी भाग बुन्देलखंड के अन्तर्गत आ गया है। उनकी भाषा और संस्कृति बुन्देली के अधिक निकट है। किन्तु दमोह पठार के दक्षिण-पूर्व में स्थित भानरेर रेंज पाटन और जबलपुर तहसीलों के उत्तरी और उत्तर-पूर्वी भागों को बुन्देलखंड से विलग कर देती है। भानरेर श्रेणियों के उत्तर-पूर्व में कैमूर श्रेणियां स्थित हैं, जिनके पश्चिम में स्थित पन्ना बुन्देलखंड में है और पूर्व में बघेलखंड है। पन्ना जिले की तहसीलों पवई और पन्ना के पूर्व संकरी पट्टी में बुन्देलो भाषा और संस्कृति का प्रसार है। टोंस और सोन नदियों के उद्गम का भूभाग दक्षिण-पश्चिम की उस संस्कृति से अधिक प्रभावित है,[२५] जो कि बुन्देलखंड से मिलती-जुलती है। पन्ना जिले के उत्तर में पन्ना-अजयगढ़ की पहाड़ियों का सिलसिला चित्रकूट तक चला गया है। इसलिए बांदा जिले का वह भाग जो छतरपुर जिले के उत्तर-पूर्वी कोने और पन्ना जिले के उत्तरी कोने से बिल्कुल सटा हुआ है, जो उत्तर में गौरिहार (जिला छतरपुर) से लेकर चित्रकूट (जिला-बांदा) तक पहाड़ी क्षेत्र की एक सीमा रेखा बनाता है और जिसके उत्तर में बांदा का मैदानी भाग प्रारम्भ हो जाता है, बुन्देलखंड के अन्तर्गत आता है। बांदा जिले का शेष मैदानी भाग उससे बाहर पड़ जाता है। इस तरह बुन्देलखंड की उत्तर-पूर्वी सीमा निचली केन बनाती है।

भू-संरचना और राजनीति की दृष्टि से बांदा जिला बुन्देलखंड का एक भाग रहा है, पर उसके अधिकांश भाग की भाषा बुन्देली नहीं है। उसकी संस्कृति बुन्देली संस्कृति से मिलती-जुलती है। प्राचीन काल में बांदा चेदि में सम्मिलित नहीं था, भारशिवों और नवनागों

के साम्राज्य से बाहर था और वाकाटकों की संस्कृति वहां तक पहुंच नहीं पाई; किन्तु उसका कालिंजर से लेकर चित्रकूट तक का भाग बहुत प्राचीन काल से ही इस संस्कृति का अंग रहा है। बांदा के उत्तर-पूर्व में चिल्ला नामक ग्राम में आल्हा-ऊदल का निवास खोजा गया है।[२६] विंध्यवासिनी देवी का मन्दिर बुन्देलों का तीर्थस्थल रहा है। चंदेलों के समय बांदा का अधिकांश भाग बुन्देली प्रभाव में रहा और बुन्देलों ने भी टोंस नदी तक अपना शासन फैलाया। संभवतः इसी कारण बांदा जिले के उत्तर-पश्चिमी भाग में भी बुन्देली भाषा और संस्कृति की पैठ है। इस प्रकार, बुन्देलखंड के उत्तर-पूर्व में निचली केन नदी की तटीय पट्टी का क्षेत्र, बांदा जिले की नरैनी और करबी तहसीलों का क्रमशः दक्षिणी और दक्षिण-पश्चिमी भाग सम्मिलित है। पूर्व में पन्ना और दमोह जिले तथा दक्षिण-पूर्व में जबलपुर जिले की पाटन और जबलपुर तहसीलों का क्रमशः दक्षिणी और दक्षिण-पश्चिमी भाग, जो मैकल श्रेणियों तक चला गया है, बुन्देलखंड में आता है। इसके अतिरिक्त सोन और टोस की उद्गम घाटी, जो नर्मदा की तरफ दक्षिण की ओर खुलती है और जिसमें पाटन, जबलपुर, सिहोरा और मुड़वारा तहसीलों की लम्बी सो पट्टी का क्षेत्र है, बुन्देलखंड के अन्तर्गत है।

उपर्युक्त आधार पर बुन्देलखंड प्रदेश के निम्नलिखित जिले और उनके भाग आते हैं और उनसे इस प्रदेश की एक भौगोलिक, भाषिक एवं सांस्कृतिक इकाई बनती है—

(१) उत्तर प्रदेश के जालोन, झांसी, ललितपुर, हमीरपुर जिले और बांदा जिले की नरैनी एवं करबी तहसीलों का दक्षिणी और दक्षिण-पश्चिम भाग।

(२) मध्य प्रदेश के पन्ना, छतरपुर, टीकमगढ़, दतिया, सागर, दमोह, नरसिंहपुर जिले तथा जबलपुर की टीकमगढ़ जिले की पाटन और जबलपुर तहसीलों का दक्षिणी और दक्षिण-पश्चिमी भाग; होशंगाबाद जिले की होशंगाबाद और सोहागपुर तहसीलें; रायसेन जिले की उदयपुर, सिलवानी, गैरतगंज, बेगगंज, बरेली तहसीलें एवं रायसेन, गौहरगंज तहसीलों का पूर्वी भाग; विदिशा जिले की कुरबई तहसील और विदिशा, बासौरा, सिरोंज तहसीलों के पूर्वी भाग; गुना जिले की अशोक नगर (पिछोर) और मुंगावली तहसीलें; शिवपुरी जिले की पिछोर और कनैरा तहसीलें, ग्वालियर की पिछोर, भांडेर तहसीलें और ग्वालियर मिर्द का उत्तर-पूर्व भाग; भिंड जिले की लहर तहसील का दक्षिणी भाग।

उपर्युक्त भूभाग के अतिरिक्त उसके चारों ओर की पेटी मिश्रित भाषा और संस्कृति की है, अतएव उसे किसी इकाई के साथ रखना ही होगा। इस कारण जो जिले (जिनके भूभाग विशुद्ध इकाई में सम्मलित हैं। अपने को बुन्देलखंड का अंग मानते हैं, उन्हें बुन्देलखंड में सम्मिलित किया जा सकता है। ऐसे जिलों में बांदा जबलपुर और गुना तो आते हैं, पर अन्य के बारे में कुछ नहीं कहा जा सकता। मैंने तो यहां विशुद्ध इकाई को ही महत्व दिया है।

जिलों को सामने रखकर समझने में भले ही कुछ उलझन-सी लगे, पर प्रदेश की सीमा रेखायें बिल्कुल स्पष्ट और अधिकतर प्राकृतिक हैं, जैसी मानचित्र में अंकित की गई हैं। उत्तर में यमुना नदी; दक्षिण में महादेव पर्वत (गोंडवाला श्रेणियां); उत्तर-पूर्व में निचली केन

नदी पूर्व में कैमूर और भानरेर श्रेणियां, दक्षिण-पूर्व में मेकल पर्वत श्रेणी; उत्तर-पश्चिम में चम्बल और सिन्ध नदियों के बीच का जलविभाजक तथा मुरैना और शिवपुरी के पठार, पश्चिम में ऊपरी बेतबा और सिंध नदियां तथा मध्यभारत का पठार एवं विन्ध्यश्रेणियां। यह सुस्पष्ट और ऊपरी प्रकृत सीमा सभी दृष्टियों से एक जनपदीय इकाई का निश्चित रेखांकन करती है और मैं समझता हूं कि यह सीमांकन बुन्देलखंड के सीमा-विवादों में उलझे शोध-कर्त्ताओं को एक निश्चित दिशा देगा।

सन्दर्भ-सङ्केत

१. एच. जे० डे ब्लिज, सिस्टेमैटिक पॉलिटिकल ज्यॉग्रफी; १९६६, पृ० २१२।

२. एस० एम० अली, दि ज्यॉग्रफी ऑफ द पुराणज १९६६, पृ० १५९-६०।

३. जयचन्द्र विद्यालंकार, भारतभूमि और उसके निवासी, १९३१, पृ० ६५।

४. आर० एल० सिंह, इण्डिया : ए रीजनल ज्यॉग्रफी, १९७१, पृ० ५९७।

५. वासुदेव शरण अग्रवाल, मार्कण्डेय पुराण (एक सांस्कृतिक अध्ययन), १९६१, पृ० १५२।

६. एफ० ई० पार्जिटर, मार्कण्डेय पुराण (अंग्रेजी अनुवाद) पृ० ३५९।

७. दीवान प्रतिपाल सिंह, बुन्देलखंड का इतिहास, प्रथम भाग सं० १९८५, पृ० ५।

८. गोरेलाल तिवारी, बुन्देलखंड का संक्षिप्त इतिहास, सं० १९९०, पृ० १।

९. ए० कनिंघम, द एनशिएंट ज्यॉग्राफी आफ इण्डिया, १९६३, पृ० ४०६।

१०. एपिग्राफिया इण्डिका, भाग ३०, पृ० १३०।

११. ग्रियर्सन, भारत का भाषा-सर्वेक्षण, खंड १, भाग १, (अनु० उदय नारायण तिवारी,) भूमिका, पृ० २४।

१२. वही पृ० २९।

१३. ग्रियर्सन, लिंग्विस्टिक सर्वे आफ इण्डिया, जिल्द ९, पृ० ८६।

१४. कृष्णानंद गुप्त, बुन्देलखंडी भाषा और साहित्य, १९६०, पृ० २।

१५. रामेश्वर प्रसाद अग्रवाल, बुन्देली का भाषास्त्रीय अध्ययन, १९६३, पृ० ४ एवं भाषाक्षेत्र का मानचित्र।

१६. एम० पी० जायसवाल, ए लिंग्विस्टिक स्टडी आफ बुन्देली, १९६२, इंट्रोडक्शन पृ० ३

१७. हिन्दी भाषा का उद्गम और विकास, सं० २०२६, पृ० २५४ एवं हिन्दी : उद्भव, विकास और रूप, १९७० ई०, पृ० ८५।

१८. भारत का भाषा-सर्वेक्षण, खंड १, भाग १, भूमिका, पृ० ३३-३९।

१९. वही पृ० ५६।

२०. आर० एल० सिंह, इण्डिया : ए रीजनल ज्यॉग्रफी, १९७१, पृ० ३६, ६१५, ६२०।

२१. वही, पृ० ५६८। पुराणों में इसे पारियात्र पर्वत कहा गया है।

२२. वही, पृ० ६१५, ६१९।

२३. पाउण्ड्स, पॉलिटिकल ज्यॉग्रफी, पृ० ८२

२४. काशी प्रसाद जायसवाल अन्धकार-युगीन भारत, अनु० रामचन्द्र वर्मा, सं० १९९५, पृ० ८४-८५।

२५. आर० एल० सिंह, इन्डिया : ए रीजनल ज्याग्राफी, पृ० ६४४।

२६. पुरातत्त्व सर्वे रिपोर्टस, वालुम २१, ए० कनिंघम, पृ० ८१।

बुन्देलखण्ड का प्राचीन भौगोलिक परिवेश

डा० ईश्वरशरण विश्वकर्मा

यह एक प्रामाणिक तथ्य है कि भौगोलिक परिप्रेक्ष्य के अभाव में इतिहास स्वयं में महत्त्वहीन है। किसी भी देश, स्थान आदि का किसी विशेष समय के संदर्भ में इतिवृत्त का उचित मूल्यांकन तब तक नहीं हो सकता, जब तक कि उस समय विशेष के संदर्भ में वहाँ की भौगोलिक दशाओं का सम्यक् ज्ञान न हो। ऐतिहासिक भूगोल के अन्तर्गत अद्यावधि जिस कार्य-शैली को अपनाया गया है, उसमें समयानुसार प्राचीन विश्व का गजेटियर, भूगोल पर इतिहास का प्रभाव, प्राचीन भूगोल की पुनर्संरचना, रहन-सहन का अध्ययन तथा समयानुसार उसमें परिवर्तन, पुरावशेषों का अन्वेषण सम्मिलित होते रहे हैं।[1] किसी भी देश या क्षेत्र की ऐतिहासिक एवं सांस्कृतिक समृद्धि काफी हद तक उसके भौगोलिक परिवेश से नियंत्रित एवं निर्मित होती है। इसीलिए अनिवार्यतः यह एक प्रामाणिक तथ्य है कि किसी भी क्षेत्र विशेष का इतिहास उसके भौगोलिक कारकों पर निर्भर होता है क्योंकि वे ही कारक उसे सुष्ठु स्वरूप प्रदान करते हैं। बुन्देलखण्ड की सांस्कृतिक समृद्धि, कला वैभव, प्रागैतिहासिक, आद्यैतिहासिक एवं ऐतिहासिक पुरावशेष राजनीतिक शौर्यगाथा तथा समाजार्थिक एवं धार्मिक परम्पराएं मूलतः उसके विशिष्ट भौगोलिक स्थिति के प्रतिफल हैं क्योंकि यह भू-भाग उत्तरी एवं दक्षिणी भारत के मध्य अपनी विशिष्ट भौगोलिक स्थिति, चतुर्थिक् पार्वत्य प्रदेश, प्राकृतिक संसाधनों आदि के कारण विभिन्न कालों में शासकों एवं ऋषियों को अपने विशिष्ट अधिवास के लिए आमंत्रित एवं आकर्षित करता रहा। इतना ही नहीं बल्कि उत्तर एवं दक्षिण के मध्य प्रवेश द्वार के रूप में सिद्ध होकर इस भूखण्ड ने शासकों, व्यापारियों, सार्थवाहों एवं धार्मिक प्रणेताओं को उनके प्रथम प्रयास में ही सम्मलता अर्जित करायी। इसकी अद्भुत एवं आकस्मिक प्राकृतिक घटनाओं ने यहाँ के निवासियों को अत्यन्त सुदृढ़ एवं स्वावलम्बी होने के साथ-साथ ईश्वरीय सत्ता के प्रति नत बनाया। यह पार्वत्य प्रदेश अपनी आकर्षक उच्चावच, भू-संरचना, न्यूनाधिक निम्न मृदा, कठोर जलवायु आदि के कारण अपनी पृथक् पहचान बनाए हुए है।[2] बुन्देलखण्ड के प्राचीन भौगोलिक स्वरूपों का संदर्भगत रूपायन तत्कालीन साहित्यिक ग्रंथों में हुआ है। प्रस्तुत शोध-पत्र में बुन्देलखण्ड के प्राचीन स्वरूपों का कालानुक्रमिक विश्लेषण करने का प्रयास किया गया है।

भू-संरचना

वर्तमान बुन्देलखण्ड का भू-भाग प्राचीन कल्पयुगीन भौमिकीय संरचना का एक महत्त्वपूर्ण भाग था जिसे 'विन्ध्य समूह' के नाम से अभिहित किया जाता है। महाकल्पीय भारत की भू-संरचना में पुराण महाकल्प का उत्तरकाल 'टरिडोनियन युग' के नाम से विख्यात है।

भारत के केन्द्रीय भाग के पश्चिम में चित्तौड़गढ़ से लेकर पूर्व में सोन नदी पर स्थित रोहताश स्थान तथा उत्तर में ग्वालियर और आगरा के मध्यवर्ती भाग से लेकर नर्मदा नदी तक लगभग १,०४,००० वर्ग किलोमीटर में 'विन्ध्य-समूह' की शैले विद्यमान हैं जिन्हें विन्ध्य पर्वत श्रेणी के नाम पर 'विन्ध्यक्रम' कहा जाता है।[3] इस क्रम की शैलों में मृण्मय तथा चूनेदार पदार्थ की प्रधानता है तथा वह वलन से प्रभावित हैं। निम्न विन्ध्यक्रम का यह क्षेत्र पश्चिम में सासाराम से लेकर नर्मदा-सोन जलविभाजक तक मालवा और बुन्देलखण्ड प्रदेशों में ३८५ किमी. की लम्बाई तथा १६ किमी. की चौड़ाई में विद्यमान हैं। औसत १००० मीटर की मोटाई के इस क्षेत्र में आधार में संगुटिकाश्म एवं क्वार्टजाइट और ऊपर शैल एवं चूने का पत्थर मिलता है। इस क्षेत्र को 'शिमरी शैलमाला' कहा जाता है।

ऊपरी विन्ध्यक्रम का क्षेत्र नर्मदाघाटी के उत्तर में स्थित है। इस शैल समूह में चूनेदार मृण्मय से बालुकामय निक्षेपों का आश्मिक परिवर्तन दृष्टिगोचर होता है। इस क्रम की मोटाई निम्न विन्ध्य से अधिक और मौलिक क्षेत्रफल १८००० वर्ग किलोमीटर है। इसकी तीन शैलमालाएँ पायी जाती हैं—कैमूर, रीवा, भाण्डेर। विन्ध्यक्रम की ये शैलमालाएँ सहस्त्रों वर्षों की भौगोलिक संरचना है।[4] बुन्देलखण्ड में इनकी उपस्थिति से इस क्षेत्र की कला एवं नगरीय जनजीवन को समृद्ध होने में काफी सहयोग मिला है। यहाँ की शैलमालाओं में अनेक शैलाश्रयों की खोज पुरातत्त्वविदों ने किया है, जिसको प्रागैतिहासिक मानव ने अपने अधिवास के लिए चुना जिनमें गिजवा पहाड़ी की गुफा, सिलहरा की गुफा, मांडा की गुफा तथा विजावर (छतरपुर) के निकट देवरा की गुफाओं में प्राप्त भित्ति-चित्रों पर की गयी चित्रकारी मानव-प्रकृति की प्राचीनतम अनुभूतियों की अभिव्यक्ति हैं। यहाँ की शैलमालाओं के प्रस्तरों को यहाँ के शिल्पियों ने अपने शिल्प का साधन बनाकर सम्पूर्ण क्षेत्र को मंदिर समहों, देवायतनों, मूर्तियों आदि से समृद्ध बनाया।

बुन्देलखण्ड का भू-भाग न केवल पार्वत्य प्रदेशों से चतुर्दिक् आवृत्त रहा अपितु यमुना चर्मण्वती (चम्बल), सिन्धु (कालीसिन्ध), वेगवती (वेतवा), दर्शाणा (धसान), शुक्तिमती (केन) आदि प्रमुख नदियों के जल से सिंचित है। ये नदियाँ इस क्षेत्र को अपनी सीमाओं में आबद्ध किए हुए हैं।

अभिधान एवं सीमा-विस्तार

'बुन्देलखण्ड' एक भौगोलिक अभिधान है जिससे 'बुन्देल' नामक क्षेत्र का द्योतन होता है। भारत के इस प्राचीन भू-भाग ने यह नाम उस समय पाया जब चौदहवीं-सत्रहवीं शताब्दी ई. में बुन्देल राजपूतों ने अपनी चरम शौर्यशक्ति के कारण अपनी पृथक् पहचान बनायी और उनके द्वारा शासित क्षेत्र 'बुन्देलखण्ड' कहलाया। इसके पूर्व यह क्षेत्र चेदि, जेजाक भुक्ति, जुझौति, विन्ध्येलखण्ड एवं विन्ध्यप्रदेश आदि विविध नामों से विभिन्न कालों में अपनी प्रभुसत्ता संजोए रहा जिसकी सीमाओं का संकुचन-विस्तारण विभिन्न राजवंशों के प्रतापी नरेशों की राजनीतिक संप्रभता को अभिव्यक्त करता था।

बुन्देलखण्ड की भौगोलिक सीमाओं का वास्तविक निरूपण एक कठिन कार्य है, तथापि पुराविदों ने अपने अन्वेषणों के मीमांसात्मक परिप्रेक्ष्य में सीमांकन का प्रयास किया है। वैदिक काल से ही यह क्षेत्र विभिन्न अभिधानों से अभिहित किया जाता रहा जिसमें चेदि जनों द्वारा अधिवसित 'चेदिराष्ट्र' सर्वाधिक प्राचीन नाम था। इसी प्रकार चन्देल नरेशों के काल में 'जेजाकभुक्ति' नाम को अधिक महत्त्व मिला। किन्तु इन सब अभिधानों में सर्वाधिक प्रसिद्धि 'बुन्देलखण्ड' अभिधान को ही मिली जो लगभग चौदहवीं शती ई. में इस भू-भाग पर बुन्देल वंश के राजाओं के आधिपत्य के कारण व्यवहृत होने लगा। इस वंश के 'बुन्देल' नामकरण के संबंध में 'वीरसिंहदेव चरित' तथा 'छत्रप्रकाश' में वर्णित कथा को उद्धृत किया जाता है।[५] विष्णु धर्मोत्तर[६] में यमुना एवं नर्मदा के मध्य स्थित भाग को युद्ध देश कहा गया है। यलमी के 'सेन्ड्रावेटिस' से भी बुन्देलखंड की पहचान की गई है।[७]

बुन्देलखंड की सीमा-विस्तार के सम्बन्ध में प्रायः बुन्देल महाराजा छत्रसाल (१७वीं शती ई०) के राज्य की सीमाओं के लिए प्रयुक्त उस दोहे का उद्धरण दिया जाता है जिसमें उन का राज्य उत्तर में यमुना, दक्षिण में नर्मदा, पश्चिम में चम्बल तथा पूर्व में टोंस नदी तक मिला हुआ था। वस्तुतः वह दोहा[८] महाराजा छत्रसाल की विजय-प्रशस्ति या शौर्यगाथा का सूचक है और इसमें बुन्देलखंड का भाग भी सम्मिलित है। किन्तु इस प्रदेश की सीमाओं के लिए इसे निर्णायक नहीं माना जा सकता।[९] कनिंघम[१०] ने ह्वेनसांग के विवरणों के आधार पर बुन्देलखंड का विस्तार—गंगा-यमुना के दक्षिण, पश्चिम में बेतवा नदी से लेकर पूर्व में विन्ध्यवासिनी देवी के मंदिर तक, दक्षिण में चन्देरी, सागर तथा विलहरी जिलों को सम्मिलित कर नर्मदा तक विस्तृत माना है। ह्वेनसांग ने बुन्देलखंड (चि-चि-टो) राज्य का विस्तार ४००० 'ली' (६६७ मील) बताया है जहां ब्राह्मण राज्य करते थे। किन्तु प्राचीन भारतीय दूरी मापकों के अध्ययन से ज्ञात होता है कि चीनी-यात्रियों का दूरी मापक कई स्थलों पर अतिशयोक्तिपूर्ण था। श्री गोरेलाल तिवारी[११] ने बुन्देलखंड की निम्न सीमायें दी हैं—"भारतवर्ष के मध्यभाग में नर्मदा के उत्तर और यमुना के दक्षिण में विन्ध्याचल पर्वत की शाखाओं के संकीर्ण और यमुना की सहायक नदियों के जल से सिंचित सृष्टि-सौन्दर्यालंकृत जो प्रदेश है, वही बुन्देलखंड है।" अधिकांश विद्वानों ने बुन्देली भाषा-भाषी प्रदेश को भी बुन्देलखंड की सीमाओं में सम्मिलित करने का प्रयास किया है किन्तु यहां यह ध्यातव्य है कि बुन्देलखंड की युग-युगीन राजनीतिक सीमाओं का संकुचन-विस्तार शासकों की शक्ति-सामर्थ्य एवं महत्वाकांक्षा पर आधारित था, जो समय-समय पर घटता-बढ़ता था जबकि बुन्देली भाषा की परिधि उसकी सांस्कृतिक सीमाओं को व्यक्त करती है। जो शासक की शासित राज्य-सीमा से अधिक होगी। विवेच्य प्रकरण में बुन्देलखंड की राजनीतिक-भौगोलिक सीमा-विस्तार को ही दृष्टि में रखकर विषय-विवेचन का प्रयास किया गया है।

यद्यपि बुन्देलखंड की सीमाओं का निर्धारण अद्यावधि विवादास्पद है किन्तु इस विषय पर कार्य करने वाले अनुसंधित्सुओं ने निर्विवाद रूप से वर्तमान झांसी, ललितपुर जालौन हमीरपुर, बांदा और सागर, छतरपुर, टीकमगढ़, पन्ना दमौह एवं ग्वालियर की भाण्डेर तहसील, दतिया, शिवपुरी की पिहोर तहसील, भिण्ड जिले की लहर तहसील, तथा गुना जिले

के चन्देरी का भाग भी बुन्देलखंड में सम्मिलित किया है। उत्तर में इसकी सीमा यमुना नदी बनाती है और दक्षिण में सागर कमिश्नरी के जिले हैं; पूर्व में इसकी सीमा-रेखा टोंस नदी मानी जा सकती है पश्चिम में सिन्धु (कालीसिन्ध)।[12]

ऐतिह्य-भौगोलिक-परिप्रेक्ष्य

जिस भू-भाग को आज 'बुन्देलखंड' आभिप्रापित करते हैं, वह प्रागैतिहासिक काल से हो संचरणशील मानवों की क्रीड़ास्थली रहा है। अपनी श्रेष्ठतम भौगोलिक स्थिति के कारण इसे भारतवर्ष का 'हृदय-स्थल' कहा जाता है क्योंकि देश के इस मध्यीय भू-भाग में प्रागैतिहासिक काल से लेकर वर्तमान काल तक का क्रमबद्ध एवं समृद्ध सांस्कृतिक परिवेश देखने को मिलता है। वर्तमान यमुना, चम्बल, बेतवा, केन एवं धसान नदियों की घाटियों में पाषाणयुगीन मानवों के संचरणशीलता का विविध दृष्टान्त दृष्टिगत होता है। शैलाश्रयों के भित्तिचित्रों का विवरण उनके आधिवास का प्रागैतिहासिक प्रमाण प्रस्तुत करता है। जिनके अवशेष सम्पूर्ण बुन्देलखंड क्षेत्र में तद्युगीन व्यथा-कथा की संगत व्याख्या करने में समर्थ हैं।

वैदिक काल में यह क्षेत्र 'चेदि' जनों द्वारा सन्निवसित था। 'चेदि जन' का सर्वप्रथम उल्लेख प्रथमतः ऋग्वेद[13] में मिलता है, जिसमें उनके राजा वसु की दान स्तुति तक ऋचा के अन्त में दी गई है। इस उल्लेख से यह ज्ञात होता है कि पूर्व वैदिक काल में चेदि नरेश निश्चय ही अत्यन्त शक्तिशाली राजा रहा होगा। क्योंकि उसे अपने एक यज्ञ में ब्रह्मा का पद सुशोभित करने वाले एक पुरोहित को दास के रूप में दस राजाओं का दान करते हुए बताया गया है।[14] किन्तु ऋग्वेद के इस उद्धरण से उसकी भौगोलिक स्थिति का पता नहीं चलता। केवल इस तथ्य पर प्रकाश पड़ता है कि सर्वप्रथम चेदि जनों द्वारा इस क्षेत्र को अधिवास हेतु चुना गया और वे समकालीन राजनीतिक स्थिति में काफी महत्त्वपूर्ण है।

महाकाव्यों में चेदि के बहुशः उल्लेख मिलते हैं जिससे उसकी भौगोलिक स्थिति का भी पता चलता है। 'चेदि राष्ट्र' (चेदि विषय) का स्पष्ट उल्लेख महाभारत[15] में मिलता है, है जिसके अनुसार चेदिओं की सुन्दर एवं श्रेष्ठ राजधानी को वसुपौरव ने जीता था। महाभारत के विवरणों से ज्ञात होता है कि चेदि राष्ट्र की राजधानी शुक्तिमती नदी (वर्तमान केन) के तट पर स्थित शुक्तिमती नामक नगरी थी। इसका समीकरण वर्तमान बांदा (उ० प्र०) के समीप बताई गई है।[16] किन्तु चेदि राष्ट्र के विस्तार का स्पष्ट संकेत नहीं मिलता है। महाभारत में चेदि देश के राजाओं में उपरिचर, शिशुपाल, धृष्टकेतु, सुबाहु, नाम मिलते हैं। महाभारत एवं वैदिक ग्रन्थ में वर्णित चेदि देश को मोटे तौर पर आधुनिक बुन्देलखंड से समीकृत किया जाता है।[17] रैप्सन महोदय का मत है कि चेदि मध्यप्रदेश के (भूतपूर्व सेंट्रल प्रोविन्स) उत्तरी भाग पर राज्य करते थे।[18] पार्जिटर ने इसे यमुना के दक्षिण में दर्शाया है।[19] पाणिनि ने भी अपनी अष्टाध्यायी[20] में चेदि देश का वर्णन किया है जो यमुना के समीप एवं कुरु जनपद से मिला हुआ था तथा स्थूल रूप से आधुनिक बुन्देलखंड एवं निकटवर्ती क्षेत्र को द्योतित करता है।

चेदि राष्ट्र का सर्वाधिक विस्तृत विवरण बौद्ध पालि साहित्य में मिलता है। चेतिय रट्ठ (चेदि राष्ट्र) का उल्लेख बौद्धग्रन्थ अंगुत्तर निकाय में वर्णित बुद्ध पूर्व काल के षोडश महाजनपदों की तालिका में मिलता है, जहां यह एक शक्तिशाली महाजनपद के रूप में वर्णित है। महाजनपदयुगीन चेदि महाजनपद के पूर्व में काशी, दक्षिण में विन्ध्य पर्वत, पश्चिम में अवन्ति और उत्तर-पश्चिम में मत्स्य तथा सूरसेन महाजनपद स्थित थे। चेदि जनपद का सबसे पड़ोसी वत्स महाजनपद ही था। इसीलिए सम्भवतः दीघनिकाय के जनवसभ सुत्त में वंस (वत्स) और चेदि का साथ-साथ मिलाकर द्वन्द्व समास के रूप में वर्णन मिलता है, जो दोनों जन-पदों के शासकों के मध्य घनिष्ठ मैत्री सम्बन्धों का सूचक है। बौद्ध ग्रन्थों में वर्णित चेदि जनपद का विस्तार भी आधुनिक बुन्देलखंड और उसका समीपवर्ती भू भाग ही माना गया है।[२१] चेतिय जातक से ज्ञात होता है कि चेतिय (चेदि) जनपद की राजधानी सोत्थिवती नामक नगरी थी जिसे अधिकांश विद्वान् महाभारत में वर्णित चेदि राष्ट्र की राजधानी शुक्तिमती या शुक्ति साहवंय से समीकृत करते हैं।[२२] किन्तु बौद्ध साहित्य के विद्वान् डॉ० भरतसिंह उपाध्याय इससे सहमत न होकर इस पालि साहित्य के सोत्थिवती नगर को कुरु जनपद की राजधानी हस्तिनापुर के समीप ढूंढने का प्रयत्न करते हैं।[२३]

बुद्ध-काल में चेतिय राष्ट्र एक शक्तिशाली राष्ट्र था और यहां से होकर दक्षिणापथ एवं काशी जनपद को मार्ग होकर गुजरता था। वाराणसी और चेति देश[२४] के मध्य व्यापारिक सम्बन्ध थे जिस प्रकार वाराणसी-उज्जैनी[२५] तथा वाराणसी-श्रावस्ती[२६] के मध्य था।

बुद्धकालीन भारत के अन्य जनपदों की भांति चेतिय राष्ट्र में भी अनेक नगर, निगम तथा वनों-उपवनों का विवरण पालि साहित्य में मिलता है जिनमें कतिपय स्थलों का समीकरण अद्यावधि जटिल बना हुआ है। सोत्थिवती (शुक्तिमती) के अतिरिक्त सहजाति या सहजातिय बुद्धकालीन चेदि राष्ट्र का एक दूसरा नगर था। अंगुत्तर निकाय[२७] में उसे स्पष्टतः चेदि राष्ट्र का निगम बताया गया है। सहजाति को आधुनिक भीटा के भग्नावशेषों से मिलाया गया है जो उत्तरप्रदेश के इलाहाबाद से लगभग ८ या ९ मील दक्षिण-पश्चिम में स्थित है। यहां से लगभग तीसरी शताब्दी ईसा पूर्व की एक मुद्रा मिली है जिस पर 'सहजातिये निगमस' लेख अंकित है जो सहजाति को बुद्धकालीन चेदि राष्ट्र का एक महत्त्वपूर्ण नगर सिद्ध करता है। यह नगर स्थल एवं जल मार्गों से संयुक्त था। एक स्थल मार्ग उसे सोरो (सोरेय्य) से मिलाता था और इसी मार्ग पर चलते हुए स्थविर रेवतक सोरेय्य से सहजाति गए थे। नेदभ जातक में चेदि देश से काशी जनपद को जाने वाले जिस मार्ग का उल्लेख है वह सम्भवतः सहजाति होकर ही जाता था। पालि विवरणों से ज्ञात होता है कि बुद्धकाल में सहजाति नगर गंगा-यमुना के संगम पर स्थित था और सम्भवतः चेदि की उत्तरी सीमा बनाता था।[२८] गंगा में चम्पा से लेकर यहां तक नावें चला करती थीं। वैशाली वासी वाज्जिकपुत्तक भिक्षु नावों में बैठकर ही स्थविर रेवतक से मिलने सहजाति आते थे।[२९] कालान्तर में यह जलमार्ग सहजाति को ताम्रलिप्ति एवं सुवर्णद्वीप (दक्षिणीवर्मा) तक जोड़ने लगा। अंगुत्तर निकाय[३०] से ज्ञात होता है कि स्वयं महात्मा बुद्ध एवं उनके शिष्य महाचुन्द भी सहजाति नगर गए थे और चेतिय लोगों को उपदेश दिया था। सहजाति होकर बर्मा की ओर जाने वाले व्यापारिक मार्ग एवं

व्यापार की पुष्टि भीटा के पुरातात्त्विक उत्खनन से प्राप्त एक मुहर से भी होती है जिसे मार्शल महोदय ने पासपोर्ट या टोकन के रूप में प्रयोग की पुष्टि की है।[31]

बुद्धकालीन चेदिराष्ट्र के अन्य नगरों, ग्रामों में सहंचनिका या सहंचनिक भी था जहाँ स्थविर गवाम्पति तथा कुछ अन्य भिक्षु निवास करते थे।[32] यद्यपि मलालसेखर[33] ने इसे सहजाति का ही विकृत रूप माना है लेकिन भरतसिंह उपाध्याय[34] ने इसे एक अलग नगर मानने का सुझाव दिया है। अन्य प्रमुख स्थलों में पालि साहित्य में वर्णित कौशाम्बी के समीप स्थित बालकलोणकारगाम, परिलेय्यक नगर एवं वन, भद्दवती या भद्दवतिका (वर्तमान भाँदक ग्राम, जिला चांदा, म. प्र.) चालिका ग्राम तथा समीपस्थ चालिय पर्वत, क्रिमिकाला नदी, प्राचीन वसदाय जन्तुगाम। ये सभी थोड़ी-थोड़ी दूरी पर चेदि राष्ट्र में ही बताये गये हैं।[35] किन्तु वर्तमान में इनका समीकरण कठिन है। क्योंकि अन्यत्र इनका विवरण नहीं मिलता है। ये सभी स्थल बुद्ध एवं बौद्ध भिक्षुओं की चारिका से जुड़े रहे, इसलिए बौद्ध साहित्य में इनका विवरण अधिक है।

बुद्ध-काल में महाजनपदों के विखण्डन के पश्चात् उत्तर भारत की राजनीतिक स्थिति में जिन चार बड़े-बड़े राजतंत्रात्मक राज्यों का उदय हुआ, उस समय चेदि का राजनीतिक महत्त्व कम हो गया और चेदि का कुछ भाग अवन्ति और कुछ भाग वत्स में मिल गया। क्योंकि चौथी शती ईसा पूर्व में इस भाग पर चण्डप्रद्योत को राज्य करते हुए पाते हैं। बाद में लगभग चौथी शताब्दी ईसा पूर्व के अन्तिम चरण में भारत की अस्थिर राजनीतिक स्थिति के कारण चेदि भी विशाल मगध साम्राज्य का अंग बन गया। मौर्यकाल में यह भू-भाग साम्राज्यवादी मौर्य शासकों के साम्राज्य में सम्मिलित हो गया। मौर्य सम्राट अशोक अपने पिता बिन्दुसार के काल में इस क्षेत्र का गवर्नर था। इसका अभिलेखिक साक्ष्य हमें बुंदेलखंड के दतिया जिले के गुर्जरा लघुशिलालेख है जिससे ज्ञात होता है कि लगभग २७२ ई. पू. के बाद यह भूभाग अशोक के विशाल साम्राज्य में सम्मिलित हो गया। मौर्यों के विशाल साम्राज्य के पतनोपरान्त शुंगों के शासनकाल में यह शुंग साम्राज्य का अंग बना रहा और राजकुमार अग्निमित्र विदिशा में राज्यपाल के रूप में बुंदेलखंड तथा पूर्वी मालवा का शासन करता था। शुंगों के पतनोपरान्त भारत की त्रिच्छिन्न एकता में यहाँ प्रथम शताब्दी ईस्वी में कुषाण सम्राट कनिष्क का साम्राज्य था। किन्तु पद्मावती के नागों ने कुषाण सत्ता को समाप्त कर लगभग दूसरी शताब्दी के अन्त से चौथी शताब्दी ईस्वी तक इस भू-भाग पर राज्य किया।

चौथी शताब्दी ईस्वी के मध्य में सम्राट् समुद्रगुप्त के काल से यह भाग गुप्त साम्राज्य का अंग बन गया क्योंकि समुद्रगुप्त ने ही सर्वप्रथम इस क्षेत्र के गणपतिनाग, नागसेन आदि नाग शासकों को उन्मूलित कर एरण (ऐरिकिण) प्रदेश (जिला-सागर) को दक्षिणापथ एवं पश्चिम भारत के विजय एवं शासन संचालन हेतु अपना सैनिक केन्द्र बनाया। समुद्रगुप्त (३३५-३७५ ई०) से लेकर बुधगुप्त (४९५-५१० ई०) तक यह भू-भाग गुप्त साम्राज्य में सम्मिलित रहा। इसके पश्चात एरण अभिलेख[36] (गुप्त संवत १९१=५१०) के विवरणानुसार भानुगुप्त का सेनापति गोपराज हूण शासक मिहिरकुल के साथ युद्ध में मारा गया और कुछ समय के लिए सागर क्षेत्र का प्रशासन हूणों के हाथ में आ गया।

हूणों को मालवा के यशोधर्मन् ने परास्त कर कुछ समय के लिए चेदि पर शासन किया किन्तु बाद में कालानुक्रम से यह क्षेत्र पुनः परवर्ती गुप्त शासकों के अधीन आ गया।

सातवीं शती ई० के चीनी यात्री ह्वेनसांग ने अपने यात्रा वृतान्त में बुन्देलखण्ड (चि० चि० टो) क्षेत्र का भी विवरण दिया है। उसने इस क्षेत्र का विस्तार ४००० ली बताया है और यह भी विवरण दिया है कि यहां ब्राह्मण राजा राज्य करते थे। हर्ष अपनी बहन राजश्री को ढूंढने इसी प्रदेश के विन्ध्य के जंगलों में आया था और उसके बाद इस क्षेत्र को अपने साम्राज्य में मिला लिया। चेदियों पर हर्ष का सम्भवतः सीधा शासन था। हर्ष के काल में चेदि का भू-भाग उस विशाल साम्राज्य में विलीन हो गया और उसका शासन कन्नौज से होने लगा।

हर्ष साम्राज्य के ध्वंसावशेषों पर कन्नौज की प्रभुसत्ता के लिए पुनः त्रिसंघर्ष प्रारम्भ हुआ जिसमें बुन्देलखंड का भू-भाग सीधे प्रतिहारों के अधीन आ गया। इस क्षेत्र से प्राप्त प्रतीहारकालीन, मंदिर, मूर्तियां, अभिलेख तथा सिक्के प्रतीहारों के शासन को सिद्ध करते हैं। प्रतीहार शासक भोज के सिक्के भी इस क्षेत्र से बहुतायत से प्राप्त हुए हैं जिसमें आदिवराह प्रकार के सिक्के प्रमुख हैं।[३७] सियद्रोणि अभिलेख[३८] में प्रतीहार राजाओं में मिहिरभोज, (८३६-८८५ ई०) महेन्द्रपाल (८८५-६१०), क्षितिपाल, या महीपाल (६१३-६४३) तथा देवपाल (६४८-६५४) ने इस भाग पर राज्य किया किन्तु इस संघर्ष काल में बुन्देलखंड की स्पष्ट सीमायें नहीं मिलतीं केवल राजनीतिक सत्ता का संकुचन-विस्तारण ही मिलता है।

नवीं शताब्दी ई० में चेदि देश को एक नवीन अभिधान 'जेजाक भुक्ति' मिला। यह नाम प्रतिहारों के पतन के पश्चात इस क्षेत्र में स्थापित चन्देल राजवंश के तीसरे शासक जयशक्ति (८७० ई.) के काल में मिला। शिलालेखों में जयशक्ति का एक नाम जैजा या जैजाक भी मिलता है। 'भुक्ति' एक प्रशासनिक इकाई थी जिसे 'देश' के अर्थ में लिया जाता था। जयशक्ति के बाद से चन्देल प्रशासित क्षेत्र 'जैजाक भुक्ति' के नाम से जाना जाने लगा जिसकी राजधानी खर्जुरवाहक (वर्तमान खजुराहो) बनायी गई। 'जेजाक भुक्ति' का समीकरण वर्तमान बुन्देलखंड क्षेत्र से किया गया है। चन्देलों ने लगभग तीन शताब्दियों तक इस क्षेत्र पर अपना प्रभुत्व रखा। इस क्षेत्र पर चन्देलों के लगभग २३ राजाओं ने राज्य किया। जेजाक भुक्ति का सर्वाधिक गौरवमय कालखण्ड यशोवर्मन (६२५-६५० ई०) विद्याधर (१०१७-१०२६) एवं धंग (६५०-१००८ ई०) एवं परमर्दिदेव (११६५-१२०२) का था। जेजाकभुक्ति के प्रमुख नगर थे— खजुराहो, कलिंजर अजयगढ़, तथा महोबा (महोत्सवनगर)। धंग के काल में सर्वाधिक प्रसिद्धि खजुराहो को मिली और यह क्षेत्र भारतीय कला, संस्कृति का स्थायी केन्द्र बन गया। मुस्लिम साक्ष्यों में मुसलमानों की विजय का उल्लेख होते हुए भी १५४० ई० तक चन्देलों का कालिंजर एवं अजयगढ़ में शासन बना रहा। १५४५ ई० में महोबा और कालिंजर के चन्देल शासक कीरतराय की पुत्री दुर्गावती का विवाह गढ़मण्डल के राजा दलपत सा से हुआ था। शेरशाह ने १५४५ ई० में जब कालिंजर का घेरा डाला तो यही चन्देल नरेश कीरतराय मारा गया था। इसके पश्चात् पांच-छः शताब्दियों तक लगातार मुस्लिम आक्रमणकारियों ने बुन्देलखण्ड को अपना निशाना बनाया।[३९] चन्देलों के काल में कुछ समय के लिए कलचुरि नरेश गांगेयदेव

और लक्ष्मीकर्ण ने भी चन्देल क्षेत्रों पर अपना अधिकार स्थापित किया था और त्रिपुरी (जबलपुर के पास तेवर) को अपनी राजधानी बनाया था।

बुन्देलखंड को यह नाम इस क्षेत्र में बुन्देलसत्ता के उत्कर्ष के कारण मिला। बुन्देलों की सत्ता का उदय तेरहवीं शताब्दी के मध्य में हुआ। बुन्देलों का पहला केन्द्र महौनी था। बुन्देलराजा सोहनपाल ने क्रमशः गढ़कुण्डार और जैतपुर को केन्द्र बनाया किन्तु १५३१ ई० में राजा रुद्रप्रताप ने बुन्देल राजधानी को ओरछा में स्थापित किया।[४०] ओरछा वंशवृक्ष के बुन्देल नरेशों ने अपनी राजनीतिक एवं सांस्कृतिक सत्ता की पहचान बनायी और मुगलों से संघर्ष करके विजना, टोड़ी, फतेहपुर, जैतपुर, खनियाधाना, जिगनी, चरखारी, सरीला, चन्देरी और पन्ना आदि की जागीरें प्राप्त कीं। बुन्देल राजा चम्पतराय (१६३७-१६४१ ई०) ने मुगलों के विरुद्ध डटकर मोर्चा लिया।[४१] उसके पुत्र महाराजा छत्रसाल ने अपनी शक्ति के द्वारा अपने साम्राज्य का विस्तार किया। उसकी विपत्ति के दिनों में मराठ् बाजीराव पेशवा ने मदद की थी, इसलिए उपकार के प्रतिदान में उसने अपने साम्राज्य का एक तिहाई भाग बाजीराव पेशवा को देना स्वीकार कर लिया। इस प्रकार सत्रहवीं शती के अन्त में बुन्देलखण्ड पर मराठों का शासन स्थापित हो गया।[४२]

सन्दर्भ

१. प्रिन्स, एच. सी., रिव्यू आफ प्रोग्रैस इन हिस्टोरिकल ज्याग्रफी, इण्ट्रोडक्शन।
२. निगम, एम. एल., कल्चरल हिस्ट्री आफ बुन्देलखण्ड, भूमिका, पृष्ठ २ (दिल्ली १९८३)।
३. गैन्सेर ए, पिओलाजी आफ हिमालयाज, पृष्ठ १५ (लन्दन १९६४)
४. वही,
५. दास, व्रजरत्न, बुन्देलों का इतिहास, नागरी प्रचारिणी सभा पत्रिका, भाग ३ पृष्ठ, ४२०
६. चैद्य नैषधयोः पूर्तेविन्ध्क्षेत्राश्च पश्चिमे।
रेवा यमुनर्योमध्ये युद्धदेश इतीर्यंते॥
उपरता — त्रिवेदी, एस. डी, बुन्देलखण्ड का पुरातत्व पृ. १०-११
७. आर्क्यालाजिकल सर्वे रिपोर्ट, भाग ६१, पृ. ५०
८. इत यमुना उत नर्मदा इत चम्बल, उत टोंस।
छत्रसाल सों लरन की, रही न काऊ होंस॥
९. त्रिवेदी, एस. डी, बुन्देलखण्ड का पुरातत्व, पृष्ठ १०-११
१०. कनिंघम, ए. द एंशिएंट ज्योग्राफी आफ इण्डिया, पृ. ४०६
११. तिवारी, गोरेलाल, बुन्देलखण्ड का संक्षिप्त इतिहास पृ० १
१२. त्रिवेदी, एस. डी, पूर्वोक्त, पृष्ठ, ५
१३. ऋग्वेद, ८. ५. ३७. ३९
१४. लाहा, विमलाचरण, प्राचीन भारत का ऐतिहासिक भूगोल पृ. ५२१
१५. राय, रामकुमार, महाभारत कोश, भाग, २, वाराणसी (१९६६) पृ. २६

१६. भट्टाचार्य्या, पी. के. हिस्टोरिकल ज्योग्रफी आफ मध्यप्रदेश, पृ. १८१ (दिल्ली १९७७)
१७. भण्डारकर डी. आर., कार्माइकेल लेक्चर्स, १९१८, पृ. ५२
१८. रैप्सन एंशिएंट इण्डिया पृ. १६२
१९. पार्जिटर एफ. ई. एंशिएंट इण्डियन हिस्टोरिकल ट्रेडीशन पृ. २७२
२०. अष्टाध्यायी ४.२.११६
२१. उपाध्याय भरतसिंह, बुद्धकालीन भारतीय भूगोल, पृ. ४२७
२२. डे, नन्दीलाल, ज्याग्राफिकल डिक्शनरी आफ एंशिएंट एण्ड मेडिकल इण्डिया, पृष्ठ, १९६; रायचौधरी हेमचन्द्र; पोलिटिकल हिस्ट्री आफ एंशिएंट इण्डिया, पृष्ठ, १२९
२३. उपाध्याय, भरतसिंह, पूर्वोद्धृत पृष्ठ, ४२८
२४. जातक, भाग २, पृष्ठ २५३.५४
२५. जातक भाग २, पृष्ठ २४८
२६. जातक भाग २, पृष्ठ २९४
२७. जातक, भाग ३, पृ. ३५५
२८. भट्टाचार्य्या, पी. के.; पूर्वोद्धृत, पृष्ठ १२६, पाद टिप्पणी ३
२९. विनयपिटक, (हिन्दी अनुवाद), पृष्ठ ५५७ महावंश ४।२७ (हिन्दी)
३०. अंगुत्तरनिकाय, जिल्द पांचवीं पृष्ठ ४१, १५७
३१. आक्यलाजिकल सर्वे रिपोर्ट, १०, ११.१२, पृ. ४५; निगम एम. एल; कल्चरल हिस्ट्री आफ बुन्देलखण्ड पृष्ठ १५
३२. संयुक्तनिकाय, (हिन्दी अनु.) भाम, २, पृष्ठ ८१३; उपाध्याय, भरतसिंह पूर्वोद्धृत, पृष्ठ ४२९
३३. मलालसेकर, डिक्शनरी आफ पालि प्रापर नेम्स, भाग २, पृष्ठ १०८०
३४. उपाध्याय, भरतसिंह, बुद्धकालीन भारतीय भूगोल, पृष्ठ ४२९
३५. वही, पृष्ठ ४३२
३६. सरकार, डी. सी., सेलेक्ट इंस्क्रिप्सन्स, पृ. ३३६
३७. त्रिवेदी, एस. डी., पूर्वोद्धृत पृष्ठ १५
३८. इपीग्राफिया इंडिका, वाल्यूम १, पृष्ठ १६२-१७९
३९. तिवारी, गोरेलाल, बुन्देलखण्ड का संक्षिप्त इतिहास, पृ. ७२-९७
४०. ईस्टर्न स्टेट्स (बुन्देलखण्ड) गजेटियर, पृ. १७
४१. पागसन, डब्ल्यू. आर., ए हिस्ट्री आफ दी बुन्देलाज पृ. १३-१६, २६-२८
४२. त्रिवेदी, एस. डी., बुन्देलखण्ड का पुरातत्व, पृ. १८

BUNDELKHAND : GEOGRAPHICAL AND GEOLOGICAL FORMATION

Dr. Abhay Kumar Varma

The region of Bundelkhand represents an extensive landmass. The geographical and geological factors have decisively contributed to the evolution of society in this region. Hence the study of its geographical and geological set-up in the evolution of history and culture is of considerable importance. As such a study of the Geographical and the different Geological formations in Bundelkhand region are presented here.

Geography of the Region

The region of Bundelkhand is homogeneous dissected upland, presenting an old erosion surface, carved out of granite, with northern alluvial plains merging imperceptibly into the granitic uplands. The frequent constriction of drainage by the dykes has resulted in the multiplicity of small tanks, practically in all parts of the region, a boon to the agricultural activity of the inhabitants. To the south of the region's upland, stand out three massive sandstones with quite distinctive features. These are known by special names : Kaimur sandstone, Rewa sandstone and Bhander sanstone. Their major drainage is in the Ganga via the rivers Ken or Tons. The land, by and large, is fertile with black loamy soil, extremely good for wheat cultivation. The land also possesses a rich flora and fauna.

The region of Bundelkhand lies between 23° 35'—26° 00' N Lat. and 78° 00'—82° 00' E Long.[1] bounded by the river Yamuna in the north, the Chambal in the north-west, the erruped ranges of the Vindhya plateau in the south and Panna-Ajaygarh ranges in the south-east. In the independent India, this area was known as Bundelkhand politically. It comprises of five districts of Uttar Pradesh, viz., Jhansi, Jalaun, Lalitpur, Hamirpur and Banda, and six districts of Madhya Pradesh : viz., Datia, Tikamgarh, Chhatarpur, Sagar, Panna and Damoh, with the additional Lahar Tahsil in district Bhind. General Cunningham gives a slightly larger territorial extent of the region. According to him, the region of Bundelkhand comprises of the land lying between south of Yamuna, east of Betwa, west of the temple of Vindhyavāsni Devi and north of Narmada river.[2]

Geology of the Region

Bundelkhand region is categorized by four main geological systems :

(1) Recent Deposits system,

(2) Vindhyan System,

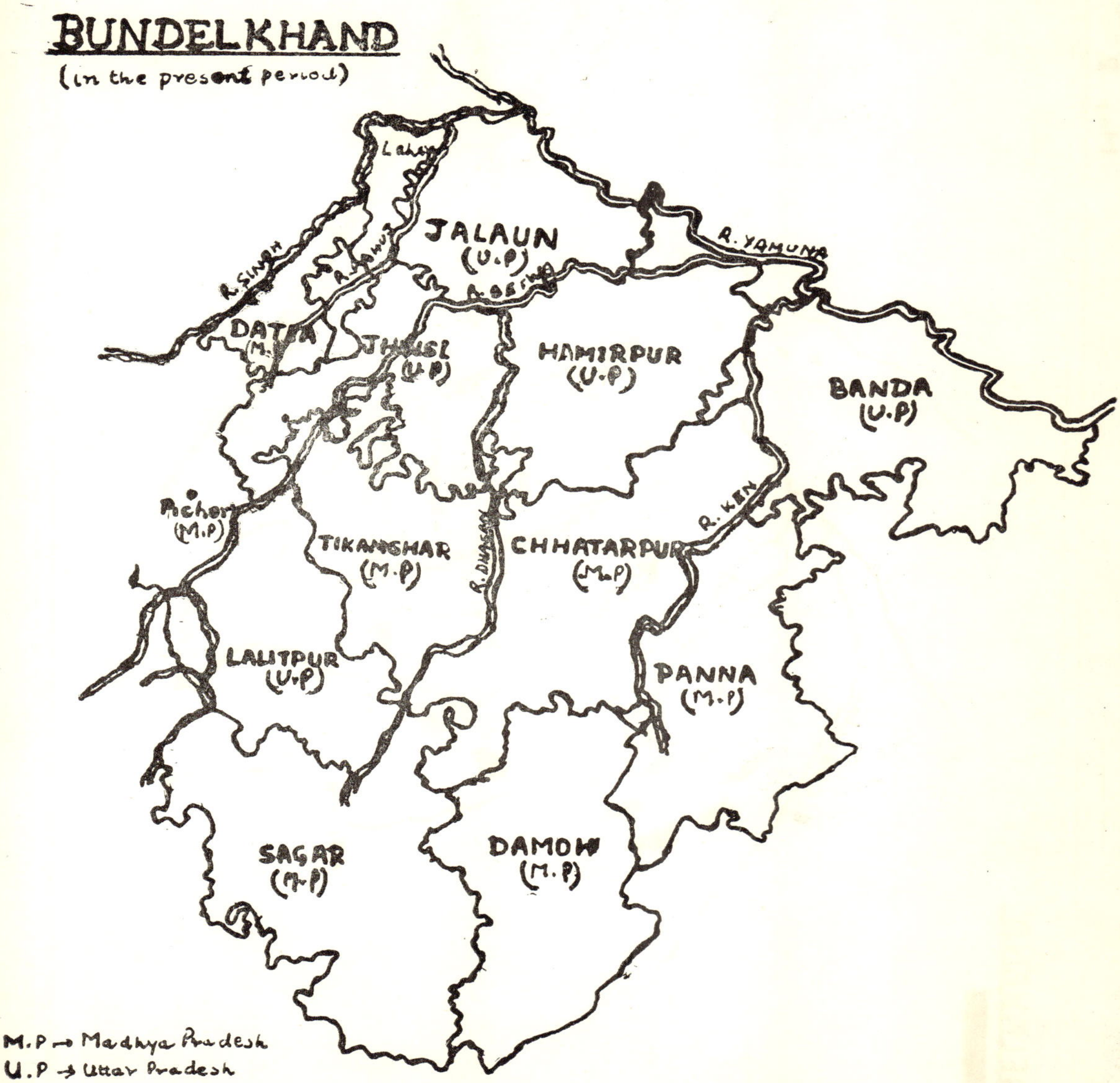

Bundelkhand : Geographical and Geological Formation (p. 222)

Map. 2.

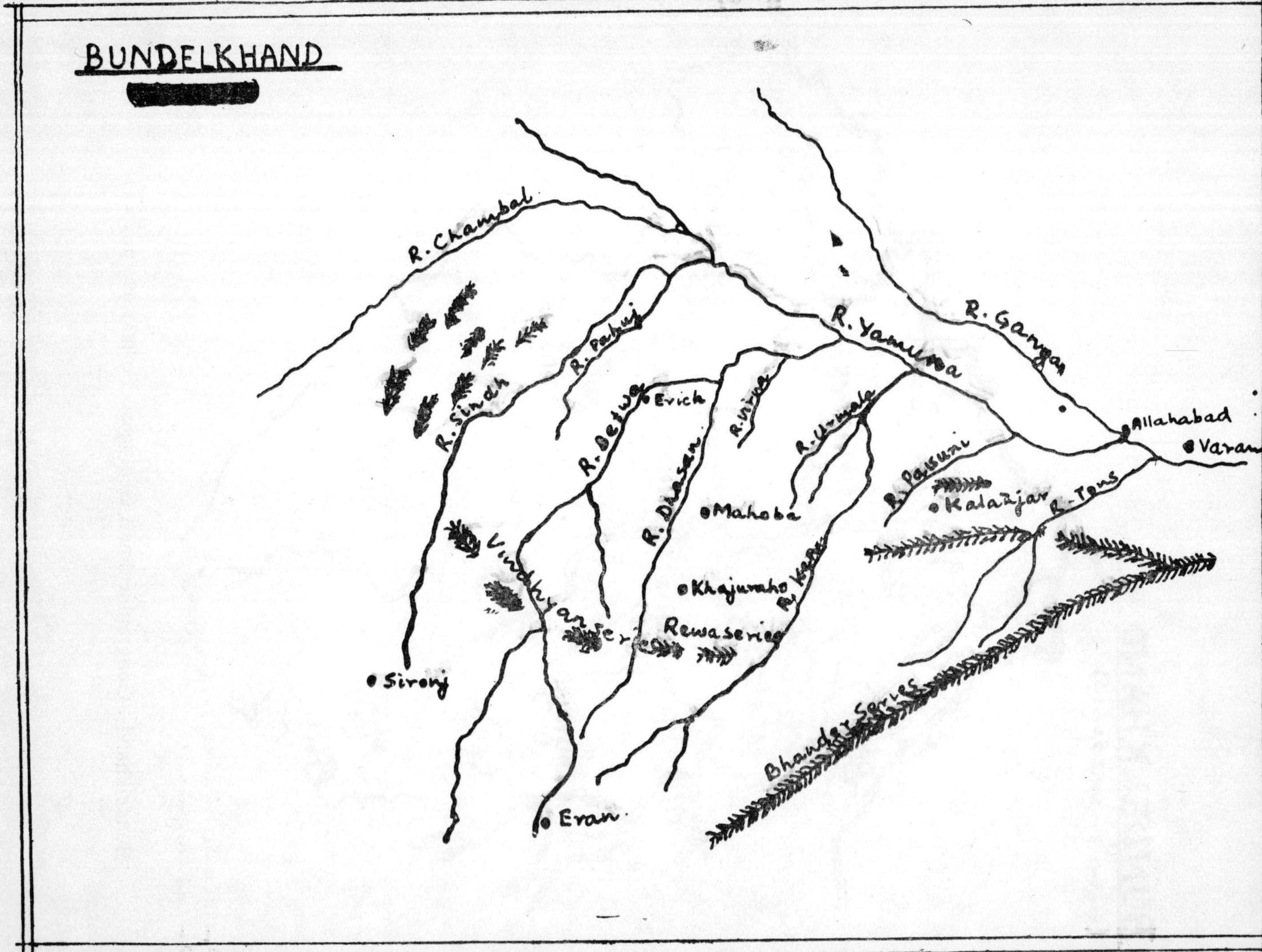
BUNDELKHAND
R. Chambal
R. Sindh
R. Pahuj
R. Betwa
Erich
R. Dhasan
R. Yamuna
R. Ganga
Allahabad
Varanasi
R. Paisuni
Kalanjar
R. Tons
Mahoba
Khajuraho
R. Ken
Rewa series
Vindhyan series
Bhander Series
Sironj
Eran

(3) Transitional System,

(4) Archaean System.

(1) *Recent Deposits System*

These regions are represented by large scale alluvial deposits in the form of embayment into the granite land. The alluvial are of fluviaile and sub-areial formations of sand, silt and clay. The texture of the deposits become more and more refined as we tend towards river Yamuna from south central granite land. In the south the surface is strewn with granite boulders and stony wastes.

(2) *Vindhyan System*

In this region the system is seen forming a girdle around Bundelkhand granite[3] in a semi-arile fashion sparing the north Vindhyan system, and a series of posing escrapments of massive sandstone and limestone. This formation has virtually, isolated this region from south and south-west posing a traditional sociocultural boundary between the North and the South India and exercised an exceedingly important role in shaping the course of the countries history. Ganga-Yamuna alluviam covers the north-west and north-east of the Vindhyan system while the south-west of the system is covered by Deccan trap. Occassionally flat topped hills of smooth sky-lime, as relics of peneplanated surfaces are a frequent sight. Quartz reefs and dolerte dykes surrounded by plethora of boulders dislodged from them, disrupt the monotony of low relief of the granite region.

The affluents of the Betwa, the Dhasan and that of the Ken, the major atreams of the region, have everywhere especially in the south carved out steep gorges and precepitious rocky banks and often descend through magnificent waterfalls, some of these being 60m. high. The streams on entering the alluvial plain in the north engage themselves in active erosion on a very large scale resulting in the formation of some of the most extensive and fertile revine lands. The common rocks are sandstone, limestone and shales,[4] changing their characteristics with the change in their strike. The Vindhyan ranges in the west are very narrow and are cut-up into isolated hills. They extend upto Deogarh in Lalitpur district and it is here where the river Betwa has cut through a magnificent gorge.

3. *Transitional System*

It is a term used to denote Gwalior series, appearing in the northern part of Datia District and Bijawar series in Bijawar Tahsil of Chhatarpur district. They are supposed to have been formed in post-Aravalli or pre-Vindhyan period. Sedimentary strata of sandstone and limestone in which lava intrusions had later penetrated are represented in these series.

4. *Archaean System*

Bundelkhand, composed of crystalline igneous and metamorphic rocks, largely represents Archaean System and the typical rocks of this region, in geological literature, is popularly termed as 'Bundelkhand genesis', which is a misnomer because the granite and genesis are both conspicuous in which the former predominates, Based on texture and composition, reveral types of granite can be recognized in this region. of these, pink, felspairic, coase—grained variety are the most dominant in districution and massive in character. Grey varieties[5] with variable texture are too present. Genesis are next only to granites in importance. They very from medium to coarse—grained varieties and lack any fixed pattern their distribution.

Relief of the Land

The entire region is marked by subdued topography that tends to grade into a perfect level plain towards the northern but for the southern marginal and areas which retain features of a diserted plateau. 67.7% of the area is under 300m. and only 3.6% is above 450m.; the rest between 300 to 400m. Towards the north, 1/3 of the plain area is monotonously flat and stands in strong contrast with the Vindhyan table land which rises in three well-marked escrapements roughly delineated by 300, 375 and 450m. contours. The south-central granite region provides the basement for the entire structural build to the region, and the elevations varies between 300 to 366m.

The plateau of Bijawar district is marked by levelled summits and steep valleys. These ranges "are mere prominences left standing while the surrounding parts have disappeared in the prolonged denudation which these regions have undergone".[6] This Bijawar-Panna plateau terminates abruptly beyond the north facing scrap of Vindhyanchal and Panna-ranges. Further in the north-west lines a vast land of granite and genesis comprising mainly the area of Jhansi, Tikamgarh, Chhatarpur, southern margin of Banda and Hamirpur districts. Subaerial denudation has reduced the granite land into an undulating surface of moderate relief with characteristic of late mature landscapes. In this region are long narrow serrated ridges, termed as quartz reefs and dolerite dykes. Quartz reefs are very conservative in their direction and persist for long distances like fortwalls. Moreover they have frequently intercepted the courses of regional streams and, thereby, have provided suitable sites for number of waterbodies and semi-artificial tanks lending greater security to agriculture.

The Bundelkhand plain also called trans-Yamuna plain, in present times, is made up of soft and unconsolidated materials brought down by the tributaries of Yamuna, Chambal, Betwa and Ken. The deposits can be seen extending upon the granite surface for about 110 km. along 80° 00' E longitude.

The whole of the region topographically is divisible into three east-west running belts of varying width. The southern-belt is typically a transistional area, roughly marked by Chirgaon-Garautha-Rath-Banda line, North of which surface boulders are absent while in South their predominance is significant. The Central belt with imperfect drainage extends upto the Southern-banks of Yamuna. Thc narrowest of the three is the third belt, confined along the banks of the Yamuna in the form of 'high ground' which represents the level of flood in the plain in ancient period, but presently it is badly cut up into deep ravines. Such ravines also extend along the tributary streams of Yamuna.

Soils

The soils of Bundelkhand region can be conveniently grouped into three categories on the basis of their quality texture and nature :

(a) Upland soils — Rocky soils.

(b) Lowland soils — Black soils (mār and kābar)[7] Red and Yellow soils (Parua and rańkar)

(c) Raverine soils — Kachhār and Tarai.

Uplaud Soils

The upland soils are majorly confined to the Vindhyan plateau. There soils are termed as patha soils in Banda district and include poorer form of 'paruā', 'mār' and 'kābar' soils. The texture vary from clay loam to sandy loam.

Lowland Soils

The most important variety of soil-groups in this region are seen in the northern lowlands. They are mar, kabar, parua and rankar. Mār is a calcarious soil predominantly blackish in colour[8] mixed with lumps of 'kańkar' and hence friable and aerated. This characteristic makes it highly prized for cultivation of wheat, gram and sugarcane. Kābar, contrary to 'Mār' is highly diffused and extremely compact and tenacious without lime concretions, else it is similar to 'mār' in many physical characteristics.

Red soil is majorly found in Jhansi district. It has developed over granites and genesis, their paent rocks. In the eastern region they are associated with sandstone. The red colour of these soils can be seen specially deep over genesis and grades into brown, choclatc, yellow and grey depending on the iron content and the amount of their admixture with black soils.

Paruā is the best known variety of degraded red and grades from coarse sandto fine clays. In the official records of present days they are conveniently divided into three types, viz., Tarai, Kachhār and Rańkar. Kachhār soil is a highly prized soil for corp cultivation.

In comparision to the soil of Malwa or the Western part of Central India, the soils of Bundelkhand is poor being sandy and often strewn with boulders. Even the comparatively fertile portions of land requires artificial irrigation. In spite of this physical handicap the people of the country were predominantly agricultural and their prosperity depended on favourable agricultural conditions.[9] Epigraphic records show that the people of Bundelkhand were from the early periods, and under the Chandellas as well anxious to raise the fertility of the soil by excavating tanks, wells and canals and constructions of embarkments.[10] Moreso, in the Ajaygarh inscription belonging to the period of Bhojavarman an epithet 'Pīṭaśaila-viṣayesu-adhipatinām[11] appears probably used in a figurative sense[12] to spell the 'raṅkar' soil areas in Bundelkhand.

Mountains of the region

The region of Bundelkhand has in it only one major mountain belt, viz,, the Vindhyan and several minor mountain belts. The site of 'Kulpahār' in the Hamirpur District, U. P. has retained the idea of Vindhya Mountain being one of the main seven constituents of Indian Mountain System the 'Kulaparvatas.,

Vindhyachal

The Vindhyachala mountain, housing she shrune of Vindhyavasni Devi,[13] is in the South of the region. The Vindhya mountain finds mention in literature right from the ancient period, very closely associated with the religious sentiments of the people of the country. The Vindhyan mountain finds mention in the Kauśītaki Upaniṣad[14] probably as 'Dakṣiṇaparvata.' This Vindhyan belt extends eastward right from Gujarat to Bihar, covering an expanse of approximately 1100kms. Along its course the range takes various names. The part that falls in the Bundelkhand region is known as Panna Rānge.[15] Its maximum height is about 450mt.

Pīta (yellow) Hill

It is about 7km. South-East of village Digaura in the Baldeogarh Tahsil in the Rewa Division.[16] The hill is known as 'Pītādri', Pīṭaśaila or 'Pītaparvata' in the inscriptions, The Ajaygarḥ rock inscrīption of Kīrtivarman[17] and that of Bhojavarman[18] make a mention of this hill as a 'Piṭaśila,' the yellow hill.

Chitrakūṭa Hill

This hill is situated about 105km. South-West of Allahabad near the Kamti village and is therefore also known as Kamtā and probably the true name is Kāmatāgirī[19] : The mention of Chitrakuta appears in Mahābhārata[20] in association with Kālañjara situated on the river Mandakani. The mention of Chitrakuta also appears in connection with Lord Rāma's life, the hero of Rāmāyaṇa.[21] Rāma stayed here along with Sitā and Lakṣmana during exile.[22] Rāmāyaṇa also gives its distance from the confluence of the present time Allahabad or Prayāga. The hill, as well its surrounding area, has been closely associated with religious activity from early times.

Ginjā Hill

It is an isolated hill situated near the exit of the Tons river from the Vindhyan ranges and lies about 65km. south-west of Allahabad. The hill is identified with the Ginjā hill mentioned in the Inscription of the Magha ruler Mahārājā Bhīmsena[23] engraved on it. In appearance the hill has a marked similarity to the hills around Kālañjar Ajaygarḥ.

Rivers of the region

The region of Bundelhhand has a number of rivers and innumerable rivulets. The small streams are usually tributaries and branches of big rivers.

The major rivers are : Yamuna, Betwa, Dhasan, Ken, Chambal, Tons, Sindh. Besides these, there are some lesser prominent ones. They are Paisunī, Baghen, Vaitarnī, Urinala, Sunada, Lakheri, Pahiya, Kumari, Jamni and Bina,

REFERENCES AND NOTES

1. The Times Atlas of the World, London, 1985, Plate No. 29.
2. Cunningham, A : Archaeological Survey of India Reports, Vol, II p. 413.
3. Krishnan, M. S : Geology of India and Burma, 1982 p. 182.
4. Ibid. p. 184.
5. Ibid, p. 118.
6. Wadia, D. N. : Geology of India, 1968, p. 433.
7. Imperial Gazetter of India, Vol. IX, p. 68.
8. Journal of Asiatic Society of Bengal, 1942, p. 401.
9. Census Report (1931) XX, Part I, p. 28.
10. Mau Stone Inscription, E. I., I, p. 195-207.; Ajaygarh Stone Inscription (V. S. 1227) A. S. R., Vol., p. 49-50 Ajaygarh Rock Inscription (V. S. 1317) E. I., I, p. 325-330.
11. E. I., I, p. 333, 336, Verse 9; E. I.. XXX, p. 89.
12. Mitra, S. K. : Early Ruler of Khajuraho.
13. Bajpai, K. D. : Cultural History of India, Vol. I, p. 20 Matasya Purāṇa, 13.39; 22.66.
14. Kauśītakī Upaniṣad, II, p. 8
15. Bhattacārya, P. K. ; Historical Geography of Madhya Pradesh, p. 61.
16. E. I., Vol. XXX, p. 89.
17. E. I., Vol. XXX, p. 87.
18. E. I., Vol, I, p. 333.
19. A. S. R., Vol. XXI, p. 10.
20. Mahābhārata, III, 85, p. 58-59.
21. Rāmāyaṇa, II, 55.
22. Aranyaka, 266-67
23. A.S.R., Vol. XXI, p. 119.

बुन्देली क्षेत्र

डॉ. महावीरसरन जैन

"बुन्देली" हिन्दी भाषा के "पश्चिमी हिन्दी वर्ग" की एक महत्त्वपूर्ण उपभाषा है। इसके भाषिक क्षेत्र के सम्बन्ध में लोक मान्यता का आधार १८ वीं शताब्दी में छत्रसाल के समय की प्रसिद्ध लोकोक्ति है।

इत जमुना उत नर्मदा, इत चम्बल उत टोंस
छत्रसाल सों लरन की, रही न काहू होंस

इस प्रकार यह सीमा निर्धारण यमुना, नर्मदा, चम्बल तथा टोंस (सोन) नदियों के आधार पर लोक मान्य है। कुछ विद्वानों ने सम्भवतः इसी लोकमान्यता का सहारा लेकर बुन्देली के भाषिक-क्षेत्र का भी निर्धारण किया है। जिन विद्वानों ने बुन्देली पर भाषिक दृष्टि से कार्य सम्पन्न किए हैं उनके मतों में भी भिन्नता मिलनी है। भावातिरेक के कारण कुछ विद्वानों ने मध्यप्रदेश के ग्वालियर, भोपाल, दुर्ग, उत्तरप्रदेश के बाँदा, आगरा, मैनपुरी, इटावा तथा महाराष्ट्र के नागपुर, चाँदा, बुलढाना, भण्डारा, अकोला के कुछ भागों को भी बुन्देली की सीमा के अन्तर्गत परिगणित किया है। एक विद्वान ने तो सतना तथा रीवा को भी बुन्देली क्षेत्र की पूर्वी सीमा के अन्तर्गत माना है। यहाँ पर सूत्र-शैली में बुन्देली के भाषिक-क्षेत्र का निर्धारण करने का प्रयास किया जा रहा है। इस लेख में उस तथ्य—दृष्टि को व्यक्त किया गया है जिसे न समझ पाने के कारण मतवाद एवं भ्रम पैदा होते हैं।

बुन्देली अपने शुद्ध रूप में तथा मिश्रित रूप में निम्न क्षेत्रों (जिलों) में व्यवहृत होती है :

उत्तर प्रदेश के (१) बांदा (२) हमीरपुर (३) जालौन (४) झांसी (५) ललितपुर (६) आगरा तथा **मध्य प्रदेश** के (७) भिण्ड (८) मुरैना (९) ग्वालियर (१०) दतिया (११) शिवपुरी (१२) टीकमगढ़ (१३) छतरपुर (१४) गुना (१५) सागर (१६) पन्ना (१७) विदिशा (१८) दमोह (१९) जबलपुर (२०) भोपाल (२१) रायसेन (२२) नरसिंहपुर (२३) मण्डला (२४) सीहोर (२५) होशंगाबाद (२६) बैतूल (२७) छिंदवाड़ा (२८) सिवनी (२९) बालाघाट तथा (३०) महाराष्ट्र के नागपुर जिला में।

इस भूभाग में बुन्देली दो रूपों में बोली जाती है :

१. विशुद्ध बुन्देली
२. मिश्रित बुन्देली

विशुद्ध बुन्देली के क्षेत्र में आने वाले जिलों को भी दो भागों में बाँटा जा सकता है :

१. वे जिले जिनके पूर्ण भाग में बुन्देली व्यवहृत होती है।

२. वे जिले जिनके अधिकांश या आंशिक भाग में बुन्देली व्यवहृत होती है।

१. जिन जिलों के पूर्ण भाग में बुन्देली बोली जाती है वे हैं—

उत्तर प्रदेश के—(१) झाँसी तथा (२) ललितपुर

मध्यप्रदेश के— (३) दतिया (४) टीकमगढ़ (५) सागर (६) रायसेन (७) दमोह (८) नरसिंहपुर

२. जिन जिलों के अधिकांश या आंशिक भाग में बुन्देली व्यवहृत होती है वे इस प्रकार हैं :

(९) हमीरपुर— दक्षिण-पश्चिम भाग में अथवा राठ तहसील में

(१०) जालौन—इस जिले की उरई तहसील में

(इन जिलों (दोनों) के इन भागों में व्यवहृत होने वाली बुन्देली को राठौरी या लौघान्ती के नाम से पुकारा जाता है।

(११) शिवपुरी (पूर्वी भाग)

(१२) गुना (पूर्वी भाग) इसके अन्तर्गत गुना की मुंगावली तहसील को परिगणित किया जा सकता है।

(१३) विदिशा जिले के मध्य भाग एवं पूर्वी भाग में

(१४) भोपाल जिले के केवल पूर्वी भाग में

(१५) सिहोर जिले के केवल पूर्वी भाग में

(१६) होशंगाबाद के मध्य एवं पूर्वी भाग में

(१७) सिवनी (इसके उत्तरी एवं मध्य भाग में)

(१८) बालाघाट (उत्तरी भाग में)

(१९) जबलपुर (दक्षिण पश्चिमी भाग में)

(२०) पन्ना (दक्षिण पश्चिमी भाग में)

(२१) छतरपुर (पश्चिमी, दक्षिणी एवं मध्यभाग में)

यहाँ यह उल्लेखनीय है कि हमीरपुर, जलौन, शिवपुरी, गुना, विदिशा, भोपाल, सीहोर, होशंगाबाद, सिवनी, बालाघाट, जबलपुर, पन्ना, छतरपुर, जिलों के शेष भागों में तथा उत्तर प्रदेश के बांदा, आगरा; मध्यप्रदेश के भिण्ड, मुरैना, ग्वालियर, मण्डला, बैतूल, छिंदवाड़ा तथा महाराष्ट्र के नागपुर जिले के किसी भी भूभाग में बुन्देली अपने विशुद्ध रूप में व्यवहृत नहीं होती।

इस क्षेत्र के सम्बन्ध में विद्वानों में मतभेद रहा है।

उदा०—ब्रजभाषा पर कार्य करने वाले विद्वानों ने आगरा, भिण्ड, मुरैना, ग्वालियर जिलों को "ब्रजभाषा' क्षेत्र के अन्तर्गत माना है तथा बुन्देली पर कार्य करने वाले विद्वानों ने इन्हें अथवा इनके कुछ भूभाग को बुन्देली क्षेत्र माना है। यही स्थिति "बांदा" "भोपाल" "सोहोर" "बैतूल" छिंदवाड़ा" आदि जिलों की है।

वस्तुतः किन्हीं भी दो भाषाओं, उपभाषाओं एवं बोलियों के मध्य कोई सीधी विभाजक रेखा नहीं खींची जा सकती। इनके मध्य "संभादांश रेखा समूह" घटित होता है जो दो भाषाओं/उपभाषाओं/बोलियों के संक्रमण-क्षेत्र का निर्धारण करता है। इस दृष्टि से "बुन्देली-क्षेत्र" के चतुर्दिक ब्रज, राजस्थानी, कन्नौजी, अवधी, बधेली, छत्तीसगढ़ी, मालवी, निगाड़ी आदि हिन्दी की उपभाषाओं के तथा मराठी भाषा के संक्रान्ति-क्षेत्र हैं। कुछ क्षेत्र ऐसे हैं जहां तीन भाषिक रूपों के संक्रान्ति क्षेत्र भी मिलते हैं। "बुन्देली क्षेत्र" को केन्द्र मानकर उसके चतुर्दिक "संक्रान्ति क्षेत्रों" का विवरण इस प्रकार प्रस्तुत किया जा सकता है।

बुन्देली-क्षेत्र के उत्तर-पश्चिम में—

इस दिशा में बुन्देली, ब्रज तथा राजधानी तीन भाषिक-रूपों का संक्रान्ति-क्षेत्र है। इस क्षेत्र के अन्तर्गत मध्यप्रदेश के मुरैना जिले की "श्योपुर तहसील" आती हैं।

२. बुन्देली क्षेत्र के उत्तर में—

बुन्देली क्षेत्र के उत्तर में मध्यप्रदेश के मुरैना जिले की श्योपुर तहसील को छोड़कर शेष भाग में ग्वालियर जिले में तथा "भिण्ड" जिले के दक्षिण-पश्चिम भाग में "बुन्देली एवं ब्रज का संक्रान्ति क्षेत्र" है तथा भिण्ड जिले के उत्तर-पूर्वी भाग, उरई तहसील के अतिरिक्त जालौन जिले के शेष भाग तथा राठ तहसील के अतिरिक्त हमीरपुर जिले के शेष भाग में कहीं "बुन्देली-कन्नौजी" का कहीं "बुन्देली-अवधी" का तो कहीं "बुन्देली-कन्नौजी-अवधी" तीनों रूपों का संक्रान्ति क्षेत्र है।

३. बुन्देली क्षेत्र के उत्तर पूर्व में—

इस दिशा में उत्तर प्रदेश के बांदा जिले के दक्षिणी भाग में बुन्देली एवं अवधी का संक्रान्ति क्षेत्र है।

४. बुन्देली-क्षेत्र के पूर्व में—

बुन्देली क्षेत्र के पूर्व में "बुन्देली तथा बघेली का संक्रान्ति क्षेत्र" हैं। इसके अन्तर्गत मंडला जिले के दक्षिण-पश्चिम भाग में, पन्ना जिले के उत्तर-पूर्वी भाग में तथा छतरपुर जिले के मध्य भाग के बाद उत्तर पूर्वी भाग में तथा जबलपुर जिले का "सिहोरा तहसील" वाला मध्य भाग आता है। जबलपुर जिले के दक्षिण में बुन्देली तथा उत्तर में कटनी तहसील में बघेली बोली जाती है। मध्य-क्षेत्र बुन्देली एवं बघेली का संक्राति क्षेत्र हैं।

५. बुन्देली क्षेत्र के दक्षिण पूर्व में—

इस दिशा में बालाघाट के दक्षिण भाग की स्थिति है। बालाघाट के इस भाग में कहीं बुन्देली एवं छत्तीसगढ़ी का, कहीं "बुन्देली एवं मराठी" का, कहीं छत्तीसगढ़ी एवं मराठी का तो कहीं "बुन्देली-छत्तीसगढ़ी-मराठी" के संक्रान्ति क्षेत्र हैं।

६. बुन्देली-क्षेत्र के दक्षिण में—

यह बुन्देली एवं मराठी का संक्रान्ति-क्षेत्र है। इसके अन्तर्गत सिवनी जिले का दक्षिणी भाग, छिंदवाड़ा जिले का मध्य एवं दक्षिणी भाग तथा महाराष्ट्र के नागपुर जिले की मध्यप्रदेश से संस्पर्शती सीमा वाला भू-भाग जाता है।

७. बुन्देली-क्षेत्र के दक्षिण-पश्चिम में—

इस दिशा में मध्यप्रदेश के बैतूल जिले की स्थिति है।

८. बुन्देली-क्षेत्र के दक्षिण-पश्चिम में—

इस दिशा में सध्यप्रदेश के बैतूल जिले की स्थिति है। इसमें कहीं "बुन्देली-निमाड़ी" कहीं "बुन्देली-मराठी" कहीं "निमाड़ी-मराठी" तो कहीं "बुन्देली-निमाड़ी-मराठी" के संक्रान्ति क्षेत्र हैं।

९. बुन्देली क्षेत्र के पश्चिम में—

इस दिशा में होशंगाबाद जिले के पश्चिम भाग में "बुन्देली एवं निमाड़ी" का संक्रान्ति क्षेत्र है तथा (१) सिहोर (२) भोपाल (३) विदिशा (४) गुना एवं (५) शिवपुरी का वह समस्त भू भाग जो "बुन्देली क्षेत्र" के बाहर है, वह अधिकांशत बुन्देली एवं मालवी का संक्रान्ति-क्षेत्र है तथा इनके पश्चिमी भूभाग के कुछ क्षेत्र विशुद्ध मालवी के क्षेत्र हैं।

THE RĀMĀYAṆA AND THE VINDHYA REGION

K. D. Bajpai

The *Rāmāyaṇa* of Vālmīki is a variegated literary work incorporating Intersting geographical, historical and cultural details interwoven with the main episode of Rāma. In the present form this epic is evidently an extensive composition spreading, in point of time, through several centuries. The story of Rāma (*Rāmopākhyāna*) seems to have gained popularity during the later Vedic period. The kernel of the story highlighted the victory of righteousness over the evil forces. Rāma, the hero of the epic, was regarded as embodiment of the ideals of the Vedic or Aryan culture *par excellence*. He gained victory over Rāvana who reprsented the non-Aryan way of life.

To Sage Vālmīki is attributed the first rendering of the popular story of Rāma into the simple *anushṭubh* verses. On the basis of the language and the literary form of the apparent early matter in the epic, it may be surmised that the first versification of the *Rāmāyaṇa* took place in C. 500 B.C. or nearabout. The lower limit of the extent epic can be assigned to C. 300 A.D., on the basis mainly of the internal evidence. Looking to the great popularity of the *Rāmāyaṇa* this long stretch of time cannot be regarded as unreasonable. This also holds good in the case of the other great epic, the *Mahābhārata*. The main episodes of both the epics have largely been elaborated bearing profused poetic embellishments.

It is not possible for the present author to agree with the view that the *Rāmāyaṇa* is a myth. Had it been a myth, pure and simple, the story of Rāma could not have survived through the ages. It could not have penetrated deep into the life of the masses of all categories thoughout the country. Nor could it make any lasting impact on the life of South-East Asian countries outside India. Rāma's story can be historical in the same sense as is the story of the Pāṇḍavas and Kauravas, of Kṛṣṇa, of Mahāvīra and Gautama Buddha. We do not question the historicity of Mahāvīra, Gautama, Udayana or Kauṭilya, Should we doubt the existence of Rāma or Kṛṣṇa only on the ground that no insctiptions or coins of their are known ? All proto-history cannot be dubbed mythology. Otherwise, the very name 'Proto-historr' would become a misnomer.

It this paper only some of the burning problems pertaining to the *Rāmāyaṇa* have briefly been dealth with. If may be stated here that I uphold the view, based on reliable evidence, that the time of the Bhārata War was about 1400 B. C. and that Rāma flourished about 500 years before the Bhārata War.

The *Rāmāyaṇa* of Vālmīki, even in its extent enlarged form provides us with sufficient reliable evidence pertaining to the geography of the long stretch of land between Ayodhya and Daṇḍakāraṇya of the present Bastar district. The geographical details in the *Rāmāyaṇa*, when studied along with those occurting in the works of Kālidāsa. Varāhamihira, Bāṇbhaṭṭa Bhavabhūti, Rājaśekhara and others, coupled with the available atchaeological evidence, lead us to the conclusion that Rāma, after leaving Chitrakuṭa (in the Banda district of U.P.), took up the south-eastern direction to reach Daṇḍakāraṇya. In the present geographical contāxt, Rāma on his onward journey passed through the districts of Satna, Shahdol, Ambikapur, Bilaspur, Raipur and Baster. In the present Madhya Pradesh he must have crossed the major rivers. Some and Mahānadi to reach the Baster region, Several present geographical names in the districts mentioned above furnish a clue to their association with Rāma in some form or the other.

It is interesting to note that the portrayal in stone of Rama's story is found for the first time at Nachna in the district of Madhya Pradesh. Several highly artistic panels of the Gupta period, depicting Rāma's episodes of the forest and of the construction of a *setu* (bridge) for reaching Laṅkā, have been discovered at Nachna. It is probable that a temple of Rāma existed at Nachna in the Gupta period. Rāma's earliest cult-imagic is also likely to be traced out at Nachna or nearabout. Another important centre, not far from Nachna is Deogarh (district Lalitpur U.P.), Numerous stone-slabs bearing the story of Rāma have been obtained at Deogarh. They are assigned to 5th-6th centuries A.D. These relies no doubt indicate that Rāma's story had become quite popular in Central India during the Gupta period.

Besides Nachna and Deogarh, depiction on stone of several episodes of the *Rāmāyaṇa* have been discovered at Tiripuri (dist. Jabulpur) Khajuraho, Kharod, Shabrinarayan, Ratanpur, Pali and Janijgir. The last mentioned five sites are located in the Bilaspur district. At Sirpur in the Raipur district some scenses from *Rāmāyaṇa* have been traced. From the Bhind district an interesting terracotta figure representing Sita, seated under the Ashoka tree in a pensive mood, has been dicovered. It may be mentioned here that unlike the portrayal of the childhood of Kṛṣṇa, the sculptor of the Madhya Pradesh region were interested in depicting Rāma's life starting after his banishment.

Numerous other sites are known, where the depictions of Rāma's popular story have been discovered in plastic art mention may be made of Bhitargaon (district Kanpur), Śrāvasti (dist. Gonda, U. P.) Pravarapur (Vidarbha), Chausā and Apsed (Bihar), Pahārpur (Bengal) and Kirāḍu (Rajasthan). Among the South India sites, where *Rāmāyaṇa* scenes are well-known, are Ellora, Paṭṭadakal and Kumbhakonam. Almost in all the schools of modieval Indian paintings, numerous pictorial representations the story can be seen.

I think that Rāma's story travelled to countries like Thailand, Combodia, Jāvā Sumātra and Bālī through south-eastern Madhya Pradesh and Orissa. The profuse carving of scences from the Rāmāyaṇa in the countries mentioned above eloquently proves the popularity of Rāma's story outside India. A comparative study of the human ethnic features and also of the decorative patterns found in the plastic art of the Chhattisgarh region of the early medieval period with the contemporary art of South-East Asia leaves no doubt as to the impact of the Chhattisgarh region on the art of those distant land. A crittcal study in this field in a *desideratum*.

Rāma took the south-eastern direction in the region of Madhya Pradesh to reach Daṇḍaka. He passed through *Dakshiṇa Kosala*, the name given to the region south of the present Satna Rewa districts. It may be mentioned here that Rāma's mother Kauśalyā belonged to this region. To distinguish from the northern Kosala of the Īkṣvaku rules (with Ayodhyā as its capital the southern region was called *Dakshiṇa Kosala*. The route of Rāma was more or less followed by Samudragupta in the 4th Century A.D. Had Rāma passed through the south-western parts of this State, some tangible traces of his route would have been found and at least some early art-relies could have been preserved in that area. By talking south-western route it was necessary for Rāmı to cross the river Narmadā, which is not the case when we study the Rāmāyaṇa.

As regards the names 'Daṇḍaka' 'Lanka', there is a strong basis to believe that those and several other names originated from the local languages of the *Ṣabaras* who inhabited the Vindhyāṭavī and the region further south in the Danḍkāraṇya. The *aśramas* of sages like Vālmiki, Atri, Agastya and Sarabhanga, whose main objective was to propagate Aryan culture in the area of the Nishādas and the Ṣabaras, were located in Daṇḍaka.

Rāma in his wanderings seems to have reached Dahdakāranya at least as for south as Rāmagir in the present Korāput district of Orissa, after passing through the (second) Chittrakūṭa or Chakrakotta region of the Baster district.

From the *Rāmāyaṇa* of Vālmiki we learn that several powerful chiefs of the Nishādās, the Sabaras, the Vānaras and the Rikshās (all human beings) because friendly with Rāma. They may have realised that they would be safe if they sided with Rama against the Rākshasas, whose leāder Rāvana had become a terror to the tribal people and who had become antagonistic to Rāma.

As regards Rāvaṇa and his Laṅkā, the great epic leaves no doubt in mentioning that Rāvana was a very powerful tribal leader of the extensive Dandaka area. He seems to have extended his sway in the north, right up to Amarakantaka. The name Amarakantaka seems to suggest that this place was like a thorn to the amaras (devas, or the followers of the Āryan culture). The name of Rāvaṇa's dynasty is given as Sālakatankata. Due to several reason, Rāvana become antagonistic to the Vedic culture which eologised Indra and Viṣṇu as supreme gods. He, on the other hand, a great devotee of Śiva (Mahādeva), the lord of the wide-spread tribal region.

From several accounts found in the epic it can be gathered that the predecessors of Rāvana had to bear some sort of humiliation inflcated on them by the rising Āryan forces. Rāvaṇa could not bear this. It was not possible for him to submit to any alien force. Naturally he threw a challange to Rāma, the Āryan prince who was extending his heremony in the South.

Laṅkā and Siṁhala (or Tamraparni *dvipa*) are separately mentioned in several ancient works. I does not seems feasible to identify Laṅka of Rāvaṇa with Siṁihala or or Śri Laṅka. In the history of Ceylon (Śri Laṅka) no reference to Rāvana or his exploits are discernible. No early relies depicting Rāma's episode or any achievements of Laṅkā's hero, Rāvana, are traceable in plastic of pictorial form in the entire Śri Laṅkā. On the basis of the source-material available so far it can be said that the Laṅkā of Rāvana was located somewhere in the borders of Bastar, Orisra and Andhra Pradesh. With the spread of the Āryan culture, several geographical names travelled from the north to south and south-east. They became current even in Siṁhala, Brahmadeṣa (Burma). Indo-Chin and Indonesia. The name Laṅkā seems to have been given to the Island of Siṁhala sometime before the Gupta period by which time the Āryan culture had spread throughout the Indian sub-continent.

With all his mightness Rāvaṇa was undoubtedly a human being. It seems that he had ten appellatlons, not ten heads in ancient art-relies Rāvaṇa is usually represented as a human and not a demon. Numerous images of Rāvaṇa in the Ravapanugraha from are known in Madhya Pradesh and outside, where in Rāvaṇa is shown in the human form with one head and two arms. The super-human attributes to Rāvaṇa were added to indicate that he was an extremely powerful enemy, who could challenge the supernamancy of Rāma, his Āryan adversary. It may pointed out here that not only Rāvaṇa but Rāma and several of his associates also came to bc credited with supernatural powers.

The region of Chhattisgarh in Madhya Pradesh is intimately associated with the episode of Rāma. It is essential to make a detailed study of the geography, geology, languages and traditions along with literature and archaeological material of this and the contiguous regions. This would facilitate the soultion of several problems connected with the *Rāmāyaṇa.* Without probing deep in to the original source-material it does not seen possible to tackle some of the knotty problems relate to the great epic.

'तिलोयपण्णत्ती' में वर्णित 'विजयार्ध'

डॉ० राजाराम जैन

यतिबृषभ कृत 'तिलोयपण्णत्ती' शौरसेनी प्राकृत का अद्भुत काव्य ग्रन्थ है। उसका रचनाकाल विक्रम की ५वीं-६वीं सदी में माना गया है। उसमें तीनों लोकों सम्बन्धी भूगोल एवं खगोल-विद्या का सुन्दर वर्णन है। उसमें विन्ध्य का नाम स्पष्टरूपेण नहीं मिलता। वह 'विजयार्ध प्रदेश' अथवा 'विजयार्ध पर्वत, के रूप में उल्लिखित है। यदि वर्तमान विन्ध्य प्रदेश की विविध परिस्थितियों को ध्यान में रखकर उनका अध्ययन किया जाय तो तिलोयपण्णत्ती का विजयार्ध ही विन्ध्य प्रतीत होता है। इस दिशा में सम्भवतः कार्य नहीं हुआ है। अतः शोध-प्रज्ञों का ध्यान आकर्षित करने के लिए यहाँ कुछ तथ्य प्रस्तुत किए जा रहे हैं—

'तिलोयपण्णत्ती' में बताया गया है कि भतरक्षेत्र के बहुमध्यभाग में रजतमय और नाना प्रकार के उत्तम रत्नों से रमणीक विजयार्ध नामक एक उन्नत पर्वत है, जो २५ योजन ऊंचा, ५० योजन प्रमाण मूल में विस्तार युक्त तथा ६$\frac{१}{४}$ योजन की नींव सहित है। वह पूर्वापर समुद्र को स्पर्श करने वाला तथा ३ श्रेणियों में विभक्त है।[१] आचार्य जिनसेन[२] एवं हेमचन्द्र[३] ने भी इसी से मिलता-जुलता वर्णन किया है। जिनसेन के अनुसार वह गंगा एवं सिन्धु नदियों के नीचे स्थित है।[४]

वर्तमान विन्ध्यपर्वत की स्थिति भी विजयार्ध जैसी ही है। वह अपनी लम्बाई, चौड़ाई एवं ऊंचाई के लिए तो प्रसिद्ध है ही। वह विशाल ३ श्रेणियों में विभक्त है। इन श्रेणियों के नाम हैं, मैकाल, सतपुड़ा एवं पारियात्र[५]। पारियात्र विन्ध्यमाला का पश्चिमी छोर है, जो चम्बल के उद्गम स्थल से लेकर खम्भात की खाड़ी तक फैलता गया है।[६]

तिलोयपण्णत्ती में कहा गया है कि विजयार्ध के पूर्व से पश्चिम दिशा की ओर दक्षिणी सीमा पर ५० और उत्तरी सीमा पर ६० नगर बसे हुए हैं।[७]

काल के प्रभाव से यद्यपि वर्तमान विन्ध्य प्रदेश में अनेक प्रकार के भौगोलिक परिवर्तन हो गए हैं। नगरीय-विकास, संख्या परिवर्तन एवं नाम-परिवर्तन भी क्रमशः होता रहा फिर भी कुछ नगरों में नाम-साम्य अभी भी दृष्टिगोचर होता है। यथा—

ति० प० में उल्लिखित नगर वि० प्र० के वर्तमान नगर अपने जिलों के साथ

मेखलाग्र—मैकाल (शहडोल)
सूर्यपुर—सूरजपुर (टीकमगढ़)

अलका—अकला—(पन्ना)
लोहार्गल—लोघ या लोघरीं (शहडोल)
चित्रकुट—चित्रकूट
अग्निज्वाल—ज्वालामुखी (उमरिया, शहडोल)
अक्षोभ—खोह (शहडोल)
दुर्ग—दुगावर (शहडोल)
सर्वार्थपुर—सिद्धार्थपुर (सीधी)
जयावह—जियावन (सीधी)
श्री सौध—सिरमौर (रीवाँ)

तिलोयपण्णत्ती में विजयार्ध भूमि को उत्तम रत्नों एवं पद्मराग मणियों से समृद्ध बताया गया है। उसमें वज्रार्गल, वज्राढ्य, चन्द्राभ, सूर्याभ, चूड़ामणि, मणिवज्र, वज्रार्द्धतर, रत्नाकर, रत्नपुर जैसे मणिनामान्त या रत्नमणि नाम वाले अनेक नगर उत्पन्न होते हैं। इससे उस भूमि को रत्नगर्भा होने के संकेत मिलते हैं।

वर्तमान विन्ध्य प्रदेश के पन्ना एवं विजावर प्रक्षैत्रों में निस्सन्देह रूप में विविध प्रकार के रत्न आजकल भी उपलब्ध हो रहे हैं। पन्ना, विजावर, हीरापुर एवं आस-पास की अनेक खदानें स्वयं बतला रही हैं कि यह प्रदेश पन्ना, हीरा एवं वज्रमणियों का अक्षय भण्डार है।[८] प्राकृत व्याकरण की दृष्टि से विजावर तो शुद्ध प्राकृत नाम ही है। उसका संस्कृत नामान्तर 'वज्रपुर' रहा होगा, जिसका तात्पर्य श्रेष्ठ मणि वज्रमणि अथवा श्रेष्ठ वज्रमणि उत्पन्न करने वाला नगर रहा होगा। शताब्दियों की वर्ण-परिवर्तन की यात्रा के बाद वह वज्रपुर—वज्जउर—विज्जाउर—विजाउर—विजावर बन गया।

तिलोयपण्णत्ती में विजयार्ध के नगरों के विषय में बताया गया है कि वे दिव्यग्रामों से युक्त, महापट्टनों से रमणीक तथा कर्वट, द्रोणमुख संवाह एवं मडम्वों से परिपूर्ण थे।[९]

वर्तमान विन्ध्य प्रदेश की नगरीय स्थिति का अध्ययन करने से तिलोयपण्णत्ती के उक्त कथन का प्रायः समर्थन होता है। उत्तराध्ययन सूत्र की टीका के अनुसार ग्राम वह कहा जाता है, जहाँ काँटों की वाडी से घिरे हुए आवासों में लोग निवास करते हैं। यथा – कण्टक-वाटकावृतोजनानाँ निवासो ग्रामः।[१०] विन्ध्य प्रदेश में ऐसे नगरों की कमी नहीं, जो उक्त परिभाषा वाले ग्रामों से घिरे हुए न हों। आचार्य जिनसेन के अनुसार बड़ा गाँव वह कहलाता था जिसमें ५०० परिवार रहते हों तथा छोटा गाँव वह कहलाता था जिसमें १०० कुटुम्ब निवास करते हो।[११] ग्रामों का नामकरण वस्तुतः अपनी-अपनी विशेषताओं के आधार पर किया जाता था, जैसे निश्चित परिधि से कुछ बड़ा होने अथवा किसी दृष्टि से बड़े लोगों के निवास करने के कारण बड़ा गाँव, नया बसाए जाने के कारण नया गाँव, मणियों अथवा मनकों की भूमि वाला गाँव मनगवाँ और प्रचुर धन, धान्य वाला गाँव धनगवाँ या सतगवाँ आदि। विन्ध्य प्रदेश में इस प्रकार के अनेक ग्राम मिलते हैं।

पट्टन अथवा महापट्टन वह कहलाता है जहाँ सभी दिशाओं से लोग जल एवं स्थल मार्गों से आकर एकत्रित होते हों तथा जहाँ के पार्श्ववर्ती प्रदेशों में रत्नादि खनिज पदार्थ प्राप्त

होते हों।[१२] आचार्य मलयगिरि के अनुसार गाड़ी, घोड़े आदि के द्वारा व्यापारिक सामग्रियों के आयात वाले स्थान को पत्तन तथा नौका आदि के द्वारा व्यापारिक सामग्रियों के आयात वाले स्थान को पट्टन माना जाता था।[१३]

उक्त सन्दर्भ के अध्ययन करने से यद्यपि यह स्पष्ट ज्ञात नहीं होता कि तिलोयपण्णत्ती काल में विन्ध्य प्रदेश में कौन-कौन से पट्टन अथवा पत्तन थे। फिर भी विन्ध्य प्रदेश में प्रवाहमान नदियों के किनारे पर बसे हुए विशेषतः वर्तमान पन्ना, विजावर एवं शहडोल के प्रक्षत्रों की नदियों के किनारे पर बसे हुए कुछ नगर पट्टन अथवा पत्तन के रूप में अवश्य ही प्रसिद्ध रहे होंगे। वर्तमान में पट्टन नामधारी अमरपाटन (सतना) एवं पटनाकला (शहडोल) ही ऐसे नगर हैं, जो प्राचीनयुग की अपनी व्यापारिक समृद्धि की स्मृति दिलाते हैं।

कर्वट अथवा खर्वट वह स्थान कहलाता है जो चारों ओर पर्वतों से घिरा रहता है।[१४] यह स्थान अधिक विस्तृत नहीं होता। चारों ओर पर्वतों से घिरे रहने के कारण यह दुर्ग का कार्य करता है इसीलिए कौटिल्य[१५] ने इसे दुर्ग के समान सुरक्षित कहा है। अनेक ग्रामों के व्यापार केन्द्र के रूप में इसकी स्थापना की जाती थी।

नागरिक सभ्यता के विकास-क्रम में वर्तमान विन्ध्यप्रदेश में कर्वट या खर्वट नगरों में परिवर्तन होता गया, फिर भी अवस्थितियों के आधार पर प्रतीत होता है कि आधुनिक अमरकंटक (शहडोल), ककरेहटी (पन्ना), खडवडा (सीधी), सिरमौर (रीवां), चचाई, खैरद्वार (उमरिया) अजयगढ़ आदि के नाम लिए जा सकते हैं।

द्रोण अथवा द्रोणमुख वह कहलाता है, जो स्थल समुद्री किनारों से घिरा होता है। यथा—द्रोणारण्यं सिन्धुवेलावलयितम्।[१६] यहां समुद्र का अर्थ वस्तुतः जल बाहुल्य प्रदेश लेना चाहिए। तात्पर्य यह है कि जल बाहुल्य प्रदेश से घिरा हुआ स्थल द्रोण या द्रोणमुख कहलाता था। यह पार्श्ववर्ती ४०० ग्रामों के मध्य में रहता था।[१७] और उनके जीवन की आवश्यक वस्तुओं की पूर्ति करता था। इस दृष्टि से वर्तमान विन्ध्य प्रदेश में द्रोणनामधारी द्रोणगिरि का नाम द्रोणमुख के रूप में विशेष रूप से लिया जा सकता है। अन्य द्रोणमुखों में रीवां, सतना, विजावर, केवटी, शहडोल के नाम लिए जा सकते हैं।

कल्पसूत्र के अनुसार संवाह वह कहलाता है जहां समतल भूमि में कृषि कार्य करके कृषक लोग दुर्गभूमियों में रक्षा-हेतु धान्य को सुरक्षित रखते थे। यथा—समभूमौ कृषिं कृत्वा येषु दुर्गभूमिषु धान्यानि कृषिवलाः संवहन्ति रक्षार्थम्।

वर्तमान विन्ध्य प्रदेश में संवाह नामान्त नगरों के नाम नहीं मिलते। फिर भी उसमें ऐसे नगर उक्त श्रेणी में माने जा सकते हैं, जो गढ़ गढ़ी या वाड़ी नामन्त मिलते हैं। यथा—निवाड़ी, दिगौड़ा, दिग्वाड़ा) अजयगढ़ आदि।

उत्तराध्ययन सूत्र की टीका के अनुसार मडम्ब उसे कहते हैं, जिसकी सभी दिशाओं में ३½ योजन की दूरी तक कोई भी ग्राम न हो।[१८] तात्पर्य यह है कि मडम्ब एक ऐसा ग्राम अथवा नगर था जिसके आस-पास ३½ योजन अर्थात् १७-१८ मील के आस-पास कोई भी ग्राम न हो। विन्ध्य प्रदेश में ऐसे मडम्बों की कमी नहीं है। वर्तमान विकासकालीन युग में यद्यपि यह

स्थिति लगभग बदल चुकी है, फिर भी खोज करने पर पन्ना, सीधी एवं शहडोल के जिलों में ऐसे अनेक स्थान मिल सकते हैं।

तिलोयपण्णत्ती के अनुसार विजयार्ध अथवा वैताढ्य पर्वत के भूमितल पर दोनों पार्श्वभागों में दो गव्यूति प्रमाण विस्तीर्ण और पर्वत के बराबर लम्बे-लम्बे वनखण्ड हैं।[१९]

उक्त तथ्य का समर्थन प्रयाग-प्रशस्ति के 'परिचायिकी कृत सर्वाटविकराज्यस्य' उल्लेख से होता है, जिसके आधार पर डा० फ्लीट ने मध्य भारत को (जिसमें विन्ध्य प्रदेश भी सम्मिलित है), आटविक राज्य माना है। आर्यावर्त्त एवं दक्षिण विजय के बाद दोनों के बीच आवागमन की सुविधा के लिए समुगुद्रप्त (विक्रम की पूर्वी सदी का प्रारम्भ) ने आटविक राज्यों को जीता था।[२०]

वर्तमान विन्ध्य प्रदेश का अपर नाम डाहल[२१] या डभाल[२२] भी मिलता है। परिव्राजक हस्ती के ताम्रपत्र में डभाल राज्य को १८ आटविक राज्यों में सम्मिलित माना गया है।[२३]

तिलोयपण्णत्ती के अनुसार विजयार्द्ध प्रदेश की विशेष पैदावार यवनाल (जुवार) बल्ल, तूबर (अरहर), तिल जौ, गेहूं और उड़द हैं।

यथा—**जमणाल बल्ल तुवरी तिल जव धुम्ममास पहुदीहिं ।**
सव्वेहिं सुधण्णेहि पुराइं सोहंति भूमीहिं ।। ४।१३३

वर्तमान विन्ध्य प्रदेश की भी मुख्य पैदावार उक्त अनाजों की ही है।[२४]

उक्त भौगोलिक तथ्यों के आधार पर यह प्रतीत होता है कि वर्तमान विन्ध्य प्रदेश तिलोयपण्णत्ती काल में विजयार्द्ध के नाम से भी प्रसिद्ध था।

संदर्भ-सङ्केत

१. भरहखिदिवहुमज्झे विजयद्धोणाम भूधरो तुंगो ।
रजदमओ चेट्ठेदि हु जाणावररयणरमणिज्जो ।।
पणुवीसजोयणुदओ वुत्तो तद्दुगुणमूलक्खिमो ।
उदयतुरिमसगाढो जलणिहि पुट्ठो तिसेढिगओ ।।

तिलोय० ४।१०७-१०८

२-४. दे० आदिपुराण में भारत—पृ० ११०

५-६. दे० प्राचीन भारत का ऐतिहासिक भूगोल (वी० सी० ला द्वारा लिखित) लखनऊ, १९७२ पृ० ५०२-३

७. दक्षिण श्रेणी के ५० नगर—किनामित, किन्नरगीत, नरगीत, बहुकेतु, पुण्डरीक, सिंहध्वज, श्वेतकेतु, गरुड़ध्वज, श्रीप्रभ, श्रीधर, लोहार्गल, अरिजय वज्रार्गल, वज्राढ्य, विमोचिता, जयपुरी, शकटमुखी, चतर्मुख, बहुमुख, अरजस्का, विरजस्का, रथनूपुर, मेखलाग्र, क्षेमपुर, अपराजित, कामापुष्प, गगनचरी, विजयचरी, शुक्रपुरी, संजयन्त नगरी, जयन्त, विजय, वैजयन्त, क्षेमकर, चन्द्राभ, सूर्याभ, पुरोत्तम, चित्रकूट, महाकूट, स्वर्णकूट, त्रिकूट, विचित्रकूट, मेधकूट, वैश्रवकूणट, सूर्यपुर, चन्द्र, नित्योद्योत, विमुखी, नित्य-वाहिनी एवं सुमुखी।

ऊत्तर श्रेणी के ६० नगर—अर्जुनी, अरुणी, कैलाश, वारुणी, विद्युत्प्रभ, किलकिल, चूड़ामणि, शशिप्रभ, वंशाल, पुष्पचूल, हंसगर्भ, वलाहक, शिवशंकर, श्रीसौध, चमर शिवमन्दिर, वसुमत्का, वसुमती, सर्वार्थपुर (सिद्धार्थपुर), शत्रुंजय, केतुमाल, सुरपतिकान्त, गगननन्दन, अशोक, विशोक, वीतशोक, अलका, तिलक, अंवरतिलक, मन्दर, कुमद, कुन्द, गगनवल्लभ, दिव्यतिलक, भूमितिलक, गन्धर्वपुर, मुक्ताहर, नैमिष, अग्निज्वाल, महाज्वाल, श्रीनिकेत, जयावह, श्रीनिवास, मणिवज्र, भद्रवश्व, धनंजय, माहेन्द्र, विजयनगर, सुगन्धिनी, वज्रार्द्धतर, गोक्षीरफेन, अक्षोभ, गिरिशिखर, धरणी, वारिणी (धारिणी), दुर्ग दुर्द्धर, सुदर्शन, रत्नाकर एवं रत्नपुर।

८. द० Dawn of freedom. [V. P. Rewa, Ang. 1953] PP, 66-68.

९. बहु दिव्वगामसहिदा दिव्वमहापट्टणेहिं रमणिज्जा।
कव्वडदोणमुहेहिं संवाहमंडवएहि परिपुण्णा ॥
रयणाणयायरेहिं विभूसिदा पउमरायपहुदीणं।
दिव्वणरेहिंपुण्णा धणधण्णसमिद्धिरम्मेहिं ॥ ति० प० ४/१३४-१३५

१०. Otto Stein—Jinist Studies. Page 4

११. आदिपुराण—२६।१६५

१२. यत्र सर्वदिगम्यो जनाः पन्त्यगच्छन्तीति पत्तनमथवा पत्तनं रानरवनिरति लक्षणं तदपि द्विविधं जलमध्य-वर्ति च। Jainist Studies Page 9.

१३. दे० व्यवहार सूत्र ३।१२७

१४. दे० बृहत्कथाकोष ६४।१७

१५. दे० कौटिल्य अर्थशास्त्र २७।१।३

१६. Jainist Studies P. 11

१७. आदिपुराण १६।१७५

१८. दे० Jainist Studies P. 17

१९. P.8

२०. तिलोयपण्णत्ती ४।१७१

२१. अभिलेखमाला—[समुद्रगुप्त का प्रयागस्तम्भलेख] पृ० ६९.

२२. Political History of Northen India (G. C. Chaudhury) P, 252.

२३. अभिलेखमाला पृ० ८५

२४. वही

विंध्य-दंडक क्षेत्र के प्राचीन जन

प्रो० कृष्णदत्त वाजपेयी

विश्व की अनेक प्राचीन सांस्कृतियों के निर्माण में वनों की विशेष भूमिका थी। वनों के वानस्पतिक परिवेश से ही नहीं, उसमें विचरण करने वाले पशु-पक्षियों तथा अन्य विविध जन्तुओं के साथ भी आदिम मानव का गहरा संबंध था। संसार के प्रागैतिहासिक काल का नेतृत्व वनों के उत्कट प्रभाव का द्योतक है।

भारतीय जन-जीवन के कालक्रमिक विकास में वर्तमान मध्यप्रदेश का क्षेत्र उल्लेखनीय है। उत्तर और दक्षिण के बीच स्थित इस भू-भाग ने भारतीय संस्कृति के विविध रूपों के विकास में महत्त्वपूर्ण योगदान दिया। वैदिक साहित्य रामायण, महाभारत, पुराण तथा बौद्ध एवं जैन साहित्य से इस क्षेत्र के प्राचीन जन-जीवन पर रोचक प्रकाश पड़ता है। कालिदास, भवभूति, बाणभट्ट, राजशेखर आदि प्रसिद्ध लेखकों की रचनाओं, बौद्ध अवदान-ग्रन्थों तथा "वसुदेव हिंडी" विविध तीर्थ कल्प आदि जैन रचनाओं में मध्यप्रदेश के नदी, पर्वतों, यात्रा मार्गों, जनपदों, बगरों आदि की रोचक जानकारी मिलती है।

गत कई वर्षों में नर्मदा, चंबल तथा बेतवा नदियों की विस्तृत घाटियों में सर्वेक्षण और उत्खनन कराने का अवसर इन पंक्तियों के लेखक को मिला। इससे तथा पूर्ववर्ती विद्वानों द्वारा किए गए कार्यों से पता चला है कि ग्राम या नगर सभ्यता का प्रारम्भ होने के बहुत पहले इन नदियों की उपत्यकाओं में आदिम जन पहाड़ों की गुफाओं या पेड़ों पर रहते थे। अब तक ऐसी कई हजार गुफाओं का पता उक्त तीनों नदियों के कांठों में लग चुका है। बहुसंख्यक गुफाओं की दीवारें और छतें अनेक रंगों से बनाए गए पुराने चित्रों से अलंकृत हैं। इन चित्रों से गुफाओं (शिलागृहों) में निवास करने वाले आदिम जनों के जीवन के अनेक पक्ष उजागर हुए हैं। कई गुफाओं में खुदाई कराने से पत्थर के विविध औजार मानव-कंकाल, पशु-पक्षियों की हड्डियों, बर्तनों के टुकड़े आदि मिले हैं। मध्यप्रदेश क्षेत्र के प्राचीन गिरिजनों तथा जनचरों के जीवन पर इन गुहा चित्रों आदि से प्रचुर प्रकाश पड़ा है।

प्राचीन साहित्य में इस क्षेत्र के आदिम निवासियों के लिए "गुहावासी" 'गुहाक' वनचर, बनौकस आदि शब्दों का प्रयोग हुआ है। उन नदियों की घाटियों में रहने वाले जनों की संज्ञायें शबर, निषाद, आमीर, वानर, ऋक्ष आदि थी। मध्यप्रदेश के दक्षिण-पूर्वी भाग में स्थित दंडक क्षेत्र के कई भागों में वानर जाति का प्राबल्य था। नर्मदा के दक्षिण एक भाग में ऋक्ष लोग थे। कालान्तर में इन जन नामों में वृद्धि होती गई। साहित्यिक और पुरातत्वीय

दोनों प्रकार के प्रमाणों से आदिमजनों के रहन-सहन, आमोद-प्रमोद, धार्मिक विश्वासों आदि की रोचक जानकारी प्राप्त हुई है।

मध्यप्रदेश के उत्तरी भाग में विन्ध्य की लम्बी पर्वत श्रृंखला पश्चिम से पूर्व की ओर फैली हुई है। नर्मदा नदी के दक्षिण वाली श्रृंखला का प्राचीन नाम 'ऋक्ष' था। उसके दक्षिण-पूर्व का विस्तृत भू-भाग "कोसल" कहलाया। उत्तर के कोसल से जिसकी राजधानी अयोध्या थी, भिन्नता दर्शाने के लिए दक्षिण वाले जनपद का नाम दक्षिण 'कोसल' हुआ धीरे-धीरे उसकी पश्चिमी सीमा विदर्भ राज्य में जा मिली। ईसवी दसवीं शती के मध्य तक पूर्व में उड़ीसा का एक बड़ा क्षेत्र दक्षिण कोसल के अन्तर्गत हो गया। दक्षिण कोसल के वर्तमान बिलासपुर जनपद में शरभपुर नामक प्रसिद्ध राजनीतिक केन्द्र बना, जो बाद में मल्लालपत्तन (वर्तमान मल्हार) नाम से प्रसिद्ध हुआ। दूसरा बड़ा सांस्कृतिक केन्द्र श्रीपुर (वर्तमान सिरपुर, जिला रायपुर) में था।

प्रसिद्ध वैयाकरण पाणिनि की "अष्टाध्यायी" में दक्षिण कोसल का उल्लेख है। वाल्मीकि रामायण से इस क्षेत्र की दो मुख्य बातों का पता चलता है। पहली यह कि राजा दशरथ की बड़ी रानी कौशल्या (श्रीराम की माता) दक्षिण कोसल की थी। दूसरी महत्त्व की बात यह है कि इस क्षेत्र की एक प्राचीन नगरी कुशावती थी। श्री राम के छोटे पुत्र कुश ने उसे अपनी राजधानी बनाया। महाभारत के वनपर्व (३, ६१) से ज्ञात होता है कि नर्मदा को पार कर पश्चिम की ओर जाने पर विदर्भ जनपद और पूर्व की ओर जाने पर (दक्षिण) कोसल जनपद मिलता था—एष पंथाः विदर्भानां असौ गच्छति कौसलान्।

दक्षिण कोसल का क्षेत्र दंडकारण्य के अन्तर्गत था। महाभारत में दिए गए 'रामोपाख्यान' से ज्ञात होता है कि उत्तर में शरमंग ऋषि के आश्रम से लेकर दक्षिण में गोदावरी नदी तक दंडकारण्य फैला हुआ था। सबसे पहले अगस्त्य ऋषि ने विन्ध्य पर्वत तथा दंडकारण्य को पारकर दक्षिण भारत में आर्य संस्कृति का संदेश फैलाया। उन्हें बहुत कष्ट झेलने पड़े। उनके बाद अन्य अनेक ऋषि मुनियों ने अपने आश्रम अमरकंटक (जिला शहडोल) तथा गोदावरी नदी के बीच के विस्तृत भू-भाग में स्थापित किए। इन आश्रमों को 'जन-स्थान' कहा जाता था। जंगल के बीच में जनों का आवास हो जाने के कारण यह नामकरण हुआ। आश्रमों में वैदिक यज्ञ-क्रियायें सम्पन्न होती थीं और उनमें अध्यापन होता था। आर्य संस्कृति के प्रचार-प्रसार में बन आश्रमों ने बहुत बड़ी सफलता प्राप्त की। आश्रमों के अतिरिक्त भी अनेक जन-स्थान बने। कुछ ने क्रमशः छोटे-बड़े गांवों का रूप ग्रहण कर लिया। अनेक ग्राम बढ़कर पुर या नगर कहलाये। बहुसंख्यक ग्रामों-नगरों का बड़ा क्षेत्र 'जनपद' कहलाया।

श्रीराम की दक्षिण यात्रा से विन्ध्य क्षेत्र और उसके दक्षिण में आर्य सभ्यता के विकास की गति तीव्र हुई है। उत्तरी चित्रकूट (जिला बांदा) से आगे दक्षिण-पूर्व की ओर बढ़ने पर निषाद, ऋक्ष वानर आदि जन-जातियों से श्रीराम को बड़ी सहायता मिली। दक्षिण कोसल के नीचे वाला दंडक का क्षेत्र महाकांतार (घना जंगल) कहलाता था। वहाँ की बड़ी बस्ती 'बसतितर' (परिवर्तित नाम बस्तर) कहलायी। उसके आगे रावण की नगरी लंका थी। यह नगरी वर्तमान बस्तर के दक्षिणी उड़ीसा तथा आन्ध्र के सीमावर्ती क्षेत्र में रही होगी। बाद में

जब आर्य संस्कृति का प्रसार भारत के धुर दक्षिण तक हो गया तब सिंहल द्वीप को लंका नाम दे दिया गया।

श्रीराम के समय नर्मदा नदी के दक्षिण में अनार्यें का प्रमुख रावण हुआ। अपनी शक्ति से उसने अपना अधिकार क्षेत्र बहुत बढ़ा लिया। उसके प्रभाव का विस्तार उधर में अमरकंटक तक पहुंच गया। अमरकंटक का शाब्दिक अर्थ है : अमेंरा, सुरों या आर्यों के लिये कंटक (कष्ट देने वाला) श्रीराम ने अपनी दक्षिण यात्रा में नर्मदा नदी को पार नहीं किया। वे अमरकंटक के निकट से दक्षिण की ओर गये होंगे। रावण के वंश का नाम शालकंटक था। खर-दूषण से सम्बन्धित स्थान 'खरौद' मध्यप्रदेश के बिलासपुर जिले में हैं। उससे कुछ दूर ही भीलनी शबरी रहती थी। उसका स्थान शिवरीनारायण के नाम से प्रसिद्ध है।

बस्तर क्षेत्र की प्राचीन शबरी भाषा का अध्ययन प्राचीन वन-जीवन की जानकारी के लिये आवश्यक है। इस भाषा में अनेक शब्द ऐसे हैं जिनका ऐतिहासिक-सांस्कृतिक महत्त्व है। शबरी भाषा में दंडक शब्द का अर्थ है—पानो से भरा हुआ क्षेत्र। बस्तर में आज भी ऐसे अनेक स्थान हैं जहाँ दलदल वाली विस्तृत भूमि है। यहाँ अनेक लंबी कंदराएं भी खोजी गई हैं। सबसे बड़ी कंदरा वह मानी जाती है जिसमें भीर उसके प्रतिद्वंद्वी मायावी असुर का युद्ध हुआ था। शबरों की प्राचीन भाषा में द्वीप के लिये लंका और लंकी शब्द मिलते हैं, बस्तर क्षेत्र में लंका नाम वाले कई स्थान आज भी विद्यमान हैं। चित्रकूट दो थे : पहला अत्यधिक प्रसिद्ध चित्रकूट उत्तर प्रदेश के बांदा जिला में स्थित है। वहाँ श्रीराम बहुत समय तक रहे। दूसरा चित्रकूट उसके दक्षिण-पूर्व में था। इस दूसरे चित्रकूट तथा उसके आगे पंचवटी का अभिज्ञान उड़ीसा के कोरापुट जिले तथा उसके समीपवर्ती क्षेत्र के इन्हीं नाम वाले स्थानों में करना ठीक होगा। वहीं रामगिरि नामक पहाड़ी की उपत्यका में नन्दपुर नामक नगर बसा था। कालिदास ने बस्तर क्षेत्र में बहने वाली मन्दाकिनी नदी का उल्लेख किया है जो इंद्रावती कहलाती है।

आर्य सभ्यता के प्रचारकों में कुछ वर्ग ऐसे भी थे जिन्होंने प्रचार के उन्माद में दंडक क्षेत्र के आदिम निवासियों के साथ उचित व्यवहार नहीं किया होगा। रावण के पूर्वजों (माल्यवान और उसके पहले के जनों) के साथ भी सम्भवतः ऐसी घटनाएं घटीं। रावण के समय उसकी बहन सूर्पणखा के साथ किये गये राम-लक्ष्मण के परिहास की कथा प्रसिद्ध है। जब रावण ने अपनी शक्ति बढ़ा ली और उसे उस शक्ति पर पूरा भरोसा हो गया तब उसने अपने विरोधियों से बदला लेने का निश्चय कर लिया। रामायण-कथा से ये बातें स्पष्ट हो जाती हैं। रावण के द्वारा लंका के उत्तर में अनेक अभियान किये गये। सूर्पणखा वाली घटना के बाद सीता-हरण तथा उसके फलस्वरूप राम-लक्ष्मण युद्ध अनिवार्य हो गया यह वास्तव में आर्य तथा अनार्य संस्कृति के उन प्रतिनिधियों के बीच दुर्दान्त संघर्ष था जो आर्य या सुर संस्कृति के विरोधी बन गये थे।

उक्त संघर्ष की अनेक घटनाएं पर्वतों तथा वनों से आच्छादित मध्यप्रदेश की भूमि पर घटित हुई। इसके साथ ही आर्यों तथा इस क्षेत्र में बसने वाले बहुसंख्यक आदिमजनों के बीच अनेक रोचक सांस्कृतिक आदान-प्रदान हुए। परवर्ती विकसित भारतीय संस्कृति में आदान-प्रदान के ये तत्त्व दुष्टव्य हैं।

चित्रकूट-वर्णन

वाल्मीकि

"आदीप्तानिव वैदेहि, सर्वतः पुष्पितान्नगान् ।
स्वैः पुष्पैः किंशुकान्पश्य मालिनः शिशिरात्यये ॥ ६ ॥

पश्य भल्लातकान्बिल्वान्नरैर-नुपसेवितान् ।
फलपुष्पैरवनतान्नूनं शक्ष्यामि जीवितुम् ॥ ७ ॥

पश्य द्रोणप्रमाणानि लम्बमानानि लक्ष्मण ।
मधूनि मधुकारीभिः संभृतानि नगे-नगे ॥ ८ ॥

एष क्रोशति नत्यूहस्तं शिखी प्रतिकूजति ।
रमणीये बनोद्देशे पुष्पसंस्तरसंकटे ॥ ९ ॥

मातङ्गयूथानुसृतं पक्षिसंघानुनादितम् ।
चित्रकूटमिमं पश्य प्रवृद्धशिखरं गिरिम् ॥ १० ॥

समभूमितले रम्ये द्रुमैर्बहुभिरावृते ।
पुण्ये रंस्यामहे तात, चित्रकूटस्य कानने ॥ ११ ॥

ततस्तौ पादचारेण गच्छन्तौ सह सीतया ।
रम्यमासेवतुः शैलं चित्रकूटं मनोरमम् ॥ १२ ॥

तं तु पर्वतमासाद्य नानापक्षिगणायुतम् ।
बहुमूलफलं रम्यं संपन्नसरसोदकम् ॥ १३ ॥

मनोज्ञोऽयं गिरिः सौम्य, नानाद्रुमलतायुतः ।
बहुमूलफलो रम्यः स्वाजीवः प्रतिभाति मे ॥ १४ ॥

मुनयश्च महात्मानो वसन्त्यस्मिञ्शिलोच्चये ।
अयं वासो भवेत्तात, वयमत्र वसेमहि ॥ १५ ॥

(रामायण, अयोध्याकाण्ड, अध्याय ५६, श्लोक ६-१५)

गोस्वामी तुलसीदास

अब चित चेति चित्रकूटहि चलु ।
कोपित कलि, लोपित मंगल मगु, बिलसत बढ़त मोह-माया-मलु ॥ १ ॥

भूमि बिलोकु राम-पद-अंकित, बन बिलोकु रघुबर-बिहारथलु।
सैल-सृंग भवभंग-हेतु लखु, दलन कपट-पाखंड-दंभ-दलु ॥ २ ॥

जहँ जनमे जग-जनक जगपति, बिधि-हरि-हर परिहरि प्रपंच छलु।
सकृत प्रबेस करत जेहि आस्त्रम, बिगत-बिषाद भये पारथ नलु ॥ ३ ॥

न करु बिलंब बिचारु चारुमति, बरष पाछिले सम अगिले पलु।
मंत्र सो जाइ जपहि, जो जपि भे, अजर-अमर हर अचइ हलाहलु ॥ ४ ॥

रामनाम-जप जाग करत नित, मज्जत पय पावन पीवत जलु।
करिहैं राम भावतौ मनकौ, सुख-साधन, अनयास महाफलु ॥ ५ ॥

कामदमनि कामता, कलपतरु सो जुग-जुग जागत जगतीतलु।
तुलसी तोहि बिसेषि बूझिये, एक प्रतीति-प्रीति एकै बलु ॥ ६ ॥

(विनय पत्रिका, पद २४)

कह मुनि सुनहु भानुकुलनायक। आश्रम कहउँ समय सुखदायक ॥
चित्रकूट गिरि करहु निवासू। तहँ तुम्हार सब भाँति सुपासू ॥
सैलु सुहावन कानन चारू। करि केहरि मृग बिहग बिहारू ॥
नदी पुनीत पुरान बखानी। अत्रिप्रिया निज तपबल आनी ॥
सुरसरि धार नाउँ मंदाकिनि। जो सब पातक-पोतक डाकिनि ॥
अत्रि आदि मुनिवर बहु बसहीं। करहिं जोग जप तप तन कसहीं ॥
चलहु सफल श्रम सब कर करहु। राम देहु गौरव गिरिबरहू ॥

चित्रकूट महिमा अमित, कही महामुनि गाइ।
आइ नहाए सरित बर, सिय समेत दोउ भाइ ॥ १३२ ॥

रघुबर कहेउ लखन भल घाटू। करहु कतहुँ अब ठाहर ठाटू ॥
लखन दीख पय उतर करारा। चहुँ दिसि फिरेउ धनुष जिमि नारा ॥
नदी पनच सर सम दम दाना। सकल कलुष कलि साउज नाना ॥
चित्रकूट जनु अचल अहेरी। चुकइ न घात मात मुठभेरी ॥

अस कहि लखन ठाउँ देखरावा। थलु बिलोकि रघुबर सुखु पावा ॥
रमेउ राम मनु देवन्ह जाना। चले सहित सुर थपति प्रधाना ॥
कोल किरात बेष सब आए। रचे परत तृन सदन सुहाए ॥
बरनि न जाहिं मंजु दुइ साला। एक ललित लघु एक बिसाला ॥

लखन जानकी सहित प्रभु, राजत रुचिर निकेत।
सोह मदनु मुनि बेष जनु, रति रितुराज समेत ॥ १३३ ॥

(रामचरितमानस, अयोध्याकांड)

\+ \+ \+ \+

तब केवट ऊँचे चढ़ि धाई । कहेउ भरत सन भुजा उठाई ।।
"नाथ देखिअहिं बिटप बिसाला । पाकरि जंबु रसाल तमाला ।।
जिन्ह तरुबरन्ह मध्य बटु सोहा । मंजु बिसाल देखि मनु मोहा ।।
नील सघन पल्लव फल लाला । अबिरल छाहँ सुखद सब काला ।।
मानहुँ तिमिर अरुनमय रासो । बिरचो बिधि सँकेलि सुषमा सी ।।
ए तरु सरित समीप गोसाँई । रघुबर परनकुटी जहँ छाई ।।
तुलसी तरुबर बिबिध सुहाए । कहुँ-कहुँ सियँ, कहुँ लखन लगाए ।।
बट छायाँ बेदिका बनाई । सियँ निज पानि सरोज सुहाई ।।
जहाँ बैठि मुनिगन सहित, नित सिय राम सुजान ।
सुनहिं कथा इतिहास सब, आगम निगम पुरान ।। २३७ ।।

(रामचरितमानस, अयोध्याकाण्ड)

चित्रकूट और कालिदास का रामगिरि

प्रो० कृष्णदत्त वाजपेयी

'मानस-भारती' (भोपाल) के मार्च से लेकर मई ८३ तक के अंकों में कालिदास और उनके द्वारा वर्णित रामगिरि के विषय में तीन लेख प्रकाशित हुए हैं। पहले के दो लेखों की लेखिका श्रीमती कमला रत्नम् ने बड़ी दृढ़ता के साथ यह प्रतिपादित करने की चेष्टा की है कि उत्तरप्रदेश के बांदा जिले में स्थित चित्रकूट ही कालिदास के 'मेघदूत' में वर्णित रामगिरि है। तीसरे लेख के लेखक डॉ० रामचंद्र तिवारी ने रत्नम् जी की इस मान्यता को असंगत बताया है। उन्होंने विदुषी लेखिका द्वारा मान्य ईसा पूर्व वाली कालिदास की तिथि को भी अमान्य बताते हुए महाकवि का समय गुप्तकाल माना है।

विदुषी कमला जी ने अपने पहले प्रकाशित कई लेखों में भी लिखा है कि "कालिदास मालव के शकारि राजा विक्रमादित्य के समकालीन" ई० पूर्व प्रथम शती में हुए। 'मानस-भारती' के मार्च वाले अपने पहले लेख में उन्होंने अपने समर्थन में कई अन्य लेखकों के मतों का भी हवाला दिया है, जो कालिदास को ईसवी पूर्व का मानते हैं।

यहाँ कालिदास के समय का विवेचन करना अभीष्ट नहीं। अनेक पुष्ट प्रमाणों के आधार पर बहुसंख्यक विद्वान् कालिदास को अब गुप्तयुगीन मानने लगे हैं। डॉ० रामचन्द्र तिवारी ने अपने लेख में उन बातों की चर्चा कर दी है। जिनके आधार पर महाकवि को गुप्त काल का ही मानना उचित होगा। तिवारी जी ने यहां तक लिख दिया है 'ई० पूर्व-बाद के समर्थन में एक भी प्रमाण अन्तःसाक्ष्य, बहि-साक्ष्य, परम्परा और पुरातत्त्व का नहीं है। यदि कोई इतिहास में स्वीकृत और विद्वानों में मान्य एक भी प्रमाण प्रस्तुत कर दें तो घटखर्पर की भाषा में यही कहूंगा कि मैं उन्हें प्रणम्य गुरू मानूंगा "तस्मै वहेयमुदकं घटखर्परेण।"

अब मुख्य बात आती है कालिदास के रामगिरि की पहचान की। श्रीमती कमला रत्नम् ने अपने प्रथम लेख में करवी-निवासी डा० बाबूलाल गर्ग के एक निबंध का उल्लेख किया है। उस निबन्ध के आधार पर लेखिका ने माना है कि वाल्मीकि का चित्रकूट (करवी के समीपवाला) ही कालिदास का रामगिरि है। इस बात की पुष्टि के लिए उन्होंने जो प्रमाण दिए हैं वे तर्कसंगत नहीं हैं। इस चित्रकूट को रामगिरि मानने पर 'मेघदूत' का सारा भूगोल अस्तव्यस्त जाता है।

कमला जी उन विद्वानों की कटु आलोचना करती हैं जो नागपुर के समीप स्थित रामटेक को रामगिरि मानते हैं। वे तो रामटेक के मत के प्रतिष्ठापक महामहोपाध्याय मिराशी

जी और उनके समर्थकों के लिए यहां तक लिखती हैं "......रामगिरि शब्द से यह अर्थ निकालना कि रामटेक ही वह पर्वत है जहां रहकर उन्होंने (कालिदास ने) 'मेघदूत' की रचना की, पथ-भ्रष्ट की बहकी हुई तरंग के अतिरिक्त और कुछ नहीं।" अब इसका क्या उत्तर दिया जाए। लेखिका के अनुसार सारे अंतःबाह्य प्रमाण उन्हीं के मत के समर्थक हैं, किसी अन्य के नहीं !!

अब से बहुत पहले प्रसिद्ध विद्वान् पार्जिटर के रॉयल एशियाटिक सोसायटी के जर्नल (१८९४ ई० पृ० ३९-४० में इस बात का खण्डन किया था कि रामगिरि बांदा जिले का चित्रकूट हो सकता है) पार्जिटर के अलावा अन्य अनेक विद्वानों ने भी इस साम्य को नहीं स्वीकार किया। बेगलर नामक विद्वान का यह विचार भी अमान्य है कि उक्त चित्रकूट सरगुजा का रामगढ़ है।

चित्रकूट को इस अर्थ में रामगिरि (राम का पर्वत) माना जा सकता है कि उस पर्वत पर श्रीराम आदि काफी समय तक ठहरे थे। अन्य अनेक गिरिस्थल, जो राम से सम्बन्धित हैं, यह संज्ञा प्राप्त कर सके हैं। रामगिरि, चित्रकूट, प्रयाग जैसे अनेक नाम देश के कई स्थलों पर ज्ञात हैं, पर मुख्य या मूल स्थल एक ही है। अनेक प्राचीन ऋषियों मुनियों के आश्रम कई जगह माने जाते हैं। भ्रमणशील होने के कारण व्यास, वाल्मीकि, अगस्त्य आदि ऋषि-मुनि अनेक स्थलों पर निवास करते थे। यही बात परवर्ती अनेक प्रसिद्ध कवियों, कलाकारों एवं दार्शनिकों पर लागू होती है, यथा कालिदास, भवभूति, बाणभट्ट, बिल्हण आदि पर। प्राचीन काल में अनेक नगरों, जनपदों, नदियों, पर्वतों आदि के एक जैसे नाम मिले हैं।

यह बात अधिक तर्कसंगत है कि कालिदास का रामगिरि नागपुर के समीप का रामटेक न होकर, सरगुजा जिला का रामगढ़ था। इस सम्बन्ध में कालिदास के भूगोल पर संक्षिप्त विचार आवश्यक है। अनेक पूर्ववर्ती विद्वानों ने भी इसी स्थल को रामगिरि माना है और इस सम्बन्ध में अनेक तर्क दिए हैं। उनके तथा इतर मतावलंबी विद्वानों के विचारों पर विस्तृत विवेचन अपेक्षित है।

कालिदास का 'मेघदूत' एक उत्कृष्ट काव्य है। कालिदास मुख्यतः शैव थे। अपने सबसे बड़े चरितग्रंथ का प्रणयन उन्होंने भारतीय संस्कृति के प्रमुख संरक्षक और उन्नायक रघु के वंश को लेकर किया। श्रीराम इस वंश के मर्यादापुरुषोत्तम प्रतिनिधि थे। 'रघुवंश' के आरम्भ में श्रीराम की अभ्यर्थना अपेक्षित थी। परन्तु ऐसा न करके शैव वैष्णव मतों के बीच समन्वय स्थापित करने के आकांक्षी महाकवि ने वहां पार्वती-शिव की संपृक्त रूप में वंदना की है।

दूसरी ओर 'मेघदूत' कैलास-अधिवासी भगवान शंकर की ओर उन्मुख काव्य है। वहाँ कालिदास सीता-राम की वंदना में मंगलाचरण प्रस्तुत करते हैं। राम को उपास्य देव का महान् पद कालिदास ने दिया। राम के उदात्त चरित को आदर्श बनाने का जो कार्य कालिदास ने किया उसे वे करने में पूर्ण समर्थ थे। यदि यहाँ अनन्योपमा का सहारा लिया जाए तो यह कहना युक्तिसंगत होगा—"कालिदासस्य रामार्चा कालिदासकवेरिव" 'मेघदूत' का आरंभिक मंगलश्लोक इस प्रकार है—

कश्चित् कान्ताविरहगुरुणा स्वाधिकार प्रमत्तः
शापेनस्तङ्गमित-महिमा वर्षभोग्येण भर्त्तुः।
यक्षश्चक्रे जनकतनया-स्नान-पुण्योदकेषु
स्निग्धच्छायातरुषु वसतिं रामगिर्याश्रमेषु।।

यहाँ कालिदास पहले सीता का और फिर राम का नाम लेते हैं। सीता द्वारा रामगिरि-क्षेत्र में स्नान करने के कारण वहां के जल पावन हो गए थे और राम के निवास के कारण यह गिरिस्थल पवित्र आश्रमों का आगार बन गया था। कालिदास ने इस मंगलाचरण में शिव-पार्वती के संपृक्त रूप की तरह राम सीता का युग्म वर्णन न करके उनका अलग-अलग उल्लेख किया है। भारतीय प्रतिभा शास्त्र में राम-सीता के संपृक्त रूप का विधान नहीं हुआ था।

"मेघदूत" में रामगिरि से मेघ का प्रस्थान कालिदास उत्तर की ओर कराते हैं, क्योंकि उसी दिशा में अलकापुरी है, जहां उनकी प्रियतमा रहती है। यक्षराज कुबेर भी उसी दिशा में, कवि के आराध्य देव शिव के समीप कैलास पर विराजते हैं।

प्रस्थान कराने के अनंतर महाकवि मेघ को अपने प्रिय हरे-भरे मालक्षेत्र (बिलासपुर जिला का उत्तर-पूर्वी भाग) में लाते हैं। फिर वहां से कुछ पीछे (किंचित् पश्चात्) जाने को कहते हैं। "पश्चात्" का अर्थ विद्वानों ने अलग-अलग ढंग से किया है। यहाँ इसका सीधा अर्थ "पीछे" (दक्षिण या दक्षिण-पश्चिम दिशा की ओर) है। वहां से पुनः उत्तर की ओर आम्रकूट (अमरकंटक) जाने का निर्देश है। तीन श्लोकों (पूर्वमेघ, १७-१९) में आम्रकूट क्षेत्र का वर्णन किया गया है। श्लोक संख्या १९ में अमरकंटक क्षेत्र की भोलीभाली वनचर-वनिताओं का उल्लेख है। शहडोल जिला में इस क्षेत्र के आधुनिक बैगाजन उन्हीं के वंशज कहे जा सकते हैं। इसी श्लोक में आगे कहा गया है कि आगे बढ़ने पर मेघ को ऊबड़-खाबड़ चट्टानों पर कई धाराओं में बिखरी हुई रेवा (नर्मदा) नदी ऐसी लगेगी मानो हाथी के शरीर पर चित्रित सफेद सफेद धारियां हों।

श्लोक संख्या २१-२२ में डाहल क्षेत्र का वर्णन करते हुए वहां के हिरणों की मनोरंजक चर्चा की गई है। इस भूभाग के हिरण-समूह आज भी प्रसिद्ध हैं। श्लोक २३ से २६ तक दशार्ण (पूर्वी मालवा), वहाँ की मुख्य नदी वेत्रवती (बेतवा) दशार्ण की राजधानी विदिशा तथा वहां के सुखद शिलागृहों का वर्णन है।

अमरकंटक से लेकर विदिशा तक की यात्रा पश्चिमाभिमुखी है। उसके बाद कालिदास मेघ को वक्रपंथ से अवंति देश तथा उसकी प्रसिद्ध नगरी विशाला (उज्जयिनि) में ले जाते हैं। उस नगरी तथा वहाँ स्थित चंडीपति महाकाल के पवित्र मंदिर में कवि का मन बहुत रम जाता है। वैभवशालिनी विशाला का, वहाँ के सौन्दर्यप्रेमी निवासियों का, क्षिप्रा नदी-तट तथा महाकाल मन्दिर का वर्णन वे हृदय खोलकर दस श्लोकों (३० से ३९ तक) में करते हैं।

उज्जयिनी के आगे फिर मेघ का मार्ग उत्तराभिमुख हो जाता है और अलकानगरी में समाप्त होता है। उज्जयिनी से लेकर दशपुर तक के मार्ग-विवरण में कालिदास वैसी ही सूझ-बूझ प्रकट करते हैं जैसी कि रामगिरि से लेकर उज्जयिनी तक की यात्रा में। उज्जयिनी

के बाद गंभीरा नदी तट का रसार्द्र वर्णन है (श्लोक ४०-४१)। फिर देवगिरि पर्वत तथा वहां प्रतिष्ठित स्कंद-प्रतिमा का उल्लेख करके (श्लोक ४२-४४), मेघ को चंबल तट पर ले जाया जाता है (४५-४६)। चंबल को पार करने के बाद मेघ दशपुरनगर पहुंचता है [४७]।

तदुपरांत ब्रह्मावर्त, प्राच्य सरस्वती, कनखल, गंगा, गौरी पर्वत तथा उस पर अंकित चंद्रमौलि शिव के चरणों के मनोग्राही वर्णन हैं (श्लोक ४८-५६)। फिर क्रौंचरंध्र मार्ग [५७] को पार कर कैलास पर्वत का वर्णन है [५८-६२]। उसी कैलास पर्वत की गोद में स्थित अलकापुरी का विशद वर्णन कवि ने किया है [श्लोक ६३ तथा उतरमेघ में]।

उज्जयिनी से लेकर कैलास तक के मार्ग के बारे में विद्वानों में प्रायः मतैक्य हैं इस मध्यवर्ती क्षेत्र के कई स्थलों तथा अलकानगरी की सही स्थिति के संबंध में मत-वैभिन्नय है।

मुख्य विवाद रामगिरि के बारे में है। वहाँ से लेकर दशार्ण के पहले तक के क्षेत्र के सम्बन्ध में भी कुछ विवाद हैं।

ऊपर 'मेघदूत' के वर्णन के आधार पर जो कुछ लिखा गया है उससे रामगिरि की स्थिति विदिशा और अमरकंटक के पूर्व में स्पष्ट होती है। सरगुजा जिले के रामगढ़ नामक स्थान और उसके आसपास के क्षेत्र का विस्तृत पर्यवेक्षण इन पंक्तियों के लेखक द्वारा कुछ वर्ष पहले किया गया है। रामगढ़ और उसके समीपस्थ भूभाग में आज भी रामकथा की परम्परा जीवित है। वहाँ जो पुरातात्त्विक अवशेष देखने को मिले वे भी उस क्षेत्र की प्राचीनता तथा रामकथा से उसके सम्बन्ध को घोषित करते हैं।

रामगढ़ मध्यप्रदेश के सरगुजा जिला में अंबिकापुर नगर से ४५ किलोमीटर दक्षिण-पश्चिम रिहंद [प्राचीन रेणुका] नदी के समीप पहाड़ी स्थल है। यह 'रामगढ़ पहाड़ी' कहलाती है। ईसवी पूर्व तीसरी शती से लेकर १०वीं-११वीं शती तक के पुरावशेष यहाँ आज तक सुरक्षित हैं। जो अभिलेखीय प्रमाण वहाँ उपलब्ध हैं उनसे पता चलता है कि ईसवी पूर्व तीसरी और दूसरी शती में वहाँ एक नाट्यशाला थी। उसे पहाड़ को काटकर 'शिलावेश्म' के रूप में बनाया गया था। इस प्राचीन नाट्यशाला, नाट्यमंच, पात्रों की सज्जादि के लिए मंच के दोनों ओर विशेष स्थान तथा पर्दा [तिरस्करिणी] की व्यवस्था थी। दर्शकों के बैठने के लिए नीचे चट्टानों को काटकर सीढ़ियाँ क्रमवार बनायी गयी थीं। यह नाट्यशाला 'सीताबेंगरा' कहलाती है।

मौर्य सम्राट् अशोक-कालीन ब्राह्मी में उत्कीर्ण कई लेख नाट्यगृह को दीवाल और छत पर अभी विद्यमान हैं। इन लेखों से ज्ञात होता है कि नाट्यकला में विशारद [रूपदक्ष] देवदत्त नामक व्यक्ति वाराणसी से वहाँ आया था। उसके साथ कार्य करने वाली महिला का नाम लेखों में 'देवदासी सुतनुका' दिया है। इस नाट्यगृह के समीप दूसरा शिलाश्रय प्राकृतिक है। इनके ऊपर एक तीसरा शिलागृह भी है। इनके नाम क्रमशः सीता, राम और लक्ष्मण के नामों पर हैं।

शिलागृहों के नीचे एक बड़ी झील थी, जिसका उल्लेख बेगलर ने अपनी रिपोर्ट में किया है। अब वहाँ छोटा जलाशय बचा है, जिसे 'सीताकुंड' कहा जाता है। नाट्यगृह में पत्थर

की कई प्राचीन मूर्तियाँ सुरक्षित हैं। उनमें सबसे अधिक महत्त्वपूर्ण ई० आठवीं शती की वह प्रतिमा है जिसमें राम और लक्ष्मण को हाथों में धनुष-बाण लिये हुए दिखाया गया है। पहाड़ी के नीचे विस्तृत समतल क्षेत्र में बड़ी बस्ती थी। उसका सर्वेक्षण करने पर पकी ईंटों की बनी दीवालों के चिह्न, लोहा गलाने की भट्टियाँ, पत्थर और पकी मिट्टी के मटके तथा अनेक मंडलकूप देखने को मिले। चांदी-तांबे की कई आहत मुद्राएं भी मिली हैं। तांबे के सांचानिर्मित सिक्के भी इस बस्ती में मिलते रहते हैं, जिनके संग्रह स्थानीय लोगों के पास हैं। इस ध्वस्त बस्ती कुछ दूर महेशपुर तथा लक्ष्मणगढ़ नामक गांव हैं। महेशपुर में एक दर्जन से अधिक शैवों मंदिरों के तथा कई वैष्णव और जैन मंदिरों के भग्नावशेष हैं। इन मंदिरों तथा बहुसंख्यक पाषाण प्रतिमाओं का निर्माण ईसवी छठी से ग्यारहवीं शती के बीच हुआ।

रामगढ़ क्षेत्र प्राकृतिक सौंदर्य का आगार है। वहां के शालवनों की स्निग्ध छाया ने, श्रीराम के साथ उस स्थल के पावन सम्बन्ध ने तथा वहां की नाट्यपरम्परा-स्मृति ने कालिदास जैसे भावुक कवि को अवश्य आकर्षित किया होगा। अपने निर्वानकाल का कुछ समय उन्होंने इन्हीं शिलावेश्मों में रहकर व्यतीत किया होगा, जो राम-सीता के निवास से पवित्र हो गये थे। उत्तर मेघ [श्लोक ३८] में महाकवि रामगिरि में अपने निवास का समाचार अपनी प्रिया को मेघ के माध्यम से देते हैं।

कालिदास ने 'मेघदूत' में श्रीराम के अतिरिक्त जिन अन्य देवों के प्रति अपनी श्रद्धा व्यक्त की है उनमें माल [मल्लाल] देश के गोपवेश विष्णु, [श्लोक १५], उज्जयिनी के चंडीश्वर महाकाल [३३-३६], देवगिरि के स्कन्द [४३], गौरीपर्वत के शिवचरण [५५] तथा कैलास के शिव पार्वती [६०] उल्लेखनीय हैं। मल्लाल [आधुनिक मल्हार, जि० बिलासपुर] में गोपवेश विष्णु की चतुर्भजी कायपरिमाण पूज्य प्रतिमा मिली है, जिस पर ईसवी पूर्व दूसरी शती का ब्राह्मीलेख उत्कीर्ण है। उनके सिर पर किरीट मुकुट है और अपने तीन हाथों में वे क्रमशः शंख, चक्र और गदा धारण किये हैं।

PLACES NAMED AFTER THE CHANDELLA RULERS

Śri Jai Prakash

The study of toponyms in very significant in reconstructing the cultural history of ancient India. Of late, it has attracted attention of scholars. In this paper the study has been confined mostly to places named after the Chandella rulers. Among the Chandella kings, only the names of three kings have left impression on the place-names as gleaned from the epigraphical sources.

Kirttigiri :

This geographical name figures in the inscription of Vatsarāja, the prime of minister of the Chandella king Kīrttivarman,[1] dated Vikrama 1154 (1098 A. D.). The inscription is engraved on a rock near the river gate of the fort of the town of Deogadh, situated at the western end of the Lalitpur range of hills immediately overhanging the river Betwa[2] in the Lalitpur District of Uttar Pradesh The inscription says that Vatsarāja was called (a second) *Vāchaspati* in his office as sole minister who, having wrested quickly from the enemy's hands this whole province here by his policy and his noble valour, built this fort of Kīrttigiri. This Kīrttigiri, it may be noted, was in all probability named after his master Kirttivarman, by the minister Vatsarāja. Vatsarāja also caused the flight of steps to be constructed and named the same after himself. The naming of the flight of steps after the minister is noteworthy.

Madaneś sāgarapura :

This place-name occurs in a Chandella record[3] which belongs to the time of Paramarddin and dated Vikrama 1237 (1180 A.D.) and discovered from Ahār, Tikamgarh Tahsil and District of Madhya Pradesh. The inscription records the construction of the *Chaitya* of Śāni (Śāntinātha) by the brothers Jāhaḍa and Udayachaṁ(dra) who were the sons of the *Śreshṭhin* Galhaṇa, the son of Ralhaṇā and Ratnapāla, who had built a *Śānti-chaityālaya* at Ānandapura and another at Madaneśa-sāgarapura. Ratnapāla, who resided at Vasuhāṭikā was the son of Devapāla who resided at Vāṇapura and who belonged to the Gṛihapati family. The name Madaneśsa-sāgarapura, indicates that *sāgara* (or tank) was named after the king Madana (i. e., Madanavarman) and thereafter the place, where tank seems to have existed, was also named after the same king (i.e., Madana or Madanavarman).

Jayapura :

A number of Chandella inscriptions have been discovered in Ajaygarh. The earliest inscription of them is dated Vikrama 1208[4] (1151 A. D.). The earliest inscription names the place as Jayapura. The inscription tells us that in the Saṁvat year 1208 in the fort of Jayapura, for the use of all people, the Rāūt. Śrī Veda, a *kshatriya* by caste, of the village of Kortiā, built a (Sirotha ?). Another inscription dated Vikramā[5] 1237 (1180 A. D.) also spells the place as Jayapura; The third Chandella record[6] from Ajaygarh dated Vikrama 1317 (1261 A.D.) mentions the place as Nandipura which has been identified with Jayapura by F. Kielhorn, the editor of the record. The place-name Jayapura also occurs in the fourth Chandella inscription which is dated Vikrama 13-5[7] (1288 A.D.). The rock inscription of the time of Bhojavarman[8] also mentions the place as Jaya or Jayapura i.e., the present Ajayarh in the Panna District of Madhya Pradesh. In the inscription[9] we come across the expression *Durga='jyākhye'* (in the fort of Jaya) which seems to be the fort of Ajaygarh.

From this, it is puite evident that the place Jayapura was named after its builder, Chandella king Jayavarman, whose earliest known date is Vikrama 1173 (1117 A.D.). From the information contained in the third inscription it is known that the placc had another name Nandipura, Probably the name Nandipura was the earlier name of the place before it was renamed as Jayapura. When it came to be called Ajaygarh is not known. As the very name indicates, the fort was a formidable one, difficult to be overrun and hence it came to be known in later centuries as Ajaygarh; the word *garh* stands for fort, in the local language.

REFERENCES AND NOTES

1. *Ind, Ant.*, Vol. XI, p. 311
2. *Archaeological Survey of India Reports*, Vol. X, p. 100f.
3. *AREp.* 1971-72, B 114.
4. *Archaeological Survey of India Reports*. Vol. XXI, p. 49.
5. *Ibid.*, p. 50
6. *Ep. Ind.*, Vol. I, p. 325.
7. *Archaeological Survey of India Rcports*, Vol. XXI, p. 52.
8. *Ep. Ind.*, Vol. I, p. 330.
9. *Ibid.*, p. 334.

विंध्य की सांस्कृतिक पृष्ठभूमि और ओरछा

प्रो० कृष्णदत्त वाजपेयी, सागर

प्रसिद्ध कला-मर्मज्ञ डॉ० आनन्द कुमार स्वामी ने कहा है कि "वे भारतीय संस्कृति के इसलिए प्रशंसक नहीं थे कि वह मात्र भारतीय है, बल्कि इसलिए कि वही सच्ची संस्कृति है। भारतीय जीवन-दर्शन ऋत और सत्य पर आधारित है। संस्कृति के दोनों पक्षों—बाह्य आचार और आन्तरिक विचार--में यह बात देखने को मिलती है। सत्य, अहिंसा, त्याग और परोपकार--- इन चारों तत्त्वों पर भारत में विशेष बल दिया गया। "धर्म" के स्वरूप का निर्धारण करते हुए हमारे मनीषियों ने कहा है कि नैतिक पृष्ठभूमि पर, विचारपूर्वक किया गया कर्तव्य ही धर्म है। "सर्वधर्म-समवाय" तथा स्वतन्त्र चिंतन पर जितना बल भारतीय मनीषियों ने दिया वैसा अन्यत्र कहीं नहीं मिलता।

आद्यऐतिहासिक काल से लेकर अर्वाचीन समय तक भारत के अनेक क्षेत्रों में दार्शनिक चिन्तन, साहित्य और शिल्प-कलाओं का प्रभूत विकास हुआ। इन क्षेत्रों में प्राचीन चेदि जनपद (आधुनिक विंध्य) का स्थान उल्लेखनीय है। विंध्य पर्वतमालाओं और घने अण्य से आच्छादित इस प्रदेश में यमुना, बेतवा, शुक्तिमती, तमसा, मंदाकिनी तथा उनकी अनेक सहायिकाओं का अनवरत प्रवाह रहा है। इन नदियों की उपत्यकाओं में बसने वाले जनों का भारतीय संस्कृति के निर्माण में विशेष योगदान है। आर्य तथा अनार्य विचारधाराओं का यहां मेल हुआ। इससे एक मिली-जुली भारतीय संस्कृति का निर्माण हुआ।

महाजनपद-युग से लेकर उत्तर मध्यकाल तक बुंदेलखंड के भूभाग में साहित्य, वास्तु, मूर्तिकला, चित्रकला, संगीत और नाट्य का बड़े रूप में सृजन हुआ। यहां मौर्य, शुंग, नाग, गुप्त, गुर्जर-प्रतीहार, चंदेल आदि राजवंशों के शासनकाल में इस क्षेत्र का गौरव बहुत बढ़ा। भारतीय इतिहास में गुप्त शासनकाल "स्वर्णयुग" के नाम से प्रसिद्ध है। उस युग में यहां नचना, भुमरा, खोह, उँचेहरा आदि कई स्थल भारतीय कला के प्रमुख केन्द्र बने। इसके पहले भरहुत (जिला सतना) तथा साँची (जिला रायसेन) में लोक-कला का बड़े रूप में सृजन हो चुका था। भरहुत, सांची और नचना-कला का प्रभाव सारे देश में फैला। गुप्त-युग में कला में चारुता को विशेष स्थान प्रदान किया गया।

गुप्त-युग में ललित कलाओं के जो रूप निर्धारित हुए थे उनमें नैतिकता और सौंदर्य का समन्वय द्रष्टव्य है। बुंदेलखंड में गुप्त-युग के पश्चात् भी इस समन्वय के दर्शन होते हैं।

इसके प्रमाण बरवासागर, मढ़खेरा, देवगढ़, खजुराहो, दुधई, चांदपुर आदि स्थानों पर देखे जा सकते हैं।

श्रीराम के वन-गमन का मार्ग बुंदेलखंड क्षेत्र होकर जाता था। यहीं होकर वे आगे दंडक वन में प्रविष्ट हुए। उनका सबसे बड़ा पड़ाव चित्रकूट में हुआ। वहां वे लगभग बारह वर्ष रहे। चित्रकूट एक बहुत बड़ा तीर्थ बन गया, जहां बड़ी संख्या में विद्वान् एकत्र होते थे। अत्रि, भरद्वाज तथा वाल्मीकि ऋषियों के आश्रम चित्रकूट और उसके आसपास स्थित थे। वाल्मीकि जी ने राम-कथा को सरल संस्कृत भाषा में प्रस्तुत कर एक बहुत बड़ा कार्य सम्पन्न किया। श्रीराम का चरित इस क्षेत्र में होकर भारत के अन्य क्षेत्रों में फैला। फिर उसका प्रसार भारत के बाहर स्याम, कंबुज, जावा, सुमात्रा आदि देशों में हुआ।

बुंदेलखंड में ओरछा नगर का स्थान महत्त्वपूर्ण है। पंद्रहवीं से लेकर उन्नीसवीं शताब्दी तक वहां साहित्य तथा शिल्पकला के अनेक रूप विकसित हुए। वीरसिंह देव प्रथम के समय में भारतीय संस्कृति के विकास को असाधारण बल मिला। इस शासक ने ओरछा, दतिया और बुंदेलखंड के अन्य अनेक स्थलों पर मन्दिरों और प्रतिमाओं का निर्माण किया। मथुरा में श्रीकृष्ण-जन्मस्थान पर विशाल मन्दिर बनवाने का श्रेय इन्हीं शासक को है। उस मन्दिर का निर्माण ओरछा के प्रख्यात कवि मित्रमिश्र के निरीक्षण में सम्पन्न हुआ। मथुरा, वृन्दावन, गोकुल, बरसाना आदि ब्रज के अन्य क्षेत्रों में भी इस शासक द्वारा निर्माण कराये गये। वीरसिंह देव जी के कार्य को उनके वंशजों ने आगे बढ़ाया। उस समय ओरछा का वैसा ही स्थान हो गया जैसा पहले पाटलिपुत्र, कान्यकुब्ज, कांचीपुरम् आदि नगरों को प्राप्त था।

टीकमगढ़ जनपद की रत्नपूर्णा वसुधा में ओरछा स्थित है। इस नगर को वेत्रवती नदी अपनी गोद में बिठाये है। यहां नदी और आसपास के तुंगारण्य की शोभा असाधारण है। इसी प्राकृतिक सुषमा के कारण अब से लगभग पांच शताब्दी पहले इस नगर को राजधानी बनाया गया। धीरे-धीरे वह साहित्य और अन्य ललितकलाओं का एक प्रमुख केन्द्र बन गया।

१५३१ ई० में राजा रुद्रप्रताप ने ओरछा दुर्ग का निर्माण आरम्भ कराया, जो आठ वर्ष बाद पूरा हुआ। ओरछा के शासकों में मधुकरशाह, वीरसिंहदेव-प्रथम, जुझारसिंह, चंपत-राय, पहाड़सिंह आदि के नाम उल्लेखनीय हैं। उन्होंने आक्रांताओं से लोहा लेकर अपने राज्य की रक्षा की। दूसरी ओर उनके द्वारा विविध जनहितकारी कार्य किये गये। वास्तु, मूर्तिकला, चित्रकला, साहित्य और संगीत के संवर्धन में ओरछा के अनेक शासकों द्वारा किये गये प्रयास प्रशंसनीय हैं।

महाराजा मधुकरशाह मुगल सम्राट् अकबर के समकालीन थे। वे श्रीराम के परम भक्त थे। उनकी महारानी द्वारा भगवान् राम की प्रतिमा को अयोध्या से लाकर ओरछा में प्रतिष्ठापित किया गया। वीरसिंह देव-प्रथम के शासनकाल में ओरछा राज्य का विस्तार बढ़ा। कुशल शासक और भारतीय संस्कृति के संरक्षक रूप में उनका नाम अमर है। ओरछा में उनके द्वारा चतुर्भुज भगवान् का मंदिर बनवाया गया। वहाँ फूलबाग, जहाँगीर महल आदि का निर्माण इसी शासक द्वारा कराया गया। उनके द्वारा दतिया में निर्मित सतखंडा राजमहल

भारतीय स्थापत्य की अद्‌भुत कृति है। धामौनी, दतिया आदि में सुरक्षा के लिए दुर्गों तथा देवालयों का निर्माण उनकी अन्य देन हैं। मुगल सम्राट् जहाँगीर से मित्रता स्थापित कर वीरसिंहदेव ने दूरदर्शिता का परिचय दिया। इससे उत्तर भारत के अनेक स्थलों पर भारतीय संस्कृति के प्रसार में सुविधा मिली। इसी परम्परा को परवर्ती ओरछा-शासकों द्वारा भी जारी रखा गया।

बुंदेलखंड की प्रेरक लोककथाओं के नायक हरदौल, वीरसिंहदेव के पुत्र थे। उनके शौर्य तथा चरित्र की गाथाएँ प्रसिद्ध हैं। उनके नाम पर ओरछा तथा अन्य स्थलों पर स्मारक बने हैं।

ओरछा के मुख्य राजमहल, जहाँगीर महल तथा लक्ष्मी मंदिर में भारतीय चित्रकला के बहुमुखी रूप आज भी सुरक्षित हैं। विशेषतः लक्ष्मी मंदिर में रामायण, महाभारत तथा पुराणों की कथाएँ और राग-रागिनियों, नायक-नायिकाओं आदि के रोचक चित्रण हैं। बुंदेली चित्रकला के अध्ययन के लिए ये चित्र बहुत उपयोगी हैं। इस मंदिर के साथ-साथ रामराजा तथा चतुर्भुज देवालयों में स्थापत्य की उत्तर मध्यकालीन अनेक विशेषताएँ विद्यमान हैं।

महाकवि केशव ओरछा की महान् विभूति के रूप में प्रसिद्ध हैं। उन्होंने अपनी रचनाओं द्वारा भारतीय साहित्य को समृद्ध किया। इसके अलावा उन्होंने ओरछा में भारतीय काव्यशास्त्र का महत्त्वपूर्ण केंद्र स्थापित किया, जो व्यवस्थित रूप में कई शताब्दियों तक चलता रहा।

संगीत और नाट्यकला की समृद्धि के लिए भी ओरछा प्रसिद्ध है। वहाँ गीत, वाद्य और नाट्य के विविध रूप विकसित हुए। "प्रवीणराय का अखाड़ा" वस्तुतः इन कलाओं के संरक्षण और विकास का केंद्र था।

ओरछा की गरिमा को देखते हुए केशवदास जी ने उचित ही लिखा : "बारिये नगर और, औरछा नगर पर।"

महोबा का इतिहास

श्री विमलचन्द्र शुक्ल

महोबा का उत्कर्ष मुख्यत: चन्देल राजवंश के समय आरम्भ हुआ। यह प्रसिद्ध ऐतिहासिक नगर बुन्देलखंड के हमीरपुर जिले में हमीरपुर शहर से लगभग ५४ मील दक्षिण में स्थित है। मानिकपुर-बांदा-झांसी रेलमार्ग से तथा राजपथ द्वारा बस से इस स्थान तक सहजता पूर्वक पहुंचा जा सकता है। महोबा का प्राचीन नाम 'महोत्सवनगर' था। जनश्रुति के अनुसार चंदेल वंश के प्रथम ऐतिहासिक पुरुष चन्द्र वर्म्मा ने इस स्थान पर विशाल महोत्सव का आयोजन कराया था।[1] प्राचीन समय में इस स्थल की विशेष महत्ता रही होगी। वेत्रवती (बेरुवा) और यमुना के संगम के सन्निकट होने से तथा तीन और पहाड़ियों से सुरक्षित होने के कारण इस स्थल की सामरिक तथा आर्थिक उपादेयता का सहज ही अनुमान ग्रहण किया जा सकता है। परम्पराओं में इसे ६ योजन लम्बा तथा २ योजन चौड़ा बताया गया है। संभवत: प्राचीन महोबा तीन भागों में विभक्त था। महोबा पहाड़ी के उत्तर पहाड़ी के ऊपर संभवत: किला था जिसके भग्नावशेष आज भी द्रष्टव्य हैं।[2] शहर के पश्चिम में कीरत (कीर्ति) सागर था यह विशाल जलाशय डेढ़ मील की परिधि में चन्देल नरेश कीर्ति वर्म्मा द्वारा निर्मित किया था जिसका समय १०६०-११०० ई० अनुमानित किया गया है। शहर के दक्षिण में मदनसागर का निर्माण चन्देल नरेश मदन वर्मा द्वारा किया गया था। मदन वर्मा का शासन काल ११२८-११६५ ई० तक था। यह जलाशय तीन मील की परिधि में विस्तृत था। महोबा के पूर्व में अपेक्षाकृत लघु-जलाशय भी निर्मित था जिसे कल्याण सागर के रूप में अभिहित किया जाता था। कल्याण-सागर के पूरब में विजय सागर विद्यमान था इसकी परिधि चार मील थी। यह महोत्सव नगर का विशालतम जलाशय था। इसके निर्माण का श्रेय चन्देल नरेश विजयपाल को है। इस नरेश ने विद्याधर की मृत्यु के पश्चात् लगभग १०३५ ई० से १०४५ ई० तक शासन किया था।[3]

दुर्भाग्यवश मुस्लिम आक्रान्ताओं द्वारा प्राचीन महोबा की ऐतिहासिक सामग्री को यथासंभव विनष्ट कर दिया गया। कुतुबुद्दीन ऐबक ने कालिन्जर विजय के पश्चात् महोबा पर आक्रमण किया था जो प्राचीन महोत्सव की सुख-समृद्धि के लिए 'अन्तक' प्रतीत हुआ। महोबा से लगभग दो कि० मी० दूर राहिल नामक स्थान में स्थित विशाल सूर्य मंदिर के अवशेष ही महोबा के प्राचीनतम पुरातात्विक प्रमाण के रूप में स्वीकार किए जा सकते हैं। इस मंदिर का निर्माण चन्देल नरेश राहिल (लगभग ८९०-९१० ई०) ने करवाया था प्रसिद्ध चन्देल नरेश धंग राहिल का प्रपौत्र था।[4]

महोबा के अधिकांश स्थापत्य एवं शिल्प नष्ट हो चुके हैं परन्तु वे अतीत की उस वेला के मुखर साक्षी हैं जिस समय महोबा में विशाल जलाशयों, अनगिनत मंदिरों एवं शिल्पों के कारण निरन्तर ही महोत्सव का वातावरण रहता रहा होगा। चन्देल नरेश यद्यपि पौराणिक धर्म के उपासक थे परन्तु उनकी धार्मिक सहिष्णुता ने अन्य धर्मों को भी विकसित होने का समान अवसर प्रदान किया। यही कारण है कि चन्देलों के समय में सभी धर्मों से सम्बन्धित स्थापत्य एवं शिल्प का विकास हुआ। महोबा भी इसका अपवाद नहीं। यहां से उपलब्ध शैव धर्म के अवशेषों में नीलकण्ठ मंदिर तथा ककरामठ का विशेष उल्लेख किया जा सकता है नीलकंठ मंदिर के अवशेष मात्र द्रष्टव्य हैं। गर्भगृह के मुख्य द्वार पर शिव की मूर्ति है तथा उसके दाहिने और बांए क्रमशः ब्रह्मा और विष्णु की मूर्तियां निर्मित हैं। इस मंदिर की दीवाल पर एक शिलालेख ११११७ ई० का उत्कीर्ण है जिसमें कायस्थ जाजुक द्वारा भगवान शिव की उपासना का उल्लेख है। दूसरा प्रसिद्ध मंदिर 'ककरामठ' के रूप में विश्रुत है। ग्रेनाइट पत्थर से निर्मित होने के कारण इस मंदिर की दीवालों पर अलंकरण-उत्कीर्णन की संभावना अपेक्षाकृत कम थी। इस मंदिर का महामंडप खजुराहों के मंदिरों से विशाल है। संभाव्य है कि इस मंदिर का निर्माण भी मदन-सागर के निर्माण के साथ-साथ मदनवर्मा के समय में ही हुआ हो। ककरामष्का यह मंदिर लगभग १०३ फीट लम्बा तथा ४२ फीट चौड़ा था।

ककरामठ के उत्तर में एक चट्टानी भाग पर महारि मन्दिर निर्मित था। यह मन्दिर १०७ फीट लम्बा तथा ७५ फीट चौड़ा था। मदारि कृष्ण की एक उपाधि थी इसी मंदिर से संलग्न एक अन्य मंदिर के आधार-अवशेष प्राप्त हुए हैं। कनिंघम महोदय के अनुसार यह उप-मंदिर संभवतः वराह से सम्बन्धित था। मदन सागर के उत्तरी किनारे पर मनिया देवी का भी मंदिर विद्यमान था परन्तु यह मंदिर इस प्रकार नष्ट हो चुका है कि इसकी रूपरेखा का अनुमान लगाना कठिन है।[५]

धार्मिक वास्तु के अतिरिक्त चन्देल शासकों ने लौकिक स्थापत्य को भी अत्यधिक प्रोत्साहित किया। लौकिक स्थापत्यों में परमर्दिदेव द्वारा निर्मित राजप्रासाद का उल्लेख किया जा सकता है। यह राज-प्रासाद दुर्ग की पहाड़ी पर स्थित था। उसके ध्वंसावशेष मात्र अव-शिष्ट हैं। मुस्लिम आक्रान्ताओं की कोप-दृष्टि से यह राजप्रासाद भी अछूता न रह सका। राजप्रासाद के स्तंभों को देखने से प्रतीत होता है कि इनमें मूर्तियों तथा पत्रवल्लियों से अलंकरण किया गया था। इन स्तम्भों की ऊंचाई लगभग बारह फीट है। अन्य लौकिक निर्माण कार्यों में विशाल तडागों का उल्लेख किया जा सकता है। ये तडाग धार्मिक क्रियाओं से लेकर सामान्य जनता की तृषा शान्ति के साथ-साथ आर्थिक-समृद्धि के महत्वपूर्ण स्रोत थे। महोबा के विशाल जलाशयों में मदन सागर, कीरत सागर कल्याण सागर, विजय सागर तथा राहिल सागर का उल्लेख किया जा सकता है। इन जलाशयों का विवरण पहले दिया जा चुका है।

मदन सागर के उत्तरी किनारे पर मनिया देवी के मंदिर के सामने ग्रेनाइट पत्थर से निर्मित अठारह फीट ऊंचा एक पाषाण स्तम्भ है। इसे दीवट कहा जाता है क्योंकि अनुश्रुति अनुसार महत्वपूर्ण तिथियों पर इस स्तम्भ की चोटी पर दीपक जलाने की परम्परा थी। परन्तु

इस स्तम्भ में दीपक रखने का कोई स्थान नहीं हैं। स्तम्भ का ऊपरी भाग अत्यधिक अलंकृत है तथा निम्न एवं मध्य भाग सादा है। इसमें चार सिंह की आकृतियां उत्कीर्ण हैं जिनके शिर में घंटियां उत्कीर्ण की गई हैं। यह इस तथ्य का परिचायक है कि जिस चन्देल शासक के समय में यह स्तम्भ निर्मित किया गया, उसने चन्देल साम्राज्य के चतुर्दिक विद्यमान अन्य राजाओं के पराक्रम को आहत कर अपने वशीभूत कर लिया था। वस्तुतः इसे तीर्थ स्तम्भों की परम्परा में न रखकर जय स्तम्भों की परम्परा में रखना चाहिए।

महोबा के दक्षिणी पूर्वी भाग में जिसे दरीबा कहा जाता है, एक स्तम्भ है जिसे 'आल्हा की लाट' कहा जाता है। यह ९½ फीट ऊंची है। इसे चट्टान में कटे हुए एक चौकोर छिद्र में इस प्रकार स्थापित किया गया है कि यह स्पर्शमात्र से घूमने लगती है। इसी लाट के निकट एक अन्य स्तम्भ है जिसमें एक अश्वारोही की मूर्ति बनी है। इसे लोकमानस में 'चंडमताबर' कहा जाता है। यह उल्लेखनीय है कि आज भी लोक-बोली में 'मातबर' या 'मतावर' का तात्पर्य पराक्रमी व्यक्ति से किया जाता है चंड मतावर अर्थात् प्रचण्ड पराक्रम करने वाला। लोक परम्परा में आल्हा का पराक्रम प्रसिद्ध है। संभव है कि यह अश्वारोही-प्रतिमा आल्हा की ही हो।

महोबा का प्राचीन दुर्ग मदनसागर से उत्तर एक छोटी पहाड़ी पर स्थित है। इसकी लम्बाई १६२५ फीट तथा चौड़ाई ६०० फीट है। प्रस्तर निर्मित इस रक्षा प्राचीर में पूरब और पश्चिम दिशा में दो दरवाजे थे। अत्यधिक विनष्ट हो जाने के कारण दुर्ग की स्थापत्य कला पर विशेष प्रकाश नहीं पड़ता।

महोबा का शिल्प अत्यधिक समृद्ध था इस स्थल से अनेक ऐसी प्रतिमायें उपलब्ध हैं जो कलाकार को अप्रतिम मेधा, तक्षणनैपुण्य तथा मौलिकता का परिचय प्रदान करती हैं। ब्राह्मण या पौराणिक धर्म से संबंधित प्रायः सभी मूर्तियां अधिकांशतया खण्डित रूप में प्राप्त होती हैं। प्रतिमा विज्ञान की दृष्टि से मदनसागर के पश्चिम गोखर नामक पहाड़ी पर ग्रेनाइट के एक चट्टान पर गहरे उत्कीर्णन में दसबाहु शिव की नृत्यमूर्ति का विशेष महत्व है। इस मूर्ति में शिव को नरमुण्ड युक्त जटामुकुट, विकीर्ण केश, नाग मालाएँ कौपीन, कटिबन्ध तथा आयत मुण्डमाला से युक्त प्रदर्शित किया गया है। ऊपर के चार एवं नीचे के छः हाथ क्रमशः रुद्राक्ष एवं सर्प कंकण से अलंकृत हैं। ऊपर के दो भुजाओं में एक त्रिशूल का प्रदर्शन है तथा उसके ऊपर सर्प के फण पर गजासुर छत्र के रूप में दिखाया गया है। नीचे का वाम हस्त वरद मुद्रा में है। शेष में खर्पर, हाथी दांत, खट्वाङ, मातुलुंग माला, वज्र एवं डमरु हैं। वाम भाग में धोती, कटिबन्ध, माला अंगद एवं कंकण से विभूषित पार्वती आसीन मुद्रा में प्रदर्शित हैं जो अपने दायें हाथ से शिव से संहारलीला समाप्त करने का अनुरोध कर रही हैं। इस मूर्ति का विवरण एवं उसकी कला-शैली समीक्षा श्रीकृष्ण कुमार ने विस्तृत रूप में प्रस्तुत की है। उनके अनुसार इस प्रतिमा में दक्षिण भारत (चोल-चालुक्य) दक्कन (राष्ट्रकूट) एवं चन्देल मूर्ति कलाओं का सामञ्जस्य स्पष्ट रूप से दिखाई पड़ता है।[६]

प्रारम्भ में यह धारणा व्यक्त की गयी थी कि चन्देलों के समय में बौद्ध धर्म का विशेष विकास नहीं हुआ था परन्तु महोबा से बौद्धधर्म से सम्बन्धित छह ऐसी प्रतिमाएं प्राप्त

हुयीं हैं जिन्होंने न केवल इस अनुमान को निराकृत किया, अपितु चन्देलकालीन बौद्ध मूर्तिकला की पराकाष्ठा का निदर्शन भी उनके द्वारा प्राप्त होता है।[७] राजलीला में आसीन सिंहनाद अवलोकितेश्वर की प्रतिमा विश्वविश्रुत है। प्रतिमा की एक भुजा जानु पर है जिसमें माला है। बौधिसत्त्व के नीचे कमलासन है जिसमें अनावृत्तमुख सिंह का अंकन है। दाहिने हाथ के पीछे नागवेष्टित त्रिशूल तथा बाएं हाथ के पीछे कमल अंकन है। यह प्रतिमा संप्रति राजकीय संग्रहालय लखनऊ में रखी है तथा प्राच्यकला के सर्वोत्तम उदाहरणों में से एक है कलाकार की समाधि-प्रज्ञा का यह साकार निदर्शन है। साधनमाला में सिंहनाद अवलोकितेश्वर का विवरण इस प्रकार प्राप्त होता है[८]—

आत्मानं सिंहनादलोकेश्वररूपं भावयेत्। श्वेतवर्णं त्रिनेत्र जटामुकुटिनं निर्भूषणं व्याघ्रचर्मप्रावृतं सिंहासमस्थं महाराजलीलं चन्द्रासनं चन्द्रप्रभं भावयेत्। दक्षिणे सितफणिवेष्टितं त्रिशूलं श्वेतं वामे नानासुगन्धिकुसुमपरिपूरित पद्मभाजनं वामहस्तादुत्थ पद्मोपरिज्वलत्खंग……

महोबा की इस प्रतिमा में साधनमाला में वर्णित लक्षणों का पूर्णतया पालन नहीं किया है। सिंहनाद अवलोकितेश्वर वस्तुतः शिव के ही बौद्धीकृत रूप हैं। इस प्रतिमा में त्रिनेत्र के स्थान पर द्विनेत्र का ही प्रदर्शन किया गया है। इस प्रतिमा में माला को हाथ में धारण किये प्रदर्शित किया गया है, परन्तु साधनमाला में इसका कोई विधान नहीं मिलता। अवलोकितेश्वर की कारुणिकता इसमें पूर्णतया अभिव्यंजित है।

महोबा से ही पद्मपाणि अवलोकितेश्वर की २ फीट ऊँची प्रतिमा प्राप्त हुयी है। यह मूर्ति भी कमलासन पर राजलीला में उत्कीर्ण है। इसी प्रकार कमल पर वज्रासन में बैठी हुयी भगवती तारा की मूर्ति भी कलाशैली के सुष्ठु विकास का निदर्शन है। इस मूर्ति का वामहस्त वितर्क तथा दक्षिण हस्त वरद मुद्रा में है। शीर्ष भाग में पांच ध्यानी बुद्ध-मूर्तियां प्रदर्शित हैं। इनके अतिरिक्त गौतमबुद्ध की भूमि-स्पर्श मुद्रा में भी मूर्ति प्राप्त है।[९]

जैन प्रतिमाओं में ऋषभनाथ, पद्मप्रभनाथ नेमिनाथ, पार्श्वनाथ और महावीर की प्रतिमाएँ महोबा से प्राप्त हुयी हैं जो राजकीय संग्रहालय झांसी में संगृहीत हैं। इन मूर्तियों के पादपीणें पर उत्कीर्ण लेखों से ज्ञात होता है कि सभी मूर्तियां बारहवीं शती में निर्मित की गयी थीं। यहां से प्राप्त कतिपय जैन प्रतिमाएं राज्य संग्रहालय लखनऊ में रखी हुयी हैं।[१०]

महोबा से चन्देलकालीन अनेक अभिलेख प्राप्त हुए हैं जिनसे न केवल चन्देल शासकों की वंशावली का परिचय प्राप्त होता है अपितु तत्कालीन धार्मिक एवं समाजार्थिक स्थिति पर भी प्रकाश पड़ता है। परमर्दिदेव को वि. सं. १२३० के दो ताम्रलेख जो एक छल्ले से जुड़े हुए थे, महोबा से प्राप्त हुए हैं। इनमें कुल तैतीस पंक्तियां हैं। इस ताम्रपट्ट में पृथिवीधर कामस्थ का उल्लेख लेखक तथा पल्हण का उल्लेख उत्कीर्णक के रूप में प्राप्त होता है। इसमें पल्हण को पहले पीतलहार, उसके पश्चात् शिल्पिन् तत्पश्चात् विज्ञानिन् कहा गया है। इससे स्पष्ट है कि कार्य-नैपुण्य एवं योग्यता के कारण कारीगरों को सामान्य से विशिष्ट तथा विशिष्टतर पदवी देने की प्रथा चन्देल काल में विद्यमान थी। चन्देलकालीन धार्मिक सहिष्णुता का भी निदर्शन इस ताम्रपट्ट से प्राप्त होता है—

पुण्यतीर्थोकदेन बिधिवत्स्नात्वा देवमनुष्यपितृन्संतर्प्य भास्करपूजापुरःसरं चराचरगुरुं भगवन्तं भवानीपतिमश्यर्च्य हुतभुजि हुत्वा……

अन्य अभिलेखों में मदन वर्मा के वि. सं. १२२० का जैनलेख, परमर्दिदेव के वि. सं. १२२२ तथा १२२५ का जैन-प्रतिमा लेख विशेष महत्त्वपूर्ण है। यह उल्लेखनीय है कि वि. सं. १२४० के पश्चात् का कोई अभिलेख न तो महोबा और न ही उसके समीपवर्ती स्थानों से प्राप्त हुआ है।[11] यद्यपि यह अधिक संभाव्य है कि उसके पश्चात् के भी अभिलेख इस स्थान पर उत्कीर्ण किये गये होंगे।

उपर्युक्त विवरण महोबा से प्राप्त ऐतिहासिक सामग्री का संक्षिप्त विवरण है। महोबा और उसके समीपवर्ती स्थलों के विस्तृत विवरण तथा उनकी ऐतिहासिक महत्ता एवं उपादेयता के लिए व्यापक सर्वेक्षण की महती आवश्यकता है।

सन्दर्भ

१. कनिघंम—आरतीय पुरातत्त्व सर्वेक्षण रिपोर्ट—भाग-२ पृ. ४१० चन्देलों की प्रतिष्ठा के लिए जिस प्रकार चन्दवरदाई के पृथ्वीराजरासो में चन्द्रमा के पुत्र चन्द्रवर्मा की कथा को उद्भावित किया गया तथा चन्देल अभिलेखों में महर्षि अत्रि के पुत्र चन्द्रात्रेय को इस वश का संस्थापक कहा गया, उसी प्रकार महोबा के स्थापना की कथा भी कालान्तर में कल्पित कर ली गयी। वास्तविकता यह है कि नन्तुक ने चन्देल शक्ति का सूत्रपात किया था और उसने खजुराहो तथा महोबा पर अपना अधिकार स्थापित कर लिया था। अतः महोबा को प्रतिष्ठित करने का प्रथम नन्नुक को ही है।

२. कनिघम—वहीं पृ० ४१३

३. अयोध्याप्रसाद पाण्डेय—चन्देलकालीन बुन्देलखंड का इतिहास—पृ. २१२, तथा कनिघम—उपरोक्त-पृ. ४१५

४. कनिघम—वही ४१५ कनिघम महोदय ने राहिल की तिथि ६०० ई० अनुमानित की है, जो उचित प्रतीत होता है।

५. अयोध्याप्रसाद पाण्डेय—उपरोक्त-पृ. १६५, १६६ तथा १६६ तथा एस. डी. त्रिवेदी—बुन्देलखंड का पुरातत्त्व-पृ. ६५

६. संग्रहालय एवं पुरातत्त्व पत्रिका (लखनऊ) अंक १५-१६ पृ. ८६-६६

७. के. एन. दीक्षित—मेमार्यस आव आर्क्योलाजिकल सर्वे आफ इन्डिया—भाग-८-पृ. १-४

८. साधनमाला—(बड़ौदा, सम्पादित—विनयतोष भट्टाचार्य) पृ.

६. अयोध्या प्रसाद पाण्डेय—वही-पृ. २२४-२२६

१०. एस. डी. त्रिवेदी—उपरोक्त-पृ. ६६

११. कनिघम—उपरोक्त-पृ. ४१२-४१३ तथा इपिग्राफिया इन्डिका—भाग १६ पृ. ६-१३

बुन्देलखण्ड की वनश्री

श्री घनश्याम सक्सेना

श्री और सरस्वती की आराध्य भूमि बुन्देलखंड पर प्रकृति की अपार कृपा है, श्री अर्थात् लक्ष्मी, समृद्धि । यहां वन में श्री और जीवन में सरस्वती विराजती है—

श्री और सरसुती तहं तहं विराजतीं
जहं जहं दौड़ गओ घोड़ा हरदौल को ।

बुन्देलखंड के नायक युवक हृदय सम्राट हरदौल के घोड़े की टापें जहां पड़ी वहां श्री और सरस्वती विराजमान हो गई ।

राजनैतिक वर्ण-क्रम

मिट्टी, मौसम और भू-निर्मित की दृष्टि से बुन्देलखंड में जो विविधता है वह उसके वन-वनस्पति-वन्यप्राणी समुदाय में परिलक्षित होना स्वाभाविक ही है । यह विविधतायें बुन्देलखंड के राजनैतिक वर्ण-क्रम में अंतर्निहित है । १९४७ के पहले हमारा बुन्देलखंड मरैठी भी था और अंग्रेजी भी था । दतिया में जन्मा मैं तो हैरान रह जाता था । दतिया हमारी रियासत थी । उससे लगा ग्वालियर मरहठों का होने के कारण मरैठी था और झांसी अंग्रेज सरकार का होने के कारण अंग्रेज़ी कहलाता था । १८५७ में जब स्वाधीनता संग्राम नाकामयाब हो गया तब तक नागपुर के भौसले का बहुत सा इलाका लेकर अंग्रेजी राज्य में मिलाया जा चुका था जिसे सागर और नर्मदा क्षेत्र का नाम दिया गया था । केप्टन जे. फारसायथ ने जबलपुर से पंचमढ़ी तक की अपनी १८५८ की यात्रा में इस इलाके के वनों और वन्यप्राणियों का विस्तृत-बारीक विवरण दिया है ।

जिस क्षेत्र की पहचान आज हम बुन्देलखंड के नाम से करते हैं उसका बिखरा हुआ मोज़ायक १९५६ में तत्कालीन मध्यभारत, विन्ध्यप्रदेश, भोपाल और महाकोशल क्षेत्रों से इकट्ठा हुआ, मगर जितना मध्यप्रदेश में आया उतना कुछ उत्तरप्रदेश में भी रह गया । इन राजनैतिक सीमाओं और उपलब्ध आंकड़ों के खाके को ध्यान में रखते हुए इस अध्ययन को मध्यप्रदेश के ग्वालियर, चम्बल, भोपाल, होशंगाबाद, जबलपुर और सागर राजस्व सम्भागों के जिलों तक ही सीमित रखा गया है और इस इलाके को ही मोटे तौर पर बुन्देलखंड माना है ।

अंग्रेजों द्वारा जंगल-जब्ती

भारत के अन्य भागों की तरह बुन्देलखंड क्षेत्र के वन भी १८५७ के पूर्व जनता के थे यानी किसी रियासत या जागीर के होते हुए भी वे एक प्रकार से कामन प्रापर्टी रिसोर्स थे जिन पर समाज का समान अधिकार था। इसके बदले में समाज उनकी रक्षा करता था और इनसे कुछ सुविधायें लेता था अर्थात् जंगल जनता से जुड़े हुए थे। मगर जिस प्रकार 'सुप्रबन्ध के लिए अंग्रेजों ने देशी रियासतों को हथियाया उसी तरह "वैज्ञानिक वन प्रबन्ध" के नाम पर निजी वनों को जब्त करके उन्हें भारतीय वन अधिनियम के अंतर्गत संरक्षित घोषित कर दिया गया। अंग्रेजों द्वारा जंगल-जब्ती पर्यावरण के इतिहास में उन्नीसवीं सदी की सबसे दुखद घटना थी जिसने इस देश की तीन पीढ़ियों को वनों से अलग कर दिया। अब ये कामन प्रापर्टी रिसोर्स के स्थान पर गवर्नमेन्ट प्रापटी रिसोर्स हो गए। लोग इन्हें ब्रिटिश सरकार का प्रतीत मानने लगे।

जंगल सत्याग्रह

होशंगाबाद जिले में सुप्रसिद्ध बोरी-वन को कोटकू मालगुज़ार भभूत सिंह से किस प्रकार हथिया कर हड़प लिया गया वह ब्रिटिश साम्राज्य के इतिहास के कुछेक काल अध्यायों का अंग है। यही कारण है कि नमक सत्याग्रह की भांति जंगल सत्याग्रह भी हुआ। ओरछा में उस समय वनों की जो हानि हुई उस पर प्रसिद्ध साहित्यकार-पत्रकार बनारसीदास जी चतुर्वेदी ने बहुत दुख प्रकट किया। उन्होंने अपने पत्र "मधुकर" का वन विशेषांक भी निकाला। श्रद्धेय चतुर्वेदी जी ने टीकमगढ़ रियासत के प्रजामंडल के नेताओं से साफ कहा था कि 'सरकार के विरुद्ध सत्याग्रह अवश्य करो, मगर वनों को क्यों उजाड़ते हो यह तो तुम्हारे अपने हैं,' १९४७ के बाद भी हमारी वन-नीतियां जंगल को जनता से जोड़ने के यथार्थ पर आधारित न होकर जनता से जंगल की रक्षा करने के "लॉ-एंड-आर्डर" दृष्टिकोण पर आधारित रहीं। आबादी और जरूरतें बढ़ने से संबंधित कारणों के अलावा बुन्देलखंड के वनों के विनाश का एक यह कारण भी था। नए मध्यप्रदेश के निर्माण के समय बनारसीदास जी चतुर्वेदी राज्यसभा सदस्य भी थे। उन्होंने तत्कालीन वनमंत्री श्री शंभूनाथ शुक्ल को पत्र लिखकर जंगलों को जनता के जोड़ने के लिए वन विभाग को एक पत्रिका निकालने का सुझाव दिया और "वनश्री" पत्रिका का प्रकाशन आरम्भ हुआ। मुझे इस पत्रिका का प्रथम सम्पादक होने का गौरव प्राप्त हुआ और मैंने इसे २३ वर्ष तक निकाला।

रेंगते हुए वन

आइये! बुन्देलखंड के वनों पर तथ्याधारित चर्चा करें। मध्यप्रदेश के सम्पूर्ण वनक्षेत्र के एक-तिहाई से थोड़ा अधिक क्षेत्र बुन्देलखंड के वनों के अंतर्गत आता है। हमारे कुल २१ में से ७ वन-वृत्त बुन्देलखंड में हैं जो छह राजस्व सम्भागों के लगभग डेढ़ दर्जन जिलों (भोपाल, सीहोर, रायसेन, विदिशा, गुना, शिवपुरी, ग्वालियर, भिंड, मुरैना, दतिया, टीकमगढ़ छतरपुर, सागर, दमोह, पन्ना, जबलपुर, मंडला, होशंगाबाद, सिवनी, नरसिंहपुर) को समेटे हुये हैं, इन क्षेत्रों के अलावा अब अगर वन कहीं बचे हैं तो वे सिर्फ दक्षिण-पूर्व मध्यप्रदेश में ही बचे

हैं, पश्चिमी मध्यप्रदेश तो वन-विहीन हो चुका है, बुन्देलखंड में भी उत्तरी मध्यप्रदेश के वनों की हालत बहुत खराब है, दतिया जैसे जिलों के बारे में तो यह कहा जाता है कि वहां करधई और धौ के पेड़ अब लम्बाकार न आकर झाड़ियों के रूप में क्षितिजाकार उगते हैं। जो कुछ बचा है उसे सिरबोझ से ईधन ले जाने वाले, अवैध कटाई करने वाले ओर अति चराई करने वाले खत्म किये दे रहे हैं, जंगल की आग भी कोई कम हानिकारक नहीं होती है। बुन्देलखंड के वन अब आसमान की तरफ सिर उठाने के बदले धरती पर रेंगते प्रतीत होते हैं।

संसाधन-आधार

मध्यप्रदेश का वर्तमान वनक्षेत्र १.५५ लाख वर्ग किलोमीटर के आसपास आंका जाता है, जैसा कि निम्नलिखित तालिका से स्पष्ट है बुन्देलखंड में लगभग ६२ हजार वर्ग कि. मी. से अधिक वन-क्षेत्र आता है :

राजस्व संभाग	भौगोलिक क्षेत्र	वनक्षेत्र	भौगोलिक से वनक्षेत्र का प्रतिशत	प्रतिव्यक्ति पीछे वन
१. भोपाल संभाग	४१०८७	१०९६७	२६.६९	०.५४ वर्ग कि. मी.
२. चम्बल	१६०५३	४९९१	३१.०९	०.४८ ,,
३. ग्वालियर	२८५४९	९१७१	३२.१२	०.६७ ,,
४. होशंगाबाद	१००१६	३४१३	३४.०७	०.७९ ,,
५. जबलपुर	५८३८०	२१३३४	३६.५४	०.६९ ,,
६. सागर	३८४०६	१२६२३	३२.०६	०.६६ ,,

इन छह राजस्व संभागों के अंतर्गत्त वन विभाग के ७ वनवृत्त हैं यथा—भोपाल, जबलपुर, सागर, सिवनी, होशंगाबाद, शिवपुरी और ग्वालियर। इनके अंतर्गत बहुत से बन मंडल हैं—क्षेत्रीय वनमंडल, उत्पादन वनमंडल और सामाजिक वानिकी वनमंडल, यद्यपि यहां अधिकांशतः मिश्रित वन हैं मगर सागोन, साल तथा अन्य वृक्षजातियों की भी कमी नहीं है, मगर इन वनों में से अधिकांश की हालत अच्छी नहीं है। सागोन वनों की अपेक्षा साल-वन बहुत कम हैं। जबलपुर के पास से सागोन और साल-वनों का सम्मिलन स्थल प्रारम्भ होता है, बांस अधिक नहीं हैं। वनों का सबसे अधिक प्रतिशत जबसपुर संभाग में (लगभग ३६ प्रतिशत) और सबसे कम (कहने को २६ प्रतिशत) भोपाल संभाग में है। मुशकिल यह है कि यद्यपि हमारे बहुत से वन-क्षेत्र कागज़ में वन दरसाये गये हैं लेकिन वास्तव में ज़मीन पर जंगल नहीं है। नियति का व्यंग यह भी है कि बुन्देलखंड की वन-सम्पदा के अनुपात में भी वहां वन-आधारित उद्योग नहीं हैं, भू उपयोग और संसाधन-आधार के रूप में वानिकी क्षेत्र की सम्भावनाओं को यथार्थ का रूप देना यहां अभी शेष है, भले ही कच्चा माल कहीं और तथा वनोपज-आधारित उद्योग कहीं और ही क्यों न हों मगर यह भी सच है कि मध्य प्रदेश के समस्त औद्योगिक वन-संसाधन आज पूरी तरह प्रतिबद्ध हैं।

प्रकृति की विविधता

बुन्देलखंड के वन और यहां की वानस्पति की विविधता के अनुरूप ही यहां के वन्य प्राणी भी हैं, शेर, तेन्दुआ, गौर, सांभर, बारासिंघा, चीतल, कालाहिरन, रीछ, नीलगाय,

चिकारा आदि भांति भांति के वन्यप्राणी इन वनों की शोभा बढ़ाते हैं, मध्यप्रदेश के ११ राष्ट्रीय उद्यानों में से ७ बुन्देलखंड में हैं—कान्हा राष्ट्रीय उद्यान, माधव राष्ट्रीय उद्यान, वन विहार, पन्ना राष्ट्रीय उद्यान, सतपुड़ा राष्ट्रीय उद्यान, फासिल राष्ट्रीय उद्यान और पेंच राष्ट्रीय उद्यान। इसी प्रकार हमारे ३१ अभयारण्यों में से १० अभयारण्य बुन्देलखंड में है। इन राष्ट्रीय उद्यानों और अभयारण्यों में वन्य प्राणी गणना के अनुसार शेरों की संख्या २५० से अधिक है। सिर्फ मंडला जिले के कान्हा राष्ट्रीय उद्यान में ही १०० से अधिक शेर हैं। केन और चम्बल नदियों में घड़ियाल के लिये विशेष अभयारण्य बनाये गये हैं। इसी प्रकार करेरा और घाटी गांव में सोन चिरौया के लिये विशेष संरक्षण क्षेत्र है। १९४९ के आस पास दतिया में भी सोनचिड़िया पायी जाती थी जिसे लोग हुकना भी कहते थे। उस समय यह लोक-विश्वास था कि जहां सोनचिड़िया होती है वहां काले हिरन अवश्य पाये जाते हैं—शायद इसलिये कि दोनों का प्राकृतिक रहवास एक जैसा होता है। यह लोकविश्वास आज वैज्ञानिक रूप से सत्य सिद्ध हो चुका है। करेरा में सोनचिड़िया के लिये जो अभयारण्य बना उसके सुरक्षाचक्र ने काले हिरनों को भी जीवनदान दे दिया। आज वहां काले हिरनों की संख्या सभी सीमाओं को पार कर गयी है।

बुन्देलखंड की वनश्री को वन-विज्ञान के पारस-स्पर्श की प्रतीक्षा है। मगर जब तक बुन्देलखंड वासी अपनी वन-सम्पदा की रक्षा अपनी विरासत की भांति नहीं करेंगे तब तक यह आशा नहीं है कि अगली पीढ़ी को वन मिल भी पायेंगे। कहीं ऐसा न हो कि छत्रसाल के वंशजों को वृक्ष देखने के लिये अजायबघरों में जाना पड़े। बनारसीदास जी चतुर्वेदी ने वनमंत्री जी को अपने एक पत्र में लिखा था कि 'मैं वनरक्षक की उपाधि को भारतरत्न की उपाधि से छोटा नहीं मानता। आप मुझे अपने विभाग का अवैतनिक वनरखा क्यों नहीं मान लेते।'

वो शख्स जिसे आज है साये की बड़ी चाहत।
पूछो तो कभी उसने पौधे भी लगाये हैं।।

चांदायन का भूगोल

डा० भुवनेश्वरी तिवारी

मुल्ला दाऊद कृत हिन्दी सूफी प्रेमाख्यानक महाकाव्य 'चांदायन' अनेक दृष्टि से हिन्दी जगत में प्रश्न चिह्न बना है। कतिपय विद्वानों के मतानुसार चांदायन में सूफी मत का विधिवत निर्वाह नहीं हुआ है, तथा उसके आध्यात्मिक प्रतीकों (रूपकों) पर सन्देह है। लोक-सांस्कृतिक दृष्टि से, विशेषत: जनपदीय-संस्कृति की दृष्टि से भी उक्त ग्रन्थ विवादास्पद माना गया है। जब मुझे अपने गुरूवर्य डा० सूर्य प्रसाद दीक्षित के निर्देशन में 'चांदायन' के अनुशीलन का सुअवसर मिला, तो मुझे उक्त ग्रन्थ के चतुर्दिक जो संस्कृति रूपादित दिखी—वह थी बैसवाटी। भूगोल किसी भी संस्कृति के परखने का एक सशक्त साधन है।

प्रस्तुत लेख में विचार्य है चांदायन का भूगोल। चांदायन की कथा जिन-जिन स्थलों से सम्बद्ध है, उनकी प्राचीनता, उनकी भौगोलिक स्थिति पर विचारणा ही यहाँ मेरा अभिप्राय है।

यह निर्विवाद है कि चांदायन का रचना-स्थल डलमऊ है। यथा—

डलमो नयरु बसै नौरंगा
ऊपर कोट तरे बहै गंगा।

(चांदा०-सम्पा० डा० माता प्र० गुप्त छन्द १७)

चांदायन की कथा से सम्बद्ध प्रमुख नगर है—डलमऊ—नवरंगाबाद, गोवर, देवहा, राजपुर तथा कलिंग, मुंगेर, हरदी, पाटन आदि। इनमें हरदी, पाटन, कलिंग, मुंगेर आदि छोड़ कर उक्त समस्त स्थल डलमऊ तहसील (जिला रायबरेली) में है। डलमऊ रायबरेली जिले के दक्षिण-पूर्व गंगा के तट पर स्थित है। वहाँ नौरंगा की स्थिति विचारणीय है। कतिपय विद्वानों ने इसे डलमऊ का विशेषण माना है। नवीन रंगों से भरा पुरा नगर डलमऊ, किन्तु यह संज्ञा शब्द है। डलमऊ के पुराने किले के पास पूर्व की ओर नौरंगाबाद नामक स्थान था, जो कभी नवाब की बाग कहलाता था। अब यह स्थल खंडहर मात्र है। श्मशान घाट के निकट स्थित मकनपुर नौरंगाबाद के ही पास है। डलमऊ की जनश्रुतियाँ इसका समर्थन करती हैं। मुल्ला दाऊद द्वारा वर्णित रचना के स्थल का यथानुरूप दृश्य डलमऊ में देखा जा सकता है। डलमऊ में गंगा नदी, ऊपर बना दुर्ग, नौरंगाबाद की स्थिति सभी यहाँ के सत्य हैं।

चांदायन में चित्रित दूसरा नगर है 'गोवर नगर' द्रष्टव्य है गोवर नगर वर्णन खण्ड। चांदायन की घटनायें प्रमुख रूप से गोवर नगर में ही घटित हुईं हैं—

'गोवर कहौं महर कर ठाऊँ,

कूवा बाइ बहुत अंब राऊँ ॥'

(चां०—२/१८/१६ डा० माता प्र० गुप्त)

गोवर नगर की स्थिति विवादास्पद रही है। सती मैंना औ लोर चन्द्रानी के रचयिता दौलत काजी ने गोवर के स्थान पर 'गौहारि' की चर्चा की है। श्री हरिहर निवास द्विवेदी ने इसे 'ग्वालियरी' बताया है। भोजपुरी लोकगाथा में सत्यव्रत सिन्हा ने इसे बिहार में शाहाबाद जिले में डुमरांव तहसील में गउरा नाम गांव को लोरिक का गांव बताया है। तथापि गोवर नगर की भौगोलिक स्थिति के आधार पर कहा जा सकता है कि यह उत्तर प्रदेश के बैसवारे में जिला रायबरेली में डलमऊ तहसील में गंगा के पार्श्व में स्थित गौरा है। गोवर नगर काल प्रवाह के कारण अपभ्रंश रूप में गौरा नाम से अभिहित है। उक्त नगर की प्राकृतिक सुषमा एवं समृद्धि का वर्णन जिस रूप में कवि ने किया है उसे पढ़ कर सहज ही बैसवारे की बहुरंगी छटा से तादात्म्य किया जा सकता है। गौरा के निकट धोवहा नामक स्थान है। यह लगभग गौरा से चार कोस की दूरी पर है। चांदायन में देवहा शब्द इसी स्थान के लिये प्रयुक्त हुआ है। गोवर नगर की सीमा में प्रविष्ट होने से पूर्व लोरिक यहीं पर ठहरता है। यथा—

कोस बीस तेहि गोबरा लागइ।

उतरि देवहा लोग डरि भागइ॥ (चां० २५/३१८/३७७)

महरी देवहा आइ तुलानी। (चां०-२५/३६१/३८५)

इसी स्थल पर लोरिक ने मैंना के सत की परीक्षा ली थी।

लोरिक मैंनहि जान न देई।

करइ धमार मरम सम लेई॥ चां० २५/३८९/३८४

यहीं से आभीरों की लोक गाथायें प्राप्त हुई हैं। कतिपय विद्वानों ने 'देवहा' का अभिप्राय देवपगा—गंगा नदी से लिया है। किन्तु यह सर्वथा भ्रामक है। प्रसंग से इसका अर्थ स्थान से ही है। यह स्थल गौरा के निकट है। कवि के अनुसार यहाँ एक गौरा की स्त्रियाँ दूध-दही बेचने जाया करती थीं। डा० माता प्रसाद गुप्त ने इसे स्थान ही माना है। अतएव सिद्ध है यह नदी नहीं स्थान है, और बैसवारे में है।

चांदायन में तीसरा उल्लिखित नगर है राजपुर, जो गौरा से बायें कुछ दूरी पर है। चांदायन की कथा के अनुसार वहां का विलासी शासक राजा रूपचन्द है। वह स्त्री (चांदा) के अपहरण के लिये गोवर नगर पर चढ़ाई करता है। किन्तु परिणाम में पराजय मिलती है। (चां०—खण्ड ६, ७, ८) (राजपुर की स्थिति देखिये प्रस्तुत डलमऊ मानचित्र में)

उक्त स्थलों के अतिरिक्त चांदायन में जो जीवंत चित्रण, वनस्पतियों, वनों, जलवायु पशु-पक्षियों, उर्वर भूमि, कृषि आदि का हुआ है, उसके आधार पर चांदायन कालीन बैसवारे का अंकन किया जा सकता है।

८

पुरातत्त्व

बुन्देलखण्ड का प्राक् तथा आद्य इतिहास

श्री चन्द्रभूषण त्रिवेदी

"इत जमुना उत नर्मदा, इत चम्बल उत टोंस
छत्रसाल सों लरन की, रही न काहू होस"

बुन्देलखण्ड की भौगोलिक सीमायें जो महाराज छत्रसाल की रही हैं, वही प्राचीन-काल में थीं कालान्तर में ये सीमायें राजनैतिक हस्तक्षेप से घटी ही हैं। वह एक स्वर्णमय दिन होगा जबकि हमारा बुन्देलखण्ड इन्हीं सीमाओं में अक्षुण्ण रह सकेगा। इस विजय के कलेवर को इन्हीं सीमाओं के अन्तर्गत रखना समीचीन होगा। पुरातन संस्कृतियों चाहे वह पाषाण युगीन औद्यैतिहास एवं ऐतिहासिक काल भौगोलिक परिवेश की परिधि में नहीं रह सकती है। उसके स्रोत तो विश्व के किसी भाग पृथ्वी के अन्दर बीजरूप में छिपे हैं। यहाँ इस क्षेत्र की विभिन्न संस्कृतियों को प्रकाश में लाने का प्रयास है। आज की भौगोलिक स्थिति में छतरपुर, पन्ना, सागर, दमोह, टीकमगढ़, गुना, दतिया (मध्यप्रदेश) तथा झांसी ललितपुर, जालौन जिले सम्मिलित हैं।

इस क्षेत्र में पाषाण उपकरणों की खोज लगभग एक शतक वर्ष पूर्व हो चुकी थी। ये उपकरण विशेषकर पहाड़ों की ढलान में, पठार पर, नदियों तथा शैलाश्रयों के साथ नदियों के विभिन्न जमाव में विभिन्न स्तरों में प्राप्त होते हैं। इन्हें शल्कन क्रिया की विभिन्न शैली तथा आकार के निक्षेप के आधार पर क्रमशः पुरा पाषाण (अर्ली पेल्योलिस्थ, मध्यपुरापाषाण (मिडिल पेल्योलिथ), उत्तर पाषाण (अपर पेल्योलिथ), मध्याश्य (मेसोलिथिक) तथा नवाश्य (नियोलिथ) काल का कहा जाता है।

इस क्षेत्र की खोजों का प्रकाशन विभिन्न ब्रिटिश खोजियों द्वारा डब्ल एलविलसन (१८८७ ई०) जे० काकबर्न (१८६३-६४) में प्रोसीडिज आफ एशियाटिक सोसायटी आफ बंगाल, राबर्ट ब्रूस फूटे ने सागर, दमोह जिलों के देवरी, बुर्धाना, संग्रामपुर, गढ़ी मलहरा (छतरपुर) तथा बांदा जिले के कई स्थानों में प्राप्त हुए। ये उपकरण इंडियन म्यूजियम कलकत्ता, शासकीय संग्रहालय, मद्रास तथा ब्रिटिश म्यूजियम, लन्दन में संग्रहीत हैं। जे० कांगिन ब्राउन (१९१७), में केटलाग आफ प्रीहिस्टारिक एण्टी क्रिटीज इन इंडियन म्यूजियम, कलकत्ता ने महत्त्वपूर्ण जानकारी दी है। पाषाण युगीन संस्कृतियों के विभिन्न स्वरूपों की जानकारी ब्रिटिश सेना अधिकारियों तथा भूगर्भ वेत्ताओं के आभारी हैं जो अब दुनिया छोड़ चुके हैं। उन्होंने

उपकरणों की परख, विभिन्न परिस्थिति की गहन अध्ययन तथा दिव्य दृष्टि इन्हीं पाश्चात्य विद्वानों ने हम भारतीय को दी है जिसे कभी नहीं भुलाया जा सकता। उपर्युक्त नामों के अतिरिक्त कामियेड एवं बर्किट (१९३० ई०) महोदय ने आन्ध्रप्रदेश के नदियों के निक्षेप तथा डी टेरा एच पैटरसन (१९३६), में हिमालय के भू स्तरों तथा नर्मदा नदी के विभिन्न जमाव के स्तरों का होशंगाबाद में किया। इसके साथ ही पचमढ़ी में इंटर शैलाश्रयों का उत्खनन, शैलाश्रयों की खोज कैमोर तथा रायगढ़, आदमगढ़ की महत्त्वपूर्ण खोजें उल्लेखनीय हैं। भारतीय पुराविदों में श्री वी० डी० कृष्णस्वामी तथा हंसमुख लाल धीरजलाल सांकलिया प्रमुख हैं जिन्होंने वैज्ञानिक ढंग से उक्त संस्कृतियों का विभिन्न परिस्थितिकीयों तथा तत्कालीन जलवायु का विवेचन किया।

भारत में केरल प्रदेश तथा कछारी भूमि पंजाब, हरियाणा, उत्तरप्रदेश, बिहार तथा बंगाल को छोड़कर सर्वत्र पहाड़ी क्षेत्रों में पाषाण युगीन अवशेष उपलब्ध हैं। किन्तु प्रखर एवं गहन अध्ययन से विभिन्न क्षेत्रों की सांस्कृतियों में कहीं सूक्ष्म तो कहीं बृहद रूप में विभिन्नता दृष्टिगोचर होती है। इस क्षेत्र की भौगोलिक स्थिति अत्यंत महत्त्वपूर्ण है। यह क्षेत्र उत्तर में पंजाब हरियाणा की पाषाण संस्कृतियों, उत्तर पश्चिम में अरावली तथा पश्चिम में गुजरात तथा दक्षिण में तमिलनाड, आन्ध्रप्रदेश के दक्षिण पठार तथा पूर्व में फैली विन्ध्य श्रेणी की शृङ्खलाओं के मध्य की संस्कृतियों का संगम स्थल रहा है। भूवैज्ञानिक दृष्टि से यदि देखें तो विन्ध्य श्रेणियां उत्तर में अरावली से जुड़ती हैं जहां से प्रागैतिहासिक काल में उत्तर से दक्षिण से आवागमन था। इस क्षेत्र का विन्ध्याचल जो कि भूगर्भिक दृष्टि से निम्न तथा अपर विन्ध्य कहलाता है लोकभाषा में सूरज बैंडा पहाड़ कहा जाता है। जो पूर्व से पश्चिम को जोड़ता था। उत्तर में ग्वालियर पठार से बृजभूमि तथा राजस्थान क्षेत्र से जुड़ता था। यही कारण है कि ग्वालियर धौलपुर और मथुरा के गोवर्धन तथा दिल्ली की अरावली श्रेणियों में ये उपकरण प्राप्त हुए हैं।

बुन्देलखंड की नदियां विन्ध्य पर्वत के विभिन्न स्थानों से निकलकर दक्षिण से उत्तर तथा उत्तर पूर्व में बहकर यमुना से मिलकर गंगा में मिलती है। निरन्तर क्षरण तथा कटाव के कारण विन्ध्य की बलुवा चट्टानें बहने के पश्चात नीचे स्तर की चट्टानें कणाश्य (ग्रेनाइट) के विशाल स्वरूप उभर आये हैं। नदियों में उल्लेखनीय वेत्रवती (बेतवा), दर्शाण (धसान), सुक्तिमति (केन), सुनार आदि तथा अनगिनित नाले हैं जिससे पृथ्वी का धरातल ऊबड़-खाबड़ है। इन नदियों में आदि मानव के उपकरण निर्मित करने हेतु नद लोढे, जंगल में कन्द, मूल, फल के अतिरिक्त आखेट हेतु जानवर बहुतायत में थे। आवास हेतु विशाल कणाश्य खण्डों के प्राकृतिक शैलाश्रय तथा खोह भी यत्र-तत्र हैं जहाँ वह विचरण करता था। आदि मानव का जन्म जो अभी तक प्रमाण मिले हैं लगभग अठारह लाख वर्ष प्रतिनूतन काल (प्लेस्टोसीन) माना गया है। यह काल लगभग ५० हजार वर्ष पूर्व तक रहा। इसके पश्चात अत्यंत नूतन युग (हॉलोसीन पीरियड) कहलाता है। इस काल में भू धरातल में भूकम्प अतिवृष्टि तापक्रम के प्रकोप से कई महत्त्वपूर्ण परिवर्तन हुए। मानव की शक्ल सूरत तथा ढाँचे में परिवर्तन हुये। कई प्रकार के जानवर विलुप्त हो गये तो कुछ नये प्रकार के जीव पैदा हुये। प्रमाण स्वरूप नर्मदा तथा

गोदावरी तथा सोन की सहायक नदी बेलन में जानवरों के अश्थीभूत पंजर हाथी, सुअर के पूर्वज तथा गेंडे, भैंसे, बैल के मिले हैं। मानव के अश्मीभूत पंजर यूरोप, अफ्रीका, चीन, बर्मा, इण्डोनेशिया आदि स्थानों में उपकरणों के साथ मिले हैं।

भारत में गहन सर्वेक्षण के उपरान्त १९८२ में नर्मदा में सीहोर जिले के हथनोरा ग्राम में आदि मानव का कपाल भूगर्भ विभाग के श्री अरूण सोमकिया को मिला है। उसके साथ में उत्तर प्रतिनूतन काल के पाषाण उपकरण प्राप्त हुए हैं। भीबैठका तथा कैमोर पर्वत के शिलाश्रयों के उत्खनन से अश्मीभूत पंजर प्राप्त नहीं हुए। वैज्ञानिकों का कथन है कि यहाँ की भूमि में क्षार तथा अन्य रसायन होने से ये सुरक्षित नहीं रह पाते।

कई दशकों के अन्तराल के पश्चात बुन्देलखंड में प्रागैतिहासिक अध्ययन हेतु भारतीय पुरातत्त्व सर्वेक्षण द्वारा एक शाखा का गठन किया गया। द्वितीय पंचवर्षीय योजना में ग्रामान्दु ग्राम सर्वेक्षण के फलस्वरूप कई महत्त्वपूर्ण स्थल प्रकाश में आये। इसके अतिरिक्त पूना विश्व-विद्यालय के डेकन रिसर्च इन्स्टीट्यूट इलाहाबाद विश्वविद्यालय तथा मध्यप्रदेश में सागर वि० वि० में इस विषय का अध्ययन प्रारम्भ हुआ।

बुन्देलखण्ड से जुड़े मिरजापुर क्षेत्र के सिंगरौली बेसीन में भारतीय पुरातत्त्व सर्वेक्षण वी० ज० कृष्णस्वामी के० वी० सुन्दराजन ने रिहंद नदी की सहायक नदी में महत्त्वपूर्ण खोज की तदुपरान्त दमोह जिले में सुनार तथा कोपरा नदियों की घाटियों में दमोह के निकट, बांसा, मढियादौ, हटा, नरसिंहगढ़, पिपरिया, गढ़ा पिपरिया, खीजा खेरी से पूर्व पुरा तथा मध्यपुरा पाषाणकालीन उपकरण विभिन्न स्तरों से प्राप्त हुये। पूर्व पुरा काल के उपकरणों में मुख्य हस्तकुठार विदारणी, गंडासे, चक्रिक क्वार्टजाइट द्वारा निर्मित थे। मध्यपाषाण कालीन उपकरण आग्नेय पत्थरें यानी, चर्ट, सूर्यकान्त द्वारा खुरचनी, छिद्रासु तथा उत्तर पाषाण युगीन उपकरणों में फलक तथा छिप्रासृ मुख्य हैं। इसके अतिरिक्त मध्याश्यकाल के उपकरणों को सूक्ष्मास्त्र (माईक्रोलिथ) की संज्ञा दी गयी है।

सागर जिले में देवरी (सुखचैन नाला), सुनार नदी पर रहली तथा लेखक को सागर विश्वविद्यालय के परिसर के अतिरिक्त मालथाने बीना नदी में राहतगढ़, ईसरवाड़ा, पड़राजपुर, धसान नदी के तट पर उलदन, बीला के डूब क्षेत्र में गोमतपुर, छान, बिलगवाँ, डुलचीपुर, सिंहपुर अमरमऊ, शाहगढ़ में क्रमशः सिलपट तथा लोच नदियों में जो धसान तथा बेतवा की सहासक नदियाँ हैं ये प्राप्त हुए।

सिलपट तथा लांच का क्षेत्र "घटिया खाला" कहलाता है जो इस क्षेत्र की नदियों द्वारा अपरदन क्रिया से बने हैं। इस क्षेत्र में पाये गये उपकरण बहकर आये हैं किन्तु कतिपय नदी के किनारे लोढों से निर्मित किये गए हैं। सूक्ष्म अध्ययन से ज्ञात होता है कि कुछ उपकरण विशिष्ट प्रकार के गंडासे हैं जो शल्कन क्रिया द्वारा निर्मित किये जाते थे। बुन्देलखण्ड में लछौरा तथा महूगढ़ से साम्य रखते हैं। ये पार्श्व खुरचनी हैं (साइड स्क्रेपर) हैं।

टीकमगढ़ जिला जिसमें बीला तथा धसान नदियाँ हैं अभी तक पाषाण उपकरणों का उद्योग प्राप्त नहीं हुआ। सम्भवतः इसका कारण नदियों में लोढों का अभाव है।

उत्तर प्रदेश के जालौन जिले में भी अभी तक पाषाण उद्योग नदियों में प्राप्त नहीं हुए। यहाँ की पहाड़ कणाश्य ग्रेनाईट के हैं जिसमें लोढों का अभाव है।

छतरपुर जिले में धसान नदी पर स्थिति लहचूरा डैम जो हमीरपुर, झांसी, छतरपुर की सीमाओं पर स्थित है, भूगर्भीय दृष्टि से ग्रेनाइट पाषाण खण्ड की पहाड़ियों से युक्त है। इस क्षेत्र का सर्वेक्षण डॉ० पी० सी० पंत द्वारा किया गया इसका विषद वर्णन, प्रो० हिस्टॉरिक उत्तर प्रदेश में दिया गया है। उपकरण पर्वतों की ढलान पर उपलब्ध हैं। तकनीकी शैली तथा शल्कन क्रिया के आधार पर इन्हें पुरा-पाषाण तथा पुरा-मध्य पाषाण काल के हैं। बनगवाँ तथा आस-पास के क्षेत्र में जो हमीरपुर एवं बांदा जिलों में कई स्थानों पर सभी पाषाण उद्योग के उपकरण प्राप्त हुए हैं। इसके अतिरिक्त खजुराहो से मध्यपाषाण तथा मध्याश्य काल के तथा सुस्क नदी के स्रोत बक्सवाहा की पहाड़ियों पर लोढों से निर्मित उपकरण मिले हैं जो शैली के आधार पर अन्य स्थलों तथा क्षेत्रों से भिन्न हैं। अभी इस क्षेत्र में गहन सर्वेक्षण की आवश्यकता है।

पन्ना जिले में केन नदी में बरियारपुर में पुरा एवं मध्यपाषाण युगीन उपकरण उच्चतम वेदिका से प्राप्त हैं। पुरा-पाषाण के हस्तकुठार, विदारणी तथा गेंडा से क्वार्ट जाइट (स्फिलिश्य) से निर्मित है जबकि मध्यपाषाण काल के उपकरण गार, चानी सूर्यकान्त (जेस्पर) से बने हैं।

गुना जिले में लेखक को तथा उसके सहयोगियों को बहुमात्रा में क्वार्टजाइट लोढो से निर्मित एबीवीली तथा एश्यूली शैली में निर्मित हस्त कुठार (हैंड एक्स), अफ्रीका की वाल शैली में निर्मित विदारणी बत्तीसी बावली, किले के पीछे, खंडार जी नीचे लेटराइट में प्राप्त हुए हैं। इसके अतिरिक्त पहाड़ी के नीचे बेतवा के किनारे लोढों से निर्मित उपकरण, तथा छोटी पहाड़ियों पर सूक्ष्मास्त्र मिले हैं। उधर उत्तर प्रदेश में ललितपुर देवगढ़, दुर्जनपुर, महेशपुरा में लोढों पर निर्मित बने हुए हैं। इस क्षेत्र की महत्ता को ध्यान में रखते हुए भारतीय पुरातत्त्व सर्वेक्षण के प्रागैतिहास विभाग के अधीक्षण पुराविद डॉ० रामचन्द्र वी० जोशी ने उत्खनन करके तथा सर्वेक्षण से विभिन्न कण्टूरों से तथा भू धरातल के अध्ययन स्वरूप महत्त्वपूर्ण जानकारी प्राप्त की है। कुछ ऐसे उपकरण भी प्राप्त हुये हैं जिन्हें यदि बुन्देली शैली के विशिष्ट उपकरण कहा जावे तो अतिशयोक्ति नहीं होगी। ऐसे ही उपकरण डा० पी० सी० पन्त एवं डा० रामेश्वर सिंह को ललितपुर के अतिरिक्त महूगढ़, परसिधिया, गोपीपुर (बांदा) में प्राप्त हुए हैं। लेखक को भी सागर जिले के उसके गृह ग्राम अमरमऊ में प्राप्त हुए हैं। ये विदारणी के आकार की पार्श्व खुस्वनी है।

दतिया जिले में काली सिन्ध तट पर रौदपुर ग्राम तथा उत्तरप्रदेश के झांसी जिले के बरवार से बेतवा से प्राप्ति की जानकारी मिली है। वैसे भी बुन्देलखंड के कणाश्य (ग्रेनाइट) क्षेत्र में न्यून मात्रा में ही मिलने की सम्भावना है, कारण है लोढों का अभाव तथा पहाड़ियों के नीचे समतल भूमि में घने जंगल होने के कारण आदि मानव के बसर हेतु परिस्थिति भी अनुकूल नहीं थी। यही कारण है कि यहाँ उत्तर पाषाण तथा मध्याश्य युग के अवशेष जो कि अत्यन्त नूतन युग (लगभग दस हजार ई० पू०) के ही प्राप्त होते हैं।

बुन्देली पाषाण संस्कृति भारत में मद्रास तथा पाकिस्तान के सोहन शैली मध्य पुरापाषाण की निवासा शैली के हैं। भारत से बाहरी क्षेत्र में उनका समीकरण एबीवीली

(इंग्लैण्ड), एश्यूली (फ्राँस), क्लेक्टोनियन (क्लेक्टन आन सी) इंग्लैण्ड में टैम्स के तट पर, चीन की शूकोटीन, इण्डोनेसिया के जितानियन संस्कृतियों के समकक्ष है। इनके विभिन्न नाम उन स्थानों को इंगित करते हैं जहाँ उक्त प्रकार के उपकरण सर्वप्रथम पाये गए। इस प्रकार विश्व में दो संस्कृतियाँ एक लोढ संस्कृति (पेबुल कल्चर), फलक संस्कृति (फलेक कल्चर) है। इन संस्कृतियों का अभ्युदय अलग-अलग स्थान तथा परिवेश में हुआ। कालान्तर में परिस्थितियों में परिवर्तन के कारण कई स्थानों पर दोनों शैलियों तथा विभिन्न प्रजाति के आदि मानवों का संगम भी हुआ। उनमें सौहार्द की भावना बढ़ी। फलक संस्कृति ऐतिहासिक काल तक कई स्थानों में चलती रही। इनका सूक्ष्म अध्ययन प्राक् इतिहास के अध्येता के लिए सुखद है। प्रत्येक नयी खोज एक चुनौती है।

उपकरणों के अतिरिक्त आदि मानव के आवास खोह एवं शैलाश्रय बुन्देलखंड क्षेत्र में सागर जिले के नरयावली, आबचन्द, भापैल, बीला बांध के निकट, अमरमऊ में कौलखुवा, बिजावर के निकट तथा टोरियों के विशाल खण्डों की खोहों में पाये गए हैं। इनमें दैवी भय के कारण टोटके कर तथा जो वह जीवन में विचित्र दृश्य देखता था, जिनमें प्रमुख शिकार, खाद्य वस्तुओं का संग्रह, नृत्य वाद्य की घटनायें चित्रित की हैं। बुन्देलखंड के क्षेत्र में इन्हीं रकत पुतरियाँ, लिखे दांत तथा चुड़ैल के दांत आदि की संज्ञा दी गयी है। ये चित्र बहुमणा में विदिशा के निकट माकर, अहमरपुर, भोपाल के निकट बैठका में उपलब्ध हैं।

यद्यपि यह क्षेत्र संस्कृतियों की धुरी है। इसके अरे चारों दिशाओं में फैले हैं तब भी यहाँ आद्य इतिहास के काल की विभिन्न संस्कृतियाँ प्रवेश करने में असफल रहीं। यह क्षेत्र महाकान्तार तथा आरविक प्रदेश कहा जाता था। जब मैदानी क्षेत्र में उत्तर पश्चिम में हड़प्पा तथा हड़प्पाकालीन, राजस्थान तथा उत्तर प्रदेश, मालवा क्षेत्र में विभिन्न ताम्राश्मकालीन जिनमें बनास तथा अहाड़, गैरिक मृद माण्ड, धूसर चित्रित माण्ड, मालवा संस्कृतियाँ हैं लगभग ३००० ई० पू० से ८०० ई० पू० तक फैली थीं इनमें निकटतम सागर जिले में एरण, बेतवा के उद्‌गम के निकट पिपरिया लोरका (रायसेन), विदिशा तथा रंगई मुख्य हैं।

बेतवा के मध्य क्षेत्र से कौशाम्बी तक क्षेत्र ताम्राश्मकालीन संस्कृति विहीन प्रदेश है। सर्वेक्षण के फलस्वरूप एरच (झांसी), छोटा बिलाव (जालौन), चित्रकूट (बांदा) जो मृदमाण्ड संस्कृति के प्रतीक प्राप्त हुए हैं उनमें ७वीं शती ई० पू० के पहले का काल अन्धकारमय दिखता है। इसका एक मात्र समाधान नव-पाषाणकालीन कुल्हाड़ियों से मिलता है जिनका हमीरपुर, बांदा में बाहुल्य है। अभी तक सर्वेक्षण तथा उत्खनन के अभाव में कालानुक्रम के विषय में कहना कठिन है।

महाजनपद काल में यह चेदि देश कहलाता था। अशोक के अभिलेखों में पुलिन्द का वर्णन मिलता है जो बुन्देल का अपभ्रंश प्रतीत होता है। इस काल के प्रतीक दक्षिण में त्रिपुरी (जबलपुर) में मिले हैं। इस काल में पूर्व में पाटलिपुत्र, कौशाम्बी, उत्तर में उज्जैयनी, तातशिला तथा सुदूर दक्षिण में अमरावती से जुड़ा हुआ था। इस काल में पूर्व में ऐतिहासिक युग की मुख्य शृंखला है।

A PREHISTORIC AND PROTOHISTORIC PERSPECTIVE OF BUNDELKHAND

Prof. R. G. Pandey

I. *Prehistory*

Budelkhand is very rich in its archaeological wealth. Scholars from India as well as abroad have carried field survey either individually or in groups from time to time, the time of Alexander Cunningham. They have attempted to focus light on Budelkhand and its culture of ancient time from different angles. Although there is no precise date of the earliest human settlement in this region but the knowledge acquired till date presents a fairly good perspective of the pre and protohistoric culture of Bundelkhand.

The study of the sand grvels of the great alluvial plain of the Narmada, south-west of Jabalpur, unfolds the geological formations of the pleistocene and post pleistocene period. In the pleistocene period remains of Elephas, Bos, Equns, Trionyx, Ruminants and Hippopotamus have been noticed whereas in the post pleistocene period they are conspecuous by their absence. Though evidence of human existence during the formation of these deposits is not plentiful, but, neverthless decisive,[1] Some implements of Chert and Quartzite collected from these deposits appear to have been prepared by Chellean technic. The ancient people living along the river narmada made tools either of Quartzite or of Vindhyan sandstone. They are crud possibly used for cutting wood or piercing animals.[2]

A survey of different districts of Bundelkhand have brought to light stone tools of the earlier period particularly from Sagar, Damoh, Panna, Jhansi, Hamirpur and Banda. A palaeolithic site was located by K. N. Puri in 1951 at Deogarh in the basin of the Betwa river in Jhansi district. In 1956-57 tools of later period were noticed in same area.[3]

The geographical situation of Bundelkhand between the river Narmada and the Singrauli basins and the presence of Sohan pebble tools alongwith Madrasian Handaxes led V. D. Krishnaswami to consider this region as the meeting point of the two industries.[4] However, the diffusion of the two distinct cultures of the south and the north and their mutual impact is still being studied.

A number of rolled tools having crude workmanship and less-worn ones of better workmanship reported from Damoh Sagar districts pertain to early and middle Acheulian stages respectively.[5]

Middle Stone Age Culture tools followed the Palaeolithic ones. On typological and stratigraphic considerations these tools could be placed between the handaxes and the microliths of the Early and the Late Stone Age respectively, R. V. Joshi collected from Damoh and Sagar districts flakes, short blade flakes with obtuse – angles, plain striking platform and unworked under surface, He found tools also with longitudinal scarse. Because of change in the technic faceted striking platforms are not found. The blades of these tools are thicker. The river Baghain preserved the Middle Stone Age flakes scraper industry in situ in it lower gravels and provides a convenient type-section for that industry in situ in it lower gravels and provides a convenient type-section for that industry particularly because of its variety and stratigraphic position.[6] From this region Allchin collected in 1957-58 flakes, blades, blades, scrapers handaxes and cores of fine Quartziles.[7] Handaxes were collected from Bheraghat and Paldava falls. These tools are, most probably, contemporary with the Middle Stone Age tools. On technological and typological grounds the Middle Stone Age tools of Bundelkhand have affinity with those from the Deccan, Gujrat and Orissa, Khatri is of the view that the manufacture's of handaxes and cleavers were different from those of Series-II culture.[8] The study of tools from Bheraghat and Pandava– Falls indicate that, probably, people of both the sites adapted both the traditions in manufacturing their tools. According to Allchin "the blade flake technic of the Middle Stone Age", Parallel sided blades, pen-knife blades, borers, trapezes, scrapers and arrow-heads, and fluted cores in quarts, agate and chalcedony were found in large number at Bariyarpur and Siddhapur in Banda district and also from Sagar district. It is revealed from the excavations at Eran that microlithis in Bundelkhand have continued for longer period because they occur with pottery and copper.

The polished Stone Axes with pointed but end are found in Bundelkhand. These are characteristic tool types of Neolithic culture. Typologically they differ from the south. The polished tanged adze with sloping shoulder and single chamfered edge have been found in Banda district and also in Kausambi.

II. Proto-Historic Culture :

The transition from the nomedic, bunting and goodgathering to the good-producing technic gave birth of the idea of a settled life and village community. The problem of storage of surplus produced food gave the idea of storage jars and other pottery types. The surplus food led to the idea of trade and market. This in turn gave the idea of a town or a city. Again, the idea of organised and compact living and the ambition to expand gave birth to fear and sense of insecurity from other groups or communities. This led to the construction of fortification. Like other regions this is tree for Bundelkhand also.

After the long period of pre-historic culture was over the pre-historic period characteristised by the chalcolithic culture emerged. In this region a good number of proto-historic sites were explored by different persons at different times. Further, a few of them were excavated. Consequently, more information about the protohistoric culture of Bundelkhand could be available. Among them Eran is most outstanding ancient site in district Sagar of Bundelkhand region.

Eran an ancient site on the south bank of river Bina, a tributary of the Betwa was excavated by Prof. K.D. Bajpai of Sagar University.

The lowest occupation of the site, may be labelled as chalcolithic, has yielded microlithic, Black-and-Red Ware, thick grey pottery and black-on-red pottery, terrcootta figurines, beads and small pices of copper. The pottery of this period have affinity with those of Rangpur and Lothal which suggests Harappan and Late Harappan influence of Western India on the pottery of Bundelkhand. posibly through south-west Rajasthan—Ahar.

The subsequent period II has been devided in II A & II B, by the excavator, on the basis of material, Period II A is marked by the presence of Black and Red Ware of different shape and fabric than the preceeding period. Besides, more use of iron could be seen in this phase. The Ware is thin and plain. Period II B is distinguished by the appearance of bowls with incurved rim of plain red ware. Some pieces are painted in black over red surfaces with horizontol bands. The black and red ware gradually disappeares.

The subsequent period III presents, historic culture of Bundelkhand marked by a clay cealing depicting Gajalaxmi.

Tripuri, another anciet site, near Jabalpur excavated by Prof. K. D. Bajpai in 1965-69, presents little different picture of the protohistoric culture this region. Here, below the rich deposite of historic-period—Mauryan culture there is a hiatus of 6" sterile yellow clay. Below this deposits there is sudden emergence of microlithic associated with Red-Ware painted in black with horizontal design on a bright-red surface.

K. M. Srivastava, while writing about the community movements in Proto-historic India mentions short parallel sided blades, serrated blades, lunates, points trapezes, pen-knife blades from Eran. Trese microlithic tools were prepared out of Chalcedony, jasper and agate. Bead making indurtry was also flourishing at Eran as varieties of beads in stone, steatite, carnelian, jasper and agate, semiprecious stone, shell paste and terracotta were produced. This suggests the likings and requirements of the pro-historic period of this region.

Similarly, a limited number of human and animal figurines in terracotta, bangle pieces, a toy-cart wheel and pottery discs reported from Eran give some idea about the contemporary society of Bundelkhand.

At one stage while compairing the Black-and-Red-Ware of Ahar with that of Gujarat, Srivastava possess a question whether the people of both the places? Further he shares with Mortimer Wheeler and B. K. Thaper who hold the view that only ideas and certain cultural traits have been transported from one place to another and not the people as such. This has been corroborated by the presence of Black-and-Red-Ware at Eran wherein the black is restricted to the interior alone. The upper part of the exterior rim is red unlike others. Beside, the Black-and-Red-Ware or Eran is thicker and sturdy.

The dish on stand, so popular a type, has been represented also at Eran in Black-and-Red-Ware. The same type of pottery in Gujrat has been found only in Red-Ware.[9] Such variation in pottery but at the same time close affinity in the type indicate that there was no migration of the people. Mutual contacts and borrowings of of ideas were very much prevailing in contemporary societies. Among other differences between the ceramic at Eran and elsewhere the followings are noteworthy. The dishes and bowls in the Black-and-Red-Ware do not have exact parallels in the contemporary Ware at the other sites. The painted motifs also do not occur on other contemporary wares.

Similarly evidence of fortification has been reported from Eran alone, in this region whereas it is common in Harappan sites.

In the Pre-Historic period there is no evidence of burial for the disposal of the dead in Bundelkhand region. Probably, cremation was followed universally.

The earliest evidence of the use of iron in the region is reported from Eran. Here it occurs with Black-and-Red-Ware. The C-14 dates of iron is sometimes between 1265 B. C. to 1049 B. C, say broadly between 1300 B. C. to 700 B.C,

The people of this regio, probably, worshipped bull as evidenced from the terracotta bull found in excavations.

S. K. Pandey has attempted to draw a parallel line between Eran and Piparia Lorka. The still remains to be established. C. B. Trivedi thinks that Eran is the terminal point of proto-historic culture of Malwa.

According to Prof. K. D. Bajpai, a few pottery pieces in fabric and type appear to be closer to Kaytha. Black-and-Red Ware painted in white have affiliation with Ahar, Lothal and Surkotda.

REFERENCES AND NOTES

1. Logan A. C., *Old Chtpped Stones of India*, p. 30
2. *Ibid.* Logan A. C. p. 65.
3. *IAR*, 1957-58, p. 25.
4. *Ancient India*, No. 9, 1953, p. 62.
5. *Ancient India*, No. 17, 1961, p. 7.
6. Khatri A. P. *Proceedings of the Pre-historic Society for* 1962, New Series Vol. XXVIII, p. 194.
7. Allchin B. "*Middle Stone Age*", 1959 (London), p. 29.
8. *Op-Cit* Khatri A. P., p. 194.
9. Srivastava, K. M., *Community Mavemenrs in Protohistoric India*, p. 207.

बुन्देलखण्ड की प्रागैतिहासिक संस्कृतियाँ

—डॉ० राकेश प्रकाश पाण्डेय

बुन्देलखण्ड को मुख्य रूप से दो भागों में विभक्त किया जा सकता है। उत्तरप्रदेश में बुन्देलखण्ड एवं मध्यप्रदेश में बुन्देलखण्ड। सम्पूर्ण बुन्देलखण्ड यमुना नदी की सहायक नदियों द्वारा सिंचित हैं जिनमें—बघदून, केन, सिंध, धसान, बेतवा, पालिग आदि मुख्य नदियाँ हैं। ये नदियाँ बहुधा मध्यप्रदेश के पहाड़ी क्षेत्रों से उद्गमित होने के उपरान्त उत्तर प्रदेश में समतल क्षेत्रों से बहती हुई यमुना में विलीन हो जाती है। यमुना बुन्देलखंड की उत्तरी सीमा निर्धारित करती है। बुन्देलखंड का भूगर्भीय जमाव यहाँ की समृद्ध संस्कृति के विकास में सहायक रहा है। इनमें मुख्य हैं—आर्कियन, बीजावर, विन्ध्य, लेटराइट एवं नदियों द्वारा लायी गयी बालू, मिट्टी, ग्रेवेल आदि का जमाव (alluvium)। यहाँ की मिट्टी—श्याम, पीत एवं लाल रंग की है; जिसमें झाड़ीनुमा वनस्पति एवं कटीले जंगल उपजते हैं। वर्षा ऋतु में यह वनस्पति अधिक हो जाती है एवं गर्मियों में अवशेष नष्टप्राय हो जाते हैं जिससे पहाड़ी क्षेत्रों के पाषाण खंड दिखने लगते हैं। प्रस्तुत लेख में बुन्देलखंड की प्रागैतिहासिक संस्कृतियों के क्रमिक विकास के विषय में प्रकाश डालने का प्रयास किया गया है। इस क्षेत्र की पुरातात्त्विक सम्पदा को प्रथमतः पिछली शताब्दी में ही प्रकाश में लाया गया। सन् १८८२ में राइवेट कारनाक द्वारा प्रथमतः बांदा क्षेत्र से नव-पाषाणीय उपकरण प्रतिवेदित किये गये। इन्हीं वर्षों में कारलाइल एवं काकवर्न द्वारा चित्रित शैलाश्रयों की भी खोज इस क्षेत्र में हुई। तदुपरान्त एक लम्बे समय के अन्तराल के उपरान्त इस शताब्दी में इलाहाबाद एवं बनारस हिन्दू विश्वविद्यालय के विद्वानों द्वारा इस क्षेत्र में विस्तृत रूप से कार्य किया गया जिसके फलस्वरूप प्रागैतिहासिक क्रमबद्धता प्रकाश में आयी। ललितपुर क्षेत्र में सांकलिया, राजगुरु एवं अन्सारी द्वारा सर्वेक्षण किया गया तथा जोशी व रामेश्वर सिंह द्वारा इसी क्षेत्र में उत्खनन कार्य किया गया जिसके फलस्वरूप पूर्व पुरापाषाण काल के अवशेष प्रकाश में आये। इसी प्रकार लालापुर (बांदा) से निम्न पुरा-पाषाणकालीन स्थल कुछ ही वर्षों पूर्व पाण्डेय द्वारा खोजे गये।

प्रतिनूतन कालीन स्तरीकरण—

इस क्षेत्र की नदियों में ओहन, बघदून, केन, धसान एवं बेतवा प्रमुख हैं। इनके किनारे प्रातिनूतनकालीन जमाव प्राप्त होते हैं जो नदियों में समय-समय पर आये उतार-चढ़ाव विभिन्न कालों के मानव के निवास पद्धति एवं संस्कृतियों के विषय में विस्तृत जानकारी प्रदान

करते हैं। ये जमाव मुख्य रूप से देवकली, सिध्यपुर, दुरेन्डी, नीही एवं लहचुरा आदि स्थानों पर अवस्थित प्राप्त होते हैं। ये जमाव १५ मीटर तक मोटे हैं। इन्हीं जमावों में प्राप्त ग्रैवेल में संस्कृतियों के अवशेष उपलब्ध हुए हैं, जहाँ से बहुधा निम्न पुरा-पाषाणकालीन उपकरण प्राप्त होते हैं। ये स्थल मुख्य रूप से देवकली, दुरेन्डी, नीही एवं लहचुरा हैं। जबकि सिद्धपुर नामक स्थल से दो प्रातिनूतन कालीन जमाव प्राप्त हुए हैं जिनमें क्रमशः मध्य पुरा-पाषाणकालीन उपकरण प्राप्त होते हैं। देवकली पर ऊपरी सतह से लघु उपकरण प्राप्त होते हैं।

प्रागैतिहासिक संस्कृतियों का विकास

यह क्षेत्र प्रागैतिहासिक संस्कृतियों के विषय में अत्यन्त समृद्ध सिद्ध हुआ है। सम्पूर्ण प्रागैतिहासिक क्रमिक विकास इस क्षेत्र से प्राप्त हुआ है। ऐतिहासिक काल के अवशेष मृद-भाण्डों, उपकरणों, शिलालेखों, अभिलेखों, सिक्कों एवं अन्य विविध अवशेषों के अतिरिक्त चित्रित शैलाश्रयों के रूप में प्राप्त होते हैं। इस क्षेत्र से प्राप्त सांस्कृतिक विकास क्रम निम्नानुसार है—

निम्न पुरा-पाषाणकालीन संस्कृति के उपकरण विभिन्न नदियों के किनारे निम्न ग्रैवेल से प्राप्त होते हैं। इस काल के उपकरणों में पेबुण समूह एवं हैडेक्स-क्लीवर समूह के उपकरण प्राप्त होते हैं। इनके अतिरिक्त हैंडेक्स-क्लीवर समूह के उपकरण एवं पेबुल समूह के उपकरण साथ-साथ प्राप्त हुए हैं।

पेबुल समूह के उपकरण मुख्यतया तीन स्थलों से प्रतिवेदित हैं जिनमें लहचुरा, भगवान एवं वेल्हरका आदि हैं। इस समूह के उपकरण क्वार्टजाइट नामक पत्थर पर निर्मित हैं। इस समूह के उपकरणों में चापर, संक्षिप्त कार्ययुक्त फ्लेक, फ्लेक, कोर एवं चिप आदि हैं। इस समूह के उपकरणों का विस्तृत अध्ययन सन् १९८२ में पन्त द्वारा किया गया है। उनके अनुसार "पेबुण उपकरणों की लम्बाई और चौड़ाई में अधिक अन्तर नहीं है। इनके धार में भी अधिक अन्तर नहीं है।" (देखें रेखाचित्र १)

एश्यूलियन समूह के उपकरण पेबुल उपकरणों के साथ मुख्यतया दो स्थलों नीही एवं गोपीपुर से बरदाहा नदी के किनारे ग्रैवेल से प्राप्त हुए हैं। इस समूह के उपकरणों में चॉपर, हैडेक्स क्लीवर, स्क्रैपर, नाच, फ्लेक एवं कोर हैं। इनका आकार १२०-१३९ मि० मी० लम्बाई एवं ११०-१२९ मि० मी० चौड़ाई के मध्य का प्राप्त होता है। दोनों स्थलों के उपकरणों की लम्बाई में कुछ अन्तर दिखाई देता है। (देखें रेखाचित्र २)

ललितपुर एवं लालापुर (बांदा) से अश्यूलियन संस्कृति के अवशेष प्राप्त हुए हैं। ये संस्कृति स्तरीकृत रूप में भी उत्खनित की गयी है। इस समूह के उपकरणों में हैडेक्स, क्लोवर, स्क्रैपर, फ्लेक एवं कोर आदि हैं। लालापुर से प्राप्त क्लीवर की संख्या हैडेक्स की अपेक्षा अधिक है। यहाँ से प्राप्त क्लीवर के विस्तृत अध्ययन के आधार इनका आकार १७.८ × ८.९ × ५.६— ७.० × ७.० × ३.७ से० मी० है।

निम्न पुरापाषाण काल से मध्य पुरापाषाण कालीन संस्कृति का क्रमिक विकास पूर्णरूपेण परिलक्षित होता है। इस संस्कृति के उपकरण पहाड़ों की ढलान पर स्तरीकृत रूप में

एवं नदी में बिखरे ग्रैवेल से प्राप्त होते हैं। इस संस्कृति के प्रमुख स्थलों में लहचुरा २, सिद्धपुर, बंकत, सीतापुर एवं कालिंजर हैं। इस संस्कृति के उपकरण सिलीका प्रकार के पत्थर—जिनमें चर्ट, जैस्पर, चाल्सीडोनी, अगेट एवं क्वार्ट्ज हैं—पर प्राप्त होते हैं। इस संस्कृति में स्क्रैपर-बोरर समूह के उपकरण प्रमुख रूप से प्राप्त होते हैं, इनके साथ ही पेबुल उपकरण भी बहुतायत में (१८.४%) उपलब्ध हुए हैं जिसके आधार पर इस संस्कृति को दो भागों में विभाजित किया गया है। लहचुरा २ पेबुल उपकरणों के अतिरिता बोरर (०.७%) नाइफ (२.२%) ब्यूरिन (३.१%)। इस काल के पेबुल उपकरणों एवं निम्न पुरा-पाषाणकालीन उपकरणों में अत्यधिक असमानता है जिससे सांस्कृतिक विकास के विषय में ज्ञात होता है। (देखें रेखाचित्र ३)

उत्तर पुरा-पाषाणकालीन संस्कृति इस क्षेत्र की महत्त्वपूर्ण संस्कृतियों में मानी जाती है। इस संस्कृति के प्रमुख स्थलों में हनुमानगढ़ी, कोलगधइया, मरजादपुर, खोह, रिहुतिया, सिद्धपुर, ऐंचवारा, लोधवारा, कालिंजर (जिला बांदा) हैं, बुन्देलखण्ड के किसी अन्य क्षेत्र से इस संस्कृति के अवशेष नहीं प्राप्त हुए हैं। इस संस्कृति के उपकरण भी मुलायम पत्थरों पर निर्मित हैं। स्तरीकरण में ये द्वितीय ग्रैवेल से प्राप्त होते हैं एवं स्तरीकरण में निम्न ग्रैवेल के ऊपर अवस्थित हैं। इस काल के समृद्ध स्थल बहुधा पहाड़ों की सतह एवं तलहटी में प्राप्त होते हैं। इस संस्कृति के उद्योग में साईड स्क्रैपर इण्ड स्क्रैपर, रिटच्ड एवं अनरिटच्ड ब्लड, ब्यरिन, नाच्ड टूल, डेन्टीकुलट, लनेट, ट्रायंगल आदि प्राप्त होते हैं। (देखें रेखाचित्र ४, ५)

मध्य पाषाणकालीन संस्कृति बुन्देलखण्ड की सबसे समृद्ध संस्कृति है। इस काल से सम्बन्धित लगभग ३५ स्थल खोजे जा चुके हैं। ये स्थल मुख्य रूप से बांदा जिले तक ही सीमित हैं। इसके समृद्ध स्थल बहुधा मानिकपुर के पास प्राप्त होते हैं। इस काल के उपकरणों में पैरलेल साइडेड फ्लेल, पैरलेल साइडेड ब्लेडस, ब्लेडलेट, स्क्रैपर, पेन नाइब्ज, ब्लंटेड बैक्डब्लेड, प्वाइन्ट, लूनेट, ट्रायंगल, ट्रपीज, फ्लूटेड कोर प्रमुख हैं। इस काल के उपकरण मृदभाण्डों एवं ठीकरों के कहीं भी प्राप्त नहीं होते हैं। मृदभाण्डों का उपकरणों के साथ पूर्ण अभाव एवं ट्रपीज की कमी इस संस्कृति को पूर्व मध्य पाषाणकालीन दर्शाती हैं।

नव पाषाणकालीन संस्कृति के अवशेष भी इस क्षेत्र से पर्याप्त मात्रा में उपलब्ध हुए हैं। इस काल से सम्बद्ध लगभग १५ स्थल अब तक खोजे जा चुके हैं जो कि बांदा जिले में ही स्थित हैं। खोजे गये ये उपकरण बैसाल्ट पत्थर पर निर्मित हैं। उपकरण समूहों में सेल्ट, एजेज, हैमरस्टोन, पाउण्डर आदि मुख्य हैं। इस काल के अधिकतर उपकरण पूर्ण निर्मित हैं।

इस क्षेत्र से प्रागैतिहासिक कला के स्थल भी बहुतायत से प्राप्त हुए हैं। ये चित्र मुख्य रूप से शैलाश्रयों की भित्तियों एवं धतों पर निर्मित हैं। त्रिवेदी ने सन् १९८७ में मंकोडी, मझावन, सरहट, मालवा, कुरियागढ़, मलवन वरगढ़, उल्दन आदि प्रमुख स्थलों का उल्लेख किया है। प्रमुख चित्रावलियों में आखेट दृश्य, घुड़सवार, बिना पहिये की गाड़ी आदि उल्लेखनीय हैं। इसी प्रकार डॉ० पन्त द्वारा लगभग सौ शैलाश्रय सीतापुर के निकट खोजे गये हैं। इनमें अधिकतम प्रागैतिहासिक चित्रों से पूरित हैं (१९८२) यद्यपि इनका विस्तृत अध्ययन अभी नहीं हो सका है।

इस क्षेत्र में मध्य पाषाणकालीन एवं नव पाषाणकालीन संस्कृति के कोई भी ऐसे स्थल नहीं प्राप्त हो सके हैं जो इन कालों के निवास के विषय में प्रकाश डाल सकें, जबकि निकटवर्ती विन्ध्य क्षेत्र इस दृष्टि से अत्यधिक समृद्ध है। इस क्षेत्र की संस्कृतियों में प्राप्त विकास क्रम उत्तर पुरा-पाषाण से मध्यपाषाणकाल भी नहीं देखा गया है । इस क्षेत्र में इस प्रकार के अवशेषों के खोजने की आवश्यकता है। यहाँ से सोन एवं बेलन घाटी से प्राप्त अवशेषों की तरह जीवाश्म अवशेष भी नहीं प्राप्त हो सके हैं। जिसके परिणामस्वरूप संस्कृति की तिथि एवं प्रागैतिहासिक जलवायु के विषय में भी संकेत नहीं मिल पाते किन्तु फिर भी सतह से प्राप्त एवं स्तरीकरण से प्राप्त उद्योगों में उपकरण प्रकार एवं सांस्कृतिक क्रमबद्धता एवं क्रमिक विकास के पर्याप्त प्रमाण इस क्षेत्र से प्राप्त हुए हैं।

संदर्भ-सङ्केत

कार्लाइल, ए. सी. एल. १९८३ नोट आन लेटली डिसकवर्ड, सेपलचरल, माउण्ड, केर्न, केव्स, केव पेन्टिंग्स एण्ड स्टोन इम्पलीमेन्टस प्रोसीडिंग्स आफ एसियेटिक, सोसायटी आफ बेंगाल ४९

काकवर्न, जे. १९८३ ए शार्ट एकाउण्ट आफ द पेट्रोग्राफ इन द केव आर राँक शेन्टर्स आफ द कैमूर रेंज इन द मिर्जापुर डिस्ट्रिक्ट, प्रोसीडिंग्स आफ एशियाटिक सोसायटी आफ बेंगाल १४१-४३

गुप्ता, जगदीश १९६७ प्रागैतिहासिक चित्रकला, इलाहाबाद

ए. आइ. आर इण्डियन आर्कियोलाजी ए रिवयू

पन्त, पी. सी. १९८२ प्रीहिस्टारिक उत्तर प्रदेश, दिल्ली

पाण्डेय जय नारायण १९८२ लाकापुर : एन एश्यूलियन सरफेस साइट इन वांदा, डिस्ट्रिक्ट भारतीय पुरातत्त्व परिषद, इलाहाबाद

रिवेट कारनाक, एच. १९८२ सम नम्पलीमेंटस फाउण्ड इन द वांदा डिस्ट्रिक्ट, प्रोसीडिंग आफ एसियाटिक सोसावटी आफ बेंगाल : ६-८

शर्मा, जी. आर. एवं जे. डी क्लार्क १९८३ पैलियो इनवायर्नमेण्ट एण्ड प्रीहिस्ट्री आफ द मिडिल सोन बैली इलाहाबाद

त्रिवेदी, शिवदयाल, १९८७, बुन्देलखण्ड का पुरातत्त्व, दिल्ली

ROCK ART OF BETWA-NARMADA VALLEYS

Prof. K.D. Bajpai, Sagar

Rock art has been recognized as a source material for the study of culture. The study of rock-shelters in India has made considerable progress during the recent years. Several problems pertaining to the environment, technique, composition, contents and chronology have drawn the attention of scholors. Looking to the vast and variegated material now available on the subject, there is ample scope for work in this field.

The State of Madhya Pradesh can rightly claim to be the richest in India in this respect. More than two-third of the rock-shelters in the entire country are located in about 25 districts of this State. Majority of the rock-shelters in M.P. are located in the Betwa-Narmada valleys. They bear painting of various types on their walls and ceilings. The technique and subject-matter of paintings in different parts of Madhya Pradesh clearly indicate certain regional traits. Some of the traits differentiate one group from the other. This holds good in the case of other areas of the country.

The problem of dating Indian rock-shelters is still a moot point. No definite consensus has so far been reached among scholars. particularly in regard to the dating of pre-and proto-historic rock-shelters. Roughly, the earliest painted rock-shelters are believed to go as far back as the upper Paleolithic or Mesolithic times. The other limit is reckoned as late as the 14th century A.C. or a little later.

It is interesting to note that in ancient Indian literature and inscriptions ample references are available concerning shelters and rock-art.

The usual word for rock-shelters in ancient Indian literature are : *guhā, kubhā, gahvara, girivivara, kandara* or *kandarā*, *nirdara, darī* and *bila*. The great Sanskrit poet Kālidāsa, who had a very clear idea about some rock-shelters in his time, gives some significant terms for them. These are *giryāśrama* (*Meghadūta*, I, 1: II. 33), *darīgṛha* and *śilāveśma*. The last word *śilāveśma* (or *śilāgṛha*) became current in ancient times. The present word *śilaharā* is still survived in some parts of south-eastern Madhya Pradesh.[1]

The dark rock-shelters of the Himālayas, referred to in Kumārasaṁbhava (I. 10 and I. 12), are more appropriately applicable to the shelters in the Betwā-Narmadā valleys of Madhya Pradesh. The poet does not forget to mention the rock-shelters in the lower hillocks of Vidisha, which were known for the amorous dalliances of the youthful citizens.[2]

The *Amarakośa*,[3] composed in the Gupta period, gives the terms for rock-shelters and also makes a distinction between the man-made and the natural caves. The terms for the man-made (artificial) caves were *darī* and *kandara*. They were made in the form of a house by hewing the rock (*kṛtrimasya gṛhākārasya girivivarasya*). The second category was that of the natural shelters, which were called *devakhāta* (carved by gods) and were thus non-artificial (*akṛtrima*). These were known by three names: *devakhātabila*, *guhā* and *gahvara*.

The words *darī* and *kandara* indicate that the rock was cut out by implements. The term *guhā*, apart from meaning 'giving protection', seems to imply its association with the *guhās* of *guhyakas* who inhabited these rock-shelters. The word *gahvara* signifies a deep shelter.

In the *Rāmāyaṇa*, the four terms *kandara*, *nirdara*, *guhā* and *darī*, are mentioned possibly indicating a separate nature of each of them.[4] In the Ayodhyākāṇḍa, mountain Citrakūṭa is described as having some beautiful man-made shelters.[5] The word *nirdara* signifies the caves which were prepared by cutting out stones (*nirdarāh vidīrṇā pāṣāṇāḥ*).

In the Bāla, Ayodhyā and the Kiṣkindhā-kāṇḍas of the *Rāmāyaṇa* several references are found to rock-shelters. Due to the attractive natural site of Citrakūṭa on the river Mandākinī, several caves were carved out in the hill. Some of them are still preserved there. These were in addition to the natural caves in Citrakūṭa.

The Rāmāyaṇa also gives a vivid description of the implements and their working for the preparation of artificial shelters. At one place, *kuṭhāra*, *ṭaṅka* and *dātra* are mentioned as the implements used for the purpose.[6]

The upper part of a rock, projected out in the term of a cliff providing protection, was called *dantaka* (as it looked like a row of teeth).[7]

In the Vedic literature we come across numerous references to rock-shelters and their residents:[8] The most common word used for shelters in the Vedic literature is *guha*. The associations of some Vedic deities, like Indra, with the rock-shelters or caves is quite significant.[9]

These references show a knowledge about the rock-shelters and their inhabitants (Kirātas, etc.) during the early and late Vedic periods. According to the *Mahābhārata*, the active Skanda came to be called *Guha* on account of his stay for sometime in a cave.[10]

A very large number of rock-shelters are known in the valleys of Betwā, Narmada and some other rivers. Most of them served the habitation needs of a considerable number of primitive people. Some of them were used by sages and mendicants.

Quite a few of them also served the purpose of various types of entertainments, such as the *śabarotsavas.* This is confirmed by the evidence from inscriptions, literary work and the plastic and pictorial decorations in some of the caves. In this connection particular mention may be made of the carvings in the Udaigiri complex of caves on Orissa. There we come across interesting depictions of the episodes of Śakuntalā and Vāsavadattā.

Both in the North and the South several rock-shelters have been found which served the purpose of shrines. In Maharashtra, Andhra Pradesh, Karnataka and Tamilnadu such shrines are known. In the north India also similar was the case.

In the Śākta Purāṇic and Tāntric literaturc several goddesses are said to be associated with mountains and forests. Mention may be made of the deities *Hāimavatī* Umā, *Parṇaśabarī* and *Vindhyavāsinī.* The goddess *Parṇaśabarī* was worshipped by leaf-clad *śabaras.*

An inscriātion from Gangādhār dated *saṁ* 480 (=423 A.D.) contains a reference to the images of the Mothers enshrined in a cave. These images are said to be making loud noise out of glee. The shrine had several images of Dākinīs also.[11] In a Deogarh inscription of the *6th* cent. A. D., there is a reference to the construction of a yogini temple in a hill.[12] At Pathari in the Vidisha district are still preserved the seated stone images of mother-goddesses. Several other inscriptions also cantain references to such cave-shrines. The word *Puttalikā* of the inscriptions and literature stands both for the culputured and pained statues.

At Sindursi in the Jabalpur district are preserved some rock-cut sculptures assignable to the *5th* cent. A.D.

It is high time now to utilize adequately the fource-material furnished by rock art. Various facets of this art should be studied along with the literary and archaeological sourcematerial. This study should not he confined to research only at a few institutes and universities.

Looking to the variegated nature and extent of Indian rock art, is essential that the government agencies, educational institutions and public in general should be involved in its study and popularisation.

College and school teachers should be given preliminary training in the rock-art by experts. For this purpose, workshops can be organised at convenient centres in the country. A course for training can be devised by the *Museum of Man* and other agencies. This course should include a working back-ground in archaeology, anthropology, history and arts.

The trained teachers should form batches of students, who should be taken to one or two important sites of rock-art. The students can be given a broad-based idea of the technique and the historical and culture significance of rock art *in situ,*

Occasional illustrated lectures on rock-art should be organised in schools, colleges and other institutions. It is also necessary that a fillip is given, in some of the universities of the country, for research on rock-art. Necessary funds should be provided by U. G. C., I. C. H. R. and other agencies for publication of the thesises on rock-art.

At present some of the news papers take interest in bringing to light the new discoveries in rock-art. Apart from this, the improtance of the rock-art and its close association with human life and thought should be highlighted in the press.

The visual media, particularly T. V. and Radio, should be made to pay more attention to the diffusion of knowledge of rock-art. This will be of immense help in popularisation of rock-art.

It is equally essential that the university courses in subjects like history, archaeology, sociology and fine arts incorporate adequate study material related to rock-art. Periodical lectures on rock art can also be organised at universities, colleges and research institutes.

REFERENCES

1. The present site of *silaharā* in the Shahdol district of M. P. has several rock-shelters, some of them bearing Brāhmī inscriptions of ihe 2nd-3rd centuries A.D.
2. *Meghadūta*, I, 25.
3. *Amarakośa*, II, 1, 6.
4. *Rāmāyaṇa*. Kiṣkindhā, 13, 6.
5. *Rāmāyaṇa* II, 92, 10.
6. *Rāmāyaṇa*, II, 80, 7.
7. *Commentary on Amarakośa*, I, 2, 6.
8. *RV.*, X, 46, 21, etc.
9. *Ṛgveda*, I, 6, 5; *Atharvaveda*, XX, 70, 1 etc.
10. *Mbh.* XIII, 83.
11. D. C. Sircar, Select Insriptions, p. 405.
12. *Ep. Indica*, Vol. XVIII, pp. 126ff.

सतकुण्डा : रायसेन के प्रागैतिहासिक शिलाश्रय

श्री प्रदीप कुमार शुक्ल

रायसेन जिला भोपाल संभाग के अन्तर्गत मध्यप्रदेश के लगभग मध्य में उत्तरी अक्षांश २२ ४७, से २२ ३३ तथा ७७ २१ से ७८ ४९ पूर्वी देशांश के मध्य स्थित है तथा कर्क रेखा जिले के उत्तरी भाग से जाती है। प्रमुख रूप से मालवा क्षेत्र में तथा आंशिक रूप से नर्मदा घाटी में फैला हुआ यह जिला अनियमित यू-आकृति वाला है। इस जिले में विन्ध्य की मुख्य पर्वत शृंखला लगभग १५ कि० मी० से २५ कि० मी० चौड़ी पूर्व से पश्चिम निकलती हुई उत्तर, उत्तर-पूर्व तक फैली है। प्रमुख शृंखला का ५३० मीटर से ६१० मीटर लगभग विन्यास है तथा कई जगह कई चोटियाँ लगभग ६६० मीटर तक ऊँची हैं। इसकी सीमायें पश्चिम में सीहोर, उत्तर में विदिशा पूर्व तथा उत्तर-पूर्व में सागर, दक्षिण पूर्व में नरसिंहपुर, होशंगाबाद जिले छूती हैं। नर्मदा इसकी दक्षिणी-पूर्वी सीमा बनाती है।

भोपाल-रायसेन राजमार्ग पर रायसेन से १८ किलोमीटर दूरी पर खरबई ग्राम स्थित है। सतकुण्डा के चित्रित शिलाश्रयों तक पहुंचने के लिये खरबई ग्राम के समीप "चिड़िया टोल" फोरेस्ट हट से कच्चे वन मार्ग से होकर जाना पड़ता है। सतकुण्डा क्षेत्र खरबई ग्राम के उत्तर-पश्चिम में स्थित है। चिड़िया टोल (खरबई) से सतकुण्डा के चित्रित शिलाश्रयों की दूरी लगभग ८ कि० मी० है। चिड़िया टोल फारेस्ट हट से कच्चे वन मार्ग से होकर जाने पर पठार पार कर "चीलपाटा" होते हुये अगले पठार पर सतकुण्डा गांव आवासित है। यह आदिवासी ग्राम है जहाँ राजस्थानी बंजारे आकर बस गये हैं।

"सतकुण्डा क्षेत्र" के चित्रित शिलाश्रय बेतवा उद्गम क्षेत्र के समीप शिलाश्रयों की शृंखला में एक महत्त्वपूर्ण चित्रित शृंखला है। बेतवा का उद्गम शृंखला के "झिरी" नामक स्थान जो रायसेन जिले में स्थित है मध्य भारत की सघन शैल चित्रित शिलाश्रयों में से एक है। विन्ध्य शृंखलाओं की प्रकृति सेंडीमेंटरी आधार की है जिससे यहाँ पर्याप्त मात्रा में उत्तम कोटि के शिलाश्रयों का निर्माण प्रकृति क्रांति ने मुक्तहस्त से किया है।

इसी क्षेत्र में मध्य भारत की विस्तृत चित्रित शृंखलायें भीम बैठका, बरखेड़ा भोपाल क्षेत्र, रायसेन क्षेत्र तथा भीमबैठका अगले क्रम को विस्तृत करती हुई जावरा, फिरंगी, चीलदांत, जामुनखोह, राजा बांधा, वाधवानी नीलझिरी, कठोतिया आदि महत्त्वपूर्ण शृंखलायें हैं।

सतकुण्डा क्षेत्र के चित्रित शिलाश्रयों को सर्वप्रथम १९६० में अपने शोध कार्य के अन्तर्गत डॉ० श्याम कुमार पाण्डेय प्रकाश में लाये थे।

सतकुण्डा क्षेत्र में अभी तक ज्ञात २८ शिलाश्रयों को अध्ययन की दृष्टि से तीन खण्डों में विभाजित किया गया है—

(१) सतकुण्डा मुख्य शृंखला—१६ शिलाश्रय
(२) सतकुण्डा पश्चिम शृंखला—१० शिलाश्रय
(२) सतकुण्डा (लोअर) निचली शृंखला २ शिलाश्रय

सतकुण्डा के शिलाचित्रों को मुख्य रूप से तीन वर्गों में विभाजित किया गया है। प्रथम वर्ग के अन्तर्गत वे चित्र हैं जिन पर चूने की हल्की पर्त (पेटीना) जम गई है और वे तब तक स्पष्ट दिखाई नहीं देते जब तक कि उन पर पानी का छिड़काव न किया जाये। तृतीय वर्ग के अन्तर्गत वे चित्र समाहित होते हैं जिनका सम्बन्ध ऐतिहासिक काल से ऐसे चित्रों के साथ घुड़सवारों का, ढाल तलवार का, मांगलिक चिह्नों का तथा विभिन्न काल की लिपियों का सामंजस्य प्राप्त होता है और इसी आधार पर इनका वर्गीकरण ऐतिहासिक युग के अन्तर्गत किया गया है। द्वितीय वर्ग के चित्र पेटीना और ऐतिहासिक चित्रों के बीच की स्थित को है इस प्रकार यह स्पष्ट होता है कि तीन विभिन्न काल की चित्रण परम्परा यहाँ उपलब्ध है। शैलीगत विभाजन के आधार पर भी यही रूपरेखा स्पष्ट होती है। तीन विभिन्न युगों के चित्र मानव विकास की तीन विशिष्ट परिस्थितियों का स्पष्ट रूप से दिग्दर्शन कराते हैं। पेटीना के अन्दर बढ़े चित्र यहाँ केवल आखेट दृश्यों का ही प्रदर्शन करते हैं। वहीं द्वितीय वर्ग के चित्र मानव-जीवन के विभिन्न कार्यकलापों को प्रदर्शित करना आरम्भ कर देते हैं। तृतीय वर्ग के चित्र मूलतः युद्ध-पिपासु जीवन का ही प्रदर्शन करते हैं। (सतकुण्डा मुख्य शिलाश्रय क्र ३)

सतकुण्डा से प्राप्त शिलाचित्रों के मुख्य रूप से पाँच आक्षेपण प्राप्त हुये हैं। इनमें सबसे पहले स्तर में कतिपय लाल कत्थई रंग के चित्रों का क्रम आता है। इसके पश्चात् सफेद रंग के चित्रों का बड़ी मात्रा में निर्माण हुआ। सफेद रंग पर पुनः चटकीले लाल रंग से चित्रों का निर्माण हुआ तथा इन चित्रों पर एक बार पुनः मोटे ब्रश (कलम) से सफेद रंग के चित्रों का आक्षेपण हुआ। अंतिम क्रम में गेरुए रंग के चित्रण आते हैं और जो विषय-वस्तु की दृष्टि से अपने पूर्वकालीन चित्रों के कतिपय रूप से भिन्न हैं।

प्रथम काल

प्रथम काल के चित्र पेटीना के भीतर प्राप्त होते हैं। कालक्रम की दृष्टि से इन शिल-चित्रों को मध्य पाषाणकाल (मेसोलिथिक) में रखा गया है। इन चित्रों में मनुष्य का चित्रण एक शलाका (स्टिक) के रूप में किया गया है और इसी आधार पर इनका नामकरण यष्टि मानव (स्टिक शेप ह्यूमन फिगर) के रूप में किया गया है। मनुष्य के इस भांति के चित्रों का निर्माण एक बचकाना प्रयास दिखाई देता है लेकिन यष्टि मानव के चित्रण के पास प्राप्त होने वाली पशु आकृतियाँ बहुत ही यथार्थपरक हैं। इनके भीतर किया गया रेखिक अलंकरण भी अद्वितीय है जो इन चितेरों की उच्चकोटि की सृजनशीलता की ओर इंगित करता है। सतकुण्डा से प्राप्त यष्टि मानव विशेष रूप से आखेट में संलग्न दिखाये गये हैं। इसके अतिरिक्त नृत्य और संग्रह करने के दृश्य भी यहाँ उपलब्ध हैं।

(सतकुण्डा मुख्य शिलाश्रय क्र० १-ए, ७-ए तथा ११-ए)।

आखेटक मानव हाथ में धनुष-बाण या हापून लिये हुये है। इनके फलक लघु पाषाण उपकरणों (माइक्रोलिथं) के द्वारा निर्मित है। (सतकुण्डा शिलाश्रय क्र० १४) इन चित्रों से यह निश्चित रूप से आभासित होता है कि इस काल का मनुष्य पाषाण युग में रह रहा था तथा उसे धातु का ज्ञान नहीं था। शिकार करना ही उसके जीवन का मुख्य अंग था और उसी में उसकी गतिविधियाँ केन्द्रित थीं। शिकार प्राप्ति के पश्चात् उसे जो प्रसन्नता की अनुभूति होती थी उसका प्रदर्शन नृत्य और गान के माध्यम से किया जाता था जिसके चित्र सतकुण्डा में उपलब्ध हैं। वनोपज के संग्रह का दृश्य भी यहाँ उपलब्ध है। सतकुण्डा मुख्य शिलाश्रय क्र० १ ए तथा १४) प्रारम्भिक चित्रों में स्त्री तथा पुरुष का भेद दृष्टिगोचर नहीं होता, लेकिन धीरे-धीरे यहाँ का चितेरा आयताकार स्वरूप में स्त्री चित्रण करने लगा। इस भांति के चित्र न केवल सतकुण्डा वरन रायसेन, पचमढ़ी तथा जिले के अन्य चित्रित शिलाश्रय स्थल भीमबैठका, लाड़ी की करार, कठोतिया, जावरा, लाखाज्वार आदि से प्राप्त हुये हैं।

इस काल के पशु चित्रण में पूरक या बाह्य रेखांकित शैली के अतिरिक्त चित्रण की जो अन्य विद्यायें प्राप्त हुई हैं वे अद्वितीय हैं। भारतीय शैलचित्रों में मध्य पाषाणकाल (मेसोलेथिक काल) में पशु तथा उनमें किया अलंकरण विश्व में बेजोड़ है। पशुओं के शरीर को भी भरने के लिए विभिन्न प्रकार के एकीकृत तथा ज्यामितीय तरीके (पेटर्न) प्रयोग में लाए गए हैं, जो तत्कालीन चितेरों की कल्पना शक्ति का अनूठा उदाहरण है। इस भांति के कल्पनाशील पशु अलंकरण हमें परवर्तीकाल में देखने को नहीं मिलते।

लघु-पाषाण उपकरण तथा विषय-वस्तु के आधार पर निश्चित रूप से धातु युग के पूर्व के प्रमाणित होते हैं। इन चित्रों पर पेटीना का जमाव भी यही निर्देशित करता है कि द्वितीयकाल के चित्रों के निर्माण के बहुत पूर्व ये चित्र बनाए जा चुके थे। इस भांति इन चित्रों का मेसालिथिक काल में होना अत्यधिक उपयुक्त है तथा इनमें कुछ चित्र उच्च पुरापाषाणकाल के भी हो सकते हैं जिन पर और अधिक शोध होना बाकी है।

द्वितीय काल

द्वितीय काल के चित्रणों में न केवल मानव आकृतियों में विकास हुआ, वरन् पशुओं के अलंकरण में व्यापक परिवर्तन परिलक्षित होने लगता है। रंगों में परिवर्तन के अतिरिक्त विषय वस्तु अपने पूर्वकालीन चित्रों की अपेक्षा भिन्न हो जाती है। इस काल के चित्रों से ऐसा आभासित होने लगता है कि तत्कालीन मनुष्य स्थायी जीवन की ओर अग्रसर हो रहा था और भारतीय पुरातत्त्व की दृष्टि से इस काल को आद्यैतिहासिक काल के अन्तर्गत माना जाता है।

इस काल के अधिकांश चित्र सफेद रंग से बने हुए प्राप्त हैं और इस भांति के चित्र प्रारंभिक ऐतिहासिक काल तक सतत् बनते चले गए। सतकुण्डा के अतिरिक्त रायसेन क्षेत्र के अन्य चित्रित केन्द्रों में यद्यपि लाल तथा हरे रंग का प्रयोग भी इस काल के चित्रों के निर्माण में हुआ लेकिन सतकुण्डा क्षेत्र में यह चित्रण सफेद रंग तक ही सीमित रह आया।

आद्यैतिहासिक कालीन चित्रों को शृङ्खला में जिन मानव आकृतियों का चित्रण किया गया है वे समस्त चित्र अपने पूर्वगामी काल के चित्रों की अपेक्षा शारीरिक संरचना में अधिक विकसित है। इन चित्रों के अधोभाग में कतिपय रूप से वस्त्र का अलंकरण प्रदर्शित

किया गया है तथा सिरोभूषा भी चित्रों में प्राप्त होती है। इस काल की मनुष्य आकृतियों को धनुष-बाण लिए हुए दर्शाया गया है तथा बाणों पर एक बाण फलक दिखाई देता है जो इस बात को प्रमाणित करता है कि इस काल का मनुष्य धातु के उपकरण भी प्रयोग में लाने लगा था। इस काल के मनुष्य का जीवन भी मुख्य रूप से शिकार पर ही अवलंबित था क्योंकि इस काल के चित्रों में भी शिकार दृश्यों का प्रतिशत अधिक है। इसके अतिरिक्त झोंपड़ियों में निवास का दृश्य, नृत्य-गान करते हुए स्त्री-पुरुषों के दृश्य, मधुसंजय के दृश्य तथा बर्तनों का प्रयोग इस काल के मानव के जीवन विकास को प्रमाणित करता है।

रायसेन जिले के अन्य क्षेत्रों से रथों आदि के चित्र जो प्राप्त हुए हैं वह भी इनकी जीवन पद्धति में आए परिवर्तन को दिग्दर्शित करता है। इस काल के पशु चित्रण भी अपने पूर्वगामी काल की अपेक्षा भिन्नता ग्रहण कर लेता है। मध्य पाषाणकाल में जहां पशुओं का साधारण रेखिक अलंकरण द्वारा चित्रण किया गया है वहीं पशुओं का साधारण रेखिक अलंकरण द्वारा चित्रण किया गया है वहीं इस काल के पशुओं के शरीर को अत्यधिक विस्तार देकर चित्रित किया गया है। इस काल के पशु चित्रणों में अलंकरण की परम्परा पूर्णतया बदल जाती है अब चित्र या तो जातक शैली में भरे गए हैं या पत्तियों की नसों के सदृश्य आड़े या खड़े अलंकरण का प्रयोग किया गया है। कभी-कभी चित्रों में वक्र रेखाओं (जिक-जेक) पेटर्न भी प्राप्त होते हैं।

पशुओं के बड़े-बड़े समूहों का प्रदर्शन इस काल के चित्रणों की विशेषता है जिसमें अरने भैंसे, हरिणों के समूह के अतिरिक्त पालतू जानवर तथा भैंस, बैल और बकरियों का दिग्दर्शन भी होता है। सतकुण्डा मुख्य शिलाश्रय क्र. १० तथा १२। इस काल का मनुष्य केवल आखेट से ही सन्तुष्ट नहीं था वरन् उसे स्थाई जीवन के साथ पशुओं को पालतू बनाकर उन के बड़े-बड़े झुंडों को चराने का कार्य भी प्रारम्भ कर दिया था। सतकुण्डा से इस काल के मनुष्य के कृषि-कर्म से संबंधित होने के संकेत प्राप्त नहीं होते लेकिन रायसेन में खेती करते हुए मनुष्यों का इस काल का चित्रण, उनके कृषि-कर्म से संबंधित होने की सूचना देता है। इसी भांति अन्य क्षेत्रों से पक्षियों के शिकार के दृश्य भी उपलब्ध हुए हैं। यहां मछलियों के अनेक चित्र प्राप्त हुए हैं वे भी इनके शिकार की ओर ही संकेत करते हैं। इस भांति हम यह कह सकते हैं कि सतकुण्डा क्षेत्र में निवास करने वाला मानव आद्यैतिहासिक काल के आने तक शिकार के साथ-साथ, कृषि-कर्म भी करने लगा था तथा झोपड़ियां बनाकर स्थायी निवास करने लगा था।

ऐतिहासिक काल

सतकुण्डा से प्राप्त ऐतिहासिक कालीन चित्र विविधता लिए हुए हैं। एक ओर जहां ये अपने पूर्वगामो चित्रण परम्परा को यथावत आगे बढ़ाते हुए दिखाई देते हैं वहीं इनकी विषय-वस्तु में भारी परिवर्तन होता हुआ दिखाई देता है। इस काल का मानव अपने चित्रों के माध्यम से सुव्यवस्थित दिखाई देता है तथा इसका योद्धा स्वरूप बड़े पैमाने पर उभर कर सामने आता है। इस काल में जिन चित्रों का निर्माण हुआ है वह आक्षेपण व शैली की दृष्टि से जहां अपने पूर्वगामी चित्रों से सम्यता रखते हैं वहीं उनमें शैली के आधार पर काफी विकास परिलक्षित होता है। इस काल में सफेद रंग के चित्रों पर लाल गेरुए रंग उन पर मोटे सफेद ब्रश (कलम)

के चित्र, लाल तथा सफेद द्विरंगी चित्र और उंगलियों की पोर (फिंगर टिप) से बनाए गए चित्रों का समावेश होता है। जहां उसके पूर्वगामी दो कालों के चित्र अपेक्षाकृत सीमित हैं वहीं ऐतिहासिक कालीन चित्र संख्या में अधिक और सर्वव्यापी है। शायद ही ऐसा कोई शैलाश्रय बाकी हो जहां ऐतिहासिक चित्रों की प्राप्ति न हुई हो।

इस काल में तीन प्रकार के विशेष चित्रण यहां पर उपलब्ध हैं। प्रथम प्रकार के वे चित्र आते हैं जिनमें बड़े-बड़े अंगरखा तथा तुर्की टोपी पहने तथा शरीर से दुगने आकार के धनुष लिए योद्धाओं के चित्र आते हैं इन्हीं चित्रों के साथ तम्बुओं के चित्र भी प्राप्त हुए हैं जिन के भीतर कुर्सियों पर बैठे शाही पुरुष प्रदर्शित हैं। तम्बुओं में अस्त्रों के भण्डार, वृक्षों पर लटकते डिब्बे, मृग-चर्म आदि का दिग्दर्शन प्राप्त होता है। वेशभूषा की दृष्टि से ये चित्र कुषाण-कालीन शिल्प से बहुत अधिक समानता रखते हैं। (सतकुण्डा पश्चिम शिलाश्रय क्रमांक ९)।

दूसरे प्रकार के वे चित्रण समूह हैं जिनमें कुकुदमान विषयों का चित्रण है। इन चित्रों की विशेषता यह है कि वृषभ की कुकुद अतिरंजना पूर्ण ढंग से विशाल एवं उन्नत दिखाई गई है। सर्वप्रथम खरबई (रायसेन) से इन चित्रों की प्राप्ति होने के कारण डा. पांडेय ने इन्हें 'खरबई शैली के कुकदमान वृषभ' कहा है। (सतकुण्डा मुख्य शिलाश्रय क्रमांक १२ तथा १४)। निश्चित रूप से इन कुकुदमान वृषभों का संबंध शैव-जनों से रहा होगा तथा क्षेत्र पर शैव-धर्म के विस्तार का अनुमान लगाया जा सकता है।

तृतीय वर्ग के अन्तर्गत वे समस्त अश्वारोही आते हैं जिन्हें झूलदार घोड़ों पर बैठा हुआ प्रदर्शित किया गया है। ये अश्वारोही ढाल, तलवार तथा बड़े-बड़े भालों से लैस हैं इनके साथ धनुष-बाण तथा ढाल तलवार लिए पैदल योद्धाओं का चित्रण भी उपलब्ध है, जो सेना के स्वरूप को प्रदर्शित करते हैं। कतिपय रूप से दो समूहों के बीच युद्धांकन भी उपलब्ध है। ये चित्र लाल रंग, सफेद रंग तथा लाल और सफेद रंग के सामंजस्य से बने हुए हैं। ये सभी चित्र परवर्ती युग के हैं और राजपूत शैली को प्रदर्शित करते हैं। इसके अतिरिक्त मांगलिक चिन्ह यथा स्वस्तिक, वृक्ष-पूजा आदि ऐतिहासिक काल की विशेषतायें हैं। (सतकुण्डा मुख्य शृङ्खला शिलाश्रय क्र. ३.१२ तथा १४)।

इस प्रकार उपर्युक्त समस्त चित्रणों के माध्यमों से यह निष्कर्ष निकाला जा सकता है कि सतकुण्डा क्षेत्र में चित्रांकन उस समय से प्रारम्भ हुआ जब उसने लघु-पाषाण उपकरण प्रयोग में लाने प्रारम्भ किए तथा धीरे-धीरे विकास करता हुआ राजपूत काल तक इस क्षेत्र में चित्रण का कार्य करता रहा।

संदर्भ संकेत

१. गुरू, एस. डी.—गजेटियर आफ इण्डिया, जिला रायसेन (मध्यप्रदेश)

२. गुप्त, जगदीश—प्रागैतिहासिक भारतीय चित्रकला, १९६७

३. चक्रवर्ती, के. के.—रॉक आर्ट आफ इण्डिया

४. त्यागी, जी. एस.—कमेन्ट्स आन इन्ग्रव्ह आस्ट्रिच एग्सेलस आब्जेक्ट्स, न्यू एविडंस आफ अपर पेल्योलेथिक आर्ट इन इण्डिया-गिरिराज कुमार, राक आर्ट रिसर्च १९८८, वाल्यूम ५, नम्बर, १, पृ. ४९-५९ आस्ट्रलियन राक आर्ट ऐसोसिएशन

५. दीक्षित, मोरश्वर गंगाधर-मध्यप्रदेश के पुरातत्त्व की रूपरेखा १९५४

६. पाण्डेय, श्याम कुमार—प्रिहिस्ट्रोसिटी आफ इण्डियन राक पेन्टिंग्स प्राच्य प्रतिभा, प्राच्य निकेतन, भोपाल।

७. पाण्डेय, श्याम कुमार –इण्डियन राक पेन्टिंग्स—ए सिम्बोलिक स्टडी-मार्ग १९७५

८. पाण्डेय, श्याम कुमार—पेन्टेड राक शेल्टर्स इन मध्यप्रदेश (अप्रकाशित शोध प्रबन्ध) १९६९ सागर विश्वविद्यालय, सागर, १९६९

९. मिश्रा, बी. एन.—एक्सवेशन एट भीम बैठका-ए मोनोग्राफ

१०. वाजपेयी, कृष्णदत्त—सागर थ्रू द एजेज—ए मोनोग्राफ

११. वाजपेयी, कृष्णदत्त—मध्यप्रदेश का पुरातत्त्व, संग्रहालय एवं पुरातत्त्व विभाग मध्यप्रदेश शासन, भोपाल १९७०-७१

१२. वाकणकर, व्ही. एस. तथा ब्रुक्स आर. आर.—स्टोन एज पेन्टिंग्स इन इण्डिया, १९७४—तारपोल वाला एन्ड सन्स, बम्बई

१३. वर्मा आर. के.—स्टोन एज कल्चर आफ मिर्जापुर (शोध-प्रबन्ध)

१४. शर्मा, आर. के. तथा अली, रहमान—आर्केलाजी आफ भोपाल रीजन १९८०

१५. शर्मा, आर. के.—मध्यप्रदेश के पुरातत्त्व का सन्दर्भ ग्रन्थ १९७४

१६. सांकलिया एस. डी. –प्रीहिस्ट्री एन्ड प्रोटोहिस्ट्री आफ इण्डिया एन्ड पाकिस्तान। डेक्कन कालेज, पुणे

१७. आनन्द मुल्कराज—मार्ग वाल्यूम २८, क्रमांक—४ सितम्बर १९७५, भीमबैठका, मध्यप्रदेश शासन पुरातत्त्व विभाग

१८. न्यूमेर डरविन—प्रिहिस्टोरिक राक पेन्टिंग्स आफ इण्डिया, आक्सफोर्ड प्रेस, नई दिल्ली १९८३

ARCHAEOLOGY OF DATIA DISTRICT

Prof. K. D. Bajpai

The present district of Datia is the smallest area in Madhya Pradesh. But it is rich in archaeological source-material. The area of Datia formed part of the Vindhya region, which occupies an important position in the political and cultural history of India.

Datia is located near Pawaya (ancient Padmāvatī). The towns of Mathura and Kānyakubja (modern Kannauj) are not far away from Datia, In ancient times important routes passed through this area. The rock edict of the Maurya emperor Aśoka, discovered at Gujarrā in the Datia district has shown that the route from Mathura passed through the site of Gujarrā.

Not much is known about the pre and proto historic position of Datia area. During the period of Mahājanapadas, it formed a part of the Chedi kingdom.

During the 6th cent. B.C. king Pradyota was the monarch of Avanti. He had matrimonial alliances with the ruling families of Mathura and Kauśāmbī. His daughter Vāsavadattā was married to Udayana, the king of Kauśāmbī.

During the Maurya period almost the entire Madhya Pradesh region was included in Maurya empire. The great emperor Aśoka served as Governor of Avanti before he ascended the imperial throne. It is mentioned in the Buddhist works that Aśoka married the daughter of a Sreshṭhi of Vidisha. This queen of Aśoka did a lot for the propagation of Buddhism. Aśoka was responsible for the creation of lofty *stūpas* at Sanchi (near Vidisa) and Bharhut (near Satna). Gradually these two sites became great centres of Buddhism.

Aśoka set up an inscribed pillar at Sanchi. His other pillars, bearing edicts, have been found at Rūpnāth, about 50 kms from Jabalpur and at Gujarrā in the Datia district. At Rāmgarh in the Ambikapur district, several inscriptions of *3rd-2nd* centuries B. C. are preserved. After the Mauryas come the epoch of the Śuṅgas and the Sātavāhanas. The rulers of these two dynasties were followers of the Vedic religion. But a spirit of tolerance prevailed during their regime. Under their patronage the great stūpas at Bharhut and Sanchi were renovated and were embellished with tastefully ornamented gateways. During the Śuṅga-Sātavāhana age, cities like Ujjayinī, Māhishmatī, Vidishā,

Padmāvatī (Pawaya) and Tripurī grew up into commercial and cultural centres of Central India. They were linked together by highways. The Sātavāhanas, during rule over major parts of Madhya Pradesh, from the middle of the second century B.C. to about 150 A. D., did a lot for cultural development.

An important stone Brāhmī inscription of 2*nd* cent. A. D. has recently been discovered at a site called Setkheri in the Shajapur district of Madhya Pradesh. It is of the time of Śaka-Kṣatrapa ruler Rudrasiṁha and is dated in the Śaka year 107 (=185 A.D.), It mentions the names of Chaśṭana, his son Jayadāmā, his son Rudradama, his son Rudrasiṁha, who made religious donations at Setkheri in 185 A.D. The inscriptions and coins of the western Kṣatrapas from the Eran-Sanchi area show that the Kṣatrapas of western India had occupied parts of Malwa. They were finally ousted from that area by the the Gupta emperor Candragupta Vikramāditya.

Inscription of Aśoka from Gujarra is incised on a low rock near the village Parvāśarī on the Datia-Unao road, about 18kms. to the south-east of Datia. I had the good fortune of visiting the site and study the inscription.[1] It begins with the sentense : *Devānaṁ piyasa piyadasido Aśokarājasa.* It means, "*af Devānāmpriya priyadarśi Aśoka-rāja.*' This is one of the very few inscriptions mentioning the name of the Maurya emperor Aśoka. It is the second inscriptions after Maski mentioning Aśoka's name. Now two more such inscriptions have been discovered in the Bellary district of Karnataka.

The minor edict of Aśoka at Gujarrā clearly indicates that it was inscribed when the emperor had been an *upāsaka* (lay follower of the Buddha) for more than two and a half years.

Another recently discovered Aśokan edict, from Pāngudaria in the Sehore district of Madhya Pradesh,[3] indicates that the title of *Devānāṁpriya* was given to the emperor by his loving people, and was not assumed by himself. The Pangudariā inscription also suggests that the name of that region of eastern Malwa was *majhema* desa (*madhyama-desa*). That inscription also gives the name of a Kumāra (royal prince) as *Saṁva.*

In the Datia area Buddhism flourished from about the 5th to 9th centuries A. D. This has been attested to by the discovery of Buddhist establishment on a hillock near the village Baroni in Datia district. A pretty large number of Buddhist stūpas, stone sculptures and several hundreḍ clay seals and sealing have been found in that area. A Buddhist stone sculpture now deposited in the Datia museum, is worth mention. It can be assigned to c. 500 A.D.

The author visited this area, after Gujarra, and was struck by the richness of archeological material found there. Apart from the Buddhist remains, several architectural structures and sculptures were discovered at Baroni They indicate that Vaiṣṇava,

Śaiva and Śakta temples existed there during the early medieval period. The followers of these faiths lived side by side with the Buddhists.

From the Buddhist architectural and other remains it is clear that the side of Baroni was well-known in this part of the country. My own belief is that Baroni might have been the site of Divākaramitra, friend of Maukhari ruler Grahavarmā. After the latter's death, his widow Rājyaśrī might have entered the Vindhya forest and consequently met the Buddhist pontiff Divākaramitra at his *āśrama*. Harshavardhana, the elder brother of Rājyaśrī, probably came to the site of Baroni for the rescue of his sister.

After the Guptas, Datia region wirnessed development in the cultural and economic fields during the rule of the Gurjara-Pratīhāras and the later dynasties. The monuments and antiquities in the form of sculptures, coins, seals & sealings from various ancient sites indicate the archaeological potentiality of the area. The Bundela rulers enriched Datia with several unique monuments in the form of palaces, temples and *chhatris* representing, also tasteful pictorial art.

REFERENCES

1. K. D. Bajpal, *Cultural History of India*, Vol. I. (Kanpur, 1985), pp. 26-7.
2. The Gujarra inscription has been edited and adequately published by D. C. Sircar in his *Asokan Studies* (Indian Museum, Calcutta, 1979), pp. 86-93, plate XV.
3. Sircar, *Ibid.*, pp. 94-103, plate XVI.

बुन्देलखण्ड का पुरातत्व

डॉ० कृष्ण कुमार त्रिपाठी

बुंदेलखंड में यमुना, टोंस, धसान, बेतवा, कालीसिंध आदि नदियों के तटवर्ती क्षेत्रों पाषाणकालीन सभ्यता के अवशेष मिले हैं। इस भू-भाग में सदियों पूर्व नदी-घाटी की सभ्यता से लेकर नगरीय सभ्यता की मानव-संस्कृति तथा इतिहास की जानकारी मिलती है। प्रकृति-निर्मित शिलाश्रय आदिम मानव-जीवन के संरक्षण में सहायक थे। वनों से आच्छादित क्षेत्रों में मानव का आरम्भिक जीवन मूलतः उसकी आखेटक वृत्ति पर निर्भर था, तथापि उपलब्ध कंद-मूल, फल-फूल, तथा वनस्पतियां उसकी उदर आपूर्ति के साधन थे। सागर के समीपवर्ती स्थानों से चित्रित शिलाश्रयों की महत्त्वपूर्ण खोज पुराविदों द्वारा की गई है। सागर के समीप नरयावली, आबचन्द, बड़ोदा, भापेल, खानपुर, छानबीला आदि के शिलाचित्रों के अतिरिक्त दमोह जिले में बटियागढ़ के समीप आंजनीबेरखेरी और फतेहपुर के समीप पटारनाला से ज्ञात शिलाचित्रों से आदिम मानव की कला-रुचि का पता चलता है।

पन्ना क्षेत्र के बरियारपुर और सधुवापुल के पास नाले की तह से पूर्व पाषाणकालीन उपकरण मिले हैं। चौरहट तथा जामुनी पहाड़ी से सर्वेक्षण से प्राप्त लघुपाषाण उपकरण तथा पन्ना से उत्तर-पूर्व में लगभग ४० किलोमीटर की दूरी पर बाघन नदी के तट पर स्थित बृजपुर के बृहस्पति कुंड में शिलाचित्रों की खोज की गई है। पन्ना नगर के दक्षिण में १४ कि० मी० दूर बराछ ग्राम के समीप नाले के किनारे पंडवन शिलाश्रय तथा पन्ना पहाड़ी खेड़ा मार्ग पर इटवा ग्राम के सामने लालपुतरिया शिलाश्रय, मझपहाड़, टपकनियां, हाथी डौल, पुतरिहाउघाटी, कल्याणपुर-बिलाड़ी आदि स्थलों की खोज से दुर्लभ शिलाचित्र प्रकाश में आए हैं। इन शिलाचित्रों में मानव तथा पशु-पक्षियों की आकृतियां परस्पर युद्ध, शिकार, सामूहिक-नृत्य, अश्वारोही, जंगली भैंसा, सांभर, वृषभ, मछलियां तथा आयुद्धों में भाला, बरछा, धनुष-बाण, ढाल-तलवार अंकित है। मनोरंजक वेशभूषा विविध वाद्य तथा मांगलिक प्रतीकों के रोचक अंकन पूरक तथा आरेखन शैली में देखने को मिलते हैं। इन चित्रणों में गहरा लाल, कत्थई, साधारण गेरुआ तथा सफेद रंगों को प्रयोग में लाया गया है। प्रारम्भिक चित्रकला के स्वरूप तथा क्रमिक विकास के अध्ययन में ये चित्र सहायक सिद्ध हुए हैं।

बुंदेलखंड के सागर जिले में खुरई तहसील के अन्तर्गत मण्डीबामोरा रेलवे स्टेशन से लगभग ९ कि० मी० उत्तर-पूर्व में 'एरण' ग्राम पौराणिक वेत्रवती, आधुनिक बेतवा की सहायक

बीना, प्राचीन 'वेण्वा' नदी के दक्षिणी किनारे पर स्थित है। अभिलेखों में एरण का नाम 'ऐरिकिण' मिलता है। स्थानीय जन इसे 'एरन बत्तीसी' के नाम से जानते हैं। कहा जाता है कि आसपास के ३२ गांव एरण ग्राम के अंतर्गत थे। इस ग्राम के समीप बीना नदी अर्धचन्द्राकार रूप में प्रवाहित होकर एरण ग्राम को तीन ओर से बाहरी आक्रमणों से सुरक्षा प्रदान करती रही है। सुविख्यात पुराविद्, प्रोफेसर के० डी० वाजपेयी के निर्देशन में १९६० से १९६५ तक एरण में प्राचीन टीलों का उत्खनन कराया गया है।

बुंदेलखंड में आद्यैतिहासिक अथवा ताम्राश्मकालीन सभ्यता के अवशेष केवल सागर जिले के एरण ग्राम के प्राचीन टीलों की खुदाई से ही मिले हैं (चित्र १ से ५)। महाभारत काल में दशार्ण प्रदेश (धसान नदी के आसपास के क्षेत्र) पर शिशुपाल का राज्य था। एरण-उत्खनन से ज्ञात प्राचीनतम पुरावशेष ताम्रपाषाणकाल की सभ्यता के अन्तर्गत आते हैं। इस काल का मानव पत्थर के औजारों के साथ-साथ ताम्बे की बनी कुल्हाड़ियों का भी उपयोग करने लगा था। इस काल के पकी मिट्टी के बर्तन बनावट, रंगकारी, पशु-पक्षियों फूल-पत्तियों तथा ज्यामित्तिक चित्रकला में अपनी विशेषता रखते हैं। इसी काल की पत्थर ताम्बे की कुल्हाड़ियां, अर्धकीमती पत्थरों के आभूषण, पत्थरों के छोटे औजार पकी मिट्टी की मानवीय तथा पशु-पक्षियों की आकृतियां, मिट्टी के खिलौने, कुटे हुए फर्श, चूल्हे, भवनों के अवशेष, काले, लाल तथा भूरे रंगों वाले चित्रित मृद्भाण्ड, शृङ्गार और सौन्दर्य की वस्तुयें तथा घरेलू उपयोग की पुरावस्तुयें एरण की खुदाई से मिली हैं। एरण उत्खनन से प्राप्त पुरावस्तुओं तथा निम्नतम स्तरों के विश्लेषण से विवेच्य क्षेत्र में ताम्राश्मकालीन मानव संस्कृति की प्राचीनता ईस्वी पूर्व २१०० वर्ष से लेकर ईस्वी पूर्व ९वीं ८वीं शती तक सुनिश्चित की गई है। उत्खनन में प्राप्त मिट्टी की बुनी प्राचीन रक्षा-दीवार तथा जल से आप्लावित परिरवा उल्लेखनीय हैं। इस रक्षा-दीवार का निर्माण ताम्राश्मकालीन मानव ने दो चरणों में पूरा किया था। इस प्रकार आद्यैतिहासिककालीन एरण तीन और अर्धचन्द्राकार प्रवाहित होने वाली बीना नदी से तथा दक्षिण-पश्चिम में बनी रक्षा दीवार और बीना नदी के जल से आप्लावित परिरवा से सुरक्षित था।

ई० पूर्व ९वीं-८वीं शती के लगभग एरण क्षेत्र पर गंगाघाटी की लौहकालीन संस्कृति का व्यापक प्रभाव पड़ा। यह लौहकालीन संस्कृति गंगाघाटी, राजस्थान तथा मालवा प्रदेश से होते हुए यहां पहुंचो। लौहकालीन संस्कृति के प्रभाव से ताम्राश्मकालीन संस्कृति का विघटन हो गया और तत्कालीन जन-जीवन में एक नई आर्थिक एवं औद्योगिक क्रान्ति का सूत्रपात हुआ। जिसके परिणामस्वरूप कृषि-उपज, उद्योग-धन्धे, व्यापारिक लेन-देन, जीवन-पद्धति, रहन-सहन तथा आवासीय भवनों के विकास से धीरे-धीरे एरण में नागरीकरण की प्रक्रिया आरम्भ हो गई। एरण के उत्खनन तथा सर्वेक्षण से आहत, चिन्हांकित, ढले हुए तथा एरण नगर नाम वाले बहुसंख्यक ताम्बे के सिक्के मिले हैं, जिससे पता चलता है कि एरण में प्राचीन सिक्के ढालने की टकसाल थी।

ई० पूर्व छठी शती से एरण का सम्बन्ध विदिशा, सांची तथा उज्जयिनी आदि प्राचीन नगरों से रहा है। महाजनपदकाल के पश्चात् एरण नगर मौर्य-साम्राज्य का अंग बन गया। एरण क्षेत्र पर स्वतन्त्र शासन करने वाले शासक "धर्मपाल" की जानकारी एरण से प्राप्त

उसके सिक्के से हुई है। यह सिक्का मेजर जनरल कनिंघम को प्राप्त हुआ था। ईस्वी पूर्व तीसरी शती के अन्त में एरण क्षेत्र का स्वतन्त्र शासक धर्मपाल था। एरण क्षेत्र पर स्वतन्त्र शासन करने वाले एक अन्य शासक राजा 'इन्द्रगुप्त' की सीलयुक्त सीसे का लगभग ३ किलोग्राम वजन का बांट उत्खनन से प्राप्त हुआ है, जो मौर्ययुगीन बाजारों पर शासन के नियंत्रण तथा नियमन का अद्वितीय प्रमाण है। विदिशा नगर से प्राप्त दो ताम्र-मुद्राओं से शिवगुप्त तथा सखदेव (विशाखदेव) दो स्वतंत्र शासकों की जानकारी मिली है। मौर्यों के पश्चात् एरण क्षेत्र पर शासन करने वाले शुंग, सातवाहन, शक कुषाण, क्षत्रप, नाग, हूण, गुप्त तथा परवर्ती शासकों की हमें जानकारी मिलती है। उत्खनन में इन राजवंशों के सिक्के तथा क्षत्रप शासकों के सिक्के ढालने के पकी मिट्टी के सांचे प्राप्त हुए हैं। लगभग तीन हजार दो सौ अड़सठ ताम्बे के आहत सिक्कों का ढेर भी प्राप्त हुआ है। गुप्त शासक रामगुप्त के गरुड़, सिंह, वृषभ प्रकार के अनेक दुर्लभ सिक्के एरण तथा विदिशा से मिले हैं। जिनसे इस शासक की ऐतिहासिकता का पता चलता है। विदिशा संग्रहालय में दुर्जनपुर ग्राम से प्राप्त तीन जैनतीर्थंकर (पुष्पदंत तथा चन्द्रप्रभ) की प्रतिमाओं की चरण-चौकी के ऊपर 'महाराजाधिराज श्रीरामगुप्त" के लेख उत्कीर्ण हैं।

एरण से प्राप्त प्रमुख शिलालेखों में समुद्रगुप्त का प्रस्तर-अभिलख, बुधगुप्त का गरुड़-ध्वज स्तम्भलेख, गोपराज सती स्तम्भ में अंकित भानुगुप्त का अभिलेख, पशु-वराह प्रतिमा के वक्षस्थल पर उत्कीर्ण हूण शासक तौरमाण का अभिलेख, शको से अंकित प्रस्तर लेख, नृवराह प्रतिमा की चरण-चौकी पर अंकित "महेश्वर दत्तस्य तथा वराहदत्तस्य लेख", शक शासक श्रीधरवर्मा आदि के लेख उल्लेखनीय हैं। इन अभिलेखों में वर्णित विषयों के आधार पर तत्कालीन राजवंशों तथा उनके शासनकाल की प्रमुख राजनीतिक गतिविधियों, शासकों के संरक्षण में निर्मित कराए गए देवालयों, ध्वजकीर्ति स्तम्भों के अतिरिक्त बहुविध अंकनों सहित देवी-देवताओं की पाषाण-प्रतिमाओं के सम्बन्ध में रोचक जानकारी मिलती है।

गुप्तकाल में निर्मित भगवान विष्णु की चतुर्भुजी विशालकाय स्थानक प्रतिमा के अतिरिक्त विष्णु के अवतारों में यज्ञ-वराह तथा नृसिंह की विशाल प्रतिमायें एरण के मन्दिर परिसर में आज भी हमें देखने को मिलती हैं। समुद्रगुप्त के अभिलेख में एरण को "स्वभोगनगर" कहा गया है। पकी मिट्टी से निर्मित एक अभिलिखित मुहर में "ऐरिकिण विषय" का नाम गुप्तकालीन ब्राह्मी लिपि में उत्कीर्ण है। एरण के मन्दिर परिसर में संरक्षित, उभयपक्षीय शालभंजिका, नृसिंह, शेषशायी विष्णु, कृष्णलीला फलक, अलंकृत मन्दिरद्वार, बलराम, सूर्य, नागपुरुष, हनुमान, गज-लक्ष्मी, महिषासुरमर्दिनी तथा पूर्व मध्यकाल की अनेक कलाकृतियां, अलंकृत शिल्पावशेष और १६वीं-१७वीं शताब्दी की नागरी लिपि में अंकित अभिलेखों सहित स्मृतिफलक स्तम्भ देखने को मिले हैं।

ललितकलाओं के बहुविध अंकनों सहित एरण की गुप्तकालीन मूर्तिकला में शारीरिक सौष्ठव, सौन्दर्यतत्त्व तथा भावाभिव्यक्ति का अनुपम समन्वय है। सूक्ष्मतम अभिप्रायों को मार्मिक ढंग से रूपायित कर प्रकृति-चित्रणों की सहज अभिव्यक्ति की गई है। विशालकाय प्रतिमाओं की संरचना, सूक्ष्मतत्त्वों की विवेचना तथा उन्नत कीर्ति-स्तम्भों का निर्माण गुप्तकाल के कलामर्मज्ञ शिल्पियों की शिल्प-संधारणा तथा चिरंतन साधना के प्रतीक हैं। गुप्तकाल में

एरण एक समृद्धशाली नगर था। इसकी बढ़ती हुई आबादी को बाहरी आक्रमणों से सुरक्षित रखने के लिए एक अन्य सुरक्षा दीवार तथा परिरवा का निर्माण कराया गया, जिसके अवशेष आज भी यहां विद्यमान हैं। गुप्तकाल में एरण राजकीय तथा सैनिक छावनी का केन्द्र था।

सागर विश्वविद्यालय के गौर पुरातत्त्व संग्रहालय में बुंदेलखंड की सांस्कृतिक धरोहर के रूप में आहत, जनपदीय तथा विविध राजवंशों के प्राचीन सिक्के, अभिलेख, पाषाण कलाकृतियां तथा अन्य पुरावशेषों का सुन्दर संग्रह है। इस संग्रहालय में धातु, पत्थर, मिट्टी आदि के बने हुए प्राचीन आभूषण, बुंदेली चित्र, शैव-शाक्त, वैष्णव तथा जैन कलाकृतियों की प्रमुखता है। कतिपय मूर्तियां कलात्मक सौन्दर्य तथा मूर्ति-विज्ञान की दृष्टि से असाधारण कोटि की है। गौर संग्रहालय के मुख्य द्वार पर प्रदर्शित नृवराह प्रतिमा न केवल बुंदेलखंड की अपितु भारतीय कला की अत्यन्त दुर्लभ कृति है। इस पर अंकित ब्राह्मी लेख के अनुसार इसका निर्माण ईस्वी चौथी शती के उत्तरार्द्ध में महेश्वरदत्त तथा वराहदत्त नामक व्यक्तियों द्वारा कराया गया। यह प्रतिमा एरण से प्राप्त हुई है। गुप्तकालीन अन्य मूर्त्तियों में अर्धनारीश्वर विष्णु, नृ-सिंह, गदा-देवी, परिचारिकायें, महिषमर्दिनी, गज-लक्ष्मी आदि उल्लेखनीय हैं। इस संग्रहालय में मध्यकालीन मूर्तियों की संख्या सबसे अधिक है, उनमें शिव तथा शिव के विविध स्वरूप, विष्णु, दुर्गा, सूर्य, कार्तिकेय, गणेश, जैन तीर्थंकर आदि की मूर्तियां हैं। गुप्त तथा मध्यकालीन स्थापत्य वाले इमारती पत्थरों की संख्या बड़ी है, जिन पर मंगलघट, कीर्तिमुख, स्वस्तिक लतावृक्ष, पुष्पादि के रोचक अलंकरण हैं। कुछ शिलापट्टों पर विविध वाद्य-नृत्यादि के दृश्य हैं।

मध्यप्रदेश शासन, पुरातत्त्व विभाग के सौजन्य से सागर नगर में जिला पुरातत्त्व संग्रहालय की स्थापना की गई है। इस नवीन संग्रहालय में सागर क्षेत्र में यहां-वहां बिखरी हुई असुरक्षित पुरावस्तुओं का संग्रह किया जा रहा है। इस पुरातत्त्व संग्रहालय में ईस्वी ७वी-८वीं शती से लेकर १३वीं-१४वीं शती तक की शैव, शाक्त, वैष्णव, जैन-तीर्थंकरों तथा संयुक्त देवी-देवताओं की विविध कलाकृतियाँ, बुन्देली चित्र तथा प्रतिकृतियाँ प्रदर्शित हैं। इस नवोदित संग्रहालय में सागर सम्भाग के अन्तर्गत आने वाले बुन्देलखण्ड क्षेत्र के पुरावशेषों को विशेष रूप से प्रदर्शित करने की योजना है।

सागर क्षेत्र के मध्यकालीन प्रमुख ऐतिहासिक स्थलों, यथा—बरोदियाकला, भापेल, बीना, बिनायका, देवरी, धामोनी, दुगाहा, एरण, गढ़ाकोटा, गढ़पहरा, गौरझामर, हीरापुर, जैसीनगर, कंजिया, खिमलासा, मालथौन, मढ़पिपरिया, मढ़खेड़ा, नरयावली, पाली, पापेट, पिठोरिया, राहतगढ़, रानगिर, रहली, सागर नगर, सानोधा, शाहगढ़ तथा कतिपय अन्य स्थलों में संग्रहीत कलाकृतियों, मन्दिरों, अभिलेखों तथा अन्य पुरावस्तुओं के अध्ययन से ज्ञात होता है कि सागर क्षेत्र में ईस्वी ९वीं शती के पश्चात् बुन्देल तथा कलचुरियों का अधिकार ईस्वी १३वीं-१४वीं शती तक बना रहा। चन्देल तथा कलचुरियों के शासन काल में निर्मित कराये गये विविध देवालय तथा कलाकृतियां पाली, पिठोरिया, मढ़-पिपरिया, देवरी, बीना-बारहा, बलेह, पजनारी, भापेल, सापट, रहती तथा अन्य स्थानों में विद्यमान हैं। दूसरी ओर मण्डी-बामोरो, बनायका, राहतगढ़, गढ़ौली तथा हिन्नौद से परमारकालीन मन्दिर तथा मूर्तियाँ मिली हैं।

दमोह जिले में गुप्तकालीन मन्दिर स्थापत्य तथा सोने के सिक्कों की उपलब्धि से गुप्त साम्राज्य की पुष्टि हुई है। सकौर, रौंड़ तथा कुण्डलपुर में गुप्तकालीन शैली से निर्मित मन्दिर तथा स्मारकों के अवशेष विद्यमान हैं। सकौर से प्राप्त स्वर्ण-निधि में समुद्रगुप्त, चन्द्रगुप्त तथा स्कन्दगुप्त के सिक्के उल्लेखनीय हैं। कलचुरियों के शासनकाल में इस क्षेत्र में सर्वाधिक संख्या में देवालयों के निर्माण कराये गये। कलचुरिकला के विविध स्मारक तथा भग्नावशेष दमोह ज़िले के दौनी, गुबरा, नोहटा, मोहड़, कोड़ल, मढ़ियाद्रौ, बरी-कनौडा, रौंड़, रिजकुड़ी चितराखेड़ा, बांदकपुर, बालाकोट आदि स्थानों में प्राप्त हुए हैं। कलचुरिशासक शैव-मतावलम्बी थे। अतः उनके समय में शैव-मन्दिरों का निर्माण प्रमुखता से हुआ। कलचुरियों के शासनकाल में धार्मिक सहिष्णुता का वातावरण था, जिसके फलस्वरूप जैन-धर्म के प्रचुर कलावशेष प्रायः इन सभी कलाकेन्द्रों में देखने को मिलते हैं। शैव-धर्म का प्रमुख तीर्थ बांदकपुर जैनतीर्थ कुण्डलपुर सुविख्यात हैं। दमोह के स्थानीय पुरातत्त्व संग्रहालय में बहुसंख्यक प्रतिमायें तथा स्थापत्यखण्ड संग्रहीत हैं। इस संग्रहालय में 'कामदेव' की रोचक प्रतिमा है। फुटेरा-तालाब के पास कलचुरिकालीन पशुवराह की प्रतिमा उल्लेखनीय है। दमोह के कतिपय स्थानों से ईस्वी १४वीं-१५वीं शती के कई पारसी लिपि में अंकित अभिलेख मिले हैं।

बुन्देलखण्ड से प्राप्त अभिलेखों से पता लगता है कि पांचवीं शती में जब उत्तर भारत में गुप्तों का आधिपत्य था, उस समय पन्ना क्षेत्र में गुप्त सम्राटों के मांडलिक रूप में परिब्राजक राजवंश राज्य कर रहा था। परिब्राजक महाराजाओं का सर्वप्रथम अभिलेख 'खोह' से प्राप्त महाराज हस्तिन का गुप्त सम्वत् १५६ (ईस्वी ४७५-७६) का ताम्रपत्र है। पन्ना क्षेत्र के प्रमुख कलाकेन्द्रों में खोह, नचना, पन्ना, भुमरा तथा नांदचाँद उल्लेखनीय हैं। खोह में गुप्तकालीन विष्णु-मन्दिर के अवशेष, वराह तथा एक मुख शिवलिंग की कलात्मक प्रतिमायें मिली हैं। भुमरा के शिव-मन्दिर में सूर्य की प्रतिमा मथुरा की उदीच्यवेश वाली सूर्य प्रतिमाओं जैसी है। भुमरा का मन्दिर विशेष कलात्मक है। उसमें गणेश, ब्रह्मा, यम, कुबेर, कार्तिकेय, शिव, सूर्य, कामदेव तथा महिषासुरप्रमर्दिनी की प्रतिमायें, पाषाण-फलकों पर उत्कीर्ण हैं। यहां शिव के गणों की विविध आकर्षक स्वरूपों वाली प्रतिमायें हैं। शिवगणों की कलात्मक मूर्तियां नयना के शिव मन्दिर में भी उकेरी गई हैं। रामकथा से सम्बन्धित कई शिलावट्ट नचना से प्राप्त हुए हैं। नचना में पार्वती मन्दिर तथा चौमुखनाथ शिव-मन्दिर हैं। पन्ना के स्थानीय संग्रहालय में विशिष्ट कलाकृतियां, स्थापत्यखण्ड तथा तीर्थंकर प्रतिमाओं की बहुलता है। विगत् वर्षों में किए गए आरम्भिक सर्वेक्षण से अनुमानित है कि पन्ना की समीपवर्ती पहाड़ी में बौद्ध-बिहारों के अवशेष विद्यमान हैं। नांद चाँद के शिव-मन्दिर में ७वीं-८वीं शताब्दी की कलाकृतियां एकत्रित हैं जिनमें सप्तमातृकाओं की स्वतन्त्र प्रतिमायें, चतुर्भुज विष्णु, नृसिंह, शिव, कार्तिकेय, गणेश, पद्मावती, द्वारपाल आदि की प्रतिमायें कला की अनुपम कृतियां हैं। पन्ना नगर के अन्य स्मारकों तथा मन्दिरों की छटा दर्शनीय है। पन्ना क्षेत्र के अन्य स्थलों में अजयगढ़ का "जयदुर्ग" चन्देल शासकों के सांस्कृतिक समन्वय तथा राजनीतिक गतिविधियों का उत्कृष्ट स्वरूप हैं।

छतरपुर जिले में विश्व प्रसिद्ध खजुराहो स्थित है। भारतीय वास्तु तथा मूर्तिकला के क्षेत्र में खजुराहो का महत्त्वपूर्ण स्थान है। चन्देल शासकों के समय में यहां बहुसंख्यक

मन्दिरों तथा मूर्तियों का निर्माण कराया गया। ये मन्दिर उत्तर भारत की नागर या शिखर-शैली के हैं। यद्यपि ये मन्दिर शैव, वैष्णव और जैन-सम्प्रदाओं से सम्बन्धित हैं, पर उन सब के शिल्प-विधान में प्रायः समान सांस्कृतिक तत्त्व दिखाई देते हैं। विभिन्न सम्प्रदायों के मन्दिरों का यहां आसपास निर्माण इस बात का साक्षी है कि खजुराहो में धार्मिक सहिष्णुता विद्यमान थी। खजुराहो के परवर्ती मन्दिरों तथा मूर्तियों में कला का अत्यन्त निखरा रूप देखने को मिलता है। बुंदेलखंड में खजुराहो शैली के मन्दिर महोबा, रहलिया, गैराहा, बानपुर, मदनपुर, दुधई, चांदपुर, टीकमगढ़, देवगढ़, कालिंजर, अजयगढ़ तथा कतिपय अन्य स्थानों में देखने को मिलते हैं।

छतरपुर तथा समीपवर्ती कलाकेन्द्रों से एकत्रित की गई शैव, वैष्णव, शाक्त, सौर तथा जैन मतों से सम्बन्धित पुरावशेष, पाषाण कलाकृतियां, सिक्के, अभिलेख, बुंदेली चित्र आदि का संकलन धुबेला के राज्य पुरातत्त्व संग्रहालय में देखने को मिलता है। इस संग्रहालय में आंचलिक कलाराशि का संकलन है।

टीकमगढ़ जिले का भू-भाग पुरातात्त्विक दृष्टि से सम्पन्न है। यहां पर प्राचीन मन्दिर देवी-देवताओं की बहुसंख्यक कलाकृतियां तथा प्राचीन स्मारक दर्शनीय हैं। कुण्डेश्वर, पपौरा, टीकमगढ़, मढ़खेरा, विन्ध्यवासिनी देवी का मन्दिर, जतारा मोहनगढ़, बंधा, हनुमान धारा, अछरूमाता, बल्देवगढ़, मवई, अहार, ओरछा, सातार तथा गढ़कुंडार आदि स्थलों में ऐतिहासिक तथा धार्मिक पुरावशेष देखने को मिलते हैं। पपौरा तथा अहार सुप्रसिद्ध जैन-तीर्थ हैं। ऊमरी की सूर्य प्रतिमा तथा मढ़खेरा का सूर्य-मन्दिर उल्लेखनीय हैं। सोलहवीं शताब्दी के चौथे दशक में ओरछा को बुंदेला शासकों की राजधानी बनने का गौरव प्राप्त हुआ। ओरछा का रामराजा मन्दिर, लक्ष्मी-मन्दिर, चतुर्भुज मन्दिर तथा कतिपय अन्य स्मारक वैभव तथा धार्मिक उत्कर्ष के प्रतीक हैं। बुंदेला शासकों के समय में बुंदेलखंड की साहित्यिक, धार्मिक तथा सांस्कृतिक त्रिवेणी सतत् प्रवाहमान थी।

महोबा में स्थापत्य एवं मूर्तिकला के प्रमाणस्वरूप ११वीं-१२वीं शताब्दी में निर्मित सिंहनाद अवलोकितेश्वर, बौद्ध-देवी तारा तथा जैन तीर्थंकरों की प्रतिमायें उल्लेखनीय हैं। चन्देल शासकों द्वारा निर्मित कराए गए कीरतसागर, विजयसागर तथा मदनसागर आदि ऐतिहासिक सरोवर प्रसिद्ध हैं। मदनसागर के बीच टापू पर अत्यन्त सुन्दर मन्दिर आज भी भग्नावस्था में स्थित है।

बुंदेलखंड में चौथी शती ईसा पूर्व से लेकर १८वीं शती तक के अभिलेख मिलते हैं। झांसी क्षेत्र का सबसे प्राचीन अभिलेख अशोककालीन है, जो दतिया जिले के गुजर्रा नामक स्थान में एक पहाड़ी की तलहटी पर उत्कीर्ण हैं। स्थानीय लोग इस स्थल को 'सिद्धों की टोरिया' कहते हैं। अशोक के इस लघु शिलालेख में अशोक राजा का नाम तथा विरुद् देवानंप्रियदसिनि" दोनों मिलते हैं।

झांसी जिल के एरच से दो ईंटें प्राप्त हुई हैं, जिनमें लगभग ईस्वी पूर्व प्रथम शताब्दी की ब्राह्मी लिपि में "दाममित्र" नाम उत्कीर्ण है, जो सम्भवतः शुंगकालीन अथवा स्थानीय शासक प्रतीत होता है। झांसी क्षेत्र से चन्देलशासकों के अभिलेख मिले हैं, जिनकी लिपि नागरी

तथा भाषा संस्कृत है । चन्देलशासक मदनवर्मा का एक शिलालेख 'मऊ' से मिला है । मदनवर्मा के अन्य शिलालेख औगसी, कालिंजर, महोबा, खजुराहो, अजयगढ़ तथा चांदपुर से मिले हैं, जो बांदा हमीरपुर, छतरपुर पन्ना तथा ललितपुर जिलों में स्थित हैं । सम्वत् १२३३ का दान ताम्रपत्र झांसी जिले के 'पचार' से प्राप्त हुआ है, जो चन्देल शासक परमर्दिदेव द्वारा जारी किया गया था, इस शासक के दानलेख वाले अन्य ताम्रपत्र इछावर, महोबा, चरखारी, टीकमगढ़ आदि स्थानों से मिले हैं । इस शासक के कई अभिलेख अजयगढ़ के किले में सुरक्षित हैं ।

मन्दिर-वास्तु तथा मूर्तिकला की दृष्टि से झांसी क्षेत्र के कलावशेष भी महत्त्वपूर्ण हैं । इस क्षेत्र में बरुआ-सागर का सबसे सुन्दर प्रतिहारकालीन मन्दिर "जरायका मठ" है । वह पंचायतन शैली का देवी-मन्दिर है । झांसी से लगभग १५ कि० मी० दूर एक पहाड़ी पर गुप्त-कालीन मन्दिर के अवशेष विद्यमान हैं । गैराहा में पूर्ण विकसित चन्देलकालीन मन्दिर ऊंची जगती पर बना है । यह कीर्तिवर्मन के समय का शिव-मन्दिर है । झांसी के अन्य ऐतिहासिक महत्त्व के स्मारकों में गंगाधर राव, रामचन्द्र राव की समाधियाँ, मेंहदीबाग, लक्ष्मी-मन्दिर तथा किला दर्शनीय हैं । रानी संग्रहालय तथा राजकीय पुरातत्त्व संग्रहालयों में गुप्त, प्रतिहार चन्देल तथा परवर्ती कलाशैली की बहुसंख्यक कलाकृतियां देखी जा सकती हैं, जो कलारसिकों को सहज ही विमुग्ध करती हैं । एरच के प्राचीन टीलों के उत्खनन से इस क्षेत्र की प्राचीन कला और संस्कृति पर नवीन अनुसन्धान करने की आवश्यकता है । लौकिक किंवदन्तियों के अनुसार "एरच" को प्रह्लाद की जन्म-स्थली तथा हिरण्यकश्यपु की राजधानी कहा जाता है । चन्देलशासक त्रैलोक्यवर्मन के समय में एरच क्षेत्रीय प्रशासन का मुख्यालय रहा है । यहां बेतवा नदी के किनारे प्राचीन दुर्ग के अवशेष विद्यमान हैं ।

चन्देलशासक धंग के अभिलेख ललितपुर के समीप दुधई से प्राप्त हुए हैं । इन अभि-लेखों में झांसी-ललितपुर को एक मण्डल के रूप में व्यक्त किया गया है । सन् १९७४ के पूर्व ललितपुर-जिला झांसी के अन्तर्गत ही था ।

ललितपुर में देवगढ़, दुधई, चांदपुर, बानपुर, मदनपुर, सीरोनखुर्द, बुधनी, बार, तालबेहट तथा कतिपय अन्य सांस्कृतिक केन्द्र थे । देवगढ़ के मन्दिरों में सर्वश्रेष्ठ गुप्तकालीन भव्य दशावतार मन्दिर हैं । इस मन्दिर में गजेन्द्रमोक्ष, तपस्यारत नर-नारायण तथा शेषशायी विष्णु की आकर्षक प्रतिमायें हैं । गुप्तकालीन इस दशावतार मन्दिर में पाषाण द्वारा निर्मित शिखर का एकाकी उदाहरण देखने को मिलता है । देवगढ़ के शासकीय पुरातत्त्व संग्रहालय में संग्रहीत कलावशेषों को देखने से इस मन्दिर की भव्यता का अनुमान लगाया जा सकता है । यहां सुरक्षित पाषाण फलकों में रामकथा की महत्त्वपूर्ण घटनाओं को मूर्त रूप प्रदान किया गया है । साथ ही कृष्ण-जन्म, नंद-यशोदा की गोद में कृष्ण और बलदेव, शकटोद्धार तथा वामन अवतार भी पाषाणकला में रूपायित हैं । देवगढ़ की विशेषता है कि यहां की गुप्तकालीन कला में कृष्ण तथा राम की लीलाओं का शिल्पांकन एक साथ देखने को मिलते हैं । गुप्तकालीन कला का विकास गुर्जर-प्रतिहारों के शासनकाल में भी अनवरत् जारी रहा । यहां पर बेतवा नदी तेज गति से प्रवाहित होती है । दक्षिण की ओर किले के ऊपरी भाग से बेतवा नदी तट

तक सीढ़ियां बनी हैं। किले के पार्श्व में जैन-मन्दिरों के समूह तथा जैनकला की जीवन्त मूर्तियां देखते ही बनती हैं।

बुंदेलखंड में ऐतिहासिक दुर्गों और सामरिक महत्त्व के मध्यकालीन गढ़ों की बहुत बड़ी संख्या है, जो ऊंची पहाड़ियों के ऊपर बनाए जाते थे। इन्हें 'गिरिदुर्ग' कहा गया है। बुंदेला राजाओं ने भी अनेक दुर्गों और गढ़ियों के निर्माण अपने शासनकाल में कराए। प्रत्येक राज्य या जागीर का अपना सुरक्षित किला होता था। इन किलों के अन्दर संरक्षित राज-प्रासादों तथा धार्मिक स्मारकों की आन्तरिक दीवारों में लोक-जीवन से सम्बन्धित मुगल, मराठी तथा बुंदेली कलम के रोचक चित्रण देखने को मिलते हैं।

पुरातत्त्व की दृष्टि से प्राचीनतमकाल से बुंदेलखंड का भू-भाग महत्त्वपूर्ण रहा है। अपने शौर्य के लिए यह क्षेत्र इतिहास में प्रसिद्ध है। स्वाभिमान की रक्षा के लिए स्वयं को बलिदान कर देने वाले वीरों की गाथाओं से बुंदेलखंड का इतिहास आलोकित है। बुंदेलखंड का सांस्कृतिक जन-जीवन पाषाणकालीन सभ्यता से प्रारम्भ होकर जनपद-काल से राजनीतिक यात्रा करते हुए मौर्य, शुंग-सातवाहन, शक, कुषाण, क्षत्रप, नाग, गुप्त, वाकाटक, गुर्जर-प्रतीहार, राष्ट्रकूट, चन्देल, कलचुरि, मुस्लिम, मराठा, बुंदेला शासकों तथा अंग्रेजों की प्रभुसत्ता में समाहित था। बंदेलखंड के विस्तृत क्षेत्र की शिल्पसम्पदा जहां एक ओर शैव, वैष्णव, सौर, शाक्त जैन, बौद्ध, मुस्लिम, मराठी, बुंदेली आदि की समन्वित संस्कृति का उद्‌घोष करती है, वहीं दूसरी ओर बंदेलखंड की ऐतिहासिक यशोगाथा के निर्माण में भी सहभागी है। बुंदेलखंड के आन्तरिक जन-जीवन में आज भी हमें समन्वित सांस्कृतिक चेतना दिखाई देती है।

संदर्भ संकेत

१. बाजपेयी, के. डी. : सागर थ्रू द एजेज, प्रा. भा. इति. विभाग, सागर विश्वविद्यालय, सागर १९६४

२. (सम्पादक) : बुलेटिन ऑफ एन्शिएन्ट इण्डियन हिस्ट्री ऐण्ड आर्केलॉजी, जिल्द १, पृ. ६८-७०, सागर विश्वविद्यालय, सागर १९६७

३. : मध्यप्रदेश का पुरातत्त्व, पृ. १७-१९, संचालनालय पुरातत्त्व एवं संग्रहालय, म. प्र., भोपाल १९७०

४. द चालकोलिथिक काम्प्लेक्स ऑफ मध्यप्रदेश, प्राच्य-प्रतिभा, जिल्द ४, संख्या २, जुलाई, १९७६, पृ. ३३-३७, प्राच्य निकेतन, भोपाल

५. : एरण उत्खनन से इतिहास पर नया प्रकाश, ग्वालियर-दर्शन (प्रथम चरण) मनीषा, १९८०, ग्वालियर शोध-संस्थान, जीवाजी विश्वविद्यालय, पृ. २८८-९१

६. : इण्डियन न्युमिस्मेटिक स्टडीज़, नई दिल्ली

७. : मार्ग, अंक २६, सं. ३ – मध्यप्रदेश स्कल्प्चर्स, बम्बई, १९७३

८. : बुंदेलखण्ड की मूर्तिकला सम्पदा, मामुलिया (छतरपुर), पृ. १८-२१, २०३८, अंक ३

९. : उत्तरप्रदेश का सांस्कृतिक इतिहास, आगरा, १९६२

१०. : गुप्तकालीन शिल्पकला का अप्रतिम केन्द्र : नचना, मध्यप्रदेश सन्देश, भोपाल, १ सितम्बर १९८१, पृ. ३-४

११. बाजपेयी, सुरेशचन्द्र : सागर जिला का प्राचीन वास्तु तथा मूर्तिकला का अध्ययन (अप्रकाशित शोध-प्रबन्ध), प्रा. भा. इति., सागर वि. वि., १९७७

१२. शर्मा, आर. के. : मध्यप्रदेश के पुरातत्त्व का सन्दर्भ ग्रन्थ, हिन्दी ग्रन्थ अकादमी, भोपाल १९७६

१३. त्रिवेदी, एस. डी. : बुन्देलखंड का पुरातत्त्व; राज्य पुरातत्त्व संग्रहालय, झाँसी

१४. निगम, एम. एल. : कल्चरल हिस्ट्री आफ बुन्देलखंड, दिल्ली, १९८३ (संदीप प्रकाशन)

१५. गुप्त, नर्मदा प्रसाद : मध्यप्रदेश के बुन्देलखंड क्षेत्र में नवोपलब्ध चित्रित शिलाश्रय, मामुलिया, बुन्देलखंड साहित्य अकादमी, छतरपुर, सम्वत् २०३८, अंक-२, पृ. ७८-८२

१६. बबेले, बिहारीलाल : ललितपुर जनपद का प्राचीन इतिहास, मामुलिया, छतरपुर, सम्वत् २०३८, अंक २, पृ. ८३-९०

१७. गुप्त, नर्मदा प्रसाद : बुन्देलखंड की लोक-संस्कृति, मामुलिया, छतरपुर, पृ. ४१-६३ (मध्यप्रदेशीय लोक-संस्कृति विशेषांक, वर्ष ४), अंक-१५-१६

१८. द्विवेदी, महेन्द्र (संपा.) : टीकमगढ़ दर्शन (मंगल प्रभात), ग्वालियर, १९७८

१९. अवस्थी, रामाश्रय : खजुराहो की देव-प्रतिमाएँ, आगरा, १९६७

२०. सक्सेना, चैतन्य स्वरूप : नांदचाँद का पुरातत्त्वीय वैभव, पुरातन, भोपाल, अंक १ पृ. ६८-७०, १९८४

२१. मकबूल अहमद : बुन्देलखंड के आद्य पुरातात्त्विक अवशेष, म. प्र. संदेश, भोपाल, १० मई १९८१, पृ. ७, ८ तथा २४, २५

२२. दीक्षित, एस. के. : ए गाइड टु द स्टेट म्युजियम धुबेला, १९५५-५७

२३. त्रिपाठी, कृष्ण कुमार : एरण की गुप्तकालीन मूर्तिकला, पुरातन, भोपाल, अंक १, १९८४, पृ. ६२-६४

२४. : देवरी की प्राचीन मूर्तिकला, मामुलिया, छतरपुर, पृ. ७८-८४, अंक ५, सम्वत् २०३९

२५. : दमोह के सांस्कृतिक केन्द्र, मामुलिया, छतरपुर, अंक-१०, सम्वत् २०४०, पृ. ५९-६४

२६. : बीला नदी घाटी के चित्रित शैलगृह, मामुलिया, छतरतुर, वर्ष ४, अंक १३, पृ. ५०-५४

२७. : गौर आर्केलाजिकल म्यूज़ियम ए लिविंग मान्यूमेंट; प्रोफेसर के. डी. बाजपेयी, अभिनन्दन-ग्रन्थ (खण्ड-२) आगमकला प्रकाशन, दिल्ली, पृ. ३९७-४०१, १९८७

२८. : एरण का सांस्कृतिक वैभव; कला-सरोवर, वाराणसी, अंक १, सं. २ (१९८७), पृ. २०-२४

२९. : पन्ना क्षेत्र के पुरातात्त्विक अवशेष; कला-सरोवर, वाराणसी अंक २, सं. २, वर्ष १९८८, पृ. २८-३२

THE CHALCOLITHIC CULTURE OF BETWA VALLEY

K. D. Bajpai

The valley of Betwa (Vetravatī) is known as the region of considerable historical importance on account of its two main centres Vidisha and Eran (Airikiṇa). Other historical sites, such as Badoh, Pathari, Gyaraspur and Udayeshwar, are also located in that valley. These centres are well-known for numerous inscriptions, coins, sculptures and monuments discovered there in. Sanchi near Vidisha occupies an outstanding place in the history of Indian plastic art and architecture. During the Śuṅga-Sātavāhana period and later on in the Gupta and post-Gupta periods the Betwa valley played an important role in the development of art in its variegated forms.

Recent excavations and explorations conducted by the University of Sagar in the districts of Sagar, Vidisha and Raisen have revealed the importance of the Betwa valley as the region *par excellence* of the development of the ehalcolithic culture. Dr. V.S. Wakankar of the Vikram University. Ujjain has also contributed to the discovery of this culture in the Betwa and Chambal valleys.

The University of Sagar, under the direction of the author, started excavation at Eran in the Sagar district in the year 1960-61. Eran is situated on the left bank of the river Bina (ancient Veṇvā), a tributary of the Betwa. The excavation at the site continued till the year 1964-65, The cultural sequence found at Eran, as a result of the excavations, was indeed revealing. Clear indications of a chalcolithic habitation at the site, ranging approximately between c. 2000 B. C. and 700 B. C., came to light for the first time. This earliest phase (Period I) at Eran was characterised by the presence of microliths, painted pottery and copper. The fragmentary copper celts were obtained from the dig, attesting to the use of copper in the early phase. A neolithic piece, having a sharp edge, was also unearthed.

The wheel-made pottery of Period I at Eran is remarkable both from the point of view of fabric and painted designs. In the entire range of the chalcolithic pottery of Malwa the ceramic wares of Eran rank high. Most of the red wares of period I are painted in black over red exterior. The motifs are usually geometrical, although other motifs indicating the flora and fauna, in a tasteful manner, are not lacking. A few red were sherds contained incised decoration.

The other ceramic industry at Eran was the Black-and-Red ware, painted in white over the black interior. Another important chalcolithic ware unearthed at Eran was the Grey ware which also was found wheel-turned. Some of these sherds are painted in black and a few in red colour also. Thinner sherds of this ware are of a finer fabric. It is interesting to note that this P. G. ware of Eran, from the point of view of types and painted motifs, is not much different from the local Black-on-Red ware. It, however, represents the developed form over the red ware. At the present state of our knowledge it is not possible to point out any definite relationship between the P. G. ware of eastern Malwa and that of Gangetic basin. If future researches prove the extension of the chalcolithic culture of the Chambal-Betwa region towards the north-east, our surmise pertaining to the impact of this region over the Gangā-Yamunā Doab may prove fruitful.

A typological study of the chalcolithic pottery of Eran, along with that of Maheshwar-Navdatoli and Kayatha, would indicate several similarities. But from the artistic point of view the pottery from Eran can be said to be superior to other contemporary ceramics, in several respects.

Six floor levels were revealed in Period 1 at Eran. The earliest level was found immediately over the black soil. The floors of irregular shapes were made of rammed yellow clay. Sometimes burnt clods of clay were also crushed into the floor.

The chalcolithic people at Eran lived in ordinary huts of mud walls. People were acquainted with agriculture and a few basic industries, such as the preparation of wheel-made pottery and of beads of clay and semi-precious stones. The knowledge of stone tools of various types was quite advanced.

The chalcolithic material culture of Eran has been revealed by the discovery of beads made of steatite, jasper, shell, stone and clay; terracotta human and animal figurines, bangles and toy-cart wheels. An interesting circular gold piece (diam. 2.3 cm; wt. 20 grains) was also unearthed. It probably served as a sort of medium of exchange.

A significant discovery at Eran was that of a mud defence wall and a moat. The defence wall measures 46.97 m. wide and 6.41m. deep. It contained pot-sherds, a copper celt, beads and other objects of the chalcolithic period only. This defence wall enclosed the town on the southern side. The depression created by digging the nearby area for the construction of the mud-wall took the form of a moat. The width and maximum depth of the moat was found to be 36.60m. and 5.49 m. respectively.

The excavations conducted by the Sagar University at Tripuri (dist. Jabalpur) have brought to light the chalcolithic habitation, although not so rich as at Eran. The complex at Tripuri includes microliths and red ware. The recent work at Tripuri has confirmed the earlier evidence obtained by Dr. M. G. Dikshit regarding the presence of chalcolithic culture at Tripuri. The restricted digging at Barkhera and Kharwai (both in the Raisen district of M. P.) has been fruitful in revealing the presence of chalcolithic phases in the rock-shelters of this area. The stratified evidence at one of the shelters at Barkhera has indicated a clear-cut culture-sequence. The palaeolithic phase at Barkhera was followed by the people using microliths and at a succceding stage by those using poltery. Careful digging at a few other shelter in this area may bring to light evidence of far-reaching importance bearing on the chalcolithic culture in this part of the country.

It may be pointed out that the chalcolithic culture-complex of Narmada-Chambal-Betwa valleys should be studied as an integrated whole in the context of the cultures of north-west and western India. It should not be regarded as an isolated culture. A critical, comparative study in this regard will undoubtedly prove rewarding in the reconstruction of the nature and extent of the diffusion of Indian chalcolithic culture or cultures.

TWO COPPER PLATES OF MAHĀRĀJĀ PAHĀRASINHA BUNDELĀ FROM RĀTH

Laxmi Shankar Nigam & Ved Prakash Nagayach

Two copper plates of Mahāraja Pahārasinha have come in to light for the first time from the town of Rāth in Hamīrpur District, Uttara pradesh. Shri Ananta Vijay Khare, Advocate, resident of Rāth informed one of us (VPN) regarding these plates, which are in the possession of Mahant Shri Vrindavana Das of Bade Mandir of the same town.[1] The authors are thankful to Shri Khare for attracting our attention and to Mahantji for very kindly allowing the publication of the plates.

Both the plates were issued by Mahārājā Pahārasinha, who was the son of Mahārājā Jagatasinha and the grandson of the famous Bundelā ruler Mahārājā Chhatrasāla. Mahārājā Chhatrasāla (1649 to 1731 A.D.) had established an independent empire over the Bundelakhand region.[3] Mahārājā Chhatrasāla has four sons born from the *paṭaranis* (main queens), named as Hiradesāha, Jagatarāja, Padamasinha and Bhāratīchanda. Though Hiradesāha was not eldest among the brother but he became the successor, with capital at Pannā, as he was the son of Chief queen. Mahārājā Chhatrasāla had granted the separate *jāgīras* of Jiganī (of value of Rs. 3.5 lakh) and Kuṭaro (of 2.5 lakh) to Padamasinha and Bhāratī chanda respectively during his life time. Mahārājā Chatrasāla had divided his Kingdom, between his remaining two sons Hiradesāha and Jagatarāja in ratio of $1\frac{1}{4}$ and $\frac{3}{4}$ respectively.[3] It was also instructed that 1/3 of each would be shared by Bājīrāva Pesāwa.[4] Earlier, Chhatrasāla had also distributed his property and military establishment between these two sons.[5]

After the death of Chhatrasāla, Hiradesāha succeeded the principal seat of Pannā while Jagatarāja became the chief at the capital Jaitapura. Jagatarāja had many sons. Among them Diwāna Senāpatī was the eldest. But Jagatarāja was not pleased with him. He declared Kīratarāja, his second son, as the successor but Kīratarāja died during the life of Jagatarāja. Therefore, his third son Pahārasinha was made to look after the administration of the state. In 1759 A. D. Jagatarāja died at Maū but Pahārasinha made such an arrangement that no body could know about the death of Jagatarāja. He brought the death body of Jagatarāja and decalared himself as the king of *Jaitpur*. When Gumānasinha and Khumāna Sinha, who were the sons of Kīratarāja knew about the death of Jagatarāja they asked Pahārasinha to handover the state as they were the rightful successors. Pahārasinha refused to do so, the Gumānasinha and Khumānasihha attacked Jaitapura twice but could not acquire the territory. In 1765 A.D., Pahārasinha fell ill at Mahobā and felt that he would not survive. So, he called his nephews Gumānasinha and Khumānasinha and distributed his property and state among the two nephews referred to above and his son Gajasinha. Gumānasinha received the seat of Bāndā alongwith Ajayagarha. Khumanasinha got the territory of Charakhārī and Gajasinha became the successor of Jaitapura.[6] Thus Pahārasinha ruled for a very short period of six years i. e. from 1759 to 1765 A. D. The historical records of Pahārasinha are very rare. Therefore, the copper plates, described below may be considered as very important documents of his reign.

Copper Plate No, 1 *of Samvata* 1817

This plate is made of thin copper sheet and is more or less rectangular in shape measuring 16 cms. in breadth and 27.5 cms. in length. At the top of the plate is *nāgarī* figure one[7] eonnected with the word *Sahī* followed by a double circled round seal at the left. Below the seal there are four slant lines from left to right, engraved in the left margin and to its right, there are three lines consisting the main part of the text. The remaining six lines of the text cover the entire vacant space. All the nine lines of the main text start from more horizontal lines are engraved. This pattern, it can be guessed, is there, perhaps to check further inclusion of any words to the original text.

The record is written in *nāgarī* script of the Eighteenth Century A. D. several mistakes in engraving may be observed. A few words are written in two patterns. The words *ka* and *a* some times seem very clear like developed *Nāgarī*, but in many other places the engraving is in the old pattern. The engraver has used twice *va* for *ba* (lines 4 & 5, word *vighā*). The letter *trī* is written for *kī* (line, 5). In the text of the seal *tā* is written as *pā* and *mātrā* in the few letters is superfluous, hence *tai* looks like *ta* (line, 3), *kī* appears as *kā* (line, 4) and *le* seems as *la* (line, 4).

The language is Bundelī variety of Hindi. The words are engraved as they were popularly pronounced in that region at that time.

The charter was issued by Pahārasinha jūdeva, who had assumed the royal title of *Śrīmahārājādhirāja Śrīmahārāja Śrīrājā* popularly used by his predecessors. The object of record is to grant sixty one *bighā* of land, at the village Musakarā, located thirty and a half *bighā* each in two areas known as Modhe and Patare to Mahanta Īśwara Dāsa. The area of the land is expressed in fingures and words both. Apart from the land, two *takās* per day was also granted for *Jagāta* (morning worship) and for decoration of the Icon. After worship, blessings were to be communicated to *jūdeva*, the ruler. This is followed by the word *da* with a colon to indicate the *dastakhata* or signature and the word *pan* for *Pandita*, then Richhāriyā Māpana is inscribed. At the end it is dated the eleventh of darkmoon of the month *chaitra* of *Saṁvata* 1817 corresponding to 1760 A.D.

and word *mu* (for mukāma=place) Jaitapura.

The four lines, in the margin are a benedictory verse, inflicting swears on Muslim and Hindus and for bidding them to eat (the meat of) pigs and cows respectively with an exhoration that whosoever will decrease his *punya* (religious merit) they would go to *narka* (hell),

The seal has a verse starting with the words *Śrīrādhākrasna Sahāi* and *pratāpa* (grandeur) of his father Jagatarāja. It is also said that the *chhapa* (seal) of Pahārasinha is accepted in all the directions.

Thus, the copper plate indicates the contemporary socio-religious conditions. It is interesting that the cow is still regarded as one of the holy animals among the Hindus while the pig is considered as unholy by the Muslims. Eating of beef or pork is sin or *harāma* for these communities respecsively. This concept has been clearly mentioned in tha copper plates. Another important information is related with the procedure of worship that is *Jagāta* or the morning worship. The plate also informs us about the sub-cost of *brāmhaṇas* i.e. the Richhāriyās. Now-a-days, they are well known as *jijotiyā brāmhaṇas.*

Of the geographical places mentioned in the copper plate, Jaitapura was one of the seat of the Bundelas, situated in Kulapahāda tahsil of Hamīrpur district of Uttar Pradesh. Musakarā is a small village by the same name, located 24 Kms from Rātha on way to Hamirpur, the district headquarters.

Copper Plate No 2 *of Samvata* 1820 :

Like copper plate No. 1 (referred as CP. 1), this plate too is made of thin copper sheet, it is rectangular in shape measuring maximum 17 cms. in breadth and 27 cms. in length.

The charter is very similar to the CP-1 discussed earlier. Except in the writing of main text and lines in the margin. Number of slant lines in the margin in this plate is seven and engraved upto the seventh line of the main text. In the present copper plate all the nine lines of the main text are equally spaced and equal in size.

In this record, *nāgari* figure *one*, *sahi*, round seal and the name of the ruler are depicted in the same way as in CP-1. Though this copper plate was issued after only 3 years and 4 months, CP-1 was issued, the script is more clear. It might be a reflection on the skill of the engraver. As far as the language is concerned, it is similar to that in CP-1 but a few words are more clear here. For example in CP-1 the word *sandhī* is used (in line 2) while in this copper plate it is inscribed as *sanadhī* (in line 2 & 3) which is nearer to its original word *sanada*. On the other hand a few mistakes are also visible *anuswāra* have been found to occur in various words which have no meaning, for example Śrimahānrāja (line, 1) *tankā*(line, 6) and *sanrakāra* (line, 7). The later *ba* is written as *va* (line, 4 word *vīghā*). In the margin line, 4, *ma* is engraved for *na* (word *marke* for *narke*). Few *mātrās* in engraving of the seal are superfluous. The latter *hā* looks like *ha* and *le* appears as *la* (in line 4 & 5 respectively). Some different patterns may also be observed in this copper plate, for example, the name of the engraver is mentioned at the end in the margin.

The object of the charter is to grant a land of 85 *bighās* to Mahanta Mulīdāsa at village Auntā. Apart from this, an arrangenent of one *takā* per day has been made for the evening worship. It is also said that after the evening worship till the king went to sleep, blessings were to be communicated to *Sarakāra* the king. The date of this copper plate is given fourth day of bright moon of the month of *bhado* of the *Saṁvata* 1820 corresponding to 1763 A.D. One addition piece of information is that the name of the day (friday) has also been mentioned. The matter of the seal and the benedictory verse in the margin are similar to those in CP-1.

This copper plate is important because of it reveals an additional piece of information, in that period vis-a-vis practices of donation for the evening worship. Moreover it also reveals the economic affluence of the ruler. Another important point which we came to know is the tradition of Mahanta of Kāth. We can presume that Mahanta Mulīdāsa was probably successor of Mahanta Īśwara Dāsa, as both the copper plates are in possession of the Mahanta of *Bade Mandira* of Rāth.[8]

As far as the place names are concerned, Jaitapura, the place of issue of plate has already been discussed in CP-1. The other place, referred in this copper plate, *Auntā* can be identified with a village of the same name the near town called Rāth in Hamīrpur district of Uttarpradesh.

Thus, these copper plates reveals important historical facts about the history and culture of Bundelakhand region in general and on the history of Pahārasinha of Bundelā family in particular. Hence it may be considered as a pieces of important historical evidences. The text of both copper plates are given below :

COPPER PLATE No. 1 *OF SAṀVATA* 1817

Text engraved in the middle

१

सही

1. ।। श्रीमहाराजधिराज श्रीमहाराज श्री रा
2. ।। जा पहारसिंघ जूदेव तै संधि करि दई एतै
3. ।। श्री महंत ई[श्व]न (रं)दास[9] कौ मौजे मुसकरा मैं
4. ।। पादरी दऔं जिमो वी (बी)घा इकसढ़ि ६१)

5. ।। मौढे की जिमी वी (ब)घा सा पतरे त्री (की) जिमी वी (बी)घा साढ़े
6. ।। ढ़े तीस 30 ।।) तीस 30 ।।)
7. ।। जगात मै रोज टका२) दोई ह्मे सजाअै जाइ श्री
8. ।। जूदेव कौ आसीरवाद दीवौ करै द: पं श्री रिछारिया
9. मापन[10] चैत्र वदि ११ सं १८१७ मु: जैतपुर

Text Engraved in the Margin

1. ।। सौगंध मुसलमान कौ
2. ।। सुअर की हिंदू खै हे गाइ
3. ।। कमी हमांरे पुन्य मै क
3. ।। रै सो म(न) कें जाई ।।

Text of the seal

1, श्री राधा
2. क्रस्न सहाइ
3. तै जगतराज पर
4. ताप ।। सिंघ पहा
5. र नरेस की चल (ले)
6. चहु दिस छाप

COPPER PLATE NO. 2 OF SAMVATA 1820

१

सही

Text engraved in the middle.

1. ।। श्री महां(हा)राजाधिराज श्रीमहाराजा श्री
२. ।। राजा पहारसिंघ जूदेव की सरकार तै स
 ।। नधि कर दई एतै श्री महंत मुलीदास
4. ।। कौ पदारध(थ) करि दऔ मौजे औंता मै
5. ।। जिमी वी (बी)घा८५) पचासी सनझे मैं
6. ।। रोज १) टं(ट)का ऐेक लगाइदऔ सो हमे सु
7 ।। वांअै पांछै जाअै सरकां(कार)र कौ आसी

8. ॥ रवाद दैवो करै भादो वदि ४ सुक्रे संवत

9. ॥ १८२० मुकाम जैतपुर

Text engraved in the Margin

1. सो (सौ)गंध मुसल
2. मान कौ सुअर
3. की हिंदू खैहे गा
4. इ कमी हमारे पु
5. न्य मै करै सु न
6. कें जाई

   द: रोवरो

Text of the seal

1. श्री राधा
2. कृस्न सहाइ
3. तै जगतराज पर
4. ताप ॥ सिंघ पह (हा)
5. र नरेस की चल (ले)
6. चहु दिस छाप

NOTES & REFERENCES

1. Mahant Vrindavan Dāsa has received these copper plates from his *gurū* Brījavallabha Dāsa, who got the plates from his *gurū* Dwārakā Dāsa in succession.

2. For brief life sketch, please see, *The Cambridge History of India*, Vol. IV, Indian Edition, New Delhi, 1987, p. 313-14. For detail, please refer, Gupta, Bhagawan Das, *Maharāja Chhatrasāla Bundela*. Agra 1958.

3. This partition was done assuming the kingdom as two units. It was, therefore, possible to be ratio of $1\frac{1}{4}$ and 3/4.

4. The order of partition was issued by Mahārājā Chhatrasāla from Maū on 13th day bright moon of month *kartika* of Saṁvata 1787 corresponding to 11th Nov. 1730 A. D. This document is preserved in the Museum of Mahārājā Pannā, Documents regarding Mahārājā Chhatrasāla, No. 34, also refer singh, Mahendra Pratap, *Aitihāsik pramānāvali Aur Chhatrasāla* (in Hindi), New Delhi, 1975, Document No. 43, pp. 65-66 (of part-II); P. S. Mukharaya has also discussed,

please see, his article, Mahārājā Chhatrasāḷa ke Vasīhata Sambandhī do hukma Aur Unakā Mahatva' (in Hindi), *Journal of Madhaya Pradesh Itihasa Parisad*, No. 11, 1981, pp. 48-55.

5. Vide document No. 34 of Muhārājā Pannā Museum, dated fifth day of bright moon & the month *Jetha* of saṁvata 1787 corresponding to 12 May 1978. This document is also refferred by singh, M. P., *op. cit*, document No. 40, pp. 61-62 and Mukharaya, P. S., *op. cit.*

6. Shrivastava, Bhagwan Das and Khare Shri Bhagawan Das, *Bundelon Ka Itihas*, (in Hindi), Delhi 1982 p. 110-11.

7. The *nāgarī* figure and the word *Sahi* are generally visible separately in the documents of Chhatrasāla and his successors but here both are associated. The figure *one* is suggested having some auspicious significance.

8. Since the copper plates are in the possession of the present Mahanta of *Bade Mandir* at Rath, it may be suggested that the Mahantas of this temple are in the tradition of Mahanta Īśwara Dāsa and Muli Dāsa.

9. The second letter of this word is suggested as *swa*. If this view is appropriate then the third letter *na* should be *ra* and reading of the name of Mahanta would be Īśwara Dāsa.

10. It is probably name of the engraver which is not clear, the second letter seems either *pa* or *ya* hence, reading me be suggested as *Māpana* or *Māyana*.

* The Authors are thankful to Dr. K. C. Jain, Professor of Hindi, Govt. Chhattisgarh College, Raipur and Mr. K. Rahman, Professor of English, Govt. College, Bhatapara for co-operation rendered by them.

खजुराहो के जैन पुरालेख

श्री अरविन्द कुमार सिंह

मध्य प्रदेश के छतरपुर जिले में स्थित खजुराहो अपने मन्दिर स्थापत्य और मूर्ति सौन्दर्य के लिए विश्व प्रसिद्ध है। यहां पर ब्राह्मण और जैन धर्म से सम्बन्धित निर्माण कार्य चार शताब्दियों (९वीं-१२वीं शताब्दियों) तक हुए थे। पुरातत्त्व संग्रहालय में संरक्षित बुद्ध की प्रतिमा संकेतित करती है कि बौद्ध धर्म से सम्बन्धित कुछ निर्माण कार्य भी हुआ था। खजुराहो चन्देलों के समय में जैन कला का एक प्रसिद्ध केन्द्र था जैसा कि वहां पर विद्यमान पार्श्वनाथ (लगभग ९५०-७० ई०), घंटई (१०वीं शताब्दी), और आदिनाथ (११वीं शताब्दी का अंत) मन्दिरों से स्पष्ट है। इसके अतिरिक्त यहां से प्राप्त अनेक मन्दिर-द्वारों से स्पष्ट है कि खजुराहो में अधिक संख्या में जैन मंदिर रहे होंगे।[1] यह दिगम्बर जैन परम्परा का केन्द्र रहा है और मुख्यतः यहां पर ऋषभनाथ या आदिनाथ से सम्बन्धित निर्माण कार्य हुआ था।[2]

ब्राह्मण और जैन धर्म से सम्बन्धित कलाकृतियों के निर्माण में एक सामान्य अंतर यह है कि जहां ब्राह्मण धर्म सम्बन्धी कृतियों का निर्माण मुख्यतः राजकीय संरक्षण में हुआ, वहीं जैन मन्दिर और मूर्ति-निर्माण और उनका रखरखाव प्रायः धनिकों एवं श्रेष्ठियों के दान एवं सहयोग से हुआ है। खजुराहो के जैन मन्दिरों में और मूर्तियों की पीठिका पर अंकित लेख से उनके निर्माण से सम्बन्धित श्रेष्ठियों और शिल्पियों के साथ-साथ आचार्यों के विषय में तथा एक क्षेत्रपाल वरेंद के विषय में कुछ जानकारी मिलती है। खजुराहो के जैन मन्दिर से सम्बन्धित व्यक्तियों का एक संक्षिप्त परिचय यहां प्रस्तुत है।

श्रेष्ठि – खजुराहो में जैन धर्म के उत्थान से जुड़े श्रेष्ठियों में अधिकांश व्यक्ति ग्रहपति परिवार के सदस्य हैं, जो जिननाथ के उपासक थे। इस संदर्भ में विक्रम संवत् १०११ के लेख से पाहिल का नाम ज्ञात है जिसने ६ वाटिकायें और १ वाडी दान में दिया था। इस अभिलेख में पाहिल को 'अपने कुल का तिलक, दिव्य शरीर और अच्छे शील वाला, शम, दम गुण युक्त, सब जीवों पर अनुकंपा करने वाला बताया गया है जिसे चन्देल शासक धंग से भी मान प्राप्त था।' विक्रम संवत् १२१५ के मूर्तिलेख से प्रकट है कि मदनवर्मा नामक शासक के काल में गृहपति परिवार में जन्मे श्रेष्ठि देदू के पौत्र और पाहिल्ल के पुत्र साधु साल्हे ने संभवनाथ की एक मूर्ति रूपकार रामदेव से बनवाई थी। साधु साल्हे के पुत्र महागण, महीचंद्र, सिरिचंद्र, जिनचंद्र और उदयचंद्र नित्य संभवनाथ को प्रणाम निवेदन करते थे।

पाहिल के परिवार के अतिरिक्त एक अन्य ग्रहपति परिवार की भी जानकारी जैन मूर्ति लेखों से होती है, जो जैन धर्म के उन्नयन से सम्बन्धित थे। मूर्ति-लेखों से श्रेष्ठि पाणिधर तथा उसके पुत्रों त्रिविक्रम, आल्हण और लक्ष्मीधर द्वारा कुछ जैन प्रतिमाओं को प्रतिष्ठापित कराए जाने की सूचना मिलती है। विक्रम संवत् १०५८ के खजुराहो लेख से एक अन्य ग्रहपति परिवार के विषय में जानकारी उपलब्ध है, यद्यपि यह ग्रहपति परिवार जैन धर्म की अपेक्षा ब्राह्मण धर्म से सम्बन्धित मन्दिरों, ब्राह्मणों के आवासों तथा नगरों का निर्माण करवाने में व्यस्त था।[3] खजुराहो अभिलेखों से ज्ञात विभिन्न ग्रहपति परिवारों को निम्नलिखित तालिका की सहायता से सरलतापूर्वक समझा जा सकता है।

ग्रहपति परिवार

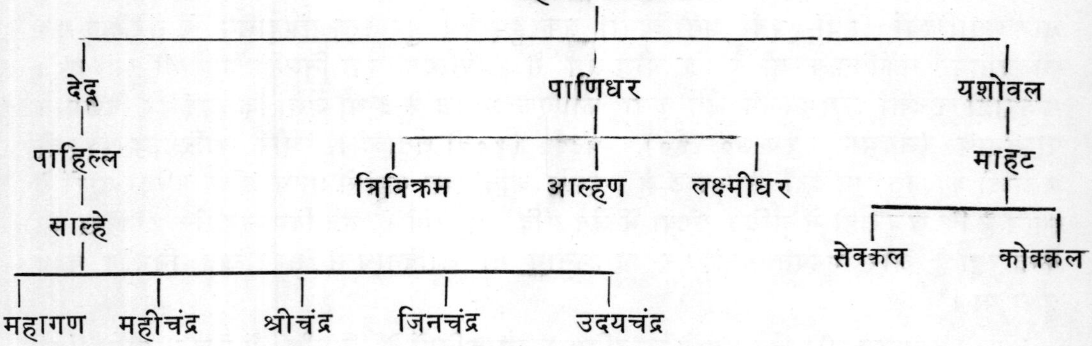

ग्रहपति परिवार के श्रेष्ठियों के अतिरिक्त अन्य व्यक्तियों ने भी जैन निर्माण कार्य में भाग लिया था। शांतिनाथ की मूर्ति सिवि और उसके भाई चन्द्र द्वारा निर्मित करवाई गई थी। एक जैन प्रतिमा श्रेष्ठि विवि तथा सेठानी पद्मावति द्वारा निर्मित करवाई गई थी। इसी प्रकार एक जिनालय घरवास द्वारा तथा दूसरा कालसेण द्वारा बनवाया गया था। ऐसा प्रतीत होता है कि चन्देल शासकों के समय में व्यवसाय पर जैनियों का प्रभुत्व था तथा चन्देल दरबार में भी उनका प्रभाव था। विक्रम संवत् १०११ के लेख से स्पष्ट है कि ग्रहपति परिवार के पाहिल्ल को धंग से उच्च सम्मान प्राप्त हुआ था। विक्रम संवत् ११३२ के दरबात शान्तिनाथ मूर्ति लेख से इस सम्बन्ध में और अधिक महत्वपूर्ण जानकारी उपलब्ध होती है। इस अभिलख में श्रेष्ठि पाहिल्ल और जीजू चन्देल शासक कीर्तिवर्मन के आनुवंशिक मंत्री (कुलामात्यवृंद) के रूप में वर्णित हैं।[4] श्रेष्ठियों की इस राज्य प्रतिष्ठा से निश्चिततः वाणिज्य तथा व्यापार की वृद्धि हुई होगी।

शिल्पी—खजुराहो के एक जैन मूर्तिलेख से रूपकार (मूर्तिकार) कुमर सिंह तथा विक्रम संवत् १२१५ के दो प्रतिमा लेखों से रूपकार रामदेव का नाम ज्ञात है। इन मूर्तिकारों के नाम के अतिरिक्त कुछ नाम जैन मन्दिरों के फर्श पर मन्दिर की दीवार पर या मूर्तियों पर उत्कीर्ण हैं। उदाहरणार्थ पार्श्वनाथ मन्दिर में मण्डप के फर्श पर देदुसु, तिसकेस, पीथन, गोन, जयसिंह और जस्यपाल का नाम; द्वार पर देवसर्म, गोलूण, माहुल का नाम; तथा दक्षिणी प्रदक्षिणा दीवार में स्थित एक जिन प्रतिमा पर नगाणिद का नाम उत्कीर्ण है। घंटई मन्दिर के

एक प्रस्तर पर नेमिचंद्र का नाम है। जैन मन्दिरों के विभिन्न अवयवयों पर अंकित उक्त नाम उन शिल्पियों के नाम हो सकते हैं जिन्होंने जैन मन्दिर और मूर्तियों के निर्माण में महत्वपूर्ण भूमिका निभाई होगी। परन्तु उनके द्वारा निर्मित विभिन्न वस्तुओं पर अलग-अलग उनके नाम के नहीं मिलने के कारण उनके द्वारा निर्मित कला वैशिष्ट्य को जान पाना सरल नहीं है।

आचार्य—कुछ आचार्यों के नाम भी जैन अभिलेखों से ज्ञात हैं, जैसे विक्रम संवत् १०११ के लेख से महाराज गुरु श्री वासवचंद्र का नाम ज्ञात है। आचार्य देवचंद्र का नाम पार्श्वनाथ मन्दिर के द्वार पर उत्कीर्ण है। शांतिनाथ मन्दिर की एक खंडित प्रतिमा पर दुर्लभनंदी आचार्य के शिष्य रविचंद्र आचार्य तथा उनके शिष्य सर्वनंदि आचार्य का वर्णन है। विक्रम संवत् ११४८ के एक लेख में लोकणंदी के शिष्य गोपाणंदी का नाम पढ़ा जा सका है लेकिन गोपाणंदी के शिष्य का नाम अपठनीय है। विक्रम संवत् १२१५ के एक मूर्ति लेख से रामचंद्र के लम्बे शिष्य परम्परा का ज्ञान होता है। इस अभिलेख में रामचंद्र के शिष्य राजनंदी, उनके शिष्य कीर्तिमुनि के शिष्य कुमार नंदी का नाम उल्लिखित है। महावीर मन्दिर में प्रवेश द्वार के ऊपरी वितान से भी अनेक नाम ज्ञात हैं। संभव है ये मुनिराज प्रतिमा के तथा शायद मन्दिर के भी प्रतिष्ठाचार्य रहे हों।[५]

पार्श्वनाथ मन्दिर के दाहिने स्तम्भ पर एक "चौंतीसा" यंत्र अंकित है, जिसकी उपादेयता के सन्दर्भ में परमानन्द जैन शास्त्री का कथन है कि 'यह यंत्र गृहस्थोपयोगी है, जब किसी गर्भवती स्त्री को प्रसव वेदना हो, तो इस यंत्र को केसर से कांसे की थाली में लिखकर शुद्ध पानी में घोलकर पिला देने से प्रसव शीघ्र हो जाता है; इसी तरह बालकों के पेट दर्द में भी उपयोग किया जाता है'।[६]

अभिलेख-पाठ

I. पार्श्वनाथ मन्दिर के बायें द्वार स्तम्भ पर विक्रम संवत् १०११ का एक लेख अंकित है। लिपि की दृष्टि से विचार करते हुए इस अभिलेख के संपादक कीलहार्न ने कहा है कि 'इसकी लिपि नागरी है जिसका समय १३वीं शताब्दी से पूर्व नहीं हो सकता।[७] बहुत संभव है जिस प्रकार धंग के विश्वनाथ मन्दिर अभिलेख को हाथियों द्वारा नष्ट कर दिया जाने या किसी युद्ध के दौरान शत्रुओं द्वारा नष्ट हो जाने के कारण ११७ वर्षों के बाद चन्देल शासक जयवर्मदेव ने पुनः उत्कीर्ण करवाया था,[८] उसी प्रकार पार्श्वनाथ मंदिर अभिलेख भी किन्हीं कारणों से नष्ट होने के बाद पुनः लिखा गया हो।

१. ओं संवत् १०११ समये ११ निजकुल धवलोयं दि-

२. व्यमूर्त्ति स्वसील समदमगुणयुक्त सर्व्व-

३. सत्वानुकंपी स्वजनजनिततोषो धांगराजेन

४. मान्य प्रणमति जिननाथोयं भव्यपाहिल-

५. नामा ।१।। पाहिलवाटिका १ चँद्र वाटिका २

६. लघुचंद्रवाटिका ३ संकर वाटिका ४ पंचाइ-

७. तलवाटिका ५ आम्रवाटिका ६ धगवाडी ७

८. पाहिलवंसेतु क्षये क्षीणे अपरवंसो यः कोपि

६. तिष्ठति तस्य दासस्य दासोयं मम दतिस्तु पाल-

१०. येत् ।। महाराजगुरुस्रीवासवचंद्र वैसाष

११. सुदि ७ सोमदिने ।।

II एक जैन मन्दिर (क्रमांक १) में शांतिनाथ की विशालकाय प्रतिमा की पीठिका पर विक्रम संवत् १०८५[६] का एक लेख उत्कीर्ण है जो निम्नलिखित है :

संवत् १०८५। श्रीमत् आचार्य पुत्र श्री ठाकुर श्री देवधर सुत। **श्री सिवि श्री चन्द्रयदेवः श्री शान्तिनाथस्य प्रतिमाकारी।**

III जार्डाइन संग्रहालय में संरक्षित विक्रम संवत् ११४२ की एक जैन मूर्ति पर लेख अंकित है। इस अभिलेख से धर्म्मकार श्रेष्ठी विवि और उसकी भार्या सेठानी पद्मावती की जानकारी होती है।[10]

IV. महावीर मन्दिर के गर्भगृह में स्थित मूर्ति की पीठिका पर विक्रम संवत् ११४८ का एक लेख खुदा है, जिसमें कुछ व्यक्तियों के नाम पढ़े जा सकते हैं :

१. **[संवत्] ११४८ भटारक लोकणंदितस्य सोषगोपाणंदी**

२. **नाणंदिः। जस्न सरि जल्हणः।**

V. एक श्याम वर्णीय जैन मूर्ति की पीठिका पर विक्रम संवत् १२०५ का एक लेख उत्कीर्ण है :[11]

ओं ।। ग्रहपत्यन्वये श्रेष्ठिपाणिधरस्तस्य सुत श्रेष्ठिति-
(त्रि) विक्रम तथा आल्हण। लक्ष्मीधर ।। संवत् १२०५। माघवदि ५ ।।

VI. श्याम वर्णीय एक जैन प्रतिमा की पाद पीठिका पर विक्रम संवत् १२१५ का लख अंकित है :[12]

ओं ।। संवत् १२१५ माघ सुदि ५ श्रीमन्मदनवर्म्मदेवप्रवर्द्धमानविजयराज्ये ।। ग्रहपति वंसे श्रेष्ठिदेदू तत्पुत्रपाहिल्लः। पाहिल्लांगरुहसाधुसाल्हे [ते] नेदं [यं] प्रतिमा कारितेति ।। ।। तत्पुत्राः महागण। महीचंद्र। सि [रि] चंद्र। जिनचंद्र। उदयचंद्रप्रभृति। संभवनाथं प्रणंमति नित्यं ।। मंग [लं] महाश्री [:] ।। रूपकार रामदेव [:] ।।

VII. आदिनाथ जिनालय मन्दिर (क्रमांक ६) में स्थित श्याम वर्णीय जिन प्रतिमा का पाद पीठिका पर विक्रम संवत् १२१५ का अन्य लेख अंकित है। यह अभिलेख स्पष्ट न होने के कारण सुवाच्य नहीं है। यहां पर लेख का संभावित पाठ दिया जा रहा है :

१. ।। सं १२१५ ।। भव्यां भोगविलासवासरमणिश्वारित्रचूडामणिधर्म्मां भो निधि वर्धनोत्तम विधुः क्रोचैवधूमध्वजः। शूरिः संघमभाजनं यतिपतिः श्रीमूलसंघेन घेघोराज्ञान वितान सिंह शरभोभूद्रामचंद्रः सुधीः ।। १ ।।

२. शिस्यमस्यसनता शास्त्र कुशलोभोकर्म सुवक्रमः कलोदुः करमान्तकेलिनिलैः क्षातिक्षितेरक्षकः। लोलाक्षाश्वकुसासमः समजनि श्री राजनंदीमुनिः प्रोद्यत्कीर्त्तिसुधाभिधौत भुवनः स्थानं तपस्तेजसं ।। २ ।। ग्रंथाकर्ण्णानिर्चितनप्रवण

३. शर्वावीन्दुधौस्वातवानुविथा वैश्वरूपं शास्त्रं निपुणः कंदर्प्प दर्प्पांतकः। तक्षिस्योजनिमानसाव्जप्रविता सत्सत्यनेमित्तिकः सातः सरुरितोब्ररिष्ठमतिमानयेरीभाव्वुकीर्त्तिर्म्मुनिः ।। शिष्य कुमारनंदी ।। रूपकार रामदेव

VIII. एक श्यामवर्णीय जैन मूर्ति की पीठिका पर अंकित लेख में पाणिधर का उल्लेख है :[१२]

[ग्र] हपत्यन्वये श्रेष्ठि श्री पाणिधर

IX. जार्डाइन संग्रहालय में संरक्षित एक श्यामवर्णीय जैन मूर्ति (पंजीकृत संख्या ४५७) की पीठिका पर अंकित लेख इस प्रकार है :

...[ग्र] हपत्यन्वये श्रेष्ठि श्रीपाणिधर ..प्रणमति वीरनाथदेवं ।। रूपकार कुमर सीह

X. पार्श्वनाथ मन्दिर के द्वार स्तम्भ पर कुछ अन्य लेख भी अंकित हैं, जो इस प्रकार हैं :

(अ) बायें द्वार स्तम्भ पर तीन लेख हैं (चित्र २)

१. श्री भाट पुत्र श्री
माहुलः ।।

२. आचार्य स्रीदेव चंद्रः। स्रिस्यकुमुबचंद्र ।।

३. भाटपुत्र श्री गोलूण

(ब). दाहिने द्वार स्तम्भ पर एक लेख और एक 'यंत्र' बना है :

१. श्री भाटपुत्र श्री देवसम्मं
चिरं जयतु ।।

२.

७	१२	१	१४
२	१३	८	११
१६	३	१०	५
९	६	१५	४

XI. पार्श्वनाथ मन्दिर में ही फर्श तथा चौखट पर कुछ अभिलेख अंकित हैं:

१. प्रवेश द्वार की चौखट पर लेख:
महाराजपुत्र श्र (श्री) जयसिंघखित:

२. **मण्डप में फर्श पर दाहिनी ओर :**
देदुसु

३. नीचे की ओर :
राजपुत्र श्र (श्री) जयसिंघ

४. भाटपुत्र श्र (श्री) पीथन

५. अगली पट्टिका पर तीन पंक्तियों का लेख है :
१. ओं गुपुनिधान श्री जस्यपालेन लिखितः ।।
२. विधानु वहितेमार्गे किंकरिष्यसि पण्डितः ।।
३. पण्डितस्यापि मृषस्यं विधानुननुवर्त्तनेः ।।

VI. मण्डप में उत्तर पश्चिमी स्तम्भ के पास फर्श पर लेख :
तिसकेस

VII. मुख्य मन्दिर की बाहरी दीवार में प्रदक्षिणा पथ में से देखने पर दक्षिण की ओर एक जिन मूर्ति के नीचे लेख : नगाणिद

VIII. प्रदक्षिणा पथ में से देखने पर पश्चिमी भित्ति पर लेख : लवदुइ

XII. पार्श्वनाथ मन्दिर के उत्तर-पश्चिमी किनारे में स्थित एक संग्रह में पेड़ के नीचे चबूतरे पर एक साथ दो शिलापट्ट रखे हैं जिन पर लेख उत्कीर्ण है :

१. संग्रामसींहः
साल्हण
माधवसीह
नागेंद्र :

२. जसपाल देउधरा
रजपल

XIII. शांतिनाथ मन्दिर की एक खण्डित मूर्ति पर दुर्ल्लभनन्दी आचार्य के शिष्य रविन्द्राचार्य तथा उनके शिष्य सर्वनन्दि आचार्य का नाम खुदा है। यह मूर्ति अब जार्डाइन संग्रहालय में है।

XIV. जार्डाइन म्यूजियम की एक श्यामवर्णीय मूर्ति (पं सं. १७२०) पर लेख अंकित है:
—श्री आम्रनंदी भटारक ।। कुलंधरसुत जिणदासस्य घर वासस्य जिनालयं ।।

XIV. जार्डाइन म्यूजियम में संग्रहित एक मूर्ति (पं. सं. १७२७) की पीठिका पर लेख है :

— ।। रसस्य ।। श्री आम्रनन्दि भटारक ।। कालसेणस्य जिणालयम् जेनालयं ।।

XVI. शांतिनाथ मन्दिर (क्रमांक १) के अर्धमण्डप में प्रवेश द्वार के बाईं ओर के आले में स्थित नृत्यरत अष्टभुजी क्षेत्रपाल की मूर्ति की पाद पीठिका पर दो पंक्तियों में लेख खुदा है :[१८]

१. श्री वरेंदनाम क्षेत्रपालं यो यस्य

२. षी सतस्य दीयतामिति

XVII. महावीर मन्दिर (क्रमांक दो का सातवां) में प्रवेश द्वार के ऊपरी वितान पर ललाट बिम्ब के स्थान पर एक तीर्थंकर को बैठे दिखाया गया है जिनके दोनों ओर भक्तगण उपासना मुद्रा में हैं। नीचे की लम्बी पीठिका पर लेख अंकित है जो चूना भर दिये जाने के कारण सुवाच्य नहीं रह गया है :

···श्रीआमनन्दीय। श्रीयोगनन्दी। श्रीमेघसिंह। श्रीकनकनंदा। श्रीसाधवजतु। श्रीसवसेन। श्रीकसलनंदा। श्रीघोरक··· । श्रीलोकनंदी। श्रीआर्यनंदीय·· कतवदेव। श्रीवारुचंद्र। श्रीवन्धुदेव श्रीसंभवदेव। श्रीदासनंदी ।···राज्ञी श्रीविल्हणकीर्त्ति। श्रीजयदेव। श्रीवागदेव। श्री पाहिल्लकागुसमयन्द्रथ।

आभार : छायाचित्र अमेरिकन इंस्टीट्यूट ऑफ इंडियन स्टडीज, वाराणसी के सहयोग से प्राप्त हुआ है, जिसके लिये मैं उनका आभारी हूँ।

संदर्भ-संकेत

१. तिवारी, मारुतिनन्दन प्रसाद, सम रेयर जैन आइकनोग्राफिक रिप्रजेंटेशन्स इन खजुराहो, आर्ट आफ खजुराहो विषय पर आयोजित संगोष्ठी में प्रस्तुत शोध पत्र, १९८७, पृ० १

२. वही

३. कीलहार्न, एफ., स्टोन इन्सक्रिप्शन ऑफ कोक्कल ऑफ दि इअर १०५८, एपिग्राफिया इण्डिका, भाग १, पृ० १४७-१५२

४. सरकार, डी. सी., दरबात शान्तिनाथ इमेज इन्सक्रिप्शन ऑफ दि टाइम ऑफ दि चन्देल कीर्तिवर्मन, वी. एस. ११३२, इण्डियन हिस्टोरिकल क्वार्टर्ली, भाग ३०, पृष्ठ १८३-८५

५. जैन, ज्योतिप्रसाद, प्रमुख ऐतिहासिक जैन पुरुष एवं महिलाएं, दिल्ली, १९७५, पृ० २२७

६. शास्त्री, परमानन्द जैन, मध्यभारत का जैन पुरातत्त्व, अनेकान्त (छोटेलाल जैन स्मृति अंक), भाग १९ पृ० ५७

७. कीलहार्न, एफ., इन्सक्रिप्शन फ्राम ए जैन टेम्पल ऑफ दि इअर १०११, एपिग्राफिआ इण्डिका, भाग १, पृ० १३५

८. कीलहार्न, एफ., स्टोन इन्सक्रिप्शन आॅफ धंगदेव आॅफ द इअर १०५६, रिन्यूड बाई जयवर्मदेव इन दि इअर ११७३, वही, पृ० १४७, पद्य ६३, वास्तव में प्रथम तिथि का पाठ १०५६ होगा।

९. ऐनुअल रिपोर्ट आॅफ इण्डियन एपिग्राफी, १९६५-६६ नम्बर सी २२३६ में तिथि का पाठ १०८९ विक्रम संवत् दिया गया है। विजयमूर्ति, जैन शिलालेख संग्रह, द्वितीयोभागः, वि. सं. २००९, पृ०२१८, संख्या १७६

१०. एनुअल रिपोर्ट आफ इण्डियन एपिग्राफी, १९६३-६४, नम्बर १९३४

११. कीलहार्न, एफ., थ्री इन्सक्रिप्शन्स फ्राम इमेजेज इन दि जैन टेम्पल, उपरोक्त, पृ० १५३

१२. वही

१३. वही

१४. सिंह, अरविन्द कुमार, फ्रेश रीडिंग आॅफ फोर स्माल खजुराहो इन्सक्रिप्शन्स, प्राच्य प्रतिभा, भाग १३, पृ० १०२, प्लेट २

भारतीय इतिहास के स्रोत--जैन-प्रतिमा-लेख

कृष्णदत्त बाजपेयी

मंदिरों तथा मूर्तियों का निर्माण जैन धर्म का एक प्रमुख अंग रहा है। मानव-जीवन को व्यवस्थित तथा परिष्कृत करने में धर्म की महत्ता अनिवार्य थी। धर्म को भारत में व्यापक रूप प्रदान करने में जैन श्रमण विचारधारा की विशेष भूमिका रही है।

अनेक जैन लेख शिलापट्टों, ताम्रपत्रों आदि पर उत्कीर्ण मिले हैं। सबसे अधिक लेख पाषाण तथा धातु की मूर्तियों की चरण-चौकियों पर या उनके ऊपरी पार्श्वों या पृष्ठभागों पर अंकित हैं। उनका समय ईसा पूर्व दूसरी शती से लेकर उन्नीसवीं शती तक है। भारत में प्रतिमा-लेख जितनी अधिक संख्या में जैन धर्म में प्राप्त हुए हैं उतनी संख्या में किसी अन्य धर्म में नहीं मिले। दानदाताओं तथा उनके आचार्यों आदि के बारे में इन लेखों से विस्तृत जानकारी मिली है।

भारतीय राजनीतिक इतिहास, भूगोल, धर्म-दर्शन, समाज, अर्थव्यवस्था तथा ललित कलाओं के अध्ययन में ये पुरालेख अत्यंत सहायक सिद्ध हुए हैं। विभिन्न क्षेत्रों में प्रचलित लिपियों, भाषाओं और बोलियों की जानकारी के लिए भी ये उपयोगी हैं। इसीलिए इतिहास के एक प्रमुख स्त्रोत रूप में पुरालेखों की गणना है। भारत के अनेक नगरों, ग्रामों तथा उनके निवासियों के गणों, गच्छों, शाखाओं आदि का ज्ञान इन लेखों से होता रहा है।

साहित्य और ललित कलाओं की प्रतिनिधि देवी सरस्वती की प्रतिमा का निर्माण सर्वप्रथम जैन धर्म में हुआ। इस धर्म में पाषाण की प्राचीनतम सरस्वती-प्रतिमा का निर्माण ईसवी दूसरी शती में मथुरा में सम्पन्न हुआ। मूर्ति में वाग्देवी के बायें हाथ में पोथी है। उनका दायां हाथ अभयमुद्रा में ऊपर उठा हुआ है। मूर्ति की चरण-चौकी पर सात पंक्तियों का ब्राह्मी लेख अंकित है। इस लेख के अनुसार शक संवत् ५४ (१३२ ई०) में सिंह नामक व्यक्ति के पुत्र लौहकर गोप द्वारा, श्रद्धाचार्य, वाचक आर्य देव के निर्देश से सभी जीवों के हितसुख के लिए सरस्वती देवी की प्रतिमा को रंगस्थल में प्रतिष्ठापित किया गया। दानदाता गोप को लेख में "लोहिक कारुक" कहा गया है। सरस्वती की यह दुर्लभ प्रतिमा अब राज्य संग्रहालय, लखनऊ में सुरक्षित है (संख्या जे० २४)।

मथुरा से प्राप्त एक अन्य भग्न पाषाण-प्रतिमा की चौकी भी राज्य संग्रहालय, लखनऊ में सुरक्षित है (संख्या जे० २०)। इस पर अंकित लेख की पंक्ति २ में ब्यूलर, फुहरर,

स्मिथ आदि विद्वानों ने 'अर्हतो नन्द्यावर्तस प्रतिमा' पढ़ा था। इन पंक्तियों के लेखक ने सही वाचन **मुनिसुव्रतस** किया, जिसके अनुसार संबंधित मूर्ति तीर्थंकर सुव्रत मुनि की मान्य हुई है। मैंने यह भी सिद्ध किया है कि लेख की अंतिम पंक्ति को ठीक न पढ़े जाने के कारण उसका यह अर्थ लगाया गया कि मथुरा में 'वोद्व' नामक जैन स्तूप का निर्माण हुआ। वास्तव में वहां दो स्तूप 'द्वे थूपे' पास-पास बनवाए गए थे।

अभिलिखित सरस्वती प्रतिमा की तरह अन्य अनेक जैन प्रतिमायें उल्लेखनीय हैं। इन में अभयमुद्रा वाली देवी आर्यवती की प्रतिमा विशेष महत्त्व की है। उसका निर्माण मथुरा के शक-क्षत्रप शासक शोडास के समय में ईसा पूर्व प्रथम शती में संपन्न हुआ। अनेक तीर्थंकरों की भी ब्राह्मी लेख सहित प्रतिमायें मिली हैं। उन्हें प्राय: ध्यानमुद्रा में स्थित दिखाया गया है। कुछ प्रतिमायें कायोत्सर्ग मुद्रा में भी हैं।

विविध तीर्थकल्प तथा अन्य साहित्यिक प्रमाणों से ज्ञात हुआ है कि बाईसवें जैन तीर्थंकर नेमिनाथ श्रीकृष्ण और बलराम के चचेरे भाई थे। उनका जन्म-स्थल शौरिपुर (मथुरा) कहा गया है। उनकी कई रोचक प्रतिमायें मथुरा-कला में मिली हैं, जिनमें कृष्ण और बलराम उनके साथ हैं। **विबागसुय** नामक ग्रंथ से पता चलता है कि भगवान् महावीर ने मथुरा-यात्रा की, और वे भंडीर-उद्यान में ठहरे थे।

मथुरा से प्राप्त ई० पूर्व द्वितीय शती के एक लेख से ज्ञात हुआ है कि उत्तरदास नामक एक जैन श्रावक द्वारा मंदिर के तोरण का निर्माण कराया गया। लगभग ई० सन् के आरम्भ के एक अन्य लेख में धर्मघोषा नामक महिला द्वारा जैन प्रासाद बनवाने का उल्लेख है। उसी समय लवणशोभिका नामक गणिका की पुत्री वसु द्वारा एक देवालय, बड़ा कक्ष (आयागसभा), जल-प्रपात तथा शिलास्तंभ (आयागपट्ट) का निर्माण कराया गया।

जैन मंदिरों के लिए मथुरा के कई अभिलेखों में **अर्हत-आयतन** शब्द प्रयुक्त हुआ है। कहीं-कहीं "देवकुल", शब्द भी मिला है। मथुरा में प्रमुख जैन स्तूप वर्तमान कंकाली टीला की भूमि पर स्थित था, जहां से बड़ी संख्या में इमारती पत्थर, मूर्तियां तथा अभिलेख प्राप्त हुए हैं।

मथुरा, कौशांबी, अहिच्छत्रा आदि स्थलों से अनेक महत्त्वपूर्ण अभिलिखित आयाग-पट्ट मिले हैं। उनमें से कई के मध्य में ध्यानमुद्रा में स्थित तीर्थंकर प्रदर्शित हैं। उनके चारों ओर प्रशस्त चिह्नों का अलंकरण है।

उक्त तथा अन्य अनेक स्थलों से जैन "सर्वतोभद्र" मूर्तियां मिली हैं। एक ही चौकोर शिलापट्ट पर प्रत्येक ओर एक तीर्थंकर मूर्ति दिखाई जाती थी। ऐसे पट्ट की संज्ञा "सर्वतोभद्र" थी। ये तीर्थंकर क्रमश: आदिनाथ, नेमिनाथ, पार्श्वनाथ तथा महावीर थे। बाद में शांतिनाथ को भी स्थान देकर पांच मुख्य जिनों की कल्पना की गई। गुप्त सम्राट् स्कंदगुप्त का एक शिलालेख कहौम (जिला देवरिया, उ० प्र०) से मिला है। इसमें पंचजिनों की प्रतिमा की प्रतिष्ठापना का उल्लेख है।

जैन सर्वतोभद्र प्रतिमाओं के अनुकरण पर वैदिक-पौराणिक तथा बौद्ध धर्मों में भी इस प्रकार की कल्पना की गई। पूर्व तथा उत्तर मध्यकाल की अनेक तत्संबंधी प्रतिमायें मिली हैं।

प्राचीन अभिलेखों से ज्ञात होता है कि जैन धर्म और कला के उत्थान में महिलाओं का विशेष योगदान था। धार्मिक तथा सामाजिक उन्नति के लिए समय-समय पर स्त्रियों ने जो क्रियात्मक भाग लिया वह पुरुषों से न्यून नहीं है। कुछ बातों में तो स्त्रियों का कार्य पुरुषों की अपेक्षा कहीं अधिक है। मथुरा की जैन कला में सैकड़ों कलाकृतियां प्राप्त हुई हैं। उनमें से अधिकांश कुटुंबिनी श्राविकाओं द्वारा बनवाई गयीं। ये कलाकृतियां भारतीय संस्कृति की मूल्यवान् निधि हैं। वे उन उदारचेता महिलाओं की मधुर स्मृति जागृत किए हैं जिन्होंने इहलोक और परलोक में कल्याण का विस्तार करने हेतु धार्मिक कृत्यों को निस्स्वार्थ रूप से संपन्न किया। मूर्तियों का निर्माण कराने वाली स्त्रियों के नाम ब्राह्मी लेखों में उनके परिवार वालों के नाम, गण, कुल तथा शाखा के सहित दिए गए हैं। ये दानदात्रियां केवल उच्च परिवारों की नहीं थीं, बल्कि सभी वर्ग उनमें सम्मिलित थे। सोनार, वणिक, बढ़ई, लोहार, मणिकार, इतर बनाने वाले आदि विभिन्न वर्गों की गृहणियों ने "सर्वसत्वों के हितसुख" के लिए दान दिए। नर्तकों-नर्तकियों, गणिकाओं आदि ने भी पूरी स्वतन्त्रता के साथ विविध धर्म-कार्यों में भाग लिया। मथुरा के एक अत्यन्त सुन्दर आयागपट्ट का निर्माण वसु नामक गणिका की पुत्री लवणशोभिका द्वारा कराया गया। इसी प्रकार फल्युयश नामक नर्तक की भार्या शिवयशा ने एक दूसरे आयागपट्ट की रचना करवाई।

मथुरा के अभिलेखों में इन दानदात्री स्त्रियों के नाम बड़ी संख्या में मिले हैं। इनमें से कुछ नाम ये हैं: अमोहिनी, अचला, कुमारमित्रा, कौशिकी, गृहरक्षिता, गृहश्री, जया, जिनदासी, जीवनन्दा, दत्ता, धर्मघोषा, धर्मसोमा, बलहस्तिनी, मित्रा, यशा, विजयश्री, शिवमित्रा शिवयशा और सोमा। जिन उपदेशिका भिक्षुणी आर्याओं की प्रेरणा से कुटुम्बिनी स्त्रियों ने धर्म और कला के प्रसार में भाग लिया उनके नाम अभिलेखों में सादिता, बसुला, जिनदासी, श्यामा, धर्मार्था, दत्ता, धान्यश्रिया आदि मिले हैं।

मथुरा के जिन बहुसंख्यक अभिलेखों में उक्त नाम मिले हैं उनका समय लगभग ई० पू० १०० से पाचवीं शती तक है। ये लेख ब्राह्मी लिपि में लिखे हुए हैं।

कुछ वर्ष पूर्व विदिशा के समीप दुर्जनपुर नामक स्थान से तीन महत्त्वपूर्ण तीर्थंकर प्रतिमायें मिली हैं। इन तीन पाषाण मूर्तियों की चौकी पर ईसवी चौथी शती के ब्राह्मी लेख अंकित हैं। इन प्रतिमाओं का निर्माण, लेखों के अनुसार 'महाराजाधिराज' रामगुप्त के द्वारा जैन आचार्यों के उपदेश से, किया गया। प्रतीत होता है कि इस स्थल पर अन्य तीर्थंकर प्रतिमायें भी थी, जो नष्ट हो गई हैं। उक्त तीनों मूर्तियों के लेख विशेष महत्त्व के हैं। पहले रामगुप्त की ऐतिहासिकता पर संदेह किया जाता था। पर इन मूर्ति-लेखों से तथा विदिशा-एरण आदि स्थलों से रामगुप्त की बहुसंख्यक ताम्र-मुद्राओं की प्राप्ति से अब यह स्पष्ट प्रमाणित हो गया है कि रामगुप्त, गुप्त-वंश का था। उसने गुप्त सम्राटों का विरुद 'महाराजाधिराज' ग्रहण किया था और वह विदिशा क्षेत्र का शासक था।

गुप्तकाल के बाद जैन धर्म का प्रसार सम्पूर्ण भारत के अनेक स्थानों में जारी रहा। मथरा के कंकाली टीला से ग्यारहवीं शती के अन्त तक की तीर्थंकर मूर्तियां प्राप्त हुई हैं। अंतिम मूर्ति पर विक्रम संवत् ११३४ (१०७७ ई०) का लेख है। इसके पहले की एक मूर्ति पर संवत् १०८० (१०२३ ई०) लिखा है। इससे पता चलता है कि १०१८ ई० में महमूद गजनवी के मथुरा पर दुर्दान्त आक्रमण के बाद भी प्रायः ६० वर्षों तक महान् जैन केंद्र की पावन भूमि पर कला विकसित होती रही।

मथुरा के अलावा उत्तर भारत में अन्य अनेक केन्द्र थे जिनमें उत्तर-गुप्तकाल तथा मध्यकाल में जैन कला का विस्तार होता रहा। वर्तमान बिहार तथा उत्तर प्रदेश में अनेक स्थल तीर्थंकरों के जन्म, तपश्चर्या तथा निर्वाण के स्थान रहे हैं। अतः स्वाभाविक था कि इन स्थानों पर धर्म, कला तथा शिक्षा की संस्थाओं की स्थापना होती। कौशाम्बी, प्रभास, श्रावस्ती, अहिच्छत्रा, हस्तिनापुर, विदिशा, देवगढ़, राजगृह, वैशाली, मन्दारगिरि, पावापुरी आदि ऐसे ही स्थान थे। इन स्थानों से अभिलेखों, देवालयों तथा प्रतिमाओं के रूप में प्रभूत सामग्री उपलब्ध हुई है। उससे पता चलता है कि जैन धर्म ने अपनी विशिष्टता के कारण भारतीय लोक-जीवन को बहुत अधिक प्रभावित किया था। जैन धर्म की अजस्रधारा उत्तर भारत तक सीमित नहीं रही; वह भारत के अन्य भागों को भी आप्लावित करती रही। मध्य भारत में उज्जैन, बड़वानी, थूबोन, देवगढ़, चंदेरी सोनागिरि, ग्वालियर, खजुराहो, अजयगढ़, महोबा, कुण्डलपुर, जसो, अहार तथा मल्हार और राजपूताना में ओसियां, चन्दाखेड़ी, आबू-पर्वत, सिद्धवरकूट आदि प्रसिद्ध जैन केंद्र थे। इसी प्रकार सौराष्ट्र, गुजरात तथा महाराष्ट्र में गिरनार, वलभी, शत्रुंजय, अणहिलवाड़ा तथा एलोरा और दक्षिण में बादामी, बेलूर, और श्रवणबेलगोल तथा हलेबीड आदि स्थानों में जैन स्थापत्य, मूर्तिकला तथा चित्रकला का एक दीर्घकाल तक विकास हुआ।

भारत के अनेक राजवंशों ने भी जैन कला की उन्नति में योग दिया। प्रसिद्ध गुप्त-वंश के बाद चालुक्य, राष्ट्रकूट, कलचुरि, गंग, कदम्ब, चोल, होयसल तथा पांड्य वंश के अनेक राजाओं ने जैन कला को संरक्षण एवं प्रोत्साहन दिया। इन वंशों के कई राजा जैन-धर्मानुयायी थे। इनमें सिद्धराज जयसिंह, कुमारपाल, अमोघवर्ष तथा गंगवंशी मारसिंह द्वितीय के नाम उल्लेखनीय हैं। इन शासकों को जैन धर्म की ओर प्रवृत्त करने का श्रेय स्वनामधन्य हेमचन्द्र जिनसेन, गुणभद्र, कुन्दकुन्द आदि जैन आचार्यों को है। पुरालेखों से इन महानुभावों के योगदान पर प्रकाश पड़ा है।

राज्य-संरक्षण प्राप्त होने तथा विद्वान् आचार्यों द्वारा धार्मिक प्रचार में क्रियात्मक योग देने पर जैन साहित्य तथा कला की बड़ी उन्नति हुई। मध्यकाल में प्रायः समस्त भारत में जैन मंदिरों एवं प्रतिमाओं का निर्माण जारी रहा। इनमें से कुछ ललितकला की दृष्टि से तथा तत्कालीन भारतीय संस्कृति की व्याख्या करने की दृष्टि से महत्त्वपूर्ण कृतियां हैं।

देवगढ़, (जिला ललितपुर, उ० प्र०) जैन धर्म का एक बड़ा केंद्र था। ई० पाँचवीं से लेकर पंद्रहवीं शती तक वहां वास्तुकला तथा मूर्तिकला का विकास हुआ। देवगढ़ की पहाड़ी पर अनेक जैन मन्दिरों का निर्माण किया गया। अब तक विभिन्न मंदिरों एवं प्रतिमाओं पर ३०० से ऊपर लेख मिले हैं, जो भारतीय इतिहास पर प्रकाश डालते हैं। जिस प्रकार शुंग-

सातवाहन कालीन बौद्ध धर्म की जानकारी के लिए भरहुत और सांची की कलाकृतियाँ और शिलालेख उपयोगी हैं उसी प्रकार मध्यकालीन जैन धर्म तथा कला के विकास का परिचय बहुत-कुछ देवगढ़ के इन अवशेषों से मिलता है।

देवगढ़ के जैन-अभिलेखों का समय ईसवी नवीं शती से लेकर १८वीं शती तक है। प्रमुख मंदिर संख्या १२ में विक्रम संवत् ६१६ का लेख मंदिर के एक द्वारस्तम्भ पर उत्कीर्ण है। इस लेख की विशेषता यह है कि उस पर शक संवत् भी दिया है। कनौज के यशस्वी प्रतीहार शासक मिहिरभोज के समय में यह लेख लिखा गया। इसी मंदिर से एक दूसरा लेख मिला, जिसमें १८ लिपियों और भाषाओं के नमूने सुरक्षित हैं। भारत में यह लेख अपने ढंग का अनोखा है। जैन परंपरा में भगवान् ऋषभदेव की पुत्री ब्राह्मी को १८ लिपियों का आविष्कार करने वाली कहा गया है। जो लिपियां इस शिलापट्ट पर मिली हैं वे तत्कालीन भारत के विभिन्न क्षेत्रों में प्रचलित शैलियों की परिचायक हैं।

अन्य लेखों के द्वारा अनेक दाताओं, उनकी वंशावलियों, जैनाचार्यों, श्रावक-श्राविकाओं आदि के नामों का पता चलता है। स्थानों के भी कई नाम आए हैं। गुप्तकाल में देवगढ़ में भगवान् विष्णु का प्रसिद्ध दशावतार मंदिर बनाया गया। उससे कुछ दूर विस्तृत पहाड़ी पर जैन देवालय बनाये गये। सभी वर्गों के लोग देवगढ़ आकर इस तीर्थ की अभिवृद्धि में अपना योगदान करते थे। विभिन्न वंशों के शासकों का संरक्षण इस तीर्थ को दीर्घकाल तक प्राप्त रहा।

देवगढ़ में लगभग ३१ जैन मंदिर विद्यमान हैं। अन्य अनेक के भग्नावशेष बचे हैं। ये अवशेष विविध प्रतिमाओं, इमारती पत्थरों, अभिलिखित शिलापट्टों आदि के रूप में है।

यहां भट्टारक संप्रदाय की चर्चा आवश्यक है। जैनाचार्यों की एक शाखा 'भट्टारक' नाम से प्रसिद्ध हुई। देवगढ़, गोपाचल (ग्वालियर), चंदेरी, सिरोंज आदि अनेक स्थलों में भट्टारकों ने अपने केंद्र स्थापित किये। ये आचार्य बहुश्रुत तथा व्यापक विचारधारा वाले थे। उनके प्रयासों से मध्य भारत क्षेत्र में विद्या का प्रचार हुआ और धर्म के उदात्त तत्त्वों को लोकप्रिय बनाया गया। भट्टारकों के प्रयासों से मध्य भारत का संबंध सुदूर कर्णाटक क्षेत्र के साथ स्थापित हुआ। देवगढ़, ग्वालिर मूड़बिद्री, कारकुल, श्रवणबेलगोल आदि स्थानों से अनेक पुरालेख मिले हैं, जिनसे धर्म के प्रसार में भट्टारकों के योगदान की जानकारी होती है।

भारतीय इतिहास के मध्यकाल में अनेक राजनीतिक तथा सामाजिक परिवर्त्तन हुए। वैदिक-पौराणिक धर्म ने उसके पहले एक नया रूप ग्रहण कर लिया था। पशु-बलि वाले यज्ञ तथा तत्संबंधी जटिल-क्रियाकलाप प्रायः समाप्त कर दिये गये। नये स्मार्त्त धर्म ने देश-काल के अनुरूप धर्म-दर्शन के नये आयाम स्थापित किये। जैन धर्म के अहिंसा तथा समता-भाव ने इन आयामों के निर्माण को प्रोत्साहन दिया। वर्णाश्रम, संस्कार, प्रशासन, अर्थनीति आदि की तत्कालीन व्यवस्था का जैन धर्म ने विरोध नहीं किया, अन्यथा अनेक सामाजिक जटिलताएँ उपस्थित होतीं। जैन शासकों, व्यापारियों तथा अन्य जैन धर्मावलम्बियों ने उन सभी कल्याणकारी परिवर्तनों को प्रेरणा दी तथा उनका निर्माण पूरा कराया जो राष्ट्रीय भावना के विकास में सहायक थे। भारत की व्यापक सार्वजनीन संस्कृति के निर्माण में जैन धर्म का निस्संदेह असाधारण योगदान है। प्राचीन साहित्य और पुरालेखीय तथा अन्य प्रमाण इसके साक्षी हैं।

एरण से प्राप्त प्राचीन सिक्के तथा मुहरें

डा० संतोषकुमार वाजपेयी

एरण नामक स्थान मध्यप्रदेश में सागर जिला मुख्यालय से लगभग ७२ किलोमीटर पश्चिम उत्तर-पश्चिम व मण्डी बमोरा रेलवे स्टेशन से ८ किलोमीटर दूर बेतवा की सहायक बीना नदी के दक्षिणी तट पर स्थित है। पूर्वी मालवा की प्राचीन राजधानी विदिशा से एरण की दूरी उत्तर-पूर्व में लगभग ८० किलोमीटर है।

एरण को सागर जिले का प्राचीन ऐतिहासिक नगर होने का गौरव प्राप्त है। यह प्राचीन काल के प्रमुख राजमार्गों से जुड़ा हुआ था। एरण से एक ओर विदिशा होकर उज्जयिनी तथा दूसरी ओर कौशाम्बी से वाराणसी को प्रमुख मार्ग जाते थे। अभिलेखों और सिक्कों से एरण के प्राचीन नाम 'ऐरिकिण' का पता चलता है। सांची से प्राप्त एक लेख में यह उल्लेख मिलता है कि ऐरिकिण के लोगों ने सांची के स्तूप निर्माण में अपना विशेष योगदान दिया था। समुद्रगुप्त के एरण-लेख में इसे गुप्तों का "स्वभोगनगर" कहा गया है। यह क्षेत्र अनेक युद्धों की रणभूमि भी बना था। इसका पता हूण राजा तोरमाण के वराह प्रतिमा लेख और भानुगुप्त के गोपराज स्तंभ-लेख से चलता है।

एरण के ऐतिहासिक महत्त्व को सर्वप्रथम कनिंघम ने १८७४-७५ के दौरान अपने पुरातत्वीय सर्वेक्षण में उद्‌घाटित किया था। किन्तु एरण की प्राचीन सभ्यता के महत्त्वपूर्ण पक्षों को प्रकाश में लाने का श्रेय सागर विश्वविद्यालय के प्राचीन भारतीय इतिहास, संस्कृति एवं पुरातत्त्व विभाग को है जिसके तत्त्वावधान में वहां वर्ष १९६० से ६५ तक एवं १९८६ तथा १९८८ में पुरातत्त्वीय उत्खनन कार्य कराए गए। इन उत्खननों के फलस्वरूप ताम्र-पाषाण-कालीन नगरीय संस्कृति पर पर्याप्त प्रकाश पड़ा है। सर्वप्रथम वहां ईसा पूर्व २१०० के आस-पास जनजीवन आरम्भ हुआ था। उत्खनन में ताम्र-पाषाणकालीन नगर, नगर की सुरक्षा हेतु बनाई गई रक्षा-दीवार, लोगों द्वारा प्रयुक्त किए जाने वाले विभिन्न उपकरण, आभूषण, मृद-भाण्ड आदि अनेक महत्त्वपूर्ण पुरातत्त्वीय प्रमाण मिले हैं। इन अवशेषों में विशेष उल्लेखनीय सोने का एक वृत्ताकार पतला टुकड़ा है।[1] उसका व्यास .९" है तथा तौल २० ग्रेन है। उसमें कोई चिह्न अंकित नहीं है। संभवतः उसे ताम्रपाषाणकालीन लोगों ने आभूषण के रूप में अथवा विनिमय हेतु प्रयोग करने के लिए बनाया होगा। उसकी अनुमानित तिथि ई० पू० १००० मानी गई है। इस प्रकार के हिरण्यपिण्ड का उल्लेख वैदिक तथा उत्तर वैदिक साहित्य में अनेक स्थानों पर मिलता है।

ताम्रपाषाणकाल के पश्चात एरण के ऐतिहासिक काल को जानने में उत्खनित पुरावशेषों के अतिरिक्त बहुसंख्यक सिक्के एवं अभिलेख अत्यंत सहायक सिद्ध हुए हैं। आरंभ में ई० पू० छठी शताब्दी के लगभग यह क्षेत्र अवन्ति महाजनपद में सम्मिलित था। बाद में अवन्ति राज्य मगध साम्राज्य के अधीनस्थ हो गया। मौर्यों के समय में मालवा क्षेत्र साम्राज्य का अभिन्न अंग रहा है। मौर्यों का विघटन होने पर एरण की स्वतन्त्र रूप से राजनीतिक महत्ता बढ़ी और वहां धर्मपाल, इन्द्रगुप्त आदि स्थानीय राजाओं ने शासन किया। गुप्तों के पूर्व शक-क्षत्रपों और नागों का आधिपत्य होने के अनेक प्रमाण मिले हैं। गुप्तवंशीय शासकों में सर्वप्रथम समुद्रगुप्त ने पूर्वी मालवा के इस क्षेत्र पर अपना अधिकार किया था। अभिलेखीय प्रमाणों से यह ज्ञात होता है कि समुद्रगुप्त ने अपने भोग नगर ऐरिकिण प्रदेश में स्तंभ-लेख अंकित कराया। गुप्त संवत १६५ (४८४ ईसवी) के बुधगुप्त कालीन स्तंभ-लेख में यमुना व नर्मदा के मध्यवर्ती भूभाग पर सुरश्मिचन्द्र को शासन करते हुए बताया गया है।[२] उस समय एरण के अधिकारी मातृविष्णु ने अपने भाई धन्य विष्णु के साथ भगवान् विष्णु के सम्मान में यह ध्वजस्तंभ स्थापित कराया था।

एरण पर हूणों के आधिपत्य का पता हूण राजा तोरमाण के प्रथम शासन वर्ष के वराह प्रतिमालेख से चलता है।[३] उसमें दिवंगत मातृविष्णु के छोटे भाई धन्य विष्णु द्वारा ऐरिकिण में नारायण-मंदिर बनवाए जाने का उल्लेख हुआ है। एरण पर बुधगुप्त के पश्चात तोरमाण का अधिकार स्थापित हो गया था। हूणों के विरुद्ध गुप्तों के संघर्ष की जानकारी गुप्त संवत् १९१ (=५१०ईसवी) के एक लेख से मिलती है।[४] इस अष्टकोणीय स्तंभ-लेख में गुप्त-शासक भानुगुप्त के सेनापति गोपराज का उल्लेख हुआ है, जो शरभराज का दौहित्र था। गोपराज की हूणों के विरुद्ध युद्ध करते समय मृत्यु हो गई थी। उसकी प्रिय स्त्री युद्ध-स्थल पर चिता में सती हुई थी। स्तंभ पर एक स्त्री और एक पुरुष की आकृतियां बनी हुई हैं जो संभवतः गोपराज और उसकी स्त्री हैं।

गोपराज के स्तंभ पर ही महाक्षत्रप श्रीधरवर्मन का एक लेख उत्कीर्ण हुआ है।[५] उसमें ऐरिकिण अधिष्ठान में श्रीधरवर्मन के सेनापति सत्यनाग का उल्लेख हुआ है जो महाराष्ट्र का निवासी था। श्रीधरवर्मन का उल्लेख सांची के एक लेख में भी मिलता है।[६] संभवतः चौथी शताब्दी ईसवी के प्रथम चरण में श्रीधरवर्मन ने पूर्वी मालवा के इस क्षेत्र पर शासन किया था।[७] शक-क्षत्रपों की मुख्य शाखा के शासकों के साथ श्रीधरवर्मन के सम्बन्धों के बारे में निश्चित जानकारी ज्ञात नहीं है।

एरण से सर्वप्रथम कनिंघम को अपने सर्वेक्षण के दौरान बड़ी संख्या में सिक्के प्राप्त हुए थे। ये अधिकांश आहत सिक्के हैं जो तांबे के बने हुए हैं। चांदी के सिक्कों की संख्या अपेक्षाकृत बहुत कम है। इन सिक्कों का आकार प्रायः चौकोर अथवा आयताकार है। इन्हें आहत, ठप्पांकित और सांचा पद्धतियों द्वारा बनाया गया है। आरंभिक आहत सिक्कों में एक ओर चार अथवा पांच चिह्न बने हुए हैं। उनका पृष्ठभाग सादा है। ठप्पांकित प्रकार के सिक्के दोनों ओर चिह्नाँकित हैं। मुख्यतः गज, अश्व, वेदिका वृक्ष इन्द्रध्वज, उज्जैन चिह्न आदि बनाए गए हैं। इनमें ८० रत्ती अथवा १४४ ग्रेन वाले कार्षापण और उनके लघु अंश सम्मिलित हैं।

कनिंघम को उपरोक्त आहत सिक्कों के अतिरिक्त राजा धर्मपाल का एक चौकोर तांबे का सिक्का मिला था[८]। उसमें एक ओर ब्राह्मी लिपि में दायें से बायें को उलटा लेख "रञो धमपालस" लिखा हुआ है। पृष्ठ भाग सादा है। संभवतः सांचे में भूलवश सीधे अक्षर लिखे गए होंगे, इसीलिए सिक्के पर उल्टे अक्षर अंकित हुए हैं। यह सिक्का ठप्पांकित पद्धति द्वारा निर्मित है।

कनिंघम और एलन के अनुसार इसकी ब्राह्मी लिपि का समय ई० पू० तृतीय शताब्दी का अंतिम चरण है। एलन ने अपने मुद्रा-सूची में केवल "धमपाल" लेख ही प्रकाशित किया है[९]। वह रञो उपाधि नहीं पढ़ सके थे। इस सिक्के की प्राप्ति से यह ज्ञात हुआ है कि मौर्यों के विघटन के समय राजा धर्मपाल ने एरण में स्वतंत्र रूप से राज्य किया था।[१०] इसे भारत के आरंभिक अभिलिखित सिक्कों में से एक माना गया है।[११] यह सिक्का अब ब्रिटिश संग्रहालय, लंदन में संग्रहीत है।

राजा धर्मपाल के समान राजा इन्द्रगुप्त भी एरण का स्वतंत्र शासक रहा था। उत्खनन में सीसे का बना हुआ एक अर्धवृत्ताकार बांट प्राप्त हुआ है। उसमें ई० पू० तृतीय शताब्दी की ब्राह्मी लिपि में "रजो इंदगुतस" लिखा हुआ है[१२]। लेख की भाषा प्राकृत है। लेख के नीचे तीन वृत्त वाला पर्वत बना हुआ है। पृष्ठभाग सादा है। इस बांट की तौल २.९७ किलोग्राम है। संभवतः उसकी तौल की सही पहचान करने के लिए ही उसमें राजा का नाम अंकित किया गया है। यह बांट अब डा० हरीसिंह गौर पुरातत्त्व संग्रहालय, सागर में संग्रहीत है, (फलक १)।

एरण में प्रचलित स्थानीय बिना लेख वाले तांबे के सिक्के अनेक प्रकार के मिले हैं। उनसे इस नगर के राजनीतिक प्रभुत्व का पता चलता है। सबसे बड़ी निधि एक पात्र में संग्रहीत ३२६८ आहत सिक्कों के रूप में प्राप्त हुई है। इसमें अधिकांशतः तांबे के सिक्के हैं। किन्तु कुछ सिक्कों पर तांबे के ऊपर चांदी की परत चढ़ाई गई है। ये प्रायः चौकोर अथवा आयताकार बने हुए हैं। इनकी तौल १७.४५ ग्रेन से लेकर २४.४३ ग्रेन तक है। अग्रभाग पर चार अथवा पांच चिह्न बनाए गए हैं, जो कभी-कभी गहराई से खोदे गए हैं। पृष्ठभाग पर सामान्यतया एक अथवा दो चिह्न हैं, जो अग्रभाग की अपेक्षा कम गहरे खुदे हुए हैं। मुख्यतः सूर्य, अर्धचन्द्र, मेरु, शडरचक्र, नंदिपद, वेदिका वृक्ष, सर्पदण्ड, वज्र आदि चिह्न बने हुए हैं। इन सिक्कों का समय ईसा पूर्व द्वितीय शताब्दी से ईसा पूर्व प्रथम शताब्दी के मध्य है।

इस निधि के अतिरिक्त भी अनभिलिखित आहत सिक्के बहुत बड़ी संख्या में प्राप्त हुए हैं। वहां आहत सिक्के ईसा पूर्व तृतीय शताब्दी से लेकर दूसरी शताब्दी ई० तक प्रचलित रहे थे। एरण की टकसाल में भारत के अन्य स्थानों की अपेक्षा अधिक समय तक आहत सिक्कों को बनाया गया।[१३] चांदी की अपेक्षा तांबे के सिक्के इसलिए अधिक संख्या में बनाए गए क्योंकि वहां तांबा बालाघाट क्षेत्र की खदानों से सरलता के साथ उपलब्ध होता था। प्रायः सिक्कों के अग्रभाग पर चार अथवा पांच गहरे चिह्न बनाए गए हैं। पृष्ठभाग पर एक अथवा दो चिह्न हैं। दोनों ओर चिह्नांकित सिक्कों को ठप्पांकित पद्धति द्वारा बनाया गया है। किन्तु जो सिक्के केवल एक ओर ही चिह्नांकित हुए हैं, उन्हें आहत पद्धति द्वारा बनाया गया

है। ये सिक्के भारत के आरंभिक आहत सिक्कों के उत्कृष्ट नमूने प्रतीत होते हैं। आहत सिक्कों पर प्रायः घोड़ा अथवा हाथी को अधिक दिखाया गया है। कुछ सिक्कों पर बैल भी बना है। वेदिका वृक्ष, वेदिका में इन्द्रध्वज, उज्जैन चिह्न, नदी में मछली व कछुआ, तालाब में मछली, शडरचक्र, कमल, नंदिपद, स्वस्तिक, सूर्य, मेरू, अर्धचन्द्र युक्त मेरू आदि चिह्न भी मिलते हैं। उज्जैन चिह्न को कई प्रकार से बनाया गया है। जैसे प्रत्येक भुजा पर चार सादे वृत्त मिलते हैं। कहीं-कहीं प्रत्येक बड़े वृत्त के भीतर एक छोटा वृत्त है अथवा स्वस्तिक है अथवा क्रॉस और बॉल को दिखाया गया है। वेदिका में इन्द्रध्वज तथा वाण और अर्धवृत्त के भीतर मछली भी प्रदर्शित हुई है। पर्वत में इन्द्रध्वज और नंदिपद लगे हुए हैं। कभी-कभी अग्रभाग पर गजलक्ष्मी व पृष्ठ भाग पर उज्जैन चिह्न बना हुआ मिलता है। नदी का चिह्न संभवतः बीना (वेण्वा) नदी का द्योतक है। नदी में स्वस्तिक और नंदिपद भी दिखाए गए हैं।

बिना लेख वाले सिक्कों के अतिरिक्त लेखयुक्त सिक्के बड़ी संख्या में मिले हैं। उन में नगर नामांकित वे सिक्के विशेष उल्लेखनीय हैं जिन पर एरण के प्राचीन नगर का नाम ईसा पूर्व द्वितीय शताब्दी की ब्राह्मी लिपि में लिखा हुआ मिलता है। सभी सिक्के तांबे के बने हुए हैं। ये आहत तथा ठप्पांकित दोनों पद्धतियों द्वारा निर्मित हुए हैं। इस प्रकार के कतिपय ठप्पांकित सिक्के पहले कनिंघम को भी मिले थे।[१४] किन्तु उत्खनन में आहत और ठप्पांकित दोनों प्रकार के सिक्के प्राप्त हुए हैं।[१५] इनका आकार चौकोर है। केवल एक सिक्का गोलाकार मिला है। इन नगर नामांकित सिक्कों को निम्नांकित तीन प्रकार से विभाजित किया गया है—प्रथम प्रकार के सिक्कों में अग्रभाग पर अर्धवृत्त के ऊपर चन्द्रमा बना हुआ है। ब्राह्मी लिपि में "एरकण्य" अथवा "ऐरिकिण" लेख मिलता है। पृष्ठ भाग पर वेदिका वृक्ष, नदी और उज्जैन चिह्न बने हुए हैं। कनिंघम ने अर्धवृत्त के ऊपर चन्द्रमा चिह्न को एरण के प्राचीन नगर का स्वरूप और नदी के चिन्ह को बीना (प्राचीन वेण्वा) नदी अनुमानित किया था, जिसके तट पर नगर स्थित है।[१६] दूसरे प्रकार के सिक्कों में अग्रभाग पर बैल है और उसके नीचे चक्र बना हुआ है। ब्राह्मी लिपि में "एरक" लिखा हुआ है। पृष्ठभाग पर उज्जैन चिन्ह है। तृतीय प्रकार के सिक्कों में अग्रभाग पर दो वेदिका वृक्षों के मध्य ब्राह्मी लेख 'एरकण्य' लिखा हुआ है। पृष्ठभाग पर अश्व व उज्जैन चिह्न हैं। लेख की भाषा प्राकृत है। एरिकिण निस्संदेह एरण का प्राचीन नाम था। रेप्सन ने इसे एरकेण पढ़ा है।[१७]

ऐरिकिण नाम पाँचवीं शताब्दी ईसवी की एक वृत्ताकार पकी मिट्टी की बनी हुई मुद्रा पर भी मिलता है।[१८] इस मुद्रा के ऊपरी अर्ध भाग पर स्थानक गजलक्ष्मी को दिखाया गया है। उनका एक हाथ जंघा पर रखा है तथा दूसरा हाथ ऊपर को उठा हुआ है। देवी प्रभामंडल से युक्त हैं। उनके दोनों ओर एक-एक हाथी अपनी सूँढ़ ऊपर उठाये हुए देवी का अभिषेक कर रहे हैं। निचले अर्धभाग पर गुप्तकालीन ब्राह्मी लिपि में दो पंक्तियों का लेखांकित है— 'ऐरिकिणे गोमिक विषयाधिकरणस्य'। अर्थात ऐरिकिण में गोमिक विषय के अधिकारी की मुद्रा। मुद्रा का दूसरा भाग सादा है, (फलक २)।

डा. एस. के. भट्ट को नर्मदा घाटी के सर्वेक्षण में तांबे के बने हुए कुछ ऐसे आयताकार सिक्के मिले हैं जिनके अग्रभाग पर श्रीवत्स, हाथी, पाँच पत्तियों वाली वृक्ष की शाखा आदि चिह्न बने हुए हैं। ब्राह्मी लिपि में एरिकिच्छ लेख लिखा हुआ है।[१९] उनका पृष्ठभाग

सादा है। इस प्रकार का एक सिक्का डा. भट्ट को मेजर नरेन्द्र सिंह के संग्रह में भी देखने को मिला है जिसे वह विदिशा से लाये थे।[२०] इस सिक्के का आकार १.३५ × १.१. से. मी. है तथा तौल २ ग्राम है। डा. भट्ट का यह विचार है कि ई. पू. तीसरी-दूसरी शताब्दी की ब्राह्मी लिपि में अभिलिखित ये सिक्के एरण से संबंधित हो सकते हैं। उनके अनुसार "एरक शब्द का तात्पर्य घास होता है जो एरण क्षेत्र में बहुत होती है। ये सिक्के आकार प्रकार और तौल में एरण के आहत सिक्कों से साम्यता रखते हैं। एरण के सिक्कों पर अंकित प्राकृत भाषा में लेख "एरकण्य" तथा इन सिक्कों के पालि लेख 'एरिकिच्छ' दोनों नामों में साम्यता प्रकट होती है। पालि साहित्य में एरिकिच्छ को दशार्ण देश का नगर कहा गया है। जैन साहित्य में भी दशार्णपुर अथवा एदकक्षपुर का उल्लेख हुआ है।[२१] इस प्रकार एरिकिच्छ एक प्रमुख बौद्ध स्थल और दशार्ण राज्य का प्रमुख नगर रहा है। अतः एरण को ही एरिकिच्छ माना जाना चाहिए।"

किन्तु डा. भट्ट के ये विचार उपयुक्त प्रतीत नहीं होते हैं। वस्तुतः एरिकच्छ लेख वाला एक भी सिक्का एरण के उत्खनन अथवा सर्वेक्षण में नहीं मिला है। अतः एरिकिच्छ लेखांकित सिक्कों को जो एरण से प्राप्त न होकर नर्मदा घाटी में मिले हैं, अथवा एक सिक्का विदिशा में कहीं से मिला है, बीना नदी के तट पर स्थित एरण के सिक्के नहीं कहा जा सकता है। एरिकिच्छ से मिलते-जुलते नाम 'एरच्छ पटल' तथा 'एरच्छ' भारत कला भवन के एक लेख में और परमर्द्दिदेव के महोबा लेख में वर्णित हुए हैं। राहुल सांकृत्यायन ने इन दोनों स्थानों का अभिज्ञान उत्तरप्रदेश में झांसी से ६० मील उत्तर पश्चिम में मोठ तहसील के वर्तमान एरच्छ नामक स्थान के साथ किया है।[२२] एरच्छ से भी एरिकिच्छि नामांकित कोई तांबे के सिक्के नहीं मिले हैं। अतः निश्चित प्रमाणों के अभाव में एरिकिच्छ लेख वाले सिक्कों को मालवा क्षेत्र में नर्मदा घाटी के ही किसी स्थान के साथ अभिहित किया जाना अधिक युक्तिसंगत होगा।

गुप्तों के पूर्व एरण क्षेत्र पर शक-क्षत्रपों और नागों का आधिपत्य रहा है। इसका अभिज्ञान उनके सिक्कों से होता है। शकों ने अपने चांदी के सिक्के कुछ समय तक एरन की टकसाल में बनवाये थे। इन सिक्कों पर राजा का मुख बना हुआ है। क्षत्रप शासकों के साँचों में मेरू, नदी व तारे के चिन्ह बने हुए मिलते हैं। विजयसेन और रूद्रसेन द्वितीय के साँचे तिथियुक्त हैं। महाक्षत्रप विजयसेन की तिथि संवत् १७० (२४५ ई०) दी गयी है। वीरदामन के पुत्र महाक्षत्रप रुद्रसेन द्वितीय के नौ सांचे मिले हैं। इन पर संवत् १८० (२५८ ई.), १८५ (२६३ ई.) और १८९ (२६७ ई.) तिथियाँ दी गयी हैं। उसके पुत्र विश्वसिंह के बारह सांचे मिले हैं। उसने क्षत्रप और महाक्षत्रप दोनों उपाधियाँ धारण की थीं। इस वंश के अंतिम शासक महाक्षत्रप स्वामी रुद्रसिंह तृतीय के दो सांचे मिले हैं।[२३]

पकी मिट्टी की बनी हुई एक गोलाकार अभिलिखित मुद्रा मिली है (व्यास २.२० से. मी.)[२४]। उसमें ब्राह्मी लिपि में लेखांकित है—'राज्ञो ईश्वरमित्र पुत्रस्सय राज्ञोसिंहश्रीसेनस्सय'। अर्थात राजा ईश्वरमित्र के पुत्र राजा सिंहश्रीसेन की मुद्रा। ईश्वर मित्र के पुत्र सिंहश्रीसेन ने पूर्वी मालवा के एरण क्षेत्र में ३८३ ई. के लगभग शासन किया था। यद्यपि इस मुद्रा पर शकों की क्षत्रप अथवा महाक्षत्रप उपाधि के स्थान पर राज्ञो उपाधि लिखी हुई है। किन्तु लेख की शैली तथा मेरू और नदी के चिह्न पूर्णतः क्षत्रप सिक्कों के सदृश्य हैं। क्षत्रप शासकों की

सूची के अनुसार सिंहसेन इस वंश का छब्बीसवां शासक था। उसके सिक्के भी मिले हैं। किन्तु सिंहसेन के पिता ईश्वरमित्र का नाम सिक्कों से ज्ञात न होकर सर्वप्रथम इसी मुद्रा से ज्ञात हुआ है। अतः इस मुद्रा पर अंकित सिंहश्रीसेन को क्षत्रप सिंहसेन माना जा सकता है।[२५]

एरण से नाग शासकों के छोटे गोलाकार तांबे के सिक्के बड़ी संख्या में मिले हैं।[२६] उन पर महाराज अथवा महाराज श्री उपाधि के साथ राजा का नाम लिखा हुआ है। पृष्ठ भाग पर प्रायः वृषभ बनाया गया है। कभी-कभी वृषभ के स्थान पर पूंछ उठाए हुए सिंह मिलता है। अधिकांश सिक्कों पर राजा का नाम अस्पष्ट होने के कारण अपठनीय है।[२७] दो सिक्कों पर रविनाग और गणपतिनाग के नाम स्पष्टतया अंकित हुए हैं। एक सिक्के पर गणपति का नाम महाराजा श्री गणेन्द्र मिलता है।[२८] नागों के इस वंश में गणपति अंतिम शासक था जिसे समुद्रगुप्त ने पराजित किया था।

उत्खनन में गुप्त शासक रामगुप्त के चार प्रकार के सिक्के मिले हैं। ये प्रकार हैं— १. सिंह २. गरुड़ ३. गरुड़ध्वज और ४. वर्तुलाकार लेख प्रकार[२९]। सभी सिक्के तांबे के बने हुए वृत्ताकार हैं। उनका व्यास .५" ले .२५" तक है तथा तौल ३ ग्रेन से ४० ग्रेन के मध्य है। इन सिक्कों का आकार-प्रकार तथा धातु पूर्वी मालवा के स्थानीय सिक्कों तथा नागों के सिक्कों के सदृश्य है। एरण-विदिशा क्षेत्र में ये सिक्के गुप्तों के पहले से प्रचलित थे। रामगुप्त के सिक्कों पर गुप्तकालीन ब्राह्मी लिपि में 'राम' अथवा 'मगुप्त' अथवा 'रामगुप्त' अथवा 'श्री रामगुप्त' लिखा हुआ है। सिंह, गरुड़ और गरुड़ध्वज के चिह्न अत्यंत स्पष्ट रूप से बनाये गए हैं। उत्खनन में ये सिक्के ईसवी चौथी शती के अंतिम स्तरों से मिले हैं।

गुप्त वंशीय शासकों में रामगुप्त ने पहली बार तांबे के सिक्के चलाये थे। ये सिक्के एरण के अतिरिक्त विदिशा से भी मिले हैं। इन सिक्कों को उन्हीं टकसालों में बनाया गया जहां पहले नागों के सिंक्के बनते थे। समुद्रगुप्त द्वारा पूर्वी मालवा के इस क्षेत्र को विजित करने के पूर्व वहां नागों का आधिपत्य था। समुद्रगुप्त ने नाग शासकों को पराजित किया था। उसने सामरिक महत्त्व वाले इस क्षेत्र की देखरेख रखने के लिये अपने पुत्र रामगुप्त को प्रशासक बनाया। किन्तु समुद्रगुप्त की मृत्यु के बाद पूर्वी मालवा की अस्थिर राजनीतिक परिस्थितियों ने रामगुप्त को वहाँ रुकने के लिए बाध्य किया। अब रामगुप्त ने एक स्वतंत्र शासक के रूप में अपने ताँबे के सिक्के चलाये। ये सिक्के मालव और नाग सिक्कों से साम्यता रखते हैं। मालव और नाग सिक्कों के सदृश्य रामगुप्त के सिंह प्रकार के सिक्कों पर सिंह अपनी पूँछ ऊपर को उठाये हुए दिखाया गया है। उन पर रामगुप्त की आकृति इसलिए नहीं बनायी गयी है क्योंकि ये सभी सिक्के आकार में अत्यंत छोटे हैं। नागों के सिक्कों पर भी राजा की आकृति नहीं मिलती है।

रामगुप्त के सिक्कों की प्रमुख विशेषता गुप्तों के राजचिह्न गरुड़ को अंकित किया जाना है। गरुड़ को पंख फैलाये हुए एक पक्षी के रूप में अथवा मानव रूप में अपने दोनों हाथों में सर्प लिए हुए दिखाया गया है। कभी-कभी मानवाकार गरुड़ के एक के स्थान पर तीन सिर बनाये गए हैं। कहीं-कहीं गरुड़ को पालथी मारकर बैठे हुए दिखाया गया है। गरुड़ध्वज का चित्रण गुप्तकालीन सोने के सिक्कों के सदृश्य हुआ है। इस प्रकार के सिक्कों पर गरुड़ध्वज के बायीं ओर 'रा' तथा दायीं ओर 'म' लिखा हुआ है।

रामगुप्त के अतिरिक्त एरण से चन्द्रगुप्त विक्रमादित्य के भी तांबे के सिक्के मिले हैं। अल्तेकर[30] द्वारा प्रकाशित चक्र ओर कलश प्रकार के सिक्कों के अलावा अर्धचन्द्र और गरुड़ प्रकार का एक विशेष सिक्का प्राप्त हुआ है। यह तांबे का वृत्ताकार सिक्का है।[31] इसकी तौल १०.५० ग्रेन है। व्यास १.१ से. मी. है। अग्रभाग पर अर्धचन्द्र के नीचे ब्राह्मी लिपि में 'चन्द्र' लिखा हुआ है। पृष्ठभाग पर गरुड़ आसीन है। उसके नीचे 'गुप्त' लिखा हुआ है।

एरण से गुप्तकाल की दो महत्वपूर्ण मुद्राएँ मिली हैं। पकी मिट्टी की बनी हुई ये वृत्ताकार मुद्राएँ हैं। इनमें से प्रथम मुद्रा 'ऐरिकिणे गोमिक विषयाधिकरणस्य' लेख वाली है। इसमें एरण का प्राचीन नाम अंकित हुआ है। द्वितीय मुद्रा में 'महादण्डनायक सिंहनंदि' लेखांकित है[32]। यह काले रंग की छोटी मुद्रा है। इसका व्यास ३.३ से. मी. है, (फलक-३)। एरण के सामरिक दृष्टि से महत्त्वपूर्ण होने के कारण ही वहां महादण्डनायक को नियुक्त किया गया था। दोनों मुद्राओं की ब्राह्मी लिपि का समय पांचवीं शताब्दी ईसवी है। इनके अतिरिक्त एक अन्य वृत्ताकार मुद्रा पर 'प्रावकस्य' लेखांकित हुआ है। संभवतः प्रावक किसी व्यक्ति का नाम होगा। यह मुद्रा भी गुप्तकालीन है।

गुप्तों तथा हूणों के पश्चात एरण का इतिहास अंधकारमय है। अभिलेखीय प्रमाणों से यह विदित होता है कि वहां गुप्तों तथा हूणों के मध्य लंबे समय तक संघर्ष हुए थे। हूणों ने एरण पर अपना अधिकार स्थापित करने की चेष्टा में नगर को तहस नहस किया। इसके परिणाम स्वरूप गुप्तोत्तरकाल में एरण का स्वतंत्र रूप से राजनीतिक अस्तित्व लुप्त हो गया। चीनी यात्री हुएनसांग के विवरणों से यह ज्ञात होता है कि सातवीं शताब्दी ईसवी में बुन्देलखंड का क्षेत्र जेजाक भुक्ति कहलाता था। संभवतः एरण का भूभाग जेजाक भुक्ति का एक अंग बना था। पूर्व मध्यकाल में यह क्षेत्र विभिन्न राजवंशों के अधिकार में रहा था। उस समय के ऐसे कोई अभिलेखीय अथवा मुद्राशास्त्रीय प्रमाण उपलब्ध नहीं हुए हैं जिनसे एरण के स्वतंत्र राजनीतिक अस्तित्व का बोध होता हो। उत्खनन में परवर्ती कालीन अंतिम स्तरों से केवल भोपाल तथा ग्वालियर राज्य के कतिपय सिक्के प्राप्त हुए हैं।

संदर्भ संकेत

१. वाजपेयी, के डी, इंडियन न्यूमिस्मेटिक स्टडीज, पृ. ७
२. कार्पस इन्सक्रिप्शनम इंडीकेरम, III, पृ. ८८-८९
३. वही, कार्पस इन्सक्रिप्शनम इंडीकेरम, III, पृ. ८८-८९
४. वही, III, पृ. ९१
५. वही, IV, भाग २, पृ. ६०५
६. एपीग्राफिया इंडिका, १४, पृ. २३२
७. इंडियन न्युमिस्मेटिक स्टडीज, पृ. १००

८. कनिंघम, अलेक्जेण्डर, क्वाएन्स ऑफ ऐंश्यंट इंडिया (लंदन, १८९१), पृ. १०१
९. एलन, जॉन, केटेलॉग ऑफ द क्वाएन्स ऑफ ऐंश्यंट इंडिया (१९३६), पृ. १० व १४०
१०. वाजपेयी, के डी., सागर थ्रू द एजेज, पृ. ७
११. केंब्रिज हिस्ट्री ऑफ इंडिया, पृ. ५३८
१२. इंडियन न्यूमिस्मेटिक स्टडीज, पृ. १९
१३. प्रो. के डी. वाजपेयी के अनुसार एरण में ई. पू. तृतीय शताब्दी से तीसरी शताब्दी ईसवी तक अर्थात् ६०० वर्षों तक आहत सिक्के प्रचलित रहे। उत्खनन में तांबे के आहत सिक्के तृतीय शताब्दी ई. के अंतिम चरण तक के प्राप्त हुए हैं।
१४. कनिंघम, आर्कियोलॉजिकल सर्वे रिपोर्ट्स, X, पृ. ८०-८१, फलक २४, १६-१७,XL, पृ. १४९, फलक २१.१७.१८
१५. इंडियन न्युमिस्मेटिक स्टडीज, पृ. १५
१६. कनिंघम, आ. स. रि, अंक १४, पृ. १४९
१७. रेप्सन, जे. आर. ए. एस., १९००, पृ. १०८, फलक ७
१८. इंडियन न्युमिस्मेटिक स्टडीज, पृ. २४
१९. अजयमित्र शास्त्री फेलिसिटेशन वाल्युम, न्युमिस्मेटिक ऐण्ड सिजिलगोग्राफी, अंक ६, पृ. ३३-३५, इंदौर १९८८
२०. वही, पृ. ३३
२१. अवश्यक चूर्णि, ११, पृ. १५६
२२. ए. इं., ३२, पृ. ११९-२३; वही, १६, पृ. ९-१५
२३. सागर थ्रू द एजेज, पृ. २८-३०
२४. इंडियन न्युमिस्मेटिक स्टडीज, पृ. १०१, १७२
२५. इंडियन न्युमिस्मेटिक स्टडीज, पृ. १०१, १७२
२६. द्विवेदी, चन्द्रलेखा, एरण का राजनीतिक तथा सांस्कृतिक इतिहास पृ. ५८
२७. पंजीयन संख्या १२०८, १२१२, २६९६, ३००५-६, ३०२४, ३४१७ आदि।
२८. पंजीयन क्रमांक १४७६ का सिक्का।
२९. इंडियन न्युमिस्मेटिक स्टडीज, पृ. १३९-४२
३०. अल्तेकर, गुप्तकालीन मुद्राएँ, पटना, १९५४, पृ. १११-११२
३१. इंडियन न्युमिस्मेटिक स्टडीज, पृ. १४३-४४, फलक Ix, १३
३२. वही, पृ. १७२

COINS FROM ERAN EXCAVATION : A CHRONOLOGICAL ANALYSIS

K.D. Bajpai

Eran in the Sagar district of Madhya Pradesh occupies a remarkable position in the political and cultural history of India. Excavation work was recently conducted at Eran under the direction of the present author.

Eran is now a small village in the Khurai tahsil of district Sagar. It is situated on the south Bank of the Bina river, a tributary of the Betwa. It is 75 kilometres west-north-west of Sagar and about 80 kms north-west of Vidisha. In ancient times Eran lay on the main north-eastern route joining Vidisha with Kauśāmbī.

In early inscriptions and coins, the name of Eran occurs as Airikiṇa. From an inscription found at Sānchī we know that the residents of Eran made some gifts to the famous Buddhist stūpa at Sanchi. The word erakā probably refers to a kind of grass which grows at Eran in abundance. The name Eran can also be associated with the *Aira* (Aila) branch of the early Aryans.

A number of important coins and inscriptions have been found at Eran. One of the copper coins bearing the name of king 'Dharmapāla' is counted among the earliest inscribed coins in India. On palaeographic grounds this coin can be assigned to the later half of the third or early 2nd century B.C. In the excavation at Eran one circular lead-piece bearing the name of another ruler, Indragupta, assignable to the same period has been discovered. Local uninscribed copper coins of a number of varieties have been discovered at Eran, attesting to the importance of this town as a political seat and also as a mint-town.

During the Gupta period Eran became an important military centre. A stone inscription of Samudragupta, referring to his good deeds and to his virtuous queen, has been found there. Eran has been referred to as *svabhoga-nagara* of the Gupta monarch in this inscription.

At a short distance from the present Eran village are seen the remains of a temple of Mahāviṣṇu, the great deity of the Gupta emperors. This old temple seems to have been built by Candragupta-II Vikramāditya. A colossal image of Viṣṇu of the post-Gupta period stands in the centre of the dilapidated temple. Towards its right stands the shrine of Varāha and to the left that of Nṛisiṁha. The statue of Varāha measures 16′×11′. There are decorative bands craved on its body. The right tusk of the boar is holding up a female figure, representing the deliverance of the Earth by the Boar-incarnation of Viṣṇu. The statue bears a Brāhmī inscription of the first regnal year of the Hūṇa king Toramāṇa. The inscription refers to the construction of a temple by Dhanyaviṣṇu, the younger brother of Eran's governor Mātṛviṣṇu.

The temple of Nṛsiṁha is in ruins now. But the image of god Nṛsiṁha is still preserved. In front of the Viṣṇu temple stands a *garuḍadhvaja* pillar, 47 feet high, resting on a pedestal, 13 feet square. The shaft is 2 feet 10 inches square upto a height of 20 feet and is then octagonal for 8 feet up to the bottom of the capital. The lower portion of the capital is formed of a reeded bell, above which is an abacus surrounted by a square block. The lower half of thls is plain, but the upper half presents two lion figures on each of the two faces, seated back to back. On the top of thc column stands, both on its front and back, a two-armed figure of Garuḍa, the *vāhana* of Lord Viṣṇu. This Garuḍa, with a *cakra* behind his head, is seen holding a serpent in both of his hands, suggesting most prohably the crushing defeat of the Śakas by the Gupta monarch Candragupta-II, Śakāri. On the piilar is carved a Brāhmī inscription in the characters of the Gupta period. It is dated in the Gupta year 165 (484 A.D.) and mentions Budhagupta, the then Gupta emperor. According to this inscription Suraśmicandra was ruling over the vast region between the Yamunā and Narmadā rivers. Under him was serving one Mātṛviṣṇu, who alongwith his brother Dhanyaviṣṇu, erected this column in honour of Lord Viṣṇu during the supremacy of Budhagupta. From this epigraphical evidence it is clear that the Gupta kings held their sway in the eastern Malwa at least till 484 A.D. Towards the close of the 5th century the Hūṇas, under Toramāṇa, occupied the Eran area for a very short time.

Two more inscriptions of considerable historical importance have been found at Eran. One of them is incised on an octagonal pillar, which is in the form of a Śiva-liṅga. It is dated in the Gupta era 191 (510 A.D.). The inscription refers to the valorous achievements of Goparāja, the commander of Bhānugupta, the then Gupta ruler. In the battle against the Hūṇas, Goparāja lost his life. His beautiful wife burnt herself on the funeral pyṛe of her husband. On the inscribed pillar are seen the figures of a male and a female. These probably represent Goparāja and his wife.

On the same pillar another inscription is engraved referring to a Śaka prince called Śrīdharavarmā. His commander Satyanāga is mentioned therein as a resident of Mahārāshtra. The name of this Śrīdharavarmā also occurs in an inscription found at Sānchī.

Besides the above remains, there are several stone sculptures at Eran exhibiting high artistic attainment of the Gupta sculptors. Among these may be mentioned several stone panels depicting the scenes of Kriṣṇa-līlā. A number of carved pillars and other architectural and sculptural remains are also preserven at Eran. Most of these are assignable to the Gupta and the early Medieval period.

The excavations conducted at Eran (1960-65) have carried back the history of the eastern Malwa to almost the beginning of the second millennium B.C. They have also brought to light rich and varied material of considerable historical interest. On the basis of the stratigraphy and the collected material, a sequence of four cultures has finally been arrived at. These broadly classified under four periods indicate certain sub-divisions also. The four main periods are :

Period I (Chalcolithic) c. 2000 B.C. to 700 B.C.
Period II A (Early historical) c. 700 B.C. to 200 B.C.
Period II B. c. 200 B.C. to 1st century A.D.
Period III 1st century A.D. to 6th century A.D.
Period IV (Late Medieval) upto 1800 A.D.

The main characteristic features of periods I to III are given below :

Period I : The earlist culture, Chalcolithic in nature, is characterised by the presence of microliths, painted pottery and copper. Among the microliths the predominent type is the parallel-side blade, sometimes serrated; the other types, occurring less frequently, being lunates, points, fluted cores and flakes. The rare use of copper was attested to by two fragmentary celts. A few iron pieces and a Neolith piece, with a sharp edge, have also been unearthed.

Besides the significant Chalcolithic potteay, ineluding the de-lux Eran ware, the other finds of the Period include beads of stone, shell, pastc, jasper, steatite and terracotta, broken terracotta human and animal figurines, fragments of terracotta bangles and toy-cart wheels and a very interesting circular gold piece (diam, 9" ; weight 20 grains). The gold piece probably served as the medium of exchange for the Chalcolithic people.

The most significant discovery of thls period is a mud defence wall and a moat. The defence wall, as revealed from excavations, is 154 feet wide and 21 feet deep. This wall contained potsherds, copper celt, beads and other objects of the Chalcolitic period only. The discovery of the wall explains the unusual depression in between the main mound and the multitudes of mounds to the south of Eran. Almost up te the end of the Period IIA, the habitation seems to have been restricted inside the mud dcfence wall, with only scattered habitation outside. It was in the period III that the area of habitation was extended tewards the south. Again, in Period IV the habitation became restricted to the main mound, where, in a late phase of the period, a massive stone fortification wall was constructed at the height provided by the previou ly existing mud defence wall. The defence wall served two purposes : Firstly, it enclosed the town on the southern side, providing artificial protection in that direction. Secondly, the depression created by digging the nearby area for preparation of the mud wall naturally took the form of a moat. The excess water of the river may have passed through the moat and thus saved the habitation from floods and attacks of the external enemies. The width and maximum depth of the moat are 120 ft. and 18 ft. respectively.

By Carborn-dating, the Chalcolithic period at Eran has been bracketted between c. 2000 B.C. and 700 B.C.

Period IIA : This period was marked by the Black-and Red ware, different in shape and fabric from the one noticed in the preceding Period, and by more use of iron. The ware is thinner and unpainted, A few sherds, having affinity with the Chalcolithic painted Black-on-Red, continued to occur in this Period, while the Chalcolithic ceramic wares were totaliy absent in the levels of this Period. One sherd of N.B.P. ware was also noticed at the late level of the Period,

Early punch-marked and tribal coins were obtained from this phase. A circular lead piece, bearing the seal mark of king Indragupta, 'Rano Indagutasa' inscribed in the Mauryan Brāmī script, was recovered from a late level of this sub-Period. It gave the name of a king who ruled over Eran about 200 B.C., but who was so far unknown in Indian history.

Period IIB : This sub-Period was characterised by the gradual disappearance of the Black-and-Red ware of the preceding sub-Period, and by the absence of Red polished ware occurring in the succeeding Period. The pottery mostly consisted of plain red ware, the commonest type being bowls with incurved rims. A few sherds were painted in black over red with simple horizontal bands.

A hoard of 3,268 punch-marked coins, belonging to 2nd-1st cent. B.C., has been discovered in the earliest level of the sub-Period. Most of these coins are of copper and some bear silver coating. The entire hoard of these coins showing various symbols has beed subjected to detailed study. The other finds of the sub-Period are : terracotta animal and human figurines, iron objects, beads in terracotta, shell and carnelian, shell bangle and bone objects. One floor of burnt bricks of unusual size (20″ × 16½″ × 2¾″) was discovered. Pieces of tiles indicated their use in this Period.

Period III : This Period was marked by the total disappearance of the Black-and-Red ware and the occurrence of the Red polished ware throughout the levels The bulk of the pottery consists of the simple Red ware, sometimes painted in black over red with horizontal lines. The occurrence of knife-edge bowls in Red ware was also noted in this period. The other finds of the Period included silver and copper punch-marked coins, coins of the Kshatrapas, Nāgas, of the Gupta king Rāmagupta and of the Indo-Sassanian rulers. In addition to the two previously known types (Loin and Garuḍa) of Rāmagupta's coins, two additional types of the coins of this king hrve been found. The other finds include beads of terracotta, carnelian, glass, paste, chalcedony, crystal and shell; one small stone image pf Mahiṣamardinī Durgā; miscellaneous terracotta, copper, iron and stone objects, shell bangles, bone pins, terracotta human and animal figurines, a silver ring and bone and terracotta dice in cubical and rectangular forms.

A significant find of the Period is a circular clay sealing depicting *Gajalakshmī* in the upper half. The goddess is standing with one hand resting at the thigh and the other raised. There is a *prabhāvali* around her head. Two elephants, standing on either side, with their trunks raised, are seen anointing the goddess (*Lakshmī-abhiṣeka*). In the lower half of the sealing is a Brāhmī inscription which reads : *Airikiṇe Gomika Visha-(-yā) dhikara(ṇasya)*.

One of the copper pieces of this period shows the *kīrttimukha* design. Some Hūṇa coins also belong to this period. Several terracotta female figurines of the early Gupta period show exquisite modelling. In the last sub-phase were found two damaged human skeletons inside a house. This clearly indicates the disturbed conditions of the time.

The inscription on another clay sealing reads, in the Gupta Brāhmī characters, *Mahādaṇḍanāyaka Siṁhanandi* (i.e., of Siṁhanandi, the chief of military and police). The discovery of this sealing of a *Mahādaṇḍanāyaka* at Eran throws some light on the importance of this town in the Gupta period.

The excavations have given a reliable chronological evidence in regard to the protohistory and ancient history of central India. The coins unearthed at Eran have been helpful in resolving certain problems. The round gold piece, obtained from the chalcolithic level, tends to indicate that some well-cut gold pieees may have been used for economic transactions. The actual nature of *niṣka* and other such terms, found in the Vedic literature, is not known. The round gold piece from Eran can be of some help in regard to the use of such pieces as token money.

As regarding the punch-marked coins from Eran, it may be painted out that most of them are of copper. This metal was normally used for preparation of coins at the mints of Eran, Vidisha, Pawaya, Ujjain and other places in central India.

During the last century, Cunningham discovered a good nuber of punch-marked coins at Eran. The number of copper punch-marked coins was found to be much larger than the silver ones. Most remarkable among the die-struck coins were the square *Kārṣāpaṇas* of a standard weight of 144 grains and its several denominations (*ardha*, *pāda kārṣāpaṇas*, etc). These coins bear various symbols, such as elephant, horse, tree-in-railing, *Indradhvaja*, river with fish, etc. The so-cailed Ujjain symbol also occurs on these coins. In my opinion it should better be called *vajra* symbol. Various forms of *vajra* (including cross and ball symbol) are known in Indian art.

At Eran a few die-struck inscribed coins were discovered by Cunningham bearing, in the Brāhmī characters of the 2nd century B.C., the old city-name of Eran.

The Prākrit form of this name is written on coins as Erakañya. After Cunningham, some more such coins have come to light. Besides bearing this name, the coins also portray a semi-circle design, crescent, *svastika*, tree-in-railing, *çakra*, bull and the Ujjain (*vajra*) symbol. Cunningham surmised that the semi-circle occurring on these coins represented the shape of the old Eran town and the river symbol stood for the the river Bīnā (ancient *Veṇvā*) on which the town is situated. A rare inscribed coin with the legend *raño Dhamapalasa* (i.e. of king Dharmapāla) was discovered by Cunningham at Eran. On the basis of paleography on this coin, Dharmapāla has been assigned to the later half of 3rd century B.C. or early 2nd cent. B.C. I havc read the complete legend on the coin as *raño dhamapalasa*.

The punch-marked coins at Eran were unearthed from the top level of Period IIA, and from II B and the early levels of Period III. These roughly cover a period of about 600 years, from about the beginning of the 3rd century B.C. to the end of the 3rd century A.D. The biggest hoard of punch-marked coins was found inside an earthen jar which contained as many as 3268 coins. Most of these are of copper and only a few bear traces of silver-coating on them. The coins are : usually rectangular or square in shape. They bear five or four symbols on the observe, often deeply cut. On the reverse of the coins, usually one or two marks are seen, which are not as deeply out as those on the obverse. The symbols occurring on the coins are : Sun, crescent, *ṣaḍaracakra*, hill, taurine, tree-in-railing, caduceus and *vajra* symbol. Several of these occur on the tribal coins of Eran and Vidisha. The vsual weight of the excavated punch-marked coins at Eran varies from 17.45 grains to 24'43 grains.

The Eran excavations during the season of 1960-61 yielded a circular lead piece from the top layers of period II B. The piece, which was used as a weight, bears the impression of a die of king Indragupta. The legend in the Mauryan Brāhmī characters reads *raño Iṁdagutasa* (i.e. of king Indragupta). Here four dots have been used to indicate the letter *iṁ*. On paicographlc grounds the lead piece can be assigned to c. 200 B.C.

The above legend is in striking conformity with the one found on the coin of king Dharmapāla, referred to above and also on Aśokan edicts. The association of the punch-marked coins with the above inscribed lead piece is quite important and has enabled us to assign the associated punch-marked coins to c. 200 B.C.

The latest phase of the copper punch-marked coins at Eran came to a close by the end of the 3rd century A.D., as revealed from the excavations.

The excavations at Eran have yielded coins and some clear clay moulds of the coins of western Kṣatrapas. The moulds have proved that a mint for preparing the coins of Kṣatrapas of the Caṣṭan branch existed at Eran before eastern Malwa was finally conquered by Candragupta-II.

Other copper coins obtained from Eran excavations are those of the Nāgas, the Guptas and the Hūṇas. The coins of Rāmagupta are by far the most important for tbe Gupta history. The stratigraphy in regard to these coins, both at Eran and Vidisha, shows that the coins of Rāmagupta can be assigned to the last phase of the 4th century A.D. This fact confirms the evidence known from three inscribed stone Tīrthaṅkara images discovered at Durjanpur near Vidisha. The Brāhmī inscriptions on all the three images can well be compared with those on the Eran stone inscription of Samudragupta and the Udaigiri and Sanchi records of Candragupta-II. Another important point is that on all the three inscriptions incised on the pedestals of the above-mentioned Tīrthaṅkara images, the title of Rāmagupta is given as *Mahārājādhirāja*. Now there is no doubt in stating that the so-called mysterious ruler Rāmagupta belonged to the imperial Gupta house.

From the Eran excavations four types of copper coins of Rāmagupta are known. These types are : 1. Lion, 2. Garuḍa, 3. Garuḍadhvaja and 4. Border-legend type. All the coins of Rāmagupta are of copper, varying in weight from 20 to 30 grains. The coins are circular in shape and their fabric is very similar to that of the Nāga coins, which have been discovered, in large numbers, at Eran, Vidiśā, Kutwār (ancient Kāntipurī) and Pawāyā (Padmāvatī). The name of Rāmagupta is clearly written on some of the coins excavated at Eran. The symbols—Lion, Garuḍa and Garuḍadhvaja—are also quite distinct on them. As regards the figures of Garuḍa on the coins of Rāmagupta, three forms of the bird are noticed ; (a) one-headed, (b) three-headed, (c) Garuḍa in human form, sometimes holding a snake. The Brāhmī legend on the coins is early Gupta. The stratigraphic evidence tallies with the numismatic evidence. On that basis it can be said that the coins were issued ābout the close of the 4th century A.D.

Besides the coins of Rāmagupta, Eran has also yielded copper coins of Candragupta Vikramāditya. These are of two tppes, *Cakra* and *Pūrṇaghaṭa*.

The excavations at Vidiśā conducted by the Archaeologic Survey of India, have also brought to light copper coins of Rāmagupta. In size and fabric they resemble the Eran eoins of that ruler.

Rāmagupta can be called the originator of the coppei currency in the Imperial Gupta dynasty. His numerous copper coins with certain characteristic features of this dynasty should be taken into consideration when we study the coinage of the Imperial Guptas. It is true that the monetary issues of Rāmagupta were minted in eastern Malwa, specially in the mints at Eran and Vidiśā. Prior to the conquest of this area by Samudragupta, those mints used to coin the money of the local Nāgas and the western Śaka rulers. It is a well known fact that several Nāga chiefs were conquered by Samudragupta. It was in the fitness of things that the coins of Rāmagupta, after the conquest of the Nāga territories and after the death of Samudragupta, were prepared in the mints of the region previously occupied by the Nāgas. The same procedure was followed by Candragupta-II and Kumāragupta-I also whose eoins of Malwa type are too well known. This accounts for the typological similarity.

SELECT BIBLIOGRBPHY

Cunningham, A., *Coins of Ancient India* (London. 1891; reprint Varanasi, 1963), Eran Coins.

Allan, J., *Catalogue of the Coins of Ancient India* (London, 1934, pp, xc-xcii; 140-44 and plates.

Bajpai, K.D., Sagar Through the Ages, (Sagar. 1964), pp. 26

,, *Indian Numismatic Studies* (N. Delhi, 1976), pp. 18-25; 120-149; 171-72.

,, *History and Culture of Madhya Pradesh* (Ahmedabad, 1984), pp. 24-29, 60-65.

Indian Archaeological Review (*ASI*, New Delhi) 1960-61 to 1964 65.

Dasagupta, K.K. *A Tribal History of Ancient India* (Calcutta, 1974), Eran Coins

बुन्देलखण्ड का महत्वपूर्ण पुरातात्विक स्थल : एरच

डा० ओ० पी० एल० श्रीवास्तव

एरच को बौद्ध साहित्य में एरकच्छ[1] कहा गया गया है। यह वर्तमान में उत्तर प्रदेश के बुंदेलखंड मण्डल में झांसी जिले के गरौठा तहसील में बेतवा (वेत्रवती) नदी के दायें किनारे पर स्थित है। यह स्थान झांसी मुख्यालय से लगभग ७० कि० मी० उत्तर पूर्व में है। स्थानीय परम्परा के अनुसार एरच को हिरण्यकश्यप की राजधानी कहा जाता है। यहां का प्राचीन टीला लगभग २-३ कि० मी० में विस्तृत है जहां से प्राचीन मृद्भाण्डों के अवशेष, सिक्के, अभिलेख, मृण्मूर्तियां, प्रस्तर मूर्तियाँ तथा प्राचीन स्थापत्य के अवशेष प्राप्त होते हैं जो एरच की प्राचीनता एवं उसके इतिहास पर प्रकाश डालते हैं।

एरच जिस क्षेत्र में स्थित है, प्राचीन काल में वह चेदि महाजनपद के नाम से विख्यात था। गुजर्रा, सांची, रूपनाथ और कौशाम्बी से मिलने वाले अशोक के अभिलेखों के आधार पर यह कहा जा सकता है कि यह क्षेत्र अशोक के साम्राज्य के अन्तर्गत था। इसके पूर्व यह चन्द्रगुप्त मौर्य और नन्द साम्राज्य का अंग था। अन्तिम मौर्य सम्राट बृहद्रथ की हत्या के बाद यह पुष्यमित्र शुंग के अधिकार में चला गया और उसका पुत्र अग्निमित्र विदिशा में गवर्नर बताया गया है,[2] जहां से ईसा पूर्व दूसरी शताब्दी में वह एरच क्षेत्र का भी शासन करता था। लेकिन इसी समय के एरच से प्राप्त होने वाले 'मुगमुख' के सिक्कों के आधार पर यह कहा जा सकता है कि ई० पूर्व द्वितीय शताब्दी में 'एरच' एक राजधानी के रूप में उभर रहा था और यह अयोध्या, कौशाम्बी, मथुरा और अहिच्छत्रा आदि की तरह एक स्थानीय शासन केन्द्र के रूप में विकसित एवं स्थापित हो चुका था जो संभवतः विदिशा से अग्निमित्र के अन्तिम समय में अथवा ठीक उसके बाद स्वतन्त्र हो गया होगा।

एरच से 'मुगमुख' नामांकित दो ताम्र सिक्के प्राप्त हुए हैं जिनके पुरोभाग पर ई० पू० द्वितीय शताब्दी की ब्राह्मी लिपि में लेख 'मुगमुख' है और पृष्ठ भाग पर स्टीलयार्ड के नीचे मेढक अंकित है। मुगमुख के सिक्के किसी अन्य स्थान से अभी तक प्राप्त नहीं हुए हैं जिससे यह पता चलता है कि मुगमुख इसी एरच का शासक था, लेकिन अभी तक उसके किसी पूर्वज अथवा वंशज की जानकारी प्राप्त नहीं हो सकी।

पुनः एरच से ई० पूर्व प्रथम शताब्दी के ईष्ठिका अभिलेख से एक अन्य शासक 'दाममित्र' की जानकारी प्राप्त होती है जो अन्य किसी स्थान से अभी तक ज्ञात नहीं है। इस

अभिलेख में 'रञोबंधकिस दानमितम पोंडरीक'[3] अंकित है तथा अन्तिम शब्द पोंडरीक के बाद कमल के फूल का चिह्न बना हुआ है जिससे पता चलता है कि यह अभिलेख अपने में पूर्ण है और इस क्षेत्र के इतिहास पर नया प्रकाश डालता है।

पुनः दूसरी शताब्दी ई० का एक दूसरा ईष्टिका अभिलेख मिला है जो तीन पंक्तियों का है। लेख निम्न प्रकार है—

(१)……(श) तानीक (स्य)…

(२)……सेनापतेः दशार्णाधिपतेः मू (ल)

(३) दशार्णेश्वरेण वासिष्ठीपुत्रेण अषाद्ह

इस अभिलेख में शतानीक, मूल और अषाढ़ नाम प्राप्त होते हैं। मूल को 'सेनापति' तथा 'दर्शाणाधिपति' दोनों कहा गया है और आषाढ़ को दशार्ण का अधिपति तथा वासिष्ठीपुत्र भी कहा गया है। इसके अतिरिक्त अन्य ईष्टिका अभिलेख भी मिले हैं जिनमें एक अन्य नाम अदितमित्र भी प्राप्त होता है और मूल तथा अषाढ़ के साथ 'मित्र' शब्द भी अंकित है लेकिन शतानीक के साथ ऐसी बात नहीं है। इस संदर्भ में उल्लेखनोय है कि शतानीक और अदितमित्र को सेनापति कहा गया है तथा मूल मित्र और अषाढ़मित्र को दशार्णाधिपति और सेनापति दोनों कहा गया है। ये सभी सदस्य एक ही राजवंश के हैं जो दूसरी शताब्दी ई० में एरच पर शासन कर रहा था लेकिन इस राजवंश के सम्बन्ध में किसी अन्य स्रोत से कोई जानकारी प्राप्त नहीं हुई है। इन अभिलेखों ने उल्लेखनीय तत्त्व यह भी है कि इनमें इस क्षेत्र को 'दशार्ण' नाम से अभिहित किया गया है।

इस प्रकार 'मुगमुख' के सिक्कों एवं इन अभिलेखों के आधार पर यह जानकारी प्राप्त होती है कि 'एरच' लगभग ई० पूर्व दूसरी शताब्दी से दूसरी शताब्दी ई० के बीच लगभग चार शताब्दियों तक एक प्रमुख शासन केन्द्र था जहां से अभी तक ६ नवीन शासकों का पता चल सका है जिनमें शतानीक, आदितमित्र, मूलमित्र और अषाढ़मित्र एक राज्यवंश के हैं तथा मुगमुख और दाममित्र अलग-अलग दूसरी वंश परम्परा के जान पड़ते हैं। इस प्रकार पहली-दूसरी शताब्दी ई० में जब एरच का राजवंश इस क्षेत्र पर शासन कर रहा था, उस समय में यहां पर कुषाण शासकों के सिक्के अथवा अभिलेख प्राप्त नहीं हुए हैं। अतः उस काल में यहां पर कुषाण शासन की कल्पना नहीं की जा सकती। संभवतः इन शासकों के बाद इसके कुछ भाग पर कौशाम्बी के मघों तथा कुछ भाग पर पद्मावती के नाग शासकों का अधिकार हो गया था। इस सन्दर्भ में उल्लेखनीय है कि बांदा जिले के ओरहा ग्राम[4] से मघ सिक्के तथा झांसी जिले के जोनरी बुजुर्ग ग्राम[5] से नाग सिक्के प्राप्त हुए हैं। संभवतः बाद में नागों ने मघों पर विजय प्राप्तकर ली थी क्योंकि गुप्त शासक समुद्रगुप्त का मघों से युद्ध का वर्णन प्राप्त नहीं होता है, बल्कि उसका सीधा गणपति नाग के साथ युद्ध का उल्लेख प्राप्त होता है।[6] गणपतिनाग की पराजय के बाद यह क्षेत्र गुप्त साम्राज्य का अंग बन गया जो उत्तर गुप्तों के समय तक था। इसके बाद इस क्षेत्र में प्रतिहारों और चन्देलों का शासन रहा। चन्देलों के काल में एरच एक विषय के रूप में रहा।[7] अलाउद्दीन खिलजी के शासनकाल में यहां पर जामा

मस्जिद का निर्माण कराया गया था।[८] मुगल शासक बाबर १५२८ ई० में चन्देरी जीतने हेतु जाते समय एरच रुका था।[९] यह बुंदेलों मराठों एवं अंग्रेजों के अधिकार में रहने के बाद स्वतन्त्र भारत में एक 'टाउनएरिया' के रूप है लेकिन पुरातात्त्विक दृष्टिकोण से अत्यन्त ही महत्त्वपूर्ण स्थान है और इसकी उपलब्धियां भारतीय इतिहास के साथ ही साथ इस क्षेत्र विशेष के इतिहास के लिए अत्यन्त ही महत्त्वपूर्ण हैं।

संदर्भ संकेत

१. अग्रवाल, के० एम० : विन्ध्यक्षेत्र का ऐतिहासिक भूगोल, पृष्ठ १२

२. कालिदास : मालविकाग्निमित्रम्

३. श्री वास्तव, ओ० पी० एल० : एरच जिला झाँसी से प्राप्त प्रथम शताब्दी ई० पू० का ईष्टिका लेख, ध्यानम्, अंक ५, पृ. १०९

४. शास्त्री, ए० एम०: कौशांबी आर्कियोलाजी होर्ड आफ मघ क्वाएन्स पृ. ४

५. बुलेटिन आफ म्यूजियम एण्ड आर्कियोलॉजी, मार्च १९६८, पृ० ४३

६. सरकार डी० सी० : सेलेक्ट इंस्क्रिपसन्स, पृ. २०७

७. हीरालाल : महोवा प्लेट आफ परमर्दिदेव, आफ वि० सं० १२३०, एपी० इं० १ जिल्द ६ पृष्ठ ९-१५

८. उत्तर प्रदेश डिस्ट्रिक्ट गजेटियर, झांसी

९. वही

बुन्देलखण्ड में क्षेत्रीय संग्रहालय की स्थापना

सुश्री वंदना यादव

प्रत्येक समाज, क्षेत्र अथवा स्थान विशेष के अपने सामाजिक रिवाज, परम्पराएँ, त्यौहार, पुराकथाएँ, अंधविश्वास, भाषागत विशिष्टताएँ एवं जीवन शैली होती है। ये सारी विशिष्टताएँ व्यक्ति की विचार शक्ति तथा जीवन पद्धति को प्रभावित करती हैं और उसे एक अलग सांस्कृतिक पहचान देती हैं, जिसके आधार पर शक्ति और शक्ति तथा समाज और समाज के मध्य सांस्कृतिक आधार पर अंतर किया जा सकता है। सांस्कृतिक पहचान का प्रश्न बहुत कुछ शक्ति के विकास और उसके अस्तित्व से जुड़ा हुआ है, इसलिए उसकी सुरक्षा का प्रश्न भी इतना ही महत्त्वपूर्ण है।

बुन्देलखण्ड राजनीतिक रूप से यद्यपि दो प्रांतों में विभाजित है (मध्य प्रदेश और उत्तर प्रदेश) किन्तु अपनी विशिष्टता, पहचान और सुगंध लिये उसकी अपनी समृद्ध सांस्कृतिक परम्परा और गौरवमय इतिहास रहा है। पुरापाषाण काल से ही इस क्षेत्र में सभ्यता के पदचाप सुनाई देने लगे थे, जिसके अवशेष यमुना, टोंस, धसान, बेतवा, कालीसिंध, बाँदा, झाँसी, हमीरपुर आदि में मिलते हैं। कला की अभिव्यक्ति के आरम्भिक उदाहरण शैलचित्रों के रूप में मरकड़ी, मजावरी, आबचंद, नरयावली तथा बेतवा के किनारे देवगढ़ के समीप मिलते हैं। बुन्देलखण्ड क्षेत्र से मिले महत्त्वपूर्ण पुरातात्त्विक अवशेष यहाँ के क्रमबद्ध इतिहास की ओर संकेत देते हैं। मौर्यकाल से लेकर अंग्रेजी शासन तक का यह इतिहास कई उल्लेखनीय और महान् घटनाओं से भरा पड़ा है। महाराजा छत्रसाल, रानी दुर्गावती, लाला हरदौल आदि द्वारा स्वतंत्रता संग्राम में दिया गया योगदान क्षेत्रीय और राष्ट्रीय इतिहास का गौरवमय पृष्ठ है। ऐतिहासिक महल के अवशेषों में खजुराहों, ओरछा, दतिया, नचना, भुमरा, देवगढ़, पन्ना, टीकमगढ़, झाँसी, चंदेरी, ग्वालियर आदि उल्लेखनीय हैं। इन परिचित नामों के अतिरिक्त भी कई ऐसे स्थान सुदूर गाँवों में हैं जो प्रकाश में नहीं आए हैं। साहित्य की विधा में भी बुन्देलखण्ड की भूमि ने कई महान् लेखक इस देश को दिये। उल्लेखनीय नामों में गोस्वामी तुलसीदास, केशव, बिहारी, श्रीपति, गिरिधर, रास प्रवीण, पद्माकर, भूषण, विष्णुदास आदि अग्रणी हैं।

अतीत की गौरवशाली परम्परा के साथ-साथ बुन्देलखण्ड का लोकजीवन भी उतना ही उल्लेखनीय और संग्रहणीय है। बुन्देली लोकगीतों का अपना सौन्दर्य और मिठास है। सहज गीत और लय में बँधे यह गीत न केवल जीवन के उत्साह और अवसाद को अभिव्यक्ति देते हैं,

अपितु गम्भीर और सुलझा हुआ जीवन दर्शन भी कई बार इन गीतों के माध्यम से कह दिया गया है। लोक गीतों के विभिन्न प्रकारों में किलकारी, आल्हा, फ़ाग, सावन, मल्हार, अचरी, सेरे, रसिया, सुआरा आदि आते हैं। लोक कथाएँ, लोक गीत आदि वाचिक परम्परा के भाग हैं, समय रहते इन्हें सुरक्षित किया जाना चाहिये। पारम्परिक लोक कला की अपनी तकनीक, उपयोगिता और सौन्दर्य की दृष्टि से महत्त्वपूर्ण है।

इन सभी तत्त्वों से मिलकर बुन्देलखण्ड का चरित्र निर्मित हुआ है, उसकी अपनी पहचान बनी है। यह दुखद है कि क्षेत्रीय पहचान को बनाए रखने वाली ये सारी विशेषताएँ धीरे-धीरे समाप्त होती जा रही हैं। तेजी से बदलते आधुनिक परिवेश ने मनुष्य को ऐसे दौर में पहुँचा दिया है, जहाँ जीवन में जटिलताएँ और वैराग्य बढ़ता जा रहा है और एक अनिश्चित सुख की चाह में हम अपने अतीत से अपनी परम्पराओं से तथा अपने सांस्कृतिक धड़ों से कटते चले आ रहे हैं। गाँवों और कस्बों से महानगरों की ओर पलायन भी इसका एक कारण है। ऐसी स्थिति में आवश्यक है कि हम अपनी जड़ों को पहचानें और अपनी सांस्कृतिक पहचान को कायम रखने का प्रयास करें। लोगों में अपनी स्थानीय संस्कृति को जानने और समझने की इच्छा और जागृति सहज रूप से पैदा हो। इस अपेक्षा को वास्तविक रूप देने का सबसे प्रभावकारी माध्यम क्षेत्रीय संग्रहालय हो सकता है। इसका निर्माण बुन्देलखण्ड के किसी भी जिला मुख्यालय में किया जा सकता है। जैसा कि नाम से ही स्पष्ट है कि क्षेत्रीय संग्रहालय वे संग्रहालय होते हैं जो उस क्षेत्र विशेष के इतिहास, संस्कृति कला और निवासियों पर ही केन्द्रित होते हैं। इन संग्रहालयों की विषयवस्तु संग्रहालय में संग्रहीत सामग्री ही नहीं होती अपितु उस क्षेत्र में फैली पुरातात्त्विक और ऐतिहासिक महत्त्व की वस्तुएँ, प्राकृतिक सम्पदा, लोगों का रहन-सहन, मान्यताएँ, तीज-त्यौहार, उनके अनुभव आदि सभी का समावेश इसमें किया जाता है।

योजना को कार्यान्वित करने के पूर्व यह आवश्यक है कि वस्तुओं के संग्रहण तथा उसके विश्लेषण को पूर्णतः नवीन दृष्टिकोण से देखा जाए। जब हम ऐतिहासिक एवं प्राकृतिक संसाधनों के संरक्षण एवं समसामयिक संस्कृति के विकास एवं रक्षण की बात करते हैं तो हमें संकुचित दृष्टिकोण से हटकर कार्य करना होगा। क्योंकि सांस्कृतिक पहचान के संरक्षण का प्रश्न बड़ा जटिल है। सांस्कृतिक पहचान निश्चित ही न केवल एक भाषा एक नेतृत्व समूह से निर्मित होती है अपितु उसका मुख्य आधार रीति-रिवाज़ों, रहन-सहन, आचार-विचार, विश्वासों और मान्यताओं की समानता तथा उनका भावनात्मक जुड़ाव भी है। इस परिभाषा की पृष्ठभूमि में यह प्रश्न विचारणीय है कि किसी क्षेत्र विशेष की सांस्कृतिक पहचान को बनाए रखने का सही अर्थ क्या है? निश्चित ही न तो हम अतीत में जी सकते हैं और न ही विशुद्ध तकनीक युग में। संरक्षण के नाम पर हम किसी भी समुदाय अथवा समाज विशेष को विज्ञान और तकनीक की मुख्यधारा से अलग नहीं रख सकते हैं। विकास के इन नये साधनों से उनमें बदलाव आना स्वाभाविक ही है। न ही हम अपनी परम्पराओं से हटकर विकास की धारा में निर्वाध रूप से बह सकते हैं। इन दोनों स्थितियों के मध्य सन्तुलन स्थापित करके लोगों में सांस्कृतिक जागृति पैदा करने का कार्य संग्रहालय के माध्यम से हो सकता है, ताकि एक भावनात्मक लगाव अपने परिवेश से बना रहे।

पारम्परिक संग्रहालय की अपनी अक्षमताएँ तथा सीमाएँ होती हैं। वहाँ संग्रहालय की सारी गतिविधियाँ संग्रहालय के अंदर ही सीमित रहती हैं। अपनी विषयवस्तु से सम्बन्धित सामग्री का संकलन कर उन्हें संग्रहालय की वीथियों में प्रदर्शित किया जाता है और दृश्य-श्रव्य माध्यमों की सहायता से उन लोगों तक अपना संदेश पहुँचाया जाता है, जो संग्रहालय के सीधे सम्पर्क में आते हैं। संग्रहालय का दायरा इस तरह बहुत सँकुचित हो जाता है। इस अक्षमता को दूर करने के लिये आवश्यक है कि संग्रहालय, अपनी स्वनिर्मित सीमाओं से बाहर आएं। संग्रहालय के लिये किये गये संकलन के अतिरिक्त महत्त्वपूर्ण स्मारकों, भवनों, वस्तुओं तथा परम्पराओं को वहीं सुरक्षित करें जहाँ वे मूलरूप में हैं। सामाजिक, आर्थिक, तकनीकी, ऐतिहासिक तथा पर्यावरण सम्बन्धित मुद्दों को भी संग्रहालय की विषयवस्तु में सम्मिलित किया जाना चाहिए। भौतिक संस्कृति की वस्तुएँ केवल सौन्दर्यबोध के लिये ही महत्त्वपूर्ण नहीं है अपितु उन्हें उनके सामाजिक तथा ऐतिहासिक परिप्रेक्ष्य में भी देखा जाना चाहिए। संस्कृति का अर्थ केवल ऐतिहासिक स्मारक अथवा वस्तुएँ नहीं हैं अपितु इसके अंतर्गत मनुष्य के सम्पूर्ण कलात्मक रचना का समावेश होता है, उसमें अंतर्निहित भावना को मूल रूप से सुरक्षित किया जाना चाहिए।

बुन्देलखण्ड के लिये प्रस्तावित यह क्षेत्रीय संग्रहालय शोध केन्द्र के रूप में कार्य कर सकता है जहाँ क्षेत्रीय, ऐतिहासिक, सामाजिक तथा आर्थिक इतिहास से सम्बन्धित शोध सामग्री का संकलन किया जा सके। यह संग्रहालय 'क्षेत्रीय डाटा बैंक' के रूप में कार्य कर सकता है। जन सम्पर्क एवं सुलभ सरल प्रकाशित सामग्री की अवस्था भी एक महत्त्वपूर्ण बिंदु है, जिस पर बयान दिया जाना चाहिए। संग्रहालय स्थापना के लिये वित्त भी एक समस्या है। सरकार, व्यापारी वर्ग तथा सामान्य वर्ग को इस कार्य में योगदान हेतु प्रेरित किया जा सकता है।

बुन्देलखण्ड में संस्कृति की धारा आज भी निर्बाध रूप से बह रही है। यहाँ के पूर्वजों की सामाजिक मान्यताएँ विचार एवं परम्पराएँ आज भी लोगों की जीवन पद्धति को प्रभावित किये हुए हैं। संग्रहालय स्थापना के समय के साथ समुचित न्याय किया जाना चाहिये। शिक्षा-शास्त्री, इतिहासविद्, कलाकार, वैज्ञानिक, प्रशासनिक अधिकारी एवं सामान्य जन के सुझाव व विचार इस दिशा में अपेक्षित हैं। क्षेत्रीय संग्रहालय की सफलता का मुख्य आधार लोगों की व्यापक भागीदारी ही हो सकता है।

प्रागैतिहासिक बाँदा

डॉ० केशव प्रसाद सिंह

भारत के मध्यीय भूभाग (२३°.४५' एवं २६°.५०' उत्तरी अक्षांश तथा ७७°.५२' एवं ८२° पूर्वी देशान्तर) में स्थित आधुनिक बुन्देलखण्ड प्राचीन काल में राजनीतिक एवं सांस्कृतिक दृष्टि से अतीव महत्त्वपूर्ण था। चौदहवीं शताब्दी ई० के पहले इसे चेदि, जुझौति, जेजाकभुक्ति एवं विन्ध्येलखण्ड आदि नामों से अभिहित किया जाता था। पूर्व में टोन्स, पश्चिम में चम्बल, उत्तर में यमुना तथा दक्षिण में नर्मदा नदियों से घिरा[1] यह क्षेत्र छठी श० ई० पूर्व में चेदि जनपद का एक अंग था[2]। शुक्तिमती, जिसका समीकरण बांदा के समीपवर्ती क्षेत्रों से किया गया है[3], इस जनपद की राजधानी थी। जातकों में इसे सोत्थवती कहा गया है[4]। महाभारत में यहाँ के शासक वसु उपरिचर का उल्लेख है। शुक्तिमती नदी, जिसे आधुनिक केन नदी से समीकृत किया गया है[5], इसके राज्य से होकर प्रवाहित होती थी।

बुन्देलखण्ड नामकरण के भिन्न-भिन्न कारण बताए गए हैं। चेदि लोगों का उल्लेख आर्यों के प्राचीनतम ग्रन्थ ऋग्वेद में मिलता है[7]। चन्देलों के शासनकाल में इसे जेजाकभुक्ति नाम से जाना जाता था। अनुमान किया गया है कि चन्देल राजवंश के तृतीय शासक जेजा अथवा जयशक्ति के नाम के आधार पर इसे जेजाकभुक्ति कहा गया[8]। बारहवीं श० ई० तक यह क्षेत्र इसी नाम से विश्रुत था। जुझौतिया ब्राह्मणों के आधिक्य के कारण इसे जुझौति भी कहा जाता था[9]। ह्वेन्त्सांग इसे चि-चि-टो नाम से जानता है[10]। विन्ध्याचल की पहाड़ियों में स्थित होने के कारण इसे विन्ध्येलखण्ड भी कहा जाता है[11]। बुन्देलखण्ड इस क्षेत्र का सर्वाधिक प्रसिद्ध नाम हैं। बुन्देल वंश के शासकों द्वारा शासित होने के कारण इसे बुन्देलखण्ड कहा गया है[12]।

बुन्देलखण्ड के सीमा-विस्तार का निर्धारण विद्वानों के मध्य एक विवादास्पद प्रश्न है। बुन्देल महाराजा छत्रसाल की प्रशंसा में लिखे गये एक दोहे के अनुसार उसका राज्य उत्तर में यमुना, दक्षिण में नर्मदा, पश्चिम में चम्बल तथा पूर्व में टोंस तक विस्तृत था[13]। परन्तु अतिरंजित एवं शौर्य-प्रशस्ति में लिखे जाने के कारण उपर्युक्त राज्य-विस्तार से सहमत होना कठिन है। एक प्रचलित लोकोक्ति के अनुसार ओरछा, होशंगाबाद तथा नर्मदा तक का भूक्षेत्र बुन्देलखण्ड की सीमा में था[14]। परन्तु प्रस्तुत लोकोक्ति के आधार पर भी इस क्षेत्र की सीमा निर्धारित नहीं की जा सकती है[15]। कनिंघम, वुचमैन तथा गोरेलाल तिवारी ने इसे उत्तर में

यमुना, दक्षिण में नर्मदा, पूर्व में विन्ध्यवासिनी देवी के मन्दिर तथा पश्चिम में वेतवा नदी तक विस्तृत बताया है[16]। परन्तु डॉ० एम० एल० निगम इस विस्तार से सहमत नहीं हैं। उनके अनुसार कौशाम्बी, कोसम, भीटा, त्रिपुरी, साँची एवं उदयगिरि आदि पुरास्थल भी इस क्षेत्र में सम्मिलित थे[17]। डॉ० धीरेन्द्र शर्मा एवं कतिपय अन्य भाषा-वैज्ञानिकों के अनुसार झांसी, जालौन, हमीरपुर, ग्वालियर, भोपाल, ओरछा, सागर, नरसिंहपुर, सिवनी एवं होशंगाबाद जिले इस क्षेत्र में सम्मिलित है। इनके अतिरिक्त दतिया, पन्ना, चरखारी, दमोह, बालाघाट तथा छिंदवाड़ा (मिश्रित बुन्देलखण्डी क्षेत्र) के कुछ भागों को भी बुन्देलखण्ड में सम्मिलित किया गया है[18]। बुन्देलखण्ड की सीमा-विवाद की समीक्षा यहाँ हमारा अभीष्ट नहीं है परन्तु सामान्यतः माना जाता है कि उत्तर प्रदेश के झांसी परिक्षेत्र के पांच जिले (झांसी, ललितपुर, जालौन, हमीरपुर एवं बांदा) तथा मध्यप्रदेश के सागर, छतरपुर, टीकमगढ़, पन्ना, दमोह तथा दतिया जिले तथा ग्वालियर की भाण्डेर, शिवपुरी की पिछोर, भिण्ड की लहर तहसील एवं गुना का चन्देरी भूखण्ड बुन्देलखण्ड की सीमा में आता है।

उत्तर प्रदेश का बांदा बुन्देलखण्ड परिक्षेत्र का प्रमुख जनपद है। इस जनपद के विविध पुरास्थलों से प्रचुर प्रस्तरोपकरण प्रकाश में आये हैं। 'प्रागैतिहासिक बांदा' शीर्षक प्रस्तुत शोध-पत्र में इस जनपद के प्रागैतिहासिक पुरातत्त्व का संक्षिप्त विवेचन अभीष्ट है।

मानव सभ्यता के विकास का इतिहास आकस्मिक घटनाक्रम का परिणाम नहीं अपितु सहस्राब्दियों के उत्थान-पतन के चक्रानुक्रम-विकास का परिणाम है। मानव सभ्यता के इस उत्थान-पतन के इतिहास को अध्ययन की सुविधानुसार तीन युगों—(१) प्रागैतिहासिक युग, (२) आद्यैतिहासिक युग एवं (३) ऐतिहासिक युग, में विभक्त किया गया है। प्रागैतिहासिक युग वह युग है जब प्रथमतः अस्तित्व में आकर जीवतत्व ने क्रमशः पशु एवं मानव-योनि में पदार्पण किया। इसका अन्त लेखन कला के प्रथम परिचय से माना गया है। इस प्रकार, प्रागैतिहासिक युग से सम्बन्धित लिखित साक्ष्यों का पूर्ण अभाव है। ऐतिहासिक युग से पहले की मानव-कथा का अध्ययन प्रस्तुत करने के कारण भी इसे प्रागैतिहासिक युग कहा जाता है[19]। इस युग का मानव पूर्णतः निरक्षर था। लेखन-कला से परिचित इस मानव सभ्यता को प्राक्-साक्षर सभ्यता की भी संज्ञा प्रदान की गयी है। साक्षरता को प्रागैतिहासिक एवं ऐतिहासिक युगों की विभाजक-रेखा के रूप में स्वीकार किया जा सकता है। ऐसा प्रतीत होता है कि प्रागैतिहासिक युग में मानव का वाङ्मय एवं मनोमय जगत अज्ञात ही था, यद्यपि वे अन्य प्रतीकों को आविष्कृत कर चुके थे[21]। वर्न्स ने मानव-सभ्यता के इतिहास का विभाजन प्राक् साक्षर एवं साक्षर युगों में किया है[22]। परन्तु यह विभाजन सर्वमान्य नहीं है। भारतीय सभ्यता के सन्दर्भ में ही हम इस विभाजक-रेखा का नहीं स्वीकार कर सकते हैं।

डा० एच० डी० सांकलिया भारतीय इतिहास के सम्बन्ध में इस विभाजन को युक्तिपरक नहीं मानते हैं। उनके अनुसार इस प्रकार भारतीय इतिहास का काल-विभाजन करने पर छठी श० ई० पूर्व के पहले के युग से लेकर सिन्धु घाटी तथा वैदिक सभ्यता तक का युग प्रागैतिहासिक युग में अन्तर्निविष्ट हो जाता है, जिसे स्वीकार करना युक्तिपरक नहीं है क्योंकि विशाल वैदिक वाङ्मय निरक्षर लोगों की कृति नहीं हो सकता है। वैदिक आर्य लेखन

कला से परिचित थे या अपरिचित, इस प्रश्न का समुचित उत्तर विवादास्पद है। वैदिक साहित्य के अन्त:साक्ष्य तो इस युग में लेखन-कला की पुष्टि करते हैं परन्तु पुरातात्त्विक साक्ष्यों से इस की पुष्टि नहीं हो पाती है। सिन्धु सभ्यता भी साक्षर सभ्यता प्रतीत होती है क्योंकि यहां से प्राप्त मुहरों पर तत्कालीन लिपि का स्पष्ट अंकन है। किन्तु सैन्धव लिपि के अद्यावधि अपाठ्य होने की स्थिति में इस अन्तर्वर्ती युग को प्रागैतिहासिक एवं ऐतिहासिक युगों में न रखकर आद्यैतिहासिक युग में रखा गया है। परन्तु यह भी युगों का स्थायी विभाजन नहीं है क्योंकि नवीन अनुसंधानों के साथ-साथ आद्यैतिहासिक युग ऐतिहासिक युग में परिणत होता जा रहा है।

प्रागैतिहासिक युग को प्रस्तर-काल की भी संज्ञा प्रदान की गई है। उपकरणों की बनावट एवं प्रयुक्त पत्थरों के आधार पर इस दीर्घकालीन युग को पूर्व पाषाण काल, मध्य पाषाण काल एवं नव पाषाण काल में विभाजित किया गया है। पूर्व पाषाण काल अन्य पाषाण कालों की अपेक्षा लम्बी अवधि तक चला। इसके विकास के कम से कम तीन पृथक-पृथक चरण दृष्टिगत होते हैं। अतएव अध्ययन की सुविधा के लिए इसे तीन भागों—(१) निम्न पूर्व पाषाण काल, (२) मध्य पूर्व पाषाण काल तथा (३) उच्च पूर्व पाषाण काल, में विभक्त किया गया है।

प्रागैतिहासिक संस्कृतियों के अध्ययन की दृष्टि से बांदा जनपद का विशिष्ट स्थान है। इसे प्रागैतिहासिक पुरातत्त्व के मानचित्र पर लाने का श्रेय काशी हिन्दू विश्वविद्यालय, वाराणसी के प्रो० पी० सी० पन्त को है, जिन्होंने इसे जनपद के बेल्हका, गोपीपुर, निही, वरियारी, रामचन्द्रपर्वत, सिद्धपुर, ऐंचवारा, लोधवारा एवं कालिन्जर आदि पुरास्थलों का सर्वेक्षण किया।

बेल्हका बांदा जनपद की नरैनी तहसील में केन नदी के तट पर स्थित एक छोटा सा गांव हैं,[२३] जहां से पूर्व पाषाण कालीन कुछ उपकरण प्रकाश में आए हैं। नरैनी के समीपस्थ रामचन्द्रपर्वत से भी इस युग का एक उद्योग-स्थल प्रकाश में आया है। मानिकपुर से दक्षिण-पश्चिम १० कि० मी० की दूरी पर स्थित गोपीपुर[२५] से भी कुछ अश्यूलियन उपकरण मिले हैं। इसी प्रकार के प्रस्तरोपकरण निही[२६] से भी प्राप्त हुए हैं, जो मानिकपुर से दक्षिण लगभग ६ कि० मी० की दूरी पर वर्दह नदी के तट पर स्थित है। पार्श्वपुनर्गठित हैण्डैक्सों की प्राप्ति के कारण इस पुरास्थल का विशेष महत्त्व है।

इस जनपद की कर्वी तहसील के सिद्धपुर[२७], ऐंचवारा[२८] तथा लोधवारा[२९] से भी पाषाणोपकरण प्रतिवेदित हैं। सिद्धपुर के नुकीले प्रस्तरोपकरणों में निर्माण में क्रस्टोक्रस्टलाइन पत्थरों का प्रयोग किया गया है। पूर्व पाषाण युगीन उपकरणों की प्राप्ति की दृष्टि से विशेष महत्त्वपूर्ण ऐंचवारा इसी जनपद के कर्वी तहसील मुख्यालय से ११ कि० मी० की दूरी पर स्थित है। यहां से प्राप्त उपकरणों के निर्माण में चर्ट एवं स्फटिक पत्थरों का प्रयोग किया गया है। लोधवारा कर्वी से उत्तर पूर्व दिशा में ५ कि० मी० की दूरी पर स्थित है। इस स्थल के समीपस्थ क्षेत्र से भी अनेक प्रस्तरोपकरण प्रतिवेदित हैं।

यमुना नदी के तट पर स्थित इस जनपद के वरियारी[३०] के आस-पास लगभग ८ वर्ग कि० मी० क्षेत्र में विस्तृत भू-क्षेत्र से पाषाण युगीन अनेक उपकरण प्रकाश में आए हैं। यहां से

तीन नदी-वेदिकाओं के साक्ष्य मिले हैं। प्रथम नदी वेदिका से कोर तथा फलक के अतिरिक्त हैण्डैक्स, क्लीवर एवं स्क्रेपर प्रचुर संख्या में मिले हैं। दूसरी एवं तीसरी नदी-वेदिकाओं के उपकरण विकसित एवं परवर्ती काल के हैं।

प्राचीन काल से मध्य युगीन शताब्दियों तक अपनी सांस्कृतिक विरासत को किसी न किसी रूप में संजोए रखने वाला कालिंजर[31] (२५.१ उत्तरी आक्षांश तथा ८०°.२६' पूर्वी देशान्तर) बुन्देलखण्ड परिक्षेत्र के बांदा से दक्षिण लगभग ५७ कि० मी० की दूरी परविन्ध्य-पर्वत शृङ्खला में स्थित है। यहां से पूर्व पाषाण युगीन उद्योग की सूचना मिली है। इन उपकरणों के अतिरिक्त कालिंजर से मध्य पाषाण कालीन लघुपाषाणोपकरण भी प्रतिवेदित हैं। इस प्रकार के उपकरण भारत के अनेक क्षेत्रों से प्रकाश में आए हैं। इनमें राजस्थान के बागोर, गुजरात के लंघनाज, नर्मदा घाटी के बामेर, आन्ध्र प्रदेश के कर्नूल एवं चित्तूर, महाराष्ट्र के खाण्डिवली, पश्चिम बंगाल के बीरभानपुर, प्रायद्वीपीय भारत के ब्रह्मगिरि, मास्की एवं संगनकल्लू, कश्मीर के बुर्जहोम, तामिलनाडु के तिन्नेबली, छोटा नागपुर के वरूडीह एवं कुचाई, मध्य प्रदेश के आदमगढ़, मैसूर के शोरापुर द्वाव, गंगा घाटी के कुढ़ा, गढ़वा, सुलेमान पर्वतपुर, सरायनहरराय, पेलखवाड़, बिछिया, महदहा एवं दमदम तथा विन्ध्य-क्षेत्र के मोरहना पहाड़, बघहीखोर, चोपनीमाण्डो एवं लेखहिया विशेष रूप से उल्लेखनीय हैं[32]। इनसे पाषाणयुगीन उपकरणों के विकास की पुष्टि तो होती ही है साथ ही दिवंगत सुब्बाराव की उस धारणा का भी खण्डन होता है कि भारत में प्रस्तर संस्कृतियों का विकास अफ्रीका की पाषाण कालीन संस्कृतियों के तुल्य हुआ था और यहां वास्तविक मध्य पाषाण काल हुआ ही नहीं था।[33]।

बांदा के प्रस्तर कालीन उपकरण राज्य संग्रहालय, लखनऊ, राज्य पुरातत्त्व संगठन, लखनऊ तथा बुंदेलखंड छत्रसाल संग्रहालय, बांदा में संग्रहीत हैं।

पूर्व पाषाण युगीन मानव नितान्त वर्बर एवं पूर्णतः प्रकृति पर अवलम्बित था। वह पशुवत् जीवन व्यतीत करता था तथा अपने अस्तित्व को बनाए रखने के लिए उनसे संघर्ष भी करता था। उनके आवास प्रकृति के उन्मुक्त वातावरण में ही थे, जैसे—जंगल, पर्वत एवं सरिता तट। यहां उसे सदैव हिंसक पशुओं का भय बना बना रहता था। अस्तु, उसने अपने जीवन की रक्षा एवं जीविकोपार्जन के लिए उपकरण तैयार करना प्रारम्भ किया। उसने इधर-उधर बिखरे प्रस्तर खण्डों को तोड़ एवं पैने कर कुल्हाड़ी, बाणाग्र, भाले और काटने, खोदने, फेंकने, छेद करने, कूटने तथा पीसने के उपकरणों का निर्माण किया। उपकरणों के निर्माण में उसने पशुओं की हड्डियों तथा वृक्षों की टहनियों का भी प्रयोग किया होगा। इस प्रकार ये उपकरण आदिम मानव के जीवन-साथी एवं जीवन-निर्वाह के साधन थे।

पाषाणकालीन अधिसंख्यक उपकरण पर्वतों की ढाल एवं पर्वत-कन्दराओं से प्रकाश में आए हैं। इनसे इस तथ्य की पुष्टि होती है कि शिलाश्रयों का निर्माण कर उसने शनैः शनैः एक स्थान पर रहकर जीवन-निर्वाह प्रारम्भ किया होगा। इस प्रकार के शिलाश्रय भारत के अनेक भागों से प्रतिवेदित हैं। इनमें से अधिकांश उत्तर प्रदेश के दक्षिणांचल के पठारी क्षेत्र तथा मध्य प्रदेश के अनेक जनपदों में स्थित हैं, उदाहरणार्थ-बाणगढ़ एवं गहशालपुर (वाराणसी),

शाहाबिया, वेडिया, लाडवेडिया, बागा, बघहीखोर, मरछहवा, खड़ी-पठारी, मुनीबाबा, लेखहिया, पंचमुखी, कण्डाकोट, चनमनवा, लेखनिया, लखनिया, कोहबर, घोड़ामंगर, मलडरिया, महदरिया तथा परपहार (मिर्जापुर), रमगढ़वा, छतरपालिया, चन्दावरी, लखहर तथा चन्दवा (इलाहाबाद) तथा मर्कड़ी, मझावन, सरहट, मलवा, बरगढ़, अमवां, उल्दन एवं करियाकुंज (बाँदा) आदि स्थलों से अनेक चित्रित शिलाश्रय प्रकाश में आए हैं। मध्य प्रदेश के सतना, रींवा, सीधी, शहडोल, सागर, सिहोर, जबलपुर, भोपाल, रायसेन, होशंगाबाद, मन्दसोर, पंचमढ़ी, मोदी आदमगढ़, भीमबैठका तथा घघरिया आदि से भी ये शिलाश्रय प्रतिवेदित हैं।[३४] इन शिलाश्रयों की भित्तियों पर उसने अपने कलात्मक भावों को लालगेरू या हैमेटाइट पत्थर से रेखांकित किया है। इनमें वन्य पशुओं को एकाकी अथवा झुण्ड में दौड़ते, उछलते, कूदते, चरते तथा शिकारियों द्वारा पीछा करते हुए प्रदर्शित किया गया है। आखेट के चित्रों में भयाक्रान्त वन्य पशुओं को कभी-कभी एक ओर और कभी-कभी विपरीत दिशा में भागते हुए दिखाया गया है। आखेटकों के हाथों में धनुष-बाण एवं भाले प्रदर्शित हैं। कतिपय चित्रों में उन्हें फल एवं शहद एकत्र करते, पक्षियों को मारते तथा मछली एवं कछुआ आदि पकड़ते हुए चित्रित किया गया है। कुछ चित्रों में जाल में फंसे हिरणों तथा सामूहिक नृत्य एवं धार्मिक अनुष्ठानों में व्यस्त मानव-समूह का भी अंकन किया गया है।

बांदा के अनेक पुरास्थलों से प्रागैतिहासिक शिलाश्रय प्रकाश में आए हैं। काकवर्न[३५] के प्रयासों के फलस्वरूप इस जनपद के मर्कड़ी एवं मझावन से चित्रित शिलाश्रयों के साक्ष्य मिले हैं। मानिकपुर क्षेत्र से प्राप्त अधिसंख्यक चित्र गुफाओं में नहीं अपितु खुले शिलाखण्डों पर अंकित हैं। ये लाल गेरू से बने हैं। अतः इन्हें वहां की जनभाषा में "रकत की पुतरियां" कहा जाता है। इस क्षेत्र के सरहट, मलवा एवं करियाकुंज के चित्रित शिलाश्रयों को प्रकाश में लाने का श्रेय सिल्वेरॉड को है, जिन्होंने इस क्षेत्र का सर्वेक्षण किया था। सरहट मानिकपुर रेलवे स्टेशन से लगभग दो कि० मी० दूर उत्तर-पश्चिम दिशा में स्थित है। यहां के एक चित्र में तीन घोड़ों के समूह तथा आखेट के दृश्य का अंकन है। बिना पहिए की गाड़ी पर बैठे व्यक्ति का चित्र अत्यन्त मनोहारी है। गेरुए रंग से निर्मित इस चित्र में गाड़ी हांकने की कला को अत्यन्त स्वाभाविक ढंग से प्रदर्शित किया गया है।[३७] प्रत्यक्षतः एक बैल द्वारा खींची जा रही गाड़ी पर बैठा हुआ व्यक्ति कोई समृद्ध व्यक्ति प्रतीत होता है क्योंकि उसके साथ दो अंगरक्षक धनुष-बाण तथा लाठी लिए अंकित हैं। एक छत्र वाहक भी है। एक अन्य चित्र में कतिपय अश्वारोही किसी वन्य पशु का पीछा करते हुए दिखाए गए हैं। मलवां बदौसा रेलवे स्टेशन से लगभग २५ किलोमीटर की दूरी पर स्थित है। यहां के एक चित्र में मानव-समूह एवं जानवरों को साथ-साथ चित्रित किया गया है। इनके अतिरिक्त अमवां; बरगढ़ तथा उल्दन से भी चित्रित शिलाश्रयों के साक्ष्य मिले हैं[३७]। बरगढ़ का चित्रित शिलाश्रय इसी नाम के रेलवे स्टेशन से लगभग १५ किलोमीटर दूर पहाड़ी पर स्थित है। मानिकपुर रेलवे स्टेशन से लगभग १४ किलोमीटर दूर दक्षिण पूर्व दिशा में स्थित उल्दन से भी प्रागैतिहासिक शिलाचित्र प्रकाश में आए हैं।

उपर्युक्त चित्रों के वर्ण्य विषय मध्य पाषाण कालीन मानव के सामाजिक एवं

सांस्कृतिक रीति-रिवाजों से बहुत कुछ मिलते-जुलते हैं। इन भित्ति-चित्रों से तत्कालीन मानव की कला-प्रियता, अभिरूचि एवं दिनचर्या का बोध होता है।

यद्यपि इन प्रागैतिहासिक चित्रों का सम्यक् तिथि-निर्धारण नहीं किया जा सका है तथापि इतना तो निश्चित ही है कि इनका विकास निरन्तर होता रहा है। दैनिक आवश्यकताओं की सहज पूर्ति ने उसे अपनी कलात्मक अभिरूचियों को व्यक्त करने का अवसर प्रदान किया तथा अनगढ़ प्रस्तरोपकरणों से झांकती हुई कला विशाल मूर्तियों, भवनों एवं चित्रों के रूप में विकसित होती गई।

सन्दर्भ एवं टिप्पणियाँ

१. कनिघम, ए०, ऐंश्यंट ज्योग्राफी आफ इण्डिया, पृ० ४०६

२. मजूमदार आर० सी० तथा पुसालकर ए० डी० (सम्पा०), दि एज आफ इम्पीरियल यूनिटी (भारतीय विद्या भवन सीरिज, भाग २), पृ० १; जर्नल आफ एशियाटिक सोसाइटी आफ बंगाल, १८९५,पृ० २५३; भण्डारकर, कारमाइकेल लेक्चर्स, १९१८, पृ० ५२, ममलसेकर, डिक्शनरी आफ पालि प्रापरनेक्स, भाग १, पृ० ९११, पाण्डेय राजबली पुराण: विषयानुक्रमणी, पृ० १०५

३. जर्नल आफ दि एशियाटिक सोसाइटी आफ बंगाल, १८९५, पृ० २५५

४. भण्डारकर, डी० आर०, लेक्चर्स आन ऐंश्यंट हिस्ट्री आफ इण्डिया, १९७७, पृ० ५१-५२

५. जर्नल आफ दि एशियाटिक, सोसाइटी आफ बंगाल, १८९५, पृ० २५५; पार्जिटर, एण्शैण्ट इण्डियन हिस्टारिकल ट्रेडीशन्स, पृ० २५९, २६९ तथा २८१

६. महाभारत, ६३/३३

७. ऋग्वेद, ७।५।३७-३९; रैप्सन, ई० जे०, कैम्ब्रिज हिस्ट्री आफ इण्डिया, भाग १, १९२२, पृ० ७५

८. एपिग्रैफिया इण्डिका, भाग १, पृ० २२१

९. स्कन्द पुराण (माहेश्वर खण्ड) अध्याय-३९, श्लोक १३१-१४२

१०. वाटर्स, टी०, आन युवान च्वांग्स ट्रेवेल्स इन इण्डिया, भाग २, पृ० २५१

११. प्रो० के० डी० बाजपेयी विन्ध्यप्रदेश नामकरण का कारण इस क्षेत्र में विंधने वाले असंख्य वृक्षों की विद्यमानता मानते हैं।

१२. त्रिवेदी, एस० डी०, बुन्देलखण्ड का पुरातत्व, १९८४, पृ० ४; द्रष्टव्य-दास, ब्रजरत्न, बुन्देलों का इतिहास, नागरी प्रचारिणी सभा पत्रिका, भाग ३, पृ० ४२० एवं नार्थ वेस्टर्न प्राविन्सेज गजेटियर्स, प्रथम खण्ड, पृ० २०

१३. इत यमुना उत नर्मदा, इत चंबल उत टोंस।
छत्रसाल सो लरन की, रही न काहू होंस॥

१४. भैंस बंधी है ओरछा, पड़ा होशंगाबाद।
लगवैया है सागरे, चपिया रेवा पास॥

१५. त्रिवेदी, एस० डी०, पूर्वोक्त ग्रन्थ, पृ० ३
१६. कनिंघम, ए०, पूर्वोक्त ग्रन्थ, पृ० ४०६, बुचमैन, ईस्टर्न इण्डिया, भाग २, पृ० ४५२; तिवारी, गोरे लाल, बुन्देलखण्ड का संक्षिप्त इतिहास, प्रयाग, वि. सं. १९९०, पृ० १
१७. निगम, एम० एल०, कल्चरल हिस्ट्री आफ बुन्देलखण्ड, पृ० १-२४
१८. वर्मा, धीरेन्द्र, हिन्दी भाषा का इतिहास, पृ० ६५ द्रष्टव्य-ग्रिर्यसन, लिंग्युस्टिक सर्वे आफ इण्डिया, भाग २, खण्ड १, पृ० ८६
१९. त्रिवेदी, एस० डी०, पूर्वोक्त ग्रन्थ पृ० ४-५
२०. मजूमदार, धीरेन्द्रनाथ तथा गोपालशरण, प्रागैतिहास, पृ० २; द्रष्टव्य-एड्रियन कोट्स (१९५१) प्रिल्यूड टु हिस्ट्री, मैथुएन एण्ड कम्पनी, लन्दन, पृ० १-२६
२१. गोयल, श्री राम, प्रागैतिहासिक मानव एवं संस्कृतियां, पृ० १६
२२. बर्न्स, ई० एम०, वेस्टर्न सिविलाइजेशन्स, भाग १, पृ० ८
२३. पन्त, पी० सी०, प्रीहिस्टारिक उत्तर प्रदेश, दिल्ली, १९८२, पृ० ४७-४८
२४. तदैव, पृ० ५०
२५. तदैव, पृ० ५१-५२
२६. तदैव, पृ० ५२-५४
२७. तदैव, पृ० ८८-९०
२८. तदैव, पृ० ११४-१२७
२९. तदैव; पृ० १२७-१३०
३०. जैन, के० सी०, प्रीहिस्ट्री एण्ड प्रोटोहिस्ट्री आफ इण्डिया, पृ० ४९
३१. पन्त, पी० सी०, पूर्वोक्त ग्रन्थ, पृ० १२१-१२७
३२. विशेष अध्ययन के लिए द्रष्टव्य—

ज्वायनगर, एफ० ई०, १९५२, दि माइक्रोलिथिक इण्डस्ट्री आफ लंघनाज, गुजरात मेन भाग ५२, संख्या १८२, सांकलिया, एच० डी०। १९८५, एक्सकैवेशन्स ऐट लंघनाज, १९४४ प्रथम खण्ड; सेन, डी० एण्ड घोष, ए० के०, लिथिक कल्चर काम्पलेक्स इन दि प्लायस्टोसीन सीक्वेन्स आफ दि नर्मदा वैली; आइजक, ए०, दि स्टोन एज कल्चर्स आफ चित्तूर, १९८१; डेकेल कालेज, पूना; मूर्ति, एम० एल० के०, स्टोन एज कल्चर्स आफ चित्तूर, १९६६, डेकेन कालेज, पूना; टाड, आर० के० यू०, पैलियोलिथिक इण्डस्ट्री ऑफ बाम्बे: लाल, बी० बी०, ए माइक्रोलिथिक साइट इन दि दामोदर वैली, वेस्ट बंगाल, एण्ड्रोण्ट इण्डिया वं०-१४, ह्वीलर, आर० ई० एम०, १९४७-४८, ब्रह्मगिरि एण्ड चन्द्रावली, १९४७, गैगालिथिक एण्ड अदर कल्चर्स, इन मैसूर स्टैट, ए० इ० नं०-५, ज्वायनर, एफ० ई० एण्ड एल्विन, बी०, दि माइक्रोलिथिक साइट्स इन तिन्नेवल्ली डिस्ट्रिक्ट, मद्रास स्टेट, ए० इ० नं०-६, पद्दैय्या, के० प्री एण्ड प्रोटो हिस्टारिक इन्वेस्टीगेशन्स इन शोरापुर द्वाब, १९६८, डेकेन कालेज, पूना, शर्मा, जी० आर०, फाम हण्टिक एण्ड फूडगेदरिंग टु डोमेस्टीकेशन आफ प्लान्ट्स एण्ड एनीमल्स, एक्सकैवेशन्स ऐट चोपनीमाण्डो, महदहा एण्ड महगड़ा; एक्सकेंवेशन्स ऐट सरायनहरराय; वर्मा, आर० के०, दि स्टोन एज कल्चर्स आफ मिर्जापुर, इलाहाबाद एण्ड प्री हिस्ट्री, १९६४; एक्सप्लोरेशन्स इन डिस्ट्रिक्ट इलाहाबाद, मिर्जापुर एण्ड शाहजहाँपुर, इण्डियन आक्यालाजी-ए रिव्यू, १९६६-६७; लेखहिया-एक्सकैवेशन-रिपोर्ट तथा लेखक के लेख-विन्ध्यक्षेत्र की मध्य पाषाणकालीन संस्कृति, अवध विश्वविद्यालय शोध-पत्रिका (कला संकाय)

भाग-२, १९८३, पृ० ६४-७० एवं गंगा घाटी की मध्य पाषाणिक संस्कृति (अवध के विशेष सन्दर्भ में), अवध विश्वविद्यालय शोध-पत्रिका (कला संकाय) भाग-३, १९८७, पृ०-१८४-१८९

३३. यह प्रस्ताव दिवंगत सुब्बाराव ने दिल्ली में आयोजित पुरातत्त्व की प्रथम एशियन कांग्रेस में रखा था। देखिए-सुब्बाराव, बी, पर्सनेल्टी आफ इण्डिया, १९५८, पृ०-३९ तथा लेखक का ग्रन्थ, पुरातत्त्व-मीमांसा, १९८७, पृ० २००-२०३

३४. इनमें पंचमड़ी, मोदी, आदमगढ़, भीमबैठका तथा चचरिया का उत्खलन भी हो चुका है। भीमबैठका-(रायसेन जनपद) से ही १३३ चित्रित शिलाश्रय प्रकाश में आये हैं।

३५. गुप्त जगदीश, प्रागैतिहासिक भारतीय चित्रकला, दिल्ली, १९६७, पृ० ८६-८७ पर उद्धृत।

३६. त्रिवेदी, एस० डी०, पूर्वोक्त ग्रन्थ, पृ० १०

३७. सिल्वेराड ने अमवां, बरगढ़ एवं उल्दन शिलाश्रयों का उल्लेख किया है, यद्यपि उन्होंने इन स्थलों का का स्वयं सर्वेक्षण नहीं किया था।

५

इतिहास

चेदि जनपद का प्राचीन इतिहास

कृष्णदत्त वाजपेयी

जिस प्रदेश पर आज विंध्य पर्वत की शृङ्खला फैली है, उसी का अधिकांश भाग प्राचीनकाल में "चेदि" नाम से प्रसिद्ध था। इसी का परवर्ती नाम बुंदेलखंड हुआ। प्रदेश के पूर्वी भाग की संज्ञा "करूष" हुई, जिसे हम बघेलखंड के नाम से जानते हैं। चेदि की पश्चिमी सीमा चंबल नदी थी। महाभारत के अनुसार चेदि जनपद की राजधानी शुक्तिमती थी। बौद्ध ग्रंथों में उसे "सोत्थिवती नगर" कहा गया है। इस भूभाग में बहने वाली प्रसिद्ध केन नदी का भी पुराना नाम शुक्तिमती था। महाभारत में एक रोचक कथा मिलती है कि कोलाहल नामक पर्वत शुक्तिमती नदी पर आकृष्ट हो गया। उसने शुक्तिमती का मार्ग रोकने की चेष्टा की। चेदि के राजा वसु, कोलाहल के इस कार्य से, बहुत रुष्ट हुए और उन्होंने ठोकर मार कर पहाड़ को गिरा दिया। अब नदी को आगे प्रवाहित होने का अवसर मिल गया और जिस तरफ कोलाहल ढह गया था, वह उसी ओर बह चली। पन्ना-बिजावर के बीच वाली विंध्य शिखर-शैली का नाम कोलाहल था। वहां केन नदी ऊंची पहाड़ियों को काटती हुई बहती है और बहुत शोर करती है। महाभारत की उक्त कथा का इसी ओर संकेत है। पुराणों में शुक्तिमती नदी को विंध्य पर्वत से निकलने वाली कहा गया है। अन्य नदियां जो इस पर्वत से निकलती हैं वे दशार्णा, चित्रकूटा, विपाशा, तमसा आदि हैं।

राजा वसु को चेदि का सर्वप्रथम शासक माना जाता था। वह इन्द्र का उपासक था और उसने कई इन्द्र-यज्ञ किए। उसकी पुत्री सत्यवती से व्यास जी का जन्म हुआ। वसु का एक पुत्र मगध का शासक हुआ और दूसरा कौशांबी का। वसु के वंश में चेदि का एक शासक दमघोष हुआ, जिसके साथ भगवान् कृष्ण की बुआ ब्याही गई। उसी का लड़का चेदिराज शिशुपाल हुआ।

महात्मा बुद्ध के समय में उत्तर भारत में जो सोलह बड़े राज्य थे उनमें से एक चेदि था। उसकी राजधानी शुक्तिमती नगरी (प्राकृत सोत्थिवती) थी। इन पंक्तियों के लेखक ने उसकी पहचान बांदा जिले के सेंहुड़ा नामक स्थान से की है, जो बांदा नगर से ३० किलोमीटर दक्षिण-पूर्व में स्थित है। उस समय वत्स या कौशांबी जनपद का राजा उदयन था। उसने उज्जयिनी के शासक प्रद्योत की सुंदर पुत्री वासवदत्ता का हरण कर उससे विवाह किया। उदयन-वासवदत्ता की प्रेमकथा विंध्य-शृङ्खलाओं में और उनके बाहर बराबर गूंजती रही।

महाकवि कालिदास ने भी इसकी चर्चा की है। मिट्टी के एक कलापूर्ण फलक पर इस कथा जो चित्रित किया गया है। उदयन एक हाथी की पीठ पर वासवदत्ता को लेकर भाग रहा है। प्रद्योत के सैनिक उसका पीछा कर रहे हैं। उदयन हाथी की पीठ पर से मुद्राओं की थैली से पीछा करने वालों के लिए मुद्रायें बिखेरता जाता है। उनके ढूंढ़ने में प्रद्योत के सैनिकों को बहुत समय लग जाता है। इस प्रकार उदयन विंध्य पर्वत को पार कर अपनी राजधानी कौशांबी पहुँच जाता है।

नंदों तथा मौर्यों के शासनकाल में चेदि मगध साम्राज्य का अंग रहा। मौर्य सम्राट् अशोक का शिलालेख दतिया जिला में गुजर्रा नामक स्थान पर विंध्य की एक चट्टान पर खुदा हुआ मिला है। उस पर अशोक का नाम लिखा है। इसी सम्राट् के समय में सतना जिला में भरहुत नामक स्थान पर एक विशाल बौद्ध स्तूप का निर्माण प्रारम्भ हुआ, जो ईसवी पूर्व दूसरी शती में शुंगों के समय में पूरा हुआ। इस स्तूप की बेदिकाओं और तोरणों पर स्थानीय लोकजीवन का व्यापक चित्रण मिलता है। कौशांबी के राजा अंगराज और धनभूति के नाम तथा विदिशा के कई राजा-रानियों के नाम भरहुत की कलाकृतियों पर उत्कीर्ण मिले हैं। विंध्य का लाल बलुआ पत्थर इन कृतियों के निर्माण में प्रयुक्त हुआ है।

शुंगों के बाद चेदि के भूभाग पर नागों तथा मघों के राजवंशों का अधिकार रहा। उन शासकों ने विदेशी कुषाणों की शक्ति को रोका। अन्ततः वे कुषाणों को मध्यप्रदेश से भगाने में सफल हुए।

गुप्तकाल में विंध्य के आटविक राज्यों का महत्त्व बढ़ा-चढ़ा था। वे राज्य दतिया से लेकर रीवा तक फैले हुए थे। गुप्त सम्राट् समुद्रगुप्त ने कुछ समय के लिए इन राज्यों की शक्ति को निर्बल कर दिया, पर शीघ्र ही वे पुनः सबल हो गए। गुप्त सम्राटों के सामंत रूप में उन्होंने इस भूभाग को बहुत समृद्ध बनाया। विदेशी शासकों से वे उसकी रक्षा करने में सफल हुए। इन आटविक राज्यों ने धर्म और कला की उन्नति में बड़ा योग दिया। विंध्य के देवगढ़, नचना, भुमरा, उंचेहरा, तिगवा आदि स्थान इसका उद्घोष आज भी कर रहे हैं। यह कला स्वर्णयुग की सभी विशेषताओं को चरितार्थ करती है। आटविक राज्यों के दक्षिण में घना जंगली प्रदेश था, जिसकी संज्ञा 'महाकांतार' थी। समुद्रगुप्त के समय में वहां का शासक व्याघ्रराज था।

सम्राट् हर्षवर्धन के समय में विंध्य प्रदेश उसके साम्राज्य के अंतर्गत था। सामंत-प्रथा उसके समय में भी जारी रही। हर्ष के विद्वान् सभापंडित बाणभट्ट ने विंध्य पर्वत और उस के एक ग्राम का अत्यन्त रोचक चित्र अपने ग्रंथ 'हर्ष चरित' में खींचा है। हर्ष की बहिन राज्यश्री अपने पति के मारे जाने पर क्षुब्ध और दुखित होकर विंध्य पर्वत चली गई। यह समाचार पाकर हर्ष उसकी खोज करता हुआ विन्ध्याटवी के एक 'वनग्राम' में पहुँचा और बहां उसने डेरा डाला। यह बस्ती जंगल को साफ करके बनाई गई थी। घर एक दूसरे से अलग बने हुए थे। लोग कौशल से धरती को खोदकर खेती करते थे। उनके हल-बैल नहीं थे। जंगली जानवरों के उपद्रवों से वे परेशान रहते थे। वे प्रायः जानवरों का शिकार कर या फल-मूल खाकर जीवन-निर्वाह करते थे। जंगल की वस्तुओं को बाजार में बेचते थे। जंगली बस्ती के

चारों ओर कांटेदार बाड़े बनाए जाते थे, जिससे लोग अपनी तथा पशुओं की रक्षा जंगली जानवरों के हमलों से रक्षा कर सकें। लोहार, बढ़ई, आदि गांव में रहते थे। कुछ लोगों ने धीरे-धीरे अपने खेत बना लिए। जंगल तथा बस्ती के रास्तों पर प्याउओं का अच्छा प्रबन्ध था। मिट्टी के बर्तनों में ठंडा पानी उपलब्ध था। गांव के शिकारियों का रोचक वर्णन बाणभट्ट ने किया है। शिकारी विविध ढंग से पशुओं और पक्षियों का आखेट करते थे।

हर्ष को विंध्य के शबरों की सहायता से राज्यश्री को ढूंढने में सफलता प्राप्त हुई। उन्होंने हर्ष को पाराशरी भिक्षु दिवाकरमित्र से मिलाया, जिसके एक शिष्य ने राज्यश्री का पता बताया। अन्त में हर्ष अपनी बहिन को उसकी मृत्यु से बचा सका।

विंध्य पर्वत और उसके जंगली गांवों को बाणभट्ट ने देखा होगा, तभी वह इतना सजीव वर्णन करने में सफल हुआ। सातवीं शती में मध्यभारत के पहाड़ी गांवों की सामाजिक-आर्थिक स्थिति जानने के लिए बाण का यह वर्णन बेजोड़ है।

चंदेलों और कलचुरियों के समय में बुंदेलखंड का महत्त्व बढ़ा। इन राजवंशों के अधिकांश शासक शैव थे। उनके समय में खजुराहो, अमरकंटक, सोहागपुर, चन्दरेह, गुर्गी, बानपुर आदि स्थानों में निर्मित बहुसंख्यक मंदिरों और मूर्त अवशेषों से चेदिप्रदेश के मध्य-कालीन गौरव की सच्ची झांकी मिलती है। इन राज्यों के कतिपय अभिलेखों में विंध्य पर्वत की गरिमा के भी संकेत उपलब्ध हैं। वस्तुतः एक लम्बे ऐतिहासिक काल से विंध्य पर्वत भारतीय संस्कृति के प्रतिनिधि-रूप में हमारे सामने विद्यमान हैं। चंदेल राजवंश में यशोवर्मा, धंग, गंड, विद्याधर, परमर्दि आदि अनेक प्रसिद्ध शासक हुए। कलचुरि या चेदि राजवंश में दो प्रमुख शासक गांगेयदेव तथा लक्ष्मीकर्ण हुए। इन दोनों राजवंशों के शासनकाल में बुंदेलखंड क्षेत्र की प्रभूत भौतिक तथा सांस्कृतिक उन्नति हुई।

मध्य प्रदेश में वर्तमान छतरपुर जिला में संसार-प्रसिद्ध खजुराहो स्थित है। मध्य-कालीन चन्देल राजवंश के शासनकाल में इस स्थान पर कला का अप्रतिम उन्मेष हुआ। खजुराहो के मंदिर तथा मूर्तियाँ मध्यकालीन भारतीय वास्तु तथा मूर्ति कला के उत्कृष्ट उदाहरण माने जाते हैं। इन मंदिरों का निर्माण ईसवी नवीं शती के उत्तरार्द्ध से लेकर बारहवीं शती के पूर्वार्द्ध तक संपन्न हुआ। स्थानीय जनश्रुति के अनुसार खजुराहो में कुल ८५ मंदिर बनाये गये थे, परंतु इस समय केवल २५ मंदिर यहां देखने को मिलते हैं। इन मंदिरों के बनाने में दो प्रकार का पत्थर उपयोग में लाया गया—ग्रेनाइट तथा लाल बलुआ पत्थर। प्रारंभ में बने मंदिर चौसठ योगिनी, ब्रह्मा मंदिर तथा लालगुआं महादेव अधिकांशतः ग्रेनाइट पत्थर के बने हैं। शेष में दूसरे प्रकार का पाषाण प्रयुक्त हुआ है। खजुराहो के प्रायः सभी मंदिर उत्तर भारत की नागर या शिखर शैली के हैं। शैव मत के मंदिरों की संख्या सबसे अधिक है। इसके अतिरिक्त वैष्णव तथा जैन संप्रदायों के मंदिर यहां विद्यमान है। इन सभी मंदिरों की निर्माण-शैली तथा शिल्प-विधान में प्रायः समान तत्व मिलते हैं। शैव, वैष्णव या जैन मंदिर होने के नाते उनमें कुछ विशेष सांप्रदायिक मूर्तियों के अतिरिक्त विशेष अंतर नहीं मिलता। विभिन्न संप्रदायों के मंदिरों का आसपास निर्माण खजुराहो में व्याप्त धार्मिक सहिष्णुता का द्योतक है। खजुराहो के अतिरिक्त चेदि जनपद के अन्य प्राचीन मंदिरों में भी भारतीय संस्कृति की प्रचुर सामग्री उपलब्ध है।

CENTRAL INDIA IN THE GUPTA PERIOD

K. D. Bajpai

In the political and cultural history of the country, central India (now included largely in the State of Madhya Pradesh) played a vital role. Due to its location and the geographical peculiarities, its contribution has been of a varied nature. During the proto-historic times it was the meeting-ground of the aboriginal cultures with the Aryan culture. This gave rise to a composite civilization in regard to life and thought.

During the *Mahājanapada* period, Avanti and Cedi were the two great kingdoms in central India. Ujjayini was the capital of Avanti (*Malwa*) and became a centre of political and cultural activities Another important town of Malwa was Māhiṣmatī (present Maheshwar in the Khargone district). Vidishā on the river Vetravatī (Betwa) was the biggest town of eastern Malwa. The town of Airikiṇa (present Eran) was the military headquarter of eastern Malwa. During the *Mahājanapada* period, Śuktimatī (Sotthivatī) was the capital of the Cedi kingdom, In the Gupta period, Vidisha acquired the position of a *rājadhāni* (capital) of eastern Malwa.

In the 4th century A.D. a new power, the Gupta dynasty, arose in northern India. One of the Gupta emperors, Samudragupta, made a country-wide conquest. He uprooted several ruling dynasties of northern India and subdued the monarchs of the south. He conquered eastern Malwa and appointed his son, Rāmagupta, to look after the newly conquered territory. The Śakas of western India submitted to the suzerainty of Samudragupta. Other parts of Madhya Pradesh, north of the Narmada, were annexed by Samudragupta to the Gupta empire. The region south of Narmada was ruled over by the Vākāṭakas, with whom the Guptas maintained friendly relations throughout.

The credit goes to Samudragupta for implementing the Aryan traditional ideas of a *cakravarti* as conceived by Kauṭilya and other thinkers. He desired to eastablish, in practice, the idea of a welfare state, as enshrined in the Vedic way of thought. In that respect he differed from the Maurya emperor Aśoka whose guideline for administration was the Buddhist philosophy. Candragupta-II continued the *cakravarti* tradition of his illustrious father.

Soon after the death of Samudragupta, the Śakas, taking advantage of the weakness of Rāmagupta, overpowered the later. The Śaka chief demanded the hand of Dhruvadevī, the beautiful queen of Rāmagupta, in order to humiliate the glory of the

Guptas. Rāmagupta, however, yielded to this nefarious demand. But due to timely intervention of Candragupta, the younger brother of Rāmagupta, the Gupta prestige was saved from disgrace. The Śaka chief was murdered and the Śakas were overthrown from eastern Malwa. Soon after this episode, Rāmagupta too was put to death and Candragupta became emperor of the Gupta throne. He consolidated the empire and eventually succeeded in putting an end to the Śakas' rule in western Malwa, Gujarat and Kathiawar. The achievements of Candragupta-II in the field of art and culture were equally great.

The credit for developing towns like Ujjayinī, Vidisha, Eran and several other centres largely goes to Candragupta-II. Kālidāsa—the greatest Sanskrit poet and dramatist, flourished during the Gupta Age. His period can approximately be bracketted between c. 350 and 425 A. D. In his great work *Raghuvaṁśa* (canto IV) Kālidāsa has described, in the form of Raghu's *digvijaya,* the all-India conquests of Samudragupta and Candragupta-II.

RĀMAGUPTA

The problem of Rāmagupta of the Gupta dynasty has been a controversial one. Various views have been expressed by scholors about this so-called 'mysterious' ruler. The references to Rāmagupta, both literary and archaeological, are too well known to be enumerated here. All these evidences, culled together, tend to prove that Candragupta-II Vikramāditya had an elder brother, named Rāmagupta, who proved to be cowardly and yielded to the most humiliating proposal of a Śaka king who demanded the hand of Rāmagupta's beautiful wife, Dhruvadevī. This ultimately led to the assassination of the Śaka king as well as of Rāmagupta.

Quite a good number of round copper coins, bearing the name of Rāmagupta, have been discovered in eastern Malwa. They bear the figure of a lion (usually with the upraised tail) on one side and the name of Rāmagupta on the other. During my explorations in Eran (dist. Sagar) and in the Vidishā district, a large number of the coins of Rāmagupta were discovered. These include not only the lion-type coins but also coins of a new type, bearing the figure of garuḍa in place of lion.

It is quite well known that garuḍa was the emblem of the imperial Gupsa rulers who were devout Vaiṣṇnavas. It was, therefore, in the fitness of things that they adopted this emblem on their coins, seals, etc. This has been attested to by the actual find of these relics, which represent the bird prominently in various forms. The excavations at Eran, rcently conducted by the University of Sagar, under the direction of the author, have brought to light coins of Rāmagupta, both of the lion and garuḍa types. Later on two more coin-types—garuḍadhvaja and border legend-type—of Rāmagupta, in a large number, have been discovered in eastern Malwa.

These four types of coins of Rāmagupta exhibit several varieties in so far as the fabric, size and weight of the coins are concerned. This indicates that different moulds and dies were utilized for preparing them. The palaeography of the coin-legends is typically early Gupta. The letter *ma* occurs in both the circular and traiagular forms, more often in the later from. Sometimes the letters are found written in an ornamental style. On the basis of the palaeography, the coins can undoubtedly be assigned to the second half of the fourth century A.D.

These copper coins of Rāmagupta are akin to some coins of the Nāgas and those of the local Mālava rulers who issued coins prior to the occupation of the Malwa region by the Guptas. The coins of Rāmagupta do not seem to be issues of any local chief of the Imperial Guptas, nor of any feudatory king named Rāmagupta. From literary and other evidences, so far available, we do not know of any other Rāmagupta in the 3rd-4th centuries A.D. except of the elder brother of Candragupta-II of the Gupta dynasty.

These coins were issued by Rāmagupta, the elder brother of Candragupta-II. It is well known that the latter ruler issued his silver currency for the Malwa-Gujarat region, similar to the coins of the western Kshatrapas, after uprooting them from that area. Local traditions have played considerable role in Indian history and the field of numismatics is no exception. It was but natural that Rāmagupta's coins were issued in eastern Malwa in close imitation of the fabric and type of the coins already current in that area. Like the Nāga and other Mālwa coins, which are also usually round, the bust of the king Rāmagupta does not appear on his coins. We have the figure of a lion or *garuḍa* within the borders of dots on one side and the name of the king in Brāhmī characters on the other. In the case of several Mālava coins we have lion[1a] or the humped bull[2] on the obverse. In some cases the obverse has a slender-necked vase,[3] the exact copy of which is found on some copper coins of Candragupta-II,[4] whose currency was also in circulation in Mālwa.

The king's portrait is conspicuos by its absence on the Mālava[5] and Nāga coins and so also on the coins of Rāmagupta. We know that on some copper coins of Candragupta-II also the king' portrait does not appear. This was obviously due to the tiny nature of these coins. The stately figure of lion, with upraised tail on the lion-type coins of Rāmagupta, can well be compared with similar figure of the animal in the case of the Mālava[6] and Nāga coins.[7] The style of the Brāhmī legend and the palaeography also bear similar traits.[8] On several coins of Rāmagupta, the legend 'Śrī Rāmagupta is very clear. On the reverse of Rāmagupta's coins we have garuḍa in place of the bull of the Nāga coins. The crescent on Rāmagupta's coins can well be compared with that found on some Nāga coins.[9]

The only innovation, worth mention, in the case of Rāmagupta's coins is the appearance of *garuḍa*, the characteristic symbol of the Gupta dynasty, which is abundantly found on the gold, silver and copper coins of the rulers of this dynasty. The *garuḍa*-type coins of Rāmagupta, identified for the first time by the present writer, far outnumber the lion-type coins of this ruler. The most striking feature pertaining to this type is that on some coins we clearly find the *garuḍa-dhvaja*, as we get it on a large number of Gupta gold coins, including those of Samudragupta. On this variety of coins the letter '*rā*' appears on the left and '*ma*' on the right of the *garuḍa-dhvaja*. The reverse bears the figure of garuḍa, as on other coins of this type.

Looking to the large number of coins of Rāmagupta, and particularly of the garuḍa type from Vidishā and Eran, it appears most likely that this Rāmagupta was none other than the elder brother of Candragupta II.

The conquest of the eastern Malwa by Samudragupta is clearly attested to by a stone inscription found at Eran.[10] The inscription tends to show that emperor Samudragupta had made Eran (*Airikiṇa* of the inscriptions) the headquarter for the eastern Malwa region. It appears that Samudragupta re-visited Eran, in his old age, perhaps in the accompaniment of his wife and several sons and grandsons (*bahuputra-pautrā*). It may be noted here that besides commanding a panoramic view of the surrounding green land, Eran was located on a strategic point on the border of the eastern Malwa. It lay on the main route joining eastern Malwa with the Vatsa kingdom on one hand and, via Vidisha, with Avanti on the other. Samudragupta, therefore, rightly selected this place for his encampment, which may have developed into a military outpost.

A number of battles are known to have been fought at Eran during the Gupta rule. Reference may be made to the Boar-image inscription of Toramāṇa, the Hūṇa chief, and to the Goparāja-pillar inscription of Bhānugupta, both found at Eran. Rāmagupta may have been appointed at Eran, during the last days of his father, to look after the newly conquered region of eastern Malwa. The unsteady political condition during the time, as revealed from various sources, may have compelled Rāmagupta to stay in Mālwa, even after the death of his father, when his above-mentioned coins may have been issued. We have similar case of the Gupta princes, Govindagupta and Ghaṭotkacagupta, who were later on appointed to look after Malava.[11]

It may be suggested here that the episode leading to the murder of the Śaka prince, demanding the hand of Rāmagupta's wife Dhruvadevī, and later on of Rāmagupta himself took place at Eran or Vidīshā. The stone inscriptions of the Śaka prince Śrīdharavarmā at Eran and Sānchī and the coins and seals of the western Kṣatrapas found in that area confirm this surmise.

A number of points in this connection require consideration. It is argued that no gold coin of Rāmagupta is known; nor do we get his name in the royal genealogies of the Gupta dynasty. The problem of Kāca is also there.

Regarding these points it may be observed that the royal gold mint in the beginning of the Gupta supremacy was probably located at Pāṭaliputra. In his very brief rule in eastern Malwa after the death of his father, Rāmagupta had no access to Magadha throne.

The reason as to why the name of Rāmagupta is conspicuous by its absence in the Gupta genealogical records can be easily understood. Due to his alleged cowardice, he was regarded as one who brought blasphemy to the fair name of the dynasty.[12] His inclination towards Jaīnism may also have been a cause for this.

It may be observed that the device of *cakradhvaja* on the Kāca type coins of Samudragupta was not adopted by the succeeding rulers of the Gupta dynasty. Kāca seems to have been the personal name of Samudragupta.

After the death of Śaka chief and of his elder brother Rāmagupt, Candragupta may have gone to Pataliputra. He succeeded in occupying the throne of his father at the capital.

The historicity of Rāmagupta as a ruler of the Imperial Gupta house has been confirmed by the discovery of three inscribed Tīrthaṅkara images, giving the name of Rāmagupta with his royal title '*mahārājādhirāja*'. These images have been discovered in the village Durjanpur near Vidisha. So far more than two thousand copper coins of Rāmagupta have been examined by me. Most of these have been obtained in the Vidisha-Eran region.[13]

CANDRAGUPTA-II

The region of Madhya Pradesh, particularly the area of Malwa, recieved special attention during the reign of Candragupta-II. His inscriptions, found at Uaigiri and Sanchi, bear a testimony to this. A good number of his gold, silver and copper coins have been discovered in Malwa. Candragupta-II endeavoured to maintain cordial relations with the dynasties of the Nāgas, the Varmanas and the Vākāṭakas, three main ruling dynasties of ancient Madhya Pradesh. If we believe the Purāṇic records, the Gupta hegemony during the reign of Candragupta II, also known as Devarakṣita and Devagupta, spread over Kosala, Oḍra, Tāmralipta and Purī.[14]

KUMARAGUPTA I

After the death of Candragupta-II, the Gupta supremacy over the Varmanas of Daśapura (Mandsaur) seems to have been eclipsed for sometime during the early reign of his son Kumīragupta-I. This is evident from the inscription of king Naravarmā (404 A.D.) and the Gangadhār inscription of Viśvavarmā (423 A.D.). In these records no overlordship of the Guptas over the Varmanas is indicated. Kumāragupta I, however, succeeded in establishing the Gupta hegemony over western Malwa. This is borne out from the Mandsaur record of Bandhuvarma of the year 493 (436 A.D.) In that inscription we find a definite mention of Kumāragupta-I.

The stone inscription from Tumain (dist. Guna in M. P.) dated year 116 (335 A.D) mentions Ghatotkacagupta (probably a son of Kumāragupta-I) as the governor of eastern Malwa with the headquarters at Tumbavana (Tumain). Ghaṭotkeca, later on issued his gold coins in the capacity of a ruler for a short time.

During most of the reign of Kumaragupta-I, the Gupta empire witnessed a period of tranquility. This is amply borne out from several inscriptions of his time. During his last years, the peaceful atmosphere was disturbed by the 'Puṣyamitras' and the Hūṇas. Skandagupta, the son and successor of Kumāragupta-I, had to struggle hard against these two turbulent enemies. He initially succeeded in defeating them, but the Gupta empire was shaken, particularly due to the onrushes of the Hūṇas.

SKANDAGUPTA

A stone pillar inscription of this ruler dated Gupta Era 141 (460 A.D.) has been discovered at Supia (dist. Rewa in M.P.). It records the setting-up of a *gotra-śailkā* (family memorial stone), The stone pillar has been called *bala-yaṣṭi* in the inscription. It is curious to note that in this record, Ghaṭotkaca has been called the founder of the Gupta dynasty. The great rulers, Candragupta-II and Kumāragupta-I have been mentioned there by their *virudas* only. viz. Vikramāditya and Mahendrāditya respectively, The name of Ghatotkaca, in place of Śrīgupta, indicates that during the time the present inscription was incised, the name of Ghaṭotkaca had probably become more prominent in this region than that of Śrigupta, the first ruler of the dynasty.

The inscription belongs to the reign of Skandagupta. He is called only *mahārājı*, in place of *mahārājādhirāja*, the title which is denied in the inscription to Samudragupta and to Kumāragupta-I as well. Skandagupta is rightly eulogized in the inscription thus :

"He resembled a Cakravartī in strength and valour, Rāma in righteous conduct and Yudhiṣṭhira in truthfulness and humility.[15]

The Puṣyamitras, referred to in the Bhitari stone inscptriion of Skandagupta, can be identified with the scions of the Mitra dynasties, of which the originator was Puṣyamitra Śunga. They seem to have risen to power during the latter regime of Kumāraguptа-I They were repulsed and crushed by Skandagupta. We do not hear of the 'Puṣyamitras' after this.

It was due to the valorous deeds of Skandagupta that the enemies of the Gupta dynasty received a set-back and the rule of the Imperial Guptas could continue for quite sometime after Skandagupta. After the defeat of the Puṣyamitras and the Hūṇas, there was tranquility in the Gupta empire. In this connection the view of Dr. R.C. Majumdar is worth nothing :

"The statement in the inscriptions (of Skandagupta) that he thoroughly defeated the Hūṇas seems to be borne out by the fact that we have no evidence of the Hūṇa depredations east of Gandhāra till the close of the fifth or the beginning of the sixth century A.D."[16]

LATER HISTORY

An important silver-copper seal discovered at Bhitari has given the names of three Gupta emperors : Purugupta, Narasimhagupta and Kumāragupta (II). This has been confirmed by the epigraphical evidence obtained from Nalanda and Sarnath. The relevant records have added some more names. The inscriptions from Tumain and Eran (dist. Sagar, M.P.) have furnished the names of Ghatotkacagupta and Bhānugupta respectively. A few gold coins bearing the legend '*Prakāśāditya*' have been attributed to Puragupta, the son of Kumāragupta-I from Anantadevī, King Ghaṭotkacagupta of the Tumain inscription can be identified with his namesake mentioned in the Basarh clay sealing. He was most probably a son of Kumāragupta-I. He was first governor of eastern Malwa. After the death of his father, he became king for a short time. This is proved by his two gold coins. These coins bear the legend *ghaṭo* along with the title of the ruler *Kramāditya*.[17]

The memorial stone pillar inscription from Eran is dated G,E. 191 (510 A.D.). It records that Goparāja, chief of the Gupta emperor Bhānugupta, bravely fought against the enemies and eventually died. His wife became *sati* at his funeral pyre. His battle was against the Hūṇa king Toramāṇa, who had penetrated as far as Eran in eastern Malwa. This is borne out from the Eran Boar inscription bearing the regnal year one of Toramāṇa. The Huṇā king was anxious to occupy the entire Malwa region. But he was badly routed by his contemporary Aulikara ruler Prakāśadharmā, who put an end to the ambitions of the Hūṇa chief. This seems to have happened soon after 510 A,D., when the region of Eran became free from the Hūṇa ocoupation,

The above infarmation has been obtained from a recently discovered long stone inscription from a site called Rinsthal in the Mandsaur district of M.P.[18] The discovery of this inscription also indicates that by the beginning of the 6th century A.D., the extensive Aulikara kingdom had more than one capital, the chief political centre being at Daśapura.

After the Hūṇa menace was successfully crushed by the Guptas and the Aulikaras, the chief Gupta territory of Madhyadeśa enjoyed peace and tranquility upto atleast 528 A.D.. This is borne out from the reference to "the enjoyment of sovereignty by the Gupta rulers" in an inscription of the Parivrājaka ruler Saṁkṣobha, dated G.E. 209 (528 A.D.).

BUDHAGUPTA

He was a son of Puragupta. His earliest known date is G.E. 157 (476 A.D.). During his reign a colossal stone pillar (*garuḍa-dhvaja*) was erected at Eran in the Gupta era 165 (484 A.D.).

The name of the Gupta emperor, as given in the inscription, is Budhagupta. His feudatory, Suraśmicandra, was ruling over the land between the Yamunā and the

Narmadā, the extensive tract of land including Eran. The local governor at Eran was Mātriviṣṇu. According to the inscription he, along with his brother Dhanyaviṣṇu, caused to be erected a flag-staff (*dhvaja-stambha*) in honour of Lord Viṣṇu whose temple already existed there. The stone-pillar, 47 feet in height bearing this inscription, stands just in front of the Viṣṇu temple. The pillar is surmounted by a two-armed figure of Garuḍa, the *Vāhana* of Lord Vishṇu, Garuda is carved both on the front and the back, holding a snake in his hands.

Recently a new copper plate inscription of the time of Budhagupta has been discovered at Shankarpur in the Shahdol distt. of M.P.[19] It records the grant of a village Chitrapālyā to a Brahmana Gosvāmī by Mahārāja Harivarmā in the Gupta era 168 (487 A.D.). This inscription is important on account of the fact that it indicates that the Maukhari ruler Harivarmā was a feudatory of emperor Budhgupta in the year 487 A.D. Harivarma's dynasty gradually moved towards the north-west. After the decline of the Gupta power in central India, the Maukharis craved out their independent principality. Soon after they rose to an imperial position and made Kānyakubja (Kanauj) their capital.

THE HŪṆAS

After the death of Budhagupta about 500 A.D., the disintegration of the extensive Gupta empire started. The Maukharis and the Hūṇas tried to take advantage of the declining position of the Gupta power. A rock inscription of the Maukharis has been recently found at Narsinghgarh, not very far from Gwalior. The inscription is written in the Brāhmī script of the late Gupta period, and can be assigned to the beginning of the 6th century A.D. It indicates that the Maukarīs were occupying the area during that time.

The Hūṇa chief Toramāṇa had advanced up to eastern Malwa. But he was soon badly routed in battle by the Aulikara king Prakāśadharmā, who devastated the entire camp of Toramāṇa. This is known from the newly discovered Rinsthal stone inscription, dated V.S. 572 (515 A.D.) of Prakāśadharmā. His successor Yasodharmā Viṣṇuvardhana defeated Toramāṇa's son Mihirakula, who is said to have bowed his forehead before the victor.[20] Having lost all the hopes in the Malwa region, Mihirakula tried his luck in the Gopāchala (Gwalior) area. He succeeded in occupying Gopāchala for a short time. This is evident from an inscription of his time found there. The inscription bears the 15th regnal year of Mihīrakula.[21] But it does not seem plausible that he occupied Gopācala for so many years. His regnal year may have started, immediately after the death of his father Toramāṇa, somewhere outside Gopāchala.

Mihirakula's hold over Gopāchala was short. Except the inscription of Mātriceṭa, we have no other evidence regarding his rule over that area. His coins are also not known from Gopāchala.

REFERENCES

1. The title of *Sarva-rājo-chettā* on the Kācha type of gold coins was that of Samudragupta, his personal name boing KĀCA.

1(a) V.A. Smith, *Calalogue of the Coins in the Indian Museum*, Calcutta, Vol. I. part II, p. 172. XX, 16.

2. *Ibid.*, pp. 172-3, pl. *XX*, 17-19.

3. *Ibid.*, pl. *X*X, 15.

4. J. Allan, *Catalogue of the Gupta Dynasty*, pl. *XI*, 22; Altekar, *Coinage of the Gupta Empire*, pl. *XVI*, 19.

5. Smith wrongly thinks that the reverse of coin no. 58 illustrated in his *Catalogue* (pl. *XX*, 21) bears king's head. It appears to be a peacock with expanded tail, covering the whole surface, as found on a similar coin illustrated and described by Smith (no. 62, pl. *XX*, 22), See also Altekar, *Catalogue of the Gupta Coinage*, pl. *XVI*, no. 18-19. On these copper coins of Candragupta-II, the portrait of the king does not appear.

6. Smith. *op. cit.*, pl. *XXI*, 3-4.

7. Trivedi, *Catalogue of the Coins of Nāga Kings* (Gwalior, 1957), pl. *IV*. nos. II, 14, etc.

8. Cf. Smith, *Ibid.*, Plate *XXI*, 1-6. On some copper coins of Candragupta II the legend is *Sri Candragupta* (Altekar, *Ibid.*, pl. *XVL*, 14).

9. H. V. Trivedi, *loc. cit.*, pl, *III*. No. 35-38.

10. J. F. Fleet, *Corpus Inscriptionum Indicarum* Vol. *III*, pp. 18ff.

11. *Ep. Ind.*, Vol. *XXVII*, pp. 12-18 and Vol. *XXVI*, pp. 115-118.

Only one gold coin bearing the name 'ghatto' has so far been discovered. It was probably issued by this Ghaṭokacagupta, who may have succeeded his elder brother (?) Govindagupta. Both these were probably sons of Candragupta Vikramāditya.

12. Rāmagupta cannot be identified with Kāca, as the coin-types of the two are entirely different from each other. See *JNSI*, Vol. *XXIII*, pp. 340-44, pl. X, 1-12.

13. Several references in this connection have already been noticed by D. R. Bhandarkar, A. S. Altekar and others. An allusion, so far pointed out by none, is found in Bhāravi's *Kirātārjuniyaṁ* (ch, XVII, 4) referring probably to Dhruvadevī and her protector Candragupta (in the form of Arjuna):

"*Vaṁśocitatvādabhimānavatyā Samprāptayā Sampriyatāma-subhyah,*

Samakshamāditstayā pareṇa badhvevakīrtyā paritapya-mānah."

D. R. Bhandarkar, a staunch to supporter of the Rāmagupta theory, was the first to have discovered in the Besnager excavation one lion-type copper coin of Rāmagupta (see *ASR*, *Ann. Rep.*, 1913-14, p. 223, pl. *LXIV*, no. 35.

Bhandarkar could not, however, identify the coin correctly. While describing the circular coin (no. 50 of his list, wt. 10.5 grains) he wrote : "there is a sea-dragon (mistaken for the lion-figure) on one side and a shaft with a river on the other." The other side, in fact, shows a crescent above and the letters Ramagu (obviously standing for Rāmagupta) below. The coin is similar to several such lion-type coins recently discovered in the Vidishā-Eran region.

14. See Dashrath Sharma, *IHQ*, *XXX*, pp. 374-78.

15. *Inscriptions of the Early Gupta Kings*, edited by Chhabra and Gai (Delhi, 1981), pp. 317-19.

16. *The Vākāṭaka-Gupta Age* (reprint Delhi, 1967), pp. 163-64.
See also Ashvini Agrawal, *Rise and Fall of the Imperial Guptas* (Delhi, 1989), pp. 210-18. He calls Skandagupta as 'the greatest hero of the Gupta Dynasty' ?

17. About successors of Skandagupta, see Agrawal, *Ibid*, pp. 220-30.

18. *Journal of the Epigraphical Society of India*, Vol. X, pp. 93ff. The inscription informs that Prakāśadharmā not only gave a crushing defeat to the army of Toramāṇa, but also captured the ladies of his harem, and deprived him of the title of 'overlord of kings. This happened before the Mālava year 572 (515 A.D.),

19. *Journal of the Epigraphical Society of India*, Vol. IV, op. 62ff.

20. See D. C. Sircar, *Select Inscriptions* (Cal., 2nd ed., 1965), Vol. I, No. 54, pp. 418-20.

21. Sircar, *Ibid*. No. 57, pp. 424-26.

THE WAR BETWEEN PARAMARDI AND PṚTHVĪRĀJA

Prof. Ram Kumar Dikshit

The traditional account of the war between Paramardi and Pṛthvīrāja is preserved in the *Paramāla Rāso, Ālhakhaṇda Pṛtnvīrāja Rāso*, but their attitude is partisan and does not stand the test of sober history. According to these sources, hostilities were provoked by Paramardi, against the advice of his councellors, by attacking a handful of Cāhamāna soldier who had strayed into his garden, while returning home from one of the marital forays of their master. *Paramāla Rāso* mentions the rout followed by Pṛthvīrāja as well as the different stages of his march to Mahoba. The first encounter between the Cāhamānas and the Candella forces led by Malakhāna, a cousin of Ālhā, took place on the banks of Pahuj river, near Sirsagadh. Malakhāna fought bravely and laid down his life on the battle-field. Pṛthvīrāja marched towards Mahoba, after the fall of Sirsagādh and encamped on the bank of Betwa, where the final engagement took place. Tradition also testifies to the important role played by the Candella queen, Malhanā Devī, in the king's counsels and the conduct of war and negotiations with the Cāhamāna ruler. In spite of the heroic resistance offered by Bānāphara brothers, Ālhā and Ūdala, and the assistance offered by Jayacandra of Kanauj, the Candellas were utterly routed.

The Candella epigraphs do not allude to this conflict, but in his Madanpur inscriptions Pṛthvīrāja claims to have defeated Paramardi and ravaged Jejākabhukti in V.S. 1239 (A.D. 1182). Madanpur at the head of an important pass leading from Sagar to Lalitpur and Gwalior, is on the confines of Lalicpur and Sagar districts, and these inscriptions would indicate the advance of the Cāhamānas at least upto that point, after their conquest of Mahoba.

All accounts agree that the battle for Mahoba was fiercely contested, resulting in many casualties and severe loss to both the sides. *Pṛthvirāja Rāso* also alludes to the craven conduct of the Candella king, who is said to have sought safety in the fortress of Kālanjara, leaving the conduct of the battle in the hands of Prince Brahmajit and his

Banāphara generals. In spite of the heroic resistance offered by the Candellas, Mahoba fell to Pṛthvīrāja. It was sacked and occupied. Kālanjara, too, did not escape. It fell to the Cāhamāna general Cāmuṇḍa Rāya, who also captured Paramardi. Pṛthvīrāja Rāso, which abruptly ends here, states that Pṛthvīrāja appointed Pajjūna Rāya as the thānāpati of Mahoba and left for Delhi. *Paramāla Rāso* adds that while the Cāhamāna general was returning from Kālanjara along with his prize-catch, Indala Kumāra, a son of Ālhā, fell upon him in a surprise attack and liberated Paramardi.

We do not know what credence should be attached to these bardic accounts, but it is certain that the Cāhamānas could not retain their hold over Candella territory for any length of time. Inscriptions from Kālanjara and Mahoba reveal that they were in possession of Paramardi in V. S. 1240, within a year of the Cāhamāna invasion. The title *Daśārṇādhinātha* given to Paramardi in one of his later inscriptians (V. S. 1258) also proves that he had recovered the territories lost to the Cāhamānas. Pṛthvīrāja himself claims not the conquest but merely the devastatiod of Jejākabhukti. A severe blaw was inflicted upon the Candellas, but Paramardi retrieved the situation with amazing alacrity within a short period.

Genealogy of the Chandellas

Candrātreya Muni
|
1. Nannuka (831-845)
|
2. Vakpati (845-865)
|
3. Jayaśakti (865-885) | 4. Vijayaśakti
|
5. Rāhila (885-905)
|
6. Śrī Harṣa=Kañchukā (905-925)
|
7. Yaśovarman=Puṣpā (925-950)
|
8. Dhaṅga (950-1002) Āsarva=Kṛṣṇapa
|
9. Gaṇḍa (1000-1015) Devalabdhi
|
10. Vidyādhara (1015-1035)
|
11. Vijayāpala=Bhuvanadevī (1035-1050)
|

(Cont. p. 378)

12. Devavarman (1050-1060) — 13. Kīrtivarman (1060-1100)

(sons of Kīrtivarman:)

14. Sallakṣaṇavarman (1100-1110)

15. Jayavarman (1110-1120)

16. Pṛthvīvarman (1120-1128)

(sons of Pṛthvīvarman:)

17. Madanavarman (1128-1165) = Vālhaṇadevī
= Lakhamādevī
= Cāndaladevī

Pratāpa

Yaśovarman

18 Paramardideva (1165-1203)

19. Trailokyavarman (1203-1245)

20. Vīravarman (1245-1250)

21. Bhojavarman (1285-1288)

22. Hammīravarman (1288-1311)

चंदेलवंश का इतिहास

कृष्णदत्त बाजपेयी

भारत के प्राचीन इतिहास में अनेक राजवंशों के नाम मिलते हैं, जिन्होंने समय-समय पर इस महादेश के विभिन्न भागों में शासन किया। उनकी स्मृति आज भी पुराने ग्रंथों, शिलालेखों, मुद्राओं तथा कलाकृतियों में संजोयी हुई है। इन्हीं राजवंशों में से एक चंदेल वंश है।

सम्राट् हर्षवर्धन की मृत्यु (६४७ ई०) के बाद उत्तर भारत को राजनीतिक एकता विच्छिन्न हो गयी थी। देश अनेक छोटे राज्यों में बँट गया था। हर्ष के बाद सबसे पहले जिस राजवंश ने आर्यावर्त में राजनीतिक स्थिरता कायम कर एक स्थायी शासन की स्थापना की, वह कनौज का प्रतीहार वंश था। चंदेल लोग पहले इन्हीं प्रतीहारों के सामंत-रूप में थे। दसवीं शती के आरम्भ में प्रतीहारों की कमजोरी का लाभ उठाकर चंदेल स्वतंत्र हो गये और अगले लगभग तीन सौ वर्षों तक भारत की एक सार्वभौम सत्ता के रूप में आसीन रहे।

चंदेल राजवंश ने जिस भू-भाग पर राज्य किया उसका नाम 'जेजाभुक्ति' या 'जेजाकभुक्ति' प्रसिद्ध हुआ। यह नाम इस वंश के एक शासक जयशक्ति या जेज्जाक के नाम पर पड़ा। मोटे तौर पर इस प्रदेश की सीमाएँ ये नदियाँ थीं—उत्तर में यमुना, दक्षिण में नर्मदा, पश्चिम में बेतवा तथा पूर्व में सोन। वर्तमान मध्य प्रदेश का अधिकांश उत्तरी भाग इस शासित प्रदेश में शामिल था। समय-समय पर चंदेल राज्य की सीमाएँ घटती-बढ़ती रहीं। उनके विशेष उत्कर्ष के दिनों में गंगा-यमुना के बीच अंतर्वेदी के कुछ भाग पर तथा पश्चिम में चंबल नदी तक उनका अधिकार हो गया था। यमुना के नीचे विंध्य पर्वत-शृंखला तथा उसके जांगल प्रदेश पर मुख्य रूप से चंदेलों का आधिपत्य रहा। कालान्तर में यह प्रदेश 'बुंदेलखंड' नाम से प्रख्यात हुआ।

जेजाकभुक्ति या बुंदेलखंड प्राकृतिक सुषमा का आगार है। विंध्यपर्वत, उसके हरे-भरे वन-उपवन तथा यहाँ अठखेलियाँ करती हुई यमुना, बेतवा, धसान, केन आदि नदियाँ चिरकाल से कवियों नाट्यकारों, संगीतज्ञों तथा शिल्पियों का प्रेरणास्रोत रही हैं। इस मनोरम प्रदेश में चंदेलों ने खजुराहो, कालन्जर, महोबा, अजयगढ़ आदि महत्त्वपूर्ण स्थानों को अपने राजनीतिक केन्द्रों के रूप में विकसित किया। साथ ही इन स्थानों में धर्म, दर्शन, साहित्य और कला का विकास होता रहा। इनके अतिरिक्त गढ़ा, मैहर, बैरागढ़, मनियागढ़, मरफा आदि

कितने अन्य स्थानों में सुदृढ़ किले बनाये गये। चंदेलों ने विविध स्थलों पर बहुसंख्यक महलों, मंदिरों, सरोवरों आदि का निर्माण कराया।

चंदेलों के शासित प्रदेश के विभिन्न स्थानों में उनके शिलालेख, दानपत्र, सिक्के आदि बड़ी संख्या में मिले हैं। इनके समसामयिक कई राजवंशों के अभिलेखों आदि में चंदेलों की चर्चा मिलती है। अनेक विदेशी यात्रियों ने भी इनके संबंध में विवरण प्रस्तुत किए हैं। इनके अतिरिक्त साहित्यिक ग्रंथों, जनश्रुतियों आदि में भी इस राजवंश के कुछ उल्लेख मिलते हैं। ये सभी स्रोत चंदेल वंश का इतिहास जानने में सहायक हैं।

चंदेलों के उद्‌भव के संबंध में कई मत हैं। एक जनश्रुति के अनुसार काशिराज के पुरोहित हेमराज की कन्या हेमवती तथा चंद्रमा के संयोग से चंद्रवर्मा की उत्पत्ति हुई, जो इस वंश का प्रथम पुरुष हुआ, परन्तु चन्देलों के शिलालेखों में दूसरी कथा मिलती है। उसके अनुसार अत्रि ऋषि से चन्द्रात्रेय का जन्म हुआ, जिसके वंश में नन्नुक हुआ। इसी नन्नुक को चंदेल वंश का प्रथम राजनीतिक पुरुष माना जाता है। चंद्रात्रेय तथा चंदेल शब्दों में साम्य दृष्टव्य है। कुछ विदेशी विद्वान् चंदेलों की उत्पत्ति गोंड़ों से मानते हैं, परन्तु यह बात ठीक नहीं जँचती। कलचुरि, चौहान आदि तत्कालीन प्रसिद्ध राजवंशों के साथ इनके वैवाहिक संबंध चंदेलों का उच्च क्षत्रिय होना प्रकट करते हैं।

चंदेलों की राजनीतिक शक्ति के विकास की कथा बड़ी रोचक है। नन्नुक इस वंश का पहला शासक था, परन्तु वह तथा उसके बाद के कुछ शासक प्रतीहारों के अधीन रहे। इस समय चंदेलों का मुख्य केन्द्र महोबा था। अधीनस्थ शासक होते हुए भी चंदेल लोग विंध्यभूमि पर अपने प्रभुत्व का विस्तार बराबर करते जा रहे थे। उनके द्वारा वहाँ दुर्गों, देवालयों, जलाशयों आदि का निर्माण होता रहा।

९१५ ई० से चंदेल वंश के इतिहास में नया अध्याय प्रारम्भ हुआ, जब उसके शासक हर्षदेव ने प्रतीहारों की क्षीण शक्ति का लाभ उठाकर अपने को पूर्ण स्वतन्त्र घोषित कर दिया। उसने 'परमभट्टारक' उपाधि ग्रहण की। चौहान शासकों ने हर्ष की बढ़ती शक्ति को देखकर अपनी राजकन्या का विवाह उसके साथ कर दिया।

हर्षदेव के बाद यशोवर्मा शासक हुआ, जिसने कनौज तथा कालजर दुर्ग पर विजयें प्राप्त कीं। अभिलेखों के अनुसार हिमालय से मालवा तक का प्रदेश यशोवर्मा के अधिकार में आ गया। इस शासक द्वारा खजुराहो में मंदिर तथा जलाशयों के निर्माण-कार्य कराये गये।

यशोवर्मा के यशस्वी पुत्र धंग ने ५२ वर्षों के अपने लम्बे शासनकाल में चंदेलों की शक्ति को बहुत बढ़ाया। गंगा-यमुना दोआब का एक बड़ा भाग उसने जीत लिया और कांची, आंध्र तथा बंगाल के शासकों को परास्त किया। अनेक दुर्बल शासकों का उसने मूलोच्छेद किया। उत्तर-पश्चिम की ओर बढ़ती हुई तुर्क-शक्ति को रोकने के लिए धंग ने पूरा प्रयास किया और पंजाब के शाही राजा की सहायतार्थ उसने अपनी फौज को दो बार उधर भेजा। उसने तुर्कों के बढ़ते हुए वेग को रोकने के लिए हिंदू राज्यों का एक संघ बनाया। धंग शैव था। खजुराहो में अनेक मंदिरों का निर्माण कराकर उसने वहाँ के वैभव को बहुत बढ़ाया।

धंग के पुत्र गंड ने अपने पिता की नीति को जारी रखा। गजनी के महमूद के प्रति उसका संघर्ष चलता रहा। महमूद द्वारा कालजर का घेरा डालने पर दोनों में संधि हो गई और गजनी के साथ धंग ने दौत्य-संबंध स्थापित किए।

गंड के लड़के विद्याधर ने कई विजयें प्राप्त कीं। उसका प्रभुत्व तत्कालीन कलचुरि शासक भी मानते थे। मुसलमान लेखकों ने विद्याधर की विशाल सेना की उपमा समुद्र से दी है।

विद्याधर के उत्तराधिकारियों में राजनीतिक क्षमता का अभाव मिलता है। इन लोगों ने शासन की अपेक्षा साहित्य, धर्म और लोकहित के कार्यों की ओर अधिक ध्यान दिया। चंदेलों तथा अन्य शासकों के बीच वैमनस्य की भावना बढ़ने लगी, जो देश की एकता के लिए बड़ी घातक सिद्ध हुई।

बारहवीं शती में मदनवर्मा तथा परमर्दि चंदेल वंश के दो प्रमुख शासक हुए। पहले के द्वारा लोकहित के अनेक कार्य निष्पन्न हुए। परमर्दि या परमाल का नाम लोक-साहित्य तथा जनश्रुतियों में प्रसिद्ध है। आल्हा और ऊदल उसके मुख्य सरदार थे। परमर्दि के समय की सबसे दुःखद घटना चंदेलों और चौहानों की भीषण लड़ाई थी। इस युद्ध में परमर्दि की हार हुई और कुछ समय तक पृथ्वीराज चौहान का अधिकार महोबा पर हो गया। इस युद्ध में जन-धन की अपार क्षति तो हुई ही, तत्कालीन दो शक्तिशाली हिंदू राज्यों का पतन हो गया। अब विदेशियों को उत्तर भारत में बढ़ने का रास्ता साफ हो गया और कुछ ही वर्षों के भीतर उनका यहाँ आधिपत्य स्थापित हो गया।

परमर्दि के साथ ही चंदेल वंश की सार्वभौम सत्ता समाप्त हो गयी। यद्यपि उनके वंशधर १६ वीं शती तक स्वतन्त्र शासकों के रूप में अपना आधिपत्य बनाए रहे, परन्तु चंदेलों की पुरानी प्रतिष्ठा वापस न आ सकी।

अपने लम्बे शासनकाल में चंदेल वंश के शासकों ने अनेक विजयों के साथ विजयश्री की रक्षा भी की। उनकी शासन-व्यवस्था प्राचीन भारतीय परम्परा पर आधारित थी, परन्तु उसमें उन्होंने देशकाल के अनुसार आवश्यक परिवर्तन भी किए। उनकी दुर्ग-व्यवस्था तथा अनुशासित चतुरंगिणी सेना की प्रशंसा विदेशियों ने भी की है। इस सेना में तथा शासन के अन्य अंगों में राष्ट्रीय भावना पूरी तरह विद्यमान थी। चंदेल नरेशों का कोष समृद्ध था। जनहित के जो विविध कार्य उनके समय में सम्पादित किये गये उनमें सड़कों, विशाल सरोवरों, घाटों आदि का निर्माण, सिंचाई तथा व्यापार की अनुकूल व्यवस्था उल्लेखनीय हैं। उनके द्वारा बनवाये गये विजय सागर, मदन सागर, आदि विशाल सरोवर आज भी चंदेलों की कीर्ति-गाथा को अक्षुण्ण रखे हैं।

धार्मिक क्षेत्र में चंदेलों की देन को भुलाया नहीं जा सकता। पहले के चंदेल शासक वैष्णव थे और परवर्ती शासक शैव। परन्तु उनकी धार्मिक सहिष्णुता के कारण वैष्णवों, शैवों शाक्तों के अतिरिक्त अन्य हिंदू मत-मतान्तर तथा जैन एवं बौद्ध धर्म पूरी स्वतन्त्रता के साथ विकसित होते रहे। देवपूजा की इस शासनकाल में बड़ी उन्नति हुई। शैवमत के अंतर्गत कौल-कापालिक लोगों ने इस काम में विशेष उत्कर्ष प्राप्त किया, जो तत्कालीन कलाकृतियों में परि-

लक्षित होता है। चंदेलों के समय में हनुमान् की विशाल पूजा प्रतिमाएँ निर्मित हुईं। इन शासकों ने अपनी मुद्राओं पर हनुमान् को प्रदर्शित कर उनके महत्त्व को बढ़ाया।

चंदेल शासन में साहित्य-संगीत की अभिवृद्धि भी उल्लेखनीय है। संस्कृत में 'प्रबोध-चंद्रोदय-' जैसे उच्चकोटि के नाटक की रचना हुई। हिंदी की बुंदेली उपभाषा का प्रारम्भिक रूप तत्कालीन ग्रंथों एवं अभिलेखों में मिलता है। चंदेल राजा गंड और परमर्दि स्वयं कवि थे। जगनिक-जैसे लोक-काव्य के रचयिता भी इस युग में हुए।

परन्तु चंदेल शासनकाल मुख्य रूप से जिस बात के लिए भारतीय इतिहास में अमर हो गया है वह है इस युग में स्थापत्य एवं मूर्तिकला का विकास। चंदेलों ने जी खोलकर ललित-कला के इन अंगों के संवर्धन में योग दिया। खजुराहो, अजयगढ़, कालजर, महोबा, बरवासागर आदि के दुर्ग, मंदिर तथा मूर्तियाँ अपने संरक्षकों की उत्कृष्ट कलाप्रियता का उद्घोष आज भी कर रही है। इन स्थानों पर उत्तर भारत की नागर शैली के विविध मंदिर दर्शनीय हैं, जिनके निर्माण में शास्त्रीय लक्षणों को उनसे सूक्ष्म रूपों में अपनाया गया है। खजुराहो के कंदरीय, लक्ष्मणेश्वर आदि मंदिर भारतीय मंदिर-स्थापत्य के अप्रतिम उदाहरण हैं। इन पर विविध देव-प्रतिमाएँ जिस बारीकी से उत्खचित हैं, उसे देखकर दंग रह जाना पड़ता है। देव-मूर्तियों के अतिरिक्त जन-जीवन की कितनी ही कलाकृतियाँ यहाँ बनाई गईं। उन्हें देखकर तत्कालीन वेशभूषा, संगीत, नृत्य, आखेट, सैन्य-संचालन, युद्ध आदि के विषय मूर्तिमान हो उठते हैं। इहलोक और परलोक की विविध मनोरम कल्पनाएँ और भावनाएँ खजुराहो की पाषाण-कला में साकार हो गईं हैं। खजुराहो के अतिरिक्त कालजर, महोबा आदि अन्य स्थानों में भी प्रकृति और मानव-जीवन की सौंदर्य-राशि को पुंजीभूत कर उसे शाश्वत रूप प्रदान किया गया।

पूर्व-मध्यकाल में हिंदू, जैन और बौद्ध धर्मों की स्थिति जानने तथा मूर्ति-विज्ञान के विविध तत्त्वों को समझने के लिए ये कलाकृतियाँ बहुमूल्य हैं। खजुराहो की मान्मथ प्रतिमाएँ उत्तान शृंगार की प्रतिनिधि हैं। कौल-कापालिक के तत्कालीन बढ़ते हुए प्रभाव की ये प्रतिमाएँ मूर्त उदाहरण हैं। तांत्रिक आचार का यह रूप लोकमानस को प्रभावित करने में सफल हुआ और विंध्यभूमि के अतिरिक्त महाकोसल और उड़ीसा में भी फैला। महाकोसल के पूर्वी अंचल तथा उड़ीसा के पुरी, भुवनेश्वर, कोणार्क आदि स्थानों में उपलब्ध कलाकृतियाँ इसका प्रमाण हैं।

चंदेलों के शासित प्रदेश में प्राप्त शैव, वैष्णव एवं जैन मंदिरों तथा मूर्तियों की संख्या बहुत अधिक है। कुछ बौद्ध कलावशेष भी मिले हैं। महोबा से प्राप्त सिंहनाद अवलोकितेश्वर की मूर्तिपूर्व-मध्यकालीन कला का एक उत्कृष्ट उदाहरण है। अत्यन्त शांत मुद्रा में बैठे हुए बोधि-सत्त्व अवलोकितेश्वर तथा उनके वाहन सिंह के भावों का अंकन बड़ी सफलता के साथ किया गया है। बोधिसत्त्व के अंग-प्रत्यंग से सौष्ठव झलकता है। चंदेलकालीन कलाकार न केवल शारीरिक अवयवों एवं विविध आकर्षक भंगिमाओं के आलेखन में पटु थे, अपितु आंतरिक भावों के प्रदर्शन में भी सिद्धहस्त थे। अनेक कलाकारों के नाम भी शिलापट्टों पर प्राप्त हुए हैं।

पूर्व-मध्यकालीन भारत की कुछ विशेष राजनीतिक समस्याएँ थीं। छोटे-छोटे अनेक राज्यों का अस्तित्व तथा उनमें आपसी झगड़े तो थे ही, विदेशी आक्रमणों का भी इस काल में

बराबर भय था। आपसी मतभेद, राजनीतिक अस्थिरता तथा सीमानीति की दुर्बलता के कारण विदेशियों का भय बराबर बढ़ता जा रहा था। चंदेल शासक धंग, गंड तथा विद्याधर ने हिंदू राज्यों के संघ बनाकर तथा उनमें प्रमुख भाग लेकर इस दिशा में सराहनीय कार्य किया। अनेक आंतरिक एवं बाह्य कारणों से वे अंत में विदेशियों को रोकने में सफल नहीं हुए, यह सत्य है। पर इन शासकों में राष्ट्रीय सुरक्षा की भावना निस्सन्देह विद्यमान थी। अपनी उन्नति के समय में चंदेलों ने महत्त्वाकांक्षी पड़ोसियों को उनकी सीमाओं के भीतर रखा। एक सुदृढ़ व्यवस्था के द्वारा उन्होंने कई सौ वर्षों तक यमुना तथा नर्मदा के बीच के विस्तृत भूभाग पर राज्य किया। यह वही प्रदेश था जहाँ राजनीतिक स्थिरता कायम रखने के लिए प्रतापी गुप्त सम्राटों को भी एड़ी-चोटी का पसीना एक कर देना पड़ा था। इसी प्रदेश से होकर दक्षिण के राष्ट्रकूटों ने कनौज के प्रतापी प्रतीहारों को गहरी पराजय दी थी। परन्तु चंदेलों के अस्तित्व में आने पर यह भूभाग उत्तर भारत की रक्षा के लिए एक बड़ी ढाल बन गया।

धार्मिक, साहित्यक तथा कलात्मक उत्थान तथा राजनीतिक व्यवस्था के लिए चंदेल शासन भारतीय इतिहास में अमर है।

CHANDELLA LAND-GRANTS – A REVIEW

Dr. J. N. Pandey

The Chandellas, one of the important dynasties of Northern India, ruled as an independent dynasty for a period of over four centuries (*circa* 950-1308 A.D.) in *Bundelkhanda.*[1] In this article an attempt has been made to examine critically the significance of land-grants issued by various kings of the dynasty from time to time. Dhaṅga (*circa* 950-1002-3 A D.) was the first Chandella king who issued a land-grant donating a whole village to *Bhaṭṭa Yaśodhara.*[2] This practice continued upto the reign of *Hammiravarman* (*circa* 1288-1308 A. D.), the last Chandella king of the dynasty.[3] The surviving Copper-Plates and other donative inscriptions of the Chandellas are only a tiny fraction of the total once existing. These Copper-Plates may be enumerated in the chronological order as follows :

1. *Dhaṅga* (circa 950-1002-3 A.D.)

   (1) Nanyāurā Plate[4] 'A' of V.S. 1055=998 A. D.

2. *Devavarman* (circa 1050-1060 A.D.)

   (1) Nanyāurā[5] Plate 'B' of V.S. 1107=1051 A.D.
   (2) Charkhārī[6] Plate of V. S. 1108=1052 A. D.

3. *Kirtivarman* (Circa 1070-1088 A.D.)

   Ajayagaḍha[7] Rock Inscription

4. *Madanavarman* (Circa 1129-1163 A.D.)

   (1) Augasi (Nanyāurā 'C' Plate[9] of V.S. 1190=1134 A.D.
   (2) Bharata Kala Bhawan, Varanasi Plate[9] of V. S. 1192=1136 A.D.
   [3) Vāridurga Plate[10] of V. S. 1219=1162 A.D.

5. *Paramardideva* (Circa 1166-1202 A.D.)

   (1) Semra Plates[11] of V.S. 1223=1166 A.D.
   (2) Ichhawar Plates[12] of V.S. 1228=1171 A.D.
   (3) Mahoba Plates[13] of V.S. 1230=1176 A.D.
   (4) Pachāra Plates[14] of V.S. 1233=1176 A.D.
   (5) Charkhāri Plates[15] of V.S. 1236=1179 A.D.
   (6) Bharata Kala Bhawan[17] Plate of V.S. 1239–1182 A.D.
   (7) Bharata Kala Bhawan[17] Plate of V.S. 1247=1191 A.D.

6. *Trailokyavaraman* (Circa 1203-1240-41 A.D.)

    (1) Gārrā Plates[18] of V.S. 1261=1205 A.D.
    (2) Tehri Plates[19] of V.S. 1264=1208 A.D.
    (3) Rewa Plates[20] of K. E. 962=1212 A.D.
    (4) Rewa Plate[21] of V.S, 1297=1240 A.D.
    (5) Rewa Plate[22] of V.S. 1298=1241 A.D.

7. *Vīravarman* (Circa 1250-1286 A.D.)

    (1) Charkhāri Plate [23] of V.S. 1311=1254 A.D.
    (2) Dahi Plate[24] of V.S. 1337=1280 A.D.

8. *Hammīravarman* (Circa 1288-1308 A.D.

    (1) Charkhāri Plate[25] of V.S. 1346=1289 A.D.

On the basis of above enumeration it may be said that the largest number of available land-grants belongs to the reign of Paramardideva. Ajayagaḍha Rock inscription of the time of Kīrtivarman mentions grant to two villages, *Dugauda* and *Pipalāhikā*, respectively. Erom Copper Plates like the Nanyāurā Plate 'A' of Dhaṅga (V.S. 1055), Plate 'B' (V.S. 1107) and Charkhāri Plates (V. S. 1108) of Vīrtivarman, Ajayagadha Rock Inscription of the time of Kirtivarman, Ichchawara (V.S. 1228), Charkhāri (V.S. 1236) and Bharata Kala Bhawan (V.S. 1239) Plates of Paramardideva, Gārrā V.S. 1261), Tehri V.S. 12-4) and Rewa Copper Plates (K.E. 963 and V. S. 1297, and V.S. 1298) at the time of Trailokyavarman, Charkhārī (V.S. 1311) and Dahi (V.S. 1337) Plates of Vīravarman and Ajayagaḍha Rock inscription of Bhojavarman and Charkhārī Plate (V.S. 1346) of Hammiravarman. We know that whole villages were donated to individual Brahmins and others for religious and other purposes either by the king,[26] the queen[27] or very rarely by officials and priests.[28] Pamardideva was the only Chandella king who granted a whole village in favour of a number of donees only once during his reign. The Semrā Plates dated V. L. 1223=1166 A.D. records gifts of land, measured in pada (Padamekaṁ, Padārdhaṁ, and padadvayaṁ, etc.) to 305 Brāhmaṇas of renowned *gotras*, *pravaras* and *Veda-Śakhās*. It was issued from the king's camp at *Śonāsara* on Thursday, the 7th day of the bright fortnight of Vaiśākha in V. S. 1223=11 6 A.D. in confirmation of the grants earlier made by paternal grandfather, Madanavarman from his Vāridurga Camp[29] in V.S. 1219=1162 A.D.

Land was granted to learned Brahmins for religious purposes and to high officers for their singular services. Chandella rulers encouraged learned Brahmins to settle within their territory. The land-grants are also significant for the study of social history of Bundelkhanda. In landgrants Brahmins are generally mentioned with their *gotras pravaras* and *śākhās*. The *gotras most often mentioned are Bhāradvāja, Vaṣiśṭha, Kaśyapa* and *Krishnātreya*.[30] *In Chandella land-grants the brahmins are often mentioned as Paṇḍita. Thākura* and *Bhaṭṭa*, etc.[31] *The Brāhmāṇa donees usually came from Agraharās* often called *Bhaṭṭāgrahāras* or *Bhaṭṭagrāmas*. These Brāhmaṇas were invited into Bundelkhand from different parts of the century, particularly from eastern India. Most of the donees studied *Yajurveda* and *Ṛgveda* and their *Śākhās*. *Atharvaveda* was probably not very popular. Charkhāri Plates of Devavarman (1050-1060 A.D.) of V.S. 1108 (1052 A.D.) states that *Pandita Kikkana* of *Krișṇātreya gotra* "was ever ready to expound the *Vedas*, the *Vedāṇgas, Itihāsa*, the *Purāṇas* and *Mimāmsa* and was devoted to *Sat-karma*.[33]" Besides, the services of the Brahmins were utilized in the administration as *Senāpatis* and *Dharmādhikāris*.[34] *It may not be out of place to mention that Bagheri*[35] Stone inscription at the time of Paramardin gives the geneology of a Brahmin family whose members served as officers of the Chandella kings for five generations.

In recognition of meritorious military services grants of land were used to be made by the Chandella kings in favour of the incumbents, *Senāpati Madanpāla Sarman*, evidently a Brahmin, received the grant of a village, as recorded in the *Pachār Plate* of the time of Paramardideva.[36] The Dahi Plate refers to one Mallaya as a distinguished soldier being rewarded by land grant[37] Ajayagaḍha Rock Inscription of the time of Kirti[38] varman and another Ajayagaḍha Rock Inscription of the time of Bhoja Varman[39] mention a family of *Vāstavya Kāyasthas* who held high and responsible offices under successive Chandella kings from Gaṇḍa (Circa 1008-1017 A.D.) to Bhojavarman (Circa 1286-1288 A.D) for a period of about 280 years. Thakkura Jajuka of this family, who was appointed by king Gaṇḍa to superintend all the affairs of the State (*Sarvvādhi kāra karaṇeshu Sadā niyuktah*), received the gift of a prosperous village, named *Dugaudā* from the king. This village may be identified with village, named *Dugawān* situated in Naraini Tehsil of Banda District (U.P.). For his distinctive services to Kirtivarman Maheśvara son of *Jājuka* was made the Visiśha of Kālānjara fort and was awarded the beautiful village named Pipalāhikā. This village may be identified with village Piparahari in Naraini tehsil of Banda district, not very far from Kālānjara fort, only about 10 km to the north of Kālānjara as the crow files. For singular service rendered by Vase or Vāseha, the elder brother of *Ananda*, was appointed the *Viśisha of Jayadurga*, Ajayagaḍha fort (*Durga Jayākhye Viśishādhikare*) along with grant of the village of Varabhavarī by king *Trailokyavarman*.[40] Circa 1203-1240-41 A.D). We learn from the Gārrā plates V.S. 1261=1205 A.D. that in the battle at *Kakadadaha* with the *Turushkas* Rauta Pāpe laid down his life. *Kadohāgrāma* in the *Pāṇiuli Visheya* and *Lohāsihāni-grāma* in the *Vikraunī Vishaya* were granted by Trailokyavarman as *Mrityukavritti* to Rauta Sāmanta, son of Rauta Pāpe, for the maintenance of the family of the deceased warrior[41] (*Kekadadaha Turushka Yuddhe mrita Ra. Pāpe Putrasya Sāmanta nāmne Prasādena Mrityukavrittau Śāsana Pradattaiti*). Charkhāri plate of V.S. 1311=1254 A.D. of Viravarman records the grant of a village to one Rauta *Abhi* for a deed of valour in the battle of Sondhi[42] (Sondhī Satṅgrama .....Kritī *Viryātiśaya Prasāde*). Sondhī has been identified by Rai Bahadur Hira Lal with Seondhā fort, now called *Kanahargarh* on the bank of Sindha river in Datia District of Madhya Pradesh. No record of Vira Varman has been found in Datia district. Sondhī may be identified with *Seundhā fort* (Lat. 25°27′N and Long. 88°24′E) situated in the Naraini tahsil of Banda.

district of Uttar Pradesh. It is close to the revines of the *Ken* river. Dahi plate of V.S. 1337=1280 A.D. refers to one *Mallaya* as a distinguished soldier being rewarded with gift of a village named Dahi by king Vīravarman.[43]

Rewa plate (1212 A.D.) records a deed of mortagage (Vittabandha) of the village *Alira* in *Dhovahaṭṭa Paṭṭana* of the Dhanavāhī Pattala, which was pledged by the Saiva teacher *Śāntiśiva*, son of *Rājaguru Vāmaśiva*, to *Rāṇaka* Dhareka of the *Vatsagotra* on Sam. 963 *Jyeshṭha Sudi 7 Soma Dine.*[44]

From the study of Chandella land-grants it appears that villages granted to officers were prosperous and were most probably situated in fertile areas.[45] On the other hand, most of the villages and lands donated to Brāhmanas lay in the mountainous region or in the wasteland areas.[46] *Sāra, Ūshara, nimna, unnata, sthāvara, jaṅgama sthala*, and *Pāshāna* are some words found in the land grants to deseribe different types of land. Bharata Kala Bhawan plates of Madanavarman, V. S. 1192=1136 A. D. are of great significance, as they reveal for the first time the names of a number of villages hitherto unknown and seem to shed some new light on the types of land generally granted to the Brahmins.[47] The villages mentioned in the Bharata Kala Bhawan Plates (V.S. 1192=1136 A. D.) are : (1) *Valahāudāśrāma in Mahisiṇeha Pattalā*, (2) *Pipalahā* in (3) *Vasāuhā* in *Kolava pattala* (4) *Gaula* in *Vāndīuri Pattalā*, (5) *Dadarī* in *Navaratha pattalā*, (6) *Denavāda* in *Mahisiṇehā pattalā* (7) *Astavāla* in *Erachchha pattalā*, (8) *Davaha* or *Daveha* in *Naṅdavana* (or *Naudaveṇa*) and (9) *Mahuali* in *Kolava Pattalā*.[48]

Valahaudā grāma remainds one of Badausa (Lat. 25°14'N and 80°43'E) on *Bagain* river, situated in Naraini tahsil of Banda district in Uttar Pradesh. Mahisinehā pattala may be identified with *Mahotā*. *Tintiri pattalā, Vāndiurī* may tentativeiy be identified with the Banda district of Uttar Pradesh and the *Teonthara* tahsil of Rewa district of Madhya Pradesh, *Dabari* in *Navaratha Pattalā* was not situated on the river Yamuna as D. C. Sircar the learned editor of Kala Bhawan Plates, thought it to be. It may rather be identified with *Dadari-kāpāthā* laying between Lat. 25°13N and 81°24'E, amidst broken rockey jungle in Banda district. The *Pattalā* of *Nandavana* or *Nandavena* is mentioned in the Ichchhāwar Plate if Paramardin as *Nandavana-Vishaya* which may be identified with the district round Ichchhāwar in Banda tahsil-district. *Erachchhā-pattalā* may be the same as the *Erachhā Vishaya* of the Mahoba Plate, the name of which has been preserved in the modern *Erich* on the Betwa, about 96 km from Mahoba.

As a result of land-grants to *Brāhmaṇas* and officials, forces of decentralization emerged. All this gave rise to some typical features of feudal land system in Bundelkhand under the Chandellas. But certain good results also came out. The land donation to Brāhmaṇas led to the introduction of Vedic learning. New Areas were brought under cultivation, and cultivation probably improved with the introduction of cash-crops in some areas. Most of the land-grants are remorkable for the concrete details and data they contain, regarding land-transactions and the light they throw upon the fiscal conditions. The fiscal and other exemptions and immunities are especially recorded in the Chandella land grants. In most of the Chandella Copper Plates, the same general conditions are repeated again and again. Most of the Charters of Madanavarmā were drafted by *Dharma-Lehkin* Śudha, who belonged to the Vāstavya community. Augāsī (V.S. 1190) and Bharata Kala Bhawan Plates (V.S. 1192) were drafted by Śūdha.[49] *Prithvidhara*, who was an expert in drafting long and complex documents and revalidating of former grants, wrote the Semra Plates (V.S. 1223=1166 A.D.). *Ichchhāwar Plates* (V.S. 1228=1171 A.D.) and *Mahoba Plates* (V.S. 1230=1173 A.D) of Paramardin.[50] *Pachār Plates* (V.S. 1233=1176 A.D) and *Charkhari Plates* (V.S. 1236=1179 A.D.) were written by *Śubhānanda* of the Vāstavya family.[51] *Dharmalekhin Thakkur Vishnuka* was the writer of Bharat Kala Bhawan Plate (V.S. 1239=1182 A.D.) of Parmardin.[52] Most of the Copper Plate Grants were utilized by later writers with slight modification.[53] In most of the land-grants sugar-cane, cotton and hemp are the only crops which have been mentioned. It is really very surprising that cultivation of barley, wheat and millets are not mentiohed at all. Most of the scholars have taken it for granted that these were cash-crops being cultivated by farmers under the Chandellas.

I want to cite only one example of Chandella Land Grant in order to make my point more explicit simply because all these plates have close resemblance in respect of style. Bharata Kala Bhawan plates of Madanavarman V.S. 1192=1136 A.D. read[54] ="Be it known to Brāhmaṇas and other leading people of the villge including officials agriculturists, seripes, messengers, physicians, *Mahattaras* (heads of villages), *medas* and *chaṇḍalas* of *Valahaudā-grāma* in the *Mahisiṅeha pattalā* when the king (Madanavarman) was stationed at Pareyīgrāma that the above mentioned village is to be enjoyed with the water and land (*Sa-jala-sthale*), movable and immovable (*Sa-sthāvara-jangame*) within boundaries (*Sva-Simāvachchhinne*).........*past, future and present profits, it is not to be entered by irṛegular soldiers and others* (*Pratishiddha Chātādi-Praveśe*.

The villagers were asked to pay the customary taxes and other dues (payable to the king) and also to the donee and render to him all obedience. "Royal share of the produce or regular land tax (*Bhāga*), periodical supplies of seasonal produce (Bhoga), tax on cattle (*pāśu*) king's share of certain crops paid in cash (*hiranya*), periodical tax (*kara*), and tolls and custams etc. (Śulkā adi).........land has been donated along with temple and mansion (Sa-mandiraprākārain),......with plants and trees, such as sugarcane (*ikshu*), cotton)*Karpāsa*), flowers (*kusumbha*), hemp (*saṇa*) mango (*āmra*), mahua trees etc. (*madhūkādi*)......with forest (*Sa-Vana*) with mines and quarries (*Sa-Khani-nidhanam*) with iron and salt (*so-loha-tavama*), grasses and leaves etc. (*triṇa parnādyākarām*), with ponds, tanks, rivers and mountains (*sa-tall-tadāga-nadī parvvatarn*), with hallow; cross roads (*sa-gartta chatvarosharam*), with wood, bricks and stones (*sa-kāshta-shtakā-pāshānaṁ*), with pasture land (*sa-gokulaṁ*) *with artisans ploughmen and merchants* (*saa-karu-karshaka-vanig-vastavyaṁ*), *with wild animals, deer and birds,aquatic or otherwise and other objects within the boundaries* (*Śapāsu-mrigavthangam-jalacharam-aparair-ept simāntarggatairvvastubhih sahitam*).........No hinderance should be caused by any one to the donee who may cultivate it himself or get it cultivated make gift, transfor sale (*karshatam, karshāyātam, dānādhāna vikrayam-va-kurvvātaṁ ṇa kenachita-kāchita-vādhā karttavya*).........together with the order that government officers in charge of forests and wild tribes (*rājā-rājapurush atavika*), irregular troops, etc. (*chāṭādibhih*) have to give up their privilege of exactions (*svaṃ-svaṃ abhāvyaṃ parihar-ttavyaṃ*)......this grant should not be resumed or confiscated (*idam cha-asmaddānaṃ anachchhedyam=anāharyaṃ cha=eti*) (but) it should be assented to by future kings" (*bhāvibhirāpi bhūmipālaiḥ pālanīyaṃ=iti*).

It may be pointed out that the order was in respect of the grant of 2½ *padas* out of 8 *padas* of cultivated land in the *valahavdā-grāma* which was made by king Madanavarman on Tuesday, *Chaitra-Vadi*, 5 *Vishnvasankrānti* in V.S. 1192=24th March 1136 A.D. from his camp at *parayi-grāma*. Obviously it was a small piece of land which was donated but the draft was identical to that of a grant of a whole village. The land-grants were drafted in the conventional style with little regard to actual conditions.

REFERENCES

1. Bose, N. S. 1956 *History of the Candellas* Mitra, S.K. 1977 *The Early Rulers of Khajuraho* 2nd ed. Dikshit, R.K. 1977 *Candellas of Jajakabhuki*.
2. I.A. Vol. XVI, pp. 201-204.
3. E.I , Vol. XX, pp. 135.
4. I A., Vol. XVI, pp. 201-204.
5. Ibid, Vol. XVI, pp. 201-202.
6. E.I.. Vol. XX, pp. 125-28.
7. E.I., Vol. XXX, pp. 87-90.
8. I.A., Vol. XVI, pp. 202 and 207.
9. I.E., Vol. XXXII, pp. 118-123.
10. E.I., Vol. IV, pp. 153-154.
11. Ibid, Vol. IV, pp. 153-174.
12. I.A., Vol. XXV, pp. 205-208,
13. E.I., Vol. XVI, pp. 9-15.
14. E.I., Vol. X, pp. 44-49.
15. E I., Vol. XX, pp. 128-31.
16. E. I. Vol. XXXII, pp. 123-25.
17. Ibid, Vol. XXXII, pp. 125-28.
18. E.I., Vol. XVI, pp. 272-277.
19. E.I., Vol. XXXI, pp. 70-73.
20. E.I , Vol. XXV, pp. 1-16.
21. I.A.Vol. XVII, pp. 230-234.
22. Ibid, Vol. XVII, pp. 235-36.
23. E.I., Vol XX, pp. 132-34.
24. I.H.Q., Vol. XXXII, pp. 404-405.
25. I.E., Vol. XX, pp. 134-36.

26. E.I., Vol. IV, EI, X, El XX and C.I. XXXII
27. E.I.; Vol. XXXII, p. 120.
28. Ibid. Vol. XXXII, p. 120.
29. I.E., Vol. IV, p. 154.
30. Ibid. Vol. IV, p. 158-74, XX pp. 134-36.
31. Ibid, Vol IV, p. 154.
32. E.I., Vol. XXXII, pp. 118-23.
33. E.I., Vol. XX, pp. 125-28.
34. I.A., Vol. XXV. p; 205.
35. E.I., Vol. I, pp. 207-214.
36. I.A., Vol. XXV, p. 205.
37. I.H.Q., Vol. XXXII, pp. 404-405.
38. E.I., Vol. XXX, p. 88.
39. E.I., Vol. I, pp. 330-338.
40. E.I., Vol. XXX, p. 89.
41. E.I., Vol. XVI, p. 276.
42. E.I., Vol. XX, p. 133.
43. I.H.Q., Vol. XXXII, pp. 405.
44. E.I., Vol. XXV p. 16.
45. E.I., Vol. XXX, p. 89.
46. E.I., Vol. XXXII, p. 119.
47. Ibid, Vol. XXXII p. 118-123.
48. Ibid, I.A. Vol. XVI, p. 207.
49. I.A. Vol. XVI, p. 207.
50. E.I., Vol. IV, I.A. Vol. XXV, and E. I. XVI.
51. E.I., Vol. X, p. 45 and Vol, XX, p. 129.
52. E.I., Vol. XXXII, p. 124.
53. Ibid, Vol. XXXII, p. 120.
54. Ibid, Vol. XXXII, pp. 118-123.

कालंजर : प्राचीन इतिहास

डा० रामजी पाण्डेय

कालंजर उत्तरप्रदेश के बांदा जनपद का एक प्रसिद्ध गांव है जो बांदा से दक्षिण-पूर्व दिशा में ५७ किलोमीटर की दूरी पर स्थित है। यहां नरैनी होकर पहुँचा जाता है। यह स्थान इलाहाबाद से दक्षिण-पश्चिम लगभग १४४ किलोमीटर दूर तथा रीवा से लगभग ९० किलोमीटर दूर उत्तर-पश्चिम में स्थित है।[1] वर्तमान उत्तर प्रदेश और मध्य प्रदेश की सीमा पर स्थित कालंजर प्राचीन काल से एक महत्त्वपूर्ण एवं प्रसिद्ध तीर्थस्थान रहा है। इसका यह नाम वहां के कालंजर नामक पर्वत के नाम पर पड़ा ज्ञात होता है। श्री कनिंघम के अनुसार बुन्देलखण्ड में स्थित कालंजर पर्वत प्राचीन काल से शिव के भक्तों का प्रसिद्ध निवास रहा है।[2] महाभारत के वर्णन के अनुसार इसकी स्थिति प्रयाग और चित्रकूट के बीच थी, क्योंकि कालंजर के बाद चित्रकूट जाने को कहा गया है।[3]

स्थान-नाम

कालंजर का प्राचीनतम ज्ञात स्पष्ट उल्लेख महाभारत के तीर्थयात्रा पर्व में हुआ है, जहां उसे मेधाविक क्षेत्र में स्थित बताया गया है। यहां के देवहृद में स्नान करने से व्यक्ति सहस्रगायों के दान का फल प्राप्त करता है। यहां पितरों को तर्पण करने वाला व्यक्ति स्वर्ग लोक प्राप्त करता है।[4] महाभारत में अन्यत्र कहा गया है कि इस पर्वत पर दान से बढ़कर और कुछ विशेष नहीं है।[5]

महाभारत, पुराण तथा चौथी-पांचवीं शती की पुरातात्त्विक सामग्री एवं बाद के अभिलेखीय प्रमाणों में इस स्थान का विख्यात नाम कालंजर मिलता है। श्री गोवर्धनदास त्रिपाठी ने इस स्थान का समीकरण अघमर्षण तीर्थ से किया है, जो उनके अनुसार भागवत पुराण में प्राप्त उल्लेख के संदर्भ में विन्ध्यपाद अर्थात् विन्ध्य की तलहटी में स्थित था[6]। किन्तु उनके मत से भिन्न पहचान श्री रामचन्द्र गौड ने की थी जिन्होंने अमरखन को अघमर्षण का पर्याय मानकर उसे सतना जिले की रघुराजनगर तहसील का अमुवा ग्राम बताया है।[7] विन्ध्य-पाद के अघमर्षण तीर्थ में प्राचेतस दक्ष द्वारा प्रजा-वृद्धि के लिए तप करने का (भागवत पु० ६।४।१९-२१) उल्लेख है, पर इस प्रसङ्ग में कालंजर कहीं भी पठित नहीं है। अन्यत्र भी उसके अघमर्षण तीर्थ से समीकरण का कोई दूसरा प्रणाम नहीं मिलता।

अनुश्रुति के आधार पर कालंजर नाम पड़ने के कारणों पर विचार करते हुए श्री गोवर्धन दास त्रिपाठी ने एक दोहा उद्धृत किया है जिसके अनुसार कालकूट विष पीने पर शिव को सारे संसार में यहीं आकर शान्ति मिली थी। उनके यहां बसने से यह कालंजर कहलाया।[८] भागवत पुराण (८।७।२१) में समुद्र-मन्थन से संसार को जलाने वाले विष के उत्पन्न होने का वर्णन मिलता है। ऐसे कालकूट विष को पीकर भी शिव ने उसके प्रभाव को नष्ट कर दिया। संभवतः यही भाव इसके मूल में कथित है। कालंजर में नीलकण्ठ महादेव का स्थान होने की जो प्राचीन परम्परा साहित्य एवं पुरातत्त्व से ज्ञात है उसका संकेत भी इसी विचारधारा से संबन्धित जान पड़ता है।

शिव-महादेव की एक लीला कालान्तक या काल को दण्डित करने की भी है। स्थानीय परम्परा में जो दूसरी अनुश्रुति प्राप्त है वह इसी तथ्य को प्रकट करते हुए कालंजर नाम की सार्थकता सिद्ध करती है—

कालहिं जीर्ण करब जिहि गिरि पर।
ताकर नाम होय कालंजर ॥ १ ॥

यह अनुमान भी हो सकता है कि इस स्थान या इसके स्थल देवता को कलि अर्थात् कलियुग के नाश करने की महिमा से मण्डित होने की अवधारणा के कारण इसे कलिंजर या कालिंजर माना गया।[९]

प्राचीनता—ऊपर उल्लिखित प्रमाणों के आधार पर स्पष्ट है कि इस स्थान की प्राचीनता महाभारत से ज्ञात है। पुराणों के युग में भी इस स्थान का महत्त्व वैसा ही बना रहा। तीर्थयात्रा-पर्व के वर्णन के अनुरूप ही पद्म पुराण में भी कालंजर का वर्णन प्राप्त होता है, किन्तु वहां महाभारत में उल्लिखित 'मेधाविक-क्षेत्र को मेधा-वन के नाम से कहा गया है। यहां पितरों और देवताओं के लिए तर्पण करने से व्यक्ति को अग्निष्टोम यज्ञ का फल एवं मेधा की प्राप्ति होती है। इसी मेधावन में कालंजर गिरि की स्थिति बताई गई है।[१०] इस पर्वत के ऊपर कालंजर नामक वन मत्स्य पुराण के उल्लेख से सूचित होता है। इस स्थान पर कौशिक ऋषि के सात पुत्र गुरू की गाय के भक्षण करने के अपराध के कारण सात मृगों के रूप में उत्पन्न हुए थे। इन्हें अपने पूर्व जन्म का जाति स्मरत्व ज्ञान प्राप्त था। इस घटना का चित्रण कालंजर दुर्ग के दक्षिण ओर स्थित मृगधारा नामक स्थान में हुआ है। इसमें सात हिरण एक पंक्ति में बने हुए हैं। यहां अनवरत रूप से जल प्रवाहित होता रहता है।[११] भागवत पुराण के अनुसार ऋषभदेव के पुत्र भरत मृत्यु के पश्चात् अगले जन्म में मृग योनि में उत्पन्न हुए। उन का यह जन्म कालंजर में ही हुआ पर वे यहां, रहे नहीं और पूर्वजन्म की स्मृति के कारण पुनः पुलहाश्रम लौट गये।[१२]

पितरों के श्राद्ध एवं तर्पण की दृष्टि से कालंजर का विशिष्ट स्थान रहा है। मत्स्य पुराण में श्राद्ध-योग्य तीर्थों का वर्णन करते हुए कालंजर को भी गिनाया गया है।[१३] इस पर्वत पर हिरण्यविन्दु नामक तीर्थ की स्थिति बताई गई है। कालंजर के किले में एक बहुत बड़ा तालाब है, जिसे कोटि तीर्थ कहते हैं।[१४]

मत्स्य तथा वामन पुराणों में कालंजर पर्वत पर नीलकण्ठ महादेव की स्थिति का उल्लेख है। इससे ज्ञात होता है कि यहां पौराणिक युग में नीलकण्ठ का कोई स्थान था।[१५] विक्रम संवत् १०१५ (९५८ ई०) के धंग के खजुराहो अभिलेख में यशोवर्मा द्वारा नीलकण्ठ के अधिवास कालंजर को जीत लिए जाने का उल्लेख मिलता है। संभव है 'नीलकण्ठाधिवास' का तात्पर्य नीलकण्ठ महादेव के मन्दिर से हो।[१६] वर्तमान किले में कालभैरव की एक विशाल प्रतिमा है, जिसका वर्णन डा० त्रिवेदी ने इस प्रकार किया है—

"दक्षिण की ओर एक कुण्ड के साथ ही लगभग २४ फीट ऊंची महासदाशिव की विशाल प्रतिमा उकेरी गई है। देव के अनेक सिर तीन पंक्तियों में सम्बद्ध दिखाए गए हैं। यह मूर्ति १८ भुजी है और विभिन्न हाथों में ढाल, तलवार, धनुष, बाण, खट्वाङ्ग आदि आयुध लिए है। यहां देव ऊर्ध्वरेतस् हैं। उनके सभी अलंकार सर्प के बने हैं। नीचे चामुण्डा की ४ फुट ऊंची आकृति उत्कीर्ण है।"[१७]

कालंजर के उत्तर और हिमालय के दक्षिण की भूमि पवित्र मानी गई है।[१८] इस क्षेत्र में पुलिन्दों की स्थिति बताई है।[१९] वस्तुतः कालंजर का महत्त्व उसके ऊपर नीलकण्ठ महादेव के निवास के कारण ही प्रतीत होता है। इस पर्वत पर नीलकण्ठ का मन्दिर आज भी वर्तमान है 'जिसका वर्णन डा० त्रिवेदी ने इस प्रकार किया है—

"कालंजर दुर्ग का सबसे महत्वपूर्ण स्थान नीलकण्ठ देवालय है। यह किले के पश्चिम की ओर गहराई में स्थित है जहा सीढ़ियों से उतरना होता है। यह गुहा मन्दिर स्थापत्य का सुन्दर नमूना है। मण्डप की छत टूट गई है पर स्तम्भ अब भी सुरक्षित अवस्था में हैं। इन स्तम्भों के ऊपर भारवाहक कीचकों की चतुर्भुजी आकृतियां उकेरी गई हैं। गर्भगृह में ४½ फीट ऊंचा शिवलिङ्ग प्रतिष्ठापित है। इसके साथ ही और भी मूर्तियां लगी हैं।"[२०]

साहित्यक स्रोतों में कालंजर पर्वत का वर्णन विशेष रूप से एक तीर्थ एवं श्राद्ध-स्थल के रूप में चित्रित हुआ है। महाभारत के काल से ही यह पर्वत सर्वत्र लोक में विश्रुत था। धार्मिक दृष्टि से यह प्रसिद्ध शैवक्षेत्र रहा है जहाँ नीलकण्ठ महादेव का प्रसिद्ध स्थान था।

पुरातात्त्विक साक्ष्यों से भी कालंजर की प्राचीनता एवं उसके शैव क्षेत्रीय महत्त्व का पता चलता है। जॉन मार्शल द्वारा भीटा से प्राप्त मुहरों में कई पर शिव के विभिन्न नाम उत्कीर्ण हैं, जैसे 'कालेश्वर', कालञ्जर भट्टारक। एक महत्त्वपूर्ण मुद्रा पर गुप्तकालीन ब्राह्मी लिपि में 'कालंजर भट्टारकस्य' लिखा हुआ है। इस पर एक ओर शिवलिङ्ग एवं छत्र की आकृति एवं दूसरी ओर त्रिशूल बना हुआ है। इससे स्पष्ट है कि ईसा की चौथी-पाँचवीं शताब्दी में कालंजर क्षेत्र में शिव प्रधान-देवता थे और उन्हीं के कारण इस क्षेत्र का महत्त्व एवं प्रसिद्धि चारों ओर फैली हुई थी।[२१]

ऐतिहासिक दृष्टि से गुर्जर-प्रतीहारों के समय से इस क्षेत्र का उल्लेख अभिलेखों में भी प्राप्त होने लगता है। भोजप्रथम के ८३६ ई० के वराह ताम्रपत्र अभिलेख से ज्ञात होता है कि कालंजर मण्डल उसके साम्राज्य का एक अंग था। इस मण्डल में स्थित उदुम्बर विषय का बलाकग्राम उसने दान में दिया था।[२२]

राष्ट्रकूट राजा कृष्ण तृतीय द्वारा ९४०-४१ ई० के अपने उत्तर भारत के अभियान में, चित्रकूट और कालंजर के किलों को जीत लिए जाने पर, इन्हें पुनः प्राप्त करने की आशा को गुर्जर राजा महीपाल द्वारा निराश होकर छोड़ देने का उल्लेख मिलता है।[२३]

चन्देल राजाओं के समय में कालंजर उनके राज्य जेजा-भुक्ति की राजधानी था चन्देल राजा यशोवर्मन द्वारा इसे जीत लिया गया। राजनीतिक दृष्टि से यहाँ के किले का अत्यधिक महत्त्व था।[२४]

वस्तुतः "कालिंजर का नाम उसके ऐतिहासिक दुर्ग के कारण अधिक प्रसिद्ध हुआ। यह किला एक पहाड़ी पर स्थित है जो भूमितल से ८०० फीट ऊँची है। ...इस पहाड़ी को विचित्र कहा गया है जिसका अर्थ सूर्य से संबन्धित पवित्र स्थल से है।"[२५]

प्रसिद्ध चन्देल राजा धङ्ग की राज्य-सीमा का उल्लेख करते हुए उसके, लक्ष्मणनाथ मन्दिर से प्राप्त अभिलेख में कालंजर का उल्लेख उसके राज्य-सीमा के अन्तर्गत हुआ है।[२६]

सामरिक महत्त्व की दृष्टि से कालंजर का दुर्ग अभेद्य समझा जाता था। इसलिए उस युग में इस किले का अत्यधिक महत्त्व था। यही कारण है कि उस युग में तत्कालीन राजशक्तियाँ समय-समय पर उस पर अपना अधिकार पाने के लिए संघर्षरत दिखाई पड़ती हैं। विक्रमसंवत् १०५५ (९९७-९८) के एक अभिलेख में धङ्ग को 'कालंजराधिपति' कहा गया है।[२७]

कालंजर का महत्त्व प्राचीन काल में प्रसिद्ध तीर्थ एवं श्राद्धस्थल के रूप में प्रतिष्ठित हो चुका था। शिव का अधिष्ठान होने के कारण इसका माहात्म्य और बढ़ गया। भीटा से प्राप्त मुहरों पर गुप्तलिपि में लिखे अभिलेख ई० की चौथी-पाँचवीं शती में इसके शैव-क्षेत्र होने की सूचना देते हैं। तब से लेकर १२ वीं शती तक धार्मिक एवं तत्कालीन राजनीतिक शक्तियों का यह प्रसिद्ध केन्द्र रहा है। यहाँ के दुर्ग के कारण इसका विशेष राजकीय महत्त्व था।

संदर्भ संकेत

१. एस. डी. त्रिवेदी, बुंदेलखण्ड का पुरातत्त्व, पृ० ८०१

२. आर्क्यालाजिकल सर्वे रिपोर्ट, जिल्द २१; पृ० २०।

३. महाभारत, वनपर्व, ८५।५८।

४. मेधाविकं समासाद्य पितॄन् देवांश्च तर्पयेत्।
अत्र कालंजरं नाम पर्वतं लोक विश्रुतम्।
तत्रदेव ह्रदे स्नात्वा गोसहस्रफलं लभेत्।

यः स्नातस्वर्प्यंते तत्र गिरौ कालंजरे नृप ।
स्वर्गलोके महीयेत नरो नास्त्यत्र संशयः ।।

महाभारत, वनपर्व, ८५।५५-५७ ।

५. गङ्गायमुनयोस्तीर्थे तथा कालञ्जरे गिरौ ।
षष्ठी ह्रद उपस्पृश्य दानं नान्यद् विशिष्यते ।।

वही, अनुशासन०, २६।३४ ।

६. कालिंजर-दर्शन, पृ० १६-१७ ।

७. कल्याण, तीर्थाङ्क, पृ० १२६ ।

८. गरल पानकर हे प्रिया विचर्यौ सब संसार ।
सुख पायौं यहि गिरि बसे महिमा तासु अपार ।।

कालिंजर-दर्शन, पृ० २० ।

९. कालिंजर-दर्शन, पृ० २१ ।

१०. दे० सूर्यकान्त त्रिपाठी 'निराला', तुलसीदास ।
इस व्याख्या तथा उद्धरण के लिए मैं डॉ० पृथ्वी कुमार अग्रवाल का आभारी हूँ ।

११. पद्मपुराण, स्वर्गखण्ड, ३६।५३-५६ ।
२. जाति स्मराः सप्त जाता मृगा कालंजरे गिरौ ।

मत्स्य पु० २०।१५; द्र० १६।६, २८ ।

१२. आर्क्यालाजिकल सर्वे रिपोर्ट, जि० २१, पृ० ४१
इस पुरातात्त्विक समीकरण के लिए मैं डॉ० पृथ्वी कुमार अग्रवाल का आभारी हूँ ।

१३. कालंजरात् प्रत्याजगाम, भागवत पु० ५।८।३० ।

१४. क्षिप्रानदी महाकाल स्तथा कालंजरं शुभम् । मत्स्य पु० २२।२४ ।

१५. बुन्देलखण्ड का पुरातत्त्व, पृ० ८१

१६. नीलकण्ठस्य पुरतः पितृभावानुभावितः । मत्स्य पु० २०।१५ ।
नीलकण्ठं ददर्श सः वामन पु० ५७।५०, कालंजरे
नीलकण्ठं, वही ६३।२७

१७. यस्मिन् मध्यन्दिने स्यात्तरणिरनुदिनं नीलकण्ठाधिवासम् ।
जग्राह क्रीडया यस्तिलकमिवभुवं किञ्च कालंजराद्रिम् ।।

एपीग्राफिया इण्डिका, जि० १, श्लोक ३१, पृ० १२७ ।

१८. बुन्देलखण्ड का पुरातत्त्व, पृ० ८१ । द्र०, अर्क्यालाजिकल सर्वे रिपोर्ट, जि० २१, पृ० २०-२१ ।

१९. वामन पु० ६।५५, ५०।१४ ।

२०. हिमाद्रि कालंजरयो पुलिन्दाः, वही, ५०। २५ ।

२१. बुन्देलखण्ड का पुरातत्त्व, पृ० ८३ ।

२२. जे० एन० बनर्जी, डेवलपमेण्ट ऑफ हिन्दू आइकोनोग्राफी, पृ० १८२-८३, १९५६ ई० ।

२३. भोज प्रथम का वराह ताम्रपत्र अभिलेख, एपीग्राफिया इण्डिका, जि० १९, पृ० १५-१९ ।

२४. तृतीय कृष्ण का शक ८६३ =९५०—५१ ई० का देवली लेख (एपीग्राफिया इण्डिका, जिल्द ५, पृ० १८८-१९७); एवं वही, चतुर्थ जिल्द पृ० २७८ और आगे) अभिलेख।

२५. जेग्राह क्रीडयायस्तिलकमिव भुवः किञ्च कालञ्जराद्रिम्। एपीग्राफिया इण्डिका जिल्द १, श्लोक ३१, पृ० १२७।

२६. बुन्देलखण्ड का पुरातत्त्व, पृ० ८१।

२७. आकालञ्जर च मालव नदी, एपीग्राफिया इण्डिका; जि० १, पृ० १२९।

२८. विशुद्धानन्द पाठक; उत्तर भारत का राजनैतिक इतिहास, पृ० ३९७।

[इस लेख को लिखने की प्रेरणा मुझे डॉ० पृथ्वी कुमार अग्रवाल, रीडर, काशी हिन्दू विश्वविद्यालय, से मिली जिन्होंने इस लेख के कई गूढ-स्थलों की व्याख्या मुझे बतायी तथा इस लेखन में बहुविध सहायता प्रदान की। एतदर्थ मैं उनका ऋणी हूँ—लेखक]

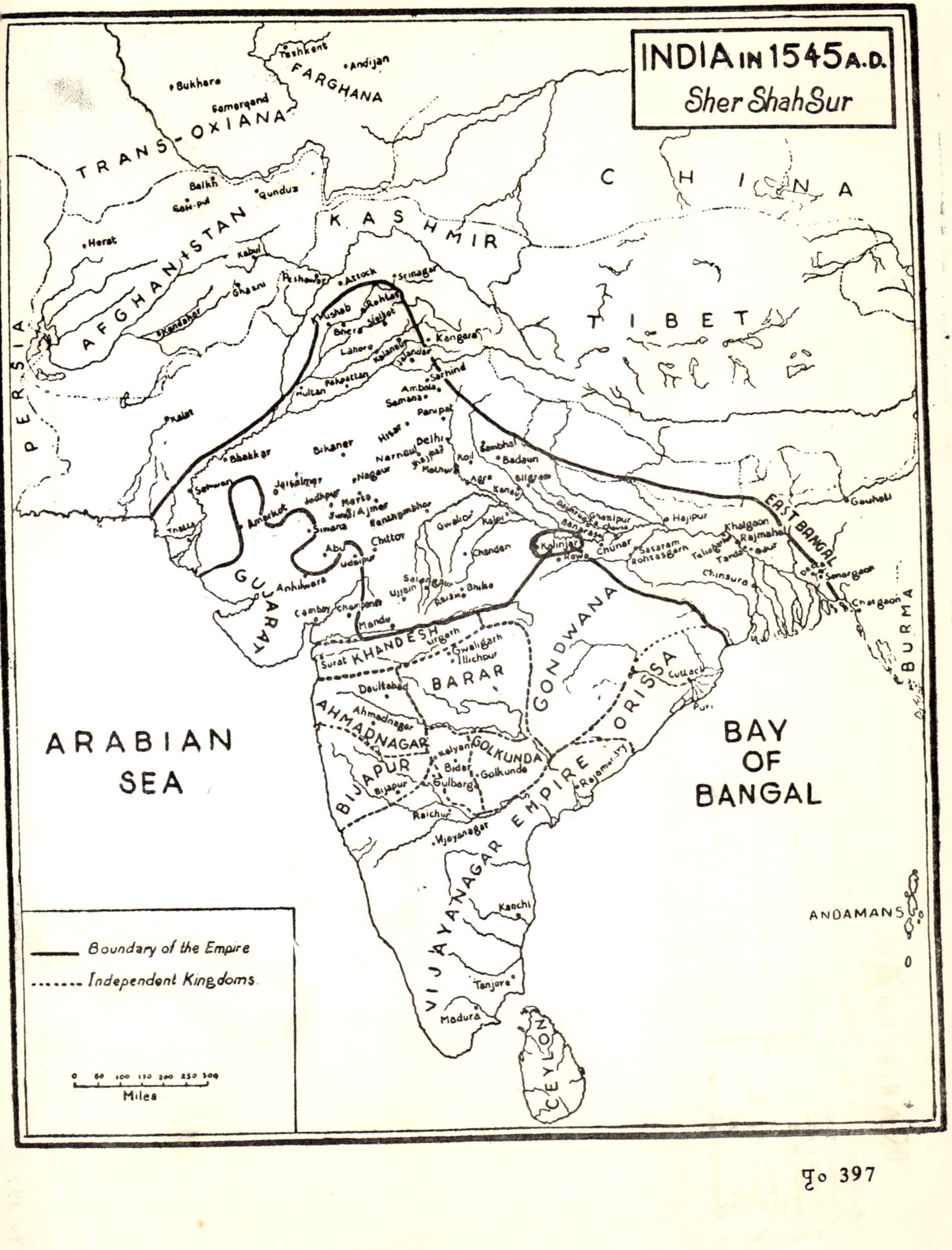
INDIA IN 1545 A.D.
Sher Shah Sur
TRANS-OXIANA
FARGHANA
AFGHANISTAN
KASHMIR
CHINA
TIBET
PERSIA
GUJARAT
KHANDESH
BARAR
GONDWANA
ORISSA
AHMADNAGAR
GOLKUNDA
BIJAPUR
VIJAYANAGAR EMPIRE
EAST BANGAL
BURMA
CEYLON
ANDAMANS
ARABIAN SEA
BAY OF BANGAL
Tashkent
Andijan
Bukhara
Samarqand
Balkh
Qunduz
Herat
Kabul
Ghazni
Kandahar
Peshawar
Attock
Srinagar
Rohtas
Sialkot
Bhera
Lahore
Kangara
Jalandar
Sarhind
Multan
Pakpattan
Ambala
Samana
Panipat
Kalat
Bhakkar
Bikaner
Hisar
Delhi
Narnaul
Sambhal
Badaun
Koil
Mathura
Agra
Kanauj
Bilgram
Sehwan
Jaisalmer
Nagaur
Jodhpur
Merta
Ajmer
Amarkot
Siwana
Ranthambhor
Gwalior
Kalpi
Chittor
Abu
Udaipur
Chanderi
Kalinjar
Rewa
Chunar
Ghazipur
Banaras
Hajipur
Sasaram
Rohtasgarh
Khalgaon
Rajmahal
Tanda
Gaur
Chinsura
Dacca
Sonargaon
Chatgaon
Gauhati
Anhilwara
Cambay
Champaner
Ujjain
Bhilsa
Raisin
Mandu
Surat
Gwaligarh
Ilichpur
Daultabad
Ahmadnagar
Kalyani
Bidar
Golkunda
Gulbarga
Bijapur
Raichur
Vijayanagar
Rajamahendry
Cuttack
Puri
Kanchi
Tanjore
Madura
Boundary of the Empire
Independent Kingdoms
0 50 100 150 200 250 300
Miles

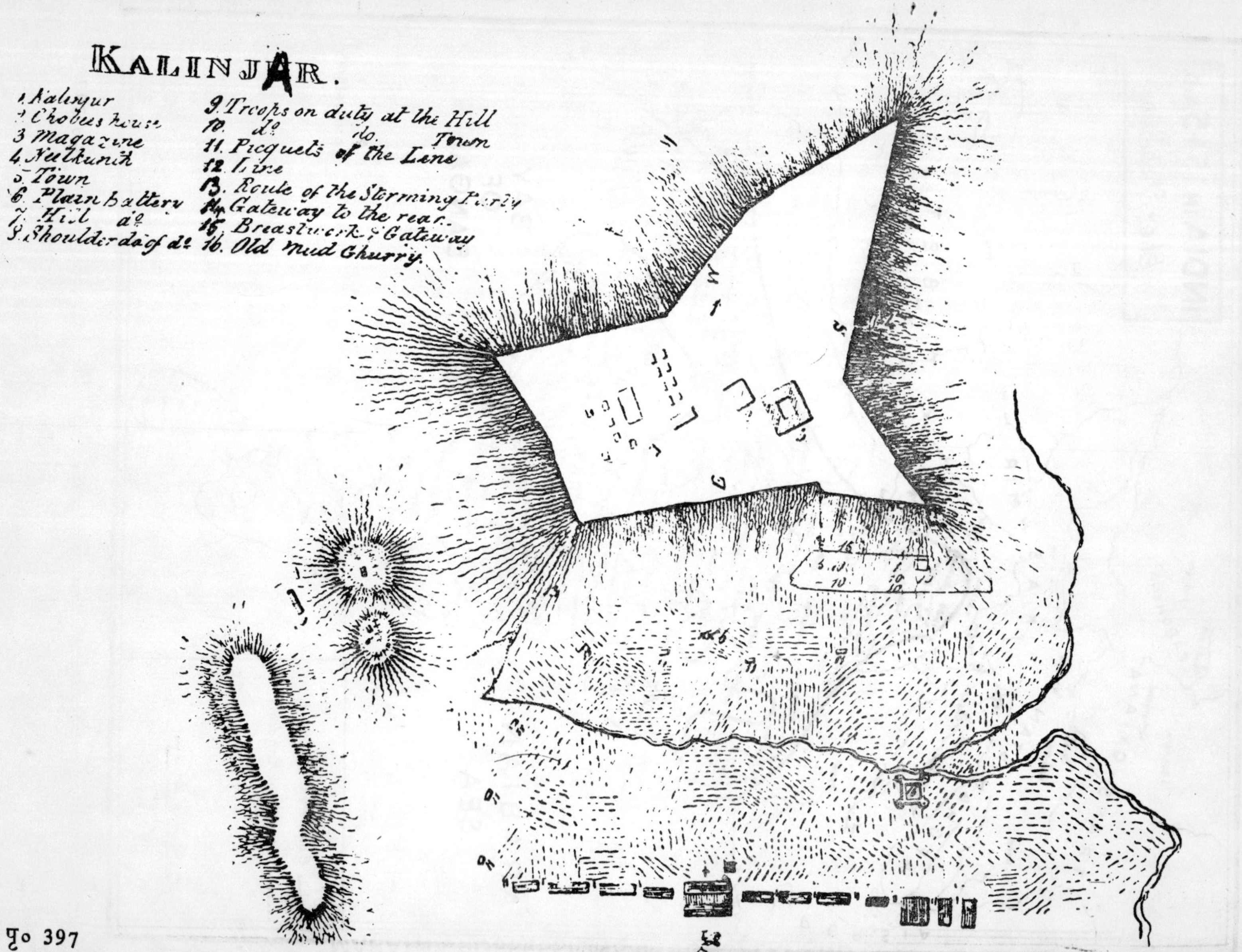
KALINJAR.
1. Kalinjur
2. Chobees house
3 Magazine
4. Neelkunth
5. Town
6. Plain battery
7. Hill do.
8. Shoulder do. of do.
9. Troops on duty at the Hill
10. do. do. Town
11. Picquets of the Line
12. Line
13. Route of the Storming Party
14. Gateway to the rear.
15. Breastwork & Gateway
16. Old Mud Ghurry

To 397

MARATHA POSSESSIONS IN BUNDELKHAND

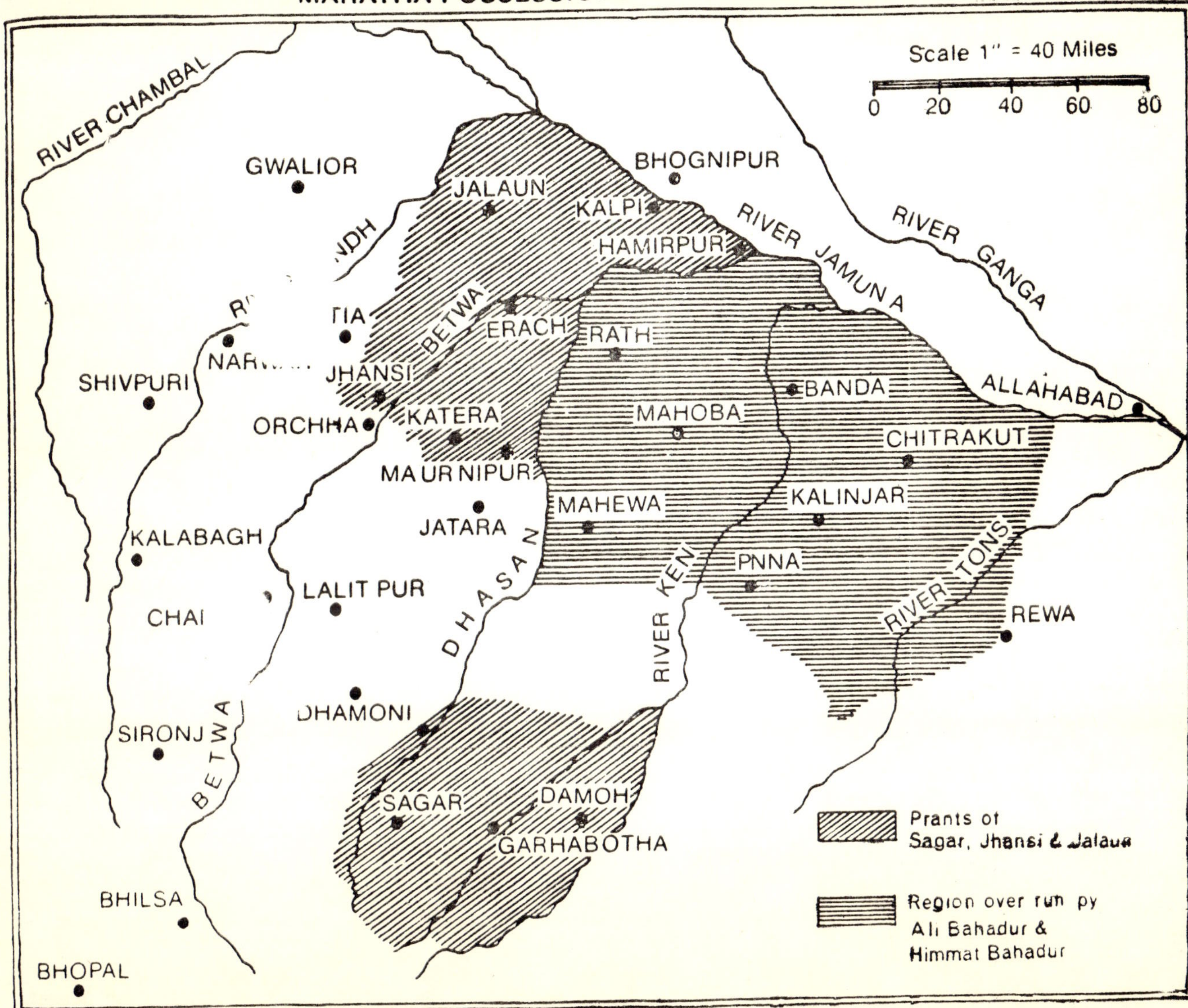

KĀLANJARA THROUGH THE AGES

Dr. K. L. Agrawal

The small town of Kalinjar (ancient Kālañjara) is situated on latitude 25°1' north and longitude 80°21' east in the Banda district of Uttar Pradesh. A good metalled road from Banda to Satna passes through Kalinjar. It is 56 km from the Banda head-quarter and 87 km. from Satna. The nearest railway station is Atarra, which is 40 km. distant. It is one of the few ancient cities that have played outstanding part in the political and religious life of India It witnessed the rise and fall of mighty empires the appearance and disappearance of successive donasties. Although this fascinating panorama of events chiefly unfolds itself during the centuries that intervene between the deeline of the Guptas and the British occupation, we may trace faint beginning of its chequered history back even to the Vedic age [1]

Early history

Kālañjara formed part of the Chedi *janapada*. The Ṛgveda[2] mentions the people of Chedi with their king Vasu, the Chaidya, in a *Dānastuti* (praise of gift). But in the later Vedie literature the Chedies are not mentioned. The Rāmāyaṇa, insted of mentioning Chedi, describes Daśārna. No details of any geneological list of ruling dynasties of this *janapada* are found in this epic. However, in an interpolated port of this epic, it is mentioned that a Brāhmaṇa was appointed the *Kulapati* of Kālañjara Maṭha.[3]

A Bhītā sealing bears the inscription *Kālañjara Bhaṭṭāraksya*. According to Marshall[4] this sealing was issued from a Saiva temple of Kālañjara.

The Mahābhārata has furnished a rich material about the Chedis, the earliest historical habitants of this region. The great epic mentions that once Indra ordered Vasu, the son of Paurava, to take possession of this country. Thereafter it was conquered by Vasu,[5] who being a powerful king, annexed the reighbouring regions to his kingdom, which was mainly extended to the east. The next king was Damaghoṣa, who married Kṛṣṇa's aunt. Śiśupāla, the well-known king of Chedi, was born of that union.[6] He was slain by Kṛṣṇa in the Rājasūya Yajṇa of Yudhiṣthira and was succeeded by his son Dṛṣṭaketu, who participated in the groat Mahābhārata war. He was killed in the war[7] and was succeeded by his younger brother Śarabha. After Śarabha the geneylogy of the Chedi kings is not properly known.

During the 7th and 6th centuries B.C. Chedi was recognised as a great kingdom, whose name occurs in the llst of the sixteen great Janapadas.[8] In the Buddhist works a brief legendry genelogy of this kingdom is found. But this genology does not tally with that of Mahābhārata.

The Nandas

Apart from the mention of Chedi as one of the great Janapada we hardly know of any sober fact about its history till we come to the age of the Nandas and Mauryas. The former fulfilled their imperialistic ambition by conquering a large part of northern India. The Kalañjara region also seems to have been annexed by the Nandas.

The Mauryas

Chandragupta Maurya, the founder of the first great Indian empire, after uprooting the Nandas established his paramount sovereignty over the country. He was succeeded by his son Bindusāra, who in turn was succeeded by his illustrious son Aśoka. From his numerous inscriptions[9] we know that after annexing Kalinga to his inherited kingdom, Aśoka became master of the extensive empire extending from Afghanistan to Mysore, and from Arabian sea in the west to the Bay of Bengal in the east. This vast empire was divided into several provinces. Our Kālanjara region was governed from Ujjain, which was the head-quarter of a province at the time.

The Śuṅgas

Owing to the contradictory account of the Purāṇas and the Buddhist literature, it is difficult to construct the history of Post-Aśokan period. The Mauryan empire was now disintegrated and the last king of the dynasty Bṛhadratha was overthrown by Puṣyamitra Śunga, hls commander, who ruled over an cxtansive portion of Northern India, His dominions stretched as far as Narmada in the south and included the cities of Pāṭaliputra, Ayodhyā, Vidiśa etc.[11] The emperor probably stayed at Pātaliputra.[12] Hence the region was governed by his son Agnimitra from Vidiśā. The last Śuṅga king Devahūti was killed in a tragic manner by his Kaṇva amātya, Vasudeva. It appears plausible that the death of Puṣyamitra followed a turmoil, in whieh the kingdom was divided into a number of principalities, such as Pañchāla, Mathura, Kauśāmbī, Ayodhyā and Vidiśā.

The Kaṇvas

The rule of the Kaṇva dynasty started about 75 BC. after the downfall of the Śungas. Not much is known about the reign of these Kaṇvas and also about the history of Magadha with its adjoining tracts during the period. The Kaṇvas were uprooted by the Sātavāhanas of the Deccan, who extended their authority upto Ākara

(Eastern Malwā).[13] However, we do not know authentically whether they ruled over Kālanjar during their supremacy.

The Mitras

A number of Mitra dynasties ruled over Northern India after Puṣyamitra Śuṅga. It appears that a part of the Bundelkhand region came under the Mitra dynasty of Kauśāmbī. The Mitra kings, who are known to us from coins and inscriptions are Bṛhatsvātimitra or Bṛhaspatimitra, Bṛahmamitra, Varuṇamitra, Gomitra, Śivamitra, Jeṭhamitra, Devamitra etc.[14] Some early rulers of Kauśāmbī with non-Mitra ending names, are also known from the coins. They are Varaghoṣa, Aśvaghoṣa, Jyeṣṭhagupta, Parvata, Indradeva, Viṣṇudeva, Dhanadeva etc.[15] Dr. H.G. Raychaudhuri[16] thought that Bṛhmamitra, Indrāgnimitra and possibly Bṛhaspatimitra were associated with Magadha in addition to other territories. The above view cannot be said to be correct. Prof. K.D. Bajpai[17] remarks that after the death of Puṣyamitra Śuṅga, the pivot of political power seems to have shifted from Magadha to Kauśāmbī for sometime. Hence all the above-mentioned kings, whether they bear *Mitra* ending name or not, are connected with Kauśāmbī. The number of these Mitra rulers of Kauśāmbī known so far as is about 25[18] A coin from Kauśāmbī bears the name of Rudradeva. He may be identified with his namesake, the contemporary of Samudragupta, as mentioned in the Allahabad pillar inscription.

A few names of the Mitra kings also occur in the Bharhut inscriptions. One of the inscriptions mentions that a pillar was donated by the wife of Revatimitra of Vidiśā.[19] Another name, known to us from Bharhut, is Veṇimitra.[20] The details of the Mitra rule over the region are very scanty and it is not known as to what relationship these Mitra kings bore to each other. More, probably they represented several branches of tne main Śuṅga dynasty of Puṣyamitra. It seems possible that the region under review was governed by the Kauśāmbī branch of Mitras.

The Nāgas

Before the ascendancy of the Vākāṭaka-Gupta power in the region, the Nāgas seem to have ruled over this area. Reference may be made to the Allahabad pillar inscription of Samudragupta, mentioning several Nāga rulers and also to a very large number of Nāga coins found from Eran and Vidiśā.[21]

The Gupta Dynasty

The faundation of the Gupta empire in 319-20 A.D. marked a new era, which a little after saw the golden age of ancient India. Śrī-Gupta, the first known historical figure in the Gupta-geneology, was succeeded by his son Mahārāja Ghaṭotkachagupta, who in turn was succeeded by his son Chandragupta I. The marriage of Chandragupta with Lichchhavi princess Kumāradevī resulted in the consolidation of the Gupta power. According to the Purāṇic statement, his rule seems to have been extended in Magadha (South Bihar), Prayāga and Sāketa (Ayodhya).[22] He was the first Gupta king to assume the title of Mahārājādhirāja. Chandragupta I was succeeded by his illustrious son Samudragupta. His reign was chiefly remarkable for the series of military compaigns, which he led in various parts of India. The author of Allahābād Praśasti refers to the skill he displayed in a hundred battles which left scars all over his body. Judging from the long list of countries which he conquered and brought under various degrees of subjugation, it is clear that Kālanjara region was the integral part of his empire.

Samudragupta was succeeded in the imperial Gupta throne by Chandragupta II, Kumaragupta I and Skandagupta respectively. We possess adequate literary and archaeological evidence to prove that the Kalanjar region continued to form a part of the Gupta empire during the last quarter of fifth and sixth centuries A.D. The Ganhwa stone inscription of the year 148GE. suggests that the north-eastern parts of Bundelkhand were included in the Gupta empire.[23] The inscription[24] carved on a pillar in the Gupta characters states that in 165G.E. (A.D. 484-85) Airikiṇa (Eran) was ruled by Suraśmichandra, a feudatory of Budhagupta, whose dominions extended between the Yamuna in the north and Narmada in the south. Matṛivişṇu, who served under Suraśmichandra, had a brother named Dhānyavişṇu. Both the brothers had erected a column in the honour of Lord Vişṇu. Thus the entire region between the river Yamuna and Narmada formed a part of the dominions of Budhagupta during the year 484-85 A D. and Kālanjara was incluned in thīs. After the death of Mātrivişṇu, his brother Dhānyavişṇu transferred his allegiance to Hūna chief Toramāṇa, which would indicate that the region had passed over to the Hūṇās.

The Eran stone boar inscription of Toramāṇa records that Dhānyavişṇu erected a stone temple dedicated to Vişṇu during the rule of Toramāṇa.[25] The discovery of two seals from Kauśāmbī excavations, one bearing the name of Hūṇa chief Toramāna and the other with the legend Hūṇarāja[28] also proves that a part of Bundelkhand was overrun by the Hūṇas at the end of the fifth century A.D, However, the Hūṇa supermacy wās short-lived. Soon, Mihirakula, the son and successor of Toramāṇa, was defeated by Emperor Narasimhagupta Bālāditya.[27] This defeated at the hands of the Gupta ruler sealed his fate for ever in northern and central India and he had to retire to the hilly regions of Kashmir.

Harigupta

At the time when Hastin of the Parivrājaka family was ruling over the kingdom of Ḍahala (Baghelkhaṇḍ region), Mahārāja Harigupta was governing the Kālañjaramaṇḍala. Though his actual date is not known to us, the paleography of his coins shows that he was ruling in the last quarter of the fifth century A.D. The question of the identity of this Harigupta is not easy to solve. His Gupta-ending name reveals that he probably belonged to the Imperial Gupta dynasty. Dr. A.S. Altekar[28] taking Hari a synonym for Kṛşṇa tries to identify him with Kṛşṇagupta, the founder of the later Gupia dynasty in Magadha. But the findspot of his coins does not favour the proposed view. Hence Dr. Altekar alternatively thought that Harigupta of the coins may be identical with his namesake mentioned as the spritual guide of Hūṇa king Toramāṇa,[29] This view also does not stand on strong grounds. In the Ichehhāwar bronze image inscription[30] mention is made of a king called Harirāja, who can be identified with Harigupta of the coins. In his coins he is called 'Mahārāja'. We can say that he was the subordinate ruler of the Imperial Gupta line. Now, the question arises as to whether a subordinate ruler could be allowed by the Gupta sovereigns to issue coins of his own. We know that Hastin and later chiefs of Valabhī issued coins.[31] They were feudatories of the Guptas. Therefore Dr. D.C. Sircar[32] rightly thinks that Harigupta issued coins on the decline of the Gupta power about the last quarter of the fifth century A.D.

The Pāṇḍuvaṁśi Kings

To the north-east of the territories of the Parivrājakas and the Uchchakalpas a dyuasty of the Pāṇḍuvaṁśī kings or Somavaṁśī kings was ruling. A number of stone inscriptions and copper plate grants of these kings have been discovered, which provide the following geneology.[33]

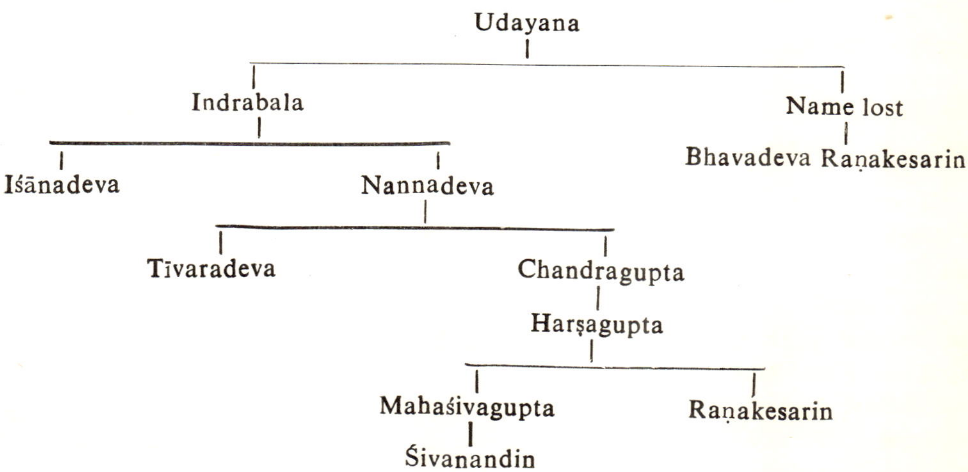

The Kālañjara inscription of Udayana mentions that during the reign of Udayana Pāṇḍuvaṁśī Gṛhavarman built a magnificent brick temple of god Bhadreśvara.[34] Udayana of the above mentioned inscription flourished probably towards the end of the fifth century A.D. He was the great grandfather of Tīvaradeva. This Udayana founded a principality in the South Kosala.[35] More probably he may have been ruling over the Mekala country and raided the countries towards north-west as far as Kālañjara. Those kings were contemporarier of the Parivrājakas and the kingdom of Hastin bordered Mekala on the west.[36] Dr. V.V. Mirashi[37] thinks that more probably Hastin overran Mekala and dethroned Udayana's son Indrabala. No adequate account of the Pāṇḍuvaṁśī kings of the region is known.

Mahārāja Lakṣmaṇa

The copper plates found at Allahabad and Rewa respectively, bring to light the name of a ruling chief Mahārājn Lakṣmaṇa.[38] Both the inscriptions are dated in the year 158. Dr. R.C. Majumdar[39] thinks that the inscriptions are dated in the Gupta era. If this view is correct the reigning period of Lakṣmaṇa comes to 477-78 A.D. In that case he becomes contemporary to Budhagupta of the Imperial Gupta line. His capital was situated at Jayapura,[40] which may be identified wlth the modern Ajaigarh Panna district) on the ground that the ancient name of Ajaigarh fort was Jayapuradurga.[41] It appears that the name of the city was Jayapura and the fort was named accordingly. As Ajaigarh is not far away from Kālañjara there is every possibility that it was included in the Mahārāja Laksamaṇa's dominion.

Harṣavardhana

The Hūṇa invasion led to the disintegration of the Gupta empire. However, the Gupta line of kings was not sxtinct and it continued for a few centuries more, although the glorious imperial epoch of the Guptas ended after the fifth century A.D. Subsequently they could not exercise their authority over any considerable part of the country except the vicinity of the capital Pāṭaliputra. This led to the rise of several powers, such as the Valabhis, thn Chālukyas, the Maukharis and the Vardhanas. Among these the Vardhanas, having their capital at Thaneśvar, in the present Haryana were destined to play an outstanding role in the history of northern India.

Harṣa, the most illustrious ruler of the line, succeeded the Vardhana throne after the death of his elder brother Rājyavardhna. Subsequently the throne of Kanauj also passed into his hands because of the sudden murder of Gṛhavarman and for which a request was made by the ministers of Kanauj. Thus having become the king of Thaneśvar by succession and the king of Kanauj by amalgamation, he transferred his capital to Kanauj and lunched upon an ambitious military operation against Śaśāṅka, the anti-Buddhist king of Bengal. He continued such war like activities for the first six years (or more years) of his reign and thus overrnning the 'five-Indies' he extended the boundaries of his inherited kingdom by subduing the powers of numerous warring states, that continually disturbed the political equilibrium of the north in the beginning of his royal career.[42]

We may now proceed to form an idea of the extent of his empire. Was the Kālanjara region governed by Harṣa ? Hiuen-Tsaṅg, the illustrious Chinese pilgrim, who visited India during Harṣa's reign mentions a kingdom "Chih-chi-to"[43], which has been identified with the kingdom of Jejākabhukti, corresponding to the modern Bundelkhand The Chinese pilgrim writes that "the king, who was Brahmin was a firm believer in Buddhism, and he encouraged men of merit and learned scholars of other lands collected here in numbers."[44] This statement of the pilgrim does not clarify that the region was in the hold of Harṣa. However, the Harṣacharita mentions that

Harṣa eame to the Vindhya forest in search of his sister Rājyaśrī with tributary kings. Here he was further assisted by an Āṭavika Sāmanta, who extended his help to find out Rājyaśrī, the ill-starred Maukharl queen of Kanauj. Dr. V.S. Agrawala[45] speculates that the Ātavika states were stretched from the Chambal in the west to the sone in the east, including the middle land of the rivers Sindhu, Betwa and Ken. The master of these Āṭavika states were always in attendence on all the outstanding occasions in the Imperial court to form the nobility of the Imperial sovereign.[46] It is quite possible that the region was under the imperial umbrella of Harṣa.

Post-Harṣa Period

The death of Harṣa in the year 647 or 648 A.D.[47] after a brilliant reign of about 42 years, witnessed the downfall of the Vardhana dynasty. The extinction of such a mighty personality let loose all the neighbouring powers and the result was that the strong empire raised by the genious of Harṣa soon collapsed like a house of cards. The throne of Kanauj was occupied by one of his former ministers named Arjuna or Aruṇāśva. He led an attack on Wang-hauan-tse, who had come with a small army as an ambassador to Harṣa from the Chinese emperor T'ai-Tsang, Wang fled to Nepal and after sometime returned with a large army. In the combat that ensued Arjuna or Aruṇāśva was defeated and was taken as a prisoner to China. In this period of turmoil and disorder Bhāskarvarman, the king of Kāmarūpa extended his authority westward usurped Karṇasuvarṇa with the adjoining territories, which were formerly included within the dominion of his great ally Harṣa.[48]

Thus the empire was disintegrated and was soon divided into a number of principalities. After the dismemberment and disintegration of the Vardhana power, Ādityasena, the powerful survivor of the second Gupta dynasty came into limeiight in the later half of the seventh century A.D. During this period, all the contiguous provinces were declaring their independence one by one and Kanauj also witnessed troubles and disorders between rival claimants for the possession of the imperial throne. Dr. R.S. Tripathi writes that "the period from the fall of the usurper to the rise of Yaśovarman, nearly three quarters of a century later, is one of the darkest in the whole range of the history of Kanauj, and every event of that time is hidden from view by a thick veil of oblivion."[49] However, the history of our region can be traced from stray references, which are available from epigraphs and literature. After the death of Harṣa, his empire crumbled to pieces and in the resultant confusion, the Kalachuri king Vāmarāja seems to have found the chance to occupy Kālañjara[50] by overruning Bundelkhand. Dr. V.V. Mirashi[51] thinks that Vāmarāja might have flourished in c. 675 to 700 A D. Now, the question is : who reigned after Vāmarāja in this region ? The Sagar plate very clearly depicts Śaṅkaragaṇa meditating on the feet of Vāmarājadeva.[52] Dr. V.V. Mirashi[53] holds that on the paleographic ground the record belongs to the middie of the eighth century A.D. Whether this Śangaragaṇa was the immediate suceessor of Vāmarāja is not an establised fact, because the expression Vāmadevapādānudhyāta has been repeated in the case of as many as five other kings.[54] Moreover, it has not yet been authentically traced out whether he ruled over Bundelkhand or any part of it; even the original find-spot of the above mentioned record is not certain.

The Gurjara-Pratīhāras

In the ninth century A.D. two great powers, the Gurjara-Pratīhāras of Kānyakubja and the Pālas of Bihar and Bengal divided the leadership of northern India between them. The Gurjara Pratīhāras, who originated in Rajasthan, rose to a powerful dynasty of North India during the ninth and tenth centuries A.D. having their capital at Kanauj. The first important ruler of the line was Nagabhaṭṭa II. whose earliest known date is V.S. 672 or 815 A.D. R.S. Tripathi[55] thinks that he ascended the throne about 805 A.D: He was succeeded by Rāmabhadra in 833 A.D., who after a short reign of about three years, was suceeeded by his son Bhoja II. Differing with the above view Drs. Smith and Majumdar[56] remark that Rāmabhadra came to the throne about 840 A.D. The Barah copper plate dated in VS. 893 (836 A.D.) says: "He (i.e., Bhojadeva) thus commands all the residents and officers appointed to their respective posts that have assembled at the agrahāra of Valakā (or Balākā attached to the Udumbara Viṣaya) which is included in the sub-division of Kālañjara in the division of Kānyakubja,"[57] It appears that Bhoja had to reconquer and subjugate those rulers of North India who were formerly feudatories to his grandfather Nagabhatta II. but had subsequently became free in the time of his father Rāmabhadra. The chief of Udumbara Viṣaya of the Kālañjara maṇḍala, lying in the Kanyakubja bhukti seems to have declared his independence, as appears from the grant of Valakāgrahāra in that district which was kept in abeyance in the time of his father. It had to be renewed in his time on the old terms as intended by his grandfather. In this connection reference might be made to the hold of this Pratīhāra ruler over Kālanjara, which seems to be an established fact.[58] This supermacy of the Gurjara-Pratīhāras lasted when Yaśovarman Chandella. the first imperial sovereign of the line, after capturing the fort of Kālañjara, put an end to the power of the former and liberated this part of the country from their subjection.

The Chandellas

The rise of the Chandellas in the Bundekhand regin sometime in the first quarter of the ninth century A.D. marked the beginning of a new era of stable government which this region enjoyed far a period of abont four centuries. Nannuka, the founder of the Chandella dynasty, had to spend several years of his early career in conquests and subsequent consolidation. He ruled between c. 831 and 848 A.D. and was succeeded by his son Vākpati, who is credited with having defeated and humiliated his adversaries. Thus having made the Vindhyas his pleasure mount, he was entertained there by the Kirāta-women. He was succeeded by Jayaśakti and Vijayaśakti/respectively. It was Jayaśakti, who gave his name to Jejākabhukti just as Pṛthu did to Pṛthvī. It is also noteworthy that Vijayaśakti, the brother of former is mentioned as having carried on expeditions to the far south. Vijayaśakti was succeeded by his son Rāhila. Served towns, tanks, lakes, roservoires, said to have been constructed during the reign of Rāhila, are found in Bundelkhand. He is said to have founded a town called Rājavāsinī (or modern Rasin), which is situated 30 kilometres north-east of Kālañjara in the Banda district. Rehli of the Sagar district also seems to be associated with his name. An old lake with a magnificent temple on its bank in Mahoba (Hamirpur district) is still known by the name of Rāhilasāgar. A stone temple at Ajaygarh, several slabs of which bear his name, is also connected with his reign. Harṣa was the son and successor of Rāhila. It seems from the Chandella inscriptions that he was the first notable king of his line, who ruled at a period when events of great political importance were taking place and proved himself instrumental in playing an important and significant role in this direction.

The accession of Yaśovarman, the son and successor of Harṣa to the Chandella throne, saw the culmination of an era of successful aggrandizement. His extensive conquests and chivalrous achievements made the Chandellas a first-rate power in the political activities of North India. As a prince this king had already waged some successful wars during his father's reign, which is amply brone out by the Khajuraho stone inscription of V.S. 1011. It was he who for the first time in the histroy of the Chandellas, seized the famous fort of Kālañjara and firmly established himself in the region. From this time that fort remained an intregal part of the Chandella dominion till their downfall.

Dhaṅga succeeded his father Yaśovarman before 954 A.D., probably in 950 A.D. He enjoyed paramount power as he is explicitly stated to be a Paramabhaṭṭāraka Mahārājādhirāja Parameśvara Kālañjarādhipati in the Nanaura plate of V.S. 1055. The Chandellas attained the imperial position during his reign at the expense of the Gurjara-Pratīhāras of Kanauj. After the seize of the famous fort of Kālañjara by his father, he carried out further annexations and by the end of eleventh century the Chandella kingdom extended upto the river Yamuna and as far as Vārānasī in the north-east, Gwalior in the north-west and Vidiśā in the south-west. The Chandellas now commanded two impregnable forts of Kalañjara and Gwalior. Dhaṅga is said to have rendered assistance both in men and money to Jayapāla, the Sāhī ruler of the Panjab and north-west frontier regions in his fateful contest against Sultan Subuktagin of Gazni about 990-91 A.D.

Dhaṅga was followed to the throne by his son Gaṇḍa. Epigraphs of the dynasty do not record any details about him. It seems that his reign was very brief.

Vidyādhara, the son and successor of Gaṇḍa and grandson of Dhaṅga, maintained the glory of the Chandellas and survived through critical times, when the infamous Mahmud of Gazni was repeatedly leading his wild hords in the northern plains, sweeping ancient dynasties and leading behind a trail of terror and wanton destruction. Vidyādhara gave support to Anandpala of Punjab against Mahmud Gaznavi.

He not only avenged the betrayal of the national cause by Rājyapāla, the Gurjara-Pratihāra king of Kanauj, who became the willing vassal of the foreign conqueror, but also successfully withstood the seige of Gwalior (1019 A.D.) and Kālañjara (1022 A.D.) The killing of Rājyapāla considerably enhanced the prestige of Vidyādhara. Ibn-ul-Athir writes that "his fame spread throughout India." So Mahmud set out from Gazni to punish Vidyādhara, either for his audacity in killing one 'whom he regarded as his feudatory' or for his presumption in promising assistance to one of his inverterate enemy, Trilochanapāla Sāhī, Vidyādhara marched out from Kālañjara, at the head of a vast army to meet the ruthless invader. Mahmud failed to conquer Kālañjara. So he led another expedition against him three years later in 1022-23 A.D. The Chandellas offered stubborn resistance and Mahmud again realised that Kālañjara was not an easy nut to crack. He was not willing for a prolonged stay in a place far away from his base. Therefore, he concluded a treaty with Vidyādhara and returned to Gazni leaving the Kālañjara fort unconquered. It is noteworthy that from 950 A.D. to 1050 A.D. the history of northern India rotates around Kalañjara.

Vidyādhara's successos Vijayapāla (1035-50 A.D.). Devavarman (1050-60 A.D.) Kirttivarman (1060-1100 A.D.) and others upto Madanvarman (1128-1165 A.D.) preserved the fabric of the Chandella kingdom. Madanvarman was succeeded by Paramardideva or Rāja Parmāla of Ālhakhaṇḍa (1165-1203 A.D.), He had to contest first against the famous Pṛthvīrāja Chāhamāna or Rai Pithorā of Delhi and Ajmer and leter with Qutubuddin Aibak, the well-known general of Muhammad Ghori. Pṛthvīrāja overran and plundered the Chandella territories about 1182 A D. and left behind bitter memories, which lingered long in the people's memory and found expression in the renowned epic Ālhakhanda. Pṛthvirāja met his doom at the second battle of Tarain (I192 V.D.). This and subsequent victories of Muhammad Ghori and his generals over the princely states, heralded the age of Muslim rule over Indian sub-continent. Ghori had placed Qutubuddin Aibak in charge of his Indian territories. Aibak now turned his attention to Paramardi Chandella, who after the full of Pṛthvīrāja Chāhamān and jaichandra Gāhadavala of Kanauj, remained the only Rājput ruler of repute in the north. In 1202-03 A.D. Aibak swept over the Chandella kingdom and beseiged Paramardi or Parmāla in the fort of Kālañjara. The Taj-ul-Māthir sates that 'in the year 599 A.H., Kutubhddin proceeded to the arena of Kāliñjar. The accursed Parmār, the Rai of Kāliñjar, fled into the fort after a deseparate resistance in the field and afterwards surrendered himself and placed the 'Collar of subjection' round his neck and, he accepted to make a payment of tribute and elephants. But he died a natural death before he could execute any of his engagements. But his minister AjDeo, reorganised the forces and held out, thus giving much trouble to the enemy. Firishta,[60] however, records that the minister of Paramardi resolved to held out and caused his master to be assassinated when he was preparing the tribute to be paid. This theory of violent death of Paramardi is not accepted by all. In spite of his resistance the fort could not be defended. The reservoirs of water in the fort dried up due to a serve drought and this last resistance also broke down. The fort thus fell to Muslims, who destroyed the temples and converted them to mosques. The government of Kāliñjar was then conferred on Hīzābaruddin in Hāsān Ārnāl.

Later History

After Paramardi his son and successor Trailokyavarman ascended the throne. The Garra plates of V.S. 1261 describe him Kālañjarādhipati. As the copper plate was issued in 1205 A.D. it seems possible that he wrested Kāliñjar and the neighbouring regions from the enemy and by the end of his career (about 1245 A.D.) was able to restore the ascendancy of the Chandellas in their ancestral domain. But it was not destined to last long. His successors Vīravarman, Bhojavarman and Hammīravarman were weak rulers. Besides they had to bear the brunt of the onslaughts of Balban and Alauddin Khilji. They were hemmed in from all the sides and rendered helpless. Alauddin Khilji annexed a substantial part of the Chandella kingdom which lay between Damoh and Jabalpar about 1309 A.D. It may be safely presumed that the great military strength of the Khilji Sultan and the subsequent. Deccan campaigns of his commander Malik Kafur must have adversely affected the fortunes of the Chandella kingdom. However, we have sufficent ground to presume that Kāliñjar and Ajaigaoh forts remained in the posseesion of the Chandellas till 1545 A.D.

The names of monarchs, who followed Hammīravarman are still more open to doubt. A short inscription[61] from Bachhon (Tahsil Ajaygarh, district Panna) dated in V.S. 1433 and Śāke 1298, equivalent to 1376 A.D., however, mentions a king Bhīlamdeva. Unfortunately the epigraph does not explicitly indicate the relation between Hammīravarman and Bhīlamdeva, but it appears that he was the successor of the latter. The date 1376 A.D. lies in the middle of the reign of Firozshah Tughlak, when the Delhi empire was weak and the forts of Kāliñjar and Ajaygarh were in thc possession of the Chandellas.

The name of another ruler Paramardi is found at Rasin, which is situated on Banda-Kāliñjar road and just midway between Karwi and Kāliñjar. It is 48 kilometres from the district headquarter Banda. The inscription[62] runs as follows :

१. सिद्धिः । संवत

२. १४६६ वर्षे चैत्र

३. सुदि[7] षने राजा

४. दासः श्रीराजवासिन्य

५. परमर्द्धि महीपतेह

६. तस्य भृत्योस्ति जयपाल

७. समोघ सुखालजः ।

The inscriptions refers to Paramardi, whose subordinate Jayapāla Samogha, son of Surapāla was residing at Rājavāsinī, the royal residence i.e., modern Rasin. It is, therefore, quite possible that there was a second Paramardi, who ruled in 1409 A.D.

The last Chandella ruler of Kāliñjar was Kīratsingh. He died when Shershah overran the region and laid a seige to the fort of Kāliñjar. But the seige also claimed the life of the mighty Afghan conqueror. The famous Rani Durgāvatī of Gaṛh-maṇḍlā, who attained martyrdom, while fighting against the imperial armies of Akbar in 1564 A.D., is said to be the daughter of this Kīratsingh. Thus with Rāja Kīratsingh and his heroic daughter the Chandella sovereignty collapsed for ever in the region.

Humayun

After the death of Babar, his eldest son Nasīruddin Muhammad, better known to history by his surname Humayun, ascended the Mughal throne. The first problem which called far his attention was the intrigues of Babādur Shah of Gujarat. It was after the break-up of the Tughluq empire towards the close of the fourteenth century that Gujarat became independent under Majī-ul-Mulk, who assumed the royal title of Muzaffar. He founded a dynasty which produced a number of remarkable rulers like Ahmadshah I and Manmud Shah Bigada. Muzaffar II, who came to the throne in 1511, was a brave and generous prince. He had eight sons, of whom Sikandar was the eldest. To each of them he assigned a Jagir but Bahadur seems to have been most dissatisfled with his father's arrangements. Therefore he left his Jagir and reached Delhi, where he was wormly received by Ibrahim Lodi. When Bahadurreac hed Delhi. Ibrahim was preparing to fight against the Mughal conqeror Babar. Bahadur was present at the battle of Pānīpat but he took no part in it. Bahadur became popular among the Afghan nobles who were tired of Ibrāhīm's tyrannical rule and it is said that a scheme was implemented to place him upon the throne of Delhi. These developments made Ibrāhīm jealous of the Gujarat prince and his growing coolness led to the departure of the latter for Jaunpur, where he assumed the sceptre of the Sharqi kingdom. It was on his way to Jaunpur that he came to know of the changed affairs in Gujrat. His father had died and was succeeded by Sikandar who was murdered after a momentary rule. A minor son of the deceased king succeeded the throne. But the nobles and Bokhārī Saiyyads invited Bahadur to assume the regal power. He reached Pātan without difficulty and was crowned on July 6, 1526. Firmly seated on the throne, Bahadur engaged himself in carrying out his ambitions designs. He went to war with Sultan Muhmud Khilji of Māṇḍū, who was defeated and Māṇḍū was annexed to Gujarat.

Humayun's task was difficult. He had to deal with a rival who was both able and unscrupulous. Master of a rich kingdom and vast resources, the astute Bahadur desircd to extend the sphere of his influence towards Rajasthan. He had for long been dreaming the power of Chittor and so quietly had he worked, that Humanyun found the situation extremely delicate. The Emperor immediately decided to open his campaign against Bahadur by attacking the great fort of Kālinjar in 1531 A.D. This position commanded the approach to Malwa, a kingdom practically tributary to Bahadur, affording an obvious starting point for operations against Gujarat. Kālinjar was in the possession of a Rajput chief of the Chandella dynasty and its seizure would enable Humanyun to confine Bahadur's power in atleast one important direction. Accordingly; the Emperor sat down before the place and commenced siege operations. For about a month the resistance was stout and sustained; but at the end of that period the garrison became distressed and seeing that Humanyun was in earnest, the Raja agreed to pay a tribute of twelve mounds of golds and admit the superiority of Delhi.

Shershah Sur

Shershah, the formidable rival of Humayun, was a man of humble origin. He was the grandson of Ibrahim Sur, a native of the mountainous region of Roh near Peshawar on the banks of the river Gomal. Ibrāhīm traded in horses, but as he could not succeed in this business, he migrated to India in search of livlihood, during the ea?ly years of the reign of Bahlol Lodi. Both Ibrāhīm Sūr and his son, Hasan, entered the service of Mahābat Khan Sūr and Daud Khan Sahukhail. the jagirdars of Haryana and Bathala (Bhakra) in the Hoshiarpur district of Panjab. The father and son settled at Bajwara, three kilometres south-east of Hoshiarpur. It was here that Farid, the Sherhah of history, was born to a wife of Hasan in 1472 A.D.

Farid's boyhood was not happy. His father neglected him, while his step-mother was jealous of him. In 1494, at the age of twenty two years, he decided to leave Sāsāram. In those days Jaunpur was an important centre of Islamic learning and culture and was spoken of as the 'Shiraj of India'. Farid made his way to this seat of learning ond devoted himself to the study of Arabic and Persian languages and literatures. He was a student of uncommon ability and hence attracted the attention of several people. specially Jamal Khan, the patron of his father, who effected a reconciliation between the father and son and persuaded Hasan to appoint Farid the manager of the former's jagir. Farid devoted his entire energy to the administration of his father's Jagir with ability and vigilance for about twenty one years. But he could not enjoy the Jagir for long. As a far-sighted man he left the Jagir and took up service under Bahar Khan Lohani, the ruler of South Bihar. Very soon he was promoted to the post of depty governor of South Bihar.

After conquring Maldeo, the king of Jodhpur. Shershah turned to the south for the professed propese of attcking Chittor; but as the Rānā submitted he contincred his country through the of Dhandhira[63] (Jaipur) to Kālinjar in Bundelkhand. The Rājā of Kālinjar, Kīratsingh warned by Puranmal's fate did not come out to meet him and prepared to offer resistence. The fort was beseiged and mounds were created which rose higher than the fort itself. The Afghans discharged arrows ond fired at the garrison from the top of the mounds. According to Abbās and the author of *Makhzan* the storming of the fortress was delayed by Shershah, for he feared that the Rājputs might kill a beautiful slave girl in the Rājā's possession, whose beauty had attracted him.[54] Here as on other occasions the ulma declared that it was a *Jehad* and urged the king to press on the seize with great vigor. He did so and mines were laid under the fort and at last under a heavy fire the walls were battered. On 22nd May, 1545 A.D. Shershah himself directed the operations and ordered loaded rockets (huqqahs) to be discharged. It was at this time that one of these rockets rebounded from the wall and falling on the ground blew-up the whole magazine. Shershah was dreadfully burnt alongwith certain divines, who happened to be with him. Abbas writes: "When Daryā Khan brought the huqqahs, Sher Khan descended from the bastion (Sabāt) and ordered that fire should be set to them and they should be thrown into the fort. When they were engaged in throwing the huqqahs, one of them struck against the wall of the fort and rebounded. It fell on the spot, where the other huqqahs were placed and a conflagration ensued. Shaikh Khalīl, Shaikh Nizam and other wisemen were burnt. Sher Khan came out half burnt. Babu, a youngman, who was standing near was burnt to death."[65] When Sher Khan (Shah) regained his concious-ness. he bekoned to his officers to do their utmost to capture the fort and according to 'Abbas' the chiefs attacked on every side like ants and locusts and by the time of afternoon prayer they succeedod in their attempt. With his face lit up with joy Sher Shah expired.

The Beghels

Soon After the fall of the fort, Kāliñjar appears to have been purchased by Ramchand, the Raja of Gahorā, from the qiladar. He retained his possession till 1569 A.D., when he handed it over to Akbar, the great Mughal sovereign, and became servant of the emperor.[66] The fort thus became an integral part of the imperial dominions and remained as such for a period of more than 120 years.

Akbar

The fall of the fort of Chittor and Ranathambhor added immensely to the prestige of emperor Akbar. The only other fort in Northern India, impregnable in the eyes of the people that remained out of his control, was that of Kāliñjar. It had defied Shershah and was at this time in the possession of Rājā Ramchand Baghel of Gahorā.[67] Akbar deputed Majnun Khan Qaqshal, governor of Manikpur to conquer Kālinjar. He was assisted by Shaham Khan Jalair. The local *Zamindars* of Kāliñjar were against the Baghel dominance. Raja Ramchand knew that he could not be able to retain the fort for a long time. Shortoge of water had made the position more critical. The Baghel Raja considered the who situation carefully, and finding no other alternative, he handed over the keys of the fort to Majnum Khan Qaqshal without offering any resistence in July, 1569.[63] Akbar sent a conciliatory *farman* to the Raja, and perhaps as a compensation granted him the *pargana* of Arail (near Allahabad). Kāliñjar was placed under the charge of Manjun Khan in addition to the governorship of Manikpur,[69]

Kāliñjar was included in the Subah of Allahabad. The Subahs were divided in Sarkars. Kāliñjar was also a Sarkar which contained ten Mahals.[70] Out of ten Mahals eight were Augasi, Sihonda, Simauni, Shadipur, Rasan, Kālñjar, Maudaha and Khandeh, which covered the greater part of the western part of the Banda district. The ninth Mahal Ajaigarh lay entirely outside. The Paipadi, Baberu and parts of Banda were included in the three Mahals of Shadipur, Simauni and Augasi. Shadipur which had an estimated cultivation of 62,756 bighas, assessed to a revenue of 27,98329½ dams, extended to the west probably quite as far as the Pailani region. Augasi, on the other hand, with a cultivated area of 53.963 bighas and a revenue of 25,02,893 dams, comprised the region now lying east of Augasi village in Baberu and the west of Kamasin probably as far as the Bagain river, while Simauni with an area of 48,866 bighas payidg a revenue of 22,47,346 dams occupied the intermediate tract on either side of the Garārā Nālā. All these extended further to south than the present boundaries of Pailani and Baberu. The largest Mahal was Sihonda, which was to the east of the river Ken and covered the southern part of Banda, the northern portion of Girwān together with some villages in the west of Badausa, and perhaps extended over some of the land to the west of the Ken, which is now in native territory. It had a cultivaied area of 138,468 bighas and paid a revenue of 62,62,833½ dams. South of Sihonda lay the comparatively small Mahal of Kāliñjar cum Haveli, and to the east of it that of Rasan, which comprised most of the southern portion of the present Badausa and the lands which were handed over to the Kaliñjar Chaube's in 1812 as far as the river Paisuni. The former had an area of 22,494 and the latter of only 11,988 bighas and while Kālañjar paid a revenues of 9,70,259 dams, Rasan paid 5,12,026 and contained no doubt than as in more recent times much jungle; possibly a considerable grant out of it was made to Raghabanśī Rājputs near Rasan itself.

The trans-Ken portion of Banda was probably divided between the Mahals of Maudaha and Khandeh, both of which were large sub-divisions paying a proportionately large revenue. The Chief seat of civil authority was at Sihonda, while the military head-quarters remained at Kaliñjar, where the fortifications as they now exist were constructed out of the plentiful material obtained from the old Hindu temples and buildings existing there. The paragana capitals lay for the most part on the main routes of communications. Thus Shadi commanded the most important crossing on the river Yamuna to the west, as Augasi did to east, and Rasan was on the direct road from Kāliñjar to Allahabad. Augasi sent the largest military contingent with 5,000 foot 400 horses to the imperial army, and was probably the best populated paragana. Sihonda and Simauni contributed 300 infanty a piece, and 20 and 300 cavalry respectively, while from Rasan came only 100 of the former and 50 of the latter arm. Shadipur and Kālinjar held an intermediate position with a contingent of 700 and 500 infantry, and 40 and 20 horseman, but Rasan provided 20 elephants, Sihonda, Kālinjar 7 and Augasi 10, Shadipur and Simauni contributed none.

Jahangir

During the sovereignty of Jahangir Khan-i-Jahan Lodi rebelled in October 1629, and fled to the Deccan. He was hotly pursued by the Mughal imperial army[71] under Abdullah Khan assisted by Saiyid Muzaffar.[72] Khan-i-jahan crossed the territories of Bandhogarh[73] via Sironj[74] on Saturday 22, January, 1631 and encamped at a distance oof eight *kos* from Sihonda[75] and 30 *kos* from Allahabad. Having learnt about the approach of the royal army, the rebels tried to block the passags of Muzffar Khan.[76] This resulted in a hot contest between the opposing forces.[77].

The fort of Kālinjar was held by Saiyid Ahmad. Emperor Shahjahan had already alerted the qiledar of Kālinjar against the possible attack of the Bundela rebellion Jujhar Singh and the movement of Khan-i-jahan Lodi. A battle took place in which Saiyid Ahmad captured 22 elephants from the rebels and sent them to the emperor. In the battle Khan-i-jahan lost his tugh and banner. He fled with a small number of followers towards the north and covered a distance of 20 *kos* in a day with much difficulty and reached a tank near Sihonda, situated on the bank of river Ken. Saiyid Ahmad also imprisoned Hasan, son of Khan-i-Jahan.[78] The emperor bestowed the title of 'Jangbaz Khan' upon Saiyid Ahmad for his chivalrous act and loyality. Ha was ordered to drive out the Afghans from this region.[79]

The Battle of Sihonda

At Sihonda Khan-i-Jhan was surrounded from all sides by the imperial army. He was weary and much aggrieved at the loss of his sons and faithful followers. Many of his followers fled away but a few preferred death to desertion. Therefore, Khan-i-Jahan decided to meet the imperial army with his handful followers. Muzaffar Khan and Madhu Singh, the commanders of imperial army attacked him on 24 January, 1631.[80] Whan Khan-i-Jahan found that they wanted to capture him, he alighted from his horse and bougat bravely. Madhu Singh pierced him with spear and before Muzaffer Khan could reach him, one of his loyalists beheaded Khan-i-Jahan. Abdullah Khan arrived with his forces and sent Khan-i-Jahan's head to the emperor through his nephew Khwaja Kamgar, who received the title of 'Ghairat Khan'. The *mansab* of Ghairat Khan was increased by 500 *Zat* and 200 *sawar* making the total 1,500 *Zat* and 600 *sawars*, besides the robe of honour and a horse.[81] The rebellion was completly stamped out within sixteen months."[22]

The Bundelas

The Bundelas were a branch of the Gaharwars of Vārānasi, who failing in their resistence to the Muslims, infiltrated into the Bundelkhand region through the Mirzapur hills. They trace their descent from one Hemkaran, who was the son of Raja Karanpal of Kashi. Hemkaran, popularly known as Pancham Bundela, was a devout worshipper of goddess Vindhyavāsinī. He acquired the region below the Vindhya ranges by the grace of the deity. His successors remained shrouded in obserurity till Sohanpāl Bundela.

He was the first historical member of the line, who rose to power in Garh Kundar (district Tikamgarh, M.P.). The successors of Sohanpal continued to rule their kingdom from Garh Kundar upto 1531 A.D. when Raja Rudrapratāp, ninth in decent from Sohanpāl, transfermed his capital to Orbhha, the famous seat of Bundelas. They became powerful as early as the reign of Akbar. They gradully overran the region to the west of river Dhasan as far as the boundaries of Malwa. During his Deccan campaign Aurangzeb remained absent from north for a long time. Taking advantage of this golden oppurtunaty the Bundelas brought the whole tract lying south of river Yamuna into their control. Under the successful leadership of Champat Rai, they occupied the southern portion of Hamirpur included in Mahoba. From this period of Chhatrasal, the famous son of Champat Rai, rose to eminence. The Hindu chroniclers represent father and his brave son as champions of Hindu independence and assert that Chhatrasal, disgusted with the paltriness of his reward for the signal bravery at the seize of Deogarh with the imperial forces, sought to unite the Hindu princes of Malwa and Bundelkhand in a league to resist the proselytizing efforts of Aurangzeb.

Chhatrasal

Chhatrasal was unanimously accepted the leader and the chif of the Bundelas. He had established a strong position in Bundelkhand. About 1674, he oecupied Ajaigarh and expelled the Gond Zamindar from there.[13] The Bundela Chief on the advice of Swami Prāṇanāth established his capital at Panna. However, the military headquarters of the Bundelas remained at Mau.[84] For nearly three years (1674-77) the south-western part of the Subah of Allahabad was in the possession of Bundelas. To cheek their farther expansion Aurangzeb appointed Munawwar Khan (1677-78) the faujdar of Mohoba to curb the rising power of Chhatrasal.[85] The Bundelas were active in the border areas of the *sarkars* of Kālinjar and Chanderi. After sometime, Muhammad Hashim, the faujdar of Sironj.[86] assisted by Anand Rai Baka, was entrusted to defeat and uproot the rebels, army and the defiant Bundelas in the dense forests of Katiya near Bāndā in Uttar Predesh. The rebels were pushed back, but Chhatrasal remaincd active in Dhamoni[87] and Damoh[88] region.

The continuous Bundela attacks on the south-eastern part of the Sarkar of Kālinjar had not only exposed the weakness of the Mughal administration but had also disturbed the peace and order of this region. Aurangzeb was worried due to the rising power of the Bundelas. Therefore he appointed Himmat Khan, the subedar of Allahabad with specific instructions to destroy the Bundela power.[89] They were attacked vigorously and Chhatrasal was forced to submit.

Defeat at Sadipur (1679 *A.D.*)

In 1679 Chhatrasal again caused severe disturbancee in the *Sarkar* of Kālinjar. Abdus Samad, the faujdar of Sadipur[90] faced the rebal Bundelas. In the fight, Angad, a brother of Chhatrasal was killed and the other Bundelas fled away. For his bravery, Abdus Samad was honoured and his *mansab* was increased.[91]

Victory of Mahoba, Maudahā and Sihonda

In 1682, on his return to Bundelkhand Chhatrasal again attacked Mahoba and Maudahā. He expelled the imperial *amil* of Maudahā and looted the area. The amil fled to the fort of Mahoba for shelter. Encouraged by this success, the Bundela chief proceeded towards Sihonda. Murad Khan, the faujdar of Sihonda, came out of his fort and tried to push back the rebels. He was killed in a bitter fight and the Bundelas plundered the area around Sihonda.[92] After capturing Mahoba, Maudahā and Sihonda, the Bundelas farcibly occupied the octroi outposts and expelled the imperial officers of the sarkar of Kālinjar.[93]

Victory of Kālīnjar

In spite of extra force deputed by the royal officers, the emperor was informed that not a single dām was realised from some areas of Kālinjar *sarkar*. This was a clear indication that the Bundelas wanted to occupy the entire sarkar of Kālinjar. Muhammad Afjal, the qiledar of Kālinjar, moved with his forces to cheek the rapid advance of the Bundelas. After killing three rebellion chiefs he recceupied the area 'near Kālinjar from their possession. However, the Mughal supremacy in the sarkar of Kālinjar was gradually declining and in 1688-89 the fort of Kālinjar was occupied by the Bundelas from Karam Ilahi.[94] Chhatrasal appointed Mandhata Chaube as the qiledar of that famous fort. For a considerable time the tussla between the Mughal officers and the rebel Bundela chief remained a major problem of the south-western part of the subah of Allahabad.

The effective Bundela expeditions and plunderings in the *sarkar* of Kālinjar remained a constant headach to Aurangzeb. Busy in the Deccan wars, he was seriously disturbed ky growing power of the Bundelas in the region. Therefore, the emperor deputed Muhammad Beg to proceed from the court to punish the rebels personally with the help of the subedar, Ibrahim Khan.[95] He was assisted by Khairandesh Khan, who attacked Kālinjar in 1701. At this timc the family of Chhatrasal was residing in the fort and Khairandesh was willing to arrest Cahhatrasal with his family. But he failed in his mission and was transfered to Dhaomoni as faujdar.[06]

Chhatrasal attained so great a success that Aurangzeb was suggested to make term with the irrepressible Bundela, and the emperor was obliged to make peace with him in 1705 and appointed him a mansabadar of 4,000 with a post ia the Deccan army. After the emperor's death in 1707 Chhatrasal returned to Bundelkhand of establish himself as an independant ruler.[97]

After the death of Aurangzeb the imperial authority in fact became restricted to the northern paraganas along the river Yamuna, and even these were at the mercy of Bundela marauders. During the reign of Bahadur Shah (1707-1712), the son and successor of Aurangzeb, Chhatrasal was favourably received at the court and confirmed in possession of all his acquisions., which were said to yield a revenue of

$ 1,00,000 pounds per year and were known as the principality of Dangaia. Thus the area of Kālinjar became an intregal part of Chhatrasal's dominion.

Chhatrasal died in 1731. He had a large number of sons from his duly married wives and concubines. But his kingdom was divided between three sons i.e., Hṛdayashah, Jagatraj and Peshwa Bajirao I, the adopted one. According to his wish the kingdom was first to be divided between Hṛdayashah and jagatraj at the ratio of one and one fourth (1¼) and three quarters (¾) respectively, and then both were required to give one-third of their respective-territories to Peshwa Bajirao I.

The Hata Garhākotā, Sagar, Jhansi Siroj, Konch and Kālpī fell to the share of Peshwa, while Hṛdayashah received Panna, Kālinjar, Mau, Erach, Dhamoni Jagatraj was assigned Jaitpur (Belātāl), Ajaigarh, Charkhārī, Bhūragarh and Banda in the respective shares.

During Hṛdayashah's raign (1732-39 A.D.) Kaimji Chabe was the governor of Kālinjar fort. Hṛdyashah was succeeded by Sabha Singh (1739-52 A.D.), Aman Singh (1752-57 A.D.) and Hindupat (1757-76 A.D.) respectively. Raja Hindupat died in 1776 A.D. He had three son Sarnet Singh, Aniruddha Singh and Dhokal Singh.

Sarnet Singh, though the eldest, was the son of a junior queen, while Aniruddha Singh and Dhokal Singh were the sons of Chief queen. So Aniruddha was nominated to the throne of Panna. At the time of his father's death Aniruddha Singh was a minor of about eight years and Hindupat had oppointed Beni Huzuri the Diwan and Kaimji Chaube the treasurer and qiledar of Kālinjar as his guardians and managers of the state. Both tho *guardians* tried to usurp the absolute sovereignty. Beni Huzuri was successfal in this mission. Therefore, Kaimji Chaube sided the claim of Sarnet Singh for the Panna State. Consequently Beni Huzuri and Kaimji Chaube became inveterate enemies, In this way arose the war of Panna succession, which soon after Guman Singh's death in 1781 A.D. was converted into a civil war for the sovereignty of Bundelkhand. Guman Singh left a minor adopted son Madhukar Singh or Bakhta Singh, who was raised to the throne under the guardianship of None Arjun Singh. This adoption disappointed Khuman Singh, who wished his own son to be adopted and thus aimed the unification of Banda and Charkhari states.[98] Meanwhile None Arjun Singh at the battle of Pandori[99] on the Chandrawal river defeated Khuman Singh, king of Charkhari. The king lost his life in the encounter. None Arjun Singh was then engaged in the war of Panna succession and favouring Sarnet Singh and his supporter Kaimji Chaube, the governor of Kāliñjar fort, waged incessant war against the army of Dhokal, king of Panna,

Battle of Durgatal

The venue of this battle was Durgatal near Tarahwan, about 70 kilometers south-east of Banda headquarter. Beni Huzuri led the armies of Dhokal Singh of Panna, while Kaimji Chaube, the governor of Kālñjar fort, commanded the forces which supported the claims of Sarnet Singh to the Panna throne. Beni Huzuri was defeated. Though Kaimji was victorious but his strength severly suffered. Therefore the issue remained unsettled and hostilities continued with greater bitterness.

Battle of Gathewra

Kaimji Chaube expired in 1786 and Sarnet Singh was left without a support. But he was able to procure the support of None Arjun Singh, the guardian of Madhukar Shah or Bakhta Singh of Banda. Arjun Singh was a great warrior and prudent general of high repute. His relations with Beni Huzari were not cordial. Therefore, he willingly supported Sarnet Singh. The battle took place at Gathewra, 11 kilometres south-east of Chhatarpur on Chhatarpur-Panna road. None Arjun Singh defeated the enemy in a well contested battle. Pogson[100] writes that Beni Huzuri was killed and None Arjun Singh, surrounded by enemies, received eighteen wounds. Still he bravely fought and when disarmed, threw his shoes on the enemies. His troops rushing to his assistance, and the death of Beni Huzuri appolling his army. Arjun Singh escaded the impending danger and obtained victory.

Siege of Kāliñjar by Ali Bahadur

Kaimji Chaube died in september 1786 A.D. Therefore, his son Ramkishan Chaube was appointed the governor of the fort. After the conclusion of the Rewa affairs, Ali Bahadur, the Nawab of Banda, paid his attention towards Kāliñjar for two reasons. Firstly, the qiledar was regulary paying to Balaji Govind while he was cluding the payments of arrears of tribute to Ali Bahadur. Secondly, the qiledar was providing shelter to those who were hostile to the Nawab.[101] Therefore, he demanded clarification on these points. The silence of qiledar excited Ali Bahadur to start devastation of villages clustered round the fort of Kāliñjar. Thereupon Ramkishan Chaube sent a vakil in December 1778 A.D. to Ali Bahadur. The messenger conveyed the message of his master to pay tribute, but expressed his inability to refuse shelter to the rebellion Bundela chiefs, who were his friends from several generations.[103] Ali Bahadur accepted the proposal of tribute but expressed his dissatisfaction for giving shelter to other Bundela chiefs, who could not pay the tribute. However, the terms were never executed and Ali Bahadur was compelled to continue the siege of Kāliñjar in 1800 A.D. A battery was creced on the adjacent hill of Kāliñjar and the wall of the fort was breached from this side. He also attacked the Alam Darwaza or the first gate, which was the strongest part of the fort. He obtained temporary possession of this gate. But the joint efforts of Ali Bahadur and Himmat Bahadur failed to capture the fort of Kāliñjar and the siege continued for two years. As he was determined to take the fort, he pitched his camp out of the range of shot in the village of Tirhutte at the foot of the fort. It is said that Ramkishan Chaube sent some mangoes to Ali Bahadur and requested him to plant their stones deep into the ground so that they grew up into trees, and when Chaube would suck their ripe mangoes, he would think of surrendering the fort. But that day never came. Ali Bahadur fell suddenly ill in August 1802 A.D. and expired in his camp at Kāliñjar.

Shamsher Bahadur and Kāliñjar

Ali Bahadur had two sons—Shamsher Bahadur and Zulfikar Ali : The latter was born in the year 1800 and was mere an infant of two years. He was with his parents in Bundelkhand. His uncle Gani Bahadur placed him on the Gaddi and continued the siege of Kāliñjar.[103] The eldest son of Ali Bahadur was at Poona at the time of his father's death. As soon as he (Shamsher Bahadur) received the news of his father's death, he immediately after obtaining the permission of Peshwa Amrit Rao left Poona and arrived in Bundelkhand in 1803 A.D. with an armed force. After assuming the regal power, he confiscated the property of his uncle Gani Bahadur and imprisoned him in the fort of Ajaigarh, where he was poisoned.[104]

British Occupation of Kāliñjar

The treaty of Bassein was signed on 31st December, 1802 A.D. between the English and Bajirao II. A year later on 16th December, 1803 A.D. an agreement supplemental to the treaty of Bassein, the Peshwa had undertaken to cede in perpetuity to the East India Company from the province of Bundelkhanḍ. Conquered for the Poona state by Ali Bahadur, the territory yielded an estimated revenue of Rs. 36,16,000. This agreement permitted the British Government to conquer the territory from those parts of the province which were contiguous to the British possessions and in every respect were convenient to the Company Government. With his supplemetal treaty of Basseln began the process of the establishment of British paramountcy in Bundelkhand. After taking Ajaigarh the British Government immediately diverted its attention towards the fort of Kāliñjar. At this time the fort was held by the sons of Ramkishan Chaube. He had seven sons—Baldeo, Bharatju, Govind Das, Gajadhar, Nawal Kishore, Saligram and Chhatrasal. Baldeo, the eldest was dead and his son Dariyao Singh was the commandant of the fort. Dariyao Singh and his forefathers were not the legitimate successors of the fort, but they had sieged the fort for themselves during the turbulence which followed the military operation of Ali Bahadur. However, in pursuance of the policy of the British Government to abandon the country above the Ghats, leaving its defence to the native chiefs, and with a view to pacify the region. Dariyao Singh on behalf of the family was confirmed in 1806 A.D. in the possession they held on condition of allegience.[103] However, several villages claimed by Dariyao Singh were in possession of the qiledar of Ajaigarh and it was not possible at the time to grant a formal Sanad.

The impolicy of leaving Chaubey family in the possession of the fort of Kāliñjar soon became apparent. The strength and strategic position of the fort continuously compelled Dariyao Singh to oppose the British authority. He provided secret encouragement to the rebellious leader who disturbed the peace and order of the region. It was, therefore, decided to dispossess him. A force consisting of a squardron of the 8th Light Dragoons, 4 squadrous of Native Cavalry, 5 companies of the 53rd foot, and 6 battalions of Native Infantry wi1h a considerable strength of artillery were assembled at Banda under Colonel Martindell. The troops immediately marched to Kāliñjar and siege began on 18 January, 1812. A battery of four 18 pounders and 12 pouneds was placed on the shoulder of the Kāliñjarī hill 18 pounders and in the level plain below the main entrance to the fort. On the 1st February the breach in the north-east corner of the fortifications was pronounced to be practicable and the assault was ordered for the next day. Pushing forward in the face of a galling fire of matchlocks and other missiles, it was concluded by the precipitous and almost perpendicular escarpment of rock on which the wall had stood and which it was necessary to scale before it could arrive at the foot of the breach. Ladders were applied but the unevenness of the surface rendered it difficult to fit them, and after more than haif an hours struggle heavy casualities occurred. Pogson writes that "the impression made on the garrison by the bravery of the English troops and their abstinate though unsuccessful attack, was so great, that the Raja sent out the next day to make proposals for a surrender and gave up the place within eight days afterwards. The terms were simply that we would given him lands to an equal extent in the plain."[104]

The Chaubay family

After surrendering the fort of Kāliñjar by Dario Singh, an agreement was signed at Kāliñjar and 39 villages were incorporated in the British territory. The Chaubes were compensated with 43 principalities of equal value. These estates were selected from the paragana of Bhitari Kunhas (lying between Karwi and Badausa), Birgarh and Badausa. Dissatisfactions in the family were so violent that it was found necessary in 1812 to grant separate sanads (No. XXXIII) to each member for his individual share and also to grant a separate Sanad to Gopal Lal, the family Vakil. At the time of this partition two of the brothers. Govind Das and Gajadhar were dead. They were represented by their sons—Pokhar Das and Gaya Prasad. Dario Singh, the qiledar and the eldest became the chief of Paldeo with his residence at Nayagaon near Chitrakuta. Gaya Prasad received the Jagir of Taraon. Pokhar Das (Prasad) Parwa, Nawal Kishore Bhainsaut, Saligram Pahara, and Chhatrasal Nayagaon. Two of the shares were held by women, one by the mother of Chharasal and the other by the widow of Bharatju. The share of former was, at her own request and with the consent of other share hoders was joined in the Sanad granted to Chhatrasal Chaube. The share of latter was attached in the Sanad granted to Nawal Kishore. Lastly, Gopal Lal Kayastha, a family vakil became the Jagirdar of Kamta Rajola. Shortly after the execution of this settlement dissension took place between Nawal Kishore and the widow of Bharatju. In 1817 A.D. after separting their shares distinct Sanads were granted to them (No. XXXIV).

Thus, by the capture of Kāliñjar fort, the last step in the pacification of Bundelkhand ended.

REFERENCES AND NOTES

1. संस्कृत डिक्शनरी पृ० 216-17
2. VIII. 5.37-39
3. कालञ्जरे महाराज कौलपत्यं प्रदीयताम् ।
 एतच्छ्रुत्वा तु रामेण कौलपत्येऽभिषेचिता ।। उत्तरकाण्ड, प्रक्षिप्तसर्ग 2,39.
4. *ASI*, Annual Report, 1911-12, p. 49.
5. *Mbh.* (Poona ed.) 1.57.2
6. *Tribes in Ancient India*, p. 89; *Mahābhārata Namanukvamaṇika*, p. 351.
7. *Mbh.*, 6.23.16.
8. *Aṅguttara-Nikāya*, Vol. IV, pp. 252, 256. 260; *Saṁyutta Nikāya*, Vol II, pp. 200-201 and 203; *Dīgha Nikaya*, Vol. V, pp. 436-37; *Jātaka* (Cowell), no. 48.
9. One inscription of Aśoka has been discovered at Gujarra in Datia district of M.P., *Ep. Ind.*, Vol. XXXI, pp. 205-10.
10. See, *Sagar through the Ages*, p. 7.
11. *PHAI*, p. 371; *JBRS.*, 1949, p. 47-84.
12. Prof. K. D. Bajpai propounds the theory that Puṣyamitra Śunga shifted his capital from Pataliputra to Kauśāmbi, see, '*Fresh light on the Post-Aśokan history of Kauśāmbi,*' *JNSI*, Vol. XXVI, part I, pp. 1ff.
13, *Ep. Ind.*, Vol. VIII, pp. 60ff.
14. *JNSI.*, Vol., XXVI. p. 5, note 7.
15. *Ibid.*, p. 5.
16. *PHAI*, p. 401
17. Bajpai, The Agnimitra Problem, *JNSI.*, vol. xxvi, p. 10.
18. *Ibid.*, p. 5; *Ibid.*, vol. xv, pp. 44-45; *Ibid.*, vol. xxii. p. 131.
19. Cunningham, *Stupla of Bharhut*, p. 132 'Vedisa Chāpa Devīya Revatīmita.'
20. See, *Ibid.*, p. 140 and 142.
21. Bajpai, K. D. *Sagar through the Ages*, p. 9.
22. Pargiter, *Dynasties of the Kali Age*, p. 53

 अनुगंगाप्रयागञ्च साकेतम् मागधान्स्तथा ।
 एतान् जनपदान् सर्वान् भोक्ष्यन्ते गुप्तवंशजाः ।।

23. *C.I.I.* vol. III (revised), p. 271.
24. *Select Insnriptions*, Vol. I, p. 335.

 'कालिन्दी-नर्म्मदयोर्म्मध्यं पालयति लोकपाल गुणैर्ज्जगति महाराजश्रियमनुभवति सुरश्मिचन्द्रे च ।'

25. *Ibid*, p. 421
26. Sharma, G. R. *The Excavasions at Kauśāmbi*, p. 16.
27. Beal, *Records*, Vol. I, pp. 167ff.
28. *The Coinage of the Gupta Empire*, p. 310; See also *The Gupta-Gold Coins in the Bayana Hoard*, p. cli.

29. *The Coinage of the Gupta Empire*, p. 319.
30. *Ep. Ind.*, Vol. XXXIII, p. 97.
31. Banerji, R.D. *Pre-historic and Hindu India*, p. 193ff.
32. *Ep. In l.* Vol. XXXIII, p. 97-98.
33. *C.I.I.*, Vol. III, pp. 291ff; *Bhārat-Kumudi*, Vol. I, p. 219, *Ep. Ind*, Vol. XXVII, p. 132; *Ind. Ant.*, Vol. XVIII, pp. 179ff.
34. *Ep. Ind.*, Vol. IV, p. 257, Dr. V.S. Pathak reads the inscription. this :

    श्री उदयन इति राजा कुले पाण्डवानाम्
    सकलभुवननाथस्य भद्रेश्वरस्य
    पवन चलित रुद्धं रम्य कान्तीष्टक (ष्टकानि)
    श्रीगृह्वरमूर्ति भक्त्या कारित तेन पूर्वम् ।

35. *Ep. Ind.*, Vol. VII. p. 104. L. 9, प्राप्त सकलकोसलाधिपत्य: ।
36. *Ibid.*, Vol. VIII, pp. 284ff.
37. *Studies in Indology*, Vol. I, p. 240.
38. *Ep. Ind.*, Vol. II, p. 364
39, *The Classical Age*, p. 31.
40. *Ibid.*, p. 31
41. *ASR.*, Vol. XXI, p. 46
42. For detail see, *History of Kanauj*, p. 177; Sinha, *DKM*, p. 272; *Classical Age*, p, 113; Mookerjei, *Harṣa*, p. 43.
43. Watters, Vol. II, p. 251; Beal, I, p. 271.
44. Watters, Vol. II, p. 251.
45. *Harṣacharitā*, p. 189.
46. *Ibid*, p. 189; Also, Mookerji, *Harṣa*, p. 47.
47. *The Life* (p. 156) mentions that Śiladitya died towards the end of the Tung-period (i.e., about 654-55 A.D.). But Watters put forward a suggestion that the "date 648 or rather 647 is perhaps the correct one."
48. Ray, N.R. *IHQ*, 1927, p. 722; also, *History of Kanauj*, pp. 190-91.
49. *Ibid.*. p. 192.
50. *C.I.I.* Vol. IV, p. lxviii. The fort of Chitrakūṭa in Bundelkhand may also have been occupied by Vānarāja. The Kanarese poet Pampa says that it was situated in the Chedi country, See, *JRAS.*. 1882, p. 19.
51. *C.I.I.* Vol. IV, p. lxviii.
52. *C.I.I.* Vol. IV. p. 174.
53. *Ibid.*, Vol. IV, p. 174
54. *Ibid.*, Vol. IV, p. lxviii
55. *History of Kanauj*, *p.* 230-
56. Smith, *JRAS.*, 1909, p. 262; Majumdar, *JDL.*, Vol. X. p. 47
57. *Ep. Ind*, Vol. XIX, p. 18.1.6-8

    "श्रीकालञ्जरमण्डलान्त-पाति उदुम्बरविषयसम्द्ध वलाकाग्रहारे समुपगतान्सर्व्वा-नेव यथास्थाननियुक्तान्प्रतिवासिनश्च समाज्ञापयति ।"

58. See, Puri, *History of the Gurjara-Pratiharas*, p. 85 and note 22.
59. Elliot, Vol. II, pp, 231-32
60. *Tarikh-i-Firishtā*, Vol. I, p. 197.
61. आ० स० रि०, खण्ड 21, पृ० 54

    1. [स्वस्[ति संवत 143(3]
    2. साके 1298
    3. ......निभि नाग
    4. सहुअ जलो सो रामो
    5. भिलमदेव राजो
    6. बच्छियूनि स्थानो
    7. सिरि गोपाल देवाह्य
    8. नामो ॥

62. वही, पृ० 18.
63. This is Dhūndar, the district of which Dyosa, the oldest seat of Kachwaha Rājpūts was the centre.
64. The writer of *Ain-i-Akbari* state that it is said that Rāja Kirat Singh, the governer of the fort, possessed six precious treasures, a learned Brāhamaṇa of saintly life, a youth of great beauty and amiable disposition, a parrot that answered any questions put to it and some say, remembered everything that it heard, a musician named Bakshu unequalled in the knowledge and preatice of his art, and two maidens lovely to behold and skilled in song. Sultan Bahādur Gujrātī having formed a friendship with the Rāja asked him for one of these. The Rājā generously and with a provident wisdom sent him Bakshu. Next Sher Khan of the House of Sur requested the gift of the two wonderful songstresses, and when his messenger returned without them, he invested the fort. (Vol. II, p. 170-71.
65. Abbas, p. 204.
63. *EHI.*, Vol. V, p. 189 and 333.
64. *Akbarnāmā*, Vol. II, p. 498-500; *Ain.* Vol. I, p. 369, 406; *Maasir-ul-Umra*, p. 583.
68. Badauni, Vol. II, p. 124.
69. *Akbarnāmā*, Vol. II, pp. 498-99.
70. *AIN-i-Akbari*, Vol. II, p. 97, 177.
71. *History of Shahjahan of Delhi*, pp. 71-78.
72. *Badshahnāmā*. Vol. I, p. 236.
73. *Ibid.*, Vyl. I, pp. 238-39.
74. Sironj is 150 miles north-east from Ujjain and 280 miles south-west of Allahabad.
75. Sihona was a pargana in *sarkar* Kālinjar, Subah Allahabad. It lies north of Kālinjar in Uttar Predesh.
76. *Maasi-ul-Umra*, Vol. I, p. 802,
77. *Badshahnāmā*, Vol. I, p. 349.

78. *Ibid.*, p. 349; *Muntakhbul-Lubab*, Vol. I, p. 440; *Maasir-ul-Umra*, Vol. I, pp. 577, 793, 802.
79. *Badshahnama*, Vol. I, p, 350,
80. *Maasir-ul-Umra*, Vol. I, y. 577.
81. *Badshahnama*, Vol. I, pp, 249-50; *Muntakhbul Lubab*, Vol. I, p. 577.
82. *History of Shahjahan of Delhi*, p. 72.
83. *Ain-i-Akbari*, Vol. II, p. 177; *Maharaja Chhattrasal Bundela*, p. 47.
84. Mau is situated 8 Kilometres south of Nowgong, district Chhatarpur.
85. *Maasir-i-Alamgiri*, p. 101; *Maasir-ul-Umra*, Vol. II, p. 356.
86. Sironi was a pargana in the *sarkar* of Chanderi.
87. Dhamoni is situated 24 miles north of Sagar.
88. Damoh is situated 46 miles east of Sagar.
89. *Akhabarat-i-Darbar-i-Mualla*, (23 year) Vol. XX, p. 73; *Maasir-i-Alamgiri*, pp. 92, 112.
90. *Ain-i-Akbari*, Vol. II. p. 177.
91. *Akhabarat-i-Darbar-i-Mualṭa*, Vol. XXIII, p. 71
92. *Akhabari-i-Darbar-i-Mualla*, of 12th April 1682.
93. *Ibid.*, Vol. XXVII, (13th May 1682), pp. 314-15.
94. धामौनी दौरन झकझोरी, फिरि पिछौरि सब खरी पिछौरी
बारामारि मवासी कूटे, गांउ कालिजर के सब लूटे
रामनगर मार्‌यो करि डेरा, कालिजर को पार्‌यो घेरा
रोज अठारह गढ़ सौं लागे, चौकिन तहां द्‌योंस निस जागे
बाहिर कढ़न न पावे कोई, रहे संक सकराइ गढ़ोई
लई रोकि चारिउ दिस गैलैं, गढ़ पर परै रैन दिन ऐलै ।
छत्रप्रकाश (महेन्द्रप्रतापसिंहकृत संस्करण), पृ० 129
95. *Akeabari-i-Darbar-i-Mualla*, (Raghuvir library), 43 year, VII, note 128a.
96. *Maasir-i-Alomgiri*, p. 265; Sarkar, *History of Aurangzeb*, Vol. V, 328-29.
97. *Akbarat-i-Dasbar-i-Mulla* (Jaipur Archives), loyear, Vol. XIX, p. 79.
98. *Historical Paper relating to Mahadji Sindhia* (Sardesai), No. 351.
99. Pandori is a village situated near Maudaha, which is 20 kilometres north-west of Mahoba.
100. *A History of the Bundelas*, p. 114.
101. *News Letters*, *A.R.* 7809, 7812.
102. *Ibid.*, *A.R.* No. 7810, 7812.
103. Pogson, p. 122; Parasnis, *Marathyanche Parakram*, *Bundelkhand Parakram*, 215; Gorelal, *Buddelkhand Ka Saṁkshipta Itihas*, p. 278.
104. Pogson, p. 122; Parasnis, p. 215; Gorelal, p. 279.
105. Ait Chison, *A Collection of Treaties, Engagements and Sanads*, Vol. V, pp. 306ff.
106. *History of Bundelas*, p. 142.

कालपी का इतिहास

कृष्णदत्त वाजपेयी

उत्तर प्रदेश के वर्तमान जालौन जनपद में यमुना-तट पर स्थित कालपी नगरी का इतिहास रोचक है। इसके नामकरण के लिए कालप या कल्प ऋषि का नाम लिया जाता है। कतिपय मध्यकालीन लेखकों ने इसके बसाने वाले कनौज के किसी राजा वासुदेव का नाम दिया है।

प्रतीत होता है कि इस नगरी का नाम पहले 'कालप्रिय' था। कालप्रिय सूर्य का यहाँ मंदिर था। उसी से कालपी नाम मध्यकाल में रूढ़ हुआ।

संस्कृत के प्रसिद्ध नाटककार भवभूति कान्यकुब्ज-नरेश यशोवर्मा के यहाँ लब्ध-प्रतिष्ठ विद्वान् थे। उन्होंने अपने नाटक "मालती माधव" में भगवान् सूर्य (कालप्रियनाथ के देवालय में बड़े समाज के सम्मुख अपने इस नाटक के प्रदर्शन का कथन किया है। सूर्य के लिए उन्होंने 'अशेष भुवनद्वीप-दीपः' (संपूर्ण संसार के दीपक) विशेषण प्रयुक्त किया है। उन्होंने उन्हें कल्याणों के आगार, विश्वमूर्ति और जगन्नाथ कहा है।

कालपी में कालप्रियनाथ सूर्य का भव्य मंदिर था। भवभूति के समय (ई० आठवीं शती का पूर्वार्ध) में तथा उसके पहले वहाँ विशाल समारोह आयोजित होते थे। उनमें दूर-दूर के जन सम्मिलित होते थे। 'मालतीमाधव' में इस प्रकार के एक समारोह का वर्णन निम्नांकित है:

'सुविहितानि रंग-मंगलानि। संनिपतितश्च भगवतः
कालप्रियनाथस्य यात्रा-प्रसंगेन नानादिगन्त-वास्तव्यो जनः :'

[अर्थात् नाट्य मंचन के आवश्यक मंगल-कार्य व्यवस्थित हैं। भगवान् कालप्रियनाथ सूर्य के विशेष उत्सव के दर्शनार्थ विभिन्न दिशाओं से आकर लोग यहां जमा हो गये हैं।]

फिर 'मालतीमाधव' नाटक का वहाँ विधिवत् मंचन हुआ। आठवीं शती में कालपी अच्छा नगर रहा होगा। यमुना-तट पर स्थित होने तथा महर्षि व्यास से संबंधित होने के कारण उसका महत्व बढ़ गया था। कान्यकुब्ज (कनौज), महोत्सव नगर (महोबा), मथुरा आदि तत्कालीन नगरों के साथ उसके अच्छे संबंध थे। नाटकों का मंचन तथा अन्य सांस्कृतिक समारोहों का आयोजन वहाँ होता रहा होगा।

मुसलमानों के आधिपत्य के पहले कालपी जिन राजवंशों के शासन के अंतर्गत थी वे क्रमशः मौर्य, शुंग, कुषाण, गुप्त, वर्धन, गुर्जर-प्रतीहार तथा चन्देल वंश थे। इस नगर का विशेष विकास चन्देलों के समय में हुआ। दसवीं शती के लगभग मध्य में कालपी पर चन्देलों का अधिकार हुआ और वहाँ एक दुर्ग का निर्माण हुआ। चन्देल राजा मदनवर्मा तथा बाद में परमर्द्दिदेव के समय कालपी की बड़ी उन्नति हुई। चन्देलों के आठ प्रसिद्ध केंद्रों में से एक कालपी हुआ। यह न केवल एक बड़ा सैनिक अड्डा बना बल्कि व्यापारिक यातायात का केंद्र भी। चन्देलों के समय में राज्य की एक मुख्य सड़क कालपी होकर गुजरती थी। यमुना नदी भी व्यापारिक यातायात का माध्यम थी। चन्देल-समय से लेकर मुगल शासन के अन्त तक जल यातायात और व्यापार कालपी होकर संपन्न होता था और वहाँ का माल सुदूर स्थानों तक पहुँचता था।

११८२ ई० में चौहान राजा पृथ्वीराज ने बुन्देलखण्ड पर भीषण आक्रमण किया। इससे चन्देलों की शक्ति को बड़ा धक्का पहुँचा। बुन्देलखण्ड में चन्देल-शासन इसके बाद जारी रहा पर अब शासन में पहले-जैसी दृढ़ता न रही, जिसकी छत्रछाया में कालपी ने बहुमुखी उन्नति प्राप्त की थी। ई० दसवीं शताब्दी के मध्य से लेकर बारहवीं सदी के अन्त तक के जो कलावशेष कालपी तथा उसके आसपास प्राप्त हुए है, उनसे इस बात की पुष्टि होती है कि इस काल में धार्मिक और व्यावसायिक क्षेत्र में ही नहीं अपितु स्थापत्य तथा मूर्तिकला में कालपी ने अपना महत्वपूर्ण स्थान बना लिया था।

११९६ में मुसलमानों ने कालपी पर अपना अधिकार स्थापित किया। तबसे लेकर आगे साढ़े पाँच सौ वर्षों तक वहाँ यवन सत्ता कायम रही। इसी बीच कालपी ने कितने ही उत्थान-पतन देखे, अनेक बार यह नगरी लूटी और बर्बाद की गयी। कभी जौनपुर के शर्की शासकों का वहाँ अधिकार होता तो कभी मालवा के सुल्तानों का। सोलहवीं शती के प्रारम्भ में वहाँ लोदीवंश का आधिपत्य हुआ। कुछ समय तक कालपी की अवस्था बड़ी शोचनीय रही और वहाँ लूटमार का ही बोलबाला रहा। यहाँ के प्राचीन देवालयों और बहुसंख्यक मूर्तियों को नष्ट किया गया। उनमें प्रसिद्ध कालप्रियनाथ-मंदिर भी रहा होगा। कालपी के वर्तमान संग्रहालय में तथा आसपास सुरक्षित बहुसंख्यक प्राचीन मूतियाँ दर्शनीय हैं। १५२८ में कालपी मुग़ल शासन के अन्तर्गत हुई। जब शेरशाह शूरी के द्वारा हुमायूँ परास्त कर दिया गया तब कालपी की जागीर शेरशाह ने मल्लूखां नामक सरदार को दे दी। मल्लूखां यहाँ अव्यवस्था के कारण अधिक दिन न ठहर सका और जागीर छोड़कर भाग गया। शेरशाह के उत्तराधिकारियों के समय कालपी झगड़े की भूमि बनी रही।

हुमायूँ के पुत्र अकबर ने हेमराज (हेमू) को हराकर मुग़ल शासन का सिक्का उत्तर भारत पर जमाया। उसने कालपी को आगरा सूबा की एक सरकार बनाया और अब्दुल्लाखाँ को वहाँ का गवर्नर नियुक्त किया। कालपी में उस समय कनार, भदेक, रायपुर, कालपी और मुहम्मदाबाद—ये पाँच मोहाल लगते थे। कालपी मोहाल दो भागों में विभक्त था—एक का नाम हवेली और दूसरे का बुल्दा था।

मुग़लों के समय में कालपी और उसके आसपास घने वन थे, जिनमें शिकार खेलने के लिए उच्च वर्ग के लोग प्रायः जाया करते थे। अकबर भी कालपी गया था। कालपी के महत्त्व को देखते हुए उसने वहाँ एक टकसाल स्थापित करायी, जिसमें तांबे के सिक्के ढलते थे। टकसाल की इमारत के अवशेष कालपी में विद्यमान हैं। अकबर के समय कालपी में अन्य अनेक इमारतों का निर्माण हुआ।

अकबर की मृत्यु के बाद प्रसिद्ध हिन्दी कवि अब्दुल रहीम खानखाना कनौज और कालपी के गवर्नर नियुक्त हुए। उनके समय में तथा फिर जहाँगीर और शाहजहाँ के शासनकाल में कालपी में शांति स्थापित रही। वहां कला-कौशल तथा व्यापार की उन्नति हुई। कालपी का बना हुआ मजबूत कागज बहुत प्रसिद्ध था और सुदूर प्रदेशों में भेजा जाता था।

औरगंजेब के शासन के अन्तिम वर्षों में अन्य स्थानों की तरह कालपी में मुग़ल सत्ता का अन्त दिखाई पड़ने लगा। वीर बुन्देला छत्रसाल का प्रभुत्व बुन्देलखण्ड में उसके विजित प्रदेशों पर स्वीकार कर लिया गया। अठारहवीं शती के प्रथम चतुर्थांश में बुन्देलों, मुसलमानों तथा मराठों के बीच प्रभुता के लिए जद्दोजहद चलती रही। १७२६ ई० के बाद एक सन्धि द्वारा कालपी तथा कुछ अन्य इलाके मराठों को सैनिक व्यय के लिए दे दिये गये। मराठों ने कालपी को अपनी क्षेत्रीय राजधानी बनाया और गोविन्द राव को उसका प्रबन्धक नियुक्त किया।

अठारहवीं शती के प्रथमार्द्ध में कालपी के किले की दशा सुधारी गयी और उसके नीचे का घाट ठीक किया गया। अनेक नए मंदिरों का भी इस काल में निर्माण हुआ, जिनमें किलाघाट के दो मंदिर तथा लाला पाहूलाल जी का मंदिर विशेष उल्लेखनीय हैं।

१७७६ ई० के बाद कालपी पर अंग्रेजों का अस्थायी अधिकार रहा। परन्तु १७८२ ई० में सालबाई की सन्धि से उसे मराठों को लौटा दिया गया। १८०३ ई० में कालपी के किले पर अंग्रेजों का कब्ज़ा हो गया। तब से लेकर लगभग डेढ़ सौ वर्षों तक यहाँ उन्हीं का आधिपत्य रहा।

१८५७ के स्वातंत्र्य युद्ध में कालपी की उल्लेखनीय भूमिका रही। जब अंग्रेजों ने कानपुर और बिठूर को जीत लिया तथा तात्याटोपे को झाँसी के पास हरा दिया तब विरोधी सेनाएँ कालपी में आकर जमा हुईं। वहीं झाँसी की वीराँगना लक्ष्मीबाई भी अपनी फौज के साथ पहुँच गयीं। अंग्रेजों ने पहले जागीरदारों की सहायता से कालपी के आसपास के भूभाग पर कब्जा किया और उसके बाद दो ओर से कालपी किले पर भीषण आक्रमण किया। लक्ष्मीबाई की अध्यक्षता में कई दिन तक शत्रु का वीरता के साथ सामना किया गया। पर पूरी सहायता न मिलने के कारण रानी हताश हो गयी और अन्त में शत्रु-दल को चीरती हुई शहर के बाहर निकल गयी। इसके बाद अंग्रेजों ने किले पर अधिकार कर लिया और शहर को पूरी तरह बर्बाद किया। १८५७ से लेकर ब्रिटिश शासन के अन्त तक कालपी बराबर उपेक्षित रही और उसका विगत वैभव नष्टप्राय हो गया। जो कुछ व्यावसायिक प्रवृत्तियां वहाँ जीवित रह सकीं वे कालपी के निवासियों के जीवट और अदम्य उत्साह के कारण रहीं।

आज कालपी हमारे विगत इतिहास का एक खुला पृष्ठ है । अतीत की अनेक गौरव-मयी गाथायें तथा मर्मभेदी कथायें इस पृष्ठ पर अंकित हैं ।

कालपी के जो भग्नावशेष आज दिखाई देते हैं उनमें इस भूभाग के इतिहास की सामग्री उपलब्ध है । कुछ स्थलों तथा स्मारकों का परिचय नीचे दिया जाता है ।

१. व्यास क्षेत्र

वर्तमान कालपी नगर के उत्तर-पश्चिम मदारपुर (प्राचीन मत्स्यगंधापुर) के पास व्यास क्षेत्र है । वहां यमुना में जोधर नामक नाला मिलता है । इस नाले का पुराना नाम 'व्यास गंगा' बताया जाता है । बरसात के दिनों में इसका वेग और विस्तार काफी बढ़ जाता है । इसके कारण व्यास क्षेत्र की ऊँची भूमि का बड़ा भाग कट कर गिर गया है । व्यास क्षेत्र पर महर्षि व्यास की स्मृति में समय-समय पर देवालय बनाए गए । अन्तिम मन्दिर के अवशेष कुछ समय पहले तक थे ।

व्यास जी पुराणों तथा महाभारत के रचयिता के रूप में प्रसिद्ध हैं । उनके पिता का नाम पराशर तथा माता का सत्यवती था । कालपी से कुछ दूर पराशन नामक गांव अब भी व्यास-पिता की स्मृति जागृत किए है । मदारपुर, पराशन, देवकली तथा आसपास के अन्य गांवों में मल्लाहों की संख्या अधिक है । स्वतन्त्रता-प्राप्ति के बाद उत्तर प्रदेश शासन ने व्यास-क्षेत्र के संरक्षण की दिशा में ध्यान दिया है । महर्षि व्यास की गरिमा के अनुरूप वहां स्मारक निर्माण आवश्यक है । स्मारक का औपचारिक शिलान्यास १९५३ में राज्य के विद्वान राज्यपाल श्री कन्हैयालाल मुंशी द्वारा सम्पन्न हुआ ।

२. किला

कालपी नगर के उत्तर यमुना-तट पर किला के ध्वंसावशेष, मन्दिर तथा घाट दर्शकों के आकर्षण के केंद्र हैं । किले की चारदीवारी (प्राकार) के कुश अंश अब भी बचे हैं । इसके चारों ओर खाई में यमुना-जल भरा रहता था । किले की मुख्य इमारत की कुर्सी काफी ऊंची थी । स्वातन्त्र्य-संग्राम के दिनों में इस ऐतिहासिक किले में रानी लक्ष्मीबाई, तांत्याटोपे आदि सेनानी ठहरे थे । वहां फौज, युद्ध की सामग्री और खजाना था । देश-प्रेमियों की पराजय के बाद अंग्रेजों ने इस किले को ध्वंस किया । अब जो इमारत सुरक्षित है, उसे वन विभाग के एक बंगले के रूप में प्रयुक्त किया जाता है । इस इमारत के चारों ओर की पक्की फर्शी का बड़ा भाग कट कर गिर चुका है । किले के नीचे यमुना-तट पर पक्का घाट है, जो 'किलाघाट' के नाम से प्रसिद्ध है । वहां यमुना की कई धारायें हो गई हैं, जिनका दृश्य ऊपर से बड़ा सुहावना लगता है । घाट पर एक बड़ा और दो छोटे शिखराकार मन्दिर हैं, जो मराठा काल के हैं । प्रधान मंदिर के चारों ओर बुर्जियां बनी हैं । मन्दिर के द्वार पर पत्थर का प्राचीन द्वार-स्तम्भ रखा है । उस पर एक द्वारपालिका बनी है, जिसका केशपाश तथा अंगविन्यास अत्यन्त कलापूर्ण है । वह ग्रैवेयक, स्तनहार, मेखला आदि आभूषण धारण किए है । द्वारपालिका के ऊपर अन्य लघु प्रतिमायें उत्कीर्ण हैं । मन्दिर के भीतर शिव की मूर्ति है । किला परिसर से पाषाण की अनेक प्राचीन मूर्तियां प्राप्त हुई थीं ।

३. पाहूलाल का मंदिर

यह मन्दिर कालपी नगर के भीतर स्थित है। इसका निर्माण १८०२ में कालपी के लाला पाहूलाल द्वारा कराया गया था। वह शिखराकार विशाल मंदिर है। भीतर विस्तृत आंगन है, जिसके ऊपर दीवालों पर दशावतार तथा श्रीराम-कृष्ण की जीवन-संबंधी मूर्तियां बड़ी सुन्दरता के साथ उतखचित हैं। कृष्श-बलराम की कुछ प्रतिमाएँ विशेष मनोहर हैं। इस मंदिर में स्वातन्त्र्य संग्राम के समय रानी लक्ष्मीबाई, नाना साहब तथा पटना के कुंवरसिंह ठहरे थे। मंदिर के भीतर आबनूस की एक चौकी है। कहते हैं कि उसी पर नाना साहब बैठते थे। इस मंदिर में तत्कालीन एक लकड़ी की दीपदानी भी सुरक्षित है, जिसमें १६ बत्तियाँ जलती थीं।

४. बीरबल का महल

अकबर के नवरत्नों में बीरबल भी थे, जो अपनी हास्यप्रियता के लिए प्रसिद्ध थे। उनका प्रारम्भिक नाम महेशदास था। उनका जन्म कालपी में हुआ था और वहीं बचपन बीता था। उनका जन्म-स्थान कालपी नगर में रंगमहल के नाम से अब भी विद्यमान है।

५. प्रभावती मंडी

वर्तमान कालपी नगर के पश्चिम-उत्तर की ओर एक प्राचीन बस्ती थी, जिसे अब भी 'परभावती' (प्रभावती) कहते हैं। सम्भवतः मध्यकाल के पूर्व कालपी नगर वहीं बसा था और समृद्धि में बढ़ा-चढ़ा था। उसका एक भाग प्रभावती नाम प्रसिद्ध हुआ। इस क्षेत्र में प्राचीन सिक्के तथा मूर्तियाँ मिलती रहती हैं। उनसे पता चलता है कि वहाँ किसी समय बड़ी आबादी थी और वह उत्तर-पश्चिम में 'बड़ा स्थान' नामक मंदिर तक फैली हुई थी। बड़ा स्थान का वर्तमान मंदिर मराठों का बनवाया हुआ है और एक बड़े ऊँचे टीले पर स्थित है। जनश्रुति के अनुसार वहाँ सम्राट हर्षवर्धन के समय में एक मंदिर का निर्माण हुआ था।

६. चौरासी गुम्बद तथा अन्य मकबरे

कालपी नगर के दक्षिण में करीब एक मील दूर 'चौरासी गुम्बद' नाम की बड़ी इमारत है। इमारत के बीच मुख्य गोल गुम्बद था, जो अब टूट गया है। उसके नीचे दो कब्रें हैं। चारों और मेहराबदार दरवाजे कई कतारों में बंटे हैं। चारदीवारी का काफी भाग टूट गया है। चौरासी गुम्बद की मुख्य कब्र के बारे में कहा जाता है कि वह उस भिश्ती की है जिसने शेरशाह से हारे हुए हुमायूँ की प्राण-रक्षा की थी। इस इमारत को देखने से मालूम होता है कि उसका निर्माण पहले किसी अन्य प्रयोजन के लिए किया गया था। इमारत वर्गाकार है, जिसकी लम्बाई १२५ फुट और उँचाई ८० फुट है। उसके निर्माण में कंकड़ का उपयोग अधिकता से हुआ। यद्यपि इसका नाम चौरासी गुम्बद है, पर कुल मिलाकर उसमें ४५ से अधिक गुम्बद नहीं हैं।

चौरासी गुम्बद के अतिरिक्त कालपी में मदारसाहब, चोर बीबी, बहादुरशहीद आदि के मकबरे हैं। दक्षिण-पश्चिम के भूभाग में बिखरे हुए छोटे मकबरों की संख्या काफी बड़ी

है। श्री बाजार में एक कब्र पर हिजरी सन् ९५३ खुदा है। अन्य कई कब्रों पर भी १६ वीं-१७ वीं शती के लेख खुदे हुए हैं। कालपी की लंका नाम से प्रसिद्ध ऊँची मीनार दर्शनीय है।

७. हिन्दी भवन

स्वतंत्रता और भारतीय संस्कृति के पुजारी कुछ नवयुवकों ने १९२७ में कालपी में श्री हिन्दी विद्यार्थी सम्प्रदाय नामक एक संख्या की स्थापना की थी। इस संस्था को आरम्भ में अनेक कठिनाइयों का सामना करना पड़ा, पर कार्यकर्ताओं की अटूट लगन से संस्था की स्थिति ठीक हो गयी। इसका उद्देश्य जनसाधारण में नवीन विचारों का प्रचार, शारीरिक, आर्थिक और नैतिक उन्नति तथा राष्ट्रभाषा हिन्दी का प्रचार करना था। कुछ वर्षों बाद संस्था का अपना भवन हो गया, जिसका शिलान्यास १६ अप्रैल, १९३९ को राज्य के गृह मंत्री माननीय श्री सम्पूर्णानन्द द्वारा संपन्न हुआ। भवन में एक पुस्तकालय की भी स्थापना की गयी। भारत के गण्यमान्य नेताओं और विद्वानों द्वारा इस संस्था के कार्यों की सराहना की गयी। संस्था के बहुमुखी कार्यों' मैं हिन्दी-प्रचार, हरिजन सेवा, व्यायामशाला, मद्य-निषेध, ग्राम-सुधार आदि थे। ९ जनवरी, १९४९ को उत्तर प्रदेश के मुख्यमंत्री माननीय गोविन्दबल्लभ जी पन्त ने उक्त संस्था के तत्वावधान में 'हिन्दी भवन' का उद्‌घाटन किया। हिन्दी भवन की नयी इमारत में पुस्तकालय को व्यवस्थित किया गया। बुन्देलखण्ड के इतिहास, कला, साहित्य और लोकजीवन-संबंधी सामग्री को संगृहीत करने के लिए हिन्दी भवन में पूज्य बापू जी के नाम पर 'महात्मा गांधी हिन्दी संग्रहालय'की स्थापना हुई। थोड़े समय में इस संग्रहालय ने आशातीत उन्नति की। उसमें प्राचीन मूर्तियों, मुद्राओं, चित्रों, हस्तलिखित ग्रंथों तथा कलाकौशल की वस्तुओं का अच्छा संग्रह हो गया।

ओरछा तथा दतिया के राजाओं के वंश वृक्ष

रुद्रप्रताप
(ओरछा के संस्थापक)

भारतीचन्द ओरछा के राजा (१५३१-१५५४) | उदयाजीत | कीरतशाह | भूपतशाह | अमानदास | चन्द्रदास | दुर्गादास | घनश्याम | प्रयागदास | भैरवदास | खांडेराव

मधुकरशाह
ओरछा के राजा (१५५४-९२)

रामशाह ओरछा के राजा (१५९२-१६०५) | होरलदेव | नर्सिंहदेव | रतनसेन | इन्द्रजीत | प्रतापराव | बीरसिंह देव (प्रथम) ओरछा के राजा (१६०५-२७) | हरिसिंह देव

(बीरसिंह देव के पुत्र)

जुझारसिंह ओरछा के राजा (१६२७-३४) | हरदौल | पहाड़सिंह | बाघराज | चन्द्रमनि | भगवानदास दतियाराज्य के संस्थापक (१६२६-१६४०) | नरहरिदास | कृष्णदास | माधौदास | बेनीदास

(भगवानदास के पुत्र)

शुभकरन (१६४०-१६७८) | पृथ्वीराज | धुरमंगद | शक्तिसिंह

(शुभकरन के पुत्र)

दलपतराव (१६७८-१७०७) | अर्जुनदास

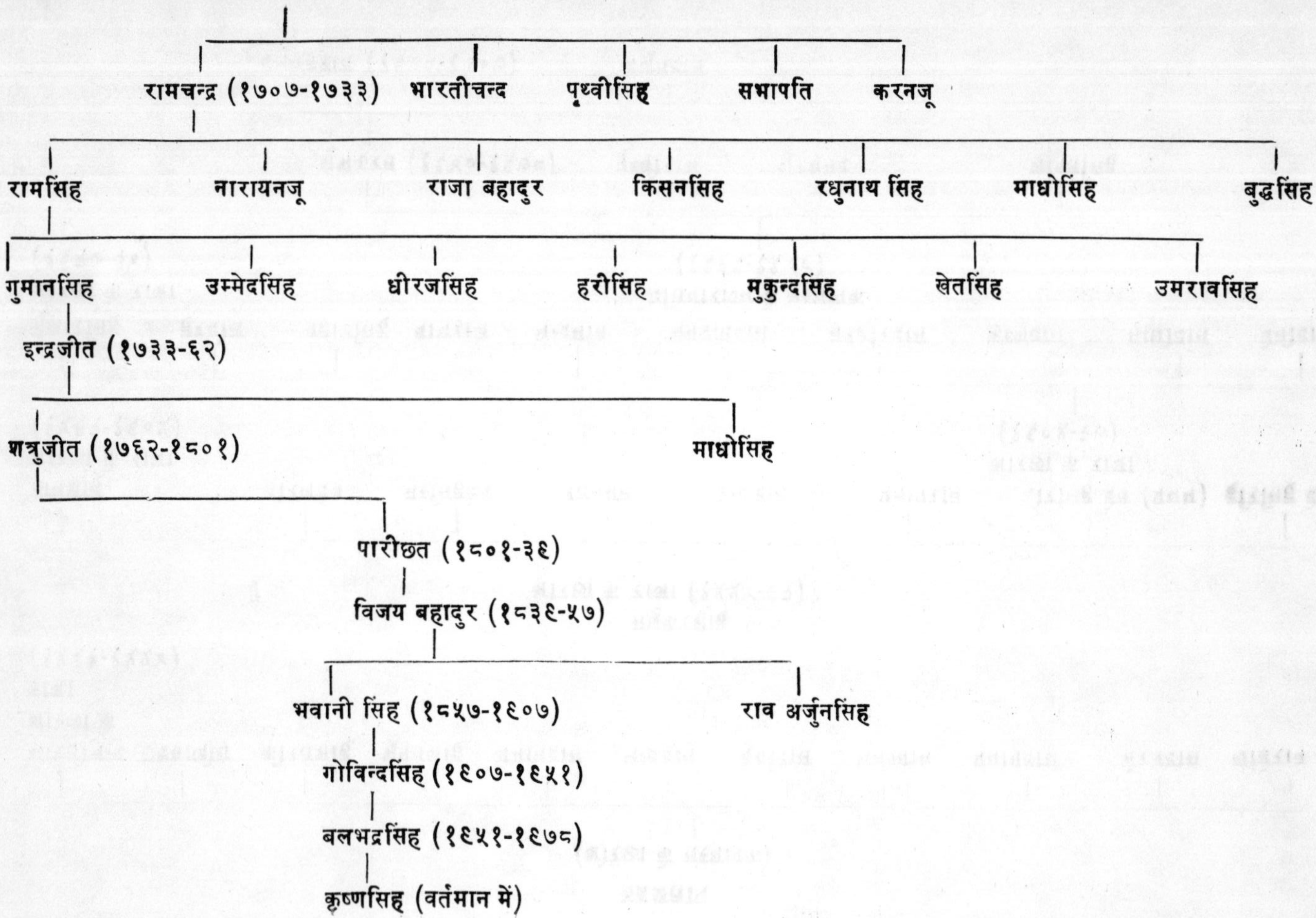

[आभार : श्री रामस्वरूप ढेंगुला]

बुन्देलों का इतिहास

—श्री भगवानदास श्रीवास्तव

बुंदेले काशी के गहरवार क्षत्रिय थे जो बुन्देलखण्ड में आकर बुन्देल कहलाये। इनके आने का विवरण निम्न प्रकार है—

१. काशी में बुन्देलों का शासन काल वि.संवत् ७३१ से ११०५ तक

२. माहौनी जगम्मनपुर में बुन्देलों का शासन-काल संवत् ११२८ से १३०८ तक

३. गढ़ कुठार में बुन्देलों का शासन-काल संवत १३०८ से १५५८ तक

४. तत्पश्चात् बुन्देलों का शासन ओरछा में स्थापित हुआ। ओरछा के प्रथम शासक रुद्रप्रताप थे। इनकी ३ रानियां थी और ६ पुत्र-भारतीचंद, मधुकर शाह, उदयादित्य, अमान दास, प्रागदास, दुर्गादास, चंदनदास, घनश्याम और भूपतशाह

राजा रुद्रप्रताप की मृत्यु के पश्चात् भारतीचंद ओरछा की गद्दी पर बैठे। इन्हें बहलोल लोदी से अपने राज्य की सुरक्षा के निमित्त कई बार युद्ध करने पड़े। इन्होंने महोबा के चंदेल राजा कीर्ति और कालिन्जर के बघेल शासक को अपना करद बनाया था। इस राजा के शासनकाल में ओरछा राज्य की आय ढाई करोड़ थी। यह पराक्रमी राजा था। ओरछा पर देहली शासन की नजर लगी रहती थी। राजा ने अपनी वीरता के बल पर राज्य का विस्तार किया, यहां तक कि उसने सिकन्दर लोदी तथा इब्राहिम लोदी से भी कड़ा मुकाबला किया।

राजा के कोई संतान नहीं थी। अतः अनुज भारतीचंद ओरछा की गद्दी पर बैठा। जब शेरशाह ने कालिन्जर पर आक्रमण किया था तब भारतीचंद ने अपने भाई मधकर शाह को वहां भेजा था। भारती चंद के भी कोई पुत्र नहीं था। अतः उसका अनुज मधुकर शाह ओरछा की गद्दी पर आसीन हुआ।

मधुकर शाह ने ३८ वर्ष तक राज्य किया। ये बड़ धर्मपरायण थे और इसी प्रकार इनकी रानी गणेश कुंअरि थी। नित्य पूजा के बाद वे अपने माथे पर तिलक लगाते थे। एक बार अन्य राजाओं के साथ इनका भी देहली दरबार में बुलावा हुआ। अकबर उस समय देहली का सम्राट था। उस दरबार में अन्य राजा माथे पर तिलक लगाने से हिचकते रहे, लेकिन मधुकर शाह अपने माथे पर तिलक लगाते रहे। अकबर ने उनके साहस की प्रशंसा की, अपने धर्म पर डटे

रहने की। अन्य राजा भय से या आशंका से तिलक लगाना छोड़ चुके थे। उस दिन इनकी महारानी तो अयोध्या से भगवान राम को पैदल चलकर कोई भी अपनी गोद में और उनकी वामा के वल 'पुष्य नक्षत्र' से ही होती थी शेष दिन मार्ग में ही विश्राम करने में बीतते थे, यह भगवान राम की अनन्य भक्त थी और इनकी इच्छा थी कि भगवान राम ओरछा पधारे यहाँ भगवान राम के लिये मंदिर का भवन पहले से ही निर्माण करा दिया गया था भगवान राम ने एक दिन महारानी से स्वप्न ने कहा कि यदि महारानी स्वयं ही अयोध्या आयेंगी तो उनके साथ केवल 'पुष्प नक्षत्र' में ही यात्रा करूंगा।

मधुकर शाह की वीरता की प्रसिद्धि कालिन्जर के युद्ध से ही फैल चुकी थी। अब तो किसी की कुदृष्टि ओरछा पर कैसे हो सकती थी। राजा तथा रानी का विश्वास तो भगवान राम में था।

महाराजा रुद्रप्रताप ने अपने अन्य पुत्रों को निम्न प्रकार से जागीरें दीं—

उदयादित्य को नुना महेषा, अमानदास को पंडरा, प्रयागदास को हर्षपुर, दुर्गादास को दुर्गापुर, चन्दनदास को कटेरा. घनश्यामदास को ने गुवा तथा भूपतशाह को कुहरा।

महाराजा मधुकर शाह का स्वर्गवास वि. सं. १६४६ में हुआ था महाराजा मधुकर शाह के आठ पुत्र थे। उनकी मृत्यु उपरान्त उनका ज्येष्ठ पुत्र रामशह ओरछा के राजा बने। दूसरा पुत्र होराज देव था जिसे पिछोर की जागीर दी गई। वह शाहजादा मुराद के साथ युद्ध में मारा गया। तीसरा पुत्र वीरसिंह था जिसे बड़ोनी की जागीर दी गई। यह ओरछा की गद्दी पर आसीन होना चाहते थे। अतः उसने शाहजादा सलीम से मित्रता की। सलीम को अब्दुल फज़ल आंख की किरकरी के समान थे। वीरसिंह को शाहजादा ने अब्दुल फज़ल को रास्ते से हटाने का काम सौंपा। वीर सिंह उसे बड़ी खूबी के साथ पूरा किया। जिस समय अब्दुल फज़ल दक्षिण से लौट रहा था तो रास्ते में आतरी के अब्दुल फज़ल का काम तमाम कर दिया तथा उसका सिर शाहजादा सलीम के पास भेज वह बहुत प्रसन्न हुआ। इसी खुशी में उसने ओरछा की गद्दी पर वीरसिंह को बिठाया, वीरसिंह देव की तमन्ना पूरी हुई। ओरछा के शासक रामशाह को मन मस्सोस कर चंदेरी बानपुर का इलाका दिया गया। वे तब से चंदेरी के शासक कहलाये।

महाराजा मधुकर शाह कविता भी करते। इस बात का उल्लेख भक्त कवि हरिराम व्यास ने अपनी पुस्तक में किया है। इन्हीं के समय में तानसेन वि. संवत् १६१५ में संगीत विद्या के अध्ययन करने हेतु स्वामी हरिदास के पास ओरछा आये थे।

मधुकर शाह का चौथे पुत्र रतनसेन को गोरेझामर की जागीर मिली। वे सन् १५८० में युद्ध में मारे गये।

पाँचवें पुत्र इन्द्रजीत सिंह थे जिन्हें कछोया की जागीर दी गई। वीरसिंह देव को मुगल सम्राट की सेवा तथा अन्य स्थानों पर युद्ध में व्यस्त रहने के कारण वास्तव में इन्द्रजीत ही राज्य का प्रशासन चलाते थे। ये कवि प्रिय तथा संगीत प्रिय थे। कवि केशवदास तथा उनकी शिष्या रायप्रवीण इन्ही के दरबार की शोभा बढ़ाती थीं। रायप्रवीण की संगीत कला

और सौन्दर्य पर फिर मुगल सम्राट भी मुग्ध था। उसने इन्द्रजीत को अनेक बार संदेश भेजे कि रायप्रवीण को मुगल दरबार में भेजा जावे। लेकिन इन्द्रजीत ने नहीं भेजा। और अंततया रायप्रवीण ने इन्द्रजीत को मनाया कि वह कुछ क्षणों के लिये मुगल दरबार में जाना चाहती है। कविवर केशवदास के आग्रह पर इन्द्रजीत ने रायप्रवीण को मुगल दरबार में उपस्थित होने के लिये मजबूर होकर अनुमति देना ही पड़ी। मुगल दरबार में मुगल सम्राट तथा राय प्रवीण की वार्त्ता हुई और अंत में रायप्रवीण ने विनम्र विनती की—

"विनती रायप्रवीण की सुनिये शाह सुजान।
जूठी पातर भरवत है नारी वापस स्वान॥

इस प्रकार मुगल सम्राट आचंभित हुआ और मन मसोस कर रह गया कि वह इतने बड़े साम्राज्य का स्वामी होकर इस जूठी सुन्दरी को वह कैसे अपना सकता है। इन्द्रजीत ने इसे जूठी कर दिया है सो अब वह किस काम की। सम्राट ने इस काव्य कला पर प्रसन्न होकर उसे वापस कर दिया और इन्द्रजीत पर एक करौड़ रुपये का अर्थ दण्ड किया था उसे भी माफ कर दिया।

महाराजा मधुकर शाह के छटे पुत्र हरसिंहदेव को मसनेह की जागीर मिली। सातवें पुत्र प्रताप राय को कुल महारिया तथा मेधा जागीर में मिली। आठवें पुत्र नरसिंहदेव को शिवपुरी मिली।

मधुकर शाह के ज्येष्ठ पुत्र रामशाह ने चंदेरी का शासन सन १६०७ से १६१२ तक किया और इसके पूर्व वे १५ वर्ष तक ओरछा के राजा थे। रामशाह के हृदय में ओरछा का राज्य मिल जाने पर वह मुगल सम्राट जहाँगीर से विमुख हो गया। रामशाह के विद्रोह करने पर जहाँगीर ने अब्दुल्ला खां, फ़िरोज़जंग के कमान में सेना भेजी। अब्दुल्ला खां ने रामशाह को कैद करके मुगल सम्राट के पास भेजा। भाई की दुर्दशा देखकर भाई का दिल पसीज जाता है, सो वही हुआ। अनुज वीरसिंह देव स्वयं मुगलसम्राट के पास गये और उन्होंने अपने अग्रज रामशाह को मुक्त कराया। रामशाह का शासन काफी कमजोर था और इसका परिणाम यह हुआ कि कई बुन्देला सरदार चंदेरी राज्य से पृथक होकर अपनी-अपनी जागीरों के स्वतन्त्र अधिमत बन बैठे ऐसी कोई २२ जागीरें थीं।

राजा रामशाह के ज्येष्ठ पुत्र संग्राम सिंह का देहावसान पहले ही हो चुका था। अतः संग्राम शाह के ज्येष्ठ पुत्र भरतशाह, रामशाह शाही की मृत्यु के उपरान्त चंदेरी के शासक हुए। उस समय भरतशाह ने कई बार शाहजहां के समय काबुल और कंधार पर भी आक्रमण किये इन्होंने शासन गंध की अच्छी व्यवस्था की। इन्होंने ही तालवेहट के किले का निर्माण करवाया। इन्होंने अपने भाईयों को निम्न प्रकार से जागीरें दीं।

१. कृष्णसिंह को बाली,
२. रूपसिंह को बिजरोठा,
३. ध्रुव सिंह को कड़ेसरा,
४. चंद्रभान को जामुन धाव,

५. कीरत सिंह को ककराना, तथा
६. मानसिंह को बरौदा,

१८ वर्ष तक राज्य करने के बाद भरतसिंह सन १६३० में परलोकवासी हुए। उनके ज्येष्ठ पुत्र देव गद्दी पर बैठे। महाराजा देवीसिंह ने शाहजहां को अपने पक्ष में बनाए रखा और महाराजा देवीसिंह ने अपने राज्य विस्तार में अधिकाधिक भूमि शामिल की। दक्षिण-पूर्व में गदरीला, खिमलावा, इटवा, मालथोन, राहतगढ़, बासीदा, उदेतपुर, बसिया एवं सीरोज के परगने शामिल कर लिए। देवी सिंह की मृत्यु के बाद उनके ज्येष्ठ पुत्र दुर्गसिंह चंदेरी के राज्य सिंहासन पर बैठे। इन्होंने सन १६६३ से १६८७ तक राज्य किया। इन्होंने अपने भाई सहजनसिंह को कजिया तथा सेनापति को मानगढ़ की जागीरें प्रदान कीं। इनके शासन काल में मराठा शंकर राव ने चढ़ाई की। उसे भी परास्त होना पड़ा। इनकी मृत्यु के पश्चात् इन का पुत्र दुर्जन सिंह चंदेरी का राजा बना। उस समय महाराजा छत्रसाल ने पन्ना का अथक राज्य कायम कर ही लिया था। महाराजा छत्रसाल ने बाजीराव पेशवा को अपने राज्य का तीसरा भाग दे दिया था। गोविन्दखेर को बाजीराव ने सागर का सूबेदार बनाया था। गोविन्दखेर ने चंदेरी राज्य से मालथोना खिमलासा राहतगढ़ के परगने छीन लिए थे और ऐसा ही हाल भेलसा, उदेलपुर, वासौद एवं सीरोज का भी हुआ।

दुर्जन सिंह की मृत्यु के बाद सन १७३६ में उसका ज्येष्ठ पुत्र मानसिंह राजा हुआ। उस समय बुन्देलों की शक्ति क्षीण हो चली थी और मराठा पनप रहे थे। इधर झांसी के मराठा सूबेदार नारो शंकर ने चन्देरी राज्य के मुगापोली, रौरई, पिपराई, कजिया और ईशागढ़ परगने छीन लिए थे। राजा मानसिंह ने अपने तीनों भटियों को जागीरें प्रदान की। जोरावल सिंह को पाली, सूबाज को बम्हौरी तथा धीरज सिंह को बानपर की जागीरें प्रदान कीं। मानसिंह ने अपने राज्यकाल में महरौली का किला बनवाया था। सन १७५० में उनकी मृत्यु के बाद उनका ज्येष्ठ पुत्र अनिरुद्ध सिंह चंदेरी का राजा बना जिसने २५ वर्ष तक राज्य किया। यह भी मराठा सरदारों पर निर्भर थे। उनकी मृत्यु के पश्चात् उनका पुत्र रामचन्द्र सन १६७५ में चंदेरी के राजा बने। इसने अपने काका हर्ष सिंह को मुसौरा खुर्द की जागीर देकर खुश रखने की कोशिश की लेकिन विवाद चलता ही रहा। अंततोगत्वा राजा ने हर्ष सिंह को कत्ल करवा डाला और प्रायश्चित्त करने अयोध्या चले गए। राजा की अनुपस्थिति में सागर के सूबेदार अप्पा साहेब मोरोपंत ने चंदेरी पर आक्रमण किया। जाखलोन, अचलगढ़ और किची के जागीरदारों ने एकजुट होकर डटकर सामना किया पनियारे के मैदान में घमासान युद्ध हुआ। अंत में जय पराजय के बिना ही युद्ध रोक दिया गया। तब भी मराठों का प्रभाव बढ़ता ही गया। राजा रामचंद्र की सन १८०२ में देहावसान हो गया। उनका ज्येष्ठ पुत्र प्रजापाल चंदेरी का राजा बना। लेकिन वे १५ दिन ही राजा रह पाए और स्वर्गवासी हुए। उनके बाद रामचंद्र का द्वितीय पुत्र मोर प्रह्लाद राजा हुए। यह अक्खड़ तथा अभिमानी प्रकृति का था। प्रजा तथा सरदार इसके तौर तरीकों पर नाराज थे और मितरघात करने लगे। इसका परिणाम यह हुआ कि सिन्धिया ने सन १८११ में अपने सेनापति जान वेपटिस्ट को चंदेरी पर आक्रमण करने के लिए भेजा। मोर प्रह्लाद तो डर के मारे झांसी भाग गया तब भी चंदेरी

के दीवान बरपत सिंह और उमराव सिंह ने तीन माह तक चंदेरी की रक्षा की। लेकिन वे अधिक दिनों तक बेपटिस्ट की सेना के सामने नहीं ठहर सके। सन १८१२ से बेपटिस्ट ने तालवेस्ट पर भी आक्रमण किया। इस प्रकार चंदेरी का अधिकांश भाग सिन्धिया के पास चला गया। मोर प्रह्लाद के पास अब केवल कैल गुवां तथा बानपुर के परगने ही रह गए। मोर प्रह्लाद अब मजबूर होकर कैलगुवा में रहने लगे।

मोर प्रह्लाद के समय, १८०२ में बेसिन की संधि के बाद बुन्देलखण्ड पर अंग्रेजों का प्रशासनिक-अधिकार बढ़ गया था। राजाओं तथा जागीरदारों से संधिया की गई और ब्रिटिश शासन की ओर उन्हें सनदें की गई जिसके तहत राजाओं की सेना में काफी कटौती कर दी गई और राजाओं को बाध्य होना पड़ा कि बिना अंग्रेजी शासन की अनुमति के, किसी अन्य राजा आदि से संधि नहीं कर सकेंगे। मोर प्रह्लाद ने सन १८३० में सिन्धिया के साथ एक संधि की जिसके तहत मोर प्रह्लाद ने कैलगुवा से अपनी राजधानी बानपुर को बनाया और इसी समझौते के अनुसार चंदेरी राज्य का दो तिहाई भाग सिन्धिया के पास रह गया। एक तिहाई पर मोर प्रह्लाद को सन्तुष्ट रहना पड़ा। मोर प्रह्लाद के पास बानपुर, तालवेहट तथा कैलगुवा के परगने रह गए।

सन १८४२ में मोर प्रह्लाद स्वर्गवासी हुए और उनके बाद मर्दन सिंह बानपुर के राजा हुए। मर्दन सिंह ने १८५७ में अंग्रेजों के खिलाफ विद्रोह कर दिया था। अंत में उन्होंने ५ जुलाई १८५८ को आतम समर्पण कर दिया और उन्हें लाहौर भेज दिया गया। इन्हें ८०० रुपए मासिक गुजारा भत्ता मिलता रहा। मृत्यु के कुछ समय पूर्व इनकी इच्छानुसार इन्हें वृन्दावन में रहने की छूट दे दी गई जहाँ १८७६ में इनका स्वर्गवास हो गया। इनके विद्रोही हो जाने के कारण इनका राज्य अंग्रेजी सरकार ने जब्त कर ही लिया था।

महाराजा मधुकर शाह की मृत्यु के बाद, जहांगीर की मदद से इनके द्वितीय पुत्र वीरसिंह देव ने अपने ज्येष्ठ भ्रातर रामशाह को अलग करके, ओरछा के सिंहासन पर सन १६०६ में बैठे। ये महान धार्मिक एवं कुशल शासक थे। वे कलाप्रिय, भी थे। इनके दरबार में नवरत्न थे जिसमें कविवर केशव दास प्रमुख हैं। इन्होंने ५२ दुर्गों का निर्माण भी करवाया था। उन्होंने मथुरा जाकर इकासी (८१) मन सोने का खुला दान किया था। यह थी उनके भक्तिभावना का प्रदर्शन। यही नहीं मथुरा में इन्होंने श्री कृष्ण देव का मन्दिर बनवाया दतिया का वीर सिंह देव महल आज भी पुरातत्व एवं शिल्पकारी की दृष्टि अपना महत्व आज भी रखता है; ओरछा का ही जहांगीर महल शिल्प कला में अद्वितीय है।

वीरसिंह देव अधिकांश समय तीर्थों की यात्रा में देहली दरबार में अथवा अपने राज्य में कराए जा रहे निर्माण कार्यों में व्यतीत करते थे; पर राज्य शासन का कार्य इन्द्रजीत देखा करते थे। इन्द्रजीत को संगीत का भारी शौक था और उनके दरबार में संगीत संध्या या काव्य संध्या का नित्य आयोजन होता रहता था। इनके दरबार में छः सुन्दरी गायिकायें थी जिनमें रायप्रवीण प्रमुख थी। रायप्रवीण कवियित्री भी थी। कविवर केशवदास की शिष्य या काव्य कला के क्षेत्र में, और संगीत की शिक्षा उसने स्वामी हरिदास जी से ग्रहण की, जब जिन दिनों स्वामी हरिदास ओरछा के तुमारण्य वन में निवास करते थे। उसके बाद वे

ग्वालियर मथुरा जाकर तपस्या करने लगीं। ओरछा में आज भी रायप्रवीण के खण्डहर महल देखने को मिल जाते हैं – अब तो गिरी हुई दीवारें ही रह गई हैं और व्यासपुरा में केशवदास की जन्मस्थली बताई जाती है।

नरहरिदास को धामोनी, तुलसीदास को, गेडूकीदास को पहारी, दि० हरदौल को बड़ागाव, भगवन्त राय को दतिया, चंद्रभान को कोच, बाघराज को टहरौली, माधवसिंह को खरगापुर, इन पुत्रों में हरदौल का नाम चिरस्मरणीय रहेगा। बड़े भाई राजा जुझार सिंह षड्यन्त्रकारियों के कहने में पड़ गए। उनके मन में यह आशंका भर दी गई कि जब भी वे बाहर जाते हैं तब वे महारानी से गुपचुप चर्चा करते हैं; जब कि महारानी सती साध्वी महिला थी और दिमान हरदौल सन्मानीय, सचरित्र और प्रजा के विश्वसनीय परमादर्श पुरुष, राजा जुझार सिंह ने अपनी रानी से कहा कि अपने देवर हरदौल को खाने में विष दे दो। सती साध्वी महिला के धर्म और सचरित्र देवर की प्राण रक्षा का सवाल था। महारानी ने अपने सतीत्व के बल पर जोर दिया और हरदौल को विषपान करना पड़ा। हरदौल ने खुशी खुशी विष ग्रहण किया तथा भाभी से कहा कि आपका सतीत्व सर्वोपरि है। दिमान हरदौल का मरणोपरांत जो सम्मान हुआ हैं वह ओरछा राज्य में ही नहीं अपितु बुन्देलखण्ड में अब भी व्याप्त है। उनके पूजा स्थल गांव गाँव में है जहां शादी के प्रारंभ में घर घर की महिलायें हरदौल के चबूतरे पर जाती हैं तथा पूजा करती हैं और यह सारे बुन्देलखण्ड में मान्यता है कि उनकी पूजा से शादी में कोई विघ्न या बाधा तो आती ही नहीं है बल्कि किसी भी चीज की कमी का अहसास भी नहीं होता है। राजा जुझार सिंह ने चौरागढ़ (गौडवाना) पर सन १६३४ में आक्रमण करके वहां के गौड राजा प्रेम नारायण को परास्त किया था। इस पर मुगल सम्राट नाराज हो गया और ओरछा पर चढ़ाई कर दी। राजा ओरछा से भाग कर धमौनी आया— वहां भी मुगल सेना ने चढ़ाई की। अंत में राजा तथा उसके पुत्र विक्रमाजीत को जंगल में मार डाला गया था।

ओरछा के शासक रुद्र प्रताप के तृतीय पुत्र उदयाजीत को नुना महेवा की जागीर मिली थी। उनके पुत्र प्रेमशाह और उनके पुत्र भगवन्तराय हुए और भगवन्तराय के चम्पतराय (पिता महाराजा छत्रसाल)।

जुझार सिंह की मृत्यु सन् १६३४ में हुई। उनका ज्येष्ठ पुत्र देवीसिंह, केवल एक वर्ष ही शासन कर पाया कि वह काल-कवलित हो गया। उसके बार देवी सिंह का छोटा भाई पृथ्वीसिंह ओरछा की गद्दी पर सिंहसनारूढ़ हुआ और वह एक साल बाद स्वर्ग के लिये चलता बना। उसके भी कोई संतान नहीं थी। अतः ओरछा शासन की बागडोर नुना महेवा को जागीरदार चम्पतराय ने चार साल तक संभाली। यदि चम्पतराय उस समय ओरछा के शासन को बागडोर अपने हाथ में न लेते तो मुगल सम्राट ओरछा राज्य को रोंद डालते। चम्पतराय के शासनकाल में मुगल सेना में शाहबाद खां, फत्ते खां तथा वकी खां के साथ ओरछा विजय हेतु सेना भेजी। लेकिन चम्पतराय की रणव्यह रचना के सामने मुगल सेना अधिक समय तक टिक नहीं सकी। इसके बाद मुगल सम्राट को चम्पतराय की सैनिक शक्ति का परिचय मिल सका। चम्पतराय का साहस बढ़ा। उन्होंने धामौनी, ग्वालियर, सीरोजंन को भी लटा। खान

जहाँ, सैयद मोहम्मद बहादुर खां, तथा अब्दुल्ला खां ने भी मुगल सम्राट की ओर से ओरछा पर आक्रमण किये, चम्पतराय ने इनको भी विफल कर दिया।

पहारसिंह भी ओरछा की गद्दी हथियाने की कोशिश में थे ही। उन्होंने चम्पतराय की हत्या करने के प्रयास भी किए तो लेकिन असफल रहे। पहारसिंह को इस कार्य में मुगल सम्राट की शह थी। मुगल सम्राट की चम्पतराय आंखें की किरकिरी बने हुए थे। पहारसिंह के राज्य काल में शाहजहां के इशारे पर राज्य का प्रबंध चलता है। राजा तो अक्सर दक्षिण के युद्ध में व्यस्त रहता था। उसी ने एक बार गौडवाने पर चढ़ाई की, तथा गौडवाना के शासक हृदय शाह को पनाह देने पर रीवा राज्य पर पहारसिंह ने चढ़ाई की थी और रीवा लूट का माल पहारसिंह ने मुगल बादशाह को भेंट किया।

इस प्रकार पहारसिंह के शासन काल सन १६४१—६३, में ओरछा राज्य में काफी अशान्ति रही। उसकी मृत्यु के बाद सुजानसिंह १६६३ में ओरछा के राजा बने। मुगलदरबार के इशारे पर शासन-कार्य चलता रहा मुगल सम्राट की ओर से कूच विहार, पुरन्धर, चाँदा के हमलों में इन्होंने बेहतरीन काम करके दिखाया। इस पर औरंगजेब प्रसन्न हुआ और उसने पहारसिंह को तीन हजार सवारों का मनसब भी प्रदान किया। जब औरंगजेब ने बुन्देलखण्ड के धार्मिक स्थलों पर कड़ा रूख अख्तयार किया तो राजा ने छत्रसाल का सहयोग लिया क्योंकि राजा बूढ़े हो चले थे और अब उन्हें छत्रसाल पर ही भरोसा था।

सन १६७२ में पहारसिंह लाबसद फौन हो गये। उनके बाद इनके भाई इन्द्रमणि ओरछा की गद्दी पर बैठे। यह भी मुगल सम्राट के सहयोगी बने जिस पर छत्रसाल से सहयोग टूट गया। युवा छत्रसाल के कौशल की प्रसिद्धि बुन्देलखण्ड में फैल चुकी थी और छत्रसाल के वि. संवत् १६७० में गरौठा, जैरोन, कंचनए और जतारा पर अधिकार जमा लिया था। अब तो राजा इन्दमणि को छत्रसाल से संधि करनी पड़ी। राजा इन्द्रमणि सन १६७५ में दुनिया से विदा हो गये। उसके बाद राजा इन्द्रमणि का पुत्र जसवंत सिंह ओरछा के शासक बने, यह भी मुगल सम्राट के सामने कुछ न कर सके और सन १६८४ में स्वर्गवासी हो गये। इनके कोई संतान नहीं थी। अतः छोटे भाई भगत सिंह ने राज्य की बागडोर संभाली। सन १६६८ में इनकी मृत्यु हो गई। भगवंत सिंह के मरणोपरान्त, दिमान हरदौल के प्रपौच उदोलसिंह जो ओली पर आये थे, ओरछा के राजा बने। उदोलसिंह भी मुगलों के सहयोगी थे। जब मराठों ने देहली पर आक्रमण किये, राजा ने मुगलबादशाह का ही साथ दिया था। राजा उदोलसिंह साहित्य प्रेमी थे। इनके समय में महाकवि हर सेवक मिश्र, धनराज गोप दरबारी कवि थे। राजा की मृत्यु सन १७३६ में हुई। इनके जीवन काल ही में इनके दोनों पुत्रों की मृत्यु हो गई थी। अतः इनके बाद इनका पौत्र पृथ्वीसिंह गद्दी पर बैठा। इनके शासन काल में, इनकी कमजोरी का लाभ उठाकर, झांसी के सूबेदार नारू शंकर ने ओरछा पर आक्रमण किया उसने बरुआ सागर पर अधिकार जमा लिया लिया। इनके बाद इनका नाती सामंतसिंह सन १७५२ में गद्दी पर बैठा। उसे सम्राट आलम गिरि ने 'महेन्द्र' की उपाधि से विभूषित किया था

सामन्तसिंह के बाद महाराज बने हरेसिंह शासनकाल (१७६५-१७६८), मानसिंह (सन १७६८-७५), भारती छंद (१७७५-७६), विक्रमाजीत (सन १७७६-१८१७) महाराजा

विक्रमाजीत राज्य की राजधानी ओरछा से हटाकर टीकमगढ़ लाये इन्होंने अपने शासनकाल में अनेक दुर्ग, तालाब और मंदिर बनवाये। विक्रमाजीत की मृत्यु के बाद उनका पुत्र धर्मपाल सिंह गद्दी पर बैठे। १७ वर्ष के राज्य काल में यह अधिक कुछ नहीं कर सके। क्योंकि ब्रिटिश सरकार का बोलबाला था। ब्रिटिश सरकार से १८११ में इनके पिता विक्रमाजीत ने संधि करके उनके पिता और सहयोगी के साथ रहने की प्रतिज्ञा सनद के रूप में थी राजा धर्मपाल निःसंतान मरे। अतः विक्रमजीत के भ्रातर तेज सिंह राजा बने जिन्होंने सन १८३४ से १८४१ तक धीमी गति से शासन चलाया। तेजसिंह की कोई संतान नहीं थी अतः इन्होंने बिजना के सुजानसिंह को गोद लिया, धर्मपालसिंह की विभावा रानी लड़ाई सरकार ने सुजानसिंह का उनकी मृत्यु तक विरोध किया क्योंकि लढ़ई रानी सत्ता की भूखी थी। वह सुजानसिंह की अल्पावस्था में रीजेन रानी की हैसियत से शासन कार्य चला चुकी थी। वही चस्का लगा उन्हें। यहां तक कि सुजानसिंह ने देवी सिंह को गोद लिया था उसे भी लड़ई रानी ने ब्रिटिश सरकार से कहकर युवराज-पद से हटा दिया था और दिगौड़ा से हम्मीर सिंह को गोद लिया था। सुजान सिंह सन १८५४ में अचानक ही काल कयलित हुए थे। अब लड़ई रानी ने फिर से रीजेन्ट रानी की हैसियत से ओरछा का शासन संभाला। इन्ही के शासन काल में १८५७ का महान विद्रोह हुआ। लड़ई रानी ने तीन बार १८५७, ५८ झांसी पर आक्रमण किया लेकिन झांसी की रानी, लक्ष्मीबाई ने तीनों बार के आक्रमण विफल कर दिये, हां, झांसी रानी, की सेन्य शक्ति काफी क्षीण हो गई थी जिसका लाभ उठाया सरह्यूरोज ने झांसी फतेह करके।

ओरछा नरेश वीरसिंह ने अपने एक पुत्र भगवान राय के दतिया का शासक बनाया था जिन्होंने दतिया का शासन सन १६२६ से १६५६ तक किया। भगवान राय, मुगल सम्राट को सहयोग देते रहे। उन्होंने शाहस्तखां के साथ सम्राट की ओर से खान जहां लोदी को परास्त किया, आसफ खां के साथ बीजापुर युद्ध में भाग लिया। इसके उपलक्ष में इन्हें भांडेर की जागीर मिली तथा पांच हजारी मनसव मिला। सन १६५६ में इनकी मृत्यु हो गई।

भगवान राम के उत्तराधिकारी बने शुभकरण इन्होंने अपने छोटे भाई पृथ्वीराज को बड़ोनी की जागीर दी। ये युद्ध त्रिय थे और २०-२२ लड़ाईयों में भाग लिया था। सुजा के लड़ाई करते हुए खजाना के युद्ध में इनके भाई पृथ्वीराज वीरगति को प्राप्त हुए। औरंगजेब ने उन्हें पंच हजारी का मनसत्र प्रदान किया। दतिया का राजगढ़ किला इन्ही का बनवाया हुआ।

राजा शुभकरण की मृत्यु सन १६८३ में हुई। तत्पश्चात् इनके पुत्र दलपतिराम दतिया के शासक बने। यह पिता के समान अच्छे योद्धा भी थे। बीजापुर, गोलकुंडा, अदौनी, जिन्जा के युद्धों में अपनी वीरता का परिचय दिया। परनाला के युद्ध में इनके रण कौशल से प्रसन्न होकर मुगल सम्राट के तीन हजार रुपये का मनसव प्रदान किया। सन १७०७ में इनकी मृत्यु के बाद रामचन्द्र दतिया के शासक हुए। वे भी युद्ध-कला में पारंगत थे। जाट सरदार बदन सिंह से युद्ध किया, मोहम्मद खां बंगाल के विरुद्ध इन्हें जैतपुर के राजा जगमराज को सहयोग दिया, कड़ा जहानाबाद के भगवत सिंह खीची के विरुद्ध सआदत खां की सहायता की। यह सन १७३६ में स्वर्गवासी हुए ! इनके बाद इन्द्रजीत राजा बने। उनकी नायालगी के काल में, बढ़ी रानी सीता जू राज्यशासन का काम देखती थीं। इनके राजत्व काल में आरंगजेब

बुन्देलखण्ड आया। औरंगजेब ने इन्द्रजीत को राजा की उपाधि से सम्मानित किया। इनके समय में झासी के सूबेदार नारूशंकर ने दतिया राज्य के कुछ गांव छीन लिए, मालवा के सूबेदार आजम उल्ला खां भी दतिया तक बढ़ता चला आया, उसे सात लाख रुपये देकर पिण्ड छुड़ाया, पीलाजी गायकवाढ़ को दतिया के निकट अवश्य पराजय का मुंह देखना पड़ा।

इन्द्रजीत के बनने पर शत्रुजीत सन १७६२ में दतिया के राजा बने, इन्होंने किन्नरगढ़ (सेपठा) के समक्ष सिन्धिया के सरदार लाकवादादा ने इस युद्ध में अपनी वीरता दिखाई। यह सन १८०१ में स्वर्गवासी हुये। इनके बाद परिधि ने राज्य का शासन चलाया सन १८३९ तक। १५ मार्च १८०४ में इन्होंने ब्रिटिश शासन के साथ मित्रता की संधि की। इन्होंने भरतपुर के घेरे और पिन्दारियों के साथ युद्ध में ब्रिटिश सरकार को अच्छा सहयोग दिया। ब्रिटिश सरकार से इनकी अच्छी बनती थी तथा अनेक बार वे सम्मानित भी हुए। उनके मरने के बाद विजय बहादुर दतिया के राजा हुये। यह धार्मिक तथा दानवीर थे। यह १८५७ में स्वर्गवासी हुए और तत्पश्चात् इनके नाबालिग गोद पुत्र भवानीसिंह को गद्दी पर बिठाया गया।

ओरछा के राजा रुद्रप्रताप के तीसरे पुत्र उदयाजीत को नुना-महेश की १५ लाख रुपए की जागीर मिली थी, उनके पुत्र प्रेमशाह हुए और प्रेमशाह के पुत्र राव चम्पत राय। यह बड़े शूरवीर योद्धा थे, इन्होंने मुगल सम्राट की सहायता भी की लेकिन जब इन्होंने पाया कि मुगल धीरे धीरे बुन्देलखण्ड पर हावी हो रहा है तो यह मुगलों के भी विरोधी बन बैठे। दारा तथा औरंगजेब की आपस में शत्रुता थी। चम्पतराय ने औरंगजेब का साथ दिया। शत्रुगढ़ के युद्ध में चम्पतराय ने २९ मई १६५८ को दारा को शिकस्त दी इस युद्ध में चम्पतराय की रानी ने भी कमाल दिखाया। एक समय ऐसा आया जब चम्पतराय दास की सेना से घिर गये थे। रानी सारन्धा ने तुरन्त ही पांच सौ सैनिकों के दल के साथ मिल पड़ी, दारा को भाग जाना पड़ा। विजय श्री, चम्पतराय के हाथ लगी। औरंगजेब समझ गया कि चम्पतराय इतना बलशाली हो गया है और वह कभी भी मुगल सल्तनत पर हावी भी हो सकता है। अतः औरंगजेब ने चम्पतराय को शाहसुजा से युद्ध करने हेतु इलाहाबाद जाने का आदेश दिया चम्पतराय को इस षडयन्त्र का पता चल गया तो उन्होंने वहाँ जाने से इन्कार कर दिया इस पर मुगल-सम्राट भड़क उठा। चम्पतराय सही सलामत नुना महेवा लौट आये। ७७ वर्ष की अवस्था में वे गौलोक वासी हुए।

चम्पतराय की रानी सारन्धा की कोरव से छत्रसाल का जन्म ज्येष्ठ शुक्ल ३, संवत १७०६ को मोरन पहाड़ी (नुना-महेवा के जंगलों) में हुआ था। उस समय चम्पतराय अनुपस्थित थे वे उस समय युद्ध में व्यस्त थे। चम्पतराय ने अपनी प्रारंभिक शिक्षा अपने मामा के यहां दौलवारा में ली। चार वर्ष तक वे दौलवारा ही रहे। जब सन १६५३ में शाहजहां के साथ चम्पतराय का समझौता हुआ तो चम्पतराय को कोंच की जागीर दी गई। चम्पतराय ने अपनी रानी तथा बालक छत्रसाल को कोंच बुला लिया। चम्पतराय में शौर्य और साहस का प्रभाव छत्रसाल भी पड़ा। वे भी जंगलों में अपने साथियों के साथ जाकर रण-कौशल का प्रदर्शन करते थे यह तो उनका खेल ही था लेकिन भविष्य के लिये छत्रसाल का इस प्रकार युद्ध विद्या में पारंगत बनाने का संकेत था। चम्पतराय के मरणोपरान्त छत्रसाल अपने बढ़े भाई अंगदराय से

मिलने हेतु देवगढ़ गये । वहां से दोनों भाई औरंगाबाद आये जहां उनका चचेरा भाई बलदिवान थे । छत्रसात ने बताया, "माऊ जू, हमने शाही मनसव और मुगलों की सेवा त्याग दी है, अब तो मुगलों के प्रजा पर हो रहे अत्याचारों से ऐसा लगता है कि अपनी भूमि तथा प्रजा की रक्षार्थ उनसे कैसे निपटा जाय, यही करना है ।" अब तो तीनों भाईयों ने तप किया कि मुगलों से युद्ध किये बिना काम नहीं चलेगा उनको भू साम्राज्य विस्तार की पिपासा को खत्म करना ही होगा । यह सब विचार कर बलदिवान अपने आप बगौता चले गये, छत्रसाल और अंगदराय अपनी जन्मभूमि महेवा चले आये । इसके बाद छत्रसाल अपनी योजना लेकर रतनशाह के पास बिजौरी गये । इसी बीच, शुभकरण ने छत्रसाल को प्रलोभन दिया यदि वह कहें तो मुगलसम्राट से कहकर मनसब जागीर दिला दें । छत्रसाल ने टका सा उत्तर दिया कि बुन्देलखण्ड की भूमि पर मुगल पैर नहीं रख सकते, उनके अत्याचार असहनीय हैं । शुभकरण अपना सा मुंह लेकर रह गया ।

छत्रसाल ने सोचा कि सतारा पहुंचकर शिवाजी की मदद और राय ली जाये । शिवाजी तो पहले से ही छत्रसाल की वीरता और एवं साहस के बारे में सुन चुके थे । अतः उन्होंने छत्रसाल को मुगलसम्राट के खिलाफ युद्ध छेड़ने के लिये प्रोत्साहित किया । छत्रसाल की कमर में तलवार बांधी जो वीरों के उत्कर्ष की निशानी है ।

छत्रसाल को अपनी सेना तैयार करने के लिए आर्थिक मदद की जरूरत थी सो वह दौलवारा गये जहाँ उनकी माता के आभूषण आदि महाबली के पास रखे थे । महाबली ने ये आभूषण तथा घोड़ा इन्हें दे दिया । दैलवारा वालों के आग्रह से तथा महाबली के सहयोग से छत्रसाल का विवाह वेरछा वाले परमार छत्रिय की बेटी रेवकुमार के साथ बैसाख शुक्ल ३, संवत १७२२ में सानन्द सम्पन्न हुआ । छत्रसाल ने सेना तैयार की, बलदिवान के साथ, सिरोंज को लूटा और अगले साल संवत १७३४ में देवगढ़ पर आक्रमण किया । छत्रसाल बुरी तरह से घायल हो गये थे । सभी सैनिक और सरदार रात को अपने शिवरों में चले गये । छत्रसाल घायल अवस्था ही में युद्ध-मैदान ही में पड़े रहे । वहां उनकी रक्षा रातभर उनका घोड़ा करता रहा । सूर्योदय के समय जब छत्रसाल की ढुंढ़ाई मची तो उन्हें युद्ध मैदान में पड़ा देखा । छत्रसाल की रक्षा से प्रसन्न होकर घोड़े को अपने भाई के समान माना और उसे 'भले भाई' के नाम से संबोधित करने लगे । अंत में सीरोंज के शासक को छत्रसाल से संधि करनी पड़ी ।

छत्रसाल ने गठाकोटा को जीता, इसके बाद कुअरसेन अंधेरा को हराया । कि संवत १७३० में सिरोंज के थानेदार ने छत्रसाल का तीन सौ सिपाहियों के साथ सामना किया लेकिन वह भी भागता बना । इसी साल छत्रसाल ने धामौनी पर विजय हासिल की । धामौनी के जागीरदार ने चौथ देना स्वीकार किया और इसी प्रकार मेहर पर आक्रमण कर माधवसिंह को भी हराया तथा उसने भी तीन हजार रुपया वार्षिक देना स्वीकार किया । वासा के जमीदार से अलग ही ऐंठ थी उसे भी परास्त किया । संवत १७३३ में ग्वालियर के सूबेदार मुनौष्वर खां व उसके सेनापति बहादुर खां को हराया तथा ग्वालियर को छत्रसाल ने लूटा । इस लूट में सवा करोड़ रुपया तथा बहुत से बहुमूल्य रत्न और जवाहरात भी थे । वापसी के समय रास्ते में सीरोंज के थाने पार हासिम ने कटिया नामक स्थान पर छत्रसाल से लोहा लिया लेकिन उसे भी

मुंह की खानी पड़ी। विजय पताका फहराते हुए छत्रसाल हनुटेक आये। वहाँ से वह धसान पार करते हुए सहानिया के जंगलों में विश्राम करने लगे पास ही मऊ नामक ग्राम था। इनको वहाँ का स्थान पसंद आया। अतः अपनी जन्मस्थली 'महेबा' के नाम पर अपने लिये सुन्दर नगरी का निर्माण कराया। अब छत्रसाल अपने राज्य का विस्तार करना प्रारम्भ कर दिया। इसकी धूम औरंगजेब को खटसे लगी। उसे भय था कि अब महाराजा छत्रसाल देहली पर भी आक्रमण कर सकते। जिस समय महाराजा छत्रसाल सड़वा वाजना में अपने विवाह-कार्य में व्यस्त थे कि औरंगजेब ने अपने एक सरदार जिसका नाम तहबर खां था, के साथ सेना रवाना की। विवाह-स्थान को तहबर खां ने घेर लिया। विवाह की रस्म पूरी हुई ही थी कि छत्रसाल को अचानक हमलों से मुकाबला पड़ना पड़ा। महाराज छत्रसाल ने उसे ऐसा पछाड़ा कि बचे-खुचे सैनिकों के साथ वापस भागना पड़ा।

अब महाराज छत्रसाल ने कालिन्जर के किलेदार इलाही बक्स को हराकर कालिन्जर पर कब्जा किया। वहाँ से वे पन्ना आये। इसके बाद वि० संवत १७४२ में सागर को लूटा यमुना नदी के कछार की ओर बढ़े-ऐरच, जलालपुर को जीता। मार्ग में सैयद लतीफ को हराया, उसकी सेना के सभी अरबो घोड़े ऊँट और तोपें छीन लीं, वांदा, मौदहा, मुस्करा, महोवा, पनवारी राठ पर भी अपना कब्जा जमाया। वे पुनः कालपी की तरफ मुड़े, कालपी के सरदार दुर्जन सिंह परिहार भी महाराजा की शरण में आ गया। तत्पश्चात् ग्वालियर के सूबेदार ने भी महाराजा से समझौता करके पिन्ड छुड़ाया। वह इस बिना पर छूटा कि उसने चौथ देने के अलावा बीस हजार रुपया भी देना स्वीकार किया। औरंगजेब और भी परेशान हो गया। उसने छत्रसाल पर आक्रमण करने हेतु अपने सेनापति अनबर खां के आथ एक बड़ी सेना बुन्देलखण्ड की ओर भेजी, भिलसा के पास घमासान युद्ध हुआ मुगल सेना हार गई। मुगल सेनापति ने सवा लाख रुपया देकर अपनी जान बचाई। अगली बार औरंगजेब ने सदरुद्दीन के नेतृत्व में सेना भेजी। उसे भी मुंह की खानी पड़ी। उसके बाद वि० संवत ४६ में मौदहा के निकट औरंगजेव की सेना, सूबेदार अब्दुल सयद के अधीन, छत्रसाल से आमने-सामने आई। वहाँ भी दिनभर के युद्ध के बाद छत्रसाल ने विजय वरण की। अब तो महाराजा विजय पताका फहराते हुए पन्ना आये। पन्ना को छत्रसाल ने अपनी नयी राजधानी बना लिया था।

भिलसे किले पर मुगलों ने फिर से कब्जा कर लिया था और ऐसा ही वाकया धामौनी का भी हुआ। जब महाराजा छत्रसाल को पता चला तो उन्होंने भिलसा के किले को पुनः हथियाया और धामौनी के सरदार वहलूल खां को युद्ध में परास्त किया। इस प्रकार धामौनी तथा शाहगढ़ पर छत्रसाल महाराज की पताका फहराने लगी। महाराजा पुनः मऊ आये और वहाँ से सेवढ़ा का प्रबंधक दलेल खां था, उसे भी महाराजा ने मास दी। सेवढ़ा का नायब मारा गया।

औरंगजेब बेचैन हो रहा था—छत्रसाल की लोकप्रियता और सैनिक शक्ति के सामने। उसे अनेक बार पराजय का मुंह देखना पड़ा तो ऐसा होना स्वाभाविक भी था। उसने फिर शाहकुली के नेतृत्व में, बुन्देलखण्ड को फतह करने हेतु, बड़ी भारी सेना भेजी। उसका साथ

असमद खां दे रहा था, महाराजा की सेना ने डटकर मुकाबला किया। इस लड़ाई में असमद खां मारा गया और शाहकुली खां भागता बना।

अब की बार औरंगजेब स्वयं, नौ लाख सेना लेकर पन्ना पर आक्रमण करने हेतु केन नदी के पड़ाव पर चैत्र शुक्ल पंचमी १ संवत १७६२ के दिन आ पहुंचा। युद्ध बड़ा भयंकर हुआ। औरंगजेब को मात खानी पड़ी। उसने आखिरकार महाराजा से मित्रता की संधि की। अब महाराजा छत्रसाज का डंका यमुना से नर्वदा तथा टोंस से चम्बल तक बजने लगा लोहागढ़, विजयराधवगढ़, मैहर आदि क्षेत्र महाराजा छत्रसाल के अधीन थे। रीवा राज्य से भी संधि हो गई थी। कड़ा मानकपुर का सूबेदार मोहम्मद बंगस था उसने भी आक्रमण किए लेकिन उसे भी मुँह की खानी पड़ी।

जब महाराजा बुढ्ढे हो गये तो वंगस ने पुनः बुन्देलखण्ड पर और बड़ी भारी सेना के साथ युद्ध किया। छत्रसाल महाराज ने पेशवा की सहायता से वंगस को बुन्देलखण्ड की ओर बढ़ने से मजबूर कर दिया। इस उपलक्ष में महाराजा ने बाजीराव को अपने राज्य में से एक तिहाई भाग पेशवा को दे दिया और शेष दो तिहाई भाग अपने दोनों पुत्रों (हिरदेशाह और जगतराज) को बांट दिए। बाजीराव पेशवा को कालयी, हटा, जालौन, झांसी, सागर के परगने मिले। हि्दयशाह पन्ना राज्य के उत्तराधिकारी हुए और उन्हें पन्ना, मऊ, गढाकोटा, कालिन्जर, शाहगढ़ के इलाके मिले। इसी प्रकार जगतराज को जैतपुर, अजयगढ़, चरखारी, विजावर, भूरागढ़, बांदा के इलाके मिले। महाराजा छत्रसाल का स्वर्गवास पौष सुदी ३, वि० संवत १७८८ को हो गया।

महाराजा छत्रसाल कलाप्रिय, साहित्यप्रिय और धर्मपरायण थे। महाराज प्राणनाथ जी उनके धर्मगुरु थे। महाराजा ने पन्ना नगर में ही अनेक मंदिर बनवाये और अब भी पन्ना नगरी को मंदिर नगरी कहते हैं।

हृदयशाह के बाद उनका ज्येष्ठ पुत्र सभा सिंह पन्ना राज्य की गद्दी पर बैठा। दूसरे पुत्र पृथ्वी सिंह को बमुश्किल तमाम गठाकोटा शाहगढ़ की जागीर मिली। पृथ्वी सिंह अब स्वतंत्र होकर गठाकोटा का राजा बन बैठा। इसी प्रकार सभा सिंह ने अपने अन्य भाईयों को भी जागीरें प्रदान कीं। सालिम सिंह को लुगासी, अमर सिंह को मलहरा की जागीरें मिलीं। सन १७५२ में राजा सभा सिंह की मृत्यु हो गई। उसका ज्येष्ठ पुत्र अमान सिंह राजा बना। वह धर्मपरायण राजा था और वैसे ही उसकी माता। अमान सिंह के बाद हिन्दूपत राजा हुआ। इसको राज्य दिलाने में वेनी हजूरी का बड़ा हाथ था। इस समय भारत के पश्चिम तथा मध्य में मराठों का जोर था और उधर पूर्व उत्तर में सुजाउद्दौला की कमजोरी का फायदा उठाकर अंग्रेज आगे आ रहे थे। हिन्दूपत के शासनकाल में नवाब सुजाउद्दौला की और से पन्ना पर मीर कासिम ने सन १७६४ में चढ़ाई की, अंत में हिन्दूपत को समझौता करना पड़ा। हिन्दूपत का शासन प्रबंध अच्छा था। उसने अनेक महल और मंदिर बनवाये। उसकी मृत्यु के बाद अनिरुद्ध सिंह राज्य गद्दी पर बैठे सन १७६६ में। यह अभी नाबालिग था। बेनी हज़ूर राज्य का प्रबंध करते थे। इसके शासनकाल में बाँदा के सेनापति नोने अर्जन सिंह ने कायम जी चोबे

तथा सरभेद सिंह के सहयोग से पन्ना पर कठेवरा के मैदान में हमला किया । इस एक दिन के युद्ध में लगभग सवा लाख सैनिक हताहत हुए—यह कठेवरा का युद्ध बुन्देलखण्ड का महाभारत कहलाता है । धीरे-धीरे बुन्देल राजा कमजोर पड़ते गये, मराठा तथा बाद में अंग्रेजों की कृपा पर राज्य चलाते रहे ।

महाराजा छत्रसाल के द्वितीय पुत्र जगतराज ने अपने राज्य की बैठक जैतपुर में स्थापित की । इनके समय में बंगस ने जैतपुर पर आक्रमण किया जो विफल कर दिया गया । जगमराज अपने द्वितीय पुत्र कीरतराज को उत्तराधिकारी बनाया । कीरतसिंह की मृत्यु हो जाने पर जगतराज के जीवन काल में हो जाने पर राज्य की देखभाल, उसका तीसरा भाई पहाड़सिंह करता था । जब १७६५ में पहाड़सिंह बीमार पड़ा तो उसने कीरतशाह के दोनों पुत्रों (गुमानसिंह, खुमानसिंह) को बुलाया । गुमानसिंह तथा खुमानसिंह को बांदा तथा अजयगढ़ की बैठक दी । धोकलसिंह के बाद पन्ना का राजा किशोर सिंह हुआ । इसके बाद पन्ना का राज हरकाराय हुआ ।

पहाड़सिंह की मृत्यु के बाद जैलपुर का राज्य उसके ज्येष्ठपुत्र गजसिंह को मिला, गजसिंह के छोटे भाई अमानसिंह को सरीला की जागीर दी गई । जगतराज के छोटे पुत्र वीरसिंह को मबई तथा दिनावर का राज्य मिला । गजसिंह के मरने पर केसरीसिंह जैतपुर का राजा बना । उसने अंग्रेज़ों से संधि की । उसकी मृत्यु के बाद उसका पुत्र परीक्षत राजा बना ।

गठाकोटा के राजा पृथ्वीसिंह की मृत्यु के बाद उसका पुत्र किसनजू राजा हुआ । उस का शीघ्र देहान्त हो जाने पर उसका भाई हरिसिह राजा बना । वह धार्मिक प्रवृत्ति का व्यक्ति था । उसके बाद मर्दनजित ।

चरटवारी का राजा खुमानसिंह के मारे जाने के बाद उसका पुत्र विक्रमाजीत राजा हुआ । इसे विजयबहादुर भी कहते हैं । उसने अली बहादुर से मित्रता बढ़ाई और उसका फल भी पाया । सन १८२९ में विक्रमाजोत को मृत्यु हो गई । उसके पुत्र उसके जीवनकाल ही में मर गए । अतः छोटे पुत्र रणजीत सिंह का पुत्र रतनसिंह चरटवारी का राजा बना । यह अंग्रेजों का परम भक्त था ।

बुन्देल राजाओं की जैसे जैसे वंश वृक्ष में बढ़ोतरी होती गई उनके वंशजों को उन्हीं के राज्यों से जागीरें मिलती गई । इस प्रकार छत्र गज का पन्ना राज्य अनेक भागों में बंट गया और वही हाल वीरसिंह देव के टेहरी का भी हुआ । ऐसे राज्यों में सरीजा, जसो, लुगासी, अजयगढ़, खानिया धाना, अष्ठ मैया जागीरें। टोरी, फतेहपुर, धुरबई, विजना, जिगनी, गरौली, आजीपुरा, चिरगावं अंका पहाड़ी आदि हैं—

पेशवा को अंग्रेजों के साथ १८०२-३ में वेसिन की सन्धि की थी । इस प्रकार अंग्रेजों ने अपने पैर फैलाए । अंग्रेजों ने १८०७ से १८१२ तक, बुदेलखण्ड के सभी राजाओं से संधियां की, एवं राजाओ सनदे दी जिसके तहत राजाओं की सैन्य शक्ति घटा दी गई और यह भी एक शर्त थी कि राजा, बिना अंग्रेजों की अनुमति से अन्य राजाओं से न तो मित्रता ही कर सकते थे और न ही बिना मंजूरी के गोद ले सकते थे । धीरे धीरे बुन्देलखण्ड के अनेक राजा अंग्रेजी शासन से रुष्ट होने लगे । होते होते १८४२ में जैतपुर के राजा परीक्षत के नेतृत्व में समूचे

बुन्देलखण्ड के अनेक राजाओं, जागीरदारों ने अंग्रेजी शासन के खिलाफ विद्रोह कर दिया। राजा परीक्षत को सहयोग देने वाले प्रमुख जागीरदार और राजा निम्न प्रकार है—

चिरगांव के जागीरदार बरबतसिंह, नारहट के जागीरदार, हीरापुर राजा हिरदेशाह लोधी, मधुकर शाह, पहलवान सिंह, कम्मोद सिंह, अन्वापानी का जबाव आदिल मोहम्मद खां आदि बघोरा के निर्णायक युद्ध से अंग्रेजों की जीत हुई। राजा परीक्षत दो साल तक भागते रहे साथियों सहित अंत में उन्होंने आत्म समर्पण कर दिया। हां इनकी रानी वीर फुल्लन देवी ने १८५७ में अंग्रेजी शासन से हटा, सिमरिया इलाका छीन लिए थे।

सन १८५७ की क्रान्ति में बुन्देल राजाओं ने अंग्रेजों का साथ दिया—शाहगढ़, बानपुर के राजा, जारहट, मालथोन के उनारीकार तथा जीझन टोरिया के साविक जागीरदार के पुत्र दिमान देनपत, सुनोटी चनंपुरा (पन्ना राज्य) के जागीरदार चामुण्डराय के पुत्र मकुन्द सिंह ने अंग्रेजी शासन का प्रतिरोध किया और वे प्रमुख विद्रोही करार दे दिए गए। दिमान देसपत छतरपुर रानी के भाई का पुत्र था जिसने सन १८४० से ३ दिसम्बर १८६२ तक (शहादत के दिन तक) अंग्रेजों से डटकर विरोध किया। उसके शहादत के बाद उसके भतीजे रघुनाथ सिंह ने तो अपनी शबादत नवम्बर १८६८ तक अंग्रेजों के छक्के छुड़ाए। ऐसा ही हाल मकुन्द का रहा जिसने अपनी शहादत तक विद्रोही जीवन जीना ही उचित समझा।

महाराज छत्रसाल के वंशज—पन्ना राजा, अजमगढ़ राजा चरखारी राजा ने जहां एक ओर अंग्रेजों का साथ देकर १८५७ की क्रान्ति को कुचलने में भरसक मदद की, तो वही दूसरी ओरछा महाराजा छत्रसाल के वंशज शाहगढ़ के राजा, दिमान देसपत, मकुन्द सिंह, रघुनाथ सिंह ने अंग्रेजों का कट्टर विरोध किया।

CHHATRASAL : THE GREAT BUNDELA

—*Sri J.P. Saxena*

Bundelkhand, where some of the most glorious chapters of Rajput bravery have been written, is a land of rolling hills, rugged mountains, steep valleys, dense forests and turbulent rivers. It is bounded by the Yamuna on the north and the Narmada on the south, the Tons on the east and the Chambal on the west. No doubt, from the hoary past down to the middle of the 14th century, a number of celebrated dynasties, including the mighty Chandellas, ruled over this historic region, but since the Bundelas brought it greater glory and stability, it came it came to be known after them. And it still continues to be so.

In the history of Bundelkhand, no man swings higher or stands taller than Chhatrasal, the great Bundela, who raised the banner of revolt against the mighty Mughal empire and unfurled the flag of independence in the central part of the country. Of course, on the national plane, his name does not share the limelight with the great personalities of Maharana Pratap, Chhatrapati Shivaji and Guru Govind Singh. He stands out as one of the most outstanding figures of his age and his remarkable ability in unifying his people for a sacred cause, the brilliant generalship that secured for him repeated victories over numerically superior enemies. Above all, his adroit tolerance and just administration definitely puts him on the higher pedestal than almost all the ruling chiefs who preceded or succeeded him. No wonder, he become a legendary figure in his life-time.

Viewed in long-term perspective, the rise of Chhatrasal was like a thin powder-fuse that starts burning rather sluggishly until it finally reaches the charge and then explodes with a loud bang. Born in 1649, the fourth son of Champat Rai, who himself revolted against Shahjahan, he crawled with infinitesimal slowness. His first real burst came only when under the command of Mirja Raja Jai Singh he desplayed exemplary valour during the siege of Purandhar in 1665. However, since his endeavours did not meet with the return they merited, he anyhow managed to escape from the Mughal camp and met Shivaji at Rajgarh who encouraged him to follow in his father's footsteps and re-kindle the flame of independence in the land of his birth.

Back home with Shivaji's blessings for the restoration of the ancient power of his clan, Chhatrasal soon gathered his father's old and loyal followers around him and, after setling with the Dhanderas of Sehra, who had treacherously plotted against his father, he proceeded towards Sironj, where he defeated both Hashim and Anand Rai and forced them to take shelter in the fortified town. In the next round of his operations against the Mughals, Chhatrasal first looted and plundered Patharia and Chandrapur, and then captured the Maihar fort from the Baghelas. But, his greatest triumph came at Rangir where he subdued Khaliq, the Mughal Governor of Dhamoni. The incessant raids of Chhatrasal virtually ended the Mughal influence in and around this strategic stronghold which prompted Auranzeb to replace Khaliq by Rohilla Khan. But he too lost to Chhatrasal, first at Garhakota, and then at Basia. This double victory over a formidable opponent inspired Chhatrasal to expand his kingdom systematically until it stretched as far as Kāliñjar in the east, to Gwalior in the west, and across the tract edging Kalpi in the north and Garhakota in the south, humbling in the process such renowned Mughal commanders as Munawwar Khan, Tahawwar Khan, Raram Ilahi, Sadruddin, Abdus Samad, Sheikh Anwar, Abdul Hamid, Sher Afghan, Shah Kulin and the like. A rare feat, indeed !

Meanwhile, Chhatrasal shifted his capital from Mau-Mahewa to Panna where he was formally crowned as the King of Bundelkhand in 1687 by his spiritual mentor Swami Pran Nath. However, the former continued to be his military headquarters, partly on account of its strategic position, but mainly due to the fact that he was emotionally attached to it.

It was at this moment of history that Aurangzeb, preoccupied with his conquests in the Deccan, left the subjugation of the turbulent Bundela to his deputies. Chhatrasal took full advatage of this situation and started consolidating his possessions, besides annexing more territories to his kingdom. In fact, his intermittent raids on the adjoining Muslim areas were so ferocious that they virtually took the wind out of their rulers' sail, who submitted to the mighty Bundela Chief one after the other. Another characteristic feature of Chhatrasal's compaign was that wherever he went at the head of this troops, he was hailed by the populace as a saviour, a fact which ultimately persuaded the local Rajputs to flock together under his banner and give all out support to him in his future endeavours. And thus, after a chequered career spreading well over five mounumental decades, Chhatrasal finally succeeded in laying the firm foundation of a kingdom which, nursed and nurtured on the hearts of his people, grew from strength to strength with each passing year.

But, when all appeared absolutely well for this great emancipator, he, in 1727, had to face in Muhammad Khan Bangash, the Mughal Governor of Allahabad, a formidable foe who, in a bid to settle old scores with him, penetrated deep into his demain and humbled his troops at a number of places. This forced Chhatrasal to retreat to the Jaitpur fort which he ultimately surrendered to Bangash in December, 1728. Apparently, shaken by these reverses in the fading years of his life and unable to cope with the onslaughts of a seasoned campaigner like Bangash single-handed. he sought Bajirao's help in his predicament. Tradition states that Chhatrasal's piteous appeal to the Peshwa was couched in forty couplets. The last of these, recalling a mythological tale, was as follows :

'Jo bīti Gajarāj par so bīti ab āi
Bāji jāt Bundel ki rakho Bājī Rai''

(What befell to the Elephant has come to pass now. The Bundela's wager is being lost, savt it, O' Bajirao.)

Visibly moved by the pathetic call of the grand old man of Bundelkhand, who was once so very near to Shivaji, Bajirao, after freeing himself from his pre-occupations in the south, immediately proceeded towards Jaitpur with about 25,000 horsemen commanded by his trusted lieutenants. On 12th March, 1729, the Peshwa reached Mahewa where he was received by Chhatrasal's second son, Jagat Raj. The next day he himself arrived there with presents and marks of honour, the traditional usage of welcoming a guest in high position.

Without losing any time, the Peshwa, alongwith the Bundelas, surrounded the Jaitpur fort and completely cut off all the supplies to the Mughal Commander and his troops. Consequently, famine, and its concomitant, disease, soon spread their ravages in the fort. It is very much on the record that his men, at first, subsisted on the flesh of their cattle and horses, but when that resource too failed, they were reduced to the necessity of pulverising and eating their bones. At last, Bangash, in extreme distress, threw himself on the mercy of Bajirao, and after pledging himself never again to invade Bundelkhand or embarass Chhatrasal, Bangash was allowed to return to Farrukhabad from where he was most unceremoniously removed by the Mughal Emperor.

Immensely pleased with the outcome of this event, Chhatrasal held an open 'Darbar' at Jaitpur in honour of Bajirao where all riches and honours were lavished upon this illustrious Maratha warrior-statesman. At the same time, as an expression of his gratitude to the man who had saved him from instant ruin, Chhatrasal also made over to the Peshwa one-third of his domains which included Sagar, Kalpi, Jhansi and Sironj But, the most prized possession that Bajīrao acquired from Chhatrasal was his young and alluring daughter from a muslim wife, Mastani, who, in later years, came to exercise tremendous influence on him. On his part, the Peshwa gave a sacred promise to the ageing Bundela leader that he would look upon Hirdeshah and Jagat Raj, his two sons, as his younger brothers and protect them from all possible calamities in future.

The storm over, Chhatrasal could now afford to have a peaceful time which he exclusively, and rightly too, devoted to his literary pursuits. That he was also richly endowed with poetic talent, is fully reflected in his verses, which present him as a humanist cherishing the highest and noblest virtues of life. Factually speaking, his couple of books on poetry alone would have entitled him to immortality.

The spirit fled out of the physical abode of this magnetic warrior-statesman and poet—the brightest jewel in the Bundela pendant—in 1731. But the echoes of his courage, valour and chivalry still reverbrate down to the present day, and as we think of him, a world of visions and memories rises before us.

जैतपुर राज्य का इतिहास

बाबूलाल गोस्वामी

मुगल सिंहासन पर सम्राट मुहम्मदशाह के बैठते ही (१६ सितम्बर १७१६) महाराज छत्रसाल के समक्ष अनेक कठिनाइयां उपस्थित हो गई। जयपुर के सवाई जयसिंह और बूंदी के बुद्धसिंह हाड़ा मुगल दरबार में छत्रसाल के विश्वसनीय सहायक थे। परन्तु अब उनका प्रभाव कम हो गया था और यह छत्रसाल के लिए चिन्ता का विषय बन गया था। दिसम्बर, १७२० में मुहम्मद खां बंगस की इलाहाबाद के सूबेदारी के पद पर नियुक्ति के साथ छत्रसाल के डंगाई राज्य पर मुसीबतों के झुण्ड मंडराने लगे थे। उसी वर्ष बंगस के चेले दिलेर खां ने कालपी तथा एरच पर अधिकार कर लिया था। किन्तु १५ मई १७२१ को छत्रसाल के दो पुत्रों ने (हिरदे-साह और जगतराज) ने दिलेर खां को मौधा में घेरकर मार डाला। सम्राट मुहम्मदशाह इससे अप्रसन्न हो गया। मुहम्मदखां बंगस के लिए अब जबर्दस्त चुनौती थी। इलाहाबाद के विद्रोही सूबेदार गिरधरबहादुर और मुगलों के शत्रु असोधर के भगवन्तराय खीची को छत्रसाल ने सहायता देकर सम्राट के भी कान खड़े कर दिए थे। इन्हीं कारणों से छत्रसाल और मुहम्मद-शाह के बीच ठन गई थी।

उस समय मुहम्मदखां बंगस मारवाड़ में अजीतसिंह राठौर के विरुद्ध अभियान में व्यस्त था अतः वह कुछ न कर सका। १७२३ के अन्त में जब उसे राहत मिली तब बंगस छत्रसाल के विरुद्ध आक्रमण की योजना बनाकर बुन्देलखण्ड विजय के लिए चल पड़ा। कालपी से छह मील उत्तर भोगनीपुर में उसने यमुना पार कर छत्रसाल की सीमा में प्रवेश किया। (जुलाई १७२४)। बुन्देलों की सेना की दृढ़ मोर्चाबन्दी के कारण बंगस बमुश्किल बांदा से १३ मील उत्तर सेंहुड़ा तक ही पहुंच सका और इसमें उसे छः महीने लग गए। उसी समय ग्वालियर की ओर मराठों के संभावित सैनिक अभियान के सन्दर्भ में उसे जाना आवश्यक हो हो गया। इसीलिए बंगस ने त्वरा में छत्रसाल की राज्यसीमा में अतिक्रमण न करने का विचार प्रकट करते हुए युद्धस्थल से ग्वालियर की ओर प्रस्थान किया। परन्तु दोनों ओर से इस विचार सन्धि को पालन नहीं हो सका और इसका उपयोग सिर्फ वक्त टालने के लिए किया जान पड़ता है।

मुहम्मदखां बंगस ने जनवरी १७२७ में इलाहाबाद के निकट कहीं यमुना पारकर दूसरी बार छत्रसाल के डंगाई राज्यसीमा में बड़ी सैनिक तैयारी के साथ प्रवेश किया तथा पूर्वी

बुन्देलखंड के प्रायः २०० वर्गमील क्षेत्र पर अधिकार कर लिया। बंगस की सेना रीवा से २७ मील दूर उत्तर लूक से बांदा तक फैल गई। महाराजा छत्रसाल अस्सी वर्ष के वृद्धावस्था में भी बंगस से मुकाबला बड़ी कुशलता और दृढ़ता से कर रहे थे। छत्रसाल के दोनों पुत्र हिरदेसाह और जगतराज अदम्य साहस के साथ प्रत्येक मोर्चे पर बंगस को बुन्देली शौर्य-पराक्रम का परिचय देते थे। अन्ततः १२ मई १७२७ को बांदा से ११ मील उत्तर पश्चिम स्थित इचौली में घमासान युद्ध हुआ। दोनों ओर की बहुत क्षति हुई पर युद्ध में हारजीत का निर्णय नहीं हो सका। लेकिन बंगस की सामरिक व्यूहरचना इस प्रकार की थी कि घनघोर जंगलों, घाटियों पर्वत शृङ्खलाओं के उस क्षेत्र में छत्रसाल और उनके पुत्रों को उनके ही इलाके में सफलता न मिल सकी। अन्ततः जैतपुर दुर्ग पर बंगस का अधिकार हो गया। कई महीने तक अविराम संघर्ष के बाद १७२८ के दिसम्बर में छत्रसाल स्वयं तथा परिवार के साथ मुगल शिविर में लगभग तीन चार महीने तक बंगस की निगरानी में रहने के लिए विवश हो गए थे।

फरवरी १७२९ में छत्रसाल बंगस के शिविर में यशाही हुक्म की प्रतीक्षा कर रहे थे किन्तु बुद्धि से वे सक्रिय थे और सम्राट मुहम्मदशाह के दरबारी मंसबदारों से बंगस के विरुद्ध संदेशों का आदान प्रदान बराबर करते रहे। इसका उपयोगी परिणाम यह हुआ कि मुगल दरबार से बंगस को न तो किसी प्रकार की सैनिक-आर्थिक सहायता मिल सकी और न किसी प्रकार का हुक्म छत्रसाल के विरुद्ध दिया जा सका। इस बीच छत्रसाल को बाजीराव पेशवा सम्पर्क बनाने में सफलता मिल गई। साथ ही शाही दरबार में असरदार मंसबदारों के नेता बुरहानुलमुल्क सआदतखां ने छत्रसाल को बंगस के विरुद्ध सैनिक अभियान की पुनरावृत्ति करने का संदेश भेज दिया। इससे शाही दरबार में बंगस की हालत कमजोर होने का संकेत मिल गया और वे स्थिति का सही आकलन करते हुए बंगस के शिविर से निकलने का उपाय सोचते रहे। साथ ही अपने छद्म व्यवहार से बंगस को अविश्वास करने का कोई अवसर नहीं दिया। इसका सत्परिणाम यह हुआ कि उस वर्ष ४ मार्च १७२९ को पड़ने वाला होली का त्यौहार मनाने के लिए बंगस ने छत्रसाल को छुट्टी दे दी और छत्रसाल अपने परिवार सहित जैतपुर से १८ मील दक्षिण-पश्चिम सूरजमल जा पहुंचे। जनश्रुति यह है कि छत्रसाल ने शालिग्राम जी की मूर्ति को छाती पर रखकर शपथ ली थी कि वे धोखा नहीं देंगे। इस पर बंगस ने विश्वास कर छत्रसाल को अपने शिविर से चले जाने दिया था। आश्चर्य की बात तो यह रही कि छत्रसाल की योजना की भनक बंगस को तनिक भी न मिल सकी थी तथा उसने संदेहविहीन होकर छत्रसाल को अनुयायियों सहित अपने शिविर से चले जाने दिया। तब तक बाजीराव पेशवा मालवा में २९ नवम्बर १७२८ को अमझेरा युद्ध में विजयी होकर निश्चिन्त हो गए थे। छत्रसाल का आग्रहपूर्ण सहायतार्थ पत्र उन्हें मिल गया था। अतः पेशवा ने छत्रसाल की सहायता हेतु तीस हजार सेना के साथ जैतपुर के लिए प्रस्थान किया। मार्च १७२९ में पेशवा बुन्देलखण्ड में आ धमके तब बंगस की तन्द्रा टूटी।

छत्रसाल ने १३ और १७ मार्च १७२९ को दो बार पेशवा से भेंट कर बंगस के विरुद्ध रणनीति पर गहन विचार किया तथा संयुक्त सेना द्वारा बंगस पर आक्रमण करने का निश्चय किया।

बंगस को बाजीराव पेशवा की उपस्थिति की खबर मिली पर वह साहसी सेनापति था अत: बिल्कुल नहीं घबराया। उसने बड़ी शीघ्रता में दस दस हजार पदाति तथा अश्वारोहियों की सेना संगठित की, परन्तु द्रव्य का अभाव उसे फिर भी बना रहा। युद्ध सामग्री भी पूरी नहीं जुटा सका था। फिर भी वह छत्रसाल और बाजीराव पेशवा की संयुक्त सेना का मुकाबला करने के लिए जैतपुर दुर्ग में डटा रहा। अन्य क्षेत्रीय सहायक भी बंगस से मुंह मोड़ गए थे। मोंधा का जयसिंह और ओड़छा का लक्ष्मणसिंह जो पहिले बंगस के साथ रहे थे, इस बार तटस्थ हो गए। किन्तु मुहम्मदखां बंगस ऐसी धातु का बना नहीं था जो थोड़ी उष्णता पाकर पिघल जाए। उसने दृढ़ संकल्प के साथ तैयारी की तथा अपने पुत्र कायमखां को तुरन्त जैतपुर पहुंचने का सन्देश भेजा। जैतपुर दुर्ग तथा अपने सैन्य शिविरों की खाइयां खोदकर मार्के के स्थानों पर मोर्चाबन्दी की। अब बुन्देला मराठा संयुक्त सेना तथा बंगस की सेना ने धीरे धीरे समर-भूमि की ओर कदम बढ़ाए और १२ मार्च १७२९ को दोनों ओर से छुटपुट मुठभेड़ शुरू हुई। इसके एक सप्ताह बाद १९ मार्च को पेशवा और छत्रसाल की संयुक्त सेना ने जैतपुर दुर्ग पर पुन: अधिकार करने के लिए आगे बढ़कर युद्ध आरम्भ किया। इस समय बुन्देला मराठा सेना सत्तर हजार थी, परन्तु एकदम आगे बढ़कर आक्रमण करने में भारी हानि की आशंका भी थी, जबकि बंगस ने सुरक्षात्मक व्यूह बनाकर युद्ध करने की प्रक्रिया को अपनाया। इसके प्रत्युत्तर में बुन्देला-मराठा सेना के सेनापतियों ने बंगस के शिविरों का घेरा डालकर रसद तथा युद्धोपयोगी सामग्री पहुंचने पर रोक लगा दी। छत्रसाल और पेशवा की यह योजना कारगर साबित हुई। इस प्रकार बंगस की सेना को खाद्य-सामग्री की आपूर्ति ठप्प हो जाने के कारण उसके सैनिकों को ऊंट, घोड़े और गधे मारकर और उनका मांस खाकर प्राण बचाने पड़े। फिर भी वे भूख से निजात न पा सके।

मुहम्मद खां बंगस का पुत्र कायमखां पिता की सहायता के लिए पहुंच गया था जैतपुर से १२ मील उत्तरपूर्व की ओर सूपा के मैदान में कायमखां और मराठासेना में जमकर शक्तिपरीक्षण हुआ। कायमखां इस युद्ध में बुरी तरह पराजित होकर १२ अप्रैल १७२९ को युद्धस्थल से भाग खड़ा हुआ। बंगस की सेना का मनोबल टूट गया, उसके अधिकांश सैनिक हथियार डालकर भाग गये। तब बुन्देला-मराठा सेना ने जैतपुर दुर्ग को घेर लिया जिसके कारण खाद्य सामग्री न पहुंच पाने के कारण बंगस के सैनिक भूख से तड़प कर मरने लगे कुछ सेना छोड़कर भाग गये। इस अवसर पर उसे प्रयत्न करने पर भी शाही दरबार से सहायता न मिल सकी। बंगस का पुत्र सूपा के युद्ध में पराजित होकर भाग जाने पर भी पिता की सहायता के लिए प्रयत्नशील रहा। उसने अवध के सूबेदार बुरहानुल्मुल्क और शाहजहाँपुर के लिए आग्रह किया और स्वयं का माल असबाब बेचकर सहायता के लिए धन भी जुटाया, पर वह समय पर जैतपुर नहीं पहुंच सका।

परन्तु परिस्थिति में परिवर्तन हुआ। महामारी के कारण बुन्देला-मराठा सेना द्वारा जैतपुर दुर्ग का घेरा शिथिल हो गया। महामारी के साथ ही आसन्न वर्षा ऋतु के कारण बाजीराव पेशवा से दक्षिण यात्रा का निश्चय किया और ससैन्य नर्मदा पारकर चले गये। पर छत्रसाल जैतपुर का घेरा डाले रहे और मुहम्मदखां बंगस को आत्मसमर्पण के लिए विवश कर

दिया। अगस्त १७२९ में बंगस ने छत्रसाली राज्य पर कभी भी आक्रमण न करने की सन्धि स्वीकार की और यमुना पार कर वह वापस चला गया। छत्रसाल ने उसके जैतपुर से प्रस्थान करने में कोई बाधा नहीं डाली। इस प्रकार जैतपुर की रक्षा तो हो गई, पर भविष्य की घटनाएँ निश्चय ही बुन्देलों के लिए कष्टप्रद बन गई।

छत्रसाल द्वारा बंगस के विरुद्ध बाजीराव पेशवा: प्रथम: की सहायता दिये जाने पर उन्होंने उसे अपना दत्तक पुत्र मानकर राज्य का तृतीयांश देने का वचन दे दिया था। पर अपने जीवनकाल में छत्रसाल ने इसे कार्यान्वित नहीं किया। अथवा टालमटोल करते रहे। चार दिसम्बर १७३१ को छत्रसाल के देहावसान के बाद उनका डंगाई राज्य पहिले दो भागों में विभाजित करके उनके ज्येष्ठ पुत्र हिरदेसाह को पन्ना का राज्य दिया गया जो कि पहिले राज्य की राजधानी था। दूसरा जैतपुर का राज्य उनके पुत्र जगतसिंह को मिला। यहीं से जैतपुर राज्य का इतिहास प्रारम्भ होता है।

महाराज छत्रसाल ने देहावसान के ग्यारह मास पूर्व एक लिखत लिखी थी जिसके अनुसार उनके राज्य के दो हिस्से करके एक चौथाई हिरदेसाह के लिए और एक तिहाई जगतराज के लिए निश्चित किया गया था। हिरदेसाह और जगतराज अपने-अपने हिस्से में से एक-एक तिहाई बाजीराव पेशवा को दें। इस लिखतम को कार्यान्वियन में महाराज छत्रसाल के डंगाई राज्य के तीन टुकड़े हो गये और भविष्य में तीन से तेरह होने के बानक भी बन गए थे।

अप्रैल, १७३२ में पन्ना के राजा हिरदेसाह और जैतपुर के राजा जगतराज ने दो लाख रुपये आय का भू क्षेत्र बाजीराव पेशवा के भाई चिमाजी अप्पा के माध्यम से दे दिया। इसी समय उभयपक्ष में यह सन्धि हुई कि बुन्देला-मराठा एक दूसरे को सैनिक सहायता दें, शाही इलाकों अथवा अन्य क्षेत्रों को अधिग्रहीत करने पर सैन्य संख्या के हिसाब से उसे दो भागों में बांटने का निर्णय भी किया गया। यह भी निश्चय किया गया कि हिरदेसाह और जगतराज बन्धुओं के खिलाफ पेशवा दरबार में कोई शिकायत न सुनी जायगी।

उपलब्ध रिकार्ड के अनुसार जगतराज को जैतपुर राज्य में तीस लाख छहत्तर हजार नौ सौ तिरपन रुपये एक आना एक पाई की मालगुजारी का भू-क्षेत्र मिला था। इसमें जैतपुर सहित अजयगढ़, चरखारी,भूरागढ़ और बांदा के इलाके शामिल थे। पेशवा के हिस्से में कालपी, हटा, सागर, सिरोज, कोंच और गढ़ाकोटा के तीस लाख छहत्तर हजार नौ सौ तिरपन रुपये के इलाके थे। अक्टूबर १७३२ में चिमाजी अप्पा के साथ अन्तिम फैसला हुआ था। तब चिमाजी ने एक हाथी जैतपुर के महाराज जगतराज को भेंट किया था।

सन १७३३ में शाही वजीर कमरुद्दीन ने कालपी में यमुना के तट पर शिविर लगाकर जगतराज के जैतपुर राज्य की सीमा के लिए खतरा उत्पन्न कर दिया था। उस समय जगतराज और हिरदेसाह दोनों भाई मिलकर वजीर के मुकाबले के लिए सेना लेकर जा पहुँचे। कमरुद्दीन की पत्नी अपने भाई जां निसार खां की मौत का बदला लेने के लिए तेजी मचा रही थी जिसे असोधर के राजा भगवन्तराय खीची ने मार डाला था। जां निसार खां कोड़ा जहानाबाद का फौजदार था। इस कारण वजीर कमरुद्दीन जगतराज के राज्य पर आक्रमण करने का विचार

त्यागकर गाजीपुर (फतहपुर जिला) की दिशा में मुड़ गया। भगवन्तसिंह खीची ने वजीर से मुठभेड़ नहीं की और भाग गया। वजीर भी दिल्ली चला गया ३ जून १७३३।

बाजीराव पेशवा ने अक्टूबर १७३५ में राजस्थान होकर उत्तर भारत के लिए प्रस्थान किया तब पीलाजी जाधव के पुत्र सतवोजी जाधव और बाजी भीमराव को बुन्देलखण्ड में चौथ वसूली हेतु भेजा गया। भीमराव ने बड़ी सेना के साथ बुन्देलखण्ड में प्रवेश किया। हिरदेसाह और जगतराज के साथ पेशवा के अच्छे सम्बन्ध होने के कारण भीमराव ने उनके पास गोविन्द बल्लाल को दूत बनाकर भेजा। इसके दो उद्देश्य थे—एक तो चौथ की धनराशि, दूसरे मराठा सेना की शक्ति वृद्धि हेतु पांच छः हजार की संख्या में बुन्देली सेना के साथ हिम्मतराव तथा किशनसिंह सेनापतियों का सहयोग प्राप्त करना। सन १७३७ में बाजीराव पेशवा ने विदिशा पर अधिकार कर बुन्देलखण्ड के अन्य राजाओं से धन वसूल किया। उस समय हिरदेसाह और जगतराज को नहीं सताया। पर इन दोनों को आगे के अभियान में साथ चलने के लिए कहा गया। बाजीराव भदावर के राजा से बीस लाख रुपया प्राप्त कर आगे बढ़ा और दिल्ली का दरवाजा जा खटखटाया। यद्यपि जगतराज बुन्देला इस अभियान में पन्द्रह हजार सेना के साथ बाजीराव को सहयोग दे रहे थे, पर पेशवा ने अपना साज-सामान जगतराज की सुरक्षा में देकर उन्हें बुन्देलखण्ड रवाना कर दिया था। इसलिए दिल्ली अभियान में जगतराज शामिल नहीं थे।

इसी समय बाजीराव को निजाम के उत्तर की ओर प्रस्थान का समाचार मिला बाजीराव ने जैतपुर के राजा जगतराज को अपने सौंपे हुए सामान के साथ बुलवाया। उस समय जैतपुर में भयंकर गर्मी और पानी की कमी पड़ रही थी। इस कारण जगतराज दो हजार पैदल और पांच सौ अश्वारोही सैनिकों के साथ पेशवा की सहायता के लिए कुछ विलम्ब से सिरोंज में जा मिला। बाजीराव निजामुलमुल्क से टकराव बचाकर दक्षिण चले गये और निजाम दिल्ली चला गया।

दूसरी बार निजाम ने पेशवा के विरुद्ध जब दिल्ली से प्रस्थान किया तो बाजीराव ने उसे भोपाल के दुर्ग में घेर लिया। स्थिति भी बदल गई और जो राजा और नवाब निजाम का साथ देने गये थे वे भो उसके विरुद्ध हो गये थे। छत्रसाल के वंशज भी किन्हीं कारणों से निजाम के सहायक बन गये थे। निजाम मराठों द्वारा घिर जाने के कारण हताश हो उठा था। वह सात जनवरी १७३८ को मराठों से पचास लाख रुपया और मालवा बुन्देलखण्ड में सार्वभौमिकता देने का इकरार कर दिल्ली लौट गया। पेशवा पूना के लिए चल दिया। वह फिर उत्तर भारत की ओर नहीं आ सका। २७ अप्रैल १७४० को बाजीराव का देहान्त होते ही जैतपुर राज्य और मराठों के बीच मधुर संबन्धों का अध्याय समाप्त हो गया।

पन्ना के महाराज हिरदेशाह के देहावसान (माघ सुदी ९ सं० १७९५ फरवरी १७३९) के पश्चात उनके आठ औरस पुत्रों में सभासिंह पन्ना की राजगद्दी पर आसीन हुए। उस समय पेशवा की ओर से बुन्देलखण्ड में गोविन्दपन्त नियुक्त थे। सभासिंह और जैतपुर के राजा जगतराज बुन्देला ने उन इलाकों में जो पेशवा को एक तिहाई में मिले थे, लगान वसूली में बाधायें डालनी शुरू की। गोविन्द पन्त (बदेले) ने पूना जाकर नए पेशवा बालाजी बाजी-

राव से बुंदेलखण्ड की स्थिति पर विचार किया। फलतः बालाजी बाजीराव ने गोविन्द पन्त को लगान वसूली की सनद दे दी। सिंधिया और होल्कर को गोविन्द पन्त की सहायता हेतु आदेशित किया गया। परिणामतः मराठों ने तेजी से आकर सभासिंह और जगतराज को घेर कर नजर बंद कर लिया। मराठों का व्यवहार भी कठोर था। सभासिंह और जगतराज को अपने राज्यों के अठारह परगने मराठों को दे देने पड़े। जैतपुर के चार परगने महोबरा, हमीरपुर, कालपी और नरसिंहगढ़ मराठों के अधिकार में चले गए।

अब समग्र बुंदेलखण्ड में मराठा सरदारों द्वारा धन वसूली एवं बंदेला राज्यों में अतिक्रमण करने के कारण मराठा विरोधी जनमानस अभिव्यक्ति परिलक्षित होने लगी थी। जैतपुर और पन्ना राज्य भी मराठों के कार्यकलापों से असन्तुष्ट हो गए थे। ओड़छाराज के अनेक गांवों के साथ झांसी पर मराठों का अधिकार हो गया था। दतिया के राजा इन्द्रजीत से चार लाख की मांग की गई जो १६४३-४४ में १४ लाख हो गई थी। परन्तु उस समय इन्द्रजीत अकड़ गए थे अतः झांसी का सूबेदार नारो शंकर चाहता हुआ भी वसूली न कर सका। चंदेरी का राजा मानसिंह बुंदेला भी ७० हजार रु० देकर मराठों से पीछा छुड़ा पाया था। उरइ और कालपी इलाकों में चुरखी के हरीशाह तथा इंद्ररखी के गुलाब सिंह ने मराठों के विरुद्ध सशस्त्र अभियान चलाया। इस प्रकार सम्पूर्ण बुंदेलखण्ड में मराठा विरोधी हवा चलने लगी थी।

मल्हार राव होल्कर और रानो जी सिंधिया बुंदेलखण्ड में मराठा-हितचिंतक थे। ये दोनों तब भोपाल के नबाब यार मुहम्मद को वशीभूत करने में उलझे हुए थे। बालाजी बाजीराव भी विदिशा विजय के बाद वहीं थे और होल्कर, सिंधिया और पवार सरदारों में सुलह कराने में लगे थे। इन कार्यों से निवृत्त होकर रानोजी सिंधिया ने जय अप्पा सिंधिया को चुरखी के हरीशाह का दमन करने के लिए भेजा। जय अप्पा सिंधिया ने चुरखी दुर्ग पर अधिकार स्थापित कर हरीशाह के लिए सिर्फ तीन गांव छोड़ दिये। परन्तु उसी के तुरन्त पश्चात झांसी के सूबेदार नारोशंकर ने जुलाई १७४५ में उसे मार डाला। अब पेशवा बालाजी बाजीराव ने बुंदेलों की ओर पुनः दृष्टिपात किया। किन्तु ३ जुलाई १७४५ को रानोजी सिधिया का देहावसान होने के कारण शीघ्रता नहीं हुई। रानोजी का ज्येष्ठ पुत्र जय अप्पा सिंधिया और होल्कर में परम्परागत असहमति के कारण होल्कर ने बुंदेखण्ड में हस्तक्षेप नहीं किया। अस्तु जय अप्पा स्वतंत्र होकर बुंदेलखण्ड के राजाओं को दबाकर धन ऐंठने के लिए चल पड़ा।

जैतपुर के राजा जगतराज ने अपने भतीजे पन्ना के राजा सभासिंह से मिलकर मराठा सरदारों के लगान वसूली तथा अन्य राज-कार्यों में व्यवधान डालने की प्रक्रिया अपनाकर अशांति उत्पन्न की। पेशवा के सरदार गोविन्दपन्त लक्ष्मणपन्त और नारोशंकर भी जगतराज और सभासिंह द्वारा उत्पन्न मराठा विरोधी गतिविधियों पर काबू न पा सके थे। इसीलिए जय अप्पा सिंधिया ने पन्ना और जैतपुर को प्रथमलक्ष्य बनाया। १७४६ ई० में वर्षा प्रारंभ होने से पूर्व सिंधिया ने जैतपुर का घेरा डाला। जैतपुर दुर्ग के भीतर जगतराज और सभासिंह ने खाद्य और युद्ध सामग्री बहुत कुछ संचित कर रखी थी अस्तु घेराव का असर नहीं

हुआ था युद्ध अधिक समय तकचलने की संभावना देखकर सिंधिया ने होल्कर को राजस्थान से तुरन्त कूचकर जैतपुर पहुँचने का संदेश भेजा। होल्कर भी शीघ्रता ही सिंधिया से जा मिला। दोनों ने मिलकर दुर्ग के चारों और सुरंगे खोदकर दुर्ग की दीवार में बारूद के विस्फोट से दो जगह दरारें उत्पन्न करने में सफलता पाई। इन्हीं दरारों में से मराठी सेना दुर्ग के भीतर प्रविष्ट हो गयी। बुंदेलों ने डटकर मुकाबला किया। मराठी सेना के लगभग एक हजार सैनिक मारे गये, चार हजार घायल हुए। फिर भी मराठी सेना का प्रवाह नहीं रुका। अन्ततः जगतराज और सभासिंह ने भाग करके नदी तट पर मोर्चा जमाया। सिंधिया और होल्कर ने उनका पीछा करते हुए जा घेरा। बुंदेलों ने विवश होकर अपने प्रतिनिधि भेजकर संधिवार्ता का संदेश भेजा। इस समझौते के अनुसार बुंदेला बन्धुओं को दो वर्ष की नजराना धन राशि ३६ लाख रु० के साथ राज्यों की आय की चौथ देना स्वीकार करना पड़ा था। दोनों राजाओं को अपना एक-एक पुत्र प्रतिभूति में मराठों के साथ कर देने के लिए भी बाध्य होना पड़ा था। किन्तु उसी रात्री में सभासिंह और जगतराज मराठों का घेरा तोड़कर चुपचाप खिसककर कालिंजर और अजयगढ़ दुर्गों में जा छिपे। मराठा सरदार पीछा करते हुए जब कालिंजर पहुँचे तब वर्षा प्रारंभ हो चुकी थी। अतः उस समय मराठा सेनापति घेरा उठाकर वापस हो गये।

मराठी सेना की वापसी पर जगतराज और सभासिंह ने अनुभव किया कि वर्षाकाल समाप्त होते ही मराठा सेनापति अधिक सैन्य शक्ति के साथ आक्रमण कर सकते हैं। अतएव समझौता कर लेना उपयुक्त होगा। इसी सोच के साथ समझौते की चर्चा चली और हो भी गया। लेकिन इस समझौते में जगतराज को जैतपुर राज्य मिल तो गया, पर राज का तृतीयांश मराठों को दे देना पड़ा पन्ना के १३१ गांव मराठों के अधिकार में पहुँच गये तथा २५ लाख रु. भी देने पड़े। जगतराज को भी शेष भुगतान का भार उठाना पड़ा मराठों की इस प्रकार की नीति के कारण वुंदेलखण्ड में उनके प्रति सद्भावना बनती हुइ भी बिगड़ गयी थी तथा अविश्वास उत्पन्न हो गया था इसीलिए अन्य बुंदेला राजाओं के साथ जैतपुर और पन्ना राज्य भी मराठों के संत्रास में डूब गये थे। फिर भी, बुंदेलखण्ड में प्रायः दस साल तक मराठा-बुंदेला संघर्ष शिथिल हो गया था तथा बुंदेला राज्य पेशवा दरबार को यथावत् वार्षिक नजराना देने लगे थे। झाँसी, जालौन, हमोरपुर, सागर और कालपी में मराठा अधिकार भी दृढ़ हो गया था।

जैतपुर के राजा जगतराज बुंदेल का १७५८ ई. में देहान्त होने के बाद उत्तराधिकार का विवाद प्रखर हो गया। जगतराज के उत्तराधिकारी पुत्रों ने इस प्रश्न को लेकर मराठा-शक्ति को जानबूझ कर जैतपुर के राज्य-प्रबन्ध में हस्तक्षेप करने का अवसर दिया। पेश्वा बालाजी बाजीराव और मराठा सरदारों ने इसका भरपूर लाभ उठाकर जैतपुर का शोषण किया। राजा जगत राज का कुर्रा में जब देहान्त हुआ उस समय उनके तीसरे पुत्र पहाड़सिंह उपस्थित थे। राजा के सम्बन्धी ठाकुर तथा हिम्मतसिंह पमार, राजधर तिवारी और बाजीराव बाबले भी मौजूद थे। मृत्यु से पूर्व राजा जगतराज ने पहाड़सिंह को सबके सामने उत्तराधिकारी घोषित कर दिया था। पहाड़सिंह राजा का शव जैतपुर ले गये और वहाँ दाहसंस्कार सम्पन्न किया।

प्रायः सभी सरदारों ने पहाड़सिंह को राजगद्दी पर आरूढ़ होने पर प्रसन्नता व्यक्त की। जनसाधारण ने भी नये राजा के पक्ष का समर्थन किया। जगराज के पुत्र कीरत सिंह की मृत्यु जगतराज के जीवन काल में हो गयी थी। उसके गुमानसिंह और खुमानसिंह दोनों पुत्रों ने ज्येष्ठाधिकार के संदर्भ में पहाड़सिंह के उत्तराधिकार को चुनौती दी कीरतसिंह जगतराज के १७ पुत्रों में दूसरा था। और उसकी माता रानी उमराव कुवँरिने दलेल खाँ से हुए युद्ध में जगतराज की घायल अवस्था में रणभूमि में जीवन रक्षा की थी। इसी उपकार के बदले में जगतराज ने उमराव कुवँरि के पुत्र कीरतसिंह को उत्तराधिकारी घोषित कर दिया था। ज्येष्ठ पुत्र सेनापति इससे अप्रसन्न हो गया था तथा जगतराज भी उससे असन्तुष्ट थे। संयोग की बात सेनापति भी हताश हो गये थे अतः उन्होंने भी गुमानसिंह के पक्ष का समर्थन कर दिया।

गुमानसिंह और खुमानसिंह को अपनी जागीर अजयगढ़ में जगतराज के देहावसान तथा पहाड़सिंह के राजगद्दी पर आरूढ़ होने का समाचार मिला था। दोनों भाइयों ने मिलकर सेना सहित जैतपुर के लिए प्रस्थान किया। सुयोग्य सेनापति लालदिमान सेना की कमान सम्हाले था। लालदिमान की सलाह से गुमानसिंह और खुमानसिंह ने महाराजा का विरूद्ध धारण कर अपना वकील पहाड़सिंह के पास जैतपुर में भेजकर जैतपुर की गद्दी पर हक़ होने का पक्ष प्रस्तुत किया अन्यथा युद्ध के द्वारा निर्णय होने का सन्देश भी भेजा।

पहाड़सिंह कोई कमजोर नहीं था। उसने गुमानसिंह और खुमानसिंह के प्रस्ताव को यह कहकर ठुकरा दिया कि वह जगतराज का पुत्र है जबकि गुमानसिंह खुमानसिंह पौत्र हैं। अतः जैतपुर की गद्दी पर जगतराज का पुत्र ही बैठने का अधिकारी है, पौत्र नहीं। वकील की वापसी पर गुमानसिंह और खुमानसिंह ने बगावत का झण्डा उठा दिया। दो-तीन बार जैतपुर समर भूमि के दृश्य उपस्थित हुए पर पहाड़सिंह की सेना के सामने उसके भतीजे टिक नहीं सके।

मराठों का चातुर्य

जैतपुर की राजगद्दी के लिए हो रहे सशस्त्र संघर्ष को पूरना दरबार के प्रतिनिधि माधो नारायण और गोपाल बाबू आखें फाड़कर देख रहे थे। उन्होंने इसकी सूचना पूना दरबार को दी। सूचना में प्रकट किया गया था कि 'वास्तविकता यह है कि राजा पहाड़सिंह बहादुर व्यक्ति है। तथा उसने तीन बार गुमानसिंह और खुमानसिंह को युद्ध में पराजित कर दिया है। राजा पहाड़सिंह के पास जैतपुर, कुलपहाड़ और चरखरी के तीन दुर्ग हैं जबकि गुमानसिंह और खुमानसिंह का अधिकार केवल अजमचड़ दुर्ग पर है। पन्ना के राजा हिन्दुपत पहाड़सिंह के पक्ष में ज्ञात होते हैं। इस प्रकार मराठा प्रतिनिधियों का प्रतिवेदन स्पष्ट था। पहाड़सिंह के समर्थन में था। लेकिन इसी बीच न मालूम क्या कारण बने कि एक मराठा प्रतिनिधि गोपाल बापू, गुमानसिंह, खुमानसिंह बन्धुओं के पक्ष में हो गया। उस समय सखाराम बापू भी बुन्देलखण्ड में था। उसने भी अपने प्रतिवेदन में लिखा कि जगतराम ने व्यावहारिक रूप में पहाड़सिंह को कुछ नहीं दिया। लेकिन पहाड़सिंह के पास जमालपुर परगना होने के साथ जगतराज द्वारा उत्तराधिकारी घोषित करने का संकेत प्रतिवेदन में दे दिया गया था।

इसी बीच जगतराज के ज्येष्ठ पुत्र दिमान सेनापति से पूना दरबार में गोविन्द बल्लाल से संपर्क कर जैतपुर गद्दी प्राप्त करने के लिए पन्द्रह लाख रु० देने का प्रस्ताव प्रस्तुत

किया। पेशवा बालाजी बाजीराव धन प्राप्ति के प्रति अधिक रूचि थी तथा उत्तरधिकार का दावा किसका उचित है, इससे सरोकार नहीं था। अतएव पेशवा ने सदाशिव भाऊ को भी उसी समय उत्तर भारत की ओर प्रस्थान करने वाला था, निर्देशित किया कि वह जगतराज के ज्येष्ठ पुत्र को जैतपुर के राजसिंहासन पर आसीन करें। उसने शमशेर बहादुर को जैतपुर के उत्तराधिकारी का निर्णायक नियुक्त कर भेज दिया शमशेर बहादुर ने स्थिति के आकलन में पहाड़सिंह की स्थिति मजबूत महसूस की तथा नजराना लेकर पहाड़सिंह भी दे लेकर मारठा शक्ति को शान्त करने के लिए तैयार हो गया था। लेकिन गुमानसिंह और खुमानसिंह बिल्कुल नहीं झुके तथा वे दोनों पहाड़सिंह के १७६५ में देहान्त होने तक युद्ध के दृश्य उपस्थित करते रहे। इस लम्बे संघर्ष के परिणाम स्वरूप जगतराज द्वारा स्थापित जैतपुर राज्य विघटन से नहीं बच सका।

देहावसान से पूर्व राजा पहाड़सिंह ने प्रसन्नतापूर्वक अथवा गृह कलह समाप्त करने के उद्देश्य से गुमानसिंह और खुमानसिंह को जैतपुर राज्य का हिस्सेदार मानकर बंटवारा कर दिया। गुमानसिंह को बाँदा, खुमानसिंह को चरखारी का हिस्सा मिला।

पहाड़सिंह जैतपुर की राजगद्दी पर ही रहे। इस प्रकार जैतपुर राज्य के तीन भाग हो गये। राजा पहाड़सिंह के देहावसान के पश्चात् उनके ज्येष्ठ पुत्र गजसिंह जैतपुर के सिंहासन पर आरूढ़ हुए। गजसिंह के दिमाग में जैतपुर राज्य के बंटवारे की कहानी झूल रही थी। अतः उन्होने वाँदा और चरखारी के इलाकों में हस्तक्षेप, प्रारंभ किया। परिणामतः गुमानसिंह और खुमानसिंह ने मिलकर गर्जसिंह के जैतपुर राज्य में सैनिक हलचल पैदा की। इस आपसी संघर्ष के परिणाम में जैतपुर राज्य में अराजक स्थिति बनती-बिगड़ती रहीं।

संदर्भ संकेत

गोरेलाल तिवारी, बु. ख. का संक्षिप्त इतिहास

छत्रप्रकाश-हस्तलिखित।

भगवानदास गुप्ता, महाराजा छत्रसाल बुंदेला

बी. डी. गुप्ता, हिस्ट्री आफ राइज एन्ड फाल आफ दि मराठाज इन बुंदेलखंड

भगवानदास गुप्त, मस्तानी और बाजीराव पेशवा

भ. प्र. सिंह छत्रसाल और प्रमाणावली

विलियम इर्विन, लेटर मुगल्स भाग-१-२

विलियम इर्विन नबाब आफ फरूंखाबाद

भट्टा-गहोरा का बघेल वंश

फरहत अली खान

भट्टा प्रान्त के बघेल नरेशों की राजधानी गहोरा बाँदा की कर्वी तहसील से २४ कि० मी० दूर कर्वी-इलाहाबाद राजमार्ग पर रैपुरा ग्राम के दक्षिण है। वह गेटा, केवई और धारावती नदियों के संगम पर-स्थित है और उसका पुराना 'खेड़ा' आज भी विद्यमान है। १५६४ ई० तक 'भट्ट गहोरा' या 'भाटीघोर', १६वीं-१७वीं शताब्दी में 'बान्धव राज्य' और १८वीं शती में वह 'रीवा राज्य' कहलाया। वह आजकल पूरा क्षेत्र 'बघेल खण्ड' के नाम से विख्यात है। आधुनिक इतिहासकारों एवं अंग्रेज लेखकों ने इस भट्टा-राज्य की पहचान भ्रान्तिवश बिहार प्रान्त की राजधानी 'पटना' से की या फिर हीरों की खान से लिए प्रसिद्ध 'पन्ना' (म० प्र०) से।

१३वीं शताब्दी के अन्त में खिल्जी सेनाओं ने सुल्तान अलाउद्दीन खिलजी (१२९६-१३१६ ई०) के भाई उलूग खाँ और नुसरत के नेतृत्व में सुल्तान के क्षेत्रीय विस्तार के योजनान्तर्गत गुजरात के अन्तिम बघेल शासक कर्ण (१२९५ ई० १३०४ ई०) पर आक्रमण किया। परिणामस्वरूप उसे भागकर देवगिरि के शासक रामदेव यादव के यहाँ शरण लेनी पड़ी। अलाउद्दीन की सेनाओं से पीड़ित होकर लगभग १२९९ ई० में दो बघेल वीरभ्राता बीसलदेव और भीउमल (भीमलदेव/भीम) स्वदेश त्याग कर जमाअतदार की हैसियत से कालिंजर जाकर भई जाति के आदिबासी शासक 'बीसलदेव भई' के यहां नौकर हो गये। परम्परा के अनुसार कैमूर के उत्तर में कालिंजर से विन्ध्याचल तक के सम्पूर्ण प्रदेश में भई जाति का अधिकार था। मड़फा (बाँदा जनपदके बदौसा ग्राम से १३ कि० मी० दक्षिण) में इन बघेलों के आगमन के सम्बन्ध में मात्र परम्परायें प्रचलित हैं। शीघ्र ही इन भगोड़े बघेल भ्राताओं ने अपने को महत्त्व का सिद्ध कर दिखाया। कालिंजर के भई शासक बीसल देव से आदेश प्राप्त कर, लघु भ्राता बघेल ने दूसरे आदिवासी लोधी अथवा लोधा जाति के शासकों से उनकी गहोर जागीर, गहोरा राज्य के तिवारी ब्राह्मण मन्त्री की सहायता से, छीन ली। विजयोपरान्त इन्हीं तिवारी ब्राह्मणों ने बघेलों का गहोरा में राज्याभिषेक किया।

दिल्ली के तुगलक सुलतानों के समय में गहोरा के बघेले पहले 'ठक्कुर' या ठाकुर और फीरोज शाह तुगलक के समय से 'महाराजाधिराज' की उपाधि से सुशोभित हुए। 'ठक्कुर'

शब्द जेजाकभुक्ति के चन्देलों की प्रशासनिक इकाई के रूप में मिलता है। धीरे-धीरे गहोरा के बघेले पूर्व दिशा की ओर गंगा-यमुना के नीचे की पट्टी 'तारिहार' में अपने राज्य का विस्तार करते-करते वर्तमान कन्तित (मिर्जापुर जनपद) तक पहुँच गये।

आधी शताब्दी के अन्दर गहोरा में एक प्रतापी राजा बुल्लारदेव बघेला हुआ। १३६० ई० के कर्वी सती-शिलालेख में उसकी उपाधि 'महाराजाधिराज' है। उसने ऊंचेहरा (सतनाकटनी मार्ग पर, सतना से २२ कि० मी० दूर) के परिहार राजा वीरराजदेव से आधुनिक सतना और रीवा जिलों का उत्तरी भाग जीत लिया। रीवा राज्य की वंशावलियों के आधार पर कहा जाता है कि कालिंजर का प्रसिद्ध दुर्ग भरों से बल्लारदेव ने छीन लिया था, क्योंकि भरों के सम्बन्ध में परम्परायें बल्लार के समय मौन हैं।

शमशे शिराज अकीक की 'तारीख फीरोज़शाही' के अनुसार बुल्लारदेव बघेला फीरोज़शाह तुगलक के दिल्ली दरबार में राजा की हैसियत से बैठते थे। यहया लिखता है कि ७७९ हि० सन् (१३७७-७८ ई०) में सुल्तान फीरोजशाह तुगलक राजधानी से दोआब में बढ़ राजपूत विद्रोह को दबाने के लिए गया। रीवा की खास कायस्थ वंशावली के अनुसार चौहानों की सहायता कर बुल्लारदेव ने दोआब में प्रमुख भूमिका निबाही। बाद में तुगलक सुल्तान से सन्धि हो गई और फीरोजशाह ने बुल्लार को गहोरा के 'राजा' के रूप में मान्यता दे दी। पुरस्कार-स्वरूप गहवारों का देश सुद्धा बढ़ेरा (संभवतः मिर्जापुर जनपद) भी उसे प्रदान कर दिया।

फीरोजशाह तुगलक के समकालीन राजा बुल्लारदेव के पुत्र सिंहदेव ने त्रिवेणी में जलसमाधि ले ली। तब शोकाकुल राजा बुल्लारदेव ने पौत्र बीरम का लालन-पालन किया और उसे अपना उत्तराधिकारी बनाया।

बीरमदेव एक युद्धप्रिय राजकुमार था। १५ वीं शताब्दी में मुहम्मद बहादुर खानी द्वारा लिखित 'तारीखे मुहम्मदी' (फारसी पाण्डुलिपि, १४३८-३९ ई०, ब्रिटिश म्यूजि० मैन्यू० ओ० आर० १३७) से वीर राजकुमार बीरम के चरित्र पर पर्याप्त प्रकाश पड़ता है। 'तारीखे मुहम्मदी' के विवरण बघेला दरबार के राजाश्रित कवि माधव उरव्य द्वारा रचित 'वीर भानूदय' संस्कृत काव्य (गहोरा पाण्डुलिपि, १५५५ ई०), जो बघेलों का प्राचीन और सबसे प्रामाणिक ग्रंथ है, के वर्णनों से मेल खाते हैं। बघेलों के लिखित इतिहास का तारीखे मुहम्मदी से समर्थन भी होता है।

मलिक तीमार खाने किरान ने अवध से गहोरा पर कई जोरदार हमले किए। इल्तुतमिश के पौत्र सुल्तान नासिरुद्दीन महमूद (१२४६-१२६७ ई०) के शासनकाल में उलूग खां बलबन ने कालिंजर पर हमला नहीं किया। बल्कि उसने दलकी तथा मलकी पर जो संभवतः भई राजा थे, के उस क्षेत्र पर हमला किया चो कड़ा और कालिंजर के मध्य (गहौरा) स्थित है। तुर्कों के लिए यह क्षेत्र प्रायः अपरिचित था। मुहम्मदाबाद-कालपी राज्य के संस्थापक मलिकजादा महमूद बिन फीरौज तुर्क ने १३९४ ई० में चंदेल-नरेश भीलमदेव और सिमौनी

(बांदा जनपद) के दीक्षित राजा कल्याण शाह को पराजित कर केन और बागेन घाटी के मध्य वाले भू-भाग पर अधिकार करना चाहा। उस समय सर्वाधिक शक्तिशाली गहौरा नरेश बीरमदेव बघेला थे, जो रीवा के प्रसिद्ध बांधवेश महाराजा के पूर्वज थे। बीरम ने केन-तठ स्थित सिहुण्डा के धनाढ्य चन्देल राजा भीलम से सिहुण्डा को जीत लिया।

गहौरा के प्रतिद्वंद्वी राज्य कालपी के मलिकजादा सुल्तान महमूद शाह (१३९०-१४११ ई०) ने बीरम बघेल के ऊपर दो बार चढ़ाइयाँ की। बीरम ने कड़ा-इलाहाबाद पर आक्रमण किया। तब सुल्तान महमूद ने अपने छोटे भाई, कालपी के मुख्य वजीर तथा एरच के जागीरदार जुनैद खाँ विन पीरोज खाँ के नेतृत्व में सेना भेज कर बीरम की अनुपस्थिति में उसकी राजधानी गहौरा को लुटवा लिया। उसने अरैल (इलाहाबाद के पास) तथा प्रयाग को भी लूटा और उस पवित्र स्थान के तीर्थयात्रियों को कैद कर लिया। यह घटना प्रमाणित करती है कि प्रयाग १४ वीं-१५ वीं शताब्दी में भट्टा-गहौरा के बघेला राज्य में सम्मिलित था।

कालपी का मलिकजादा राज्य १३९० में स्थापित हुआ। लगभग उसी समय जौनपुर का शर्की राज्य भी स्थापित हुआ। सुल्तान इब्राहीम शाह (सन् १४०१-४० ई०) के शासनकाल में यह राज्य शक्तिशाली हो गया। सीधी-मड़वास के क्षेत्रों में शर्की सुल्तानों के सिक्के प्राप्त हुए हैं। उनसे पता चलता है कि दक्षिण में शर्की सुल्तानों के राज्य की सीमा नर्मदा नदी तक घी न कि यमुना तक। इब्राहीम शाह का प्रबल समर्थक उसका मित्र गहोरा का बीरम ही था। जौनपुर के शर्की सुल्तान इब्राहीम की नीति थी कि राजपूत राजाओं के साथ अच्छा व्यवहार रखा जाये, जिनकी सामयिक सहायता पर वह वहुत निर्भर रहता था। शर्की सल्तानों की इस नीति से राजपूतों की शक्ति बढ़ गई और वे स्वतन्त्र हो गये। इब्राहीम शाह शर्की की राजपूत नीति ही १५० वर्षों पश्चात् मुगल बादशाह अकबर के लिए पथ प्रदर्शक बनी। इब्राहीम के उत्तराधिकारी राजपूतों पर, विशेषकर गहोरा के बघेलों पर, पूर्णतया निर्भर रहने लगे।

बीरम जौनपुर के शर्की सुल्तान का मित्र हो गया था। वह १४१३ ई० में इब्राहीम शर्की के साथ कालपी राज्यान्तर्गत एरच के महत्वपूर्ण घेरे में भाग लेने गया, जो सुल्तान महमूद के उत्तराधिकारी और पुत्र कादिरशाह (१४११-१४३२) ई० के ऊपर किया गया था। इस महत्वपूर्ण युद्ध का वर्णन डा० शेफाली चटर्जी ने अपने शोधग्रंथ ('शर्की सुलतानों का इतिहास', प्रका० इलाहाबाद) में नहीं किया है। संक्षेप में एरच के इस युद्ध का वर्णन इस प्रकार है :

इब्राहीम ने महोबा, राठ और शाहपुर पर अधिकार कर लिया। अपने राजपूत मित्र बीरम बघेला को एरच के सुदृढ़ दुर्ग पर घेरा डालने के लिए इब्राहीम ने अपने वजीर मलिकुश्शर्क मकबूल के साथ भेजा। जौनपुर राज्य के एक अधिकारी तातार खां के साथ बीरम ने एरच दुर्ग के बेतवा नदी द्वार की ओर मोरचा संभाला। युद्ध में हुए नरसंहार का वर्णन 'तारीखे मुहम्मदी' में हुआ है। बीरम देव बघेला के इस युद्ध से एरच का पतन हो गया। बीरम बघेला ने एरच के युद्ध में मलिकजादाओं के छक्के छुड़ा दिए। सुल्तान महमूद द्वारा गहोरा राधधानी को वजीर जुनेद खां से लुटवाने का अब बदला ले लिया गया। बीरम के रण-

कौशल से प्रभावित होकर तारीखे मुहम्मदी का लेखक मुहम्मद बहादुर खानी बीरम की उपमा ईरान के पुरातन वोर नीरम से देता है और बीरम को 'युग का नीरम' कहता है।

डा० शेफाली चटर्जी ने लिखा है : "बांदा का जिला शर्की सुल्तानों के अधीन आया कि नहीं, यह पता नहीं चलता"। वस्तुतः चित्रकूट से कन्तित तक और गंगा-यमुना से लेकर टोंस नदी के उद्गम कैमूर तक का विस्तृत बघेला राज्य जौनपुर की अधीनता स्वीकारता था, इस पर लेखिका का ध्यान नहीं गया। अन्य लेखक मियां मुहम्मद सईद ने लन्दन वि० वि० से स्वीकृत तथा कराची से प्रकाशित अपने शोध ग्रंथ "शर्की सुल्तनत आफ जौनपुर" में गहोरा के बघेला राज्य को जौनपुर से पृथक् करके दिखाया है और यह नहीं बतलाया कि बघेलों की राजधानी कहां थी।

राजा बीरम डौंड़िया खेड़ा, जिला उन्नाव, उ० प्र०) के शक्तिशाली बैस राजा रायतास का समकालीन था, जो प्रसिद्ध त्रिलोकचन्द्र का पितामह था। बीरम के १८ पुत्र थे। राजधानी गहौरा में उसने पदमाकर नामक झील का निर्माण करबाया, जो आज भी विद्यमान है। बोरम देव बघेला के पूरे चरित का मूल्यांकन मैंने अपने शोधग्रंथ 'सल्तनत कालीन-बुन्देलखण्ड' में किया है।

बीरम के उत्तराधिकारी और उसके पुत्र नरहरिदास बघेल ने एक लंबी अवधि तक शासन किया। बीरम ने मालवा के सुल्तान महमुद खिल्जी (१४३६-१४६९ ई०) को माण्डवगढ़ में स्थित उसकी गजशाला के लिए १४४१ में बांधवगढ़ (जनपद शहडोल, म० प्र०) के बाजार में हाथियों की आपूर्ति करने से साफ इन्कार कर दिया। उसने हाथियों का इतना अधिक मूल्य बता दिया कि उसे सुल्तान महमूद मालवी अदा नहीं कर सका। इसके ३ वर्ष पश्चात् सन् १४४४ ई० में नरहरि बघेला जौनपुर के महमूद शर्की के साथ आक्रमण में भाग लेने के लिए अपने पिता के घोर शत्रु कालपी के मालिकजादाओं के यहां सेनायें ले गया।

१५वीं शताब्दी में गहोरा के बघेल एक महान् शक्ति के रूप में उभरे। उन्होंने एक तरफ बैसवारा के बैस दंश और दूसरी और कन्तित के गहवारों के यहां अपने वैवाहिक सम्बन्ध स्थापित किए। शताब्दी के अन्तिम दशक में बघेल एक बड़ी शक्ति थे। उन्होंने हुसैन शाह शर्की (१४५८-१५०५ ई०) की सहायता बहलोल लोदी के विरुद्ध की।

नरहरिदास बघेल का पुत्र भैद्यचंद्र एक प्रतापी शासक हुआ। उसके दरबारी कवि माधव के अनुसार उसने प्रयाग, काशी, गया तक अभियान किए। उसका विवाह बक्सर (गंगा के बांए तट पर, उन्नाव जनपद) के राय बसाधन देव की पुत्री उद्धरण देवी से हुआ। भैद्य चन्द्र लगभग १४४५-१४९४ ई०) ने गहोरा का विकास किया। उसने चूने के मिश्रण से सुन्दर महलों का निर्माण करवाया। बाद में उसके वंशज राजा वीरभान ने उन महलों को अधिक कलात्मकता प्रदान की।

हुसैन शाह शर्की के शासनकाल में कालपी पर उसका अधिकार बहलोल लोदी ने छीन लिया था। लोदियों और शर्कियों के संघर्ष का केन्द्र बाद में कालपी से हटकर गहोरा आ

गया। गहोरा राज्य का उत्तरी भाग बुन्देलखण्ड के आधुनिक बौंदा जिले का भाग था। लोदी-शर्की संघर्षकाल में अपने समर्थक और सहायक शर्की सुल्तान हुसैन शाह के लिए अपनी जान जोखिम में डालने वाले भट्टा गहौरा के ३ पीढ़ियों के राजा भैद्य चन्द्र, उसका पुत्र शालिवाहन और उसका पुत्र वीर सिंह थे।

७६६ हि० (१४६३ ई०) में बघेल हुसैन शाह शर्की के लिए ढाल थे। तब लोदी शासकों ने अपने जौनपुर अभियानों को गहोरा राज्य के बघेलों की ओर मोड़ दिया। सुल्तान सिकन्दर लोदी ने राजपूतों के विरुद्ध धावा बोल दिया और वह कन्तित परगने में घुस गया, जहां भैद्यचन्द्र ने अपनी ननिहाल में शरण ले रखी थी। भैद्यचन्द्र ने कन्तित दुर्ग से निकलकर उस समय सुल्तान के सम्मुख समर्पण कर दिया। किन्तु जब सिकन्दर लोदी ने उसके परगने अरैल और प्रयाग को लूटा तब वह सशंकित हो शिविर से भाग निकला (तबकाते अकबरी और फरिश्ता)। शर्कियों के प्रति बघेलों की निष्ठा को समाप्त करने के लिए सिकन्दर ने ९०० हि० (१४६४-६५ ई०) में पुनः गहोरा राज्य में प्रवेश कर लूटपाट की। भैद्यचन्द्र के पौत्र वीर सिंह ने खानघाटी (कठौलीघाट, रीवा) में सिकन्दर का सामना किया, किन्तु पराजित हुआ। इस समय दो घटनायें घटित हुईं: प्रथम थी कन्तित से सरगुजा जाने वाले मार्ग में भैद्यचन्द्र की मृत्यु। दूसरी बात थी सिकंदर का सेना सहित भट्टा-गहोरा प्रान्त में बांधवगढ़ के निकट तक पहुँच जाना। परन्तु भौगोलिक परिस्थितियां, महामारी तथा रसद की कमी के कारण सिकंदर को असफलता हाथ लगी। निजामुद्दीन अहमद लिखता है कि लोदी सेना के अधिकतर घोड़े (नब्बे प्रतिशत) नष्ट हो जाने से वह विवश होकर जौनपुर की ओर लौट पड़ा। वहां बारा-कसौटा (जि० इलाहाबाद) के बघेल जमींदार लक्ष्मीचन्द ने हुसैन शर्की को सिकन्दर की कठिनाइयों से लाभ उठाने के लिए आमन्त्रित किया।

भैद्यचन्द्र की मृत्यु (१४६४ ई०) के पश्चात् सिकन्दर ने उसके उत्तराधिकारी शालिवाहन देव बघेल (१४६५-१५०० ई०) को अपने पक्ष में कर लिया। उसकी सहायता से सिकन्दर ने हुसैन शाह को पराजित कर दिया। इस राजपूत बघेला की शक्ति से प्रभावित होकर सिकन्दर ने शालिवाहन से उसकी पुत्री का डोला मांगा, लेकिन शालिवाहन ने इस प्रस्ताव को ठुकरा दिया। खिन्न होकर सिकन्दर ने अन्तिम बार १४६८-६६ ई० में बांधवगढ़ का घेरा डाला। पर वह उस अजेय दुर्ग को न ले सका और गहोरा राज्य के मार्ग में पड़ने वाले गांवों को लूटता-पाटता वापिस जौनपुर चला गया। शालिवाहन की रानी अर्थदेवी से उत्पन्न पुत्र उदयकरण अपने पिता की सम्पत्ति त्याग कर उत्कल (उड़ीसा) चला गया। उसने वहाँ के राजा कपिलेन्द्र गजपति के पुत्र राजा पुरुषोत्तम (१४६७-१४६७ ई०) की पुत्री से विवाह किया और वहीं बस गया। उड़ीसा में नयागढ़ राज्य के बघेल, राजा उदयकरण के वंशज हैं। शालिवाहन ने अपने नाम पर शालिवाहनपुर नामक नगर बसाया और एक सुन्दर बाग लगवाया।

राज्य की वंशावलियों के अनुसार शालिवाहन का जन्म सम्वत् १४९२ (१४३५ ई०) में हुआ। वह जब १४६५ में गहोरा के सिंहासन पर बैठा तब ६० वर्ष का हो चुका था। बुढ़ापे के कारण उसने अपना उत्तराधिकारी वीरसिंह को बनाया और सत्ता उसे दे दी।

वीरसिंह देव बघेला का जन्म १४६७ ई० में हुआ। लोदियों और शर्कियों के जीवन-मरण के संघर्ष काल में उसने अपने पितामह और पिता से प्रत्यक्ष रूप से प्रशासनिक और सैनिक अनुभव प्राप्त कर लिए थे। हुसैन शाह शर्की के बंगाल पलायन (१४९५ ई०) के पश्चात् जौनपुर का प्रकरण समाप्त हो गया और बघेलों ने अपनी निष्ठा लोदियों के प्रति स्थानान्तरित कर दी। वीर सिंह देव बघेल सिकन्दर लोदी से मित्रतापूर्ण सम्बन्ध बनाए रखने लगे और उन के दरबार में हाजिरी देने लगे। मुगल शासक बाबर (१५२६-१५३० ई०) ने अपने 'संस्मरण' में उल्लेख किया है कि वीर सिंह (१५००-१५३० ई०) ने खनवा के संग्राम (१५२७ ई०) में राणा सांगा की सहायता ४९०० घुड़सवार देकर की। राजपूतों के संघ की पराजय के पश्चात् वीरसिंह देव बघेला ने मुगल विजेता से मित्रता कर ली। बाबर को वड़ी प्रसन्नता हुई कि हिन्दुस्तान के दो बड़े राजाओं में से एक युद्ध में परास्त हो गया और दूसरा राजा (वीर सिंह) उसका मित्र बन गया। जीतन सिंह के अनुसार वीरसिंह ने बाबर से अपने क्षेत्र का आधिपत्य प्राप्त कर लिया (रीवा राज्य दर्पण)। माधव कवि का कथन है कि वीरसिंह और बाबर एक-दूसरे के प्रति भाई-चारे का बर्ताव रखते थे (वीरभानूदय काव्य, सर्ग ७, श्लोक २२)।

वीरसिंह देव के दो पुत्र, वीरभान और यामिनी भान, उसकी रानी सुकुमार देवी से उत्पन्न हुए। १५०२ ई० में उसने यामिनीभान को मैहर (म० प्र०) की जागीर दी। उसकी दिग्विजयों का विस्तार दक्षिण तक था। उसकी प्रथम चढ़ाई नागौद (जिला सतना) के राजा के पूर्वज विक्रमादित्य परिहार पर हुई। उससे नरो (सतना) छीन लिया गया। वह गढ़ा-कटंगा के गोण्ड शासक अर्जुन दास के हत्यारे पुत्र अमानदास के विरुद्ध बढ़ा। वीरसिंह ने अमानदास का राज्य रौंद डाला। बाद में अमानदास के अनुरोध पर वीरसिंह ने उसे क्षमा कर दिया।

अब वीरसिंह देव बघेला ने कूटनीति से नारायण कुरु से बांधवगढ़ वापस ले लिया। इन कुरुओं को संभवतः अजयगढ़ (पन्ना जिला) के चन्देलों ने १३वीं शती में ककरेड़ी (कालिंजर से ६५ कि० मी० रीवा—जनपद की सिमौर—तहसील, में स्थित) से दक्षिण की ओर मार भगाया। वीरसिंह साल्ह नामक अपने मंत्री को बांधवगढ़ सौंप कर अरैल लौटा, जहाँ उसने मुगल सम्राट बाबर से सन्धि कर ली।

दक्षिण के अपने दूसरे अभियान में वीरसिंह ने रत्नपुर (जिला बिलासपुर) के कलचुरि शासक के विरुद्ध चढ़ाई की और उससे कर वसूल किया। इसी क्रम में उसने डहारी और सहजोरा (दमोह-जबलपुर का क्षेत्र) को जीता, जिससे उसकी शक्ति में वृद्धि हो गई। वीरभानूदय काव्य का कवि माधव उत्साहपूर्वक यह लिखता है कि "वीरसिंह से मुगल सम्राट् बाबर भी भय खाता था।" इसमें कोई सन्देह नहीं कि वीरसिंह देव बघेला के शासनकाल में भट्टा-गहोरा राज्य की सीमा बहुत बढ़ गई थी। अपनी विजयों के अवसर पर लूटी हुई संपत्ति से उसने राजधानी गहोरा को सुन्दर बनाया। वहाँ उसकी विशाल सुसज्जित सेना रहती थी।

वीरसिंह निर्माता के साथ साहित्यकारों का संरक्षक था। कबीरपंथी विवरणों में उसे कबीरदास का भक्त कहा है। कहा जाता है कि कबीर ने गहोरा की यात्रा कर उस नगरी को गौरवान्वित किया। बघेला परम्परा के अनुसार वीरसिंह कबीर के शव को मगहर से, हिन्दू

दल के नेता होने के नाते, काशी लाये। नवीन प्रमाणों की उपलब्धि से कबीर की मगहर में हुई मृत्यु के संबन्ध में इतिहाकारों में मतभेद पैदा हो गया। वीरसिंह की मृत्यु १५३० में हुई।

वीरसिंह का राज्याधिकारी वीरभान देव बघेल (१५३०-१५५५ ई०) अफगान शेरशाह और हुमायूँ मुगल का समकालीन था। राज्य की वंशावलियों के अनुसार वीरभान ने १५३० में सिंहासन ग्रहण किया। इसके पिता वीरसिंह ने इतनी अधिक विजयें प्राप्त कर ली थीं कि पीरभान के जीतने के लिए बहुत कम क्षेत्र बचा था (वीरभानूदय काव्य, सर्ग ५, श्लोक १५)। उसने अपने श्वसुर दादूराय (कलचुरी शासक) को परास्त कर रतनपुर में अधिकार कर लिया वह विवेकी, दानवीर, धर्मात्मा और कूटनीतिज्ञ था। प्रतिदिन अपने पिता के सिंहासन पर, बैठकर वह राज्य के समस्त कार्यों का स्वयं संचालन करता था। मन्त्रि-परिषद्, उच्च मंत्रिवर्ग, कानूनी सलाहकार समिति, वित्त विभाग, गुप्तचर व्यवस्था, लेखा विभाग और पंचायत प्रणाली उसके शासन की विशेषता थीं। आय-व्यय हेतु मासिक और पाक्षिक बजट वीरभान बनाता था। स्वयं मालगुजारी के रूप में वह प्रजा से उत्पादन का १/६ भाग और शत्रुओं से १/११ भाग वसूल करता था। अपने भाइयों को वीरभान ने राजधानी से दूर जागीरें दीं, ताकि राज्य में शांति-व्यवस्था स्थापित रहे।

अपने पूर्वजों का अनुसरण कर उसने मुगल शासक हुमायूँ से मधुर संबन्ध बनाये रखे। अफगान सरदार शेरशाह से चौसा के युद्ध (१५३९ ई०) में हार कर हुमायूँ ने गंगा के मार्ग से भट्टा प्रान्त में प्रवेश किया। वीरभान ने कुछ घुड़सवारों की सहायता से हुमायूँ को यमुना पार कराया। उसने अरैल में भूखे मुगल सैनिकों के लिए बाजार लगवाया और ४-५ दिन पश्चात् अपनी देख-रेख में उन्हें कड़ा-मानिकपुर तक सुरक्षित पहुँचा दिया। उसने हुमायूँ का पीछा कर रहे बरमजीद गोर और मुहम्मद शाह अफगान को खदेड़ दिया।

हुमायूँ द्वारा पुनः सिंहासन-प्राप्ति हेतु कन्नौज के युद्ध (१५४०) में किए गये संघर्ष के पहले राजा वीरभान ने उसकी सहायता को लिखा था।

हुंमायूँ को खदेड़ने के बाद शेरशाह का दूसरा कट्टर दुश्मन वीरभान बघेला था, न कि वीरसिंह देव बुन्देला। शेरशाह ने वीरभान को अपने दरबार में बुलवाया, लेकिन वहाँ न जाकर उसने चन्देल मित्र राजा कीरत सिंह के यहाँ कालिंजर दुर्ग में शरण ली। शेरशाह ने किले को चारों ओर से घेर कर वीरभान को पकड़ने की योजना बनाई। उसने कालिंजर के अजेय दुर्ग में अपने जीवन का अन्तिम घेरा डाला (१५४५ ई०)। सैनिकों द्वारा गोलाबारी करते समय शेरशाह बुरी तरह जल गया। चन्देल राजा कीरत सिंह को मृत्यु दण्ड मिला, परन्तु वीरभान हाथ नहीं आ सका।

कालिंजर घेरे से पूर्व शेरशाह ने सिहुण्डा (जि० बांदा) में अपने खेमे गाड़े। कहते हैं कि मुगलकाल में सिहुण्डा में सात सौ मस्जिदें और नौ सौ कुएँ विद्यमान थे।

वीरभान ने लगभग १५५१ ई० में अपने पुत्र रामचन्द्र के पक्ष में सिंहासन छोड़ दिया और अरैल-स्थित निवास में रहने लगा। जब हुमायूँ पुनः हिन्दुस्तान का सम्राट् बना

(सन् १५५५ ई०) तब उसने वीरभान के नाती वीरभद्र के जन्म (सन् १५५३ ई०) पर प्रसन्नता प्रकट कर अपने दूतों और मन्त्रियों के हाथ महत्वपूर्ण उपहार भेजे।

राजा रामचन्द्र (१५५१-१५९२ ई०) भट्टा-गहोरा का अन्तिम बघेल शासक था। गणेश राउत नामक वरिष्ठ और कुशल मन्त्री से उसने प्रारम्भिक शिक्षा ग्रहण की। संगीत में वह तानसेन का शिष्य था। उसका विवाह गौड़ (बंगाल) के नरेश कीर्ति सिंह की पौत्री और माधव सिंह की पुत्री यशोदा से हुआ था। उसका भट्टा राज्य उत्तर में यमुना से दक्षिण में नर्मदा तक और पूर्व में सीधी जिले से पश्चिम में पन्ना तक फैला हुया था। रामचन्द्र साहित्य और कलाओं का प्रेमी था। तीन वर्षों तक युवराज के रूप में भी वह गहोरा का पूर्ण अधिकारी था। मुहम्मद आदिल शाह सूर 'अदली' (१५५३-५७ ई०) रामचन्द्र की शरण में आया (१५५४ ई०)। शेरशाह का पुत्र इस्लाम शाह आदिल का बहनोई था। रामचन्द्र ने एक युद्ध में इब्राहीम शाह सूर के पुत्र गाजी खां सूर को परास्त किया (१५५५ ई०) और उसकी बेगमों सहित बन्दी बना लिया। उसने एक मराठा नरेश से 'कर' वसूल किया और करहाटक के राजा को भी झुकाया। रामचन्द्र ने ऊँचहेरा के परिहार राजा तथा नारायण परमार (संभवतः बरोंधा नरेश) को भी परास्त किया। गुणों के सागर राजा रामचन्द्र ने १५५८ ई० में अरैल के ब्राह्मणों को ३७० गाँव दान दिये। उसने बौद्ध भिक्षुओं को भी हाथी दान में दिये।

गांधर्व विद्या-प्रेमी भट्टा निवासी मकरन्द पाण्डेय का पुत्र तानसेन उसकी सभा का गायक था। बदायूँनी लिखता है कि रामचन्द्र शाही दरियादिली में बेमिसाल था। तानसेन के गुणों से प्रभावित होकर रामचन्द्र ने उसके प्रत्येक ध्रुपद, राग और तान पर बहुसंख्यक स्वर्ण मुद्राएँ दान दीं। उस समय रामचन्द्र का भट्टा-गहोरा राज्य सत्ता के सर्वोच्च शिखर पर पहुँच चुका था। जब तानसेन की प्रसिद्धि फतेहपुर सीकरी पहुँची तब मुगल सम्राट् अकबर ने जलाल खाँ कुर्ची कौ गहोरा भेज कर तानसेन को अपने दरवार में बुलवा लिया (१५६२ ई०)। इसके बाद अकबर रामचन्द्र पर बराबर नजरें गड़ाए रहा।

गहोरा राजधानी के सम्वन्ध में खेद के साथ लिखना पड़ता है कि अकबर-जैसे महान् सम्राट और राजपूतों के मित्र के आरंभिक शासनकाल में, जब प्रयाग में एक सुदृढ़ दुर्ग के निर्माण की योजना चल रही थी, कड़ा के राज्यपाल अब्दुल मजीद आसफ खां ने गहोरा पर आक्रमण शुरू कर दिये। तानसेन के सीकरी चले जाने के एक वर्ष पश्चात् मुगल विद्रोही गाजी खाँ तन्नूरी ने भट्टा में शरण ली। उसके समर्पण के प्रसंग को लेकर आसफ खां ने, जो गढ़ा की प्रसिद्ध चन्देल रानी दुर्गावती पर आक्रमण करने जा रहा था, अपना पहला कुदाल गहोरा के भवनों पर चलाया। इससे परेशान होकर राजा रामचन्द्र ने १५६३-६४ ई९ में गहोरा छोड़ दिया और बांधवगढ़ के सुदृढ़ दुर्ग को अपना शासन-केन्द्र बनाया। बांधवगढ़ दुर्ग से आठ कि० मी० दूर, रामनगर (रामपुर) नामक स्थान में राजा रामचन्द्र का महल स्थित था। मुगलों ने यमुना के दक्षिण में भट्टा-गहोरा के बघेला राज्य के बहुत बड़े भाग पर अधिकार जमा लिया और गहोरा को उजाड़ डाला। 'अकबरनामा' के लेखक अबुलफजल के अनुसार, जब आसफ खाँ बांधवगढ़ में घेरा डाले था उसी समय "बीरबल" के हस्तक्षेप से अकबर ने रामचन्द्र के

ऊपर से घेरा उठा लेने का आदेश दिया। रामचन्द्र के बचपन के दोस्त बीरबल के सहयोग से वघेला राज्य मिट जाने से बच गया। लेकिन अकबर महत्वाकांक्षा को दबा न सका। चित्तौड़ और रणथम्भौर मुगलों के हाथ में आ चुके थे। राजा रामचन्द्र को कालिंजर के दुर्ग की कुँजी अकबर को सौंपने को बाध्य होना पड़ा (१५६९ ई०)। कालिंजर दुर्ग को शेरशाह सूरी के दामाद बिजली खान को एक भारी रकम देकर रामचन्द्र ने खरीदा था। राजा रामचन्द्र ने अपने पुत्र वीरभद्र को अकबर के दरबार में भेज दिया। मजनू खां काकशाल कालिंजर का मुगल किलेदार नियुक्त किया गया। कालिंजर के बदले में रामचन्द्र को अरैल का परगना और प्रयाग की जागीर वापस कर दी गई, जिसमें तरहुँआं (तह० कर्वी) भी सम्मिलित था। राजा रामचन्द्र ने इसी वर्ष प्रयाग के दुर्ग की नींव रखी (१५६९ ई०)। बांदा के पूर्व कलैक्टर विन्सेन्ट स्मिथ के अनुसार, बाद में बादशाह ने कालिंजर का दुर्ग बीरबल को जागीर में दे दिया। कालिंजर के एक धनाड्य ब्राह्मण परिवार में बीरबल का विवाह हुआ था।

विद्वान राजा का विद्वान पुत्र वीरभद्र बघेल, शहजादा सलीम के साथ इलाहाबाद मैं रहता था। बाद में वह अकबर बादशाह के दरबार में रहने लगा। कुँवर वीरभद्र जहांगीर का साढ़ू भाई भी था। दोनों के यहाँ रनिवास में बीकानेर के राठौर राय रायसिंह की एक-एक लड़की थी। वीरभद्र संस्कृत का लेखक था। उसके दरबार (बांधवगढ़) में संस्कृत का प्रसिद्ध मैथिल पण्डित पद्मनाभ मिश्र रहता था। वह गढ़ा मण्डला की रानी दुर्गावती-जैसी संरक्षिका की नौकरी छोड़कर वीरभद्र के आश्रय में आ गया था। पद्मनाभ ने वीरभद्र पर एक 'चम्पू काव्य' लिखा। वीरभद्र अपने पिता रामचन्द्र की विशाल सेना का सेनापति था। उसने गढ़ा मण्डला, सिंगरौली (सीधी जनपद) अगोरी, रोहतास दुर्ग, पदममति, विजय गिरि (सभी मिर्जापुर जनपद) काजीबिजौरा, दड़कोर, भरवार (जबलपुर और छत्तीसगढ़ की रियासतें) पर आक्रमण किये।

१५६९ के लगभग रामचन्द्र ने वीरभद्र को अकबरी दरबार में भेज दिया, किन्तु वे स्वयं कभी नहीं गये और न ही कर दिया। कर न देना बघेलों की विशेषता थी। १५८३-८४ ई० में जब अकबर शाहाबाद (बिहार) से लौट रहा था तब वह इलाहाबाद में कुछ दिन रुका। वहाँ रामचन्द्र से पीड़ित सिमोंतहा (सीधी) के ब्राह्मणों ने उससे शिकायत की। ब्राह्मणों को भट्टा राज्य की सीमा में मिलने का आश्वासन देकर अकबर ने तुलसीदास जी के जन्मस्थल राजापुर (बाँदा जनपद) में पड़ाव किया। राजा रामचन्द्र के अभिमान को तोड़ने के लिए उसने सेना भेजने की घोषणा की। तभी वीरभद्र ने बादशाह अकबर को अपने पिता की प्रवृत्ति से अवगत कराते हुए अनुरोध किया कि कोई चतुर व्यक्ति ही रामचन्द्र बघेल को मुगल दरबार तक ला सकेगा। तब अकबर ने बीरबल और ज़ैन खाँ कोका को चुना। बीरबल बादशाह अकबर के स्वागत करने का चकमा देकर 'बघेल केसरी' रामचन्द्र को मुगल दरबार में ले गया, जहाँ उसका स्वागत किया गया और १०१ घोड़े भेंट स्वरूप प्रदान किये गये। लेकिन राजा रामचन्द्र ने अकबर को कर न देकर अपने अभिमान को बरकरार रखा। रामचन्द्र अपने पुत्र वीरभद्र को फतेहपुर सीकरी छोड़ कर वापस आ गया। १५९२ ई० में इस गुणवान राजा की मृत्यु हो गई।

अकबर ने वीरभद्र को 'राजा' की उपाधि देकर बांधवगढ़ भजा, परन्तु दुर्भाग्यवश सुखासन से गिरने के कारण वह गंभीर रूप से घायल हो गया। रोग के बढ़ने से कुछ समय पश्चात् १५९२-९३ ई० में उसकी मृत्यु हो गई।

बघेला राज्य मुगलों से पहले के काल में भट्टा-गहोरा के नाम से प्रसिद्ध था। बांधवगढ़ को वीरसिंह बघेला ने जीत लिया और उसके पौत्र रामचन्द्र ने उसको अपनी सैनिक राजधानी बना लिया था। मुगल इतिहासकारों ने इसलिए इस राज्य को बांधू और उसके शासकों को 'जमींदार-बांधू' लिखा है। रामचन्द्र की मृत्यु के पश्चात् राजधानी बांधवगढ़ से रीवा स्थानान्तरित हुई और उसे रीवा राज्य कहने लगे। परंतु इस वंश के शासकों को आज भी 'बांधवपति' या 'बांधवेश' कहा जाता है।

वीरांगना रानी दुर्गावती

श्री ओमप्रकाश कुन्द्रा

गोंड स्मारकों के रूप में प्रतापी राजवंश की शौर्य-गाथायें राजधानी भोपाल से लेकर संस्कारधानी जबलपुर और फिर नर्मदा की पावन धारा के समीप बसे मंडला के अलावा सागर, दमोह और नरसिंहपुर जिलों में अंकित हैं। इनमें सिंगौरगढ़ का विशाल वन्य दुर्ग, दमोह जिले के घने जंगल में तथा चौरागढ़ की जर्जर अवस्था को प्राप्त अन्य दुर्ग अपनी सैन्यसज्जा तथा दुर्ग-निर्माण की शिल्पगाथा बखानते हैं। नरसिंहपुर जिले के ब्रह्मांडघाट पर नर्मदा किनारे रानी दुर्गावती द्वारा निर्मित सुन्दर मंदिर, मंडला में रामगढ़ के राजप्रासाद तथा जबलपुर के अनेकानेक स्मारक प्राचीन यशोगाथाओं की याद दिलाते हैं।

इतिहास ने रानी दुर्गावती की उपेक्षा की। जिन इतिहासकारों ने उन पर कलम चलाई उन्होंने तत्कालीन लेखों और दस्तावेजों का सहारा लेकर इसी बात पर जोर दिया कि वे भागती हुई मारी गईं, जो कि नितांत असत्य है। दुर्गावती चाहतीं तो बादशाह अकबर से समझौता कर लेतीं या फिर आसफ खां के आगमन की खबर पाकर बच निकलतीं, जिसके लिए समय और साधन दोनों उनके पास थे।

अन्यायन्य स्त्रोतों के अनुसार दुर्गावती अपने परिवार के साथ सिंगौरगढ़ के किले में वर्षाऋतु के आगमन की प्रतीक्षा कर रही थीं। वर्षाकाल वहीं बिताने का विचार था। गोंडवाना से शत्रुता रखने वाला, गुजरात का सुल्तान बाजबहादुर परास्त हो चुका था। रानी अपने कुछ किलेदारों के तेवरों से जरूर परेशान थीं और इन विद्रोहियों के सिरमौर थे रानी के देवर मंडला के गढ़पति चन्द्रशाह।

एक रात अचानक रानी को गुप्तचरों ने सूचना दी कि नवाब आसफ खां के नेतृत्व में मुगलसेना दमोह से बढ़कर सिंगौरगढ़ की ओर आ रही है। आसफ खां दस हजार सैनिकों और तोपखाने को लेकर तेजी से बढ़ा आ रहा था। रानी ने रात में ही सरदारों और सलाहकारों को बुलाकर मंत्रणा की। केवल मंत्री आधारसिंह ने सुलह कर लेने का सुझाव दिया, जबकि शेष सभी मोर्चा लेने के पक्ष में थे। आधारसिंह ने रानी को पहली बार जानकारी दी कि बहुत से सैनिक छुट्टी पर चले गये हैं। फिर भी, रानी लड़ाई की तैयारियों में जुट गई। औरतें और बच्चे, थोड़े से सिपाहियों के साथ चौरागढ़ रवाना कर दिये गये।

शाही सेना के तोपखाने को रोकने के लिये एक टुकड़ी ने हिरण नदी के गाड़ाघाट पर मोर्चा जमाया। बड़ा मोर्चा नागाघाटी में नरेई नाले के पास ही जमाया जाये और सेना एकत्र की जाये, इस विचार के साथ जबलपुर के गढ़ा (वर्तमान चन्डालभाटा) में पहली मुठभेड़ की योजना बनाई गई और सभी गढ़पतियों को बुलावा चला गया।

उधर आसफ खां ने जब दमोह की ओर से किले पर हमला किया और पश्चिम दिशा से भी उसकी तोपों ने गोले बरसाये तो किला खाली था। रानी दुर्गावती सरदारों सहित गढ़ा की ओर रवाना हो चुकी थीं। शाही सेना तत्काल गढ़ा की ओर चल पड़ी और कटंगी होती हुई आगे बढ़ी। रानीताल के निकट दोनों पक्षों में तुमुल संग्राम हुआ। रानी के सैनिकों ने शाही सेना के पैर उखाड़ दिये और उन्हें पांच मील पीछे खदेड़ दिया। तोपखाना सिंगौरगढ़ में था और उसके पहुंचने के पहले ही रानी ने बारहा की घाटी में मोर्चा जमा लिया। इधर शाही सेना में आसफ खां के घुड़सवार आ मिले।

बारहाघाटी के संग्राम में पहले दिन रानी ने घोड़े पर सवार होकर विद्युत् गति से शत्रु के दाँत खट्टे किये और पुत्र वीरनारायण को शत्रुओं के चंगुल से मुक्त किया। शाही सेना गौर नदी तक खदेड़ दी गयी। परन्तु रानी की हाथी-सेना का स्वामिभक्त सरदार अर्जुनसिंह काम आया।

वीरनारायण को दो सैनिकों के साथ चौरागढ़ भेज दिया गया और रात्रि के चौथे पहर में उन्होंने शाही सेना पर हमला कर उसे भारी क्षति पहुंचाई। परन्तु इसी बीच मुगलों की मदद के लिये तोपखाना आ पहुंचा। गोंडों के तीर, तोपों का मुकाबला कब तक करते? अंततः मोर्चा टूट गया। सरदार आधारसिंह बघेल ने रानी को हाथी पर निकल चलने की सलाह दी, जो दुर्गावती को स्वीकार नहीं हुई। इसी समय एक तीर रानी की आँख में लगा और घिरी हुई रानी ने आधारसिंह की कटार खींचकर हृदय में मार ली।

शेष कहानी दुःखदर्द की है। शाही सेना ने चौरागढ़ पर हमला किया। वीरनारायण वीरगति को प्राप्त हुआ। सैकड़ों नारियों ने राजपूती शान से जौहर किया। चन्द रोज बाद आधारसिंह दिल्ली गये और दस जिले देकर मुगल बादशाह से सुलह कर ली। दुर्गावती के देवर चन्द्रशाह गढ़ा के राजा बने। कहते हैं चन्द्रशाह आजीवन अपनी करनी पर पछताते रहे।

गढ़मंडल राज्य के प्रख्यात अधिपति, गोंडवंश के कुलदीपक, महाराज संग्रामसिंह (संग्राम साहि) के राज्य में ५२ गढ़ थे। कर्नल स्लीमन ने इनके नामों की सूची 'हिस्ट्री ऑफ गढ़ा मंडला' में दी है। मुगल इतिहासकार अबुल फजल के अनुसार इनमें ८० हजार गांव थे जबकि अंग्रेज इतिहासकार कनिंघम का कहना है कि यह संख्या ३६ हजार के करीब होगी। सभी किले ऊँची पर्वतश्रेणियों पर स्थित दुर्ग निर्माण कला के बेजोड़ नमूने होने के साथ दुर्भेद्य थे। इन्हीं के आसपास उस गुज़रे जमाने की समृद्ध बस्तियां बसी हुई थीं।

वस्तुतः ये ५२ गढ़ महाराज संग्राम सिंह की ५२ प्रशासनिक इकाइयां थीं। इनका विस्तार था—जबलपुर, सागर, दमोह, मंडला, नरसिंहपुर, होशंगाबाद, नागपुर, सिवनी,

छिंदवाड़ा और भूपाल से मालवा तक। वर्तमान जबलपुर जिले में गढ़ा पचेल, कनोजा, पाटन और बरगीगढ़ थे। मंडला क्षेत्र में मारूगढ़, परतागढ़, अमरगढ़, देवहार, मंडला, सागर में धामौनी, गढ़ाकोटा, शाहगढ़, गढ़पहरा, रेहली, इटावा, खिमलासा, राहतगढ़, देवरी, गौरझामर; दमोह में सिंगौरगढ़, हटा, मड़ियादो, दमोह; होशंगाबाद में फतेहपुर; सिवनी में घुनसोर, अमोदा; नागपुर में डोंगरवाल तथा छिंदवाड़ा में चौराई प्रमुख गढ़ थे। भूपाल में गनौर, बाड़ी, चौकी, भूपाल, बुन्देलखण्ड की सीमा पर बसा शाहनगर, कुरवाई और रायसेन भी उनके अधीन थे। इसके अलावा कई बड़े गढ़ और छोटी गढ़ियां इस विशाल राज्य में शामिल थीं।

संग्राम शाह मध्यकालीन भारत के प्रतापी गोंड राजा थे। इतना बड़ा साम्राज्य उन्होंने अपने बाहुबल से अर्जित किया था। अपने जीवनकाल में उन्होंने अनेक युद्ध लड़े और जीते। अपने समकालीन तथा नामराशि चितौड़ाधिपति महाराणा संग्रामसिंह से बल, साहस और स्वदेश-प्रेम में वे कम न थे। महाराणा ने बाबर से टक्कर ली तो इन्होंने गुजरात तथा मांडू के सुलतानों को परास्त किया। उनकी अद्वितीय शासन-व्यवस्था में चारों ओर सुख, शांति और संपन्नता का साम्राज्य था। अपने शासनकाल में उन्होंने कई मंदिर, तालाब तथा किले बनवाये। उनके पुत्र दलपतशाह का विवाह बाद में चंदेल राजवंश की अनिंद्य सुन्दरी दुर्गावती से हुआ, जो राठ और महोबा के राजा शालिवाहन की पुत्री थीं।

तलवार की झंकारों और रणभेरियों के युद्ध-निनाद के बीच प्राप्त दुर्गावती का विवाह-सुख शीघ्र ही दारुण दुख मैं बदल गया। तीन साल का अल्पायु सिंहशावक वीर नारायण रानी दुर्गावती की गोद में था कि दलपत शाह ने आँखें मूँद लीं। इस घटना के बाद रानी का तेजोमय रूप प्रकट हुआ। उन्हें प्रजा का पूरा सहयोग मिला और वे वीरनारायण के युवा होने तक विशाल साम्राज्य का दायित्व संभालती रहीं। रामनगर के शिलालेख में उनकी प्रशस्ति अंकित है।

दुर्गावती याचकों की सौभाग्य-लक्ष्मी, सद्‌गुणों की मूर्ति के समान सुन्दरी तथा संसार की भलाई की सीमा थीं। उन्होंने कई मंदिरों का निर्माण कराया तथा राज्य को हाथियों और रत्नाभूषणों से भर दिया। प्रजाजनों की रक्षा के लिये सदैव तत्पर रानी युद्धों मैं सदा अविचलित रहतीं।

दुर्गावती के समय में गढ़मंडल राज्य का वैभव बहुत बढ़ गया। 'आइने अकबरी' में अबुल फज़ल ने राज्य की संपदा के वर्णन में उसकी विपुलता दर्शाते हुये लिखा है कि रानी के पास १४०० मस्त हाथियों का समूह था और राज्य धन-धान्य से पूरी तरह संपन्न था।

बरेला के निकट जहाँ वे गिरीं थीं ग्रामीणों ने एक चबूतरा बना दिया था। आज तक लोग वहाँ पत्थर चढ़ाकर अपनी श्रद्धांजलि अर्पित करते हैं। इस क्षेत्र तथा गढ़ा में सैनिकों की अगणित समाधियाँ तथा सती चौरे रानी द्वारा गढ़-मंडल की रक्षा के लिये लड़े युद्ध की याद दिलाते हैं। समाधि-स्थल पर मध्यप्रदेश शासन ने एक स्मारक बनवा दिया है।

बाद में जब आसफ खां शाही खजाने को हस्तगत करने चौरागढ़ पहुंचा तब वहाँ सच्ची राजपूत परंपरा में गोंडस्त्रियाँ और बच्चे जौहर की ज्वाला में जल मरे तथा पुरुषों ने

युद्ध-भूमि में प्राण अर्पित कर दिये। बरेला के युद्ध में घायल वीरनारायण को चौरागढ़ युद्ध में वीरगति प्राप्त हुई।

रानी ने जिन तालाबों और मंदिरों का निर्माण कराया उनमें जबलपुर का रानीताल और नरसिंहपुर जिले में नर्मदा किनारे बना हुआ ब्रह्मांडघाट का विशाल मंदिर आज भी दर्शनीय है। साथ ही विद्यमान हैं विशाल क्षेत्र की धरती पर इस प्रतापी और महान राजवंश के असंख्य स्मारक, जो अपनी दुर्दशा पर आँसू बहाने को विवश हैं।

(दैनिक भास्कर
दिनांक २४.६.९१
से साभार)

बुन्देलखण्ड में गोसाइयों की परम्परा

डा० भगवानदास गुप्त

१७०७ में सम्राट औरंगजेब की मृत्यु के पश्चात् उसके उत्तराधिकारियों के काल में मुगल साम्राज्य का जो विघटन शुरू हुआ उससे मुगल सूबेदारों, नवाबों और राजाओं को, केन्द्रीय सत्ता की उपेक्षा कर, अपने अपने स्वतन्त्र राज्य स्थापित करने का मौका मिल गया। स्थानीय छोटे-मोटे जागीरदारों और राजे-रजुल्लों की बन आई। अराजकतावादी तत्व सक्रिय हो उठे। उनके आपसी संघर्षों, उपद्रवों और लूटपाट ने पूरे देश में, विशेषकर उत्तरी भारत में, असुरक्षा और अराजकता की स्थिति उत्पन्न कर दी। नादिरशाह और अहमदशाह अब्दाली के आक्रमणों के साथ ही मराठों और अंग्रेजों के सैनिक अभियानों ने स्थिति और खराब कर दी। शांति और सुरक्षा के अभाव में खेती, उद्योग-धंधे, व्यापार सभी चौपट हो चले। अंतर-देशीय व्यापार तो जैसे ठप ही हो गया। व्यापारियों के कारवें और बंजारों की लदानें मार्गों की असुरक्षा के कारण संभव ही नहीं रह गईं। ऐसे ही समय देश के अंतरदेशीय व्यापार के कुछ बिखरे सूत्र संयोग से नागा गुंसाई साधुओं के हाथ आ गये। अठारहवीं सदी के अंग्रेजी विवरणों में इनके उल्लेख संन्यासी-ट्रेडर्स के नाम से मिलते हैं।

साधु-संन्यासी समुदायों की परंपरायें भारत में बहुत पुरानी हैं। उनके दलों और अखाड़ों द्वारा लंबी-लंबी तीर्थ यात्रा करने और कुंभ, अर्धकुंभ, माघ मेलों आदि में सदलबल भाग लेने के अनेक उल्लेख मिलते हैं। इन साधु संप्रदायों में कुछ ऐसे संप्रदाय भी थे जो आत्मरक्षा के लिए शारीरिक बल और अस्त्र-शस्त्रों के प्रशिक्षण को महत्व देते थे। औरंगजेब से लोहा लेने वाले सतनामी साधु और अवध के नवाबों तथा बुंदेलखंड के राजे-रजवाड़ों के सैन्य दलों में लड़ने वाले नागा-गुसाईं ऐसे ही योद्धा साधुओं के वर्ग के थे। असुरक्षा और लड़ाई-भिड़ाई के इस काल में इन नागा साधुओं का महत्व बढ़ गया। विरोधी राजे-रजवाड़े अपने प्रतिस्पर्धियों के विरुद्ध युद्धों में उन्हें धन और सम्मान देकर अपने सैन्य दलों में रखने लगे और बड़े-बड़े व्यापारी उनके संरक्षण में अपना माल-धन-हुंडियां आदि एक स्थान से दूसरे स्थान को भेजने लगे। उत्तरी भारत और बुंदेलखंड भर में प्रसिद्ध राजेन्द्रगिरि, उमरावगिरि और अनूपगिरि ऐसे ही गुसाईं योद्धा साधुओं के महंत और प्रमुख सरदार थे। राजेन्द्रगिरि अवध के नवाब सफदरजंग का सर्वाधिक सम्मान-प्राप्त सेनापति था। सन १७५१ की फरवरी में जब राजेन्द्र-गिरि ने अपने नंगे, धड़ंगे, भस्म रमाए योद्धा साधुओं का नेतृत्व करते हुए इलाहाबाद में नवाब

सफदरजंग के शत्रु फर्रूखाबाद के अहमद खां बंगश के पठानों से जमकर मोर्चा लिया था, तब से नवाब उसका भक्त बन गया था। राजेन्द्रगिरि ही सफदरजंग के सेनापतियों और दरबारियों में ऐसा था जो घोड़ों पर अपने नक्कारे बजाते हुए उसके सामने जाता था और बजाय नवाब को सलाम करने के उसे आशीर्वाद देता था। राजेन्द्रगिरि की मृत्यु १४ जून, १७५३ को दिल्ली में नवाब की ओर से लड़ते हुए हो गई। नवाब सफदरजंग को उसकी मृत्यु का ऐसा सदमा बैठा कि उसने फिर युद्धों में स्वयं भाग लेना ही छोड़ दिया। राजेन्द्रगिरि के दो चहेते चेले थे, उमरावगिरि और अनूपगिरि। ये दोनों ही सगे भाई, और बुंदेलखंड की एक विधवा ब्राह्मणी के पुत्र थे, जिन्हें राजेन्द्रगिरि ने अपना लिया था। सफदरजंग ने ज्येष्ठ उमरावगिरि को नागा-गुंसाइयों का महंत बना दिया। छोटा अनूपगिरि भी नवाब का कम कृपापात्र नहीं था। कालान्तर में यही अनूपगिरि राजा हिम्मतबहादुर के नाम से भारतीय और बुंदेलखंड के इतिहास में प्रसिद्ध हुआ। हिम्मतबहादुर का झांसी और मोठ पर अधिकार रहा। उसने सफदरजंग' के उत्तराधिकारी नवाब शुजाउद्दौला, सम्राट शाह आलम, महादजी सिंधिया और बांदा के प्रथम नवाब अलीबहादुर के साथ अनेकों युद्धों में भाग लिया। हिम्मतबहादुर की मृत्यु सन १८०४ में बांदा के पास हो गई। उसके और उसके ज्येष्ठ भाई उमरावगिरि के वंशज वैसे तो सारे बुंदेलखंड में फैले हुए हैं, लेकिन उनके मुख्य स्थान झांसी, मोठ, दतिया, सेंवढ़ा, करवी, नौगांव के पास बिलहरी और रजधान हैं।

नागा गुंसाइयों ने साधुओं के रूप में तो ख्याति अर्जित की ही, अपनी व्यापारिक गतिविधियों के लिए भी वे कम महत्वपूर्ण न थे। अठारहवीं और उन्नीसवीं सदी के मध्य के असुरक्षित संक्रमण काल में व्यापारियों के माल, उनकी हुंडियों और संदेशों को वे अपनी यात्राओं के दौरान एक जगह से दूसरी जगह पहुंचाते थे। बंजारों के काफिलों का संरक्षण करते-करते उनमें व्यापारिक सूझबूझ उत्पन्न हो गई और वे स्वयं साहूकार और व्यापारी बन बैठे। वे खाद्यान्नों, वस्त्रों, बर्तनों, सोना, हीरे-जवाहरातों, मोती-मूँगों और दक्षिण के मिर्च-मसालों का व्यापार करने लगे और सूद पर साहूकारों की तरह धन भी उधार देने लगे। इन संन्यासी गुंसाई व्यापारियों और साहूकारों ने अंतरदेशीय व्यापार को नया जीवन दिया। बड़े-बड़े व्यापारिक मार्गों पर बसे नगरों, कसबों और गांवों में जहां उनके पड़ाव होते थे, वहां उनके मंदिर, अखाड़े और मठ पहिले से ही स्थापित थे। उनकी संख्या में अब और वृद्धि हो गई और वे इन सन्यासी व्यापारियों के व्यापारिक केन्द्र बन गये। हिमालय की तराई के प्रदेशों से दक्षिण तक और राजपूताना से बंगाल तक इन "संन्यासी ट्रेडर्स" अथवा "ट्रेडिंग पिलग्रिम्स" की व्यापारिक कार्यवाहियां फैल गईं। बुंदेलखंड में छतरपुर और झांसी इन गिरि गुसाइयों-बैरागियों और उनके महंतों के व्यापार के प्रमुख केन्द्र हो उठे ये सागर, मालवा, मिर्जापुर और बनारस से निकट उनके व्यापारिक संपर्क स्थापित हो गए।

जेसुइट मिशनरी पादरी जोसेफ टिफिनथेलर ने सन १७६२ ई० में बुंदेलखंड की यात्रा की थी। वह कालिंजर, जैतपुर, कुलपहाड़, मऊ-महोबा और छतरपुर से गुजरा था। छतरपुर की तब एक व्यापारिक मंडी के रूप में अच्छी ख्याति थी। तिफिनथेलर इसका उल्लेख करता हुआ लिखता है कि "छतरपुर व्यापारिक नगर है। यहां विभिन्न प्रकार की वस्तुयें

मिलती हैं, जिन्हें लोग अन्य प्रदेशों को निर्यात करते हैं। नगर के बाहर संन्यासी और बैरागी रहते हैं, जो व्यापार और विनिमय करते हैं।" टिफिनयेलर छतरपुर में कई मंदिर होने का भी उल्लेख करता है। उसकी इस यात्रा के समय छतरपुर पन्ना के राजा हिंदूपत के अंतर्गत था। हिंदूपत बुंदेलखंड का सर्वाधिक शक्तिशाली शासक था। प्रदेश के अन्य नगरों की अपेक्षा छतरपुर तब अधिक संपन्न नगर था।

अंग्रेज गवर्नर-जनरल वारेन हेस्टिंग्स और उसके पश्चात्कालीन अंग्रेज तथा यूरोपीयन यात्रियों ने भी अपने विवरणों में इन गुंसाई व्यापारियों और साहूकारों के उल्लेख किये हैं।

भारत में अठारहवीं सदी के अंतिम चतुर्थांश से लेकर उन्नीसवीं सदी के मध्य तक अंग्रेजों की सत्ता जैसे-जैसे जमती गई, वैसे वैसे गुंसाइयों की लड़ाकू प्रवृत्तियों पर अंकुश लगते गये जब सन १८०४ ई० में बुंदेलखंड में उनके प्रमुख राजा हिम्मतबहादुर गुंसाई ने अंग्रेजों से संधि कर आत्मसमर्पण-सा कर दिया, तब से बुंदेलखंड के गुंसाई मठों के महंतों, चेलों और व्यापारियों के रूप में बसने लग गए। फलस्वरूप उनके स्वभाव की उग्रता और आक्रमकता भी धीरे-धीरे पहले से कम होती गई। १८३५ ई० के दिसंबर में मेजर जनरल स्लीमेन जब अपनी बुंदेलखंड-यात्रा पर आया, तब उसने उन्हें धर्म-कर्म, पूजा-पाठ और व्यापार में लगे पाया। वह अपने यात्रा-विवरण में झांसी के संपन्न गुंसाई-व्यापारियों और उनके द्वारा बनवाए गए नगर के सुंदर मंदिरों का विशेष उल्लेख करता है। झांसी में इनमें से कई मंदिर, मठ और रानी महल के पास गुंसाइयों की मुख्य बस्ती गुंसाईपुरा अभी भी हैं।

गुंसाई मुख्य रूप से शैव थे। उनमें अधिकतर अपने मृतकों को भूमि-समाधि देकर, समाधि के ऊपर शिव-मंदिर निर्मित करा देते थे। पर ऐसा संपन्न गुंसाई ही कर पाते थे। झांसी और अन्य स्थानों पर गुंसाइयों द्वारा बनवाए गए शिव मंदिर प्रायः ऐसे ही निर्मित हुए।

बुंदेलखंड के गुंसाइयों में अधिकांश पुरी गुंसाई हैं। उमरावगिरि और उसके अनुज अनूपगिरि उर्फ राजा हिम्मतबहादुर के वंशज बाँदा और रजधान में जमींदारों के रूप में बस जाने से बांदा और रजधानवाले पुरी गुंसाई कहलाते हैं।

गुंसाइयों के नागा-संन्यासियों की, अपनी लीक से हटकर, युग की आवश्यकतानुसार शस्त्र पकड़कर योद्धा बनने और फिर व्यापारी वर्ग में बदल जाने की यह कहानी ऐतिहासिक विकासवाद का रोचक उदाहरण है।

१८५७ का स्वतंत्रता-संग्राम

श्री शम्भुदयाल गुरु

यमुना तथा नर्मदा नदियों के बीच का भूभाग जो कभी स्वाधीन, निर्भय और रण-बांकुरे बुन्देला राजाओं के आधिपत्य में था, धीरे-धीरे या तो अंग्रेजों की मातहती में हो गया या उनके सीधे अधिकार में चला गया। बुन्देलखण्ड की रियासतों पर अंग्रेजों की अपमानजनक संधियां थोप दी गयीं जबकि १८१७ की पूना संधि और १८१७ तथा १८१८ के युद्धों के बाद सागर नर्मदा के क्षेत्र अंग्रेजों के सीधे नियंत्रण में चले गए।

बुन्देला राजा और बुन्देलखण्ड की स्वाधीनता-प्रिय जनता अपनी स्वाधीनता के अपहरण के इस अपमान को सहन करने को तैयार नहीं थी। अपनी आज़ादी को खोने का गहन असंतोष उनके दिल-दिमाग पर छाया हुआ था। उनके इस दबे हुए क्रोध का ज्वालामुखी सन् १८४२ में फूट पड़ा। सागर-नर्मदा क्षेत्र के बुन्देले विद्रोह की राह पर चल पड़े। जनता का यह आक्रोश इतिहास में बुन्देला विद्रोह" के नाम से प्रख्यात है।

बुन्देला विद्रोह के कारण

बुन्देला विद्रोह के पीछे अनेक सशक्त राजनीतिक, प्रशासनिक, आर्थिक और भौगोलिक कारण थे। सबसे पहला कारण था मालगुजारों और जमींदारों के हाथों से राजनीतिक सत्ता का छिन जाना। विदेशी सत्ता की स्थापना के साथ ही आया बेरहम प्रशासन, दमनकारी राजस्व नीति, आर्थिक ढांचे और व्यवसायों का विध्वंस और गरीबी तथा बेरोजगारी का बोलबाला। समय-समय पर जो बंदोबस्त किए गए, उनमें लगान का बोझ बढ़ा दिया गया। अंग्रेजों को अधिकाधिक राजस्व की आवश्यकता थी, इसलिए किसानों के कल्याण का ध्यान किए बिना अधिक से अधिक राशि वसूलने का प्रयास किया गया। एक अंग्रेज अधिकारी आर० एम० बर्ड ने स्वीकार किया था कि सागर-नर्मदा क्षेत्र में लगान की दर बहुत ऊंची थी। इसी बीच सरकार के इस आदेश से कि भू-स्वामी बंटाई पर अपनी जमीन नहीं दे सकते, और यदि ऐसा किया तो ज़मीन जब्त कर ली जाएगी, बड़े भू-स्वामियों को बड़ी हानि उठानी पड़ी। उनकी जमीनें जब्त कर ली गईं जिससे विद्रोह की भावना चारों ओर फैल गई।

सन् १८३६ तक जागीरदार और रजवाड़े के लोग, जिनकी सम्पत्ति पहाड़ी इलाकों और वन्य क्षेत्रों में थी, ब्रिटिश सिविल कोर्ट के नियन्त्रण से मुक्त थे। परन्तु जब अंग्रेजों ने

उन्हें सदर अमीन की अदालतों की परिधि में ला दिया तो सागर नर्मदा क्षेत्र के जागीरदारों के मनों में जबर्दस्त नाराज़ी समा गई। वे इसे अपनी प्रतिष्ठा के प्रतिकूल समझते थे, इसलिए सहज ही वे इस आक्रमण से क्रुद्ध हो उठे और मौका आने पर हथियार लेकर उठ खठे हुए।

एक और सबसे बड़ा कारण था अफगानिस्तान में ब्रिटिश फौज की करारी मात। उस समय सागर-नर्मदा क्षेत्र में बहुत कम ब्रिटिश सेना रह गई थी। अतः बुन्देलखण्ड की जनता के दिलों से अंग्रेजी फौज के अजेय होने का डर निकल गया। कर्नल स्लीमेन ने लिखा था, "काबुल की पराजयों ने भारतीयों की इन भविष्यवाणियों को वजनदार बना दिया कि उस वर्ष ब्रिटिश शासन का अन्त हो जाएगा और इस भावना ने विद्रोह को भड़काने में मुख्य भूमिका निभाई।

विद्रोह के कर्णणार

बुन्देला विद्रौह सागर के उत्तर में स्थित चंद्रपुर के ठाकुर जवाहर सिंह तथा नरहुट के ठाकुरों मधुकर शाह और गणेश जू ने शुरू किया। हुआ यह कि सन् १८४२ में इन तीनों के विरुद्ध सागर के सदर अमीन की अदालत ने डिक्री जारी की और उनकी सम्पत्ति जब्त करने की धमकी दी। इसका उत्तर उन्होंने आज्ञा भंग करके और पुलिस पर आक्रमण करके दिया। संघर्ष में कुछ पुलिस वाले मार डाले गए।

सागर-नर्मदा क्षेत्र के असंतुष्ट भूमिपतियों ने, हथियारबंद होकर शीघ्र ही विद्रोह का झंडा बुलन्द कर दिया। उन्होंने जिलों के अनेक स्थानों की पुलिस चौकियों पर हमला किया और अनेक नगरों और कस्बों को लूट लिया। विद्रोहियों के अन्य नेताओं में प्रमुख थे हीरापुर के राजा हिरदे शाह, और नरसिंहपुर के गोंडो के प्रधान डेलनशाह। हिरदे शाह ने एक लंबे समय तक संघर्ष किया और उनकी गिरफ्तारी के लिए ५ हजार रुपए का इनाम घोषित किया गया। बाद में उन्हें सपरिवार गिरफ्तार कर चुनार भेज दिया गया। इससे सागर, नरसिंहपुर जबलपुर और दमोह के बड़े क्षेत्र से अंग्रेजी सत्ता का खातमा हो गया। डेलन शाह अंग्रेजों की पकड़ के बाहर बना रहा। वह १८५७ के महान विद्रोह में अंग्रेजों का मुकाबला करते हुए पकड़ा गया और उसे फांसी पर लटका दिया गया।

कैप्टन बेकमैन नरहुट के मधुकरशाह को पकड़ने में सफल रहा। अंग्रेजों ने उसे सार्वजनिक रूप से शूली पर लटका दिया और उसके शव को सागर जेल के पीछे जला दिया गया। शूली पर चढ़ जाने के बाद मधुकर शाह जनता की स्मृति में अमर हो गया और वह गीतों और जनश्रुतियों का नायक बन गया। जहाँ उसकी अंत्येष्टि की गई थी वहाँ एक चबूतरा बना दिया गया। जनता आज भी आदर से इस शहीद की समाधि पर अपने श्रद्धासुमन चढ़ाती है।

सन् ५७ का महान् विद्रोह

परतंत्रता की बेड़ियों को तोड़ने और ब्रिटिश हुकूमत का तख्ता उलटने के लिए भारतीय जनता ने १८५७ में एक जबरदस्त सामूहिक प्रयास किया। अंग्रेजों के अत्याचारों के विरुद्ध भारतीयों के मनों में उबलता लावा, मई १८५७ में फूट पड़ा।

१० मई, १८५७ को क्रांति की जो चिनगारी मेरठ में भड़की जल्दी ही उसकी ज्वाला संपूर्ण उत्तरभारत में फैल गयी। यातायात के अपर्याप्त साधन होते हुए भी मेरठ और दिल्ली की रक्तरंजित घटनाओं के समाचार बुंदेलखण्ड क्षेत्र में भी पहुँच गये। बून्देलखण्ड क्षेत्र एक वीर-प्रसू भूमि हैं। यहां की जनता हर अन्याय और अत्याचार के खिलाफ हमेशा डट कर खड़ी रही है। १५ वर्ष पहले ही बन्देल वीरों ने अंग्रेजों के खिलाफ एक जबरदस्त बनावत की थी। यद्यपि अंग्रेजों की पाशविक और प्रबल सैन्य शक्ति ने "बुन्देला विद्रोह" को कुचल दिया था, फिर भी १५ वर्ष के भीतर बुन्देलखंड की जनता अंग्रेजों के विरुद्ध महासमर के लिए एक बार फिर मैदान में आ डटी।

१० मई को मेरठ में विद्रोह शुरू हुआ और शीघ्र ही उसने दिल्ली को अपनी लपेट में ले लिया। मई के अंत तक विद्रोह के समाचार बुन्देलखण्ड क्षेत्र में फैल गये। सागर-नर्मदा क्षेत्र में प्रचण्ड ज्वाला प्रज्वलित हो उठी। झांसी में महारानी लक्ष्मीबाई ने अंग्रेजी सत्ता को करारी चुनौती दी।

सागर जिला

यद्यपि मेरठ की घटनाओं का समाचार १७ मई को सागर पहुँच गया था, परंतु मासांत तक वहां कोई घटना नहीं घटी। उसके बाद झांसी में विद्रोह का रोमांचकारी समाचार ८ जून को सागर पहुँचा। साथ ही यह खबर भी पहुँची कि बानपुर के राजा मर्दनसिंह ने एक बड़ी सेना इकट्ठी करके ललितपुर स्टेशन घेर लिया है। इसके अतिरिक्त शाहगढ़ के राजा बख्तबली ने, जिसके राज्य के क्षेत्र सागर और दमोह जिलों में फैले थे, अंग्रेजों से जूझने के लिए सेना एकत्र करना शुरू कर दिया। इस प्रकार सागर-नर्मदा क्षेत्र बारूद के ढेर पर बैठा हुआ था। बस, उसे चिनगारी की ज़रूरत थी। बानपुर के राजा ने ललितपुर पर अधिकार कर लिया और सभी अंग्रेजों को बन्दी बना दिया।

चंदेरी के डिप्टी कमिश्नर ने ललितपुर पर अधिकार करने के लिए सहायता की मांग की। इसलिए १६ जून को मेजर गासेन की कमान में सागर से एक टुकड़ी रवाना की गयी। चार भारतीय सैनिकों ने उसे रोकने का प्रयास किया, परंतु उन्हें गिरफ्तार करके होशंगाबाद भेज दिया गया। गासेन की सैनिक टुकड़ियां मालथोन से आगे नही बढ़ सकीं, क्योंकि झांसी की ओर की सभी घाटियां बुन्देला विद्रोहियों के कब्जे में थीं। २५ जून के करीब मेजर गासेन के सिपाहियों ने खुली अवज्ञा शुरू कर दी। गासेन की सहायता के लिए ब्रिगेडियर सेज ने सागर से ३५० पैदल सैनिकों तथा ५० घुड़सवारों की नई कुमुक भेजी।

इस बीच सागर की स्थिति विस्फोटक हो गयी। जिले की उत्तर दिशा में नरहुट के ठाकुर और दूसरे लोग बहुत सक्रिय हो गये थे। सागर के सेनानायक, ब्रिगेडियर सेज, को भय था कि किसी भी क्षण विद्रोह शुरू हो सकता है। इसलिये उसने सागर शहर के पुराने किले की किलबंदी कर ली। वह जानता था कि किले को विद्रोहियों से बचाये रखना बहुत आवश्यक है, क्योंकि उसमें शस्त्रागार और रसद का विशाल भण्डार था। साथ ही वह एकमात्र ऐसा स्थान था जहां अंग्रेजों और ईसाइयों को, विद्रोह के दिनों में, सुरक्षा मिल सकती थी।

सागर में विद्रोह

सागर में विद्रोह १ जुलाई को शुरू हुआ, जब सागर-स्थित तीसरी अनियमित घुड़सवार सेना ने विद्रोह का झण्डा उठा लिया। इसके साथ ही ४२ वीं पैदल सेना के वरिष्ठ सूबेदार शेख रमजान ने बगावत का झण्डा बुलंद किया और लोगों से विद्रोह में शामिल होने के लिये नगाड़े की चोट पर आह्वान किया। ४२ वीं टुकड़ी और तीसरी घुड़सवार सेना के सब सैनिक तथा ३१ वीं सेना के कुछ सैनिक उसके साथ हो गये। उन्होंने सदर बाजार के निवासियों की सहायता से अंग्रेज अधिकारियों के निवास लूटना शुरू कर दिया। सन् १८५७-५८ की घटनाओं के विवरण में इर्स्ककाइन ने लिखा है कि कुछ विद्रोही दमोह की ओर चले गये, जबकि शेष ने शेख रमजान को अपना सेनानायक घोषित कर दिया। शेख रमजान ने आर्टीलरी पहाड़ी से बड़ी तोप कब्जे में ले ली और उसे ४२ वीं सेना के क्वार्टर गार्ड में ले गया, जिसे उसने अपनी गतिविधियों का केंद्र बनाया।

राहतगढ़ पर कब्जा

जुलाई के अंत तक पूरा जिला विद्रोहियों के हाथ आ गया। राहतगढ़ के किले पर गढ़ी अंबापानी के विद्रोही नवाब, आदिल मोहम्मद खां और फ़ाज़िल मोहम्मद खां ने कब्जा कर लिया। मन्दसौर का शाहजादा भी विद्रोहियों के साथ राहतगढ़ में आ मिला। उधर पूर्व में गढ़ाकोटा के किले पर शाहगढ़ की सेना ने अधिकार कर लिया। रहली पर भी विद्रोहियों के हमले होने लगे थे, परंतु गिरधारी नायक की सहायता से लफ्टीनेंट डिकेंस ने उस पर तब तक अधिक़ार बनाये रखा जब तक सेंट्रल इण्डिया से नयी सैनिक सहायता नहीं पहुंच गयी।

इसी बीच बानपुर तथा शाहगढ़ के राजाओं के आह्वान पर जिले के जागीरदार विद्रोह में शामिल हो गये। सागर में विद्रौहियों का एक प्रमुख नेता था दौलतसिंह, जिसकी गिरफ्तारी के लिए अंग्रेजों ने एक हजार का इनाम घोषित किया था। बानपुर के राजा मर्दनसिंह ने खुरई तहसील तथा थाने को अषने अधिकार में ले लिया। इस प्रकार अगस्त, १८५७ के अंत तक सागर के किले को छोड़कर संपूर्ण जिला विद्रोहियों के कब्जे में चला गया।

सागर जिले में विद्रोह को कुचलने की अंग्रेजों ने जबरदस्त तैयारी की। भोपाल में ८०० जवानों की भर्ती करके सर ह्यू रोज २४ जनवरी, १८५८ को राहतगढ़ पहुँचा। विद्रोहियों ने जबरदस्त संघर्व किया, परंतु अंततः ३० तारीख को अंग्रेजों ने राहतगढ़ के किल पर कब्जा कर लिया। राजा मर्दनसिंह ने इस मोर्चें पर बड़ी बहादुरी से युद्ध किया। फिर अंग्रेजों ने अफगान और पठान विद्रोहियों से बरोदिया का किला छीन लिया। ३ फ़रवरी को ह्यू रोज सागर पहुंचा। उसने पहल गढ़ाकोटा, नरियावली और खुरई पर कब्जा किया। परंतु मालथोन, पाटन, धामोनी, बानपुर और शाहगढ़ अब भी विद्रोहियों के कब्जे में थे। बाद में जब ह्यू रोज़ झाँसी की तरफ रवाना हुआ तब राजा मर्दनसिंह ने १० हजार सैनिकों के साथ जबर्दस्त मोर्चा लिया। वह नरहुट दर्रे की रक्षा कर रहा था ताकि ह्यू रोज़ झाँसी न पहुंच सके। परंतु अंग्रेजों ने एक छलपूर्ण आक्रमण किया, जिससे विद्रोही परास्त हो गये। अंग्रेजों की इस विजय ने सागर जिले में विद्रोह को समाप्त कर दिया।

दमोह ज़िला

मेरठ, दिल्ली और झांसी के विद्रोह की खबरें दमोह जिले में पहुंची थीं। १ जुलाई को सागर के विद्रोह की खबरों से दमोह में घबराहट फैल गयी। अगले ही दिन दमोह के जिलाधीश ने रु० १.५० लाख का खजाना जेल के किले में रख दिया और महाजनों ने अपना धन छुपा लिया। विद्रोह के भय से ३ यूरोपीय अधिकारी रात को अपने परिवारों सहित नरसिंहपुर भाग गए। ४ जुलाई को सागर की विद्रोही सेना दमोह पहुंच गई, परन्तु उसने तत्काल कोई बड़ी सफलता नहीं पायी।

इसी बीच बानपुर और शाहगढ़ के विद्रोही राजाओं के सन्देशों पर जिले का लगभग प्रत्येक लोधी भूमि स्वामी अंग्रेजों के खिलाफ संघर्ष में शामिल हो गया। १० जुलाई, १८५७ को हिंडोरिया के ठाकुर किशोरसिंह ने अपने भाइयों और अनुयायियों के साथ दमोह पर आक्रमण करके, थाने पर कब्जा कर लिया और तहसील के सारे कागजात जला डाले। कैप्टन पिंकी ने दो कंपनियों तथा दो तोपों की सहायता से, सागर से दमोह पहुंचकर, किशोर-सिंह को हिंडोरियों की ओर खदेड़ दिया। अब किशोरसिंह, जो दमोह में विद्रोहियों का प्रमुख था, अपने ४ हज़ार अनुयायियों और शाहगढ़-राजा की सैन्य टुकड़ियों और दो भारी तोपों के बल पर साढ़े चार माह तक अंग्रेजों के छक्के छुड़ाता रहा। किशोर सिंह को जीवित या मृत गिरफ्तार करने के लिए ब्रिटिश सरकार ने एक हजार रु० का पुरस्कार घोषित किया।

दमोह जिल में बिद्रोह के अन्य प्रमुख नेता थे भानगढ़ के राजा गंगाधर, सिगरामपुर के राजा देवीसिंह, अमाना के राजा तेज सिंह, कारीजोग के पंचमसिंह राठौर, किशनगंज के सूबेदार रघुनाथ राव, मण्डन गुरू, सूबेदार गोविंदराव आदि। अंग्रेजों को जबलपुर और नागपुर से २४ अगस्त तक सैनिक सहायता दमोह पहुंच गई। इसलिए अंग्रेजों ने पहल बालाकोट पर अधिकार कर किला नष्ट कर दिया। इसके बाद ठाकुर किशोरसिंह की किलनुमा हवेली पर आक्रमण कर उसे नष्ट कर दिया और सैकड़ों विद्रोहियों को मौत के घाट उतार दिया।

१३ सितम्बर को विद्रोहियों ने दमोह पर पुनः आक्रमण किया, परन्तु अंग्रेजों को जबलपुर के कमिश्नर मेजर अर्सकाइन ने स्वयं सहायता पहुंचाई। इसलिए दमोह पर विद्रोहियों का कब्जा नहीं हो सका। १५ सितम्बर को अंग्रेजों की ओर से पन्ना के राजा की सैनिक टुकड़ियों ने हटा नगर और तहसील को अपने कब्जे में ले लिया। कुछ समय बाद २४ अक्टूबर को सिगरामपुर के राजा देवीसिंह के नेतृत्व में विद्रोहियों ने दमोह पर एक बार फिर आक्रमण किया। अगले ही दिन बालाकोट के राव स्वरूपसिंह ने देवीसिंह के साथ मिलकर अंग्रेजों के तरफदार और पन्ना के सेनापति श्यामलेजू को दमोह से बाहर खदेड़ दिया और नगर पर कब्जा कर लिया। इसके बाद विद्रोहियों ने दमोह नगर को लूट लिया, अभिलेखों और सरकारी इमारतों में आग लगा दी, परंतु नई सैनिक सहायता आने के बाद अंग्रेजों ने दमोह पर कब्जा कर लिया।

छतरपुर जिला

८ जून, १८५७ की झांसी की रोमांचकारी घटनाओं ने छतरपुर जिले में विद्रोह की आग भड़का दी। अगले ही दिन नवगांव में विद्रोह हो गया। परन्तु ३ भारतीय सूबेदारों

की अंग्रेज-परस्ती के कारण यह विद्रोह फिलहाल सफल नहीं हुआ। यूरोपीय अधिकारी छतरपुर, महोबा होते हुए इलाहाबाद भाग गए। इसी बीच विद्रोह सारे ज़िले में फैल गया।

छतरपुर जिले में विद्रोहियों का नेता छतरपुर सेना का कमाण्डर देशपत था। वास्तव में देशपत अंग्रेजों के विरुद्ध १८५१ से ही विद्रोह की भावना पाले था। छतरपुर की रानी खुल रूप में तो अंग्रेजों की सहायक थी, परंतु गुप्त रूप से वह देशपत की सहायता कर रही थी। देशपत ने दिसम्बर, १८५७ में चरखारी पर आक्रमण के समय महान सेनानायक तात्याटोपे को सहयोग दिया था।

मई, ५७ से मई, ५८ तक देशपत ने सीमावर्ती ब्रिटिश क्षेत्रों और उनके सहयोगियों को बार-बार लूटा। देशपत ने जैतपुर की रानी को अपना राज्य वापस दिलवाने के लिए पूरा-पूरा सहयोग दिया। यहां तक कि जब वह अंग्रेजों के विरुद्ध अकेला रह गया तब भी उसने संघर्ष जारी रखा। देशपत, वास्तव में, बुन्देलखण्ड की वीर-प्रसू भूमि में अंग्रेजों के खिलाफ संघर्ष का प्रतीक बन गया था। उसकी गिरफ्तारी के लिए अंग्रेजों ने १० हजार रुपये का इनाम घोषित किया था, फिर भी वे उसे गिरफ्तार करने में सफल नहीं हुए। सन् ५७ के महान् विद्रोह के ५ वर्ष बाद तक, वह अंग्रेजों से लोहा लेता रहा और अंततः ३ दिसम्बर, को संघर्ष करते हुए यह देशभक्त परलोक सिधार गया। ब्रिटिश सरकार देशपत की गिरफ्तारी को कितना जरूरी समझती थी यह बुन्देलखण्ड स्थित पोलीटिकल एजेंट के पत्र से स्पष्ट होता है। उसने एक संदेश में लिखा था, "सरकार की राय में देशपत की गिरफ्तारी महत्व की दृष्टि से तात्याटोपे के बाद दूसरी सबसे बड़ी गिरफ्तारी होगी।"

पन्ना जिला

सन् ५७ के महान् विद्रोह में पन्ना का राजा बुन्देलखंड क्षेत्र में अंग्रेजों के प्रति सबसे अधिक वफादार था। जैतपुर की रानी ने विद्रोह किया और दमोह तथा पन्ना के बीच स्थित सिमरिया पर जून, ५७ में कब्जा कर लिया। अंग्रेजों ने पन्ना के राजा को रानी से सिमरिया छीनने का आदेश दे दिया। पन्ना की सेना ने आदेश का तत्काल पालन किया और श्यामलेजू की कमान में सिमरिया पर अधिकार लिया। शीघ्र ही दमोह की हटा तहसील पर शाहगढ़ के विद्रोहियों ने कब्जा कर लिया। अंग्रेजों के कहने पर पन्ना की सेना ने हटा पर अधिकार कर लिया। इसी प्रकार सितम्बर, १८५७ में पन्ना की सेना ने अंग्रेजों की ओर से दमोह का चार्ज संभाल लिया। विद्रोहियों ने इन्हें हटाकर दमोह अपने कब्जे में कर लिया था, परन्तु एक बार फिर पन्ना की सेनाओं ने दमोह कर कब्जा कर लिया। वे अंग्रेजों की ओर से फरवरी, १८५८ तक दमोह का चार्ज संभाले रहे। तत्पश्चात् दमोह पुनः अंग्रेजों के आधिपत्य में चला गया।

संदर्भ संकेत

१. इर्सकिन, नैरेटिव ऑफ इव्हेन्ट्स अटेन्डिंग द आउटब्रेक ऑफ डिस्टरबेन्सेज़ ऐण्ड द रेस्टोरेशन ऑफ अथारिटी इन द सागर ऐण्ड नर्मदा टेरीटरीज़ इन १८५७-५८

२. काये ऐण्ड मेलिसन, हिस्ट्री ऑफ द इण्डियन म्युटिनी, जिल्द ५

३. हिस्ट्री ऑफ फ्रीडम मूव्हमेन्ट इन मध्यप्रदेश
४. के. एल. श्रीवास्तव, द रिवोल्ट इन सेन्ट्रल इण्डिया
५. टामस लोबे, सेन्ट्रल इण्डिया ड्यूरिंग द रिवेलियन ऑफ १८५७ ऐण्ड १८५८
६. फारेस्ट, हिस्ट्री ऑफ द इण्डियन म्युटिनी, जिल्द ३
७. राइस होम्स, ए हिस्ट्री ऑफ द इण्डियन म्युटिनी
८. जे० एस० सिल्वस्टर, रिफ्लेक्शन्स ऑफ द कैंपेन इन मालवा ऐण्ड सेन्ट्रल इण्डिया
९. फर्दर पेपर्स रिलेटिव टु द म्यूटिनीज़ इन द ईस्ट इण्डीज जिल्द १ से ९ तक
१०. एस० बी० चौधरी, सिविल रिवेलियन इन इण्डियन म्युटिनीज़, १८५७-१८५९
११. डा० हीरालाल, दमोह दीपक
१२. ——,,——— सागर सरोज
१३. जबलपुर डिवीजन रिकाड्‌र्स, जिल्द १५२, म० प्र० राजकीय अभिलेखागार के सेन्ट्रल रिकार्ड रूम, नागपुर में सुरक्षित
१४. बुन्देला विद्रोह पर पत्र-व्यवहार और नस्तिया, १८४२-४४, सेन्ट्रल रिकार्ड रूम, नागपुर
१५, डॉ० जे० पी० मिश्र, द बुन्देला रिबेलियन

महारानी लक्ष्मीबाई

श्री लखपतराम शर्मा

उत्तर प्रदेश शासन द्वारा सुलह्-ए-कुल के विशाल जलसे १९८२ में प्रदेश के चन्द स्थानों पर आयोजित हुए। उनमें रुपया दरिया के पानी की तरह बहा। झाँसी में भी १० मई, १९८२ को सुलह्-ए-कुल से संबंधित झाँसी समारोह हुआ, जिसका समापन भारत की प्रधानमंत्री श्रीमती इन्दिरा गाँधी द्वारा १६ अक्टूबर, १९८२ को हुआ। भारत की परम्पराओं के अनुसार उक्त प्रकार के जलसों का प्रारम्भ तथा समापन जन्म दिवस तथा शहीद दिवस पर ही होने की प्रथा देश में रही है। सरकार की उक्त प्रकार के जलसों में रुचि प्रशंसा योग्य है। किन्तु यदि उक्त प्रकार के जलसों से वास्तविक रूप में सुलह्-ए-कुल का पवित्र तथा उच्चस्तरीय वातावरण नाममात्र के स्वरूप में ही मानव-हृदय पर अंकित हो जाता तो देश की वर्तमान परिस्थितियों में शासन का एक महान् कार्य होता। शासन द्वारा स्वयं प्रकाशित "रानी झाँसी समारोह स्मारिका १९८२" में जो लेख प्रकाशित कराये गये उनमें अनेक काल्पनिक तथा सही तथ्यों के विपरीत मनगढ़न्त हैं। इसी प्रकार उक्त समारोह के दौरान महारानी लक्ष्मीबाई से संबंधित जो तथ्य रखे गए उनसे निराशा तथा क्षोभ होना स्वाभाविक है। उक्त प्रकार के जलसों का उद्देश्य यह कटु सत्य है कि पवित्र तथा देश-हित के साथ वह मानव-कल्याण के हितार्थ था, किंतु उसका सदुपयोग न होना दुर्भाग्यपूर्ण तथा चिन्ता का विषय है। बहादुरशाह जफर से लगाकर महारानी लक्ष्मीबाई के देशभक्त साथियों का, जिन्होंने देश की आजादी के नाम पर सब कुछ अर्पण कर दिया, बिना उनके नामों के स्मरण के, उक्त समारोह जिस भावना से किया गया था वह चर्चा का विषय बन गया है।

महारानी का काशी में जन्म

महारानी लक्ष्मीबाई का जन्म काशी के पवित्र तथा ऐतिहासिक तीर्थ में १९ नवम्बर, १८३५ को एक गरीब महाराष्ट्र परिवार में हुआ था। उनके पिता मोरोपंत चिमा जी अप्पा की फौज में थे। माता भागीरथी बहुत ही धार्मिक व उच्च विचारों की थीं। जन्म के पश्चात् बनारस में ज्योतिषाचार्यों द्वारा कुण्डली के अनुसार तथा कुण्डली में अंकित विद्वानों द्वारा लक्ष्मीबाई का सर्वप्रथम नाम मणिकर्णिका रखा गया। नाम से तात्पर्य स्पष्ट है कि वह जिस कार्य को हाथ में लें, उसे अन्त तक पूरा करें और उनकी कीर्ति विश्व में हो। महारानी के बचपन के नाम इसके विपरीत मनु तथा छबीली कई इतिहासकारों ने दर्शाये हैं। माता भागीरथी मणिकर्णिका को चार वर्ष का छोड़कर स्वर्ग सिधार गयी थीं। मोरोपन्त पारिवारिक परिस्थितियों से अधिक चिन्तित थे। उन्हीं दिनों पेशवा चिमाजी अप्पा सतारा से काशी आये

और मोरोपंत तथा मणिकर्णिका से प्रभावित होकर अपने निजी कार्यों के लिए बीस रुपया प्रतिमाह पर उन्हें अपना मंत्री बना लिया। अप्पा की मृत्यु के पश्चात मोरोपंत मणिकर्णिका सहित बिठूर जाकर बाजीराव पेशवा के यहाँ वास करने लगे। पेशवा द्वारा मोरोपंत को ससम्मान अपने पास रखने के पश्चात् मणिकर्णिका के अद्भुत गुणों को देखकर प्यार से उसे 'मनु' और कभी-कभी 'छबीली' नाम से बुलाते। साथ ही अपने पुत्र नाना व राव के साथ मनु को शिक्षा दिलायी। मनु को पूर्व से घुड़सवारी, तीर व तलवार चलाने में विशेष रुचि थी। नाना व राव से युद्धाभ्यास में मनु तीव्रगति से अग्रसर थीं। पेशवा नाना, राव तथा मनु को एक समान प्यार करते थे।

विधाता का विधान

झाँसी की गणना एक बड़ी रियासत के रूप में बुन्देलखण्ड क्षेत्र में थी। सर्वप्रथम महाराजा नारूशंकर झांसी के शासक, मराठा अधिपति रूप में थे, जिनका राज्य १७४३ से १७५६ तक रहा। उनका निवास झाँसी के ऐतिहासिक किला, जो शंकरगढ़ के नाम से था, में रहा। मराठा शासन में १६०६ वर्ग मील झाँसी की हद्द थी और आबादी ढाई लाख, मराठा शासक शिवराम भाऊ के समय थी। झांसी नरेश महाराजा गंगाधर राव १८३८ में झाँसी की गद्दी पर सुशोभित हुए। वे वृद्ध, क्रूर तथा क्रोधी शासक थे। नरेश की पत्नी रामाबाई का स्वर्गवास हो जाने के कारण आचार्य दीक्षित द्वारा मनु (छबीली) के विशेष गुणों की चर्चा झाँसी नरेश से की गई। नरेश की स्वीकृति के पश्चात् झांसी में स्थित गणेश मंदिर में शासकीय विधि-विधान के अनुसार मनु और गंगाधर राव वैवाहिक बन्धनों में भगवान् के सामने बँध गये। सारा नगर जगमगा उठा। नरेश द्वारा मोरोपंत को सरदारों की श्रेणी सहित विशेष सम्मान दिया गया।

विवाह के निमन्त्रण पत्र की भाषा

विवाह के निमंत्रण पत्र में अंकित था: "वैशाख सुदी सोमे को सीमान्त पूजन, सुदी ९ बुधे को देव अस्थापन, सुदी १०, गुरोऊ को गौधूल समय लग्न परिक्रमा है सु नैवते आईबी चैत सुदी ६ सं० १८९९।" उक्त निमंत्रण पत्र महाराज कुमार कुँवर रणजीत सिंह जू देव, बड़ौनी बुन्देला शासक के नाम था। विवाह के समय मनु की आयु ७ वर्ष की थी।

शादी की रस्म अदा होते ही लक्ष्मी-पूजन के साथ भगवान् के चरणों में मनु का नाम विद्वानों के मत के अनुसार महारानी लक्ष्मी रख दिया गया। एक हाथी के स्थान पर सौ हाथियों द्वारा मनु की अगवानी की गई। विवाह के पश्चात् मनु की सुन्दरता, नम्रता, व्यवहार-कुशलता तथा शासकीय कार्यों की जनचर्चाएँ होने लगीं।

अँग्रेजों का झाँसी में जमाव

षड्यंत्रकारी अंग्रेजों का दल १८३२ में झाँसी में मुकान कर चुका था और उसी वर्ष उनके द्वारा एक दरबार की रस्म अदा की गई थी। १८३५ में अंग्रेजों की संख्या झाँसी में बढ़ गयी थी। कानपुर रोड पर उनका पड़ाव और रहाइश "स्टारफोर्ट" में हो चुकी थी, जो तत्कालीन शासन में गुप्त चर्चा का विषय थी। उक्त स्थान पर अंग्रेजों का तोपखाना, तथा खजाना था।

महाराजा गंगाधर राव

अंग्रेजों द्वारा, नरेश के विवाह के पश्चात्, महाराजा गंगाधर राव के अधिकारों में वृद्धि की घोषणा की गयी। नई संधि के अनुसार महाराजाधिराज के सम्पूर्ण अधिकार स्वीकार किये गये। तीस लाख रुपये नगद व दो पलटनों के अधिकार भी नई संधि के अनुसार सुरक्षित कर दिये गये। रानी लक्ष्मी द्वारा तदनुसार सैनिक शक्ति में भी वृद्धि की गई। नरेश द्वारा काशी में एक विशाल मंदिर का निर्माण पुत्र-कामना के लिए कराया गया। नरेश की एक अंग्रेज अधिकारी द्वारा अगवानी न करने पर और एक करोड़पति बंगाली द्वारा अभिनन्दन न करने पर दंडित कराया गया। चारों ओर लक्ष्मी की जय-जयकार होने लगी। उनकी जनप्रियता घर-घर पहुँच चुकी थी। महारानी गर्भवती हुईं और पुत्र-जन्म १८५१ में हुआ। हर्षोल्लास में सारा नगर झूम उठा। जनता जनार्दन तथा समीप के रजवाड़ों का मान-सम्मान हुआ।

परंतु राजकुमार तीन माह का होते ही नरेश और महारानी को छोड़कर सदैव के लिए विदा हो गया। उसके दुःख तथा प्यार में महाराज मौत का अलिंगन करने लगे। वह बार-बार मूर्छित हो जाते थे। महारानी की भी यही दशा थी।

आनन्दराव का गोदनामा

नरेश द्वारा महारानी की इच्छा तथा सम्मति के उपरान्त अपने अन्तिम समय में आनन्दराव को मेजर एलिस की उपस्थिति में गोद लिया गया। अपने वंशज वासुदेव नेवालकर के पुत्र आनन्दराव का, जो केवल पाँच वर्ष का था, गोदनामा जनता जनार्दन की उपस्थिति में दरबार में शासकीय विधि-विधान से संपन्न हुआ। गोदनामे के पूजन के साथ ही आनन्दराव का नाम दामोदर राव रखा गया। बुन्देलखण्ड के मेझर मालकम की स्वीकृति तुरन्त मँगाई जाने का, नरेश द्वारा लिखित आग्रह २० नवम्बर १८५३ को किया गया था। २१ नवम्बर, १८५३ को नरेश संघर्षमय जीवन से जूझते हुए दिवंगत हो गये।

रानी लक्ष्मीबाई के संघर्षमय जीवन का श्रीगणेश

नरेश का प्राणान्त होते ही कर्नल एलिस ने, जबकि समस्त जनता तथा रानी शोक-ग्रस्त थे, किले पर अंग्रेजी सेना के कुछ जवानों का पहरा बैठाने की सूचना रानी लक्ष्मी को दी। सरकारी खजाना सील कर दिया गया और रानी लक्ष्मी से स्पष्ट कहा गया कि "इंग्लैण्ड से उत्तर आने की प्रतीक्षा करें। उस समय तक ही हमारा प्रबन्ध रहेगा"। रानी लक्ष्मी अंग्रेजों के कुकार्यों तथा उनके दूषित इरादों के प्रति पूर्णतया सजग थीं। उनके हृदय में अंग्रेजों के प्रति घृणा वास कर चुकी थी। किले पर अंग्रेजी सेना के पहुँचने के पूर्व ही रानी के गुप्त आदेश मूल्यवान तोपें तथा युद्ध-सामग्री तहखानों में सुरक्षित करा दी गई थी। मेजर मालकम द्वारा १८ अगस्त, १८५४ को गोदनामा स्वीकार न किये जाने और रानी लक्ष्मी के समस्त अधिकार छीन लिये जाने, साथ ही किले पर अंग्रेजी सैनिकों के प्रबन्ध के अतिरिक्त पाँच हजार रुपया प्रतिमाह पेंशन दिये जाने की सूचना, कर्नल एलिस द्वारा रानी को लार्ड डलहौजी के आदेश पर, दी जा चुकी थी। अब जन आक्रोश पूरी तरह उमड़ आया। महारानी लक्ष्मी के निवास के लिए केवल नगर हवेली दी गयी थी। गोदनामे के विषय में महारानी की ओर से उनके विशेष मुख्त्यार श्री कश्मीरीलाल, उस युग के सुप्रसिद्ध वकील श्री उमेशचन्द्र बनर्जी के अतिरिक्त

बैरिस्टर जान लेंग द्वारा गोदनामे की स्वीकृति पर कानूनी युद्ध महारानी के पक्ष में किया गया। जो अंग्रेजों द्वारा अन्तिम निर्णय अस्वीकृति के आदेश-रूप में १८ अगस्त, १८५४ को घोषित किया गया।

रानी लक्ष्मी का जन-सम्पर्क

रानी लक्ष्मी द्वारा प्रातः से रात्रि तक जन-समस्याओं के निवारण के साथ ही गुप्त मंत्रणाओं, विश्वसनीय सैनिकों का संगठन व युद्ध की तैयारी की जा रही थी। गोदनामे के संबंध में षड्यंत्रपूर्ण आदेशों से रानी लक्ष्मी पूर्व ही सजग थीं। रानी लक्ष्मी द्वारा महाराजाधिराज बानपुर नरेश को निजी पत्र द्वारा, जिसकी तिथि स्पष्ट नहीं है, सम्वत् १९१४ में निम्न प्रकार के शब्द लिखे गये—

"आपको आवो फेरे को भओ रहो अखत अपुन से बातचीत भई थी के दामोदर राव की गोद की कार्यवाही चल रही है अंग्रेजन की मंशा गोद की नहीं दिखत है। ये विदेशी कोउ के मीत नहीं हैं।"

रानी लक्ष्मी की गुप्तचर शाखा अंग्रेजों के पीछे कदम-कदम पर देशभक्ति तथा जासूसी के कार्यों में पूर्णरूपेण लीन थी। उन्हें दामोदर राव के गोदनामे के प्रति अंग्रेजों के षड्यंत्रपूर्ण कार्य की जानकारी थी, जो उनके पत्र से स्पष्ट है।

अंग्रेजी शासन के प्रति विद्रोह

यही लगन थी सबके मन में जुलुम विदेशी सहो न जाय।
सिंहासन हिल उठे राजवंशों ने भृकुटी तानी थी।
बूढ़े भारत में भी फिर से आयी नयी जवानी थी।
गुमी हुई आजादी की कीमत सबने पहचानी थी।
दूर फिरंगी को करने की सबने मन में ठानी थी॥

भारतीय इतिहास में १८५७ का विद्रोह देश की एक अमर गाथा है। सम्पूर्ण देश में अंग्रेजों के प्रति द्वेष व घृणा की भावना आँधी की तरह फैल चुकी थी। चर्बीले कारतूस, अंग्रेजी फौजों के जुल्म और सम्पूर्ण भारत को हड़प लेने के उनके नापाक इरादों की चर्चा कदम-कदम पर थी। जनता तथा भारतीय फौज बगावत के लिए बेचैन थी। देश भक्तों द्वारा गुप्त योजनायें स्वीकार की गई थीं। उनके माध्यम से एक समय तथा एक दिन में ही अंग्रेजों के प्रति भयानक विद्रोह कर उनका खात्मा कर देना था। किन्तु निर्धारित समय से पूर्व ही मेरठ में १० जून, १८५७ को फौजी बगावत शुरू हो गई और उसकी चिन्गारी झांसी में भी प्रवेश कर गई। देशभक्त वीरों ने अंग्रेजो सेना का कदम-कदम पर सफाया कर दिया। गली और कूचों में लाशों के ढेर लग गये। स्टारफोर्ट का तोपखाना और खजाना देशभक्तों द्वारा लूट लिया गया। श्रीमती मटलो उक्त युद्ध में चन्द साथियों के साथ बच गई थी। महारानी लक्ष्मी द्वारा अपनी दुधारू प्यारी तलवार की परीक्षा स्वयं के महल में की गई। उसके प्रहार से महल के प्राचीर-स्तंभ का नौ इंच के लगभग भाग एक ही वार में कट गया जो आज भी सुरक्षित है।

अंग्रेज अधिकारी रानी के चरणों में

झाँसी के डिप्टी कमिश्नर गार्डन सहित, अंग्रेजों के कत्लेआम के पश्चात्, छुपे और इधर-उधर भागते अंग्रेजी सैनिकों ने रानी लक्ष्मी के समक्ष उनके चरणों में गिरकर गुहार की ओर अपनी रक्षा के लिए दया की भीख मांगी। रानी लक्ष्मी निर्धारित समय के पूर्व विद्रोह हो जाने के कारण चिन्तनीय अवस्था में थीं। उनके द्वारा भारतीय परम्परा के अन्तर्गत अंग्रेजों को सुरक्षित स्थान पर करा दिया गया। उधर जनमानस द्वारा गोष्ठियाँ कर महारानी लक्ष्मी को महारानी झांसी घोषित कर दिया गया और बड़ी से बड़ी कुर्बानो के लिए प्रतिज्ञायें की गईं। जनता की जय-जयकार के मध्य महारानी जन-बल, सैन्य-बल और देशभक्ति के बल पर पूर्ण-रूप से झांसी की महारानी स्वीकार की गईं। महारानी ने दृढ़ता से शासकीय प्रबन्ध के साथ ही नगर की मजबूती और युद्ध की तैयारी की घोषणा कर दी। शंकरगढ़ के हर बुर्ज में तथा हर महत्वपूर्ण स्थान पर विशाल तोपें लगा दी गईं। देशभक्त सिर पर कफ़न बांध कर रानी और नगर की रक्षा के साथ ही, भारत की आजादी के लिए युद्ध की तैयारी में लीन हो गए। उधर युद्ध की चिनगारी दिल्ली, मेरठ, लखनऊ, पटना, कानपुर, आदि में भी भड़क उठी थी। अंग्रेजी सेना, देशद्रोही अनेक रजवाड़ों की सेना के साथ, देशभक्त नरेशों और साथ ही विद्रोही देशभक्त जनता को रौंदती हुई देश को परतन्त्रता की बेड़ियों से जकड़ती हुई आगे बढ़ रही थी। उनका स्वप्न सम्पूर्ण भारत को परतन्त्रता की बेड़ियों में जकड़ लेने का था। अंग्रेजी सेना का सेनापति सर ह्यू रोज अपने साथ बड़ी फौज लेकर दक्षिण की ओर से मारकाट तथा फतहयाबी के साथ तेजी से आगे बढ़ रहा था। झांसी के विद्रोह ने अंग्रेजों की आंखें खोल दी थीं।

टीकमगढ़ का अंग्रेज-भक्त दीवान नत्थे खां, झांसी मोर्चे पर; झांसी युद्ध की ज्वालाओं में

ओरछा राज्य में स्थित टीकमगढ़ की महारानी लड़ई सरकार के अंग्रेज-भक्त दीवान तथा ही फौज के शक्तिशाली सेनापति, नत्थे खां ने लड़ई सरकार को झांसी पर तुरन्त कब्जा कर लेने की सलाह के पश्चात् बीस तोपों, बीस हजार की विशाल सेना तथा युद्ध-सामग्री के साथ झांसी पर ३ सितम्बर १८५७ को अंग्रेजों की गुप्त साजिश से हमला कर दिया चारों ओर से झांसी घेर ली गई। नत्थे खां द्वारा रानी लक्ष्मी को युद्ध में न कूदने की सलाह देते हुए झांसी का राजपाट उसके हवाले सौंप देने की चेतावनी दी गई। झांसी की सेना की तुलना में नत्थे खा को अपनी विशाल सेना पर गर्व था।

रानी लक्ष्मी द्वारा दरबार में युद्ध की घोषणा

महारानी लक्ष्मी ने झांसी की आजादी तथा शान-सम्मान के लिए अपने शूरवीरों से तथा हर मजहब के लोगों से युद्ध में आहुति की पुकार की। हिन्दू, मुसलमान तथा अन्य मजहबों के लोगों ने, जिनमैं विलायती नाम से विख्यात पठानों-मुसलमानों की संख्या अधिक थी, एक साथ नत्थे खां की फौज पर भीषण प्रहार किया। एक सप्ताह तक युद्ध की ज्वालायें नगर में धधकती रहीं। महारानी लक्ष्मी को, विशेष दूत द्वारा, ओरछा द्वार पर नत्थे खां की फौज के भीषण प्रहार की सूचना मिली। तब रानी लक्ष्मी ने पठानी वेशभूषा में काठियावाड़ी श्वेत अश्व पर सवार होकर नत्थे खां की फौज़ पर शमशीर के प्रहार पर प्रहार किए। दीवान दलीप, जवाहर सिंह, गुल मुहम्मद, दूल्हाजू, रघुनाथ सिंह, जगन्नाथ मिश्र (अंग रक्षक)

आदि अपने साथियों के साथ नत्थेखां की फौज को तहसनहस कर रहे थे। गुलाम गोसखां, खुदावख्श दीनानाथ तोपची, दोस्त खां आदि देशभक्त तोपची तोपों से अंगार उगलवा रहे थे। बकसन जू, झलकारन, सुन्दर, राहजहां बेगम, मुन्दर, मोतीबाई आदि भी युद्ध के मैदान में शमशीर के जौहर दिखा रही थीं। रानी के भयानक प्रहारों की मार से नत्थे खां युद्धस्थल छोड़ कर कायरों की तरह भाग गया। युद्ध की समाप्ति १२ अक्तूबर, १८५७ की रात्रि में हुई थी।

रानी लक्ष्मी घायल; तोपची खुदाबख्श शहीद

नत्थे खाँ के युद्ध में अनेक देशभक्तों का बलिदान हुआ। खुदाबख्श तोपची भी शहीद हुए। युद्ध के मैदान में रानी लक्ष्मी की बायीं जंघा में गोली लगी थी। घायलों का इलाज, साथ ही रानी लक्ष्मी के घाव का इलाज लखनऊ के हकीम मेंहदी अली खाँ, जिनका सम्बन्ध शिया परिवार से था, के द्वारा किया गया था। उनका मजार नई बस्ती स्थित करबला के पास वफादारी का सबूत दे रहा है। नत्थे खाँ के साथ ढुरवई, बिजना, बंकापहाड़ी, टोड़ी, तथा फतेहपुर के अंग्रेज-भक्त छोटे-छोटे बुन्देला राजाओं की सेना भी, रानी लक्ष्मी के विरुद्ध युद्ध के मैदान में थी। उस समय दतियापति बुन्देला शासक लड़ई सरकार के विशेष आग्रह के पश्चात् भी रानी लक्ष्मी के विरुद्ध युद्ध में नहीं कूदे। युद्ध के उपरान्त रानी लक्ष्मी ने सैनिकों और भिन्न-भिन्न मजहब के लोगों को, जिनमें स्त्रियों की संख्या भी पर्याप्त थी, विजय के उपलक्ष्य में पुरस्कार दिये और सभी की वन्दना की।

बहादुरशाह ज़फ़र

प्रथम स्वतंत्रता-संग्राम में दिल्ली के बादशाह बहादुरशाह ज़फ़र का उल्लेखनीय योगदान था। उनका जन्म १७७५ में हुआ था। देश की जनता ने उन्हें स्वतंत्र भारत का प्रमुख शासक मान्य किया। देशभक्त बादशाह ज़फ़र १८६२ में रंगून की जेल में शहीद हुए। कारागार की दीवार पर उनकी ये अन्तिम पंक्तियाँ अंकित की गयीं :

पसे मर्गं कब्र पे ऐ "जफर" कोई फातहा भी कहां पढ़े,
वो जो टूटी कब्र का था निशां ठोकरों से उड़ा दिया।
न दबाया जेरे चमन उन्हें, न दिया किसी ने कफन उन्हें,
न हुआ नसीब वतन उन्हें, न कहीं निशाने मजार है।

रानी लक्ष्मी का युद्ध-आह्वान

१८५७ के युद्ध में रानी लक्ष्मी के साथ अनगिनत जन शहीद हुए। उनमें सम्मिलित थे बानपुर के नरेश मर्दनसिंह जू देव तथा शाहगढ़ के शाह बखतबलीसिंह जू देव। बाँदा के नवाबअली बहादुर शाह, नाना साहब आदि ने देश की आजादी की लड़ाई में बहुमूल्य कुर्बानियाँ कीं। रानी लक्ष्मी के इतिहास के साथ उनका सम्बन्ध भुलाया नहीं जा सकता। राजा श्री मर्दनसिंह और बखतबली द्वारा अंग्रेजी सेनाओं से अनेक युद्ध लड़े गये। ह्यूरोज की विशाल सेनाओं से भी अनेक स्थानों पर मोर्चेबंदी और भीषण युद्ध किये गये। देशभक्त नरेशों का प्रयास था कि ह्यूरोज को, झाँसी की घेराबन्दी से पूर्व ही, उसकी फौज के साथ रणक्षेत्र में समाप्त कर दिया जाये। किन्तु विधाता को यह स्वीकार न था।

बुन्देली वीराङ्गना लक्ष्मीबाई

प्रीति विश्वकर्मा

इतिहास साक्षी है कि भारतीय स्वाधीनता-आन्दोलन में जिन जाने-अनजाने असंख्य शूरमाओं ने अपने प्राणों की आहुतियाँ दीं, उनमें इस देश की महिला क्रान्तिकारियों ने भी बढ़चढ़कर हिस्सा लिया । ऐसी प्रातःस्मरणीय वीराङ्गनाओं में झाँसी की रानी लक्ष्मीबाई सबसे अग्रिम पंक्ति में हैं। उनका प्रेरणास्पद बलिदान महिलाओं के लिए आदर्श बनकर उन्हें सदैव राष्ट्र के प्रति समर्पण की राह दिखाता रहेगा। सन् १८५७ के देशव्यापी विराट् विप्लव के दौरान क्रान्ति की मशाल अपने मजबूत हाथों में थामकर रानी लक्ष्मीबाई ने विद्रोही सेना का जिस कुशलता के साथ नेतृत्व किया उसे देखकर ब्रिटिश फौज के दिग्गज सेनानायकों तक ने दांतों तले उँगली दबा ली थी।

साधारण स्थिति के माता-पिता की इकलौती सन्तान मनू (जो बाद में रानी लक्ष्मीबाई कहलाई) कानपुर के नाना साहब की मुंहबोली बहिन थी। उनका बाल्यकाल नानासाहब के सान्निध्य में ही बीता था और वे उन्हीं के साथ खेल-खेल कर बड़ी हुई थीं तथा उनकी शिक्षा-दीक्षा भी नानासाहब के साथ ही सम्पन्न हुई थी। नानासाहब के साथ ही उन्होंने घुड़सवारी में दक्षता प्राप्त की थी और उनके साथ उन्होंने बरछी, ढाल, तलवार, कटारी आदि चलाने का प्रशिक्षण प्राप्त किया था। छत्रपति शिवाजी की शौर्य गाथाओं के जीवन्त चित्र उन्होंने अपने हृदय-पटल पर बाल्यकाल से ही अंकित कर रखे थे। इसके अतिरिक्त अन्य वीर-वीराङ्गनायों की कहानियाँ भी उन्हें कण्ठस्थ थीं।

तब यह कौन जानता था कि घुड़सवारी में निष्णात और सैनिक प्रशिक्षण प्राप्त यह साधारण परिवार की बालिका एक दिन वीरप्रसविनी बुन्देली-भू से सम्बद्ध होकर झाँसी के राजमहल को सुशोभित कर बुन्देलखण्ड की गौरवगाथा से स्वातन्त्र्य संग्राम के इतिहास के स्वर्णिम पृष्ठ सजाएगी और देश का नाम उज्ज्वल करेगी। लोगों ने देखा कि कुछ ही दिनों में यह वीर बालिका अपनी सगाई और फिर विवाह झाँसी के महाराज गंगाधर राव से रचाकर उनके राजमहल में रानी बनकर जा विराजीं चारों ओर खुशियों के झरने फूट पड़े और वातावरण शहनाइयों की मन्द-मधुर ध्वनियों से गूँज उठा। नर्तक-नर्तकियाँ थिरक उठीं। भाट और चारण बृन्द बुन्देले वीरों की विरुदावली का बखान करने लगे। शिव को

भवानी प्राप्त हो गई। महलों में ब्रह्मभोज आयोजित हुए और गरीबों को उत्तमोत्तम भोज्य पदार्थ और वस्त्राभूषण बांटे गए।

किन्तु क्रूर विधाता को झाँसी के राजमहल का यह वैभव रास नहीं आया और चलचित्र की तरह उसने एक ही झटके में सारा परिदृश्य बदल कर रख दिया। किसी असाध्य रोग के शिकार होकर महाराजा गंगाधर राव चल बसे। झाँसी राज्य शोकमग्न हो गया। रानी लक्ष्मीबाई ने अपने दत्तक पुत्र दामोदर को झाँसी की राजगद्दी पर आसीन करना चाहा। किन्तु राजवंशी साख बन्द होते ही ब्रिटिश सरकार झांसो को हड़पने की फिराक में थी, जो कि डलहौजी की हड़पनीति का एक अंग था। इसलिये राजघराने का दीपक बुझते ही, उसने दत्तक पुत्र को अमान्य कर झाँसी को लावारिस राज्य घोषित कर दिया तथा उसे ब्रिटिश सल्तनत में शामिल कराने के प्रयास शुरू कर दिए।

७ मार्च, १८५४ को ब्रिटिश अफसर एलिस झाँसी राज्य को अंग्रेजी राज्य में विलीन करने का घोषणा-पत्र लाया। उसे देखकर रानी लक्ष्मीबाई क्रोध से तिलमिला उठीं और बुन्देलखण्ड की मिट्टी को नमन करती हुई राष्ट्रभक्ति की उदात्त भावना से प्रेरित होकर सिंहनी की तरह दहाड़ती हुई बोलीं—"मैं झाँसी हरगिज नहीं दूँगी।" अन्य शब्दों में यह सरासर युद्ध का एलान था। यह अपमानजनक उत्तर अंग्रेजों का कलेजा बींध गया और वे आवेश में आकर लड़ाई की तैयारी करने लगे। इस प्रकार, अब झांसी के मैदान में युद्ध छिड़ गया। लेफ्टिनैंट वॉकर भारी सेना लेकर मैदान में जंग आ डटा। रानी ने भी अपनी तलवार खींच ली और दोनों ओर से घमासान युद्ध छिड़ गया।

२३ मार्च, १८५८ को जनरल ह्यूरोज ने झाँसी पर अपनी शक्तिशाली फौजी टुकड़ियों के साथ चढ़ाई कर दी। रानी ने अपने विश्वासपात्र सेनापति कुँवरसिंह को खण्डेराव फाटक पर, खुदाबख्श को सैयद फाटक पर, पीरअली को सागर खिड़की पर, दूल्हाजू को ओरछा फाटक पर तथा पूरन कोरी को उन्नाव फाटक पर तैनात कर दिया। इन सब के साथ पूरन कोरी को पत्नी झलकारीबाई भी अपने पूरे जोश-खरोश के साथ युद्धरत् थी और अपने प्राणों की बाजी लगा कर रानी लक्ष्मीबाई की रक्षा कर रही थीं। बुन्देले वीरों ने अंग्रेज सिपाहियों की लाशों पर लाशें बिछा दी। इस भोषण मारकाट से अंग्रेजों में खलबली मच गई और वे भाग खड़े हुए। जहाँ पूरन और झलकारी बाई कोरन जैसी वीराङ्गनाएँ झाँसो की आन, बान और शान के लिए अपनी जान पर खेल रही थीं, वहीं ओरक्षा-फाटक पर तैनात दूल्हाजू और सागर-खिड़की पर तैनात पीर अली रानी लक्ष्मीबाई तथा झाँसी के साथ गद्दारी करने से बाज नहीं आ रहे थे। दूल्हाजू ने जनरल ह्यूरोज से मिलकर ओरछा फाटक खोल दिया, जिससे अंग्रेज सेना झाँसी में प्रवेश करने में सफल हो गई। उधर पीरअली ने विश्वासघात करके सारी रणनीति अंग्रेजों को बता दी, जिससे गोरी सेना जार पहाड़ी पर चढ़कर झाँसी वासियों पर गोलीबारी करने लगी। फिर क्या था, सारी झाँसी आग और गोला-बारूद के हवाले हो गई। चारों ओर हाहाकर मच गया।

अन्त में अपने हो वफादारों से धोखा खाकर रानी लक्ष्मीबाई ने झांसी छोड़ देने

का निश्चय कर लिया और अपने दत्तक पुत्र दामोदर को साथ लेकर वे ४ अप्रैल, १८५८ को अपने कुछ चुने हुए सिपाहियों के साथ भाण्डेर फाटक से बाहर निकल गई। भारत माँ की इस लाड़ली का झांसी को यह अन्तिम प्रणाम था।

झाँसी-युद्ध के दौरान बानपुर के राजा मर्दनसिंह ने झाँसी की सेना का नेतृत्व कर और तोपची गुलाम गौस ने घनगर्जना करती हुई तोपों से गोले बरसा कर अंग्रेजों को नाकों चने चबवा दिए थे। जिस क्षण तोपची गुलाम गौस रानी को "भवानी शंकर तोप" से लक्ष्य साधकर गोले फेंकता था ब्रिटिश सेना नायकों की सिट्टी-पिट्टी गुम हो जाती थी और वे जमीन सूंघते ही नजर आते थे। इस अवसर पर मर्दनसिंह को यह देखकर बड़ा आश्चर्य हुआ कि कतिपय मराठा और बुन्देले सिपाहियों को फोड़कर धूर्त ह्यूरोज ने अपनी ओर मिला लिया था और वे ब्रिटिश सेना के आगे-आगे चलकर देश की इज्जत पर दाग लगा रहे थे। उन्होंने जब यह बात रानी लक्ष्मीबाई को बताई तो वे अपने ही सिपाहियों को झाँसी के विरुद्ध खड़े देखकर क्रोध से तिलमिला उठी। रानी के तत्कालीन क्रोध की ज्वाला को ब्रज भाषा के प्रसिद्ध कवि वियोगी हरि ने एक दोहे में इस प्रकार व्यक्त किया की है—

इक अचरज हमने लख्यौ, झाँसी-गढ़ के द्वार।
कर-कमलन करवाल थी, दृग-कमलन अंगार॥

बुन्देलखण्ड की शान पर धब्बा लगाने वाले इन दगाबाजों को कोसती हुई वे मदनसिंह से बोली—"कोई हर्ज नहीं मर्दन। हमारा लक्ष्य झाँसी तक ही सीमित नहीं है, हमें तो पूरे देश की आजादी के लिए लड़ना और मरना-कटना है।" ...."चलो, आगे बढ़ें।"

दुश्मनों की आँखों में धूल झोंककर झाँसी के दुर्ग से घोड़े पर सवार हो कर निकली हुई रानी का अगला पड़ाव कालपी था। १०० मील की दूरी पार कर जैसे ही थकी-मांदी वे कालपी पहुँचीं उन्हें तात्याटोपे अपनी सेना के साथ तैयार मिले। किन्तु रानी का घोड़ा इतना जर्जर हो चुका था कि उसने वहीं जमीन पर गिरकर अपने प्राण त्याग दिए। यहाँ भी रानी लक्ष्मीबाई की अंग्रेजों से एक जुझारू टक्कर हुई और यमुना-तट पर हुई एक मुठभेड़ में ब्रिटिश फौजों को एक बार फिर मात खानी पड़ी। तात्याटोपे के नेतृत्व में रानी झाँसी की फौज अब ग्वालियर जा पहुँची। यहाँ उसका साथ देने के लिए तात्याटोपे के अलावा नानासाहब और राव साहब भी आ पहुँचे और इन सबने मुरार-स्थित ब्रिटिश सैनिक रेजीमेन्ट के भारतीय फौजियों को बड़ी चतुराई से अपनी ओर मिला लिया। फलस्वरूप प्रथम दौर में विजय का वरण रानी लक्ष्मीबाई ने ही किया एवं ग्वालियर-दुर्ग पर अपना अधिकार जमा लिया। अंग्रेजों के परम मित्र तत्कालीन ग्वालियर-नरेश महाराजा जयाजीराव सिंधिया रानी की जीत से घबराकर आगरा भाग गए। ग्वालियर दुर्ग पर विद्रोहियों का झंडा फहराने लगा।

रानी की इस दिग्विजय से जलकर ग्वालियर के कतिपय ईर्ष्यालु जन सक्रिय हो गए। उन्होंने पहला धोखा रानी लक्ष्मीबाई को इस रूप में दिया कि उन्हें वहाँ से एक

अड़ियल घोड़ा थमा दिया। यही घोड़ा उनकी जान लेने का कारण बना। किन्तु वीराङ्गना रानी आखिरकार सिंहनी थी। उसने यहाँ भी अपना जोश और होश बरकरार रखा और इस अड़ियल घोड़े पर से ही सफल वार करती हुई वह दुश्मनों के सिर धड़ से अलग कर उन्हें धराशायी करती रही। इस समय ब्रिटिश सेना की कमान जनरल स्मिथ के हाथों में थी, जो रानी लक्ष्मीबाई की जाँबाज टुकड़ी से भिड़कर पग-पग पर पराजय का सामना कर रहा था।

इस तरह विभिन्न मोर्चों पर युद्धरत रहकर झाँसी की वीराङ्गना रानी लक्ष्मीबाई ब्रिटिश फौजों को गाजर-मूली की भान्ति काटती हुई जब सैंकड़ों दुश्मनों के सिर उतार चुकी तो इस रणचण्डी का मुकाबला करने के लिए जनरल ह्यूरोज को एक शक्तिशाली टुकड़ी के साथ भेजा गया। इधर विद्रोहियों को गद्दार और दगाबाज सैनिक मिलकर धोखा दे ही रहे थे। इसी बीच रानी को अपनी एक सर्वाधिक वफादार सहेली और परिचारिका मन्दरा से हाथ धोना पड़ा, जिसका उसे बड़ा दु:ख हुआ।

चारों ओर से दुश्मनों से घिरी हुई रानी, दायें-बायें और आगे-पीछे से शत्रुओं का सफाया करती हुई जब रास्ते में आए एक नाले को पार करने लगी तब उस नाले को देखते ही घोड़ा अड़ गया और रानी को बिठाये हुए ही वह पीछे की ओर घूम पड़ा तथा चक्कर खाने लगा। घोड़ा अड़ते देखकर सैंकड़ों अंग्रेज सैनिकों ने रानी को चारों तरफ के घेर लिया। एक दुश्मन की तलवार के सफल वार से रानी की आँख के साथ उनके बदन का एक हिस्सा बाहर निकल आया और वह घायल होकर जमीन पर गिर पड़ीं। इसके बावजूद वह जमीन पर गिरते-गिरते अपनी तलवार से उस दुश्मन का सिर उतार कर ही रहीं जिसकी तलवार से वे घायल हुई थीं।

१८ जून, सन् १८५८ को ग्वालियर में जिस स्थान पर घायलावस्था में झाँसी की प्रात:स्मरणीया रानी लक्ष्मीबाई ने अपने प्राणोत्सर्ग किए, वहाँ बाबा गंगादास की घासफूस से बनी कुटिया में आग लगाकर रानी लक्ष्मीबाई का अन्तिम संस्कार सम्पन्न किया गया। उनकी यह प्रबल इच्छा थी कि उनके शरीर से कोई अंग्रेज हाथ न लगा सके।

इस तरह, अखण्ड भारत की आजादी के लिए संघर्षरत, बुन्देलखण्ड की वीराङ्गना रानी लक्ष्मीबाई की गौरवशाली शौर्य-गाथा का अन्तिम किन्तु स्वर्णिम अध्याय ऋषि गालव की पावन धरती ग्वालियर में लिखा गया।

स्वतन्त्रता-आन्दोलन में बुन्देलखण्ड का योगदान

डा० नत्थूलाल गुप्त 'अग्रहरि'

बुन्देलखण्ड का इतिहास प्राचीन और गौरवमय है। भारतीय मध्ययुगीन इतिहास आल्हा, ऊदल, मलखान, रानी सारन्धा, चम्पतराय, महाराज छात्रसाल, मधुकरशाह, विजयसिंह आदि के वर्णन के बिना अधूरा है। वैसे ही झाँसी की रानी लक्ष्मीबाई, तात्याटोपे नाना साहब आदि के वर्णन के बिना भारत के प्रथम स्वाधीनता संग्राम (१८५७) का इतिहास भी अपूर्ण है। चन्देरी के राजा मर्दनसिंह, चन्द्रशेखर आजाद (जिनका स्मारक ओरछा के पास बना है), के उल्लेख के बिना भारतीय स्वाधीनता की कहानी अधूरी है। बुन्देलखण्ड की धरती में उत्पन्न क्रान्तिवीरों का स्वाधीनता-आन्दोलन में अत्यन्त महत्त्वपूर्ण योगदान रहा है।

यहाँ का परिदृश्य बड़ा रोमांचकारी है। विषम धरती पर उगी कंटीली झाड़ियाँ झाड़-झंखाड़, अल्हड़ नदी-नाले और उनके बीच में उच्च अट्टालिकाएँ और किले यहाँ के रोमांचक इतिहास के साक्षी हैं। बुन्देलखण्ड में गढ़ और गढ़ियाँ इतनी हैं कि शायद ही किसी अन्य प्रदेश में इस संख्या में हों। जगनिक द्वारा रचित वीरकाव्य 'आल्हा' को कौन नहीं जानता ? इस काव्य में बनाफर वीर आल्हा और ऊदल की ५२ लड़ाइयों का वर्णन किया गया है। आल्हा, ऊदल, ब्रह्मानन्द, ढेबा और मलखान ये पाँच भाई थे, जिनकी शत्रुता दिल्ली के पृथ्वीराज चौहान प्रख्यात से थी। घनघोर बरखा में आल्हा पढ़ने-सुनने का लोकोतर आनन्द अनुभवी लोग जानते हैं। वीर और श्रृङ्गार रसों में वीरों का मन सदियों से रमता आया है। बुन्देलखण्ड के क्रान्तिवीर इसके अपवाद नहीं कहे जा सकते।

डकैती के इतिहास में बाँदा, जालौन, ग्वालियर और बुन्देलखण्ड की रियासतें विशेष प्रसिद्ध हैं। यदि हम डकैती के मनोविज्ञान का गहराई से अध्ययय करें तो बुन्देलखण्ड की माटी के असर का अनुमान सरलतापूर्वक हो जायेगा। लगभग दो-तिहाई डकैत इन्हीं जिलों अथवा आसपास के इलाकों से हैं। कोई यूं ही बागी (डकैत के लिए एक सम्मानसूचक शब्द) नहीं हो जाता। इसके पीछे व्यक्ति के स्वभाव की उग्रता और खरेपन के साथ-साथ परिवेश से अटूट लगाव होता है। इसके साथ निर्धनता, बेरोजगारी, शोषण और न्याय-तन्त्र की दीर्घसूत्रता आदि सामाजिक और तात्कालिक कारण मिलकर एक साधारण किसान को बागी

बना देते हैं। हमारा लक्ष्य यहाँ अपराध-मनोविज्ञान पर चर्चा करना अथवा बागियों की वकालत करना नहीं; बल्कि इस तथ्य को उजागर करना है कि ऐसी माटी के गर्म लहू के सपूत विदेशियों द्वारा देश का लुण्ठन, भोली जनता पर अन्याय-अत्याचार कैसे सहन कर सकते थे? इसमें सन्देह नहीं कि बुन्देलखण्ड के क्रान्तिकारी वीर स्वयं स्फूर्त होकर स्वाधीनता आन्दोलन से जुड़े।

१९२८ ई० में प्रकाशित "भारत में अंग्रेजी राज" शीषक अपने ग्रन्थ में पं० सुन्दरलाल ने यह स्थापित किया कि भारत में अंग्रेज शासन न तो न्याय से स्थापित हुआ था, न अंग्रेजों की वीरता अथवा अन्य सद्गुणों से, और न उससे भारत का किसी प्रकार का कल्याण ही हुआ। उन्होंने क्लाइब, वारेन् हेस्टिंग्ज़ आदि की वैयक्तिक क्रूरता, अत्याचार तथा फरेब आदि को खोलकर रख दिया। इन अभियोगों पर, इन अंग्रेज शासकों पर ब्रिटिश पार्लियामेंट में मुकदमा चला ही था। सुन्दरलाल जी ने ईस्ट इण्डिया कम्पनी की सामूहिक बेईमानी और छल-कपट की नीति को भी प्रभावपूर्ण रीति से प्रदर्शित किया, और यह भी प्रदर्शित किया कि कम्पनी के राज्य में भारत पर जो अन्याय और अत्याचार हुआ उसका उत्तरदायित्व केवल कम्पनी पर ही नहीं, अपितु उसी परिमाण में सम्पूर्ण ब्रिटिश शासकवर्ग और ब्रिटिश शासन-तन्त्र पर भी था।

अंग्रेजों की इस रीति-नीति को देश के अन्य प्रदेशों की तरह बुन्देलखण्ड की देशप्रेमी जनता ने भी भली-भाँति समझ लिया था।१८५७ के प्रथम स्वाधीनता-संग्राम में अनेक बुन्देलों ने कुर्बानी दी थी। शहीदों के रक्त से रंजित बुन्देलखण्ड की धरती उनकी शहादत की साक्षी है। तत्कालीन बलिदानी वीरों में झांसी की रानी लक्ष्मीबाई, मर्दनसिंह, बख्तबली, तात्याटोपे, नानासाहब, मैना सुन्दरी आदि के नाम इतिहास में स्वर्णाक्षरों से लिखे जायेंगे। यह बात अलग है कि आजादी के चार दशकों बाद भी इन कुर्बानियों का मुआवजा इस धरती को अपेक्षित रूप में नहीं मिला। यहाँ की ग्रामीण जनता आज भी निर्धनता और बेरोजगारी को शिकार है।

बुन्देलखण्ड की अमर वीराङ्गना झांसी की रानी लक्ष्मीबाई का जन्म १९ नवम्बर १८३५ ई० में काशी में हुआ था। उनके बाल्यकाल का नाम मनु था। जब मनु की उम्र ७ वर्ष की थी, तभी इनका विवाह झाँसी-नरेश गंगाधर के साथ हुआ था। १६ वर्ष की आयु में उन्हें एक पुत्र हुआ। तीन माह के बाद ही उसकी मृत्यु हो गई। अतः गंगाधरराव ने आनन्दराव नामक पाँच वर्ष के एक बालक को गोद लिया और उसका नाम दामोदरराव रखा। निरन्तर हतोत्साहित एवं रोगग्रस्त होने के कारण १८ नवम्वर, १८५३ ई० को गंगाधरराव चल बसे। उस समय रानी की उम्र १८ वर्ष को थी। अंग्रेजों ने षड्यन्त्र रचकर २ अगस्त, १८५४ को झाँसी को अंग्रेजी राज्य में मिला लिया। रानी ने इस मामले की अपील करने का प्रयास किया; किन्तु कोई सफलता न मिली। इसी बीच १८५७ की क्रान्ति भड़क उठी। कई अंग्रेज मारे गये। क्रान्ति के कारण झांसी शासक-विहीन हो गयी थी। रानी ने अपने विश्वासपात्र अधिकारियों के परामर्श से शासन-सूत्र सम्भाला ही था कि अंग्रेजों के बनाये गये उत्तराधिकारी सदाशिवराव ने झाँसी पर आक्रमण कर दिया। ओरछा के दीवान

नत्थेखाँ ने भी झाँसी पर आक्रमण कर दिया। बुन्देले वीरों ने रानी की सहायता की। नत्थेखाँ हारकर अंग्रेजों से जा मिला। उसने रानी के विरुद्ध अंग्रेजो को भड़काया, जिससे रानी बागी घोषित की गई। विद्रोह का दमन करने हेतु इंग्लैण्ड से सर ह्यूरोज को बुलाया गया। ह्यूरोज बानपुर, सागर और शाहगढ़ के किलों पर कब्जा करता हुआ झाँसी पहुँचा।

रानी ने किले को बचाने का भरपूर प्रयास किया, किन्तु अन्ततोगत्वा कम्पनी की सेना किले में घुस गई। उसी रात रानी अपने दत्तक पुत्र दामोदर को कमर से कसकर १०-१५ सवारों के साथ मरदाने वेश में कालपी की ओर रवाना हो गई। रानी कालपी पहुँची और वहाँ रावसाहब, तात्याटोपे, बाँदा के नवाब और अनेक क्रान्तिकारी नेता अपनी सेनाओं सहित एकत्रित हो गये। रानी ने ह्यूरोज की सेना का सामना बड़ी वीरता से किया; किन्तु उसकी हार हुई। वह अंग्रेजों से लड़ते हुए और अपने अदम्य साहस का परिचय देते हुए १८ जून, १८५८ ई० को वीरगति को प्राप्त हुई। उस समय रानी की उम्र केवल २२ वर्ष की थी।

रानी लक्ष्मीबाई की वीरता और साहस तथा १८५७ ई० की प्रमुख घटनाओं को रेखांकित करने वाली श्रीमती सुभद्राकुमारी चौहान की "झाँसी की रानी" शीर्षक कविता अत्यन्त प्रसिद्ध हुई। एक पुराने बुन्देली लोकगीत पर आधारित इस कविता को १८५७ सम्बन्धी प्रकाशित अभिजात साहित्य की प्रतिनिधि रचना कह सकते हैं। कवियित्री ने सत्तावनी क्रान्ति को स्पष्टतः 'प्रथम स्वाधीनता संग्राम' कहा है। कुछ पंक्तियाँ द्रष्टव्य हैं—

गुमी हुई आजादी की कीमत सबने पहचानी थी।
दूर फिरंगी को करने की सबने मन में ठानी थी।
चमक उठी सन सत्तावन में वह तलवार पुरानी थी।।

इस कविता में सत्तावनी क्रान्ति के अन्य क्रान्तिवीरों का भी उल्लेख किया गया है—

इस स्वतन्त्रता महायज्ञ में कई वीरवर आये काम।
नाना धूँधूपन्त, तांतिया चतुर अजीमुल्ला सरनाम।।
अहमदशाह मौलवी, ठाकुर कुंवरसिंह सैनिक अभिराम।
भारत के इतिहास गगन में अमर रहेंगे जिनके नाम।
लेकिन आज जुर्म कहलाती उनकी जो कुर्बानी थी।।

गाँधीजी के अहिंसात्मक असहयोग आन्दोलन और सत्याग्रह तथा सरदार भगतसिंह और चन्द्रशेखर आजाद—जैसे जुझारू उग्र क्रान्दिकारियों के युग में रानी लक्ष्मीबाई का नाम अत्यन्त प्रेरणाप्रद और लोकप्रिय था। इसका अनुमान इसी से लगाया जा सकता है कि १९२९ में ग्वालियर में अंग्रेजों के पुरातत्त्व विभाग ने ग्वालियर में रानी की समाधि बनवाकर उस पर रानी की शौर्यगाथा मराठी तथा संस्कृत में टंकित करवायी। इस प्रशस्ति में सत्तावनी क्रान्ति को 'सिपाही विद्रोह' कहा गया है। बालकृष्ण सीताराम टेंगशे ने अपने 'रानी लक्ष्मीबाई'

नामक प्रबन्ध-काव्य में रानी के अतुल शौर्य की गाथा को बड़ी उदात्त शैली में निबन्धित किया है। उन्होंने एक स्थल पर यहाँ तक कहा—

रानी नहीं थी देवता, वह भी मानवी एक।
देशप्रेम के मन्त्र से जीते युद्ध अनेक॥

क्रान्तिवीरों के बलिदानों को उजागर करके उनका मनोबल बढ़ाने की दिशा में हिन्दी पत्र-पत्रिकाओं की भूमिका अत्यन्त महत्त्वपूर्ण रही है। हिन्दी में 'सरस्वती' 'मर्यादा' 'चाँद', 'हिन्दूमंच' आदि पत्रिकाओं के नाम उल्लेखनीय हैं। चाँद पत्रिका का 'फाँसी अंक' (नवम्बर १९२८) और 'हिन्दू पंच' का बलिदान अंक इस दौरान बहुत लोकप्रिय हुए। इन विशेषांकों का ऐतिहासिक महत्त्व है। यहाँ हम कानपुर से निकलने वाले प्रताप (१९१३) और मिलाप (१९२३) को नहीं भुला सकते। क्रान्तिकारियों के रहनुमा और जुझारू राष्ट्रवादी पत्रकार पं० गणेशशंकर विद्यार्थी उन दिनों प्रताप के सम्पादक थे। हिन्दूपंच के अंक में झांसी की रानी के साथी नाना साहब पर एक लेख रामकृष्ण मेहरोत्रा ने लिखा जिसमें उनके विशिष्ट अनुयायी अजीमुल्ला के सत्तावनी क्रान्ति के कर्त्तृत्व का वर्णन है।

इसी अंक में श्रीमती चपलादेवी का एक अत्यन्त मार्मिक लेख छपा था। लेख का शीर्षक उत्तेजनात्मक, किन्तु सत्य था—"नाना साहब की पुत्री मैना देवी को भस्म कर दिया।" इस लेख में मैना देवी लिखती हैं—"सन् १८५७ के विद्रोही नेता धूँधूपन्त नाना साहब कानपुर में असफल होकर जब भागने लगे तो वह अपनी पुत्री मैना देवी को साथ न ले जा सके। देवी मैना विठूर में अपने पिता के महल में रहती थी। विद्रोह दमन करने के बाद अंग्रेजों ने बड़ी क्रूरता से उस निरीह और निरपराध देवी को अग्नि में भस्म कर दिया।" वास्तव में एक बार सर टॉमस हे ने दया दिखाते हुए उसे छोड़ दिया था, जिसके लिए उन्हें लन्दन के पार्लियामेण्ट हाउस में खूब लताड़ा गया था। फलतः वाद में मैना देवी गिरफ्तार करके लाई गई और कानपुर के किले में रखी गयी। उस समय के महाराष्ट्रीय इतिहासकार महादेव चिटनवीस ने 'बखर' में लिखा—"कल कानपुर के किले में एक भीषण हत्याकाण्ड हो गया। नाना साहव की एकमात्र कन्या मैना धधकती आग में जलाकर भस्म कर दी गयी। भीषण अग्नि में शान्त और सरलमूर्ति उस अनुपमा बालिका को जलती देख सबने उसे देवी समझकर प्रणाम किया।"

बुन्देलखण्ड में शाहगढ़ नरेश बख्तबली, विजयराघवगढ़ के राजा सरयूसिंह तथा बानपुर के मर्दनसिंह के नाम भी सत्तावनी क्रान्ति के अमर शहीदों में उल्लेखनीय हैं। १८०८ में राजा मोद प्रह्लाद चन्देरी के एक निर्बल शासक हुए। १८१२ ई० में ग्वालियर नरेश ने चन्देरी पर आधिपत्य कर लिया। एक सन्धि के अनुसार राजस्व का दो-तिहाई भाग ग्वालियर को तथा एक-तिहाई बानपुर के नरेश मोद प्रह्लाद को मिला। १८४२ ई० में मोद प्रह्लाद के निधन के पश्चात् उनके ज्येष्ठ पुत्र मर्दनसिंह बानपुर के राजा हुए।

राजा मर्दनसिंह ने १२-१३ जून को ललितपुर की फौजी छावनी में विद्रोह की जोत

जगाई। फलतः कैप्टन सेल तथा डा० ओब्रियन वहाँ से भागकर राजा मर्दनसिंह की शरण में आये। राजा मर्दनसिंह ने कूटनीति से काम लेते हुए उन्हें संरक्षण प्रदान किया। १९ जून १८५७ को मेजर गौसन की कमान में बानपुर राज्य के तालबेहट किले पर अंग्रेजों ने अधिकार कर लिया। विद्रोहियों ने अंग्रेजी सेना का डटकर मुकाबला किया; परन्तु वे टिक न सके। तालबेहट से जब अंग्रेज १९ विद्रोहियों को गिरफ्तार करके ले जा रहे थे, तब मर्दनसिंह ने मालथौन पहुँचकर भारतीयों में विद्रोह की आग सुलगा दी। फलतः भारतीय सैनिकों ने न केवल उन बन्दियों को मर्दनसिंह के हवाले किया अपितु वे स्वयं भी राजा मर्दनसिंह की सेना में शामिल हो गये। इस घटना के पश्चात् राजा मानसिंह ने खुला विद्रोह कर दिया।

मेजर गौसन को जान बचाकर सागर भागना पड़ा। सागर छावनी के अंग्रेज अफसरों में बड़ी खलबली मच गई। राजा मर्दनसिंह को विजयराथवगढ़ के राजा बख्तबली का अपूर्व सहयोग मिला। बुन्देलखण्ड के अन्य राजा-जागीरदार आदि भी मर्दनसिंह के आह्वान पर विद्रोही सेना में शामिल हो गये। सागर-स्थित भारतीय सेना भी शेख रमजान के नेतृत्व में उस विद्रोही सेना में शामिल हो गयी। इस सेना की सहायता से मर्दनसिंह ने सागर के पास ही राहतगढ़ में अंग्रेजी सेना पर आक्रमण कर दिया। मर्दनसिंह के इस आक्रमण से स्वतन्त्रता सेनानियों को किले से निकल भागने का अवसर मिल गया। इसके बाद ९ जुलाई को मर्दनसिंह ने खुरई पर अधिकार कर लिया। बख्तबली ने गढ़ाकोटा, मालथौन और बिनैका पर कब्जा कर लिया। जुलाई १८५७ तक अधिकांश बुन्देलखण्ड स्वतन्त्रता की सांस ले रहा था।

राहतगढ़ में ह्यूरोज मर्दनसिंह को हटाने में नाकामियाब रहा, किन्तु मदनपुर में उसने मर्दनसिंह को मात दी। मर्दनसिंह रानी लक्ष्मीबाई के घनिष्ठ सहयोगी थे। रानी के आह्वान पर वे झाँसी के लिए रवाना हुए, किन्तु अंग्रेजी सेना के अवरोध के कारण वे सीधे झाँसी न जा सके। वे बख्तबली के साथ चरखारी पहुँचे और तात्याटोपे की सहायता से चरखारी विजय करके बाद में कालपी पहुँचे। नाना साहब की आज्ञा से वे बरुआ सागर के मार्ग से झाँसी पहुँचे। पहली अप्रैल, १८५८ को उन्होंने ह्यूरोज की सेना पर पीछे से हमला कर दिया। युद्ध में उन्हें सफलता कम मिली; किन्तु इस युद्ध के कारण रानी को किले से भाग निकलने में बड़ी सहायता मिली। वे जी-जान से अंग्रेजों के विरुद्ध संघर्ष में जुटे थे; किन्तु रानी के निधन का समाचार पाकर उनका हौसला ठण्डा पड़ गया। वे बख्तबली के साथ गिरफ्तार कर लिए गये। कुछ वर्षों तक जेल में रहने के पश्चात् २२ जुलाई, १८७८ ई० को वृन्दावन में उनका देहान्त हो गया। बुन्देलखण्ड के इस वीर-शिरोमणि का नाम स्वाधीनता आन्दोलन के इतिहास में अमर रहेगा।

उग्रवादी जुझारू आन्दोलन के अमर शहीद चन्द्रशेखर आजाद का जन्म मध्यप्रदेश के झाबुआ जिले के अलीराजपुर तहसील के भाँवरा ग्राम में २३ जुलाई १९०६ को हुआ था। इनके पिता का नाम सीताराम और माँ का नाम जगरानी था। तिलक के निधन के पश्चात्

राष्ट्रीय आन्दोलन का गरमवादी दल और अधिक गरम हो गया, क्योंकि उसका नेतृत्व सरदार भगतसिंह, चन्द्रशेखर आजाद जैसे जुझारू युवा क्रान्तिकारियों के हाथ आ गया था। 'हिन्दुस्तानी रिपब्लिक एसोसियेशन' नामक क्रान्तिकारी दल की स्थापना हुई। आजाद उसमें शामिल हुए। क्रान्तिकारियों को धन और हथियारों की आवश्यता की पूर्ति हेतु डाके भी डालने पड़े थे। ऐसे साहसी कार्यों में आजाद का विशेष योगदान होता था।

प्रसिद्ध काकोरी-डकैती काण्ड (९ अगस्त, १९२५) के प्रमुख अभियुक्तों में आजाद भी थे। डकैती के बाद आजाद ब्रह्मचारी के वेश में ओरछा के पास टिमरपुरा (झाँसी से लगभग ३० कि० मी० दूर, जहाँ आजाद-स्मारक बना है) में रहने लगे। वहीं पर उनसे मिलने हेतु सरदार भगतसिंह, राजगुरु, सुखदेव, कुन्दनलाल, वैशम्पायन आदि आते थे। लगभग डेढ़ वर्ष तक वहीं रहकर आजाद ने अपने दल का पुनर्गठन किया। पुलिस के भय से बाद में वे झाँसी चले गये। झाँसी के क्रान्तिकारी रुद्रनारायण ने आजाद का परिचय दतिया रियासत के दीवान नाहरसिंह से कराया। दीवान नाहरसिंह के दतिया छोड़ने के पश्चात् आजाद ने भी दतिया छोड़ दी। इसके बाद वे ग्वालियर चले गये और वहाँ से प्रयाग। वहीं पर २७ फरवरी, १९३१ को 'अल्फ्रेड पार्क' में वे पुलिस से संघर्ष करते हुए शहीद हो गये। इस समय इनकी माता भाँवरा (अलीराजपुर) में थीं। आजाद की मृत्यु के पश्चात् जगरानी देवी आजाद के क्रान्तिकारी मित्र भगवानदास माहोर् के साथ झाँसी में रहीं। आजाद के चचेरे भाई मनोहर तिवारी कानपुर में अध्यापकी करते थे। वे भी आजाद के माता-पिता की आर्थिक सहायता कभी स्वयं तो कभी गणेशशंकर विद्यार्थी के सहयोग से किया करते थे। कालान्तर में इनके पिता सीताराम जी ने अलीराजपुर में सीताराम-डेयरी स्थापित की थी। सीताराम जी का निधन २२ मार्च, १९५१ को हुआ। आजाद का एक स्मारक भाँवरा में भी है।

१९४२ के 'भारत छोड़ो' आन्दोलन के अमर बलिदानियों में गढ़ाकोटा (सागर) के साबूलाल जैन तथा सतना जिले के लाल पद्‌मधरसिंह का नाम अमर रहेगा। गढ़ाकोटा सागर से २९ मील पूर्व में सागर-जबलपुर मार्ग पर स्थित है। श्रीसाबूलाल जैन के पिता एक सामान्य दुकानदार थे। ९ अगस्त १९४२ के देश के लाखों नेता 'भारत छोड़ो' आन्दोलन में भाग लेकर जेलों में बन्द हो गये थे। यह समाचार आग की तरह पूरे देश में फैल गया। दूसरे दिन शहीद साबूलाल जैन गढ़ाकोटा के पुलिस थाने पर ध्वज चढ़ाने के प्रयास में अंग्रेजों की गोली का शिकार हुए।

लाल पद्‌मधरसिंह रीवा के एक जागीरदार लाल प्रद्युम्नसिंह के चतुर्थ पुत्र थे। उनका जन्म सतना जिले के कृपालपुर ग्राम में १४ अक्टूबर १९१३ को हुआ था। रीवा के दरबार हाईस्कूल में जब वे पढ़ रहे थे तो हेडमास्टन द्वारा अपमानित किये जाने पर आवेश में आकर इन्होंने हेडमास्टर पर गोली चला दी थी। इस कारण उन्हें सात वर्ष की सजा हुई थी; किन्तु बाद में सद्‌व्यवहार के कारण उन्हें तीन वर्ष बाद छोड़ दिया गया। बाद में इन्होंने प्रयाग विश्वविद्यालय में छात्र के रूप में रहते हुए १९४२ के आन्दोलन में एक जुलुस का नेतृत्व किया और पुलिस की गोली का शिकार बने।

सागर के स्वतन्त्रता-सेनानियों में स्व० श्री केदारनाथ रोहण, पुरुषोत्तम गोपाल सप्रे, स्व० वासुदेव सूबेदार, स्व० मौलवी चिरागुद्दीन, स्व० सहोदर राय, रामसिंह चौहान 'बेधड़क', स्व० स्वामी कृष्णानन्द, स्व० मास्टर बलदेवप्रसाद, ज्वालाप्रसाद ज्योतिषी ('विन्ध्यकेसरी' के सम्पादक), भाई अब्दुल गनी ('देहाती दुनिया' के सम्पादक), जवाहरलाल नामदेव आदि के नाम उल्लेखनीय हैं।

इस प्रकार हम देखते हैं कि राष्ट्रीय आन्दोलन के मंच पर बुन्देलखण्ड की भूमिका महत्त्वपूर्ण रही है। भारत माता को गुलामी की जंजीरों से आजाद करने के लिए बुन्देलखण्ड के हजारों क्रान्तिवीरों ने हँसते-हँसते कुर्बानी दी। इस बात का अनुमान इसी से लगाया जा सकता है कि आज भी बुन्देलखण्ड के लगभग तीन हजार स्वतन्त्रता-सेनानी प्रान्तीय अथवा केन्द्रीय शासन से पेंशन पा रहे हैं। इन क्रान्तिवीरों की भावनाओं को सरदार भगतसिंह के शब्दों में इस प्रकार रख सकते हैं—

जब से सुना है मरने का नाम जिन्दगी है।
हम सर पर कफन लपेटे कातिल को ढूँढते हैं॥

बुन्देलखण्ड का जलियांवाला बाग : चरणपादुका

दशरथ जैन तथा सुरेन्द्र जैन

भारतीय स्वतन्त्रता-संग्राम के इतिहास में दूसरे जलियांवाला बाग के नाम से विख्यात बुन्देलखण्ड के इस पुनीत स्थल की लोमहर्षक कथा है। यह कथा तत्कालीन शासकों के जुल्मों के विरुद्ध आवाज उठाने वाले शहीदों की है। उन दिनों लगान और कर विरोधी जन आन्दोलन का नेतृत्व कर रहे थे स्वर्गीय ठाकुर हीरासिंह (रगौली) तथा पं० रामसहाय तिवारी (टहनगा)। यह आन्दोलन बुन्देलखण्ड की सभी देशी रियासतों में व्याप्त हो चुका था। लौंड़ी के तहसील-प्राङ्गण में हुई गनेशा चमार के बलिदान से बिजावर राज्य के ग्राम बेंड़री पुरवा में हुई गोकुल प्रसाद शुक्ल एवं कड़ोरे लुहार की शहादत से तथा इसी प्रकार की अन्य घटनाओं से यह स्पष्ट है। नवम्बर, १९३० में तहसील प्राङ्गण, लौंड़ी में गनेशा चमार का लगान वसूली हेतु की गई भयंकर मारपीट के कारण, प्राणान्त हो गया। इसी प्रकार, दिसम्बर, १९३० में बिजावर राज्य के सटई तहसील के बैंड़रीपुरवा गांव में पण्डित रामसहाय ने लगान बन्दी प्रचार हेतु धार्मिक कथा करवाई। पुलिस सुपरिन्टैन्डैण्ट गुलाब खां दलबल सहित बिजावर पहुँच गया। बैठक को तितर-बितर करने के लिये हाथी की सूँढ में सांकल पकड़ा कर भीड़ पर घुमवाई गई, जिससे एकत्रित भीड़ तितर-बितर हो गई। झगड़ा होने पर गोली चलाई गई, जिसमें कड़ोरे लुहार और गोकुल वहीं शहीद हो गये। तुलसीदास रघुवंशी सहित ९ आदमी घायल हुये, जो नौगांव अस्पताल भेजे गये।

जब इन रियासतों के शासकों के नियन्त्रण से स्थिति बाहर हो गई, तब आन्दोलन दवाने के लिये तत्कालीन पॉलिटिकल एजेन्ट, कर्नल फिशर के हाथों बागडोर सौंपी गई। कर्नल फिशर ने आन्दोलन से प्रभावित क्षेत्र का दौरा-कार्यक्रम एवं दमन-अभियान आरम्भ किया। उसके पूर्व नेताओं को गिरफ्तार कर लिया गया था।

१४ जनवरी, १९३१ को मकर संक्रान्ति के दिन यहाँ देशी रियासतों की दमन-नीति के विरोध में आम सभा की जा रही थी कि अचानक कर्नल फिशर के आदेश से इन्दौर से बुलाई गई मालवा कोल-भील पल्टन द्वारा मशीन गनों से गोलीवारी शुरू कर दी गई। इसमें सर्वश्री सेठ सुन्दरलाल (गलौंहां), घिरू मातों (गोमा), धर्मदास मातों, (खिरवा), रामलाल मातों (गोमा), रघुराज सिंह तथा हल्कांई अहीर पिता हीरालाल अहीर (बंधिया-

परगना राजनगर) तथा करन सिंह गोली लगने के कारण बाद में श्रीमती रामकुँवर आदि ज्ञात-अज्ञात व्यक्ति शहीद हो गये। श्री हल्के कुर्मी, बन्धिया मरणासन्न थे। कई लाशें नदी की बालू में ढँक गई। कई गायब हो गयीं। सिर्फ ६ लाशों को घर वाले उठा ले गए थे। सैंकड़ों की संख्या में लोग घायल हुए।

पुलिस द्वारा जो नाम प्रथम सूचना-रिपोर्ट में दर्ज कराये गए थे, वे इस प्रकार हैं—१. बसोरा चमार, २. चिटवा बसोर (टहनगा), ३. बैजनाथ, ४. रामसेवक, ५. तमसा चमार, रामपुरा (पन्ना), ६. गनपत गडरिया (रामपुरा), ७. गनपत ठाकुर, ८. सालिगराम (रेखा), ९. कलुवा लोधी, १०. खूदे मातों (सिजरिया, जिला हमीरपुर) ११. आजाद मुसलमान (महोबा, जिला हमीरपुर), १२. घनश्याम चमार, १३. बाबा मिड़का छतरपुर, १४. राजधर सिंह कटिया, अजयगढ़, १५. विन्द्रावन तिवारी (बल्कौरा), १६. विन्द्रावन नामदेव, (अकौना), १७. मोतीलाल भाट (बम्हौरी), १८. जगतराज पाठक, १९. भूरा गुपा, (उमरिया), २०. रामचरण चौबे (तहसील रहली, जिला सागर), २१. शिवप्रकाश शर्मा (शिवराजपुर, जिला बांदा), २२. रघुवरसिंह (पाटन, अजैगढ़), २३. चन्दीदीन (भिलसांय, अजैगढ़), २४. प्यारे राजा (बीरा, अजैगढ़), २५. जगत लोधी (सजारी, यू० पी०) २६-२७. के नाम नहीं बताये गये हैं। इसी रिपोर्ट में यह बताया गया कि सभा लगाने वाले मुखिया जो २१ हैं, पकड़ लिए गए है; कुछ पकड़े जा रहे हैं और आगे पकड़ लिये जायेंगे।

चरणपादुका की उक्त सभा आयोजित करने वाले २१ प्रमुख व्यक्तियों पर नाजिम मुन्शी फजलुल हक के न्यायलय में छतरपुर में मुकदमा चला। उनके नाम ये थे—

१. सुखदेव (डहर्रा) २. श्री हरप्रसाद (डहर्रा) ३. श्री लल्लूराम शर्मा (बम्हौरी) ४. श्री प्राण मातों (मिड़का) ५. श्री भीकम (मिड़का) ६. श्री जवाहरलाल (पठा) ७. श्री सुम्मे मातों (पठा) ८. श्री मल्टन सिंह दौवा (गलौंहा) ९. श्री सरजू दौवा (गिलौंडा) १०. श्री दिलैंया वाद (गिलौंहा) ११. श्री अच्छेलाल दौवा (गिलौंहां) १२. श्री रामसिंह दौवा ((गिलौंहा) १३. श्री बच्चे दौवा (गिलौंहा) १४. श्री वृन्दावन दौवा (नांद) १५. श्री बलदेव दौवा (नांद) १६. श्री शिवदयाल (नांद) १७. श्री गयाप्रसाद (नांद) १८. श्री मत्ती मातों (पठा) १९. श्री नन्दकिशोर दौवा (नांद) श्री गंगाप्रसाद वानी (गिलौंहा) तथा २१. श्री बुल्ला सुनार (कंदेला)।

उपर्युक्त मुकदमें में श्री सरजु दौवा को ४ वर्ष तथा शेष अभियुक्तों को ३-३ वर्ष की सख्त कैद की सजायें सुनाई गई।

इस घटना की न्यायिक जांच छतरपुर दरवार द्वारा तत्कालीन तहसीलदार तथा जिला एवं सत्र न्यायाधीश, छतरपुर श्री दामोदर राव काले से कराई गई थी। उन्होंने अपने प्रतिवेदन में गोली चालन के फलस्वरूप ६ व्यक्तियों के मरने तथा कई के घायल होने की पुष्टि की।

कहानीं यहीं समाप्त नहीं हो जाती। गोली काण्ड के पश्चात् सेठ सुन्दरलाल की

लाश को सरजू दौवा महोबा ले जाना चाहते थे, ताकि वे वहाँ की स्थानीय कांग्रेस के समक्ष सरकार के दमन का प्रमाण उपस्थित करें। परन्तु उन्हें महोबा में गिरफ्तार कर लिया गया और लाश गिलौंहा वापिस भेज दी गई। आन्दोलन से सम्बन्धित २१ व्यक्ति जेल में डाल दिए गए। अमर शहीद सेठ सुन्दरलाल (गिलौंहां) के मकान को निर्ममता पूर्वक लूटा गया। उनका गुड़ तक पल्टन के लोगों ने खाकर चौपटकर डाला तथा मन्दिर में से चांदी की छड़ी व पंखा ले गए। इसी प्रकार मल्टन सिंह दौवा (बम्हौरी) का मकान खोदकर गिरा दिया गया। श्री लल्लूराम जी शर्मा (बम्हौरी) का मकान भी भस्मसात् कर दिया गया। और उनकी सब जायदाद उसी में जला दी गई। इसके अलावा, टीकर (राज्य लुगासी) के घासीराम रावत, भगवानदास काछी, कन्हैया लाल ब्राह्मण, छोटेलाल मिश्र, मन्नू लाल चौबे, धामची के चतुर्भुज चौधरी, लक्ष्मीप्रसाद तिवारी, गोकुल तिवारी, गयाप्रसाद तिवारी, बनगांय के जानकी प्रसाद, मुखर्रा के जगतराज पाठक आदि की लूटपाट कर आर्थिक दृष्टि से बड़ी क्षति पहुँचाई गई। इस तरह राज्य सरकार द्वारा भय और आतंक का वातावरण जनता को दबाने के लिये पैदा किया गया, नेताओं को जेलों में ठूँस दिया गया, लोगों की जायदादें लूटी गई, बरबाद की गई और जुर्माना जबरन बसूल किये गये। तमाम राज्य में फौजी शासन लागू कर दिया गया।

यह स्थल प्राचीन काल से तीर्थस्थल चरणपादुका के नाम से जाना जाता है। जनश्रुति है कि बनवास के समय भगवान रामचन्द्र इस स्थान से होकर गये थे। उर्मिला नदी के तट पर उनके चरण-चिह्न आज भी एक प्रस्तर-खण्ड पर अंकित हैं।

यह तीर्थ स्थल छतरपुर जिला मुख्यालय से उत्तर-पूर्व की ओर ५० कि० मी० और विश्व विख्यात खजुराहो से उत्तर की ओर २६ कि० मी० की दूरी पर है।

जिस प्रकार, जलियांवाला बाग के नृशंस हत्याकाण्ड ने राष्ट्रीय चेतना को झकझोरा एवं राष्ट्रीय आन्दोलन को गति प्रदान की, उसी प्रकार चरणपादुका गोलीकांड ने बुन्देलखण्ड के देशी राज्यों में जन-जागरण को आगे बढ़ाने तथा स्वाधीनता आन्दोलन को गति प्रदान करने में महत्त्वपूर्ण योगदान किया।

स्वतन्त्रता का यह संग्राम इसलिए विशेष महत्व रखता है क्योंकि यह समाज की सभी जातियों एवं वर्गों, विशेषतः हरिजनों, और पिछड़ी जातियों के गरीब तबकों के द्वारा लड़ा गया था तथा सारा समाज उठ कर राज्य सरकारों के विरोध में खड़ा हो गया था। इस संग्राम के दौरान न केवल सबने ही मिल कर यातनायें सहीं, अपितु बिना किसी भेदभाव के साथ-साथ रक्त बहाया।

स्वतन्त्रता के वटवृक्ष को अपने खून से सींचने वाले आजादी के दीवानों के रक्त से रंजित मिट्टी इस वृक्ष को पवित्रता और अमरता प्रदान करेगी, इस वट के भविष्य में अनेकानेक वृक्ष उत्पन्न होंगे। उनमें भी वह पवित्रता और अमरता आए बिना नहीं रहेगी। इस तरु के नीचे विश्राम करने वाले पथिक भी उस त्याग एवं तपस्या से अभिभूत हुए बिना नहीं रहेंगे, जिससे वे स्वतन्त्रता सेनानी अनुप्राणित थे।

करेहरा का भीकू अहीर

श्री कुन्दन लाल जैन

किम्वदन्तियाँ या अनुश्रुतियाँ प्राय: विश्वसनीय नहीं होतीं। उनमें अतिरेक या अतिशयोक्ति का मुलम्मा चढ़ा रहता है। वे कपोलकल्पित मानी जाती हैं, जिससे उन्हें इतिहास में आदर प्राप्त नहीं होता। पर कभी-कभी ये जनश्रुतियाँ इतिहास की प्रामाणिक कड़ी बनकर इतिहास के भूले-बिसरे सूत्रों को जोड़ने में सहायक सिद्ध होती हैं। यहाँ हम एक ऐसे ही उपेक्षित, परन्तु अपने समय के बलिष्ठ, भीकम चन्द्र अहीर, जिन्हें प्यार से लोग भीकू कहा करते थे, का संक्षिप्त शब्दचित्र प्रस्तुत कर रहे हैं जो गुदड़ी के लाल की भान्ति समादरणीय हैं।

भीकू झाँसी की महारानी वीराङ्गणा लक्ष्मीबाई के शासनकाल में झाँसी से ४५ कि० मी० दूर करेहरा (शिवपुरी) में रहा करता था। करेहरा का इतिहास प्राचीन है। वहाँ ऊँची पहाड़ी पर एक विशाल किला था, जो अब खण्डहर हो गया है। वहाँ के राजा ने महारानी लक्ष्मीबाई को अंग्रेजों के विरुद्ध लड़ने में बड़ी मदद की थी। करेहरा को राजा कर्ण परमार ने सन् १३५० में बसाया था और उस समय इसका नाम कर्णहार था जो बिगड़ते-बिगड़ते करेहरा, कर्रा (भौंती) करेरा आदि नामों से प्रचलित रहा। १४६८ ई० में मांडू के सुलतान महमूद ने अपने पुत्र गयासुद्दीन को करेहरा विजय के लिए भेजा। उस समय वहाँ दरयाब सिंह परमार राज्य कर रहे थे। मुगल इतिहासकारों ने इसका नाम कछवारा भी लिखा है।

करेहरा नगर में भीकू अहीर साहूकारी करते थे। उनके भाई का नाम अपरबल था। उन्हें पहलवानी का बड़ा शौक था। वे उर्दू के अच्छे ज्ञाता थे। वे प्रतिदिन एक भैंस के दूध की व्यालू (शाम का भोजन) करते थे, भले ही वह दूध ५ सेर हो या ६ सेर।

दतिया उन दिनों प्रसिद्ध समृद्ध रिसासत थी। वहाँ के कुदऊ सिंह अपने समय के प्रसिद्ध तबलाबादक थे। जब कलकत्ता की प्रसिद्ध नर्तकी गौहरजान दतिहा नरेश के यहाँ महफिल में आयी तब कुदऊ ने उनके साथ संगत दी। दतिया 'गले का हार' प्रसिद्ध थी। दतिया के दो प्रसिद्ध पहलवान भीकू की बलिष्ठता और पहलवानी के समाचार सुनकर उनसे कुश्ती के लिए करेहरा आए। घर पर आवाज दी; पता चला कि भीकू समीपस्थ महुअर नदी

के गणेश घाट पर स्नान-पूजा के लिए गये हैं। वे दोनों नदी पर पहुँच गये और लगे डीग हाँकने। भीकू वहीं नहा रहे थे। उन्होंने स्वयं को प्रकट न होने दिया और दोनों की गर्वोक्तियाँ सुनते रहे। थोड़ी देर में धीमें से बोले : "भीकू से कुश्ती बाद में लड़ना पहले इस "तुलसी चौरे" को यहाँ से उठाकर उस (२५-३० गज दूर स्थित) देवालय के चबूतरे पर तो रख दो।"

वह "तुलसी चौरा" क्या था २५-३० मन का एक विशाल शिलाखण्ड था जिस पर तुलसी जो विराजमान थीं। भीकू अहीर का प्रतिदिन का नियम था कि नदी पर जाते समय उस तुलसो चौरे को देवालय (गणेश मन्दिर) से उठाकर नदी-तट पर विराजमान करते और नहा-धोकर भक्तिपूर्वक उसका अभिषेक-पूजन करते। फिर वापस लाकर देवालय के सामने स्थित चबूतरे पर उसे विराजमान कर दिया करते थे। भीकू के कथनानुसार दतिया वाले पहलवान उस तुलसी चौरा को उठाने का प्रयत्न करने लगे। उन्होंने पूरा जोर लगा दिया और पसीने से लथपथ हो गये। पर दोनों के दोनों तुलसी चौरे को हिला तक न सके। तब छद्मवेशी भीकू मुस्कुराते हुए बोले "बस, भीकू से कुश्ती ऐसे ही लड़ोगे ?" तुरन्त ही उन्होंने चौरे की बन्दना कर रज मस्तक पर लगाई और उसे ऐसे उठा लिया जैसे कोई बालक अपना खिलौना उठाकर एक स्थान से दूसरे स्थान पर रख देता है। उसी तरह भीकू ने तुलसी चौरे को भक्तिपूर्वक यथास्थान प्रतिष्ठित कर दिया और जल चढ़ा कर बेलपत्री सहित पुष्प समर्पित कर दोनों पहलवानों को घर ले आये।

दोनों पहलवानों ने भीकू को पहचान लिया था। वे भीकू की बलिष्ठता से विस्मित थे और अपनी गर्वोक्ति पर शर्मिन्दा भी थे। उन्होंने अपने अविनय की क्षमा चाही। कुश्ती के दाव-पेचों का ज्ञान तो उन्हें था। उन्होंने सोचा, भीकू बलवान हो सकता है, पर कुश्ती के दाव-पेचों में होशियार न होगा। अतः भोजन के बाद जब आराम करने लगे तो उन्होंने कुश्ती की बात पुनः छेड़ी। भीकू ने उत्तर दिया : "कुश्ती उस्ताद जी की अनुमति के बिना नहीं लड़ेंगे, इसलिए उस्ताद जी से इजाजत ले आओ तब कुश्ती लड़ेंगे।"

भीकू के उस्ताद नूर मियाँ इलाके भर के माने हुए पहलवान थे। वे वृद्ध हो चले थे, पर लोग अब भी उनका लोहा मानते थे और उनकी इज्जत करते थे। दोनों पहलवान नूर मियां के पास पहुँचे और अपना प्रस्ताव प्रस्तुत किया। उस्ताद जो अनुभवी व्यक्ति थे, वे भीकू के पौरुष से भली-भाँति परिचित थे। इन पहलवानों की तुलसी चौरा न हिला पाने की खबर भी उनके पास पहुँच गई थी। अतः नूर मियां ने पहलवानों को समझाते हुए कहा : "भीकू से क्यों व्यर्थ उलझते हो, वह अकेला तुम दोनों के सिर कदुआ (काशीफल) की तरह फोड़ देगा, क्यों व्यर्थ अपनी जान गंवाने को फिर रहे हो ? अपनी कुशल चाहते हो तो सीधे दतिया लौट जाओ।" दोनों पहलवान भीकू का करिश्मा नदी पर देख चुके थे उस्ताद के समझाने पर वे अल्ला-अल्ला, खैर सल्ला करते हुए दतिया वापस लौट गये।

भीकू जहाँ शरीर से बलिष्ठ था वहाँ हृदय से बड़ा भावुक था। जब उसकी विवाहिता पत्नी का देहावसान हो गया तो उसने दूर की रिश्तेदार विधवा को उसके भरण

पोषण के भाव से अपने घर रख लिया और उसे घर की मालकिन बना दिया। इससे उसका भाई अपरबल उससे नाराज हो गया और सम्पत्ति का बँटवारा करके अलग रहने लगा। कहते हैं उनके पास नकद रूपया इतना अधिक था कि उन्हें गिनकर बाँटने की अपेक्षा 'प्या' (पाँच सेर के नाप का बर्तन) से भर-भरकर रुपये नापे गये। यह कार्य वहाँ के मोतीलाल जैन के बाबा ने सम्पन्न किया था। मोतीलाल जी कुछ वर्ष पहले ही दिवङ्गत हुए है। उन्होंने यह कथा सुनाई थी।

भीकू ने जिस विधवा को संरक्षण दिया था वह भर्तृहरि की "यां चिन्तयामि सततं मयि सा विरक्ता······" वाली नायिका की भांति जब परासक्ता होकर चली गयी तो भीकू को बड़ी ठेस लगी। उनका मन घर-गृहस्थी से इतना अधिक विरक्त हुआ कि उसी रात वे घर छोड़कर घोड़े पर बैठ अमोला की गहन निर्जन घाटी में ऐसे विलीन हुए कि उन के फिर कदापि दर्शन न हुए और न फिर कभी उनका नाम सुना गया। भीकू जब कभी अपना पौरुष प्रदर्शन करते तो नौ नारियल एक साथ तोड़ दिया करते थे। नारियल रखने के स्थान दोनों कोहनियां, कांखें, घुटने, दोनों जाँघें और ठोडी तथा गर्दन के बीच का भाग हुआ करते थे। उकडू बैठ कर एक साँस में नारियलों को तड़ातड़ तोड़ दिया करते थे। उन दिनों कौड़ियों का अधिक प्रचलन था। वे सिक्के के रूप में प्रयुक्त होती थीं और सिक्कों की शृङ्खला में सबसे छोटा सिक्का थीं। उन्हें तोड़ना, फोड़ना या कूटना-पीसना तो आसान है, पर बीच से चीर कर दो टुकड़े कर देना सरल नहीं। भीकू अहीर मजबूत से मजबूत कौड़ी को दो नाखूनों में फसाकर बीच से चीर देते थे, जैसे पिस्ते या मूँगफली की गिरी को चीर दिया हो।

ऐसा बहादुर था भीकम चन्द अहीर, जिसने अपने पौरुष से करेहरा ही नहीं, बुन्देलखण्ड जनपद को आन्दोलित किया और प्रसिद्धि पायी। इतिहास उसके विषय में सर्वथा मौन है।

महारानी लक्ष्मीबाई

श्री लखपतराम शर्मा

बुन्देला नरेशों का प्रतिरोध

बानपुर तथा शाहगढ़ के शासक बुन्देला नरेश थे और समीपी रिश्तों में बंधे हुए थे। बानपुर राज्य के अन्तर्गत चन्देरी, महरौनी, ललितपुर मालथौन, तालबेहट आदि आते थे। बानपुर नरेश मर्दनसिंह जू देव बानपुर राज्य की गद्दी पर अनेक युद्धों को जीतने के पश्चात सिंहासनारूढ़ हुए। नरेश बहुत ही सुन्दर, बहादुर और देशभक्त थे। रानी लक्ष्मी के देशभक्ति के विचारों से प्रेरित होकर राजा शाहगढ़ के साथ अंग्रेजों के विरुद्ध गुप्त योजनायें बनाई गई। नवाब बांदा, नाना साहब और तात्या टोपे, शामिल थे। तात्या का खिताब 'राव' था। सरकारी तथा युद्ध के फरमानों, महत्वपूर्ण दस्तावेजों में उनका पान्डुरंगराव नाम दर्शाया गया है। तालबेहट तथा झांसी के किले में कई गुप्त मन्त्रणायें हुईं और योजनायें बनाई गईं। महाराजा बखतबली की गद्दीनशीनी १८४२ में हुई। उनका राज्य बारह लाख प्रतिवर्ष आमदनी का था और राजधानी आटो तथा शाहगढ़ थी। देशभक्त शाहगढ़-नरेश महाराज बखतवली द्वारा वैशाख सुदी २ सम्वत १९१४ (३० अप्रैल १८५८) को मर्दनसिंह नरेश को महारानी लक्ष्मीबाई की सहायतार्थ पत्र, कालपी के मोर्चे से लिखा गया था। नवाब अली बहादुर शाह सानी द्वारा भी आजादी के युद्ध में अपनी रण-कौशल कालपी के मोर्चे पर दिखाया गया था। एक ओर आजादी के दीवाने कफन बांधे युद्ध की तैयारी कर रहे या उसमें जूझ रहे थे। इसके विपरीत समथर, छतरपुर, सरीला, पन्ना, चरखारी, ओरछा, दतिया, ग्वालियर और छोटे नरेशों में टोड़ी, गुरसराय, बंका पहाड़ी, बिजना, ढुरवई आदि के कई अधिपति, जो बुन्देला और महाराष्ट्र थे, देशभक्त रजवाड़ों के विरुद्ध अंग्रेजों का साथ दे रहे थे।

सर ह्यू रोज को आदेशः रानी झांसी को जीवित अथवा मृत कब्ज में किया जाए

ब्रिटिश शासक महारानी लक्ष्मी के गुप्त संगठनों और युद्ध की तैयारी की जानकारी से घबरा उठे थे। सेनापति ह्यू रोज को अपने लार्ड अधिकारी का गुप्त आदेश लिखा जा चुका था। महारानी झांसी विद्रोहियों का पूर्णरूप से नेतृत्व कर रही थीं और फौजों को संगठित कर अंग्रेजों से विद्रोह के लिए तैयारी कर चुकी थीं। उक्त आदेश था कि रानी को जीवित कैद कर लिया जाए अथवा उसे शीघ्र मौत के घाट उतार दिया जाए। लड़ई-सरकार के युद्ध में

महारानी झांसी और उनकी फौज ने जो अद्‌भुत रणकौशल तथा एकता का संगठित परिचय दिया था, अंग्रेजों के लिए उसी समय से वह एक चिन्ता का विषय बन चुका था। नत्थे खां पूर्व में झांसी रानी की फौज में ही नौकर था और झांसी में वर्तमान टकसाल स्थित हवेली नं० १०४, १०५ में वास करने के कारण हालातों से पूर्ण परिचित था। युद्ध में पराजय का बदला लेने के लिए वह ह्यू रोज के चरणों में पहुँचा और झांसी पर शीघ्र हमला करने और झांसी के सम्पूर्ण गोपनीय राज बताने के उद्देश्य से ह्यू रोज से वह गुप्त मंत्रणा कर चुका था। ह्यू रोज बड़े लार्ड के आदेश की प्राप्ति के पश्चात् युद्ध पर युद्ध करता हुआ झांसी की ओर विशाल सेनाओं तथा आधुनिक युद्ध सामग्री के साथ तीव्रता से आगे बढ़ रहा था। साथ ही देशद्रोही अपने स्वार्थों में दीवाने होकर उसको युद्धस्थलों के, किलों के रहस्यपूर्ण भेद दे रहे थे। इससे वह सफलतापूर्वक आगे बढ़ रहा था। **महारानी लक्ष्मीबाई का ऐतिहासिक पत्र, बानपुर-नरेश को क्वार सुदी १४ सम्वत १९१४ मुकाम झांसी से स्वराज की प्राप्ति के लिए भेजा गया था।** वह इस प्रकार है :

"श्री महाराजाधिराज श्री महाराजा श्री राजा मर्दन सिंह बहादुर जू देव एते श्री महारानी श्री रानी लक्ष्मी बाई जू देवी के बांचने। आपर अपुन के समाचार भले चाहिए इहां के समाचार भले हैं। आपर पाती दिवान गणेश जू लिआये सो पढ़कर खुशी भई। आपर अपन की व हमारी व राजा शाहगढ़ और नाना साहब व तात्या टोपे की जो सलाह भई थी कै सुराज भओ चाहिए अंगरेजन को शासन न भओ चाहिए ऐसी हमारी राय है कै सुराज होवो चाहिए भारत अपनों ही देश है और बानपुर के किले में अपुन ने तोपें व गोला ढरवाए हैं ई बात को विदेशियों को जाहर नहीं भवो चाहिए। आपसे टीकमगढ़ की रानी लड़ई सरकार व नत्थे खां दीवान विदेशियों की मदद में हैं ई बात को जादा ख्याल राखने हैं और यह बात जो है सो दीवान गनेश जू जाहर करहैं सो जानवी पाती समाचार देवे में आवे। मिती कुवार सुदी १४ सम्वत १९१४ मुकाम झांसी" [मुहर)

महारानी लक्ष्मी का अन्य ऐतिहासिक पत्र बानपुर नरेश को विशेष दूत द्वारा चैत सुदी भौम सम्वत् १९१४ मुकाम झांसी से भेजा गया था। उस पत्र में दर्शाए महत्वपूर्ण कुछ अंश ये हैं:

"अपनी पाती लाला दुलारे लाल के हाथ आई सो हाल मालूम भओ अपुन ने लिखी कै फौज की तैयारी में लगे हैं सो मन खों खुशी भयी। हमारी राय है कि विद्रोशियों का शासन भारत पर न भव चाहिए और हमको अपुन कौ बड़ौ भरोसो है और हम फौज की तैयारी कर रहे हैं सो अँगरेजन से लड़बो बहुत जरूरी है। मुकाम झांसी" [मुहर]

झांसी रानी के उपरोक्त ऐतिहासिक दर्शाए पत्रों से स्पष्ट है कि झांसी की महारानी लक्ष्मी स्वयं के लिए नहीं, दत्तक पुत्र के लिए नहीं, केवल झांसी के लिए ही नहीं, वरन सम्पूर्ण देश की आजादी के लिए लड़ीं उनका युद्ध पवित्र तथा उच्चकोटि की भावनाओं से पूर्ण था।

अंग्रेजी सेना का विश्वासपात्र सेनापति योजनाबद्ध युद्ध में लीन था और तीव्र गति से विशाल फौज के साथ ह्यू रोज आगे बढ़ रहा था। बानपुर, शाहगढ़ तथा झांसी आदि के

नरेश भी पल-पल की जानकारी रख रहे थे। ११ जून, १८५७ को बानपुर नरेश के संकेत पर ललितपुर में देशभक्तों ने विद्रोह किया और १२ तथा १३ जून की अर्धरात्रि में छावनी स्थित शस्त्रागार पर कब्जा कर लिया, साथ ही अंग्रेजों का नरसंहार कर डाला। सेना का पेट्रोल-रक्षक एल० मोरियस सागर की ओर भाग गया। डिप्टी कमिश्नर गोरडन द्वारा नरेश के चरणों में प्राणों की भीख मांगी गई। नरेश द्वारा स्पष्ट घोषणा की जा चुकी थी कि अंग्रेजों की फौज से, देश की आजादी के लिए, गोला बारूद तथा अस्त्रशस्त्र लेकर आने वाले को सेना में ससम्मान स्थान और बारह रुपए प्रतिमाह दिया जाएगा।

शाहगढ़ नरेश का बानपुर-नरेश को पत्र

२० जुलाई, १८५७ का पत्र महाराजा मर्दन सिंह को खुरई में विश्राम के समय प्राप्त हुआ था। शाहगढ़ नरेश ने स्वयं भी सागर के लिए कूच किया। बानपुर-नरेश ने अपने १३०० विश्वासपात्र सिपाहियों के साथ सागर की ओर कूच किया। ह्यू रोज ने ६ जनवरी १८५८ को, देशभक्तों द्वारा विद्रोह के समाचारों की प्राप्ति के पश्चात सुसज्जित सेना के साथ सागर की ओर कूच किया। इससे पूर्व १ जुलाई सन् १८५७ को ५० घुड़सवारों को छोड़कर सभी अश्वारोहियों की तीसरी पल्टन बागी हो चुकी थी, जिसका नेतृत्व सूबेदार शेख रमजान कर रहे थे। बानपुर तथा शाहगढ़ नरेशों के साथ ही बागी देशभक्त पल्टनों के मध्य ह्यू रोज की विशाल सेना का युद्ध सागर में ३ फरवरी, १८५८ को हुआ। ह्यू रोज ९ फरवरी को गढ़ा-कोटा पर आक्रमण कर तथा उसे फतह कर झांसी की ओर, विन्ध्याचल की पहाड़ियों के पास ४० मील दूर मालथोन से झांसी की ओर बढ़ रहा था। शाहगढ़ नरेश द्वारा बानपुर नरेश को ह्यू रोज के पक्ष में नरेश के कामदार वृजलाल बख्शी व उदया के नवाब को नत्थेखां द्वारा मिला लेने की सूचना भी समय पर दी जा चुकी थी। उक्त पत्र २० जुलाई, १८५७ को लिखा गया था।

बानपुर तथा शाहगढ़ नरेशों द्वारा मालथोन में पुनः विशाल मोर्चाबन्दी

श्री मर्दनसिंह तथा श्री बखतवली नरेशों द्वारा माल्थोन के प्रमुख मार्ग पर विशाल मोर्चा लगाया जा चुका था और दोनों नरेश दृढ़ प्रतिज्ञ थे कि ह्यू रोज और उसकी फौजों का अन्त मालथोन के युद्ध में वह करके रहेंगे और झांसी की फतहयाबी के उसके मनसूबे खाक में मिला देंगे। नाहरगढ़ घाटी पर भी तोपें और देशभक्त सेनाएँ ह्यू रोज को निशाना बनाने की तैयारी में सजग थीं। श्री मर्दन सिंह ने विशेष दूत द्वारा सागर के युद्ध के परिणाम और माल्थोन की मोर्चाबन्दी तथा ह्यू रोज के इरादों की सूचना रानी लक्ष्मी को समय पर भेज दी थी। ह्यू रोज ने माल्थोन पर विशाल सेनाओं की सूचना की प्राप्ति के उपरान्त २६ फरवरी १८५८ को सेना की एक टुकड़ी, माल्थोन के मोर्चा पर जमी फौजों को उलझाए रखने के उद्देश्य से, षड्यन्त्रपूर्ण योजना के अनुसार भेजकर, स्वयं विशाल सेना सहित मार्ग बदलकर बीस मील दक्षिण स्थित मदनपुर की घाटी से झांसी की ओर अग्रसर हुआ। मार्ग में शाहगढ़ नरेश की फौजों से उसका भीषण युद्ध हुआ। ह्यू रोज इस युद्ध में घायल हुआ और उसके घोड़े ने दम तोड़ दिया। शाहगढ़ के बखतबली की फौज गोला-बारूद की कमी के

कारण पीछे हट चुकी थी। नरेश के अनेक विश्वासपात्र सरदारों को ह्यू रोज ने पकड़वाकर तोपों से उड़वा दिया। उदया के नवाब व बृजलाल बख्शी की देशद्रोहिता के कारण बानपुर का किला भी अंग्रेजों के हाथ जा चुका था। किले में सुरक्षित तथा छिपाया गोला बारूद तथा विशाल तोपें भी ह्यू रोज को प्राप्त हुई। बृजलाल बख्शी तथा उदया के नबाब को उनके साथियों सहित ह्यू रोज द्वारा सम्मानित व पुरस्कृत किया गया। ह्यू रोज द्वारा बानपुर किले पर कब्जा १० मार्च, १८५८ को हुआ।

चन्देरी का ऐतिहासिक किला चौधरी खेतसिंह दीवान की देशद्रोहिता के कारण बानपुर नरेश के हाथ से निकल चुका था। शाहगढ़ का दुर्ग भी अंग्रेजों और उनके भक्त पन्ना-नरेश निरपतसिंह के मिलेजुले प्रहारों के कारण शत्रु के हाथ जा चुका था। इसी प्रकार बाँदा में केन नदी पर स्थित भूरागढ़ दुर्ग भी अंग्रेज भक्त चरखारी नरेश और उनके अंग्रेज साथियों द्वारा नवाब बांदा के साथ युद्ध में तहस-नहस हो चुका था किलेदार वल्लभ तिवारी द्वारा अंग्रेजों से मिल जाने के कारण १२ मार्च १८५८ को तालबेहट के किले पर ह्यू रोज ने ब्रिटिश झण्डा फहरा दिया। किले में ५ दिन रुककर फौज की तैयारी के पश्चात् १७ मार्च, १८५८ को बेतवा पार कर झांसी की ओर ह्यू रोज के कदम तेजी के साथ बढ़ रहे थे ह्यू रोज ने मेजर ओर को सेना सहित बेतवा के घाट पर श्री बखतबली नरेश तथा साथ ही मर्दनसिंह, तात्या टोपे और नबाब बांदा की सेनाओं से भिड़ने और उसी स्थान पर रोके रखने का आदेश दिया। वह स्वयं सेना के साथ झांसी की तरफ प्रस्थान कर चुका था।

उधर तात्या टोपे चरखारी के अंग्रेज भक्त राजा रतनसिंह नरेश को परास्त कर २८ तोपों ३ लाख श्रीनगरी कलदार और २२ हजार की विशाल फौज के साथ झांसी की ओर प्रस्थान कर चुका था। यह सूचना ह्यू रोज को कि तात्या की विशाल सेनायें झांसी की तरफ बढ़ रही हैं, २५ मार्च १८५८ को झांसी में प्राप्त हुई। इस कारण वह स्वयं भी पुनः बेतवा के मोर्चे पर पहुँच गया और भयानक युद्ध तात्या की फौज़ के साथ हुआ। तात्या टोपे की अनेक विशाल तोपें बेतवा की बालू में धँस चुकी थीं, युद्ध का परिणाम जनरल ह्यू रोज के पक्ष में हुआ। तात्या टोपे बची सेना तथा अस्त्रशस्त्र के साथ जालौन के समीप चरखी ग्राम में अपने पिता के अन्तिम दर्शन कर उनसे आशीर्वाद लेकर कालपी की ओर प्रस्थान कर गया। प्रयत्नों के पश्चात् भी वह रानी लक्ष्मी की सहायतार्थ झाँसी और उसके शहरपनाह में प्रवेश नहीं कर पाया। उक्त युद्ध में हजारों देशभक्त शहीद हुए। तात्या टोपे के अत्यन्त विश्वसनीय गुप्त मन्त्रणा के साथी पेशकार मुहम्मद इसहाक भी शहीद हुए। इस युद्ध के पूर्व तात्या टोपे टीकमगढ़ से २० मील उत्तर स्थित लिधोरा दुर्ग में नत्थेखां की फौज द्वारा लड़ई सरकार के आदेश पर घेरे जा चुके थे। मामूली युद्ध के पश्चात् तात्या युद्धस्थल से सकुशल निकल गए थे। उक्त किले में तात्या टोपे की स्वयं की तलवार तथा गुप्ती के अतिरिक्त लगभग १००, ऐतिहासिक युद्ध से सम्बन्धित, पत्र नत्थेखां को प्राप्त हुए थे, जिनमें युद्ध योजनाओं पर भी स्पष्ट प्रकाश था।

उधर बखतवली शाह और मर्दन सिंह की बलिदानी फौजें भी बेतवा से बहुत दूरी पर शत्रु-सेना से उलझी हुई थी। ह्यू रोज बेतवा-तट के भीषण युद्ध के पश्चात् झांसी की

मजबूत मोर्चाबन्दी और युद्ध संचालन के लिए पुनः झांसी आ चुका था। शाहगढ़ की विशाल सेना के अतिरिक्त बानपुर नरेश की सेना में दो हजार रोहिला जवानों के साथ बीस हजार के लगभग हर कौम के जवानों की सुसंगठित फौज थी। उनमें हकीम और वैद्य भी फौज के साथ थे। कई युद्ध हो चुके थे, जिनमें नरेशों के अनेक विश्वासपात्र साहसी देशभक्त वीरगति को प्राप्त हो चुके थे।

शाहगढ़और मर्दनसिंह नरेशों की फौज झांसी से दूर मुख्य मार्ग पर ही झाँसी में रानी लक्ष्मी की सहायतार्थ शीघ्र नगर में प्रवेश करने के लिए बेचैनी के साथ अंग्रेज कम्पनियों से युद्ध में लीन थी। मालथोन के मोर्चे से विलम्ब से प्रस्थान के कारण वफादार देशभक्त नरेश और उनकी फौजें समय की आवश्यकता पर रानी लक्ष्मी का साथ नहीं दे पाईं। यदि तात्या और देशभक्त नरेशों की फौजें समय के साथ झांसी नगर में प्रवेश कर गईं होती तो इतिहास का स्वरूप बदल गया होता।

महारानी झांसी का विशाल दरबार

महारानी झांसी को विशेष दूतों द्वारा पल-पल की अंग्रेजी फौजों के युद्ध की सूचनायें प्राप्त हो रही थीं। बेतवा पर ह्यू रोज की फौजों के पहुंच जाने की सूचना भी उन्हें प्राप्त हो चुकी थी। महारानी झाँसी द्वारा युद्ध से पूर्व सेना के अतिरिक्त आम दरबार किया गया जिस में पन्द्रह सौ से अधिक विलायती, जिनकी बटालियन चाँद दरवाजे के बाहर थी और काबुली पठान के नाम से मशहूर थे, महारानी की फौज में अधिक विश्वासपात्र थे। ११ हजार से अधिक फौजी जवान थे जिनमें ब्राह्मण, बनिए, राजपूत, मराठे, गुसाईं, मुसलमान, मुकेरी, शिया तथा सुन्नी आदि तथा काछी, ढीमर, बढ़ई, कुम्हार लुहार, धोबी, तमेरे, नाई, डांगर बालमीकि, रैदास व कोरी सभी सम्मिलित थे फौज में मुसलमान पठान, मराठा, राजपूत कोरी आदि समाजों की वीर महिलायें भी थीं! उनके अतिरिक्त झांसी के समस्त नागरिकों को आमन्त्रित किया गया था।

दरबार में गहोई बिरादरी के ८ हजार तथा अग्रवाल समाज के ५ हजार व्यक्ति थे। विलायती सरदारों में सूजे खां, विलायत खां, इनायतखां। बजाहदखां जो रणबांकुरे हकीकी भाई थे, युद्ध में एक साथ शहीद हुए थे। साथ ही बसीर खां बिगुलची आदि भी थे। महारानी द्वारा उक्त दरबार में अंग्रेजों से विरुद्ध लोहा लेने और देश की आजादी के लिए मर मिटने का आह्वान किया गया। आजादी के दीवानों ने, जो युद्ध में कूदने के लिए तड़प रहे थे, महारानी लक्ष्मी के साथ मर मिट जाने की प्रतिज्ञायें की। महारानी की जय-जयकार गूंज उठी। देश अमर रहे, झांसी अमर रहे, महारानी अमर हों। हिन्दू, मुसलमान, छोटे बड़े वच्चे-बूढ़े नर और नारियों सहित युद्ध के मैदान में कूद पड़े। कदम-कदम पर मोर्चेबन्दी, किले और शहरपनाह के हर दरवाजे पर और खिड़कियों में जिनसे शहर का मार्ग जुड़ता था, मय वुर्जों आदि पर विशाल तोपें गोला बारूद सहित थी। युद्ध की सम्पूर्ण व्यवस्था रानी ने स्वयं की। कड़क बिजली जैसी विशाल तोप तथा घन गर्जन तोपों का स्थान भी विलायतियों की सेना के जवानों और मुकेरियों आदि के द्वारा बदल दिया गया था। कड़क बिजली दक्षिण के गुर्ज

पर रखी गई थी। महाकाली तथा भवानीशंकर नामक विशाल तोपें भी युद्धस्थल पर लगा दी गई थीं। किले के गुप्त मार्गों से गुर्जों के समीप बड़ी मात्रा में गोला-बारूद था साथ ही किले के युद्ध में टूट जाने वाले भागों के लिए मरम्मत की समुचित व्यवस्था हो चुकी थी।

विलायती पठानों के पहरे गुर्जों के अतिरिक्त नगर के सभी प्रमुख दरवाजों आदि पर थे। गुलाम गौस खां अपने लाड़ले बेटे खुदाबखश आदि के साथ तथा पुत्रवधू गजन रानी (राहतजहां बेगम) के साथ कड़क बिजली पर थे। माधवदास पलेरा वाले, रघुनाथ सिंह, राजकवि हीरालाल व्यास (जिनका रीतिकालीन ग्रन्थ विश्वस-करन सुरक्षित रहा भी युद्ध में शहीद हुए थे। जुझार सिंह, चुन्नीलाल, फतहसिंह, कटीली वाले जवाहर सिह दीवान, हकीम मेंहदी अली खां, रक्सा के भइया जू, काशीनाथ, चतुरसिंह, कुंवरसिंह, अविराम सिंह, धाँधूपन्त, काले खां पठान जो सैयद दरवाजे की रक्षा पर शहीद हुआ, खुदा बखश शानी, जिसका कार्य अंग्रेजों के विरुद्ध महारानी को सूचनाएँ पहुँचाने का था, युद्ध में शहीद हुए। सुखलाल, देवकी छिपी, सरदारी लुहार, जमशेद बहादुर बिजनौरी, दिलीप सिंह, भाऊ बक्शीजी, कुंवर हरवलसिंह, हरदल वीरसिंह, हीरालाल गंगाधर, दीवान मधुकर, दोस्त खां तोपची, पीरबक्स-तोपची, गुलमुहम्मद, रामचन्द्र राव, गोविन्द, देशमुख के अतिरिक्त दो हजार मर्दानी पोशाकों में वीरांगना महिलायें भी युद्ध मोर्चा संभाल चुकी थीं। भोपटकर अन्दर ही अन्दर अंग्रेजों से सुलह करा देने की चेष्टा में था। युद्ध से पूर्व ही उसके, गन्दे और नापाक इरादे बदलवा दिए जाने की चेष्टा की गई थी और उस देशद्रोही पर विश्वास किया जा चुका था।

तात्याटोपे को विशेष संदेश

महारानी द्वारा तात्या टोपे को विशेष दूत द्वारा स्वयं इस आशय से सन्देश दिया गया था कि अंग्रेज भक्त चरखारी नरेश से युद्ध के समय ह्यूरोज उसकी रक्षा को अवश्य जाएगा। झांसी युद्धस्थल न बन पाए वह स्वयं चरखारी में ही सर ह्यरोज की फौजों पर प्रहार कर उसे मौत के घाट उतार दें किन्तु ह्यरोज अपने भक्त की सहायता को चरखारी नहीं पहुँच सका, इस कारण उक्त योजना भी असफल हो गई थी।

युद्ध की ज्वालाओं में झांसी

२३ मार्च, १८५८ को जनरल ह्यूरोज की फौजों द्वारा नगर के चारों ओर ऊंचे टीलों तथा पहाड़ियों पर तोपें चढ़वाकर विशाल मजबूत मोर्चाबन्दी कायम कर ली गयी। उसकी तोपों ने आग उगलना शुरू कर दिया। बिगुलची वशीर खां द्वारा किले की झील के समीप गुर्ज से बिगुल द्वारा नगरवासियों को हमले की सूचना दी गई। जोश में वशीर खां के बिगुल की तीव्र ध्वनि से उसका गला फट जाने के कारण उसका भी अन्त हो गया, जिसकी शहादत झील के समीप उसका मजार है। आजादी के दीवानों ने अपनी आहुति इस प्रकार प्रारम्भ कर दी। देशभक्त तोपचियों द्वारा किले के हर गुर्ज से गोले बरसाना शुरू कर दिया गया। महारानी स्वयं किले के चप्पा-चप्पाभूमि पर से युद्ध का संचालन कर रही थीं और युद्ध सामग्री हर मोर्चे पर स्वयं पहुंचवा रही थीं।

सुन्दर, मुन्दर, मोतीबाई, बक्सिन जू, चम्पाबाई, झलकारिन, राहतजहां बेगम आदि भी महारानी के साथ हर गुर्ज पर युद्ध-सामग्री सेना के साथ पहुँचा रही थीं। युद्धस्थल पर न कोई हिन्दू था न मुसलमान था, सभी देशशक्त आजादी की लड़ाई को ही अपना एक इष्ट देव तथा एक ही राम और रहीम मानकर आतुर थे। होड़ थी कि सर्व प्रथम कौन शहीद हो। दिन भर के भयानक युद्ध के पश्चात् भी अंग्रेज फौज आगे न बढ़ सकी। रात्रि में पुनः गोलाबारी की भयंकर आड़ में बढ़ने की कोशिश की किन्तु वह अपने नापाक कार्य में सफल न हो सकी। कड़क बिज़ली तोप की मार से ह्यू रोज पागल हो उठा। वह अपनी दूरबीन के सहारे से क़िले का दूर से निरीक्षण कर रहा था। उक्त ऐतिहासिक दूरबीन युद्ध में महाराजा बानपुर द्वारा छीन ली गई, जो भारत सरकार के दिल्ली म्यूजियम में सुरक्षित है। महारानी द्वारा स्वयं युद्ध के दूसरे दिन घनगर्जन तोप में भी जो धुआं न देकर आग उगलती थी, स्त्रियों के गर्भ गिर जाते थे पलीता लगवा दिया गया।

ह्यू रोज रानी का रणकौशल, उनके साहस, जनप्यार, राष्ट्रभक्ति तथा संगठन शक्ति को देखकर चिन्तित, भयभीत और क्षुब्ध हो उठा। उसने ऊंचे विशाल टीले से क़िले का निरीक्षण दूरबीन द्वारा पुनः किया और तोपों के मुंह बदलवा दिए। तोपों के अंगार से नगर के कई स्थानों में आग लग गई। नगर में हाहाकार मच गया। नगर की जनता हर कौम के दीवाने बच्चे-बूढ़े और बूढ़ी महिलायें भी युद्ध के मैदान में शहीद होने के लिए कूद पड़े। चन्देरी से अंग्रेजी फौज उसी समय ह्यू रोज की मदद को पहुँच चुकी थी। चन्देरी का सुप्रसिद्ध तोपची भागेश्वर गोलन्दाज मंडियों के भगवान शंकर के मन्दिर के समीप से, जो उस समय नारायण गुसाई की मिलकियत में था, किले के दक्षिण भाग पर भयानक गोलाबारी की। किले के अनेक मजबूत भागों की ऊंची दीवारें गुर्ज के समीप टूट गईं। रानी लक्ष्मी को दक्षिण भाग टट जाने और शत्रु के प्रवेश का खतरा स्पष्ट लगा, वह चिन्तित थीं। उसी समय गुलाम गौस खां-जैसे देशभक्त ने पश्चिमी मोर्चे से दक्षिणी मोर्चे पर आकर लक्ष्मी के चरणों का स्पर्श कर महारानी को धीरज दिया और कड़क बिजली पर खुदा का नाम लेकर पलीता लगा दिया। प्रथम गोला भागेश्वर की तोप में प्रवेश कर गया। तोप के टुकड़े-टुकड़े हो गए। भागेश्वर और बहुत से अंग्रेज सैनिक धराशाही हो गए। भगवान शंकर का मंदिर पूर्णतः सुरक्षित रहा। महारानी द्वारा अपने गले का कीमती कन्ठा गुलाम गौस खां को सम्मान-स्वरूप उसी समय तलवार सहित दिया गया। महारानी ने गुलाम गौस खां के सर पर हाथ रखकर कहा: "गौस तुम्हारे जैसे वीर देशभक्त पर झांसी को ही नहीं देश को नाज़ है।" गौस गोले बरसाते हुए महारानी के चरणों की वन्दना कर कहा "मां गौस नहीं देश महान है उसकी रक्षा पर बलिदान होने पर मुझे फख्र होगा।" अंग्रेज सेना गौस की तोप की मार से भयभीत हो, लड़खड़ाती हुई मोर्चे से भाग खड़ी हुई। भागेश्वर तोपची द्वारा मन्दिर की आड़ से तोप का प्रहार इसलिये किया गया था ताकि मन्दिर के टूटने के भय से महारानी की तोपें जबाव नहीं दे पायेंगी। ह्यू रोज समझ चुका था कि गुलाम गौस के जीवित रहते किले में प्रवेश करना असम्भव है।

दोस्त खाँ तोपची और दीनानाथ तोपची भी अपने मोर्चे से शत्रु पर प्रहार कर रहे थे। मोतीबाई, मुन्दरबाई, सुन्दर बाई आदि तोप में पलीता लगाकर अंगार उगलवा रहीं थीं। युद्ध के सातवें दिन गुलाम गौस पश्चिमी मोर्चा सम्भाले था। अंग्रेजों ने बदले की भावना से पूरी शक्ति उक्त मोर्चे पर लगा दी। गुर्ज का मुख्य भाग गोलों की मार से टूट गया। गौस रात्रि में अंग्रेजी तोपों का जबाब गुर्ज टूट जाने के कारण नहीं दे पा रहा था, किन्तु अन्य मोर्चों से तीव्र गोलाबारी पश्चिम की ओर से की जा रही थी। दिनभर के युद्ध के पश्चात् रात्रि में महारानी स्वयं शहीदों की मिट्टी में हाथ लगाकर उनके अन्तिम संस्कार कराती। सैनिकों का उत्साह और श्रद्धा भक्ति महारानी के प्रति अटूट थी। रातोंरात पश्चिम गुर्ज महिलाओं की सेना द्वारा सही रूप में कर दिया गया।

शत्रु महारानी की रणनीति का लोहा मान गये। शत्रुसेना पर तोपों के प्रहार से उनमें हा-हाकार मच गया ह्यू रोज द्वारा पुनः दूरबीन का सहारा लिया गया। किले में छिपाये शस्त्र, गोलाबारूद आदि के सही स्थान की उसे जानकारी गुप्त रूप से देशद्रोही लगाठे द्वारा प्राप्त हो गई। उधर देशभक्त तोपचियों द्वारा भीषण गोलाबारी की जा रही थी। बड़ी संख्या में अंग्रेज और उनके भक्त मौत के घाट उतारे जा रहे थे। अंग्रेज तोपची द्वारा कूप के समीप के भाग को तोप से उड़ा दिया गया जिससे कूप और उसका मार्ग अवरुद्ध हो गया। पानी प्राप्त न होने पर सेना में हाहाकार मच गया। महारानी द्वारा स्वयं सूर्य अस्त से पूर्व ही जल प्राप्ति की व्यवस्था करा दी गई। ह्यू रोज पुनः अपनी योजना में शिकस्त खा गया। ह्यू रोज द्वारा किले में सुरक्षित शस्त्रागार पर गोलों की मार की जाने के कारण बारूदखाने में आग लग गई। झाँसी का विशाल व मजबूत दुर्ग हिल गया। चारों ओर अन्धकार छा गया। एक-दूसरे को देख पाना दुर्लभ हो गया। महारानी भी मूर्छित हो गयीं। कुछ क्षण पश्चात् महारानी ने चण्डी का रूप धारण कर सेना की ओर मुखातिब होकर पराक्रमी योद्धाओं से कहा : "परतन्त्र और पराजित होकर जीने से मौत अच्छी है। देशभक्तों की मौत रणभूमि में ही हुआ करती है।" सेना में पुनः महारानी के शब्दों ने नया जीवन दिया। अंग्रेजों की तुलना में महारानी के पास सुरक्षित गोला-बारूद बहुत अधिक थी और कम से कम ६ मास तक युद्ध उक्त गोला-बारूद के सहारे लड़ा जा सकता था। प्रातः स्वयं महारानी ने सेना का संचालन किया और सागर खिड़की पर सुरक्षित अंग्रेजी फौज का सफाया कर दिया। रानी और उनके साथियों की शमशीर का जौहर देखकर अंग्रेजी सेना घबरा उठी।

जनरल ह्यू रोज

ह्यू रोज अपनी चालाकी, धोखेबाजी और तोड़फोड़ के कार्यों के लिए मशहूर था। प्यारेजू ठाकुर, दूल्हाजू राजा, महारानी के विश्वासपात्र जागीरदार लगाठे के साथ ही महारानी के देवर केशवराव भी देशद्रोही बनकर स्वयं झाँसी का राज्य प्राप्त करने की इच्छा से ह्यू रोज के झूठे, शरारतपूर्ण आश्वासन व लालच में फँस गये और किले के गुप्त हालात बताने के साथ-साथ हर सहायता देने के लिये अंग्रेजों के प्रति वफादार हो गये। महारानी लक्ष्मी को युद्ध की विभीषिका के कारण देशद्रोहियों की सही जानकारी नहीं हो पायी।

ह्यू रोज द्वारा पश्चिमी तट पर विशाल सेना और तोपों के मुँह बदल दिये गये और देशद्रोहियों के साथ षड्यंत्रपूर्ण बनी योजनानुसार दक्षिणी मोर्चे पर भी सेना गुप्त रूप से छिपाई जा चुकी थी। युद्ध की भीषण ज्वालायें जल रही थीं। पश्चिमी मोर्चे पर लाशों पर लाशें पट रही थीं। अर्धरात्रि में दक्षिणी मार्ग से फूटे दरवाजे के गुर्ज पर प्यारेजू ठाकुर मोर्चा सम्भाले थे। ओरछा दरवाजे का मोर्चा दूल्हाजू राजा के हाथ में था। सागर खिड़की मोर्चा का प्रबन्ध केशवराव के पास था, लगाठे विश्वासपात्र होने के कारण अन्य विशेष मोर्चे पर तैनात थे।

४ अप्रैल, १८५८ को अर्धरात्रि झाँसी के लिए कालरात्रि

दिल के फफोले जल गये, सीने की आग से।
इस घर में आग लग गयी, घर के चिराग से।।

देशद्रोहियों से षड्यन्त्र और समझौते के अनुसार दक्षिणी भाग के मोर्चे की तरफ से प्यारेजू ठाकुर के संकेतानुसार ब्रिटिश फौजें सिरों पर बड़े-बड़े घास के गट्ठर रखकर, साथ ही सीढ़ियों को छुपाकर, अर्धरात्रि के अन्धकार में किले की तरफ आँधी की तरह बढ़ रहीं थी। प्यारेजू द्वारा तोपों के मुँह शत्रुओं की तरफ से मोड़कर शहर की तरफ कर दिये गये थे; जिससे शत्रु आसानी से किले में प्रवेश कर जाये। ओरछा दरवाजे का मोर्चा भी दूल्हाजू राजा द्वारा अंग्रेजों के सुगमतापूर्वक प्रवेश के लिए तोपों का मुँह फेरकर आसान कर दिया गया। पश्चिमी मोर्चे पर देशभक्त फौजें जूझ रही थीं। महारानी स्वयं युद्ध का संचालन कर रही थीं।

महारानी अथवा उनकी फौज के विश्वासपात्र देशभक्तों द्वारा पीरबख्श तोपची, लगाठे, प्यारे राजा, दूल्हाजू, केशवराव के प्रति स्वप्न में भी नहीं सोचा गया था कि उक्त विश्वासपात्र ही झाँसी का कलंक, देश का कलंक बनकर महारानी लक्ष्मी और उनके साथियों को धोखा देकर अंग्रेज-भक्त बन जायेंगे। पीरबख्श तोपची भी महारानी लक्ष्मी को धोखा देकर अंग्रेज भक्त बन चुका था। ह्यू रोज की २५ नं० पलटन किले की दक्षिणी भाग की दीवारों से सीढ़ियों के सहारे भारी अन्धकार का लाभ उठाकर मामूली युद्ध के पश्चात् किले में ४ अप्रैल, १८५८ को प्रवेश कर गई।

महारानी युद्ध की अन्तिम रात्रि में दक्षिण-पूर्वी मोर्चों आदि से तोपों की गर्जना न होने के कारण स्वयं चिन्तित हुईं जब उन्हे अपने ही लोगों से धोखे और विश्वासघात का समाचार मिला तो वह किले और नगर पर अपनी बहुमूल्य अश्रुधाराओं को चढ़ाकर, अन्तिम प्रणाम कर, दामोदर राव को पीठ पर बाँधकर काठियावाड़ी श्वेत अश्व पर मर्दानी पोशाक में अपने दोनों ओर दुधारी तलवारों के साथ घुड़सवारों तथा पैदल सेना सहित दुर्ग के उत्तरी तथा पश्चिमी द्वार से निकलकर पुनः युद्ध के मैदान में कूद पड़ी। अंग्रेजी सेना ने नगर को चारों ओर से घेर लिया था जिससे रानी झाँसी छोड़कर न भाग सकें और उन्हें जिन्दा अथवा मृत अवस्था में पकड़ा जा सके। सही तथ्यों तथा सही इतिहास के विपरीत, महारानी लक्ष्मीबाई द्वारा झाँसी से अन्तिम प्रस्थान के समय किले के गुर्ज से घोड़ा कुदाकर भागने की कहानी मनगढ़न्त तथा लज्जाजनक है तथा पूर्ण अज्ञानतावश प्रचारित की गई है। झाँसी किले से गुप्त मार्ग ग्वालियर के दुर्ग तक दर्शाया गया है। वास्तव में महारानी और

उनके साथियों की शमशीर ने आँतियाताल, जो पहले हाथिया ताल के नाम से था, सम्पूर्ण मार्ग पर इंच-इंच भूमि पर भीषण युद्ध किया। शत्रु-फौजों को मारती-काटती रानी ने वफादार देशभक्त सैनिकों के साथ भाण्डेरी गेट को नतमस्तक होकर घोड़े से कूद झाँसी की माटी को श्रद्धा से चूमकर मस्तक पर उसका तिलक लगा या फिर लुहारी में विश्राम तथा अंग्रेजों से पुनः भयानक युद्ध कर कोंच में रामलला के मन्दिर में अपने गुरु नागा संत बाबा आत्माराम के दर्शन तथा आशीर्वाद लेकर उरई की ओर कूच कर गईं। प्रस्थान से पूर्व रानी की जंघा में गोली की पीड़ा थी और मुन्दरबाई भी मर्दानी वेशभूषा में साथ थी। लुहारी के किले की युद्ध-गाथायें आज भी लोकगीतों में गायी जाती हैं। जनरल ह्यू रोज की फौजें बराबर महारानी तथा उनके सैनिकों का पीछा करती जा रही थीं। महलों में रहने वाली महारानी के पास एक झोपड़ी तक का सहारा समाप्त हो चुका था।

झाँसी के चप्पे-चप्पे पर युद्ध हुआ

मोतीबाई, देशभक्त गुलाम गौस खाँ तथा दोस्त खाँ आदि तोपची जुझारसिंह सहित भारी संख्या में सेना के देशभक्त युद्ध में शहीद हो चुके थे। महारानी को सुरक्षित झाँसी की भूमि से निकालने के उद्देश्य से चप्पा-चप्पा भूमि पर जनता द्वारा युद्ध किया गया। फूटे दरवाजे के बाहर कुये को अंग्रेजों की लाशों से पाट दिया गया था। झाँसी के चारों ओर नगर और नगर के बाहर लाशों के ढेर थे। अंग्रेजों द्वारा ढूँढ-ढूँढकर सैनिकों, नागरिकों, स्त्रियों, बच्चे-बूढ़े और जवानों की हत्यायें बेरहमी और बेशर्मी से की जा रही थीं। अंग्रेज हुकूमत पागल की तरह महारानी के जीवित निकल जाने के बदले की पूर्ति के लिए तथा अपना आतंक एवं प्रभाव जमाने के लिये हत्याओं पर हत्या करवा रही थी। लगाठे को छोड़कर युद्ध के समय बने अनेक देशद्रोही अपने भक्तों को भी अंग्रेजों ने तोप से उड़वा दिया था। लेफ्टीनेन्ट बोनस आदि नरसंहार पर उतारू थे। भारी दमन और अत्याचारों के पश्चात् भी जनता के मनोबल और युद्ध की विभीषिका को वे समाप्त नहीं कर सके थे जो रानी का नाम लेता उसे तोप से बाँधकर उड़वा दिया जाता। उपरोक्त भीषण भयानक युद्ध झाँसी के इतिहास में 'विजन' के नाम से आज भी गीतों में गाया जाता है।

झलकारिन झाँसी की रानी

देशभक्त शहीद झलकारिन गुप्त योजनानुसार झाँसी की रानी, महारानी के प्रस्थान के बाद, बन चुकी थी और मर्दानी वेशभूषा में थी। दूलहाजू जैसे देशद्रोही को झलकारिन ने मौत के घाट उतार कर वीरगति पायी थी। ब्रिटिश लेखक के अनुसार अपनी झेंप और बदनामी मिटाने और छिपाने के लिये केवल ३६ अंग्रेज अधिकारी तथा ३०७ सैनिकों के झाँसी-युद्ध में मारे जाने की बात राजपूत राईफल्स के पृष्ठ ६७ पर दर्शायी गयी है, जो सही तथ्यों के विपरीत है।

शहरपनाह के हर दरवाजे तथा गली-कूचे, मकानों में शहीद हुए सैनिकों व दुर्ग के बाहरी भागों में शहीदबली कब्रों को सैयद बली के नाम से आज तक जाना जाता हैं।

झाँसी के किले पर अंग्रेजों के कब्जे के उपरान्त गवर्नर जनरल द्वारा मध्यभारत के रेजीडेन्ट रावर्ट हेमिल्टन के विशेष संदेश :

अंग्रेजी में दिए गए तार के अनुसार, जो ७ अप्रैल, १८५८ को झाँसी से भेजा गया था, ५ अप्रैल १८५८ को झांसी किले पर कब्जे के साथ महारानी के किले से प्रस्थान के समय केवल पाँच घुड़सवार और २५० पैदल सेना के सिपाही होने की सूचना दी गई हैं जबकि महारानी के साथ घुड़सवार आदि सैनिकों की संख्या अधिक होने के प्रमाण प्राप्त हैं।

जनरल ह्यू रोज निराशा और चिन्ता में लीन

ह्यू रोज ने महारानी लक्ष्मी को किसी भी प्रकार गिरफ्तार कर लेने के लिये लेफ्टीनेन्ट ब्रोकर को विशाल सैन्य शक्ति के साथ कालपी की ओर प्रस्थान करवाया। स्वयं झांसी किले में विश्राम के लिये ठहरा। लेफ्टीनेण्ट ब्रोकर ह्यू रोज का विश्वासपात्र और उसकी दृष्टि में बहादुर अधिकारी था। वह ६० मील तक बिना रुके प्रस्थान कर सकता था। महारानी लक्ष्मी शीघ्रता के साथ मय सैनिकों के कालपी की ओर उरई में युद्ध करती हुई तीव्रता से बढ़ रही थीं। मार्ग में दामोदर राव भूख और प्यास से तड़प रहा था, उसने माँ लक्ष्मी से रोकर भूख और प्यास की बात बताई। महारानी की आँखों में आँसू झलक उठे। लम्बे मार्ग में अनेक स्थानों पर दामोदरराव भूख व प्यास के मारे तड़पता रहा। कुछ दूरी पर एक किसान के बेटे ने महारानी को अपनी ओर अग्रसर कर लिया। दामोदरराव के पानी छूते ही लेफ्टीनेन्ट ब्रोकर की फौज ने रानी को घेरकर उसे बन्दी बनाने की चेष्टा की। महारानी और उनके साथियों द्वारा जमकर अंग्रेजी सेना पर प्रहार किये गये। ब्रोकर महारानी की तलवार के प्रहार से बुरी तरह जख्मी होकर जमीन पर गिर गया। उसकी सेना मैदान छोडकर भाग गई। बदनसीब दामोदरराव प्यासा का प्यासा ही रह गया। महारानी के कालपी पहुंचने से पूर्व उरई में भी एक छोटा सा युद्ध हुआ। वहाँ का नरेश निःसंतान होने के कारण अंग्रेजों के चंगुल में जकड़ चुका था।

महारानी लक्ष्मी कालपी में

महारानी के साथ कालपी में पहुंचने पर ५०० बहादुर सैनिकों ने जिनमें मराठा, मुसलमान, राजपूत सभी कौमों के लोग थे, कुछ वीरांगनायें भी थीं, भागवत हवेली में रुककर पेशवाओं से भेंट की और महारानी द्वारा नत्थे खाँ से लेकर झाँसी की पराधीनता का ब्यौरा अनके समक्ष रखकर उनको युद्ध क्षेत्र में कूदने का आह्वान किया। नाना साहब व राव साहब आदि महारानी की सूचना पर पूर्व से कालपी में उपस्थित थे। महारानी द्वारा सैन्य शक्ति और सामग्री बढ़ाये जाने के प्रयत्न प्रारम्भ कर दिये गये और बड़े रूप में युद्ध की तैयारी में लीन हो गईं।

पेशवाओं के समक्ष महारानी ने उनकी दी हुई तलवार प्रस्तुत कर पुनः आग्रह किया कि "इसकी रक्षा करो, इसकी लाज रखो।" पेशवा ने शर्म से सिर झुकाते हुए महारानी की

तलवार उनके हाथ में देते हुए कहा कि यह युद्ध और तलवार हमारी तुम्हारी नहीं है, देश की अमानत है। जिगनी-नरेश भी सेना के साथ कालपी में पड़ाव डाल चुके थे।

देशभक्त महारानी लक्ष्मी

महारानी लक्ष्मी ने सम्वत् १९१४ में कालपी से विशेष दूत द्वारा मर्दनसिंह को पुनः पाती द्वारा शीघ्रातिशीघ्र कालपी पहुँचने का सन्देश दिया। महारानी के पत्र में बानपुर नरेश, राजा शाहगढ़, नाना साहब, तात्याटोपे की गुप्त योजना थी : "स्वराज भओ चाहिए यही सलाह पर डटो रहने है काय से भारत अपनो ही देश हैं विदेशयन की गुलामी में रहबो अच्छौ नहीं है उनसे लड़बो अच्छौ है।" १९१४ मुकाम कालपी (मोहर)

इसी प्रकार श्रावण १४ सम्वत् १९१४ को कालपी के मुकाम से अन्य महत्त्वपूर्ण पत्र विशेष दूत द्वारा महाराज बानपुर तथा महाराज शाहगढ़ को शीघ्रातिशीघ्र फौज लेकर कूच का आग्रह करते हुए भेजा गया। पत्र की अन्तिम पंक्तियों में इस प्रकार का सन्देश था—

"**यहाँ से हम आप सब जनें मिलके ग्वालियर में अंग्रेजन पर धावा करें अब देर न भओ चाहिये।**"

महारानी लक्ष्मी के उक्त विचार, उनके इरादे उनकी महान देश की वफादारी के द्योतक हैं।

कालपी का युद्धस्थल

देशभक्तों द्वारा एक राय से निश्चित किया गया कि ह्यू रोज की फौजों को कालपी पहुँचने के पूर्व ही मार्ग में रोककर निर्णायक युद्ध लड़ा जाये। प्रधान सेनापति के लिए महारानी लक्ष्मी का नाम रखा जाने पर राव साहब ने इसे अपना अपमान समझा। वे स्वयं सेनापति बनना चाहते थे। महारानी ने म्यान से खींची तलवार अन्दर रखते हुए राव साहब से उरई तथा कोंच की ओर प्रस्थान करने का संकेत किया। महारानी, जो स्वयं पठानी पोशाक में थीं, युद्ध मोर्चे पर अग्रसर हुईं। स्टुवर्ट राबर्ट और मेजर गार्डन गर्ल की सेनाओं से उनका भयानक युद्ध हुआ। राव की सेना अनुशासन-हीनता में बँधी थी और ब्रिटिश सेना अनुशासन में जकड़ी थी। अंग्रेजी सेना द्वारा राव की सेना पर भोजन के समय तीव्र प्रहार किया गया और मामूली युद्ध के बाद राव की सेनायें भाग खड़ी हुईं। महारानी लक्ष्मी के मनसूबे यहाँ भी सफल न हो सके।

५ मई, १८५८ को कालपी के किले में अंग्रेजों के विरुद्ध विशाल मन्त्रणायें हुईं और सभी ने उरई तथा कोंच की घटना पर आश्चर्य तथा दुख प्रकट किया। कालपी में यमुना तट से लगाकर अन्य युद्धस्थलों पर मोर्चाबन्दी देशभक्तों द्वारा की जा चुकी थी। अंग्रेजी सेनायें कालपी को भी घेर चुकी थीं और भयानक प्रहार, पूरी तैयारी से प्रारम्भ हो चुका था। अंग्रेजी फौजों ने धोखा देने की गरज से एक ही मोर्चे पर विशाल सैन्य शक्ति खड़ी कर दी और शेष सेना अज्ञात स्थान पर छुपा दी।

पेशवाओं की सेना इस षडयन्त्र और जाल को न समझ सकी। फौजों द्वारा भारी मात्रा में एक ही स्थान पर बेतहाशा गोले बरसाये गये और युद्ध किया गया। अंग्रेजी सेना युद्ध-स्थल से भाग खड़ी हुई और पेशवाओं की सेना खुशी में नाचने व गीत गाने लगी, भांग और नशीली वस्तुओं का प्रयोग भी खुशी में हुआ। महारानी लक्ष्मी, तात्याटोपे, बखतबली शाह, मर्दनसिंह उक्त घटनाओं से निराश और पूर्णतया असन्तुष्ट थे। उसी समय पश्चिम में छुपी अंग्रेजी सेना द्वारा पेशवाओं की सेना पर तीव्र प्रहार किये जाने लगे। महारानी लक्ष्मी यमुना-तट के मोर्चे पर थीं। वह तीव्रगति से आँधी की तरह अपने मोर्चे को संकेत कर पश्चिम तट पर पहुँच कर युद्ध में लग गई। उनकी शमशीर की चमक ने युद्ध में तीव्र गति पुनः ला दी। नवाब बाँदा, जो इस युद्ध में जखमी हो गये, की तलवार शत्रुसेना पर अनगिनत प्रहार कर रही थी। इसके पूर्व देशभक्त नवाब अली बहादुर सानी की लड़की बेटी राबिया बेगम भी, जो केवल १७ वर्ष की अल्पायु की थी, बाँदा की आजादी के रणक्षेत्र में शहीद हो गई। भारी संख्या में लाशों के ढेर लग चुके थे।

युद्ध एकता का बेहतरीन नमूना था। शहीद हुए हिन्दू-मुसलमानों की लाशों को पहचाना नहीं जा सकता था। मृत्यु के बाद भी तलवार से तलवार और खून से खून मिला था। महारानी लक्ष्मी हर मोर्चे पर युद्ध का संचालन कर रही थीं। राव को यह भी कष्टदायक था। उसी समय गुलाम तोपची द्वारा महारानी पर गोले का प्रहार किया गया, किन्तु वफादार घोड़े की उड़ान के कारण वे बाल-बाल बच गईं और उसी ओर उन्होंने ललकारते हुए शमशीर चमका दी। वह दुर्गा का रूप बनकर तोपचियों पर टूट पड़ीं। दोनों ओर से भीषण युद्ध हुआ। उस समय भी अबोध बालक दामोदरराव अपनी माँ की पीठ से बँधा था।

महारानी सहित उनकी देशभक्त सेना रक्त-रंजित थी। माँ की ममता और माँ के पवित्र कर्तव्यों पर विधाता की दया थी। दामोदर राव इस समय के भयानक युद्ध में भी सुरक्षित था। माँ की वफादारी ने इतिहास बदल दिया। गोला-बारूद, राव की नासमझी के कारण, पहले ही लुटाया जा चुका था। अनेक बहादुर सैनिक काल के मुंह में जा चुके थे। यमुनातट से राव की फौजों को शिकस्त के कारण पीछे हटना पड़ा और ग्वालियर की तरफ कूच उनकी फौजों द्वारा किया गया। कालपी के मोर्चे पर राव की फौजों को अधिक हानि उठानी पड़ी। इस प्रकार कालपी भी पराधीन हो गई। अंग्रेजों द्वारा कालपी की जनता पर भी बेमिसाल जुल्म किये गये और रास्ते चलते लोगों को गोलियों से उड़ा दिया गया।

फौजों का ग्वालियर कूच

महारानी का रणकौशल, सूझबझ और उनके सेनापतित्व के गुणों को देख राव महारानी की शूर-वीरता के कायल हो गये थे। गोपालपुरा के घोर जंगल के सुरक्षित स्थान पर महारानी लक्ष्मी की सदारत में ग्वालियर के मजबूत दुर्ग पर तुरन्त हमला करने की योजना बनाई गई और मुरार की तरफ प्रस्थान कर दिया गया। महारानी को विश्वास था कि ग्वालियर की फौजें बागी होकर उनका निश्चित साथ देंगी।

ह्यू रोज को महारानी लक्ष्मी के द्वारा लड़े जाने वाले युद्धों की सूचना झाँसी किले में बराबर प्राप्त होती रही जबकि वह आराम में था। एक ब्रिटिश लेखक के अनुसार महारानी

झाँसी के ग्वालियर पर धावे की सूचना उसे झाँसी किले में ही मिली थी, सहसा उसके मुंह से निकल पड़ा था—

"रानी बहुत खतरनाक है, वह बहुत बहादुर है, परमात्मा न करे कि महारानी लक्ष्मीबाई-जैसी और रानी भी हिन्दुस्तान में हो।"

ह्यू रोज बेचैनी से फौज के साथ ग्वालियर की तरफ प्रस्थान कर गया। उसकी दृष्टि में रानी फौलाद की बनी थी। वह अचरज में था कि उसकी फौजें उसे कालपी में भी जिन्दा नहीं पकड़ पायीं।

तात्याटोपे सर्वप्रथम ग्वालियर में

महारानी लक्ष्मी तात्या टोपे के देशप्रेम, साहस और उनकी रणनीति से प्रभावित थीं। उन्होंने तात्या को कुछ विश्वासपात्र सैनिकों के साथ सैनिक वेशभूषा बदलवाकर ग्वालियर की फौजों को बागी बनाने और समय पर सहायता के लिये प्रस्थान करा दिया। यह भी गुप्त योजना थी कि हमले के समय ही ग्वालियर की फौजें बगावत करें।

शिन्दे सरकार अंग्रेजों के प्रति वफादार थी। सरकार द्वारा नई संधि अंग्रेजों से की जा चुकी थी। नरेश जीवाजी राव लश्कर में ब्रिटिश अधिकारी के, जो उस समय कर्नल मैकफर्सन के नाम से खूँखार अधिकारी थे, मित्र थे। जीवाजी कलकत्ते में लार्ड कैनिंग के अतिथि भी रह चुके थे। तात्या टोपे शिन्दे की फौजों का रुख बदलकर अपनी ओर मुखातिब कर चुके थे।

ग्वालियर में फौजी बगावत

तात्या टोपे के संकेतानुसार ठीक समय पर शिन्दे सरकार के बहुत से सैनिकों ने खुली बगावत कर दी और ब्रिटिश छावनी में आग लगा दी। कर्नल गोरे अपने साथियों के साथ भागकर फूलबाग में छिप गया। नरेश के आग्रह पर मैकफर्सन जैसा अधिकारी भी सैनिकों के साथ ग्वालियर से जान बचाकर भाग गया। महारानी की फौजें ग्वालियर के समीप मुरार में छाई हुई थीं। ग्वालियर से भागते हुये सैनिक अधिकारियों की रक्षा धौलपुर नरेश बलवन्त सिंह ने की और अंग्रेज-भक्ति में अपना नाम अंकित करा लिया। राव की चेष्टा थी कि ग्वालियर नरेश को साथ रखकर महारानी लक्ष्मी की गुप्त योजनानुसार आगरे पर कब्जा किया जाये। किन्तु ग्वालियर नरेश द्वारा राव और अपनी फौजों के विशेष अधिकारियों का आग्रह स्वीकार नहीं हुआ। नरेश अंग्रेजों के गुप्त संकेतों के अनुसार महारानी को ग्वालियर में ही उलझाये रखना चाहते थे; नरेश को केवल अपनी बालाघाटी सेनाओं पर ही विश्वास रह गया था। उन्हें छिपा दिया था और उच्चकोटि की सुविधायें प्रदान कर दी गई थीं। उनकी संख्या पाँच हजार थी। उनके भी बागी हो जाने का सन्देह ग्वालियर-नरेश को था। नगर की जनता में हाहाकार था।

महारानी अन्तिम युद्ध की राह पर

महारानी लक्ष्मी और देशभक्त नरेशों की फौजों द्वारा बहादुरी के साथ मुरार की छावनी पर युद्ध आरम्भ कर दिया गया। धोखे से शिन्दे की कुछ फौजों मुरार पर भी युद्ध

करने पहुँच चुकी थीं। तात्या टोपे के आह्वान पर नरेश की फौजों ने महारानी लक्ष्मी का साथ दिया। महारानी और उनके साथियों द्वारा बालाघाटी सैनिकों पर भीषण प्रहार किये गये। नरेशों और राव आदि ने भी युद्ध में प्राणों की बाजी लगा दी। महारानी की फौजें देशभक्ति में लीन शमशीर के जौहर दिखा रही थीं। महारानी ने शिन्दे नरेश पर मजबूती के साथ प्रहार किये।

नरेश दीवान दिनकर राव के साथ युद्धस्थल से भाग कर अंग्रेजों की शरण में आगरा पहुँच गए। मामूली से युद्ध के पश्चात ही देशभक्तों ने ग्वालियर पर १ जून सन् १८५८ को पूर्ण अधिकार कर लिया। महारानी की जय-जयकार हुई। राव साहब शिन्दे सरकार की जगह, राजमहलों में पहुँचने के उपरान्त, अपने को ही शिन्दे सरकार समझ बैठे, उन पर राजसी ठाटबाट का भूत सवार हो गया। वह दुर्ग के आईने महल में, जिसकी सुन्दरता व कला का वर्णन नहीं किया जा सकता, विश्राम करने लगे और नाच-गानों में लीन हो गये। महारानी लक्ष्मी ने राव को चेतावनी दी—"यह युद्ध सुखों के लिए नहीं, केवल ग्वालियर के नहीं, भारत की आजादी के लिये है। राव के ऐश्वर्यपूर्ण जीवन से महारानी क्रुद्ध हो गईं और फौज के साथ तात्या आदि को साथ लेकर दुर्ग के भीतरी बगीचे में डेरा डाल दिया। वह जानती थीं कि ह्यू रोज की फौजें शीघ्र ग्वालियर के मोर्चे पर आने वाली हैं। ह्यू रोज को पुनः आदेश प्राप्त हो चुका था कि महारानी के जीवित रहते विजय प्राप्त नहीं हो सकती, उन्हें शीघ्र गिरफ्तार करो।

हैदराबाद की अंग्रेजभक्त फौजों के साथ मेजर आर० के० दक्षिण की ओर से शिवपुरी के मार्ग से ग्वालियर के लिए कूच कर चुका था ब्रिगेडियर स्मिथ राजस्थानी फौजों के साथ पूर्व की ओर बढ़ चुका था। कर्नल रिडल भारी तोपसामग्री लेकर लश्कर की ओर बढ़ रहा था। अंग्रेजों की परमभक्त बेगम भोपाल के विशेष दूत भवानीप्रसाद तथा इन्दौर नरेश के विशेष दूत रामचन्द्र विनायक और हरि त्र्यम्बक आदि भी अंग्रेजी सेना के पड़ाव में युद्ध स्थल पर थे। इस प्रकार चारों ओर से किले को और मुरार को घेर लिया गया। महारानी लक्ष्मी को यह जानकारी मिली कि अंग्रेजों द्वारा मुरार की ऊँची पहाड़ियों पर तोपें लगवा दी गई। महारानी द्वारा राव से असन्तुष्ट होते हुए भी युद्ध का संचालन किया गया।

ह्यू रोज मय ब्रिगेडियर स्मिथ के ग्वालियर के मोर्चे पर पहुँच चुका था। आन्तरी में भी दो अंग्रेजी बटालियन फौजें पहुँच चुकी थीं। ह्यू रोज ग्वालियर में महारानी की फौजों की कार्यप्रणाली को देखकर चकित था। शत्रु-तोपों के खतरनाक प्रहारों के आगे भीषण युद्ध के पश्चात् भी उन्हें पीछे हटना पड़ा और चिन्ता का वातावरण फौज में फैल गया। उसी समय बम्बई से भी विशाल सेना कर्नल पैनी और कर्नल रैन्स के नेतृत्व में युद्धस्थल पर पहुँच चुकी थी। स्मिथ द्वारा पीछे से मोर्चा लगा, लेफ्टीनेन्ट वालर रोज व प्लीम्बर महारानी का पीछा कर रहे थे। राव साहब अपने मोर्चे पर पराजित हो चुके थे और उनके सैनिकों ने हिम्मत हार दी थी। महारानी द्वारा फूलबाग में बढ़कर अंग्रेजी सेना पर प्रहार किया गया। जनरल स्टुवर्ड रानी के प्रहारों से आगे न बढ़ सका और सेना का रुख उसने बदल दिया। रानी पठानी पोशाक में थीं और जंघा में गोली के घाव के कारण पीड़ित तथा रक्त-रंजित थीं।

उस पर भी बालक दामोदर राव का मातृत्व प्रेम और उसकी रक्षा का भार था यह सब होते हुए रानी शत्रु पर बिजली की तरह प्रहार कर रही थीं।

रानी की एक ही लगन

रानी के धर्मभाई नवाब बाँदा, बानपुर तथा शाहगढ़ नरेश जान की बाजी लगा देने के उपरान्त भी असफल रहे। स्टुवर्ड द्वारा महिला सैनिक मुन्दरबाई, जो मर्दाने वस्त्रों में थी, पर तीव्र प्रहार किया गया। उसकी पुकार पर महारानी द्वारा स्टुवर्ड पर तलवार से प्रहार हुआ। फौजों को चीरती हुई वह निकल गईं। शत्रु महारानी की इस वीरता को देखकर दहल गये। ह्यू रोज के मुँह से सहसा निकल गया—"हम नहीं समझता था कि झाँसी की रानी आखिर तक इतना लड़ेगा और ऐसा बहादुर है।" महारानी का देशप्रेम, साहस, पराक्रम, सूझबूझ, उनके प्रहारों का इतिहास स्वर्ण अक्षरों में तो अंकित है ही, अंग्रेजों के दिल और दिमाग में न चाहते हुए भी अंकित हो गये।

महारानी का धोड़ा बढ़ते हुए नाले को न कूद सका। पीछे से लेफ्टीनेन्ट बालर की शमशीर महारानी के मस्तिष्क पर प्रहार कर चुकी थी। उसके प्रहार से महारानी के सिर का दायाँ भाग कट गया था और एक नेत्र ने भी उनका साथ छोड़ दिया था। उस दशा में महारानी घोड़े पर सवार, साथ ही चेतनावस्था में सैनिक की भाँति तलवार लिये जंगल की ओर प्रवेश कर गईं। ब्रिगेडियर स्मिथ और कैप्टिन हेनीज ने महारानी की मृत्यु से सम्बन्धित जो तथ्य एकत्रित किये थे उनमें भी स्पष्ट स्वीकार किया गया था कि महारानी लक्ष्मीबाई का देहावसान युद्ध के दौरान एक सैनिक के स्वरूप में हुआ, न वह अचेत हुईं और न ही उनकी तलवार झुकी थी। महारानी के सैनिकों ने बालर के सैनिकों को आगे नहीं बढ़ने दिया। पर्णकुटी के सन्तसिद्ध के चरणों में रानी ने अपनी करनियों के अनुसार दामोदर राव को भेंटकर अन्तिम प्यार भरे नेत्रों से देखा और देशसुख को सौंपते हुए कहा 'बालक को आँच न आने पाये, दुश्मनों से बचाना, तुमने नमक खाया है, उसे अदा कर देना'। देशमुख ने नतमस्तिष्क होकर माँ को प्रणाम कर दामोदरराव की सुरक्षा की सौगन्ध उनके पवित्र चरणों का सहारा लेकर खाई। दामोदरराव चीत्कार कर बोला 'माँ मुझे अपने साथ रहने दो मैं साथ रहूँगा तुम मुझे छोड़कर मत जाओ मैं नहीं जाऊँगा।' महारानी ने पुनः अश्रुपूर्ण नेत्र से बालक की ओर देखा शहीद होते समय महारानी के अन्तिम शब्द थे : 'हे राम, हे भारत।'

महारानी के अन्तिम समय में रामचन्द्र राव, गोविन्द और कावली बिलायती पठानों के सरदार गुल मुहम्मद, मुन्दरबाई आदि साथ थे।

सन्त गंगादास ने अंग्रेजों के भय से पवित्र शरीर को घास की विशाल गंजी में रखकर मुख में गंगाजल डालकर वेदमन्त्रों का उच्चारण कर स्वयं आग लगा दी।

उधर लश्कर (ग्वालियर) का मजबूत दुर्ग भी फिरंगियों के हाथ जा चुका था। ब्रिटिश सरकार द्वारा लेफ्टीनेन्ट वालर को उस युग का सर्वश्रेष्ठ पदक विक्टोरिया क्रॉस देकर सम्मानित किया गया। महारानी के शरीर पर अन्तिम समय अनेक घाव थे, किन्तु उनके

दिल-दिमाग पर केवल एक ही घाव था। वह भारत को आजाद न देख सकीं। महारानी २२ वर्ष ७ माह की अल्प आयु में ही शहीद हो गयी थीं।

महारानी का अंत

महारानी लक्ष्मीबाई इस प्रकार देश की स्वतन्त्रता के लिए १८ जून, १८५८ को लश्कर की पर्णकुटीर में शहीद हो गईं। वह देश के लिए पैदा हुई थीं और जब परतन्त्रता में जकड़ी भारत माता ने पुकारा, महारानी देश के लिये शहीद हो गयीं। उनकी उज्जवल, पवित्र ज्योति पर १८५७-५८ के पश्चात् आजादी के परवाने शहीद होते गये। उनका इतिहास पवित्र था, पवित्र है, पवित्र रहेगा।

इस समाधि में छिपी हुई है एक राख की ढेरी।
जल कर जिसने स्वतन्त्रता की दिव्य आरती फेरी॥
यह समाधि, यह लघु समाधि है झाँसी की रानी को।
अन्तिम लीलास्थली यही है, लक्ष्मी मर्दानी की॥

६

कला

THE BUNDELKHAND SCHOOL OF INDIAN SCULPTURE

Dr. M. L. Nigam

The early art-centres of Bundelkhand, such as Bharhut, Bhita and Kaushambi, act as a cradle to nature the growing concepts, traditions and iconographic forms of the sculptural art of India. The radiating rays of the sculptural art of Bharhut go a long way to illuminate the subsequent centres of Buddhist art, such as Bodhgaya in the east; Sanchi, Mathura, Pauni in Central India; Bhaja, Karle and Pitalkhora in the west and Jaggayapet and Amaravati in Krishna Valley in south. The same Buddhist themes relating to the life stories of the Buddha in low tone carving are found depicted everywhere with slight regional variations. A few railing posts from Kaushambi and the railing posts containing Yaksha figures from Nagod in Satna district of Madhya Pradesh, presently kept in the Allahabad Museum, are the best examples to highlight the above viewpoint. As Pramod Chandra rightly observes, "Although the memories of Bharhut survive in the moderately angular contours, the pleats of gathered end of the Dhoti which project between the legs and the minutely detailed rendering of the turban cloth pattern, the sculptural form begins slowly to waken to life."[1]

The milleu later changed and shifted from Bharhut to new centres like Bodhgaya, Sanchi, Kaushambi and Mathura, etc. The carvings of fragmentary coping stone from Kaushambi in the Allahabad Museum, which can be dated to 2nd-1st centuries B.C., are nearer to Bodhgaya and Mathura in so far their foliage pattern consisting of single blown lotuses to fill the loops formed by the winding lotus stalks are concerned. The similarity is also found in the carving of human figures. The squat male and female figures, showing full proportions with high waist, broad hips and plain jewellery are carved at Bodhgaya.

The early figures of Buddha found from Kaushambi (dated in the 2nd regnal year of Kaniska) and Sarnath, (dated in the 3rd regnal year of Kaniska) are, no doubt, the works of Mathura workshops. Perhaps, both the Buddha figures of Kaushambi and Sarnath were made to order at Mathura for the Buddhist clergy. Inscriptions on the pedestals of both the images mention the names of a nun, Sanghamitra for the former and the monk, Bala for the latter. It is thus, evident that the earlier works of Mathura School did inspire that regional artits of Bundelkhand, both at Bhita and Kaushambi, to carve out some of the earliest sculptures which have been excavated from the above two sites.

No doubt, early figures of the Buddha, Bodhisattvas, Yakshas and Nāgas from Bundelkhand region bear an unmistakable impact of Mathura School of Art yet, there appears to have been a strong urge in the mind of Bundelkhand artists to develop a new distinct style of sculpture akin to their own traditions. As Pramod Chandra writes, "A consideration of the style of these works makes it clear that the Kaushambi artist was not content to merely imitate the principles of the Mathura workshops. Instead he endowed his work with fresh feeling, rendering contours more fleshily, dissolving the sensuous and obtrusive freshness of Mathura into a more abstract surface."[2]

A torso of the Buddha figure from Bhita datable to the last quarter of the first century A.D., conforms to the above hypothesis. The tall and massive proportions of body, broad chest and stout legs are, no doubt, reminiscent of early Yaksa figures. The heavy and schematic drapery, covering the entire body of the Buddha and falling downwards through the fist of the left hand, might suggest an alien influence. However, the modelling here is soft and more disciplined to reduce the weight and heaviness of early Mathura proto-types. It is thus evident that there existed a very close relationship among the artists of the two centres, Mathura and Kaushambi where the demand for the Buddha image was constantly increasing. Initially, the Kaushambi artisans borrowed the anthropomorphic forms, iconographic postures and also the initial concept where Buddha was depicted only as a Mahapurusha. Hence, the heaviness of form and massive proportions of Mathura School are predominantly visible in the early works of Kaushambi, Yet, the sculptors of Kaushambi who had a long history and experience in the art of stone carving right from the Maurya period, gradually introduced changes, both in the concept and treatment of the Buddha figure.

A Buddha head from Bhita, datable to 5th century A.D., is presently exhibited in the Allahabad Museum. It bears a close resemblance to the Sarnath Buddha heads with serene countenance, drooping eyes and sensuous lips to express the feeling of universal love and compassion. It may therefore be presumed that the concept of Karuna (compassion) had come into vogue and the artists of Bundelkhand were trying to achieve it through their art. Another notable image of the Buddha, seated in Abhaya mudra, was found from the village, Mankuwar near Allahabad. This unique Buddha figure, now housed in the State Museum, Lucknow, was installed by a monk, Buddhamitra in the Gupta era 129 (A.D. 448-449), as per the inscription engraved on its pedestal. All the Mathurasque features, such as the heaviness of form, broad chest and round face still continue to dominate the art yet, the artist has achieved greater success in bringing out the concept of Karuna on the face of the Buddha. The swollen chest above the narrow waist suggest the form of a Yogin, with-holding his inner energy. The shaven head covered with a tight fitting scarf hints at the legend that the Buddha removed his hair before leaving his princely state. The linear arrangement of the light drapery, which is supposedly made of pure silk, clings to the body. The face is beaming with a radiant glow arising from inner experience. The oval face with half closed eyes fixed at the tip of the nose, elongate ears and the sensuous lips bespeak of the pristine glory and the artistic excellence of the Bundelkhand artisans. Thus, the Mankuwar Buddha represents an intermediate stage between the robust and vigorous work of Mathura and the luminous and graceful Buddha figures of Sarnath belonging to late 5th century A.D. The process here was started by the Bundelkhand artists to transform the Mathura style which was ultimately perfected at Sarnath. Born and brought up at the river bed of Yamuna, this far-reaching style had travelled northward upto Sarnath and its southwardly reverberations had reached the Vindhyan range, where Ekmukha Shiv Lingas in typical Sarnath idiom have been found from Khoh and other neighbouring areas in Satna district of Madhya Pradesh.

The process of transforming the Mathura style into a reformed and luminous Sarnath idiom can better be seen in a magnificent sculpture from Kaushambi showing Shiv and Parvati in a standing pose which is presently housed in the Indian Museum, Calcutta. The sculpture is datable to 2nd century A.D. It is an excellent specimen with exquisite workmanship to exhibit old technique of stone carving in bold relief. The elegant pose, eternal poise, soft carving and linear rhythm offer a clue to the distinct and luminous style of Sarnath which was still in its formative stage. A certain amount of stiffness and frontality is visible which is an outcome of an earlier experience of carving technique at Bharhut. The sculpture would further suggest that the artist had not yet fully developed the technique of separating the figure from its original rock. An inscription on the pedestal records that the sculptural panel was dedicated in 136th regnal year of Maharaja Sri Bhima Varma, a Magha king of Kaushambi.

The round face, be jewelled head-gear and the squat body of the standing figure of Vishnu from Bhita, datable to 4th century A. D., deviates from the said modelling of Mathura style. It draws inspiration from Bodhgaya and extends support to the formation of a distinct style of eastern Malwa, as seen at Vidisha, Udayagiri and Eran. The standing Vishnu carved in Cave No. 6 at Udayagiri attributed to the reign of Chandragupta-II, is very much similar in style and form to the figure of Vishnu from Bhita. In another figure of Vishnu from Eran, datable to early Gupta period, a circular halo and the facial features exhibit advancement in style. There is a marked change in the modelling and execution also.

The earlier heaviness of the form is gradually decreasing and chest is expanded with an eternal poise, a characteristic of the Gupta sculptures. The aforesaid two figures are still not totally free from the rigid postures and massiveness of form. However, there is a marked departure from the style of the Kushan sculptures of Mathura. The broad shoulders, tight contours and the swollen chest of the Bhita Vishnu figure bring it nearer to the art of Udayagiri and Eran. The sculptor is struggling to shed off frontality and produce three dimensional effect in art. The heavy and schematic drapery of the Mathura sculptures is now becoming thinner and somewhat transparent. Thus a close scrutiny of the sculptures from Bhita, Eran and Udayagiri further suggest that the sculptural art of Bundelkhand and the eastern Malwa was passing through a transitional phase. The artists of Madhyadesh were undergoing a novel experience filled with regional aspirations and creative fervour.

The next important stage in the art-history of central India is represented by Stūpa I and III of Sanchi. From the point of view of architecture and, more so, from the consideration of the evolution of plastic art, the main stūpa (No. I) of Sanchi marks a significant stage. The general religious theme of the Sanchi sculpture is very similar to that of Bharhut. Here also the Buddha is not made to appear in the anthropomorphic form. He and the previous Buddhas are represented by means of various symbols. The folk aspect of the Buddhist pantheon is much more elaborate at Sanchi. The life depicted through a large number of scenes at Sanchi is richer and more colourful than what we know of it at Bharhut.[8]

The mature art of Sanchi is marked by an advanced sense of refinement. The modelling of the human from is imbued with vitality and suppleness, and replaces the prosaic dullness of the earlier art. The figures of heavenly nymphs, carved on the gateways of Sanchi, are remarkable for their sensitive forms and attractive postures. The flat and heavy features were given a go-bye. The anatomical details are now symmetrical and the figures are full and shapely. The artists of Sanchi brought sensuous elements also in the modelling of female figures. costumes and ornaments, found in the female figures of Sanchi add to the beauty of the fair sex and are not intended to conceal it. The composition is surcharged with finer ideas of plasticity and perspective.

The inter-action of the Śuṅga art of central India on the contemporary and successive art of north India can be visualiged. While making a comparative study of the art of Bharhut-Sanchi with that of Mathura, Kausambi, Sarnath and Bodhgaya, several points of similarity are clearly noticed. Like Mathura, Kausambi had a distinct school of art during the period under review. It can conveniently be designated as the *Vatsa School of art*. The available stone sculptures and the profuse terracotta figurines from Kausambi and the region around furnish an eloquent testimony to this.

SYMBOLS

The symbolic representations of Gautama Buddha and those of the previous Buddhas were primarily the sacred trees. In the Bharhut art the different trees representing six *Pūrva Buddhas* are *Pāṭ li, pundarīka śāla, siriṣa, udumbara* and *Nyagrodha* respectively. The label inscriptions on the Bharhut penels call these trees *Bodhi.* The literary and epigraphical references help us in determining the names of the past Buddhas, who were designated as Vipaśvi, Kakutsandha, Kaśyapa, Śikhī and Kanakamuni. The last mentioned name is known from an inscription of the Maurya emperor Aśoka. In the Niglīva edict of Aśoka he is mentioned as Konāgamuni. In the early Indian art of the pre-Christian era, Gautama Buddha was represented by the symbols of *Bodhi-tree, cakra, stūpa, chatra* and *pāda*. These symbols gradualy became well-known almost throughout the country.

developed aesthetic vision by way of controlled modelling, subtelety of form and delicate plastic treatment. The figures carved in relief are endowed with considerable ease and spontaneity. The subtle and flowing forms in multiple poses suggest not only the pliable quality but also the rhythmic balance and dynamism. The panel showing fight between Bhima and Jarasandha in the State Museum, Lucknow is remarkable for its harmonious treatment and faithful depiction. The pliable quality, graceful charm and subtle execution are the outcome of regional characteristics and experience of the Gupta artists. The Gadhwa sculptures along with the Mankuwar Buddha would possibly establish a close relationship of the sculptural art of eastern Bundelkhand region with that of Sarnath.

A glance at the development of sculptural art of Bundelkhand would reveal that the gifted artisans had initially borrowed the iconographic forms of the Buddhist and Hindu divinity as well as technique of carving from Mathura which was an earlier centre busy in producing figures of Gods and Goddesses of the Hindu, Buddhist and Jain pantheon. The early Mathura proto-types found from Kaushambi and Sarnath must have left an abiding impact on the artists of Bundelkhand region. However, the talented artist of Bundelkhand did not imitate the Mathura art traditions but they also modified and re-modelled them to satisfy their regional requirements. A comparative study of the sculptures from Kaushambi, Bhita, Udayagiri, Eran, Devgarh suggest that the south-western regions of Bundelkhand continued to and the heaviness of form and massive proportions in somewhat refined form or manner. However, the artisans of the south-eastern parts of Bundelkhand made all out efforts to shed off the massiveness and frontality of Mathura tradition and developed a new style with finer proportions, rhythemic forms and linearism. This new and distinct luminous style, though originated from Bhita and Kaushambi extended itself in southwardly direction upto Khoh in Satna district and reached Sarnath in northern direction where it perfected itself and reached its maximum heights.

REFERENCES

1. Pramod Chandra, *Stone Sculptures in the Allahabad Museum.* (1970), p. 20.
2. Pramod Chandra, *Op. Cit,,* 1970, p. 21.

भरहुत का बौद्ध स्तूप

डा. ए. एल. श्रीवास्तव

सामान्यतः स्तूप-वास्तु का विकास महात्मा गौतम बुद्ध के महापरिनिर्वाण के बाद हुआ माना जाता है। कुशीनगर में बुद्ध के पर्यवसान का समाचार पाकर आस-पास के जनपदों के शासक भी उन्हें अन्तिम श्रद्धांजलि अर्पित करने तथा उनके अवशेष अंश पाने के लिए कुशीनगर जा पहुंचे। परन्तु कुशीनगर के मल्लों ने जब बुद्ध के अवशेष देने से इन्कार कर दिया तब जनपदों के शासकों ने मगध-नरेश अजातशत्रु के नेतृत्व में अपनी-अपनी सेनायें लेकर कुशीनगर पर आक्रमण कर दिया। यदि उस समय चम्पानगरी का एक द्रोण नामक ब्राह्मण न आ गया होता तथा उसने कुशीनगर के मल्लों को बुद्ध के सार्वजनीन रूप को न समझाया होता तो अनर्थ हो गया होता। खैर, मल्लों ने बुद्ध के अवशेष आपस में बांटना स्वीकार कर लिया। सांची के विशाल स्तूप के दक्षिणी और पश्चिमी तोरणों पर कुशीनगर के दुर्गीकृत द्वार के समक्ष अस्थि-अवशेषों को पाने के लिए युद्ध-सन्नद्ध सेनायें उत्कीर्ण की गई हैं। उस समय बुद्ध के अवशेष आठ भागों में बांटे गये और सभी ने गाजे-बाजे के साथ उन्हें अपनी-अपनी राजधानी में ले जाकर स्थापित किया तथा उनके ऊपर एक-एक स्तूप का निर्माण करवाया। इन स्तूपों में से अभी तक केवल कपिलवस्तु में शाक्यों के बनवाए गए स्तूप के अस्तित्व का ज्ञान कुछ वर्षों पूर्व पिपरहवा में मिले पुरातात्विक अवशेषों से हो पाया है।

आगे चलकर स्तूप-निर्माण की परम्परा का विकास हुआ, जिसके फलस्वरूप भरहुत बोधगया, सांची, अमरावती, नागार्जुनकोण्डा, सारनाथ, तक्षशिला आदि विभिन्न स्थानों पर बौद्ध स्तूपों का निर्माण हुआ। भरहुत, सांची तथा अमरावती के महास्तूप इस परम्परा के चरम विकास के द्योतक हैं। जिन अलंकृत स्तूपों के ध्वंसावशेष हमें अब तक उपलब्ध हो सके हैं उनमें सर्वाधिक प्राचीन भरहुत का स्तूप है। यह मध्यप्रदेश में सतना के निकट स्थित नागौद रियासत में था। इसकी खोज सर्वप्रथम कनिंघम ने सन् १८७३ ई० में की थी। उस समय तक इस स्तूप के प्रस्तर खण्डों को गांव वालों ने उठाकर अपने-अपने मकानों में लगा लिया था। कुछ को धोबी लोग अपने घाटों पर उठा ले गए थे और उन पर कपड़े धोने लगे थे। जिस समय कनिंघम ने इसे देखा उस समय इसकी गोलाकार वेदिका का तथा एक तोरण का कुछ ही अंश अवशिष्ट था। उन्होंने इस सम्पूर्ण अंश को तथा कुछ इधर-उधर से उपलब्ध स्तूप-खण्डों को

एकत्र करवाकर कलकत्ता-संग्रहालय को सौंप दिया। बाद में इस स्तूप के जो और प्रस्तर-फलक मिले उन्हें काशी के भारत-कला-भवन, इलाहाबाद संग्रहालय तथा स्थानीय रामवन संग्रहालय में रख दिया गया।

मध्यप्रदेश में सतना के निकट भरहुत और विदिशा के निकट सांची दोनों उत्तर-दक्षिण के महापथों पर स्थित थे। एक उतर के नगर श्रावस्ती और कौशाम्बी को दक्षिण में नर्मदा-तट पर स्थित चेदि एवं दक्षिण कोसल जनपद से मिलाता था और दूसरा तक्षशिला-मथुरा को विदिशा और प्रतिष्ठान से जोड़ता था। इन महापंथों से गुजरने वाले श्रेष्ठि-वणिक बौद्ध धर्म से अनुप्राणित थे। उनकी तथा जन-मानस की श्रद्धा-भावना ने भरहुत तथा सांची में महास्तूपों की स्थापना का मार्ग प्रशस्त किया।

भरहुत-स्तूप का अण्ड ईंटों से बना था। इसका व्यास २०.४ मीटर था। इसके चारों ओर चुनार-पत्थर की गोल वेदिका (रेलिंग) थी जिसमें ८० स्तम्भ थे। इन स्तम्भों को तीन-तीन आड़ी सूचियों से जोड़ा गया था। वेदिका-शीर्ष पत्थर के चौड़े तथा ढोलकाकार टुकड़ों को जोड़कर बनाया गया था। सूचियों तथा वेदिका-स्तम्भों पर चक्रों या अर्द्धचक्रों को तथा शीर्ष के सम्पूर्ण क्षेत्र को उत्कीर्ण शिल्प से अलंकृत किया गया था। तोरण के स्तम्भ, शीर्ष और बडेरियों को भी सांची के समान उकेरा गया था। इस उत्कीर्ण शिल्प के विषय अनेक हैं, इनमें यक्ष-यक्षिणियां हैं, नाग-नागिनियां हैं, किन्नर-अप्सरायें हैं, राजा-रानी से लेकर सेवक-सेविकाओं तथा विभिन्न वर्गों के नर-नारी हैं।

ऐतिहासिक एवं धार्मिक व्यक्ति हैं, बुद्ध के प्रतीक हैं, उनके पूर्व जन्म से सम्बन्धित जातक कथायें हैं, राजप्रासाद, मन्दिर, चैत्य और कुटियां हैं, नाना प्रकार के शयनासन हैं, तरु-गुल्म-लतायें हैं, पशु-पक्षी हैं, संक्षेप में तत्कालीन जन-जीवन का सर्वांग चित्रण है।

भरहुत-स्तूप के वेदिका-स्तम्भों पर यक्ष-यक्षिणियों की आदमकद प्रतिमाओं को उकेरा गया था। इन प्रतिमाओं के साथ उपलब्ध अभिलेखों के आधार पर उनकी पहचान सम्भव हो सकी है। भरहुत में जिन यक्ष-यक्षिणियों की प्रतिमायें उत्कीर्ण की गई थीं उनमें सुपवस यखो, विरुढको यखो, गंगित यखो, सुचिलोम यखो, कुपिरो (कुबेर) यखो अजकालको यखो, सुदसना यखी, चन्दा यखी, सिरिमा (श्री मां) देवता, चुलकोका देवता एवं महाकोका देवता के नाम उल्लेखनीय हैं।

यक्ष-यक्षिणियों की इन प्रतिमाओं से तत्कालीन संभ्रान्त स्त्री-पुरुषों की वेश-भूषा का पता चलता है। सकच्छ धोती दोनों पहनते थे। धोती के ऊपर नीवि या कटिबन्ध बांधा जाता था जिसके दोनों छोर प्रायः आगे की ओर लटकते रहते थे। कुलीन पुरुष कंधों पर उत्तरीय डालते थे जो प्रायः उनके हाथों पर लहराया करता था। शीश पर लटटूदार भांति-भांति की कामदार पगड़ियां पहनी जाती थीं जिन्हें पुष्पहार या मोतीमाल से सजाते थे। पुरुष गहने भी पहनते थे। उनके कानों में गोल-गोल कुण्डल, गले में कण्ठे, वक्ष पर कई-कई लड़ियों के हार और हाथों में जड़ाऊ कंगन होते थे। स्त्रियां प्रायः कमर में मनकों से बनी सतलड़ी करधनी पहनती थीं। उनके कमरबन्द फुल्लों और दानेदार बेल से सजे होते थे। स्त्री एवं पुरुष दोनों का कमर से ऊपर का भाग प्रायः अनावृत रहता था। परन्तु, चन्दा यक्षी के स्तनों

के नीचे पतले चादर की धारियां स्पष्ट हैं। पुरुषों के ही समान स्त्रियों के शीश भी चादर से सदा ढके रहते थे जो प्रायः कानों के ऊपर से होकर पीठ की ओर जाती थी। वे कभी-कभीं पगड़ी और उत्तरीय भी धारण करती थीं। स्त्रियों के गले में प्रायः पचलड़ी या छलड़ी तौंक रहती थीं। उनके वक्ष पर स्तनों के बीच लटकती हुई टिकरेदार मोहनमाला, कानों में विविध आकार के कर्णफूल और मांग में टीका सुशोभित रहता था। उनके हाथ कंगन या शंख की चूड़ियों से कोहनी तक ढके रहते थे। कोई-कोई नारी सपत्र भुजबन्ध भी धारण करती थी। उनके पैरों में भी हाथों की तरह कड़े और झाँझ होते थे। इस प्रकार, भारी-भरकम आभूषण उस युग की वेशभूषा के मुख्य अंग थे।

नाग-नागिनियों का अंकन प्रायः मानव रूप में हुआ है। पहचान के लिए शिल्पी ने उनके शीश पर पीछे से नागफन जोड़ दिया है। चक्रवाक तथा एलापत्र नागों के शीश पर पंचमुखी नागफन हैं। लोकपाल के रूप में चक्रवाक की आदमकद प्रतिमा दर्शनीय है। उसकी वेशभूषा शुंगयुगीन राजाओं जैसी ही है। चक्रवाक के मुख पर मानव-सौन्दर्य की पूर्ण छवि है, नाग की भयंकरता का लेशमात्र भी नहीं। एक फलक में एलापत्र नामक नाग को एक बार वास्तविक पंचमुखी नाग के रूप में जल से निकलता हुआ तथा दूसरी और तीसरी बार मानव रूप में बुद्ध की अर्चना करते हुए उत्कीर्ण किया गया है। इस फलक में अभिलेख इस प्रकार है—'एरापतो नागराज भगवतो वन्दते'। प्रायः नाग-नागिनियों को कमर के नीचे जल में खड़े हुए या निकलते दिखाकर कलाकार ने उस मान्यता का प्रदर्शन किया है जिसमें नागलोक को पाताल मैं स्थित माना गया है।

किन्नर या विद्याधर अर्द्धमानव, अर्द्धपक्षी के रूप में, हाथों में पुष्पमाल लेकर बुद्ध-प्रतीकों के अगल-बगल अन्तरिक्ष में उड़ते हुए दिखाई देते हैं। तपस्या-भंग करने लिए इन्द्र की अप्सरायें गौतम बोधिसत्त्व के आगे नाच-कूदकर हार गई थीं। एक फलक में सुभद्रा, सुदर्शना, मिश्रकेशी तथा अलम्बुषा नामक अप्सराओं को नृत्य करते हुए भावपूर्ण मुद्राओं में उत्कीर्ण किया गया है। यह इन्द्रसभा का दृश्य जान पड़ता है।

भरहुत के उत्कीर्ण फलकों में कोसल-नरेश प्रसेनजित को चार घोड़ों से जुते रथ पर बैठे हुए तथा अजातशत्रु को बुद्धपद की वंदना करते हुए अपने दल-बल के साथ अंकित किया गया है। बाद वाले फलक के साथ अभिलेख है—'अजातसत्तु भगवतो वन्दिते। एक अन्य फलक में शुद्धोदन के अन्तःपुर का प्रकोष्ठ प्रस्तरांकित है। फलक में माया देवी को एक पलंग पर सोते हुए दिखाया गया है। रात का समय है, यह दिखाने के लिए कलाकार ने एक कोने में जलता हुआ दीपक और पलंग के पास ऊंघती हुई दासियों को अंकित कर दिया है। आकाश से आता हुआ हाथी मायादेवी के स्वप्न की कहानी को साकार करता हुआ दर्शनीय है।

श्रावस्ती के श्रेष्ठि अनाथपिंडक ने तथागत बुद्ध के आवास के लिए राजकुमार जेत के उद्यान (जेतवन) को उपयुक्त समझा, भले ही उसे जेतवन के लिए उतनी ही मुद्राओं का मूल्य चुकाना पड़ा जितनी उसमें बिछाई जा सकीं। एक चक्र-फलक में एक बैलगाड़ी से ढोकर लायी गयी मुद्राओं को उद्यान में बिछाने का अंकन है। दृश्य में कण्ठाभरण पहने राजकुमार जेत और कमण्डलु लिए अनाथपिण्डक भी उत्कीर्ण हैं। फलक में दो कुटियां भी उत्कीर्ण हैं जिनके ऊपर

'गंधकुटी' और 'कोसम्बकुटी' के अभिलेख हैं। फलक के नीचे वाले अभिलेख से जेतवन के क्रय और दान की कहानी स्पष्ट हो जाती है—'जेतवन अनाथपिण्डको देति कोटि संथतेन कोति', अर्थात् करोड़ों मुद्राओं की सतह बिछाकर अनाथपिण्डक ने जेतवन का दान दिया।

जातक कथाओं का प्राचीनतम अंकन हमें भरहुत-स्तूप पर उपलब्ध होता है। भारतीय कला में भरहुत, सांची, बोधगया, मथुरा, अमरावती आदि स्तूपों के उत्कीर्ण शिल्प में अनेक जातकों का अंकन उपलब्ध हुआ है। इन जातक कथाओं में तत्कालीन लोक-जीवन की बड़ी सजीव झांकी प्रतिबिम्बित होती है। भरहुत में सबसे अधिक जातक कथाओं को उत्कीर्ण किया गया था। अब तक २४ जातकों की पहचान की जा चुकी है। इनमें से १८ जातकों के शीर्ष-अभिलेख पाए भी गए हैं। इन जातकों में छदन्त जातक, इसिसिंगिय (ऋषि शृंग) जातक, दसरथ जातक, मिग (मृग) जातक आदि उल्लेखनीय हैं।

जातक कथाओं के अलावा भी अन्य अनेक प्रसंग भरहुत के उत्कीर्ण शिल्प में पाए गए हैं। कहीं तपोवन में ऋषि तपस्या-रत हैं, कहीं वे अपनी कुटियों के आगे पर्यंकबद्ध मुद्रा में ध्यानासीन है। कहीं अध्यापक बालकों को पढ़ा रहे हैं, कहीं मछुए जाल बुन रहे हैं। एक दृश्य में हिरन के बन्धन को उसका मित्र कछुआ काट रहा है। कुछ दृश्य-फलकों में बन्दर, हाथी, नट आदि के माध्यम से शिल्पी ने हास्य रस की सृष्टि भी की है।

भरहुत हीनयान युग की कला है। उसमें बुद्ध का मानव-रूप नहीं अंकित किया गया है। हीनयान विचारधारा में जो निर्वाण पा चुका हो, जो मुक्त हो चुका है, उसे आकार देकर पुनः बन्धन में डालना वर्जित था।

फलतः तत्कालीन हीनयानियों ने बुद्ध की मूर्ति नहीं बनाई। परन्तु भगवद्गीता के भक्ति आन्दोलन तथा वैष्णव मूर्ति-पूजन से बौद्ध अनुयायी प्रभावित हुए बिना न रह सके। उनमें चिन्तन कम, भक्ति-भाव अधिक था। अस्तु, उन्होंने भी देखा-देखी तथागत के शारीरिक, उद्देशक और पारिभोगिक प्रतीकों की पूजा का प्रावधान किया। बुद्ध के अवशेषों, अस्थि, नख, केश आदि को संपूज्य समझा जाने लगा। उनके जीवन की प्रमुख घटनाओं महाभिनिष्क्रमण, संबोधि, धर्मचक्र-प्रवर्तन और महापरिनिर्वाण का क्रमशः छत्र लगे अश्व, बोधिवृक्ष, चक्र एवं स्तूप के रूप में प्रतीकांकन किया जाने लगा। वेदिकामय आसन, पदचिह्न, छत्र और त्रिरत्न भी ऐसे ही बौद्ध प्रतीक थे। प्रारम्भिक बौद्धकला में बुद्ध की उपस्थिति के लिए इन्हीं प्रतीकों का उपयोग हीनयान कलाकार ने किया था। स्तूप, बोधिवृक्ष, धर्मचक्र आदि प्रतीकों के निकट हाथ जोड़े, श्रद्धावनत नर-नारियों के झुण्ड और अन्तरिक्ष में उड़ते किन्नर तो हैं ही, पशु-जगत् भी बुद्धपूजा में पीछे न था। इसका साक्ष्य भरहुत एवं सांची के स्तूप-शिल्प में उपलब्ध हैं।

भारतीय कला का सबसे अधिक महान् प्रतीक पद्म है, जो पृथ्वी का द्योतक है। पृथ्वी की आठ दिशायें उसके अष्टदल हैं। पृथ्वी की समृद्धि-श्री पद्म पर ही स्थित रहती है। पद्म पवित्रता और विवेक का प्रतीक है। जल-कीचड़ में जन्म लेकर भी वह उससे सर्वदा ऊपर रहता है। इस प्रकार विकसितपद्म हमें संसार में रहते हुए भी राग-द्वेष से ऊपर उठने की

शिक्षा देता है। पद्म को भरहुत एवं सांची की शुंगयुगीन कला में जितने विविध रूपों में अंकित किया गया है संसार की किसी भी अन्य कला में वैसा नहीं आंका गया।

भरहुत की उत्कीर्ण कला में तत्कालीन भवनों के बहुरूपी अंकन भी उपलब्ध हैं। अलंकृत स्तूप, बहुभौमिक चक्रम्, बोधि चक्र और त्रिरत्न-मण्डप तो है ही, देवसभागार के रूप में इन्द्र का बहुभौमिक विजयन्त प्रासाद उल्लेखनीय है। एक फलक में नीचे अप्सराओं का नृत्य हो रहा है और कुछ दर्शक उसका आनन्द उठा रहे हैं। ऊपर, एक ओर गोल छत वाले चैत्याकृत मण्डप के नीचे आसन पर बुद्ध की चूड़ा आसीन है जिसके ऊपर छत्र तथा मालायें लटक रही हैं। दूसरी ओर तीन मंजिल वाला एक भवन है जिसमें नर-नारी अथवा देवतागण उपस्थित हैं। जेतवन वाले दृश्य में कोसम्ब और गंधकुटियां उत्कीर्ण हैं। अन्य दृश्यों में ऋषियों की पर्णशालायें भी दिखाई दे रही हैं।

भरहुत की कला प्रारम्भिक भारतीय लोक कला है जिसमें विदेशी तत्वों का नितांत अभाव है। इस कला की शैली मूर्तिकला से भिन्न थी। मूर्तिकला में मूर्ति को चारों ओर से तराशा जाता था, परन्तु उत्कीर्ण कला में फलक में केवल एक ओर ही कुछ गहराई देकर दृश्य उकेरा जाता है। भरहुत की उत्कीर्ण कला चपटी है इसे 'लो-रिलीफ' शैली कहते हैं। इसकी अपेक्षा सांची के विशाल स्तूप की उत्कीर्ण कला में गहराई बढ़ गई थी। इसीलिए उसे 'हाइ रिलीफ' कहते हैं। दृश्य-नियोजन की दृष्टि से भी भरहुत की अपेक्षा सांची का कैनवस बड़ा हो गया था।

भरहुत-स्तूप की वेदिका और तोरण पर दो सौ से अधिक छोटे-बड़े अभिलेख पाए गए हैं। ये अभिलेख शुंगयुगीन ब्राह्मी लिपि में हैं। इनमें कुछ दानवाची हैं, जिनमें दाताओं के नाम और कभी-कभी उनके निवास-स्थान और धंधे का उल्लेख भी पाया गया है। कुछ अभिलेख दृश्य-फलकों के शीर्ष-अभिलेख हैं जो केवल भरहुत में ही पाए गए हैं। यदि ये शीर्ष-अभिलेख न पाए गए होते तो प्रसेनजित और अजातशत्रु जैसे राजाओं के अंकन की पहचान नहीं की जा सकती थी। शुंग राजा धनभूति की समकालीनता भी भरहुत के अभिलेखों से ही संभव हो सकी है। कला-शैली, अभिलेख (सुगनं रजे, आदि), उनकी लिपि तथा उनके कथ्य के आधार पर यह निर्विवाद है कि भरहुत-स्तूप के तोरण और वेदिका का निर्माण ईस्वी पूर्व द्वितीय शती में हुआ था।

THE ŚUṄGA ART OF CENTRAL INDIA

Prof. K. D. Bajpai

Indian art assumes a definite statues in the Śuṅga period both in regard to iconography and aesthetic norms. The quantity and variety in the art-forms during the 2nd-1st centuries B.C. in Madhyadeśa, central India and Deccan are remarkable in Indian art history. The centres at Mathura, Kauśambī, Sarnath and Bodhgaya in the north and those at Bharhut and Sanchi-Vidisha in central India furnish sumptuous material bearing on the religious and secular art of the Śuṅga Age. Several sites in the Deccan under the patronage of the Sātavāhanas, developed as centres of art. Mention may be made of Bhaja, Karle, Ter, Nasik, Naneghat, Pitalkhora and several other sites.

Almost the entire region of present Madhya Pradesh was included in the Maurya empire. The great emperor Aśoka served as Governor of Avanti before he ascended the imperial throne. It is learnt from some Buddhist works that Aśoka married the daughter of a *Śreṣṭhi* of Vidisha. This queen of Aśoka caused the construction of a Buddhist monastery at Vidisha. Aśoka took various practical steps for the propagation of Buddhism in the country and outside.

Aśoka set up an inscribed pillar at Sanchi. His other edicts have been found at Rūpnāth, aboht 48 kms. from Jabalpur; at Gujarrā in Datia district and at Pānguḍariā in the Sehore distt.[1] At Rāmgarh in the Ambikapur district, some inscriptions of 3rd-2nd centuries B. C. are preserved.[2]

After the Mauryas came the epoch of the Śuṅgas and the Sātavāhanas. The rulers of these two dynasties were followers of the Vedic religion. But a spirit of tolerance prevailed during their regime. Under their patronage the great stūpas at Bharhut and Sanchi were renovated and embellished with tastefully ornamented gateways.[3] During the Śuṅga-Sātavāhana age, cities such as Ujjayinī. Māhishmatī, Vidishā, Padmāvatī (Pawaya) and Tripurī grew up into commercial and cultural centres of central India. They were linked together by highways. The major route from Rājagīrha in the north-east passed through Pataliputra, Varanasi, Kausambi Bharhut and Vidisha. From there, it went, through Ujjain and Māhiṣmati, to Pratiṣṭhāna. Another route from Vidisha joined Mathura through Tumbavana (Tumain).[4]

The Sātavāhanas, during their rule over several parts of Madhya Pradesh, from the middle of the 2nd century B.C. to about the middle of 2nd cent. A.D. conducted various activities for cultural development. They had to struggle constantly against the foreign Śaka rulers in the Malwa region and western India. Branches of the Śakas had occupied, one after the other, extensive parts of western India extending from Kathiawar to Eran in the Sagar dist.[5]

During the Maurya period a new type of life-size stone sculpture, carved in the round, was initiated. The life-size stone sculptures made in the reign of Aśoka generally represent figures of animals, full of vigour and vitality and also a few figures of Yakṣas. This robust art-tradition continued more strikingly during the Śuṅga-Sātavāhana Age. The stone sculptures from Besnagar (Vidisha) and Pawāyā (Gwalior dist,), representing Yakṣas and Yakṣīs are remarkable for their sturdy forms. The mellowed modelling of some later figures marks a gradual development from the archaistic figures of the Maurya and early Śuṅga age. A pair of colossal images of a Yakṣa and a Yakṣī from the bed of river Betwa near Vidisha are unique in this respect.[6] The artists of central India were past masters in winning over rigidity by a fine sense of grace and suppleness. These traits were carried on by their successors in the Gupta-Vākāṭaka and the early medieval period.

The Śuṅga-Sātavāhana Age brought a congenial political and cultutal atmosphere in central India for the development of fine arts. The two great sites of Bharhut (Dist. Satna) and Sanchi (near Vidisha) are too well-known in art-history. The stūpas at Bharhut and Sanchi were decorated during this age with sculptures indicating high aesthetic merit. From the point of view of chronology the Bharhut Stupa and Vedikā came first. They were followed by Stūpas No. II of Sanchi. Eventually the main stūpa No. I and III of Sanchī were constructed.

BHARHUT

The chance-find of the Bharhut stūpa in 1873 by Cunningham marked an epoch-making discovery in the history of Indian art. The relics of this stūpa consisted of 49 upright pillars, numerous cross-bars and coping stones of the outer railing. These and various other parts, all richly carved, were removed to the Indian Museum, Calcutta. Cunningham gave an enchanting and graphic account of the Bharhut stūpa.

After Cunningham several scholars—Hultzsch, Hoernle, Lūders, Coomaraswamy, BM Barua ann others—have written on the art, architecture and inscriptions of Bharhut. Their valuable contributions have shed a flood light on the early Buddhist art and the socio-religious life of the Śuṅga-Sātavāhana Age.

The bulk of the material from Bharhut, collected by Cunningham during the last century, is now preserved in the Indian Museum, Calcutta. It has been exhaustively dealt with in various monographs. Subsequently as many as 54 more pieces were collected by Sri Braj Mohan Vyas from Bharhut and its neighbouring villages and were deposited in the Municipal Museum, Allahabad. A few additional stray pieces found their way to other museums and private collections.

The Bharhut collection in the Allahabad Museum includes fragments of 32 railing pillars, 74 coping stones and 3 crossbars. The unique pieces in this new lot represent an acrobatic scene, the Gajasasa Jātaka and the scene of the Mucalinda Nāga on an inscribed pillar. Some of the decorative patterns in these sculptures are also noteworthy. The tatoo marks on the face of a female figure indicate the moon, lotus and creeper designs. The *pūrṇaghaṭa* and the *hāṁsamithuna* motifs are beautifully carved on the railing pillars. The Yakṣa and the creeper motifs are commonly seen on several stone pieces.

The archaeological collection of the Rāmban Museum near Satna contains about two dozen pieces from Bharhut. These include cross-bars, broken coping stones, railing pillars and other slabs depicting various episodes, decorative motifs and animal figures. A few small stone pieces bear fragmentary inscriptions in the Brāhmī script of the Śuṅga period. One of the cross-bars shows a beautiful female bust inside a lotus medallion. The head-dress of the lady is testefully decorated and is bedecked with an ornament on the fore-head (*lalāṭikā*), triple ear-rings and heavy torques and necklaces. In the right hand she holds a stalked lotus (*līlākamala*). The figure is similar to the one already known from Bharhut.

Apart from the depiction of the Jātaka stories and interesting scenes from the life of the Buddha on reliefed panels, bearing suitable Brāhmī lables, the art of Bharhut opens before us an entire panorama of human and animal life. Scenes from every-day life are sumptuously carved on the railings and *toraṇas* of Bharhut. Devatās, like Sirimā, Culakokā and Śrī Lakṣmī; the Yakṣas and Yakṣīs : Nāgas and Nāgīs, along with men and women from different walks of life, are faithfully portrayed. Nature, in all its animate and inanimate environmental richness, plays a significant role in the art of Bharhut. The Buddha is represented there not in human form, but through symbols, viz. stūpa, *dharmacakra* (wheel), Bodhi tree, foot-prints and *triratna*.[7]

In so far as the aesthetic norms are concerned, Bharhut primarily represents the central Indian indigenous elements. The round human faces, wearing elaborate head-dresses, the flat bodily forms, the absence of proper perspective and the archaistic decorative tendencies are the main features of this art. The compositions usually lack symmetry. There is a tendency towards overcrowding. The Bharhut art, primarily meant for the masses, is more inclined towards the folk elements than the refined aesthetic sense. The linear treatment of human figures, with a rough depiction of the costumes is, however, compensated by the graphic details of interesting scenes and the decorative patterns.

SANCHI

Stūpa II of Sanchi comes slightly after Bharhut and may be assigned to about 150 B.C. The plastic art there follows the main tradition of Bharhut. The liner anatomical stress in the human form and the archaic devices pertaining to composition are clearly discernible there. It is also interesting to note that the Greco-Scythian elements make their first appearance in central Indian art during this time.

The next important stage in the art-history of central India is represented by Stūpa I and III of Sanchi. From the point of view of architecture and, more so, from the consideration of the evolution of plastic art, the main stūpa (No. I) of Sanchi marks a significant stage. The general religious theme of the Sanchi sculpture is very similar to that of Bharhut. Here also the Buddha is not made to appear in the anthropomorphic form. He and the previous Buddhas are represented by means of various symbols. The folk aspect of the Buddhist pantheon is much more elaborate at Sanchi. The life depicted through a large number of scenes at Sanchi is richer and more colourful than what we know of it at Bharhut.[8]

The mature art of Sanchi is marked by an advanced sense of refinement. The modelling of the human from is imbued with vitality and suppleness, and replaces the prosaic dullness of the earlier art. The figures of heavenly nymphs, carved on the gateways of Sanchi, are remarkable for their sensitive forms and attractive postures. The flat and heavy features were given a go-bye. The anatomical details are now symmetrical and the figures are full and shapely. The artists of Sanchi brought sensuous elements also in the modelling of female figures. costumes and ornaments, found in the female figures of Sanchi add to the beauty of the fair sex and are not intended to conceal it. The composition is surcharged with finer ideas of plasticity and perspective.

The inter-action of the Śuṅga art of central India on the contemporary and successive art of north India can be visualiged. While making a comparative study of the art of Bharhut-Sanchi with that of Mathura, Kausambi, Sarnath and Bodhgaya, several points of similarity are clearly noticed. Like Mathura, Kausambi had a distinct school of art during the period under review. It can conveniently be designated as the *Vatsa School of art*. The available stone sculptures and the profuse terracotta figurines from Kausambi and the region around furnish an eloquent testimony to this.

SYMBOLS

The symbolic representations of Gautama Buddha and those of the previous Buddhas were primarily the sacred trees. In the Bharhut art the different trees representing six *Pūrva Buddhas* are *Pāṭ ıli*, *pundarīka śāla*, *siriṣa*, *udumbara* and *Nyagrodha* respectively. The label inscriptions on the Bharhut penels call these trees *Bodhi.* The literary and epigraphical references help us in determining the names of the past Buddhas, who were designated as Vipaśvi, Kakutsandha, Kaśyapa, Śikhī and Kanakamuni. The last mentioned name is known from an inscription of the Maurya emperor Aśoka. In the Niglīva edict of Aśoka he is mentioned as Konāgamuni. In the early Indian art of the pre-Christian era, Gautama Buddha was represented by the symbols of *Bodhi-tree*, *cakra*, *stūpa*, *chatra* and *pāda*. These symbols gradualy became well-known almost throughout the country.

The development of symbology in the Buddhist art from the Śuṅga-Sātavāhana period to the early medieval times offers an interesting study. Besides the eight auspicious symbols (*aṣṭa-maṅgalas*) several other symbols, common to the Brahmanical and Jaina pantheons, are seen in the early Buddhist art. 32 signs (*lakṣaṇas*) and the parasol with staff (*yaṣṭi-chatra*) were associated with the Buddha to indicate his stature as *mahā-puruṣa* or *cakravartī.*

In this connection it is necessary to study some of the designations of the Buddha. In two of the Bharhut inscriptions Buddha is called Mahādeva (Luders' List. nos, 881 and 902). Other interesting epithets for him, as known from the inscriptions at Mathura, Nāgarjunikoṇḍā and several other sites are : *Mahātmā, devātideva, apratima, pitāmahā, daśabalabalī,* etc.[9] A study of these and other designations would reveal the socio-psychological tendencies of a particular period and also the inter-relations between Buddhism and the Vedic-Purāṇīc religions.

A Brāhmī inscription, incised below the symbolic feet of the Buddha on a pillar of the northern gateway at Sanchi, is of unusual significance. It reads as *Bhagavato pāmāṇa lathi* (i.e. the *yaṣṭi* or *pilaster* of the size of *Bhāgavān*) (Lord Buddha). The yaṣṭi, at the bottom of which this Brāhmī inscription of circa 100 B.C. is written, is surmounted by a *triratna* representing the upper part of the Buddha figure. The total height of the *yaṣṭi,* along with the upper *triratna* part, is about 7 feet.

This inscription and the pillar pre important from the point of view of our study. As we know from the scriptural evidence, the body of Gautama Buddha had an unusual height with a sturdy personality. From this lable inscription at Sanchi and looking to the height of the entire pillar in question, the traditional account of the body of the Tathāgata seems to be corroborated. The inscription also indicates that by c. 100 B.C. the reminiscences of the *mahāpuruṣa* form of the Buddha were still alive. This idea may have been responsible for the carving of some colossal statues of the Buddha and of Bodhisattva Maitreya during the Kushāṇa period.

REFERENCES

1. D. C. Sircar, *Aśokan Studies* (Calcutta, 1979), pp. 94-103. In this important minor rock edict the name of the region is given as *majhimadesa*, where a monastery called *upanitha-vihāra* was located. In the record Aśoka speaks to a prince of his royal house named Saṁva.

2. K. D. Bajpai, *History & Culture of Madhya Pradesh* (Ahmedabad, 1984). pp. 115-16; plate VII.

3. Cunningham, *Stupa of Bharhut*, pp. 128 ff.; K.D. Bajpai, *Indian Numismatic Studies* (Delhi, 176), pp. 37-43; 114-17.
4. Moti Chandra, *Sārthavāha* (Patna, 1966), pp. 76-99.
5. Bajpai, *Cultural History of India* (New Delhi, 1985), pp. 27.
6. *History & Culture of M.P.*, pp. 25-29.
7. See Vasudev Sharan Agrawal, *Indian Art* (Varanasi, 1965), pp. 325-36.
8. Bajpai, *History & Culture of M.P.* pp. 80-85.
9. H. Luder's *List of Brāhmī Inscriptions* (reprint, Varanasi, 1973) no. 910. etc; also see Janert K.L. (ed.) *Mathura Inscriptions* by H. Luders (Gottingen, 1961), pp. 116-19.

DEOGARH VIṢṆU TEMPLE : THE GLORY OF BUNDELKHAND

Dr. P. K Agrawal

Bundelkhand is virtually the heart of Central India. The glorious past of this naturally beautiful and gifted territorry bears full witness to the bewildering contributions it made to India's cultural heritage. For example, the earliest extant Śikhara-temple of stone masonry, known to us, stands *in situ* at Deogarh (Devagarh), sited in a semi-circular bend overlooking the right bank of the Betwa (Vetravatī) amidst hill-girt surroundings of highly attractive grandeur. It is indeed a great Gupta monument of unsurpassable artistic glory and forms in its all-round artistic excellence a symbol of spiritual inspiration and material resources being the pride not only for Bundelkhand but for the whole of India and the world. It dates from the fifth century A. D. Owing to the ravages of time, human negligence and deliberate spoliation, no earlier or even contemporary Brahmanical stone temple of the full-fledged Śikhara-type has been preserved in any significant architectural details and elevation, excepting the well-known Bhitargaon brick temple of this very epoch. The Deogarh Temple represents in a vivid manner the unrivalled creative genius and resourcefulness of this region some fifteen hundred years ago during the golden age of the Gupta period. According to Percy Brown, "When complete this building was unquestionably one of rare merit in the correct ordering of its parts, all alike serving the purpose of practical utility, yet imbued with supreme artistic feeling. Few monuments can show such a high level of workmanship,........."

The Viṣṇu temple at Deogarh is a gem of Gupta art and architecture. It is an inspired work of some great architect and resourceful builders with a wealth of beautiful sculpture and reliefs. It provides a glorious record of Gupta genius and is a landmark in the evolution of Gupta temple architecture; we are here face to face with a happy epitome of contemporary art and a religious establishment finest of its class. Interest not only lies in the excellence of its figure-sculpture both in its design and in execution but the marked achievement in the vertical form of architecture.

The temple stands on a high plinth, accessed by a flight of steps on each of the four sides. It was laid out on the usual Gupta square plan, divided into nine equal squares, the central one being occupied by the sanctum itself. There were originally on the same terrace, revealed by the excavation carried out by Sahni, four smaller shrine one on each corner, hence it is the earliest known *pañcāyatana* example in north India. The terraced basement is adorned with a continuous row of sculptured rectangular panels framed by short pilasters on all the four sides. No doubt, this feature rendered the temple terrace to form an attractive part of the monument providing ample space for carving religious and mythological scences in stone, a number of which are preserved on the face of the Deogarh plinth (*jagatīpīṭha*).

The Garbhagṛha is of moderate size, measuring 18'6" square outside, and 9'9" square inside with the four walls 3'7" thick. While the western wall of the main shrine is pierced by a highly carved doorway, the other sides and the exterior of the back wall consist of three large ornate panels, each framed between two pilasters, lintel and a sill. "In each case, the two inner facets of the framework exhibit a foliated scroll rising from an auspicious conch placed head downwards and a band of rosette-and-leaf pattern respectively. This combination reminds of the auspicious *śaṅkha* and *padma* associated with doorways in literature of the Gupta period." These big *rathikā* panels (5'×4') show a group of three scenes carved in high relief from Vaiṣṇava mythology, viz. Gajendramokṣa, Nara-Nārāyaṇatapasyā and Anantaśāyī Viṣṇu.

To protect these side niches and the entrance were, according to Alexander Cunningham, R.D. Banerji and Percy Brown, four small porches or a covered gallery all round. But Vats in his monograph on Deogarh disagrees with Cunningham and others on certain grounds. He is of the opinion that there were no such porticos on each side, and "too much has evidently been made of what remains of the beams of the entablatures and the shading canopy." According to him the entablatures above the doorways and niches were carved with a simple frieze of arched windows projecting on strong canti-lever beams (17"×12.5" to 14"×12 5" in section) four on each side, and a deep and continuous flat canopy affectively shaded the reliefs on the remaining sides without causing any obstruction to the view. The stones of the canopy, as well as the canti-lever beams, are deeply embedded into the walls and gradually taper along their upper surface only. Though it is difficult to accept the possibility of projecting porches altogether improbable, it is apparent that there was presumably an architectural expedient to protect the sculptures. Whether it was in the form of porticos or simple continuous projecting canopy, it is not possible to ascertain now.

The exquisitely carved entrance of the temple is not only its best preserved portion but also the inspired work of of some great artist. Its frame (11'8"×10'9") enclosing the doorway proper (measuring 6'11"×3'4.5") shows an excellent scheme of several decorative motifs, viz., male attendant, female attendant, garland-bearing women and kīcaka-dwarfs, each occupying one-fourth portion of the jamb and con-tinued upwards in the form of a band (*śākhā*), with some others such as *mithuna*, *caitya*-arch and foliated friezes and designs. The lower part of the lintel above (*lalāṭa*) in the centre bears the figure of a four-armed Viṣṇu seated on the serpant Śeṣa, which helps us in the identification of the temple as a Vaiṣṇava shrine. On its two side corners, the figures of the Gaṅgā and Yamunā are shown standing on their vehicles, a crocodile and a tortosie respectively, a feature pointing to its early date. Noteworthy are a frieze of five arches, a decoration with lion-heads and a fine string-course.

The most important part of the temple apparently is the Śikhara which rises in diminishing tiers above the double cornice at the terminals of the walls. Only the lower part of this remarkable top has survived. But over the outer vertical band of the doorframe the carved replicas of the temple representing it in profiles are of great help in determining the original form of the Śikhara. No doubt, it followed in its formal design the ground-plan of the cella itself; thus with the large projection in the centre of each side corresponding to the *rathikā* and door projection form the temple walls, as is clearly traceable on the north and front (i. e. west) sides of it. It consists of gradually receding tiers or storeys of stone-block courses, perhaps three when complete. It appears to have been a straight-edged pyramidal structure with projection on each side mainly carved with the *caitya*-window motif. As could be gathered from the reliefs on the jambs, there were perhaps four angle-*āmalakas* on the second storey to relieve the plainness of its four corners, and above on the top of the rather small third tier a well-defined arrangement of corrugated *āmalaka-kalaśa*-finials.

Cunningham assigned "a comparatively early date to the temple" on the basis of the excellence of its sculpture, though he was not inclined to place it earlier than A.D. 600. Daya Ram Sahni, on the basis of a two-line early Gupta epigraph discovered by him, dated it to the early Gupta period, while R. D. Banerji concluded that it could not be much earlier than 575 A.D., as the Śikhara according to him made its begining only towards the close of the sixth century A. D. Percy Brown assigned it to c. 500 A.D., and Vats to the early part of the sixth century. However, besides the style of the sculpture and ornate carving, our particular guide in dating this shrine is the short Brahmi inscription, placed palaeographically in the lact quarter of the 5th century or the first quarter of the 6th century A.D., recording the monument as "the gift of Bhāgavata Govinda at the holy feet of the Lord of Keśavapura." Bhāgavata Govinda known from a Basarh Seal and a Mandasor Inscription was the second son of Candragupta II from his wife Mahādevī Dhruvadevī. In this light, the erection of the temple could be placed in the later part of Cundragupta's reign or somewhere in Kumāragupta's reign, with Govindagupta himself had ruled in Malwa as governer.

The date may well range from A. D. 400 to 450. For several reasons we believe that the Deogarh temple in the chronological chart of the existing Gupta temples should belong after the group of Udaigiri cave-shrines, Sanchi, Kunda, Tigawa and Madhia temples. The position of the Deogarh shrine among Gupta temples is conspicuous as it represents the first known Śikhara-type in northern India. It had opened with its moderate spire a new epoch in temple architecture and paved the way for lofty Śikhara-temples which must have begun to be erected at least a few decades before the poets could imagine of "a temple resembling the high peak of the Kailāsa mountain" (verse 21 of the Gangadhara Inscription, A. D. 423), "a temple lofty like a mountain peak" (line 6 of the Tumain Inscription, A. D. 435-36), or "a temple Śikhara towering as a hill peak" (verse 30 of the Mandasor Inscription, A.D. 436 and 473). It is unfortunate that the three Śikhara-temples documented by these epigraphs are entirely effaced from the ground and not a single one of them is now traceable even in its ground-plan. It is not unlikely that there were erected several other Śikhara-temples inspired from the Deogarh and the above mentioned three examples, but they all have unhappily disappeared through the ravages of time and their original form can hardly be identified today.

SELECT BIBLIOGRAPHY

Cunningham, ASR, X, pp. 105 ff.

P. C. Mukerji, Report on the Antiquities in the District of Lalitpur, N. W. Provinces, vol. I, Calcutta, 1899. pp. 11-12.

R. D. Banerji, The Age of the Imperial Guptas, Varanasi. 1933.

V.S. Agrawala, "The Gupta Temple at Devagarh," Art & Thought, London, 1947, pp. 51-54.

V. S. Agrawal, Studies in Indian Art, Varanasi, 1965.

V. S. Agrawal, Gupta Art, Varanasi, 1977.

M.S. Vats, The Gupta Temple at Deogarh, Delhi, 1952.

M. Desai, The Gupta Temple at Deogarh, Bombay, 1958.

Perey Brown, Indian Architecture, vol. I.

P.K. Agrawala, Gupta Temple Architecture, Varanasi, 1968; revised edition, 1981.

P.K Agrawala, "Gupta Art, "section of the book Gupta Art an Culture, editor : Prof. S.R. Goyal (forthcoming).

बुन्देलखण्ड का गुप्तकालीन कलाकेन्द्र : नचना

कृष्णदत्त वाजपेयी

बुंदेलखण्ड के प्राचीन सांस्कृतिक केन्द्रों में नचना का विशेष महत्त्व है। यह स्थान पन्ना जिले में नागौद से २४ किलोमीटर दक्षिण-पश्चिम स्थित है। यह क्षेत्र नचना-कुठरा के नाम से प्रसिद्ध है। पहले यहाँ अन्न का बड़ा भण्डार रखा जाता था, जिसे "कोष्ठागार" कहते थे। इसी कोष्ठागार से "कुठरा" बन गया। कौटिल्य के 'अर्थशास्त्र' आदि ग्रन्थों से ज्ञात होता है कि प्राचीनकाल में दुर्भिक्ष पड़ने पर अथवा बाहरी आक्रमणों के होने पर लोगों की जीवन-रक्षा के लिए राज्य के विभिन्न स्थानों में अन्न के भण्डारों की व्यवस्था रहती थी। नचना के अवशेषों को देखने से पता चलता है कि प्राचीनकाल में वह एक महत्त्वपूर्ण नगर था और इसलिए वहाँ अन्न का बड़ा भण्डार स्थापित किया गया था।

एक जनश्रुति नचना का सम्बन्ध अर्थशास्त्र के प्रसिद्ध लेखक कौटिल्य या चाणक्य के साथ जोड़ती है, परन्तु इसके लिए कोई पुष्ट ऐतिहासिक आधार प्राप्त नहीं है।

कला की दृष्टि से नचना की गणना भारत के प्रमुख केन्द्रों में की जाती है। नचना में गुप्तकाल से लेकर ई० नवीं शती तक अनेक मंदिरों का निर्माण हुआ। वहाँ तथा उसके समीप लखूराबाग तथा अन्य स्थानों में बड़ी संख्या में इमारती ईंटें, पत्थर तथा कलाकृतियाँ मिली हैं। नगर के चारों ओर रक्षा-दीवाल थी, जिसे अब "कुठारगढ़" कहा जाता है। इस दीवाल के भग्नावशेष आज भी देखे जा सकते हैं।

इस समय नचना में दो मुख्य प्राचीन मन्दिर बचे हैं : एक पार्वती-मन्दिर तथा दूसरा शिव-मन्दिर। शिव मन्दिर को चतुर्मुख या चौमुख नाथ महादेव कहा जाता है।

पार्वती-मन्दिर का निर्माण ई० पाँचवीं शती के आरम्भ में हुआ। विदिशा के समीप उदयगिरि के गुहा-मन्दिरों के आधार पर इस मन्दिर की रचना की गयी। पार्वती मन्दिर की प्रमुख विशेषता यह है कि यह दो मंजिलों की इमारत है। निचली मंजिल के गर्भगृह के ऊपर दूसरी मंजिल का निर्माण किया गया था। ऊपर जाने के लिए सीढ़ियाँ बनायी गयीं थीं। गुप्त-कालीन मन्दिरों में इस प्रकार का निर्माण दुर्लभ है। दूसरी मंजिल पर धार्मिक संगीत तथा अन्य सांस्कृतिक कार्यक्रमों का आयोजन होता था।

नचना का पार्वती मन्दिर चौकोर है। उसके गर्भगृह का आकार सोलह वर्ग फुट है। चौकोर गर्भगृह के सामने बारह वर्ग फुट का बरामदा है। दोनों मंजिलों की छतें सादी सपाट हैं। वे उसी प्रकार की हैं जैसी सांची, एरण, तिगवा आदि के गुप्तकालीन मन्दिरों की छतें हैं। वायु और प्रकाश के लिए दीवालों में गवाक्ष बनाये गये।

पार्वती मन्दिर का प्रवेश द्वार अलंकृत है। इसके एक द्वार-स्तम्भ पर मकर-वाहन पर खड़ी गंगा और दूसरे स्तम्भ पर कच्छप-वाहन पर खड़ी यमुना को दिखाया गया है। गुप्त-काल में गंगा-यमुना को देवी का रूप प्रदान कर मध्यदेश के महत्त्व को बढ़ाया गया। गुप्तकाल के महाकवि कालिदास ने अपने महाकाव्य "कुमारसंभव" में शिव के मन्दिर में सेवा-भाव में रत गंगा और यमुना का रोचक वर्णन हुए लिखा है—

"मूर्ते च गंगायमुने तदानीं
सचामरे देवमसेविषाताम्।"

अर्थात् हाथों में चँवर लिए हुए, मूर्त रूप में गंगा और यमुना शिवजी की सेवा में तत्पर थीं।

गंगा-यमुना की प्रतिमाओं के अलावा पार्वती-मन्दिर के प्रवेश-द्वार तथा दीवालों पर अन्य कलाकृतियाँ भी प्रदर्शित हैं। इनमें स्त्री-पुरुषों के युगल, पशु-पक्षी, लता-वृक्ष, कीर्तिमुख आदि अलंकरण उल्लेखनीय हैं। चारुत्व तत्व और भाव-भंगिमाओं की दृष्टि से मानव-मूर्तियों का विशेष महत्व है। उन्हें द्विभंग या त्रिभंग मुद्रा में खड़े हुए दिखाया गया है। उनके लोचदार, छरहरे कमनीय अंग दर्शनीय हैं। कलाकारों ने गुप्तकाल के उदात्त सौन्दर्य-भावों को इन प्रतिमाओं में रूपायित कर दिया है। प्रकृति के विभिन्न रूपों का भी अत्यन्त मनोरम चित्रण नचना की कला में देखने को मिलता है।

इसी प्रकार विभिन्न धार्मिक तथा लौकिक प्रतीकों को भी मन्दिर की दीवालों पर अंकित कर देवालय को मंडित किया गया।

पार्वती-मंदिर में स्त्री-पुरुषों की वेशभूषा दर्शनीय है। वे कुंडल, एकावली, हार, केयूर आदि आभूषण तथा झीने वस्त्र पहने हुए दिखाये गये हैं। पुरुषों के बाल छल्लेदार या घुँघराले हैं। स्त्रियों के केश-विन्यास अत्यन्त मनोरम हैं।

मन्दिर में पार्वती की पूज्य प्रतिमा प्रतिष्ठित थी, जो अब गर्भगृह में नहीं है, केवल उसका आसन शेष है।

गुप्त-युग में शिव का मन्दिर पार्वती मन्दिर के समीप बनाया गया। शिव-मन्दिर के कलापूर्ण अवशेष नचना तथा उसके आसपास के क्षेत्र में बिखरे हुए मिले हैं। समीप के लखूरा-बाग से कई सुन्दर शिलापट्ट मिले हैं। शिव मन्दिर वर्तमानकाल में चौमुखनाथ का मन्दिर कहलाता है। उसे ईसवी सातवीं शती में विस्तृत रूप प्रदान किया गया।

नचना से प्राप्त महत्वपूर्ण पाषाण मतियों में शिव तथा उनके गणों की तथा अर्ध-नारीश्वर आदि प्रतिमाएँ उल्लेखनीय हैं।

गुप्तकालीन कई ऐसे शिलापट्ट हैं जिन पर रामायण की कथा को बड़ी सजीवता के साथ आलेखित किया गया है। श्रीराम के वन-गमन की अनेक घटनाओं को उन पर प्रदर्शित किया गया। इन घटनाओं में श्रीराम का पंचवटी-निवास, रावण द्वारा सीता से भिक्षा-याचन, शूर्पणखा-प्रकरण, वानरों के साथ श्रीराम का विचार-विमर्श तथा सेतु-निर्माण के दृश्य उल्लेखनीय हैं।

रामायण-कथा पर प्रकाश डालने वाले ये शिलापट्ट भारतीय कला के इतिहास में गौरवपूर्ण स्थान रखते हैं। इनमें गुप्तकालीन कला के सभी उत्कृष्ट गुण देखने को मिलते हैं। उनसे यह प्रमाणित होता है कि गुप्तयुग में नचना में श्रीराम का मन्दिर बनाया गया था। सम्भवतः भारत में यह सबसे प्राचीन राम-मन्दिर था।

नचना से गुप्तकाल का एक शिलालेख मिला है। उस पर वाकाटक-नरेश पृथिवीषेण के स्थानीय सामंत व्याघ्रदेव के द्वारा निर्माण-कार्य का जिक्र है। लेख से ज्ञात होता है कि वाकाटक वंश का अधिकार कुछ समय तक इस क्षेत्र पर हो गया था। इतिहास से ज्ञात होता है कि गुप्त-वंश तथा वाकाटक वंश में बहुत समय तक मधुर सम्बन्ध बने रहे।

चौमुखनाथ शिव का वर्तमान मन्दिर ईसवी सातवीं शती का है। उसे तथा गुप्तोत्तर काल के अन्य कलावशेषों को देखने से पता चलता है कि नचना क्षेत्र में कला का विकास गुप्तकाल से लेकर लगभग ६०० ई० तक होता रहा।

गुप्तकालीन वास्तु तथा मूर्तिकला की जो विशेषताएँ नचना के पार्वती मन्दिर तथा अन्य कलाकृतियों में देखने को मिलती हैं, उनका प्रभाव बुन्देलखण्ड के कई भागों में देखा जा सकता है। भुमरा, ऊंचेहरा, खोह, पिपरिया आदि अनेक स्थलों से गुप्तकाल के अनेक अवशेष प्राप्त हुए हैं। उन्हें देखने से उक्त धारणा की पुष्टि होती है।

नचना-कला का प्रभाव बुन्देलखण्ड तक ही सीमित नहीं रहा। महाराष्ट्र, आंध्रप्रदेश और कर्णाटक के कई भागों की कला पर नचना का प्रभाव पड़ा। मूर्तिकला में चारुता और प्रतिमा-लक्षणों का जो विकास नचना में हुआ उसने अपना व्यापक प्रभाव डाला।

गुप्तकाल के पश्चात् की कला में कई ऐसे लक्षण विद्यमान हैं जिनसे पता चलता है कि नचना तथा अन्य कई केन्द्रों में सौन्दर्य और चारुत्व के जिन विशेष तत्वों को गुप्तकाल में विकसित किया गया था उनका प्रभाव बाद में अनेक शताब्दियों तक जारी रहा। बुन्देलखण्ड के कला-केन्द्रों में नचना का स्थान निःसन्देह महत्वपूर्ण है।

THE KĀLANJARA VAIKUṆṬHAPAṬṬA AND ITS HISTORICAL SIGNIFICANCE

—*Dr. S.K, Sullerey*

An inscribed panel on stone depicting *Vaikuṇṭha* as the central figure was discovered long back by Maisy at Kālanjara[1]. It is of unusual historical significance and, therefore, I would like to discuss it here.

I drew attention to this important panel in my book entitled *Ajaigarh Aur Kalanjara Kī Deva Pratimāyen.*[2] I feel inclined to identify the slab as *Vaikuṇṭhapaṭṭa.* The slab-style of the sculpture has a distinctive and independent entity which has not been identified as yet. Both in terms of style, the diction of modelling and the purpose for which such slabs were designed, they are different from images fashioned independently and installed in sanctums or alternatively carved on temple walls and niches. The custom of installing the *Paṭṭas* was fairly prevalent in early medieval India, and luckily I could discover a few such *Paṭṭas* at Kālanjara.[3]

This panel is fixed in the right side wall of the second gateway descending to the Nīlakanṭha temple at Kālanjara. The *Vaikuṇṭhapaṭṭa* of Kālanjara is square in shape measuring 120 cms on each side. On the top of the *paṭṭa* originally fourteen *Mahā-liṅgas* were carved. The sixth and the ninth *Linga* from the left have indistinct depiction of a *mukhalinga* in its front part, which is now half broken. On the thirteenth *Linga* a peculiar scene of a man combating with a lion, with its mouth open and upraised tail has been depicted. The panel has been horizontally divided in four bands. The first band contains nine four-armed skeletal female figures seated in *Lalitasana* with a long staff like a spear (*śūla*) in the hands of each of them. These female figures may be identified with a cluster of Chāmuṇḍās or Navadurgā. The second band on left shows a row of *Pancha-Gaṇeśa*, all four-handed, with sweet-balls in *modaka-pātras* in their left normal hands. The Gaṇeśa figures are further followed by a group of three standing figures, having four hands, with normal two hands in the *namaskāra mudrā,* and other two rest on intervening pedestals. Perhaps these standing figures represent Indra, Varuṇa and Kubera respectively. Next comes a four-handed *Mātrikā* seated in *sukhāsana* with a child in her left lap. A four-handed figure of Sarasvatī is similarly seated and is playing on *Vina*[4] held diagonally. This band on the right extreme has a seated two handed female figure. The third band has in all twelve standing figures, out of which the first seven can be identified with Ādityas and five figures of Viṣṇu. The last figure to the extreme right is of a *Siddha Puruṣa.* It is akin to the *Siddha Puruṣa* with *Yogapaṭṭa* already noticed in the *Tripuri Tīrthapaṭṭa*.[5] The fourth band has again a row of twelve Viṣṇu figures. The total number of Viṣṇu icons in two bands comes to seventeen.

The main central figure, largest in size, is very important, It is a four-handed figure standing in *tribhaṅga* bedecked with ornaments and a *Vanmālā* reaching below the knee. All the four hands are broken now, but they remained suspended below. *Vaikuṇṭha* is being flanked by a female on right and a male on left, both much smaller in size. It seems that the deity was multiheaded. Two of the faces are badly damaged. The third one, perhaps the one to right is still partly extent; it is of a loin. This image can thus be identified as that of *Vaikuṇṭha.* On the bottom of central figures a mutilated label inscription supports the above identification. It reads (*Śrī*) *Vaikuṇṭha* (*Sya-Paṭṭah*) *Kāritah*, (a *Paṭṭa* dedicated to *Vaikuṇṭha* has been caused to be prepared). It is difficult to date precisely, the short inscription, on the basis of a few letters, It may belong to the 10th-11th century A.D.

The study of the above *Vaikuṇṭhapaṭṭa* is very significant for reasons more than one. In the first place we can associate the depiction of *Vaikuṇṭhapaṭṭa* of Kālanjara with the conquest of Kalanjara by the Chandella King Yaśovarman.[6] The Khajuraho inscription of V.S. 1011 states. "He easily conquered Kalanjara mountain, the dwelling place of Śiva (Nīlakaṇṭha), which is so high that it impedes the progress of the Sun at midday."[7] The conquest of Kālanjara was an important achievement for Yaśovarman, which enhanced the prestige and power of the family. The Nanyurā copper plate of Dhaṅga mentions his father and grand father, who belonged to the family of *Bhāgavata Trailokya Cūdamani Chandrātreya*.[8] The Khajuraho inscription of V.S. 1011 records the construction of a temple of Viṣṇu (Vaikuṇṭha) by king Yaśovarman. It also gives an interesting history of the image of god *Vaikuṇṭha* which was installed in it. Yośovarman himself had received it from Hayapati Devapāla, son of Herambapāla.[9] Thus it can be said that the *Vaikuṇṭhapaṭṭa* of Kālanjara was carved during the reign of Yaśovarman. This *paṭṭa* thus bears the testimony of temporary *pānchrātra* influence in Kālanjara during the time of Yaśovarman. It is thus evident that Viṣṇu worship continued at Kālanjara, though the predominant religion was Śaiva.

Śaivism was already a popular religion at Kālanjara long before the advent of Yaśovarman. Kālanjara, which became one of the major strongholds of the Chandellas, was popularly known for many centuries as an abode of Nīlakaṇṭha Śiva. According to Wilson it is mentioned in the Vedic literature as one of the Tapasyāsthanas.[10] The antiquity and sanctity of Kālanjara is also testified by the epics[11] and purāṇas,[12] It will be of interest here to refer to a few terracotta seal of the Gupta period which was excavated at Bhītā, and contain the representations of the Śaiva emblem.[13] This and other seals bear different appellations of Śiva, such as Kāleśvara, Kālanjara-bhaṭṭāraka, Bhadreśvara, Mahiśvara, etc.[14]

The Bhita seal bears a Śivalinga with an umbrella on one side and a trident on the other. The linga is placed on a hill in the form of a well-arranged pile of round balls, below which is a waved line probably standing for a river. The lengand in northern Gupta Brahmi is *Kālanjara bhattārakasya*, (i.e of the lord of Kālanjara).[15] This seal was evidently issued from a Śaiva shrine on the Kālanjara hill. Another seal also bears a Śiva linga of an extremely realistic nature placed on a pedestal with the representation of a hill on one side and trident-axe on the other. It has a legend *K (a) la (ñ) jara* in the Gupta Characters.[16]

Seal no 17 is of unique iconographic interest. It bears a two armed male figure seated in *Lalitāsana* on a *pādapītha,* with uncertain objects in his hands. There appears to be folioge (?) or flames over the head and shoulders. The Brāhmi legend of the 4th or 5th century A.D is *Bhadreśvara.*[17] Marshall says, "this is the name of the Śivalinga of Kalpagrāma. According to the Vāmanpurāna (Ch. 46)[18] the male figures may represent Śiva in the *Bhadreśvara aspect.*[19] On the basis of the Kālanjara inscription of Udayana, I am inclined to identify Bhadreśvara on the seal with the Lord installed in the Brick temple of lord Bhadreśvara referred to in the inscription.[20] Another seal, bearing the legend *Bhadreśvara,* is also found in the excavation along with the seals connected with Kālanjara.[21] Another inscription from Kālanjara refers the Umā *Mahaśvara-Paṭṭa,* which was installed by Dedduka, son of Śri Sinduka of the Nemika lineage, migrated from Mangalanka in Gurjjarātra, who performed the *Utśarga* ceremony for the pavalion (*Mandapīkā*) dedicated to the Viṣṇu and his consort Lakṣhmī.[22] Palaeographically the epigraph may be dated in the 8th century A.D.[23] The epigraph testifies to the installation of *paṭṭa* at *Kālañjara* before the time of the *Vaikuṇṭhapaṭṭa*.

NOTES & REFERENCES

1. L Maisy—*Antiquities at Kalanjar*, P. 19.
2. Sushil Kumar Sullery—*Ajaigarh Aur Kalanjara Ki Deva Pratimayain*, Ramanand Vidya *Bhavan* New Delhi, 1987.
3. During my recent visit I explored three more *Paṭṭas* at Kālanjara.
4. Depiction of Sarasvati is particular feature which figures in Kālanjara *Paṭṭas*.
5, V.S. Pathak & S.K. Sullerey—*Tripurī Tīrtha Paṭṭa a Sculptural Mythic Representation af Tripurī*, P. 7 (Unpublished paper)
6. *E.I.* Vol. I, PP 128, 133
7. *Ibid.*, Vol. J., P. 128.
8. *Indian Antiquary*, Vol. XVI, PP. 202, 204.
9. E.I. Vol. I, PP 129, 134.
10. *Cunningham A.S.R.*, Vol. XXI, P. 91.

11. *Valmiki Ramayana* 7,2,29; *Mahābhārata* Aranyakaparva 3,83, 53-54, 3.85, 15-25, Anusāsana Parva, 13,26,33.

12. *Vāyu Purāna*, 77, 93, 23, 204; *Linga Purāna*, 36. 26; *Padma Purāna*, 132, 62, 63, 196, 13-14, 6-7; *Brahma Pnrāna*, 2, 246,1; *Skanda Purāna*, 4.6.25; *Garuda Purāna*, 81.18.19; *Agni Purāna*, 109, 23; *Matsya Purānā* 23, 109, *Bhagavata Purāna*, 5.8.30, *Harivainsa Purāna*, 121-24-27; *Kurma Purāna*, 36.35.38; *Vāmana Purāna*, 90.27, *Brahmānda Purāna*, 3.13,100.

13. J.N. Benerji—*Development of Hindu Iconograyhy*, P, 182.

14. *J.S.I.A.R.*—1911-12, PP. 47, Pl. XVIII, No. 14.

15. J.N. Banerji—*Development of Hindu Iconography*, P. 183.

16. *Ibid.*

17. *Ibid.*

18. *Ibid.*

19. *Ibid*, P. 184

20. *E.I.*, Vol. IV, P.

21. *A.S.I.A.R.* 1911-12, PP. 47, 49, PI XVIII, No. 14.

22. *E.I.*, Vol. V.P. 210, Fn. I; V.S. Pathak & S.K. Sullerey, *Tripuritirtha Paṭṭa, a Sculptural Mythic Representation of Tripuri*, P. 11, Fn. 1.

23. *Ibid.*

ICONOGRAPHY OF SIMHANĀDA LOKEŚVARA FROM MAHOBA

Dr. B.N. Misra

Shri K.N. Dikshit, a former Director General of Archaeological Survey of India, was first to publish this figure.[1] Dr. Sivaramamurti refers to some representative Buddhist icons of the Chandella art, viz; Bodhisattva Simhanāda, Padmapāṇi Avalokiteśvara, a Buddha image and a Tārā figure, saying that they are marvellous sculptures recalling Gupta influence, with meticulous carving typical of the school.[2] Dr. V.S. Agrawala observes that the Simhanāda Avalokiteśvara is a deity of later Mahāyāna Buddhism and is a superb art-specimen of excellence and grace. Avalokiteśvara Padmapāṇi is also a similar figure and both belong to C. 1100 A.D.[3]

This famous figure of Simhanāna has been much publicised and is well-known all over the world for its aesthetic beauty. It was sent to Japan as one of the most representative specimens of Indian Art.[4] Prof. R.D. Benerji, quoting Prof, M.A. Foucher, says that Prof. Foucher has published two images of Simhanāda Lokeśvara. In these figures a sword on lotus on the left side and a trident surmounted by snakes on the right are their principal attributes. In one specimen the five Tathāgatasare absent from the backslab. The figure is in situ in the Brāhmaṇical Monastery of Bodhgaya. Its pedestal bears an inscription of c. 11th Cent. A.D. Similar figures are available in the Indian Museum and Patna Museum collections and at Bazarpara in the Birbhum DIstrict.[5] Dr. S.L. Huntington has reproduced a stone figure of Simhanāda Avalokiteśvara from Sultanganj (Dist, Bhagalpur), which she has assigned to C. 11th-12th Cent. A.D., saying that it was found in association with the "Sultanganj Buddha" in the rail-road eonstruction work of 1862 and is now preserved in the Birmingham Museum and Art Gallery in England. She thinks that specifiic points of comparison may be drawn between this figure of Simhanāda Avalokiteśvara and the figure of Khasarpaṇa Avalokiteśvara from Nālandā. She says that these figures show that "During the late 11th and 12th centuries, a certain homogeneity of styles seems to occur throughout Bihar and Bengal... It is possible that this unity resulted from the very real problem of finding work for the sculptors whose services were needed less in the declining kingdom of Magadha than in Bengal where activity was at a peak".

Thus. stone-carvers, trained at the Buddhist monasteries in Magadha, might have been tempted to *movc* east where the later Pāla and Sena kings were building new capital cities, bringing their traditional methods with them. I may add here that the

Magadhan sculptors moved towards Madhya Pradesh also and worked at centres like Mahoba where they gave wonderful creations of Buddhist Art of which Simhanāda Lokeśvara is one.[6]

The *Sādhana* according to which the figure of Simhanāda Lokeśvara has been made runs as follows :—

"Ātmānaṁ Simhanāda—Lokeṣvararūpaṁ bhāvayet, śvetavarṇaṁ trinetraṁ jaṭāmukuṭinaṁ nirbhūshaṇaṁ vyāghracharmaprābhṛitaṁ simhāsanasthaṁ mahārājāeilāṁ chandrāsanaṁ chandraprabhaṁ bhāvayet. Dakshiṇe sitaphaṇiveshṭitaṁ triśūlaṁ śvetaṁ, vāme nānāsugandhikusuma—paripūrita padmabhājanaṁ. Vāmahastāt utthaṁ padmopari jvalatkhaḍgam."

"The worshipper should think himself as Simhanāda Lokeśvara of white complexion, with three eyes, and the jaṭāmukuṭa (crown of matted hair). He is without ornaments, is clad in tiger-skin and sits on a lion in the attitude of princely ease. He is seated on the orb of the moon and is radiant like her. In his right there is a white trident entwined by a white snake, and in his left there is a lotus-bowl, full of fragrant flowers. From his left hand rises a lotus on which there is a sword burning like fire."[7]

The rectangular backslab of the Mahoba figure is broken from the top. Behind the head of the figure is a circular halo comprising a lotus with an arch-like thick plain outer band. The pilasters on either side show a *stūpa*-device and a squatting figure in a niche. The backslab behind the trunk of the figure is cut here and there in order to give to it a three-dimensional effect. The god is seated in *mahārājalīlāsana* with both legs kept on a smooth-plain cushion that rests on the back of the fabulous, roaring and couchant lion, His right leg is twisted and raised up while his twisted left leg rests on the cushion. The lion with its upraised head looks towards the god with admiration. His body is decorated with floral circlets just above the legs. To the proper left of the hind part of the lion, there is a figure seated cross-legged with folded hands, A bearded and kneeling devotee with folded hands (*añjalimudrā*) is present in front of the lion on the right side. The petals of the double lotus resemble the 11th Cent. A.D. petals of the Nālandā sculptures of late Medieval period.

The god is three-eyed and has an elegant pyramidal *jaṭājūṭa*, has no ornaments and is clad in tiger-skin. The smooth cushion-seat is perhaps the orb of the moon. A trident entwined by a cobra stands to proper right of the god. He holds the stalk of full-blown lotus mounted by a sword with vertically placed left hand. There is no flower-bowl as mentioned in the *Sādhana*. His *gajahasta* right hand resting on the right knee holds the rosary (*akshamālā*) which is not mentioned in the *Sādhna*. Flying streamers decorate the matted tiara which is surmounted by a lotus-bud. Three serpentine strands of hair decorate his shoulders. A thick tiger-skin represented by five parallel wavy lines go across his trunk so as to form a flap on the left shoulder. A thick flat cord serves as *yajñopavīta* on his body. The short drawers worn by him extend wavy ends and loops. A major part of the drawers is spread below his feet and decorates the frontage of the cushion.

The front edge of the cushion seat records the dedicatory inscription.

The entire body of the figure is elegant, smooth, full of ease and is wrapt in deep meditation.

In the figure of Simhanāda reproduced by Dr. Huntington, the upper part of the backslab shows five Dhyānī Buddhas, Dhyānī Buddha in the crest of the god and *akshamālā* held in his right hand.[8] A figure of the same god from Nālandā, now preserved in National Museum, New Delhi (30/56-57) also shows all the above-noted features. At the same time it wears deer-skin (*ajiṇavastra*) and not tiger-skin as prescribed in the *Sādhana.*[9]

Dr. B. Bhattacharya has reproduced the Simhanāda Lokeśvara from Mahoba (Fig. 99) and has described similar figures of the god from Nepal (Figs. 100 and 102) and from Magadha (Fig. 101) and says that Simhanāda is popular both in Tibet and China.[10]

This discussion thus leads us to sum up that in its fragmentary condition the Simhanāda figure from Mahoba doest not represent complete iconography of the figure as prescribed in the *Sādhana.* Its crest does not show the effigy of Dhyānī Buddha Amitābha. Its *akshamālā* is an innovation not mentioned in the *Sādhana.* The five Tathāgatas are also not mentioned in it. Neverthless, it is an icon which is well-familiar all over the learned world of Indian art because of its charming personality.

NOTES AND REFERENCES

1. Dikshit. K.N. *MASI* (8) "*Six Sculptures from Mahoba*", Pl. 1a, p. 2.
2. Sivaramamurti, C.—*Indian Sculpture,* I. C. C. R. Allied Publishers, New Delhi, 1961, p. 105.
3. Agrawala, V. S.—*A short Guide-Book to the Archaeological Section of the Provincial Museum,* Lucknow, Allahabad, 1940, p. 17, Pl. XIV. Fig. 19 (Simhanāda Avalokiteśvara).
4. Takata, O. and Ueno, T.—*The Art of India,* Vol. II, Tokyo, 1966., pl. 416, Simhanāda Avalokiteśvara, Mahoba, 11th Cent. A.D.
5. Banerji, R.D.—*Eastern Indian School of Mediaeval Sculpture,* Ramanand Vidya Bhavan, New Delhi, 1981. p. 89, pl. xxxiv, IM No BG 6.
6. Huntington, S, L.—*The "pāla-Sena" Schools of Sculpture,* p. 129. Figs. 155, 137.
7. Bhattacharyya, B.—*Indian Buddhist Iconography* p. 127, quoting *Sadhanamālā* p. 63.
8. Huntington, S.L.—*The "Pāla-Sena" School of Sculpture,* Fig. 155.
9, The Nālandā figure is being published by me elsewhere.
10. Bhattacharyya, B.—*Indian Buddhist Iconography,* p. 128.

STUDY OF SOME VAIKUNṬHA IMAGES FROM KHAJURAHO

Dr. (Mrs) M. Rao

It is proposed to make a brief study of some stone figures of Vaikuṇṭha from Khajuraho.

The concept of Vaikuṇṭha is pretty old; but the figures depicting the deity are available right from the Gupta period. The figure of Vaikuṇṭha (Pl, 1) from Mathura is a three-headed and four armed one. The right head is that of a lion and the left is that of a boar. It has been ascribed to the 5th cent. A.D. and is preserved in the Bostan Museum of fine arts.[1] Dr. N.P. Joshi has indentified a figure of Viṣṇu in the Mathura Museum as that of Varāha Nṛisiṁha Viṣṇu (Pl. 1a) dating from C. 6th cent. A.D. This figure has a human face in the centre, flanked by faces of Varāha and Nṛisiṁha incarnations.[1a] Dr. Kalpana Desai called it as the Viśvarūpa of Viṣṇu.[2] This figure from Mathura has a gallaxy of gods behind it, such as Rudras, Ādityas, Rishis, Nava: grahas, etc.[3] The great Varāha at Udayagiri near Vidiśha also depicts these gods and rishis in rows.

Dr. Desai says that a similar figure is reported from Kanauj. The main figure is surrounded by several figures, like eleven Rudras, twelve Ādityas, Balarāma, Indra, Saraswatī, Nāgas etc. The main figure is eight handed holding in left hands, the shield, the disc, the dagger and the sankha. Two of right hands holds the sword, the mace and the upper one is in *abhayamudrā*. A Similar magnificient figure has been found from Bajnath (Mumayun district).[4] Dr. J.C. Williams informs that the figure comes from Katra Keśavadeva, Mathura and observes that it is Viśvarupa Vibhūti or multiform manifestation of Viṣṇu ascribe to C. 5th cent. A. D. (reign of Kumaragupta-I or that of Skandagupta.[5]

In another image of Vaikuṇṭha in the Mathura Museum, the central face is human, right one that of a Varāha and the left one that of siṁha. The figure is four-armed. Two of its hands are placed on personified Śaṅkha and Chakra. It is ascribed to C. 6th cent. A. D.[6] Dr. A Coomaraswamy has reproduced a similar figure.[7] Dr. Goetz mentions a figure with four faces installed in the temple of Bajaurain, Chamba. It is a Pratihara copy of the original of 7th cent. A.D. A private collection has a very similar copy. A figure of the god in the Avantiswāmī temple of Kashmir has a small dagger fastened to the belt near the right hip. Goddess Prithvī rises in between the feet of the God as associated with the Varāha incarnations. Its upper right and left hands hold lotus and the conch respectively. The lower hands rest on the heads of two Chaurī-bearers. The fourth face of Viṣṇu represents the fierce aspect of Viṣṇu.[8]

Dr. Avasthi informs that in the four-faced figures the depiction of Kapilānana at the back, differs from figure to figure. It represents a demon or a horse head. Sometimes it is treated as a feminine face.

Vaikuṇṭha figures of mediaeval period come from Kurukshetra, Varanasi, Khajuraho, Gujarat and other places. At Khajuraho itself there are several figures of Vaikuṇṭha and a magnificient temple of the God. The Vaikuṇṭha temple is the same as the Lakshmana-temple which contains in its sanctum a colossal figure of Vaikuṇṭha. (Pl. 2) There are three other figures of Vaikuṇṭha at Khajuraho, out of which theree are three faced, the remaining one is four-faced.[10]

The figure in the Laksmana temple is more than 4' in height. The God stands in *sampadasthānaka* posture. His front face is human demonstrating *saumya-bhāva*, right face is that of Narisiṁha and the left one is that of Varāha. The central face carries *Kiriṭa-mukuta*. There is a halo behind it. His right and left hands touch the *chakra* and *śankha purushas*, behind it stand Laxmī and Garuḍa. The Kūrma appears near the feet of Vaikuṇṭha. In the upper portion there are smaller figuras representing Sūrya-Nārāyaṇa, Brahmā and Śiva.[11]

A four-faced figure of Vaikuṇṭha is available at Khajuraho (Pl. 3 & 4).[12] The fourth face of this figure is that of a horse (aśvamukha or Hayagrīva) depicted at the back. Near the feet of the figure of Vaikuṇṭha there sits Bhūdevī. Some of the incarnations are seen on sides.[13]

According to Dr. N.P. Joshi the directions of the faces are not properly decided in the texts. That is why in the figures they change their positions. In the *Viṣṇuudharmottara Purāṇa* the four faces are known as Vāsudeva, Aniruddha, Pradumna and Sankarṣaṇa. This text fixes the position of the faces as given below :

Front or East face — human-Vāsudeva-strength,
Right or South face — Siṃhamukha-Saṃkarṣṇa-knowledge,
Left or North face — Varāha-Pradyumna-prosperity,
Back or West face — Kapila or raudramukha-Aniruddha-energy.[14]

An interesting figure of Vāikuṇṭha (pl. 5) has been reproduced by Dr. K. Desai in which Garuda is shown carrying the figure of his master Vaikuṇṭha on his palms. Dr. Desai is silent regarding the nature of the faces. It appears as if the side faces of this figure represents the lion only.[15]

Dr. N. Vasistha informs that another form of the images, carved under synthesizing concept of trinity, is the Viśvarūpa of Viṣṇu carved with three human faces instead of the faces of his incarnations.

In Rajasthan a peculiar image of Trimurti or Viśvarūpa of Viṣṇu was found in Gangobi (Kota). The image is now preserved in the Kota Museum. In this image three human faces have been carved. Among the weapons only the *Khaḍga* and the *Khetaka* are visible, as the other arms are completely broken off. From the presence of Kalki on horse-back and tortoise in a small niche on one side, it could be identified as the image of Viśvarūpa Chaturmurti or Viṣṇu.[16]

Similar is the case with the faces of Vaikuṇṭha figure from Kashmir belonging to the 9th cent. A.D. (now preserved in the Prince of Wales Museum, Bombay) (Pl. 6). Although Desai has opined that the right face is that of Nṛisiṁha and left one is that of Varāha. The fourth face of the figure is at the back and fierce looking Kapila.[17]

Many of the scholars have observed that in the Vaikuṇṭha image right face is that of Nṛisiṁha and the left one is that of a varāha as per the texts but in this sculptural representation, it is difficult to distinguish between the two.

The Viśvarūpa Viṣṇu with a gallaxy of gods, 6th cent. A. D., Mathura museum and Kanauj are unique of their kind and is not found in mediaeval times. Here the faces of the Varāha and the Siṁha are quite distinct.

But strangely enough, from 8th cent. onwards the side faces tend to appear like that of Siṁha although the face on the right side show the tooth of a boar in the Pl 7 from Sringar, Kashmir.

However, district faces of the Siṁha and Varāha are shown during 11th cent. A.D. also (Pl. 8)

From late Gupta period the figures are shown generally in single form.

From c. 8th cent. A.D. the God is shown riding his Vāhana, the Garuḍa. In earlier forms Garuḍa sits at the feet of the God.

Tortoise is attached to the heads of Viṣṇu in the figures from Kanauj (Gupta period) but it is absent in the subsequent images.

Viśvārūpa of Varāha is the earliest at Udayagiri, belonging to C. 4th cent. A.D.

LIST OF ABBREVATIONS

C.I.C.M.F.A.B.	:	Catalogue of the Indian Collections in the Museum of Fine Arts, Boston, Bharatiya Publishing House, Delhi Varanasi, 1978.
I. V.	:	Iconography of Viṣṇu, Kalpana Desai, Abhinav Publications, New Delhi, 1973.
K.D.P.	:	Khajuraho Ki Dev Pratimayen, Oriental Publshing House, Civil Line Agra, 1967.

A.G.I. The Art of Gupta India, Princeton University Press, Princeton, New Jersey, 1982.

M.M. : Mathura Ki Murtikala, Archaeological Museum, Mathura, 1964.

S.T.R. : Sculptural Traditions of Rajasthan, Anuj Printers, Jaipur, 1989.

LIST OF ILLUSTRATIONS

Pl. No.	*Description*	*Made after*	*Pl. No.*
1.	Vaikuṇṭha	C.I.C,M.F.A.B	19
1a.	Fragment of Viṣnn Viśvarūpa, Mathura.	A.G.I.	75
2.	Vaikuṇṭha Temple, Khajuraho.	K.D.P	61
3.	Vaikuṇṭha Museum, Khajuraho.	K.D.P.	62
4.	Vaikuṇṭha Museum, Khajuraho.	K.D.P.	63
5.	Vaikuṇṭha on Garuḍa, Chamba.	I.V.	36
6.	Vaikuṇṭha, Prince of Wales Museum, Bombay.	I.V.	33
7.	Vaikuṇṭha on Garuḍa Srinagar Museum	I.V.	35
8.	Vaikuṇṭha, Jhajhar	I.V.	34

FOOT NOTES

1. Coomaraswamy, A.K. *Catalogue of Indian Callections in the Museum of Fine Arts*, Bostom, p. 60.
1a. Joshi, N.P. *Mathura Ki Murti Kala*, p. 32, pl. 88.
2. Desai, Kalpana, *Iconography of Viṣṇu*, pl. 41.
3. *Ibid.* p. 46.
4. *Ibid.* p. 46, Fig. 42.
5. Williams, J. G. *The Art of Gupta India*, pl. 75.
6. Desai, *op-cit*, pp. 40-41, fig. 32.
7. *Ibid*, p. 41.
8. *Ibid*,
9, Avasthi, R. *Khajuraho Ki Dev Pratimayen*, p. 136.
10. *Ibid*, p. 133.
11. *Ibid*, p. 134.
12. Avasthi, *op-cit*,
13. *Ibid*, p. 136.
14. Joshi, *op-cit*, p. 107.
15. Desai, *op-cit*, p. 43.
16. Vashishtha, Neelima, *Sculptural Traditions of Rajasthan*, p. 83.
17. Desai, *op-cit*, *p.* 43.

राज्य संग्रहालय धुबेला में चन्देलकला

श्री नरेशकुमार पाठक

मध्यप्रदेश के प्रसिद्ध नगर छतरपुर के बारे में डा० महेशचन्द्र चौबे ने लिखा है कि इस नगर के स्थान पर चन्देल काल में एक ग्राम अवश्य बसा होगा, जिसका मूल नाम ज्ञात नहीं है। इसका आधार बताते हुए उन्होंने लिखा है कि सूर्य की दो भव्य प्रस्तर प्रतिमायें वहां के सर्किट हाउस के समीप सागर रोड पर पाई गई थीं। प्रतीत होता है कि पूर्व मध्यकाल में नगर में सूर्य का कोई मंदिर रहा होगा। प्रथम मूर्ति एक टीले पर स्थित जीर्ण-शीर्ण दशा में (बाद में बनाए गए छोटे मंदिर में) पाई गई। दूसरी मूर्ति समीपस्थ "खेरे की देवी" नामक स्थान पर रखी है। मूर्तियों का शिल्प खजुराहो के चन्देलकालीन शिल्प से साम्य रखता है। वहां चन्देलकालीन कोई सूर्य मंदिर रहा होगा। वर्तमान मंदिर तथा उसमें स्थित सूर्य प्रतिमा के शिल्प में कोई मेल नहीं है। चौबे की मान्यता है कि सम्भवतः प्राचीन सूर्य मंदिर के नष्ट हो जाने पर श्रद्धालु लोगों ने मुख्य प्रतिमा की सुरक्षा हेतु पत्थरों का एक साधारण सा मंदिर निर्मित कर दिया होगा। दोनों सूर्य प्रतिमायें एक-दूसरे के समीप पाई गईं। अतः उपर्युक्त टीले पर ही मूल मंदिर का होना संभव प्रतीत होता है। उस काल में समीप ही एक जलाशय भी रहा होगा, अवशिष्ट अंग आज भी बस स्टेण्ड के समीप मत्स्य केन्द्र के रूप में विद्यमान है। सूर्य मंदिर का होना इस बात का द्योतक है कि मंदिर के समीप ग्राम भी रहा होगा।[1] यहां से चन्देलकालीन एक जैन प्रतिमा मिली है, जिस पर विक्रम संवत् १२०३ (ईस्वी सन् ११४५) का, मदनवर्मन् के शासनकाल का, लेख उत्कीर्ण है। लेख में मूर्ति स्थापना का भी उल्लेख है।[2]

छतरपुर नगर में ही बुन्देलखंड गैरिज के सामने सोढ़ी कालोनी के पीछे चन्देल-कालीन सूर्य मंदिर स्थित है।[3] यह मंदिर विशाल जगती पर पंचरथ शैलीं का बना हुआ निरंधार प्रासाद है। मंदिर के तल छन्द (तल-विन्यास) में गर्भगृह और अन्तराल हैं। ऊर्ध्व-विन्यास में जगती-जंघा हैं। शिखर समाप्त हो गया हैं।

मंदिर के गर्भगृह में प्रधान मूर्ति भगवान सूर्य की है। सूर्य पद्मपीठिका पर समभंग खड़े हैं। उनकी दोनों भुजायें खण्डित हैं, जिनमें पूर्ण विकसित पद्म रहे होंगे। उनके मस्तक के पीछे प्रभामण्डल है। वे किरीट मुकुट, कुण्डल, हार, ग्रैवेयक, यज्ञोपवीत, श्रीवत्स बनमाला और मेखला (अव्यंग) से अलंकृत हैं। उनके वक्ष में वर्म (कवच) और पैरों में ऊँचे उपानह

हैं। बाएँ-दाएँ पार्श्वों में सूर्य की एक-एक शक्तिराज्ञियां हैं। लेखनी और पत्र लिए लम्वकूर्च पिंगल भी खड़े हैं। उनके पीछे अश्वमुखी अश्विन देवता हैं। बाईं राज्ञी के पीछे त्रिभंग खड़े हुए अनुचर दण्ड की प्रतिमा है। दोनों अश्विन देवताओं और राज्ञी निक्षुभा के नीचे एक बैठी हुई लघु पुरुष प्रतिमा है। ये चारों सूर्य के चार पुत्र (यम, रेवन्त और दो मनु) हो सकते हैं। पादपीठ के कोनों पर एक पंक्ति में युगल अंकित है।

पादपीठ के नीचे सूर्य के रथ के पांच अश्व हैं। सूर्य के चरणों के निकट खड़ी भू-देवी महाश्वेता की प्रतिमा है। प्रभावली के ऊपरी केन्द्र में (सूर्य के पीठ के ऊपर) शिव बैठे हैं। इनके दोनों पार्श्वों में विद्याधर युगल उत्कीर्ण है। प्रभावली के पार्श्व में दायें ब्रह्मा और बायें विष्णु बैठे हैं। उनके नीचे धनुषधारिणी उषा और प्रत्यूषा-प्रत्यालीढ मुद्रा में अंकित हैं। अलंकरण में गज, सिंह, मकर एवं नर-व्यालों का अंकन हैं।

गर्भगृह का द्वार साधारण है। केवल ऊपर सिरदल पर द्विभंग में गणेश सव्य ललितासन पर बैठे हैं। मंदिर के जंघा भाग में पांच अलिन्द हैं। उनमें अब प्रतिमायें नहीं हैं। मंदिर के बाहर पानी निकालने के लिए जल-प्रणालिका बायीं ओर को बनी हुई है। तिथिक्रम की दृष्टि से इस मंदिर को खजुराहो के आदिनाथ मंदिर के समकालीन मान सकते हैं। फलतः इसकी निर्माणतिथि ग्यारहवीं शती के अन्तिम चरण में रख सकते हैं।

राज्य संग्रहालय, धुबेला में छतरपुर से प्राप्त शिवलिंग, रावणानुग्रह, वामन, विष्णु, रेवन्त, दिक्मण्डल, प्रणय दम्पति, युगल, नायिका तथा मंदिर की छत आदि तेरह कलावशेष हैं। ये सभी बलुए पत्थर के हैं और उनका निर्माण-काल १०वीं-११वीं शती है। स्पष्ट है कि यह स्थल चन्देलकाल में एक अच्छा धार्मिक केन्द्र था। संग्रहालय में संग्रहीत छतरपुर की प्रतिमाओं का विवरण इस प्रकार है—

शिवलिंग—इसमें नीचे चौकोर ब्रह्मा-भाग है। मध्य का अष्टकोणी विष्णु भाग है। ऊपर गोलाकार पूजा भाग या रुद्र भाग है। (सं० क्र० ८५०) लिंग जलप्रणाणिका के मध्य में लगा है। लिंग के ऊपर ज्योति लिंग का रेखांकन है। कलातमक अभिव्यक्ति सामान्यस्तरीय है। प्रतिमा का आकार ७५ × ७१ × ६५ सें० मी० है।

रावणानुग्रह—(सं० क्र० ६९८) सव्य ललितासन में बैठे महेश्वर की बायीं जंघा पर उमा बैठी हैं।[४] शिव का सिर व दायीं भुजा टूटी हैं। बायीं ऊपरी भुजा में सर्प एवं नीचे की भुजा उमा के बायें उरोज पर है। देव प्रभामण्डल, हार, यज्ञोपवीत, केयूर वलय, मेलला, नूपुर तथा वनमाला धारण किए हैं। उमा के पैर और बायीं भुजा भग्न हैं। दायीं भुजा शिव के दायें कंधे पर है। देवी केश, कुण्डल, मुक्ताहार, उरोज तक फैली हारावली , केयूर, बलय, मेखला और पैंजनी पहने हैं। वितान में दायें ब्रह्मा, बायें विष्णु और मध्य में खण्डित देव (संभवतः शिव) है। प्रभामण्डल के दोनों ओर विद्याधरों का अंकन है। पादपीठ पर पार्श्व में दायें दण्डपुरुष और बायें त्रिशूलपुरुष खड़े हैं। पादपीठ पर सामने दायें गणेश, बायें कार्तिकेय मध्य में नृत्यरत शृङ्गी ऋषि और शिव-पार्वती के वाहन नन्दीसिह अंकित है। पादपीठ के नीचे रावण कैलासपर्वत उठा रहा है। उसमें रावण का एक सिर उत्कीर्ण है। रावण ढाल, तलवार

एवं खड्ग लिए है। दोनों ओर तीन-तीन शिवगण विभिन्न क्रीडाओं का प्रदर्शन कर रावण को चिढ़ा रहे हैं। रावण ने दोनों ओर के एक-एक शिवगण को पैर पकड़ कर खींच लिया है। इस से गण जमीन पर गिर गए हैं। यह सम्पूर्ण दृश्य काफी रोचक है। बाहरी अलंकरण में सिंह, मकर तथा नर-व्याल का आलेखन है। मूर्ति का आकार ६७×६२×२३ सें० मी० है।

वामन—(सं० क्र० ८५५) छोटे अवयवों और मोटे शरीर वाले वामन[५] समभंग मुद्रा में खड़े प्रदर्शित हैं। उनके सिर पर कुन्तल केश हैं। वे हार, ग्रैवेयक, कौस्तुभ मणि, केयूर, वलय, यज्ञोपवीत, मेखला, नूपुर, एवं वनमाला धारण किए हैं। भुजाओं में वरद मुद्रा, गदा, चक्र और शंख हैं। उनके दायें और बायें पार्श्व में क्रमशः चक्र और शंख पुरुष अंकित है। आयुध-पुरुषों के नीचे भक्तयुगल अंजलि-मुद्रा में हाथ जोड़े बैठे हैं। वामन के पद्मपीठ के नीचे चरण चौकी में कूर्म पर विराजमान लक्ष्मी की आकृति है। देवी के दोनों और मौलि से युक्त नाग-युगल अंकित है। मूर्ति के परिकर में बुद्ध, बलराम, कल्कि अवतारों का अंकन है। वितान में योग-नारायण एवं विद्याधर युगल है। स० का० दीक्षित ने इस मूर्ति को १०वीं शताब्दी के शिल्प का अच्छा नमूना माना है। बलि के यज्ञ के समय विष्णु ने वामन रूप धारण किया था। उनका मत है कि यह प्रतिभा छतरपुर से इस संग्रहालय में लाई गई। शायद वह पहले खजराहो में थी।[६] प्रतिमा का आकार १००×५१×२२ सें० मी० है।

विष्णु—(सं० क्र० ८०७) समभंग स्थानक विष्णु के मुख, पैर और भुजायें भग्न हैं। केवल पैर के पंजे और वक्ष शेष है। विष्णु प्रभामण्डल, मुक्ताहार, ग्रैवेयक, श्रीवत्स, यज्ञोपवीत, केयूर व नूपुरों से शोभित है। पार्श्व में दायें त्रिभंग में बायीं भुजा में सनाल कमल, एवं दायीं भुजा कट्यवलम्बित है। यह सम्भवतः लक्ष्मी है। बायें त्रिभंग में परिचारक खड़ा है जिसकी दायीं भुजा व मुख, दाया पैर टूटा है। बायीं भुजा कटि पर है। उनके पार्श्व में दायें शंख एवं बायें चक्र पुरुष अंकित है। नीचे खण्डित पूजक बैठे हैं। उनके पीछे एक-एक परिचारिका खड़ी हैं। परिकर में बुद्ध, राम, नृ-वराह, वामन मत्स्य कूर्म, परशुराम, नृ-सिंह, तथा कल्कि अवतारों का अंकन है। वितान में दायें ब्रह्मा, बायें शिव, ऊपर सूर्य नारायण अंकित है। तीनों देवों के दोनों ओर माला लिए परिचारिका बैठी हुई है। इसके अलावा मालाधारी विद्याधर अंकित है। पादपीठ के नीचे कूर्म पर आरूढ देवी, दोनों ओर सर्प पुच्छ युक्त नाग युगल अंकित हैं। दोनों ओर दायें चार परिचारक, बायें चार परिचारिका कलश लिए एवं अंजलि मुद्रा में बैठी हैं। अन्य अलंकरणों में नर, मकर, सिंह, गजव्याल एवं मंदिर अनुकृति का अलंकरण है। प्रतिमा का आकार १५०×७८×३२ सें० मी० है।

विष्णु—विष्णु पद्म पीठिका पर समभंग खड़े हैं। विष्णु का वितान, सिर, भुजा व दायां ऊपरी भाग टूटा है। (सं० क्र० ८१८)। वे मुक्ताहार, श्रीवत्स, यज्ञोपवीत, केयूर, मेखला, पायजेब एवं बैजन्तीमाला से अलंकृत हैं। परिकर में बुद्ध, जिनका चेहरा टूटा है एवं कल्कि अवतार का अंकन है। पादपीठ पर दायें-बायें पार्श्व में देवी पृथ्वो खड़ी है। बायें चँवरधारिणी, कलश लिए हुए जल देवियां, दायें दण्डपुरुष बायें गदापुरुष अंकित है। उनके सामने दायें भक्तबायें गरुड़ बैठा विष्णु को निहार रहा है। पादपीठ के नीचे कूर्म के ऊपर भू-देवी ध्यान मुदा में बैठी हे। पार्श्व में सर्प पुच्छ युक्त नाग अंकित है। परिकर में भारसाधक कीचक, गज,

सिंहव्याल का आलेखन है। पूर्ण प्रतिमा अवश्य ही कलापूर्ण रही होगी। मूर्ति का आकार १०१×७७×३२ सें० मी० है।

विष्णु प्रतिमा का परिकर—(सं० क्र० ८१७) यह विष्णु प्रतिमा का परिकर है। मध्य में विष्णु प्रतिमा एवं पादपीठ अप्राप्त है। वितान में दायें चार वेदों के अंकन सहित मत्स्य अवतार, समुद्र मंथन के दृश्य सहित कूर्म अवतार अंकित किया गया है। दायें त्रिमुख सव्य ललितासन में ब्रह्मा बैठे हैं, उनके आयुध खण्डित हैं। वे जटामुकुट, दाढ़ी, कुण्डल, हार यज्ञोपवीत मेखला धारण किए हैं। ऊपर वितान में पद्मासन की योगमुद्रा में सूर्य नारायण बैठे हैं। मुख भग्न है। नीचे की दोनों भुजा योग मुद्रा में है। ऊपरी दोनों भुजाओं में पूर्ण विकसित कमल लिए हैं। वे मुक्ता एकावली हार, यज्ञोपवीत, केयूर, वलय, धारण किए है। बायें शिव सव्य ललितासन में बैठे हैं। भुजाओं में क्रमशः अभय मुद्रा, त्रिशूल, सर्प एवं कमण्डलु लिए हैं। परिकर में नर, भुज, सिंह, मकर, व वीणावादकों का आलेखन मनोहारी हैं। प्रतिमा का आकार ११६×१०७×३५ सें० मी० है।

विष्णु प्रतिमा का परिकर—(सं० क्र० ८०८) इस परिकर से संबंधित मूल प्रतिमा तथा पादपीठ प्राप्त नहीं हुए हैं। इसमें खण्डित प्रभामण्डल, दायें सव्य ललितासन में ब्रह्मा बैठे हैं। नीचे की दोनों भुजायें भग्न है। ऊपरी दायीं भुजा में त्रिशूल, शेष भुजा टूटी है। वे जटामुकुट, कुण्डल, हार, यज्ञोपवीत, केयूर, बलय व मेखला धारण किए हैं। ऊपर वितान में खण्डित अवस्था में विष्णु है, जो दायीं ऊपरी भुजा में गदा लिए हैं। शेष तीन भुजायें भग्न हैं। प्रतिमा काफी खण्डित है। तीनों देवों के दोनों ओर माला लिए परिचारिका खड़ी है। परिकर में दायें क्रमशः राम, नृ-वराह, वेदों के अंकन सहित मत्स्य, समुद्र मंथन सहित कूर्म एवं नागफण मौलि एवं दायीं भुजा में प्याला लिए बलराम अवतार का अंकन है। अन्य अलंकरणों में मालाधारी विद्याधर गन्धर्व, मंदिर अनुकृति, नर, मकर, सिंह एवं गजव्यालों का आलेखन है। प्रतिमा का आकार १५०×९०×२८ सें० मी० है।

रेवन्त—(सं० क्र० ७९४) एक पट्टिका पर अश्व खड़ा हुआ है, जिसका दायीं ओर का पैर टूटा हुआ है। उसके नीचे शूकर की आकृति बनी है। अश्व सुन्दर मुखौटे, गले में हार, पीठ पर झूल का आलेखन है। दायें ओर म्यान में बन्द तलवार लगी हुई है।'

दिक्मण्डल (सं० क्र० ८५७)—इस प्रतिमा पर संकल दिक्मण्डल की समालोचना प्रदर्शित की गई है।[८] इसके मध्य में गोल अण्ड सूर्य के प्रतीक के रूप में अंकित है। अण्ड के बाद प्रथम पंक्ति में तेरह देवियाँ बैठी हुई शिल्पांकित है। उनके बाद में एक आराधक अंकित है। देवी दायीं भुजा में चँवर व बायीं भुजा में घट लिये हैं एवं पारम्परिक आभूषणों से अलंकृत है।

दूसरी पंक्ति में अज (बकरा), बैल, स्त्री-पुरुष, शेर, स्त्री, बिच्छू एवं धनुष-बाण, मकर, घड़ा एवं मछली की प्रतिमा बनाकर क्रमशः मेष, वृष, मिथुन, कर्क, सिंह, कन्या, वृश्चिक, धनु, मकर, कुम्भ, मीन सहित ग्यारह राशियों का अंकन है। तुला राशि का चिह्न तराजू का अंकन भी रहा होगा, जो टूट चुका है।

उसके बाद नवग्रहों को क्रमशः अश्व से युक्त रथ पर बैठे सूर्य, दोनों भुजाओं में पूर्ण विकसित कमल, वक्ष पर वर्म (कवच) धारण किये हैं। इसके बाद वाहन पर आरूढ़ सोम (चन्द्र), मेष पर आरूढ़ भौम (मंगल), सर्पासन पर आरूढ़ बुध, हंस पर आरूढ़ गुरू, दर्दुर पर आरूढ़ शुक्र, महिष पर आरूढ़ शनि, (हवन) कुण्ड के मध्य राहु एवं केतु के शरीर का अधः भाग पूर्ण पुच्छाकृत अंकित है। सोम से शनि तक के ग्रहों की दायीं भुजा अभय मुद्रा में, बायी भुजा में कलश लिये है। वे कुण्डल, हार, यज्ञोपवीत आदि आभूषण पहने हैं।

ऊपरी पंक्ति में सम्भवतः अश्विनी, भरणी, कृत्तिका, रोहिणी आदि सत्ताईस नक्षत्रों का अंकन है। वे दाएँ हाथ में चँवर और बाएँ में कलश लिये हैं। प्रभामण्डल, केश, हार, केयूर, बलय, मेखला आदि से वे अलंकृत हैं।

स० का० दीक्षित ने लिखा है, कि इन नक्षत्रों में थोड़े कुछ पुलिंग और अन्य सब स्त्रीलिंग है। उनका मत है कि अभी जो नक्षत्र पुलिंग या स्त्रीलिंग विपर्यय सा ज्ञात होता है, इस शिल्प में नक्षत्रों की रचना प्रायः की गयी है।[६]

प्रतिमा के नीचे के भाग के मध्य में चक्र है, जिसके आस-पास सम्भवतः अष्ट दिक्पाल अंजलीहस्त एवं माला लिये हैं। उनके पार्श्व में सप्तऋषि मण्डल का अंकन है। उन्हीं के पार्श्व में तीन चरण चिह्न एवं चार मंगल घट अंकित है।

प्रतिमा पादपीठ भाग पर दाये सर्पफण युक्त सर्प तथा सर्पपुच्छ युक्त नागराज, केश, कुण्डल, एकावली हार धारण किये अंगड़ाई लिये हैं। बायीं ओर आराधनारत सेविका बैठी है। उनके पार्श्व में गुम्फित नाग (नाग विग्रह) में अंकित हे। ऊपर दायें ओर ब्रह्मा त्रिमुखी, जटा मुकुट युक्त चतुर्भुजी एवं पारम्परिक आभूषणों से अलंकृत है। उसके पार्श्व में मकर व्याल की आकृति है। प्रतिमा का आकार ११८ × १०६ × २४ सें० मी० है।

प्रणय-दम्पत्ति (सं० क्र० ७१२)—स्थानक युगल[११] प्रेमासक्त अपलक एक-दूसरे को देखते द्रष्टव्य है। स्त्री की दायीं भुजा टूटी है। उसमें सम्भवतः सनाल कमल रहा होगा, ऐसा शेष अंश से स्पष्ट होता है। बायीं भुजा पुरुष के बारें स्कंद पर है। पुरुष की दायीं भुजा दायें उरोज पर बायीं भुजा कटयवलम्बित है। स्त्री केश, कुण्डल, कण्ठहार, उरोज तक फैली हारावली, केयूर, वलय, मेखला एवं उत्तरीय धारण किये हैं। पुरुप करण्डमुकुट, कुण्डल, दो हार, श्रीवत्स, यज्ञोपवीत, केयूर, वलय, मेखला से अलंकृत है। भाव-भंगिमा उच्चस्तरीय है। प्रतिमा का आकार ५० × ३८ × १७ सें० मी० है।

युगल (सं० क्र० ७०८)—स्त्री पुरुष आलिंगन मुद्रा में खड़े हैं। पुरुष दायीं ओर है। वे करण्डमुकुट, चक्रकुण्डल, मुक्तावली एवं त्रिवलीहार एवं मेखला धारण किये है। स्त्री बायीं ओर खड़ी है। दायीं भुजा पुरुष के कंधे के पीछे आलिंगन में हैं। बायीं भुजा टूटी है। वह केश, कुण्डल, मुक्तावली व उरोज तक फैली हारावली एवं मेखला धारण किये हैं। स्त्री-पुरुष की ओर निहार रही है। प्रतिमा का आकार६० × १५ × २० सें० मी० है।

नायिका (सं० क्र० १४३२)—यह किसी नायिका मूर्ति का निचला भाग है। प्रतिमा का दायाँ पैर मुड़ा है। इससे स्पष्ट है कि नायिका पैर से काँटा निकाल रही होगी। नायिका

मेखला, अधोवस्त्र एवं पारदर्शी वस्त्र धारण किये है। दायीं ओर दाढ़ीधारी पुरुष की दायीं भुजा से काँटा निकालने का यंत्र लिये है। बायीं भुजा को नायिका दायें पैर को जंघा से नीचे लगाये सहारा दिये है। वह कुण्डल, हार, केयूर, बलय, मेखला व नूपुर धारण किये एवं नायिका की ओर निहार रहा है। बायीं ओर परिचारिका खड़ी है, जो नायक को निहार रही है। दोनों भुजाओं में माला लिये है। वह केश, कुण्डल, हार, केयूर, बलय, मेखला, नूपुर एवं उत्तरीय धारण किये है। प्रतिमा का आकार ७०×४०×२० सें० मी० है।

मन्दिर की छत (सं० क्र० ८४९)—यह किसी मन्दिर की घटाकूट छत है। वह उल्टे कमल फुल्ले के समान है, जिस पर पुष्प, पत्तियों तथा ज्यामितिक अलंकरणों का आलेखन मनोहारी है। प्रतिमा का आकार ८१×८१×२० सें० मी० है।

संदर्भ संकेत

१. चौबे महेश चन्द्र, "छतरपुर राज्य के निर्माण की पृष्ठभूमि (एक ऐतिहासिक सर्वेक्षण) शताब्दी स्मारिका महाराजा महाविद्यालय, छतरपुर (१९८५-८६), पृष्ठ ३

२. शर्मा राजकुमार, मध्यप्रदेश के पुरातत्व का सन्दर्भ ग्रन्थ (भोपाल १९७४), पृष्ठ १९२, क्रमांक ७५३, पृष्ठ ३८२, क्रमांक १९१४ आर्केओलॉजीकल सर्वे ऑफ इंडिया (एनुअल रिपोर्ट) १९३५-३६, पृ० ९४

३. त्रिवेदी एस० डी०, बुन्देलखण्ड का पुरातत्व (झाँसी, १९८४), पृ० १०४, सूची क्रमांक ७

४. शर्मा राजकुमार, पूर्वोक्त, पृ० ५०९, क्रमांक ३६

५. शर्मा राजकुमार, पूर्वोक्त, पृ० ५१२, क्रआँक ११३

६. दीक्षित स० का०, राजकीय संग्रहालय धुबेला की मार्ग-दर्शिका (पूना, संवत् २०१५), पृष्ठ २२-२३

७. पूर्व में इस प्रतिमा को घुड़सवार राजकुमार लिखा गया था।

८. शर्मा राजकुमार, पूर्वोक्त, ५११, क्रमांक १०८

९. दीक्षित, स० का० पूर्वोक्त, पृष्ठ २६

१०. शर्मा राजकुमार, पूर्वोक्त, पृ० ५०९, क्रमांक ३६

THE TEMPLE ARCHITECTURE OF BUNDELKHAND

Dr. B.L. Nagarch

The Bundelkhand region lies within the folds of the Vindhyan range of mountains. It has developed its individualistic cultural trends, which have imparted it a distinct cultural personality. The name Bundelkhand has been derived from the ruling family of the Bundelas. The geographical boundaries of the region are marked by the river Yamunā on the north, Narmadā on the south, the river Kali Sindh in the west and the river Tons in the east.

The architectural activity in Bundelkhand had started prior to the beginning of Christian era. During the Maurya times, Buddhīsm was a popular religion in Bundelkhand. This is evident from the construction of the *stupas* at Bharhut and Sanchī, During the early Śunga period was erected the Buddhist *stupa*, with beautifully carved railings, at Bharhut, district Satna. The kings and rich merchants were delighted in giving endowments to the Buddhist *stūpas*. Besides, the lay worshippers who visited the *stupas* for earning religious merit, also added to these stupas by donating for constructing various parts of stūpas and later for the images of the Buddha and Bodhisattvas.

The region of Bundelkhand is very rich in temple architecture. It may be noted here that the architecture in India was dominated by timber structures before the Gupta period. The foundation of Hindu temple-architecture was adequately laid during the Gupta period when the structural potentiality of the dressed stone had been fully realised. The earliest surviving brick temple of the early decades of the fifth century A.D., is located at Pawaya, near Gwalior and is dedicated to Vishṇu. It consisted of three *bhadrapīṭhas*. The sanctum was erected on the top *bhadrapīṭha*. This type of shrine has been designated as '*eḍūka* type in the *Vishṇudharmottara purāṇa*. It is derived from the multi-tiered stūpa-shrines of the Buddhists and was adopted for Brahmanical worship also.

The *eḍūka* shrine found at Ahichchhatra during the course of excavations is the loftiest example. The sanctum of this shrine enshrined a colossal *śivaliṅga*. It was erected over the top *bhadrapīṭha* and faced west, The temple comprised five *bhadrapīṭhas*. This Ahichchhatra temple is assignable to the later half of sixth century A.D. It has yielded beautiful terracotta panels describing *śaiva* myths. The Vishṇudharmottara purāṇa has recommended the *'eḍūka'* type shrine for enshrining *śivaliṅgas*. But the Pawaya shrine is dedicated to Vishṇu and not Śiva.

Temple No. 17 at Sanchi, in district Raisen and Kaṅkālī Devī temple at Tigawa, district Jabalpur are built of ashlar masonry and are modest structures datable to early fifth century. The temples at Eran, district Sagar also belong to this group and date from fifth century. The temple No, 17 at Sanchi and the Kaṅkālī devī temple at Tigawa consist of a square sanctum preceded by a portico or *mukhamaṇḍapa*, the roof of which rests on a row of four pillars in front. The pillars and the sanctum-doorways of these temples are ornamented but otherwise they have a plain interior and exterior. These temples show a single *kumbha* moulding and a plain *jaṅghā* surmounted by a paired *kapotas*. Above this rests the flat roof which consists of large stone-slabs. The pillars of these temples are square in the lower portion, octagonal in the middle portion and circular above and are surmounted by a *ghaṭapallava* capital. However, some pillars have a bell or lotus capital. The sanctum door-ways of these temples are decorated with two or three *śākhās* which are carved with rosettes and foliage (*patravalli*). These door-ways are of over-door design and are generally 'T' shaped. This is a continuation of timber architecture. These door-ways have at the upper corners beautiful figures of river goddesses on the *makaras*. From their flat roofs, plain treatment of the walls and the modestness of their size, it appears that these temples were derived from rock-cut proto-types. The examples of such rock-cut proto-types are available at Udaigiri in district Vidisha. The cave shrine I at Udaigiri has a partly rock-cut sanctum and a structural porch of four pillars and is an exāmple of early Gupta shrines.

Temple 17 at Sanchi is thought to be the earliest structural Gupta temple. It is simple in construction and has smaller dimensions. Its pillars show a fluted bell-capital instead of vase-and-foliage capital. The fluted bell capital is an early feature.

The Kankālī devi temple at Tigawa has a more ornate doorway and pillars showing a fluted vase-and-foliage (*ghaṭapallava*) capital. The pillars at Sanchi and Tigawa are crowned by brackets decorated with figures of seated lions.

Tumain, in district Guna, had a Gupta temple. However, only the door-way of the 'T' format of this temple has survived. It is decorated with five *śakhās* of which the first, third and fourth are carved with *patravalli*. The second *śākhā* is carved with vertical registers showing *mithunas*, chequers ond *patravalli*. There is a *stambhaśākhā* with square, octagonal and sixteen-sided sections crowned by a lotus capital, above which is seen a plain square abacus. The *mithunas* here are dumpy and clumsy. It may be noted here that Tumain has yielded a fragmentary Gupta inscription of the reign emperor Kumāra Gupta which is dated A.D. 436. The style of the door-way under discussion also belongs to that date.

Narasimha temple at Eran :

The village Eran is located on the left bank of river Bīnā, a tributary of the Betwā. Eran was known as Airikiṇa in ancient times. It was a flourishing Gupta settlement from the time of Samudragupta to the time of Bhanugupta. Eran has yielded four Gupta temples. All of them are in a dilapidated condition and face east. They are assignable to fifth-sixth centuries. Besides, Eran has also yielded a monolithic Garuḍa standard of the reign of Budhagupta which is dated A.D. 485.

The Narasiṃha temple is the earliest Gupta temple at Eran. The temple consists on plan of a rectangular *garbhagṛiha* and a *mukhamaṇḍapa* of four pillars. The *garbhagṛiha* is rectangular and its doorway is decorated with five *śākhā*. The *dvāra-śākhās* are now surviving in fallen and disjointed fragments. The first and third *śākhās* were decorated with *śālmalī* blossoms. The seeond *śākhā* is carved with *mithunas* and Gajalakshmī. Each of the two jambs of this *mithunaśākhā* was decorated with five human couples. On the lintel of the door-way were carved four Yaksha couples. Besides the Yakshas, the door-way has beautifully carved figures of *Grāsamukhas*, *jambhakas*, *kinnaras* and *Ihāmṛigas*. Gaṅgā standing on a crocodile and carrying a *ghaṭa* is shown on the lower portion of the right flank of the doorway. The fourth *śākhā* was carved with *padmalatā* issuing out of a standing Yakshiṇī on the right flank and a seated Jambhaka on the left flank. The fifth *śākhā* of the door-way is a *stambha-śākhā*. On the lower portion of the *stambha-śākhā* are shown Vaishṇava Pratihāras.

The *garbhagṛiha* of this temple enshrined an image of Nṛisimha which is 7 ft. high and resembles in physical features the Narasimha image of Cave No. 12 at Udaigiri, in district Vidisha. In form and design the pillars of the *mukhamaṇḍapa* of this temple resemble those of the Kaṅkālīdevī temple at Tigawa. The carving on the pillars still conforms to the timber tradition. Their capitals have a fluted pot shape but are without foliage.

Kaṅkālīdevi temple, Tigawa :

The Kaṅkālīdevi temple at Tigawa shares many features in plan and dimensions with Temple 17 at Sanchi. However, its doorway and pillars are more decorated. The ceiling of its *mukhamaṇḍapa* is carved with a full-blown lotus. The temple is located on a platform. Like the Sanchi temple the pillars and pilasters of the *mukhamaṇḍapa* of this temple are crowned by brackets carved with lions. The shafts of these pillars are ornamented with a number of patterns like lotuses and *grāsamukhas* with chains of pearl. The pillars have a *ghaṭapallava* capital which is a characteristic of later Gupta and post-Gupta temple.

The sanctum-ḍoorway is decorated with five *śākhās*. While the first and the third *śākhās* are carved with *śālmalī* blossoms, the second and fourth *śākhās* are plain. However a small portion of the fourth *śākhā* is decorated with *patravalli*. The fifth is a *stamhha-śākhā* and is carved with the designs which are found on the pillars of the *mukhamaṇḍapa.* The figures of Gaṅgā and Yamunā with their *vāhanas* are supported here by the *stambha-śākhās.* However, these figures of river goddesses resemble those of *śālabhañjikās* standing under the trees. The kaṅkālīdevī temple at Tigawa constitutes an advancement over Temple no. 17 at Sanchi. This is evident from the carvings on its pillars which also have a *ghaṭapallava* capital. According to Shri Krishna Deva, this temple seems later than Temple 17 at Sanchi by a couple of decades, though still possibly datable to the first half of fifth century A.D.

Saṅkar Madhā at Kuṇḍā :

Kuṇḍā is located five kilometers east of Tigawa and possess one of the Gupta shrine. Only the *garbhagṛiha* of this temple has survived. The *garbhagṛiha* enshrines a *śivaliṅga* and faces east. The temple is similar to Tigawa but is plain. In elevation the temple shows *kumbha* at the base, plain wall and a broad intervening *antarpaṭṭa.* The roof of the sanctum consists of two stone slabs having chased drains. The sanctum doorway is carved with three plain śakhās. The architrave above the door-way is relived by plain tula ends. The mukha mandapa of the temple has collapsed and is lost. The two surviving pillars of the mukhamandapa are carved with the same designs as the pillars of Tigawa temple. The Kuṇḍā temple is one of the finest Gupta shrines and is coeval with the kankalidevi temple, Tigawa.

Viṣṇu and adjoining temple at Eran :

To the south of the Narasimha temple at Eran was located a temple with two cells. However, this shrine is now in a dilapidated condition. This temple was coeval with the Garuda dhvaja at Eran and faced towards it.

The Viṣṇu temple stands to the south of this temple and consists on plan of a rectangular garbhagṛha and a pillared mukhamaṇḍapa. This temple shows an evolved plan in that its sanctum has bhadra projections. The floor of the sanctum is approached by a flight of five steps. Only the pitha moulding of the sanctum consisting of a tall kumbha and resting on kharasila has survived. The doorway of the sanctum and the mukhamaṇḍapa are of Pratihara style and are assignable to eighth century A. D. The garbhagṛha enshrines a colossal image of standing Viṣṇu. The modelling of this image is flat and hardened and matches with the Garudadhvaja bearing dated inscription A. D. 485.

Garuḍadhvaja at Eran :

This Garuḍa standard was erected in front of a temple of Viṣṇu and bears an inscription dated 485 A.D. in the reign of Gupta king Budhagupta. This is a monumental standard and is 43ft. high. On the top of it were addorsed two figures. The pillar has a plain pedestal, a plain shaft having a long square and smaller octagonal sections and a lotus-capital surmounted by a plain abacus, lion-bracket and a bifaced image of Garuḍa.

Varāha image and temple at Eran :

The varāha image stands to the south of Viṣṇu temple It is zoomorphic and is colossal in size . This image was probably enshrined in a temple with a rectangular garbhagṛha preceeded by a *mukhamaṇḍapa*. Nothing of this temple has svrvived. It seems that this might have been the largest temple at the site.

Śiva temple at Bhumarā :

The Śiva temple at Bhumarā, district satna, consists on plan of a sanctum and a *maṇḍapa*. The *maṇḍapa* was approached by a flight of steps flanked on either side by a *devakulikā*. However, only the *pīṭhas* of the *devakulikās* have survived. The temple stands on a platform. The *adhishṭhāna* mouldings of the sanctum consist of *kumbha, kalaśa* and *kapota* and support a plain jaṅghā above this is a *kapota*. The fallan fragments of the temple show niches containing *mithuuas*, *grāsamukhas*, *gaṇas*, *surasundaris* and *yakshīs*. From Bhumara have been recovered about a dozen *chandraśālās*, containg images of Kārttikeya, Mahishamardinī, Nandī, Sūrya, Yama, Gaṇeśa, vaisravaṇa, Brahmā and Indra. The *candraśālās* were probably used to decorate the roofs of *garbhagṛha* and *maṇḍapa*.

The sanctum enshrined an *ekamukhī śivaliṅga* which has a sublime expression. The sanctum-doorway is decorated with three *śākhās* showing a geometrical meander of semi-squares and circles male and female figures and *śrīvṛikṣa*. The *rūpaśākhā* on the *uttaraṅga* shows two groups of flying Vidhdyadharas. On the *lalāṭabimba* is shown bust of Śiva.

River goddess Gaṅgā and Yamunā are shown on the lower portion of the first and second *śākhās*. Each of these river goddesses is accompanied by three dwarf attendants carrying offerings. A number of architectural fragments from Bhumara, have been shifted to the Municipal Museum, Allahabad and the Indian Museum, Calcutta. R.D. Banerjee had conjectured a covered ambulatory for this temple. But it does not seem plausible because its garbhagṛha lacks provision for *vātāyanas*, its *jaṅghā* has no indication of bonding to an ambulatory ceiling and there is no space for an outer wall on its *jagatī* terrace. The decorative carvings on this temple are richer than those on the pārvatī temple at Nachnā. The varieties of *gaṇas* at Bhumara are larger than those found at Nachnā. Thus, the śiva temple at Bhumara is more advanced in style than the Pārvatī temple at Nachnā. Shri Krishna Deva has assigned the Bhumara temple towards the end of the last quarter of the fifth ceutury A.D.

Viṣṇu temple, Pipariyā :

Pipariyā is situated at a distance of twelve kilometers from Bhumarā. The Gupta temple at Pipariyā was dedicated to Viṣṇu. However, only the door-frame, a pair of pilasters, a pillar and a few fragments of images of this temple have survived. The door-frame of this temple resembles the door-frame of the Gupta temple at Devagadh in size. It is decorated with six *śākhās*. The first *śākhā* is plain, the second *śākhā* is carved with images of Bhūvarāha and Hayagrīva, the third *śākhā* is decorated with *patravalli*, the fourth is a *stambhaśākhā* having square, octagonal and sixteen-sided sections surmounted by a circular *bharaṇa* the fifth *śākhā* is carved with *śālmali* blossoms. There is a carved frieze showing seven seated *grahas* flanked by a scene depicting Kṛṣṇa killing the bull-demon, above the plain lintel of the first *śākhā*. The *stambhaśākhās* support the *kapotāli* adorned with five *candraśalikās*. The central *candraśālikā* contain a human bust, while the side *candra śālikās* contain lions. The architrave is decorated with twenty two lion-heads The lower portion of the first *śākhā* shows a two-armed vaiṣṇava pratihāra wearing a *kiriṭamukuṭa.*

The site has yielded a large standing image of Viṣṇu wearing a *kirīṭarmukuṭa.* The image was probably enshrined in a sanctum of the temple. It bears resemblance with Viṣṇu figures from Udaigiri cave No. 6. Two female figures, one showing Gadādevī and the other depicting an Apsarā have also been recovered from the sitc. Both of them have striking similarity with the female figures at Bhumara. The Viṣṇu temple at Pipariyā seems to be coeval in the date with the Śiva temple at Bhumarā.

Remains of Gupta temples at Nachnā :

Nachna, in district Panna, had probably half a dozen Gupta temples. This is evident from the large number of loose sculptures and architectural components dating from fifth century recovered from the site. Among the sculptures could bc noticed Vaiṣṇaxa and Śaiva deities, narrative friezes portraying scenes from Rāmāyaṇa, Śaiva *gaṇas* and attendants. The architectural fragments include pillars, pilasters, door-frames and latticed windows:

The Pārvati temple at Nachnā faces west. The temple consists on plan of a square sanctum and a *mukhamaṇḍapa* approached by a flight of steps. There was a covered *pradakshiṇā patha* around its sanctum, Above the sanctum is an upper cell. The *vedibandha* of the temple shows from bottom upwards *kharaśilā, kumbha, tulāpīṭha, kalaśa* and *kapotālikā*. Above this rests the *jaṅghā*. The upper part of the *jaṅghā* was punctuated with slit-niches containing figures of *gaṇas*. The *garbhagṛha* has plain walls, the lateral walls having each a *jālavātāyana*. The *pradakshiṇā* had a corresponding *jālavātāyana* and another *jālavātāyana* in the back wall. The *Jālavātāyanas* of the sanctum are decorated with 'two *śākhās*. The first *śākhā* is decorated with a *patravalli* while the second *śākhā* is carved with a garland of date-palm design.

The sanctum-doorway is decorated with four *śākhās*. The first *śākhā* is carved with *patravallī*, the second *śākhā* shows *mithunus*. The third is a *stambha śākhā* supporting the *kapotapālikā* adorned with *Chandraśālikās*. The pilasters of the *stambhaśākhās* have square bases decorated with *ghaṭapallavas*. At the base of the first and second *śākhās* are shown the River goddesses and a *śaiva-pratihāṛa.* Gaṅgā stands on a *karimakara* while Yamunā stands on a tortoise. Gaṅgā and Yamuna are flanked by an umbrella bearer. The Pratihāras are flanked by Triśūla-purushas who stand in *tribhaṅga.* The River goddesses are carrying garlands and are in worshipful attitude. Shri Krishna Deva has placed this temple in the third quarter of fifth century A.D.

Some architectural members of the other Gupta temples are fixed in modern structures such as Teliyā Math and Rūpani temple, situated about two furlongs south of the Pārvati temple.

Vāmana temple at Deori :

Deorī is located in ancient Daśārṇadeśa. The Vāmana temple is locally known as Madhia and is situated on the south bank of River Ken. The temple faces west and consists on plan of a square sanctum alone. It stands on a plain *jagatī* approached by a flight of steps. The *jagatī* is copped by a *uṣṇiśa.* In elevation the temple shows from bottom upwards *kharasilā kumbha,* plain *jaṅghā, kapotapālika,* an *antarapaṭṭa* with a running frieze of rectangular niches containing *gaṇas* and *mithunas.* Above this rests the *chhādva.* Above this *chhādya* occurs another *antarapaṭṭa* and *kapota.* The *kapota* is surmounted by a plain *paṭṭikā* and *uṣṇīśa.* There are drains on the fiat roof slabs at this level which indicate a flat roof.

The sanctum-doorway is decorated with two *śākhās.* The first *śākhā* is decorated with *padmalatā* while the second *śākhā* is carved with srivriksha design. At the base of first *śākhā* are shown two-armed pratihāras. Four-armed Viṣṇu seated on Garuḍa is shown as *lalāṭabimb.* Above the door-frame is a frieze of ten *kīrttimukhas* and a single kinnarī head.

The temple is in a damaged condition. The main image inside the sanctum is a torso of Vāmana *avatāra* of Vishṇu. This is a vaiṣṇava temple as is evident from the portrayl of Viṣṇu as *lalāṭabimba* and the depiction of Narasiṁha and Hayagrīva on the wall. Temple is assignable to late fifth or early sixth century.

Gupta temple at Devgarh :

The final phase of Gupta architecture is seen in the Gupta temple at Devgarh in Daśārṇadeśa. The temple stands on auspacious *jagatī* and faces west. Four flights of steps one on each side, have been provided io reach the *jagatī* which is composed of a *kharaśilā,* a *bhiṭṭa khura, kumbha, kalaśa* and *kapotapāli.* Above this occurs a running frieze of niches that contained sculptural reliefs showing stories from Rāmāyaṇa, kriṣṇalīlā and dance and music scenes. The Gupta temple at Devgarh is the earliest extant example of a *pañchāyatana* temple as it shows four subsidiary shrines, one at each of the four corners of its *jagatī.*

In the central portion of the *jagti* stands the main structure of the temple consisting on plan of only a sanctum measuring internally 10ft. square and externally

18,5ft. square. In elevation the temple shows from bottom upwards a *kharaśilā*, a tall *kumbha*, *jaṅghā* decorated with niches on the *bhadra*, *kaṭi*, *kapotapālikā*, *kaṇṭha* relieved by panels of *patravalli* and cantilevered beams supporing the *chhādya*. Above this rests the *śikhara*. The site has yielded *āmalaka* and loose pieces of *kalaśa* and *bījapūraka* that once crowned the *śikhara*.

The sanctum-doorway is decorated wilh five *śākhās*. The first *śākhā* is carved with *patravalli*. The second *śākhā* is engraved with *śalmalī* blossoms. The third *śākhā* shows amorous *mithunas*. The fourth *śākhā* is highly ornamented and a *stambhaśākhā*. The fifth *śākhā* portrays *śrivriksha*. Bhogāsana viṣṇu is shown as the *lalāṭabimba*. The lower portion of the first and second *śākhās* is occupied by Vaishṇava pratihāras standing in *tribhaṅga*. The lower portion of the third and fourth *śākhās* shows standing female attendants.

The *bhadra* niches on the north, east and south contain beautiful sculptures showing Gajendramoksha, Nara-Nārāyaṇa and Śeṣaśāyi Viṣṇu.

Only the *piṭha* of the *jagatī* of the two subsidiary shrines constructed in the compound of the temple has survived. One of these shrines is located to the south of the main temple while the other is situated to the north. Shri Krishna Deva has conjectured that the northern shrine may have enshrined an image of Lakshmī.

There are two surviving pillars which probably supported a *prāggriva* to front of the sanctum. While one of these pillars bears an inscription in *śaṅkhalipi*, the other has an inscription in Gupta Brāhmī referring to Bhagavata Govinda, a devotee of Keśavapurasvāmī.

There are a number of motifs which are common in Bhumara and Devgarh. Shri Krishna Deva has compared the sculptures and decorative friezes of Devgadh with those of Ajanta and has noted greater agreement between them than with Bhumara. This reflects an extension of Gupta forms to Ajanta and also an extension of Vākāṭaka art towards Daśārṇadeśa. The Devhgadh temple is assignable to late fifth or early sixth century A.D.

Śiva temple at Sakor :

The Śiva temple at Sakor stands on a *jagatī* and faces west. It consists a plan of a sanctum and a *gūḍhamaṇḍapa*. In elevation the temple shows from bottom upwards two plain *bhiṣṭas*, *khura*, *kumbha*, *Kalaśa*, *kapotapāli*, *jaṅghā* and the roof of the sanctum. The *jaṅghā* is plain. The temple is in a damagad condition,

The sanctum enshrines a plain *śivaliṅga*. The sanctum—doorway is decorated with three *śākhās*. The first *śākhā* is carved with a meander pattern of half-squares and semi-circles filled with *padma*. The second is a *rūpaśākhā* and shows kumāra, surasundaris and a *gaṇa*. The third is a *mālāśakha* showing the twisted garland motif which we also find on the Pārvatī temple at Nachnā. Ten-armed Naṭrāja is shown on the *lalāṭabimba*.

The *rūpaśākhā* or *stambha śākhā* supports a kapotapāli having three *Chandraśālikās*. The *mālāśākhā* contains the standing *mithuna* figures in the lateral extensions. On the lower portions of the *dvāra śākhās* are shown the river goddesses standing in *tribhanga*. On the top of the sanctum-doorway are shown seventeen *kirtti mukhas*.

Considering the large size of its sanctum and the close affinities of its sanctum-doorway to that of Bhūmarā, Shri Krishnadeva has assigned this temple a period about two decades later than Bhūmarā and not earlier than 500 A,D. The temple is exceptional in having a *gūḍhamaṅḍapa*.

Temples of the Pratihara Age

1. *Jarai Math at Barwasagar* :

The Jarai Math at Barwasagar belongs to Pratihāra age. It consists on plan of a *Pañcharatha* sanctum and an *antarāla* and shows niche-shrines on the main offsets. The sanctum is *pañcharatha* in elevation and is roofed by a massive *śikhara*. The temple has ornamented pillars. The sanctum-doorway is elaborately carved with five *śākhās*.

2. *The Chaturmukha Mahādeva temple at Nachna* :

The Chaturmukha Mahādeva temple at Nachna, district Panna, also belongs to Pratihāra age and is assignable to ninth century. It consists on plan of a *tri-ratha* sanctum and an *antarāla*, A *maṇḍapa* has been added to it during recent times. The interior of the sanctum is plain but its exterior is highly ornamented. The temple faces east. There are three trellis-windows, one each on the southern, western and northern sides of the sanctum for admitting light and air inside the sanctum, besides the sanctum door way. The sanctum enshrines a beautiful *chaturmukha śivaliṅga*, These trellis windows on the *bhadras* are externally surmounted by a pair of niches containing vidyādhara figures and crowned by pediments of *chaitya*-dormers. On each of the *karṇarathas* of the walls of the sanctum is shown a niche containing an image of a Dikpāla and crowned by a pediment of *chaitya*-dormers. The *śikhara* above the sanctum is a *rekhā śikhara* of *pañcharatha* vatiety and is decorated with a mesh of chaitya-dormers. All the *rathas* of the *śikhara* project beyond the *grīvā* and it is crowned by an *āmalaka*. The sanctum-doorway and the trellis-windows of this temple are decorated with friezes showing *gaṇas*, river goddessess and floral designs in Gupta medium. But its *adhishṭhana* mouldings, the Dikpālas, the pediments of *chaitya*-arches and garland-loops are in Pratihārā style of sculpture and architecture.

3. *The Sun temple at Mankheda* :

The Sun temple at Mankheda, in district Tikamgarh, consists on plan of a *pañcharatha* sanctum, an *antarāla* and an *ardhamaṇḍapa*. The sanctum is crowned by a *pañcha ratha śikhara*. The ornamented roof of *antarāla* is capped by a lion figure. Though small, this temple has excellent proportions. The *bhadra* of the *śikhara* projects beyond '*grīvā*'. The *śikhara* is capped by an *āmalaka*. The temple is dedicated to Sun and is one of the important temples of Bundelkhand region.

The Kutakeśvara temple at Pathari :

The Kutakeśvara temple at Pathari in Vidisha district consists the plan of a sanctum, an *antarāla* and an *ardhamaṇḍapa*. The sanctum is crowned by a *triratha piḍhā śikhara*. This temple bears close resemblance with the rock-cut chaturbhuja temple at Gwalior in plan and design. However, the Chaturbhuja temple at Gwalior has a *pañcharatha śikhara* above his sanctum. The Kutakeśvara temple is dedicated to Śiva and is assignable to ninth century A.D.

The Jaina temples nos. 12 *and* 15 :

The Jaina temples Nos. 12 and 15 at Devgarh are assignable to 9th century. They belong to the Pratihāra Age. While temple No. 15 is triple-shrined, temple no. 12 has only a *garbhagṛīha* with a *pradakshiṇā patha* and an *antarāla*. The *śikharas* above all the three shrines of Temple No. 15 are lost. The plain wall of these shrines are relieved by sculptured niches with pediments carved with *chaitya*-dormers. All the three sanctums of Temple No. 15 are smaller in size and have a common *sabhāmaṇḍapa*. Attached to the *sabhāmaṇḍapa* is an *ardhamaṅḍapa* and a door-way. The pillars and pilasters as well as the sanctum-doorways of this temple show typical pratihāra decoration.

The sanctum of Temple No. 12 is *pañcharatha* on plan and is surmounted by a heavy *śikhara*. The walls of the sanctum are decorated on the exterior with latticed windows alternating with pilasters. The latticed windows are inset with niches surmounted by tall pediments. Inside the niches are shown twenty-four labelled Jaina yakshīs.

Mālādevi temple at Gyaraspur :

The Mālādevi temple at Gyraspur, in district Vidisha, consists on plan of a *triratha* sanctum with an ambulatory, an *antarāla*, a *maṇḍapa* and an *ardhamaṇḍapa*. It is partly rock-cut and partly structural. Its sanctum supports a *pañcharatha śikhara*. The *rathas* of the *śikhara* projects beyond *grīvā* which is surmounted by two *āmalakas* and a *kalaśa*. The roofs of *ardhamaṇḍapa* and *maṇḍapa* are of *pīḍhas*. The sanctum as well as the *maṇḍapa* have each an ornamented doorway of five *śākhās*. The *maṇḍapa*-doorway portrays an image of Chakreśvarī Yakshī on the central portion of the lintel. But the lintel of the sanctum-doorway standing Jainas on the exterior facades of the temple are shown figures of Jaina Yakshas and Yakshis. Some of these figures bear labels in characters of the late ninth century. On the basis of epigrphical evidence and also its developed sculptural and architecturol styles Shri Krishna Deva has dated this temple to late ninth century.

Kalachuri temples

1. *Mahādeva temple at Nohta*:

The Mahādeva temple at Nohta, in district Damoh, consists on plan of a sanctum, a spacious pillared *mañḍapa* and an *ardha manḍapa* and stands on a plat-form. The *śikhara* above its sauctum is a restored one. The temple is assignable to 10th Century.

2. *Other Kalachuri temples* :

Among the other Kalachūrī temples of the Bundelkhand region could be noticed the ruins of a number of temples at Tewar (ancient Tripurī) and at Bilharī both located in Jabalpur district. Of the famous Kāmakandalā temple at Bilhari, only the *manḍapa* having ornamented pillars has survived. The Chausatha Yoginī temple at Bheraghat, in district Jabalpur, is assignable to ninth tenth centuries. It is a hypaethral circular temple and has an internal diameter of 35.35 mts. The temple has eighty-one peripheral shrines which enshrine images of sixty-four Yoginis and their allies. The main shrine contains images of Umā-Maheśvara. The temple is situated in an open courtyard.

Chahdella temples

The Chandellas of Jejākabhukti were great builders of temples. They built a number of temples at Mahoba, Kālinjar, Ajaygarh, Dudhai, Chandpur, Madanpur and Devgarh. However, the temples built by them at Khajuraho, their capital town, are excellent in magnificence and grandeur.

The earlier phase of Khajuraho temples is marked by Chausath Yoginī, Brahmā, Lalguan, Mahādeva, Varāha and Mataṅgeśvara temples. All the later temples of Khajuraho have a distinctive style of architecture. The Khajuraho temples could be divided into Śaiva, Śakta, Vaishṇava, Saura and Jaina cults. It is noteworthy that inspite of their different cult affiliations they follow the same architectural and sculptural schemes.

The Khajuraho temples possess some distinctive peculiarities of plan and elevation. They stand on a lofty plat-form-terrace. All the components of the temples are planned in one axis and are inter-connected internally as well as externally. All the components of the temple form a compact and unified structure. All of these temples consist on plan of a sanctum, an *antarāla*, a *manḍapa* and an *ardhamanḍapa*. However, in the larger temples the *manḍapa* has lateral transepts with balconied windows. The smaller *manḍapa* and *ardhamanḍapa* are smaller in size and lower in height than the *mahā-manḍapa* and are open on the lateral sides and have balconied opening of *Kakshāsana* (balustrade) design. There is an inner-ambulatory round the sanctum in larger temples. This ambulatory has another pair of lateral transepts and a rear transept added to it for admitting light and air inside the temples. Some temples also have a subsidiary shrine in each of the four corners of the terrace of the platform and are '*Pañchāyatana.*'

In elevatian also, the Khajuraho temples have distinctive features. The temples are erected on a lofty platform terrace and have high *vedībandha* mouldings which slop out and grip the terrace firmly. They provide scope for the play of light and shade. The *vedībandha* mouldings support the *jaṅghā* which consists of solid walls and voids of inner compartments. The balconied windows admit light and air into the interior. The solid wall space of the *jaṅghā* is studded with two or more horizontal bands of beautiful sculptures. The *jaṅghā* follows the alternote projections and recesses of the indented plan and forms the central zone of the zone of the wall proper. Above this rises the roof consisting of a series of graded peaks that resemble a mountain range. There are separate roofs for different compartments of the temple. These roofs rise in a moudulated crescendo. Thus the lowest roof is over the *ardhamaṇḍapa* and the highest over the sanctum. The roofs of the *ardhamaṇḍapa*, *maṇḍapa* and *mahāmaṇḍapa* are of pyramidical shape but the *śikhara* (roof) of the sanctum is tall and curvilinear in design and has lyrical outline. In developed temples there is an intricate arrangement of the turrets of varying sizes. These turrets are attached to the main *śikhara* at different heights. In the developed temples of Khajuraho, the central offset of the *śikhara* and the flanking and corner-offsets extend beyond *grīvā* which supports a large *āmalaka*, a smaller *āmalaka*, *chandrikā*, *kalaśa* and *bījapūraka*.

The porch of Khajuraho temple has an ornamented *makaratoraṇa*, The main hall of the temple is provided with lateral transepts having balconied windows. In large temples of Khajuraho there are four tall pillars in the centre which support a square frame work of architraves over which rest an octagon and a ceiling of overlapping concentric circles. The main hall is connected with vestibule which is linked with the sanctum. The sanctum-doorway is ornamented with a number of *śākhās*.

The interior of the Khajuraho temples shows richness of sculptural wealth and decorative details on the door frames. architraves, ceilings and pillars. The ceilings of the temples show great ingenuity in their constructions.

After a comparative study of the details of architectural design, the style of sculptures and the development of decorative motifs, Krishna Deva has opined that the earliest temple at Khajuraho cannot be much later than 850 and the latest may go beyond 1100. Krishna Deva has divided the Khajuraho temples into two broad groups (1) the earlier consisting of Chausath Yogini, Lalguan Mahādeva, Brahmā, Mataṅgeshwar and Varāha and (2) the later comprising the remaining i.e. Lakshmaṇa, Viśvanātha, Pārśvanātha, Jagadambī, Chaturbhuja and Duladeo. The Duladeo temple is assignable to twelfth century. According to Shri Krishna Deva it marks the last glow of the remarkable vitality for which the chandella art and architecture of Khajuraho are famous.

The Kākrāmaṭha at Mahoba, district Hamirpur (U.P.) stands on a rocky island in the north-western corner of Madansagar lake and is built of granite. In size this temple is very large. The temple was dedicated to Śiva as appears from the mark of a *śivaliṅga* fixed inside. However, there is no image inside the sanctum at present. The temple resembles the fully developed temples of Khajuraho, but its exterior walls do not show any sculptures.

Rahaliya, located 3 kms. south-west of Mahoba, has a chandella temple dedicated to Sūrya. The Chandella king Rahilvarman is said to have built this temple. Only the sanctum and the *maṇḍapa* of this temple have survived. The temple is in a dilapidated condition and its walls are weather-worn. It was also one of the fully developed Chandella temples. It is devoided of any sculptural carving and its sanctum does not have any image installed inside. Two exellent images one of Sūrya and the other of Viṣṇu are found in a modern temple on the outskirts of the village.

The śiva temple at Gairaha, distt. Jhansi (U P.), is located on a lofty platform and was built during the reign of Kīrttivarman, the Chandella king.

The village Banpur, located in district Lalitpur (U.P.), has a jaina temple known as Banpur ke-liṅga. In fact it is a *sahasrakūṭa chaityālya.* It was intended to symbolise a Jina's body. The temple is modest in size but its door-ways and *jaṅghā* are richly carved. The temple stands on a quadrangular *adhishṭhāna.* Inside the sanctum of the temple is enshrined a *sarvatobhadra sahasrakūṭa.* In the courtyard of this temple are seen scattered images of Brahmanical deities and Jaina Tīrthaṅkaras. A rare sculptural piece here shows *Tri-Chaubisī* of Adinatha flanked on either side by Parsvanatha and supārśvanātha.

Madanpur, in district Lalitpur (U P,), possesses a number of Jaina temples of which one has an inscription on the pedestal with a fish symbol and bearing the date VS 1212, The other Jaina temple has images of Ādinātha, Chandraprabhu and Sambhavanātha and a long inscription dated VŚ 1206. These temples were probably built during the reign of Chandella king Madanavarman in twelfth century.

One of the temples built by the Chandella king Kīrttivarman is located at Gairaha in district Jhansi. It stands on a high platform and is fully developed in form.

This tradition of temple building continued uninterrupted in Bundelkhand. The Bundela rulers have also contributed to this tradition by erecting temples at a number of places. The Jain temples at Ahar in district Tikamgarh, at Siron Khurd in district Lalitpur and at Dronagiri in distt. Chhatarpur deserve notice. The Chaturbhuja temple at orchha was built by the Bundela king Madhukara Shah for installing the image of Ramarāja in sixteenth century. Later on Birasingh Deo further added to the building of this temple. The temple is located on a high hill and is approached by a flight of steps. The temple has all the constituents of a developed temple except the circumambulatory. It has large ventilators for admitting light and air. The curvilinear *śikharas* and the doorways have been very beautifully combined in the construction of this temple. Like the Khajuraho temples, it has the tallest *śikhara* over the sanctum and the smallest over the entrance-porch. The interior as well as the exterior facades of the temple are plain. The sanctum-doorway is simple and the ten incarnations of Viṣṇu have been shown above the doorway. The other important temple at Orchha is the Lakshmī temple which was built by Bir Singh Deo in 1618 A.D. It looks triangular in shape from outside but is quadrangular inside. The outer corridors of the temple bear paintings.

REFERENCES

1. Nigam, M.L., Cultural history of Bundelkhand, Delhi, 1983.
2. Trivedi, S.D., Bundela Khaṇḍa kā Purātattva (Hindi), Jhansi, 1984.
3. Krishna Deva, Encyclopaedia of Indian Temple architecture, Delhi, 1988, 24-53; Temples of North India, Delhi, 1969.
4. Shah, K.K, Ancient Bundelkhand, Delhi, 1988.
5. Agrawala, P.K., Gupta temple architecture, Varanasi. 1968.
6. Agrawala, V.S. Indian Art, A History of Indian Art from Earliest Times upto the Third century A.D., Varanasi 1965.
7. Bajpai, K.D.' Sagar Through the Ages, Sagar, 1967
8. Brown Percy, Indian Architecture (Buddhist and Hindu), Bombay, 1976.
9. Banerjea, J.N., Development of Hindu iconography, Calcutta, 1956.
10. Bhandarkar, Vaishnavism, Śaivism and minor religious systems, Varanasi, 1965.
11. Bruhn, Kalaus, The Jina images of Deogarh, Leiden, 1969.
12. Gangully, O.C., The art of the Chandellas, Calcutta, 1957.
13. Jaiswal, Suvira, The origin and development of Vaishṇavism, Delhi, 1967.
14. Stella Kramrisch, The Hindu Temple, Calcutta, 1946.
15. Avasthi, R., Khajuraho ki Deva Pratimāyen (Hindi).
16. Ghosh. A, Jaina art and architecture Vol. II, Delhi, 1975.

THE PALACE ARCHITECTURE OF ORCHHA

K. K. Chakravarty

The Orchha palaces are essentially courtyard palaces. The structure rises in tiers around a central courtyard in the Jehangir Mahal and the Raja Mahal. Externally the facade presents a more or less solid and impenetrable front of massive strength and solidity. The balconies girdling the Jehangir Mahal are covered by *jālis*, which do not relieve the impression of an impermeable surface. The outer wall of Raja Mahal is even starker and plainer than the walls of Jehangir mahal and present an even more blank, sheer and forbidding look. Even the Ram Raja temple, is conceived in the same archetypal palace form with an immense fortified wall. Inside, on the other hand, the structures are light and open, ranged around a sundrenched, opencourtyard.

The Ram Raja temple was completed between 1501 and 1554 by the Bundela king Rudrapratap and Bhartichand. The Raja Mahal was constructed by Madhukar Shah and Ram Shah between 1554 and 1605. The Jehangir Mahal was executed by Virsinghdeo between 1605 and 1627. The Jehangir Mahal was the consummation of an architectural evolution combining the aim of a residential palace and castellated keep. There was an attempt here to learn from the failures of the earlier architecture. As against the four domed chambers in Ram Raja temple, the Jehangir mahal acquired eight to relieve the sky-line, and in between the larger ribbed domes it added smaller, squattish hemispherical domes. Both the Ram Raja temple and the Raja mahal created an impression of toplessness with the disproportionately small *chhattris*. Moreover, the Raja Mahal soard very high without giving up visually weak, somewhat blank looking corners. This impression of toplessness was relieved in the Jehangir Mahal by the carefully orchestrated rhythm of the larger and smaller domes on the roof top, while the corners were strengthened by round bulging towers. The slightly repulsive and sinister prison-like walls of the Raja Mahal were redeemed in the Jehangir Mahal by alternate processions and recessions of the screened corridors, cantilevered out on lotus pendentive brackets, by pillars and pilasters crowned by elephant and peacock brackets, by painted procession of ducks, peacocks, vase and foliage, wheel and floral designs, picked up in burnt sienna, turquoise blue, vermilion red and yellow on the shining ivory or cream white of the original conch shell lime plaster, and by dark hollow merlon crosses atop the roof.

A true understanding of the achievement in Virsinghdeo's palace comes out of a comparison of the Jehangir palace with earlier and later examples of Rajput architecture. For one thing, it is a model of symmetry, which avoids the ambiguous, elusive, unpredictable rhythm of the sprawling *garh* palaces of Rajput kingdoms, in which the palace grows organically, hugging different levels of the rock-face. Nor does it reproduce the conception of a Mughal palace conceived as a series of separate palaces enclosed by wall, derived from the design of a Central Asian camp. It may have lost, in the process, the splendid effect of the dynamic, perspectival diminution of one end in a palace like the man Mandir on the Gwalior fort, resulting in a radical, visual enhancement of its actual size and length. On the other hand, it avoids the encrustation of forms with prolific decoration, dull massing of inferior materials, multiplication of Mughal motifs in 18th-19th century portions of the palaces of Dig, Jaipur and Jodhpur. While it recalls, to a certain extent the symmetrical conception of Kirtti mandir on Gwalior fort, constructed by Raja Kirtti Singh (1454-79 A.D.), it has a closer ancestor in the Garh-kundar palace with its elephant brackets, lotus bud pendentives, slanting cornices, projecting balconies, painted tiles, vaulted roofs and false *jāli* works. The impression of lateral expansion in the Jehangir mahal striding the ground like a colossus on firmly planted tower legs gives way in the Govinda mandir palace, constructed by Virsinghdeo in 1620 at Datia, with a surging central tower, rising high above the palace from the centre of the courtyard, emphasising a steep vertical accent. The siting of the kiosks at different levels inside the Jehangir mahal on a somewhat simple, repetitive plan is now changed for a complex relationship of intermeshed levels in the Govinda mandir involving the use of connecting bridges and parapets.[1] On the other hand, the kinetic, bichromatic play on light and shadows, verticals, horizontals and diagonals, seen in the Datia palace, a late contemporary, is eschewed in the Jehangir mahal for a fine-tuned balance of emphasis on space and mass in a open interior and a somewhat dense exterior. The evidence of numerous chiselled central points on the courtyard and corridor floors at different levels, the description of architectural designs of gates ond pilasters on the floor, the numbered segments and the circular insertion marks of the sectional design of a spire, given on the northern corridor of the third floor, together with the mason marks in *ṁori* or *kutila* script, suggest emphatically that the Jehangir mahal was a result of a clearly conceived architectural design.[2]

The elements which lent fascination to the palace arehitecture at Orchha are not necessarily borrowed elements, though they have not in the past. The fluted, plain, hemispherical, prismoidal and palanquin domes with corner kiosks constitute variations on an essential geometic shape used in Byzantine, Islamic architecture of the post-Christial era and in the Buddhist stone and Hindu wooden architecture of the pre-Christian era. The elephant back, inverted saucer-shaped and fluted ceiling could well be imagined inside the wooden palaces seen in early has relief. There are the usual trabeate arches, as also the Tudor arch, the true pointed arch and the Ogee and multifoiled arches in these palaces. The predecessors of the cusped arch are the *makaratoraṇas* of Khajuraho, the flying *toraṇas* of the Solanki Surya temple at Modhera, while the Pandrethan temple near Srinagar in Kashmir also anticipates the arcuate form. The serpentine struts under the eaves inside the palaces are seen earlier in 15th Century Chanderi. The cradle balcony or *Jhārokhā* with *chajjās* or deep eaves on top are visualised earlier in the *Kakshāsana* and *chādyas* in the Mediaeval Hindu temples. The complex *jāli* work in patterns of betels, squares, intertwined surfaces, diamonds, spider webs and *Svastikas* describe fine gossamer shapes, simmering in the sunshine, in a chiaroscuro of light and shade. The *jāli* work can be seen in many pre-Islamic Hindu temples in the *Jālagavākaṣas*. The principal entrance of the Jehangir Mahal flanked by elephants is replicated at Suraj Pol in front of the Bikaner palace, at Govinda Mandir at Datia and later in the Bundi Kota gateways and Jaisalmir *hāvelis* in the 17th to early 19th century. The very concept of a courtyard palace is derived from the *hāvelis* or the courtyard houses of Rajput towns, offering a closed front to the streets. The *chaublā* or chequeer board designs, *chaufuliā* or four patalled design, *kangarā* or flower buds imitating vases or some ot the part floral-part geometrical designs are derived from Rajasthani embriodery, wall hangings, skirts and are not unique.

The Bundela architecture of Orchha was designed for combining the advantages of gracious living with imposing grandeur and adequate security.[3] the intimate scale of private rooms with a dominant public facade, narrow ramps and corridors with large and open courtyards, creating an interpenetration of open and closed spaces, and blurring the distinction between ceremonial public spaces and secluded *zenānā* as *rawālā*. Thick walls of mud rand lime mortar, random and rubble masonry, covered with fine conch-shell lime-plaster were adorned with murals, using earthen non-chemical and opaque colours. The figures in the Krishna and Rama Lila *nāyakas* and *nāyikās rāginis*, secular court and war like hunting scenes were decked out in local three piece *kimkhāp* together with *pāgdi* or headgear. The action in the paintings with its strong, manly, robust flavour showing boat rides and polo games by ladies in tight dresses harmonised with the clear, emphatic lines of architecture and the bold extrovert and active style of living of the princely families.

The Bundela style at Orchha is an approximation in spirit if not in motifs to the Tudor, Elizabethan and Jacobean houses and palaces of the Renaissance style of Great Britain. In houses like Long Leat house, Wiltshire or Burghley house, Cambridgeshire, Audley-End, Essex, the projected balconies are replaced by projections of the facade itself as in Raja Mahal, with the difference that the continuous projection from top to bottom is pierced by mullion or bay windows. The domes and *chattris* are replaced by chimneystacks, turrets, corner towers, superimposed pilasters and strap-work gables. Unlike as at Orchha, the courtyards in the British palaces are sometimes more than one.[4] The Bundela palace does not appear in unfavourable light in comparison. If it offers a slightly more grim front to the outer world, the overall impression of massive strength and restraint is an emphatical presence in this architecture as in its Renaissance counterpart.

REFERENCES

1. G.H.R. Tilliotson., *The Rajput Palaces*, Oxford Univerrity Press, (Bombay, 1987), pp. 83-87.
2. K.K. Chakravarty., *Orchha*, Arnold Heinemann (Delhi, 1984), p. 131.
3. Percy Brown., *Indian Architecture*, Vol. 2, Taraporevala (Bombay, 1956), p. 120.
4. Sir B. Fletcher., *A History of Architecture*, 19th Ed. *Bntterworths* (London, 1987), Pls. on pp. 1015, 1017, 1019, 1021.

BUNDELA ARCHITECTURE

—Percy Brown

Examples of the Bundela type of palace may be seen in two places at Orchha, an ancient town some fifteen miles from the cantonment city of Jhansi, and at Datia on the Central Railway. The beginning seems to have been made at Orchha by the Bundelkhand Raja Rudra Pratap (150-31) who selected a site for his capital seat in a position which, for such a purpose is unequalled in Central India. On an island of rock around which loops she Betwa river necessitating the main approach over a substantial many-arched bridge, the whole commanding a wide landscape of exceptional beauty, he started building operations after the manner of those at Chanderi under the Sultans of Malwa, but before these had progressed far he died. His successor Raja Bharti Chand carried on the work, completing the city walls, erecting the citadel and the first of the three palaces which comprise this group, the Ramji Mandir.

The Ramji Mandir at Orchha, although not so striking as the other Bundelkhand palaces is of interest because it is presumed to have been inspired by the Koshak Mahal at Chanderi built a century earlier by Mahmud Shah Khilji of Malwa, and seems to have the archetype from which all these palaces were developed. Consisting of a central rectangular contyard, around this the apartments arise in receding planes the whole contained within a high retaining wall. The next of the Orchha palaces to be built is that known as the Raj Mandir or Royal palace, erected probably by Madhukar Shah about 1575 a solid structure in one block and surmounted by a considerable number of small open pavilions, not, however, sufficiently large to be in altogether pleasing proportion wlth the great mass of masonry of which they form the skyline.

But these earlier palaces were only the preparation for the main buildings of the Orchha palace group, which consist of an imposing castellated residence produced under the direction of Raja Bir Singh Deo (1905-26), and named the Jahangir Mandir after this ruler's contemporary and patron, the Mughal emperor Jahangir. By this time the Bundela Rajas had become paramount in Central India, and Bir Singh represented the dynasty at the hight of its power, as shown by this magnificent architectural conception, which adequately illustrates the style. Covering a square of two hundred and twenty feet side, and rising up into an immense rectangular mass supporting eight graceful domes, it fulfils all the conditions expected in an Indian mediaeval castle, as it is picturesque, artistic and romantic, besides being a superb example of the builder's art. Rounded bastions protect each angle, while another form of projection occupies the middle of each side, each of these salient features terminating in a high cupola or dome. Entering by a doorway on the southern facade and passing through a ground-floor hall, one emerges into a square courtyard of one hundred and twentyfive feet side, around which the entire interior is arranged. This interior quadrangle is uninterrupted by any large structure, it is a wide open space containing only raised platform with a fountain playing in the centre. It is in the experienced treatment of the three-stories ranges of rooms and terraces which enclose this inner courtyard, that gives the building its satisfying architectural appearance.

Although the Jahangir Mandir at Orchha, seen from inside, presents a design of some complexity, in reality it resolves itself into a relatively simple composition. In each angle is located a group of rooms or a suite, and in the middle of each side a similar series of apartments, with the spaces between formed into open terraces, the whole system being not unlike that of Jodha Bai's house at Fatehpur Sikri, built nearly one hundred and fifty years before, but the Orchha palace is immensely larger and more intricately planned. Then, in order to maintain communication with the various parts, each group of rooms was approached by a continuous hanging balcony, which, with its sloping balustrade, wide eave, ornamental brackets, and, in the upper story, its angular passage, is responsible for much of the variety of effect.

This great palace was obvioulsy designed so that every part fulfilled its function and expressed its purpose; its rooms were devised for seclusion, its terraces for the cool air, its corridors for convenience, each compartment, court-hall and passage, had its specific use, and was introduced into the scheme to accord with the requirements of its inmates. But where the craftsmen employed showed their innate skill and experience was the manner in which all the essential elements were artistically treated, and so coherently and condistently assembled on to the great structural background of the building itself as to produce a broad and unified whole. Whether one admires the exterior for its noble effect of mass, or is intrigued by the orderly complexity of its interior, no one can fail to feel that the Jahangir Mandir is a notable architectural achievement. But it is possible to see in this palace something more than a fine example of the building art, for grouped around its rocky base are the remains of inumerable subsidiary edifices, pillared courts, pavilions, gardens, gateways and ornamental retreats the whole contained within a circuit of massive turreted walls. When the full extent and character of these structures is realized, it becomes obvious that here is the crumbling record of a great spectacular ideal, an architectural conception of more than ordinary splendour, now, alas, being disintegrated by the remorseless action of the encroaching vegetation.

[From Indian Architecture vol. II, pp. 120-21]

खजुराहो की कला

डा० रमानाथ मिश्र

मध्य युग में मध्यप्रदेश के उत्तरी भाग में चंदेलों का आधिपत्य रहा। चंदेलों का शासन-केंद्र जेजाकभुक्ति था। जेजाकभुक्ति में मध्यभारतीय कला का बड़ा प्रशस्त स्वरूप विकसित हुआ। इस क्षेत्र में नवीं से लगभग तेरहवीं शती तक अनेक मंदिरों के निर्माण हुए। ऐसे मंदिरों का एक समह खजुराहो में है। किंतु जेजाकभुक्ति-शैली के विविध उदाहरण अन्यत्र भी प्राप्त हैं। जेजाकभुक्ति-शैली पर विद्वानों ने पूर्वी राजस्थान तथा उड़ीसा की कलाधाराओं का प्रभाव स्वीकार किया है। स्पष्ट है कि मध्ययुगीन कला-परम्परा में क्षेत्रीय परम्पराएँ किसी एक स्थान पर सीमित नहीं रहीं। उनके व्यापक विस्तार के अनेक साक्ष्य प्राप्त हैं।

खजुराहो के संदर्भ में कृष्णदेव ने मूर्तियों को मोटे पांच वर्गों में विभक्त किया है। प्रथम वर्ग में मुख्यतः देव-मूर्तियां हैं। ये विभिन्न मूर्तियां विभिन्न शिल्प-लक्षणों से युक्त हैं। कला-सौंदर्य का उन्मुक्त भाव इनमें अपेक्षाकृत कम है। देव मूर्तियों में मूर्तिविज्ञान की सामान्य विधाओं की समायोजना है। मध्यप्रदेश क्षेत्र में शैव धर्म का प्रचलन अपेक्षाकृत अधिक था। शिव के अनेक रूपों की अभिव्यंजना इस क्षेत्र की मूर्तियों में है। वैष्णव धर्म से सम्बन्धित मूर्तियां टीकमगढ़ के क्षेत्र में अधिक हैं। टीकमगढ़ की अनेक मूर्तियां अब धुबेला संग्रहालय में हैं। अधिकांशतः ये मूर्तियां दो-ढाई फुट ऊंची हैं और मंदिरों की बाह्य भित्तियों पर, अंदर की प्रेक्षणिकाओं में या गर्भगृह की प्रदक्षिणापथ वाली भित्ति पर समायोजित रही होंगीं। इन मूर्तियों में विभिन्न देवी-देवताओं के शिल्पशास्त्रीय परंपरा से संबंधित रूपों के अतिरिक्त कतिपय कथात्मक दृश्य भी हैं, जैसे लक्ष्मणेश्वर मंदिर (खजुराहो) में प्रदक्षिणापथ के साथ की गर्भ-गृह की भित्ति पर कृष्णलीला से संबंधित मूर्तियाँ हैं। देवमूर्तियों में शिव, विष्णु आदि देवताओं के विभिन्न रूप-भेद मिलते हैं। शिव की अर्धनारीश्वर प्रतिमाएं, अंधकारि अथवा गजासुर संहार मूर्ति तथा त्रिपुरांतक मूर्तियाँ भी विभिन्न स्थलों से प्राप्त हैं। शिव की एक सदाशिव मूर्ति जसो (पन्ना जिला) से ज्ञात है। जसो के निकट मोहेंद्रा से अर्धनारीश्वर प्रतिमा ज्ञात है। शिव की कल्याणसुंदर मूर्ति का भी शैव मूर्ति परंपरा में उल्लेखनीय स्थान है और ऐसी प्रतिमाएं मध्यपदेश से ज्ञात हैं।

वैष्णव मूर्तियों में विष्णु की अवतार मूर्तियों के अतिरिक्त वैकुंठ, योगनारायण, लक्ष्मी-नारायण, शयन आदि मूर्तियां विभिन्न क्षेत्रों से प्राप्त हैं। खजुराहो में ही विष्णु की मूर्तियों में

अनेक भेद प्राप्त होते हैं। इन विभिन्न भेदों का शिल्पशास्त्रीय ग्रंथों के अनुसार विवरण और तत्संबंधित मूर्तियों के खजुराहो की कला में विभिन्न रूपों को अभिव्यंजना से संबंधित अनेक उल्लेख अब प्रकाशित हैं।

इन देव मूर्तियों के अतिरिक्त अन्य विभिन्न देवी-देवताओं के मनोरम अंकन भी विभिन्न स्थानों से उपलब्ध हैं। सूर्य, नवग्रह, अष्टदिग्पाल, मातृकाएँ, दुर्गा, लक्ष्मी, सरस्वती, गंगा-यमुना आदि की अनेक मूर्तियाँ विथिन्न स्थानों से ज्ञात हैं।

दूसरे वर्ग में उल्लेखनीय मूर्तियाँ परिवार, पार्श्व और आवरण देवताओं की हैं। इनमें भद्र प्रेक्षणिकाओं में बनी ऐसी मूर्तियाँ, शैली की दृष्टि से, अधिक परंपराबद्ध हैं और इनमें स्वरूप के अंकन की अनेक विशेषताएँ हैं। वस्त्राभरण एवं शिल्प लक्षणों में ये मूर्तियाँ पिछले वर्ग से मिलती-जुलती हैं।

तीसरे वर्ग की कृतियों में अप्सराओं या सुरसुंदरियों की मूर्तियां हैं। चौथे वर्ग की मूर्तियों में दैनिक जीवन के विविध पक्षों की व्याख्या है। इनमें घरेलू दृश्यों के अतिरिक्त गुरु-शिष्य, नाट्य आकृतियां तथा संगीत आदि से संबंधित आकृतियां उल्लेखनीय हैं। पांचवें वर्ग में मुख्यतः पशु मूर्तियां हैं। इनमें व्याल, गज, शार्दूल आदि उल्लेखनीय हैं। इन विभिन्न वर्गों में प्रथम दो वर्ग मुख्यतः देव मूर्तियों के शिल्प लक्षणों के अध्ययन में महत्वपूर्ण हैं। अन्य मूर्तियों में अप्सरा, सुरसुंदरियों एवं दैनिक जीवन से संबंधित दृश्यों वाली मूर्तियां तत्कालीन जीवनदर्शन के स्पष्टीकरण में सहायक हैं। अप्सराओं के अगणित दृश्य खजुराहो की कलाराशि से प्राप्त हैं। इनके रूपों के विभिन्न भेदों में कलाकार की सौन्दर्यप्रियता का उन्मुक्त आभास है। घुंघरू पहनते हुए, कांटा निकालते हुए, आलता लगाते हुए, शुकक्रीड़ा रत, सद्यःस्नाता, शालभंजिका, अलसकन्या तथा विवृतजघना स्त्री आदि की मूर्तियों में भावभंगिमाओं के कुशल अंकन हैं और स्त्री के रमणीय रूप का सहज शिल्पांकन है। यद्यपि विभिन्न मंदिरों की भित्तियों पर इनकी पुनरावृत्ति है तथापि अनेक मंदिरों की भित्तियों पर ऐसे मूर्तिवर्गों की निर्माण-संबंधी विशिष्टताओं का तुलनात्मक अध्ययन संभव है। जैन समूह (खजुराहो) के मंदिरों की ऐसी मूर्तियों के अंग-प्रत्यंग में लंबे स्वरूप का आभास है। अवयवों का यह रूप उनके सौन्दर्य को दुगना करने में सहायक है। इन मूर्तियों में पूर्ववर्ती कुषाणयुगीन यक्षी मूर्तियों के स्वरूप का स्पष्ट आभास है। मंदिर के विभिन्न भागों की सज्जा के लिए इनका उपयोग सुदीर्घ आयाम पर किया गया है। खजुराहो के मंदिरों की मर्तिसज्जा की शैली में इनका विभिन्न भागों पर अंकन मूर्ति-हारों के रूप में बिखरा हुआ किया गया है। अन्यत्र भी मंदिर की भित्तियों पर यत्र-तत्र एक क्रम से बिखरी हुई मूर्तियों के रूप में इन नायिकाओं के अंकन हैं। दक्षिण भारतीय मूर्तिसज्जा की परम्परा की तुलना में इनकी संख्या एवं सज्जा अधिक महत्व की है। ये मूर्तियां मध्य भारतीय कला में गौण मूर्तियों के निर्माण की प्रशस्त परम्परा को स्पष्ट करती हैं। मध्य प्रदेश के क्षेत्र में भी खजुराहो की वास्तुशैली में सज्जा की दृष्टि से इन्हें अधिक महत्वपूर्ण स्थान मिला है। मंदिरों की सज्जा के लिए इन मूर्तियों के उपयोग की अधिक विस्तृत परम्परा के कारण ये मूर्तियां व्यापक रूप से प्रचलित हुईं। नायिका आदि की मर्तियां अन्यत्र भी प्राप्त हैं किंतु उनमें ऐसी विशदता नहीं है जैसी खजुराहो के मंदिरों में प्राप्त होती है। मध्यप्रदेश के

अन्य क्षेत्रों के मंदिरों में सज्जा के लिए वास्तु रूपों का (यथा, ऊरुशृङ्ग, जाली, छज्जा, बांधन एवं अन्य) भी उपयोग मिलता है। लेकिन परिवारमूर्तियों की इतनी अपूर्व राशि खजुराहो के मंदिरों में ही प्राप्त है।

'जेजाकभुक्ति शैली' में कामलीला से संबंधित अभिप्रायों का बड़ा उत्कट रूप प्राप्त होता है। इन प्रतिमाओं में नायक-नायिका को कामलीला की अनेक मुद्राओं में, विभिन्न रूपों में दिखलाया गया है। योगी भी कामप्रवृत्ति से स्पंदित इन मूर्तियों में नायकों के रूप में अंकित हैं। ऐसी कामप्रवृत्ति केवल पुरुष-जगत् में ही व्याप्त नहीं थी। खजुराहो की अनेक मूर्तियों में मानव-पशु, पशु-पशु एवं अन्य संयोगों में ऐसी कामातुर, रागात्मक प्रवृत्ति का अंकन प्राप्त है। लक्ष्मणेश्वर, विश्वनाथ तथा कंदरिया महादेव मंदिरों के महामंडप में मंडोवर के ऊपरी भाग में, मुख्य शिक्षाफलकों में, कामलीला में रत युग्मों का अन्य पार्षद आकृतियों के साथ अंकन हैं। इनके अतिरिक्त लक्ष्मणेश्वर मंदिर के अधिष्ठान पर मूर्तियों की पट्टी के रूप में ऐसे कई दृश्य हैं। मंदिरों के अन्य भागों पर भी ऐसी मूर्तियां प्राप्त होती हैं। इनके विषय में ध्यान देने योग्य बात यह है कि मंदिरों में अन्य मूर्तियों की तुलना में ऐसी मूर्तियां गिनी-चुनी हैं। तथापि उनके विशिष्ट रूप के कारण खजुराहो के मंदिर अपनी रतिक्रीड़ा मूर्तियों के लिए विख्यात हैं। इन दृश्यों में बनी आकृतियां राजाओं की हैं अथवा योगियों और कुलीनों की, इसकी पूर्ण स्थापना कठिन है। योगियों की विभिन्न वेशभूषा इन मूर्तियों में उपलब्ध है। कतिपय दृश्यों में मंडलियां हैं, अन्य में केवल दंपति अथवा दंपतियों के साथ एक दो अन्य आकृतियां हैं। अनुमान है कि कला की अनेक मुद्राओं में कौल-कापालिकों की वामवर्गी परम्परा का स्पष्टीकरण है। इनमें सद्यःप्रवेशी योगी की वामवर्ग में दीक्षा के साधारण दृश्यों से लेकर कामकला के उद्दाम दृश्यों का अंकन है, ऐसा विचार भी किया गया है। रतिक्रीड़ा मूर्तियां देश के विभिन्न भागों में अन्यत्र भी प्राप्त हुई हैं। ऐसे अन्य प्रमुख स्थानों में उल्लेखनीय है भुवनेश्वर, कोणार्क और पुरी (लगभग ७५०-१२५० ई०); गुजरात में लिंबोजीमाता मंदिर (देलमाल), नीलकंठ मंदिर (सुनक), सूर्य मंदिर (मोढेरा); राजस्थान में अंबिका माता मंदिर (जगत) आदि; मध्यप्रदेश में पाली, जांजगीर, सोहागपुर। अन्य प्रांतों में आन्ध्र तथा कर्णाटक के अनेक मंदिरों से भी ऐसी रतिक्रीड़ा की मूर्तियां ज्ञात हैं। जिन मंदिरों पर इनका निर्माण है उनकी तिथि का विस्तार लगभग दसवीं शती से तेरहवीं शती तक था।

प्राचीन शिल्पशास्त्रों में रतिक्रीड़ा की मूर्तियों के निर्माण से संबंधित व्याख्या प्राप्य है। "शिल्प प्रकाश" (१.५४८-४९) नामक ग्रंथ में इन मूर्तियों को "मिथुन बंध" कहा गया है। उड़ीसा से ज्ञात कौल संप्रदाय के इस शास्त्र में उल्लेख है कि "वह स्थान जहां कामकला संबंधित मूर्तियां न हों, त्याज्य है।" मालवराज भोजकृत "समरांगण सूत्रधार" (३४.३३) में कामकलारत मूर्तियों के निर्माण का निर्देश है। इन मूर्तियों को मंदिरों पर आयोजित करने की वार्ता इस ग्रन्थ में है। अन्य विभिन्न ग्रन्थों में यद्यपि 'मिथुन' मूर्तियों के निर्माण का निर्देश है किन्तु उनके संबंध में "रतिक्रीड़ा" का मन्तव्य स्पष्टतः नहीं प्राप्त होता।

इन मूर्तियों के निर्माण की पृष्ठभूमि में कौन-सी परम्परायें थीं, यह निश्चित नहीं है। हरमान गोयेज़ का विचार था कि संभवतः इनका निर्माण मध्यप्रदेश के मत्तमयर संप्रदाय

के योगियों के प्रभाव से हुआ। यह विचार मान्य नहीं है, क्योंकि ये योगी वाममार्गी नहीं थे। प्रमोदचंद्र के अनुसार खजुराहो में कौल-कापालिक संप्रदाय के प्रभाववश इनका निर्माण हुआ। कौल-कापालिकों के अनुष्ठान का विवरण कृष्णमिश्र द्वारा लिखित "प्रबोध चंद्रोदय" नामक समकालीन ग्रंथ में प्राप्त है। किंतु इन मूतियों में अंकित योगियों का समीकरण कौल-कापालिकों के साथ स्पष्ट नहीं होता। भुवनेश्वर की रतिक्रिया मूर्तियों के विषय में पाणिग्रही का विचार है कि संभवतः इनका निर्माण वज्रयान संप्रदाय के प्रभाववश हुआ। किंतु वज्रयान के केंद्र ललितगिरि आदि स्थानों से प्राप्त अवशेषों में ऐसी मूर्तियों के निर्गमन का मत तर्कसंगत प्रतीत नहीं होता। योगिनी कौल सम्प्रदाय से भी इनका सम्बन्ध नहीं था, क्योंकि अभी तक ज्ञात योगिनी सम्प्रदायों के केन्द्रों (जैसे भड़ाघाट, खजुराहो, रानीपुर, झरियाल, आदि) में सुरत लीला की मूर्तियां अज्ञात हैं। ऐसी मूर्तियां विशिष्ट धार्मिक संबंधों से नहीं बंधी थी। विभिन्न धार्मिक संप्रदायों के मंदिरों में एक लयरूप में इनका अंकन मिला है। ऐसे मंदिरों में जैन (आरंग, मध्यप्रदेश), वैष्णव (लक्ष्मणेश्वर, खजुराहो), शैव (कंदरिया महादेव, खजुराहो), सूर्य (चित्रगुप्त मंदिर, खजुराहो), चामुंडा (वैतालदेउल, भुवनेश्वर) आदि विभिन्न प्रकार के मंदिर हैं, जिनमें कामक्रीड़ा की मूर्तियां प्राप्त हैं। कतिपय विद्वानों का विचार था कि इन मूर्तियों की रचना मंदिरों को दैवी प्रकोप से बचाने के लिए की जाती थी। किंतु क्रैमरिश की व्याख्याओं से स्पष्ट है कि ऐसे अभिप्रायों में कीर्तिमुख अभिप्राय प्रमुख था। वासुदेवशरण अग्रवाल का मत है कि मध्ययुग में अनेक "विकृत दर्शनों का प्रचलन था"। इनकी विकृतियों को धार्मिक संज्ञा प्राप्त हो गयी। इनके प्रभाव से मध्ययुगीन मन्दिरों में चौरासी आसनों एवं "रतबंधों" से सम्बन्धित काम मूर्तियां बनीं। किन्तु अग्रवाल का विचार निर्णयात्मक आक्षेप मात्र है। उन्होंने समालोचना के बिना ही साधारणीकरण के आधार पर मूर्तियों के आशय को स्पष्ट करने का प्रयास किया है।

प्राचीन मन्दिरों से सम्बन्धित अभिलेखों में मन्दिरों पर दर्शित 'विश्वरूप' का प्रायः उल्लेख मिलता है। इस आधार पर अनुमान किया जा सकता है कि मानवीय गतिविधियों के साथ चराचर जगत् की सम्पूर्ण सृष्टि से सम्बन्धित मूर्तियों को भी मन्दिर में स्थान प्राप्त हुआ। किन्तु इस विचार को स्वीकार करने में बाधा यह है कि अनेक मन्दिरों में ऐसी मूर्तियाँ प्राप्त नहीं हैं।

हाल ही में देवांगना देसाई ने इन मूर्तियों की मध्ययुगीन सामाजिक परिवेश में व्याख्या करने का पयास किया है। उनका विचार है कि सामंतवादी आदर्शों पर स्थापित शासन एवं समाजतंत्र में इसी वर्ग की जीवन-लीला एवं रुचियों से कला की धारा प्रवाहित हुई होगी। ऐसी स्थिति में उनकी रुचि के अनुसार रतिक्रीड़ा से सम्बन्धित इन मूर्तियों का निर्माण हुआ होगा।

रतिक्रीड़ा से सम्बन्धित मर्तियों का अभिप्राय जो भी रहा हो, इनके प्रति यदि एक ओर आधुनिक मध्यवर्गीय दर्शकों अथवा समालोचकों में रहस्योद्‌घाटन की आतुरता है, तो दूसरी ओर सामान्य वर्ग के विश्वासी जनों में उनके प्रति भी वही श्रद्धा है जो अन्य किसी भी प्रकार की मूर्ति के लिए होती है।

बुन्देलखण्ड की कतिपय सूर्य प्रतिमाएँ

श्री रमाशंकर

प्राचीन बुन्देलखण्ड में सूर्य-पूजा के अनेक केन्द्र थे। वहाँ सूर्य के मन्दिरों तथा प्रतिमाओं का निर्माण हुआ। इस क्षेत्र से सूर्य की पूर्वमध्यकालीन अनेक मूर्तियाँ मिली हैं। यहाँ उनमें से चार का वर्णन किया जाता है :

१. स्थानक सूर्य (चित्र १)

दो अलंकृत स्तम्भों के मध्य, दोनों हाथों में एक-एक पद्म धारण किये द्विभुज सूर्य खड़े हैं। उनके एक ओर दण्ड और दूसरी ओर पिंगल खड़े हैं। सूर्य की पत्नियाँ उषा और प्रत्यूषा भी अंकित हैं। सूर्यदेव उदीच्य वेशधारी हैं। उनके पैरों के मध्य अमृत घट लिए हुए भूदेवी खड़ी है। सूर्य का सारथी अरुण इस प्रतिमा में नहीं दर्शाया गया। प्रतिमा के पादपीठ पर अश्वों के स्थान पर दो सिंहों को अंकित किया गया है। सूर्य प्रतिमा के ऊपर दोनों ओर माला-धारी गन्धर्व उत्कीर्ण हैं। स्तम्भों के दोनों पार्श्वों पर सिंह-व्याल बने हैं। अन्य उल्लेखनीय बात यह है कि सूर्य के ऊपर सिरदल के बीच जहाँ सूर्य नारायण दिखाये जाने चाहिए थे, वहाँ चतुर्भुज गणेश को बैठा हुआ दिखाया है। भविष्य पुराण के अनुसार सूर्य मन्दिर के चार प्रवेशद्वारों के द्वारपाल रूप में प्रथम धर्म-अर्थ, दूसरे में गरुड़ और यम, तीसरे में कुबेर एवं विनायक तथा चौथे में रेवंत और दण्डी का विधान प्राप्त होता है। इसका श्री गोपीनाथ राव ने उल्लेख किया है। सूर्य मन्दिर के तीसरे प्रवेशद्वार के द्वारपाल रूप में कुबेर तथा विनायक का वर्णन विचारणीय है। मेरे मतानुसार यह शिलापट्ट सम्भवतः सूर्य मन्दिर के तीसरे द्वार का द्योतक है। यह पाषाण प्रतिमा प्रतीहारकालीन है और सीरोन खुर्द (ललितपुर) से मिली है। समय—नवीं शती का आरम्भ।

२. द्विभुज स्थानक (चित्र २)

इस मूर्ति में सूर्य देवता के दोनों हाथ खण्डित हैं। वे ऊँचा किरीट मुकुट, एकावली हार, यज्ञोपवीत तथा बैजयन्तीमाला धारण किये हैं। देवता के प्रत्येक ओर उनकी एक-एक पत्नी खड़ी हैं। देवता उदीच्य वेशधारी हैं तथा उनके पैरों के मध्य भूदेवी पूर्ण घट लिए खड़ी है। दोनों ओर एक-एक अनुचर अंजलि मुद्रा में बैठा है। उल्लेखनीय है कि पीठिका पर दो विपरीत दिशाओं में दौड़ते हुए केवल एक-एक अश्व का अंकन है।
पाषाण प्रतिमा, प्रतीहार; १०बीं शती।

३. सूर्य (चित्र ३)

दोनों हाथों में सनाल पद्म धारण किये सूर्य देव खड़े हैं। उनके दायीं ओर पिंगल तथा बायीं ओर दण्ड खड़े है। भूदेवी पूर्ण घट लिए हुए पैरों के मध्य खड़ी है। पिंगल बायें हाथ में सम्भवत: पुस्तक धारण किये है। दण्ड के दायें हाथ में खड्ग तथा बायें में दण्ड है। नीचे पाँच अश्व गतिमान हैं। उनके ऊपर सारथी अरुण बैठा है। दोनों ओर अंजलि मुद्रा में एक-एक स्त्री बैठी है। सूर्य उदीच्य वेशधारी हैं।

पाषाण प्रतिमा, चंदेल-युग १२वीं शती (राष्ट्रीय संग्रहालय, झाँसी)

सूर्य, विष्णु, कार्तिकेय तथा ग्रह (चित्र ४)

उदीच्य वेशधारी सूर्य प्रत्येक हाथ में सनाल पद्म धारण किये हुए आसन पर बैठे हैं। पादपीठ पर सप्ताश्वों के साथ अरुण का अंकन है। मध्य में भूदेवी का अंकन सुरुचिपूर्ण है। देव के एक ओर दंड तथा दूसरी ओर पिंगल खड़े हैं। इस विशाल पट्ट पर प्रस्तुत नवग्रहों में से पाँच अंकित हैं। प्रतिमा के दायें कोने पर चतुर्भुज भगवान् विष्णु स्थानक मुद्रा में हैं। सूर्य के दायीं ओर का मूर्तिभाग खण्डित है। नवग्रहों के नीचे दो मालाधर हैं। उनके पीछे चतुर्भुज कार्तिकेय मयूर पर आरूढ़ दर्शाये गये हैं।

पाषाण प्रतिमा, १०वीं शती (राष्ट्रीय संग्रहालय, झाँसी)

सागर जनपद की शैल चित्रकला

डॉ० श्रीमती पूर्णिमा मसीह

बुन्देलखण्ड क्षेत्र पुरातत्व की दृष्टि से काफी समृद्ध है। आदिमानव की चित्रकला से लेकर विश्वप्रसिद्ध खजुराहो मंदिर की वास्तुकला और मूर्तिकला, पुरातात्विक वैभव दर्शाते हुए, इस क्षेत्र का गौरव बढ़ाती है। इस क्षेत्र में पाई जाने वाली शैल चित्रकला की ओर विद्वानों का कम ध्यान गया है।

सबसे पहले बुन्देलखण्ड क्षेत्र में बाँदा-मिर्जापुर भूभाग में शैलचित्रों की खोज हुई। वर्तमान सागर जिले में भी आदिम शैलचित्रों की खोज की गयी। यहाँ उसी क्षेत्र का विवरण प्रस्तुत है।

सागर जिले में कुछ १८ स्थानों पर १०५ चित्रित शैलाश्रय पाये गये हैं, जिनका वर्णन निम्नानुसार है—

१. चितौली

सागर से १७ कि० मी० की दूरी पर सागर-धामोनी मार्ग पर पर्वतीय भाग में यह शिलाश्रय स्थित है। इसमें अंकित चित्रों की संख्या ६५ है। इस शिलाश्रय में मुख्यतः मानवाकृतियाँ, हाथी, घोड़ा, बैल, मोर, घुड़सवार, योद्धा एवं युद्धदृश्य अंकित हैं। ये सामान्यतः लाल, काले या सफेद रंगों से अंकित हैं। ये चित्र पूरक, अर्द्धपूरक, रेखानुकृति एवं अलंकृत शैली में अंकित है। अधिकांश चित्र प्रारम्भिक ऐतिहासिक काल के हैं। कुछ चित्र मध्यकाल के हैं, जो घुड़सवारों के हैं तथा अलंकृत शैली में चित्रित किए गए हैं। कुछ मेसोलिथिक काल के चित्र भी हैं। चितौली शिलाश्रय का एक विशिष्ट चित्र सुराहीनुमा पात्र का है जो लाल रंग से चित्रित है। (चित्र १)

२. पिपराई

सागर से २७ कि० मी० दूर सागर-रेहली मार्ग के पर्वतीय भाग में यह शिलाश्रय स्थित है। इसमें अंकित चित्रों की संख्या ३१ है, जिनमें मुख्यतः हिरण, घुड़सवार, योद्धा एवं देवपुरुष अंकित हैं। इन चित्रों को लाल एवं सफेद रंग से अंकित किया गया। ये चित्र पूरक, रेखानुकृति एवं अलंकृत शैली में हैं। अधिकांश चित्र प्रारम्भिक ऐतिहासिक काल के हैं तथा कुछ चित्र मध्यकालीन हैं।

३. बड़वारा

यह स्थान सागर से २६ कि० मी० दूर तथा बरुदा ग्राम से ४ कि० मी० है। यहाँ नदी के किनारे ५ शिलाश्रय हैं। प्रथम शिलाश्रय में कुल ८ चित्र अंकित हैं। ये चित्र मानवाकृति, हिरण, घोड़े तथा घुड़सवारों के हैं तथा लाल रंग में हैं। ये रेखानुकृति, पूरक तथा अलंकृत शैली में चित्रित हैं। ये चित्र चालकोलिथिक, प्रारम्भिक ऐतिहासिक तथा मध्य ऐतिहासिक काल के हैं। द्वितीय शिलाश्रय में कुल ७ चित्र है, जो मानवाकृति, हिरण और घोड़ों के हैं। इनको अंकित करने में लाल रंग का प्रयोग किया गया। शिलाश्रय संख्या तीन में पहले कुछ चित्र रहे होंगे, परन्तु अब वे नष्ट हो चुके हैं। सिर्फ एक चित्र अस्पष्ट-सा अंकित है। शिलाश्रय सं० चार में ३ चित्र हाथी और महिष के हैं, जो गहरे लाल रंग से अलंकृत शैली में चित्रित हैं। शिलाश्रय पाँच में भी ३ चित्र बने हैं, जो लाल रेखानुकृति द्वारा अंकित हैं। ये चित्र मोर तथा मानवाकृतियों के हैं। इनमें एक उल्लेखनीय चित्र पूजा के प्रतीक का है, जो लाल रंग से अर्द्धपूरक शैली में है। (चित्र २)

४. गढ़ाफेरा

यह सागर से १० कि० मी० की दूरी पर सागर-झांसी मार्ग पर पर्वतीय भाग में स्थित है। इस शिलाश्रय में पूर्व में अधिक चित्र रहे होंगे, परन्तु वर्तमान में सब नष्ट हो चुके हैं। केवल २ अस्पष्ट चित्र दिखाई पड़ते हैं, जो लाल रंग से चित्रित हैं।

५. जराई

सागर से १७ कि० मी० की दूरी पर सागर-बीना मार्ग पर पर्वतीय स्थल पर यह शिलाश्रय स्थित है। यहाँ पर दो शिलाश्रय हैं। प्रथम में १६ चित्र तथा द्वितीय में ८ चित्र हैं। यहाँ मानवाकृति, घोड़े, घुड़सवार, योद्धा आदि के चित्र लाल रंग में अंकित हैं।

६. खानपुर

सागर से १३ कि० मी० की दूरी पर सागर-बीना मार्ग के पर्वतीय स्थल पर खानपुर स्थित है। यहाँ पर ३ शिलाश्रय हैं। प्रथम में ७ चित्र और द्वितीय में ४८ चित्र अंकित हैं। ये चित्र मानवाकृतियाँ, सांभर, शेर, हिरण, बैल, बंदर, योद्धा, युद्धदृश्य, नृत्यदृश्य, आखेटदृश्य आदि के हैं। वे लाल, गुलाबी, गेरुआ, गहरा लाल आदि रंग से चित्रित हैं। यहाँ के चित्र मेसोलिथिक, चालकोलिथिक, प्रारम्भिक ऐतिहासिक एवं मध्य ऐतिहासिक काल के हैं। इस शिलाश्रय के एक अत्यन्त भावपूर्व चित्र में एक बालक एक वयस्क मानव के पीछे खड़ा हुआ है। वयस्क मानव चलते-चलते सामने हिंसक पशु को देखकर मानो ठिठक गया है तथा उसने भय से दोनों हाथ ऊपर उठा लिए हैं। उसके शीर्ष पर पत्तों की कलंगी है तथा कटिभाग पर झालरनुमा पत्तों का वसन है। उसके पीछे बालक बाएं हाथ में लाठी के समान आयुध पकड़े हुए तथा दायां हाथ कटि पर रखे एक पैर पर भार दिए हुए खड़ा है। बालक की उँचाई वयस्क मानव के कटि भाग तक सीमित है। इस चित्र को देखने पर ऐसा ज्ञात होता है कि दोनों किसी एक कुटुम्ब के सदस्य, संभवतः पिता एवं पुत्र, हैं। इसी शैलाश्रय में अत्यन्त प्रभावपूर्ण चित्र एक नृत्यदृश्य का है। इसमें एक मानव असामान्य रूप से लंबा है तथा दूसरे की लंबाई अपेक्षाकृत

कम है तथा शरीर पुष्ट है। दोनों के कटि भाग में शाखादार फूल-पत्तियों का परिधान है तथा शीर्ष पर कलंगीस्वरूप शिरोवस्त्र धारण किए गए हैं। उपरोक्त दौनों चित्र मेसोलिथिक काल के हैं। इनके अलावा इस शैलाश्रय में प्रारंभिक ऐतिहासिक काल के अश्व, योद्धा, मानव, शेर आदि के चित्र भी चित्रकला की दृष्टि से उत्कृष्ट हैं।

७. पगारा

सागर से ६ कि० मी० की दूरी पर सागर-झांसी मार्ग पर बाहरी मार्ग (डायवरसन) से ३ कि० मी० दूर एक पहाड़ी पर यह स्थान है। यहाँ शैलाश्रयों की संख्या २ है तथा प्रत्येक में ७-७ चित्र अंकित हैं। पूर्व में इन शैलाश्रयों में काफी संख्या में चित्र रहे होंगे परंतु समय के साथ-साथ सारे चित्र नष्ट होते जा रहे हैं। ये चित्र मुख्यतः योद्धा, घुड़सवार, हाथीसवार और हिरन के हैं तथा पूरक शैली में लाल रंग से चित्रित किए गए हैं।

८ अमोनी

सागर से ६ कि० मी० दूर सागर-बीना मार्ग पर ८ शैलाश्रयों का एक समूह है। पहले शैलाश्रय में ३ चित्र, द्वितीय शैलाश्रय में १२ चित्र, तृतीय शैलाश्रय में ३ चित्र, चतुर्थ शैलाश्रय में अस्पष्ट चित्र, पंचम शैलाश्रय में १३ चित्र, षष्ठ शैलाश्रय में ३८ चित्र, सप्तम शैलाश्रय में १४ चित्र एवं अष्टम में १५ चित्र अंकित हैं। ये मानवाकृतियों, विभिन्न पशुओं, योद्धाओं, युद्धदृश्य, आखेटदृश्य आदि के चित्र हैं। इनमें मुख्य रूप से लाल, गेरुआ, सफेद, गहरा लाल आदि रंगों का प्रयोग किया गया है। अमोनी के चित्रों में एक चित्र नृत्यदृश्य का है, जिसमें चार मानवकृतियां एक-दूसरे के कंधे पर हाथ रखे नृत्य कर रही हैं। ये मानवाकृतियां डमरूनुमा आकार में गेरुए रंग की रेखानुकृतियों द्वारा चित्रित की गई हैं। (चित्र क्रमांक-३)। इसी शैलाश्रय में एक विचित्र चित्र पाया गया है, जो संभवतः पूजा के प्रतीक या टोटके के रूप में अंकित किया गया होगा। यह चित्र गेरुए रंग की रेखानुकृति से बनाकर अलंकृत किया गया है।

९. मापेल

यहाँ के शिलाश्रय सागर से १४ कि० मी० दूर सागर-भोपाल मार्ग में पर्वतीय स्थल पर स्थित हैं। शिलाश्रयों की संख्या ४ है। प्रथम में ७ चित्र, द्वितीय में २ चित्र तृतीय में ४ चित्र हैं तथा चतुर्थ में एक लेख है। यहां के चित्रों में घुड़सवार, हाथी सवार मानवाकृतियां तथा कुछ जानवरों के चित्र हैं। अधिकांश चित्र लाल रंग से पूरक शैली में अंकित किए गए हैं। यहां का एक विशिष्ट चित्र लाल रंग से अंकित किया गया नन्दोपक है।

१०. नरियावली

सागर से २२ कि० मी० दूर सागर-बीना मार्ग पर यह स्थित है। यहां ४ शिलाश्रयों का समूह है। शिलाश्रय क्रमांक एक में १८ चित्र हैं, २ में पूर्व में चित्र रहे होगें, परंतु समय के साथ सब नष्ट हो चुके हैं। शिलाश्रय क्रमांक ३ में १४ चित्र हैं तथा शिलाश्रय क्रमांक ४ में एक चित्र है। यहां मानवाकृतियां, घोड़ा, मोर, घुड़सवार, योद्धा आदि के चित्र प्राप्त होते हैं। अधिकांश चित्र लाल रंग से, अलंकृत एवं पूरक शैली में बने हुए हैं।

११ करटा

सागर से २९ कि० मी० की दूरी पर सागर-रहली मार्ग पर नदी के किनारे यह स्थित है। यहां पांच शैलाश्रय हैं। प्रथम शैलाश्रय में ७, द्वितीय शैलाश्रय में २, तृतीय शैलाश्रय में ५, चतुर्थ शैलाश्रय में ४ एवं पंचम शैलाश्रय में ३ चित्र अंकित हैं। इनमें मुखौटायुक्त मानव, हिरन, खरगोश, घोड़ा, मोर आदि के चित्र हैं, जो लाल, सफेद, गहरे लाल आदि रंगों से अंकित किए गए हैं।

१२. आबचंद

सागर से ३३ कि० मी० दूर सागर-जबलपुर मार्ग में नदी के किनारे २२ शैलाश्रयों का समूह है। इन २२ शैलाश्रयों में कुल मिलाकर ३३० चित्र हैं। इन में मानवाकृतियां, मुखौटायुक्त मानव, शेर, सिंह, हिरन, महिष, हाथी, खरगोश, कुत्ता, घोड़ा, बैल, मोर, घुड़सवार, योद्धा, युद्धदृश्य, नृत्यदृश्य, हाथी सवार, देवपुरुष, आखेटदृश्य आदि के कई चित्र है। उनमें लाल, सफेद, गेरुआ गहरा लाल, हल्का लाल, हरा, लाल-सफेद, आदि रंगों का प्रयोग मिलता है। ये चित्र रेखानुकृति, अलंकृत, पूरक तथा अर्द्धपूरक शैलियों में बने हुए हैं। यहां चित्रों का अंकन परतों में हुआ है। यहां चालकोलिथिक, मेसोलिथिक, प्रारंभिक ऐतिहासिक एवं मध्य ऐतिहासिक काल के चित्र हैं।

यहां पर चौकोर, त्रिभुजाकार, डमरू आकार, यष्टिवत् आदि मानवाकृतियां पाई जाती हैं। (डमरू आकार की मानवाकृति देखिए चित्र क्रमांक-६ में)। पशुओं के चित्र अर्द्धपूरक एवं अलंकृत शैली में बने हुए हैं। (देखिए चित्र क्रमांक-७) दो रंगों से बने हुए चित्र यहां की विशेषता है। (चित्र क्रमांक-८) पूजा के चित्रों की यहां बहुलता है (चित्र क्रमांक-९)। यहां वृक्ष का अंकन भी मिलता है (चित्र क्रमांक-१०)।

१३. सेमरा

रहली तहसील में सेमरा गाँव से १० कि० मी० दूर नदी के किनारे १४ शिलाश्रयों का समूह है, जिनमें कुल चित्रों की संख्या २२१ है। आवचंद-जैसे ही चित्र सेमरा में भी मिलते हैं तथा उपरोक्तानुसार रंगों का प्रयोग भी मिलता है। यहां के चित्रों में एक विशिष्ट चित्र नृत्यदृश्य का है, जिसमें पांच मानवाकृतियां नृत्य करते दर्शाई गई हैं। नृत्य में स्त्री तथा पुरुष दोनों का अंकन है। तीन आकृतियां स्त्रियों की हैं जो अधोवस्त्र धारण किए हुए हैं तथा दो आकृतियां पुरुषों की हैं। सब आकृतियों के बायें हाथ एक दूसरे के कंधे पर हैं। चित्र बहुत ही आकर्षक हैं। यह चित्र गहरे लाल रंग से पूरक शैली में अंकित किया गया है। (देखिए चित्र क्रमांक-११)।

१४. ग्वारी

रहली तहसील में सागर से ३० कि० मी० की दूरी पर स्थित सुर्खीग्राम से ५ कि० मी० दूर यह स्थल स्थित है। यहां शिलाश्रयों की संख्या ७ है, जिनमें से एक शिलाश्रय अंडाकार आकार का है। यहाँ के अधिकांश चित्र नष्ट हो चुके हैं। जो बचे हैं वे योद्धा, धनुर्धारी-

मानव घुड़सवार, घोड़ा, महिष, हिरण मानवाकृति आदि के हैं। वे चालकोलिथिक, प्रारंभिक ऐतिहासिक तथा मध्य ऐतिहासिक काल के हैं।

१५. पत्रकोटा

यह बंडा तहसील में सागर से ४० कि० मी० दूर सागर-छतरपुर मार्ग नदी के किनारे स्थित है। यहाँ २ शिलाश्रय है, जिनमें महिष, हिरन आदि जानवरों के झुंड एवं मानवाकृतियाँ, घुड़सवार, हाथीसवार के चित्र लाल रंग से पूरक शैली में अंकित है।

१६. पथरिया गौंड

बंडा तहसील में सागर से ३५ कि० मी० दूर सागर-अमोनी मार्ग में यह स्थान स्थित है। यहां दो शिलाश्रय हैं, जिनमें हिरन, महिष, योद्धा, सिंह आदि के चित्र हैं। वे लाल, गहरे लाल तथा सफेद रंग से बने हुए हैं।

१७. बिल्हा

यह बंडा तहसील में सागर-छतरपुर मार्ग पर सागर से ६३ कि० मी० की दूरी पर है। यहाँ १३ शिलाश्रयों का समूह है, जो कि नदी के किनारे हैं। इनमें मानवाकृतियां, सिंह, हिरन, नीलगाय, महिष, हाथी, खरगोश, घुड़सवार, आदि के चित्र मिलते हैं। ये पूरक अलंकृत और अर्द्धपूरक शैलियों में बने हैं। यहाँ पर ज्यामितिक चित्रों की बहुलता है। यहाँ एक महिष का चित्र पूरक शैली में अंकित किया गया है, जिसके मध्य भाग को अलंकृत किया गया है। (चित्र क्रमांक-१२)

१८. बर्री

खुरई तहसील में सागर से ४८ कि० मी० दूर सागर-झांसी मार्ग में शैलाश्रय, नदी के किनारे स्थित हैं। इन शैलाश्रयों की संख्या ६ है जिनमें ३४ चित्र हैं। मुखौटायुक्त मानव, सिंह, हिरन, महिष, घुड़सवार, योद्धा, युद्धदृश्य आदि के चित्र हैं, जो लाल, गहरे लाल सफेद एवं काले रंगों से पूरक, अलंकृत एवं अर्द्धपूरक शैली में बने हुए हैं। एक उल्लेखनीय चित्र महिष का है, जिसका शरीर असंतुलित एवं बेडोल बनाया गया है; पांव शरीर की तुलना में बहुत छोटे अंकित किए गए हैं। सींग तथा लंबी पूछ का अंक़न किया गया है। चित्र को सफेद रेखानुकृति द्वारा अलंकृत किया गया है। (चित्र क्रमांक-१२)

इस प्रकार हम पाते हैं कि सागर जिले में १४३७ शैलचित्रों का विपुल भंडार है। शिलाश्रयों में पहले इससे भी कहीं अधिक चित्र रहे होंगें, परंतु हवा, पानी, सूर्य तथा अन्य प्राकृतिक तत्वों के कारण वे नष्ट हो चुके हैं। जो चित्र बचे हैं, वे देश की प्राचीन संस्कृति की धरोहरस्वरुप हैं।

छतरपुर के जैन मन्दिरों के भित्तिचित्र

मधु सक्सेना

छतरपुर नाम महाराजा छत्रसाल के नाम पर पड़ा। संभवत: पहले इस नगर का नाम छत्रसालपुर रहा होगा, जो बाद में छतरपुर कहलाने लगा।

छतरपुर नगर में पांच जैन मन्दिर नगर के बीच स्थित हैं। सबसे विशाल जैन मंदिर नगर के मध्य में स्थित है और 'बड़ा मंदिर' के नाम से जाना जाता है। इसे लोग पंचायती मंदिर भी कहते हैं। इस मंदिर में पांच वेदियां तथा तीन शिखर हैं। मंदिर का प्रवेश-द्वार पश्चिम की ओर है। मंदिर की भित्तियों पर जैन धर्म से संबन्धित चित्र बने हैं। मंदिर के दालान में भित्तिचित्रों की छटा दर्शनीय है। ये चित्र विविधता से पूर्ण हैं और उत्तर-मध्यकालीन वेशभूषा तथा सामाजिक-धार्मिक स्थिति के द्योतक हैं। भित्तियों पर कहीं राजा-रानी का चित्रण है तो कहीं रानी अपनी दासियों से बातचीत करती हुई चित्रित है। मंदिर में दरवाजे महराब के आकार के हैं। महराबों पर फूलों और लताओं को चित्रित किया गया है। कहीं दरवाजों के दोनों ओर पर्वत चित्रित हैं। दोनों ओर के पर्वतों के ऊपर चार-चार दिगम्बर मूर्तियां हैं तथा स्त्रियां और पुरुष हाथों में पूजन-सामग्री लिए हैं। आकृतियों के चेहरे एकचश्म हैं। कहीं-कहीं पूजन करती स्त्रियों के साथ बच्चे भी हैं। पर्वत बहुत विशाल बना है। स्त्रियां लहंगा, पारदर्शी दुपट्टा तथा चोली पहने हैं। मंदिर की भित्ति पर पंक्तिबद्ध अनेक स्त्रियां अंकित हैं। स्त्रियों के धारीधार लहंगे और उनसे मेल खाते दुपट्टे दर्शनीय हैं। सभी स्त्रियां दुपट्टे से सिर ढके हैं। स्त्रियों के पैरों में बारीक नूपुर हैं तथा पुरुषों के कमर में पटका। इस बड़े मंदिर में पीले सदाबहार तथा फूलों व कटीली पत्तियों का अलंकरण है।

बड़े जैन मंदिर से थोड़ा आगे नगर के मध्य में कोतवाली के समीप स्थित चौधरी जिनालय यहाँ के सभी जिनालयों से प्राचीन है। इस मंदिर के शिखर जैसे-जैसे ऊपर गये हैं, पतले होते गए हैं। इस मंदिर में सबसे अधिक चित्र हैं।

मंदिर में गर्भगृह की छत पर भगवान् श्री नेमिनाथ की बारात का चित्रण है। नेमिनाथ जी को डोली पर बैठे चित्रित किया है। कुछ लोग पैदल तथा कुछ राजाओं की शाही बग्गी में बैठे हैं। कुछ पुरुष हाथों में झण्डे लिए हैं। कुछ बाराती-जैसे प्रतीत होते है। उनके

हाथों में बाजे व नफ़ीरी हैं। नेमिनाथ जी तथा कुछ बाराती राजाओं के सिरों पर कंटीला मुकुट है। कहीं-कहीं साफा बांधे हुए लोग भी हैं। उनके लम्बे अंगरखे हैं तथा कमर में पटका बंधा है। वे नुकीले जूते पहने हैं। लाल, गेरुआ, काला, नीला, हरा, कत्थई और बादामी रंगों का प्रयोग चित्र-रचना में किया गया है। इस दृश्य के ऊपर पीले व लाल रंग के फूल व हरे रंग की पत्तियों की बेलें बनी हुई हैं। पत्तियाँ गोल तथा कत्थई रंग की हैं। ये सभी चित्रण छत पर हैं। पत्तियों की नसें गहरे हरे रंग की हैं। भित्ति का रंग हल्का आसमानी हैं। इसी चित्र की दाहिनी भित्ति पर आले के अन्दर जैन मुनि शास्त्र लिखते हुए चित्रित हैं। मुनि के शरीर का रंग श्याम वर्ण है। ऊपर शंकर भगवान् नेत्र बंद किये ध्यानासन मुद्रा में मृगछाला पर आसीन हैं। शंकर जी के सिर पर गंगा को श्वेत वस्त्रों में अंकित किया है। दरवाजों के दोनों ओर जैन मंदिर बने हैं, जो पावापुरी के प्रतीक हैं। उन मन्दिरों की जिन-मुर्तियाँ पद्मासन में हैं। ऊँची वेदी बनी है। कहीं-कहीं दूरी पर हरे व कत्थई रंग के पेड़ लगे हैं। मंदिर पीले रंग में चित्रित है।

उक्त मंदिर में कुछ महलायें पंक्तिबद्ध, एक ही ओर देखते हुए, आलों में चित्रित हैं। प्रतीत होता है जैसे बारात को देखते हुए उन्हें प्रदर्शित किया गया है। महिलाओं को कमर तक अंकित किया गया है। शेष भाग आलों में छिपा है। स्त्रियाँ लहंगा, दुपट्टा तथा चोली पहने हैं। इस चित्र के नीचे कुछ स्त्री-पुरुष नाचते-गाते दिखाये गये हैं। एक जगह दो महिलाऐ आपस में वार्तालाप में मग्न हैं। चित्रों में लाल, गेंहुआ, पीला, नीला तथा कत्थई रंगों का प्रयोग किया गया है। नीचे की बायीं भित्ति पर एक बड़ा गजरथ राजाओं की सवारी सहित चित्रित है। हाथी पर नीले रंग की झूल पड़ी है। पूरे शरीर पर बारीक आभूषण हैं। दोतों ओर ऊपर कंटीली पत्तियां बनी हैं। राजा सिर पर साफा, कमर में पटका तथा जामा और अंगरखा पहने हैं। अन्य चित्र पर भोग-भूमि पर पति व पत्नी पेड़ के नीचे प्रदर्शित हैं। पेड़ से उन्हें भोज्य सामग्री प्राप्त होती है। स्त्रियाँ लाल रंग का लहंगा, गहरे व कत्थई रंग का दुपट्टा तथा चोली पहने अंकित हैं। पुरुष सिर पर कत्थई व मटमैला सफेद साफा, पीले व कत्थई रंग का पटका, हरे व कत्थई रंग का अंगरखा तथा मटमैला सफेद जामा पहने हैं। सभी के चेहरे एकचश्म हैं। द्वार पर बारीक गोलाकार फूल व पत्तियों का अलंकरण है। फल पीले व पत्तियां हरे रंग की हैं। एक भित्ति पर भगवान् के जन्म से संबंधित चित्र हैं। जब भगवान् बालक-रूप में पृथिवी पर प्रकट हुए तब के राजमहल का चित्रण किया गया है। स्त्रियाँ लाल रंग के लहंगे, पीले रंग के दुपट्टे तथा मेल खाती चोली पहने हुए हैं। एक जगह पर कुछ महिलाएं पानी भरते हुए प्रदर्शित हैं। कपड़ों में लहंगा, चोली व दुपट्टा है।

एक चित्र भगवान् महावीर के जन्म से संबंधित हैं। उस में उनकी माँ को जन्म से पहले जो सोलह स्वप्न दिखे थे, उनका अलग-अलग चित्रण है। एक जगह ऐरावत हाथी दर्शाए है। कहीं अलग-अलग आलों में मुनि तथा कहीं स्त्रियाँ चौपड़ खेलती हुई अंकित हैं। द्वार पर रावण का चित्रण है।

कहीं-कहीं आलों में मंदिरों के प्रतीक बने हैं। नीचे राजमहल तथा चारों ओर महल में रहने वालों का अंकन बहुत मोहक है।

बजरिया-मार्ग पर बड़े मंदिर के पास अन्य मन्दिर हैं। इस मंदिर के निर्माता पंडित जवाहर लाल नेहरू के पिता श्री मोतीलाल नेहरू थे। मंदिर में प्रमुख वेदी के बाहर गर्भगृह में ही चित्र हैं। एक जगह संसार-वृक्ष का चित्र है, जो गतियों का प्रतीक है। दूसरी ओर भगवान् पार्श्वनाथ पर उपसर्ग का दृश्य है। बायीं ओर भगवान् महावीर की प्रतिमा पद्मासन पर विराजमान है : इस प्रतिमा के चारों ओर ज्ञान, चरित्र, दर्शन और तपस्या अंकित हैं। इन्हीं चारों गुणों से ईश्वर बनता है। एक जगह नौ जैन तीर्थंकर चित्रित हैं, जिनमें दो खडगासन मुद्रा में हैं। पार्श्वनाथ के नीचे इन्द्र चंवर डुलाते हुए चित्रित हैं।

एक चित्र काल्पनिक हैं। इसमें मंदिरों के प्रतीक बने हैं। कहीं पहाड़ी पर तथा कहीं बीच नगर में राजा की सवारी का चित्रण है। नीचे शेर तथा दरबान बने हैं तथा पहरेदार घुड़सवार हैं।

बाईं भित्ति पर महावीर स्वामी के जन्म-अभिषेक का दृश्य है। मेरु पर्वत पर चन्द्राकार शिला चित्रित है। भगवान् को पद्मासन मुद्रा में बिठाकर उनका अभिषेक दिखाया गया है। एक जगह भगवान् ऋषभनाथ रानी सहित विराजमान हैं। नीचे मुनियों को आहार दान देते हुए राजा हैं। इन समस्त चित्रों में कुँभ नील, काला, नीला, हल्दी पीला, पीला, मटमैला, सफेद तथा दूसरे रंग प्रयुक्त हुए हैं। स्त्रियों के पतले व पारदर्शी दुपट्टे आकर्षक हैं।

छतरपुर में दो जैन मंदिर और हैं। एक दिगम्बर जैन जोधाबाई का मंदिर है। परन्तु उसमें चित्र नहीं है। दूसरा दिगम्बर जैन डेरा पहाड़ी मंदिर है। उसमें भी चित्र नहीं है। छतरपुर के जैन मंदिरों के उक्त चित्र नवीन शोध-सामग्री प्रस्तुत करते हैं।

चंदेल कला का उपेक्षित अध्याय–चाँदपुर

डॉ० महेन्द्र वर्मा

पुरातत्त्ववेता श्री अलैक्जेण्डर कनिंघम ने अपने ग्रन्थ 'आर्कओलॉजिकल सर्वे रिपोर्ट्स ऑफ बुन्देलखण्ड ऐण्ड मालवा' में बुन्देलखण्ड के पुरातात्विक अतीत की गौरव गाथा गायी है। विन्ध्याचल के आँचल में फैले हुए चंदेलकालीन सर्वश्रेष्ठ कलातीर्थ के रूप में खजुराहो प्रसिद्ध हैं। चंदेरी, कालंजर, महोबा, अजयगढ़ गैराहा (झाँसी जनपद), गौड़, बिलहरिया, रसिन (तीनों बाँदा जनपद), मदनपुर, मडावरा, चाँदपुर, दूधई (सभी ललितपुर जनपद) आदि के अनेक ऐसे हिन्दू और जैन मन्दिर हैं, जिनके अवशिष्ट भागों को देखकर अतीत के कला-कौशल का परिचय मिलता है।

चाँदपुर (२४.३०" उत्तरी अक्षांश तथा ७८.१८" पूर्वी देशान्तर) झाँसी-बम्बई रेलवे लाइन पर झाँसी से लगभग ११५ कि० मी० धौर्रा नामक एक छोटे स्टेशन से लगभग ३ कि० मी० पीछे पूर्व की ओर मन्दिरों के समूह के रूप में दिखाई देता है। आज वह चाँदपुर-जहाजपुर नाम से प्रसिद्ध है।

चाँदपुर एक मुस्लिम नाम दिखाई देता है, जो सम्भवतः मुस्लिम शासनकाल में चन्द्रपुर नाम से परिवर्तित किया गया होगा।

चाँदपुर नाम 'आइने अकबरी' (जिल्द २, पृ० २११) में मिलता है। उस समय चाँदपुर गढ़ा सरकार के अन्तर्गत था तथा गोंडों के नियन्त्रण में था। वे लोग मुगल शासक अकबर को पाँच अश्वारोही दिया करते थे।

जहाजपुर ग्राम के समीप दो जैन मंदिरों के तथा दूसरी ओर कुछ हिन्दू मंदिरों के अवशेष हैं। हिन्दू मंदिरों का स्थापत्य एवं मूर्तिशिल्प जैन मंदिरों से अधिक जीवन्त हैं। चाँदपुर में सरोवर के किनारे अन्तिम छोर पर बड़े पत्थरों और मूर्तियों के ढेर के पास वराह का मंदिर था। उसके ध्वंसावशेषों में प्राप्त एक विशालकाय सतीस्तम्भ पर यह लेख नागरी में उत्कीर्ण है—"ओम् १ संवत १२०७ ज्येष्ठ बदी ११, रवौ मास प्रतिहारान वये वच्छस्य गोत्रये उदयपाल भूप......।" इससे निष्कर्ष निकलता है कि उक्त वराह मंदिर किसी उदयपाल नामक शासक ने संवत् १२०७ (११५० ई०) में बनवाया। मूर्तिशिल्प से तथा चाँदपुर से लगभग

१२ कि० मी० दूर चंदेलकालीन कला के एक अन्य क्षेत्र दूधई के प्रसिद्ध ब्रह्मा मंदिर पर लगे सात शिलालेखों से लगता है कि यहाँ मंदिरों के निर्माण की परम्परा दसवीं शताब्दी में प्रारम्भ हो गई थी और वह तेरहवीं शताब्दी तक चलती रही।

चाँदपुर में चार पतले स्तम्भों पर आधारित वितानयुक्त छोटा मंडप हैजो जैव देवालय का अवशेष है। मंडप के एक कोने पर लगभग १२ फुट ऊँची एक कलापूर्ण प्रतिमा है। उसके पादपीठ पर बने हिरनों की तथा अन्य प्रतिमाओं से स्पष्ट है कि तीर्थंकर शान्तिनाथ की इस प्रतिमा के कारण यह मंदिर कभी इन्हीं जैन तीर्थंकर को समर्पित रहा होगा। द्वारस्तम्भ के बीच केन्द्र में कमलनाल पकड़े हुए दाढ़ीयुक्त ब्रह्मा की प्रतिमा और आसपास नागी और शालभंजिका की प्रतिमाएँ हैं। देहली का शिलापट्ट गजसिंह आकृतियों से तथा मंडप का सिरदल ध्यानी तीर्थंकर और नवग्रह की आकृतियों से अलंकृत है।

इस मंदिर के उत्तर-पूर्व के कोने में कुछ दूर शांतिनाथ के एक अन्य मंदिर के अवशेष हैं। लगभग ढाई फुट लम्बा और ढाई फुट चौड़ा एक चौकोर प्रवेश-द्वार है, जिससे प्रवेश करने पर गर्भगृह में लगभग १२-१३ फुट ऊँची विशालकाय शांतिनाथ की भव्य प्रतिमा के दर्शन होते हैं।

रेलवे क्रासिंग के बाईं ओर कुछ दूर तीन मंदिरों का समूह है। इनमें से एक को बड़ी देलवरी, दूसरे को छोटी देलवरी और तीसरे को सुरूं मढ़िया कहा जाता है। गर्भगृहों के सिरदलों के बीच निर्मित गरूडवाहन विष्णु की प्रतिमाओं के होने से निश्चित है कि ये तीनों मंदिर विष्णु को समर्पित रहे होंगे।

प्रथम विष्णु मंदिर में कलापूर्ण स्तम्भों से युक्त वितान शेष हैं। गर्भगृह के द्वारस्तम्भों पर गंगा-यमुना, गणेश और मिथुन प्रतिमायें तथा देहली पर गज-सिंह से युक्त कमलनाल का कलापूर्ण आलेखन है। अंतराल के स्तम्भ एवं ऊपरी छत वाला भाग खजुराहो के मंदिरों की भाँति अलंकृत हैं।

दूसरे विष्णु मंदिर गर्भगृह एवं अंतराल के भाग दिखाई देते हैं। गर्भगृह के सिरदल के केन्द्र में प्रदर्शित गरुडचाहन विष्णु और दाहिनी ओर ब्रह्मा-सावित्री तथा बाईं ओर उमा-महेश्वर की सुन्दर प्रतिमायें हैं। सिरदल की दूसरी पट्टिका पर नवग्रह और सप्तमातृकाओं की सुन्दर भावपूर्ण प्रतिमायें हैं। द्वारस्तम्भों पर गंगा-यमुना, कमलनाल से युक्त नारी, चँवर-धारिणी परिचायिकायें तथा मिथुन का सुन्दर अंकन है।

ऊँची जगती पर स्थित इन दोनों मंदिरों तथा आसपास विकीर्ण असंख्य प्रतिमाओं, कलापूर्ण पहलदार स्तम्भों, शिखरों, आमलकों, बीजपूरकों, कलशों आदि को देखकर दोनों मंदिरों के कलात्मक स्वरूप का परिचय मिलता है। ये दोनों मंदिर अर्धमंडप, मंडप, महामंडप, अंतराल गर्भगृह से युक्त पंचायतन शैली में निर्मित रहे होंगे।

दूसरे विष्णु मंदिर से कुछ दूर सुरूं मढ़िया नामक मंदिर का अवशिष्ट स्वरूप देखने को मिलता है। इस मंदिर के सिरदल के केन्द्र में भी गरुडवाहन विष्णु की प्रतिमा है,

जिससे स्पष्ट है कि यह मंदिर भी विष्णु का था। गर्भगृह के स्तम्भों पर गंगा-यमुना, नागियों, पुरुषाकृतियों, मिथुन प्रतिमाओं एवं संगीत वादकों की मनोरम प्रतिमायें दर्शनीय हैं। गर्भगृह के बाहर चार स्तम्भों पर आधारित अंतराल के कलापूर्ण भाग को देखकर कह सकते हैं कि यह विष्णु मंदिर उक्त दोनों विष्णु मंदिरों की भाँति पंचायतन शैली का रहा होगा।

उक्त तृतीय मंदिर के दक्षिण-पश्चिम की ओर कुछ दूर वराह ने पृथ्वी को अपने दृढ़ दाँतों पर उठा लिया है। विशालकाय वराह-प्रतिमा है। मंदिर के नाम पर अब वहाँ केवल अवशेष मात्र कुछ हैं, जिनके मध्य में वराह-प्रतिमा है। उसके शरीर पर विभिन्न देवी-देवताओं की लघु प्रतिमाओं के अलंकरण हैं।

वराह प्रतिमा तथा मूर्तियों के ढेर से कुछ दूर एक सुन्दर सरोवर है। उसके किनारे वराह की एक अन्य विशालकाय प्रतिमा है।

इस दूसरी कायपरिमाण वराह-प्रतिमा के अंगों पर भी देवी-देवताओं की असंख्य लघु प्रतिमाओं का अंकन है। खजुराहो के वराह-मंदिर की प्रतिमा के समान नहाँ भी मूर्ति के पादपीठ पर विष्णु के चारों आयुध पुरुष—शंख, चक्र, गदा और पद्म हैं। प्रतिमा का अग्रभाग पूर्वोक्त वराह प्रतिमा की अपेक्षा अधिक आकर्षक है। बाईं ओर अंजलि मुद्रा में प्रदर्शित पृथ्वी को स्त्री रूप में वराह की कराल डाढ़ों से उठाया दिखाया गया है। दाहिनी ओर मानवाकृति रूप में नाग देवता हैं, जिनका पूँछ वाला भाग वराह की पादपीठ पर वराह के उदर के नीचे है।

इसी वराह मूर्ति के समीप बड़ा सती स्तम्भ है, जिस पर संवत् १२०७ का पूर्वोक्त शिलालेल है। उससे पता चलता है कि चंदेलवंशी शासक मदनवर्मन (११२८-६४ ई०) के समय में बच्छ गोत्र के किसी उदयपाल नामक स्थानीय प्रशासक ने इस मंदिर का निर्माण कराया था।

इस वराह प्रतिमा से कुछ दूर रेलवे लाइन के समीप, जहाजपुर ग्राम के उत्तरी ओर चहारदीवारी के अन्दर एक भव्य मंदिर है। वह सहस्रलिंगेश्वर मंदिर नाम से प्रसिद्ध है। चाँदपुर के सभी मंदिरों में वह वास्तु और मूर्तिशिल्प की दृष्टि से श्रेष्ठतम है। मंदिर के नाम पर अब केवल गर्भगृह एवं अंतराल शेष हैं।

गर्भगृह के सिरदल के केन्द्र में तांडव नृत्य तल्लीन षड्भुजी शिव हैं। उनके दाईं ओर विष्णु एवं बाईं ओर ब्रह्मा विराजे हुए हैं। गर्भगृह के अंदर छोटे-छोटे हजार शिवलिंगों वाला ज्योतिर्लिंग है। इसी से मंदिर का नाम सहस्रलिंगेश्वर प्रसिद्ध हुआ।

अंतराल से लगे हुए चार स्तम्भों पर आधारित वितान के नीचे लगभग ५ फुट लम्बी, २ फुट चौड़ी और चार फुट ऊँची नंदी की प्रतिमा है। उसका मुख गर्भगृह में प्रतिष्ठापित शिव की ओर है। गर्भगृह और अंतराल के कलापूर्ण स्तम्भ तथा देहली गंगा-यमुना और अन्य विविध प्रतिमाओं तथा सुन्दर आलेखनों से अलंकृत हैं। मंदिर के अवशेषों को देखकर निश्चित है कि यह मंदिर भी अपनी प्रारम्भिक अवस्था में पंचायतन शैली में निर्मित रहा होगा।

मंदिर के सामने बाईं ओर कोने पर दो लघु मंदिर हैं, जिनमें ब्रह्मा और गणेश की प्रतिमाओं के होने के कारण वे क्रमशः ब्रह्मा और गणेश मंदिरों के नाम से जाने जाते हैं। इन मंदिरों की बाह्य भित्तियों पर ब्रह्मा, विष्णु, शिव, सरस्वती, नवग्रह आदि की कलापूर्ण प्रतिमायें हैं।

चाँदपुर के उक्त मंदिर केन्द्रीय पुरातत्व विभाग के अधीन हैं। वहाँ की बहुसंख्यक देव प्रतिमायें, मिथुन-मूतियाँ, सुर-सुन्दरियोंकी प्रतिमायें, अष्ट दिक्पालों, नवग्रहों एवं तप्तमातृकाओं की मूर्तियों के अलावा अनेक विशाल तीर्थंकर प्रतिमायें महारानी लक्ष्मीबाई महल में स्थानांतरित कर दी गयी हैं। १९६७ ई० से यह महल पुरातत्व विभाग के अन्तर्गत है। संग्रहालय में दूधई आदि स्थलों में प्राप्त अनेक प्रतिमाएँ भी सुरक्षित हैं।

बुन्देलखण्ड का कलास्थल महाराजा छत्रसाल की समाधि

सुश्री कुमकुम माथुर

महाराजा छत्रसाल की समाधि धुबेला में है। यह स्थान छतरपुर से लगभग १८ कि० मी० पश्चिम है। इस ग्राम में महाराजा छत्रसाल और उनकी पटरानी तथा रानियों के महल हैं। एक महल 'धुबेला-संग्रहालय' के रूप में परिवर्तित किया गया है। यह संग्रहालय नौगाँव (बुन्देलखण्ड) से कुछ दूर 'मऊसानियां' नामक प्राचीन गाँव के समीप एक सुन्दर तालाब के किनारे है। इस संग्रहालय में पुरातन अवशेष प्रदर्शित हैं, जो निम्न वर्गों के हैं :

१. शिलालेख और ताम्रपत्र,

२. जैन तीर्थङ्करों की मूर्तियाँ,

३. हिन्दू देवी-देवताओं की मूर्तियाँ,

४. स्थानीय कलाकारों द्वारा चित्रित समसामयिक राजसी तथा सामाजिक जन-जीवन की कृतियाँ।

महाराजा छत्रसाल की समाधि—धुबेला संग्रहालय से कुछ दूर यह समाधि स्थित है। समाधि की ऊर्ध्व रचना (ऊपरी भाग) में गुम्बद, मेहराब, छतरियों तथा निर्व्यूहों का अच्छा संयोजन और नभरेखा का सुन्दर विन्यास है। यह इमारत चौकी पर निर्मित नहीं है। समूची समाधि में वातायनों, जालीदार खिड़कियों एवं अनेक द्वारों के कारण प्रकाश और स्वच्छ वायु की उत्तम व्यवस्था है। परन्तु समाधि का मुख्यद्वार विशेष अनुग्रह पर ही खुलने के कारण, वहाँ कबूतरों और चमगीदड़ों का बसेरा हो गया है। यह एक अठपहलू इमारत है। इस समाधि में दीवार को सम्भालने के लिये अर्द्धस्तम्भ हैं, जिनमें ऊपर की ओर आले हैं। समाधि के बड़े वर्गाकार कक्ष का ऊपरी भाग कोण-मेहराब होने के कारण अठपहलू योजना में परिवर्तित हो गया। आठों कोनों पर आयताकार लम्बी मीनारें बाहर की ओर उभारकर बनायी गयी हैं। इससे समाधि के आकर्षण में वृद्धि हुई है। इन उभरे हुए भागों के ऊपर झरोखे तथा अर्द्धचन्द्राकार मेहराब हैं, जिनकी भीतरी एवं बाहरी दीवारों पर चित्रकारी है। मुख्य द्वार से अन्दर प्रवेश करते ही एक बारहकोणीय बड़ा कक्ष मिलता है। खिड़कियाँ तथा एक प्रवेश-द्वार है।

मुख्य कक्ष के चारों ओर विचित्र बारीक अलंकरण चित्रित हैं। फूल-पत्तियों का अत्यन्त कुशलता से अलंकरण किया गया है। समाधि में मानवाकृतियों का चित्रण नहीं है। मुख्य कक्ष की ऊपरी छत पर गोलाकार ज्यामितिक आलेखन हैं। चित्रों में स्वर्णिम पीले, कत्थई तथा धुंधले हरे रंग का प्रयोग किया गया है। यहाँ के आलेखन दतिया की समाधियों के आलेखनों की भाँति उत्कीर्ण कर नहीं बनाये गये। धुबेला के चित्रों में पृष्ठभूमि गहरे लाल रंग से पूरी गयी है। धरातल का श्वेत रंग एक अनूठे आलेखन के रूप में उभरा है।

दतिया की शिवगिरि-समाधियों में कलाकार ने पहले पृष्ठभूमि पर लाल चिकना मोज़ाइक किया है। फिर किसी पैने औजार से बारीक खुदाई कर अलंकरण बनाया है। धुबेला की छत्रसाल-समाधि में कलाकार ने खुदाई न करके आलेखन के आकार को पृष्ठभूमि पर अंकित कर शेष रिक्त स्थान को लाल रंग से भर दिया है। दोनों आलेखन अपना निजी महत्व रखते हैं।

छत्रसाल-समाधि में बड़े कक्ष से ऊपर जाने के लिये संकरी सीढ़ियाँ बनी हैं। ऊपर पहुँचने पर एक ही कक्ष में कहीं-कहीं चित्रकारी के अवशेष दिखाई पड़ते हैं। पुरातत्व विभाग द्वारा कहीं-कहीं सीढ़ियों और फर्शों की मरम्मत की गयी है।

समाधि में चूने की पृष्ठभूमि में चित्रों को बनाया गया है। समाधि के गुम्बद के शीर्ष पर पद्मकोष तथा कलश हैं। यहाँ के सभी द्वार दाँतेदार मेहराब के रूप में निर्मित हैं। मेहराबों के ऊपर चारों ओर लम्बी, चित्र-वल्लरी है, जिसमें फूलपत्तीदार ज्यामितिक अलंकरण हैं। समाधि की दूसरी मंजिल पर चारों तरफ मेहराबों की क्रमबद्ध श्रृंखला है।

मुख्य कक्ष तक पहुँचने के लिए अन्तराल मण्डप से होकर जाना पड़ता है, वह आयताकार कक्ष के रूप में है, जिसमें चित्र नहीं है। समाधि के मुख्य कक्ष के चारों ओर अठपहल आठ मीनारें हैं। ये आगे की ओर निकली हुई तथा एक ओर से मुख्य इमारत से जुड़ी हुई हैं। इनका बाहर निकला षट्कोणीय कटाव समूची मीनार को अनूठा आकर्षण प्रदान करता है। सम्भवतः इन आठों मीनारों के शीर्ष पर मुख्य गुम्बद की भाँति छोटे गुम्बद रहे होंगे। अब ये गुम्बदविहीन होने के कारण अधूरी-सी लगती हैं। समूची समाधि में सँकरा झुका हुआ छज्जा है, जो इमारत को वर्षा के थपेड़ों से बचाता है।

छत्रसाल-समाधि का प्रथम प्रवेश-द्वार अलंकरणविहीन है। अलंकरणरहित अन्तराल-मण्डप से होकर मुख्य समाधि कक्ष में पहुँचते हैं। वहाँ मध्य में छत्रसाल समाधि निर्मित है। समाधि के चारों ओर बने कोणदार मेहराब विचित्र अलंकरणों से सुसज्जित हैं। इन अलंकरणों में मुख्यतः कमल, कनेर तथा चमेली के पुष्प तथा अन्य अनेक काल्पनिक पुष्प बने हैं। यहाँ अंकित अलंकरण ज्यामितिक आकारों वाले हैं। अलंकरणों में सन्तुलन, रंग का उचित प्रयोग, रेखाओं में लय, तथा, लोच को अत्यधिक महत्व दिया गया है। ये अलंकरण कहीं अधिक घने और कहीं सरल, परन्तु पूर्णतया संतुलित है। ये आलेखन आयताकार, गोलाकार, त्रिकोणाकार, पंचकोणाकार तथा लम्बी पट्टी के आकारोंमें हैं। कहीं भी कलाकारों ने अपनी तूलिका पर

अधिकार और विश्वास नहीं खोया। अलंकरणों में ज्यामितिक चित्रण की प्रधानता है। आलेखनों के मध्य और कोनों में तथा कभी अन्यत्र जानवरों तथा पक्षियों की आकृतियां बनी हैं।

पशुओं में लम्बी पूंछ वाले सिंह, शार्दूल, भागते बन्दर तथा दौड़ते घोड़े आदि प्रदर्शित हैं। पक्षियों में नाचते मयूर, स्थिर खड़े सारस, बत्तख इत्यादि हैं।

जानवरों में घोड़ा और पक्षियों में मोर बहुतायत से तथा विभिन्न मुद्राओं में अंकित हैं।

रंगों में गहरा कत्थई, गहरा पीला या नीला सिलेटी रंग और कहीं-कहीं गहरा हरा रंग प्रयुक्त हैं। गहरे कत्थई रंग का प्रयोग यहां अधिक हुआ हैं। स्वर्णिम गहरा पीला रंग भी प्रयुक्त हुआ है। इस तरह के आलेखनों और रंगों का प्रयोग आधुनिक अल्पना और रंगोली में देखा जाता है।

कुछ आलेखन समय के प्रभाव तथा उचित देखभाल के अभाव में धुंधले हो गये हैं। पर जो बजे हैं वे दर्शनीय हैं। जानवरों और पक्षियों की आकृतियां गतिपूर्ण और लोककला से प्रभावित है।

कुछ आलेखन चूने की श्वेत पृष्ठभूमि पर तूलिका से चित्रित हैं। इन में सिलेटी, गहरा पीला, लाल तथा कत्थई रंगों का प्रयोग है। ये चित्रण कम घने हैं। कुछ आलेखन समस्त पृष्ठभूमि के बीच रिक्त स्थानों के रूप में हैं। इस तरह वे अलंकरण अधिक घने, अद्भुत गतिमयता एवं लोच से युक्त हैं। इनमें केवल गहरे लाल रंग का प्रयोग है। सम्पूर्ण आलेखन शेष रिक्त श्वेत पृष्ठभूमि को अलंकृत कर बनाया गया है।

छत के ऊपर मध्य में गुम्बद के नीचे गोलाकार चित्रण है। यह सूर्यमुखी के पुष्प का ज्यामिति आलेखन है। इसका रंग धुंधला पड़ गया है। दर्शनीय रंगों में गहरा नीला, गहरा पीला तथा कत्थई रंग हैं।

समाधि की श्वेत पृष्ठभूमि का रंग पीला होने लगा है। समस्त आलेखनों में पतली दरारें पड़ने लगी हैं। अब समाधि को पुरातत्व विभाग ने अपने संरक्षण में ले लिया है। आशा है उसके द्वारा इस महत्वपूर्ण स्मारक को उपयुक्त ढंग से सुरक्षित किया जाएगा।

SURASUNDARĪ FROM PIPALYĀ LORKĀ

—*R.R. Singh*

A red sandstone sculpture, representing an enchanting figure of a damsel, was discovered in the excavations of an ancient mound at Pipalyā Lorkā, in the Goharganj tahsil of Raisen district, during April, 1984.

While exposing the layer II of the main Trench PLK-IV of the ancient mound on 10.4.1984, this beautiful solitary sculpture was noticed embedded in the stone platform. It is a two-handed image, the right hand going down upto knee and the left, resting on the hip, holds a prominent stalked lotus.

This sculpture is a good specimen of *Surasundari* belonging to the early Medieval period. It was found buried in the debris of the reconstructed platform. It might have been shifted from some nearby temple of the late Pratīhāra period. Other similar Apsarā sculptures are reported from the surrounding areas. The sites are : Ashapuri, Samasgarh and Gyaraspur.

The Surasundarī expresses her inner emotions. She stands in a graceful tribhanga posture. The curvature of the body, the smile and attractive lips are remarkable indeed. This specimen displays erotic sentiments charmingly.

The posture, gesture, and the fantastic twists of the body are provocative. The globular breasts, attuanuated waist, fleshy limbs and the creesper-like figure and rhythm of the body are noticeable here.

This charming Apsarā has perfect face and is adorned with dangling heavy jewellery and a tastefully arranged coiffure. She wears a transparent garment recalling such figures from Khajuraho and other sites.

The figure is carved on a flat slab and rests on her right leg. The lower part below the knees is broken. The feet are missing along with the pedestal. The right hand is dangling down upto the knee, holding the end of the uttarīya. The left is raised above, holding a blossemed lotus stalk. A mouse is shown sucking the pollen grains (nectar) from the flower. This is a noval feature, not commonly found with such Apsarā figures.

———

ARCHAIC ROCK PAINTINGS OF CENTRAL INDIA

—K.D. Bajpai

Prior to the dawn of history the main parts of Central India (between the rivers Chambal and Sone from east to west and the Yamuna Narmada from north to south) were inhabited by the primitive non-Aryan tribes. Names of these tribes, as known from the later Vedic literature, the epics and the Purāṇas were Niṣāda, Śabara, Pulinda Vānara, etc. Apart from the literary references, their relics in the form of stone implements, rock-caves (many of them bearing paintings), human and animal bones and pottery have been discovered in several parts of this region.

The literary and archaeological source-material has thrown welcome light on the cultural equipment of these primitive people. On the basis of the evidence we can say that these people lived under shady trees or inside rock caves. The means of their sustenance were fruits and roots of trees, and animals and birds killed by them. They prepared stone tools of different sizes and types for hunting and other requirments. With the knowledge of agriculture and other rudimentary crafts from the nearby plain-dwellers, the taming of animals and use of pottery was known to the cave-dwellers also.

Some of the cave-dwellers learnt the art of painting the walls and roofs of their rock shelters. Examples of their pictorial art are preserved to this day in a very large numbet of cave-dwellings found at several sites of Central India. Most of these sites are located on the banks of the rivers Chambal, Betwa, Narmada and several of their tributaries and sub-tributaries.

The moderate climate and resources for livelihood, abundantly found in this region, provided necessary facilities to the primitive people, Rock-paintings and engravings have largely been found in Madhya Pradesh in the districts of Mandsaur, Sehore, Raisen, Hoshangobad, Sagar, Panna. Rewa, Ambikapur, Raigarh and Bastar. Within the area of Uttar Pradesh, painted rock-shelters are known in the Banda and Mirzapur districts. Stone implements, bones and potsherds have been obtained in some of the rock-shelters. These latter relics, along with the paintings, have thrown interesting light on the life of the primitive people. The colours used for the paintings were usually red, white, black, blue and yellow; the red colour of different shades predominates in the early paintings.

As regards the subject-matter of the paintings, the scenes usually depict hunting, animal fights, riding, honey-collecting, dance, music and various household scenes. Of special interest are the paintings of Abchand, Adamgarh, Barkhera, Bhopal, Raisen, Pachmarhi and Raigarh. At Ramgarh in the Ambikapur district interesting carvings and Brāhmī inscriptions of the early historical period have been discovered. A theatre, built in the Maurya Age, also existed there.

The excavations conducted at Maheshwar-Navadatoli (district Khargon), Kaytha and Nagda (Ujjain), Eran (Sagar), Tripuri (Jabalpur) and Barkhera (dist. Raisen) have thrown valuable light on the pre and proto-history of this region. The excavations have revealed that from almost the beginning of the 2nd millennium B.C. Eran, Navadatoli, Kaytha and Nagda had evolved townships with a developed material-culture. The remains unearthed at these sites include stone and copper implements, pottery, beads of semi-precious stones and clay, metal ornaments and various other objects of daily use. The post-Harappan chalcolithic culture developed at these sites in Madhya Pradesh from the beginning of the second millennium B.C. to about 600 B.C. The people of these regions had become familiar with agrieulture and the industries of stone tools, pottery and metal work of various forms.

For the study of the cultural development in Central India between c. 600 B.C. ahd 1200 A.D., much more evidence is available than what we have for the pre- and proto-history of the region. Inscriptions, coins and plastic and decorative arts, apart from literary texts and foreign accounts, furnish a variegated source material for the political and cultural history of the region.

It may be remarked that the art of rock-painting continued at several archaic sites of Central India even up to the 14th century A.D. A critical study of these historical rock paintings is yet a desideratum.

As to the subject-matter and the decorative patterns, some of these rock paintings evince interesting trains akin to those found on coins, sealings and sculptures.

The problem of dating Indian rock paintlngs, particularly the pre-historic ones, has not been adequately solved. The chronology of D.H. Gordon[1], stressing too much on late limits for even early paintings, cannot be accepted in view of more reliable evidence available now. On the basis of the field-work recently conducted at Adamgarh, Kharwai and Barkhera, the early limit of the pre-historic rock paintings can go back to several millennia before the date suggested by Gordon.[2] As regards the historical rock paintings, their dating is comparatively easier. Some of them bear Brāhmi inscriptions or the well-known symbols like *candrameru, swastika, nandipada*, etc. The stylistic details and the marks of suprerimposition also help us in determining their age more or less precisely.

It is to be borne in mind that these roek-paintings are not based on any religious or ethical prescriptions whatsoever. Nor were they prepared to any royal order. The folk or popular element is predominant in them. The rock painiings, by and large, are the creations of unsophisticated minds, who tried to represent their own life and their environments in a simple, rustic manner.

It is, therefore, obvious that their early painings are devoid of any unnatural or intricate ideas or themes. As these primitive people came more and more in contact with the so-called cultured people of the pains, the impact of the latter's way of life appeared on the rock-paintings under review. The cattle-breeding traits of the Neolithic-Chalcolithic people are discernible in the paintings at Pachmarhi, Barkhera and Raisen, wherein herds of tamed animals, such as bulls, buffalos and goats occur in large numbers.[3] Yoked bulls are painted at Raisen and Pachmarhi. Similarly the paintings at Dharampuri and Shahadkarar (both in Bhopal) depict wheeled carts.

The popular rituals and religious symbols also occur in the paintings. The ritual dancing around fire is shown in one of the paintings at Bhopal. The worship of *Kruśa* (cross) and *Vṛkṣa-devatā* (tree-god) was also known. The latter is carved in one of the paintings at Adamgarh. The symbols which oceur in early historlcal rock-paintings are : *meru* (hill), *swastika, nandipada, kalpavṛkṣa, cakra, hasta* (hand) *maṅgala-ghaṭa* (full vase), *chattra* (parasol) *triśūla* (trident), Sūrya and Candra (Sun and Moon). Most of these symbols have been found at Barkhera and Kharwai.

The Yakṣa-worship was quite popular in ancient India. Colossal stone images of Yakṣas and Yakṣiṇīs have been found at Mathura, Pawāyā and several other places in north India. A few rock-paintings depict unusual human figures of Yakṣas. Mention may be made of a four-handed male figure in one of the paintings at Bhopal. This probably represents a Yakṣa. An interesting Yakṣa figure bearing a Brāhmī inscription, assignable to c. 200 B.C., is found in the Barkhera group of paintings.

Demons with horns and animal-masked human figures also occur. Totem marks are found on some human figures. What looks like a magical sky-chaviot is depicted in one of the paintings at Pachmarhi.

Depiction of hunting scenes and of animal fights was extremely popular with archaic painters. The fauna of Central Indian forests is faithfully represented in the paintings. The artists were more adept in drawing the animal figures than those of human beings. The hunters are only males. Nowhere do we find in the rock-paintings the depiction of any female huntress.[4]

As regards the fighting scenes, it may be mentioned that nowhere in the prehistoric rock paintings do we come across any fighting scenes between two persons or two groups of persons. Such scenes are known only in the historical paintings.

For the study of domestic life, costumes and amusements, the rock paintings of Central India offer variegated material. Several family-groups, showing men, women and children, are found in the paintings at Bhopal, Barkhera and Pachmarhi. The honey-taking scene at Pachmarhi is of special interest.[5] Huts made of bamboos and reeds are also shown in some paintings. Interesting scenes of load-carriers (*behangi* Sanskrit *vihangikā*) are depicted at several sites.[6]

Dance and music scenes abound both in the prehistoric and historic paintings. The paintings at Abchand (dist. Sagar) show groups. seven persons or more are shown in such groups.[7] Some dancers are seen wearing animal masks. The musical instruments used by people were usually drums, flutes and *dhapalis*.

A few acrobatic scenes also deserve mention here. One of the paintings at Nariaoli (dist. Sagar) shows an acrobat with his head down and legs flung up. He holds a dagger and round noose in his hands. Another acrobat standing by him holds a rectangular object.[8] This popular folk scene is found even in the Malwa Rāgamālā paintings of the late medieval period. In Desakā Rāginī, a lady acrobat is shown in the upside down posture similar to the scene at Nariaoli.[9]

In one of the rock-paintings near Chitrakut (dis. Banda), recently discovered by the author and his research student, Sri J.P. Jain, a quarrel between two groups for a woman is depicted. This can be compared with the abduction scene at Gandale.[10]

The archic rock painters showed animal skins, bark of trees or leaves to cover the human body. But their successors in the early historical period could imitate the foreign dress. Some of the paintings at Baroda (dist. Sagar) and Shahadkarar (near Bhopal) show the long Scythian tunics worn by males.

The rock-paintings of Central India thus provide sufficient material for the study of various cultural facets of the pre- and proto-historic as well as of the historic period.

REFERENCES AND NOTES

1. *The Pre-historic Backgraund of Indian Culture* (Bombay, 1958), Chs. VI and VIII.
2. Detailed discussions on the dating of the Rock-paintings have recently been made by V.S. Wakankar and S.K. Pandey in their Ph.D. dissertations (not yet published). The present author, assisted by S.K. Pandey carried trial excavations at Kharwai and Barkhera. This was followed by the work at Bhimbaithka (in Barkhera) by V.S. Wakankar of the Vikram University, Ujjain and V.N, Mishra of the Deccan College, Poona.

3. E. g. see the large herd of buffalos painted in one of the caves at Raisen. Stone Age Painting in India, 'by V.S. Wakankar and R.R. Brooks, *Span*, sept. 1965, p. 2.

4. See S.K. Pandey, 'Hunting Scenes in Indian Rock Painting', *Bull, of Anc. Ind. History* (Sagar), No. 1 (1967), pp. 39-44.

5. Gordon, *Ibid.*, p. 107, Fig. 14; pl. XXI a and b; Jagdish Gupta. *Prāgaitihāsika Bhāratīya Citrakalā*, p. 370, pl. VI.

6. Jagdish Gupta, *Ibid.*, p. 504.

7. K.D. Bajpai, *Sagar Thraugh the Ages* (Sagar, 1964), pl. II B.

8. *Ibid.* pl. II (a).

9. Anand Krishna, *Malwa Painting*, pl. J.

10. Gordon, *Ibid.*, pl. XXVI a.

ROCK-PAINTINGS OF CENTRAL INDIA AND MIRZAPUR : A COMPARATIVE STUDY

—Dr. Rakesh Tiwari

Though the subject-matter, style, state of preservation and nature of rock-paintings and rock-shelters are almost similar to those of the rock-paintings of other regions of India and abroad, yet the rock-paintings of Mirzapur to some extent have their distinct identity and special features.

The profusely depicted human figures in the contemporary rock-art all over the world are shown engaged usually in similar activities of dance, hunting, etc. They have been illustrated in stylized, natural silhouettes, stick shape, X-ray style, etc. but they have different patterns of depiction even in the same region. About two hundred and fifty eight patterns of human figures have been recorded from the Mirzapur region itself. Mention of a few important features of them will not be out of place in this regard. The green-coloured human figures, some animals and other figures found in the Bhimbaithkā and other rock-art sites of Central India (Wakankar & Brooks 1976 : 38, 52, 79, 81; Neumayer 1983 : Fig : 39, 62, 67, 80-89) are not met with in Mirzapur. Similarly the postures and patterns of depiction of the human figures of Mirzapur have distinct difference from that of 'Kolo type' figures of Tanzania (Leakey 1983 : 95), 'Round head' figures of Tassili, Algeria (Lhote 1987 : 182), 'Mimi' and 'Thunder man' figurer of Australia (Kay and Stanley 1973 : 179-181, 184), 'bushmen' figures of South Africa (Lommel 1966 : 146-153) and the figures of Europe (Brown 1981 : 208-9, 216-18).

Some of the humen figures in all the regions are shown nude while others are depicted wearing some kind of cloth. The human figures of Mirzapur, generally shown wearing cloaks lying in the sides, are comparable with the similar illustrations of Central India. The costume and pattern of the human figures of Kathotia (Neumayer 1983 : Fig. 13,14 15) are similar to those of the figures depicted in the rock-shelters of Matahwa, Duara, Mukha dari, etc. An apparel tied to their waists, so that one strip of it lays before and one behind, is popularly shown in the paintings of Central India (Neumayer : Fig. 39, 80, 81), Australia (Kay & Stanly : ibid) and North & South Africa (Lommel : Ibid) but it is not found in the rock-paintings of Mirzapur. Besides, flared leggings of the figures of Tassili (Lhote : **Ibid**), ornamental skirts of Tanzanian (Leakey : ibid) and Australian (Key and Stanley 1976 : 185-86) figures, breeches, trousers and bell-

shaped skirts of Spanish Levant (Brown 1981 : 208) are distinctively different from the figures of Mirzapur.

Various head-dresses are met within the rock-art in all areas, but each area had separate characteristics. The headdresses portrayed in the Central India ɪock-paintings, bushy headdress of Kolo-figures, knot type head-gear of Mimi figures, and others are comparable in this regard with those of Mirzapur.

The 'diabolo men' of North African rock-art, in which human figures are shown wilh two triangles joined at their apieces are similar to those of Central India (Mathpal 1984 : 215) and Mirzapur. They have been portrayed in the later phases in all the three aforementioned regions. Unlike South African and Australian paintings of Europeans with fire-arms and other similar weapons are not illustrated in the rock-paintings of Mirzapur.

As far as size is concerned the earlier human figures of Mirzapur and those of Central India, Australia and Spanish Levant are usually micrographic while the figures of later periods are larger but smaller to those found in Africa and Australia (Lommel 1966; Fig : 83; Kay & Stanley 1973 : 183-81) some of which are almost life-size or even larger.

Unlike Central India illustrations of rabbits, rats, crow, ducks, sparrows and python (Mathpal 1981 ; 5-7) have not been depicted in the rock-paintings of Mirzapur. Besider, the figures of double-horned rhino, hippopotamus, giraffe, zebra, kudu and kangaroo, met with in the paintings of Africa, Europe and Australia respectively, have not been depicted in the rock-paintings of Mirzapur, obviously because most of them neither exist in that continent presently nor evidence of their presence in past has been discovered. The commonly depicted Lion-figures in South Africa (Mathpai 1984 : 213) are rare in the context of the rock-paintings of Mirzapur and Central India.

Animals are mostly shown in herds everywhere. Deer is the most popularly depicted among them in Indian and European rock-paintings.

It is also important to note in this context that we find the absence of engraved outline as witnessed in the paintings of Spanish- Levant and Africa.

Hunting is the most commonly illustrated subject of rock-paintings. Animals with spears, harpoons or arrows, either embedded in their chest, touching them or aimed towards them with the hind part of the weapon in the hands of the hunter; the injured animals with their bodies contracted due to the pain and the preponderance of the iguana hunt-scenes are the salient features of the hunting scenes in the rock-paintinfis of Mirzapur. We chiefly find animals being hunted in the rock-paintings of Central India, Europe and Africa. But Mirzapur has the maximum number of sɔlitary animal-hunt scenes.

Hunting scenes showing animals being hounded, surrounded and killed are like those of Central India. In this context we find a parallel between the hunting-scenes of Mirzapur, viz. the rhino-hunt scene (Ghoramangar), and bison (Kauvakhoh) and deer (Kerwa) hunting-scenes with those of Narsinghgarh, Dharampuri, Imlikhoh and Kathotia bison-hunt scene and Bhimbaithkā rhino-hunt scene (Gupta 1967 : Plate IX : Fig. 1 Plate X; Wakankar and Brooks 1976; Neumayer 1983 : Fig. 22-24). In most of these scenes, we find a unique uniformity in the portrayal of an angry and wounded animal fleeing away a hunter in the air by its horn.

The illustration of blood-drops dripping from the wounds of the injured animals in the rock-paintings of Central India (Neumayer 1983 : Fig. 10, 20, 24, 27) and spanish Levant (Garica; Gallowe & Lommel 1969 : 86; Fig; 122) is absent in the rock-paintings of Mirzapur. However, the wounḍed deer, turning back with an expression of pain shown in the rock-shelter of Lakhajoar (Neumayer : Fig. 10) is comparable with the wounded deer illustrated in the Sitakund rock-shelter of Mirzapur.

Scenes of the hunting of rats and monkeys, depicted in Central Indian rock-paintings, are not available in those of Mirzapur.

The hunters running forward in a bieezy manner in the rhino hunt scene of Matahwa or Bhutahiyn rock-shelter (Mirzapur) may be compared with the charging hunters portrayed in the Spanish rock-paintings (Garcia, Gallowe and Lommel 1969 : Fig. 121-128). Bow and arrow is the most popular weapon shown in all the rock-art regions for hunting.

The group dance scenes of Mirzapur generally resemble similar scenes of Central India (Wakankar and Brooks 1976 : 18-19). However the dancers depicted in a half sitting posture with upraised arms is a regional feature typical to the Mirzapur paintings. Such depictions are not seen alsewhere. Contrarily, dancing by forming a ring around the fire portrayed in Central India is absent in Mirzapur. The dance-scene portrayed in the Matahwa rock-shelter is also important in this context. In it several people are shown dancing after a successful hunt. The theme of this illustration is comparable to the scenes found in the rock-paintings of Kathotia (Neumayer 1983 : Fig. 11,12) and Tanzania (Leakey 1983 : 90-91).

Illustrations depicting pragneat animals have come to light in the rock-shelters of Kauva-khoh, Lakhma, Kerwa, etc., They are similar to the portrayals in the rock-paintings of Bhimbaithkā and Ramchajja etc., in Central India (Neumayer 1983 : Fig. 77 a-h; Wakankar 1984; 77-80).

As in Scandenavia, Africa, Australia and in various regions of India the 'X-ray style' of painting (Lommel 1966 : 22-45; 1983 : Wakankar & Brooks, Ibid; Neumayer, Ibid) is quite popular amongst the rock-paintings of Mirzapur too. However the portrayal of bones. muscles and decorative patterns endow the Mirzapur paintings with a distinct touch of its own.

Copulation seenes have been found in the rock-paintings of Bhimbaithkā and Kathotia in Central India (Mathpal 1981 : 9; Neumayer 1983 : Fig. 47. 94). No Such illustrations have been discovered in Mirzapur so far. Similarly we do not find any instance of child-birth scene and of honey collection, as illustrated in Central India rock-art (Mathpal 1981 : 10).

The tradition of hand-prints is equally popular in all the rock-art areas. The positive hand-prints illustrated at Bhimbaithkā were made by colour dipped hand. An example of line drawing of a boy's hand has also been found in Auditorium Cave (Mathpal 1982 : 14; 1984 : 214). Negative hand-prints are also rccorded from Bhopal area (M.P.) All the aforementioned types of hand-print are found depicted in different rock-shelters of Mirzapur. The hand-prints depicted in the rock-paintings of other countries are usually similar to them, but sometimes they have been depicted with wrist. Hand-prints of Australia are often shown up to the elbow. They have been decorated with dots and other designs.

The antiquity, location, subject-matter, technique, colour and style of the cave-paintings of Franco-Cantabarian art is entirely different from that of Mirzapur, earliest examples of which are dated to about 33,000 years B.P. It includes mainly huge animal figures, either engraved or illustrated in Polychrome.

From the aforementioned description, the regional attributes of the rock-paintings of Mirzapur and their points of similarities and diversities, in relation to the contemporary rock-paintings of other regions and countries, in general, can be clearly comprehended.

(Courtesy : Rakesh Tewari, *Rock Paintings of Mirzapnr*, U.P. State Archaeological Organisation, Lucknow, 1990).

THE GLORY OF ORCHHA : PALACES AND PAINTINGS

—*Dr. Daljeet*

A narrow lonely road from Jhansi pierces through a densely wooded jungle, the silence of which is occasionally broken by passing vehicles. A pleasent breeze sweeps across, whispering the secret of life, to the leafy branches of trees and making the dry leaves drop. The chirping of the birds is seldom noticed by a passer by. Suddenly a musical note of a small stream (river Satar) attracts one's attention. Close by stands a small and dilapidated hut-like structure, where revolutionary (*Chandra-Shekhar 'Azad'* spent the period (1929-30) of his banishment during British days.

Finally the road descents into a low valley revealing the outlines of a gigantic castle on a river island. A city gate opens in a decayed-wall, ruins of tombs, palaces and houses then appears a small, calm and quiet village girt by broken walls, until a bridge opens access to the royal palaces of the old capital. The calmness which prevails today was seldom there during the citadel's colourful and turbulent past.

On the island formed by the river Betwa is the citadel of *Orchha* enclosing three palaces and temples, gardens and ruins of the house of *'Keśavadāsa'* one of the most famous Hindu poets who dedicated the beautiful love-lyrics of his *"Rasikpriya"* to the famous courtesan of his days *Praveen Rai.*

No wonder that while on a hunting expedition Raja Rudra-Pratāpa (1501-31) was struck by the strategic position of the site and on the 13 Vaishakha Sudi Vikram Saṁvat 1588 (May 1531 A.D.) he commenced to build a palace after the model of Chanderi. He declared Orchha as his capital in place of Garh-Kundar.

Orchha's name is traditionally derived from the remark of a Rajput chief, who on viewing the site selected for the capital of Bundelkhand exclaimed "Ondo-Chee" (It lies low enough).

Orchha (an ancient seat of Bundelkhand culture) is located on the left bank of the river Betwa, about 6 kms. from Orchha Railway Station on the Jhansi-Manikpur line of Central Railway. The city of Orchha consists of several buildings constructed at different times. In the period of Bharati-Chand (1531-54), the *Ramji Mandir Palace* and the city walls were completed. During the reign of Madhukar-Shah (1554-92) Orchha saw a long period of peaceful prosperity, when the early Bundela paintings were painted on the walls of the palaces.

Bir Singh Deo (1605-27) wos not only a brave and strong ruler, but also connoisseur of the arts. He was not willing to acquiese in a little fief, he rebelled against his ruling brother Ram Shah. He was a close friend of Jahangir, in whose reign Bir Singh Deo extended the Orchha kingdom over all Bundelkhand and ammassed immense treasure. During the twenty two years of his reign he erected the famous palaces, like the *Jahangir palace* at Orchha and the palace of Datia, the smaller garden houses for his sons, the Hardaul Mandir and the quite unique Chaturbhuj Temple—all at Orchha.

With Bir Singh Deo's death the glory of Bundela power and art started waning. The kingdom was divided between the sons of the great ruler. Chanderi had already been given to Ram Shah, Bir Singh Deo's brother, in compensation for the throne of Orchha. Datia now became a separate state under his son Bhagwan Rao, but the rest of the territory soon reverted to Bir Singh Deo's eldest son Jujhar Singh. Orchha was visited by Shah Jahan in 1641 however, the emperor installed Jujhār Singh's brother Pahār Singh on the throne of Orchha, but alas ! the glory of Bundelkhand was on decline. The leadership of Bundela clan had passed to another line of the house of Rudra-Pratāp, to Champat Rai and his son Chhatrasāl (1662-1732) who founded Panna state in the east of Bundelkhand.

Under the later weak rulers, Orchha declined more and more. After the disintegration of the Mughal empire, the Marathas in 1730 invaded Bundelkhand. Finally Raja Vikramājit had to leave the capital of his ancestors and fled into jungles of Tehri-Tikamgarh. Orchha fell into ruins and slowly the jungle grew over what once had been one of the most splendid cities of India.

Of what remains of the ancient splendour is *Ramji Mandir*, the first palace of the Orchha rulers. Later it become the family temple of the dynasty. Built on the model of the *Koshak Mahal* at Chanderi by Mahmud Shah of Mandu it preserves, in the centre of a comparatively modern shrine of embossed silver, a small golden idol of Rama. It is said to have been brought from the old seat of the Bundelas at Ayodhya. At the time of its installation by the queen of Madhukar Shah, it was foretold as the story goes, that Orchha would be bereft of all its glory and prosperity with the installation of the images. But since the queen was an ardent worshipper of Rama, she paid no heed to it.

Be that as it may, the temple is a structure in the late Pathan style, with vertical conves fluttings on the corner towers. According to Dr. H. Goetz the *Ramjl Mandir* had set the model for all the later palaces of Bundelkhand. It has a large court from which the apartments rise in receding terraces to the high enclosing wall with eight pavilion towers. At present a group of images of *Viṣṇu*, *Varāha*, *Gaṇeśa* and a *Śiva Liṅga*, mostly of black stone, are arranged under a tree near the temple.

The Rāja-palace, probably the residence of Madhukar Shah (1554-92), is on the hill in the centre of the island fort. Locally known as Raj-Mandir, it is built in the shape of a square with an almost plain exterior relieved by projecting windows and a line of delicate *Chhatri* along the summit. At the river side, it is supported by a system of vaults which practically double the height of the whole building to about two third of its length, a very imposing view. The inner courtyard, which are very numerous, are most picturesque. It contains apartments in all the two stories and a Durbar-Hall attached its outside. The four pavilions in the Durbar-Hall of the Raj-Mandir were erected in honour of the Mughal emperor *Jahangir*. Both the *Durbar Hall* and the two inner apartments in the first storey are richly decorated with mural paintings. But due to misuse of the rooms by the trainees of a training college all the paintings are spoiled by over-writings, erasing and nail fitting in the walls.

But the glory of Orchha is the big castle—Jahangir Palace erected by Bir Singh Deo and called by him Jahangir Mandir in honour of his imperial friend. Near the ruins of the Raja-Mandir, this gigantic guardrangle rises upto five storeys surmounted by the couples of the eight halls surrounding the inner court. Entering by a raised doorway on the southern facade and passing through a ground floor hall one emerges into a square court of 125 feet high around in which the entire interior is arranged. The eight graceful domes, with ornamented balustrades in the third storey fulfil all the conditions of medieval castle. It is picturesque and romantic besides being a superb example of the building art. The top floor consists only of terraces surrounding coupola-crowned halls and converted by the galleries of the enclosing wall. In order to maintain communication with the various parts each group of rooms is approaches by a continuous hanging balcony now almost damaged. These balconies are closed now but they are with fine screens of pierced stone work. The whole structure stands on a rocky edifice and grouped around lay the remains of innumerable subsidiary edifices, pillared courts, pavilions, garden gateways and ornamental retreats.

The building is constructed out of red stone and almost all the architectural members with elephants, swans, parrots etc., beautifying the brackets, are marvellous. The style of Jahangir Palace is a mixture of Hindu and Islamic features; the heavy plain Muslim arches of the lower contrast with graceful ornamental Hindu pillars having elegant Rajput pavilions (*Chhatris*) and shadow roofs, the endless geometrical wall decorations, with sculptures of peacock, lion, elephant and horse brackets and the very interesting early Rajput wall paintings. The whole building is magnificant in its combination of massive strength and delicate ornaments. It is here that the *abhishek* ceremony of the Orchha chiefs was formerly carried out.

On a hill at the side of the Ramji Mandir, opposite the Raj Mandir there stands the other wonder of Bir Singh Deo's building activities in Orchha, the religious counterpart to his big palaces : The *Chaturbhuj* temple. The Chandela temples of Khajuraho had already broken the darkness of the medieval Hindu shrines by a series of open halls and balconies. The Chaturbhuj temples follows the same arrangement, but the Arch-Mandapa has been replaced by an open court and the Mandapa by a big hall.

The temple of Lakṣmī-Nārāyaṇa built by Sawant Singh (1752-65), is located solitarily on a hillock just opposite to the rock on which other palaces are located. Nearly one Km., from the Jahangir Palace, it is an elevated palace built on a rocky edific with its two storeys and a raising shikhara surmounting the sanctum. It is a hexagonal tower of several storeys separated by shadow roofs and adorned with 'bangaladar' roofs. The lime plaster applied on the walls and ceiling is very fine and produce shining effect.

The Bundela art of Bir Singh Deo is the first-zenith in the splendid history of Rajput art. It represents an original and unique artistic creation paralled to the birth of the early Mughal art under the emperors Akbar and Jahangir. The great achievement of the art of Bir Singh Deo is the nationalization of foreign tradition, putting several Hindu palaces with receding storeys into the enclosure of Pathan-Persian palace which is an original as the new temple type created by the combination of a mosque or durbar hall with the Chandela Hindu shrine. These structures were covered with a wealth of decorative devices of which only a part was of Islamic origin whereas the rest came from the tradition of the Hindu middle ages. The Orchha architecture represents a new start from the old conventions, representing simple form but pronounced lines.

The earliest examples of Bundela school of paintings came from Orchha and Datia palaces. The subject matter of Orchha palace paintings consists of *Krishna-Lila Vishnu Daśavatara*, *Ramayana*, hunting scenes, warfare and many floral designs.

The ceilling-paintings in Jahangir palace has peacocks as the central deeoration in the cupola. The frieze of sword dancers, the figural paintings in the entrance wall niches, and the fine *Rasalila* frieze in the staircase in painted stucco relievo, are representatives of the early Rajput wall paintings contemporary to Akbar. In the wall and ceiling paintings of the Mughal Pavilions in the Raj-Mandir are of Mughal style. Along the ceiling there is a frieze of soldiers on horses and elephants. The walls are bedecked with flower patterns and girls with flower pots. The interior of Lakshmi temple is also decorated with paintings, but the military scences have been replaced by Rasalila dancers. The paintings of this temple are a pictorial guide of 1857 independence war.

The miniature paintings from Orchha are mostly motivated by the themes from *Rāgamālās*, *Matirāma's Rasarāja* (1643) and *Biharī-Sātsai* and the poetic eloquence of

Kešavadāsa (Rasik-Priyā (1592) and *Kavi-Priyā*) inspired not only the regional artist but also of Rajasthani and Pahari styles. A large number of miniature paintings was executed in style quite distinct from accepted school of Mughal or Rajput Art. The celebrated *Rasarāja of Matirama* was composed about 1643 A.D. and seven hundred verses of Bihari Satsai bear testimony to the facile-craftmanship of Orchha and Datia artists. The composition of Ramayana scenes (now in the collection of National Museum) is more elaborate and can easily be distinguished from the Rāmāyaṇa illustrations of Malwa, Rajasthan and Kangra schools. The background of the paintings depicts the hills and thick forests as available in Bundelkhand. The musical instruments like dholaka, drum, turahi, shahnai, large symbols shown in painting still continue to be used in Bundelkhand.

The narration of Mahi Ravana's story, an off shoot of Rāmāyana, on the walls of Orchha Palace and a set of miniature paintings from National Museum is very unique. According to this story, Mahi-Rāvāṇa, son of Rāvāṇa and master of the third world, came to help Rāvaṇa and through his magic power disguised himself as Vibhishana, entered the seige, kidnapped Rāma and Lakṣmaṇa from the custody of Hanumān who had guarded them with his enlarged tail and a band of monkeys. Mahi-Rāvaṇa lifted both Rāma and Lakṣmana and brought them before the goddess Kali to offer them in sacrifice. After having known that Rāma and Lakṣmana had been taken away by him. Hanumān went in search of them and finally rescued both of them by killing Mahi-Rāvaṇ. The rendering of these scenes be speak the popularity of this story in Bundelkhand, as in no other area it is well known. Unlike other demons, Mahi-Rāvaṇa has been portrayed as mighty Rajput King. This story is still enacted after Ramalila in Bundelkhand. There is less of brush work in these paintings, yet they are very effective. The use of red and gold colour in combination with that of blue and green for vegetation produces a good contrast.

One of the most notable contributions of Bundelkhand school is the popularity of paintings, a task which requires greater skill to make it realistic while a scene based on the couplet or with natural and human representations attracting the attention of the onlooker is easier to paint, in case of portrait paintings, where there is no subsidiary or secondary objects, the artist has to concentrate wholly on a single figure to make it effective.

The portrait of Bir singh Deo appears to have been drawn by an artist, coming from the court of Delhi, or was influenced by the Mughal style. It is also quite likely that Bir Singh Deo, a friend of jahangir, himself preferred to be portrayed in this manner. But the portraits of rulers are purely indigenous in character and as powerful as the Bundela rulers themselves.

At least in its early phases, they were undoubtedly the great collectors of such paintings. Datia became a seaparate house though acknowledging the seniority of Orchha. Rao Shatujit (1762-1801) the eldest son of raja Indrajit was one of the most gallant princess and very handsome too, as seen from his portraits. He appears to have been fond of having himself painted, for a large number of his portraits are from Datia collection now in National Museum. Dressed with elaborate care and in an imposing fashion, he is seen with a long sword and other weapons. These paintings have features of their own, specially in the warmer colour-tones and the mode of presentation, which is at once intimate and real. The Datia miniature painters of the 18th cent. have happily blended their facile craftmanship and inherited love for multi-coloured ornaments. Hindu portraiture becomes a class by itself.

Inspite of the ethnic relationship with Rajasthani types of the 17th century the Bundela paintings have simple compositions and are without over crowding. The incidents are complete and not compartmentalize as in Rajasthan. But ornate architecture, well furnished rooms, rich customs, display *Keshavadas* diction of luxurious particularly the handsome heroes and beautiful heroins engaged in sport of love. The men invariable wear a flowered Jama, turbans with a *Kalagi*, stripped trousers, *Kamarbandh* and slippers. The women wear *Odhani*, *Sari*, *Choli*, and slippers. A significant point in the female costume is shading with lines.

Inspite of the fact that a detailed scientific analysis of wall painting and their back-ground has not been taken up so far. It is clear that there are two layers of plaster beneath the painting. The first layer about 20 cm.. in thickness consists of soacked lime, *Surkhi*, sand and jute. This plaster was applied to the well prepared surface of the walls after paying special attention to the clearing and smoothening of joints. The upper layer of the plaster was prepared from pure lime and shell powder which was very well refined. To achieve smooth and shiny effect, the surface was rubbed with the help of cowries and agate. In case of miniatures coarse paper (locally known as Chhatarpuri paper) in two or three layers appear to have been used.

The Bundelkhand painting are remarkable not so much for their breadth of feeling or their accomplished technique as for the transparent honesty and the facility of their work. The rich colour scheme and warmer tones, simple composition, long eyes and sharp facial features are some of the important characteristic of Orchha paintings which deserve to be given its due.

E.B. Havel in 1913 in his book '*Indian Architecture*', said that the Hindu fortress palaces form a unique chapter in Indian architectural history as yet unwritten. If *our* poets had sung them, *our* painters had pictures them, *our* heroes and famous men had lived in them, there romantic beauty would be on every man's lips in Europe. The country is taking a turn, but alas! hardly any poets imagination could reach the splendour of Orchha, nor any painters brushes could capture the boldness of the palace architecture.

राष्ट्रीय संग्रहालय, इलाहाबाद में बुन्देलखण्ड की मुख्य कलाकृतियां

श्री देव प्रकाश शर्मा

इलाहाबाद संग्रहालय में बुन्देलखंड से प्राप्त नव पाषाणकाल से लेकर चन्देल काल तक की दुर्लभ पुरा सामग्री सुरक्षित है। उनमें पोढ़ो (रीवा) से प्राप्त ताम्र उपकरण[1] तथा बांदा-क्षेत्र से प्राप्त नव पाषाणकालीन उपकरणों[2] का संग्रह उल्लेखनीय हैं।

ऐतिहासिक कालीन पाषाण मूर्तियों में वहां भरहुत वेदिका के शुङ्ग कालीन ५८ पाषाण खंडों का महत्वपूर्ण संग्रह है। भरहुत की कलाकृतियां इण्डियन म्यूज़ियम, कलकत्ता, पटना संग्रहालय, प्रिंस ऑफ वेल्स म्यूज़ियम, बम्बई, आर्ट गैलरी वाशिंगटन, तुलसी संग्रहालय, रामवन, भारत कला भवन, बनारस तथा राष्ट्रीय संग्रहालय, नई दिल्ली में भी हैं[3]। इलाहाबाद संग्रहालय को भरहुत का दुर्लभ संग्रह प्राप्त कराने का श्रेय श्री ब्रजमोहन व्यास को है। नागौद के महाराजा से उन्हें वह प्राप्त हुआ। वहां संगृहीत स्तम्भों तथा सूची खण्डों पर जातक कथाओं का अंकन है। एक पर नटों का रोचक दृश्य है। अन्य स्तंभों पर हाथियों की पीठ पर बुद्ध के अस्थि-अवशेषों का स्थानान्तरण प्रदर्शित[4] है। प्रथम में नटों को, चार पंक्तियों में एक के ऊपर एक खड़ा दिखाया गया है[5]।

गुप्तकालीन कृतियों में खोह (जि० सतना) से प्राप्त एकमुख शिवलिंग की मूर्ति इस संग्रहालय की सर्वश्रेष्ठ कृति कही जा सकती है। वर्गाकार आधार पर बेलनाकार लिंग-वलय प्रदर्शित है। इसमें शिव के पुरुष रूप तथा ज्योतिलिंग को एक साथ दर्शाया गया है। शिव की झुकी हुई पलकें, लम्बे कर्ण, सुन्दर जटावेष्टित सिर, जिस पर चन्द्रमा तथा त्रिनेत्र का प्रदर्शन है, दर्शनीय हैं।[6] गले में वे रुद्राक्षमाला धारण किए हैं[7]। खोह से प्राप्त इसी प्रकार का एक अन्य शिवलिंग राष्ट्रीय संग्रहालय, नई दिल्ली में प्रदर्शित है[8]। भुमरा (सतना) से प्राप्त गुप्तकालीन गवाक्ष में प्रतिष्ठित यमराज की मूर्ति एक दुर्लभ कृति है। अन्य प्रतिमा महिषमर्दिनी की है जो[9] भारत महोत्सव प्रदर्शनी, फ्रांस भेजी गई थी[10] इसमें देवी त्रिशूल से महिष पर आक्रमण कर रही हैं। उनके हाथों में त्रिशूल, चक्र और तलवार हैं। भुमरा (सतना) से प्राप्त नग्न यक्ष तथा द्वारखण्ड पर पुष्प लताओं के मध्य शालभंजिका की प्रतिमा भी महत्वपूर्ण है।[11]

चन्देल-कालीन दुर्लभ प्रतिमाओं में गुर्गी (रीवा) से प्राप्त सप्त मातृकाओं की पट्टिका, सतना से प्राप्त अम्बिका और खजुराहो से प्राप्त हर-गौरी की प्रतिमायें दर्शनीय हैं।[१२] खजुराहो से प्राप्त स्त्री-मूर्ति का ऊपरी भाग भी दुर्लभ है। स्त्री के हाथ अंजलि मुद्रा में हैं।[१३] प्रमोद चन्द्र ने इसे पार्वती-मूर्ति बताया है।[१४] गोस्वामी इसे साधारण स्त्री-मूर्ति बताते हैं[१५] मूर्ति के ऊपर एक स्त्री के हाथ में नाग दर्शाया गया है, जिससे इसे पार्वती की प्रतिमा मानने की संभावना अधिक प्रतीत होती।

उक्त पाषाण-प्रतिमाओं के अलावा इलाहाबाद संग्रहालय के सुरक्षित (रिजर्व) संग्रह में बुन्देलखंड की अन्य बहुसंख्यक प्रतिमायें हैं। उनमें कतिपय ये हैं : भुमरा से प्राप्त गुप्तकालीन स्तम्भ खंड (जिसमें कमल का अंकन और चन्द्रशाला में कार्तिकेय हैं), अलंकृत स्तम्भ; शंकरगढ़ से प्राप्त गुप्तकालीन विष्णु-प्रतिमा; बांदा से प्राप्त चन्देलकालीन सिर विहीन शिव, गुर्गी (रीवा) से प्राप्त शेषशायी विष्णु, नृत्यरत-काली, पार्श्वनाथ, नेमिनाथ, जैन युगल स्तम्भ खंड उमा-महेश्वर तथा सप्तमातृका प्रतिमायें। चन्देलकालीन जसो (सतना) से प्राप्त देवी, उमा-महेश्वर, ऋषभनाथ और जैन युगल, कला-शैली की दृष्टि से उत्तम हैं[१६]। खजुराहो से प्राप्त गरुड़ासीन विष्णु, वराह, वामन, नरसिंह, उमामहेश्वर तथा स्तम्भखंड भी यहां सुरक्षित हैं। इस संग्रहालय में रीवा से प्राप्त वृक्ष के नीचे स्त्री, सप्त मातृकायें तथा सतना, अम्बिका की प्रतिमायें भी मूर्ति विज्ञान की दृष्टि से महत्व की हैं।

इलाहाबाद विश्वविद्यालय के कौशांबी संग्रहालय में, बांदा-क्षेत्र के लघु पाषाण एवं नव पाषाणकालीन उपकरण प्रदर्शित हैं[१७]। हिन्दी साहित्य सम्मेलन के संग्रहालय में बुन्देलखंड क्षेत्र से प्राप्त दुर्लभ साहित्यिक सामग्री भी संगृहीत है[१८]।

इलाहबाद संग्रहालय में संगृहीत बुन्देलखण्ड क्षेत्र की दुर्लभ पाषाण प्रतिमायें

१. वेदिका स्तम्भ पर पक्षी, शुंगकाल भूरा बलुआ पत्थर १.५६० × .२९० मी. भरहुत (ए. एम., २८)

२. वेदिका स्तम्भ पर नटों का शुंग भूरा बलुआ पत्थर, १.१९० × .५४० मी. भरहुत (ए. एम. ४४) (चित्र १)

३. वेदिका स्तम्भ खण्ड पर त्रिरत्न, शुंग भूरा बलुआ पत्थर १.१४० × .३२० मी. भरहुत (ए. एम. ३०)

४. अभिलिखित वेदिका स्तम्भ पर मुचलिन्द नाग द्वारा बुद्ध की रक्षा, शुंग भूरा बलुआ पत्थर १.४०० × .३१० मी. भरहुत (ए. एम. ४५)

५. वेदिका स्तम्भ खण्ड पर पूर्ण कमल, शुंग भूरा बलुआ पत्थर .६६० × .६०० मी., भरहुत (ए. एम. ११)

६. स्तम्भ खण्ड पर गोला उदर वाला यक्ष, भूरा बलुआ पत्थर, .६५० × .५८० मी. भरहुत (ए. एम. ४९)

७. स्तम्भ खण्ड पर यक्ष, भूरा बलुआ पत्थर .६८५ × .५१० मी. भरहुत (ए. एम. ५०)

८. स्तम्भ खण्ड पर बेसतर जातक कथा, शुंग, भूरा बलुआ पत्थर १.५८६ × .२७० मी. (ए. एम. ५५)

९. सूची खण्ड पर हाथी पर बुद्ध के अवशेषों का स्थानान्तरण, शुंग भूरा बलुआ पत्थर .४५० × .४०० मी. (ए. एम. ४८) भरहुत

१०. सूची खण्ड पर गज-जातक कथा, शुंग भूरा बलुआ पत्थर .६१४ × .५०८ मी. भरहुत (ए. एम. ४६)

११. स्तम्भ खण्ड पर यक्ष, शुंग जामुनी, बलुआ पत्थर, .६३० × .१८० मी, नागोद, सतना (ए एम. ६८)

१२. स्तम्भ खण्ड पर गंगा, पांचवी शती ई०, गहरा गुलाबी बलुआ पत्थर, .८८८ × .५८४ मी. भुमरा (ए. एम. १५१)

१३. पाषाण खण्ड पर कमल शिवगण और पांचवी शती गहरा गुलाबी बलुआ पत्थर, १.६२० × .३७८ मी. भुमरा सतना (ए. एम. २३०)

१४. पाषाण खण्ड पर कमल-लता, पांचवीं शती गहरा गुलाबी बलुआ पत्थर, १.५४५ × .३५ मी. भुमरा सतना, (ए. एम. २३१)

१५. चन्द्रशाला में यमराज, पांचवीं शती ई. गहरा गुलाबी बलुआ पत्थर .२७० × .४६० मी. भूमरा (ए. एम. १५३) (चित्र २)

१६. चन्द्रशाला में कार्तिकेय, पांचवीं शती गहरा गुलाबी बलुआ पत्थर, .६०० × ७३० मी. भुमरा (ए. न. १५०)

१७. चन्द्रशाला में महिषासुरमर्दनी पांचवीं शती गहरा गुलाबी बलुआ पत्थर, .५५० × .७४० मी. भमरा (ए. न. १५२)

१८. एक मुख शिव लिंग पाचवीं शती ई० गहरा गुलाबी बलुआ पत्थर, उ. ६२० मी. खांह (ए. न. १५४) (चित्र ३)

१९. स्तम्भ पर पुष्प लताओं के बीच शालभंजिका, पाँचवीं शती गहरा गुलाबी बलुआ पत्थर, ऊ. १.६२० मी. नागोद (ए. न. २३२)

२०. वीणाधारी सिर विहीन शिव १०वीं शती, बलुआ पत्थर .९१५ × .६२० मी. बांदा शहर (ए. न. ९५०)

२१. अनन्तशयी विष्णु ११वीं शती लाल बलुआ पत्थर, ६०० × १.००० मी. गुर्गी (रीवा) (ए. न. ६१७)

२२. नृत्यकाली ११वीं शती बलुआ पत्थर .६९० × .३६५ मी. गुर्गी (ए. न. ४०३)

२३. स्थानक पार्श्वनाथ, ९वीं ई० बलुआ पत्थर, ९४० × .५३५ मी. गुर्गी (ए. न. ४००)

२४. स्थानक नेमिनाथ, ११वीं शती ई. रंग का बलुआ पत्थर, .८५० × .४६० मी. गुर्गी (ए. न. ४९८)

२५. जैन युगल, १०वीं शती ई० गुलाबी बलुआ पत्थर, .७८७ × .५५७ मी. गुर्गी (ए. न. ५२१)

२६ स्त्री और मकर का सम्मिलित रूप, ११वीं शती बलुआ पत्थर .४८० × .७६ मी. गुर्गी (ए. न. २३४)

२७. द्वारखण्ड पर गंगा, ९वीं शती ई०, बलुआ पत्थर, .८०० × .३२० मी. गुर्गी (ए. न. ४३७)

२८. द्वारखण्ड पर यमुना, ९वीं शती ई. बलुआ पत्थर, १.१९५ × .३२० मी. गुर्गी (ए. एन. ६९०)

२९. द्वारखण्ड पर उमामहेश्वर, ९वीं शती ई. बलुआ पत्थर, .३९० × .९३५ मी. गुर्गी (ए. न. १०८९)

३०. सप्तमातृकायें, द्वार खण्ड पर १०वीं शती ई० बलुआ पत्थर .४२० × १.२५० मी. गुर्गी (ए. न. १०९१)

३१. स्तम्भ खण्ड पर सरिधारिका, १०वीं शती ई० बलुआ पत्थर, .७४५ × .२९० मी. गुर्गी (ए. न. ५१८)

३२. स्तम्भ खण्ड पर शालमंजिका, १०वीं शती ई. बलुआ पत्थर, .७७० × .४१० मी. गुर्गी (ए. न. ६२२)

३३. बैठी देवी, ११वीं शती ई. बलुआ पत्थर .७७० × .४१० मी. जासो सतसा (ए. न. ४४०)

३४. उमा महेश्वर, ११वीं शती ई. लाल पत्थर, १.१८० × .७२० मी. जासो (ए. न. ४३०)

३५. ऋषभनाथ की बैठी प्रतिभा १०वीं शती ई. लाल बलुआ पत्थर १.१८० × .७२० मी. जाता (ए. न. ५२०)

३६. जैन युगल ११वीं शती ई., बलुआ पत्थर .८१० × .५७० मी. जासो (ए. न. ५३७)

३७. विष्णु स्थानक ११वीं शती ई., बलुआ पत्थर १.५०० × .९८० मी. खुजराहो (ए. न. ३७७)

३८. गरुड़ पर विष्णु, ११वीं शती ई., बलुआ पत्थर .७३६ × ४७० मी. खुजराहो (ए. न. २६५)

३९. वराह, ११वीं शती ई., बलुआ पत्थर .७१० × ४७० मी., खजुराहो (ए. न. ११०)

४०. वामन, ११वीं शती ई., भूरा बलुआ पत्थर .४२० × .२७० मी. खजुराहो (ए. न. २५३)

४१. नृसिंह, ११वीं शती ई० बलुआ पत्थर ५०० × .३५० मी. खजुराहो (ए. न. ७८५)

४२. देवी की झाव-मूति (पार्वती), ११वीं शती ई., बलुआ पत्थर, ६६० × .५६० मी. खजुराहो (द्व ए. न. २८१) (चित्र४)

४३. उमा महेश्वर, ११वीं शती ई०, बलुआ पत्थर, १.२५० × .७७० मी. खजुराहो (ए. न. २९१) (चित्र)

४४. द्वारखण्ड पर वैष्णव द्वारपाल और देवी, ११वीं शती ई०, बलुआ पत्थर १.४०० × .४२ मी. खजुराहो (ए. न. ३९१) (गरुडासीन)

४५. द्वारखण्ड पर लक्ष्मी नारायण, ११वीं शती ई., बलुआ पत्थर १.६२०×.४५० मी. खजुराहो (ए. न. ३९१)

४६. द्वारखण्ड गंगा एवं नाग, ११वीं शती ई. बलुआ पत्थर १.४००×.४४५ मी. खजुराहो (ए. न. ३९१ बी)

४७. शालभंजिता, ११वीं शती ई., भूरा बलुआ पत्थर, ल. ६८० मी. रीवा शहर (ए. न. २६६)

४८. फलक पर सप्तमातृकायें, ११वीं शती ई. गुलाबी बलुआ पत्थर, २४०×२८० मी. रीवा शहर ए. न. ६२४)

(लेखक श्री सुन्दर लाल श्रीवास्तव, हिन्दी अधिकारी, राष्ट्रीय संग्रहालय तथा श्रीमती माधुरी शर्मा का आभारी है, जिन्होंने इस लेख में पूर्ण होने में सहयोग प्रदान किया)।

संदर्भ संकेत

१. लाल बी. बी. १९५१	फर्दर कापर होर्ड फ्राम द गैंजेटिक बेसिन, ऐंश्यंट इण्डिया सं. ७
२. पंत, पी. सी. १९६४	सम लिथिक टूल इन्डस्ट्री ऑफ बाँदा, भारती सं. २ (वाराणसी)
३. काला, एस. सी. १९५१	भरहुत वेदिका, (इलाहाबाद)
४. कुमारस्वामी १९३०	भरहुत (कलकत्ता)
कनिंघम, ए. १९८४	दस्तूप ऑफ भरहुत, वाराणसी
५. माधुरी शर्मा १९८४	म्यूज़ियम एण्ड म्यूजियोलॉजी, इलाहाबाद
६. शिव राममूर्ति, १९७८	५००० ईवर्स ऑफ इण्डियन आर्ट, न्यूयार्क
तथा अन्य	
अग्रवाल, वी. एस. १९६१	ए सर्वे ऑफ गुप्त आर्ट, ललित कला सं० १ (नई दिल्ली)
७. काला, एस. सी.	स्कल्पचर्स फ्रॉम इलाहाबाद म्यूज़ियम, इलाहाबाद
८. गुप्त, एस. पी. १९८४	मास्टर पीसेस फ्राम द नेशनल म्यूजियम कलेक्शन (अंग्रेजी) नई दिल्ली
९. बनर्जी, आर. डी. १९२०	शिव टेंपल ऐट भूमरा (अंग्रेजी)
१०. गोस्वामी, बी. एन. १९८६	एसेन्स ऑफ इण्डियन आर्ट (सैनफ्राँसिस्को)
११. त्रिपाठी, आर. आर., १९८५	मास्टरपीसेस इन इलाहाबाद म्यूजियम (इलाहाबाद)
१२. चन्द्र, प्रमोद, १९७०	स्टोन स्कल्पचर्स इन इलाहाबाद म्यूजियम (वाराणसी)
१३. त्रिपाठी, आर. आर. १९८५	वही
१४. चन्द्र, प्रमोद,	वही
१५. गोस्वामी, बी. एन ,	वही
१६. चन्द्र, प्रमोद,	वही
१७. माधुरी शर्मा,	वही
१८. चन्द्र, प्रमोद,	वही

राष्ट्रीय संग्रहालय, नई दिल्ली में बुन्देलखण्ड की दुर्लभ पाषाण प्रतिमायें

श्रीमती माधुरी शर्मा

राष्ट्रीय संग्रहालय, नई दिल्ली में बुन्देलखण्ड क्षेत्र की पाषाण प्रतिमाओं का दुर्लभ संग्रह है। उनमें से २५ प्रतिमायें पुरातत्त्व दीर्घा में प्रदर्शित हैं।[१] प्रस्तुत लेख में प्रदर्शित कुछ दुर्लभ पाषाण प्रतिमाओं का संक्षिप्त विवरण कालक्रमानुसार प्रस्तुत किया जा रहा है।

शुंग काल—भरहुत (सतना) से प्राप्त सूची पट्ट पर अलंकृत हाथियों पर बुद्ध के अस्थि अवशेषों का स्थानान्तरण तथा शिलागृह निर्माण शुंग कला-कृतियों में मुख्य हैं।

(चित्र १ तथा २)

गुप्त काल—दशावतार मन्दिर, देवगढ़ (जि० ललितपुर) से प्राप्त पाषाण पट्टिकायें कला शैली में उत्कृष्ट हैं। इससे महत्त्वपूर्ण एक आहताकार पट्टिका में लक्ष्मण द्वारा शूर्पणखा का अंगभंग करते हुए दिखाया गया है। लक्ष्मण बाएँ हाथ से राक्षसी का जूड़ा पकड़े हैं तथा दाएँ से असि द्वारा नासिका भंग करते हुए दिखाये गये हैं। दाईं ओर राम तथा मध्य में सीता का अंकन है।[२] गुप्त रामकथा के वर्णात्मक दृश्य पाषाण पट्टिका में देवगढ़ मन्दिर में जगती वाले भाग पर प्रदर्शित मिले हैं[३]। देवगढ़ की गुप्त कलाकृतियाँ सारनाथ कलाकृतियों की तुलना में कुछ न्यून हैं। पट्टिका में पीछे प्राकृतिक छटा का चित्रण है।

राम कथानक का चित्रण कला प्रथम शती ई० से मिलने लगता है, कौशाम्बी की एक मृण्मूर्ति में रावण द्वारा सीता हरण दृश्य अंकित है।[४] देवगढ़ की एक दूसरी पट्टिका पर राम द्वारा अहल्या का उद्धार दिखाया गया है। राम के चरण स्पर्श से पाषाण खण्ड महिला रूपी स्त्री में परिवर्तित हो गया।[५] देवगढ़ की कलाकृतियों में राम का दैवी सौन्दर्य दिखाया गया है। पार्श्व में प्राकृतिक लता चित्रित हैं। राम-लक्ष्मण-सीता की इसी तरह की मूर्ति श्रृंगवेरपुर (इलाहाबाद) से प्राप्त हुई है।[६]

देवगढ़ से प्राप्त एक गुप्तकालीन पाषाण पट्टिका पर देवकी द्वारा शिशु कृष्ण को वासुदेव को सौंपते हुये दिखाया गया है। देवगढ़ के प्राप्त गुप्तकालीन प्रतिमाओं में बहुचर्चित

गजेंद्र-मोक्ष, संगीत-उत्सव, कृष्ण का केशकटभंजन का दृश्य, उल्लेखनीय है। नचना, ऊँचेहरा, खोह आदि से प्राप्त कई प्रतिमाएँ कला की दृष्टि से उत्कृष्ट हैं।

चन्देलकालीन प्रतिमाओं में सूर्य, लक्ष्मी नारायण, वराह, योग नारायण विष्णु, अलसकन्या अतिपाषाण प्रतिमाएँ पुरातत्त्व वीथिका में प्रदर्शित है।

कलात्मक चारुता और प्रतिमा-विज्ञान की दृष्टि से बुन्देलखण्ड की यह कलाराशि महत्त्वपूर्ण है।

उक्त पाषाण प्रतिमाओं के अलावा राष्ट्रीय संग्रहालय के सुरक्षित संग्रह में बुन्देलखंड की अन्य अनेक कृतियां संगृहीत हैं। उनकी सूची संलग्न है।

राष्ट्रीय संग्रहालय, नई दिल्ली में प्रदर्शित बुन्देलखण्ड की दुर्लभ प्रतिमाओं की सूची

१. बुद्ध—अवशेषों का स्थानान्तरण, स्तूप वेदि का भाग; ई० पू० दूसरी शती बलुआ पत्थर माप २८.५ × २६६ × ९ से० मी०, भरहुत (सतना) संग्रहालय—सं० ६८.१६८ (चित्र १)

२. शिलागृह निर्वाण, स्तूप-वेदिका का भाग शुंग काल बलुआ पत्थर माप ५६.५ × १३५.० × २५.५ सें० मी० भरहुत, सं० ६८.६३। (चित्र २)

३. शिलापट्ट जिस पर जातक दृश्य है शुंग, बलुआ पत्थर, माप ५२ × ६१ × १६ सें० मी० भरहुत सं० ८०.७५१।

४. लक्ष्मण द्वारा शर्पणखा का अंगभंग—छठी शती ई० बलुआ पत्थर माप ८० × ८८ × २६ सें० मी०, देवगढ़ (ललितपुर) सं० ५१.७८। (चित्र ३)

५. राम द्वारा अहल्या-उद्धार, छठी शती ई० बलुआ पत्थर, माप ८२ × ७२ × २१ सें० मी० देवगढ़ सं० ५१.१७६। चित्र ४)

६. देवकी द्वारा वासुदेव को शिशु कृष्ण का अर्पण; बलुआ पत्थर, माप ७२ × ५१ × २१ देवगढ़ सं० ५१.१-८। (चित्र ६)

७. संगीत मण्डली, गुप्त काल बलुआ पत्थर, माप ६१ × ६० × ३४ सें० मी० देवगढ़ (सं० ५१.१८३)

८. कृष्ण द्वारा शकट-भंजन, गुप्त काल, बलुआ पत्थर, माप ७३ × ९२ × २१ सें० मी० देवगढ़ सं० ५१.१८०।

९. गजेन्द्र-मोक्ष, गुप्त काल, बलुआ पत्थर, देवगढ़ माप १५० × १०० सें० मी० 'लोन' ६७०।

१०. द्वारपाल, प्रारम्भिक गुप्त काल, बलुआ पत्थर, नचना (पन्ना); माप १०६ × ४३ × ३२ सें० मी० सं० ७६.२२०।

११. हरिहर, मस्तक, गुप्त काल, बलुआ पत्थर, बुन्देलखण्ड माप १६२ × ७० × ४१ सें० मी० सं० 'लोन' ६७२। (चित्र ९)

१२. नटनाज, गुप्त काल, बलुआ पत्थर, नचना, माप ३१×४५×१५ सें० मी० सं० ७६.२२२

१३. एक मुंख शिव लिंग, गुप्त काल, बलुआ पत्थर, उजहरा खोह (सतना) माप ६८×२४×२२.५ सें० मी० सं० ७६.२२३। (चित्र ६)

१४. मधुपान, नृत्य और संगीत में रत प्रेमी, गुप्त काल, देवगढ़, माप ३४×१०५×२४ सें० मी० ५१.१८४। (चित्र ८)

१५. गभनचारी विद्याधर, छठी शती बलुआ पत्थर, सौन्दानी (म० प्र०) माप ८५×१२६×२६ सें० मी० सं० ५१.६४

१६. पार्वती तथा स्कन्द, छठी शती, बलुआ पत्थर, सागर, (म० प्र०) माप ६५×६० ने० मी० संं६ ७८.१००४

१७. मातृका, छठी शती, बलुआ पत्थर, बुन्देलखण्ड माप १०८=५० सें० मी०, सं० ७६×२५६

१८. चतुर्भुज हरिहर, सातवीं शती, बलुआ पत्थर, बुन्देलखण्ड, माप १०८×५० सें० मी०, सं० ७६×२५६

१६. पुष्पलतायुक्त स्तम्भ, दसवीं शती, बलुआ पत्थर, सागर, माप १५०×३० सें० मी० सं० ७८.६६६।

२०. योग-नारायण विष्णु, दसवीं शती, बलुआ पत्थर, खजुराहो, माप १०३×८१×२६ सें० मी० नं० ८२.२२४। (चित्र ७)

२१. परिचरो सहित सूर्य, ग्यारहवीं शती (चन्देल), बलुआ पत्थर, खजुराहो, माप १००×५० सें० मी० सं० ६०.६८४ और ६०.६१०।

२२. अलसकन्या, १२वीं शती (चन्देल) बलुआ पत्थर, खजुराहो, माप ६१×१८×२६ सें७ मी० सं० ७५.४३०।

२३. शिवलिंग की पूजा करते हुए उपासक, ११वीं शती, बस्तर, खजुराहो, माप ३२×२३५×४३ सं० ६२.२२६।

२४. वराह, ग्यारहवीं शती, बलुआ पत्थर, खजुराहो, माप ११०×५० सें० मी० सं० लोन ८६१।

२५. द्वार-स्तम्भ, ग्यारहवीं शती, बलुआ पत्थर, खजुराहो, माप १४६×२७×१८ सें० मी० सं० ४८.३/२६।

२६. स्त्री का धड़ सातवीं शती, बलुआ पत्थर, पश्चिम ग्वालियर मंडल, माप ५०×६० से० मी० सं० ५१.६७।

२७. उमा-महेश्वर, दसवीं शती, बलुआ पत्थर, बुन्देलखण्ड, माप १००×५० सें० मी० सं० ६८.५४।

२८. लक्ष्मी-नारायण, दसवीं शती (चन्देल) बलआ पत्थर, खजुराहो, माप १२७×६६×२६ सें० मी० सं० ८२.२२५। (चित्र ६)

२९. व्याल, ११वीं शती चन्देल, माप ८७×३३.५×२२.५ सें० की०, सं० ८०.७३९

[लेखिका श्री एस० एल० श्रीवास्तव, हिन्दी अधिकारी तथा श्री डी० पी० शर्मा उप-संग्रहालय, की आभारी हैं, जिन्होंने इस लेख के पूर्ण होने में सहयोग दिया।]

संदर्भ-संकेत

१. गुप्ता एस० पी० १९८५, मास्टर पीसेस फ्राम नेशनल म्यूज़ियम कलेक्शन, नई दिल्ली।

२. त्रिवेदी एस० डी० १९८१ बुंदेलखंड की मूर्ति शिल्प में राम, 'प्राच्य प्रतिभा' अंक ९-१०, पृ० १४३।

३. नियम एम० एल० १९८३, कल्चरल हिस्ट्री ऑफ बुंदेलखंड, लखनऊ।

४. शर्मा डी० पी० १९८३, इलाहाबाद जनपद की राम कथानक की पाषाण प्रतिमाऐं इलाहाबाद

५. त्रिवेदी, वही

६. शर्मा, वही

भारत महोत्सव, अमेरिका में प्रदर्शित बुंदेलखण्ड की पाषाण प्रतिमाएं

—माधुरी शर्मा तथा संजीव सिंह

१९८५-८६ में अमेरिका में कई प्रदर्शनियां हुई। उनमें भारतीय प्रदर्शनी सबसे अधिक आकर्षक तथा महत्वपूर्ण थी। उसके लिए भारत से सिन्धु घाटी सभ्यता-काल से लेकर उत्तर मध्यकाल तक के एक सौ दुर्लभ पाषाण मूर्तियां भेजी गयी थीं। यह प्रदर्शनी वाशिंगटन शहर में आयोजित हुई। बुन्देलखण्ड क्षेत्र की भी कई दुर्लभ पाषाण प्रतिमाएं उसमें सम्मिलित हुई। ये पन्ना के लाल पत्थर की हैं। उनके विवरण इस प्रकार हैं :—

(१) अर्धनारीश्वर शिव (चित्र १)

यह पाषाण-प्रतिमा नचना, जिला पन्ना से प्राप्त हुई थी। वह अब फिरोजमिस्त्री संग्रह, बंबई में है। खड़ी हुई इस प्रतिमा में दायां शिव का आधा भाग तथा बायां माता पार्वती का है। गले में हार तथा कमर में कटिबंध सुशोभित है। बायीं ओर के केश घुंघराले तथा एक जूड़े में बंधे हैं। शिव के केश लहरदार हैं। मूर्ति चतुर्भुज है। दोनों बाएँ हाथ टूटे हैं प्रभामंडल तथा नंदी खण्डित हैं। इस प्रतिमा का सौम्य सौंदर्य तथा भावप्रवणता सराहनीय है। गुप्त कालीन अर्द्धनारीश्वर की प्रतिमाओं में यह मूर्ति सर्वश्रेष्ठ है। इससे मिलती-जलती एक प्रतिमा का ऊपरी भाग मथुरा से प्राप्त हुआ है।[1]

(२) शिलाश्रय में विश्राम-रत हिरन (चित्र २)

गुप्तकालीन यह शिलापट्ट नचना से प्राप्त हुआ था। वह अब श्रीमती पुपुल जयकर संग्रह, दिल्ली में है। पहले यह पट्ट नचना के गुप्तकालीन शिव-मंदिर में लगा था। इसमें लंबे सींग वाला हिरन और उसके पास बैठी हिरनी शिलाश्रय में विश्राम कर रहे हैं। साथ में दो बच्चे दिखाये गये हैं। बलुआ पत्थर की इस प्रतिमा का आकार ४६ × ३६ × १३ सें. मी. है। वी. एस. अग्रवाल[2] तथा प्रमोद चन्द्र[3] ने कला-शैली के आधार पर इस प्रतिमा का काल पांचवीं शती का अंतिम भाग निर्धारित किया है।

(३) युग्म मूर्ति (चित्र ३)

११वीं शती की यह प्रतिमा खजुराहो से प्राप्त हुई थी और आजकल क्लीवलैण्ड म्यूज़ियम में है। बलुआ पत्थर की बनी इस प्रतिमा की ऊंचाई ७४ से. मी. हैं। कई मिथुन-आकृतियां भारत में प्रागैतिहासिक काल के शिलाचित्रों में मिली है।[४] पाषाण और मिट्टी में ऐसी आकृतियां शुङ्गकाल से मिलती हैं। आनंद कुमारस्वामी ने मिथुन आकृतियों का संबंध सुन्दरता तथा पवित्रता से जोड़ा है। प्रस्तुत मूर्ति में स्त्री पुरुष आलिंगन-मुद्रा में खड़े दर्शाये गये हैं। पुरुष दाढ़ी वाला है। उसका एक हाथ स्त्री के गले से होकर स्तन के भाग के पास है, दूसरे से वह स्त्री के पारदर्शक वस्त्र को नीचे हटा रहा है। स्त्री वस्त्र का निकला कोना पकड़े प्रतिरोध कर रही है। वह अपना मुंह पुरुष-मुख के नीचे किये है। मध्य काल में इस तरह की प्रतिमाएं मंदिरों की दीवारों को अलंकृत करती थीं।

(४) चामुण्डा देवी (चित्र ४)

नवीं शती की यह दुर्लभ प्रतिमा गुर्गी (रीवा) से प्राप्त हुई थी। अब वह राज्य संग्रहालय, भोपाल में प्रदर्शित है। विशालकाय चारुमुखी चामुंडा के हाथों में नरमुंड हैं। पीछे प्रेतात्माएं दर्शायी गयी हैं। दीक्षित ने इसे अलक्ष्मी की प्रतिमा बताया है।

(५) नारी और मर्कट (चित्र ५)

खजुराहो से प्राप्त यह प्रतिमा राष्ट्रीय संग्रहालय, नई दिल्ली में प्रदर्शित है। इसमें आकर्षक मुद्रा में एक युवती पीछे मुड़कर देख रही है। एक लघु बन्दर उसके दाएं पैर पर चढ़ रहा है और स्त्री के वस्त्र को खींच रहा है।

संदर्भ-संकेत

१. प्रमोद चन्द्र, स्कलपचर ऑफ इंडिया, वाशिंगटन, १९८५

२. अग्रवाल, वी. एस. "ए सर्वे आफ गुप्ता आर्ट फ्राम नचना-कुठरा ऐण्ड खोह," ललित कला १. दिल्ली (१९६३)

३. प्रमोद चन्द्र, वही

४. मठपाल वाई. रॉक आर्ट आफ भीमबैठका, दिल्ली, १९८३

५. कुमारस्वामी ए. हिस्ट्री आफ इण्डियन ऐण्ड इन्डोनेशियन आर्ट, न्यूयार्क, १९२७

. दीक्षित एस. के. ए गाइड टू धुबेला म्यूज़ियम (भोपाल, १९५७)

बुन्देलखण्ड की कतिपय नवीन प्रतिमाएं

श्री जितेन्द्र कुमार

पर्वत-शृंखलाओं तथा घने जंगलों से आच्छादित बुन्देलखण्ड अपनी मूर्तिकला के लिए विश्व-प्रसिद्ध है। क्षेत्र इतना दुर्गम है कि मनुष्य सामान्यतः सुंदर जंगलों में नहीं जा सकता। जंगल में अनेक ऐसे स्थान हैं जहां दुर्लभ पुरा सम्पदा बिखरी पड़ी है। यहाँ अनेक स्थानीय लोक मान्यताएं प्रचलित हैं। इन्हीं मान्यताओं से ओत प्रोत एक क्षेत्र मऊरानीपुर के आस-पास का है। वहां लोक-माता के अनेक मन्दिर प्रकाश में आये हैं। वहां से शिव दूती की एक महत्वपूर्ण पापाण मूर्ति मिली है। मध्यकालीन नगर रेवन के बड़ी माता नामक स्थान पर विष्णु की एक खण्डित पाषाण प्रतिमा तथा नागियों की दो मूर्तियाँ प्राप्त हुई हैं। उनके तथा कतिपय अन्य पाषाण-मूर्तियों के संक्षिप्त विवरण दिये जाते हैं।

१. विष्णु (चित्र १)

चतुर्भुज विष्णु प्रतिमा का सिर तथा चारों हाथ खण्डित हैं। प्रतिमा स्थानक मुद्रा में है। उसके ऊपरी भाग पर ब्रह्मा, अग्नि और शिव बैठे हुए हैं। नीचे मालाधारी गंधर्वों का अंकन है। दोनों ओर दशावतारों का चित्रण सुरुचिपूर्ण ढंग से किया गया है। मत्स्य, वराह, वामन तथा राम अवतार अंकित हैं। राम के नीचे एक मालाधारी स्त्री है, जिसके नीचे भगवान् बुद्ध का अंकन है। बायीं ओर ऊपर से नीचे समुद्र मन्थन का दृश्य है। कच्छप की पीठ पर मंदराचल का अंकन है। फिर नृसिंह, परशुराम और बलराम दिखाये गये हैं। बलराम के नीचे एक स्त्री का अंकन है। उसके बाद कल्कि अवतार है। विष्णु के दायीं ओर एक स्त्री तथा बायीं ओर एक पुरुष त्रिभंग-मुद्रा में खड़े हैं। उनके पीछे दोनों ओर दानकर्ता बैठे हैं। पादपीठ पर अंजलि मुद्रा में नाग-नागी आदि अंकित हैं। मध्य में कच्छप पर अंजलि मुद्रा में बैठी संभवतः यमुना हैं। किनारों पर एक-एक घटधारी पुरुष हैं। प्रोफेसर के. डी. वाजपेयी के अनुसार यह प्रतिमा प्रतिहार-कला का उत्तम उदाहरण है।

२. ध्यानस्थ विष्णु (चित्र २)

दो स्तम्भों के मध्य किरीट मुकुटधारी चतुर्भुज भगवान् विष्णु ध्यान-मुद्रा में बैठे हैं। उनके दाएँ ऊपरी हाथ में गदा तथा बाएँ ऊपरी हाथ में चक्र है। शेष दो हाथ पद्मासन में

एक के ऊपर एक रखे हैं। देवता कुण्डल, केयूर, कटक आदि आभूषण धारण किये हैं। ऊपरी भाग में दोनों ओर गगनचारी विद्याधर हैं। यह प्रतिमा सिरोन खुर्द के जैन मंदिर संग्रहालय में रखी हुई है। यह प्रतीहारकालीन है।

३. नागी (चित्र ३)

पांच फणों वाली नागी मूर्ति समभग में खड़ी है। उसके बाएं हाथ के समीप बच्चा खड़ा है। नागी लहंगा, कंचुकी और कतिपय आभूषण धारण किये है।

ग्रेनाइट पत्थर, रेवन (मऊरानीपुर) गोंडकाल, १५वीं शती।

४. नागी (चित्र ४)

ग्रेनाइट पाषाण की बनी पहली-जैसी एक अन्य नागी-मूर्ति रेवन गांव में मिली है। उसका बायां हाथ वरद मुद्रा में है। दायें हाथ में बच्चा है। समय १५वीं शती।

मातृदेवी के रूप में नागी का पूजन मध्य भारत में बड़े रूप में प्रचलित था। प्रो० वाजपेयी के अनुसार उक्त दोनों मूर्तियां गोंड कला का प्रतिनिधित्व करती हैं।

बुन्देलखण्ड की जैन वास्तुकला

डॉ० मधूलिका वाजपेयी

बुन्देलखण्ड की पावन धरतो विविध विशेषताओं के कारण विख्यात है। भारत की हृदय स्थली बुन्देलखण्ड को प्राचीन काल में चेदि देश तथा मध्यकाल में जेजाकभुक्ति कहते थे। मध्यकालीन वीर बुन्देला शासकों की निवास भूमि होने के कारण वर्तमान में इस क्षेत्र को बुन्देलखण्ड नाम से जाना जाता है। यह क्षेत्र ऐतिहासिक दृष्टि से अत्यन्त महत्त्वपूर्ण है। इस क्षेत्र को महाजनपद काल (लगभग १०००-५०० ई० पू०) में चेदि महाजनपद कहा गया जिसकी राजधानी शुक्तिमती नगरी थी। चेदि नाम भारत के एक प्राचीन राजवंश का था। ऐतिहासिक काल क्रम में विभिन्न कालों में इस क्षेत्र पर क्रमशः मौर्य, शुंग, सातवाहन, गुप्त, गुर्जर-प्रतीहार चंदेल तथा बुंदेला राजवंशों ने शासन किया। यह क्षेत्र पुरातात्त्विक सम्पदा तथा ऐतिहासिक स्मारकों से समृद्ध है।

ई० नवीं से लेकर तेरहवीं शताब्दी तक बुन्देलखण्ड में जैनधर्म का प्रसार रहा। बुन्देलखण्ड की वास्तुकला का आरम्भ चेदि राज्य में हुआ। यह कला चंदेलकाल में पूर्ण रूप से पुष्पित और पल्लवित हुई। यहाँ की स्थापत्य और मूर्तिकला की कीर्ति अब देश-विदेश में विश्रुत है। वैदिक-पौराणिक, जैन और बौद्ध धर्मों का बुंदेलखंड की भूमि में शताब्दियों तक साथ-साथ विकास हुआ। बुन्देलखण्ड में जैनधर्म के अनेक केन्द्र विकसित हुए। प्रमुख केन्द्र इस प्रकार हैं— देवगढ़, महोबा, अजयगढ़, अहार, ओरछा, कालपी, खजुराहो, चन्देरी, चाँदपुर, तथा कालंजर।

इस क्षेत्र में जैनमंदिर नवीं शताब्दी से मिलते हैं। चंदेलों के शासन-काल (९वीं शती से १२वीं शती) के मध्य इस क्षेत्र की वास्तुकला अपने चर्मोत्कर्ष पर रही। चंदेल शासक मुख्यतः शैव मतावलम्बी थे, किन्तु उन्होंने अन्य धर्मों को भी संरक्षण प्रदान किया। यहाँ के जैन मंदिरों में चंदेलकालीन स्थापत्य की वैसी ही उत्कृष्टता है जैसी कि शैव मंदिरों की है। इस क्षेत्र में चंदेलों के शासनकाल में भव्य एवं कला की दृष्टि से उत्कृष्ट मंदिरों का निर्माण हुआ।

वास्तुकला की दृष्टि से कतिपय महत्त्वपूर्ण मंदिरों के विवरण यहाँ प्रस्तुत हैं—

खजुराहो के जैन मन्दिर

भारतीय वास्तु और शिल्पकला के क्षेत्र में खजुराहो का विशिष्ट स्थान है। चंदेल-कालीन उत्कृष्ट शिल्पकला के दर्शन हमें यहाँ होते हैं। यहाँ के जैन मंदिर नवीं से लेकर लगभग

१२वीं शती के अंत तक के हैं। भारतीय वास्तुशास्त्र के मान्य सिद्धान्तों को खजुराहो के कलाकारों ने बड़ी सफलता के साथ चरितार्थ किया। खजुराहो के कलाकारों ने वास्तु तथा मूर्ति दोनों कलाओं के महत्त्व पर यथोचित बल देकर कला को नूतनता प्रदान की। यहाँ के प्रमुख शैव मंदिरों के समूह से कुछ दूर जैन मंदिरों का समूह है। खजुराहो के जैन मंदिर पूर्वी समूह के अन्तर्गत आते हैं। एक विशाल किन्तु आधुनिक चारदीवारी के अन्दर यहाँ कई प्राचीन और नवीन जैन मंदिर सुरक्षित हैं। वर्तमान में इसके अंतर्गत कुल १५ जैन मंदिर हैं, जिनमें से केवल पार्श्वनाथ और आदिनाथ मंदिर अपने अलंकरण एवं सौन्दर्य के कारण वर्णनीय है—

पार्श्वनाथ मन्दिर

पूर्वी समूह के अंतर्गत पार्श्वनाथ मंदिर खजुराहो के जैन मंदिरों में प्राचीनता और सर्वाधिक सुरक्षित है। वास्तुगत योजना और मूर्ति अलंकरणों की दृष्टि से पार्श्वनाथ मंदिर जैन मंदिरों में विशालतम और सर्वोत्कृष्ट है। फर्गुसन ने इस मंदिर को खजुराहो के कंदरिया महादेव मंदिर से भी श्रेष्ठ कहा है। पार्श्वनाथ मंदिर की वास्तुकला को अधिक विकसित माना गया है।

मूर्तिशिल्प, वास्तु और अभिलेखीय साक्ष्यों के आधार पर पार्श्वनाथ मंदिर का निर्माण, खजुराहो के ब्राह्मण मंदिर लक्ष्मण मंदिर के तुरन्त बाद चंदेल शासक धंग के शासन काल में हुआ माना जाता है। इस आधार पर इसका निर्माण ९५०-७० ई० के मध्य हुआ। पार्श्वनाथ मंदिर का निर्माण पूरी दक्षता के साथ सम्पन्न हुआ। विन्यास में यह मंदिर आयताकार है। इसकी लम्बाई ६४ फुट २ इंच और चौड़ाई ३४ फुट ११ इंच हैं।

पार्श्वनाथ मंदिर प्रदक्षिणा पथ, गर्भगृह, अन्तराल, महामण्डप और अर्धमण्डप से युक्त है। यह मंदिर मूलतः ऋषभनाथ को समर्पित था, किन्तु गर्भगृह में संवत् १९१७ (१८६० ई०) में स्थापित काले पत्थर में बनी पार्श्वनाथ की मूर्ति के कारण इसे आगे चलकर पार्श्वनाथ मंदिर के नाम से जाना जाने लगा। अर्धमण्डप के ललाट बिम्ब पर ऋषभनाथ की यक्षी चक्रेश्वरी तथा गर्भगृह की मूल प्रतिमा के सिंहासन पर ऋषभनाथ का लांछन वृषभ तथा पारंपरिक यक्ष-यक्षी गोमुख-चक्रेश्वरी के अंकन से इसके ऋषभनाथ का मंदिर होने की पुष्टि होती है।

पार्श्वनाथ मंदिर १.२ मीटर ऊँची जगती पर बना है। इसका अधिष्ठान दो श्रेणियों में विभक्त है, जिसमें नीचे भाग में जाड्यकुंभ, कर्णिका, पट्टिका एवं कपोत हैं। इनके ऊपर वरण्डिका तथा शिखर भाग हैं। गर्भगृह के ऊपर की छत बहुत ऊँचे उठे सप्तरथ नागर शिखर से निर्मित है। यह शिखर अरुश्रृंगों, गौणश्रृंगों तथा कर्णश्रृंगों का समवाय है।

मंदिर में प्रवेश मार्ग एक छोटे मुखमण्डप के होकर है, जो चतुष्कीयुक्त तथा अत्यधिक अलंकृत है। मंदिर के भीतरी भाग में मण्डप, अन्तराल और गर्भगृह हैं। इन तीनों के चारों ओर एक सम्मिलित प्रदक्षिणापथ है। वह एक दीवार से परिवेष्टित हैं, जिसमें प्रकाश के लिए छेददार झरोखे बने हैं। इस से इस मंदिर की शिखर-संयोजना अद्भुत, अनुपम और अधिक सुन्दर हो गयी है। मण्डप में प्रवेश का मार्ग सप्तशाखा द्वार से होकर है, जिसका अलंकरण व्यालो, गणों,

बेलबूटों आदि से किया गया है। द्वार के बायीं ओर मकर वाहिनी गंगा और दायीं ओर कूर्म धाहिनी यमुना अंकित है। तोरण के ललाट बिम्ब पर नवग्रहों के अतिरिक्त दसभुजी गरुड़ासीन यक्षी चक्रेश्वरी प्रदर्शित है।

मण्डप आयताकार और ठोस दीवार वाले हैं। इन्हें सोलह अर्धमण्डप आधार प्रदान करते हैं। मण्डप और अन्तराल की छतों पर पुरुष एवं ज्यामितीय अलंकरण है। अन्तराल से आगे गर्भगृह का प्रवेश द्वार है। इसका विशद अलंकरण बेलबूटों, गणों तथा मिथुनों से किया गया है। गर्भगृह अत्यन्त सादा है। इसका आकार ८×७ फुट है। इसमें काले संगमरमर की पार्श्वनाथ की एक आधुनिक प्रतिमा है। गर्भगृह के पंचशाखा द्वार मार्ग का अलंकरण द्वार-स्तम्भों पर सेवकों सहित गंगा तथा यमुना की आकृतियों, बेलबूटों, गणों तथा मिथुनों द्वारा किया गया है। गर्भगृह के ऊपर शिखर, अरु शृंगों तथा कर्ण शृंगों से आवेष्टित है। शिखर की चूड़ा पर आमलक, स्तूपिका, उस पर कलश और बीजपूरक हैं।

मंदिर की जंघा पर तीर्थंकरो, जैन देवियों की मूर्तियां हैं। शिखरों और मूर्तियों के ऊपर व्यालों और शार्दूलों की मूर्तियों का वैविध्य चंदेल कला का वैशिष्ट्य है। ऐसी मूर्तियाँ खजुराहो के मंदिरों पर विपुल संख्या में है। पार्श्वनाथ मंदिर की अप्सरा मूर्तियाँ खजुराहो मंदिरों में सर्वश्रेष्ठ मानी जाती हैं।

आदिनाथ मंदिर

पार्श्वनाथ मंदिर के ठीक उत्तर में स्थित आदिनाथ मंदिर खजुराहो के जैन मंदिर समूह का एक अन्य महत्त्वपूर्ण मंदिर है। यह मंदिर प्रथम तीर्थंकर आदिनाथ को समर्पित है। यह निरंधार-प्रासाद शैली का है। अब इसके केवल गर्भगृह और अन्तराल छतों सहित बचे हैं। मण्डप और अर्धमण्डप पूरी तरह नष्ट हो चुके हैं उनके स्थान पर गुम्बदाकार नवीन प्रवेश कक्ष बना दिया गया है। निर्माण के आधार पर कृष्णदेव ने इसका काल ११वीं शती के उत्तरार्ध में रखा है। गर्भगृह में ११५८ ई० की काले पाषाण की आदिनाथ मूर्ति प्रतिष्ठित है, जो मूल प्रतिमा को हटाये जाने के बाद वहाँ रखी गई है। ललाट बिम्ब में ऋषभनाथ की यक्षी चक्रेश्वरी की मूर्ति बनी है।

आदिनाथ मंदिर साधारण आयाम की एक मीटर ऊँची जगती पर बना है। अधिष्ठान के गटे भिन्न स्तरों और अलंकरणों वाले हैं। जँघा में मूर्तियों की तीन पंक्तियाँ हैं जिन पर मालाधारी विद्याधर, और गंधर्व मिथुनों की आकृतियाँ हैं। शासन देवताओं तथा सुर-सुन्दरियों का अंकन है। अन्तराल के अग्रभागों तथा गर्भगृह के भद्रों में चार आले हैं, जिनमें जैन मूर्तियाँ अंकित हैं।

मंदिर का शिखर, उस पर बना आमलक, सूचिका और कलश अत्यन्त कलात्मक हैं। शिखर सप्तस्थ है। देवालय षोडसभद्र है। मंदिर की शिखर योजना अनूठी जान पड़ती है। इसमें उरुशृङ्ग और कर्ण शृंग न होकर शिखर को ऊंचे अधिष्ठान पर सीधा खड़ा दिखाया गया है।

मंदिर में अन्तराल की छत तीन आलों की एक श्रृंखला से ढकी दिखायी देती है। आलों में यक्षी और सहायक देवी-देवताओं की आकृतियाँ हैं। शीर्ष की ऊपरी पंक्ति में चैत्य तोरणों की तीन पंक्तियाँ हैं। प्रत्येक पर तोरण पाशों में मकर मुख हैं।

गर्भगृह का द्वार-मार्ग सप्तशाखा द्वार है जिनका अलंकरण क्रमशः पत्रलता, गणों यक्षियों आदि से किया गया है। द्वार मार्ग के सिरदल के पाँच आलों में देवियों की प्रतिमाएँ अंकित हैं। इनमें से लक्ष्मी, चक्रेश्वरी, अम्बिका तथा पद्मावती की निश्चित पहचान संभव है। बीच के आले में चतुर्भुजी चक्रेश्वरी ललितासन में आरूढ़ है। प्रवेशद्वार की बड़ेरी पर १६ मांगलिक स्वप्नों का अंकन हुआ है।

गर्भगृह सादी आयताकार स्तंभावली वाले अर्धस्तंभों पर टिका है। अन्तराल के ऊपर शुक नासिका पर बने आलों में देवी आकृतियाँ हैं।

पार्श्वनाथ मंदिर की अपेक्षा आदिनाथ मंदिर की मूर्तियाँ जैन स्वरूप को अधिक प्रकट करती है। इस मंदिर की प्रतिमाओं में अलंकरणों की विविधता और सूक्ष्म उत्कीर्णन की कमी है।

घण्टई मन्दिर

जैन मंदिर समूह के परकोटे के बाहर यह मंदिर स्थित है इस मंदिर के ऊंचे मनोहर स्तंभों पर श्रृँखला और घण्टों का सुन्दर अलंकरण होने के कारण इसका नाम घण्टई पड़ा। मंदिर के स्तम्भ मध्ययुगीन भारतीय कला के सर्वोत्कृष्ट स्तंभों में से हैं।

मंदिर पूर्वाभिमुख है। यह पर्याप्त खण्डित है किन्तु अवशिष्ट भाग यह दर्शाता है कि योजना में यह मंदिर पार्श्वनाथ मंदिर के समान और भव्यता और विशालता में उससे बढ़कर था। इसकी उत्कीर्णन शैली तथा उपलब्ध मूर्तियों के अधिक पारंपरिक होने से यह पार्श्वनाथ मंदिर के कुछ समय बाद का प्रतीत होता है। इसकी कला परवर्ती प्रतीत होती है। स्थापत्य, मूर्तिकला तथा लिपि संबंधी साक्ष्य के आधार पर इसका निर्माणकाल दसवीं शती के अन्त का माना जाता है।

इस मंदिर के अवशिष्ट भाग अर्धमण्डप और महामण्डप हैं। प्रत्येक मण्डप चार-चार स्तम्भों पर आधारित है, जो अलंकृत छत को आधार प्रदान करते हैं। घण्टई मंदिर दिगम्बर सम्प्रदाय का मंदिर था, यह उन सोलह स्वप्नों के अंकन से स्पष्ट हैं जो मंदिर के सिरदल पर अंकित हैं।

मंदिर का अर्धमण्डप चार स्तम्भों की चतुष्की पर आधारित है। ये स्तम्भ एक अलंकृत कुंभिका पर खड़े हैं। कुंभिका पर कुंभ कलश एवं गोटे हैं। प्रत्येक स्तंभ के ऊपरी वर्तुलाकार भाग में चार मध्यबंध हैं। सबसे नीचे का मध्यबंध वर्तुलाकार है तथा लंबी श्रृँखला, माल्यपाशों तथा किंकणीजाल से पर्याप्त अलंकृत है। दूसरा बंध अष्टकोणीय है। तीसरा बंध वर्तुलाकार तथा पुष्पमुच्छों से अलंकृत है। सबसे ऊपर के चौथे बंध में दो अष्टकोणीय पट्टिकाएं हैं। स्तम्भ शीर्ष के बेड़ों के सिरदल पर कीर्तिमुख तथा कमल के बेल बूटों का अंकन है। सिरदल के ऊपर चित्रवल्लरी है, जिसके मध्यभाग में तीर्थंकर प्रतिमा अंकित है।

अर्धमण्डप के बाद मंदिर का महामण्डप आता है। उसमें सामने की ओर तीन चतुष्कियाँ हैं। इसके स्तंभ के मध्यभाग के ऊपरी और निचले भागों पर घट-पल्लव का पारम्परिक उत्कीर्णन हैं।

द्वार मार्ग की सात शाखायें हैं। पहली तीन शाखाओं का अलंकरण व्यालों, नृत्य-संगीत रत गणों तथा गुच्छाकार रचना से किया गया है। चौथी शाखा पर कमल एवं कर्णिका बने हैं। इस पर चक्रेश्वरी देवी, तीर्थंकर प्रतिमाएँ, नवग्रहों आदि का अंकन है। सिरदल की ऊपरी चित्रवल्लरी में सोलह स्वप्नों का अंकन है। द्वार मार्ग के आलम्बन पर नदी, देवियों का अंकन है।

घण्टई मंदिर जीर्ण शीर्ण अवस्था में है। इसके अनेक चिन्ह जैसे चक्रेश्वरी देवी का अंकन आदि देखकर यह अनुमान किया जा सकता है कि इसके अन्दर मूल नायक ऋषभदेव की प्रतिमा विराजमान रही होगी।

बानपुर का जैनमन्दिर

बानपुर बुन्देल खण्ड का एक महत्वपूर्ण स्थल है। यह जिला ललितपुर से ४८ किलोमीटर तथा टीकमगढ़ से ६ कि० मी० की दूरी पर स्थित है। बानपुर में कतिपय मन्दिरों के भग्नावशेष बहुसंख्यक स्थापत्य एवं मूर्तिखण्ड के अतिरिक्त एक सर्वतोभद्र जैन मन्दिर भी है।

सर्वतोभद्र मंदिर

'सर्वतो भद्र प्रासाद' का सर्वप्रथम उल्लेख हमें वराहमिहिर कृत 'वृहत्संहिता' में मिलता है। इसका तात्पर्य सभी ओर से कल्याणकारी अथवा शुभदर्शन देवालय से है। वास्तु शास्त्रों के साक्ष्य पर सर्वतोभद्र प्रासाद की जानकारी चतुर्थ शताब्दी (गुप्तकाल) में सिद्ध की जा सकती है। किन्तु इसका कोई गुप्तकालीन उदाहरण नहीं प्राप्त हुआ। बानपुर का यह सहस्रकूटयुक्त सर्वतोभद्र प्रासाद इस शैली का प्राचीनतम उपलब्ध उदाहरण है।

स्थापत्य और मूर्तिकला

बानपुर का सर्वतोभद्र जिनालय ९० से० मी० ऊंची जगती पर अवस्थित है। संभवतः जगती का पुनर्निर्माण हुआ है। मन्दिर का गर्भगृह वर्गाकार है, जिसका मध्यभाग सहस्रकूट द्वारा आच्छादित है। चारों दिशाओं में एक-एक प्रवेश द्वार है, जिनके सामने दो अर्धस्तम्भों तथा दो स्तम्भों पर आश्रुत बने हैं। इस संरचना में जंघा के लिए बहुत कम स्थान बचता है। आठ दिक्कोणों पर आठ दिक्पाल विराजमान हैं। जंघा पर दिक्पालों की ऊंचाई इतनी रखी गई है कि लगभग आधे निचले भाग में उनकी मूर्तियां हैं, तथा आधे ऊपरी भाग में कण्ठ पर कुछ ग्रासपट्टी, कपोत तथा वसन्त पट्टिका जैसी संरचनायें हैं।

शिखर पंचरथ प्रकार का है। सूक्ष्म निरीक्षण से ऐसा प्रतीत होता है कि शिखर गम्भीररूपेण क्षतिग्रस्त हो गया था अतः इसे अतीत में ही पुनर्निर्मित कराया गया है। मौलिक स्वरूप पुनः निरूपित नहीं हो सका है, यद्यपि स्थापत्य-खण्ड अधिकांशतः मौलिक ही है। लताओं

के सम्मिलन के सर्वोच्च बिन्दु पर ग्रीवा है, जिसके ऊपर क्रमशः आमल सारक, आमलक कलश, और बीजपूरक स्थापित है।

गर्भगृह में सहस्र कूट, प्रवेश द्वारों पर नदी देवियां प्रतिहार आदि, जंघा पर दिक्पाल तथा शुकनासिका पर की रथिकाओं की गणना शिल्पकला के अन्तर्गत की जा सकती है। सहस्रकूट एक हजार मूर्तियों का समाहार होता है। बीच में मूलनायक के स्थान पर युगादिदेव को ही अंकित किया जाता है। भगवान के शरीर के एक हजार आठ शुभ लक्षणों अथवा वीत-राग के एक हजार आठ गुणों के प्रतीक स्वरूप ही सहस्रकूट का निर्माण माना जाता है।

प्रस्तुत सहस्रकूट में उत्तरोत्तर क्षीण होते हुए उर्ध्वाधार छह स्तर हैं। चारों पार्श्वों पर छहः स्तरों पर नीचे से ऊपर क्रमशः बड़ी से छोटी जिन मूर्तियां विभिन्न मुद्राओं में अंकित हैं। इनकी संख्या एक हजार आठ है। मूलनायक के रूप में आदिनाथ का अंकन है जो कि दक्षिण दिशा में स्पष्ट है किन्तु अन्य दिशाओं में प्रतिमा लक्षण स्पष्ट नहीं है।

चारों प्रवेश द्वारों का अलंकरण-विधान कालानुरूप परम्परागत है। सिरदल को विधिवत् अलंकृत किया गया है। द्वार शाखाओं पर कलशधारिणी गंगा-यमुना का उत्कीर्णन है। सिरदल पर जिन मूर्तियों का निरूपण है। शिखर के निचले भाग में रथिकाओं में मूर्ति-शिल्प का प्रचुर प्रयोग किया गया है। शिखर की लताओं को चन्द्रमाला जालक से अलंकृत किया गया है।

मूर्ति संयोजन, अलंकरण विधान, वास्तु-विन्यास तथा अभिलेखीय साक्ष्यों के आधार पर इस देवालय का निर्माण काल ईसवी दसवीं शती सिद्ध होता है।

पपौरा के जैन मन्दिर

टीकमगढ़ नगर से लगा हुआ जैन क्षेत्र पपौरा है। विशाल परकोटे के भीतर अट्ठासी जिनालय यहां बने हुए हैं। ये धवल और उत्तुंग मंदिर मीलों दूर से दिखाई पड़ते हैं। हजारों साल पहले यहां बने मंदिरों के अवशेष अभी भी बिखरे पड़े हैं। कई मंदिर पूर्ण न होकर उनके लघुरूप हैं अथवा तीर्थंकरों के गर्भगृह मात्र हैं। काल की दृष्टि से एक मंदिर १२वीं शती का, अन्य १४वीं शती के तथा तीन मंदिर १५वीं शती के हैं। दो मेरु मंदिर हैं। यहां के शिल्प-कारों ने पपौरा के मंदिर-शिल्प में नानाविध रूपों का अनुसरण कर उसे वैविध्य प्रदान किया खजुराहो की तरह यहां के मन्दिर नागर शैली के हैं।

अतिशय क्षेत्र अहार की कला

कृष्णदत्त वाजपेयी

पुरातत्त्व की दृष्टि से बुन्देलखण्ड क्षेत्र का भारत में विशेष महत्त्व है। प्रागैतिहासिक काल से लेकर मध्यकाल तक के बहुसंख्यक ऐतिहासिक स्मारक तथा कला के अवशेष इस क्षेत्र के अनेक स्थलों में मिले हैं। वैदिक-पौराणिक, जैन और बौद्ध धर्मों का बुन्देलखण्ड की भूमि में शताब्दियों तक साथ-साथ विकास हुआ। संस्कृत, प्राकृत, अपभ्रंश तथा हिन्दी की उपभाषाओं—ब्रज और बुन्देली—में यहाँ विविध साहित्य की सृष्टि बड़े रूप में हुई।

बुन्देलखण्ड में जैन धर्म के अनेक केन्द्र विकसित हुए। इसमें आहार का विशेष स्थान है।

अन्य अनेक जैन धार्मिक केन्द्रों की तरह अहार का भी प्राकृतिक परिवेश मनोरम है। विन्ध्य-क्षेत्र के वर्तमान टीकमगढ़ जनपद में यह स्थल पर्वतीय पृष्ठभूमि की हरित अरण्यावली से परिवृत है। टीकमगढ़ से यह स्थान लगभग २५ किलोमीटर दूर है।

अहार के पावन क्षेत्र में मध्यकाल में बिम्ब-प्रतिष्ठा का बड़ा विकास हुआ। आसपास के ही नहीं, दूर के लोगों ने यहां बहुसंख्यक जैन प्रतिमाओं की स्थापना करायी। इन प्रतिमाओं की चरण-चौकियों पर उत्कीर्ण लेखों से तत्कालीन राजनीतिक, सामाजिक, धार्मिक तथा आर्थिक इतिहास पर रोचक प्रकाश पड़ा है।

अब तक अहार में उपलब्ध पुरालेखों की संख्या लगभग १२५ है। चंदेलों तथा उनके उत्तराधिकारी अन्य राजवंशों के समय में तीर्थंकर—बिम्बों की यहाँ विशेष प्रतिष्ठापना हुई। श्री गोविन्ददास कोठिया ने प्राचीन लेखों का विवरण सं० २०१४ में प्रकाशित कराया था और प्राप्त लेखों का कालक्रमानुसार विवरण दिया था। तदनुसार विक्रम सम्वत् ११२३ से लेकर कई सौ वर्ष बाद तक अहार में प्रतिष्ठा कार्य सम्पन्न हुए।

चन्देल शासकों के समय में इस स्थान का महत्त्व अधिक बढ़ा। चन्देल शासक मदन वर्मा ने चेदि राज्य पर अपनी विजय के उपरान्त यहाँ एक विस्तृत सरोवर का निर्माण कराया। उसका नाम मदनसागर प्रसिद्ध हुआ। अहार से प्राप्त कुछ लेखों में इस स्थान का नाम मदनेश-सागरपुर मिला है। मदनवर्मा के समय में चन्देल राज्य का विस्तार बहुत बढ़ा। उसने अनेक युद्धों में विजय प्राप्त की। चन्देलों की तत्कालीन समृद्धि के कारण चेदि, परमार, चाहमान आदि कई वंशों के शासकों की ईर्ष्या चन्देलों के विरुद्ध बढ़ी।

मध्यकाल में अहार और उसके आसपास अनेक मंदिरों का निर्माण हुआ। इसका पता शिलालेखों और ताम्रपत्रों से भी चला है। यहाँ प्राप्त बहुसंख्यक लेखों की भाषा नागरी है, जिसका क्रमिक विकास अहार तथा उसके आसपास के भूभाग में उपलब्ध लेखों में देखने को मिलता है। नागरी के विकास का अध्ययन करने के लिए ये लेख बहुत उपयोगी हैं।

अहार के प्रारम्भिक अनेक लेखों में शुद्ध संस्कृत का प्रयोग किया गया है। धीरे-धीरे संस्कृत तथा प्राकृत के मिश्रित रूप को लेखों में अपनाया गया। यह बात विशेष उल्लेखनीय है कि बुन्देली भाषा का प्राचीन रूप यहाँ के कई लेखों में मिलता है।

अहार के पुरालेखों में प्रायः विक्रम संवत् का प्रयोग हुआ है। उत्तर भारत में मध्यकाल में विक्रम सम्वत् विशेष रूप से प्रयोग में लाया जाता था। परम्परा के अनुसार, सम्वत् के पश्चात् मास तथा तिथि के विवरण लेखों में मिलते हैं। कुछ लेखों में दिनों के भी नाम आये हैं।

भौगोलिक नामों की दृष्टि से अहार के कई लेख महत्त्व के हैं। नगरों आदि के जो नाम लेखों में मिले हैं उनमें अवधपुर, बाणपुर, मेडवाल, वसुहाटिका, फिरोजाबाद, नन्दपुर आदि उल्लेखनीय हैं।

सामाजिक इतिहास की जानकारी अनेकों लेखों से होती है। समाज के विभिन्न वर्गों के नामोल्लेखों के अलावा वंश, संघ, गण, गच्छ, शाखा आदि के नाम भी मिलते हैं। सम्वत् १६४२ से १८६६ तक के अनेक मूर्तिलेखों में मूल संघ, बलात्कारगण, सरस्वती गच्छ तथा कुन्दकुन्दाम्नाय की चर्चा है। यह विचारणीय है कि गण, गच्छ आदि के उल्लेख प्रारम्भिक लेखों में नहीं मिलते।

अहार के पुरालेखों में पुरुषों के नाम कल्हण, रल्हण, जाहड़, सल्हड़, अल्ह आदि मिले हैं। स्त्रियों के नाम साल्हि, आल्हि आदि प्राप्त हुए हैं। कतिपय नाम अधिक सुन्दर हैं यथा; कमलदेव, कामदेव, मंगलदेव, पूर्णचन्द, उदयबन्धु, शिवदेवी, यशकरी, जशमती, रोहिणी आदि।

मध्यकाल में देवगढ़, चन्देरी तथा अन्य कई स्थानों में भट्टारक सम्प्रदाय का बड़ा प्रभाव था। अनेक विद्वान् भट्टारकों ने न केवल बुन्देलखण्ड और मालवा में अपितु कर्णाटक तक अपना प्रभाव फैलाया। अहार के कई लेखों से भट्टारकों के नामों तथा उनकी परम्परा पर विशेष प्रकाश पड़ा है। कुछ भट्टारकों को लेखों में "पंडित" कहा गया है। सम्बन्धित लेखों से इस बात का स्पष्ट ज्ञान नहीं होता कि भट्टारकों ने अहार में अपना कोई बड़ा केन्द्र स्थापित किया था।

अहार में प्राप्त एक तांबे के यंत्र पर मुगल सम्राट् अकबर का उल्लेख हुआ है। ताम्रपत्र पर सम्वत् १६४२ की, फागुन सुदी दशमी की तिथि अंकित है। लेख में कहा गया है कि उक्त तिथि जलालुद्दीन अकबर के राज्य में पैरोजाबाद नामक स्थान में श्रीमूल संघ, बलात्कार गण, सरस्वती गच्छ एवं कुन्दकुन्दाचार्य के आम्नाय में, भट्टारक परम्परा में उत्पन्न, शाह श्री हिरउ तथा उनके परिवार के लोगों ने उस यंत्र की प्रतिष्ठा करायी।

अहार के उक्त लेखों के मध्यकालीन इतिहास के अनेक पक्षों पर प्रचुर प्रकाश पड़ा है। अतिशय क्षेत्र के रूप में इस स्थल का धार्मिक महत्त्व है। साथ ही इतिहास और कला के अध्ययन की दृष्टि से भी यह स्थल गौरवपूर्ण है।

जैन परंपरा में मांगलिक स्वप्न और खजुराहो में उनका शिल्पांकन

डा० मारूतिनन्दन तिवारी तथा डा० कमलगिरि

भारतीय परम्परा में प्राचीन काल से विभिन्न मांगलिक स्वप्नों की चर्चा मिलती है। जैन धर्म और कला, वैदिक और ब्राह्मण परम्परा से प्रभावित रही है, जिसके फलस्वरूप विभिन्न तीर्थंकरों के यक्ष-यक्षी तथा राम, बलराम, कृष्ण, भरत जैसे शलाकापुरुषों के रूप में विभिन्न ब्राह्मण देवी-देवताओं को जैन देवकुल में सम्मिलित किया गया और जैन-कला केन्द्रों पर उन्हें शिल्पांकित किया गया। इसी प्रकार पूर्ववर्ती मांगलिक स्वप्नों के आधार पर जैनों ने मांगलिक या शुभ स्वप्नों की अपनी सूची नियत की, जिनकी संख्या श्वेताम्बर परम्परा में चौदह और दिगम्बर परम्परा में सोलह बताई गई है। जैन मान्यता के अनुसार ऋषभनाथ, नेमिनाथ, पार्श्वनाथ और महावीर सहित सभी तीर्थंकरों की माताओं ने तीर्थंकरों के जन्म के पूर्व इन शुभ स्वप्नों का दर्शन किया था। **कल्पसूत्र** में उल्लेख है कि महावीर के गर्भ में आगमन के पूर्व ब्राह्मणी देवानन्दा ने शुभ स्वप्नों का दर्शन किया था। हरिनैगमेषी द्वारा महावीर का भ्रूण देवानन्दा के गर्भ से क्षत्रियाणी त्रिशला के गर्भ में स्थानान्तरित किए जाने के बाद त्रिशला ने भी चौदह मांगलिक स्वप्नों का दर्शन किया था।[1]

सर्वप्रथम भद्रबाहु कृत **कल्पसूत्र** (ल. दूसरी-तीसरी शती ई०) में श्वेताम्बर परम्परा के चौदह मांगलिक स्वप्नों का उल्लेख मिलता है। तत्पश्चात् विमलसूरि कृत **पउम चरिय** (४७३ ई०) एवं हेमचन्द्र कृत **त्रिशष्टिशलाकापुरुषचरित्र** (१२वीं शती ई० का उत्तरार्द्ध) जैसे श्वेताम्बर ग्रन्थों में तीर्थंकरों के जन्म के पूर्व उनकी माताओं द्वारा देखे गए चौदह मांगलिक स्वप्नों की सूची मिलती है। श्वेताम्बर परम्परा के चौदह मांगलिक स्वप्नों में गज, वृषभ, सिंह, लक्ष्मी या पद्म या श्रीदेवी (पद्मासीन चतुर्भुजा एवं करों में पद्म से युक्त तथा दो गजों द्वारा अभिषिक्त[2] पुष्पहार, चन्द्रमा, सूर्य, सिंह-ध्वज-दण्ड, पद्मयुक्त पूर्णकुंभ, पद्मसरोवर (जलचर सहित), क्षीरसमुद्र, देव विमान (विभिन्न पुष्पहारों, चित्रों एवं मूर्तियों से अलंकृत स्तम्भों वाला रत्नराशि और निर्धूम अग्नि सम्मिलित है।[3]

दिगम्बर परम्परा के सोलह मांगलिक स्वप्नों का प्रारंभिक उल्लेख जिनसेन कृत **हरिवंशपुराण** (७८३ ई०), जिनसेन कृत **आदिपुराण** (९वीं शती ई०) गुणभद्रकृत **उत्तरपुराण**

(१०वीं शती ई० का पूर्वार्द्ध) एवं पुष्पदन्तकृत **महापुराण** (९५९-६५ ई०) में मिलता है।[४] दिगम्बर सूची में गज, वृषभ[५] सिंह, लक्ष्मी, चन्द्रमा, सूर्य, मत्स्य युगल, कलशद्वय, पद्म सरोवर, उद्वेलित समुद्र, सिंहासन, विमान, नागेन्द्रभवन, अपार रत्नराशि, पुष्पहार द्वय, एवं निर्धूम अग्नि के उल्लेख मिलते हैं। इस प्रकार न्यूनाधिक दोनों परम्पराओं की सूची लगभग समान रही है। केवल श्वेताम्बर सूची में नागेन्द्र भवन, मत्स्ययुगल और सिंहासन का उल्लेख नहीं मिलता है। श्वेताम्बर सूची में मत्स्य युगल के स्थान पर सिंह ध्वज तथा पुष्पहार द्वय एवं कलशद्वय के स्थान पर क्रमशः पुष्पहार एवं पूर्ण कुम्भ का उल्लेख मिलता है।

जैन परम्परा के मांगलिक स्वप्नों की परिकल्पना से सूक्ष्म विवेचन से उनके उदारवादी और व्यापक समन्वयात्मक दृष्टिकोण का परिचय मिलता है। मांगलिक स्वप्नों की सूची में एक ओर प्रचलित मांगलिक चिह्नों (कलश, मत्स्य युगल, पुष्पहार) एवं प्रमुख प्राकृतिक तत्वों (सूर्य, चन्द्र एवं जल के रूप में सरोवर और सागर) और दूसरी ओर पशु जगत (गज, वृषभ, सिंह) तथा लोकपूजा से सम्बन्धित एवं अन्य दवों (श्रीदेवी या पद्मा नाग, अग्नि) को सम्मिलित किया गया जो देव-मानव जगत के साथ प्राकृतिक जगत की एकात्मकता और दोनों के संतुलन से सृष्टि संचालन का भाव व्यक्त करते हैं। इस प्रकार इन मांगलिक स्वप्नों के माध्यम से वस्तुतः जैनों ने सम्पूर्ण चराचर जगत को समवेत रूप में प्रस्तुत करने का प्रयास किया जो वर्तमान पर्यावरण संतुलन की आवश्यकता की पृष्ठभूमि में शताब्दियों पूर्व जैनों के व्यावहारिक चिन्तन को प्रकट करता है।

जैन मन्दिरों का निर्माण लगभग आठवीं शती ई० में प्रारम्भ में हुआ जिसका प्राचीनतम सुरक्षित उदाहरण राजस्थान में जोधपुर स्थित ओसिया का महावीर मन्दिर है। ९वीं से १३वीं-१४वीं शती ई० के मध्य श्वेताम्बर और दिगम्बर दोनों ही कला केन्द्रों पर तीर्थंकरों को समर्पित अनेक जैन मन्दिर बने। आठवीं शती ई० के बाद के सभी क्षेत्रों में जैन मन्दिरों के प्रवेशद्वारों के उत्तरंगों के ऊपर की बड़ेरियों पर इन मांगलिक स्वप्नों का पंक्तिबद्ध अंकन हुआ है जिसका प्रारम्भिकतम उदाहरण देवगढ़ (ललितपुर, उ० प्र०) के शांतिनाथ मन्दिर (मन्दिर संख्या १२-८६२ ई०) के प्रवेश-द्वार पर देखा जा सकता है। दिगम्बर परम्परा से सम्बद्ध होने के कारण यहां सोलह मांगलिक स्वप्नों का अंकन हुआ है।

श्वेताम्बर स्थलों पर प्रवेशद्वारों के अतिरिक्त जैन मन्दिरों के वितानों पर उत्कीर्ण तीर्थंकरों के जीवन दृश्यों के प्रसंग के भी जन्म कल्याणक के पूर्व तीर्थंकरों की माताओं को शय्या पर लेटे और चौदह मांगलिक स्वप्नों का दर्शन करते हुए दिखाया गया है। तीर्थंकरों के जीवन दृश्यों के अन्तर्गत श्वेताम्बर स्थलों पर चौदह मांगलिक स्वप्नों के उत्कीर्णन के उदाहरण कुम्भरिया (बनासकांठा, गुजरात) के ११वीं शती ई० के महावीर और शाँतिनाथ मन्दिरों तथा दिलवाड़ा (माउन्ट आबू राजस्थान) के १२वीं-१३वीं शती ई० के विमलवसही और लूणवसही में देखे जा सकते हैं।[६]

विभिन्न दिगम्बर पुरास्थलों में खजुराहों छतरपुर, म. प्र. का विशेष महत्वपूर्ण स्थान है जहां चन्देल शासकों के काल में १०वीं से १२वीं शती ई० के मध्य कई जैन मन्दिरों

का निर्माण हुआ जिनमें से पार्श्वनाथ (ल. ९५०-७० ई. एवं आदि नाथ ११वीं शती ई.) मन्दिर ही पूरी तरह सुरक्षित हैं। घण्टई (ल. १० वीं. शती ई. का उत्तरार्ध) एवं शांतिनाथ मंदिर (१०२८ ई.) खण्डित रूप में सुरक्षित हैं। इन मन्दिरों के अतिरिक्त जैन धर्मशाला एवं शांतिनाथ मंदिर परिसर में लगभग १५ आधुनिक जैन मन्दिर भी हैं जिनका कुछ भाग (प्रवेश-द्वार आदि) प्राचीन जैन मंन्दिरों के भग्नावशेषों से बना है।

खजुराहों के जैन मन्दिरों के प्रवेश-द्वारों की बड़ेरियों पर दिगम्बर परंपरा के १६ मांगलिक स्वप्नों का अंकन अत्यन्त लोकप्रिय था। पार्श्वनाथ मन्दिर के अतिरिक्त यहां के अन्य सभी जैन मन्दिरों, घण्टई, आदिनाथ एवं शान्तिनाथ, पर १६ मांगलिक स्वप्न उकेरे हैं (चित्र १, २, ३)। इनके अतिरिक्त शान्तिनाथ मन्दिर परिसर के मन्दिर सं १४ एवं ७ तथा साहूशांति प्रसाद जैन संग्रहालय खजुराहों के द्वारा उत्तरंग पर भी १६ मांगलिक स्वप्नों का उत्कीर्णक हुआ है। लगभग सभी उदाहरणों में १६ मांगलिक स्वप्नों के पंक्तिबद्ध अंकन के पूर्व तीर्थंकर माता को शय्या पर लेटे दिखाया गया है जो घण्टई आदिनाथ मंदिरों के प्रसंग में ऋषभनाथ की माता मरूदेवी हैं क्योंकि ये दोनों ही मन्दिर ऋषभनाथ को समर्पित हैं। जिन माता के समीप ही स्त्री-पुरुष युगल की वार्तालाप की मुद्रा में आकृतियाँ भी बनी हैं जो निश्चय ही तीर्थंकर के माता-पिता हैं जो शुभ स्वप्नों के सन्दर्भ में वार्ता कर रहे हैं। आदिनाथ मन्दिर के उदाहरण में माता की लेटी आकृति के ऊपर एवं आकाशगामी देव विमान भी उत्कीर्ण है। इन आकृतियों के बाद मांगलिक स्वप्नों का पारंपरिक क्रम में पंक्तिबद्ध (क्रमशः बायें से दायें) अंकन हुआ है। विवरण की दृष्टि से मांगलिक स्वप्नों के शिल्पांकन में एकरूपता दृष्टिगत होती है।

खजुराहों के जैन मन्दिरों पर सर्वप्रथम गज की आकृति बनी है जिसके बाद वृषभ और सिंह की आकृतियाँ उत्कीर्ण हैं। ये सभी आकृतियाँ शांत व स्थिर न होकर गतिमान और सिंह के सन्दर्भ में उग्र दिखाई, गयी हैं। गजपीठ पर कभी-कभी दो आकृतियां भी बैठी हैं। यहां उल्लेखनीय है कि घण्टई ओर आदिनाथ मन्दिर के ऋषभनाथ को समर्पित होने के बाद भी जैन **महापुराण** के निर्देश के अनुरूप प्रथम स्वप्न के रूप में वृषभ को नहीं दिखाया गया है।

चौथे स्वप्न के रूप में श्रीदेवी या पद्मा या अभिषेक लक्ष्मी को निरूपित किया गया है। दिगम्बर परंपरानुरूप देवी को चतुर्भुज और ध्यान मुद्रा में दोनों पैर मोड़कर पद्म पर आसीन दिखाया गया है। देवी के अधः करों में अभयमुद्रा और जलपात्र प्रदर्शित हैं जबकि दोनों अर्ध्वकरों में पद्म हैं। शीर्ष भाग में दो गजों को देवी का अभिषेक करते हुये दिखाया गया है। ज्ञातव्य है कि ब्राह्मण, बौद्ध एवं जैन परंपरा की अभिषेक लक्ष्मी की स्वतंत्र मूर्तियों में भी ओसियां, खजुराहो, एलोरा, कुंमारिया तथा अन्य स्थलों पर यही विशेषताएं देखने को मिलती हैं।

अभिषेक-लक्ष्मी के बाद सुन्दर रूप से गूँथे हार का अंकन हुआ है, जो पुष्पहार के स्थान पर मुक्ताहार दिखायी देता है। स्मरणीय है कि आदिपुराण में दो पुष्पहारों का उल्लेख

हुआ है। हार के अंकन को जीवन्त बनाने के उद्देश्य से खजुराहो के शिल्पी ने पारम्परिक शैली में द्वार के मध्य में कीर्तिमुख (मुक्तावराल) को दिखाया है जिसके मुख से मोतियों की लड़ियाँ निकल रही हैं। खजुराहो के मन्दिरों पर स्थापत्य अलंकरण के रूप में इस प्रकार के मुक्तावराल का अनेकश: अंकन हुआ है।

आगे चन्द्रमा और सूर्य का वृत्ताकर रूपों में अंकन है, जिनके मध्य में चन्द्र और सूर्य देवों की मानव आकृतियाँ बनी हैं। द्विभुज चन्द्रमा का वाहन अश्व है और उनके हाथों में अभयमुद्रा और कमण्डलु हैं। जैन ग्रन्थों में चन्द्र के हाथ में अमृतघट या शूल का उल्लेख किया गया है। चन्द्र के साथ अश्व वाहन तथा जलपात्र का अंकन जैन परम्परा के साथ ही **अग्नि पुराण** और **मत्स्यपुराण** के विवरणों से भी प्रभावित है।[७] खजुराहो के कुछ उदाहरणों में चन्द्र की मानवाकृति के स्थान पर वृत्त के मध्य केवल अश्व वाहन की आकृति दिखाई गई है। सूर्य को परम्परानुरूप उदीच्य वेशधारी और उत्कूटिकासन में विराजमान तथा दोनों हाथों में सनाल पद्म लिये दिखाया गया है।

सूर्य के आगे मत्स्ययुगल, कलशद्वय, पुष्पालंकृत दिव्य सरोवर[८] तथा उद्वेलित समुद्र का अंकन हुआ है। उद्वेलित समुद्र को एक वृत्त के रूप में दर्शाया गया है, जिसमें नक्र, कूर्म, मत्स्य, हंस आदि जलचरों का अंकन है। मन्दिर ७ के उदाहरण में मध्य में समुद्र की मानव आकृति भी बनी है। समुद्र अभहमुद्रा और फल (या जलपात्र) से युक्त है। आगे सिंहासन, दिव्य विमान, नागेन्द्र भवन, अपार रत्न राशि और निर्धूम अग्नि उकेरित है। धर्मचक्र और सिंहों से युक्त सिंहासन के समीप ही दिव्य विमान अंकित है। दिव्य विमान के ऊपर अभयमुद्रा और जलपात्र से युक्त एक आकृति बैठी है। नागेन्द्र भवन में तीन सर्पफणों के छत्र से युक्त नाग और नागी की युगल आकृतियाँ दिखाई गई हैं और उनके हाथों में अभयमुद्रा और जलपात्र (या फल) हैं। श्मश्रु तथा जटामुकुट से शोभित ललितासीन अग्नि के हाथों में अभयमुद्रा और स्रवा प्रदर्शित हैं। यह निर्धूम अग्नि का अंकन है।

खजुराहो में मांगलिक स्वप्नों के अंकन की एक विशेषता यह थी कि विभिन्न स्वप्नों का प्रतीक के स्थान पर मानव रूप में अंकन अधिक लोकप्रिय था। इन स्वप्नों के शिल्पांकन में खजुराहो के शिल्पी ने प्रतीकात्मक अंकन के स्थान पर उनके यथार्थ रूप को दर्शाने का यत्न किया है। यह भाव समुद्र में विभिन्न जलचरों तथा दिव्य सरोवर में पद्म के अंकन से स्पष्ट है।

चित्र सूची

संदर्भ-संकेत

१. कल्पसूत्र—३. ३१-४६

२. लक्ष्मी की ये विशेषतायें स्पष्टतः शुंगकाल से भरहुत, सांची जैसे बौद्ध कलाकेन्द्रों एवं आगे की शताब्दियों में ब्राह्मण, बौद्ध एवं जैन तीनों धर्मों में मथुरा, अमरावती, खजुराहो, भुवनेश्वर, एलोरा (कैलाश मन्दिर) एवं लगभग सभी कलाकेन्द्रों पर उत्कीर्ण उपर्युक्त लक्षणों वाली गज या अभिषेक लक्ष्मी की भारतीय परम्परा में लोकप्रियता का स्मरण कराती है।

३. कल्पसूत्र – ३. ३१-४६

४. हरिवंशपुराण—८. ५८-७४, आदिपुराण – १२. १०४-१२०, महापुराण (पुष्पदन्त) ५८.५

५. ज्ञातव्य है कि ऋषभनाथ के अतिरिक्त अन्य सभी तीर्थंकरों की माताओं ने शुभ स्वप्नों में सर्वप्रथम मुख में प्रवेश करता हुआ हाथी देखा था जबकि प्रथम तीर्थंकर ऋषभनाथ की माता मरूदेवी ने श्वेताम्बर और दिगम्बर दोनों ही ग्रन्थों के अनुसार सर्वप्रथम वृषभ देखा था। ऋषभनाथ के वृषभ लांछन के निर्धारण में उपर्युक्त प्रसंग विशेषतः ध्यातव्य है।

६. मारूतिनन्दन तिवारी, जैन प्रतिभा विज्ञान, वाराणसी, १९८१ पृ. ९२-९५, १११-१२, १२१, १२६, १३२-३४, १३९-४३

७. अग्निपुराण—५१. १, मत्स्यपुराण ९४.१

८. मन्दिर ७ के उदाहरण में सरोवर में पक्षियों की दो आकृतियाँ द्रष्टव्य है।

चित्र-वीथी

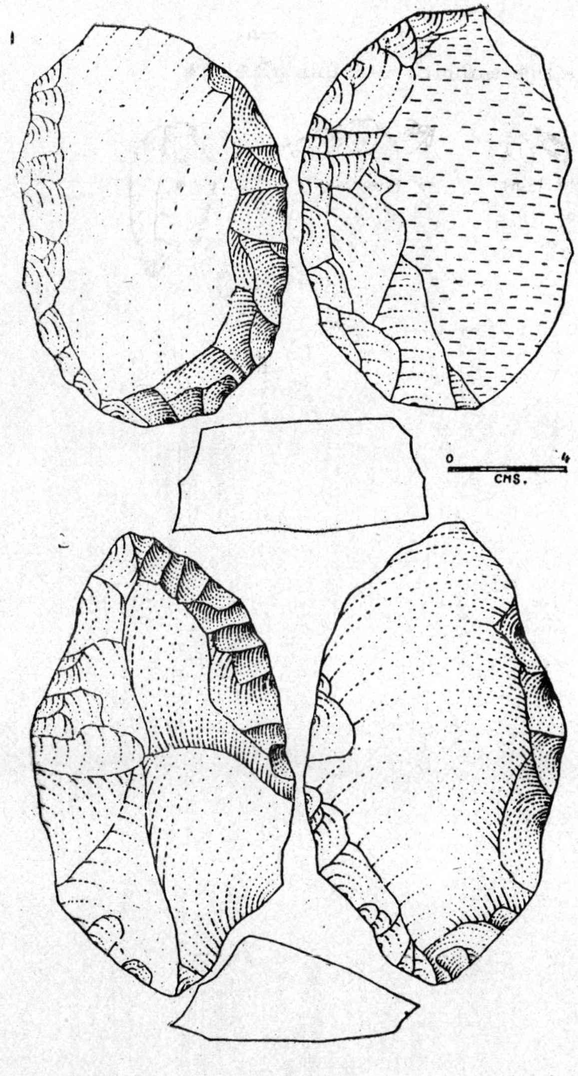

नीही से प्राप्त निम्न पुरापाषाण कालीन उपकरण
(पन्त 1982 के आधार पर) (पृ० 281)

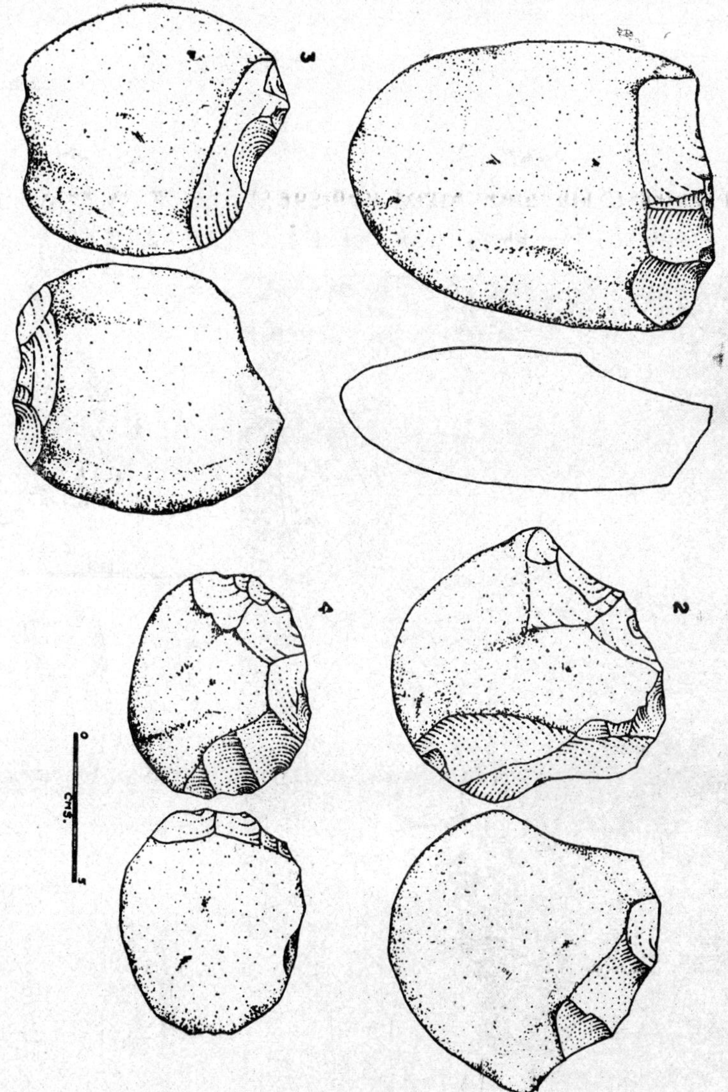

भगवान से प्राप्त निम्न पुरापाषाण कालीन उपकरण
(पन्त 1982 के आधार पर) (पृ० 281)

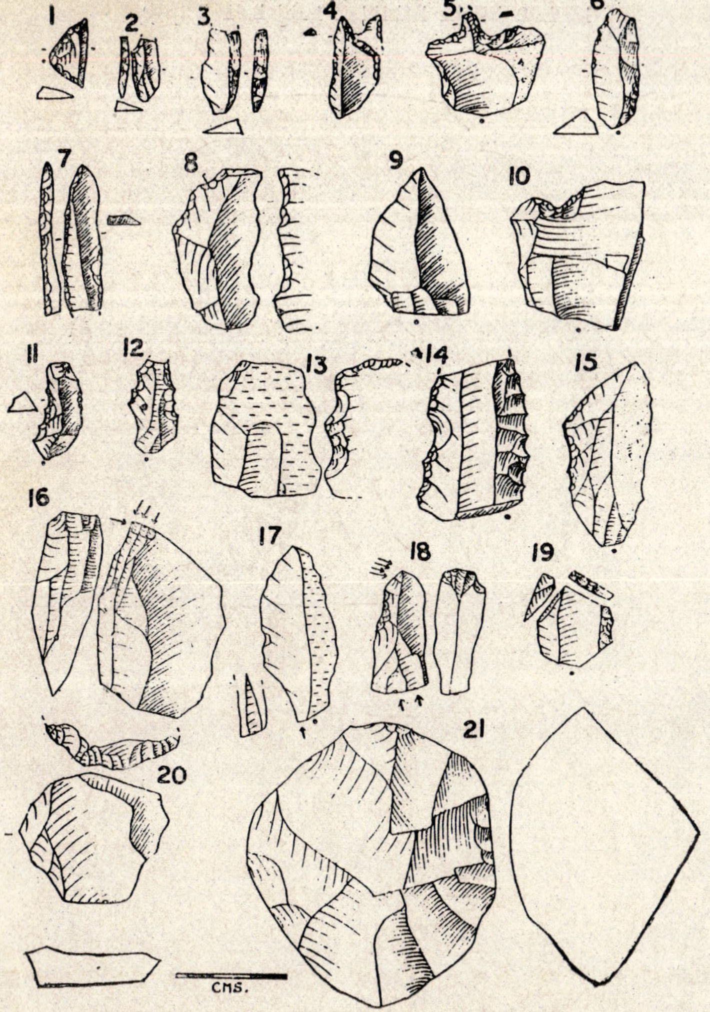

लोधगरा से प्राप्त उत्तर पुरापाषाण कालीन उपकरण
(पन्त १६८२ के आधार पर) (पृ० 281)

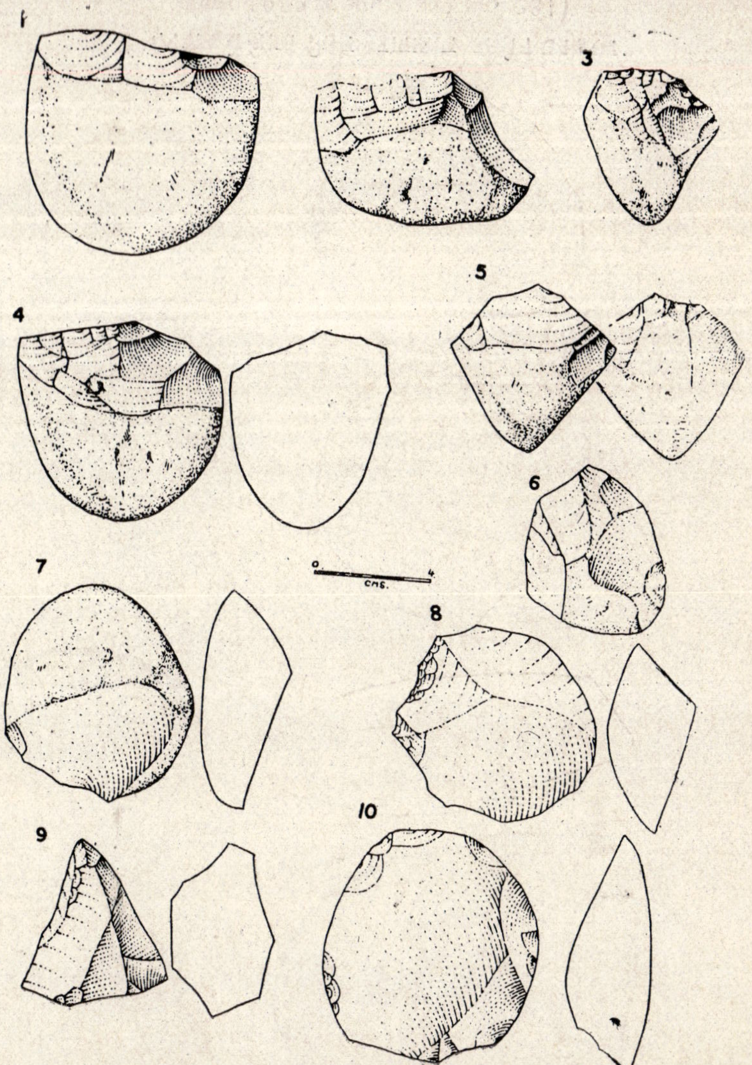

लहचुरा-२ से प्राप्त मध्य पुरापाषाण कालीन उपकरण
(पन्त १६८२ के आधार पर) (पृ० 281)

एरण-उत्खनन का यामान्य-दृश्य, जिसमें गुप्तकालीन भवनों के अवशेष विद्यमान हैं। सामने शिव-लिंग है। पुरातत्त्व विभाग, सागर विश्वविद्यालय (वर्ष 1960-61) (पृ० 298)

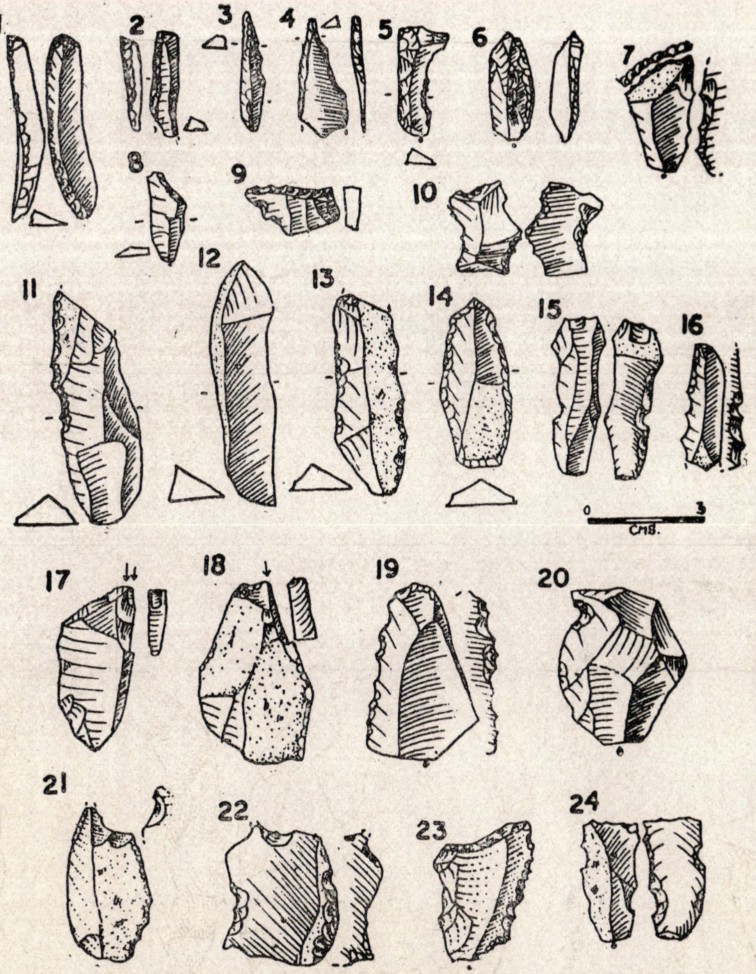

कालिंजर से प्राप्त उत्तर पुरापाषाण कालीन उपकरण
(पन्त १९८२ के आधार पर) (पृ० 281)

मौर्यकालीन भवनों के अवशेष; एरण-उत्खनन
(1963-64), पुरातत्व विभाग, सागर विश्वविद्यालय
(पृ० 298)

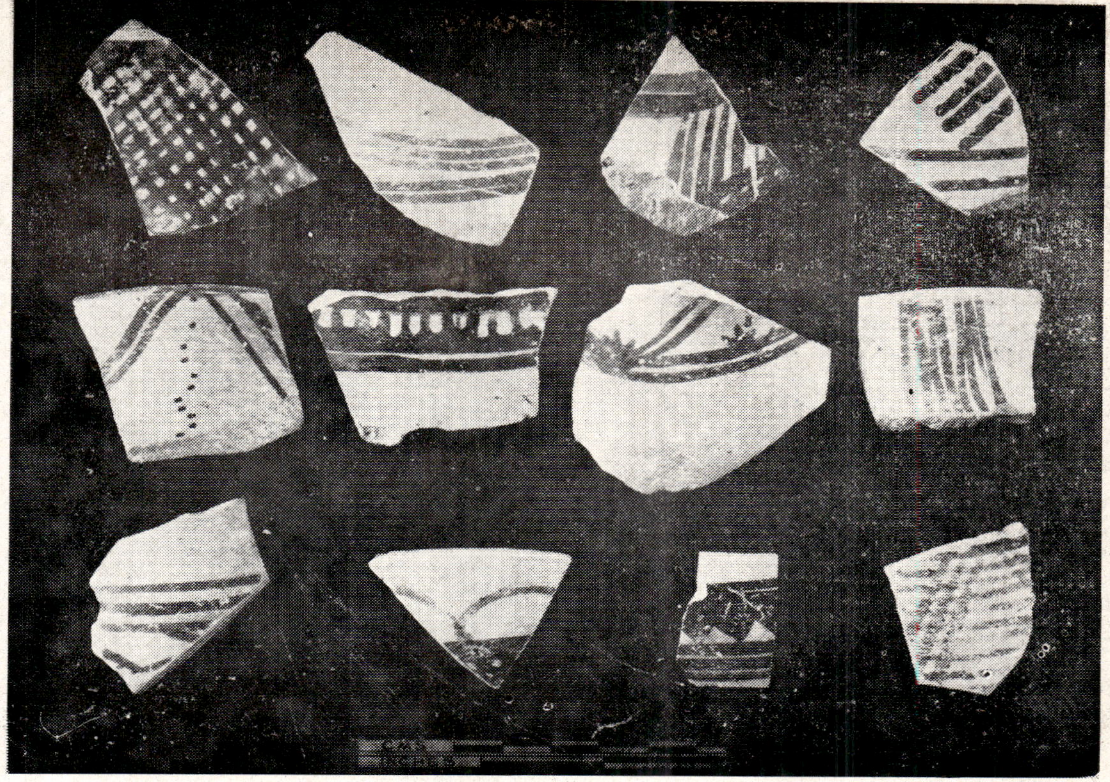

काले रंग से चित्रित ताम्राश्मकालीन लाल रंग के मृद्भांड एरण-उत्खनन, प्रथम काल पृ० 298

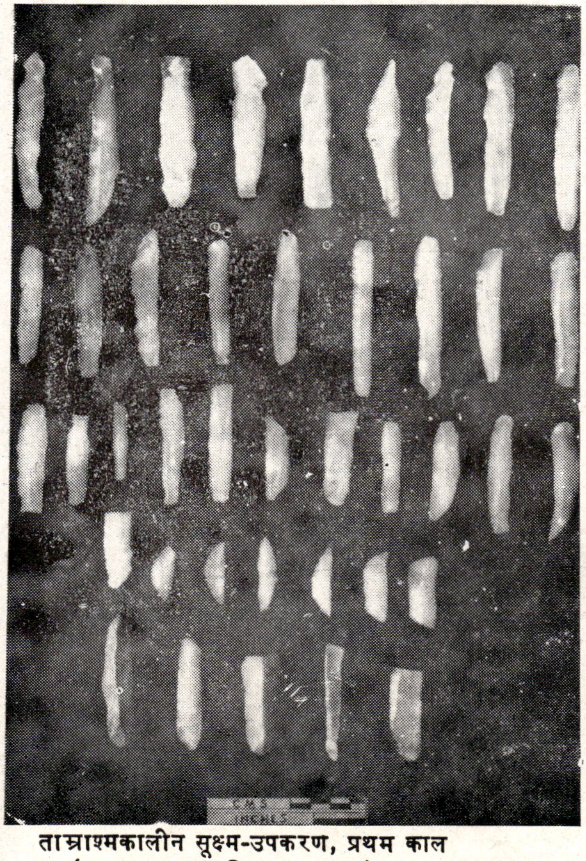

ताम्राश्मकालीन सूक्ष्म-उपकरण, प्रथम काल
(एरण-उत्खनन, जिला—सागर) पृ० 298

एरण-उत्खनन से प्राप्त ऐतिहासिक कालीन विविध
लौह-उपकरण (पुरातत्त्व विभाग सागर विश्वविद्यालय
(पृ० 298)

Copper plater no. 1 of Maharaja Paharasinha Bundela of Sanvata : 1817 (p. 310)

/\ पार्श्वनाथ मन्दिर लेख, (11वीं शताब्दी) (पृ० 317)

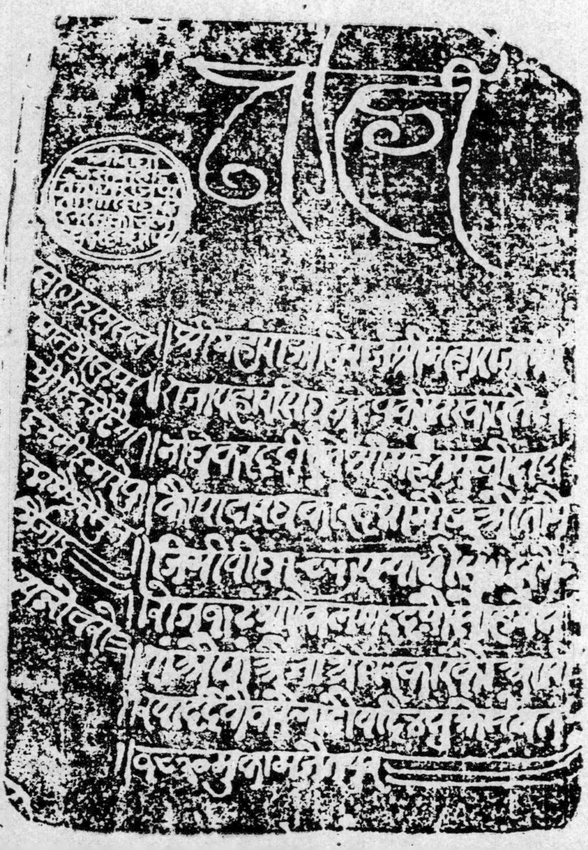

< Copper plate No. 2 of Maharaja Paharsinha Bundelkhand of Sanvata : 1820 (p. 320)

पार्श्वनाथ मन्दिर लेख (पृ० ३१७)

राजा इन्द्रगुप्त का सीसे का बना हुआ बाँट (पृ० ३३८)

महादण्डनायक सिंहनंदि लेखांकित मुद्रा (पृ० ३३८)

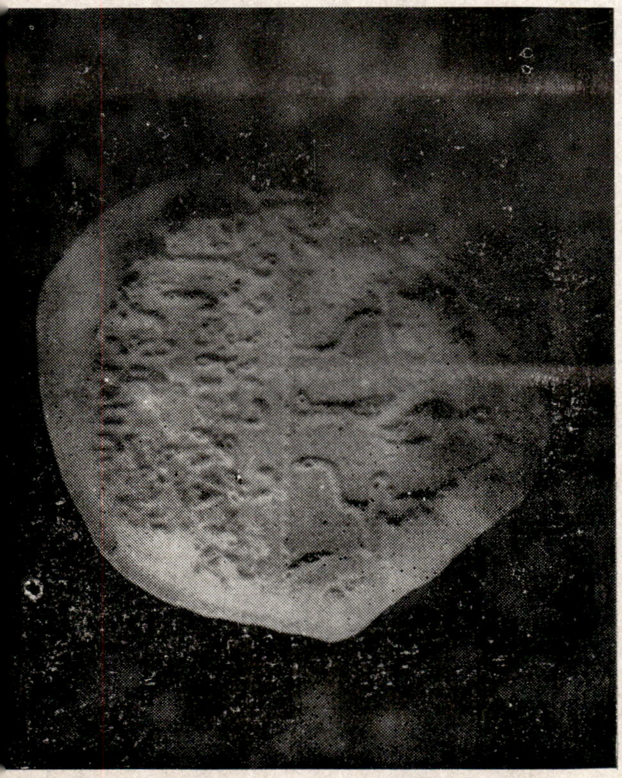

एरिणिक के गोमिक विषय अधिकारी की मुद्रा (पृ० ३३८)

Lokeshwar (p. 550)

Vaikuntha on Garuda Chamba (p. 553)

Vaikuntha, prince of Wales Museum, Bombay (p. 553)

Vaikuntha, Jhajjar (p. 553)

Vaikuntha (p. 553)

शिवलिंग (पृ० 557)

दिक् मण्डल (पृ० 557)

वामन (पृ० 557)

रावणानुग्रह (पृ० 557)

The Vaikuntha-pattta at Kalanjara (p. 546)

agment of Vishnu Vishvarupa, Mathura (p. 553)

Vaikuntha Temple, Khajuraha (p. 553)

Vaikuntha (p. 555)

Vaikuntha, Shrinagar Museum (p. 553)

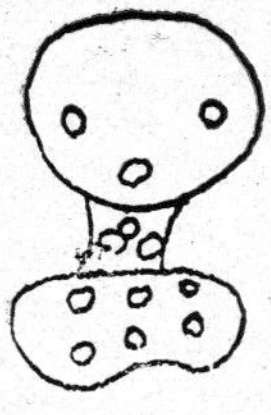

चिताली लाल

बड़वारा लाल

मोपेल लाल

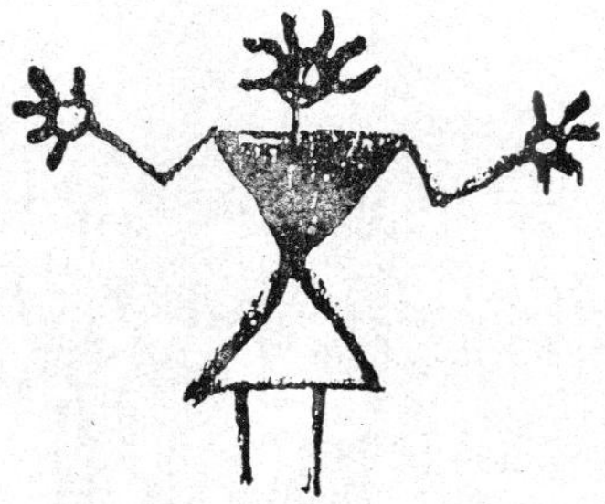

आबचंद लाल

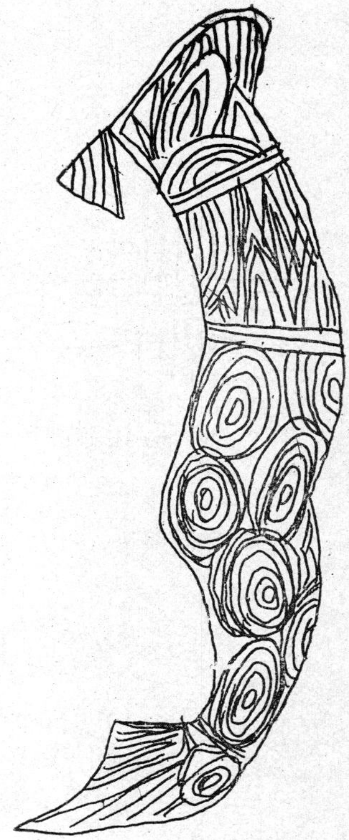

अमोनो गेरूआ

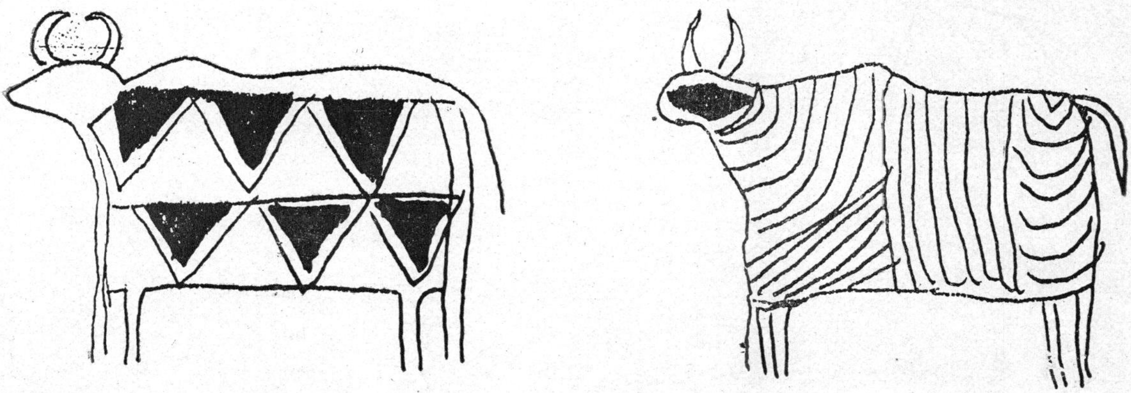

आबचंद गहरा लाल

अमोनो गेरूआ

आबचंद द्विरंगी (पृ० 589)

आबचंद लाल

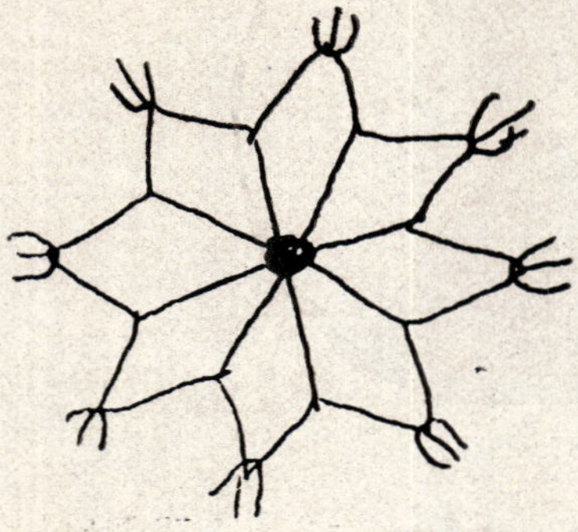

आबचंद सफेद

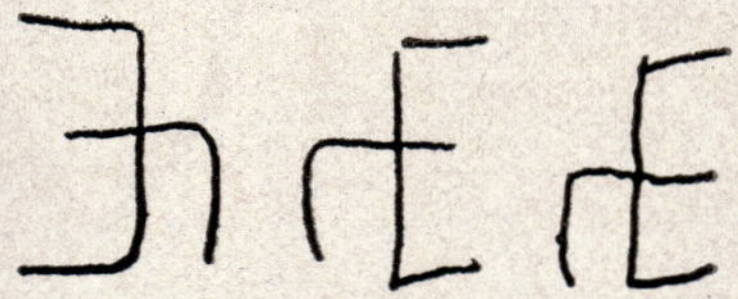

आबचंद गेरूआ

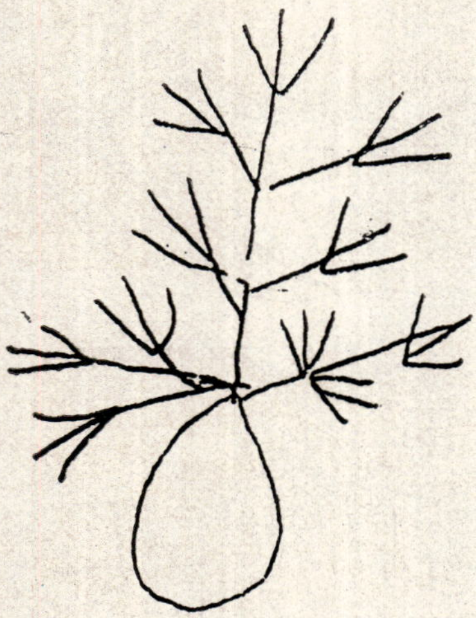

आबचंद सफेद

सेमरा गहरा लाल

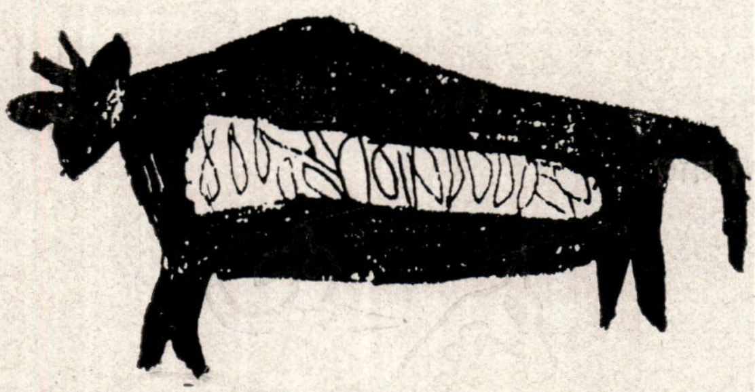

बिल्हा गहरा लाल

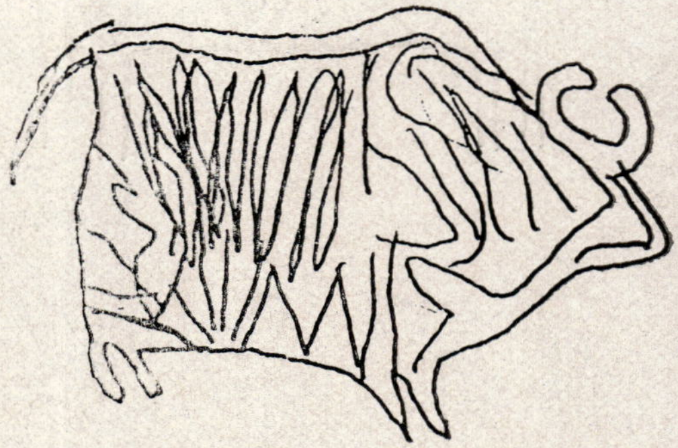

दर्री सफेद (पृ० 589)

मन्दिर की छत (पृ० 557)

रेवन्त (पृ० 557)

द्विभुजी स्थानक सूर्य, भदरवार, झाँसी (पृ० 587)

स्थानक सूर्य, झाँसी (पृ० 587)

स्थानक सूर्य, समय नवीं शती का आरंभ (पृ० 587)

सूर्य, विष्णु, कार्तिकेय तथा ग्रह, झांसी (पृ० 587)

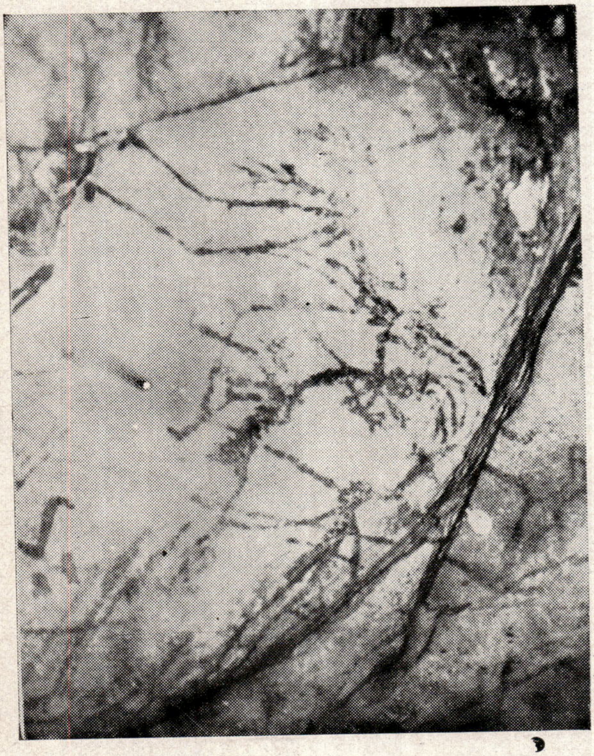

(पृ० 589)

(पृ० 589)

भित्ति चित्र, जैन मन्दिर, छतरपुर (पृ० ५६४)

भित्ति चित्र, जैन मन्दिर, छतरपुर (पृ० ५६४)

भित्ति चित्र; जैन मन्दिर, छतरपुर (पृ० ५६४)

धुबेला के समीप छत्रसाल की समाधि (पृ० ६०१)

Sura-Sundari from Pipalya Lorka
10th Cent. A.D. (p.604)

समाधि की भीतरी दीवार पर पुष्पलता-अलंकरण (पृ० ६०१)

त्रसाल की समाधि पुष्प, मयूर तथा अश्व के चित्रण (पृ० १०१)

Ram Darbar, Orchha palaces (p. 614)

समाधि में ज्यामितिक चित्रालंकरण (पृ० ६०१)

Holi Bundelkhand late 18th Cent (p. 614)

ं का खेल प्रारंभिक शुंग, भूरा बलुआ पत्थर भरहुत
(पृ० ६२०)

Orchha palaces (p. 614)

चन्द्रशाला में यमराज, पांचवीं शती ई. सन, गहरा गुलाबी पत्थर, भूमरा (पृ० ६२०)

हाथी पर बुद्ध के अवशेषों का स्थानान्तरण, दूक्षरीश ई. पूर्व, भूरा बलुआ पत्थर भरहुत (पृ० ६२५)

देवी (पार्वती) की आवक्ष मूर्ति ११वीं शती बलुवा पत्थर खजुराहो (पृ० ६२०)

एकमुख शिव लिंग, ५वीं शती ई० गहरा गुलाबी बलुआ पत्थर, खीह, सतना (पृ० ६२०)

हर-गौरी १२वीं शती, बलुआ पत्थर, खजुराहो (पृ० ६२०)

लक्ष्मण द्वारा शूपर्णखा का अंग-भंग ६ठी शती देवगढ़ (पृ० ६२४)

शिलागृह निर्माण, शुंगकाल, भरहुत (पृ० ६२५)

राम द्वारा अहल्या उद्धार, छठी शती ई०, बलुआ पत्थर, देवगढ़ (पृ० ६२५)

देवकी द्वारा वसुदेव को शिशु कृष्ण का अर्पणः, गुप्तकाल, देवगढ़ (पृ० ६२५)

योग नारायण विष्णु, दसवीं शती, खजुराहो (पृ० ६२५)

क्ष्मी नारायण, १०वीं शती बलुआ पत्थर, खजुराहो (पृ० ६२५)

मधुपान, नृत्य और संगीन में रत प्रेमी, गुप्तकाल बलुआ पत्थर, देवगढ़, (पृ० ६२५)

हरिहर गुप्त काल, बुन्देलखण्ड से, लीन ६७२ (पृ० 625)

शिलाश्रय में हिरण विश्राम करते हुए, पांचवीं शती, नचना, म० प्र० (पृ० 629)

नागी मूर्ति, रेवन से, १५वीं शती, गोंडकला (पृ० 631)

ध्यानस्थ विष्णु, सिरोन खुर्द, समय १०वीं शती (पृ० 631)

शिव अर्द्धनारीश्वर बलुआ पत्थर, पाँचवी
शती ई० नचना, म० प्र० (पृ० 629)

चाँमुण्डा, बलुआ पत्थर ९वीं शती
ई० गुर्गी, रीवा, म० प्र० (पृ० 629)

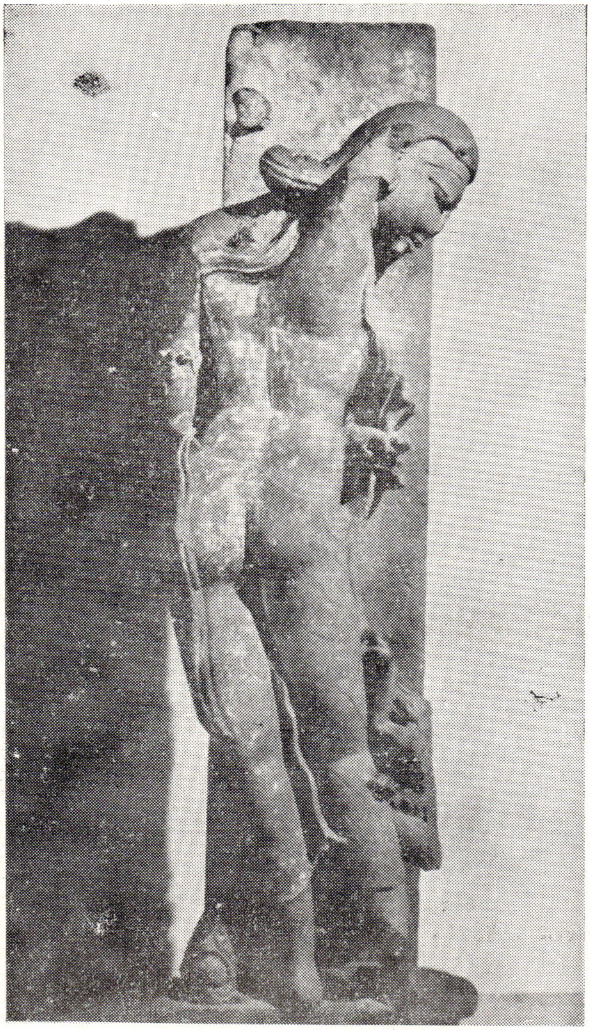

स्त्री एवं बन्दर, बलुआ पत्थर, ११वीं शती
खजुराहो म० प्र० (पृ० 629)

स्थानक विष्णु, रेवन से समय लगभग ९०० ई०

नारी प्रतिमा, १५वीं शती मोंड कला (पृ० 631)

१६ मांगलिक स्वप्न, घण्टई मन्दिर, खजुराहो, छतरपुर, म० प्र०, १०वीं शती का उत्तरार्ध (पृ० 641)
(अमेरिकन इन्स्टीट्यूट ऑफ इण्डियन स्टडीज, वाराणसी के सौजन्य से)

१६ मांगलिक स्वप्न और प्रवेशद्वार की देवियां—अम्बिका, चक्रेश्वरी, पद्मावती, आदिनाथ मन्दिर (पृ० 641)

१६ मांगलिक स्वप्न, शांतिनाथ मन्दिर, खजुराहो, ११वीं शती का पूर्वार्ध (पृ० 641)